Springer-Lehrbuch

Mehr Informationen zu dieser Reihe auf http://www.springer.com/series/1183

Dennis Bock

Strafrecht Allgemeiner Teil

 Springer

Dennis Bock
Institut für Kriminalwissenschaften
Christian-Albrechts-Universität zu Kiel
Kiel
Deutschland

ISSN 0937-7433
Springer-Lehrbuch
ISBN 978-3-662-54788-5   ISBN 978-3-662-54789-2 (eBook)
https://doi.org/10.1007/978-3-662-54789-2

Die Deutsche Nationalbibliothek verzeichnet diese Publikation in der Deutschen Nationalbibliografie;
detaillierte bibliografische Daten sind im Internet über http://dnb.d-nb.de abrufbar.

Gedruckt auf säurefreiem und chlorfrei gebleichtem Papier

Springer ist ein Imprint der eingetragenen Gesellschaft Springer-Verlag GmbH, DE und ist ein Teil von
Springer Nature.
Die Anschrift der Gesellschaft ist: Heidelberger Platz 3, 14197 Berlin, Germany

Vorwort

Der vorliegende Band ist der erste eines dreiteiligen Gesamtwerks zur Darstellung des materiellrechtlichen Pflichtfachwissens im Grundstudium (Allgemeiner Teil; Besonderer Teil – Nichtvermögensdelikte; Besonderer Teil – Vermögensdelikte), aber auch zur prägnanten Wiederholung und Vertiefung in der Phase der „Übungen" und der Examensvorbereitung. Die Darstellung ist aus den grundständigen Vorlesungen zum materiellen Strafrecht an der Christian-Albrechts-Universität zu Kiel hervorgegangen und daher basisdidaktisch orientiert. Die Publikation soll eine Nutzung außerhalb des Teilnehmerkreises der Vorlesungen ermöglichen; ein Wunsch, der verschiedentlich an mich herangetragen wurde.

Ich habe mich zur Anfertigung einer eigenen Reihe entschieden, obwohl an Lehrwerken kein Mangel besteht, da ich ein eigenes Konzept verfolgen wollte. Die Texte sind nach folgenden Überlegungen entstanden:

1. Die Darstellung soll in systematisch geordneter Form das grundlegende Rüstzeug für die Bearbeitung der strafrechtlichen Klausuren von der Zwischenprüfungs- bis zur Examensklausur enthalten. Das schließt insbesondere Aufbauschemata sowie Definitionen der examensrelevanten Gesetzesmerkmale ein.
2. Wo erforderlich, sind die zu besprechenden Gesetzestexte mit abgedruckt. Dies gilt auch dahingehend, dass bei der Erläuterung des Allgemeinen Teils beispielhaft angeführte Tatbestände des Besonderen Teils eingefügt sind. Dieses Vorgehen wird im Kollegenkreis unterschiedlich beurteilt; zuzugeben ist, dass Studierende sich früh an eine gleichzeitige Handhabung von Lehrbuch und Gesetzessammlung gewöhnen sollten. Die „Serviceleistung" des Normabdrucks zielt aber erstens darauf, den Leser zu noch häufigerer und intensiverer Beschäftigung mit dem Gesetzestext anzuhalten, zweitens, ein normorientiertes Lernen auch dort zu ermöglichen, wo es die äußeren Umstände nicht erlauben, ein Gesetzeswerk zusätzlich aufzuschlagen (z.B. in der Bahn oder im Freien).
3. In den drei Bänden finden sich insgesamt ca. 1600 z.T. umfangreiche Beispielsfälle, von denen die große Mehrheit aus weitgehend wortgetreuen Originalentscheidungen besteht. Auf diesem Wege sollen dem Leser nicht nur prüfungstypische Fallkonstellationen erläutert und Auslegungsfragen veranschaulicht werden; im Sinne eines „Casebooks" soll das Werk möglichst viele neuere und klassische Entscheidungen der höchstrichterlichen Rechtsprechung (d.h.

zunächst einmal die Sachverhalte) nahebringen. Gerade skurrilere Geschehnisse – vom „Sirius-" über den „Katzenkönig-" bis zum „Taschenbuch"-Fall – verankern Wissen im Gedächtnis. Die Verwendung echter Sachverhalte soll auch das Bewusstsein der Studierenden dafür offenhalten, dass die Strafrechtspflege ernste soziale Konflikte mit schwersten Folgen für Beschuldigte und Geschädigte in verantwortungsvoller Weise zu bewältigen hat. Die Konzentration auf die Rechtsprechung soll nicht dazu anregen, Fälle auswendig zu lernen, sondern ist neben der Praxisrelevanz der Rechtsprechung auch der Tatsache geschuldet, dass „echte" Fälle erfahrungsgemäß häufig schriftlich und mündlich abgeprüft werden. Zwar konnten die Beispielsfälle im zur Verfügung stehenden Rahmen nicht komplett gelöst werden, geschweige denn im Gutachtenstil; stets finden sich aber Hinweise auf die Kernproblematik sowie auf zur Entscheidung ergangene didaktische und wissenschaftliche Anmerkungen zur eigenständigen Vertiefung. Zur inhaltlichen und stilistisch-methodischen Anwendung und Erweiterung des grundständig Erlernten dienen meine ebenfalls im Springer-Verlag erschienenen Fallsammlungen „Wiederholungs- und Vertiefungskurs Strafrecht" (drei Bände). Die Beispielsfälle eignen sich auch für eine Behandlung im Rahmen privater Arbeitsgemeinschaften.

4. Da „Streitstände" das strafrechtliche Ausbildungsgeschehen prägen, nehmen diese auch in der vorliegenden Darstellung großen Raum ein. Ziel war es, ein für Klausuren erlernbares – in der Komplexität also des Öfteren reduziertes, im Stil schlicht gehaltenes – Meinungs- und Argumentationsspektrum abzubilden, weitgehend unter Konzentration auf die h.M. und Hintanstellung der Entwicklung eigener Positionen. Vollständigkeit strafrechtlichen Wissens kann es kaum geben, auch nicht eine lückenlose Darstellung des im Examen abprüfbaren Stoffes. Es ist aber sehr wohl Ziel dieser Reihe, dass, wer die Bände durchgearbeitet hat (inkl. des z.T. erforderlichen Auswendiglernens von Definitionen oder Auslegungskontroversen), sich ruhigen Gewissens strafrechtlichen Prüfungen stellen kann, gerade auch deshalb, weil die Summe der aufgezeigten Streitigkeiten und Argumentationsmuster Problembewusstsein ausbildet und vielfältige Anregungen zur Bewältigung neuer oder unbekannter Zweifelsfragen gibt.

5. Bei der Gestaltung des wissenschaftlichen Apparats habe ich die Literaturnachweise im Hinblick auf Lehrbücher und Kommentare auf das Nötigste beschränkt. Umfangreicher fallen die Hinweise auf weiterführende Aufsätze aus. Die Rechtsprechungsnachweise mussten aus Platzgründen ganz exemplarisch bleiben, so dass entweder ältere, aber bekannte Entscheidungen angeführt werden oder die jüngste themenbezogene. Für weitere Fundstellen muss auf die Großkommentare zum StGB verwiesen werden. Dies täuscht die Studierenden hoffentlich nicht über die enorme praktische, aber auch wissenschaftliche Bedeutung der Rechtsprechung hinweg.

Ich danke meinem aktuellen Lehrstuhlteam (Klara Malberg, Leonie Kersken, Lena von Zech; Jan Pinkepank, Gero A. Gaethke, Tim-Jannes Wieck und Magnus Wittern) sowie ehemaligen Mitarbeiterinnen und Mitarbeitern für wertvolle Unterstützung bei der Erstellung und Überarbeitung dieses Lehrbuchs.

Für Verbesserungsvorschläge und Feedback aller Art bin ich dankbar, bitte per E-Mail an: dbock@law.uni-kiel.de.

Kiel, im Mai 2017   Dennis Bock

Inhaltsverzeichnis

1. Kapitel: Begriffliches; Inhalt der Strafnormen; Quellen des Strafrechts; Unterteilungen

A. Grundbegriffe

I. Strafrecht, Straftat, Strafbarkeit, Straftäter; Kriminalität, Delinquenz

Strafrecht ist derjenige Teil der Rechtsordnung, der die Voraussetzungen und Rechtsfolgen der Straftaten regelt.[1]

Straftat (auch: Delikt) ist ein menschliches Verhalten, für das eine Rechtsnorm Strafe vorsieht.[2]

Ein solches Verhalten ist also **strafbar** (umgangssprachlich: kriminell). Man spricht auch davon, dass die Rechtsnorm das Verhalten **pönalisiert**.

Derjenige, der sich strafbar gemacht hat, ist ein **Straftäter**.[3]

Beispiel 1:

B versetzte Z einen Faustschlag.

Hierzu vgl. aus dem Strafgesetzbuch (StGB):

---

[1] Vgl. Hoyer, AT, 1996, S. 1, Kindhäuser, LPK, 6. Aufl. 2015, vor § 1 Rn. 1.

[2] Vgl. Hoyer, AT, 1996, S. 1.

[3] Vgl. Hoyer, AT, 1996, S. 1.

© Springer-Verlag GmbH Deutschland, ein Teil von Springer Nature 2018
D. Bock, *Strafrecht Allgemeiner Teil*, Springer-Lehrbuch,
https://doi.org/10.1007/978-3-662-54789-2_1

> **§ 223 I StGB (Körperverletzung)**
> Wer eine andere Person körperlich misshandelt oder an der Gesundheit schädigt, wird mit Freiheitsstrafe bis zu fünf Jahren oder mit Geldstrafe bestraft.

Beispiel 2:

B rempelte Z absichtlich an, griff in dessen Hosentasche, zog das Portemonnaie des Z heraus und steckte es in seine eigene Tasche, um das dort enthaltene Geld für sich zu verwenden.

Hierzu vgl.:

> **§ 242 I StGB (Diebstahl)**
> Wer eine fremde bewegliche Sache einem anderen in der Absicht wegnimmt, die Sache sich oder einem Dritten rechtswidrig zuzueignen, wird mit Freiheitsstrafe bis zu fünf Jahren oder mit Geldstrafe bestraft.

Die Verwirklichung von Straftaten wird auch als **Kriminalität**[4] oder Delinquenz[5] bezeichnet.

Im juristischen Sinne ist die Existenz von Kriminalität mithin von der Existenz der Strafnormen abhängig, so dass eine Abschaffung aller Strafnormen die Abschaffung der Kriminalität bewirkt. Nicht abgeschafft wird damit natürlich die jeweilige Verhaltensweise.

II. Verbrechen und Vergehen, § 12 StGB

Die umgangssprachlich synonym für Kriminalität und Straftaten verwendeten Begriffe **Verbrechen** und **Vergehen** haben im Strafrecht gem. § 12 StGB eine genau festgelegte Bedeutung.

> **§ 12 I, II StGB (Verbrechen und Vergehen)**
> (1) Verbrechen sind rechtswidrige Taten, die im Mindestmaß mit Freiheitsstrafe von einem Jahr oder darüber bedroht sind.
> (2) Vergehen sind rechtswidrige Taten, die im Mindestmaß mit einer geringeren Freiheitsstrafe oder die mit Geldstrafe bedroht sind.

---

[4] S. nur Hassemer/Neumann, in: NK, 4. Aufl. 2013, vor § 1 Rn. 3; zu weiteren Kriminalitätsbegriffen vgl. Schwind, Kriminologie, 23. Aufl. 2016, § 1 Rn. 1ff.
[5] Vgl. Meier, Kriminologie, 5. Aufl. 2016, § 1 Rn. 13.

Ein (weiteres, §§ 223, 242 StGB s.o.) Beispiel für ein Vergehen ist:

> **§ 263 I StGB (Betrug):**
> Wer in der Absicht, sich oder einem Dritten einen rechtswidrigen Vermögensvorteil zu verschaffen, das Vermögen eines anderen dadurch beschädigt, dass er durch Vorspiegelung falscher oder durch Entstellung oder Unterdrückung wahrer Tatsachen einen Irrtum erregt oder unterhält, wird mit Freiheitsstrafe bis zu fünf Jahren oder mit Geldstrafe bestraft.

Im examensrelevanten Bereich sind die wichtigsten Vergehen die §§ 113, 123, 132, 132a, 133, 134, 136, 138, 142, 145d, 153, 156, 160, 161, 164, 185, 186, 187, 201, 201a, 202, 202a, 202b, 202c, 203, 216, 217, 221 I, 222, 223, 224, 225 I, 229, 231, 238 I, II, 239 I, 240, 241, 242, 244, 246, 248b, 248c, 253, 257, 258, 258a, 259, 260, 261, 263 I, 265, 265a, 266, 267 I, 268, 269, 271, 274, 281, 289, 292, 293, 303, 303a, 303b, 304, 305, 305a, 306d, 306f, 315b I, IV, V, 315c, 316, 323a, 323c, 331, 332 I, 333, 334, 340, 348 StGB.

Ein Beispiel für ein Verbrechen ist § 249 I StGB (Raub):

> **§ 249 I StGB (Raub)**
> Wer mit Gewalt gegen eine Person oder unter Anwendung von Drohungen mit gegenwärtiger Gefahr für Leib oder Leben eine fremde bewegliche Sache einem anderen in der Absicht wegnimmt, die Sache sich oder einem Dritten rechtswidrig zuzueignen, wird mit Freiheitsstrafe nicht unter einem Jahr bestraft.

Im examensrelevanten Bereich sind die wichtigsten Verbrechen die §§ 154, 212 I, 211, 221 II, 225 III, 226, 227, 238 III, 239 III, IV, 239a, b, 244a, 249, 250, 215, 252, 255, 260a, 263 V, 267 IV, 306, 306a, 306b, 306c, 315b III i.V.m. 315 III, 316a, 332 II, 339 StGB.

Verbrechen und Vergehen werden nach Maßgabe der **Untergrenze des Regelstrafrahmens** abgegrenzt, unabhängig von einer erwarteten oder später tatsächlich festgesetzten Strafe.[6]

Strafrahmenverschiebungen durch besonders schwere oder minder schwere Fälle werden nicht berücksichtigt, § 12 III StGB.

---

[6] S. nur B. Heinrich, AT, 5. Aufl. 2016, Rn. 152.

§ 12 III StGB (Verbrechen und Vergehen)
Schärfungen oder Milderungen, die nach den Vorschriften des Allgemeinen Teils oder für besonders schwere oder minder schwere Fälle vorgesehen sind, bleiben für die Einteilung außer Betracht.

Schärfungen, die nach den Vorschriften des Allgemeinen Teils vorgesehen sind, existieren nicht.

Milderungen (mit der Folge der Anwendung des § 49 I StGB), die nach den Vorschriften des Allgemeinen Teils vorgesehen sind, sind die §§ 13 II, 17 S. 2, 21, 23 II, 27 II, 28 I, 30, 35 II, 46a, 46b StGB.

So heißt es z.B. für die Strafbarkeit eines Versuchstäters:

§ 23 II StGB
Der Versuch kann milder bestraft werden als die vollendete Tat (§ 49 Abs. 1).

Besonders schwere und minder schwere Fälle regelt der Gesetzgeber bei den einzelnen Delikten, insbesondere im Besonderen Teil des StGB.

In Anwendung des § 12 III StGB bleibt es allerdings beim Verbrechenscharakter, auch wenn die Mindeststrafe durch Annahme eines minder schweren Falls unter ein Jahr fällt, z.B. § 249 StGB (Raub):

§ 249 StGB (Raub)
(1) Wer mit Gewalt gegen eine Person oder unter Anwendung von Drohungen mit gegenwärtiger Gefahr für Leib oder Leben eine fremde bewegliche Sache einem anderen in der Absicht wegnimmt, die Sache sich oder einem Dritten rechtswidrig zuzueignen, wird mit Freiheitsstrafe nicht unter einem Jahr bestraft.
(2) In minder schweren Fällen ist die Strafe Freiheitsstrafe von sechs Monaten bis zu fünf Jahren.

Andersherum wird ein Vergehen nicht dadurch zum Verbrechen, dass ein besonders schwerer Fall vorliegt, auch wenn dessen Mindeststrafe bei einem Jahr oder darüber liegt, z.B. § 253 I, IV StGB (Erpressung):

§ 253 StGB (Erpressung)
(1) Wer einen Menschen rechtswidrig mit Gewalt oder durch Drohung mit einem empfindlichen Übel zu einer Handlung, Duldung oder Unterlassung nötigt und dadurch

dem Vermögen des Genötigten oder eines anderen Nachteil zufügt, um sich oder einen Dritten zu Unrecht zu bereichern, wird mit Freiheitsstrafe bis zu fünf Jahren oder mit Geldstrafe bestraft.

[…]

(4) In besonders schweren Fällen ist die Strafe Freiheitsstrafe nicht unter einem Jahr. Ein besonders schwerer Fall liegt in der Regel vor, wenn der Täter gewerbsmäßig oder als Mitglied einer Bande handelt, die sich zur fortgesetzten Begehung einer Erpressung verbunden hat.

Erhöhungen des Strafrahmens, die von bestimmten Voraussetzungen abhängig gemacht werden, die aber nicht zwingend und nicht abschließend sind („in der Regel"), sind sog. **Regelbeispiele**.[7]

Diese unterscheidet man von den **unbenannten besonders schweren Fällen**.

Demgegenüber sind zwingend anzuwendende Strafrahmenänderungen beachtlich, und zwar sowohl straferhöhende (sog. **Qualifikationen**) als auch strafsenkende (sog. **Privilegierungen**).

Ein Beispiel für eine Qualifikation, die im Unterschied zum sog. Grunddelikt ein Verbrechen ist, ist § 263 V StGB:

§ 263 StGB I, V (Betrug)

(1) Wer in der Absicht, sich oder einem Dritten einen rechtswidrigen Vermögensvorteil zu verschaffen, das Vermögen eines anderen dadurch beschädigt, dass er durch Vorspiegelung falscher oder durch Entstellung oder Unterdrückung wahrer Tatsachen einen Irrtum erregt oder unterhält, wird mit Freiheitsstrafe bis zu fünf Jahren oder mit Geldstrafe bestraft.

[…]

(5) Mit Freiheitsstrafe von einem Jahr bis zu zehn Jahren, in minder schweren Fällen mit Freiheitsstrafe von sechs Monaten bis zu fünf Jahren wird bestraft, wer den Betrug als Mitglied einer Bande, die sich zur fortgesetzten Begehung von Straftaten nach den §§ 263 bis 264 oder 267 bis 269 verbunden hat, gewerbsmäßig begeht.

Ein Beispiel für eine Privilegierung, die im Unterschied zum sog. Grunddelikt ein Vergehen ist, ist § 216 I StGB (im Verhältnis zum Grunddelikt des § 212 I StGB)[8]:

---

[7] Vgl. nur Fischer, StGB, 64. Aufl. 2017, § 46 Rn. 90ff.

[8] Ganz h.M., vgl. nur Kindhäuser, LPK, 6. Aufl. 2015, § 216 Rn. 1.

§ 216 I StGB (Tötung auf Verlangen)
Ist jemand durch das ausdrückliche und ernstliche Verlangen des Getöteten zur Tötung bestimmt worden, so ist auf Freiheitsstrafe von sechs Monaten bis zu fünf Jahren zu erkennen.

An die Einordnung als Verbrechen oder Vergehen schließen sich materiellrechtliche (§§ 23 I, 30, 45, 126 I, 138 I Nr. 6, 241, 261 I 2 Nr. 1 StGB) und prozessuale (§§ 53 II 2, 81h I, 100c II Nr. 1 g, 110a I 2, 140 I Nr. 2, 153, 153a, 154c II, 373a I, 397a I 1, 407 StPO, §§ 24, 25, 74 I GVG, § 1 II Nr. 2 OEG) **Rechtsfolgen** an.

Z.B. gilt für eine etwaige Versuchsstrafbarkeit § 23 I StGB.

§ 23 I StGB (Strafbarkeit des Versuchs)
Der Versuch eines Verbrechens ist stets strafbar, der Versuch eines Vergehens nur dann, wenn das Gesetz es ausdrücklich bestimmt.

Auch die Bedrohung gem. § 241 StGB bezieht sich nur auf Verbrechen.

§ 241 StGB (Bedrohung)
(1) Wer einen Menschen mit der Begehung eines gegen ihn oder eine ihm nahestehende Person gerichteten Verbrechens bedroht, wird mit Freiheitsstrafe bis zu einem Jahr oder mit Geldstrafe bestraft.
(2) Ebenso wird bestraft, wer wider besseres Wissen einem Menschen vortäuscht, dass die Verwirklichung eines gegen ihn oder eine ihm nahestehende Person gerichteten Verbrechens bevorstehe.

In strafprozessualer Hinsicht ist beispielsweise eine Verfahrenseinstellung nach § 153 I 1 StPO nur bei Vergehen und nicht bei Verbrechen möglich.

§ 153 I 1 StPO (Absehen von der Verfolgung bei Geringfügigkeit)
Hat das Verfahren ein Vergehen zum Gegenstand, so kann die Staatsanwaltschaft mit Zustimmung des für die Eröffnung des Hauptverfahrens zuständigen Gerichts von der Verfolgung absehen, wenn die Schuld des Täters als gering anzusehen wäre und kein öffentliches Interesse an der Verfolgung besteht.

§ 12 StGB hat rein gesetzestechnische Bedeutung, indem er die materiellrechtliche und prozessualen Abschichtungen zwischen leichteren und schwereren Delikten mithilfe einer Globalverweisung erleichtert. Der sachliche Unterschied (gerade bzgl. der konkreten Strafhöhe im Einzelfall) zwischen Verbrechen und Vergehen wird durch die Existenz zahlreicher benannter und unbenannter schwerer und minder schwerer Fälle nivelliert.

III. Formeller und materieller Straftatbegriff

Zu unterscheiden sind die formellen, legalistischen, technischen, strafrechtlichen Begriffe des positiven Rechts von **materiellen** Konzepten von Straftaten, Kriminalität, Delinquenz etc.[9] Diese beschäftigen sich insbesondere

- erstens damit, ob alles, was nach geltender Rechtslage strafbar ist, dies richtigerweise so ist oder eine Straflosstellung (Entkriminalisierung) aus verfassungsrechtlichen Gründen geboten oder aus kriminalpolitischen Gründen vorzugswürdig wäre,
- zweitens (quasi umgekehrt) damit, ob andererseits die Straflosigkeit bestimmter Verhaltensweisen durch Schaffung einer entsprechenden Strafnorm aus verfassungsrechtlichen Gründen aufgehoben werden muss oder aus kriminalpolitischen Gründen aufgehoben werden sollte.

IV. Strafe

Das StGB verwendet den Begriff der **Strafe** für die Rechtsfolgen der §§ 38–60 StGB, insbesondere Geld- und Freiheitsstrafe.

Der Begriff der Strafe ist insofern nicht deckungsgleich mit den geltenden Rechtsfolgemöglichkeiten nach Begehung einer Straftat, denn es können z.B. auch „Maßregeln der Besserung und Sicherung" gem. §§ 61ff. StGB unter den dort genannten Voraussetzungen verhängt werden, vgl. z.B.:

> **§ 63 StGB (Unterbringung in einem psychiatrischen Krankenhaus)**
> Hat jemand eine rechtswidrige Tat im Zustand der Schuldunfähigkeit (§ 20) oder der verminderten Schuldfähigkeit (§ 21) begangen, so ordnet das Gericht die Unterbringung in einem psychiatrischen Krankenhaus an, wenn die Gesamtwürdigung des Täters und seiner Tat ergibt, daß von ihm infolge seines Zustandes erhebliche rechtswidrige Taten, durch welche die Opfer seelisch oder körperlich erheblich geschädigt oder erheblich gefährdet werden oder schwerer wirtschaftlicher Schaden angerichtet wird, zu erwarten sind und er deshalb für die Allgemeinheit gefährlich ist. Handelt es sich bei der begangenen rechtswidrigen Tat nicht um eine im Sinne von Satz 1 erhebliche Tat, so trifft das Gericht eine solche Anordnung nur, wenn besondere Umstände die Erwartung rechtfertigen, dass der Täter infolge seines Zustandes derartige erhebliche rechtswidrige Taten begehen wird.

---

[9] Zsf. zum materiellen Verbrechens-/Kriminalitätsbegriff Schwind, Kriminologie, 23. Aufl. 2016, § 1 Rn. 1ff.; Meier, Kriminologie, 5. Aufl. 2016, § 1 Rn. 10ff.

Erstens ist der rechtstechnische, enge Gebrauch der Strafe im StGB mithin abzugrenzen von dem der sog. „**Sanktion**" als Oberbegriff für alle anlässlich einer Straftat verhängbaren Rechtsfolgen.

Zweitens wird der Begriff der Strafe auch in **anderen Gesetzen** verwendet und dort anders verstanden (ausgelegt).

Vgl. Art. 103 II GG (Grundgesetz):

> **Art. 103 II GG**
> Eine Tat kann nur bestraft werden, wenn die Strafbarkeit gesetzlich bestimmt war, bevor die Tat begangen wurde.

Sowie Art. 6 I, II Europäische Menschenrechtskonvention (EMRK):

> **Art. 6 I, II EMRK (Recht auf ein faires Verfahren)**
> (1) Jede Person hat ein Recht darauf, dass […] über eine gegen sie erhobene strafrechtliche Anklage von einem unabhängigen und unparteiischen, auf Gesetz beruhenden Gericht in einem fairen Verfahren, öffentlich und innerhalb angemessener Frist verhandelt wird. […]
> (2) Jede Person, die einer Straftat angeklagt ist, gilt bis zum gesetzlichen Beweis ihrer Schuld als unschuldig.

Strafe im Sinne der Art. 103 II GG und 6 I, II EMRK umfasst auch die Verhängung einer Maßregel, obwohl das StGB diese von den Strafen unterscheidet.

Auch manche Sanktionen, die das deutsche StGB nicht enthält, werden unter „bestraft" und „Strafbarkeit" i.S.d. § 103 II GG bzw. „strafrechtliche Anklage" und „einer Straftat angeklagt" subsumiert, z.B. Geldbußen nach dem Ordnungswidrigkeitenrecht gem. OWiG und entsprechenden Spezialgesetzen.

Drittens ist der **formelle** Begriff der Strafe i.S.d. StGB von **materiellen Strafbegriffen** abzugrenzen. Diesen liegen rechtstheoretische, rechtsphilosophische oder rechtspolitische Anliegen zu Grunde, im Rahmen derer Wesensgehalt, Charakteristika und Implikationen staatlichen Strafens kontrovers diskutiert werden, um hieraus Erwägungen für die Strafrechtsauslegung *de lege lata* oder die Strafrechtsreformierung *de lege ferenda* abzuleiten.

Hierbei stellen sich auch problematische Fragen der Abgrenzung des Strafens bzw. des Strafrechts zu anderen belastenden, in die Grundrechte der Bürger eingreifenden Maßnahmen des Staates, z.B. bei der Auferlegung von Steuern, Berufsverboten oder der disziplinarischen Ahndung von Dienstvergehen bei Beamten und Soldaten.

Viertens muss der Rechtsbegriff der Strafe von **umgangssprachlichen Verwendungen** (Eltern „bestrafen" ihre Kinder, Lehrer ihre Schüler usw.) abgegrenzt werden, was für alle Rechtsbegriffe gilt.

V. Exkurs: Latein im (Straf-)Recht

Anstelle von Begriffen, die aus dem deutschen Wort „Strafe" etc. gebildet werden, finden auch eine Vielzahl von aus dem **Lateinischen** abgeleiteten Begriffen Verwendung, welche synonym gebraucht werden. Das ist auch in anderen Rechtsgebieten (vor allem im Bürgerlichen Recht) und auch in ausländischen Rechtsordnungen (vor allem in europäischen sowie der anglo-amerikanischen) so.

Dies betrifft insbesondere Ableitungen von

- crimen (criminis, n.): z.B. Kriminalwissenschaften, Kriminalrecht, Kriminalität, kriminell, Kriminologie, Kriminalistik
- delictum (-i, n.): z.B. Delikt, deliktisch
- delinquere: z.B. Delinquenz, Delinquent
- poena (-ae, f.): z.B. pönal, pönalisieren, vgl. auch peinliches Recht
- punire: z.B. punitiv.

Auch einzelne Rechtsbegriffe werden lateinisch umschrieben (z.B. *dolus* für Vorsatz), ebenso bestimmte Problemkreise (z.B. *error in persona vel obiecto, aberratio ictus*), Schlagworte (z.B. *condicio sine qua non*) oder Merksätze (z.B. *nulla poena sine lege; in dubio pro reo; nemo tenetur, se ipsum accusare*). Hinzu kommen allgemein gängige Redewendungen (z.B. *ultima ratio, de facto, expressis verbis*) sowie Ausdrücke der allgemeinen Wissenschaftssprache (z.B. *ex ante, ex post, argumentum e contrario, argumentum ad absurdum, petitio principii; de lege lata, de lege ferenda, contra legem, non liquet*).[10]

Für die Auslegung der Rechtsnormen ist allerdings allein der amtliche deutsche Gesetzestext maßgebend. Der Wert der oft erst in der Neuzeit geprägten lateinischen Begriffe und Redewendungen ist eher akademischer und didaktischer Natur. Kenntnis und Verwendung entsprechen aber rechtshistorisch[11] begründeter rechtswissenschaftlicher Tradition und Allgemeinbildung.

---

[10] Zu lateinischen Ausdrücken in der Rechtswissenschaft vgl. Lieberwirth, Latein im Recht, 5. Aufl. 2007; Adomeit/Hähnchen, Latein für Jurastudenten, 6. Aufl. 2015; Filip-Fröschl/Mader, Latein in der Rechtssprache, 4. Aufl. 2014; Liebs, Lateinische Rechtsregeln und Rechtssprichwörter, 7. Aufl. 2007; Benke/Meissel, Juristenlatein, 3. Aufl. 2010.

[11] Vgl. hier nur allgemein Eisenhardt, Deutsche Rechtsgeschichte, 6. Aufl. 2013; Waldstein/Rainer, Römische Rechtsgeschichte, 11. Aufl. 2014; speziell zur Strafrechtsgeschichte Rüping/Jerouschek, Grundriss der Strafrechtsgeschichte, 6. Aufl. 2011.

B. Strafrechtliche Gesetzgebung

I. Allgemeines

Welches Verhalten strafbar ist, wie es bestraft werden kann und welches Verfahren zu beschreiten ist, regelt der demokratisch legitimierte Gesetzgeber nach Maßgabe und im Rahmen des formellen und materiellen Verfassungsrechts.

Fachgesetzliche (sog. einfachgesetzliche) Regelungen und das Verfassungsrecht des GG bilden die wichtigsten **Quellen des Strafrechts**.[12]

II. Zuständigkeit

Zuständig für die Schaffung, Änderung und Abschaffung strafrechtlicher Gesetzgebung ist gem. Art. 74 I Nr. 1 GG der **Bund**.[13]

> **Art. 74 I Nr. 1 GG**
> Die konkurrierende Gesetzgebung erstreckt sich auf folgende Gebiete:
> 1. […] das Strafrecht, die Gerichtsverfassung, das gerichtliche Verfahren (ohne das Recht des Untersuchungshaftvollzugs) […]

Für eine Gesetzgebung der **Länder** gilt Art. 72 I GG.

> **Art. 72 I GG**
> Im Bereich der konkurrierenden Gesetzgebung haben die Länder die Befugnis zur Gesetzgebung, solange und soweit der Bund von seiner Gesetzgebungszuständigkeit nicht durch Gesetz Gebrauch gemacht hat.

Regelungen zum Verhältnis des Bundesstrafrechts zum sog. **Landesstrafrecht**[14] finden sich in den Art. 1–4 und 288–292 EGStGB.

Die Länder haben von ihrer (Rest-)Zuständigkeit auf dem Gebiet des Strafrechts in unterschiedlichem Maße Gebrauch gemacht. Echte Straftatbestände sind selten

---

[12] Zu den Quellen des Strafrechts Jescheck/Weigend, AT, 5. Aufl. 1996, §§ 10ff.; Maurach/Zipf, AT 1, 1992, § 8.

[13] Hierzu Seiler, in: BeckOK-GG, Stand 01.12.2016, Art. 74 Rn. 4f.; Lenzen JR 1980, 133; Dannecker/Pfaffendorf NZWiSt 2012, 212 und 252.

[14] Hierzu Maurach/Zipf, AT 1, 1992, § 8 Rn. 10ff.

geschaffen worden (vgl. aber z.B. § 15 PresseG SH), deutlich häufiger erlässt der Landesgesetzgeber Ordnungswidrigkeitentatbestände mit Bußgeldandrohungen.

Die **Ausführung** der strafrechtlichen Gesetze – auch der Gesetze des Bundes – liegt gem. Art. 83, 84, 92 GG in der grundsätzlichen Zuständigkeit der Länder, die hierfür Landesbehörden (z.B. Polizei, Landeskriminalämter) und Landesgerichte (Amtsgerichte, Landgerichte und Oberlandesgerichte) geschaffen haben.

Aufgrund Art. 95 I GG besteht allerdings der Bundesgerichtshof (BGH); Näheres zu diesem regeln StPO und GVG. Ferner gibt es einen Generalbundesanwalt (auch sog. Bundesanwaltschaft), §§ 142 I Nr. 1, 142a GVG, ein Bundeskriminalamt (gem. BKAG) und die Bundespolizei (gem. BPolG).

III. Einteilung der strafrechtlichen Regelungen; Systematik des StGB

▶ **Didaktische Aufsätze:**
- Hettinger, Zur Systematisierung der Strafrechtsnormen, JuS 1986, L81 und 1987, L1
- Hettinger, Zur Systematisierung der Strafrechtsnormen, JuS 1997, L33 und L41

1. Materielles und formelles Strafrecht

Nach dem Regelungsinhalt lassen sich das sog. **materielle** und das **formelle Strafrecht** unterscheiden.[15]

a) Materielles Strafrecht
Das **materielle Strafrecht** legt
- erstens die Voraussetzungen der Strafbarkeit (also das „Ob" der Verwirklichung einer Straftat) und
- zweitens die daher drohenden Sanktionen (das „Wie" der Bestrafung) fest.

aa) Materielles Strafrecht als Kern- und Nebenstrafrecht
Normen des materiellen Strafrechts enthält insbesondere das **StGB** (sog. **Kern-,**[16] **Grund-**[17] **oder Hauptstrafrecht**[18]).

---

[15] S. die Übersicht bei Hoyer, AT, 1996, S. 1f.

[16] Lagodny, in: MK-StGB, 2. Aufl. 2013, Einleitung Nebenstrafrecht I, Rn. 1ff.

[17] Maurach/Zipf, AT 1, 1992, § 8 Rn. 26.

[18] Maurach/Zipf, AT 1, 1992, § 8 Rn. 26.

Vgl. außer den obigen Beispielen z.B. § 239 I StGB (Freiheitsberaubung):

> **§ 239 I StGB (Freiheitsberaubung)**
> Wer einen Menschen einsperrt oder auf andere Weise der Freiheit beraubt, wird mit Freiheitsstrafe bis zu fünf Jahren oder mit Geldstrafe bestraft.

Daneben gibt es strafrechtliche Regelungen in einer Vielzahl von weiteren Gesetzen (z.B. VStGB, WiStG) und Gesetzesteilen (z.B. §§ 21ff. StVG, 29ff. BtMG; 51ff. WaffG, 17ff. TierSchG, 370 AO sowie weite Teile des Wirtschaftsstrafrechts[19]) sog. **Nebenstrafrecht,**[20] z.B.:

> **§ 6 I VStGB (Völkermord)**
> Wer in der Absicht, eine nationale, rassische, religiöse oder ethnische Gruppe als solche ganz oder teilweise zu zerstören,
> 1. ein Mitglied der Gruppe tötet,
> 2. einem Mitglied der Gruppe schwere körperliche oder seelische Schäden, insbesondere der in § 226 des Strafgesetzbuches bezeichneten Art, zufügt,
> 3. die Gruppe unter Lebensbedingungen stellt, die geeignet sind, ihre körperliche Zerstörung ganz oder teilweise herbeizuführen,
> 4. Maßregeln verhängt, die Geburten innerhalb der Gruppe verhindern sollen,
> 5. ein Kind der Gruppe gewaltsam in eine andere Gruppe überführt,
> wird mit lebenslanger Freiheitsstrafe bestraft.

> **§ 21 I Nr. 1 StVG (Fahren ohne Fahrerlaubnis)**
> Mit Freiheitsstrafe bis zu einem Jahr oder mit Geldstrafe wird bestraft, wer
> 1. ein Kraftfahrzeug führt, obwohl er die dazu erforderliche Fahrerlaubnis nicht hat oder ihm das Führen des Fahrzeugs […] verboten ist […].

> **§ 29 I Nr. 1 BtMG**
> Mit Freiheitsstrafe bis zu fünf Jahren oder mit Geldstrafe wird bestraft, wer
> 1. Betäubungsmittel unerlaubt anbaut, herstellt, mit ihnen Handel treibt, sie, ohne Handel zu treiben, einführt, ausführt, veräußert, abgibt, sonst in den Verkehr bringt, erwirbt oder sich in sonstiger Weise verschafft […].

---

[19] Hierzu vgl. nur die Kommentierung der verschiedenen Gesetze(-steile) bei Graf/Jäger/Wittig, Wirtschaftsstrafrecht, 2. Aufl. 2017.

[20] Umfassend Erbs/Kohlhaas, Strafrechtliche Nebengesetze, Stand: 212. Lfg. Januar 2017.

> **§ 370 I Nr. 1, 2 AO (Steuerhinterziehung)**
> Mit Freiheitsstrafe bis zu fünf Jahren oder mit Geldstrafe wird bestraft, wer
> 1. den Finanzbehörden oder anderen Behörden über steuerlich erhebliche Tatsachen unrichtige oder unvollständige Angaben macht,
> 2. die Finanzbehörden pflichtwidrig über steuerlich erhebliche Tatsachen in Unkenntnis lässt
> [...]
> und dadurch Steuern verkürzt oder für sich oder einen anderen nicht gerechtfertigte Steuervorteile erlangt.

Es existiert also **keine Kodifikation** des gesamten Strafrechts in einem einzigen Gesetzbuch.

Der Gesetzgeber hat sich stattdessen aus Gründen des Sachzusammenhangs oft dazu entschieden, die Strafnormen als Annex der Fachmaterie im jeweiligen Spezialgesetz (meist am Ende) zu regeln.

Die Bezeichnung als Nebenstrafrecht ist aber irreführend und lediglich im Hinblick auf traditionelle Ausbildungsinhalte zutreffend: Die Straftatbestände außerhalb des StGB sind zahlreich und ausweislich der Fallzahlen von erheblicher praktischer Bedeutung, zumal die Strafrahmen oft nicht hinter denen des Kernstrafrechts zurückstehen.

bb) Recht der Straftatvoraussetzungen als Teil des materiellen Rechts
Der Gesetzgeber beschreibt in den sog. **Tatbeständen** die objektiven (äußerlichen) und subjektiven (innerlichen) Voraussetzungen (sog. **Tatbestandsmerkmale**), deren Erfüllung die Strafbarkeit begründet.

Dies ist im StGB (§§ 80ff. StGB) geschehen sowie im sog. Nebenstrafrecht.

Man prüft die Strafbarkeit eines Straftäters, indem man den sog. **Sachverhalt**[21] ermittelt und das festgestellte Verhalten mit den Voraussetzungen aller Strafgesetze vergleicht (sog. **Subsumtion** des Verhaltens unter die Strafnormen.[22]) Nach Bejahung der Strafbarkeit kann die Rechtsfolge festgelegt werden.

Hierbei kann ein Verhalten auch wegen Erfüllung mehrerer Tatbestände strafbar sein:

Beispiel 3:

B fuhr stark alkoholisiert Auto und übersah dabei aufgrund seiner eingeschränkten Sinne den Radfahrer G und erfasste ihn tödlich.

---

[21] Zur Abgrenzung der Begriffe Sachverhalt und Tatbestand Kindhäuser, LPK, 6. Aufl. 2015, vor § 1 Rn. 9.
[22] Vgl. nur Rengier, AT, 8. Aufl. 2016, § 11 Rn. 1ff.

Hierzu vgl.:

---

§ 316 I StGB (Trunkenheit im Verkehr)
Wer im Verkehr [...] ein Fahrzeug führt, obwohl er infolge des Genusses alkoholischer Getränke oder anderer berauschender Mittel nicht in der Lage ist, das Fahrzeug sicher zu führen, wird mit Freiheitsstrafe bis zu einem Jahr oder mit Geldstrafe bestraft, [...].

---

§ 315c I Nr. 1 lit. a StGB (Gefährdung des Straßenverkehrs)
Wer im Straßenverkehr
1. ein Fahrzeug führt, obwohl er
a) infolge des Genusses alkoholischer Getränke oder anderer berauschender Mittel oder
[...]
und dadurch Leib oder Leben eines anderen Menschen oder fremde Sachen von bedeutendem Wert gefährdet, wird mit Freiheitsstrafe bis zu fünf Jahren oder mit Geldstrafe bestraft.

---

§ 222 StGB (Fahrlässige Tötung)
Wer durch Fahrlässigkeit den Tod eines Menschen verursacht, wird mit Freiheitsstrafe bis zu fünf Jahren oder mit Geldstrafe bestraft.

Zu den einzelnen Straftatvoraussetzungen, die der Gesetzgeber in den **einzelnen Tatbeständen** normiert hat, kommen allgemeine Grundsätze der Strafbarkeit aus dem sog. **Allgemeinen Teil** des StGB (insbesondere §§ 1–35 StGB) hinzu.

So heißt es z.B. in § 15 StGB:

---

§ 15 StGB (Vorsätzliches und fahrlässiges Handeln)
Strafbar ist nur vorsätzliches Handeln, wenn nicht das Gesetz fahrlässiges Handeln ausdrücklich mit Strafe bedroht.

Der Gesetzgeber konnte aufgrund dieser Regelung darauf verzichten, in den einzelnen Tatbeständen ein jeweiliges Vorsatzerfordernis aufzunehmen.

cc) Recht der Straftatrechtsfolgen als Teil des materiellen Rechts
Die Strafnormen enthalten nicht nur die Voraussetzungen dafür, dass ein Verhalten strafbar ist, sondern auch Rechtsfolgenregelungen.

Bei den einzelnen Tatbeständen beschränkt sich der Gesetzgeber darauf, einen sog. **Strafrahmen** zu regeln, z.B.:

> **§ 303 I StGB (Sachbeschädigung)**
> Wer rechtswidrig eine fremde Sache beschädigt oder zerstört, wird mit **Freiheitsstrafe bis zu zwei Jahren oder mit Geldstrafe** bestraft.

Zu den einzelnen Strafrahmen, die der Gesetzgeber in den einzelnen Tatbeständen normiert hat, kommen allgemeine Grundsätze der Straftatrechtsfolgen aus dem sog. Allgemeinen Teil des StGB (§§ 38ff. StGB) hinzu.

Wenn der Gesetzgeber keine Unter- oder Obergrenze angibt, so ergibt sich diese für die Geldstrafe aus § 40 I und II StGB.

> **§ 40 I, II StGB (Verhängung in Tagessätzen)**
> (1) Die Geldstrafe wird in Tagessätzen verhängt. Sie beträgt mindestens fünf und, wenn das Gesetz nichts anderes bestimmt, höchstens dreihundertsechzig volle Tagessätze.
> (2) Die Höhe eines Tagessatzes bestimmt das Gericht unter Berücksichtigung der persönlichen und wirtschaftlichen Verhältnisse des Täters. Dabei geht es in der Regel von dem Nettoeinkommen aus, das der Täter durchschnittlich an einem Tag hat oder haben könnte. Ein Tagessatz wird auf mindestens einen und höchstens dreißigtausend Euro festgesetzt.

Für die Freiheitsstrafe gilt § 38 StGB.

> **§ 38 StGB (Dauer der Freiheitsstrafe)**
> (1) Die Freiheitsstrafe ist zeitig, wenn das Gesetz nicht lebenslange Freiheitsstrafe androht.
> (2) Das Höchstmaß der zeitigen Freiheitsstrafe ist fünfzehn Jahre, ihr Mindestmaß ein Monat.

Vgl. z.B.:

> **§ 212 I StGB (Totschlag)**
> Wer einen Menschen tötet, ohne Mörder zu sein, wird als Totschläger mit Freiheitsstrafe nicht unter fünf Jahren bestraft.

Wer einen Totschlag begeht, kann also mit Freiheitsstrafe zwischen fünf und fünfzehn Jahren bestraft werden.

Ein Sonderfall ist die alternativlos (sog. absolut) angeordnete lebenslange Freiheitsstrafe bei § 211 StGB (Mord).

> **§ 211 StGB (Mord)**
> (1) Der Mörder wird mit lebenslanger Freiheitsstrafe bestraft.
> (2) Mörder ist, wer
> aus Mordlust, zur Befriedigung des Geschlechtstriebs, aus Habgier oder sonst aus niedrigen Beweggründen,
> heimtückisch oder grausam oder mit gemeingefährlichen Mitteln oder
> um eine andere Straftat zu ermöglichen oder zu verdecken,
> einen Menschen tötet.

Dies gibt es ansonsten nur noch beim Völkermord gem. § 6 VStGB.

Besondere Rechtsfolgeanordnungen für Jugendliche und Heranwachsende enthält das Jugendgerichtsgesetz (JGG), sog. Jugendstrafrecht.[23]

dd) Allgemeiner Teil und Besonderer Teil: Gliederung des StGB

Das StGB ist gegliedert in einen Allgemeinen Teil (AT, §§ 1–79b StGB) und einen Besonderen Teil (BT, §§ 80–358 StGB).[24]

Der **Allgemeine Teil** enthält Regelungen, die für alle Straftatbestände gelten. Im **Besonderen Teil** finden sich die einzelnen Straftatbestände sowie Sonderregelungen, die sich nur auf bestimmte Straftatbestände oder Straftatbestandsgruppen beziehen.

(1) Allgemeiner Teil

Beispielsweise enthält § 32 StGB den Rechtfertigungsgrund der Notwehr.

> **§ 32 StGB (Notwehr)**
> (1) Wer eine Tat begeht, die durch Notwehr geboten ist, handelt nicht rechtswidrig.
> (2) Notwehr ist die Verteidigung, die erforderlich ist, um einen gegenwärtigen rechtswidrigen Angriff von sich oder einem anderen abzuwenden.

---

[23] Zum Jugendstrafrecht vgl. die Lehrbücher von Ostendorf, Jugendstrafrecht, 8. Aufl. 2015; Streng, Jugendstrafrecht, 4. Aufl. 2016; Meier/Rössner/Schöch, Jugendstrafrecht, 3. Aufl. 2013; Laubenthal/Baier/Nestler, Jugendstrafrecht, 3. Aufl. 2015.

[24] Vgl. zsf. zum Aufbau des StGB auch Fischer, StGB, 64. Aufl. 2017, Einleitung Rn. 1; zum Verhältnis von Allgemeinem und Besonderem Teil des StGB Tiedemann FS Baumann 1992, 7.

Für die Anwendbarkeit der Notwehr kommt es nicht darauf an, welchen Straftatbestand der Straftäter verwirklicht hat, also ob er sich z.B. gegen einen Angreifer durch Zufügung einer Körperverletzung (§ 223 I StGB) oder durch Totschlag (§ 212 I StGB) verteidigt hat, solange nur die in § 32 StGB genannten Rechtfertigungsvoraussetzungen erfüllt sind.

Die Gesetzestechnik, allgemeine Regelungen „**vor die Klammer**" zu ziehen, findet nicht nur im StGB, sondern z.B. auch im BGB Anwendung. Im Verwaltungsrecht gibt es eigene Gesetze mit allgemeinen Rechtsnormen, insbesondere das VwVfG des Bundes (bzw. die entsprechenden Landesgesetze) und das SGB I.

Der Allgemeine Teil des StGB besteht aus fünf **Abschnitten**:

1. Abschnitt: Das Strafgesetz (§§ 1–12)
2. Abschnitt: Die Tat (§§ 13–37)
3. Abschnitt: Rechtsfolgen der Tat (§§ 38–76a)
4. Abschnitt: Strafantrag, Ermächtigung, Strafverlangen (§§ 77–77e)
5. Abschnitt: Verjährung (§§ 78–79b)

Die ersten beiden Abschnitte enthalten Regelungen zu den Straftatvoraussetzungen (etwa das o.a. Vorsatzerfordernis gem. § 15 StGB) und zu Gründen, die eine Strafbarkeit ausschließen (insbesondere Rechtfertigungs- und Entschuldigungsgründe).

Der dritte Abschnitt enthält allgemeine Regelungen zur Rechtsfolge der Straftat (Sanktionenrecht).

Der vierte und fünfte Abschnitt beinhalten nach heutiger Auffassung keine Normen des materiellen Strafrechts, da es weder um Straftatvoraussetzungen noch um die Rechtsfolgenausgestaltung geht. Vielmehr werden Strafantragserfordernisse und Fragen der Verjährung dem Strafprozessrecht zugeordnet; es handelt sich um Prozessvoraussetzungen bzw. -hindernisse.[25] Wenn aufgrund erforderlichen, aber mangelnden Strafantrags oder aufgrund Verjährung der Tat der Straftäter nicht bestraft wird, kann dies aber natürlich auch als Bestimmung einer Rechtsfolge (Nichteinleitung oder Einstellung des Strafverfahrens, Freispruch) gedeutet werden.

Allgemeine Lehren finden sich außer im Allgemeinen Teil des StGB auch in **anderen Gesetzen**.

Dies gilt z.B. für Rechtfertigungsgründe.

So erlaubt etwa § 228 S. 1 BGB eine Sachbeschädigung in Fällen des sog. Defensivnotstands[26]:

---

[25] Fischer, StGB, 64. Aufl. 2017, vor § 77 Rn. 4; vor § 78 Rn. 1ff.; Kindhäuser, LPK, 6. Aufl. 2015, vor § 77 Rn. 2; vor § 78 Rn. 2.

[26] Hierzu B. Heinrich, AT, 5. Aufl. 2016, Rn. 482ff.

§ 228 S. 1 BGB (Notstand)
Wer eine fremde Sache beschädigt oder zerstört, um eine durch sie drohende Gefahr von sich oder einem anderen abzuwenden, handelt nicht widerrechtlich, wenn die Beschädigung oder die Zerstörung zur Abwendung der Gefahr erforderlich ist und der Schaden nicht außer Verhältnis zu der Gefahr steht.

§ 127 I 1 StPO rechtfertigt insbesondere Freiheitsberaubungen:

§ 127 I 1 StPO (Vorläufige Festnahme)
Wird jemand auf frischer Tat betroffen oder verfolgt, so ist, wenn er der Flucht verdächtig ist oder seine Identität nicht sofort festgestellt werden kann, jedermann befugt, ihn auch ohne richterliche Anordnung vorläufig festzunehmen.

(2) Besonderer Teil

(a) Allgemeines
Im **Besonderen Teil** des StGB umschreibt der Gesetzgeber in den einzelnen Straftatbeständen das strafbare Verhalten und legt die Strafrahmen fest.

Besondere Regelungen enthält aber auch das Nebenstrafrecht (s.o.), so dass der Besondere Teil des StGB nicht einen gesamten Besonderen Teil des Strafrechts darstellt.

Der Besondere Teil des StGB besteht aus 30 Abschnitten:

1. Abschnitt: Friedensverrat, Hochverrat und Gefährdung des demokratischen Rechtsstaates (§§ 80–92b)
2. Abschnitt: Landesverrat und Gefährdung der äußeren Sicherheit (§§ 93–101a)
3. Abschnitt: Straftaten gegen ausländische Staaten (§§ 102–104a)
4. Abschnitt: Straftaten gegen Verfassungsorgane sowie bei Wahlen und Abstimmungen (§§ 105–108e)
5. Abschnitt: Straftaten gegen die Landesverteidigung (§§ 109–109k)
6. Abschnitt: Widerstand gegen die Staatsgewalt (§§ 110–122)
7. Abschnitt: Straftaten gegen die öffentliche Ordnung (§§ 123–145d)
8. Abschnitt: Geld- und Wertzeichenfälschung (§§ 146–152b)
9. Abschnitt: Falsche uneidliche Aussage und Meineid (§§ 153–163)
10. Abschnitt: Falsche Verdächtigung (§§ 164–165)
11. Abschnitt: Straftaten, welche sich auf Religion und Weltanschauung beziehen (§§ 166–168)
12. Abschnitt: Straftaten gegen den Personenstand, die Ehe und die Familie (§§ 169–173)
13. Abschnitt: Straftaten gegen die sexuelle Selbstbestimmung (§§ 174–184g)
14. Abschnitt: Beleidigung (§§ 185–200)

15. Abschnitt: Verletzung des persönlichen Lebens- und Geheimbereichs (§§ 201–210)
16. Abschnitt: Straftaten gegen das Leben (§§ 211–222)
17. Abschnitt: Straftaten gegen die körperliche Unversehrtheit (§§ 223–231)
18. Abschnitt: Straftaten gegen die persönliche Freiheit (§§ 232–241a)
19. Abschnitt: Diebstahl und Unterschlagung (§§ 242–248c)
20. Abschnitt: Raub und Erpressung (§§ 249–256)
21. Abschnitt: Begünstigung und Hehlerei (§§ 257–262)
22. Abschnitt: Betrug und Untreue (§§ 263–266b)
23. Abschnitt: Urkundenfälschung (§§ 267–282)
24. Abschnitt: Insolvenzstraftaten (§§ 283–283d)
25. Abschnitt: Strafbarer Eigennutz (§§ 284–297)
26. Abschnitt: Straftaten gegen den Wettbewerb (§§ 298–302)
27. Abschnitt: Sachbeschädigung (§§ 303–305a)
28. Abschnitt: Gemeingefährliche Straftaten (§§ 306–323c)
29. Abschnitt: Straftaten gegen die Umwelt (§§ 324–330d)
30. Abschnitt: Straftaten im Amt (§§ 331–358)

Die Abschnitte sind teils nach den geschützten Rechtsgütern benannt (z.B. 15.–18., 29. Abschnitt), teils nach Deliktsbezeichnungen (z.B. 14., 19.–23. Abschnitt), teils nach besonderen Situationen (24., 30. Abschnitt).

Die Einteilung des Gesetzgebers[27] ist nicht gänzlich konsequent.
So ist z.B. § 142 StGB im 7. Abschnitt eingeordnet, obwohl er ausschließlich die zivilrechtlichen Interessen des Unfallgegners schützt,[28] nicht aber die „öffentliche Ordnung".

> **§ 142 I, II StGB (Unerlaubtes Entfernen vom Unfallort)**
> (1) Ein Unfallbeteiligter, der sich nach einem Unfall im Straßenverkehr vom Unfallort entfernt, bevor er
> 1. zugunsten der anderen Unfallbeteiligten und der Geschädigten die Feststellung seiner Person, seines Fahrzeugs und der Art seiner Beteiligung durch seine Anwesenheit und durch die Angabe, dass er an dem Unfall beteiligt ist, ermöglicht hat oder
> 2. eine nach den Umständen angemessene Zeit gewartet hat, ohne dass jemand bereit war, die Feststellungen zu treffen,
> wird mit Freiheitsstrafe bis zu drei Jahren oder mit Geldstrafe bestraft.
> (2) Nach Absatz 1 wird auch ein Unfallbeteiligter bestraft, der sich
> 1. nach Ablauf der Wartefrist (Absatz 1 Nr. 2) oder
> 2. berechtigt oder entschuldigt
> vom Unfallort entfernt hat und die Feststellungen nicht unverzüglich nachträglich ermöglicht.

---

[27] Näher Dedes FS Oehler 1985, 265.
[28] Ganz h.M., s. nur Fischer, StGB, 64. Aufl. 2017, § 142 Rn. 2; Joecks, StGB, 11. Aufl. 2014, § 142 Rn. 1.

Ferner finden sich z.B. im 27. Abschnitt Delikte, bei denen gerade keine Sache beschädigt wird, z.B. § 303a StGB (Datenveränderung).

> **§ 303a I StGB (Datenveränderung)**
> Wer rechtswidrig Daten [...] löscht, unterdrückt, unbrauchbar macht oder verändert, wird mit Freiheitsstrafe bis zu zwei Jahren oder mit Geldstrafe bestraft.

Auch die Reihenfolge der Abschnitte ist im Einzelnen fragwürdig (z.B. der Beginn mit den Staatsschutzdelikten statt etwa den Delikten gegen das Leben).

Der Besondere Teil des StGB enthält nicht nur Regelungen des materiellen Strafrechts, sondern auch solche des **Strafprozessrechts**.

Insbesondere sind Strafantragserfordernisse normiert, z.B. in den §§ 123 II, 230 I StGB.

> **§ 123 StGB (Hausfriedensbruch)**
> (1) Wer in die Wohnung, in die Geschäftsräume oder in das befriedete Besitztum eines anderen oder in abgeschlossene Räume, welche zum öffentlichen Dienst oder Verkehr bestimmt sind, widerrechtlich eindringt, oder wer, wenn er ohne Befugnis darin verweilt, auf die Aufforderung des Berechtigten sich nicht entfernt, wird mit Freiheitsstrafe bis zu einem Jahr oder mit Geldstrafe bestraft.
> (2) Die Tat wird nur auf Antrag verfolgt.

> **§ 230 I StGB (Strafantrag)**
> (1) Die vorsätzliche Körperverletzung nach § 223 und die fahrlässige Körperverletzung nach § 229 werden nur auf Antrag verfolgt, es sei denn, dass die Strafverfolgungsbehörde wegen des besonderen öffentlichen Interesses an der Strafverfolgung ein Einschreiten von Amts wegen für geboten hält. Stirbt die verletzte Person, so geht bei vorsätzlicher Körperverletzung das Antragsrecht nach § 77 Abs. 2 auf die Angehörigen über.

(b) Minder schwere und besonders schwere Fälle

Das Gesetz beschränkt sich nicht immer darauf, Tatbestandsmerkmale und Strafrahmen festzulegen.

Bei manchen Delikten sind **minder schwere oder besonders schwere Fälle** normiert. Liegt ein solcher Fall vor, wird der anzuwendende Strafrahmen verändert.

Ein Beispiel für einen an **bestimmte Voraussetzungen** gekoppelten minder schweren Fall ist § 213 1. Var. StGB (Minder schwerer Fall des Totschlags).

§ 213 StGB (Minder schwerer Fall des Totschlags)
War der Totschläger ohne eigene Schuld durch eine ihm oder einem Angehörigen zugefügte Misshandlung oder schwere Beleidigung von dem getöteten Menschen zum Zorn gereizt und hierdurch auf der Stelle zur Tat hingerissen worden oder liegt sonst ein minder schwerer Fall vor, so ist die Strafe Freiheitsstrafe von einem Jahr bis zu zehn Jahren.

§ 213 2. Var. StGB ermöglicht dem Gesetzesanwender, sonstige mildernde Umstände als sog. **unbenannten minder schweren Fall** zu berücksichtigen.

Ein Beispiel für einen nicht an normierte Voraussetzungen gekoppelten (sog. unbenannten) minder schweren Fall ist § 306 II StGB.

§ 306 StGB (Brandstiftung)
(1) Wer fremde
1. Gebäude oder Hütten,
2. Betriebsstätten oder technische Einrichtungen, namentlich Maschinen,
3. Warenlager oder -vorräte,
4. Kraftfahrzeuge, Schienen-, Luft- oder Wasserfahrzeuge,
5. Wälder, Heiden oder Moore oder
6. land-, ernährungs- oder forstwirtschaftliche Anlagen oder Erzeugnisse
in Brand setzt oder durch eine Brandlegung ganz oder teilweise zerstört, wird mit Freiheitsstrafe von einem Jahr bis zu zehn Jahren bestraft.
(2) In minder schweren Fällen ist die Strafe Freiheitsstrafe von sechs Monaten bis zu fünf Jahren.

Ein Beispiel für an bestimmte Voraussetzungen gekoppelte **besonders schwere Fälle** ist § 243 I 2 StGB.

§ 243 I StGB (Besonders schwerer Fall des Diebstahls)
In besonders schweren Fällen wird der Diebstahl mit Freiheitsstrafe von drei Monaten bis zu zehn Jahren bestraft. Ein besonders schwerer Fall liegt in der Regel vor, wenn der Täter
1. zur Ausführung der Tat in ein Gebäude, einen Dienst- oder Geschäftsraum oder in einen anderen umschlossenen Raum einbricht, einsteigt, mit einem falschen Schlüssel oder einem anderen nicht zur ordnungsmäßigen Öffnung bestimmten Werkzeug eindringt oder sich in dem Raum verborgen hält,
2. eine Sache stiehlt, die durch ein verschlossenes Behältnis oder eine andere Schutzvorrichtung gegen Wegnahme besonders gesichert ist,
3. gewerbsmäßig stiehlt,

4. aus einer Kirche oder einem anderen der Religionsausübung dienenden Gebäude oder Raum eine Sache stiehlt, die dem Gottesdienst gewidmet ist oder der religiösen Verehrung dient,

5. eine Sache von Bedeutung für Wissenschaft, Kunst oder Geschichte oder für die technische Entwicklung stiehlt, die sich in einer allgemein zugänglichen Sammlung befindet oder öffentlich ausgestellt ist,

6. stiehlt, indem er die Hilflosigkeit einer anderen Person, einen Unglücksfall oder eine gemeine Gefahr ausnutzt oder

7. eine Handfeuerwaffe, zu deren Erwerb es nach dem Waffengesetz der Erlaubnis bedarf, ein Maschinengewehr, eine Maschinenpistole, ein voll- oder halbautomatisches Gewehr oder eine Sprengstoff enthaltende Kriegswaffe im Sinne des Kriegswaffenkontrollgesetzes oder Sprengstoff stiehlt.

Ferner z.B. § 113 II StGB (Widerstand gegen Vollstreckungsbeamte).

§ 113 I, II Nr. 1, 2 StGB (Widerstand gegen Vollstreckungsbeamte)
(1) Wer einem Amtsträger oder Soldaten der Bundeswehr, der zur Vollstreckung von Gesetzen, Rechtsverordnungen, Urteilen, Gerichtsbeschlüssen oder Verfügungen berufen ist, bei der Vornahme einer solchen Diensthandlung mit Gewalt oder durch Drohung mit Gewalt Widerstand leistet oder ihn dabei tätlich angreift, wird mit Freiheitsstrafe bis zu drei Jahren oder mit Geldstrafe bestraft.
(2) In besonders schweren Fällen ist die Strafe Freiheitsstrafe von sechs Monaten bis zu fünf Jahren. Ein besonders schwerer Fall liegt in der Regel vor, wenn
1. der Täter oder ein anderer Beteiligter eine Waffe oder ein anderes gefährliches Werkzeug bei sich führt, um diese oder dieses bei der Tat zu verwenden, oder
2. der Täter durch eine Gewalttätigkeit den Angegriffenen in die Gefahr des Todes oder einer schweren Gesundheitsschädigung bringt.

Diese sog. **Regelbeispiele** für die Annahme eines besonders schweren Falls sind **weder zwingend noch abschließend**, so dass der Gesetzesanwender einerseits trotz Vorliegens eines Regelbeispiels einen besonders schweren Fall aufgrund kompensierender, mildernder Umstände verneinen kann, andererseits einen besonders schweren Fall annehmen kann, obwohl kein Regelbeispiel verwirklicht wurde (sog. unbenannter besonders schwerer Fall).[29]

---

[29] Zur Regelbeispielstechnik z.B. (zum besonders wichtigen § 243 StGB) Wittig, in: BeckOK-StGB, Stand 01.12.2016, § 243 Rn. 1ff.; ausf. Wahle GA 1969, 161; Blei FS Heinitz 1972, 419; Wessels FS Maurach 1972, 295; Maiwald FS Gallas 1973, 137; Calliess JZ 1975, 112; Maiwald NStZ 1984, 433; Montenbruck NStZ 1987, 311; Wessels FS Lackner 1987, 423; Calliess NJW 1998, 929; Zieschang Jura 1999, 561; Gössel FS H. J. Hirsch 1999, 183; Hirsch FS Gössel 2002, 287; Hettinger FS Maiwald 2010, 293.

Ein Beispiel für einen nicht an normierte Voraussetzungen gekoppelten, reinen **unbenannten besonders schweren Fall** ist § 212 II StGB.

> **§ 212 StGB (Totschlag)**
> (1) Wer einen Menschen tötet, ohne Mörder zu sein, wird als Totschläger mit Freiheitsstrafe nicht unter fünf Jahren bestraft.
> (2) In besonders schweren Fällen ist auf lebenslange Freiheitsstrafe zu erkennen.

(c) Qualifikationen und Privilegierungen
In vielen Fällen baut der Gesetzgeber Tatbestände aufeinander auf.

Qualifikationen bauen strafschärfend, **Privilegierungen** strafmildernd auf dem Grundtatbestand auf.

Sie unterscheiden sich von den Regelbeispielen dadurch, dass ihre Anwendung bei Vorliegen der Voraussetzungen zwingend ist, ebenso ihre Nichtanwendung bei fehlenden Voraussetzungen.

Eine Qualifikation des Diebstahls enthält z.B. § 244 I StGB (Diebstahl mit Waffen; Bandendiebstahl; Wohnungseinbruchdiebstahl).

> **§ 244 I StGB (Diebstahl mit Waffen; Bandendiebstahl; Wohnungseinbruchdiebstahl)**
> Mit Freiheitsstrafe von sechs Monaten bis zu zehn Jahren wird bestraft, wer
> 1. einen Diebstahl begeht, bei dem er oder ein anderer Beteiligter
> a) eine Waffe oder ein anderes gefährliches Werkzeug bei sich führt,
> b) sonst ein Werkzeug oder Mittel bei sich führt, um den Widerstand einer anderen Person durch Gewalt oder Drohung mit Gewalt zu verhindern oder zu überwinden,
> 2. als Mitglied einer Bande, die sich zur fortgesetzten Begehung von Raub oder Diebstahl verbunden hat, unter Mitwirkung eines anderen Bandenmitglieds stiehlt oder
> 3. einen Diebstahl begeht, bei dem er zur Ausführung der Tat in eine Wohnung einbricht, einsteigt, mit einem falschen Schlüssel oder einem anderen nicht zur ordnungsmäßigen Öffnung bestimmten Werkzeug eindringt oder sich in der Wohnung verborgen hält.

Eine Privilegierung des Totschlags[30] normiert § 216 I StGB (Tötung auf Verlangen).

> **§ 216 I StGB (Tötung auf Verlangen)**
> Ist jemand durch das ausdrückliche und ernstliche Verlangen des Getöteten zur Tötung bestimmt worden, so ist auf Freiheitsstrafe von sechs Monaten bis zu fünf Jahren zu erkennen.

---

[30] Ganz h.M., s. nur Kindhäuser, LPK, 6. Aufl. 2015, § 216 Rn. 1.

Einen Sonderfall bilden sog. **erfolgsqualifizierte Delikte**, bei denen ein vorsätzlich verwirklichtes Grunddelikt durch eine schwere Folge ergänzt wird, die gem. § 18 StGB nur fahrlässig verwirklicht worden sein muss, z.B.:

> **§ 227 I StGB (Körperverletzung mit Todesfolge)**
> Verursacht der Täter durch die Körperverletzung (§§ 223 bis 226a) den Tod der verletzten Person, so ist die Strafe Freiheitsstrafe nicht unter drei Jahren.

(d) Einteilung der Straftatbestände nach Art der geschützten Rechtsgüter: Individualrechtsgüter, Allgemeinrechtsgüter

Üblich ist es, Straftatbestände danach einzuteilen, welche sog. Rechtsgüter der Gesetzgeber schützen möchte, indem er von ihm als schädlich eingestuftes Verhalten unter Strafe stellt.[31] Rechtsgüter sind alle Gegebenheiten und Zwecksetzungen, die für eine freie Entfaltung des Einzelnen, die Verwirklichung seiner Grundrechte und das Funktionieren eines auf dieser Zielvorstellung aufbauenden staatlichen Systems notwendig sind.[32]

Man unterscheidet Straftatbestände zum Schutz von **Individualrechtsgütern** von Straftatbeständen zum Schutz von **Allgemeinrechtsgütern**.[33] Erstere dienen dem Schutz des einzelnen Menschen, letztere dem Schutz von Gemeinschaftswerten. Bei den individualschützenden Straftatbeständen wird zwischen Delikten zum Schutz der Persönlichkeitswerte und Vermögensdelikten differenziert.

Ein Straftatbestand zum Schutz eines **individuellen Persönlichkeitswerts** ist z.B. § 223 I StGB (Körperverletzung).

> **§ 223 I StGB (Körperverletzung)**
> Wer eine andere Person körperlich mißhandelt oder an der Gesundheit schädigt, wird mit Freiheitsstrafe bis zu fünf Jahren oder mit Geldstrafe bestraft.

Die Strafandrohung dient dem Schutz der körperlichen Unversehrtheit jedes einzelnen Menschen.[34]

Ein Straftatbestand zum Schutz eines **individuellen Vermögenswerts** ist z.B. § 242 I StGB (Diebstahl).

---

[31] Vgl. nur den Aufbau der Lehrbücher von Eisele, BT I, 4. Aufl. 2017, und BT II, 4. Aufl. 2017.

[32] Roxin, AT I, 4. Aufl. 2006, § 2 Rn. 7; insgesamt höchst umstritten.

[33] B. Heinrich, AT, 5. Aufl. 2016, Rn. 7.

[34] Statt aller Eisele, BT I, 4. Aufl. 2017, Rn. 281.

> **§ 242 I StGB (Diebstahl)**
> Wer eine fremde bewegliche Sache einem anderen in der Absicht wegnimmt, die
> Sache sich oder einem Dritten rechtswidrig zuzueignen, wird mit Freiheitsstrafe bis zu
> fünf Jahren oder mit Geldstrafe bestraft.

Die Strafandrohung dient dem Schutz von Eigentum[35] und Besitz bzw. Gewahrsam[36] an beweglichen Sachen.

Ein Straftatbestand zum Schutz eines **Allgemeinrechtsguts** (auch **Kollektiv-, Uni-
versalrechtsgut**) ist z.B. § 316 I StGB (Trunkenheit im Verkehr).

> **§ 316 I StGB (Trunkenheit im Verkehr)**
> Wer im Verkehr [...] ein Fahrzeug führt, obwohl er infolge des Genusses alkoholischer
> Getränke oder anderer berauschender Mittel nicht in der Lage ist, das Fahrzeug sicher
> zu führen, wird mit Freiheitsstrafe bis zu einem Jahr oder mit Geldstrafe bestraft, wenn
> die Tat nicht in § 315a oder § 315c mit Strafe bedroht ist.

Geschützt wird die generelle Sicherheit des öffentlichen Straßen- sowie Bahn-,
Schiffs- und Luftverkehrs.[37]

Es zeigt sich allerdings, dass auch Straftatbestände zum Schutz von Allgemeinrechtsgütern diese nicht um ihrer selbst willen schützen, sondern letztlich immer
dem (vorgelagerten) Schutz des einzelnen Menschen dienen,[38] bei § § 316 StGB
also die Individualrechtsgüter der Verkehrsteilnehmer.

Die rechtswissenschaftliche Literatur, insbesondere die Ausbildungsliteratur, nimmt
i.d.R.[39] eine andere Zweiteilung vor, indem sie die Darstellung der Straftatbestände
des Besonderen Teils des StGB in Nichtvermögensdelikte und Vermögensdelikte
gliedert, wobei zu den Nichtvermögensdelikten sowohl Straftatbestände zum Schutz
von Individualrechtsgütern als auch solche zum Schutz von Allgemeinrechtsgütern
gehören.[40]

---

[35] Genauer (da § 935 BGB den Eigentumserwerbs ausschließt): Das durch § 903 BGB geschützte
Recht, faktisch mit der Sache nach Belieben zu verfahren und andere von jeder Einwirkung auszuschließen, s. nur Kindhäuser, LPK, 6. Aufl. 2015, § 242 Rn. 1.

[36] Vgl. Hoyer, in: SK-StGB, 47. Ltg., 6. Aufl. 1999, vor § 242 Rn. 11f.: kumulativer Schutz von
Gewahrsam und Eigentum; a.A. Kindhäuser, LPK, 6. Aufl. 2015, § 242 Rn. 1.

[37] Fischer, StGB, 64. Aufl. 2017, § 316 Fn. 2, 3.

[38] B. Heinrich, AT, 5. Aufl. 2016, Rn. 7.

[39] S. aber Maurach/Schroeder/Maiwald, BT 1 und 2, 10. Aufl. 2009 bzw. 2012.

[40] Vgl. nur die Aufteilung bei Eisele, BT I und II, 4. Aufl. 2017.

Nicht selten ist umstritten, welches Rechtsgut oder welche Rechtsgüter geschützt werden.

Z.B. bei:

> **§ 164 I, II StGB (Falsche Verdächtigung)**
> (1) Wer einen anderen bei einer Behörde oder einem zur Entgegennahme von Anzeigen zuständigen Amtsträger oder militärischen Vorgesetzten oder öffentlich wider besseres Wissen einer rechtswidrigen Tat oder der Verletzung einer Dienstpflicht in der Absicht verdächtigt, ein behördliches Verfahren oder andere behördliche Maßnahmen gegen ihn herbeizuführen oder fortdauern zu lassen, wird mit Freiheitsstrafe bis zu fünf Jahren oder mit Geldstrafe bestraft.
> (2) Ebenso wird bestraft, wer in gleicher Absicht bei einer der in Absatz 1 bezeichneten Stellen oder öffentlich über einen anderen wider besseres Wissen eine sonstige Behauptung tatsächlicher Art aufstellt, die geeignet ist, ein behördliches Verfahren oder andere behördliche Maßnahmen gegen ihn herbeizuführen oder fortdauern zu lassen.

Strittig[41] ist, ob es sich bei § 164 StGB (zumindest auch) um ein Delikt gegen die Rechtspflege handelt (so die ganz h.M.[42]) oder (so eine Gegenauffassung[43]) um ein rein individualschützendes.

Die Bestimmung des Rechtsguts bzw. der Rechtsgüter des jeweiligen Straftatbestands ist dabei von **Relevanz**

- erstens für die Möglichkeit einer rechtfertigendenden Einwilligung (die sog. Disponibilität des Rechtsguts[44] fehlt bei Allgemeinrechtsgütern),
- zweitens für die Strafantragsberechtigung (§ 77 I StGB) und
- drittens im Rahmen einer teleologischen Argumentation bei der Bewältigung von Auslegungsproblemen.

(e) Einteilung der Straftatbestände nach der Intensität des Angriffs auf das Rechtsgut: Erfolgs- und Tätigkeitsdelikte

▶ **Didaktische Aufsätze:**
- Ostendorf, Grundzüge des konkreten Gefährdungsdelikts, JuS 1982, 426
- Hoyer, Zum Begriff der „abstrakten Gefahr", JA 1990, 183
- Rönnau, Grundwissen – Strafrecht: Erfolgs- und Tätigkeitsdelikte, JuS 2010, 961

---

[41] Zsf. Kindhäuser, LPK, 6. Aufl. 2015, § 164 Rn. 1.

[42] S. nur Fischer, StGB, 64. Aufl. 2017, § 164 Rn. 2 und 10; Eisele, BT I, 4. Aufl. 2017, Rn. 1475.

[43] Etwa Vormbaum, in: NK, 4. Aufl. 2013, § 164 Rn. 10 und 66.

[44] B. Heinrich, AT, 5. Aufl. 2016, Rn. 455.

Als **Erfolgsdelikte**[45] bezeichnet man Straftatbestände, bei denen der Täter einen von seiner Handlung abgrenzbaren sog. Erfolg[46] (eine aus Sicht der Alltagssprache, die Erfolg und Misserfolg gegenüberstellt, kontraintuitive Bezeichnung) bewirkt.

Dieser Erfolg kann in einer Schädigung des Handlungsobjekts und damit einer Beeinträchtigung des von der Norm geschützten Rechtsguts liegen, es handelt sich dann um ein sog. **Verletzungsdelikt**.[47]

Z.B.: § 212 I StGB (Totschlag).

> **§ 212 I StGB (Totschlag)**
> Wer einen Menschen tötet, ohne Mörder zu sein, wird als Totschläger mit Freiheitsstrafe nicht unter fünf Jahren bestraft.

Der Erfolg liegt hier in dem Tod des Menschen.

Oder § 303 I StGB (Sachbeschädigung).

> **§ 303 I StGB (Sachbeschädigung)**
> Wer rechtswidrig eine fremde Sache beschädigt oder zerstört, wird mit Freiheitsstrafe bis zu zwei Jahren oder mit Geldstrafe bestraft.

Der Erfolg liegt hier in der Zerstörung oder Beschädigung der Sache.

In diesen Tatbeständen zeigt sich, dass die zur Verhaltensumschreibung verwendeten Verben sich dahingehend zerlegen lassen, dass sich die Handlung des Täters, der Eintritt des Erfolgs und die ursächliche Verknüpfung unterscheiden lassen.

Beispiel 4:

B schoss aus einiger Entfernung mit einem Gewehr auf G. Eine Sekunde später traf die Kugel G, welcher daher starb.

Die Handlung des B bestand in der Betätigung des Auslösers am Gewehr; der Erfolg trat mit dem Tod des G ein. Für den Todeseintritt war B ursächlich, so dass die Prüfung, ob er G i.S.d. § 212 I StGB getötet hat, die Bejahung der Tatbestandsverwirklichung ergibt.

---

[45] Ausf. Schöneborn GA 1981, 70; Degener ZStW 1991, 357.

[46] Der Begriff wird z.B. in § 9 I StGB verwendet.

[47] B. Heinrich, AT, 5. Aufl. 2016, Rn. 161.

Bei den sog. **kupierten Erfolgsdelikten**[48] muss ein Täter einen bestimmten Erfolg nur erstreben, aber nicht objektiv verwirklichen, z.B. die Zueignung bei § 242 I StGB (Diebstahl).

> **§ 242 I StGB (Diebstahl)**
> Wer eine fremde bewegliche Sache einem anderen in der Absicht wegnimmt, die Sache sich oder einem Dritten rechtswidrig zuzueignen, wird mit Freiheitsstrafe bis zu fünf Jahren oder mit Geldstrafe bestraft.

Der objektive Erfolg des Diebstahlstatbestands ist die Wegnahme; die Zueignung muss der Täter lediglich beabsichtigen.

Der in einem Straftatbestand normierte Erfolg kann auch in einer bloßen konkreten Gefährdung liegen, sog. **konkrete Gefährdungsdelikte** (besser: Delikte konkreter Gefährdung),[49] z.B.:

> **§ 221 I StGB (Aussetzung)**
> Wer einen Menschen
> 1. in eine hilflose Lage versetzt oder
> 2. in einer hilflosen Lage im Stich lässt, obwohl er ihn in seiner Obhut hat oder ihm sonst beizustehen verpflichtet ist,
> und ihn dadurch der Gefahr des Todes oder einer schweren Gesundheitsschädigung aussetzt, wird mit Freiheitsstrafe von drei Monaten bis zu fünf Jahren bestraft.

> **§ 315c I StGB (Gefährdung des Straßenverkehrs)**
> Wer im Straßenverkehr
> 1. ein Fahrzeug führt, obwohl er
> a) infolge des Genusses alkoholischer Getränke oder anderer berauschender Mittel oder
> b) infolge geistiger oder körperlicher Mängel
> nicht in der Lage ist, das Fahrzeug sicher zu führen, oder
> 2. grob verkehrswidrig und rücksichtslos
> a) die Vorfahrt nicht beachtet,
> b) falsch überholt oder sonst bei Überholvorgängen falsch fährt,
> c) an Fußgängerüberwegen falsch fährt,

---

[48] B. Heinrich, AT, 5. Aufl. 2016, Rn. 160.

[49] Hierzu B. Heinrich, AT, 5. Aufl. 2016, Rn. 163; Schröder ZStW 1969, 7; Gallas FS Heinitz 1972, 171; Ostendorf JuS 1982, 426; Kindhäuser FS Krey 2010, 249.

d) an unübersichtlichen Stellen, an Straßenkreuzungen, Straßeneinmündungen oder Bahnübergängen zu schnell fährt,

e) an unübersichtlichen Stellen nicht die rechte Seite der Fahrbahn einhält,

f) auf Autobahnen oder Kraftfahrstraßen wendet, rückwärts oder entgegen der Fahrtrichtung fährt oder dies versucht oder

g) haltende oder liegengebliebene Fahrzeuge nicht auf ausreichende Entfernung kenntlich macht, obwohl das zur Sicherung des Verkehrs erforderlich ist,

und dadurch Leib oder Leben eines anderen Menschen oder fremde Sachen von bedeutendem Wert gefährdet, wird mit Freiheitsstrafe bis zu fünf Jahren oder mit Geldstrafe bestraft.

Bei den konkreten Gefährdungsdelikten genügt der Eintritt des normierten Gefahrerfolgs zur Tatbestandsvollendung. Für die Strafbarkeit des Täters aus einem solchen Straftatbestand spielt es also keine Rolle, dass es letztlich zu keiner Schädigung (eines Menschen oder einer Sache) kam. Es handelt sich also um eine Vorverlagerung der Strafbarkeit, damit der Täter es bereits unterlässt, gefährliche Situationen herbeizuführen, in denen ein Schadenseintritt derart nahe liegt, dass er nur noch vom Zufall abhängt.[50]

Rechtspolitisch kann man Kritik an der Normierung von Erfolgsdelikten dahingehend üben, dass sich die Strafbarkeit eines Täters nach Umständen richtet, auf deren Eintreten er keinen Einfluss hatte (**Zufallselement**).[51] So kann es sein, dass ein von ihm gezeigtes Verhalten keinen Erfolg, einen Gefahrerfolg oder einen Verletzungserfolg bewirkt, obwohl ex ante das Risiko gleich groß war.

Beispiel 5:

B fuhr stark alkoholisiert mit seinem Wagen bei Rot über eine Ampel.

1. Var.: Er kollidierte mit einem Fahrzeug, wobei dessen Fahrer getötet wurde.

2. Var.: Er kollidierte mit einem Fahrzeug, wobei dessen Fahrer verletzt wurde.

3. Var. Er kollidierte beinahe mit einem Fahrzeug; dessen Fahrer konnte aber gerade noch ausweichen.

4. Var.. An der Kreuzung herrschte keinerlei Verkehr.

In der 4. Var. hat sich B nur nach § 316 StGB (Trunkenheit im Verkehr) strafbar gemacht.

---

[50] Vgl. nur Fischer, StGB, 64. Aufl. 2017, § 315c Rn. 15a.

[51] Vgl. Wimmer NJW 1958, 521; Blume NJW 1965, 1261; Dornseifer GS Armin Kaufmann 1989, 427; Dencker GS Armin Kaufmann 1989, 441.

§ 316 I StGB (Trunkenheit im Verkehr)
Wer im Verkehr [...] ein Fahrzeug führt, obwohl er infolge des Genusses alkoholischer Getränke oder anderer berauschender Mittel nicht in der Lage ist, das Fahrzeug sicher zu führen, wird mit Freiheitsstrafe bis zu einem Jahr oder mit Geldstrafe bestraft, wenn die Tat nicht in § 315a oder § 315c mit Strafe bedroht ist.

In der 3. Var. hat sich B wegen des Gefährdungsdelikts § 315c I Nr. 1 lit. a StGB[52] (Gefährdung des Straßenverkehrs) strafbar gemacht.

§ 315c I Nr. 1 lit. a StGB (Gefährdung des Straßenverkehrs)
Wer im Straßenverkehr
1. ein Fahrzeug führt, obwohl er
a) infolge des Genusses alkoholischer Getränke oder anderer berauschender Mittel oder
[...]
und dadurch Leib oder Leben eines anderen Menschen oder fremde Sachen von bedeutendem Wert gefährdet, wird mit Freiheitsstrafe bis zu fünf Jahren oder mit Geldstrafe bestraft.

In der 1. Var. liegt zudem das Verletzungsdelikt des § 222 StGB vor (Fahrlässige Tötung).

§ 222 StGB (Fahrlässige Tötung)
Wer durch Fahrlässigkeit den Tod eines Menschen verursacht, wird mit Freiheitsstrafe bis zu fünf Jahren oder mit Geldstrafe bestraft.

In der 2. Var. § 229 StGB (Fahrlässige Körperverletzung).

§ 229 StGB (Fahrlässige Körperverletzung)
Wer durch Fahrlässigkeit die Körperverletzung einer anderen Person verursacht, wird mit Freiheitsstrafe bis zu drei Jahren oder mit Geldstrafe bestraft.

Obwohl der Täter nicht beeinflussen konnte, ob an der Ampel ein Auto kreuzte, ob es zu einer Kollision kam und welche Folgen diese hatte, richtet sich seine Strafbarkeit entscheidend nach dem verursachten Erfolg und damit letztlich nach dem Zufall. Je nachdem, ob sich ein Risiko wirklich realisiert oder nicht, wird die Risikosetzung unterschiedlich bestraft, obwohl das Verbot, gegen das der Täter verstößt, sich nur auf die Handlung und nicht auf den Erfolg beziehen kann. Bei Fahrlässigkeitsdelikten ist es sogar häufig so, dass nicht die Vornahme der fahrlässigen

---

[52] Bei angenommenem Vorsatz, vgl. sonst § 315c III StGB.

Handlung als solche bestraft wird (anders z.B. bei § 316 II StGB sowie bei einer Fülle von Ordnungswidrigkeiten), sondern nur dann, wenn diese in einem Erfolg mündet (z.B. Tötung oder Verletzung, §§ 222 bzw. 229 StGB).

Die strafschärfende Berücksichtigung von Erfolgseintritten entspricht aber – weltweit bis heute geübter – strafrechtlicher Tradition und dem Rechtsempfinden der Mehrheit der Bevölkerung. Immerhin muss der Täter den Erfolg kausal, objektiv zurechenbar und täterschaftlich herbeigeführt haben. Außerdem ermöglicht das Abstellen auf einen Erfolgseintritt eine eingängige Unterscheidung von Versuch und Vollendung einer Straftat.

Delikte ohne Erfolgserfordernis sind die sog. **Tätigkeitsdelikte**.[53] Bei ihnen erfüllt schlichtes Handeln den Tatbestand. Sie lassen sich daher auch als **abstrakte Gefährdungsdelikte** (besser: Delikte abstrakter Gefährdung) bezeichnen, bei denen generell gefährliche Tätigkeiten unter Strafe gestellt werden, das Gefahrenmoment aber bloßes Motiv des Gesetzgebers war und nicht zum Tatbestandsmerkmal erhoben wurde.[54] Das Ausbleiben einer Rechtsgutsgefährdung hängt also von Umständen ab, auf die es nach Ansicht des Gesetzgebers nicht ankommen soll, z.B.:

> **§ 153 StGB (Falsche uneidliche Aussage)**
> Wer vor Gericht oder vor einer anderen zur eidlichen Vernehmung von Zeugen oder Sachverständigen zuständigen Stelle als Zeuge oder Sachverständiger uneidlich falsch aussagt, wird mit Freiheitsstrafe von drei Monaten bis zu fünf Jahren bestraft.

Bereits die bloße Aussage vollendet den Tatbestand. Zwar hat der Gesetzgeber die Norm geschaffen, um der Gefahr zu begegnen, dass aufgrund einer falschen Aussage fehlerhafte Urteile erlassen werden, diese Gefahr ist aber kein Tatbestandsmerkmal. Daher ändert sich an der Erfüllung des Tatbestands nichts dadurch, dass das Gericht dem Zeugen oder Sachverständigen zu keiner Zeit Glauben schenkt.[55]

Gleiches gilt für § 154 I StGB (Meineid):

> **§ 154 I StGB (Meineid)**
> Wer vor Gericht oder vor einer anderen zur Abnahme von Eiden zuständigen Stelle falsch schwört, wird mit Freiheitsstrafe nicht unter einem Jahr bestraft.

---

[53] B. Heinrich, AT, 5. Aufl. 2016, Rn. 159.

[54] Vgl. B. Heinrich, AT, 5. Aufl. 2016, Rn. 159; ausf. Schröder ZStW 1969, 7; Gallas FS Heinitz 1972, 171; Hoyer JA 1990, 183; Kindhäuser FS Krey 2010, 249; Walter FS Beulke 2015, 327.

[55] Vgl. Kindhäuser, LPK, 6. Aufl. 2015, vor § 153 Rn. 2.

Auch die Strafbarkeit der Trunkenheit im Verkehr, § 316 StGB, setzt keinerlei (Gefahr-)Erfolg voraus:

> **§ 316 I StGB (Trunkenheit im Verkehr)**
> Wer im Verkehr [...] ein Fahrzeug führt, obwohl er infolge des Genusses alkoholischer Getränke oder anderer berauschender Mittel nicht in der Lage ist, das Fahrzeug sicher zu führen, wird mit Freiheitsstrafe bis zu einem Jahr oder mit Geldstrafe bestraft, wenn die Tat nicht in § 315a oder § 315c mit Strafe bedroht ist.

Ferner z.B. § 306a I StGB (Schwere Brandstiftung).

> **§ 306a I StGB (Schwere Brandstiftung)**
> Mit Freiheitsstrafe nicht unter einem Jahr wird bestraft, wer
> 1. ein Gebäude, ein Schiff, eine Hütte oder eine andere Räumlichkeit, die der Wohnung von Menschen dient,
> 2. eine Kirche oder ein anderes der Religionsausübung dienendes Gebäude oder
> 3. eine Räumlichkeit, die zeitweise dem Aufenthalt von Menschen dient, zu einer Zeit, in der Menschen sich dort aufzuhalten pflegen,
> in Brand setzt oder durch eine Brandlegung ganz oder teilweise zerstört.

Die hohe Mindeststrafe des § 306a I StGB erklärt sich daraus, dass sich in den dort enthaltenen Räumlichkeiten häufig Menschen aufhalten, deren Gesundheit durch die Brandstiftung gefährdet werden kann. Dass wirklich Menschen in der Nähe sind und tatsächlich gefährdet werden können, setzt der Tatbestand nicht voraus.

Zwar wird gerade für § 306a I StGB diskutiert, ob die Norm auch in Fällen konkreter, erwiesener Ungefährlichkeit für Menschen greift.[56]

Beispiel 6:

B zündete das Einfamilienhaus des Z an, nachdem er in allen Zimmern nachgeschaut hatte, dass niemand zu Hause war.

Aufgrund des eindeutigen gesetzgeberischen Willens wird jedoch die Anwendbarkeit des § 306a I StGB in solchen Fällen von Rspr. und h.L. bejaht.[57]

Eine besondere Deliktskategorie sind die **Eignungsdelikte** (auch: potentielle Gefährdungsdelikte), die u.a. charakteristisch für die Umweltdelikte sind, z.B.:

---

[56] Hierzu zsf. Eisele, BT I, 4. Aufl. 2017, Rn. 1049f.; Joecks, StGB, 11. Aufl. 2014, § 306a Rn. 9ff.; Hillenkamp, 40 Probleme aus dem Strafrecht BT, 12. Aufl. 2013, 15. P.

[57] Vgl. nur Fischer, StGB, 64. Aufl. 2017, § 306a Rn. 2a.

> **§ 325 I 1 StGB (Luftverunreinigung)**
> Wer beim Betrieb einer Anlage, insbesondere einer Betriebsstätte oder Maschine, unter Verletzung verwaltungsrechtlicher Pflichten Veränderungen der Luft verursacht, die geeignet sind, außerhalb des zur Anlage gehörenden Bereichs die Gesundheit eines anderen, Tiere, Pflanzen oder andere Sachen von bedeutendem Wert zu schädigen, wird mit Freiheitsstrafe bis zu fünf Jahren oder mit Geldstrafe bestraft.

Hierbei handelt es sich um eine „mittlere" Kriminalisierung zwischen konkreten und abstrakten Gefährdungsdelikten. Die geforderte Schädigungseignung setzt voraus, dass nach gesicherter naturwissenschaftlicher Erkenntnis feststeht, dass das Verhalten nach den konkreten Umständen Schäden an den im Tatbestand genannten Handlungsobjekten generell verursachen kann.[58]

(f) Einteilung der Straftatbestände nach dem Erfolgswillen: Vorsatz- und Fahrlässigkeitsdelikte
Das deutsche Strafrecht kennt Straftatbestände, die nur vorsätzlich verwirklicht werden können, und Straftaten, die ausschließlich oder auch fahrlässig verwirklicht werden können.

Es gilt:

> **§ 15 StGB (Vorsätzliches und fahrlässiges Handeln)**
> Strafbar ist nur vorsätzliches Handeln, wenn nicht das Gesetz fahrlässiges Handeln ausdrücklich mit Strafe bedroht.

Grundsätzlich muss der Täter mithin vorsätzlich im Hinblick auf die Begehung der objektiven Tatbestandsmerkmale handeln; § 15 StGB ersetzt die ausdrückliche Klarstellung im jeweiligen Tatbestand.

Manche Tatbestände enthalten allerdings strengere Anforderungen an das Wissen oder Wollen des Täters, z.B.:

> **§ 258 I StGB (Strafvereitelung)**
> Wer absichtlich oder wissentlich ganz oder zum Teil vereitelt, dass ein anderer dem Strafgesetz gemäß wegen einer rechtswidrigen Tat bestraft oder einer Maßnahme [...] unterworfen wird, wird mit Freiheitsstrafe bis zu fünf Jahren oder mit Geldstrafe bestraft.

---

[58] S. Bock, in: Graf/Jäger/Wittig, Wirtschaftsstrafrecht, 2. Aufl. 2017, vor § 324 Rn. 40f.; ausf. Schröder JZ 1967, 522; Gallas FS Heinitz 1972, 171; Zieschang FS Wolter 2013, 557.

Der Gesetzgeber hat aber auch eine beträchtliche Anzahl an **Fahrlässigkeitstat-bestände** geschaffen, insbesondere im Nebenstrafrecht (v.a. im Wirtschafts- und Umweltstrafrecht), aber auch im StGB. Hier genügt es, wenn der Täter sorgfalts-widrig handelt, z.B.:

---

§ 222 StGB (Fahrlässige Tötung)

Wer durch Fahrlässigkeit den Tod eines Menschen verursacht, wird mit Freiheitsstrafe bis zu fünf Jahren oder mit Geldstrafe bestraft.

---

§ 229 StGB (Fahrlässige Körperverletzung)

Wer durch Fahrlässigkeit die Körperverletzung einer anderen Person verursacht, wird mit Freiheitsstrafe bis zu drei Jahren oder mit Geldstrafe bestraft.

---

§ 306d StGB (Fahrlässige Brandstiftung)

(1) Wer in den Fällen des § 306 Abs. 1 oder des § 306a Abs. 1 fahrlässig handelt oder in den Fällen des § 306a Abs. 2 die Gefahr fahrlässig verursacht, wird mit Freiheitsstrafe bis zu fünf Jahren oder mit Geldstrafe bestraft.

(2) Wer in den Fällen des § 306a Abs. 2 fahrlässig handelt und die Gefahr fahrlässig verursacht, wird mit Freiheitsstrafe bis zu drei Jahren oder mit Geldstrafe bestraft.

---

§ 316 StGB (Trunkenheit im Verkehr)

(1) Wer im Verkehr (§§ 315 bis 315d) ein Fahrzeug führt, obwohl er infolge des Genusses alkoholischer Getränke oder anderer berauschender Mittel nicht in der Lage ist, das Fahrzeug sicher zu führen, wird mit Freiheitsstrafe bis zu einem Jahr oder mit Geldstrafe bestraft, wenn die Tat nicht in § 315a oder § 315c mit Strafe bedroht ist.

(2) Nach Absatz 1 wird auch bestraft, wer die Tat fahrlässig begeht.

Sonderfälle des Fahrlässigkeitsdelikts sind die **erfolgsqualifizierten Delikte**, z.B.:

---

§ 221 I, III StGB (Aussetzung mit Todesfolge)

(1) Wer einen Menschen

1. in eine hilflose Lage versetzt oder

2. in einer hilflosen Lage im Stich lässt, obwohl er ihn in seiner Obhut hat oder ihm sonst beizustehen verpflichtet ist,

und ihn dadurch der Gefahr des Todes oder einer schweren Gesundheitsschädigung aussetzt, wird mit Freiheitsstrafe von drei Monaten bis zu fünf Jahren bestraft.

[…]

(3) Verursacht der Täter durch die Tat den Tod des Opfers, so ist die Strafe Freiheits-strafe nicht unter drei Jahren.

Hier gilt § 18 StGB:

> **§ 18 StGB (Schwerere Strafe bei besonderen Tatfolgen)**
> Knüpft das Gesetz an eine besondere Folge der Tat eine schwerere Strafe, so trifft sie den Täter oder den Teilnehmer nur, wenn ihm hinsichtlich dieser Folge wenigstens Fahrlässigkeit zur Last fällt.

Der Täter muss also zwar das Grunddelikt vorsätzlich begehen, hinsichtlich der schweren Folge (hier: des Todes) muss er aber lediglich fahrlässig handeln.

Bisweilen sind die Anforderungen an die Fahrlässigkeit dahingehend erhöht, dass der Gesetzgeber **Leichtfertigkeit** verlangt, z.B. in § 251 StGB (Raub mit Todesfolge):

> **§ 251 StGB (Raub mit Todesfolge)**
> Verursacht der Täter durch den Raub (§§ 249 und 250) wenigstens leichtfertig den Tod eines anderen Menschen, so ist die Strafe lebenslange Freiheitsstrafe oder Freiheitsstrafe nicht unter zehn Jahren.

Ein weiterer Sonderfall des Fahrlässigkeitsdelikts sind die sog. **Vorsatz-Fahrlässigkeits-Kombinationen**, bei denen der Täter nur einen Teil der Tatbestandsmerkmale vorsätzlich verwirklichen muss, während hinsichtlich eines anderen Teils Fahrlässigkeit genügt, z.B. bei:

> **§ 315c I, III Nr. 1 StGB (Gefährdung des Straßenverkehrs)**
> (1) Wer im Straßenverkehr
> 1. ein Fahrzeug führt, obwohl er
> a) infolge des Genusses alkoholischer Getränke oder anderer berauschender Mittel oder
> b) infolge geistiger oder körperlicher Mängel
> nicht in der Lage ist, das Fahrzeug sicher zu führen, oder
> 2. grob verkehrswidrig und rücksichtslos
> a) die Vorfahrt nicht beachtet,
> b) falsch überholt oder sonst bei Überholvorgängen falsch fährt,
> c) an Fußgängerüberwegen falsch fährt,
> d) an unübersichtlichen Stellen, an Straßenkreuzungen, Straßeneinmündungen oder Bahnübergängen zu schnell fährt,
> e) an unübersichtlichen Stellen nicht die rechte Seite der Fahrbahn einhält,
> f) auf Autobahnen oder Kraftfahrstraßen wendet, rückwärts oder entgegen der Fahrtrichtung fährt oder dies versucht oder
> g) haltende oder liegengebliebene Fahrzeuge nicht auf ausreichende Entfernung kenntlich macht, obwohl das zur Sicherung des Verkehrs erforderlich ist,

> und dadurch Leib oder Leben eines anderen Menschen oder fremde Sachen von bedeutendem Wert gefährdet, wird mit Freiheitsstrafe bis zu fünf Jahren oder mit Geldstrafe bestraft.
> [...]
> (3) Wer in den Fällen des Absatzes 1
> 1. die Gefahr fahrlässig verursacht
> [...] wird mit Freiheitsstrafe bis zu zwei Jahren oder mit Geldstrafe bestraft.

Hinsichtlich des sog. Handlungsteils muss der Täter vorsätzlich handeln, hinsichtlich des Eintritts des Gefahrerfolgs genügt i.f.d. § 315c III Nr. 1 StGB Fahrlässigkeit.

(g) Einteilung der Straftatbestände nach Art der Tatbestandsverwirklichung: Begehungs- und Unterlassungsdelikte
Der Gesetzgeber normiert in seinen Straftatbeständen überwiegend **Begehungsdelikte**.
Hier erfüllt der Täter die Tatbestandsmerkmale durch ein aktives Verhalten.

Beispiel 7:
B vergiftete Z.

In einigen Straftatbeständen ist aber die Nichtvornahme einer vom Gesetz geforderten vollständig umschriebenen Handlung bestraft, sog. **echte Unterlassungsdelikte** (auch: *delicta omissiva*). Auch das Unterlassen kann also ein strafbares Verhalten, eine strafbare Handlung sein, z.B.:

> **§ 138 I, III StGB (Nichtanzeige geplanter Straftaten)**
> (1) Wer von dem Vorhaben oder der Ausführung
> [...]
> 5. eines Mordes (§ 211) oder Totschlags (§ 212) [...]
> 6. einer Straftat gegen die persönliche Freiheit in den Fällen des § 232 Absatz 3 Satz 2, des § 232a Absatz 3, 4 oder 5, des § 232b Absatz 3 oder 4, des § 233a Absatz 3 oder 4, jeweils soweit es sich um Verbrechen handelt, der §§ 234, 234a, 239a oder 239b,
> 7. eines Raubes oder einer räuberischen Erpressung (§§ 249 bis 251 oder 255) oder
> 8. einer gemeingefährlichen Straftat in den Fällen der §§ 306 bis 306c oder 307 Abs. 1 bis 3, des § 308 Abs. 1 bis 4, des § 309 Abs. 1 bis 5, der §§ 310, 313, 314 oder 315 Abs. 3, des § 315b Abs. 3 oder der §§ 316a oder 316c
> zu einer Zeit, zu der die Ausführung oder der Erfolg noch abgewendet werden kann, glaubhaft erfährt und es unterlässt, der Behörde oder dem Bedrohten rechtzeitig Anzeige zu machen, wird mit Freiheitsstrafe bis zu fünf Jahren oder mit Geldstrafe bestraft.
> [...]

(3) Wer die Anzeige leichtfertig unterlässt, obwohl er von dem Vorhaben oder der Ausführung der rechtswidrigen Tat glaubhaft erfahren hat, wird mit Freiheitsstrafe bis zu einem Jahr oder mit Geldstrafe bestraft.

§ 221 I Nr. 2 StGB (Aussetzung)
Wer einen Menschen
[...]
2. in einer hilflosen Lage im Stich lässt, obwohl er ihn in seiner Obhut hat oder ihm sonst beizustehen verpflichtet ist,
und ihn dadurch der Gefahr des Todes oder einer schweren Gesundheitsschädigung aussetzt, wird mit Freiheitsstrafe von drei Monaten bis zu fünf Jahren bestraft.

§ 323c StGB (Unterlassene Hilfeleistung)
Wer bei Unglücksfällen oder gemeiner Gefahr oder Not nicht Hilfe leistet, obwohl dies erforderlich und ihm den Umständen nach zuzumuten, insbesondere ohne erhebliche eigene Gefahr und ohne Verletzung anderer wichtiger Pflichten möglich ist, wird mit Freiheitsstrafe bis zu einem Jahr oder mit Geldstrafe bestraft.

Neben diesen sog. echten Unterlassungsdelikten hat der Gesetzgeber eine allgemeine Regelung geschaffen, die unter bestimmten Voraussetzungen jedes eigentlich aktivisch normierte Delikt als sog. **unechtes Unterlassungsdelikt** (*delictum commissivum per omissionem*) unter Strafe stellt, nämlich **§ 13 I StGB** (Begehen durch Unterlassen).

§ 13 I StGB (Begehen durch Unterlassen):
Wer es unterlässt, einen Erfolg abzuwenden, der zum Tatbestand eines Strafgesetzes gehört, ist nach diesem Gesetz nur dann strafbar, wenn er rechtlich dafür einzustehen hat, dass der Erfolg nicht eintritt, und wenn das Unterlassen der Verwirklichung des gesetzlichen Tatbestandes durch ein Tun entspricht.

Der Täter wird hier, wenn er als sog. Garant „rechtlich dafür einzustehen hat, dass der Erfolg nicht eintritt", zur Abwendung eines Erfolgs verpflichtet. Strafbar ist aufgrund des jeweiligen Straftatbestands des Besonderen Teils i.V.m. § 13 StGB also auch bloße Passivität (eines sog. „**Garanten**"), obwohl der Tatbestand ein aktives Tun beschreibt.[59]

---

[59] Vgl. nur Joecks, StGB, 11. Aufl. 2014, § 13 Rn. 2ff.

Beispiel 8:

B sah, dass seine Ehefrau G gestürzt war und sich am Kopf verletzt hatte. Obwohl er erkannte, dass sie in Lebensgefahr schwebte, rief er keinen Arzt. G, die bei rechtzeitigem Verständigen eines Arztes gerettet worden wäre, starb.

B, der als Ehegatte sog. Garant für den Schutz seiner Ehefrau war (§ 1353 I 2 BGB: „Die Ehegatten sind einander zur ehelichen Lebensgemeinschaft verpflichtet; sie tragen füreinander Verantwortung."), hat sich nach §§ 212 I, 13 StGB wegen Totschlags durch Unterlassen strafbar gemacht.

Für die Strafe gilt:

§ 13 II StGB (Begehen durch Unterlassen)
Die Strafe kann nach § 49 Abs. 1 gemildert werden.

(h) Einteilung der Straftatbestände nach dem Täterkreis: Allgemein- und Sonderdelikte

▶ **Didaktischer Aufsatz:**
   • Nestler/Lehner, Was ist so besonders an Sonderdelikten?, Jura 2017, 403

Der Gesetzgeber normiert in seinen Straftatbeständen überwiegend **Allgemeindelikte.**[60]

Diese können durch jedermann begangen werden.

Der Gesetzgeber verwendet hierfür meist das Wort „wer", z.B.:

§ 267 I StGB (Urkundenfälschung)
Wer zur Täuschung im Rechtsverkehr eine unechte Urkunde herstellt, eine echte Urkunde verfälscht oder eine unechte oder verfälschte Urkunde gebraucht, wird mit Freiheitsstrafe bis zu fünf Jahren oder mit Geldstrafe bestraft.

Eine Ausnahme (in der Formulierung, nicht in der Sache) ist z.B. § 185 StGB (Beleidigung).

---

[60] Hierzu B. Heinrich, AT, 5. Aufl. 2016, Rn. 172.

§ 185 StGB (Beleidigung)
Die Beleidigung wird mit Freiheitsstrafe bis zu einem Jahr oder mit Geldstrafe und,
wenn die Beleidigung mittels einer Tätlichkeit begangen wird, mit Freiheitsstrafe bis
zu zwei Jahren oder mit Geldstrafe bestraft.

Sonderdelikte[61] setzen demgegenüber bestimmte Tätereigenschaften voraus.

Dies betrifft insbesondere die Eigenschaft als Amtsträger, § 11 I Nr. 2, 2a StGB.

§ 11 I Nr. 2, 2a StGB (Personen- und Sachbegriffe)
(1) Im Sinne dieses Gesetzes ist
[...]
2. Amtsträger:
wer nach deutschem Recht
a) Beamter oder Richter ist,
b) in einem sonstigen öffentlich-rechtlichen Amtsverhältnis steht oder
c) sonst dazu bestellt ist, bei einer Behörde oder bei einer sonstigen Stelle oder in
deren Auftrag Aufgaben der öffentlichen Verwaltung unbeschadet der zur Aufgabenerfüllung gewählten Organisationsform wahrzunehmen;
2a. Europäischer Amtsträger:
wer
a) Mitglied der Europäischen Kommission, der Europäischen Zentralbank, des Rechnungshofs oder eines Gerichts der Europäischen Union ist,
b) Beamter oder sonstiger Bediensteter der Europäischen Union oder einer auf der
Grundlage des Rechts der Europäischen Union geschaffenen Einrichtung ist oder
c) mit der Wahrnehmung von Aufgaben der Europäischen Union oder von Aufgaben
einer auf der Grundlage des Rechts der Europäischen Union geschaffenen Einrichtung
beauftragt ist

Echte Sonderdelikte sind solche, bei denen die besondere Tätereigenschaft überhaupt erst strafbegründend wirkt, z.B.:

§ 331 I StGB (Vorteilsannahme)
Ein Amtsträger, ein Europäischer Amtsträger oder ein für den öffentlichen Dienst
besonders Verpflichteter, der für die Dienstausübung einen Vorteil für sich oder einen
Dritten fordert, sich versprechen läßt oder annimmt, wird mit Freiheitsstrafe bis zu
drei Jahren oder mit Geldstrafe bestraft.

---

[61] Hierzu Nestler/Lehner Jura 2017, 403.

§ 339 StGB (Rechtsbeugung)

Ein Richter, ein anderer Amtsträger oder ein Schiedsrichter, welcher sich bei der Leitung oder Entscheidung einer Rechtssache zugunsten oder zum Nachteil einer Partei einer Beugung des Rechts schuldig macht, wird mit Freiheitsstrafe von einem Jahr bis zu fünf Jahren bestraft.

Nur die im Tatbestand genannten Personen können den Tatbestand täterschaftlich verwirklichen.

Unechte Sonderdelikte sind solche, bei denen die besondere Tätereigenschaft strafschärfend (qualifizierend) wirkt, z.B.:

§ 258a I StGB (Strafvereitelung im Amt)

Ist in den Fällen des § 258 Abs. 1 der Täter als Amtsträger zur Mitwirkung bei dem Strafverfahren oder dem Verfahren zur Anordnung der Maßnahme (§ 11 Abs. 1 Nr. 8) oder ist er in den Fällen des § 258 Abs. 2 als Amtsträger zur Mitwirkung bei der Vollstreckung der Strafe oder Maßnahme berufen, so ist die Strafe Freiheitsstrafe von sechs Monaten bis zu fünf Jahren, in minder schweren Fällen Freiheitsstrafe bis zu drei Jahren oder Geldstrafe.

§ 258a StGB qualifiziert § 258 StGB (Strafvereitelung).

§ 258 StGB (Strafvereitelung)

(1) Wer absichtlich oder wissentlich ganz oder zum Teil vereitelt, dass ein anderer dem Strafgesetz gemäß wegen einer rechtswidrigen Tat bestraft oder einer Maßnahme (§ 11 Abs. 1 Nr. 8) unterworfen wird, wird mit Freiheitsstrafe bis zu fünf Jahren oder mit Geldstrafe bestraft.

(2) Ebenso wird bestraft, wer absichtlich oder wissentlich die Vollstreckung einer gegen einen anderen verhängten Strafe oder Maßnahme ganz oder zum Teil vereitelt.

Siehe ferner:

§ 340 StGB (Körperverletzung im Amt)

Ein Amtsträger, der während der Ausübung seines Dienstes oder in Beziehung auf seinen Dienst eine Körperverletzung begeht oder begehen lässt, wird mit Freiheitsstrafe von drei Monaten bis zu fünf Jahren bestraft. In minder schweren Fällen ist die Strafe Freiheitsstrafe bis zu fünf Jahren oder Geldstrafe.

§ 340 StGB qualifiziert § 223 StGB (Körperverletzung).

§ 223 StGB (Körperverletzung)
(1) Wer eine andere Person körperlich misshandelt oder an der Gesundheit schädigt, wird mit Freiheitsstrafe bis zu fünf Jahren oder mit Geldstrafe bestraft.
(2) Der Versuch ist strafbar.

(i) Verwirklichungsstadium: Vollendete und versuchte Delikte
Der Gesetzgeber normiert in seinen Straftatbeständen **vollendete** Delikte.

Im Rahmen der §§ 22–24 StGB ist aber auch die **versuchte** Tatbegehung strafbar.

§ 22 StGB (Begriffsbestimmung)
Eine Straftat versucht, wer nach seiner Vorstellung von der Tat zur Verwirklichung des Tatbestandes unmittelbar ansetzt.

Wann eine versuchte Deliktsbegehung strafbar ist, regelt § 23 I StGB.

§ 23 I StGB (Strafbarkeit des Versuchs)
Der Versuch eines Verbrechens ist stets strafbar, der Versuch eines Vergehens nur dann, wenn das Gesetz es ausdrücklich bestimmt.

Z.B. ist der versuchte Totschlag aufgrund seines **Verbrechenscharakters** (§ 12 I StGB) strafbar, ohne dass es einer ausdrücklichen Regelung bedarf.
Bei bloßen **Vergehen** (§ 12 II StGB) muss der Gesetzgeber die Versuchsstrafbarkeit ausdrücklich anordnen, das hat er überwiegend auch getan, z.B. in § 223 II StGB für die Körperverletzung:

§ 223 StGB (Körperverletzung)
(1) Wer eine andere Person körperlich misshandelt oder an der Gesundheit schädigt, wird mit Freiheitsstrafe bis zu fünf Jahren oder mit Geldstrafe bestraft.
(2) Der Versuch ist strafbar.

Hingegen sind u.a. die Delikte der §§ 123, 185ff., 221, 257, 266, 323c, 331ff. StGB mangels Regelung eines strafbaren Versuchs nur als vollendete Tat strafbar.

Der klassische Fall der Versuchsstrafbarkeit besteht darin, dass es einem Täter nicht gelingt, einen erstrebten Erfolg herbeizuführen.

Beispiel 9:

B wollte Z töten, schoss auf ihn, verfehlte ihn aber knapp.

Der Totschlag ist als Versuch strafbar (§§ 23 I, 12 I StGB), eine Vollendung des Tatbestands hat mangels Todeserfolgs nicht stattgefunden, B hatte jedoch entsprechenden sog. Tatentschluss (Vorsatz zur Verwirklichung der Tatumstände) und setzte i.S.d. § 22 StGB durch seinen Schuss unmittelbar zur Tat an, so dass sich B wegen versuchten Totschlags strafbar gemacht hat.

Für das **Strafmaß** gilt § 23 II StGB.

§ 23 II StGB (Strafbarkeit des Versuchs)
Der Versuch kann milder bestraft werden als die vollendete Tat (§ 49 Abs. 1).

Von einem Versuch kann man unter den Voraussetzungen des § 24 I, II StGB strafbefreiend **zurücktreten**.

§ 24 StGB (Rücktritt)
(1) Wegen Versuchs wird nicht bestraft, wer freiwillig die weitere Ausführung der Tat aufgibt oder deren Vollendung verhindert. Wird die Tat ohne Zutun des Zurücktretenden nicht vollendet, so wird er straflos, wenn er sich freiwillig und ernsthaft bemüht, die Vollendung zu verhindern.
(2) Sind an der Tat mehrere beteiligt, so wird wegen Versuchs nicht bestraft, wer freiwillig die Vollendung verhindert. Jedoch genügt zu seiner Straflosigkeit sein freiwilliges und ernsthaftes Bemühen, die Vollendung der Tat zu verhindern, wenn sie ohne sein Zutun nicht vollendet oder unabhängig von seinem früheren Tatbeitrag begangen wird.

Beispiel 10:

B stach auf Z mit einem Messer ein, um diesen zu töten. Er erkannte, dass er Z nur leicht verletzt hatte, verzichtete aber auf weitere Stiche, da Z ihm nun leidtat.

B trat gem. § 24 I 1. Var. StGB vom versuchten Totschlag gem. §§ 212 I, 22, 23 StGB (insofern) strafbefreiend zurück. Es bleibt die Strafbarkeit wegen (vollendeter) gefährlicher Körperverletzung gem. §§ 223 I, 224 I Nr. 2 StGB.

(j) Unternehmensdelikte, § 11 I Nr. 6 StGB

▶   **Didaktische Aufsätze:**
  • Mitsch, Das Unternehmensdelikt, Jura 2012, 526
  • Mitsch, Das unechte Unternehmensdelikt, JuS 2015, 97

Gem. § 11 I Nr. 6 StGB ist „das Unternehmen einer Tat: deren Versuch und deren Vollendung".

Gebraucht der Gesetzgeber in einem Tatbestand das Verb „unternehmen", so handelt es sich um ein sog. **echtes Unternehmensdelikt,**[62] bei dem Versuch und Vollendung gem. § 11 I Nr. 6 StGB gleichgestellt werden, ohne dass es auf §§ 22ff. StGB ankäme, z.B.:

> **§ 81 I StGB (Hochverrat gegen den Bund)**
> Wer es unternimmt, mit Gewalt oder durch Drohung mit Gewalt
> 1. den Bestand der Bundesrepublik Deutschland zu beeinträchtigen oder
> 2. die auf dem Grundgesetz der Bundesrepublik Deutschland beruhende verfassungsmäßige Ordnung zu ändern,
> wird mit lebenslanger Freiheitsstrafe oder mit Freiheitsstrafe nicht unter zehn Jahren bestraft.

> **§ 357 I StGB (Verleitung eines Untergebenen zu einer Straftat)**
> Ein Vorgesetzter, welcher seine Untergebenen zu einer rechtswidrigen Tat im Amt verleitet oder zu verleiten unternimmt oder eine solche rechtswidrige Tat seiner Untergebenen geschehen lässt, hat die für diese rechtswidrige Tat angedrohte Strafe verwirkt.

Als **unechte Unternehmensdelikte** bezeichnet man Straftatbestände, bei denen die verwendeten Verben dahingehend ausgelegt werden, dass Verhaltensweisen, die an sich nur einen Versuch darstellen würden, für eine Vollendung ausreichen,[63] weil sie sich als finale Tätigkeitsworte verstehen lassen.

Z.B. § 113 I StGB (Widerstand gegen Vollstreckungsbeamte) in der Variante des tätlich Angreifens.

> **§ 113 I StGB (Widerstand gegen Vollstreckungsbeamte)**
> Wer einem Amtsträger oder Soldaten der Bundeswehr, der zur Vollstreckung von Gesetzen, Rechtsverordnungen, Urteilen, Gerichtsbeschlüssen oder Verfügungen berufen ist, bei der Vornahme einer solchen Diensthandlung [...] tätlich angreift, wird mit Freiheitsstrafe bis zu drei Jahren oder mit Geldstrafe bestraft.

---

[62] Ausf. zum Unternehmensdelikt Schröder FS Kern 1968, 457; Burkhardt JZ 1971, 352; Mitsch Jura 2012, 526.

[63] Ausf. Sowada GA 1988, 195; Mitsch JuS 2015, 97.

Tätlicher Angriff wird hier so ausgelegt, dass eine in feindseliger Willensrichtung unmittelbar auf den Körper eines anderen zielende Einwirkung (also das Unternehmen einer Körperverletzung) ausreicht.[64]

> **§ 145d I, II StGB (Vortäuschen einer Straftat)**
> (1) Wer wider besseres Wissen einer Behörde oder einer zur Entgegennahme von Anzeigen zuständigen Stelle vortäuscht,
> 1. dass eine rechtswidrige Tat begangen worden sei oder
> 2. dass die Verwirklichung einer der in § 126 Abs. 1 genannten rechtswidrigen Taten bevorstehe,
> wird mit Freiheitsstrafe bis zu drei Jahren oder mit Geldstrafe bestraft, wenn die Tat nicht in § 164, § 258 oder § 258a mit Strafe bedroht ist.
> (2) Ebenso wird bestraft, wer wider besseres Wissen eine der in Absatz 1 bezeichneten Stellen über den Beteiligten
> 1. an einer rechtswidrigen Tat oder
> 2. an einer bevorstehenden, in § 126 Abs. 1 genannten rechtswidrigen Tat
> zu täuschen sucht.

Es genügt das Vortäuschen (§ 145d I StGB) bzw. das zu täuschen Suchen (§ 145d II StGB).[65]

> **§ 292 I Nr. 1 StGB (Jagdwilderei)**
> Wer unter Verletzung fremden Jagdrechts oder Jagdausübungsrechts
> 1. dem Wild nachstellt, es fängt, erlegt oder sich oder einem Dritten zueignet oder
> [...]
> wird mit Freiheitsstrafe bis zu drei Jahren oder mit Geldstrafe bestraft.

Nachstellen ist bereits jede Handlung, die mit Jagdwillen des Täters unmittelbar auf das Fangen, Erlegen oder Zueignen des Wildes gerichtet ist.[66]

Eine (zu) extensive Auslegung der Tathandlungen unterläuft allerdings die generelle Straflosigkeit des Versuchs von Vergehen, wenn der Tatbestand gerade keine ausdrückliche Versuchsstrafbarkeit vorsieht. Daher wird vielfach kontrovers diskutiert, welche Straftatbestände sich als unechte Unternehmensdelikte verstehen lassen.

---

[64] Fischer, StGB, 64. Aufl. 2017, § 113 Rn. 27.

[65] Zum problematischen Deliktscharakter vgl. nur Zopfs, in: MK-StGB, 2. Aufl. 2012, § 145d Rn. 6ff.

[66] Zeng, in: MK-StGB, 2. Aufl. 2014, § 292 Rn. 27.

(k) Beteiligung: Täterschaft und Teilnahme

▶ **Didaktische Aufsätze:**
- Haft, Eigenhändige Delikte, JA 1979, 651
- Satzger, Die eigenhändigen Delikte, Jura 2011, 103

Der Gesetzgeber formuliert Straftatbestände i.d.R. so, dass er die Täterschaft eines einzelnen Menschen zugrunde legt, z.B.:

> **§ 265a I StGB (Erschleichen von Leistungen)**
> Wer die Leistung eines Automaten oder eines öffentlichen Zwecken dienenden Telekommunikationsnetzes, die Beförderung durch ein Verkehrsmittel oder den Zutritt zu einer Veranstaltung oder einer Einrichtung in der Absicht erschleicht, das Entgelt nicht zu entrichten, wird mit Freiheitsstrafe bis zu einem Jahr oder mit Geldstrafe bestraft, wenn die Tat nicht in anderen Vorschriften mit schwererer Strafe bedroht ist.

Außer diesem Normalfall der sog. **unmittelbaren Täterschaft** normiert § 25 StGB auch die sog. mittelbare Täterschaft gem. § 25 I 2. Var. StGB und die Mittäterschaft gem. § 25 II StGB.

> **§ 25 StGB (Täterschaft)**
> (1) Als Täter wird bestraft, wer die Straftat selbst oder durch einen anderen begeht.
> (2) Begehen mehrere die Straftat gemeinschaftlich, so wird jeder als Täter bestraft (Mittäter).

Sog. **Mittelbarer Täter** gem. § 25 I 2. Var. StGB ist z.B., wer einen anderen Menschen als sog. vorsatzloses Werkzeug einsetzt.

Beispiel 11:

> B bat den gutgläubigen Z1 darum, aus dem Garten des Z2 eine angeblich dem B gehörende Statue abzuholen und dem B zu bringen, was Z1 auch tat. In Wahrheit gehörte die Statue dem Z2.

Dies ist ein von B begangener Diebstahl in mittelbarer Täterschaft gem. §§ 242 I, 25 I 2. Var. StGB. Z1 ist mangels Vorsatzes straflos.

Die **Mittäterschaft** gem. § 25 II StGB erfasst Fälle gleichberechtigter Arbeitsteilung.

Beispiel 12:

> B1 und B2 überfielen den Passanten Z. Wie vorher abgesprochen hielt einer von ihnen den Z fest, während der andere das Portemonnaie des Z aus dessen Hosentasche an sich nahm.

Beiden Mittätern werden wechselseitig die Tathandlungen des jeweils anderen zugerechnet, so dass es einerlei ist, dass B1 das Portemonnaie nicht an sich nahm und dass B2 nicht den Z festhielt (oder andersherum, was also sogar offen bleiben kann).

Bei einer Reihe von Delikten wird allerdings verbreitet angenommen, dass eine Erfüllung des tatbestandsmäßigen Verhaltens in eigener Person erforderlich ist, so dass Mittäterschaft (entgegen § 25 II StGB) und mittelbare Täterschaft (entgegen § 25 I 2. Var. StGB) nicht möglich sind, sog. **eigenhändige Delikte**.[67] Hierzu zählen z.B. die §§ 153, 154, 156, 173ff., 315a I, 316, 323a, 339 StGB.

Z.B.:

> **§ 153 StGB (Falsche uneidliche Aussage)**
> Wer vor Gericht oder vor einer anderen zur eidlichen Vernehmung von Zeugen oder Sachverständigen zuständigen Stelle als Zeuge oder Sachverständiger uneidlich falsch aussagt, wird mit Freiheitsstrafe von drei Monaten bis zu fünf Jahren bestraft.

Nur derjenige, der selbst falsch aussagt, kann Täter sein.

Ferner:

> **§ 316 I StGB (Trunkenheit im Verkehr)**
> Wer im Verkehr (§§ 315 bis 315d) ein Fahrzeug führt, obwohl er infolge des Genusses alkoholischer Getränke oder anderer berauschender Mittel nicht in der Lage ist, das Fahrzeug sicher zu führen, wird mit Freiheitsstrafe bis zu einem Jahr oder mit Geldstrafe bestraft, wenn die Tat nicht in § 315a oder § 315c mit Strafe bedroht ist.

Nur der Fahrzeugführer selbst kann § 316 I StGB täterschaftlich verwirklichen.

Bei einigen dieser Delikte (z.B. bei § 176 StGB[68]) ist das Erfordernis der Eigenhändigkeit allerdings umstritten. In der Tat ist zumindest begründungsbedürftig, warum bei einigen Delikten die Gleichstellung von Mittäterschaft und mittelbarer Täterschaft, die § 25 StGB anordnet, nicht gelten soll. Der jeweilige Wortlaut des Tatbestands ist insofern unergiebig, als der Gesetzgeber alle Straftatbestände

---

[67] Näher Schröder FS von Weber 1963, 233; Haft JA 1979, 651; Schünemann FS Jung 2007, 881; Satzger Jura 2011, 103; Gerhold/Kuhne ZStW 2012, 943.

[68] Vgl. nur Renzikowski, in: MK-StGB, 2. Aufl. 2012, § 176 Rn. 56; Frommel, in: NK, 4. Aufl. 2013, § 176 Rn. 28.

dergestalt formuliert hat, dass er stets eine unmittelbare Täterschaft bzw. eigenhändige Verwirklichung umreißt. Begründet wird der Charakter als eigenhändiges Delikt jeweils damit, dass der Unrechtsgehalt dieser Tatbestände durch die besondere Verwerflichkeit des unmittelbaren Täterhandelns geprägt werde.[69]

Außer Tätern i.S.d. § 25 StGB gibt es auch noch andere **Beteiligte** an einer Straftat.
    Gem. der Legaldefinition des § 28 II StGB ist Beteiligter der Oberbegriff für Täter und Teilnehmer.

Teilnehmer sind nach der Legaldefinition des § 28 I StGB Anstifter und Gehilfen.

Die **Anstiftung** regelt § 26 StGB.

---

§ 26 StGB (Anstiftung)
Als Anstifter wird gleich einem Täter bestraft, wer vorsätzlich einen anderen zu dessen vorsätzlich begangener rechtswidriger Tat bestimmt hat.

Beispiel 13:
B1 bot dem B2 5.000 Euro, wenn er den Z verprügelt. B2 tat dies.

B2 ist Täter einer Körperverletzung gem. § 223 I StGB. B1 ist Anstifter zu dieser gem. §§ 223 I, 26 StGB.

Die **Beihilfe** regelt § 27 StGB.

---

§ 27 StGB (Beihilfe)
(1) Als Gehilfe wird bestraft, wer vorsätzlich einem anderen zu dessen vorsätzlich begangener rechtswidriger Tat Hilfe geleistet hat.
(2) Die Strafe für den Gehilfen richtet sich nach der Strafdrohung für den Täter. Sie ist nach § 49 Abs. 1 zu mildern.

Beispiel 14:
Damit B1 einen geplanten Wohnungseinbruchsdiebstahl begehen konnte, lieh B2 dem B1 ein Brecheisen. B1 führte die Tat unter Einsatz des Brecheisens aus.

B1 ist Täter eines Wohnungseinbruchdiebstahls gem. §§ 242 I, 244 I Nr. 3 StGB. B2 leistete zu dieser Tat als Gehilfe Beihilfe.

---

[69] S. nur B. Heinrich, AT, 5. Aufl. 2016, Rn. 176.

Ferner gibt es einen **Versuch der Beteiligung** i.R.d. § 30 StGB.

§ 30 StGB (Versuch der Beteiligung)
(1) Wer einen anderen zu bestimmen versucht, ein Verbrechen zu begehen oder zu ihm anzustiften, wird nach den Vorschriften über den Versuch des Verbrechens bestraft. Jedoch ist die Strafe nach § 49 Abs. 1 zu mildern. § 23 Abs. 3 gilt entsprechend.
(2) Ebenso wird bestraft, wer sich bereit erklärt, wer das Erbieten eines anderen annimmt oder wer mit einem anderen verabredet, ein Verbrechen zu begehen oder zu ihm anzustiften.

Beispiel 15:
B bot dem Z1 1.000 Euro dafür, die Z2 zu töten. Z1 lehnte ab.

Totschlag (§ 212 I StGB) und Mord (§ 211 StGB) sind Verbrechen, vgl. § 12 I StGB, so dass sich B wegen versuchter Anstiftung zum Totschlag bzw. Mord gem. §§ 212/211, 30 I StGB strafbar gemacht hat.

Beispiel 16:
B1 und B2 wollten den Z töten und besprachen einen Tatplan.

Hier greift § 30 II StGB in der Variante der Verabredung, so dass sich B1 und B2 gem. §§ 212/211, 30 II StGB strafbar gemacht haben.

Von einem Versuch der Beteiligung kann man gem. § 31 StGB zurücktreten.

§ 31 StGB (Rücktritt vom Versuch der Beteiligung)
(1) Nach § 30 wird nicht bestraft, wer freiwillig
1. den Versuch aufgibt, einen anderen zu einem Verbrechen zu bestimmen, und eine etwa bestehende Gefahr, dass der andere die Tat begeht, abwendet,
2. nachdem er sich zu einem Verbrechen bereit erklärt hatte, sein Vorhaben aufgibt oder,
3. nachdem er ein Verbrechen verabredet oder das Erbieten eines anderen zu einem Verbrechen angenommen hatte, die Tat verhindert.
(2) Unterbleibt die Tat ohne Zutun des Zurücktretenden oder wird sie unabhängig von seinem früheren Verhalten begangen, so genügt zu seiner Straflosigkeit sein freiwilliges und ernsthaftes Bemühen, die Tat zu verhindern.

Beispiel 17:
B bot dem Z1 1.000 Euro dafür, die Z2 zu töten. Z1 erbat einen Tag Bedenkzeit. Noch am gleichen Tag suchte B den Z1 erneut auf, nahm sein Angebot zurück und vergewisserte sich, dass Z1 keine Schritte gegen Z2 unternehmen werde.

B ist gem. § 31 I Nr. 1 StGB von der versuchten Anstiftung zum Totschlag bzw. Mord (§§ 212/211, 30 I StGB) strafbefreiend zurückgetreten.

b) Formelles Strafrecht

Das sog. formelle Strafrecht regelt die Geltendmachung und Durchsetzung des Rechts zum Bestrafen.[70]

Es lässt sich weiter unterteilen[71] in das Strafprozessrecht, das Strafvollstreckungsrecht und das Strafvollzugsrecht.

Das **Strafprozessrecht** regelt das Erkenntnisverfahren, d. h. die Frage, wer wie feststellt, ob jemand eine Straftat begangen hat. Festgelegt wird also das Nachweisverfahren für eine Straftat inkl. Bestimmungen über die Organe der Strafrechtspflege. Es ist Gegenstand einer eigenen Vorlesung, eigener Lehrbücher[72] etc.[73]

Das Strafprozessrecht wird insbesondere durch die Strafprozessordnung (StPO) gebildet, daneben durch eine Vielzahl weiterer Gesetze, z.B. das Gerichtsverfassungsgesetz (GVG). Verfassungsrechtliche Schranken enthält das Grundgesetz, insbesondere in den Art. 101, 103, 104 GG sowie dem Rechtsstaatsprinzip, welches sich den Art. 20, 23, 28 GG entnehmen lässt.

Auch zahlreiche Spezialgesetze enthalten strafprozessuale Regelungen, z.B. §§ 385ff. AO für das Steuerstrafverfahren.

Das **Strafvollstreckungsrecht** befasst sich mit der Umsetzung der strafgerichtlichen, sanktionierenden Entscheidungen.[74]

Bei freiheitsentziehenden Sanktionen gilt folgende Abgrenzung von Strafvollstreckungsrecht i.e.S. und **Strafvollzugsrecht**[75]: Das Strafvollzugsrecht erfasst den Bereich von der Aufnahme der sanktionierten Person in die Vollzugseinrichtung bis hin zu seiner Entlassung, und zwar das „Wie" der Sanktionsverwirklichung, also die Art der praktischen Durchführung und Gestaltung. Das Strafvollstreckungsrecht i.e.S. umfasst bzgl. freiheitsentziehender Sanktionen die Herbeiführung des Aufenthalts in der Vollzugseinrichtung bis zum Antritt, die generelle Überwachung der Durchführung und die Beendigung (also das „Ob" der Sanktionsverwirklichung).

---

[70] Vgl. Hoyer AT, 1996, S. 1.

[71] Vgl. die Übersicht bei Hoyer, AT, 1996, S. 1.

[72] Vgl. nur Heger, Strafprozessrecht, 2013; Beulke, Strafprozessrecht, 13. Aufl. 2016; Engländer Examens-Repetitorium Strafprozessrecht, 8. Aufl. 2017; Volk/Engländer, Grundkurs StPO, 8. Aufl. 2013; Roxin/Schünemann, Strafverfahrensrecht, 29. Aufl. 2017; Ostendorf, Strafprozessrecht, 2. Aufl. 2015; vgl. auch Joecks, Studienkommentar StPO, 4. Aufl. 2015; maßgeblicher Praktiker Kommentar: Meyer-Goßner/Schmitt, StPO, 60. Aufl. 2017.

[73] Zur Bedeutung des Strafprozessrechts für Studium, Prüfung und Praxis Heger, Strafprozessrecht, 2013, Rn. 7ff.

[74] Vgl. nur Laubenthal/Nestler, Strafvollstreckung, 2010, Rn. 1f.

[75] Ausf. Laubenthal, Strafvollzug, 7. Aufl. 2015.

Rechtsgrundlagen des Strafvollstreckungsrecht bilden v.a. die §§ 449ff. StPO, 56ff., 61ff., 79ff. StGB, 82ff. JGG. Rechtsgrundlagen des Strafvollzugsrecht sind die StVollzG des Bundes und der Länder.

Besondere Regelungen zum formellen Strafrecht für Jugendliche und Heranwachsende enthält das Jugendgerichtsgesetz (JGG), sog. Jugendstrafrecht[76].

Die gesetzliche und wissenschaftliche Trennung von materiellem und formellem Strafrecht, die auch die universitäre Strafrechtsausbildung prägt, darf nicht darüber hinwegtäuschen, dass aus der Perspektive der Strafrechtspraxis Beweisbarkeit und Bewiesenheit (vgl. auch Art. 6 II EMRK) einer Tat im Ergebnis ebenso Strafbarkeitsvoraussetzungen sind wie die Elemente des materiellen Strafrechts, so dass materielles und formelles Recht in der Anwendung verschwimmen können.

2. Besondere Rechtsgebiete innerhalb des Strafrechts

Aufgrund thematischen Zusammenhangs ist es gebräuchlich, bestimmte Untergebiete des Strafrechts mit selbständigen Bezeichnungen zu versehen. Dies hat aber allein deskriptiven Charakter, maßgebend für die Rechtsanwendung bleibt der einzelne Normtext. Insbesondere für Praktiker und Studenten sind aber zusammenhängende Darstellungen bestimmter Themenbereiche nützlich.

So spricht man z.B. von Wirtschaftsstrafrecht,[77] Steuerstrafrecht,[78] Insolvenzstrafrecht,[79] Kapitalmarktstrafrecht,[80] Umweltstrafrecht,[81] (Criminal) Compliance,[82] Internationalem Strafrecht,[83] Europäischem Strafrecht,[84] Völkerstrafrecht,[85] Medienstrafrecht,[86] Medizinstrafrecht bzw. Arzt- oder Gesundheitsstrafrecht,[87]

---

[76] Vgl. zum Jugendstrafrecht die Lehrbücher von Ostendorf, Jugendstrafrecht, 8. Aufl. 2015; Streng, Jugendstrafrecht, 4. Aufl. 2016; Meier/Rössner/Schöch, Jugendstrafrecht, 3. Aufl. 2013; Laubenthal/Baier/Nestler, Jugendstrafrecht, 3. Aufl. 2015.

[77] Vgl. nur Wittig, Wirtschaftsstrafrecht, 4. Aufl. 2017.

[78] Rolletschke, Steuerstrafrecht, 4. Aufl. 2012.

[79] Bittmann, Insolvenzstrafrecht, 2. Aufl. 2017.

[80] Schröder, Handbuch Kapitalmarktstrafrecht, 3. Aufl. 2015; Park (Hrsg.), Kapitalmarktstrafrecht, 4. Aufl. 2017.

[81] Saliger, Umweltstrafrecht, 2012.

[82] Bock, Criminal Compliance, 2. Aufl. 2013.

[83] Satzger, Internationales und Europäisches Strafrecht, 7. Aufl. 2016.

[84] Hecker, Europäisches Strafrecht, 5. Aufl. 2015.

[85] Werle/Jeßberger, Völkerstrafrecht, 4. Aufl. 2016.

[86] Mitsch, Medienstrafrecht, 2012.

[87] Roxin/Schroth, Handbuch des Medizinstrafrecht, 4. Aufl. 2010; Frister/Lindemann/Peters, Arztstrafrecht, 2011.

Betäubungsmittelstrafrecht,[88] Terrorismusstrafrecht,[89] Sexualstrafrecht,[90] Ausländerstrafrecht,[91] Verkehrsstrafrecht,[92] Wehrstrafrecht,[93] Arbeitsstrafrecht,[94] Computerstrafrecht bzw. Internetstrafrecht,[95] Revisionsrecht,[96] Sanktionenrecht,[97] Strafvollzugsrecht[98] und Strafvollstreckungsrecht.[99]

Darstellungen dieser strafrechtlichen Spezialgebiete befassen sich i.d.R. sowohl mit der Anwendung des Allgemeinen Teils auf den jeweiligen Bereich (Straftatvoraussetzungslehre und Sanktionenrecht) als auch mit tatbestandsspezifischen Fragen (im StGB und/oder im Nebenstrafrecht) sowie mit strafprozessualen Besonderheiten, bisweilen auch mit kriminologischen und sonstigen kriminalwissenschaftlichen Aspekten.

C. Strafrecht als Teilgebiet des Rechts; Verknüpfungen der Rechtsgebiete

Das neuzeitliche deutsche Recht unterscheidet drei große Rechtsgebiete: Das Privatrecht (Zivilrecht, vgl. auch Bürgerliches Recht), das Strafrecht und das Öffentliche Recht.[100]

Während das **Privatrecht** die Beziehungen von rechtlich gleichgestellten Rechtssubjekten regelt (z.B. Voraussetzungen und Rechtsfolgen von Verträgen),[101] regelt das **Öffentliche Recht** das Verhältnis zwischen Trägern der öffentlichen Gewalt („Hoheitsträgern") und den Privatrechtssubjekten.[102] Die Selbständigkeit des

---

[88] Malek, Betäubungsmittelstrafrecht, 4. Aufl. 2014.

[89] Zöller, Terrorismusstrafrecht, 2009.

[90] Laubenthal, Handbuch Sexualstraftaten, 2012.

[91] Kretschmer, Ausländerstrafrecht, 2011.

[92] Janizewski, Verkehrsstrafrecht, 5. Aufl. 2004.

[93] Lingens/Korte, WStG, 5. Aufl. 2012.

[94] Gercke/Kraft/Richter, Arbeitsstrafrecht, 2. Aufl. 2015.

[95] Hilgendorf/Valerius, Computer- und Internetstrafrecht, 2. Aufl. 2012.

[96] Weidemann/Scheif, Revision im Strafrecht, 3. Aufl. 2017; Hamm, Revision in Strafsachen, 7. Aufl. 2010.

[97] Vgl. nur Meier, Strafrechtliche Sanktionen, 4. Aufl. 2014; Streng, Strafrechtliche Sanktionen, 3. Aufl. 2012; Schäfer/Sander/van Gemmeren, Praxis der Strafzumessung, 6. Aufl. 2017.

[98] Laubenthal, Strafvollzug, 7. Aufl. 2015.

[99] Laubenthal/Nestler, Strafvollstreckung, 2010.

[100] Vgl. nur B. Heinrich, AT, 5. Aufl. 2016, Rn. 1.

[101] Köhler, BGB AT, 40. Aufl. 2016, § 2 Rn. 2.

[102] Köhler, BGB AT, 40. Aufl. 2016, § 2 Rn. 3f.; zur i. E. problematischen Abgrenzung zwischen öffentlichem Recht und Privatrecht (z.B. i.R.d. § 40 I VwGO) vgl. ferner etwa Reimer, in: BeckOK-VwGO, Stand 01.04.2016, § 40 Rn. 45 m.w.N.; zur Abgrenzung von Zivil- und Strafrecht Hirsch FS Engisch 1969, 304.

Strafrechts als Rechtsgebiet ist historisch-traditionell zu erklären; der Sache nach handelt es sich um einen Bestandteil des Öffentlichen Rechts, da das Auferlegen strafrechtlicher Rechtsfolgen einen Eingriff in die Grundrechte der Rechtssubjekte im Rahmen eines Subordinationsverhältnisses darstellt.[103] Die staatstheoretisch durchaus problematische Legitimität des Bestrafens einzelner Bürger ergibt sich aus den mit dem Strafrecht verfolgten Zielen zum Schutz von individuellen und kollektiven Werten.

Dem Schutz dieser Werte dienen auch das Privatrecht und das öffentliche Recht i.e.S.

Ersteres zeigt sich z.B. an zivilrechtlichen Schadensersatzpflichten (z.T. mit pönalen Elementen, etwa beim sog. Schmerzensgeld nach § 253 II BGB), letzteres insbesondere im Gefahrenabwehrrecht des Bundes und der Länder.

Die drei Rechtsgebiete ergänzen einander insofern.

Beispiel 18:

vgl. LG Essen U. v. 26.03.2007 – 56 KLs 7/06: „Gammelfleisch":
Fleischhändler B verkaufte 80 Tonnen Putenhack, obwohl das Mindesthaltbarkeitsdatum bereits abgelaufen war, wobei er seinen Abnehmer Z1 überlistete, indem er das Fleisch umetikettierte. Am Verzehr des Fleisches erkrankte Restaurantbesucher Z2, der eine Woche lang seiner selbstständigen Arbeit nicht nachgehen konnte.

Aufgabe des Privatrechts ist es hier v.a., einklagbare (Schadensersatz)Ansprüche von Z1 und Z2 gegen B zu normieren, sei es aufgrund einer Vertragsverletzung, vgl. nur § 280 I 1 BGB („Verletzt der Schuldner eine Pflicht aus dem Schuldverhältnis, so kann der Gläubiger Ersatz des hierdurch entstehenden Schadens verlangen.) oder aufgrund sog. Delikts, z.B. § 823 I BGB („Wer vorsätzlich oder fahrlässig das Leben, den Körper, die Gesundheit, die Freiheit, das Eigentum oder ein sonstiges Recht eines anderen widerrechtlich verletzt, ist dem anderen zum Ersatz des daraus entstehenden Schadens verpflichtet."). Im obigen Beispiel wird insbesondere Z2 Ersatz für seinen Verdienstausfall begehren.

Aufgabe des Öffentlichen Rechts i.e.S. ist die präventive (prospektive) Gefahrenabwehr und -vorsorge. So wird die zuständige Ordnungsbehörde zu prüfen haben, ob gegenüber dem Fleischhändler B eine Gewerbeuntersagung wegen Unzuverlässigkeit auszusprechen ist, um zukünftige ähnliche Vorfälle zu verhindern.

---

[103] Roxin, AT I, 4. Aufl. 2006, § 1 Rn. 5; Gropp, AT, 4. Aufl. 2015, § 1 Rn. 29ff.

§ 35 I 1 GewO (Gewerbeuntersagung wegen Unzuverlässigkeit)
Die Ausübung eines Gewerbes ist von der zuständigen Behörde ganz oder teilweise zu untersagen, wenn Tatsachen vorliegen, welche die Unzuverlässigkeit des Gewerbetreibenden oder einer mit der Leitung des Gewerbebetriebes beauftragten Person in bezug auf dieses Gewerbe dartun, sofern die Untersagung zum Schutz der Allgemeinheit oder der im Betrieb Beschäftigten erforderlich ist.

Bei einem bösgläubigen Gaststättenbetreiber kommt ein Entzug der Erlaubnis zur Gaststättenbetreibung und eine Schließung der Gaststätte nach §§ 15 I, 4 GastG in Betracht.

§ 15, I II GastG (Rücknahme und Widerruf der Erlaubnis)

(1) Die Erlaubnis zum Betrieb eines Gaststättengewerbes ist zurückzunehmen, wenn bekannt wird, dass bei ihrer Erteilung Versagungsgründe nach § 4 Abs. 1 Nr. 1 vorlagen.
(2) Die Erlaubnis ist zu widerrufen, wenn nachträglich Tatsachen eintreten, die die Versagung der Erlaubnis nach § 4 Abs. 1 Nr. 1 rechtfertigen würden.

§ 4 I Nr. 1 GastG (Versagungsgründe)
Die Erlaubnis ist zu versagen, wenn Tatsachen die Annahme rechtfertigen, dass der Antragsteller die für den Gewerbebetrieb erforderliche Zuverlässigkeit nicht besitzt, insbesondere dem Trunke ergeben ist oder befürchten lässt, dass er Unerfahrene, Leichtsinnige oder Willensschwache ausbeuten wird oder dem Alkoholmissbrauch, verbotenem Glücksspiel, der Hehlerei oder der Unsittlichkeit Vorschub leisten wird oder die Vorschriften des Gesundheits- oder Lebensmittelrechts, des Arbeits- oder Jugendschutzes nicht einhalten wird.

Aufgabe des Strafrechts ist die (retrospektive) Ahndung der vergangenen Tat nach Maßgabe eines Strafgesetzes. Gegenüber Z1 kommt eine Strafbarkeit des B wegen Betrugs gem. § 263 I StGB in Frage.

§ 263 I StGB (Betrug)
Wer in der Absicht, sich oder einem Dritten einen rechtswidrigen Vermögensvorteil zu verschaffen, das Vermögen eines anderen dadurch beschädigt, dass er durch Vorspiegelung falscher oder durch Entstellung oder Unterdrückung wahrer Tatsachen einen Irrtum erregt oder unterhält, wird mit Freiheitsstrafe bis zu fünf Jahren oder mit Geldstrafe bestraft.

Im Hinblick auf die Erkrankung des Z2 könnte sich B (je nach Vorstellung) wegen vorsätzlicher oder fahrlässiger Körperverletzung strafbar gemacht haben:

> **§ 223 I StGB (Körperverletzung)**
> Wer eine andere Person körperlich misshandelt oder an der Gesundheit schädigt, wird mit Freiheitsstrafe bis zu fünf Jahren oder mit Geldstrafe bestraft.

> **§ 229 StGB (Fahrlässige Körperverletzung)**
> Wer durch Fahrlässigkeit die Körperverletzung einer anderen Person verursacht, wird mit Freiheitsstrafe bis zu drei Jahren oder mit Geldstrafe bestraft.

Hinzu kommen Straftatbestände des sog. Nebenstrafrechts, v.a. die heutigen §§ 58, 59 LFBG (Lebensmittel-, Bedarfsgegenstände- und Futtermittelgesetzbuch).

Die Bestrafung des B dient ebenfalls dazu, zukünftige ähnliche Verstöße – des B oder anderer – zu unterbinden und somit andere Personen zu schützen.

Im Lichte der Strafzwecke ist Strafrecht mithin ein Gefahrenabwehrrecht (in Bundeskompetenz, Art. 74 I Nr. 1 GG), welches die Besonderheit aufweist, dass die Gefahrenabwehr durch Ausspruch einer Strafbarkeit mit daran anknüpfender Sanktion erzielt werden soll.

Zivilrecht, Strafrecht und Öffentliches Recht sind überdies auf verschiedene Weise **miteinander verknüpft.**

Etliche strafrechtliche Normen verwenden zivilrechtlich auszulegende Begriffe, z.B.:

> **§ 242 I StGB (Diebstahl)**
> Wer eine fremde bewegliche Sache einem anderen in der Absicht wegnimmt, die Sache sich oder einem Dritten rechtswidrig zuzueignen, wird mit Freiheitsstrafe bis zu fünf Jahren oder mit Geldstrafe bestraft.

Wann eine Sache fremd i.S.d. § 242 I StGB ist, richtet sich nach der zivilrechtlichen Eigentumsordnung: Fremd ist eine Sache, die nach bürgerlichem Recht im Eigentum eines anderen steht.[104]

Ein Strafrichter muss also aufgrund sog. **Zivilrechtsakzessorietät**[105] inzident Zivilrecht anwenden, um die Strafbarkeit des Beschuldigten zu prüfen, und zwar völlig eigenständig, § 262 StPO.

---

[104] Vgl. nur Fischer, StGB, 64. Aufl. 2017, § 242 Rn. 5.
[105] Ausf. Lüderssen FS Hanack 1999, 487; Hoyer FS Kreutz 2010, 691.

§ 262 StPO (Entscheidung zivilrechtlicher Vorfragen)
(1) Hängt die Strafbarkeit einer Handlung von der Beurteilung eines bürgerlichen Rechtsverhältnisses ab, so entscheidet das Strafgericht auch über dieses nach den für das Verfahren und den Beweis in Strafsachen geltenden Vorschriften.
(2) Das Gericht ist jedoch befugt, die Untersuchung auszusetzen und einem der Beteiligten zur Erhebung der Zivilklage eine Frist zu bestimmen oder das Urteil des Zivilgerichts abzuwarten.

Ein durch eine Straftat Geschädigter hat im sog. **Adhäsionsverfahren** (§§ 403ff. StPO) die Möglichkeit, im Strafverfahren zivilrechtliche Ansprüche durchzusetzen.

§ 403 StPO (Geltendmachung eines Anspruchs im Adhäsionsverfahren)
Der Verletzte oder sein Erbe kann gegen den Beschuldigten einen aus der Straftat erwachsenen vermögensrechtlichen Anspruch, der zur Zuständigkeit der ordentlichen Gerichte gehört und noch nicht anderweit gerichtlich anhängig gemacht ist, im Strafverfahren geltend machen [...].

Andersherum greift auch das Zivilrecht bisweilen auf das Strafrecht zurück.

§ 823 BGB (Schadensersatzpflicht)
(1) Wer vorsätzlich oder fahrlässig das Leben, den Körper, die Gesundheit, die Freiheit, das Eigentum oder ein sonstiges Recht eines anderen widerrechtlich verletzt, ist dem anderen zum Ersatz des daraus entstehenden Schadens verpflichtet.
(2) Die gleiche Verpflichtung trifft denjenigen, welcher gegen ein den Schutz eines anderen bezweckendes Gesetz verstößt. Ist nach dem Inhalt des Gesetzes ein Verstoß gegen dieses auch ohne Verschulden möglich, so tritt die Ersatzpflicht nur im Falle des Verschuldens ein.

Strafgesetze können Schutzgesetze i.S.d. § 823 II BGB sein, so dass durch Strafbarkeit zivilrechtliche Ansprüche des Geschädigten entstehen können.[106]

Das Strafrecht weist nicht nur zivilrechtsakzessorische Straftatbestände auf, sondern auch solche, die in einem Akzessorietätsverhältnis zum öffentlichen Recht, genauer zum Verwaltungsrecht stehen, sog. **Verwaltungsrechtsakzessorietät**.[107] Betroffen sind v.a. Straftatbestände aus dem Wirtschafts- und Umweltstrafrecht, z.B.:

---

[106] Hierzu von Olshausen FS Bemmann 1997, 125; Deutsch FS Schreiber 2003, 43; zum Verhältnis von Strafurteil und Zivilprozess Sachers FS Rittler 1957, 341; Beulke FS Schroeder 2006, 663; Hiebl FS Wessing 2016, 761.

[107] Vgl. nur B. Heinrich, AT, 5. Aufl. 2016, Rn. 52a.

§ 324a I StGB (Bodenverunreinigung)
Wer unter Verletzung verwaltungsrechtlicher Pflichten Stoffe in den Boden einbringt, eindringen lässt oder freisetzt und diesen dadurch
1. in einer Weise, die geeignet ist, die Gesundheit eines anderen, Tiere, Pflanzen oder andere Sachen von bedeutendem Wert oder ein Gewässer zu schädigen, oder
2. in bedeutendem Umfang
verunreinigt oder sonst nachteilig verändert, wird mit Freiheitsstrafe bis zu fünf Jahren oder mit Geldstrafe bestraft.

Die Verletzung verwaltungsrechtlicher Pflichten als Tatbestandsmerkmal setzt eine verwaltungsrechtliche Vorprüfung inzident voraus.

Das Öffentliche Recht enthält ferner Rechtfertigungsgründe.
So rechtfertigt etwa § 204 LVwG SH eine polizeiliche tatbestandsmäßige (§ 239 I StGB) Freiheitsberaubung.

§ 239 I StGB (Freiheitsberaubung)
Wer einen Menschen einsperrt oder auf andere Weise der Freiheit beraubt, wird mit Freiheitsstrafe bis zu fünf Jahren oder mit Geldstrafe bestraft.

§ 204 I Nr. 1, 2 LVwG SH (Gewahrsam von Personen)
Eine Person kann nur in Gewahrsam genommen werden, wenn dies
1. zu ihrem Schutz gegen eine Gefahr für Leib oder Leben erforderlich ist, insbesondere, weil sie sich erkennbar in einem die freie Willensbestimmung ausschließenden Zustand oder sonst in hilfloser Lage befindet,
2. unerlässlich ist, um die unmittelbar bevorstehende Begehung oder Fortsetzung einer Straftat oder einer Ordnungswidrigkeit von erheblicher Bedeutung für die Allgemeinheit zu verhindern [...]

Das **Verfassungsrecht** als Teil des Öffentlichen Rechts wirkt im Rahmen der verfassungsrechtlichen Verfahren (Art. 93 GG, § 13 BVerfGG) und im Hinblick auf eine verfassungskonforme (insbesondere grundrechtssensible) Auslegung der Strafgesetze begrenzend.

Der Einfluss des Strafrechts auf das öffentliche Recht zeigt sich in öffentlich-rechtlichen Gesetzen, die eine Straftat als Voraussetzung einer verwaltungsrechtlichen Rechtsfolge normieren, z.B. bzgl. des Entzugs einer Erlaubnis oder der Versagung einer Genehmigung, im Ausländer-, Beamten- oder Steuerrecht.

All diese Querverbindungen zeugen vom Grundgedanken einer sog. **Einheit der Rechtsordnung**.

Allerdings stellt das Strafrecht im Wege einer sog. **asymmetrischen Akzessorietät** nicht selten strengere Voraussetzungen als das Zivilrecht oder das Öffentliche Recht auf. Dies findet seinen Grund in den eingriffsintensiven Rechtsfolgen des Strafrechts und der damit zusammenhängenden Funktion des Strafrechts als *ultima ratio* des Staats zur Erreichung seiner Schutzziele.

Folglich werden angehende Juristen aus gutem Grund in allen Rechtsgebieten ausgebildet („Volljurist") und eine Spezialisierung ist erst bei der Berufswahl möglich. Selbst in der **Praxis** entspricht es allerdings der beruflichen Kompetenz, zwar zwischen den Rechtsgebieten präzise zu trennen, jedoch Rechtsfolgen aller Rechtsgebiete zu prüfen. Insbesondere wird ein Mandant von seinem Rechtsanwalt eine umfassende Beratung im Hinblick auf alle (drohenden) Rechtsfolgen verlangen, auch jenseits von Akzessorietätsfragen. Den Rechtsunterworfenen ist einerlei, woher eine nachteilige Sanktion (z.B. die Verpflichtung zur Zahlung einer Geldsumme oder die Untersagung der Berufsausübung) stammt, und z.B. bei der Frage der Abgabe einer geständigen Einlassung wird eine Gesamtabwägung erforderlich sein. Auch die Polizei prüft – von der Rechtsfolge einer Handlungsbefugnis (z.B. Durchsuchung, Beschlagnahme, Festnahme) denkend – sowohl Eingriffsermächtigungen aus dem Gefahrenabwehrrecht („Polizeirecht"; in Schleswig-Holstein insbesondere aus dem LVwG) als auch solche aus dem Strafprozessrecht (v.a. aus der StPO).

D. Abgrenzungen des Strafrechts und Strafens zu verwandten Disziplinen bzw. Eingriffen; Strafrecht als Teil der gesamten Kriminalwissenschaften

Das (formale) Strafrecht ist abzugrenzen von Rechtsgebieten, die ebenfalls Sanktionen aufweisen.[108]

I. Ordnungswidrigkeitenrecht

Das (Kriminal-)Strafrecht ist vom Ordnungswidrigkeitenrecht zu unterscheiden.

Das Ordnungswidrigkeitenrecht enthält Tatbestände, deren Erfüllung mit einer Geldbuße belegt wird, z.B.:

---

[108] Im Folgenden Beschränkung auf die Abgrenzung zum Ordnungswidrigkeitenrecht und zum Disziplinar- und Berufsrecht, weitere Abgrenzungen bei Roxin, AT I, 4. Aufl. 2006, § 2 Rn. 138ff. (Ordnungs- und Zwangsmittel, z.B. §§ 51, 70 StPO, 380, 390, 890 ZPO; Privatstrafen, §§ 339ff. BGB).

§ 24a I, IV StVG (0,5 Promille-Grenze)
(1) Ordnungswidrig handelt, wer im Straßenverkehr ein Kraftfahrzeug führt, obwohl er 0,25 mg/l oder mehr Alkohol in der Atemluft oder 0,5 Promille oder mehr Alkohol im Blut oder eine Alkoholmenge im Körper hat, die zu einer solchen Atem- oder Blutalkoholkonzentration führt.
[...]
(4) Die Ordnungswidrigkeit kann mit einer Geldbuße bis zu dreitausend Euro geahndet werden.

Die formal evidente Abgrenzung zwischen Strafrecht und Ordnungswidrigkeitenrecht (ordnungswidrig vs. strafbar; Geldbuße vs. Geldstrafe etc.) darf nicht darüber hinwegtäuschen, dass der materielle Unterschied zwischen einem Ordnungswidrigkeitentatbestand und einem Straftatbestand – in Gesetzeszielen, Tatbestandsvoraussetzungen und Rechtsfolgen – eher[109] quantitativer und rechtspolitischer Natur ist: Relativ leichtes Fehlverhalten soll mit der Normierung von Ordnungswidrigkeiten und mithin relativ leichten Rechtsfolgen bekämpft werden, erst relativ schweres Fehlverhalten soll mit dem „scharfen Schwert" des Strafrechts bekämpft werden. Aufgrund der großen Zahl normierter Ordnungswidrigkeiten und durchaus beträchtlichen Bußgeld-Obergrenzen kommt dem Ordnungswidrigkeitenrecht allerdings große praktische (bedauerlicherweise nicht universitäre) Bedeutung zu.

Bei geringfügigen Ordnungswidrigkeiten gilt § 56 I OWiG.

§ 56 I OWiG (Verwarnung durch die Verwaltungsbehörde)
Bei geringfügigen Ordnungswidrigkeiten kann die Verwaltungsbehörde den Betroffenen verwarnen und ein Verwarnungsgeld von fünf bis fünfundfünfzig Euro erheben. Sie kann eine Verwarnung ohne Verwarnungsgeld erteilen.

II. Disziplinar- und Berufsrecht

Zweitens ist das Strafrecht abzugrenzen von disziplinarrechtlichen Sanktionen, die bestimmten Berufsgruppen drohen.[110]

Zu diesen Berufen zählen insbesondere Beamte, Soldaten, Notare, Rechtsanwälte und Ärzte.

---

[109] Zur seit langem geführten Kontroverse bzgl. der materiellen Unterschiede von Straftat und Ordnungswidrigkeit Krey/Esser, AT, 6. Aufl. 2016, Rn. 20ff.; Wimmer NJW 1957, 1169.
[110] Hierzu Roxin, AT I, 4. Aufl. 2006, Rn. 134ff.

Beispielsweise gilt bei Dienstvergehen von Bundesbeamten das BDG (Bundes-disziplinargesetz).

Die drohenden Disziplinarmaßnahmen enthält § 5 BDG.

> **§ 5 I, II BDG (Arten der Disziplinarmaßnahmen)**
> (1) Disziplinarmaßnahmen gegen Beamte sind:
> 1. Verweis (§ 6)
> 2. Geldbuße (§ 7)
> 3. Kürzung der Dienstbezüge (§ 8)
> 4. Zurückstufung (§ 9) und
> 5. Entfernung aus dem Beamtenverhältnis (§ 10).
> (2) Disziplinarmaßnahmen gegen Ruhestandsbeamte sind:
> 1. Kürzung des Ruhegehalts (§ 11) und
> 2. Aberkennung des Ruhegehalts (§ 12).

Das Verhältnis von Strafrecht und Disziplinarrecht ist insbesondere vor dem Hintergrund des Art. 103 III GG („Niemand darf wegen derselben Tat auf Grund der allgemeinen Strafgesetze mehrmals bestraft werden."; sog. *ne bis in idem*) problematisch.[111] Bei erfolgter Bestrafung wird jedenfalls eine sinngemäße Berücksichtigung des Art. 103 III GG naheliegen.

III. Strafrecht als Teil der gesamten Kriminalwissenschaften

Die Gesamtheit der Wissenschaften, die sich juristisch und empirisch mit Straftaten befassen, wird Kriminalwissenschaften genannt.[112]

Das juristische Studium beschäftigt sich vor allem mit den **normativen** Disziplinen und innerhalb dieser aus Gründen der Stoffbeschränkung vor allem, soweit das Strafrecht betroffen ist, mit dem materiellen Strafrecht des StGB sowie Grundzügen des Strafprozessrechts. Vertiefungen in anderen kriminalwissenschaftlichen Rechtsgebieten (z.B. dem Sanktionen- Strafvollstreckungs-, Strafvollzugsrecht) sind dem Schwerpunktstudium (vgl. § 5a DRiG) vorbehalten.

Hinzu kommen Grundlagen der **empirischen** Kriminalwissenschaft, der **Kriminologie**, welche sich u.a. mit Ursachen und Verbreitung von Kriminalität beschäftigt.[113]

---

[111] S. nur B. Heinrich, AT, 5. Aufl. 2016, Rn. 51.

[112] Hierzu Schwind, Kriminologie, 23. Aufl. 2016, § 1 Rn. 11ff.

[113] Vgl. nur Eisenberg, Kriminologie, 6. Aufl. 2005; Neubacher, Kriminologie, 3. Aufl. 2017; Göppinger, Kriminologie, 6. Aufl. 2008; Meier, Kriminologie, 5. Aufl. 2016; Kunz/Singelnstein, Kriminologie, 7. Aufl. 2016; Schwind, Kriminologie, 23. Aufl. 2016.

Unentbehrlich für die polizeiliche (und staatsanwaltliche) Arbeit ist die **Kriminalistik**, welche sich mit Taktiken und Techniken der Aufklärung und Verhütung von Straftaten beschäftigt.[114]

Auch gewisse Fächer anderer Studienrichtungen zählen zu den Kriminalwissenschaften, insbesondere die **Rechtsmedizin**, die **Rechtspsychiatrie** und die **Rechtspsychologie**.

---

[114] Vgl. nur Weihmann/de Vries, Kriminalistik, 13. Aufl. 2014.

2. Kapitel: Funktion des Rechts; Funktion des Strafrechts: Strafzwecke

A. Funktion des Rechts

Rechtstheorie[1] und Rechtsphilosophie[2] beschäftigen sich seit jeder damit, was Recht ist und was es bewirken kann und soll, welche Funktion es hat. Hier genügt es, Recht als Summe der staatlichen gesetzlichen Bestimmungen anzusehen, die das gesellschaftliche Zusammenleben regeln.[3]

Diese Rechtsordnung soll das friedliche Zusammenleben von Menschen sichern, indem (idealerweise) das richtige Verhalten jedes Menschen in jeder Situation bestimmt wird. Nötig wird dies, da Menschen sich bei ihren Verhaltensweisen typischerweise gegenseitig behindern und miteinander um dieselben Ressourcen konkurrieren, dabei also notwendigerweise immer wieder in Konflikt geraten.

Damit nicht (immer) der faktisch Stärkere siegt, stellt der Staat eine Rechtsordnung zur Verfügung, die dem gerechten Ausgleich konkurrierender Interessen verpflichtet ist und dementsprechend Rechte gewährt und Pflichten auferlegt. Dies soll auch **Rechtsfrieden** dahingehend gewähren, dass die Bürger nicht selbst zur Durchsetzung ihrer Ansprüche und Positionen schreiten und dabei evtl. eine Spirale der – gewalttätigen – Eskalation begründen, sondern staatliche Stellen hierfür anrufen.

Die geschützten Rechtspositionen finden in Deutschland als Grundrechte des Grundgesetzes (GG) ihren Ausdruck.

So enthält z.B. Art. 2 II GG das Grundrecht auf Leben und körperliche Unversehrtheit:

---

[1] Vgl. etwa Rüthers/Fischer/Birk, Rechtstheorie, 9. Aufl. 2016.

[2] Vgl. etwa Seelmann/Demko, Rechtsphilosophie, 6. Aufl. 2014.

[3] Zu Definitionen des Rechts Rüthers/Fischer/Birk, Rechtstheorie, 9. Aufl. 2016, § 2.

© Springer-Verlag GmbH Deutschland, ein Teil von Springer Nature 2018
D. Bock, *Strafrecht Allgemeiner Teil*, Springer-Lehrbuch,
https://doi.org/10.1007/978-3-662-54789-2_2

Art 2 II GG

Jeder hat das Recht auf Leben und körperliche Unversehrtheit. Die Freiheit der Person ist unverletzlich. In diese Rechte darf nur auf Grund eines Gesetzes eingegriffen werden.

Art. 14 GG schützt das Eigentum:

Art. 14 I, II GG

(1) Das Eigentum und das Erbrecht werden gewährleistet. Inhalt und Schranken werden durch die Gesetze bestimmt.
(2) Eigentum verpflichtet. Sein Gebrauch soll zugleich dem Wohle der Allgemeinheit dienen.

Die Grundrechte schützen nicht nur den Bürger vor Eingriffen des Staates, sondern begründen auch eine **Schutzverpflichtung des Staates** zugunsten seiner Bürger.[4] Hierzu bedient sich der Staat des Zivilrechts, des Öffentlichen Rechts (i.e.S.) und des Strafrechts.

Das Leben der Bürger schützt der Staat u.a. durch die Straftatbestände der §§ 212, 211, 222 StGB, die körperliche Unversehrtheit v.a. durch die §§ 223ff. StGB, das Eigentum u.a. durch die §§ 242ff. StGB.

Im Zivilrecht greift z.B. die Anspruchsgrundlage des § 823 I BGB; im Öffentlichen Recht z.B. (im Vorfeld) das Polizei- und Ordnungsrecht (Gefahrenabwehr).

Dass aber selbst im Strafrecht die Verbote nicht absolut gelten, sondern Gegenstand der Abwägung sind, zeigen die Rechtfertigungsgründe, z.B.:

§ 32 StGB (Notwehr)

(1) Wer eine Tat begeht, die durch Notwehr geboten ist, handelt nicht rechtswidrig.
(2) Notwehr ist die Verteidigung, die erforderlich ist, um einen gegenwärtigen rechtswidrigen Angriff von sich oder einem anderen abzuwenden.

Unter den Voraussetzungen des § 32 StGB darf man z.B. töten (§§ 212, 211 StGB) oder Körper (§§ 223ff. StGB) und Eigentum (u.a. §§ 242, 303 StGB) verletzen.

---

[4] Vgl. nur Herdegen, in: Maunz/Dürig, GG, 78. Lfg. 2016, Art. 1 Rn. 16ff.

Auch Privatrecht und Öffentliches Recht bestehen aus Abwägungen, z.B. bei der Meinungsfreiheit des Art. 5 I GG (vs. z.B. Schutz der Ehre) oder bei der Eigentumsfreiheit des Art. 14 GG (beschränkt z.B. durch Belange des Naturschutzes).

Erst recht gilt dies im Anwendungsbereich der sog. Allgemeinen Handlungsfreiheit des Art. 2 I GG:

> **Art. 2 I GG**
> Jeder hat das Recht auf die freie Entfaltung seiner Persönlichkeit, soweit er nicht die Rechte anderer verletzt und nicht gegen die verfassungsmäßige Ordnung oder das Sittengesetz verstößt.

Das staatlich gesetzte und ggf. mit Zwangsmitteln durchsetzbare Recht ist bei alledem – schon aus Gründen der Ressourcenknappheit – darauf angewiesen, dass es lediglich hilfsweise im Falle ansonsten unlösbarer Konflikte eingreifen muss. Im Übrigen muss die außerrechtliche Sozialkontrolle, z.B. in Familie, Schule und Nachbarschaft, Mechanismen der privaten Streitbeilegung entwickeln.

B. Funktion des Strafrechts: Strafzwecke

I. Allgemeines

▶ **Didaktische Aufsätze:**
- Roxin, Sinn und Grenzen staatlicher Strafe, JuS 1966, 377
- Hassemer, Prävention im Strafrecht, JuS 1987, 257
- Lüderssen, Krise des Sozialisierungsgedankens im Strafrecht?, JA 1991, 222
- Lesch, Über den Sinn und Zweck staatlichen Strafens, JA 1994, 510 und 590
- Bock, Prävention und Empirie – Über das Verhältnis von Strafzwecken und Erfahrungswissen, JuS 1994, 88
- Koriath, Über Vereinigungstheorien als Rechtfertigung staatlicher Strafe, Jura 1995, 625
- Ambos/Steiner, Vom Sinn des Strafens auf innerstaatlicher und supranationaler Ebene, JuS 2001, 9.
- Momsen/Rackow, Die Straftheorien, JA 2004, 336
- Kudlich, An den Grenzen des Strafrechts, JA 2007, 90
- Hefendehl, Der fragmentarische Charakter des Strafrechts, JA 2011, 401
- Walter, Einführung in das Strafrecht, JA 2013, 727

Das Strafrecht partizipiert an der allgemeinen Aufgabe des Rechts. Es schützt mit seiner spezifischen Herangehensweise private und öffentliche Güter vor schädlichen

Verhaltensweisen (**Rechtsgüterschutz**).[5] Der staatliche Eingriff in die Grundrechte des Bürgers durch die strafrechtlichen Sanktionen gegen Straftäter legitimiert sich durch den Schutz potentieller Opfer.[6]

Da aber das Strafrecht ein bereits abgeschlossenes Geschehen betrachtet, insofern rückwärtsgewandt (**retrospektiv**) vorgeht, anders als das an die Gefahr anknüpfende Verwaltungsrecht, bedarf die Funktion des Strafrechts doch einer erweiterten Betrachtung, da es sich um eine genuin eigenartige **Prävention durch Repression** handelt.

Dieses repressiv-präventive Konzept überzeugt – ganz abgesehen von praktischen Ernüchterungen – bereits theoretisch nicht durchweg in allen Facetten.

Beispiel 19:

vgl. LG München U. v. 12.05.2011 – II 1 Ks 115 Js 12496/08; BVerfG B. v. 17. 06.2009 – 2 BvR 1076/09 – BVerfGK 15, 570
John Demjanjuk, geboren 1920, gehörte während des Zweiten Weltkrieges zu Hilfstruppen der SS, die Personal für den Betrieb von Konzentrationslagern stellten. 2009 wurde von der Staatsanwaltschaft München I Anklage gegen ihn wegen Beihilfe zum Mord in mindestens 27.900 Fällen im Vernichtungslager Sobibor erhoben. Das Landgericht sprach ihn schuldig und verurteilte ihn zu fünf Jahren Freiheitsstrafe. Demjanjuk legte Revision ein und verstarb noch vor der Entscheidung des BGH.

Welche Funktion hatte das Strafverfahren gegen einen 89jährigen Beschuldigten bzgl. seiner Taten im Zweiten Weltkrieg? Bedurfte es – Jahrzehnte nach dem Ende des Nationalsozialismus – einer Besserung des Beschuldigten? Musste die Bevölkerung vor einer Nachahmung dieser Taten (im Friedenszustand, bei gefestigter Grundrechte-Demokratie in Deutschland) abgeschreckt werden?

---

[5] Vgl. B. Heinrich, AT, 5. Aufl. 2016, Rn. 3; Prittwitz StV 1991, 435; Kudlich JA 2007, 90; Murmann FS Loos 2010, 189; zum Konzept des Rechtsguts vgl. auch (z.T. krit.) Rudolphi FS Honig 1970, 151; Lampe FS Welzel 1974, 151; Müller-Emmert GA 1976, 291; Suhr JA 1990, 303; Frisch FS Stree/Wessels 1993, 69; Stratenwerth FS Lenckner 1998, 377; Koriath GA 1999, 561; Bottke FS Lampe 2003, 463; Bacigalupo FS Jakobs 2007, 1; Jakobs FS Amelung 2009, 37; Hilgendorf NK 2010, 125; Roxin FS Hassemer 2010, 573; Stuckenberg GA 2011, 653; Heinrich FS Roxin 2011, 131; Romano FS Roxin 2011, 155; Polaino Navarrete FS Roxin 2011, 169; Scheinfeld FS Roxin 2011, 183; Greco FS Roxin 2011, 199; Volk FS Roxin 2011, 215; Kim ZStW 2012, 591; Roxin GA 2013, 433; Jakobs FS Frisch 2013, 81; Paeffgen FS Wolter 2013, 125; Maas NStZ 2015, 305; Engländer ZStW 2015, 616; Kudlich ZStW 2015, 635; Frisch NStZ 2016, 6; Lagodny ZIS 2016, 672.

[6] Zur Rolle des Opferschutzes bei der Legitimation des Strafrechts vgl. Seelmann JZ 1989, 670; Jerouschek JZ 2000, 68; Prittwitz KritV-FG Hassemer 2000, 162; Hörnle JZ 2006, 950; Anders ZStW 2012, 374; Kölbel StV 2014, 698.

Vergleichbare Fragen lassen sich auch zur strafrechtlichen Erfassung von DDR-Unrecht stellen.[7]

Beispiel 20:

vgl. BGH U. v. 08.06.1993 – 5 StR 88/93 – NStZ 1993, 488:

Im September 1971 war B als wehrpflichtiger Angehöriger der Grenztruppen der DDR an der Grenze zwischen den Berliner Bezirken Mitte und Kreuzberg eingesetzt. Ein Turm an der Lindenstraße war u.a. mit B besetzt. B war mit einem Schnellfeuergewehr vom Typ Kalaschnikow ausgerüstet. Bei der Vergatterung war ihm befohlen worden, Fluchtversuche auf jeden Fall zu verhindern: Flüchtende sollten zunächst durch Anruf zum Stehenbleiben aufgefordert werden; sodann sollte ein Warnschuss abgegeben werden; anschließend sollte gezielt auf die Beine geschossen und als letztes Mittel der „Grenzverletzer" „vernichtet", d.h. unter bestimmten Voraussetzungen getötet werden, wenn das die letzte und einzige Möglichkeit zur Verhinderung der Flucht war. Z wollte am 05.09.1972 gegen 13.20 Uhr über die Mauer in den Westteil Berlins flüchten. B rief ihm zu, er solle stehen bleiben. Z lief weiter im Zickzack auf die Mauer zu. B schoss in Richtung des Flüchtenden, und zwar mit Dauerfeuer. Er zielte absichtlich so, dass die Schüsse 2 bis 3 m hinter S einschlugen. B zielte nun erneut auf Z, und zwar auf die Beine. Er gab aus der auf Dauerfeuer eingestellten Waffe zwei kurze Feuerstöße ab und traf Z mit zwei der Geschosse. Ein Geschoss durchschlug den rechten Unterschenkel des Z. Das andere Geschoss schlug dicht über dem Knie in den rechten Oberschenkel ein und durchtrennte einen Nerv. Z blieb etwa 30 m vor der Mauer liegen.

Ebenso zweifelhaft kann die Verfolgung ausländischer Beschuldigter sein, die unter ganz anderen Lebensumständen als den deutschen straffällig wurden:

Beispiel 21:

vgl. LG Hamburg U. v. 19.10.2012 – 603 KLs 17/10:

Somalische Piraten kapern den deutschen Frachter „Taipan" Ostern 2010 vor der Küste Somalias am Horn von Afrika, um vom Reeder „Losegelder" zu erlangen.

---

[7] V.a. bzgl. den sog. Mauerschützen und ihre Vorgesetzten, hierzu Grünwald JZ 1966, 633; Arnold/Kühl JuS 1992, 991; Schroeder JZ 1992, 990; Maiwald NJW 1993, 1881; Laskowski JA 1994, 151; Jakobs GA 1994, 1; Pawlik GA 1994, 472; Kaufmann NJW 1995, 81; Amelung GA 1996, 51; Erb ZStW 1996, 266; Ambos JA 1997, 983; Willnow JR 1997, 221 und 265; Dreier JZ 1997, 421; Kirchner Jura 1998, 46; Classen GA 1998, 215; Frisch FS Grünwald 1999, 133; Schünemann FS Grünwald 1999, 657; Zielinski FS Grünwald 1999, 811; Ebert FS Hanack 1999, 501; Hassemer FG 50 Jahre BGH IV 2000, 439; Ambos KritV 2003, 31.

Dient das Strafverfahren dazu, die deutschen Bürger davor abzuschrecken, selbst zu Piraten zu werden?

II. Absolute Strafzwecktheorien

Üblicherweise unterscheidet man bei der Bestimmung der sog. Strafzwecke **absolute** und **relative** Strafzwecktheorien.[8]

Nach den sog. **absoluten** Strafzwecktheorien[9] kommt der strafrechtlichen Sanktion allein die rückwärtsgewandt-repressive Funktion zu (man spricht auch von „*punitur, quia peccatum est*"), das begangene Unrecht zu sühnen, zu vergelten, die Tatschuld durch Übelszufügung zu kompensieren und somit die Rechtsordnung wiederherzustellen. Auf eine zukünftige Wirkung wird hier nicht abgestellt.

Hierzu heißt es bei **Kant**[10]:

> Richterliche Strafe […] kann niemals bloß als Mittel, ein anderes Gute zu befördern, für den Verbrecher selbst, oder für die bürgerliche Gesellschaft, sondern muss jederzeit nur darum wider ihn verhängt werden, weil er verbrochen hat; denn der Mensch kann nie bloß als Mittel zu den Absichten eines anderen gehandhabt und unter die Gegenstände des Sachenrechts gemengt werden.
> Welche Art aber und welcher Grad der Bestrafung ist es, welche die öffentliche Gerechtigkeit sich zum Prinzip und Richtmaße macht? Kein anderes, als das Prinzip der Gleichheit […], sich nicht mehr auf die eine, als auf die andere Seite hinzuneigen […] Nur das Wiedervergeltungsrecht (*ius talionis*), aber, wohl zu verstehen, vor den Schranken des Gerichts (nicht in deinem Privaturteil), kann die Qualität und Quantität der Strafe bestimmt angeben […] Hat er aber gemordet, so muss er sterben.

---

[8] Zu den Strafzwecken Krey/Esser, AT, 6. Aufl. 2016, Rn. 130; vgl. auch Schmidt ZStW 1955, 177; Roxin JuS 1966, 377; Noll FS Mayer 1966, 219; Hoerster ZStW 1973, 220; Koller ZStW 1979, 45; Roxin JA 1980, 221; Streng ZStW 1980, 637; Otto GA 1981, 481; Schreiber ZStW 1982, 279; Müller-Dietz GA 1983, 481; Baumann GS Noll 1984, 27; Kaufmann FS Wassermann 1985, 889; Kunz ZStW 1986, 823; Hassemer JuS 1987, 257; Calliess NJW 1989, 1338; Kratzsch GA 1989, 49; Kindhäuser GA 1989, 493; Seelmann ZStW 1989, 335; Bielefeldt GA 1990, 108; Lüderssen JA 1991, 222; Herrmann GA 1992, 516; Lampe FS Baumann 1992, 21; Lesch JA 1994, 510 und 590; Bock JuS 1994, 88; Baurmann GA 1994, 368; Koriath Jura 1995, 625; Freund GA 1995, 4; Hörnle/von Hirsch GA 1995, 261; Hassemer ZRP 1997, 316; Lüderssen FS Bemmann 1997, 47; Kargl GA 1998, 53; Walther ZStW 1999, 123; Ambos/Steiner JuS 2001, 9; Calliess FS Müller-Dietz 2001, 99; Roxin FS Müller-Dietz 2001, 701; Günther FS Lüderssen 2002, 205; Momsen/Rackow JA 2004, 336; Hassemer FS Schroeder 2006, 51; Neumann FS Jakobs 2007, 435; Naucke FS Hassemer 2010, 559; Achenbach StraFo 2011, 422; Hörnle FS Roxin 2011, 3; Kaspar StV 2014, 250; Klocke/Müller StV 2014, 370; Fabricius/Kahle StV 2014, 437; Martins ZIS 2014, 514; Frisch GA 2015, 65; Roxin GA 2015, 185; Frisch FS Beulke 2015, 103; zu Strafzwecken bereits im antiken römischen Strafrecht Wacke FS Weber 2004, 155.

[9] Hierzu zsf. etwa Heinrich, AT, 5. Aufl. 2016, Rn. 14f.; ausf. Moos FS Pallin 1989, 283; Kahlo FS Hassemer 2010, 383.

[10] Kant, Metaphysik der Sitten, 1797.

Und in seinem berühmten Inselbeispiel:

> Selbst, wenn sich die bürgerliche Gesellschaft mit aller Glieder Einstimmung auflöste (z.B. das eine Insel bewohnende Volk beschlösse, auseinander zu gehen, und sich in alle Welt zu zerstreuen), müsste der letzte im Gefängnis befindliche Mörder vorher hingerichtet werden, damit jedermann das widerfahre, was seine Taten wert sind und die Blutschuld nicht auf dem Volke hafte, das auf diese Bestrafung nicht gedrungen hat […].

Bei **Hegel**[11] heißt es:

> Die geschehene Verletzung des Rechts als Rechts ist zwar eine positive, äußerliche Existenz, die aber in sich nichtig ist. Die Manifestation dieser ihrer Nichtigkeit ist die ebenso in die Existenz tretende Vernichtung jener Verletzung, – die Wirklichkeit des Rechts, als seine sich mit sich durch Aufhebung seiner Verletzung vermittelnde Notwendigkeit. […] Die Verletzung dieses als eines daseienden Willens also ist das Aufheben des Verbrechens, das sonst gelten würde, und ist die Wiederherstellung des Rechts […].
>
> Die Verletzung, die dem Verbrecher widerfährt, ist nicht nur an sich gerecht, als gerecht ist sie zugleich sein […] Recht. […] Dass die Strafe darin als sein eigenes Recht enthaltend angesehen wird, darin wird der Verbrecher als Vernünftiges geehrt. – Diese Ehre wird ihm nicht zuteil, wenn aus seiner Tat selbst nicht der Begriff und der Maßstab seiner Strafe genommen wird; – ebenso auch, wenn er nur als schädliches Tier betrachtet wird, das unschädlich zu machen sei, oder in den Zwecken der Abschreckung und Besserung […] Es ist mit der Begründung der Strafe auf diese Weise, als wenn man gegen einen Hund den Stock erhebt, und der Mensch wird nicht nach seiner Ehre und Freiheit, sondern wie ein Hund behandelt.

Selbst wenn es aus Präventionssicht sinnlos ist, gebietet mithin hiernach die Gerechtigkeit um ihrer selbst willen die sog. Negation der Negation.

Auf diese Weise lässt sich jede strafrechtliche Verfolgung legitimieren, da über den Inhalt der Norm keine Aussage getroffen wird.

Gegen derartige, von Präventionsgedanken losgelöste – daher auch „absolute" – Ansätze, wird vorgebracht, dass jedenfalls nach Maßgabe des deutschen Grundgesetzes (welches zur Zeit Kants und Hegels noch nicht galt, so dass die Überholtheit früherer Auffassungen in Frage steht) das staatliche Eingriffshandeln verfassungsrechtlich durch einen Zweck legitimiert werden muss, so dass Strafe kein Selbstzweck sein kann. Die Welt ist auch keine Maschine, die irgendwie im Gleichgewicht gehalten werden muss. Die Negation der Negation ist zunächst einmal nichts als ein weiteres Übel, so dass insgesamt zwei Übel – bei Täter und Opfer – in der Welt sind, wobei das zweite Übel das erste naturgemäß nicht ungeschehen machen kann.

Ehrlicherweise geht es hier immer um Vergeltung für das Getane und Rache am Straftäter; eine verständliche Emotion, aber eben nicht recht rational.

---

[11] Hegel, Grundlinien der Philosophie des Rechts, 1821; zur Straftheorie Hegels Seelmann JuS 1979, 687.

Der Vergeltungskomponente des Strafens kommen aber zwei derzeit unentbehrliche Funktionen zu.[12]

Indem erstens der Staat Vergeltung übt, kanalisiert er die Rache(gefühle) bei Opfern und sonstigen Mitmenschen gegenüber dem Täter, so dass er – in Ausfüllung des staatlichen Gewaltmonopols – für **Rechtsfrieden**[13] sorgt und ein **Grundbedürfnis** der Menschen befriedigt (die dann auf eigene, ggf. eskalierende, Schritte verzichten). Soweit dies das Gerechtigkeitsgefühl der Bürger trifft – dies wäre eine Aufgabe empirischer Studien –, steigt deren Einverständnis mit ihrer Rechtsordnung, so dass die eigene Normtreue wächst. Die absolute Straftheorie war daher wohl niemals frei von Erwägungen der Staatsraison und in diesem Sinne durchaus präventiv wirksam und mithin insoweit eine relative Straftheorie, s. sogleich. Ob man diesen, in einer Demokratie in gewisser Weise unvermeidlichen, Zusammenhang zwischen Strafrecht und Bevölkerungsanschauung für wünschenswert hält, hängt davon ab, wie sehr man der Bevölkerung eine verständige Auffassung jenseits – ggf. durch Medien befeuerter – emotionaler, irrationaler und ggf. kurzfristiger Stimmungen zutraut.

Zweitens wirkt die absolute Straftheorie gegenüber Präventionsansprüchen dahingehend begrenzend, dass die Sanktionshöhe in **angemessenem Verhältnis** zur begangenen Tatschuld stehen muss. Bereits das biblische Prinzip (nur ein) „Auge um Auge, Zahn um Zahn" hatte gerade die Funktion, Eskalation durch überharte Reaktion auszuschließen. Während Prävention prinzipiell unbegrenzte Rechtsfolgen legitimiert (z.B. unbefristetes Einsperren von Wiederholungstätern), sichert der Vergeltungsgedanke – archaischem Ursprung zum Trotz – eine Verhältnismäßigkeit zwischen Tat und Sanktion.

III. Relative Strafzwecktheorien

1. Allgemeines

Die sog. **relativen** Straftheorien sehen den Zweck der Strafe in der Verhütung künftiger Straftaten und mithin dem Schutz potentieller Opfer (d.h. ihrer Grundrechte, z.B. Art. 2 II oder Art. 14 GG) und der Gesellschaft. Strafandrohung und Strafvollstreckung sollen mithin durch Repression **präventiv** wirken. „*Punitur, ne peccatur*". Die Rechtsgüterverletzung beim Täter dient dem Rechtsgüterschutz in Bezug auf künftige Straftaten.

Dem Strafrecht ist dabei nach wie vor eine retrospektive Betrachtungsweise immanent: Die Strafrechtspflege bewertet ein vergangenes (ggf. noch andauerndes) Geschehen nach Maßgabe der Straftatbestände. An sich kommt das Strafrecht daher immer zu spät: Die Tat ist bereits begangen, so dass für das konkrete Opfer keine Prävention mehr möglich ist. Die Funktionalität des Strafrechts beschränkt sich von vornherein auf eine erhoffte Abhilfe im Hinblick auf potentielle zukünftige Opfer.

---

[12] Vgl. hierzu Walter ZIS 2011, 636; Klocke/Müller StV 2014, 370.
[13] Zum Rechtsfrieden als Strafzweck Würtenberger FS Peters 1974, 209.

Die Menschen sollen vorbeugend zur Vermeidung unerwünschten Verhaltens veranlasst werden, welches rechtlich anerkannte Werte (erhaltenswerte Zustände und angestrebte Zustände) gefährden würde. Dem liegt auch ein bestimmtes Menschenbild zu Grunde, nämlich das der „**Rational Choice**". Für eine Präventionswirkung wird vorausgesetzt, dass der Mensch ein vernünftiges ansprechbares Wesen ist, welches die Vor- und Nachteile des Verhaltens abwägt (auch sog. *homo oeconomicus*). Angesichts vielfältiger irrationaler Kriminalität, bei der auch schärfste Strafandrohungen und hohe Entdeckungswahrscheinlichkeit ihre Wirkung nicht erzielen, überzeugt dies nicht in allen Deliktsbereichen (etwa bei der Gewalt- und Sexualkriminalität). Zweifelhaft ist ebenfalls, ob die Einwirkung auf den konkreten Täter durch strafrechtliche Sanktionen „wirkt".

In Politik, Medien und Bevölkerung herrscht ggf. eine zu große Erwartungshaltung bzgl. der Schutzwirkung des Strafrechts, in gewisser Weise eine Form der Staatsgläubigkeit und Steuerungsillusion, welche zur Überforderung der Strafrechtspflege – insbesondere im Lichte finanzierbarer Kapazitäten – führt.

Ob das Strafrecht als *ultima ratio* und schärfstes Schwert des Staates (subsidiär, sekundär)[14] erst dann zum Einsatz kommen darf oder sollte, wenn andere Mittel unzureichend sind, d.h. insoweit nur **fragmentarisch**[15] für besonders schädliche Verhaltensweisen als Schutz des ethischen Minimums, oder ob dem Strafrecht „sittenbildende Kraft des Strafrechts" in dem Sinne zukommt, dass Strafrechtsnormen zur Bildung von Werten (und nicht nur zu deren Erhaltung) geschaffen werden dürfen und sollten, ist verfassungsrechtlich und kriminalpolitisch problematisch. Jedenfalls die politische Praxis geht in letzterem Sinne vor (z.B. bei der Förderung des Umweltbewusstseins durch Strafnormen des StGB).

Eine pluralisierte Gesellschaft in einer Demokratie zeichnet sich dabei dadurch aus, dass permanent über Kriminalisierungs- und Entkriminalisierungsbedürfnisse debattiert wird. Dem entsprechen auch durchaus beträchtliche Unterschiede in den verschiedenen Nationalstaaten innerhalb und außerhalb Europas.

Der Hinweis auf ein zu schützendes Rechtsgut[16] ist mangels bestimmter Rechtsgutsdefinition und mangels der Rechtsordnung vorgegebener Maßstäbe, was strafrechtlich geschützt werden muss, von zweifelhaftem Ertrag,[17] zumal bei Kollektiv- und Universalrechtsgütern in Abgrenzung zu bloßer Moralität (oder gar Religiosität

---

[14] Hierzu Lahti FS Hassemer 2010, 439; Prittwitz FS Roxin 2011, 23; Jahn/Brodowski JZ 2016, 969.

[15] Zum (bloß) fragmentarischen Rechtsgüterschutz durch Strafrecht vgl. Maiwald FS Maurach 1972, 9; Hefendehl JA 2011, 401; Walter JA 2013, 727; Kulhanek ZIS 2014, 674.

[16] Zur Rechtsgutsdiskussion vgl. obige Nachweise.

[17] Zur mangelnden verfassungsrechtlichen Relevanz BVerfG B. v. 26.02.2008 - 2 BvR 392/07 - BVerfGE 120, 224 = NJW 2008, 1137 = NStZ 2008, 614 (Anm. Kudlich JA 2008, 549; Hufen/Jahn JuS 2008, 550; RÜ 2008, 304; LL 2008, 324; Hörnle NJW 2008, 2085; Ziethen NStZ 2008, 617; Zabel JR 2008, 453; Greco ZIS 2008, 234; Steinberg FS Rüping 2008, 91; Noltenius ZJS 2009, 15; famos 1/2009; Roxin StV 2009, 544; Thurn KJ 2009, 74; Bottke FS Volk 2009, 93; Androulakis FS Hassemer 2010, 271; Krauß FS Hassemer 2010, 423; Kühl FS Maiwald 2010, 433; Fröhlich/ Siebenhüner DRiZ 2012, 344; Otto Jura 2016, 361).

oder Ideologie). Letztlich erfolgt die Abgrenzung nach Maßgabe des Zeitgeists und eigenen rechtspolitischen Vorstellungen.

Auch Zivil- und Öffentliches Recht dienen z.T. der präventiven Verhaltenssteuerung der Bürger; z.b. fungiert das Steuerrecht durchaus als Lenkungsmittel, vgl. z.b. Tabak, Alkopops, Kfz, „Ökosteuer", Abschreibungsmöglichkeiten.

Die Präventionswirkung durch monetäre Maßnahmen – z.b. auch eine Verpflichtung zum Schadensersatz oder zu einem Unterlassen – versagt aber bei sehr Vermögenden (oder Versicherten), die der Zahlungspflicht unbekümmert nachkommen, und bei Insolventen, die z.b. durch Unpfändbarkeiten (§§ 811, 850ff. ZPO) geschützt werden. Bei Versuchshandlungen und opferlosen Delikten geraten zivilrechtliche und verwaltungsrechtliche Maßnahmen auch an ihre Grenzen.

Bei den relativen Straftheorien lassen sich zwei Ansätze bzw. Aspekte unterscheiden: **General-** und **Spezialprävention**, und zwar jeweils **positiv** und **negativ** gewendet.

2. Generalprävention

Der Ansatz der Generalprävention[18] bezieht sich auf die **Allgemeinheit** als Adressaten.

Diese soll die Strafnormen und die Bestrafung des Straftäters zur Kenntnis nehmen, daraus schließen, dass Straftaten sich nicht lohnen und dadurch von eigenen Straftatbegehungen abgeschreckt (**negative Generalprävention**) bzw. im eigenen Rechtsbewusstseins und Vertrauen in die Unverbrüchlichkeit der Rechtsordnung gestärkt werden (**positive Generalprävention**).

Bei Paul Johann Anselm von **Feuerbach**[19] heißt es:

> Alle Uebertretungen haben einen psychologischen Entstehungsgrund, in der Sinnlichkeit, inwiefern das Begehrungsvermögen des Menschen durch die Lust an oder aus der Handlung zur Begehung derselben angetrieben wird. Dieser sinnliche Antrieb wird dadurch aufgehoben, dass jeder weiß, auf seine That werde unausbleiblich ein Übel folgen, welches größer ist, als die Unlust, die aus dem nichtbefriedigten Antrieb zur That entspringt.
> Unter Zweck der Strafe wird die Wirkung verstanden, deren Hervorbringung als Ursache des Daseyns einer Strafe gedacht werden muss, wenn der Begriff von Strafe vorhanden seyn soll. I. Der Zweck der Androhung der Strafe im Gesetz ist Abschreckung aller Bürger als möglicher Beleidiger von Rechtsverletzungen. II. Der Zweck der Zufügung derselben ist die Begründung der Wirksamkeit der gesetzlichen Drohung, inwiefern ohne sie diese

---

[18] Hierzu ausf. Bruns FS von Weber 1963, 75; Badura JZ 1964, 337; Hoerster GA 1970, 272; Schöneborn ZStW 1980, 682; Wolff ZStW 1985, 786; Müller-Dietz FS Jescheck 1985, 813; Schöch FS Jescheck 1985, 1081; Bertel FS Pallin 1989, 31; Moos FS Pallin 1989, 283; Zipf FS Pallin 1989, 479; Dölling ZStW 1990, 1; Schmidhäuser FS Wolff 1998, 443; Curti ZRP 1999, 234; Hassemer FS Lüderssen 2002, 221; Fabricius FS Schwind 2006, 269; Feijoo Sánchez FS Jakobs 2007, 75.

[19] In dessen Lehrbuch des Peinlichen Rechts, 1801; sog. Theorie vom psychologischen Zwang; zu Feuerbach Lüderssen JuS 1983, 910.

Drohung eine leere (unwirksame) Drohung seyn würde. Da das Gesetz alle Bürger abschrecken, die Execution aber dem Gesetz Wirkung geben soll, so ist der mittelbare Zweck (End-
zweck) der Zufügung ebenfalls bloße Abschreckung der Bürger durch das Gesetz.

Gegen die Heranziehung generalpräventiver Überlegungen sprechen aber zahlreiche Erwägungen.

Die Bestrafung des konkreten Täters kann mit der Generalprävention an sich nicht
legitimiert werden, da dessen Tat bereits begangen und Prävention unmöglich ist.
Stattdessen wird der Täter als Demonstrationsobjekt für andere gebraucht, als mah-
nend-belehrendes Exempel („unter die Gegenstände des Sachenrechts gemengt"[20]),
mithin als Objekt staatlichen Handels, worin man einen Menschenwürdeverstoß
(Art. 1 I GG) sehen kann.

Generalprävention geht ins Leere, wenn in der Bevölkerung keine Wiederho-
lungs- bzw. Nachahmungsgefahr besteht, wie z.B. hinsichtlich NS- oder DDR-Unrecht sowie bei ausländischer Piraterie, abgesehen davon, dass die behauptete und
nicht beweisbare Abschreckungs- und Verdeutlichungswirkung auf empirisch zweifelhaften bzw. nicht beweisbaren Prämissen zur Handlungsrationalität aufbaut.

Mit generalpräventiven Erwägungen lässt sich überdies jede Strafhöhe legitimieren, ein begrenzender Maßstab existiert nicht, so dass bei Bagatelldelikten überharte Strafen drohen.

3. Spezialprävention

Der Ansatz der Spezialprävention[21] bezieht sich auf den **konkreten Straftäter**
als Adressaten. Dieser soll aufgrund der Strafandrohung bzw. der Bestrafung von
zukünftigen – erstmaligen oder erneuten – Straftaten abgehalten werden (**negative
Spezialprävention**) bzw. aufgrund Resozialisierungswirkung der strafrechtlichen
Sanktionierung gebessert werden, so dass es zu keiner Rückfälligkeit kommt (**positive Spezialprävention**).

Bei Franz **von Liszt**[22] heißt es:

> […] Die richtige, d.h. die gerechte Strafe ist die notwendige Strafe. Gerechtigkeit im Straf-
> recht ist die Einhaltung des durch den Zweckgedanken erforderten Strafmaßes. Wie die
> Rechtsstrafe als Selbstbeschränkung der Strafgewalt durch die Objektivierung entstanden
> ist, so erhält sie ihre höchste Vollkommenheit durch die Vervollkommnung der Objektivie-
> rung. Das völlige Gebundensein der Strafgewalt durch den Zweckgedanken ist das Ideal
> der strafenden Gerechtigkeit. Nur die notwendige Strafe ist gerecht. Die Strafe ist uns
> Mittel zum Zweck. Der Zweckgedanke aber verlangt Sparsamkeit in seiner Verwendung.
> Diese Forderung gilt ganz besonders der Strafe gegenüber; denn sie ist ein zweischneidiges
> Schwert: Rechtsgüterschutz durch Rechtsgüterverletzung. […] Besserung, Abschreckung,

---

[20] Kant, Metaphysik der Sitten.

[21] Hierzu ausf. Breland ZRP 1972, 183; Naucke ZStW 1982, 525; Albrecht ZStW 1985, 831; Bock
ZStW 1990, 504; Dölling FS Lampe 2003, 597.

[22] Der Zweckgedanke im Strafrecht, 1883.

Unschädlichmachung: das sind demnach die unmittelbaren Wirkungen der Strafe; die in ihr liegenden Triebkräfte, durch welche sie den Schutz der Rechtsgüter bewirkt […].

Wenn aber Besserung, Abschreckung, Unschädlichmachung wirklich die möglichen wesentlichen Wirkungen der Strafe und damit zugleich die möglichen Formen des Rechtsgüterschutzes durch Strafe sind, so müssen diesen drei Strafformen auch drei Kategorien von Verbrechern entsprechen.

1) Besserung der besserungsfähigen und besserungsbedürftigen Verbrecher;
2) Abschreckung der nicht besserungsbedürftigen Verbrecher;
3) Unschädlichmachung der nicht besserungsfähigen Verbrecher […].

Gegen die Unverbesserlichen muss die Gesellschaft sich schützen; und da wir köpfen und hängen nicht wollen und deportieren nicht können, so bleibt nur die Einsperrung auf Lebenszeit (bzw. auf unbestimmte Zeit).

Auch gegen die Heranziehung spezialpräventiver Überlegungen gibt es **Bedenken**.

Diese gehen zunächst dahin, dass die Erhebungen zur Abschreckung und zur Resozialisierung (Rückfalluntersuchungen) ernüchternd sind. Strafnormen und Strafvollstreckung wirken nicht; der Strafvollzug hat z.T. sogar kontraproduktive Folgen aufgrund entsozialisierender Wirkung (Verlust von Familie, Freunden, Arbeitsplatz; Erziehung zur Unselbständigkeit) sowie Defiziten bei den resozialisierenden Maßnahmen, vgl. auch Überbelegung, Personalmangel, Sprachprobleme, Drogen, unzureichende Weiterbildung, zu wenig sinnvolle Freizeitbeschäftigung, zu wenig Sozialarbeit; Kontakt mit Schwerkriminellen.

Je nach konkreter Tat und konkretem Täter besteht auch keine Wiederholungsgefahr, eine Abschreckung bzw. Besserung ist dann unnötig. Dies betrifft nicht nur politische Wechsel (NS-, DDR-Unrecht), sondern z.B. auch besondere Tatgelegenheiten und -motivationen (z.B. bei familiären Konflikten).

Da bei der Konzentration auf die Zukunft des Täters dessen konkret begangene Tat ausgeblendet zu werden droht, ist die Logik der Spezialprävention täterbezogen (man spricht in Ablehnung nationalsozialistischer Ansätze von einem – abzulehnenden – Täterstrafrecht) uferlos: Bei bestehender Wiederholungsgefahr kann letztlich lebenslange Freiheitsstrafe legitimiert werden, selbst bei Bagatelltaten.

Schwierig gerät auch die Abgrenzung zum Gefahrenabwehrrecht (Polizeirecht) als Teil des Verwaltungsrechts, welches zudem in der Zuständigkeit der Länder liegt. Da sich das Strafrecht gerade sanktionsabhängig definiert (Verhängung einer Strafe), muss sich dessen Zweck von dem anderer Rechtsgebiete trennen lassen. Es droht die Verpolizeilichung des – eigentlich retrospektiven – Strafrechts.[23]

In der isolierenden Betrachtung „gefährlicher Menschen" liegt auch eine Gegenüberstellung von „ordentlichen Bürgern" und „Feinden" der Gesellschaft, welche

---

[23] Hierzu vgl. Paeffgen, in: NK, 4. Aufl. 2013, vor § 32 Rn. 223a; Schoreit StV 1989, 449; Strate ZRP 1990, 143; Paeffgen Symposium Rudolphi 1995, 13; Albrecht KritV-FG Hassemer 2000, 17; Denninger StV 2002, 96; Schaefer StraFo 2002, 118; Wolter FS Rolinski 2002, 273; Walter GA 2005, 489; Hassemer StV 2006, 321; Hassemer ZIS 2006, 266; Hassemer HRRS 2006, 130; Sieber ZStW 2007, 1; Zabel ZStW 2008, 68; Zabel StraFo 2011, 20; Dallmeyer FS von Heintschel-Heinegg 2015, 87.

insofern missbrauchsanfällig ist, als rasch in Vergessenheit geraten kann, dass alle Menschen (auch Beschuldigte, auch Verurteilte) Grundrechtsträger sind.[24]

IV. Vereinigungstheorien; Strafzwecke im StGB

Der geltenden Rechtslage liegen Vergeltung, Generalprävention und Spezialprävention **kumulativ** zugrunde.

In § 46 I 1 StGB heißt es:

> **§ 46 I 1 StGB (Grundsätze der Strafzumessung)**
> Die Schuld des Täters ist Grundlage für die Zumessung der Strafe.

Dies rekurriert auf die objektive und subjektive Intensität des Fehlverhaltens des Täters und ist somit Ausdruck des Vergeltungsgedankens. Die Grundlage der Strafzumessung ist also nicht die Prävention, sondern der repressive Ausgleich.

Direkt im Anschluss aber, in § 46 I 2 StGB, heißt es:

> **§ 46 I 2 StGB (Grundsätze der Strafzumessung)**
> Die Wirkungen, die von der Strafe für das künftige Leben des Täters in der Gesellschaft zu erwarten sind, sind zu berücksichtigen.

Dies ist eine spezialpräventive Erwägung.

So auch in § 56 I StGB (Strafaussetzung):

> **§ 56 I StGB (Strafaussetzung)**
> Bei der Verurteilung zu Freiheitsstrafe von nicht mehr als einem Jahr setzt das Gericht die Vollstreckung der Strafe zur Bewährung aus, wenn zu erwarten ist, dass der Verurteilte sich schon die Verurteilung zur Warnung dienen lassen und künftig auch ohne die Einwirkung des Strafvollzugs keine Straftaten mehr begehen wird. Dabei sind namentlich die Persönlichkeit des Verurteilten, sein Vorleben, die Umstände seiner Tat, sein Verhalten nach der Tat, seine Lebensverhältnisse und die Wirkungen zu berücksichtigen, die von der Aussetzung für ihn zu erwarten sind.

---

[24] Zum sog. Feindstrafrecht Paeffgen, in: NK, 4. Aufl. 2013, vor § 32 Rn. 223f.; Jakobs HRRS 2004, 88; Jakobs ZStW 2005, 839; Albrecht ZStW 2005, 852; Saliger JZ 2006, 756; Hörnle GA 2006, 80; Greco GA 2006, 96; Fahl StraFo 2006, 178; Sinn ZIS 2006, 107, Crespo ZIS 2006, 413; Bung

Vgl. auch:

§ 2 I JGG (Ziel des Jugendstrafrechts; Anwendung des allgemeinen Strafrechts)
Die Anwendung des Jugendstrafrechts soll vor allem erneuten Straftaten eines Jugendlichen oder Heranwachsenden entgegenwirken. Um dieses Ziel zu erreichen, sind die
Rechtsfolgen und unter Beachtung des elterlichen Erziehungsrechts auch das Verfahren vorrangig am Erziehungsgedanken auszurichten.

§ 2 StVollzG (des Bundes)
Im Vollzug der Freiheitsstrafe soll der Gefangene fähig werden, künftig in sozialer
Verantwortung ein Leben ohne Straftaten zu führen (Vollzugsziel). Der Vollzug der
Freiheitsstrafe dient auch dem Schutz der Allgemeinheit vor weiteren Straftaten.

Eher auf den Gedanken der Generalprävention stellt § 47 I StGB ab (Kurze Freiheitsstrafe nur in Ausnahmefällen).

§ 47 I StGB (Kurze Freiheitsstrafe nur in Ausnahmefällen)
Eine Freiheitsstrafe unter sechs Monaten verhängt das Gericht nur, wenn besondere
Umstände, die in der Tat oder der Persönlichkeit des Täters liegen, die Verhängung
einer Freiheitsstrafe zur Einwirkung auf den Täter oder zur Verteidigung der Rechtsordnung unerlässlich machen.

Die Verteidigung der Rechtsordnung (auch in § 56 III StGB enthalten) nimmt
nämlich die Wirkung des Strafurteils auf das Bewusstsein der Bevölkerung in den
Blick.

S. zuletzt § 59 I 1 StGB (Voraussetzungen der Verwarnung mit Strafvorbehalt):

HRRS 2006, 63, Jakobs HRRS 2006, 289, Aponte HRRS 2006, 297, Arnold HRRS 2006, 303,
Malek HRRS 2006, 316, Bung HRRS 2006, 317; Schünemann FS Nehm 2006, 219; Gössel FS
Schroeder 2006, 33; Kindhäuser FS Schroeder 2006, 81; Schefflere FS Schwind 2006, 123; Pérez
del Valle FS Jakobs 2007, 515; Polaino Navarrete FS Jakobs 2007, 529; Heinrich ZStW 2009, 94;
Paeffgen FS Amelung 2009, 81; Asholt ZIS 2011, 180; Jäger FS Roxin 2011, 71; Polaino-Orts FS
Roxin 2011, 91; Schick ZIS 2012, 46; Erb FS Wolter 2013, 19; Leitmeier HRRS 2015, 128.

§ 59 I 1 StGB (Voraussetzungen der Verwarnung mit Strafvorbehalt)
Hat jemand Geldstrafe bis zu einhundertachtzig Tagessätzen verwirkt, so kann das
Gericht ihn neben dem Schuldspruch verwarnen, die Strafe bestimmen und die Ver-
urteilung zu dieser Strafe vorbehalten, wenn

1. zu erwarten ist, dass der Täter künftig auch ohne Verurteilung zu Strafe keine
Straftaten mehr begehen wird,
2. nach der Gesamtwürdigung von Tat und Persönlichkeit des Täters besondere
Umstände vorliegen, die eine Verhängung von Strafe entbehrlich machen, und
3. die Verteidigung der Rechtsordnung die Verurteilung zu Strafe nicht gebietet.

Die Voraussetzung der Nr. 1 ist spezialpräventiv motiviert, Nr. 2 kumuliert Vergeltungsgedanke, Spezial- und Generalprävention, Nr. 3 ist generalpräventiv.

Nach alledem wirken *de lege lata* Vergeltung und Prävention nur kumulativ strafbegründend und damit zugleich alternativ strafbegrenzend. In Ansehung eines recht-
fertigungsbedürftigen Grundrechtseingriff beim Beschuldigten geht die wohl h.L.
dabei davon aus, dass der Ausgangspunkt spezialpräventiv zu fassen ist, dass aber
der Präventionsbedarf durch Generalprävention und Schuldvergeltung begrenzt
wird; z.T. wird auch differenziert zwischen der Strafandrohung (generalpräventiv),
der Strafverhängung (vergeltend) und der Strafvollstreckung (spezialpräventiv).[25]

Die Kumulation teleologischer Erwägungen führt zu einer gewissen Beliebigkeit,
gerade auch bzgl. Strafzumessung und Strafvollzug, zumal die verschiedenen Strafzwecke durchaus kollidieren, z.B. Vergeltung und Resozialisierung.

---

[25] Vgl. zsf. Kindhäuser, LPK, 6. Aufl. 2015, vor § 1 Rn. 28.

3. Kapitel: Verfassungsrechtliche Grenzen des Strafrechts

Der formelle, positivistische Straftatbegriff stellt allein auf die Existenz einer Strafnorm im StGB oder im Nebenstrafrecht ab. Die Strafrechtswissenschaft i.e.S. beschäftigt sich dann mit der Anwendung dieser bestehenden Regelungen. Die sog. einfachen Gesetze, die das Strafrecht bilden, müssen aber mit dem Verfassungsrecht, d.h. dem Grundgesetz vereinbar sein.[1] Anderenfalls könnten sich insbesondere Verurteilte vor dem BVerfG erfolgreich mit der Verfassungsbeschwerde (Art. 93 I Nr. 4a GG, §§ 13 Nr. 8a, 90ff. BVerfGG) wegen einer Grundrechtsverletzung wehren. Gerade im Hinblick auf das Strafrecht zieht das Grundgesetz Lehren aus den Erfahrungen des Nationalsozialismus.[2]

Das Verfassungsrecht begrenzt die Voraussetzungen, unter denen der Gesetzgeber ein gewisses Verhalten unter Strafe stellen bzw. deshalb eine Strafe verhängen darf.

Abzugrenzen ist dies von der Frage, wann ein Staat etwas pönalisieren *sollte*, hiermit befasst sich die Kriminalpolitik.

A. Strafrecht als Grundrechtseingriff

Strafrechtspflege besteht aus einer Vielzahl von Grundrechtseingriffen.[3]

---

[1] Zu grundgesetzlichen Grenzen des Strafrechts schon Schwarz NJW 1950, 124; zum Verhältnis von Verfassungs- und Strafgerichtsbarkeit Küpper FS Krey 2010, 335.

[2] Zum Strafrecht im Nationalsozialismus Vormbaum, Einführung in die moderne Strafrechtsgeschichte, 3. Aufl. 2015, § 5 V; Rüping/Jerouschek, Grundriss der Strafrechtsgeschichte, 6. Aufl. 2011, Rn. 273ff.

[3] Zum Strafrecht als Grundrechtseingriff Gallwas MDR 1969, 892; Amelung JZ 1987, 737; Wolter NStZ 1993, 1; Weigend FS H. J. Hirsch 1999, 917; Kudlich JZ 2003, 127; Hefendehl JA 2011, 401; Stuckenberg GA 2011, 653; Frisch NStZ 2013, 249; Deckert ZIS 2013, 266; Hamm NJW 2016, 1537; Frisch NStZ 2016, 6; Bittmann NStZ 2016, 249; Gärditz JZ 2016, 641; Jahn/Brodowski JZ 2016, 969.

© Springer-Verlag GmbH Deutschland, ein Teil von Springer Nature 2018
D. Bock, *Strafrecht Allgemeiner Teil*, Springer-Lehrbuch,
https://doi.org/10.1007/978-3-662-54789-2_3

Jede Strafnorm verbietet den Menschen bestimmte Verhaltensweisen und greift somit in den Schutzbereich der Allgemeinen Handlungsfreiheit gem. Art. 2 I GG ein. Freiheitsentziehende Sanktionen greifen in Art. 2 II 2 GG ein; finanzielle Sanktionen in Art. 14 GG, eine Hausdurchsuchung im Ermittlungsverfahren (§§ 102ff. StPO) in Art. 13 GG usw.

All diese strafrechtlichen Fragen – Gesetze, Ermittlungsmaßnahmen, Urteile, Vollstreckung, Vollzug – sind mithin auch Verfassungsfragen.

Dies birgt zum einen die Auslegungsmethode der verfassungsorientierten / -konformen Auslegung.[4]

Zum anderen unterliegt das Strafrecht den verfassungsrechtlichen Anforderungen an die formelle (Zuständigkeit, Verfahren, Form) und materielle Verfassungsmäßigkeit.
Im Folgenden sei nur die materielle Verfassungsmäßigkeit näher betrachtet.

Der Eingriff in den Schutzbereich der o.g. und anderer Grundrechte ist dann **gerechtfertigt**, wenn ausdrückliche (Gesetzesvorbehalte) bzw. verfassungsimmanente Schranken (kollidierende Verfassungspositionen, insbesondere Grundrechte anderer) Anwendung finden und die Inanspruchnahme der Schranke nicht gegen den Verhältnismäßigkeitsgrundsatz (das Übermaßverbot) als sog. Schranken-Schranke verstößt.

Art. 2 II 3 GG enthält etwa die **Schranke**:

> **Art. 2 II 3 GG**
> In diese Rechte darf nur auf Grund eines Gesetzes eingegriffen werden.

Das StGB und die anderen strafrechtlichen Gesetze sind in diesem Sinne hinreichende Schranken.
Damit aber der Gesetzgeber nicht einfach die Grundrechte aushöhlen und damit faktisch abschaffen kann – so war es nach der Weimarer Reichsverfassung, die in die Katastrophe des Nationalsozialismus geführt hat: dort galten die Grundrechte nur im Rahmen der Gesetze, im heutigen Deutschland des Grundgesetzes gelten Gesetze nur im Rahmen der Grundrechte –, gibt es die **Schranken-Schranken**: Das Strafgesetz als Grundrechtsschranke muss bestimmte Voraussetzungen erfüllen, damit der Eingriff in das Grundrecht gerechtfertigt wird.

Zwar ist der **Verhältnismäßigkeitsgrundsatz** nur selten ausdrücklich normiert (z.B. in §§ 112 I 2 StPO, 62 StGB), jedoch gilt er, abgeleitet aus dem Rechtsstaatsprinzip (entnommen den Art. 20, 23, 28 GG) umfassend für Eingriffe des Staates in die Grundrechte.

---

[4] Hierzu Hecker JuS 2014, 385.

Gewahrt ist er, wenn der Eingriff einem legitimen Ziel dient, zur Erreichung des Ziels geeignet sowie erforderlich und ferner angemessen ist.

Beispiel 22:

BVerfG B. v. 26.02.2008 – 2 BvR 392/07 – BVerfGE 120, 224 = NJW 2008, 1137 = NStZ 2008, 614 (Anm. Kudlich JA 2008, 549; Hufen/Jahn JuS 2008, 550; RÜ 2008, 304; LL 2008, 324; Hörnle NJW 2008, 2085; Ziethen NStZ 2008, 617; Zabel JR 2008, 453; Greco ZIS 2008, 234; Steinberg FS Rüping 2008, 91; Noltenius ZJS 2009, 15; famos 1/2009; Roxin StV 2009, 544; Thurn KJ 2009, 74; Bottke FS Volk 2009, 93; Androulakis FS Hassemer 2010, 271; Krauß FS Hassemer 2010, 423; Kühl FS Maiwald 2010, 433; Fröhlich/Siebenhüner DRiZ 2012, 344; Otto Jura 2016, 361:

Die Ehe der Eltern des B1 und seiner leiblichen Schwester B2 wurde kurz vor der Geburt von B2 geschieden. B2 und B1 wuchsen getrennt auf, so dass B1 erst im Jahr 2000 seine Schwester, von deren Existenz er bis dato nichts wusste, kennen lernte. Zwischen B1 und B2 entwickelte sich eine Beziehung, die dazu führte, dass B2 in den Jahren 2001 bis 2005 vier Kinder zur Welt brachte, deren leiblicher Vater B1 ist. B1 wurde wegen des unzulässigen Beischlafs zwischen Geschwistern zu einer Freiheitsstrafe von einem Jahr und zwei Monaten durch das Amtsgericht verurteilt. Die gegen die amtsgerichtliche Verurteilung gerichtete Revision des B1, bei der die Verfassungswidrigkeit des § 173 StGB gerügt wurde, verwarf das OLG als offensichtlich unbegründet. Mit seiner Verfassungsbeschwerde wendete sich B1 unmittelbar gegen das Urteil des Amtsgerichts und die Revisionsentscheidung des OLG.

---

§ 173 I, II StGB (Beischlaf zwischen Verwandten)
(1) Wer mit einem leiblichen Abkömmling den Beischlaf vollzieht, wird mit Freiheitsstrafe bis zu drei Jahren oder mit Geldstrafe bestraft.
(2) Wer mit einem leiblichen Verwandten aufsteigender Linie den Beischlaf vollzieht, wird mit Freiheitsstrafe bis zu zwei Jahren oder mit Geldstrafe bestraft; dies gilt auch dann, wenn das Verwandtschaftsverhältnis erloschen ist. Ebenso werden leibliche Geschwister bestraft, die miteinander den Beischlaf vollziehen.

Hat der Staat das Recht, in die Grundrechte des B1 durch das Verbot des Beischlafs mit seiner Schwester und die ausgesprochene Strafe einzugreifen?

Beispiel 23:

vgl. BVerfG B. v. 09.03.1994 – 2 BvL 43/92 u.a. – BVerfGE 90, 145 = NJW 1994, 1577 = NStZ 1994, 397 = StV 1994, 295 (Anm. Sachs JuS 1994, 1067; Nelles/Velten NStZ 1994, 366; Schneider StV 1994, 390; Weiß JR 1994, 490; Gusy JZ 1994, 863; Zimmermann NJW 1995, 2471:

B wurde durch Urteil des Amtsgerichts wegen unerlaubter Abgabe von Haschisch (§ 29 I 1 Nr. 1 i.V.m. § 1 I BtMG und dessen Anlage I) zu einer Freiheitsstrafe von zwei Monaten verurteilt. Nach den Feststellungen des Amtsgerichts besuchte sie ihren Ehemann im Gefängnis, der sich wegen des Vorwurfs in Untersuchungshaft befand, gegen das Betäubungsmittelgesetz verstoßen zu haben. Bei der Begrüßung umarmte B ihren Ehemann und übergab ihm dabei ein Briefchen mit 1,12 Gramm Haschisch. Sie wendete sich gegen dieses Urteil mit dem Rechtsmittel der Berufung. Die Berufungsstrafkammer des Landgerichts sah sich an einer Bestrafung der B gehindert und war der Überzeugung, dass die einschlägigen Strafvorschriften des Betäubungsmittelgesetzes verfassungswidrig seien. Sie setzte das Verfahren aus und legte die Sache dem BVerfG gemäß Art. 100 I GG zur Prüfung vor, ob § 29 BtMG mit dem Grundgesetz vereinbar sei.

Gibt es ein durchgreifendes Grundrecht auf (Haschisch-)Rausch oder durfte der Gesetzgeber durch § 29 BtMG die allgemeine Handlungsfreiheit beschränken?

Zu beachten ist, dass es für den Schutzbereich der allgemeinen Handlungsfreiheit nach ganz herrschender Meinung nicht darauf ankommt, ob es sich um ein besonders wertvolles Verhalten handelt; geschützt wird nämlich jegliches menschliche Verhalten. Der Bürger darf im Ausgangspunkt tun und lassen, was er will.

Strafrechtliche Grundrechtseingriffe dienen den Strafzwecken, mithin einem **legitimen Ziel**, jedenfalls soweit es die relativen Strafzwecktheorien betrifft.
    Nach Auffassung des BVerfG[5] unterliegen Strafnormen von Verfassungs wegen keinen darüber hinausgehenden, strengeren Anforderungen hinsichtlich der mit ihnen verfolgten Zwecke. Insbesondere ließen sich solche nicht aus der strafrechtlichen Rechtsgutslehre ableiten: Es bestehe schon keine Einigkeit über den Begriff des Rechtsguts; ggf. handle es sich um eine bloße Umschreibung der *ratio legis*, der dann keine Leitfunktion für den Gesetzgeber zukommen könne; naturalistische Rechtsgutstheorien bzw. überpositive Rechtsgutsbegriffe gerieten (als verfassungsrechtliche Kategorie) in Widerspruch dazu, dass es nach der grundgesetzlichen Ordnung Sache des demokratisch legitimierten Gesetzgebers ist, ebenso wie die Strafzwecke auch die mit den Mitteln des Strafrechts zu schützenden Güter festzulegen und die Strafnormen gesellschaftlichen Entwicklungen anzupassen. Diese Befugnis könne nicht unter Berufung auf angeblich vorfindliche oder durch Instanzen jenseits des Gesetzgebers anerkannte Rechtsgüter eingeengt werden; sie finde ihre Grenze vielmehr auf dem Gebiet des Strafrechts wie anderswo nur in der Verfassung selbst, wenn und soweit diese die Verfolgung eines bestimmten Zwecks von vornherein ausschließe.

Die **Geeignetheit** oder Eignung des – hier strafrechtlichen – Grundrechtseingriffs für die Erreichung des Zwecks liegt nach der Rspr. bereits dann vor, wenn eine

---

[5] Zum Folgenden BVerfG B. v. 26.02.2008 - 2 BvR 392/07 - BVerfGE 120, 224 (241ff.).

Förderung des gewünschten Erfolgs möglich ist. Dies lässt sich bei aller empirischen Zweifelhaftigkeit der strafrechtlichen Erfolge nicht in Abrede stellen. Auch aus der tatsächlichen Zahl der Verfahren und Verurteilungen kann man nichts ableiten: Gibt es viele Verurteilungen, lässt sich vom großen Bedarf nach strafrechtlicher Einwirkung auf die Täter sprechen. Aber auch, wenn es keine einzige tatsächliche Verurteilung gibt: Denkbar ist, dass gerade wegen der abschreckenden Wirkung der Strafnorm alle potentiellen Täter abgeschreckt wurden.

Erforderlich ist der Grundrechtseingriff dann, wenn keine anderen, gleich wirksamen, aber das Grundrecht weniger stark einschränkenden Mittel zur Verfügung stehen. An sich ist das eingriffsintensive (Freiheitsentzug) Strafrecht mithin als *ultima ratio* gegenüber milderen Steuerungsmitteln – z.B. des Zivil- oder Verwaltungsrechts – subsidiär. Das BVerfG erkennt aber einen nur begrenzt verfassungsrechtlich überprüfbaren Beurteilungsspielraum des Gesetzgebers an.[6] Hinzu kommt, dass prinzipiell nicht überprüfbar ist, welche (Abschreckungs-)Wirksamkeit einer Strafnorm zukommt, so dass auch keine vergleichende Betrachtung möglich ist. Bei Betonung des Vergeltungsgedankens gibt es bereits im Ansatz überhaupt keine Alternative.

Auf der Ebene der **Angemessenheit** (auch· Verhältnismäßigkeit i.e.S.) findet eine Gesamtabwägung statt zwischen der Schwere des Eingriffs und dem Gewicht sowie der Dringlichkeit der ihn rechtfertigenden Gründe. Die Schwere einer Straftat und das Verschulden des Täters müssen in einem gerechten Verhältnis zu der Strafe stehen, was auch dem sog. Schuldprinzip[7] entspricht.

Rechtssichere Maßstäbe für diese Abwägung existieren nicht. Ob mithin die (i.E. problematischen) Schutzgüter bei § 173 StGB[8] schwerer wiegen als die (sexuelle) Handlungsfreiheit des Bf., ob das (i.E. problematische) Rechtsgut des BtMG[9] schwerer wiegt als das Recht auf Cannabiskonsum, ist nicht allgemeingültig entscheidbar, sondern steht im zeitgeschichtlichen und persönlichen Kontext.

Zwar verbalisiert das BVerfG in ständiger Rspr., dass das Strafrecht als *„ultima ratio"* des Rechtsgüterschutzes einzusetzen sei, wenn ein bestimmtes Verhalten über sein Verbotensein hinaus in besonderer Weise sozialschädlich und für das geordnete Zusammenleben der Menschen unerträglich, seine Verhinderung daher besonders dringlich ist. Wegen des in der Androhung, Verhängung und Vollziehung von Strafe zum Ausdruck kommenden sozialethischen Unwerturteils komme dem Übermaßverbot als Maßstab für die Überprüfung einer Strafnorm besondere Bedeutung zu.[10]

---

[6] Vgl. schon BVerfG B. v. 16.07. 1969 - 2 BvL 2/69 - BVerfGE 27, 18 = NJW 1969, 1619.

[7] Hierzu B, Heinrich, AT, 5. Aufl. 2016, Rn. 41.

[8] S. nur Fischer, StGB, 64. Aufl. 2017, § 173 Rn. 2ff.

[9] S. nur Rahlf, in: MK-StGB, 2. Aufl. 2013, vor §§ 29ff. BtMG, Rn. 1ff.

[10] BVerfG B. v. 26.02.2008 - 2 BvR 392/07 - BVerfGE 120, 224 (240).

Es sei aber grundsätzlich Sache des Gesetzgebers, den Bereich strafbaren Handelns verbindlich festzulegen. Er sei bei der Entscheidung, ob er ein bestimmtes Rechtsgut, dessen Schutz ihm wesentlich erscheint, gerade mit den Mitteln des Strafrechts verteidigen und wie er dies gegebenenfalls tun will, grundsätzlich frei.

Dies führt – in der Literatur vielfältig kritisiert[11] – zu einem im Ergebnis eher großzügigen Überprüfungsmaßstab, ausgerechnet beim Strafrecht, der schärfsten Waffe des Gesetzgebers. Der fragmentarische Charakter des Strafrechts hat keine verfassungsrechtliche, sondern allenfalls eine beschreibende Funktion.

Sowohl die Pönalisierung des Inzests als auch nach § 29 BtMG wurden vom BVerfG in den jeweiligen Verfahren nicht durchgreifend beanstandet.

Deutlich größer ist allerdings die verfassungsrechtliche Kontrolldichte bei strafprozessualen Maßnahmen, insbesondere bei Blutentnahmen (§ 81a StPO), Durchsuchung (§§ 102ff. StPO) und Untersuchungshaft (§§ 112ff. StPO); ferner beim Strafvollzug.

Immer wichtiger als weitere „Instanz" zur Überprüfung strafrechtlicher Eingriffe wird der Europäische Gerichtshof für Menschenrechte (**EGMR**), welcher deutsche Strafurteile etc. an den völkerrechtlichen Gewährleistungen der Europäischen Menschenrechtskonvention (**EMRK**) misst (v.a. Art. 5 und 6 EMRK).[12]

Art. 5 EMRK (Recht auf Freiheit und Sicherheit)

(1) Jede Person hat das Recht auf Freiheit und Sicherheit. Die Freiheit darf nur in den folgenden Fällen und nur auf die gesetzlich vorgeschriebene Weise entzogen werden:

a) rechtmäßige Freiheitsentziehung nach Verurteilung durch ein zuständiges Gericht;

b) rechtmäßige Festnahme oder rechtmäßiger Freiheitsentziehung wegen Nichtbefolgung einer rechtmäßigen gerichtlichen Anordnung oder zur Erzwingung der Erfüllung einer gesetzlichen Verpflichtung;

c) rechtmäßige Festnahme oder rechtmäßiger Freiheitsentziehung zur Vorführung vor die zuständige Gerichtsbehörde, wenn hinreichender Verdacht besteht, dass die betreffende Person eine Straftat begangen hat, oder wenn begründeter Anlass zu der Annahme besteht, dass es notwendig ist, sie an der Begehung einer Straftat oder an der Flucht nach Begehung einer solchen zu hindern;

d) rechtmäßige Freiheitsentziehung bei Minderjährigen zum Zweck überwachter Erziehung oder zur Vorführung vor die zuständige Behörde;

---

[11] Vgl. nur die o.a. Anm. zu BVerfG B. v. 26.02.2008 - 2 BvR 392/07 - BVerfGE 120, 224.

[12] Hierzu Satzger, Internationales und Europäisches Strafrecht, 7. Aufl. 2016, § 11; Ambos, Internationales Strafrecht, 4. Aufl. 2014, § 10 Rn. 5ff.

e) rechtmäßige Freiheitsentziehung mit dem Ziel, eine Verbreitung ansteckender Krankheiten zu verhindern, sowie bei psychisch Kranken, Alkohol- oder Rauschgiftsüchtigen und Landstreichern;

f) rechtmäßige Festnahme oder rechtmäßige Freiheitsentziehung zur Verhinderung der unerlaubten Einreise sowie bei Personen, gegen die ein Ausweisungs- oder Auslieferungsverfahren im Gange ist.

(2) Jeder festgenommenen Person muss unverzüglich in einer ihr verständlichen Sprache mitgeteilt werden, welches die Gründe für ihre Festnahme sind und welche Beschuldigungen gegen sie erhoben werden.

(3) Jede Person, die nach Absatz 1 Buchstabe c von Festnahme oder Freiheitsentziehung betroffen ist, muss unverzüglich einem Richter oder einer anderen gesetzlich zur Wahrnehmung richterlicher Aufgaben ermächtigten Person vorgeführt werden; sie hat Anspruch auf ein Urteil innerhalb angemessener Frist oder auf Entlassung während des Verfahrens. Die Entlassung kann von der Leistung einer Sicherheit für das Erscheinen vor Gericht abhängig gemacht werden.

(4) Jede Person, die festgenommen oder der die Freiheit entzogen ist, hat das Recht zu beantragen, dass ein Gericht innerhalb kurzer Frist über die Rechtmäßigkeit der Freiheitsentziehung entscheidet und ihre Entlassung anordnet, wenn die Freiheitsentziehung nicht rechtmäßig ist.

(5) Jede Person, die unter Verletzung dieses Artikels von Festnahme oder Freiheitsentziehung betroffen ist, hat Anspruch auf Schadensersatz.

Art. 6 EMRK (Recht auf ein faires Verfahren)

(1) Jede Person hat ein Recht darauf, dass über Streitigkeiten in bezug auf ihre zivilrechtlichen Ansprüche und Verpflichtungen oder über eine gegen sie erhobene strafrechtliche Anklage von einem unabhängigen und unparteiischen, auf Gesetz beruhenden Gericht in einem fairen Verfahren, öffentlich und innerhalb angemessener Frist verhandelt wird. Das Urteil muss öffentlich verkündet werden; Presse und Öffentlichkeit können jedoch während des ganzen oder eines Teiles des Verfahrens ausgeschlossen werden, wenn dies im Interesse der Moral, der öffentlichen Ordnung oder der nationalen Sicherheit in einer demokratischen Gesellschaft liegt, wenn die Interessen von Jugendlichen oder der Schutz des Privatlebens der Prozessparteien es verlangen oder – soweit das Gericht es für unbedingt erforderlich hält – wenn unter besonderen Umständen eine öffentliche Verhandlung die Interessen der Rechtspflege beeinträchtigen würde.

(2) Jede Person, die einer Straftat angeklagt ist, gilt bis zum gesetzlichen Beweis ihrer Schuld als unschuldig.

(3) Jede angeklagte Person hat mindestens folgende Rechte:

a) innerhalb möglichst kurzer Frist in einer ihr verständlichen Sprache in allen Einzelheiten über Art und Grund der gegen sie erhobenen Beschuldigung unterrichtet zu werden;

b) ausreichende Zeit und Gelegenheit zur Vorbereitung ihrer Verteidigung zu haben;

c) sich selbst zu verteidigen, sich durch einen Verteidiger ihrer Wahl verteidigen zu lassen oder, falls ihr die Mittel zur Bezahlung fehlen, unentgeltlich den Beistand eines Verteidigers zu erhalten, wenn dies im Interesse der Rechtspflege erforderlich ist;

d) Fragen an Belastungszeugen zu stellen oder stellen zu lassen und die Ladung und Vernehmung von Entlastungszeugen unter denselben Bedingungen zu erwirken, wie sie für Belastungszeugen gelten;

e) unentgeltliche Unterstützung durch einen Dolmetscher zu erhalten, wenn sie die Verhandlungssprache des Gerichts nicht versteht oder spricht.

Gem. Art. 34 EMRK steht u.a. jedem Menschen die Individualbeschwerde zum EGMR zu.[13]

Art. 34 EMRK (Individualbeschwerden)
Der Gerichtshof kann von jeder natürlichen Person, nichtstaatlichen Organisation oder Personengruppe, die behauptet, durch eine der Hohen Vertragsparteien in einem der in dieser Konvention oder den Protokollen dazu anerkannten Rechte verletzt zu sein, mit einer Beschwerde befaßt werden. Die Hohen Vertragsparteien verpflichten sich, die wirksame Ausübung dieses Rechts nicht zu behindern.

B. Pflicht zur Pönalisierung (Untermaßverbot)

▶ **Didaktischer Aufsatz:**
  • Erichsen, Grundrechtliche Schutzpflichten in der Rechtsprechung des Bundesverfassungsgerichts, Jura 1997, 85

Das sog. Untermaßverbot[14] begrenzt ebenfalls verfassungsrechtlich die Strafrechtssetzung des Gesetzgebers, allerdings mit umgekehrten Vorzeichen: Hier geht es nicht um die Abwehrrechte des Bürgers gegen staatliche Eingriffe, sondern um die Grundrechte als objektive Wertordnung, die den Staat verpflichtet, die Rechtsgüter seiner Bürger zu schützen. Es ist daher Gegenstand des Untermaßverbots, den

---

[13] Hierzu Bleckmann JA 1984, 705; Murswiek JuS 1986, 8 und 175; Fahrenhorst Jura 1987, 130; Wittinger NJW 2001, 1238; Heuchemer NZWiSt 2016, 231.

[14] Zum Untermaßverbot Krey/Esser, AT, 6. Aufl. 2016, Rn. 24ff.; Radtke, in: MK-StGB, 3. Aufl. 2016, vor § 38 Rn. 7; ausf. Müller-Dietz FS Dreher 1977, 97; Erichsen Jura 1997, 85; Müller-Dietz GS Zipf 1999, 123.

Gesetzgeber verfassungsrechtlich dazu zu zwingen, ein bestimmtes Verhalten zu bestrafen. Dies greift stark in die gesetzgeberische Freiheit ein und beschränkt sich daher auf seltene Ausnahmefälle.

Bedeutsam sind die Entscheidungen des Bundesverfassungsgerichts zum **Schwangerschaftsabbruch** aus den Jahren 1975 und 1993.[15] Der Gesetzgeber hatte jeweils nach heftigen Kontroversen mühsam ein Ergebnis gefunden, welches den Frauen weitere Rechte zur straflosen Abtreibung verschaffte. Das Bundesverfassungsgericht erklärte diese Straflosstellungen allerdings für nichtig und zwang so den Gesetzgeber, die heutigen §§ 218ff. StGB zu schaffen.

Nach Auffassung des BVerfG zählte zu den staatlich – und zwar sogar strafrechtlich – zu schützenden Rechtsgütern auch das werdende Leben, welches (bereits) durch Art. 2 II 1 GG geschützt werde, und zwar auch gegenüber der Mutter.

Ob dies allgemein und erst recht für die Frage des Schwangerschaftsabbruchs überzeugt, sei dahingestellt. Immerhin gibt es keinen weiteren Fall einer solchen Anwendung des Untermaßverbots.

Spätestens seit den Terroranschlägen des 11.09.2001 wird die staatliche Schutzpflicht als sog. „**Grundrecht auf Sicherheit**" stark betont.[16] Eine Fehlgewichtung der Abwägungen verkehrt aber den historischen, primären Zweck der Grundrechte, gegen staatliche Eingriffe zu schützen, ins Gegenteil. Freiheitsrechte werden zugunsten eines kaum greifbaren und tendenziell uferlosen Sicherheitsbedürfnisses beschnitten.

C. Garantiefunktion des Strafgesetzes, Art. 103 II GG; §§ 1, 2 StGB; Art. 7 I EMRK

▶ **Didaktische Aufsätze:**
   - Lenckner, Wertausfüllungsbedürftige Begriffe im Strafrecht und der Satz „nullum crimen sine lege", JuS 1968, 249 und 304
   - Hettinger, Die zentrale Bedeutung des Bestimmtheitsgrundsatzes (Art. 103 II GG), JuS 1986, L17 und L33, JuS 1997, L17 und L25

---

[15] BVerfG U. v. 25.02.1975 - 1 BvF 1-6/74 - BVerfGE 39, 1 = NJW 1975, 573 (Anm. Weber JuS 1975, 323; Goerlich JR 1975, 177; Kriele JZ 1975, 222; Schmitt JZ 1975, 356; Heimeshoff DRiZ 1975, 213; Abendroth KJ 1975, 121; Hülsmann StV 1992, 78; Hossen JA-Ü 1993, 1); BVerfG U. v. 28.05.1993 - 2 BvF 2/90, 2 BvF 4/92, 2 BvF 5/92 - BVerfGE 88, 203 = NJW 1993, 1751 = NStZ 1993, 483 (Anm. Incesu JA 1993, 313; Deutsch NJW 1993, 2361; Hermes/Walther NJW 1993, 2337; Hartmann NStZ 1993, 483; Weiß JR 1993, 449; Weiß JZ 1993, 449; Starck JZ 1993, 816; Sachs JuS 1994, 69; Schulz StV 1994, 38; Gropp GA 1994, 147; Raasch FS Mahrenholz 1994, 607; Hassemer FS Mahrenholz 1994, 731; Geiger/von Lampe Jura 1995, 20).

[16] Näher hierzu Hassemer StraFo 2005, 312.

- Bott/Krell, Der Grundsatz „nulla poena sine lege" im Lichte verfassungsrechtlicher Entscheidungen, ZJS 2010, 694
- Kertai, Strafbarkeitslücken als Argument – Gesetzesauslegung und. Bestimmtheitsgebot, JuS 2011, 976
- Walter, Einführung in das Strafrecht, JA 2013, 727

I. Allgemeines

1. Rechtsquellen, Rechtsnatur, Folgen einer Verletzung

Gem. Art. 103 II GG[17] und (wortgleich, insofern nur deklaratorisch) § 1 StGB kann eine Tat „nur bestraft werden, wenn die Strafbarkeit gesetzlich bestimmt war, bevor die Tat begangen wurde", sog.[18] Bestimmtheitsgrundsatz, Gesetzlichkeitsprinzip, *nulla poena sine lege*.[19]

§ 2 StGB enthält mit dem Rückwirkungsverbot eine nähere Ausgestaltung, hierzu sogleich.

Für Ordnungswidrigkeiten ordnet § 3 OWiG Vergleichbares an.

> **§ 3 OWiG (Keine Ahndung ohne Gesetz)**
> Eine Handlung kann als Ordnungswidrigkeit nur geahndet werden, wenn die Möglichkeit der Ahndung gesetzlich bestimmt war, bevor die Handlung begangen wurde.

Der Bestimmtheitsgrundsatz ist auch Teil der EMRK, s. nämlich Art. 7 I EMRK.[20]

> **Art. 7 I EMRK (Keine Strafe ohne Gesetz)**
> Niemand darf wegen einer Handlung oder Unterlassung verurteilt werden, die zur Zeit ihrer Begehung nach innerstaatlichem oder internationalem Recht nicht strafbar war. Es darf auch keine schwerere als die zur Zeit der Begehung angedrohte Strafe verhängt werden.

---

[17] Hierzu Schönke MDR 1947, 85; Meyer-Ladewig MDR 1962, 262; Woesner NJW 1963, 273; Grünwald ZStW 1964, 1; Ostermeyer NJW 1967, 1595; Lenckner JuS 1968, 249 und 304; Heinitz FS E. Hirsch 1968, 47; Müller-Dietz FS Maurach 1972, 41; Krey/Weber-Linn FS Blau 1985, 123; Schmitt FS Jescheck 1985, 223; Hettinger JuS 1986, L17 und L33; Hettinger JuS 1997, L17 und L25; Luther FS Bemmann 1997, 202; Müller-Dietz FS Lenckner 1998, 179; Schroeder NJW 1999, 89; Naucke KritV-FG Hassemer 2000, 132; Paeffgen StraFo 2007, 442; Kuhlen FS Otto 2007, 89; Kühl FS Seebode 2008, 61; Bott/Krell ZJS 2010, 694; Jähnke ZIS 2010, 463; Kertai JuS 2011, 976; Walter JA 2013, 727; Sinn FS Wolter 2013, 503.

[18] Vgl. nur Fischer, StGB, 64. Aufl. 2017, § 1 Rn. 1.

[19] S. zum Folgenden insbesondere Bock, in: Graf/Jäger/Wittig (Hrsg.), Wirtschaftsstrafrecht, 2. Aufl. 2017, § 1 StGB Rn. 1ff.

[20] Hierzu Renzikowski FS Krey 2010, 407.

Art. 103 II GG hat Verfassungsrang und geht damit dem StGB vor. Der Bestimmtheitsgrundsatz ist Teil der deutschen Rechtsstaatlichkeit. Das Votum für den Gesetzesstaat und gegen den Richterstaat trägt dem Umstand Rechnung, dass im Strafen auf die Persönlichkeit durch hoheitliche Missbilligung von Schuld zugegriffen wird und eine solche Wertung besondere Sicherungen erfordert, um den Bürger vor Willkür zu schützen.

Weil die Norm den Bürger schützen und die Staatsgewalt disziplinieren soll, kann die Verletzung mit der Verfassungsbeschwerde gerügt werden.[21] Das Verfahrensrechtliche regelt das BVerfGG. Das BVerfG erklärt, wenn die Strafnorm selbst gegen Art. 103 II GG verstößt, diese für nichtig. Verstößt nur die richterliche Anwendung der Strafnorm gegen den Bestimmtheitsgrundsatz, hebt das BVerfG die angegriffene Entscheidung auf.

Hält ein Strafgericht ein Strafgesetz für verfassungswidrig, so muss es das Verfahren aussetzen und gem. Art. 100 I 1 GG die Entscheidung des BVerfG einholen.

2. Bestrafung und Strafbarkeit

Die Bestrafung ist der Bezugspunkt der Bestimmtheit. Art. 103 II GG bezieht sich auf einen Strafrechtsbegriff i.w.S. und erfasst nicht nur die echten Kriminalstrafen, sondern alle staatlichen Maßnahmen, die eine missbilligende hoheitliche Reaktion auf ein schuldhaftes Verhalten enthalten, z.B. auch berufsgerichtliche Sanktionen und beamtenrechtliche Disziplinarstrafen.[22]

§ 2 VI StGB macht allerdings eine Ausnahme.

> **§ 2 VI StGB (Zeitliche Geltung)**
> Über Maßregeln der Besserung und Sicherung ist, wenn gesetzlich nichts anderes bestimmt ist, nach dem Gesetz zu entscheiden, das zur Zeit der Entscheidung gilt.

Die deutsche Rspr. samt BVerfG[23] wendete das Bestimmtheitsgebot auf **Maßregeln** nicht an. Die Maßregeln seien keine Strafe, sondern dienten allein präventiven Zwecken. Dem hat der EGMR[24] im Hinblick auf Art. 7 EMRK widersprochen.

---

[21] Radtke/Hagemeier, in: BeckOK-GG, Stand 01.03.2015, Art. 103 Rn. 18.

[22] Bock, in: Graf/Jäger/Wittig (Hrsg.), Wirtschaftsstrafrecht, 2. Aufl. 2017, § 1 StGB Rn. 20, 23; ausf. zum Begriff der Strafe Volk ZStW 1971, 405.

[23] S. nur BVerfG U. v. 05.02.2004 - 2 BvR 2029/01 - BVerfGE 109, 133 = NJW 2004, 739 = StV 2004, 267 (Anm. Sachs JuS 2004, 527; Kinzig NJW 2004, 911); vgl. auch BGH U. v. 02.03.1971 - 1 StR 1/71 - BGHSt 24, 103 = NJW 1971, 948 (Anm. Weber JuS 1971, 425; Schroeder JR 1971, 379).

[24] EGMR U. v. 17.12.2009 - 19359/04 (Mücke) - NJW 2010, 2495 = NStZ 2010, 263 = StV 2010, 181 (Anm. Dörr JuS 2010, 1121; RÜ 2010, 97; Kinzig NStZ 2010, 233; Radtke NStZ 2010, 537; Müller StV 2010, 207; Kleszczewski HRRS 2010, 394).

Strafbarkeit meint zunächst die eigentliche Norm aus dem Besonderen Teil. Nach h.M.[25] gilt das Gesetzlichkeitsprinzip aber nicht nur für die Regelungen des **Besonderen Teils**, sondern auch für die Regeln des **Allgemeinen Teils**. Hierfür spricht, dass es sich bei den Vorschriften des Allgemeinen Teils um vor die Klammer gezogene, ergänzende Bestandteile der im Besonderen Teil vertypten Verbote handelt. Die einfachrechtliche Zuordnung der strafbegründenden Merkmale kann nicht von verfassungsrechtlicher Bedeutung sein. Erfasst sind also auch etwa das Strafanwendungsrecht der §§ 3ff. StGB, die Rechtfertigungsgründe und Fragen der Schuld.

Auch wenn der Wortlaut des Art. 103 II GG sich nur auf die Strafbarkeit bezieht, ist es anerkannt,[26] dass das Gesetzlichkeitsprinzip auch für die **Folgen** der Strafbarkeit gilt. Das Gewicht einer Straftat ergibt sich erst aus der Höhe der angedrohten Strafe. Auch die Rechtsfolge muss daher bestimmt sein. Dies gilt sowohl für die Art als auch für das Ausmaß der Strafe. Der Bürger muss das Maß der jeweils verwirkten Strafe abschätzen können

Die Strafzumessung fällt ebenfalls unter den Bestimmtheitsgrundsatz.[27] Gerade diese ist für den Betroffenen regelmäßig viel wichtiger als die straftatdogmatischen Abgrenzungen. Allerdings steht die vorherige Präzisierung des Strafmaßes in einem Spannungsverhältnis zum Prinzip der Einzelfallgerechtigkeit. Der Gesetzgeber darf und muss daher Strafrahmen festlegen. Aber auch angesichts des großzügigen Maßstabs sind die Regelungen zur Strafzumessung wenig ergiebig, weil kaum Leitlinien hinsichtlich der Auswahl und Bemessung der Sanktion vorgegeben werden.

Verfahrensrecht ist keine Bestrafung i.S.d. Vorschrift.[28] Hier wird nicht die Strafandrohung an sich, sondern nur die Verfolgbarkeit betroffen.

Nach zutreffender h.M.[29] fällt auch die Rechtsanwendung, also die **Rspr.** nicht unter Art. 103 II GG, weil sonst eine Fortentwicklung der Rechtsauslegung unmöglich würde. Der Richter kann also eine Tat bestrafen, obwohl die zur Tatzeit praktizierte Rspr. dies nicht getan hätte.

---

[25] Bock, in: Graf/Jäger/Wittig (Hrsg.), Wirtschaftsstrafrecht, 2. Aufl. 2017, § 1 StGB Rn. 24ff. m.w.N.; ausf. Jähnke FS 50 Jahre BGH 2000, 393; Dannecker FS Otto 2007, 25.

[26] Bock, in: Graf/Jäger/Wittig (Hrsg.), Wirtschaftsstrafrecht, 2. Aufl. 2017, § 1 StGB Rn. 26 m.w.N.; ausf. Perron JZ 1993, 918; Dannecker FS Roxin 2011, 285.

[27] Bock, in: Graf/Jäger/Wittig (Hrsg.), Wirtschaftsstrafrecht, 2. Aufl. 2017, § 1 StGB Rn. 27 m.w.N.

[28] Hierzu ausf. Mann/Mann ZStW 1964, 264; Jäger GA 2006, 615; Meyer-Goßner FS Jung 2007, 543.

[29] Bock, in: Graf/Jäger/Wittig (Hrsg.), Wirtschaftsstrafrecht, 2. Aufl. 2017, § 1 StGB Rn. 29; ausf. (insbesondere zum wichtigsten Fall einer Rechtsprechungsänderung - Änderung der Promillegrenzen im Verkehrsstrafrecht) Händel NJW 1967, 537; Boers NJW 1967, 1310; Naucke NJW 1968, 2321; Riese NJW 1969, 549; Straßburg ZStW 1970, 948; Schreiber JZ 1973, 713; Tröndel FS Dreher 1977, 117; Salger DRiZ 1990, 16; Bernreuther MDR 1991, 829; Neumann ZStW 1991, 331; Hettinger/Engländer FS Meyer-Goßner 2001, 145; Geipel StraFo 2010, 272; Kempf/Schilling NJW 2012, 1849; Satzger Jura 2013, 345; Leite GA 2014, 220

3. Gesetzlich bestimmt: Der Begriff des Gesetzes

Mit Gesetz meint Art. 103 II GG, § 1 StGB die einzelne schriftlich fixierte, materiellrechtliche Strafvorschrift, nicht das Gesetzeswerk im Ganzen.[30]

Der Begriff des Gesetzes wird, soweit es um freiheitsbeschränkende Maßnahmen geht, durch Art. 104 I 1 GG präzisiert.

> **Art 104 I GG**
> Die Freiheit der Person kann nur auf Grund eines förmlichen Gesetzes und nur unter Beachtung der darin vorgeschriebenen Formen beschränkt werden.

Mithin ist der Begriff des Gesetzes im Sinne eines formellen Parlamentsgesetzes zu deuten.

Für fortgeltende Strafgesetze des früheren Reichsrechts, das sind noch zahlreiche Tatbestände des StGB, gilt Art. 103 II GG nicht.[31]

Üblicherweise unterscheidet man vier Ausformungen des Gesetzlichkeitsprinzips: Rückwirkungsverbot, Bestimmtheitsgebot i.e.S., Verbot des Gewohnheitsrechts und Analogieverbot.

II. Rückwirkungsverbot (*nulla poena sine lege praevia*), § 2 StGB

▶   **Didaktische Aufsätze:**
  * Satzger, Die zeitliche Geltung des Strafgesetzes – ein Überblick über das „intertemporale Strafrecht", Jura 2006, 746
  * Blaue, Die Zeitweiligkeit des Rechts – Das verfassungsrechtliche Rückwirkungsverbot und die lex mitior-Regel (Art. 103 Abs. 2 GG, §§ 3, 4 OWiG bzw. §§ 1, 2 StGB), ZJS 2014, 371

1. Allgemeines

Die Rechtsordnung ist nicht statisch. Strafgesetze werden zur Bewältigung neuer Formen sozialschädlichen Verhaltens und als Reaktion auf technische, wissenschaftliche und kulturelle Veränderungen laufend geschaffen, abgeschafft und geändert. Zwischen Tatbegehung und Aburteilung vergeht eine gewisse Zeit, innerhalb

---

[30] Bock, in: Graf/Jäger/Wittig (Hrsg.), Wirtschaftsstrafrecht, 2. Aufl. 2017, § 1 StGB Rn. 30 m.w.N.
[31] Bock, in: Graf/Jäger/Wittig (Hrsg.), Wirtschaftsstrafrecht, 2. Aufl. 2017, § 1 StGB Rn. 33.

derer sich das verletzte Strafgesetz geändert haben kann. § 2 StGB, der Art. 103 II GG umsetzen soll, enthält die Regeln der zeitlichen Geltung der Strafnorm[32] und insofern zum sog. **intertemporalen Strafrecht**.[33]

---

§ 2 StGB (Zeitliche Geltung)

(1) Die Strafe und ihre Nebenfolgen bestimmen sich nach dem Gesetz, das zur Zeit der Tat gilt.

(2) Wird die Strafdrohung während der Begehung der Tat geändert, so ist das Gesetz anzuwenden, das bei Beendigung der Tat gilt.

(3) Wird das Gesetz, das bei Beendigung der Tat gilt, vor der Entscheidung geändert, so ist das mildeste Gesetz anzuwenden.

(4) Ein Gesetz, das nur für eine bestimmte Zeit gelten soll, ist auf Taten, die während seiner Geltung begangen sind, auch dann anzuwenden, wenn es außer Kraft getreten ist. Dies gilt nicht, soweit ein Gesetz etwas anderes bestimmt.

(5) Für Verfall, Einziehung und Unbrauchbarmachung gelten die Absätze 1 bis 4 entsprechend.

(6) Über Maßregeln der Besserung und Sicherung ist, wenn gesetzlich nichts anderes bestimmt ist, nach dem Gesetz zu entscheiden, das zur Zeit der Entscheidung gilt.

---

§ 2 StGB hat durchaus beträchtliche praktische Bedeutung, auch wenn die Erforderlichkeit zeitlicher Anwendungsregeln sich auf die kurze Zeitspanne zwischen Gesetzesänderung und Abschluss aller Verfahren, die sich mit Taten zum alten Rechtszeitpunkt befassen, beschränkt.[34] In einer Zeit präventiv motivierter, häufiger Gesetzesänderungen (fast immer Verschärfungen) gewinnt das intertemporale Strafrecht zwangsläufig an Bedeutung.

2. § 2 I StGB

§ 2 I StGB normiert eine Anwendung des Tatzeitrechts.

Dies ist als Regel keineswegs selbstverständlich. Denkbar wäre auch, dass das Gericht das Gesetz anwendet, das im Zeitpunkt der Entscheidung gilt. Der Grundsatz *„lex posterior derogat legi priori"* (das spätere Gesetz hebt das frühere auf) bringt zum Ausdruck, dass nach modernem Rechtsdenken das aktuellste Gesetz besser als alle vorherigen ist.[35] Das Rückwirkungsverbot birgt erhebliche praktische

---

[32] Zum Rückwirkungsverbot Gross GA 1971, 13; Tiedemann FS Peters 1974, 193; Mohrbotter ZStW 1976, 923; Schroeder FS Bockelmann 1979, 785; Schröder ZStW 2000, 44; Satzger Jura 2006, 746; Blaue ZJS 2014, 371.

[33] Vgl. insbesondere Bock, in: Graf/Jäger/Wittig (Hrsg.), Wirtschaftsstrafrecht, 2. Aufl. 2017, § 2 StGB Rn. 1ff.

[34] Bock, in: Graf/Jäger/Wittig (Hrsg.), Wirtschaftsstrafrecht, 2. Aufl. 2017, § 2 StGB Rn. 5 m.w.N.

[35] Bock, in: Graf/Jäger/Wittig (Hrsg.), Wirtschaftsstrafrecht, 2. Aufl. 2017, § 2 StGB Rn. 9 m.w.N.

Probleme, da alle am Strafverfahren Beteiligten unter Umständen noch über Jahre hinweg das vergangene Recht kennen und anwenden müssen.

Dass § 2 I StGB das Gesetz zur Zeit der Tat zur Entscheidungsgrundlage macht, ist wegen Art. 103 II GG verfassungsrechtlich geboten. Die Änderung einer Strafnorm ist nämlich nichts Anderes als die Aufhebung einer existierenden Norm und die Einführung einer neuen Norm. Das Rückwirkungsverbot schützt den Täter vor der Anwendung eines eigentlich „besseren", da aktuelleren Gesetzes, auf das er sich bei seiner Tat noch gar nicht einstellen konnte – ein Akt des Vertrauensschutzes. Der Sinn der Regelung lässt sich auch vor seinem kriminalpolitischen Hintergrund erkennen: Die mit den Straftatbeständen verbundene Erwartung, den Einzelnen zu einem erwünschten Verhalten zu bestimmen, kann naturgemäß immer nur von bereits existierenden Normen ausgehen.

War eine Tat zu ihrem Zeitpunkt straflos, so kann sie nicht rückwirkend für strafbar erklärt werden. Gleiches gilt für nachträgliche Strafverschärfungen. Da Art. 103 II GG, § 1 StGB Änderungen zugunsten des Täters nicht ausschließen, durfte der einfache Gesetzgeber in § 2 III StGB Milderungen allerdings auch rückwirkend für maßgeblich erklären, hierzu sogleich.

Gesetz meint in § 2 StGB den gesamten Rechtszustand hinsichtlich des „Ob" (Strafbegründung, sowohl durch Regelungen des AT als auch BT) und „Wie" (Tatfolgen) der Strafbarkeit.[36] Die Norm betrifft nur das gesamte materielle Recht inklusive Strafzumessungsregeln, wie bei § 1 StGB.

Wechsel im **Verfahrensrecht** bleiben wiederum unberücksichtigt.[37] Es gilt das neue Recht, da nicht die Strafandrohung an sich, sondern nur die Verfolgbarkeit betroffen wird. Es fehlt insofern an einem Bedürfnis für Vertrauensschutz, wie er dem Rückwirkungsverbot zugrunde liegt. Relevant geworden sind der rückwirkende Wegfall des Erfordernisses eines Strafantrags und die Änderung der Verjährungsfrist.

Nach zutreffender h.M.[38] ist auch die rückwirkende **Änderung der Rspr.** zulässig.[39]

---

[36] Bock, in: Graf/Jäger/Wittig (Hrsg.), Wirtschaftsstrafrecht, 2. Aufl. 2017, § 2 StGB Rn. 13 m.w.N.

[37] Bock, in: Graf/Jäger/Wittig (Hrsg.), Wirtschaftsstrafrecht, 2. Aufl. 2017, § 2 StGB Rn. 16 m.w.N.; ausf. Naegele/Bannei/Erichsen/Wendland NJW 1960, 889; Lackner NJW 1960, 1046; Bemmann JuS 1965, 333; Calvelli-Adorno NJW 1965, 273; Schmid NJW 1965, 1952; Calvelli Adorno NJW 1965, 1953; Fuhrmann JR 1965, 15; Arndt JZ 1965, 145; Klug JZ 1965, 149; Grünwald MDR 1965, 521; Schreiber ZStW 1968, 348; Pawlowski NJW 1969, 594; Willms JZ 1969, 60; Pfeiffer DRiZ 1979, 11; Heimeshoff DRiZ 1979, 139; Heimeshoff DRiZ 1979, 214; Böckenförde ZStW 1979, 888; Schumann StV 1992, 392; Knauth StV 2003, 418; Gerhold/El-Ghazi ZIS 2012, 600.

[38] Bock, in: Graf/Jäger/Wittig (Hrsg.), Wirtschaftsstrafrecht, 2. Aufl. 2017, § 2 StGB Rn. 17 m.w.N.

[39] Hierzu Händel NJW 1967, 537; Boers NJW 1967, 1310; Naucke NJW 1968, 2321; Riese NJW 1969, 549; Straßburg ZStW 1970, 948; Schreiber JZ 1973, 713; Tröndel FS Dreher 1977, 117; Salger DRiZ 1990, 16; Bernreuther MDR 1991, 829; Neumann ZStW 1991, 331; Hettinger/Engländer FS Meyer-Goßner 2001, 145; Geipel StraFo 2010, 272; Kempf/Schilling NJW 2012, 1849; Satzger Jura 2013, 345; Leite GA 2014, 220.

Gem. § 2 I StGB ist die **Zeit der Tat** für die Bestimmung des anzuwendenden Gesetzes maßgeblich. Wann die Zeit der Tat ist, normiert § 8 StGB.

> **§ 8 StGB (Zeit der Tat)**
> Eine Tat ist zu der Zeit begangen, zu welcher der Täter oder der Teilnehmer gehandelt hat oder im Falle des Unterlassens hätte handeln müssen. Wann der Erfolg eintritt, ist nicht maßgebend.

Die Zeit der Tat wird für jeden Beteiligten getrennt ermittelt.[40]
Die Norm folgt einer sog.[41] Tätigkeitstheorie und stellt auf die Tathandlung ab. Denn nur im Stadium des Handelns kann das Recht auch eine verhaltenssteuernde Funktion aufweisen. Zeit der Tat ist mithin das Stadium vom Beginn des Versuchs bis zum Abschluss der letzten Handlung des Täters, bei Unterlassungsdelikten bis zum Ablauf der letzten Erfolgsabwendungsmöglichkeit.

Die Anwendung des Rückwirkungsverbots war in der wechselhaften deutschen Geschichte nicht frei von Zweifeln.

Beispiel 24:

BGH U. v. 03.11.1992 – 5 StR 370/92 – BGHSt 39, 1 = NJW 1993, 141 = NStZ 1993, 129 = StV 1993, 9 (Anm. Solbach JA 1993, 90; Jung JuS 1993, 601; Amelung JuS 1993, 637; Herrmann NStZ 1993, 118; Günther StV 1993, 18; Schroeder JR 1993, 45; Fiedler JZ 1993, 206; Dannecker Jura 1994, 585; Wilms/Ziemske ZRP 1994, 170):
B1 und B2 waren als Angehörige der Grenztruppen der DDR – B1 als Unteroffizier und Führer eines aus zwei Personen bestehenden Postens, B2 als Soldat – an der Berliner Mauer eingesetzt. Dort schossen sie am 01.12.1984 um 03.15 Uhr auf den 20 Jahre alten, aus der DDR stammenden G, der sich anschickte, die Mauer vom Stadtbezirk Pankow aus in Richtung auf den Bezirk Wedding zu übersteigen. G starb. B1 und B2 hatten die Möglichkeit eines tödlichen Treffers erkannt. Auch um diesen Preis wollten sie aber gemäß dem Befehl, den sie für bindend hielten, das Gelingen der Flucht verhindern. Nach § 27 II 1 DDR-GrenzG war die Anwendung der Schusswaffe „gerechtfertigt, um die unmittelbar bevorstehende Ausführung oder die Fortsetzung einer Straftat zu verhindern, die sich den Umständen nach als ein Verbrechen darstellt".

Bei tatbestandlicher Anwendbarkeit des bundesdeutschen § 212 I StGB ist fraglich, ob § 27 DDR-GrenzG als Rechtfertigungsgrund den Schusswaffengebrauch

---

[40] Bock, in: Graf/Jäger/Wittig (Hrsg.), Wirtschaftsstrafrecht, 2. Aufl. 2017, § 2 StGB Rn. 21.
[41] Bock, in: Graf/Jäger/Wittig (Hrsg.), Wirtschaftsstrafrecht, 2. Aufl. 2017, § 2 StGB Rn. 22.

erlaubte. Allerdings enthielt die DDR-Verfassung Grundrechte. Der BGH verweist hierauf und behauptet, dass eine rechtsstaatliche Auslegung des § 27 DDR-GrenzG dazu führen müsse, dass auf einen ungefährlichen Flüchtling nicht geschossen werden dürfe. Die faktische realsozialistische Auslegung, also die Praxis der Grenztruppen war aber anders. War diese Handhabung des § 27 DDR-GrenzG also nichtig? Der BGH verfolgte zwei Begründungslinien.[42]

Die erste ist naturrechtlich: Die sog. „**Radbruch'sche Formel**".[43] Diese lautet, 1946 von Gustav Radbruch entwickelt, in ihrer längeren Form:

> Der Konflikt zwischen der Gerechtigkeit und der Rechtssicherheit dürfte dahin zu lösen sein, dass das positive, durch Satzung und Macht gesicherte Recht auch dann den Vorrang hat, wenn es inhaltlich ungerecht und unzweckmäßig ist, es sei denn, dass der Widerspruch des positiven Gesetzes zur Gerechtigkeit ein so unerträgliches Maß erreicht, dass das Gesetz als ‚unrichtiges Recht' der Gerechtigkeit zu weichen hat. Es ist unmöglich, eine schärfere Linie zu ziehen zwischen den Fällen des gesetzlichen Unrechts und den trotz unrichtigen Inhalts dennoch geltenden Gesetzen; eine andere Grenzziehung aber kann mit aller Schärfe vorgenommen werden: wo Gerechtigkeit nicht einmal erstrebt wird, wo die Gleichheit, die den Kern der Gerechtigkeit ausmacht, bei der Setzung positiven Rechts bewusst verleugnet wurde, da ist das Gesetz nicht etwa nur ‚unrichtiges' Recht, vielmehr entbehrt es überhaupt der Rechtsnatur. Denn man kann Recht, auch positives Recht, gar nicht anders definieren als eine Ordnung und Satzung, die ihrem Sinne nach bestimmt ist, der Gerechtigkeit zu dienen.

Der BGH ließ offen, ob das, was Radbruch für das nationalsozialistische Unrechtssystem annahm, auch für die DDR galt. Er nahm vielmehr eine völkerrechtliche Verpflichtung der DDR an[44]; diese hatte 1966 den IPBPR unterzeichnet, der u.a. die Garantie der Ausreisefreiheit und das Recht auf Leben enthielt. Der Pakt sei zwar nicht innerstaatlich umgesetzt worden, dennoch führe er zur Nichtigkeit des § 27 DDR-GrenzG. Der Grenzsoldat wurde rechtskräftig verurteilt.

Zweifelhaft ist aber, ob sich der einzelne DDR-Bürger als Grenzsoldat strafrechtlich nachteilig zurechnen lassen muss, dass die DDR sich nicht an den völkerrechtlichen Pakt gehalten hat. Wenn der BGH annimmt, dass die Bestrafung des Grenzsoldaten nicht dem Art. 103 II GG widerspreche, beachtet er die Schutzfunktion des Bestimmtheitsgrundsatzes nicht hinreichend. Wie soll der Mauerschütze vorsehen, dass sein Staat untergeht und die Gesetze gleich mit?

Die Anwendung der Radbruch'sche Formel – Kurzformel: „extremes Unrecht ist kein Recht" – auf den Nationalsozialismus wird heute wohl überwiegend begrüßt. Die verwendeten vagen Begriffe sind allerdings kaum geeignet, geschriebene Gesetze zu derogieren. Radbruch behauptete, der Rechtspositivismus – also die Treue zum Gesetz – habe die Juristen wehrlos gemacht gegenüber dem Missbrauch

---

[42] Zum Folgenden BGH U. v. 03.11.1992 - 5 StR 370/92 - BGHSt 39, 1 (15ff.).

[43] Radbruch, Gesetzliches Unrecht und übergesetzliches Recht. Süddeutsche Juristenzeitung 1946, 105.

[44] BGH U. v. 03.11.1992 - 5 StR 370/92 - BGHSt 39, 1 (16ff.).

der nationalsozialistischen Machthaber.[45] Die Frage des Widerstands gegen Unrechtsregime ist aber nicht justiziabel. Es ist von Staatsbürgern kaum zu erwarten, dass diese entscheiden, welche staatlichen Gesetze richtig und welche falsch sind. Wenigstens im grundrechtseingreifenden Strafrecht sind das Gesetz und der Gesetzeswortlaut ernst zu nehmen, auch wenn das Ergebnis einmal (rechtspolitisch) nicht „passen" sollte – wie etwa die Straflosigkeit der Mauerschützen. Das Rückwirkungsverbot ist eine derart wichtige Errungenschaft, dass wir uns nicht darüber hinwegsetzen sollten, auch nicht zugunsten der moralischen Richtigkeit.

3. § 2 II StGB

§ 2 II StGB betrifft Dauerstraftaten, z.B. Freiheitsberaubung oder unerlaubten Waffenbesitz. Aus der Einheitlichkeit des Dauerdelikts folgt die Notwendigkeit einer einheitlichen Beurteilung. Die praktische Bedeutung ist aber gering.

4. § 2 III StGB

§ 2 III StGB enthält das sog. **Meistbegünstigungsprinzip**, den *lex-mitior-* (milderes Gesetz) Grundsatz.[46]

Der Bestimmtheitsgrundsatz schützt den Bürger, den Beschuldigten; für ihn soll daher immer das mildeste Recht gelten, auch wenn im Tatzeitpunkt ein strengeres Gesetz galt. Ein milderes Gesetz ist daher zu seinen Gunsten auf zurückliegende Fälle anwendbar. Das Meistbegünstigungsprinzip ist Teil rechtsstaatlicher Tradition und Bestandteil eines auf rechtsstaatlichen Grundsätzen aufbauenden Strafrechts. Es legitimiert sich aus der materiellen Gerechtigkeit heraus[47]: Ein Täter soll nicht mehr nach einem Gesetz bestraft werden, zu dessen Strenge sich der Gesetzgeber im Entscheidungszeitpunkt nicht mehr bekennt. Eine derart verhängte Strafe könnte auch die mit der Strafe verbundenen spezial- und generalpräventiven Zielsetzungen nicht mehr erfüllen.

Zur Ermittlung des mildesten Gesetzes ist der konkrete Sachverhalt unverändert unter die zu vergleichenden Rechtszustände (einschließlich der Zwischengesetze) zu subsumieren. Relevant ist die konkrete Betrachtungsweise, nicht ein abstrakter Vergleich der Tatbestände und Strafdrohungen.[48] Die Frage ist für jeden Tatbeteiligten gesondert zu untersuchen. Die Prüfung umfasst den gesamten weiten Gesetzesbegriff des § 2 StGB und damit nicht nur die Strafdrohungen und Deliktstatbestände, sondern auch Änderungen im Allgemeinen Teil.[49]

---

[45] Radbruch, Gesetzliches Unrecht und übergesetzliches Recht. Süddeutsche Juristenzeitung 1946, 105.

[46] Hierzu Bock, in: Graf/Jäger/Wittig (Hrsg.), Wirtschaftsstrafrecht, 2. Aufl. 2017, § 2 StGB Rn. 29ff.; ausf. Mazurek JZ 1976, 233; Gleß GA 2000, 224; Bohlander StraFo 2011, 169.

[47] Bock, in: Graf/Jäger/Wittig (Hrsg.), Wirtschaftsstrafrecht, 2. Aufl. 2017, § 2 StGB Rn. 31 m.w.N.

[48] Bock, in: Graf/Jäger/Wittig (Hrsg.), Wirtschaftsstrafrecht, 2. Aufl. 2017, § 2 StGB Rn. 52 m.w.N.

[49] Bock, in: Graf/Jäger/Wittig (Hrsg.), Wirtschaftsstrafrecht, 2. Aufl. 2017, § 2 StGB Rn. 52 m.w.N.

5. § 2 IV StGB

§ 2 IV StGB stellt eine Ausnahme zum Meistbegünstigungsprinzip des § 2 III StGB und damit eine Rückkehr zur Grundregel des § 2 I StGB dar (Anwendung des Tatzeitrechts).[50]

Der rechtfertigende Grund für diese für den Täter ungünstigen Regelung liegt darin, dass ein sog. Zeitgesetz ansonsten gegen Ende seiner Geltungsdauer kaum noch Autorität besäße. Ein Täter könnte ohne die Anwendung des Tatzeitrechts darauf spekulieren, dass bei Aburteilung seiner (potentiellen) Straftat das Gesetz bereits wieder außer Kraft getreten ist, so dass er bei Geltung des *lex-mitior*-Grundsatzes keine Strafe zu fürchten hätte.

6. § 2 V StGB

§ 2 V StGB betrifft Verfall, Einziehung und Unbrauchbarmachung. Auf Einzelheiten wird hier verzichtet.

7. § 2 VI StGB

Beispiel 25:

EGMR U. v. 17.12.2009 – 19359/04 (Mücke) – NJW 2010, 2495 = NStZ 2010, 263 = StV 2010, 181 (Anm. Dörr JuS 2010, 1121; RÜ 2010, 97; Eschelbach NJW 2010, 2499; Kinzig NStZ 2010, 233; Radtke NStZ 2010, 537; Müller StV 2010, 207; Laue JR 2010, 198; Kleszewski HRRS 2010, 394):
B, 1957 geboren, befindet sich in der JVA Schwalmstadt. 1986 hatte ihn das LG Marburg wegen versuchten Mordes in Tateinheit mit Raub zu fünf Jahren Freiheitsstrafe verurteilt und seine Unterbringung in der Sicherungsverwahrung angeordnet. Nach Verbüßung seiner Strafe befindet sich B im Maßregelvollzug. Nach § 67d I StGB in der damals geltenden Fassung betrug die Höchstfrist der Sicherungsverwahrung bei erstmaliger Unterbringung zehn Jahre. Diese Frist ist durch das Gesetz zur Bekämpfung von Sexualdelikten und anderen gefährlichen Straftaten vom 26.01.1998 gestrichen worden. Mehrere Anträge auf Entlassung, die der Bf. noch 1991 gestellt hatte, haben die zuständigen Gerichte zurückgewiesen. Auf seine Verfassungsbeschwerde hat das BVerfG am 05.02.2004 entschieden, dass § 67d III StGB i.V. mit Art. 3 EGStGB mit dem GG vereinbar ist. B hat am 24.05.2004 Beschwerde beim EGMR eingelegt und Verletzung von Art. 5 und Art. 7 EMRK gerügt.

---

§ 2 VI StGB normiert eine Ausnahme vom Rückwirkungsverbot: es gilt hier der Rechtszustand im Zeitpunkt der Entscheidung. Der Norm liegt die Annahme zugrunde, dass das verfassungsrechtliche Rückwirkungsverbot nur für Strafen, nicht für die präventiv ausgerichteten Maßregeln der §§ 61–72 StGB gelte; das

---

[50] Hierzu Drost MDR 1949, 454; Kunert NStZ 1982, 276; Rüping NStZ 1984, 450.

Zweckmäßige müsse hier sofort geschehen.[51] Diese scharfe Unterscheidung von Strafen und Maßregeln wird bzw. wurde auch gegenüber Einwänden aus Art. 103 GG und Art. 7 EMRK vorgebracht.

Die Regelung des § 2 VI StGB ist – auch verfassungsrechtlich, nicht nur rechtspolitisch – zu kritisieren. Das Rückwirkungsverbot des Art. 103 II GG muss nämlich entgegen der bislang h.M. auch für alle der Strafe an Schwere gleichstehenden Eingriffe aus Anlass einer Straftat gelten. Die Verfassungsmäßigkeit wird daher in der Literatur schon lange mit guten Gründen bestritten.[52] Maßregeln lassen sich von den Strafen nicht so scharf unterscheiden, dass ihre Sonderregelung hinsichtlich der zeitlichen Geltung zu rechtfertigen wäre. Die Unterscheidungen von Strafen (anknüpfend an die Vergangenheit) und Maßregeln (ausgerichtet auf die Zukunft) versagen sowohl in der Straf- und Maßregeltheorie als auch in der Praxis. Auch Geld- und Freiheitsstrafen dienen der Prävention. Auch Maßregeln gibt es nur anlässlich einer Straftat. Die Sicht des Betroffenen auf den Grundrechtseingriff, den er wegen seiner Tat erleidet, kann in einem Rechtsstaat nicht begrifflich beiseite geschoben werden. Dies gilt ebenso für die Frage der zeitlichen Geltung.

Das BVerfG[53] hatte sich für die Verfassungsmäßigkeit von § 2 VI StGB ausgesprochen: Die Maßregeln dienten allein präventiven Zwecken und hätten sich daher tatsächlich ausschließlich am aktuellen Schutzzweck zu orientieren. Rechtspolitisch unklar bleibt, ob derartige Gefahrenabwehr-Maßnahmen dann überhaupt ins Strafrecht gehören oder nicht vielmehr ins Polizeirecht der Bundesländer.[54]

Mit Urteil vom 17.12.2009 sah allerdings der EGMR[55] in der rückwirkenden Verlängerung einer befristet angeordneten Sicherungsverwahrung zutreffend eine Verletzung des Art. 7 I EMRK. Der EGMR stellte klar, dass auch Maßregeln als Strafen i.S.d. EMRK anzusehen seien, da sie anlässlich einer Straftat verhängt würden. Sowohl Strafen als auch Maßregeln sollen spezial- und generalpräventiv wirken. Ohnehin gebe es keine wesentlichen Unterschiede im Vollzug von Freiheitsstrafe und Sicherungsverwahrung.

III. Bestimmtheitsgebot / Unbestimmtheitsverbot (*nulla poena sine lege certa*)

Der zweite Aspekt des Gesetzlichkeitsprinzips ist der Bestimmtheitsgrundsatz i.e.S. [56]

---

[51] Bock, in: Graf/Jäger/Wittig (Hrsg.), Wirtschaftsstrafrecht, 2. Aufl. 2017, § 2 StGB Rn. 78 m.w.N.

[52] Nachweise bei Bock, in: Graf/Jäger/Wittig (Hrsg.), Wirtschaftsstrafrecht, 2. Aufl. 2017, § 2 StGB Rn. 79.

[53] S.o.

[54] Bock, in: Graf/Jäger/Wittig (Hrsg.), Wirtschaftsstrafrecht, 2. Aufl. 2017, § 2 StGB Rn. 80.

[55] S.o.

[56] Hierzu vgl. B. Heinrich, AT, 5. Aufl. 2016, Rn. 28ff.; Rotsch ZJS 2008, 132.

Dieser betrifft die Fassung des Gesetzes, wendet sich also an den Gesetzgeber. Die Anwendung des Gesetzes durch den Strafrichter fällt unter das Analogieverbot, hierzu sogleich.

Nutznießer des Bestimmtheitsgebots sind die von der Strafdrohung Betroffenen – also letztlich alle Bürger – in ihrer Erwartungssicherheit und Orientierung: Die Rechtsanwender, die von der Klarheit der Handlungsanweisungen profitieren, aber auch der Strafgesetzgeber selbst, der dazu angehalten wird, seinen Normierungswillen durch Gesetze durchzusetzen, deren Anwendungsreichweite er selbst beherrscht.[57]

Das moderne Rechtsdenken erkennt aber die Grenzen positivistischer Rechtsfestlegung an und hegt keine Illusionen (mehr), dass einzelfallbeurteilende Richter durch präzise und vollständige Gesetze entbehrlich gemacht werden können. Die Schaffung eindeutiger, nicht auslegungsbedürftiger Tatbestände, die den Richter lediglich zum Munde des Gesetzes werden lassen – so ein Bild von Montesquieu –, ist unmöglich. Die Anforderungen an die Bestimmtheit dürfen also nicht übersteigert werden, da der Gesetzgeber ohne allgemeine, normative und wertausfüllungsbedürftige Begriffe nicht in der Lage wäre, der Vielgestaltigkeit des Lebens Herr zu werden. Es besteht ein Bedarf an Vagheit. Die Zweifelhaftigkeit von Grenz- und damit Streitfällen (sog. „neutrale Kandidaten") ist unvermeidlich. Auch zunächst eindeutige Begriffe können mit Fortschreiten des sozialen Wandels, z.B. aufgrund technischer Entwicklungen, vage werden.

Das Bestimmtheitsgebot kann auch nicht so verstanden werden, dass der Gesetzgeber die jeweils engste und präziseste Formel zu wählen hat; fast die gesamte Strafrechtsordnung wäre dann verfassungswidrig, da sich fast alles viel genauer fassen ließe, mit Ausnahme der lebenslangen Freiheitsstrafe und festen Zahlensystemen. Besonders deutlich werden die Grenzen einer Pflicht zur Bestimmtheit bei den Rechtsfolgen der Strafbarkeit: Je genauer die Einengung der zu verhängenden Strafe für ein gewisses Verhalten ist, desto weniger können die Besonderheiten des Einzelfalls angemessen – gerecht – berücksichtigt werden. Hieraus ergibt sich die Zulässigkeit weiter Strafrahmen.

Selbst Generalklauseln ohne jede Konkretisierung sollen unbedenklich sein, wenn sie zum überlieferten Bestand an Strafrechtsnormen gehören und sich durch den Normzusammenhang sowie die gefestigte Rspr. eine zuverlässige Grundlage für ihre Auslegung und Anwendung finden lässt.[58]

Beispiel 26:
B wurde wegen Beleidigung verurteilt.

---

[57] Bock, in: Graf/Jäger/Wittig (Hrsg.), Wirtschaftsstrafrecht, 2. Aufl. 2017, § 1 StGB Rn. 51.

[58] S. die Nachweise bei Bock, in: Graf/Jäger/Wittig (Hrsg.), Wirtschaftsstrafrecht, 2. Aufl. 2017, § 1 StGB Rn. 60.

Welche Äußerungen eine Beleidigung sind, konkretisiert das Gesetz nicht.

> **§ 185 StGB (Beleidigung)**
> Die Beleidigung wird mit Freiheitsstrafe bis zu einem Jahr oder mit Geldstrafe und,
> wenn die Beleidigung mittels einer Tätlichkeit begangen wird, mit Freiheitsstrafe bis
> zu zwei Jahren oder mit Geldstrafe bestraft.

Das hohe theoretische Prestige des Bestimmtheitsgrundsatzes findet keine praktische Entsprechung. Auch wenn man nicht (mehr) davon träumt, alles ausdrücklich
im Gesetz zu regeln, so bleibt unklar, weshalb nicht wenigstens wesentlich mehr
geregelt wird. Vielfach angeführt werden die Beispiele der Unterlassensstrafbarkeit
nach § 13 StGB[59] und der (Nichtdefinition der) Fahrlässigkeit.[60] Hierin liegt eine
völlige Verfehlung des Bestimmtheitsgebots. Die Unmöglichkeit einer perfekten
Regelung rechtfertigt jedenfalls nicht das Absehen von jeglicher Konkretisierung.

Auch die Kompensation einer Nichtdefinition durch den Rückgriff auf Wissenschaft und Rspr. – etwa bei § 185 StGB – schadet dem Gesetzlichkeitsprinzip. Eine
solche nachträgliche Heilungsmöglichkeit ist abzulehnen, da dem Gesetzgeber ein
Freibrief für den Verstoß gegen den Bestimmtheitsgrundsatz ausgestellt wird. Selbst
dann, wenn ein Gesetzesbegriff durch Wissenschaft und Rspr. eine Konkretisierung
erfahren hat, ist es sinnvoll, den Gesetzgeber zu verpflichten, die Norm der dogmatischen und richterrechtlichen Konkretisierung anzupassen. Allein dies kann die
Normorientierung der in der Rechtswissenschaft und richterlichen Kasuistik unge-
schulten Bürger verbessern.[61]

Eher selten stellt das BVerfG eine Verletzung des Art. 103 II GG aufgrund Unbestimmtheit fest. Auch die fachgerichtliche Rspr. bevorzugt – naheliegenderweise –
meist eine flexiblere Auslegung. Bedenken der Literatur, die zugegebenermaßen
auch häufig, vielleicht auch zu häufig und leichthin, erhoben werden, bleiben mithin
weitgehend akademisch.

IV. Gewohnheitsrechtsverbot (*nullum crimen sine lege scripta*)

▶ **Didaktischer Aufsatz:**
- Satzger, Gesetzlichkeitsprinzip und Rechtfertigungsgründe, Jura
  2016, 154

---

[59] Hierzu Kaufmann JuS 1961, 173; Böhm JuS 1961, 177; Seebode FS Spendel 1992, 317; Kühl
FS Herzberg 2008, 177.

[60] Zu diesbzgl. Bedenken Bohnert ZStW 1982, 68; Duttge FS Kohlmann 2003, 13; Schmitz FS
Samson 2010, 181; Herzberg ZIS 2011, 444; Duttge JZ 2014, 261; Herzberg FS Beulke 2015, 419.

[61] Bock, in: Graf/Jäger/Wittig (Hrsg.), Wirtschaftsstrafrecht, 2. Aufl. 2017, § 1 StGB Rn. 63.

Der dritte Aspekt des Bestimmtheitsgebots i.w.S. ist das Verbot des Gewohnheitsrechts.

Gewohnheitsrecht entsteht auf Grund einer gleichmäßigen langandauernden
Rechtsausübung, die allgemeine Anerkennung genießt.[62] Zu Lasten eines Täters
(*in malam partem*) dürfte solches, sofern es überhaupt existiert, nicht angewendet werden. Die Strafbarkeit muss vielmehr vor der Tat in einem formellen Gesetz
schriftlich fixiert werden.

Beispiel 27:

B beging eine Straftat mit 3,5 ‰ BAK, die er sich angetrunken hatte, um hinreichenden Mut für die Tat zu haben.

B war gem. § 20 StGB schuldunfähig. Dennoch vertreten Rspr. und h.L. eine
Ausnahme hiervon, die sog. *actio libera in causa*, z.T. als gewohnheitsrechtliche
Ausnahme zu § 20 StGB bezeichnet, da die Rechnung des Täters nicht aufgehen
dürfe, sich bewusst schuldunfähig zu machen, um eine Tat zu begehen (Rechtsmiss-
brauchsgedanke).[63] Entgegen der wohl noch h.M. scheidet eine Legitimation der
actio libera in causa aufgrund Art. 103 II GG, § 1 StGB aus, unabhängig davon, ob
es sich angesichts der seit jeher bestehenden Kontroverse überhaupt um Gewohnheitsrecht handelt.

Gewohnheitsrecht **zugunsten des Täters** (*in bonam partem*) ist zulässig, z.B. in
Gestalt gesetzlich nicht geregelter Rechtfertigungs-[64] oder Entschuldigungsgründe,
auch wenn z.B. Gewohnheitsrecht auf dem Gebiet der Rechtfertigung (etwa die
Einwilligung) insofern mittelbare täterbelastende Wirkung hat, als etwa einem
Angegriffenen das Notwehrrecht genommen wird; derartige mittelbare Auswirkun-
gen bleiben außer Betracht.[65]

V. Analogieverbot (*nullum crimen sine lege stricta*)

Das Analogieverbot[66] verlängert das Bestimmtheitsgebot i.e.S. in die Praxis der
Gesetzesanwendung. Der Richter muss den Gesetzgeber beim Wort nehmen und
darf mangels demokratisch-parlamentarischer Legitimation keine eigenen Strafnormen begründen.[67]

---

[62] Bock, in: Graf/Jäger/Wittig (Hrsg.), Wirtschaftsstrafrecht, 2. Aufl. 2017, § 1 StGB Rn. 66.

[63] Zur a.l.i.c. vgl. hier nur B. Heinrich, AT, 5. Aufl. 2016, Rn. 597ff.

[64] Hierzu Satzger Jura 2016, 154.

[65] Bock, in: Graf/Jäger/Wittig (Hrsg.), Wirtschaftsstrafrecht, 2. Aufl. 2017, § 1 StGB Rn. 67 m.w.N.

[66] Hierzu Mayer SJZ 1947, 12; Bindokat JZ 1969, 541; Kuhlen FS Otto 2007, 89.

[67] Bock, in: Graf/Jäger/Wittig (Hrsg.), Wirtschaftsstrafrecht, 2. Aufl. 2017, § 1 StGB Rn. 68.

Der noch mögliche Wortsinn bildet die Grenze zulässiger richterlicher Auslegung.[68] Hierin liegt das externe Kriterium, welches dem Rechtsanwender von außerhalb des Rechtsanwendungsprozesses eine Grenze zieht, über die er selbst nicht verfügen kann; der Wortlaut kann eine bestimmte Gesetzesauslegung falsifizieren. Die Anwendung einer Strafnorm auf eine planwidrig nicht geregelte Konstellation ist auch dann unzulässig, wenn es sich um ähnliche Sachverhalte und damit eine vergleichbare Interessenlage handelt.

Das Analogieverbot richtet sich nur gegen Analogien zu Lasten des Täters. Die Analogie zu Gunsten des Täters ist erlaubt.[69]

Das eigentliche Problem des Analogieverbots bei der Abgrenzung zur zulässigen Tatbestandsauslegung ist die Bestimmung des noch möglichen Wortsinns. Aus der vielfachen Vagheit der Sprache und unvermeidlichen Mehrdeutigkeit der Begriffe folgen derart erhebliche Unsicherheiten, dass die praktische Bedeutung des Analogieverbots zweifelhaft ist, insbesondere deshalb, weil das BVerfG große Zurückhaltung bei der Beschränkung strafrichterlicher Auslegung übt und Entscheidungen, die eine Verletzung des Art. 103 II GG rügen, selten sind. Auch historische Absichten der Gesetzgebungsorgane (falls diese überhaupt zu ermitteln sind) können nur dann Berücksichtigung finden, wenn diese im Wortlaut der Norm selbst ihren Niederschlag gefunden haben. Weitere Auslegungsregeln jenseits der grammatikalischen Auslegung finden nur innerhalb des durch die Sprache geschaffenen Rahmens statt.

Ausgangspunkt ist der allgemeine Sprachgebrauch der Gegenwart.[70] Ein juristischer Sprachgebrauch kann nur dann verwendet werden, wenn er mit der allgemeinsprachlichen Bedeutung vereinbar ist.[71]

Menschlich verständlich möchte ein Richter bisweilen gern ein bestimmtes, von ihm als gerecht empfundenes Ergebnis erzielen. Hier bleibt nur der Appell, dass für Korrekturen eines lückenhaften Wortlauts der Gesetzgeber zuständig ist, der seine Fähigkeit zum schnellen Handeln auch schon gezeigt hat, wenn er es für angezeigt hielt.[72] Er ist für die Erfüllung der rechtspolitischen Wünsche zuständig.

Beispiel 28:

BVerfG B. v. 01.09.2008 – 2 BvR 2238/07 – BVerfGK 14, 177 = NJW 2008, 3627 = NStZ 2009, 83 = StV 2009, 126 (Anm. RÜ 2008, 709; RA 2008, 652; famos 11/2008; Geppert JK 2009 StGB § 113/7; von Heintschel-Heinegg JA 2009, 68; Jahn JuS 2009, 78; Koch/Wirth ZJS 2009, 90; Wörner ZJS 2009,

---

[68] Bock, in: Graf/Jäger/Wittig (Hrsg.), Wirtschaftsstrafrecht, 2. Aufl. 2017, § 1 StGB Rn. 70 m.w.N.

[69] Bock, in: Graf/Jäger/Wittig (Hrsg.), Wirtschaftsstrafrecht, 2. Aufl. 2017, § 1 StGB Rn. 71.

[70] Vgl. Lorenz/Pietzcker/Pietzcker NStZ 2005, 429.

[71] Bock, in: Graf/Jäger/Wittig (Hrsg.), Wirtschaftsstrafrecht, 2. Aufl. 2017, § 1 StGB Rn. 73.

[72] Bock, in: Graf/Jäger/Wittig (Hrsg.), Wirtschaftsstrafrecht, 2. Aufl. 2017, § 1 StGB Rn. 76.

236; LL 2009, 102; Simon NStZ 2009, 84; Foth NStZ-RR 2009, 138; Kudlich JR 2009, 210; Hüpers HRRS 2009, 66; Kudlich FS Stöckel 2010, 93):

B wurde wegen schnellen, die Vorfahrt nicht beachtenden Fahrens in einem Pkw angehalten und kontrolliert. Da B das Verlangen der Beamten nach dem Führerschein als Zumutung empfand, startete er sein Fahrzeug und fuhr los. Einer der Polizeibeamten versuchte, mit einem Arm durch das halb offene Fahrerfenster zu gelangen, und wurde von dem Schwung des anfahrenden Fahrzeugs kurz nach vorne mitgezogen. Die Beamten verfolgten B sodann und stellten ihn. Trotz Anweisung der Beamten, aus dem Pkw auszusteigen, blieb B sitzen. Einer der Beamten versuchte, durch das geöffnete Fahrerfenster hindurch den Zündschlüssel am Fahrzeug des B abzuziehen. Während der Beamte sich mit seinem Oberkörper noch im Fahrzeuginnenraum befand, wehrte B den Griff des Polizeibeamten nach dem Zündschlüssel ab, legte den Rückwärtsgang ein und fuhr mit Vollgas rückwärts. Der Beamte wurde hierdurch, zunächst mit seinem gesamten Oberkörper im Fahrzeug verbleibend, dann herausrutschend, aber mit dem Kopf noch im Fahrzeug befindlich, einige Meter mitgerissen, wobei er neben dem Pkw mitlaufen konnte. Weitere 10 bis 15 Meter rutschte der Beamte auf seinen Schuhen mit, bis er sich vom Fahrzeug des B abdrückte und so von dem Fahrzeug freikam. Verletzt wurde der Beamte nicht.

Das Tatgericht verurteilte B u.a. wegen § 113 I i.V.m. II Nr. 1 StGB damaliger Fassung, d.h. Widerstand gegen Vollstreckungsbeamte unter Beisichführen einer „Waffe". Das BVerfG hat hier Art. 103 II GG als verletzt angesehen: Ein Auto sei keine Waffe. Das trifft zu: Autos werden nicht zu dem Zweck hergestellt, andere Menschen zu verletzen. Diese Rspr. zeigte rasch auch dahingehend Wirkung, dass der Gesetzgeber § 113 StGB mittlerweile erweitert hat um die Tatmodalität des gefährlichen Werkzeugs.

4. Kapitel: Struktur des vorsätzlichen vollendeten täterschaftlichen Begehungsdelikts; Aufbau und Prüfung einer Straftat

▶ **Didaktische Aufsätze:**

- Ebert/Kühl, Das Unrecht der vorsätzlichen Tat, Jura 1981, 225
- Werle, Die allgemeine Straftatlehre – insbesondere: Der Deliktsaufbau beim vorsätzlichen Begehungsdelikt, JuS 1986, L41, L49, L65 und L73
- Otto, Die Lehre vom Tatbestand und der Deliktsaufbau, Jura 1995, 468
- Herzberg, Das vollendete vorsätzliche Begehungsdelikt als qualifiziertes Versuchs-, Fahrlässigkeits- und Unterlassungsdelikt, JuS 1996, 377
- Freund, Der Aufbau der Straftat in der Fallbearbeitung, JuS 1997, 235 und 331
- Werle, Die allgemeine Straftatlehre – insbesondere: Der Deliktsaufbau beim vorsätzlichen Begehungsdelikt, JuS 2000, L 33, 41, 49 und 57
- Lesch, Unrecht und Schuld im Strafrecht, JA 2002, 602
- Ambos, Ernst Belings Tatbestandslehre und unser heutiger „postfinalistischer" Verbrechensbegriff, JA 2007, 1

Der gesetzgeberische „Normalfall" der Verwirklichung eines Straftatbestands zeichnet sich dadurch aus, dass

- ein **Täter**, nicht ein bloßer Teilnehmer, d.h. Anstifter oder Gehilfe
- **aktiv** etwas tut und nicht bloß eine gebotene Handlung – z.B. eine Rettung – unterlässt, vgl. § 13 StGB,
- dass sein Tun die Tat **vollendet** und diese nicht im bloßen Versuch „steckenbleibt", vgl. §§ 22, 23 StGB
- und dass er **vorsätzlich** handelt und nicht nur fahrlässig, vgl. § 15 StGB und z.B. §§ 222 und 229 StGB.

Man spricht insofern vom vorsätzlichen vollendeten täterschaftlichen Begehungsdelikt.

© Springer-Verlag GmbH Deutschland, ein Teil von Springer Nature 2018
D. Bock, *Strafrecht Allgemeiner Teil*, Springer-Lehrbuch,
https://doi.org/10.1007/978-3-662-54789-2_4

Es handelt sich um die Deliktsform mit dem schwersten Unrecht und der höchsten Strafe.

Die **Prüfung** dieser Deliktsform erfolgt (heute) **dreistufig**[1]:

I.   Tatbestand
II. Rechtswidrigkeit
III. Schuld

Der **Tatbestand** umfasst

* erstens den **objektiven** und
* zweitens den **subjektiven** Tatbestand.

Ersterer enthält die äußeren **Tatbestandsmerkmale**, letzterer die inneren (geistigen).

Beim vollendeten Delikt wird der objektive Tatbestand vor dem subjektiven Tatbestand geprüft.

Welche Elemente den objektiven und subjektiven Tatbestand bilden, hängt vom jeweiligen Straftatbestand ab, z.B.:

> **§ 242 I StGB (Diebstahl)**
> Wer eine fremde bewegliche Sache einem anderen in der Absicht wegnimmt, die Sache sich oder einem Dritten rechtswidrig zuzueignen, wird mit Freiheitsstrafe bis zu fünf Jahren oder mit Geldstrafe bestraft.

Im **objektiven Tatbestand** des Diebstahls[2] ist zu prüfen, ob als taugliches Tatobjekt eine fremde (1) bewegliche (2) Sache (3) vorlag, die der Täter wegnahm (4).

---

[1] Ausf. zum Deliktsaufbau und den Elementen der Straftat Schroeder MDR 1950, 646; Mezger NJW 1953, 2; Kaufmann JZ 1954, 653; Sauer FS Mezger 1954, 117; Kaufmann JZ 1955, 37; Gallas ZStW 1955, 1; Kaufmann JZ 1956, 353 und 393; Maihofer FS Rittler 1957, 141; Lampe GA 1959, 367; Krauß ZStW 1964, 19; Schmidhäuser GS Radbruch 1968, 268; Schmidhäuser FS Engisch 1969, 433; Otto ZStW 1975, 539; Stratenwerth FS Schaffstein 1975, 177; Sax JZ 1976, 9, 80 und 429; Rödig FS Lange 1976, 39; Gallas FS Bockelmann 1979, 155; Ebert/Kühl Jura 1981, 225; Werle JuS 1986, L41, L49, L65 und L73; Mir Puig GS Armin Kaufmann 1989, 253; Schünemann FS Schmitt 1992, 117; Otto Jura 1995, 468; Freund JuS 1997, 235 und 331; Samson FS Grünwald 1999, 585; Werle JuS 2000, L33, 41, 49 und 57; Roxin FS Roxin 2001, 45; Lesch JA 2002, 602; Hirsch GS Meurer 2002, 3; Langer GS Meurer 2002, 23; Spendel FS Weber 2004, 3; Ambos JA 2007, 1; Pawlik FS Otto 2007, 133; Puppe FS Otto 2007, 389; Lüderssen FS Herzberg 2008, 109; Hardtung ZIS 2009, 795; Loos FS Maiwald 2010, 469; zur historischen Entwicklung vgl. Freund, in: MK-StGB, 3. Aufl. 2017, vor § 13 Rn. 5ff.

[2] Ausf. Eisele, BT II, 4. Aufl. 2017, Rn. 13ff.

Im **subjektiven Tatbestand** des Diebstahls ist, da im Tatbestand keine Fahrlässigkeit erwähnt wird, nach Maßgabe des § 15 StGB zunächst der **Vorsatz** zu prüfen.

> **§ 15 StGB (Vorsätzliches und fahrlässiges Handeln)**
> Strafbar ist nur vorsätzliches Handeln, wenn nicht das Gesetz fahrlässiges Handeln ausdrücklich mit Strafe bedroht

Hinzu kommt i.F.d. § 242 I StGB das **weitere subjektive Tatbestandsmerkmal**, dass der Täter in der Absicht gehandelt haben muss, die Sache sich oder einem Dritten rechtswidrig zuzueignen.[3]

Vgl. ferner die Körperverletzung gem. § 223 I StGB:

> **§ 223 I StGB (Körperverletzung)**
> Wer eine andere Person körperlich mißhandelt oder an der Gesundheit schädigt, wird mit Freiheitsstrafe bis zu fünf Jahren oder mit Geldstrafe bestraft.

Im **objektiven Tatbestand** der Körperverletzung ist zu prüfen, ob als tauglicher Tatgeschädigter eine andere Person (d.h. hier: ein Mensch[4]) vorlag (1), die der Täter körperlich misshandelte (2) oder an der Gesundheit schädigte (3).

Im **subjektiven Tatbestand** ist bei § 223 I StGB lediglich Vorsatz nach § 15 StGB erforderlich.

So kommen auch die didaktisch hilfreichen **Prüfungsschemata** zustande, die in vielen Lehrbüchern enthalten sind. Gerade bei komplexen Tatbeständen, Merkmalen, die sich erst aus Normen des Allgemeinen Teils oder Verweisungen ergeben, und Merkmalen, die herkömmlich in weitere Untermerkmale unterteilt werden, helfen Schemata, den Überblick zu behalten. An sich ergibt sich dabei das zu Prüfende verfassungsrechtlich zwingend (Art. 103 II GG) aus dem Wortlaut der Norm.

Es existieren allerdings Tatbestandsmerkmale, die nicht auf den ersten Blick erkennbar, sondern aus dem Normtext durch weitere **Auslegung** zu gewinnen sind.

Dies betrifft v.a. die ggf. zu prüfenden objektiven Merkmale **Erfolg, Handlung, Kausalität, objektive Zurechnung** und **Täterschaft**.

Während sich letzteres Erfordernis immerhin aus der allgemeinen Regelung des § 25 StGB ergibt, folgt das Erfordernis eines Erfolgs, zu dem eine Handlung des Täters kausal und objektiv zurechenbar geführt haben muss, allein aus einer Interpretation des Wortlauts der sog. Erfolgsdelikte, z.B.:

---

[3] Vgl. nur Eisele, BT II, 4. Aufl. 2017, Rn. 62ff.
[4] S. Wolters, in: SK-StGB, 114 Lfg. 2014, § 223 Rn. 2.

> **§ 212 I StGB (Totschlag)**
> Wer einen Menschen tötet, ohne Mörder zu sein, wird als Totschläger mit Freiheits-
> strafe nicht unter fünf Jahren bestraft.

Das Wort „tötet" lässt sich dahingehend **zerlegen**, dass es eine Handlung (1) eines
Täters (2) gegeben haben muss, die insofern zum Tod eines Menschen als sog.
Erfolg (3) geführt haben muss, als sie kausal für diesen war (4) und ein normativer
objektiver Zurechnungszusammenhang (5) bestand.

Bei vielen Erfolgsdelikten und allgemein in späteren Stadien des Studiums werden
die o.a. ungeschriebenen Tatbestandsmerkmale – abgesehen von Problemfällen –
nicht mehr eigens geprüft.

Abzugrenzen ist der Begriff des Tatbestands von dem in der Umgangssprache oft
synonym verwendeten Begriff des **Sachverhalts**. Im Jurastudium ist der Sachverhalt ein als feststehend vorgegebener Geschehensablauf des tatsächlichen Lebens,
den es auf die Strafbarkeit der Beteiligten zu prüfen gilt, während der Tatbestand die
Summe der Tatbestandsmerkmale des jeweils zu prüfenden Delikts bildet.

Bei Verneinung eines Tatbestandsmerkmals ist die Prüfung abzubrechen und festzustellen, dass keine Strafbarkeit nach der geprüften Norm besteht. Ein sog. Hilfs-
gutachten, das ausführt, was weiter zu prüfen wäre, wenn das Tatbestandsmerkmal
doch vorläge, ist nur dann zulässig, wenn die Aufgabenstellung es ausdrücklich
verlangt.

Die **zweite Prüfungsebene** nach Bejahung der objektiven und subjektiven Tatbestandsmerkmale ist die Ebene der **Rechtswidrigkeit**.
   Hier wird das durch Erfüllung des Tatbestands verwirklichte Unrecht bewertet: Geprüft werden hier die objektiven und subjektiven Voraussetzungen der sog.
Rechtfertigungsgründe, z.B.:

> **§ 32 StGB (Notwehr)**
> (1) Wer eine Tat begeht, die durch Notwehr geboten ist, handelt nicht
> rechtswidrig.
> (2) Notwehr ist die Verteidigung, die erforderlich ist, um einen gegenwärtigen rechts-
> widrigen Angriff von sich oder einem anderen abzuwenden.

> **§ 34 StGB (Rechtfertigender Notstand)**
> Wer in einer gegenwärtigen, nicht anders abwendbaren Gefahr für Leben, Leib, Frei-
> heit, Ehre, Eigentum oder ein anderes Rechtsgut eine Tat begeht, um die Gefahr von

sich oder einem anderen abzuwenden, handelt nicht rechtswidrig, wenn bei Abwägung der widerstreitenden Interessen, namentlich der betroffenen Rechtsgüter und des Grades der ihnen drohenden Gefahren, das geschützte Interesse das beeinträchtigte wesentlich überwiegt. Dies gilt jedoch nur, soweit die Tat ein angemessenes Mittel ist, die Gefahr abzuwenden.

Bei diesen Rechtfertigungsgründen handelt es sich nach ganz h.M. nicht um (negative) Tatbestandsmerkmale,[5] so dass die Rechtswidrigkeit eine eigene Ebene bildet und keinen Teil der Tatbestandsprüfung. In der Tat dürfte es dem Rechtsempfinden besser entsprechen, wenn die Tötung eines Menschen in Notwehr (Rechtfertigung) anders eingeordnet wird als das Töten einer Mücke[6] (keine Tatbestandserfüllung), auch wenn das Ergebnis der Straflosigkeit mangels Unrecht das gleiche ist.

Die **dritte Prüfungsebene** ist die **Schuld.**

Hier wird geprüft, ob der Täter für das begangene Unrecht auch verantwortlich ist, insbesondere geht es um Fragen

- der **Schuldfähigkeit** (§§ 19, 20 StGB),
- der **Unrechtseinsicht** (§ 17 StGB)
- und der sog. **Entschuldigungsgründe**, insbesondere §§ 33, 35 StGB.

§ 19 StGB (Schuldunfähigkeit des Kindes)
Schuldunfähig ist, wer bei Begehung der Tat noch nicht vierzehn Jahre alt ist.

§ 20 StGB (Schuldunfähigkeit wegen seelischer Störungen)
Ohne Schuld handelt, wer bei Begehung der Tat wegen einer krankhaften seelischen Störung, wegen einer tiefgreifenden Bewußtseinsstörung oder wegen Schwachsinns oder einer schweren anderen seelischen Abartigkeit unfähig ist, das Unrecht der Tat einzusehen oder nach dieser Einsicht zu handeln.

§ 17 StGB (Verbotsirrtum)
Fehlt dem Täter bei Begehung der Tat die Einsicht, Unrecht zu tun, so handelt er ohne Schuld, wenn er diesen Irrtum nicht vermeiden konnte. Konnte der Täter den Irrtum vermeiden, so kann die Strafe nach § 49 Abs. 1 gemildert werden.

---

[5] Hierzu zsf. B. Heinrich, AT, 5. Aufl. 2016, Rn. 107ff.
[6] Sog. Welzel'sches Mückenbeispiel, vgl. Welzel ZStW 1955, 196.

§ 33 StGB (Überschreitung der Notwehr)
Überschreitet der Täter die Grenzen der Notwehr aus Verwirrung, Furcht oder Schrecken, so wird er nicht bestraft.

§ 35 StGB (Entschuldigender Notstand)

(1) Wer in einer gegenwärtigen, nicht anders abwendbaren Gefahr für Leben, Leib oder Freiheit eine rechtswidrige Tat begeht, um die Gefahr von sich, einem Angehörigen oder einer anderen ihm nahestehenden Person abzuwenden, handelt ohne Schuld. Dies gilt nicht, soweit dem Täter nach den Umständen, namentlich weil er die Gefahr selbst verursacht hat oder weil er in einem besonderen Rechtsverhältnis stand, zugemutet werden konnte, die Gefahr hinzunehmen; jedoch kann die Strafe nach § 49 Abs. 1 gemildert werden, wenn der Täter nicht mit Rücksicht auf ein besonderes Rechtsverhältnis die Gefahr hinzunehmen hatte.

(2) Nimmt der Täter bei Begehung der Tat irrig Umstände an, welche ihn nach Absatz 1 entschuldigen würden, so wird er nur dann bestraft, wenn er den Irrtum vermeiden konnte. Die Strafe ist nach § 49 Abs. 1 zu mildern.

Ein Täter hat sich nach alledem strafbar gemacht, wenn er die objektiven und subjektiven Tatbestandsmerkmale erfüllte und dabei rechtswidrig sowie schuldhaft handelte.

Jenseits dieser grundsätzlichen Dreiteilung gibt es bei einigen Delikten nach ganz h.M. sog. **objektive Bedingungen der Strafbarkeit**.[7]

Hierbei handelt es sich um äußere Gegebenheiten, auf die sich der subjektive Tatbestand nicht zu beziehen braucht und die man daher erst nach dem Tatbestand prüft, z.B. der Eintritt des Todes oder der schweren Körperverletzung in § 231 StGB (Beteiligung an einer Schlägerei).

§ 231 StGB (Beteiligung an einer Schlägerei)

(1) Wer sich an einer Schlägerei oder an einem von mehreren verübten Angriff beteiligt, wird schon wegen dieser Beteiligung mit Freiheitsstrafe bis zu drei Jahren oder mit Geldstrafe bestraft, wenn durch die Schlägerei oder den Angriff der Tod eines Menschen oder eine schwere Körperverletzung (§ 226) verursacht worden ist.

(2) Nach Absatz 1 ist nicht strafbar, wer an der Schlägerei oder dem Angriff beteiligt war, ohne daß ihm dies vorzuwerfen ist.

Im Hinblick auf die Verursachung des Todes oder einer schweren Körperverletzung muss der Täter nicht vorsätzlich – und auch nicht fahrlässig – gehandelt haben.

---

[7] Hierzu Schweikert ZStW 1958, 394; Schmidhäuser ZStW 1959, 545; Stree JuS 1965, 465; Hass ZRP 1970, 196; Krause Jura 1980, 449; Gottwald JA 1998, 771; Geisler GA 2000, 166; Satzger Jura 2006, 108; Rönnau JuS 2011, 697.

5. Kapitel: Grundlagen des Tatbestands

Der Tatbestand umschreibt das verbots- oder gebotswidrige Verhalten, auf das sich die Strafandrohung bezieht.

Die einzelnen Tatbestände sind dem Besonderen Teil des StGB sowie dem Nebenstrafrecht zu entnehmen. Hinzu kommt eine Verzahnung mit dem Allgemeinen Teil dahingehend, dass bestimmte Tatbestandsmerkmale im StGB „vor die Klammer gezogen" worden sind, weil sie für eine Vielzahl von Tatbeständen gelten, z.B. Vorsatz (§ 15 StGB) oder Täterschaft (§ 25 StGB).

Die deutschen Straftatbestände formulieren strenggenommen kein Verbot und keine Verhaltensnorm („ … ist verboten") und einen daraus resultierenden Strafanspruch („soll bestraft werden"), sondern verwenden eine deskriptive Formulierung einer nachteiligen (sozusagen Kosten-)Folge („wird…bestraft", Sanktionsnorm). Die Verhaltensnorm ist aber insofern jeder Sanktionsnorm immanent, als nach der Vorstellung des Gesetzgebers die Strafandrohung von dem umschriebenen Verhalten abschrecken soll.

Jeder Tatbestand besteht aus verschiedenen Merkmalen, sog. **Tatbestandsmerkmalen** – objektiven und subjektiven (s.o.).

Grundlage ist die Anknüpfung an ein bestimmtes körperliches Verhalten (sog. **Tatstrafrecht**[1]), nicht die Würdigung eines kriminellen Charakters – das wäre ein sog. Täterstrafrecht – oder einer bestimmten Gesinnung, das wäre ein sog. Gesinnungsstrafrecht.

---

[1] Näher Hirsch FS Lüderssen 2002, 253.

© Springer-Verlag GmbH Deutschland, ein Teil von Springer Nature 2018
D. Bock, *Strafrecht Allgemeiner Teil*, Springer-Lehrbuch,
https://doi.org/10.1007/978-3-662-54789-2_5

Aufgabe des universitären und praktischen **Rechtsanwenders** ist es,

- erstens die einzelnen Tatbestandsmerkmale im Normtext sauber voneinander zu trennen,
- zweitens festzustellen, welchen Inhalt die jeweiligen Tatbestandsmerkmale haben, was man also im konkreten Fall unter einem bestimmten Begriff versteht (Definition), und
- drittens festzustellen, ob das vorliegende Verhalten des Täters von dem jeweiligen Tatbestandsmerkmal erfasst wird (Subsumtion).

Näheres gehört zur Methodik der Fallbearbeitung.[2]

Die Bestimmung der einzelnen Tatbestandsmerkmale bei den verschiedenen Delikten ist Gegenstand der Darstellungen zum Besonderen Teil.

Je nach Delikt sind bestimmte sog. **Taterfolge** erforderlich (z.B. der Tod des Geschädigten bei § 212 I StGB; die Wegnahme der Sache bei § 242 I StGB), bestimmte **Tatsubjekte** (z.B. Amtsträger bei den §§ 331, 332 StGB), bestimmte **Tathandlungen** (z.B. falsch Schwören bei § 154 StGB), **Tatobjekte** (z.B. die fremde bewegliche Sache bei § 242 I StGB), **Tatsituationen** (z.B. „aus einer Kirche" bei § 243 I 2 Nr. 4 StGB) sowie weitere Tatmodalitäten (z.B. Beisichführen einer Waffe bei § 244 I Nr. 1a StGB).

Ggf. sind Tatbestandsmerkmale – allerdings nur in den Grenzen des Art. 103 II GG – durch Auslegung zu ermitteln (z.B. Handlung, Kausalität, objektive Zurechnung, s.o.); erst recht gilt dies für Einzelfragen, da die Tatbestände sehr abstrakt abgefasst und stark auslegungsbedürftig sind.

In manchen Tatbeständen finden sich auch bloß **scheinbare Tatbestandsmerkmale**, z.B. in § 212 I StGB der Zusatz „ohne Mörder zu sein": Es handelt sich um einen bloßen Hinweis auf die Existenz des § 211 StGB und ein Relikt aus der NS-Zeit. Ferner dient die Erwähnung der Rechtswidrigkeit ggf. als bloßer Hinweis auf die Prüfung etwaiger Rechtfertigungsgründe, z.B. in den §§ 123 I, 240 I, 303 I StGB.[3]

Viele Tatbestände sind dergestalt aufgebaut, dass der Täter lediglich eine von mehreren **Varianten** verwirklichen muss, z.B. in:

---

[2] Vgl. nur - fächerübergreifend - Bringewat, Klausuren schreiben - leicht gemacht, 18. Aufl. 2013; Schimmel, Juristische Klausuren und Hausarbeiten richtig formulieren, 12. Aufl. 2016; Valerius, Einführung in den Gutachtenstil, 4. Aufl. 2017; speziell zum Strafrecht z.B. Arzt, Die Strafrechtsklausur, 7. Aufl. 2006; Wohlers/Schuhr/Kudlich, Klausuren und Hausarbeiten im Strafrecht, 4. Aufl. 2014.

[3] Die Einordnung des Merkmales „unbefugt" ist im Einzelfall umstritten, vgl. nur Freund, in: MK-StGB, 3. Aufl. 2017, vor § 13 Rn. 17 m.w.N.

§ 211 StGB (Mord)

(1) Der Mörder wird mit lebenslanger Freiheitsstrafe bestraft.

(2) Mörder ist, wer

aus Mordlust, zur Befriedigung des Geschlechtstriebs, aus Habgier oder sonst aus niedrigen Beweggründen,

heimtückisch oder grausam oder mit gemeingefährlichen Mitteln oder

um eine andere Straftat zu ermöglichen oder zu verdecken,

einen Menschen tötet.

§ 223 I StGB (Körperverletzung)

Wer eine andere Person körperlich mißhandelt oder an der Gesundheit schädigt, wird mit Freiheitsstrafe bis zu fünf Jahren oder mit Geldstrafe bestraft.

Die Bejahung eines von mehreren Merkmalen entbindet in einem Gutachten nicht davon, auch die übrigen Varianten zu prüfen.

Etwas Anderes gilt dann, wenn ein Tatbestand aus Spezialfällen und einer **Auffangvariante** besteht, z.B.:

§ 238 I StGB (Nachstellung)

Mit Freiheitsstrafe bis zu drei Jahren oder mit Geldstrafe wird bestraft, wer einer anderen Person in einer Weise unbefugt nachstellt, die geeignet ist, deren Lebensgestaltung schwerwiegend zu beeinträchtigen, indem er beharrlich

1. die räumliche Nähe dieser Person aufsucht,

2. unter Verwendung von Telekommunikationsmitteln oder sonstigen Mitteln der Kommunikation oder über Dritte Kontakt zu dieser Person herzustellen versucht,

3. unter missbräuchlicher Verwendung von personenbezogenen Daten dieser Person

a) Bestellungen von Waren oder Dienstleistungen für sie aufgibt oder

b) Dritte veranlasst, Kontakt mit ihr aufzunehmen, oder

4. diese Person mit der Verletzung von Leben, körperlicher Unversehrtheit, Gesundheit oder Freiheit ihrer selbst, eines ihrer Angehörigen oder einer anderen ihr nahestehenden Person bedroht oder

5. eine andere vergleichbare Handlung vornimmt.

Bei § 238 I Nr. 1-4 StGB handelt es sich inhaltlich um ausdifferenzierte Unterfälle von § 238 I Nr. 5 StGB. Nur wenn keiner der Spezialfälle bejaht wird, muss die Auffangvariante geprüft werden.

6. Kapitel: Strafrechtlicher Handlungsbegriff

▶ **Didaktische Aufsätze:**
- Welzel, Die deutsche strafrechtliche Dogmatik der letzten 100 Jahre und die finale Handlungslehre, JuS 1966, 421
- Kaufmann, Die finale Handlungslehre und die Fahrlässigkeit, JuS 1967, 145
- Bloy, Handlung und Erfolg im Strafrecht, JuS 1988, L25

A. Allgemeines

Anknüpfungspunkt jeder Strafbarkeitsprüfung ist eine menschliche **Handlung**.[1]
   Trotz etwas missverständlicher Bezeichnung ist damit sowohl ein aktives (positives) Tun als auch ein Unterlassen gemeint.

Ausdrücklich geprüft wird die Handlungsqualität – am Beginn des objektiven Tatbestands – nur dann, wenn **Anlass zu Zweifeln** besteht.

---

[1] Hierzu Fischer, StGB, 64. Aufl. 2017, vor § 13 Rn. 3ff.; Niese DRiZ 1951, 221 und 1952, 21; Mezger JZ 1952, 673; Schmidhäuser ZStW 1954, 27; Welzel JZ 1956, 316; Mezger FS Rittler 1957, 119; Fukuda ZStW 1959, 38, Jescheck FS Schmidt 1961, 139; Maihofer FS Schmidt 1961, 156; Roxin ZStW 1962, 515; Mayer FS von Weber 1963, 137; Welzel JuS 1966, 421; Kaufmann FS Mayer 1966, 79, Kaufmann JuS 1967, 145; Welzel NJW 1968, 425; Wolff GS Radbruch 1968, 291; von Weber FS Engisch 1969, 328; Schmidt FS Engisch 1969, 339; Cerezo Mir ZStW 1972, 1033; Rudolphi FS Maurach 1972, 51; Maiwald ZStW 1974, 626; Stratenwerth FS Welzel 1974, 289; Engisch FS Welzel 1974, 343; Suarez Montes FS Welzel 1974, 379; Kaufmann FS Welzel 1974, 393; Schmidhäuser FS Schultz 1977, 61; Bloy ZStW 1978, 609; Hirsch ZStW 1981, 831; Weidemann GA 1984, 408; Bloy JuS 1988, L25; Schmidhäuser GS Armin Kaufmann 1989, 131; Gimbernat Ordeig GS Armin Kaufmann 1989, 159; Baumann GS Armin Kaufmann 1989, 181; Wolter NStZ 1993, 1; Herzberg GA 1996, 1; Schmidhäuser GA 1996, 303, Dunster FS Roxin 2001, 173; Dedes FS Roxin 2001, 187; Jakobs FS Schreiber 2003, 949; Bacigalupo FS Eser 2005, 61; Herzberg FS Jakobs 2007, 147; Gössel FS Küper 2007, 83; Kindhäuser FS Puppe 2011, 39.

© Springer-Verlag GmbH Deutschland, ein Teil von Springer Nature 2018
D. Bock, *Strafrecht Allgemeiner Teil*, Springer-Lehrbuch,
https://doi.org/10.1007/978-3-662-54789-2_6

Ansonsten erfüllt der **Obersatz** in der gutachterlichen Prüfung hinreichend die Funktion, die nun zu prüfende Handlung des Beteiligten klarzustellen (,, … [Person] könnte sich wegen … [Tatbestand] strafbar gemacht haben, indem er/sie … [dem Sachverhalt zu entnehmende Handlung]."").

B. Handlungsbegriffe

Über die Definition der Handlung besteht seit langem ein Streit,[2] der wenig fruchtbar und selten klausurrelevant ist, so dass hier auf eine Darstellung verzichtet wird. Die Problematik besteht darin, einen gemeinsamen Nenner für positives Tun und Unterlassen – und zwar sowohl vorsätzliches als auch fahrlässiges – zu finden.

Jedenfalls ist ein menschliches willensgetragenes Verhalten erforderlich.[3]

Erhellender ist die Vergegenwärtigung von Fallgruppen mangelnder Handlungsqualität.

C. Nicht-Handlungen

I. Äußere Krafteinwirkung (*vis absoluta*)

Wer durch äußere Krafteinwirkung wie ein Gegenstand behandelt wird, handelt nicht.[4]

> **Beispiel 29:**
> B1 schubste B2 gegen ein Auto, welches dadurch verbeult wurde.

Jemand, der durch eine Drohung zu einem Verhalten gezwungen wird (sog. *vis compulsiva*) handelt hingegen.[5] Es kommt allenfalls eine Rechtfertigung gem. § 34 StGB oder Entschuldigung gem. § 35 StGB in Betracht (sog. Nötigungsnotstand).

> **Beispiel 30:**
> **BGH U. v. 05.03.1954 – 1 StR 230/53 – BGHSt 5, 371 = NJW 1954, 1126 (Anm. Roxin, Höchstrichterliche Rspr. AT, 1998, Nr. 40; Nüse JR 1954, 268):**
> B1 wurde in zwei Strafverfahren gegen B2 vor Gericht zunächst eidlich, sodann zweimal uneidlich und schließlich nochmals eidlich als Zeugin vernommen. Sie sagte jedes Mal zugunsten des B2 wissentlich falsch aus. B2 hatte sie dazu durch

---

[2] Zsf. Fischer, StGB, 64. Aufl. 2017, vor § 13 Rn. 4ff.

[3] Vgl. nur Fischer, StGB, 64. Aufl. 2017, vor § 13 Rn. 7.

[4] Vgl. B. Heinrich, AT, 5. Aufl. 2016, Rn. 203.

[5] B. Heinrich, AT, 5. Aufl. 2016, Rn. 203.

die Drohung bestimmt, er werde sie töten, wenn sie nicht die unwahren Aussagen erstatte.

Dass B1 mit dem Tode bedroht worden war, ändert mit Blick auf eine Strafbarkeit nach §§ 153, 154 StGB nichts an der Handlungsqualität ihrer Aussagen.

II. Reflexbewegungen

Reflexbewegungen sind keine Handlungen.[6] Hier führt ein äußerer Reiz ohne Zwischenschaltung des Bewusstseins zu einer Körperbewegung, z.B. beim Kniesehnenreflex.

Beispiel 31:

Arzt Z prüfte bei B den Kniesehnenreflex. Dieser funktionierte und B verletzte den Z durch einen Tritt.

Abzugrenzen sind Reflexe von Affekt- (z.B. Schreckreaktionen) und Kurzschlusshandlungen sowie Spontanreaktionen und automatisierten Handlungen; hier liegt jeweils eine Handlung vor.[7]

Beispiel 32:

OLG Hamm U. v. 16.07.1974 – 5 Ss 331/74 (Fliege im Auge) – NJW 1975, 657 (Anm. Hassemer JuS 1975, 189):
B fuhr mit ihrem Pkw bei offenem Fenster in eine leichte Rechtskurve. In diesem Moment flog ihr eine Fliege gegen das Auge. B versuchte mit einer Hand die Fliege abzuwehren, während sie mit der anderen Hand das Lenkrad hielt. Die ruckartige Abwehrbewegung der B übertrug sich auf ihren Körper und von dort auf das Steuerrad, was zur Folge hatte, dass der Wagen von der Fahrbahn nach rechts auf den unbefestigten Seitenstreifen abkam und dadurch die B die Gewalt über das Fahrzeug verlor, so dass es schleuderte und auf die Gegenfahrbahn geriet, wo es mit einem entgegenkommenden Pkw zusammenstieß. Dabei wurden sowohl im Wagen der B ihre beiden mitfahrenden Kinder als auch eine Beifahrerin des kollidierenden Pkw verletzt.

Bei der Prüfung der Strafbarkeit der B nach § 229 StGB (Fahrlässige Körperverletzung) steht die Tatsache, dass es sich bei der Insektenabwehr um eine eher instinktive als erwogene Verhaltensweise handelt, der Handlungsqualität nach h.M. nicht entgegen.

---

[6] B. Heinrich, AT, 5. Aufl. 2016, Rn. 204.

[7] H.M., hierzu Merkel ZStW 2007, 214; aus der Rspr. vgl. OLG Frankfurt U. v. 16.12.1964 - 2 Ss 1026/64 (Anm. Franzheim NJW 1965, 2000); BGH U. v. 09.09.1967 - 4 StR 82/67; BGH U. v. 14.03.1989 - 1 StR 25/89 - NJW 1989, 2479 = NStZ 1989, 431 (Anm. Otto JK 1990 StGB § 222/4; Hassemer JuS 1990, 147; Küpper JuS 1990, 184; Eue JZ 1990, 765); LG Karlsruhe U. v. 29.07.2004 - 11 Ns 40 Js 26274/03 - NJW 2005, 915 = NStZ 2005, 451 (Anm. RA 2005, 245).

III. Geistiger Steuerungsapparat ausgeschaltet

▶ **Didaktischer Aufsatz:**
  • Fahl, Schlaf als Zustand verminderten Strafrechtsschutzes?, Jura
    1998, 456

Auch wenn der geistige Steuerungsapparat temporär ausgeschaltet ist, mangelt es
an einer Handlung.

Wer **schläft**, handelt nicht.[8]

Beispiel 33:

**BGH B. v. 18.11.1969 – 4 StR 66/69 (Einschlafen beim Autofahren) – BGHSt
23, 156 = NJW 1970, 520:**
B fuhr mit seinem Pkw auf einer Bundesstraße. Er „nickte" am Steuer ein, geriet
in den Gegenverkehr und kollidierte mit einem anderen Fahrzeug, wodurch die
Beifahrerin des B getötet und der Fahrer des anderen Pkw verletzt wurde.

Das Verziehen des Lenkrads im Stadium des Schlafes war keine Handlung, so dass
hieran keine Strafbarkeit nach §§ 222, 229 StGB geknüpft werden kann.

Vergleichbares gilt bei Ohnmacht,[9] Krämpfen oder epileptischen Anfällen.[10]

Auch eine besonders starke **Trunkenheit**, wenn also keine koordinierten Bewe-
gungsabläufe mehr möglich sind, führt zur Handlungsunfähigkeit.[11]
  Abzugrenzen[12] ist dies von bloß starker Trunkenheit, die „nur" zur Schuldunfähigkeit (§ 20 StGB) oder zur verminderten Schuldfähigkeit (§ 21 StGB) führt.

---

[8] B. Heinrich, AT, 5. Aufl. 2016, Rn. 204; s. auch Fahl Jura 1998, 456; zum Schlafwandeln Payk
MedR 1988, 125; aus der Rspr. vgl. BGH B. v. 14.11.2007 - 2 StR 458/07 - NStZ 2008, 276 = StV
2008, 182 (Anm. Satzger JK 2008 StGB § 13/40; RA 2008, 159; Kühl HRRS 2008, 359; Wilhelm
NStZ 2009, 15).

[9] B. Heinrich, AT, 5. Aufl. 2016, Rn. 204; aus der Rspr. vgl. OLG Hamm U. v. 03.06.1976 - 2 Ss
706/75 - NJW 1976, 2307.

[10] B. Heinrich, AT, 5. Aufl. 2016, Rn. 204; aus der Rspr. vgl. OLG Schleswig B. v. 14.02.1983 - Ss
688/82 (epileptischer Anfall beim Autofahren); BGH U. v. 17.11.1994 - 4 StR 441/94 (epileptischer Anfall beim Autofahren) - BGHSt 40, 341 = NJW 1995, 795 = NStZ 1995, 183 (Anm.
Foerster/Winckler NStZ 1995, 344).

[11] Vgl. Kindhäuser, LPK, 6. Aufl. 2015, vor § 13 Rn. 63; aus der Rspr. vgl. BGH U. v. 12.04.1951 -
4 StR 78/50 - BGHSt 1, 124 = NJW 1951, 533 (Anm. Kühl, Höchstrichterliche Rspr. BT, 2002,
Nr. 85; Lange JZ 1951, 460).

[12] Zur Unterscheidung von Handlungs- und Schuldfähigkeit vgl. Heinrich, AT, 5. Aufl. 2016,
Rn. 207; aus der Rspr. vgl. BGH B. v. 28.09.1993 - 1 StR 259/93 - StV 1994, 229.

Zu beachten ist allerdings, dass die strafrechtliche Prüfung i.F.e. Fahrlässigkeits-delikts auch an ein **Vorverhalten** anknüpfen kann.[13]

So kann die fahrlässige Handlung des Täters, die z.b. einen Tod verursachte, darin liegen, dass z.b. die Autofahrt trotz Ermüdung begonnen oder fortgesetzt wurde oder dass trotz bekannter Epilepsie-Erkrankung überhaupt mit dem Auto gefahren wurde.

IV. Juristische Personen und Personenvereinigungen

▶ **Didaktische Aufsätze:**
- Otto, Die Haftung für kriminelle Handlungen in Unternehmen, Jura 1998, 409
- Peglau, Strafbarkeit von Personenverbänden, JA 2001, 606
- Laue, Die strafrechtliche Verantwortlichkeit von Verbänden, Jura 2010, 339

In der deutschen Strafrechtsordnung können nur **Menschen** strafrechtlich handeln.[14]

Juristische Personen (z.B. Aktiengesellschaften – AG – und Gesellschaften mit beschränkter Haftung – GmbH) sowie Personenvereinigungen (z.B. offene Handelsgesellschaften – oHG) können dies *de lege lata* **nicht**: *Societas delinquere non potest*.

Es gibt keine Verbandsstrafe, lediglich eine Verbandsgeldbuße, § 30 OWiG, die Einziehung im Eigentum des Unternehmens stehender Tatprodukte und Tatmittel (§§ 74ff. StGB oder §§ 22ff. OWiG), Gewinnabschöpfung im Wege des Verfalls (§§ 73ff. StGB) und die Mehrerlösabführung nach §§ 8ff. WiStG.

Diese individualstrafrechtliche Sichtweise ist vom Wortlaut der Straftatbestände her nicht zwingend, sondern lediglich eine Prämisse, da „wer" nicht unbedingt rein privatstrafrechtlich gesehen werden müsste.

---

[13] Vgl. Joecks, StGB, 11. Aufl. 2014, vor § 13 Rn. 17; aus der Rspr. vgl. OLG Köln U. v. 21.10.1966 - Ss 382/66 (Mitnahme eines betrunkenen Beifahrers) - NJW 1967, 1240; BGH B. v. 18.11.1969 - 4 StR 66/69 (Einschlafen beim Autofahren) - BGHSt 23, 156 = NJW 1970, 520; OLG Hamm U. v. 10.06.1975 - 5 Ss 407/74 - NJW 1975, 2252; OLG Schleswig B v. 14.02.1983 - 1 Ss 688/82 (epileptischer Anfall beim Autofahren); BGH U. v. 17.11.1994 - 4 StR 441/94 (epileptischer Anfall beim Autofahren) - BGHSt 40, 341 = NJW 1995, 795 = NStZ 1995, 183 (Anm. Foerster/Winckler NStZ 1995, 344); BayObLG U. v. 18.08.2003 - 1 St RR 67/03 - NJW 2003, 3499; OLG Nürnberg U. v. 09.05.2006 - 2 St OLG Ss 53/06 (Alkoholkrankheit) - NStZ-RR 2006, 248 (Anm. Satzger JK 2007 StGB § 222/6).

[14] Hierzu B. Heinrich, AT, 5. Aufl. 2016, Rn. 197f.

De lege ferenda wird lebhaft diskutiert, ob und wie eine Verbandsstrafbarkeit geschaffen werden sollte,[15] wie dies im Ausland – z.B. in der Schweiz und den USA – teilweise bereits geschehen ist.

Für das Verhalten der in der juristischen Person oder Personenvereinigung agierenden Menschen gilt das allgemeine Strafrecht: Diese handeln.

Knüpft ein Straftatbestand an bestimmte **persönliche Merkmale** an, die evtl. eine **juristische Person innehat**, so normiert § 14 StGB die strafrechtliche Haftung der verantwortlichen Menschen.[16]

§ 14 StGB (Handeln für einen anderen)

(1) Handelt jemand
1. als vertretungsberechtigtes Organ einer juristischen Person oder als Mitglied eines solchen Organs,
2. als vertretungsberechtigter Gesellschafter einer rechtsfähigen Personengesellschaft oder
3. als gesetzlicher Vertreter eines anderen,
so ist ein Gesetz, nach dem besondere persönliche Eigenschaften, Verhältnisse oder Umstände (besondere persönliche Merkmale) die Strafbarkeit begründen, auch auf den Vertreter anzuwenden, wenn diese Merkmale zwar nicht bei ihm, aber bei dem Vertretenen vorliegen.

---

[15] Hierzu Fischer, StGB, 64. Aufl. 2017, § 14 Rn. 1c; Lange JZ 1952, 261; Jescheck ZStW 1953, 210; Blau MDR 1954, 466; Lang-Hinrichsen FS Mayer 1966, 49; Stratenwerth FS Schmitt 1992, 295; Volk JZ 1993, 429; Alwart ZStW 1993, 752; Lampe ZStW 1994, 683; Hirsch ZStW 1995, 285; Bottke wistra 1997, 241; Otto Jura 1998, 409; Wegner ZRP 1999, 186; Krekeler FS Hanack 1999, 639; Scholz ZRP 2000, 435; Peglau JA 2001, 606; Dannecker GA 2001, 101; Kremnitzer/Ghanayim ZStW 2001, 539; Jakobs FS Lüderssen 2002, 559; Salditt DRiZ 2006, 128; Pelz DRiZ 2006, 139; Gómez-Jara Díez ZStW 2007, 290; Dannecker FS Böttcher 2007, 465; Böse FS Jakobs 2007, 15; Schmoller FS Otto 2007, 453; von Freier GA 2009, 98; Laue Jura 2010, 339; Trüg wistra 2010, 241; Kelker FS Krey 2010, 221; Trüg StraFo 2011, 471; Vogel StV 2012, 427; Achenbach ZIS 2012, 178; Robles Planas ZIS 2012, 347; Ransiek NZWiSt 2012, 45; Durth WiJ 2012, 7; Willems DRiZ 2013, 354; Kutschaty ZRP 2013, 74; Frisch FS Wolter 2013, 349; Löffelmann JR 2014, 185; Zieschang GA 2014, 91; Böse ZStW 2014, 132; Schünemann ZIS 2014, 1; Hoven ZIS 2014, 19; Kölbel ZIS 2014, 552; Hoven/Wimmer/Schwarz/Schumann NZWiSt 2014, 161, 201 und 241; Helle WiJ 2014, 228; Hein CCZ 2014, 75; Kubiciel ZRP 2014, 133; Rönnau/Wegner ZRP 2014, 158; Pieth KJ 2014, 276; Kutschaty DRiZ 2015, 16; Krings DRiZ 2015, 17; Rogall GA 2015, 260; Greco GA 2015, 503; Kulhanek ZStW 2015, 303; Jahn/Pietsch ZIS 2015, 1; Krems ZIS 2015, 5; Schmitt-Leonardy ZIS 2015, 11; Mansdörfer ZIS 2015, 23; Fischer/Hoven ZIS 2015, 32; Willems ZIS 2015, 40; Engelhart NZWiSt 2015, 201; Trüg WiJ 2015, 65; Grützner CCZ 2015, 56; Hochmayr ZIS 2016, 226; von Hirsch NZWiSt 2016, 161; Dannecker/Dannecker NZWiSt 2016, 162; Kubiciel NZWiSt 2016, 178; Kubiciel/Gräbener ZRP 2016, 137; Frister FS Wessing 2016, 3; Odenthal FS Wessing 2016, 19; Bärlein/Englerth FS Wessing 2016, 33.

[16] Hierzu Bruns JZ 1954, 12; Rimmelspacher JZ 1967, 472; Schmitt JZ 1967, 698; Schmitt JZ 1968, 123; Schünemann Jura 1980, 354 und 568; Bruns GA 1982, 1; Tiedemann NJW 1986, 1842; Marxen JZ 1988, 286; Valerius Jura 2013, 15.

(2) Ist jemand von dem Inhaber eines Betriebs oder einem sonst dazu Befugten

1. beauftragt, den Betrieb ganz oder zum Teil zu leiten, oder

2. ausdrücklich beauftragt, in eigener Verantwortung Aufgaben wahrzunehmen, die dem Inhaber des Betriebs obliegen,

und handelt er auf Grund dieses Auftrags, so ist ein Gesetz, nach dem besondere persönliche Merkmale die Strafbarkeit begründen, auch auf den Beauftragten anzuwenden, wenn diese Merkmale zwar nicht bei ihm, aber bei dem Inhaber des Betriebs vorliegen. Dem Betrieb im Sinne des Satzes 1 steht das Unternehmen gleich. Handelt jemand auf Grund eines entsprechenden Auftrags für eine Stelle, die Aufgaben der öffentlichen Verwaltung wahrnimmt, so ist Satz 1 sinngemäß anzuwenden.

(3) Die Absätze 1 und 2 sind auch dann anzuwenden, wenn die Rechtshandlung, welche die Vertretungsbefugnis oder das Auftragsverhältnis begründen sollte, unwirksam ist.

Z.B. kann eine GmbH der Betreiber einer luftverschmutzenden Anlage sein, so dass die Strafnorm erst aufgrund § 14 StGB auf die dort genannten Menschen anwendbar wird.

§ 325 I StGB (Luftverunreinigung)
Wer beim Betrieb einer Anlage, insbesondere einer Betriebsstätte oder Maschine, unter Verletzung verwaltungsrechtlicher Pflichten Veränderungen der Luft verursacht, die geeignet sind, außerhalb des zur Anlage gehörenden Bereichs die Gesundheit eines anderen, Tiere, Pflanzen oder andere Sachen von bedeutendem Wert zu schädigen, wird mit Freiheitsstrafe bis zu fünf Jahren oder mit Geldstrafe bestraft. Der Versuch ist strafbar.

V. Naturereignisse, Tiere, Maschinen

An einer menschlichen Handlung fehlt es bei Verhalten von Tieren und bei Naturereignissen.[17]

Eine menschliche Handlung kann aber darin liegen, dass z.B. ein Tier aufgehetzt wird.[18] Auch kann ein Tierhalter seine Sorgfaltspflicht verletzen.

Beim Einsatz moderner Maschinen und Roboter muss ebenfalls eine dem automatischen Vorgang zugrunde liegende menschliche Handlung ermittelt werden, welche dann der strafrechtlichen Prüfung unterliegt.[19]

---

[17] B. Heinrich, AT, 5. Aufl. 2016, Rn. 197

[18] S. B. Heinrich, AT, 5. Aufl. 2016, Rn. 197; aus der Rspr. vgl. BGH U. v. 26.02.1960 - 4 StR 582/59 (Hetzen eines Hundes) - BGHSt 14, 152 = NJW 1960, 1022; OLG Hamm U. v. 30.10.1964 - 1 Ss 1163/64 - NJW 1965, 164.

[19] Zu sog. intelligenten Agenten Gleß/Weigend ZStW 2014, 561; zu autonomen Fahrzeugen Lutz NJW 2015, 119; Gless/Janal JR 2016, 561; Franke DAR 2016, 61; Sander/Hollering NStZ 2017, 193.

VI. Gedanken, Vorhaben und Gesinnungen

Eine Handlung setzt einen konkreten Außenbezug voraus: beim Begehungsdelikt eine Veränderung der Außenwelt, beim Unterlassungsdelikt eine Nichtveränderung der Außenwelt, obwohl eine Verpflichtung hierzu bestand.[20] Hingegen gilt: „Die Gedanken sind frei."

Allerdings kann auch die nicht mit einer Körperbewegung verbundene Begründung oder Aufrechterhaltung eines verbotenen Zustands strafrechtlich erfasst sein, wie etwa der unerlaubte Besitz oder Gewahrsam an gefährlichen Gegenständen, z.B. Betäubungsmitteln oder Waffen.[21]

---

[20] S. B. Heinrich, AT, 5. Aufl. 2016, Rn. 202.
[21] Fischer, StGB, 64. Aufl. 2017, vor § 13 Rn. 4; aus der Rspr. vgl. BVerfG B. v. 16.06.1994 - 2 BvR 1157/94 - NJW 1994, 2412.

7. Kapitel: Kausalität

▶ **Didaktische Aufsätze:**
- Schlüchter, Grundfälle zur Lehre von der Kausalität, JuS 1976, 312, 378 und 518, JuS 1977, 104
- Ebert/Kühl, Kausalität und objektive Zurechnung, Jura 1979, 561
- Bloy, Prinzipien der objektiven Erfolgszurechnung beim vorsätzlichen Begehungsdelikt, JuS 1988, L41
- Otto, Die objektive Zurechnung eines Erfolges im Strafrecht, Jura 1992, 90
- Erb, Die Zurechnung von Erfolgen im Strafrecht, JuS 1994, 449
- von Heintschel-Heinegg, Objektive Zurechnung im Strafrecht, JA 1994, 31, 126 und 213
- Hilgendorf, Der „gesetzmäßige Zusammenhang" im Sinne der modernen Kausalitätslehre, Jura 1995, 514
- Kudlich, Objektive und subjektive Zurechnung von Erfolgen im Strafrecht, JA 2010, 681

A. Grundlagen

Für den Eintritt eines strafrechtlichen Erfolgs (z.B. den Tod eines Menschen i.R.d. §§ 212 I oder 222 StGB) kann ein Mensch nur dann strafrechtlich verantwortlich gemacht werden, wenn zwischen seiner **Handlung** und dem **Erfolgseintritt** ein **Zusammenhang** besteht.

Dieser erforderliche Zusammenhang ist zweigeteilt:
Die **Kausalität**[1] ist der faktische, naturgesetzliche, empirische Zusammenhang.

---

[1] Zur Kausalität Krey/Esser, AT, 6. Aufl. 2016, Rn. 302ff.; Schlüchter JuS 1976, 312, 378 und 518, JuS 1977, 104; Ebert/Kühl Jura 1979, 561; Puppe JA 1980, 863; Kindhäuser GA 1982, 477; Bloy JuS 1988, L41; Lampe GS Armin Kaufmann 1989, 189; Otto Jura 1992, 90; von Heintschel-Heinegg JA

© Springer-Verlag GmbH Deutschland, ein Teil von Springer Nature 2018
D. Bock, *Strafrecht Allgemeiner Teil*, Springer-Lehrbuch,
https://doi.org/10.1007/978-3-662-54789-2_7

Die – missverständlich weit bezeichnete, schließlich ist bereits die Kausalität der erste Schritt der Zurechnung – **objektive Zurechnung** umschreibt einen normativen, wertenden Zusammenhang.

Bei bloßen Tätigkeitsdelikten spielen derartige Zusammenhangsfragen keine Rolle, da dann die Vornahme des im Straftatbestand umschriebenen Verhaltens für eine Strafbarkeit genügt, z.B.:

> **§ 316 I StGB (Trunkenheit im Verkehr)**
> Wer im Verkehr (§§ 315 bis 315d) ein Fahrzeug führt, obwohl er infolge des Genusses alkoholischer Getränke oder anderer berauschender Mittel nicht in der Lage ist, das Fahrzeug sicher zu führen, wird mit Freiheitsstrafe bis zu einem Jahr oder mit Geldstrafe bestraft, wenn die Tat nicht in § 315a oder § 315c mit Strafe bedroht ist.

Bei den Erfolgsdelikten ist das Erfordernis der Kausalität z.T. **ausdrücklich** im Tatbestand enthalten, z.B. in § 222 StGB (Fahrlässige Tötung) – „verursacht".

> **§ 222 StGB (Fahrlässige Tötung)**
> Wer durch Fahrlässigkeit den Tod eines Menschen verursacht, wird mit Freiheitsstrafe bis zu fünf Jahren oder mit Geldstrafe bestraft.

Meist ist dies nicht der Fall, sondern ergibt sich durch **Auslegung** eines erfolgsbezogenen Verbs, s. z.B. das Töten in § 212 I StGB.

In der **Falllösung** ist eine ausdrückliche Prüfung des Kausalzusammenhangs vielfach entbehrlich, da er offensichtlich vorliegt. Lediglich in Problemfällen ist eine ausführlichere Auseinandersetzung oder auch nur Erwähnung geboten.

Fragen der Kausalität tauchen nicht allein im Strafrecht auf. Vergleichbare Probleme stellen sich im Zivilrecht (v.a. im Deliktsrecht), wenn auch nicht immer unter derselben Terminologie und mit denselben Lösungen.

B. Äquivalenztheorie; Adäquanztheorie; Relevanztheorie

Ausgangspunkt der Kausalitätsprüfung ist die sog. **Äquivalenztheorie** (auch: Bedingungstheorie): Nach Maßgabe dieser heute ganz herrschenden[2] Theorie sind alle Bedingungen, die zur Herbeiführung eines Erfolgs beigetragen haben,

---

1994, 31, 126 und 213; Erb JuS 1994, 449; Hilgendorf Jura 1995, 514; Hoyer FS Rudolphi 2004, 95; Samson FS Rudolphi 2004, 259; Kudlich JA 2010, 681; Merkel FS Puppe 2011, 151; Esquinas Valverde FS Wolter 2013, 333; Gössel GA 2015, 18; Puppe ZIS 2015, 426; Kindhäuser ZIS 2016, 574.

[2] S. nur Rudolphi/Jäger, in: SK-StGB, 144. Lfg. 2014, vor § 1 Rn. 61ff.; ausf. Aichele ZStW 2011, 260; Gössel GA 2015, 18; aus der Rspr. vgl. BGH U. v. 30.03.1993 - 5 StR 720/92 (Zwei

gleichwertig. Eine Gewichtung findet nicht statt. Es kommt nicht darauf an, welche Ursache die späteste oder wirksamste war, oder ob es sich um eine unmittelbare oder nur mittelbare Ursache handelte.

> **Beispiel 34:**
> B1 und B2 sind die Eltern des B3, der den G erschoss.

B1 und B2 trugen durch die Zeugung des B3 zur Herbeiführung des Erfolges in Gestalt des Todes des G bei und wurden mithin kausal.

Vergleichbares gilt z.B. für Waffenproduzenten.

> **Beispiel 35:**
> B1 produziert Messer. Mit einem dieser Messer tötete B2 den G.

Auch Atypizität eines Kausalzusammenhangs und unwahrscheinliche Zufälligkeiten ändern nichts an der Kausalität und an der Gleichwertigkeit der Bedingung.

> **Beispiel 36:**
> **BGH U. v. 03.02.1976 – VI ZR 235/74 – NJW 1976, 1143:**
> B beschimpfte Z. Bei diesem wurde infolge seiner Erregung ein Blutgefäß im Gehirn beschädigt, wodurch wiederum zeitweilig schwere Sprach- und Gliederlähmungen hervorgerufen werden.

Noch abenteuerlicher:

> **Beispiel 37:**
> B schenkte dem G ein Flugticket in der Hoffnung, dass das Flugzeug abstürzen würde. So geschah es.

B wurde kausal für den Tod des G.

Schüsse) - BGHSt 39, 195 = NJW 1993, 1723 = NStZ 1993, 386 = StV 1993, 470 (Anm. Otto JK 1993 StGB vor § 13/2; Rogall JZ 1993, 1066; Toepel JuS 1994, 1009; Murmann/Rath NStZ 1994, 215; Wolter JR 1994, 468); BGH U. v. 13.11.2003 - 5 StR 327/03 (Klinikausbruch) - BGHSt 49, 1 = NJW 2004, 237 = NStZ 2004, 151 = StV 2004, 484 (Anm. Puppe, AT, 3. Aufl. 2016, § 2 Rn. 1ff.; Otto JK 2004 StGB vor § 13/16 und § 25 I/8; Ogorek JA 2004, 356; LL 2004, 188; RÜ 2004, 34; RA 2004, 118; famos 1/2004; Puppe NStZ 2004, 554; Roxin StV 2004, 485; Pollähne JR 2004, 429; Saliger JZ 2004, 977; Neubacher Jura 2005, 857).

Die demgegenüber im Strafrecht (anders im Zivilrecht) nur noch vereinzelt vertretene **Adäquanztheorie,**[3] nach der eine Handlung nur dann ursächlich ist, wenn sie tatbestandsadäquat ist, d.h. allgemein und erfahrungsgemäß dazu geeignet ist, den Erfolg herbeizuführen, muss sich die Vermengung empirischer und normativer Kriterien entgegenhalten lassen; auch ist der Begriff der Adäquanz unklar, mit dem v.a. atypische Kausalverläufe bereits i.W.d. Kausalität ausgeschieden werden sollen.

Beide Einwände gelten auch für die ebenso vereinzelt vertretene **Relevanztheorie,**[4] welche auf eine normativ zu bestimmende (Schutzzweck-)Relevanz des Kausalgeschehens abstellt und mithin Elemente der objektiven Zurechnung inkorporiert.

C. Condicio-sine-qua-non-Formel; Lehre von der gesetzmäßigen Bedingung

Auf Grundlage der Äquivalenztheorie stellen die Rspr.[5] und die h.L.[6] die Ursächlichkeit nach der sog. *condicio-sine-qua-non*-**Formel** (lateinisch für: „Bedingung, ohne die nicht") fest.[7] Hiernach ist jede Bedingung ursächlich, ohne die der Erfolg in seiner konkreten Gestalt nicht eingetreten wäre.

Zum Beispiel: Hätten B1 und B2 den B3 nicht gezeugt, dann wäre der Tod des G nicht eingetreten.

An der *condicio-sine-qua-non*-Formel wird zu Recht kritisiert, dass diese keinen Erkenntnisgewinn erzielt, da das Kausalwissen gerade vorausgesetzt wird (Zirkelschluss: Kausal ist eine Person geworden, wenn ohne ihre Handlung der Erfolg in konkreter Gestalt nicht eingetreten wäre; ob der Erfolg ohne die Handlung nicht eingetreten wäre, hängt davon ab, ob ein Kausalitätsverhältnis besteht); darüber hinaus sind anerkanntermaßen zahlreiche Modifikationen erforderlich, um absurde Ergebnisse zu verhindern, s. sogleich.

In der Literatur wird daher die **Lehre von der gesetzmäßigen Bedingung**[8] vertreten. Ein Verhalten ist hiernach Ursache eines Erfolgs, wenn dieser Erfolg mit dem

---

[3] Stratenwerth/Kuhlen, AT, 6. Aufl. 2011, § 8 Rn. 21ff; vgl. auch Rudolphi/Jäger, in: SK-StGB, 144. Lfg. 2014, vor § 1 Rn. 93f.; Wolter GA 1977, 257; Puppe FS Bemmann 1997, 227; LG Heidelberg U. v. 25.07.1947 - II Kls 13/47 (Anm. Engisch SJZ 1948, 209).

[4] Zu dieser vgl. Rudolphi/Jäger, in: SK-StGB, 144. Lfg. 2014, vor § 1 Rn. 95.

[5] Z.B. BGH U. v. 30.03.1993 - 5 StR 720/92 (Zwei Schüsse) - BGHSt 39, 195 = NJW 1993, 1723 = NStZ 1993, 386 = StV 1993, 470 (Anm. Otto JK 1993 StGB vor § 13/2; Rogall JZ 1993, 1066; Toepel JuS 1994, 1009; Murmann/Rath NStZ 1994, 215; Wolter JR 1994, 468).

[6] S. nur Kindhäuser, LPK, 6. Aufl. 2015, vor § 13 Rn. 67; näher Puppe ZStW 1980, 863; Schulz FS Lackner 1987, 39; Hilgendorf Jura 1995, 514; Frisch FS Gössel 2002, 51; Samson FS Rudolphi 2004, 259; Puppe GA 2010, 551; Jäger FS Maiwald 2010, 345.

[7] Zsf. m.w.N. Fischer, StGB, 64. Aufl. 2017, vor § 13 Rn. 21.

[8] S. z.B. Puppe ZJS 2008, 488 (490); Puppe GA 2010, 551; vgl. auch Hoyer, AT I, 1996, S. 34ff.; Rudolphi/Jäger, in: SK-StGB, 144. Lfg. 2014, vor § 1 Rn. 63.

Verhalten durch eine Reihe zeitlich aufeinander folgender Veränderungen (natur) gesetzmäßig verbunden ist.

Diese Lehre steht vor dem Problem, dass viele (Natur-)Gesetzmäßigkeiten schlicht unbekannt sind, so dass sich die Frage des Umgangs mit entsprechenden Wissenslücken stellt.

Beispiel 38:

B1 bot dem B2 10.000 Euro, wenn dieser den G tötet, was auch geschah.

Gibt es einen (natur)gesetzlichen Zusammenhang (sog. psychische Kausalität) zwischen einem Geldangebot und der Tatausführung des so Angestifteten?

Der Ansatz, nicht nach hypothetischem Ersatzgeschehen zu fragen, sondern danach, ob eine Bedingung sich im Erfolg niedergeschlagen hat, trifft völlig zu und ist der *condicio-sine-qua-non*-Formel in jeder Hinsicht vorzuziehen. Bedauerlich ist, dass die Rspr. die Lehre von der gesetzmäßigen Bedingung nicht rezipiert hat, so dass sich auch das universitäre Prüfungsgeschehen im Wesentlichen auf die Anwendung der *condicio-sine-qua-non*-Formel und ihrer Modifikationen beschränkt.

Für die Kausalität reicht jede **Beschleunigung** des Erfolgseintritts aus.[9]

Unmittelbar einsichtig ist dies angesichts der Sterblichkeit aller Menschen bei Tötungsdelikten.

Beispiel 39:

BGH U. v. 27.04.1966 – 2 StR 36/66 (Vollnarkose/Herzfehler) – BGHSt 21, 59 = NJW 1966, 1871 (Anm. Wessels JZ 1967, 449):
Zahnarzt B operierte die G unter Vollnarkose, woran diese aufgrund eines Herzfehlers starb. Hätte B vor der Narkose die angesichts der Krankengeschichte der G angezeigte internistische und anästhetische Untersuchung nicht unterlassen, so wäre die G jedenfalls später behandelt worden und später gestorben.

Für die Kausalität der Behandlung kommt es also nicht darauf an, ob die nähere Untersuchung der G zu einer Verneinung der Operierbarkeit unter Vollnarkose geführt hätte. Schon die Verzögerung durch die Untersuchung an sich hätte das Leben der G verlängert.

Kausalität liegt auch bei **Mitursächlichkeit** vor, solange nur die Handlung einen fortwirkenden Beitrag leistet.[10]

---

[9] Hierzu vgl. B. Heinrich, AT, 5. Aufl. 2016, Rn. 234; aus der Rspr. vgl. zuletzt BGH U. v. 29.06.2016 - 2 StR 588/15 - NStZ 2016, 664 (Anm. Jäger JA 2016, 950; RÜ 2016, 708; Kudlich NStZ 2016, 665).

[10] Vgl. Heuchemer, in: BeckOK-StGB, Stand 01.12.2016, § 13 Rn. 11; aus der Rspr. vgl. BGH U. v. 30.03.1993 - 5 StR 720/92 (Zwei Schüsse) - BGHSt 39, 195 = NJW 1993, 1723 = NStZ

Im Ergebnis führt dies dazu, dass die Kategorie der Kausalität eine sehr grobe ist, die über eine Strafwürdigkeit des Verhaltens nichts aussagt. Gerade aus diesem Grund bemüht sich die Lehre von der objektiven Zurechnung um eine normative Einschränkung.

D. Ungewissheiten über den Kausalzusammenhang

▶ **Didaktischer Aufsatz:**
- Wohlers, Generelle Kausalität als Problem richterlicher Überzeugungsbildung, JuS 1995, 1019

Im Grunde kein rechtliches, sondern ein faktisches Problem der Kausalität besteht darin, Ungewissheiten über den Kausalzusammenhang aufzuklären.[11] Der Stand der (Natur-)Wissenschaft setzt dem Recht Grenzen.

> **Beispiel 40:**
>
> **LG Aachen B. v. 18.12.1970 – 4 KMs 1/68, 15-115/67 (Contergan) (Anm. Kaufmann JZ 1971, 575; Bruns FS Heinitz 1972, 317; Bruns FS Maurach 1972, 469):**
> B und andere Verantwortliche der G-AG produzierten und verkauften ab dem Jahr 1957 das Schlafmittel „Contergan", das den Wirkstoff Thalidomid enthielt. Dem B wird vorgeworfen, das Schlafmittel trotz Vermutungen, dass Thalidomid, von Schwangeren eingenommen, zu Missbildungen bei Neugeborenen führe, nicht rechtzeitig aus dem Handel genommen zu haben.

1993, 386 = StV 1993, 470 (Anm. Otto JK 1993 StGB vor § 13/2; Rogall JZ 1993, 1066; Toepel JuS 1994, 1009; Murmann/Rath NStZ 1994, 215; Wolter JR 1994, 468) und zuletzt BGH U. v. 03.12.2015 - 4 StR 223/15 - NStZ 2016, 721 (Anm. Jäger JA 2016, 548; Eisele JuS 2016, 368; RÜ 2016, 163; Hinz JR 2016, 276; Hehr/Scharbius HRRS 2016, 550).

[11] Vgl. Joecks, StGB, 11. Aufl. 2014, vor § 13 Rn. 22; Wachsmuth/Schreiber NJW 1982, 2094; Puppe JZ 1994, 1147; Wohlers JuS 1995, 1019; Hoyer GA 1996, 160; Deutscher/Körner wistra 1996, 292 und 327; Hamm StV 1997, 159; aus der Rspr. vgl. BGH U. v. 06.07.1990 - 2 StR 549/89 (Lederspray) - BGHSt 37, 106 = NJW 1990, 2560 = NStZ 1990, 587 = StV 1990, 446 (Anm. Roxin, Höchstrichterliche Rspr. AT, 1998, Nr. 92; Puppe, AT, 3. Aufl. 2016, § 2 Rn. 9ff. und 27ff.; Hemmer-BGH-Classics Strafrecht, 2003, Nr. 1; Schmidt-Salzer NJW 1990, 2966; Kuhlen NStZ 1990, 566; Brammsen Jura 1991, 533; Hassemer JuS 1991, 253; Samson StV 1991, 182; Beulke/Bachmann JuS 1992, 737; Meier NJW 1992, 3193; Puppe JR 1992, 30; Hirte JZ 1992, 257; Brammsen GA 1993, 97; Hilgendorf NStZ 1994, 561; Jähnke Jura 2010, 582); LG Frankfurt B. v. 27.07.1990 - 5/26 Kls 65 Js 8793/84 (Holzschutzmittel) - NStZ 1990, 592 (Anm. Rönnau wistra 1994, 203); Spanischer Oberster Gerichtshof U. v. 23.04.1992 - Kassationsverf. 3654/90 (Rapsöl) - NStZ 1994, 37; BGH U. v. 02.08.1995 - 2 StR 221/94 (Holzschutzmittel) - BGHSt 41, 206 = NJW 1995, 2930 = NStZ 1995, 590 = StV 1997, 124 (Anm. Otto JK 1996 StGB vor § 13/8; Schulz JA 1996, 185; Volk NStZ 1996, 105; Puppe JZ 1996, 318; Hamm StV 1997, 159).

Eine Strafbarkeit wegen fahrlässiger Körperverletzung gem. § 229 StGB setzt die Kausalität von „Contergan" für die Missbildungen voraus. Gefordert war mithin die medizinische Wissenschaft; außer „Contergan" waren u.a. Atomwaffentests als Ursache der Fehlbildungen diskutiert worden.

Ähnliche naturwissenschaftliche Nachweisprobleme stellten sich in der Rspr. zur strafrechtlichen **Produkthaftung** ferner u.a. bzgl. Lederspray, Rapsöl und Holzschutzmitteln.[12]

Problematisch ist hierbei insbesondere, ob ein Ursachenzusammenhang auch dann rechtsfehlerfrei festgestellt ist, wenn außer einem bestimmten Produkt keine anderen Ursachen des Erfolgs plausibel in Betracht kommen, aber offen bleibt, welche der enthaltenen Substanzen den Schaden ausgelöst hat.

Während die Rspr. diese letztlich strafprozessuale Frage unter Hinweis auf die freie Beweiswürdigung (§ 261 StPO) durch Bejahung der rechtsfehlerfrei festgestellten Kausalität löst, äußert die Literatur Kritik.[13]

Zwar ist richtig, dass die exakte Kausalbedingung nicht gefunden werden muss (z.B. bei mehreren Messerstichen genau der tödliche); wenn allerdings nicht fast absolut sicher ist, dass keine Alternativursache bestehen kann – das liegt bei Messerstichen sehr nahe, bei komplexen Produkten und ihrer Wirkung auf den komplexen menschlichen Organismus eher fern –, droht eine Verdachtsstrafe entgegen dem Grundsatz „in dubio pro reo" und Art. 6 II EMRK – zumal die Wissenschaftsgeschichte durchaus Meinungsänderungen und Irrtümer kennt. Es ist gefährlich, allzu leicht von einer Korrelation auf eine Kausalität zu schließen, wie dies z.B. bei Hexenprozessen geschah. Ein Richter kann keine wissenschaftlichen Streitfragen lösen, die die Wissenschaft selbst noch nicht gelöst hat. Ohnehin gilt es, die Trennung von materiellrechtlichen Kausalitätsanforderungen und strafprozessualen Nachweisproblemen zu beachten.

Darüber hinaus kann es natürlich auch sonstige Fälle geben, in denen die Kausalität schwierig zu ermitteln ist, z.B. eine Todesursache,[14] zumal nach längerer Zeit.

E. Überholende (abgebrochene) Kausalität; mehrstufige Kausalität

▶ **Didaktische Aufsätze:**
- Frank/Löffler, Grundfragen der überholenden Kausalität, JuS 1985, 689
- Bechtel, Von der Jauchegrube bis zum Scheunenmord – zum Umgang mit Abweichungen vom (vorgestellten) Kausalverlauf bei mehraktigem Tatgeschehen, JA 2016, S. 906

---

[12] S. jeweils obige Nachweise.

[13] Hierzu zsf. Kindhäuser, LPK, 6. Aufl. 2015, vor § 13 Rn. 77f.

[14] Vgl. Eschelbach, in: BeckOK-StGB, Stand 01.12.2016, § 212 Rn. 11f.; aus der Rspr. vgl. BGH B. v. 07.05.1996 - 4 StR 198/96 - NStZ-RR 1996, 355 (Anm. Otto JK 1997 StGB vor § 13/10).

Bei mehreren Handlungsketten ist entscheidend, welche den Erfolg verursacht, d.h. nur die sog. **überholende** Ursache ist kausal (Neueröffnungseffekt der hinzutretenden Ursache).[15]

Beispiel 41:

B1 schüttete der G auf einer Party eine tödliche Dosis Gift in den Sekt. Diese trank das Glas in einem Zug aus. Bevor allerdings das Gift zu wirken begann, wurde G von B2 mit einem Gewehr erschossen.

Nur B2 wurde für den Tod der G kausal. Für B1 kommt eine Versuchsstrafbarkeit in Betracht.

Ein wirkliches Überholen mit der Folge, dass die Ersthandlung nicht kausal für den Erfolg wird, liegt aber nur dann vor, wenn die überholte Handlung überhaupt nicht für die Erklärung des Erfolgseintritts herangezogen werden muss, also keinerlei Bedeutung hatte.

Anderenfalls handelt es sich um sog. **mehrstufige Kausalität**.

Baut die zweite Handlung auf der ersten auf, sind beide Handlungen kausal.[16] Der Kausalzusammenhang wird durch Dritte oder Opfer selbst insofern nicht unterbrochen; ein (früher sog.) kausales Regressverbot existiert heute anerkanntermaßen nicht mehr.

Beispiel 42:

BGH U. v. 12.07.1966 – 1 StR 291/66 (Bratpfanne) – NJW 1966, 1823 (Anm. Hertel NJW 1966, 2418; Kion JuS 1967, 499):
B1 war ein Kind erster Ehe der B2. Diese war in zweiter Ehe mit G verheiratet. G, ein hünenhafter Wüterich, tyrannisierte B1 und B2 seit langer Zeit. Eines Abends schlug B1 mit einer – verborgen bereitgehaltenen – schweren Bratpfanne ihrem Stiefvater, hinter ihm stehend, mit voller Wucht mindestens dreimal auf den Hinterkopf. Dieser fiel schon nach dem ersten Schlag zu Boden. Während B1 fortlief, um die Polizei anzurufen, schlug B2 mindestens einmal mit der Bratpfanne auf ihren Mann ein. Als B1 vom Telefonieren zurückgekehrt war,

---

[15] Hierzu Fischer, StGB, 64. Aufl. 2017, vor § 13 Rn. 38.

[16] Zu überholender und mehrstufiger Kausalität Kindhäuser, LPK, 6. Aufl. 2015, vor § 13 Rn. 84; Frank/Löffler JuS 1985, 689; Hruschka ZStW 1998, 581; aus der Rspr. vgl. BGH U. v. 06.07.1956 - 5 StR 434/55 (Gnadenschuss); BGH U. v. 26.04.1960 - 5 StR 77/60 (Jauchegrube) - BGHSt 14, 193 = NJW 1960, 1261 (Anm. Roxin, Höchstrichterliche Rspr. AT, 1998, Nr. 14; Puppe, AT, 3. Aufl. 2016, § 10 Rn. 25ff.; Hemmer-BGH-Classics Strafrecht, 2003, Nr. 6; Valerius JA 2006, 261; Oğlakcıoğlu JR 2011, 103); BGH U. v. 30.08.2000 - 2 StR 204/00 (Pflegekinder) - NStZ 2001, 29 (Anm. Puppe, AT, 3. Aufl. 2016, § 10 Rn. 28ff.; RÜ 2000, 507; Otto JK 2001 StGB vor § 13/13; Trüg JA 2001, 365; RA 2001, 39); zuletzt BGH U. v. 29.06.2016 - 2 StR 588/15 - NStZ 2016, 664 (Anm. Jäger JA 2016, 950; RÜ 2016, 708; Kudlich NStZ 2016, 665).

schlug sie ihrem – noch röchelnden – Stiefvater weiterhin „mindestens einmal" mit der Pfanne heftig ins Gesicht. Danach starb G zwar infolge der Schläge. Welcher Schlag oder welche Schläge den Tod herbeigeführt haben, war jedoch nicht festzustellen.

Das Verhalten der B2 baute erst auf der Situation auf, die die B1 geschaffen hatte.

F. Alternative Kausalität (Doppel-, Mehrfachkausalität)

▶ **Didaktischer Aufsatz:**
- Toepel, Conditio sine qua non und alternative Kausalität, JuS 1994, 1009

Von alternativer Kausalität[17] spricht man, wenn zwei handlungsbedingte Kausalketten nebeneinander wirken und in derselben logischen Sekunde zur Herbeiführung des Erfolgs führen.

Von mehreren Handlungen, die zwar alternativ, aber nicht kumulativ hinweggedacht werden können, ohne dass der Erfolg entfiele, ist **jede ursächlich**.

Beispiel 43:

Sowohl B1 als auch B2 wollten G vergiften. Auf einer Party schütteten beide unabhängig voneinander eine tödliche Dosis Gift in ihr Sektglas. Diese trank den Sekt und starb.

Bei schlichter Anwendung der *condicio*-Formel würde absurderweise jede Kausalität fehlen, da sich die Handelnden gegenseitig entlasten könnten. Anerkanntermaßen wird die *condicio*-Formel in den Fällen der alternativen Kausalität aber modifiziert. In der Tat wird eine gültige Kausalerklärung nicht dadurch falsch, dass noch eine weitere Erklärung zutrifft.

In vielen Fällen ist ohnehin eine Mitursächlichkeit zweier Handlungen anzunehmen, z.B. bei teilweiser Resorption zweier an sich schon ausreichender Giftdosen.

---

[17] Hierzu Toepel JuS 1994, 1009; Rotsch FS Roxin 2011, 377; Kindhäuser GA 2012, 134; Puppe ZIS 2012, 267; aus der Rspr. vgl. BGH U. v. 30.03.1993 - 5 StR 720/92 (Zwei Schüsse) - BGHSt 39, 195 = NJW 1993, 1723 = NStZ 1993, 386 = StV 1993, 470 (Anm. Otto JK 1993 StGB vor § 13/2; Rogall JZ 1993, 1066; Toepel JuS 1994, 1009; Murmann/Rath NStZ 1994, 215; Wolter JR 1994, 468); BGH U. v. 13.11.2003 - 5 StR 327/03 (Klinikausbruch) - BGHSt 49, 1 – NJW 2004, 237 = NStZ 2004, 151 = StV 2004, 484 (Anm. Puppe, AT, 3. Aufl. 2016, § 2 Rn. 1ff.; Otto JK 2004 StGB vor § 13/16 und § 25 I/8; Ogorek JA 2004, 356; LL 2004, 188; RÜ 2004, 34; RA 2004, 118; famos 1/2004; Puppe NStZ 2004, 554; Roxin StV 2004, 485; Pollähne JR 2004, 429; Saliger JZ 2004, 977; Neubacher Jura 2005, 857).

Kein Fall alternativer Kausalität liegt vor, wenn sich nicht aufklären lässt, welche von zwei möglichen kausalen Handlungen tatsächlich kausal geworden ist und für beide Handlungen deshalb *in dubio pro reo* von mangelnder Kausalität ausgegangen werden muss.[18]

Beispiel 44:

BGH U. v. 29.06.1983 – 2 StR 150/83 – BGHSt 32, 25 = NJW 1984, 621 = StV 1984, 22 (Anm. Kühl, Höchstrichterliche Rspr. BT, 2002, Nr. 34; Geppert JK 1984 StGB § 226/2 und StPO § 252/3; Seier JA 1984, 176):
Der Gastwirt G wurde in der Nacht vom 11./12.02.1982 durch eine laute Unterhaltung auf der Straße gestört. Er ging auf die Straße und rief den auf der anderen Straßenseite stehenden Personen, zu denen auch B1, B2 und B3 gehörten, zu, sie sollten endlich ruhig sein, sonst hole er die Polizei. Daraufhin lief B1, gefolgt von B2 und B3, schnellen Schrittes über die Straße und versetzte dem Gastwirt einen Faustschlag gegen den Kopf. G wich zurück und taumelte leicht. Mittlerweile hatte B3 den vorangelaufenen B1 erreicht. B3 versuchte vergeblich, B1 am Arm festzuhalten. Dieser riss sich los und folgte – ebenso wie B2 – dem weiter zurückweichenden G. Als B2 diesen erreicht hatte, versetzte er ihm einen kräftigen Faustschlag gegen den Kopf. Durch die Wucht des Schlages geriet G aus dem Gleichgewicht, taumelte weiter zurück auf die Straße und fiel zu Boden. Dabei schlug er mit dem Schädel auf die Asphaltdecke auf. Entweder B2 oder B1 traten danach mindestens einmal dem am Boden liegenden Opfer mit großer Wucht gegen den Kopf. Während durch das Aufschlagen mit dem Schädel ein Bruchzentrum oberhalb des Hinterhauptbeines entstand, verursachte der Fußtritt einen Einbruch des Schädeldachs im Bereich der rechten Schläfe. Aufgrund dieser Kopfverletzungen starb G. Es konnte nicht festgestellt werden, ob einer der beiden Schädelbrüche für sich allein todesursächlich war oder beide erst im Zusammenwirken zum Tod des Opfers geführt haben.

Hier hat (*in dubio pro reo*) nur eine der Misshandlungen den Tod verursacht. Da sich nicht klären lässt welcher Schlag kausal wurde, muss (*in dubio pro reo*) die Kausalität verneint werden, so dass im Hinblick auf einen Totschlag nur eine Versuchsstrafbarkeit in Betracht kommt.

G. Kumulative Kausalität

Kumulative Kausalität[19] liegt vor, wenn erst zwei Handlungsketten zusammen die Herbeiführung des Erfolgs bewirken; jeder Beitrag ist dann kausal.

---

[18] Kindhäuser, LPK, 6. Aufl. 2015, vor § 13 Rn. 91.

[19] S. B. Heinrich, AT, 5. Aufl. 2016, Rn. 231ff.

> **Beispiel 45:**
>
> Sowohl B1 als auch B2 schütteten der G unabhängig voneinander jeweils 20 mg Gift ins Sektglas, wobei beide davon ausgingen, dass ihre Dosis für eine Tötung ausreicht. Tödlich wirken aber erst 30 mg. G starb.

Die Anwendung der *condicio-sine-qua-non*-Formel ergibt, dass ohne das Handeln sowohl von B1 als auch von B2 der Tod der G ausgeblieben wäre, so dass beides kausal geworden ist.

H. Reserveursachen (hypothetische Kausalverläufe)

Anders als die missverständliche Formulierung der *condicio*-Formel vermuten lässt, kommt es auf hypothetische Kausalverläufe nicht an,[20] sondern nur darauf, ob es einen tatsächlich wirksam gewordenen Bedingungszusammenhang zwischen Handlung und Erfolg gab. Denn ein hypothetisches Geschehen beeinflusst die faktische Kausalität nicht.

> **Beispiel 46:**
>
> **BGH U. v. 13.11.2003 – 5 StR 327/03 (Klinikausbruch) – BGHSt 49, 1 = NJW 2004, 237 = NStZ 2004, 151 = StV 2004, 484 (Anm. Puppe, AT, 3. Aufl. 2016, § 2 Rn. 1ff.; Otto JK 2004 StGB vor § 13/16 und § 25 I/8; Ogorek JA 2004, 356; LL 2004, 188; RÜ 2004, 34; RA 2004, 118; famos 1/2004; Puppe NStZ 2004, 554; Roxin StV 2004, 485; Pollähne JR 2004, 429; Saliger JZ 2004, 977; Neubacher Jura 2005, 857):**
>
> Psychiaterin B1 ermöglichte dem geisteskranken B2 trotz erkannter Gefährlichkeit des B2 einen Ausgang, den B2 u.a. für zwei Morde nutzte. Die Sicherheitsvorkehrungen des psychiatrischen Krankenhauses waren so mangelhaft, dass B2 die Station jederzeit gewaltsam hätte verlassen können.

B1 könnte sich wegen fahrlässiger Tötung gem. § 222 StGB aufgrund der Gewährung des Ausgangs strafbar gemacht haben. Kausal für die Tode der Mordopfer war sie; dass B2 auch hätte ausbrechen können, darf als Reserveursache nicht hinzugedacht werden, Prüfungsgegenstand der Kausalität sind allein die tatsächlich gegebenen Umstände, und zwar auch dann, wenn Ort und Zeit des Erfolgseintritts identisch gewesen wären.[21]

Ohnehin kommt es nach h.M. auf den sog. **Erfolg in der konkreten Gestalt** an, was allerdings die Problematik der Abgrenzung irrelevanter von relevanten

---

[20] Hierzu Haas GA 2015, 86; aus der Rspr. vgl. schon OGH U. v. 05.03.1949 - StS 19/49 (Euthanasie) - OGHSt 1, 321 (Anm. Peters JR 1949, 496; Schmidt SJZ 1949, 559; Welzel MDR 1949, 373; Klefisch MDR 1950, 258).

[21] Vgl. Kindhäuser, LPK, 6. Aufl. 2015, vor § 13 Rn. 82.

Modifizierungen aufwirft.[22] So wird es kaum für einen kausalen Beitrag genügen können, dem Täter ein bestimmtes Kleidungsstück zur Verfügung zu stellen, welches dieser bei einem Totschlag trägt. Anders wird dies sein, wenn es um das konkrete Tatwerkzeug geht.

J. Gremienentscheidungen (Kollegialentscheidungen)

▶ **Didaktischer Aufsatz:**
- Satzger, Kausalität und Gremienentscheidungen, Jura 2014, 186

Eine spezielle Kausalitätsproblematik stellt sich bei kollektiven Entscheidungen mehrerer Menschen, deren Gesamtergebnis für einen Erfolg kausal war.[23]

Beispiel 47:

BGH U. v. 06.07.1990 – 2 StR 549/89 (Lederspray) – BGHSt 37, 106 = NJW 1990, 2560 = NStZ 1990, 587 = StV 1990, 446 (Anm. Roxin, Höchstrichterliche Rspr. AT, 1998, Nr. 92; Puppe, AT, 3. Aufl. 2016, § 2 Rn. 9ff. und 27ff.; Hemmer-BGH-Classics Strafrecht, 2003, Nr. 1; Schmidt-Salzer NJW 1990, 2966; Kuhlen NStZ 1990, 566; Brammsen Jura 1991, 533; Hassemer JuS 1991, 253; Samson StV 1991, 182; Beulke/Bachmann JuS 1992, 737; Meier NJW 1992, 3193; Puppe JR 1992, 30; Hirte JZ 1992, 257; Brammsen GA 1993, 97; Hilgendorf NStZ 1994, 561; Jähnke Jura 2010, 582):
Die E-GmbH befasste sich unter anderem mit der Herstellung von Schuh- und Lederpflegeartikeln. Dazu gehörten auch Ledersprays, die – abgefüllt in Treibgasdosen – zum Versprühen bestimmt waren und der Pflege, dem Imprägnieren oder dem Färben insbesondere von Schuhen und sonstigen Bekleidungsgegenständen dienen. Ab dem Spätherbst 1980 gingen Schadensmeldungen ein, in denen berichtet wurde, dass Personen nach dem Gebrauch von Ledersprays Marke „E" gesundheitliche Beeinträchtigungen erlitten hatten. Diese Beeinträchtigungen äußerten sich zumeist in Atembeschwerden, Husten, Übelkeit, Schüttelfrost und Fieber. Die Betroffenen mussten vielfach ärztliche Hilfe in Anspruch nehmen, bedurften oftmals stationärer Krankenhausbehandlung und kamen in nicht seltenen Fällen wegen ihres lebensbedrohlichen Zustands zunächst auf die

---

[22] Hierzu Fischer, StGB, 64. Aufl. 2017, vor § 13 Rn. 21; Puppe GA 1994, 297; Hilgendorf GA 1995, 515; aus der Rspr. vgl. RG U. v. 10.05.1883 - 799/83 (Staubhemd) - RGSt 8, 267 (Anm. Puppe, AT, 3. Aufl. 2016, § 1 Rn. 1ff. und § 26 Rn. 1ff.).

[23] Hierzu Jakobs FS Miyazawa 1995, 419; Deutscher/Körner wistra 1996, 292 und 327; Schünemann FG 50 Jahre BGH IV 2000, 621; Rodríguez Montañés FS Roxin 2001, 307; Röckrath NStZ 2003, 641; Greco ZIS 2011, 674; Mansdörfer FS Frisch 2013, 315; Satzger Jura 2014, 186; aus der Rspr. vgl. BGH U. v. 08.11.1999 - 5 StR 632/98 (Krenz) - BGHSt 45, 270 = NJW 2000, 443 (Anm. RÜ 2000, 153; RA 2000, 152); BGH U. v. 06.11.2002 - 5 StR 281/01 (Politbüro des ZK der SED) - BGHSt 48, 77 = NJW 2003, 522 = NStZ 2003, 141 (Anm. Puppe, AT, 3. Aufl. 2016,

Intensivstation. Die Befunde ergaben regelmäßig Flüssigkeitsansammlungen in den Lungen (Lungenödem). Die ersten Schadensmeldungen lösten firmeninterne Untersuchungen aus. Diese bezogen sich auf zurückgegebene Spraydosen. Fabrikationsfehler ergaben sich dabei nicht. Festgestellt wurde nur, dass bei einem Spray seit Mitte 1980 der Wirkstoffanteil des Silikonöls erhöht worden war. Diese Rezepturänderung wurde Anfang 1981 rückgängig gemacht. Gleichwohl folgten weitere Schadensmeldungen. Fachgespräche mit Toxikologen zweier Chemieunternehmen und einem beratenden Arzt brachten keine Klärung. Der Silikonöl-Wirkstoff wurde aus den Produkten genommen. Die Schadensmeldungen setzten sich jedoch fort. Am 12.05.1981 fand eine Sondersitzung der Geschäftsführung statt. Den einzigen Tagesordnungspunkt bildeten die bekanntgewordenen Schadensfälle. Teilnehmer waren unter anderem sämtliche Geschäftsführer der Firma W-GmbH, nämlich B1-4. Sie fassten den einstimmigen Beschluss, den Vertrieb des Ledersprays fortzusetzen. In der Folgezeit kam es zu weiteren Gesundheitsschäden nach der Verwendung von Ledersprays der bezeichneten Marke.

Angenommen, das Lederspray war ursächlich für die körperlichen Beeinträchtigungen: Waren die abstimmenden B1-B4 kausal? Unter Heranziehung der *condicio*-Formel könnte bei einem deutlichen Mehrheitsbeschluss oder Einstimmigkeit) jeder Beschuldigte einwenden, er wäre ohnehin überstimmt worden, dass also die Entscheidung auch ohne seine Stimme genauso ausgefallen wäre. Jeder könnte sich unter Hinweis auf die anderen Gremienmitglieder entlasten. Dass dieses absurde Ergebnis nicht richtig sein kann, ist unstrittig, Uneinigkeit herrscht über die Begründung der Kausalität.

Während die Rspr.[24] eine Erklärung aus einer Mittäterschaft (§ 25 II StGB) der Gremienmitglieder herleitet, wird in der Lehre[25] z.T. auf eine alternative, z.T. auf eine kumulative Kausalität abgestellt. Jedenfalls handelt es sich bei den abgegebenen Stimmen um wirksam gewordene Elemente einer insgesamt hinreichenden Bedingung; die Überbedingung ändert nichts daran, dass die Summe aller Stimmen entscheidungstragend war. Jede einzelne Entscheidung trug die konkrete Entscheidung mit.

Darüber hinaus kann ggf. die strafrechtlich relevante Handlung in einem **Verhalten vor oder nach der Gremienentscheidung** liegen, insbesondere auch als Unterlassensvorwurf.

---

§ 30 Rn. 1ff.; Otto JK 2003 StGB vor § 13/15 und § 13/34; RÜ 2003, 71; RA 2003, 102; Ranft JZ 2003, 582, Dreher JuS 2004, 17; BGH U. v. 21.12.2005 - 3 StR 470/04 (Mannesmann) - BGHSt 50, 331 = NJW 2006, 522 = NStZ 2006, 214 = StV 2006, 301 (Anm. Puppe, AT, 3. Aufl. 2016, § 8 Rn. 18ff.; Kudlich JA 2006, 171; Jahn JuS 2006, 379; RÜ 2006, 147; RA 2006, 161; famos 2/2006; Ransiek NJW 2006, 814, Rönnau NStZ 2006, 218; Krause StV 2006, 307; Vogel/Hocke JZ 2006, 568; Hohn wistra 2006, 161).

[24] BGH U. v. 06.07.1990 - 2 StR 549/89 (Lederspray) - BGHSt 37, 106 (125f.).

[25] Zsf. Kindhäuser, LPK, 6. Aufl. 2015, vor § 13 Rn. 93ff.

8. Kapitel: Objektive Zurechnung

A. Allgemeines

▶ **Didaktische Aufsätze:**
- Schlüchter, Grundfälle zur Lehre von der Kausalität, JuS 1976, 312, 378 und 518, JuS 1977, 104
- Ebert/Kühl, Kausalität und objektive Zurechnung, Jura 1979, 561
- Bloy, Prinzipien der objektiven Erfolgszurechnung beim vorsätzlichen Begehungsdelikt, JuS 1988, L41
- Otto, Die objektive Zurechnung eines Erfolges im Strafrecht, Jura 1992, 90
- Erb, Die Zurechnung von Erfolgen im Strafrecht, JuS 1994, 449
- von Heintschel-Heinegg, Objektive Zurechnung im Strafrecht, JA 1994, 31, 126 und 213
- Puppe, Die Lehre von der objektiven Zurechnung, Jura 1997, 408, 513, 624 und Jura 1998, 21
- Puppe, Die Lehre von der objektiven Zurechnung und ihre Anwendung, ZJS 2008, 488 und 600
- Schumann, Von der sogenannten „objektiven Zurechnung" im Strafrecht, Jura 2008, 408
- Kudlich, Objektive und subjektive Zurechnung von Erfolgen im Strafrecht, JA 2010, 681
- Frisch, Objektive Zurechnung des Erfolgs, JuS 2011, 19, 116 und 205

Gegenstand der Lehre von der objektiven Zurechnung[1] ist die **normative Eingrenzung** (d.h. im Wege einer rechtlichen Bewertung) der – vor dem Hintergrund

---

[1] Hierzu Fischer, StGB, 64. Aufl. 2017, vor § 13 Rn. 24ff.; Roth-Stielow MDR 1964, 893; Roxin FS Honig 1970, 133; Otto FS Maurach 1972, 91; Schlüchter JuS 1976, 312, 378 und 518, JuS 1977, 104; Ebert/Kühl Jura 1979, 561; Kaufmann FS Jescheck 1985, 251; Struensee GA 1987, 97; Puppe ZStW 1987, 595; Bloy JuS 1988, L41; Ramirez GS Armin Kaufmann 1989, 213; Roxin GS

© Springer-Verlag GmbH Deutschland, ein Teil von Springer Nature 2018
D. Bock, *Strafrecht Allgemeiner Teil*, Springer-Lehrbuch,
https://doi.org/10.1007/978-3-662-54789-2_8

der Strafzwecke – zu weiten Äquivalenztheorie schon auf Ebene des objektiven Tatbestandes durch ein **ungeschriebenes Tatbestandsmerkmal** der „objektiven Zurechnung".

Dieser Begriff ist an sich zu weit, da auch der empirische Kausalzusammenhang ein Element objektiver Zurechnung von Erfolgen ist, er hat sich allerdings für die normative Eingrenzung der Kausalität eingebürgert.

Dass z.b. die Eltern von Tätern oder Messerfabrikanten trotz Kausalität nicht ohne Weiteres dafür bestraft werden sollten, dass ein anderer mit einem der fabrizierten Messer getötet hat, leuchtet unmittelbar ein.

Der Ansatz der objektiven Zurechnung zur Ausscheidung nicht tatbestandsmäßiger Kausalverläufe ist in der Lehre weitgehend anerkannt, in der Rspr. (des BGH, anders z.T. bei Untergerichten) nicht als Rechtskategorie, jedoch der Sache nach in unterschiedlicher Terminologie bei bestimmten Fallgruppen (z.b. als Kausalitätseinschränkung oder als Topos der Kausalität der Pflichtwidrigkeit).[2] Z.T. sucht die Rspr. eine Lösung auf subjektiver Ebene, was aber bei Fahrlässigkeitsdelikten ggf. versagt. Im Zivilrecht sind Fragen der objektiven Zurechnung als Schutzzweckerwägungen im Rahmen der dortigen Adäquanztheorie seit langem anerkannt.

Die **Grundformel** der objektiven Zurechnung lautet[3]: Ein durch das Verhalten des Täters verursachter Unrechtserfolg ist ihm nur dann als sein Werk objektiv zuzurechnen, wenn dieses Verhalten eine rechtlich missbilligte Gefahr des Erfolgseintritts geschaffen (1) und diese Gefahr sich auch tatsächlich in dem Erfolg realisiert hat (2).

Einzelheiten zu Ergebnissen und Begründungen sind umstritten.

Aber auch ganz grundsätzlich ist **gegen** die Lehre von der objektiven Zurechnung vorzubringen,[4] dass es sich um eine recht unbestimmte „Superkategorie" handelt,

---

Armin Kaufmann 1989, 237; Otto Jura 1992, 90; von Heintschel-Heinegg JA 1994, 31, 126 und 213; Erb JuS 1994, 449; Maiwald FS Miyazawa 1995, 465; Puppe Jura 1997, 408, 513, 624 und Jura 1998, 21; Hirsch FS Lenckner 1998, 119; Schünemann GA 1999, 207; Jakobs FS H. J. Hirsch 1999, 45; Frisch FS Roxin 2001, 213; Rengier FS Roxin 2001, 811; Samson FS Lüderssen 2002, 587; Frisch GA 2003, 719; Müssig FS Rudolphi 2004, 165; Kindhäuser FS Hruschka 2005, 527; Müssig FS Jakobs 2007, 405; Kahlo FS Küper 2007, 249; Schumann/Schumann FS Küper 2007, 543; Schumann Jura 2008, 408; Puppe ZJS 2008, 488 und 600; Kudlich JA 2010, 681; Roxin FS Maiwald 2010, 715; Frisch JuS 2011, 19, 116 und 205; Sanchez-Ostiz FS Roxin 2011, 361; Seher FS Frisch 2013, 207; Puppe GA 2015, 203; Schroeder FS von Heintschel-Heinegg 2015, 405.

[2] Zsf. Fischer, StGB, 64. Aufl. 2017, vor § 13 Rn. 31ff.; aus der Rspr. vgl. BGH B. v. 25.09.1957 - 4 StR 354/57 (Radfahrer) - BGHSt 11, 1 = NJW 1958, 149 (Anm. Roxin, Höchstrichterliche Rspr. AT, 1998, Nr. 6; Hemmer-BGH-Classics Strafrecht, 2003, Nr. 2; Puppe, AT, 3. Aufl. 2016, § 3 Rn. 18ff.; Mezger JZ 1958, 281; Fuchs DAR 1960, 5; Spendel JuS 1964, 14); jüngst LG Köln U. v. 14.04.2016 - 117 KLs 19/15 (Anm Preuß HRRS 2017, 23).

[3] Vgl. nur Kindhäuser LPK, 6. Aufl. 2015, vor § 13 Rn. 103.

[4] Krit. z.B. Hilgendorf FS Weber 2004, 33; Kindhäuser GA 2007, 447; Aichele ZStW 2011, 260; Gössel GA 2015, 18.

bei der sich vielerlei Zweifelsfragen zur Strafwürdigkeit eines Verhaltens sammeln lassen. Ein Bedürfnis hierfür besteht bei Vorsatzdelikten übrigens kaum, da in den üblichen Beispielsfällen nicht selten der Vorsatz fehlt. Bei den Fahrlässigkeitsdelikten lässt sich ohne Bemühung einer abstrakten Zurechnungskategorie die Eingrenzung bei der Feststellung der Fahrlässigkeit verorten. Die Grundformel ist zumindest in Teilbereichen auch zirkelschlüssig: Was eine rechtlich missbilligte Gefahr, eine insofern untragbare Risikosetzung ist, ist doch gerade die Frage der Strafbarkeitsprüfung; die Risikorealisierung droht überdies zur freien Strafwürdigkeitswertung zu geraten.

Gerade bei den klassischen Erfolgsdelikten gegen das Leben und die körperliche Unversehrtheit wird aber das Bedürfnis, bereits auf Ebene des objektiven Tatbestands einen „Filter" zu installieren, deutlich: Das Verschenken eines Flugtickets in der Hoffnung auf einen tödlichen Flugzeugabsturz als (zumindest) Totschlag zu bestrafen, ist mit dem Judiz kaum zu vereinbaren. Der vom Täter gesetzte Kausalverlauf muss zu denen gehören, vor denen die Strafnorm schützen will; natürlich wirft dies unzählige und letztlich Abwägungs- und Wertungsfragen auf, wie die einzelnen Fallgruppen zeigen werden.

Jenseits erdachter Lehrbuchkriminalität kommt der Lehre von der objektiven Zurechnung rechtspraktische Bedeutung vor allem bei den fahrlässigen Erfolgsdelikten zu (v.a. §§ 222, 229 StGB), wobei es dahinstehen kann, ob die objektive Zurechnung Teil der Fahrlässigkeit ist oder eine eigene Prüfungskategorie.

Im universitären Prüfungsgeschehen empfiehlt sich eine ausdrückliche Prüfung der objektiven Zurechnung nach Maßgabe der Grundformel nur dann, wenn der zu prüfende **Sachverhalt Anlass** dazu bietet, also insbesondere eine der bekannten **Fallgruppen** in Betracht kommt.

Diese Fallgruppen lassen sich didaktisch dahingehend der Grundformel zuordnen, dass entweder die Risikosetzung problematisch ist oder die Risikorealisierung.

B. Fallgruppen zur zweifelhaften Schaffung einer rechtlich missbilligten Gefahr des Erfolgseintritts

I. Grundfrage: Erlaubtes Risiko

Die Fallgruppen, in denen bereits die Setzung eines rechtlich missbilligten Risikos fraglich ist, kreisen bereits um die Frage der strafrechtlichen Relevanz der Handlung als solcher – also eine **teleologische Reduktion der tatbestandsmäßigen Handlung** – und nicht um den Charakter des Zusammenhangs zwischen Handlung und konkretem Erfolg.

Die Grundproblematik besteht darin, die **Schwelle zur rechtlichen Missbilligung** als generelle Unerlaubtheit dahingehend, dass ein Verhalten wegen objektiver Gefährlichkeit zu unterbleiben hat, in Abgrenzung zum erlaubten Risiko zu ermitteln,[5] und zwar unabhängig von der Frage eines Vorsatzes. Es handelt sich stets um offene und umstrittene Wertungsfragen, die zudem bei den verschiedenen Tatbeständen unterschiedlich ausfallen können.

Zu beachten ist dabei, dass auch sozial Übliches rechtlich missbilligt sein kann.

II. Ganz entfernte und beiläufige Ursachen

An der Schaffung eines rechtlich missbilligten Risikos fehlt es zunächst in den (bereits *prima facie* absurden) Fällen ganz entfernter und beiläufiger Ursachen, z.B. bei Eltern eines Mörders oder Herstellern und Händlern von z.B. zur Tötung eingesetzten Gegenständen.[6]

Beispiel 48:

B1 produziert Messer. Mit einem seiner Messer tötete B2 den G.

III. Fehlendes Beherrschungsvermögen / ganz geringe Wahrscheinlichkeit

Gleiches gilt in Fällen, in denen der Handelnde den Kausalverlauf nicht beherrscht und das Risiko eines tatsächlichen Erfolgseintritts ganz gering ist.[7]

Beispiel 49:

B überredete seinen Erbonkel G zu einer Flugreise und hoffte, dass das Flugzeug abstürzt. So geschah es.

Beispiel 50:

B wollte seine Ehefrau G loswerden, traute sich jedoch nicht, diese eigenhändig umzubringen. Daher überredete er sie, allein in den Wald zu gehen, um Pilze zu sammeln, in der Hoffnung, sie werde dort vom Blitz erschlagen. Dies geschah tatsächlich.

Ausgeschieden werden Konstellationen, in denen kein vernünftiger Mensch einen Erfolgseintritt erwartet. Kommt es doch zum Erfolg, realisiert sich lediglich das allgemeine Lebensrisiko. Hieran ändern böse Hintergedanken des Täters nichts.

---

[5] Näher Oehler FS Schmidt 1961, 232; Maiwald FS Jescheck 1985, 405; Duttge FS Maiwald 2010, 133; Kindhäuser FS Maiwald 2010, 397; Hoyer FS Frisch 2013, 223; Schmoller FS Frisch 2013, 237.

[6] Kühl, AT, 8. Aufl. 2017, § 4 Rn. 46.

[7] Vgl. B. Heinrich, AT, 5. Aufl. 2016, Rn. 245.

Zwei Fragen sind entscheidend:

Die erste ist empirisch: Wie hoch ist das Risiko eines bestimmten Verhaltens?

Die zweite ist normativ: Ab welcher Höhe des Risikos ist der Bereich des Erlaubten verlassen?[8]

Beispiel 51:

B ist HIV-infiziert.[9] Dennoch übte er mit der ahnungslosen Z ungeschützten Geschlechtsverkehr aus. Z wurde infiziert. Das HIV-Infektionsrisiko bei heterosexuellem vaginalen Geschlechtsverkehr liegt zwischen 0,05 und 0,3 %.

Erscheint das HIV-Infektionsrisiko zunächst gering, so ist es im Vergleich zu den Wahrscheinlichkeiten, in Deutschland von einem Blitz getroffen zu werden oder mit einem Flugzeug abzustürzen, die beide nach Statistiken jedenfalls unter 0,0001 % liegen, sehr hoch. Von allgemeinem Lebensrisiko kann nicht gesprochen werden.

Es zeigt sich, dass wohl nur in Fällen absurder Lehrbuchkriminalität die objektive Zurechnung zu verneinen sein wird. Selbst in den Blitzschlag-Fällen wird es zudem je nach Witterung und örtlichen Gegebenheiten rasch unseriös, pauschal auf eine extrem niedrige Wahrscheinlichkeit zu verweisen.

IV. Sozialadäquanz

▶ **Didaktischer Aufsatz:**
 • Valerius, Zur Sozialadäquanz im Strafrecht, JA 2014, 561

Gewisse Risiken überschreiten eine signifikante Größe, werden aber von der Rechtsordnung wegen ihrer gesellschaftlichen Bedeutung hingenommen, obwohl ihre statistische Realisierung vorhergesehen wird.[10]

Dies betrifft z.B. die Herstellung gefährlicher Produkte (z.B. Alkohol, Kraftfahrzeuge und Werkzeuge), Interaktionen beim Sport,[11] ferner sog. Ausreißer bei der Produktion (mangelhafte und ggf. gefährliche Produktexemplare).[12]

---

[8] Zur Bedeutung der Wahrscheinlichkeit für die Zurechnung Puppe ZStW 1983, 287.

[9] Zu HIV-Fällen vgl. Herzog/Nestler-Tremel StV 1987, 360; Prittwitz JA 1988, 427 und 486; Meier GA 1989, 207.

[10] Zur Sozialadäquanz Schaffstein ZStW 1960, 369; Klug FS Schmidt 1961, 249; Hirsch ZStW 1962, 78; Zipf ZStW 1970, 633, Peters FS Welzel 1974, 415; Roxin FS Klug 1983, 303; Eser FS Roxin 2001, 199; Dölling FS Otto 2007, 219, Otto FS Amelung 2009, 225; Altermann FS Eisenberg 2009, 233; Valerius JA 2014, 561; Knauer ZStW 2014, 844.

[11] Hierzu Schild Jura 1982, 464, 520 und 585; Kubink JA 2003, 257.

[12] Vgl. B. Heinrich, AT, 5. Aufl. 2016, Rn. 245.

Feste Abgrenzungsmaßstäbe sind freilich nicht ersichtlich, so dass der Ertrag dieser Rechtsfigur jenseits einer Umschreibung des Problems zweifelhaft ist.

Ein Unterfall der Sozialadäquanz ist der sog. **Vertrauensgrundsatz.**[13] Wer sich selbst regelkonform verhält, z.B. im Straßenverkehr,[14] setzt kein rechtlich missbilligtes Risiko, auch wenn er weiß, dass es immer wieder zu Schadensfällen kommt.

V. Mitwirkung an einer freiverantwortlichen, vorsätzlichen Selbstgefährdung des Geschädigten (Risikozuständigkeit)

▶   **Didaktische Aufsätze:**
- Rudolphi, Vorhersehbarkeit und Schutzzweck der Norm in der strafrechtlichen Fahrlässigkeitslehre, JuS 1969, 549
- Spendel, Fahrlässige Teilnahme an Selbst- und Fremdtötung, JuS 1974, 749
- Otto, Die Bedeutung der eigenverantwortlichen Selbstgefährdung im Rahmen der Delikte gegen überindividuelle Rechtsgüter, Jura 1991, 443
- Schroeder, Die Teilnahme des Beifahrers an der gefährlichen Trunkenheitsfahrt, JuS 1994, 846
- Geppert, Zur Unterbrechung des strafrechtlichen Zurechnungszusammenhanges bei Eigenschädigung/-gefährdung des Opfers oder bei Fehlverhalten Dritter, Jura 2001, 490
- Christmann, Eigenverantwortliche Selbstgefährdung und Selbstschädigung, Jura 2002, 679
- Lasson, Eigenverantwortliche Selbstgefährdung und einverständliche Fremdgefährdung, ZJS 2009, 359
- Eisele, Freiverantwortliches Opferverhalten und Selbstgefährdung, JuS 2012, 577

1. Grundlagen

An der Schaffung eines missbilligten Risikos fehlt es bei Verhaltensweisen, die erst zusammen mit einer eigenverantwortlich gewollten und verwirklichten Selbstverletzung oder -gefährdung des Opfers einen tatbestandlichen Erfolg bewirken.[15]

---

[13] Vgl. Kühl, AT, 8. Aufl. 2017, § 4 Rn. 49ff.; Eidam JA 2011, 912.

[14] S. Fischer, StGB, 64. Aufl. 2017, § 222 Rn. 13ff.

[15] Hierzu Rudolphi JuS 1969, 549; Geppert ZStW 1971, 947 (Mitfahrer); Spendel JuS 1974, 749; Dölling GA 1984, 71; Bindokat JZ 1986, 421; Geppert Jura 1987, 668 (HIV); Herzog/Nestler-Tremel StV 1987, 360 (HIV); Prittwitz NJW 1988, 2942 (HIV); Helgerth NStZ 1988, 261 (HIV); Wokalek/Köster MedR 1989, 286 (HIV); Otto FS Tröndle 1989, 157; Mayer JuS 1990, 784 (HIV); Otto Jura 1991, 443; Frisch NStZ 1992, 1 und 62; Weber FS Spendel 1992, 371 (BtM); Schroeder JuS 1994, 846; Cancio Meliá ZStW 1999, 357; Geppert Jura 2001, 490; Hellmann FS Roxin 2001,

Beispiel 52:

BGH U. v. 11.04.2000 – 1 StR 638/99 (Betäubungsmittel) – NJW 2000, 2286 = NStZ 2001, 205 = StV 2000, 617 (Anm. Puppe, AT, 3. Aufl. 2016, § 6 Rn. 13ff.; RÜ 2000, 331; RA 2000, 459; Geppert JK 2001 StGB § 222/5; LL 2001, 561; Hardtung NStZ 2001, 206; Renzikowski JR 2001, 248):

B verkaufte sehr starkes Heroin an G, den sie darauf hinwies, dass es sich um ein sehr starkes Material handele. Beim Konsumieren müsse man aufpassen und „nicht spritzen, sondern nur sniefen". G konsumierte das von B erworbene Heroin wenig später und verstarb auf Grund dessen.

G starb an dem von B erworbenen Heroin, so dass B kausal gewesen ist. Der Verkauf von Heroin stellt auch eine Sorgfaltspflichtverletzung dar. Konsumiert hat G das Heroin allerdings selbst. Eine Strafbarkeit der B nach § 222 StGB scheidet wegen Unterbrechung des objektiven Zurechnungszusammenhanges aus, wenn der Konsum freiverantwortlich war.

Beispiel 53:

BGH U. v. 16.05.1972 – 5 StR 56/72 (Pistole auf Armaturenbrett) – BGHSt 24, 342 = NJW 1972, 1207 (Anm. Roxin, Höchstrichterliche Rspr. AT, 1998, Nr. 5; Hemmer-BGH-Classics Strafrecht, 2003, Nr. 53; Hassemer JuS 1972, 607; van Els NJW 1972, 1476; Welp JR 1972, 427; Kohlhaas JR 1973, 53):

B und G, die in enger Beziehung zueinander standen, machten mit dem Auto des G eine Fahrt, bei der G sich nach dem gemeinsamen Besuch einer Gaststätte und dem Genuss von Alkohol durch einen Schuss aus der Dienstpistole des B tötete, die dieser auf das Armaturenbrett gelegt hatte.

271; Christmann Jura 2002, 679; Otto FS Lampe 2003, 491; Puppe ZIS 2007, 247; Duttge FS Otto 2007, 227; Lasson ZJS 2009, 359; Roxin JZ 2009, 399; Brand/Lotz JR 2011, 513 (Pozzing); Luzón Pena GA 2011, 295; Herzberg FS Puppe 2011, 497; Murmann FS Puppe 2011, 767; Radtke FS Puppe 2011, 831; Stratenwerth FS Puppe 2011, 1017; Sternberg-Lieben FS Puppe 2011, 1283 (BtM); Eisele JuS 2012, 577; Kretschmer NStZ 2012, 177; Hauck GA 2012, 202; Grünewald GA 2012, 364; Roxin GA 2012, 655; Walter NStZ 2013, 673; Oğlakcıoğlu HRRS 2013, 344; Gimbernat Ordeig FS Wolter 2013, 389; Timpe JR 2014, 52; aus der sehr umfangreichen Rspr. vgl. nur BGH U. v. 14.02.1984 - 1 StR 808/83 (Betäubungsmittel) - BGHSt 32, 262 = NJW 1984, 1469 = NStZ 1984, 410 = StV 1984, 244 (Anm. Roxin, Höchstrichterliche Rspr. AT, 1998, Nr. 3; Otto Jura 1984, 536; Seier JA 1984, 533; Hassemer JuS 1984, 724; Roxin NStZ 1984, 411; Horn JR 1984, 513; Kienapfel JZ 1984, 751; Stree JuS 1985, 179; Dach NStZ 1985, 24); BGH U. v. 04.11.1988 - 1 StR 262/88 HIV) - BGHSt 36, 1 (= NJW 1989, 781 = NStZ 1989, 114 = StV 1989, 61 (Anm. Roxin, Höchstrichterliche Rspr. AT, 1998, Nr. 8; Puppe, AT, 3. Aufl. 2016, § 9 Rn. 16ff.; Hemmer-BGH-Classics Strafrecht, 2003, Nr. 5; Sonnen JA 1989, 321; Hassemer JuS 1989, 761; Schlehofer NJW 1989, 2017; Helgerth NStZ 1989, 117; Prittwitz StV 1989, 123; Schünemann JR 1989, 89; Herzberg JZ 1989, 470; Nestler-Tremel NK 1989/3, 45; Frisch JuS 1990, 362); jüngst BGH U. v. 22.11.2016 - 1 StR 354/16 - NJW 2017, 418 = NStZ 2017, 223 (Anm. Kudlich JA 2017, 229; Berster NJW 2017, 420; Lorenz NStZ 2017, 226; Jansen jurisPR-StrafR 2/2017 Anm. 1).

Hier gilt Ähnliches. Eine Strafbarkeit des B nach § 222 StGB scheitert an der objektiven Zurechnung, wenn die Selbsttötung des G freiverantwortlich war.

Es herrscht das Prinzip der **Eigenverantwortlichkeit**: Wenn der „Täter" an freiverantwortlichen Selbsttötungen oder -verletzungen mitwirkt, diese fördert oder veranlasst, ist das keine rechtlich missbilligte Handlung.

Dies ist aus der Straflosigkeit von Selbstverletzungen – deutlich in § 223 StGB: „andere Person" – zu schließen, was erst recht bei Fahrlässigkeitsdelikten gelten muss (ohnehin ausdrücklich z.B. in § 229 StGB: „anderen Person").

> **§ 223 I StGB (Körperverletzung)**
> Wer eine andere Person körperlich mißhandelt oder an der Gesundheit schädigt, wird mit Freiheitsstrafe bis zu fünf Jahren oder mit Geldstrafe bestraft.

> **§ 229 StGB (Fahrlässige Körperverletzung)**
> Wer durch Fahrlässigkeit die Körperverletzung einer anderen Person verursacht, wird mit Freiheitsstrafe bis zu drei Jahren oder mit Geldstrafe bestraft.

Individualschützende Strafnormen (z.B. §§ 222 oder 229 StGB) sollen das Opfer nicht vor Selbstverletzungen schützen, sondern vor Eingriffen Dritter bewahren. Insofern beseitigt die selbstschädigende Opferhandlung die rechtliche Missbilligung des Risikos.[16]

2. Risikobewusstsein

Eine derartige tatbestandsausschließende Selbstgefährdung setzt Eigenverantwortlichkeit des Opfers voraus; dazu bedarf es zunächst vollen **Risikobewusstseins**.[17]

Das Opfer muss hinreichend **alt** sein, vgl. §§ 19 StGB, 3 JGG.[18]

Die Einsichtsfähigkeit (vgl. §§ 20, 21 StGB) muss gegeben sein.

Zu beachten ist, dass aus dem Willen zur Selbstgefährdung bis hin zum Suizid nicht leichthin auf eine mangelnde Einsichtsfähigkeit geschlossen werden darf.[19]

---

[16] Zsf. Kindhäuser, LPK, 6. Aufl. 2015, vor § 13 Rn. 118ff.

[17] Fischer, StGB, 64. Aufl. 2017, vor § 13 Rn. 36.

[18] Zur Problematik der Selbstschädigung Minderjähriger Kindhäuser, LPK, 6. Aufl. 2015, vor § 13 Rn. 124; aus der Rspr. vgl. AG Saalfeld U. v. 15.09.2005 - 684 Js 26258/04 2 Cs jug - NStZ 2006, 100 (Anm. Kudlich JA 2006, 570).

[19] Vgl. Eser/Sternberg-Lieben, in: Sch/Sch, 29. Aufl. 2014, vor § 211 Rn. 36; aus der Rspr. vgl. OLG Düsseldorf B. v. 06.09.1973 - 1 Ws 333-336/73 - NJW 1973, 2215 (Anm. Geilen NJW 1974, 570; Bringewat JuS 1975, 155).

Auch aus dem Vorliegen einer **Sucht**, z.B. einer Betäubungsmittelabhängigkeit, folgt nicht ohne Weiteres die Unfähigkeit zur eigenverantwortlichen Selbstgefährdung.[20]

Der Geschädigte darf nicht an einem **Willensmangel** (z.B. Drohung, rechtsgutsrelevantem Irrtum) oder **Wissensmangel** (im Hinblick auf das Risiko kein überlegenes Wissen des Mitwirkenden) leiden.

Bei einem risikobezogenen **Wissensmangel** des Geschädigten bzw. einem **überlegenen Wissen** des Mitwirkenden bzgl. des Risikos scheidet eine eigenverantwortliche Selbstgefährdung aus; der Mitwirkende ist dann ggf. als sog. **mittelbarer Täter** des betreffenden Straftatbestands nach § 25 I 2. Var. StGB aufgrund Einsatzes des Opfers als sog. Werkzeuges gegen sich selbst zu bestrafen.[21]

Beispiel 54:

B übergab dem G eine Tablette, wobei er angab, es handele sich um ein Vitaminpräparat. In Wirklichkeit handelte es sich um Gift. G nahm die Tablette und starb.

B könnte sich nach §§ 212, 211 StGB strafbar gemacht haben. Die letztkausale Handlung für seinen Tod hat mit der Einnahme der Tablette zwar G selbst vorgenommen. Aufgrund des überlegenen Wissens des B ist sie ihm aber nach § 25 I 2. Var. StGB zuzurechnen. B verwendete G als „Werkzeug gegen sich selbst".

Relevante, da risikobezogene Wissensmängel und Irrtümer sind zu unterscheiden von bloßen Motivirrtümern.

Kontrovers diskutiert wird z.B. der auch praktisch relevant gewordene Glaube an ein faires Wetttrinken.[22]

Beispiel 55:

BGH U. v. 27.11.1985 – 3 StR 426/85 – NStZ 1986, 266 (Anm. Otto JK 1986 StGB § 222/3):
B fasste den Entschluss, G in einen Vollrausch zu versetzen, indem er sie dazu bestimmte, den ganz überwiegenden Teil des in der Flasche befindlichen Obstschnapses innerhalb einer kurzen Zeitspanne zu trinken. Er wollte dabei unter

---

[20] Hierzu Böllinger JA 1989, 403; Amelung NJW 1996, 2393; Oğlakcıoğlu HRRS 2013, 344; aus der Rspr. vgl. zuletzt BGH U. v. 28.01.2014 – 1 StR 494/13 - BGHSt 59, 150 = NJW 2014, 1680 = NStZ 2014, 709 = NStZ-RR 2014, 147 = StV 2014, 603 (Anm. Kudlich JA 2014, 392; RÜ 2014, 301; Patzak NStZ 2014, 715; Ullmann/Pollähne StV 2014, 631).

[21] Zur Wechselwirkung von objektiver Zurechnung und mittelbarer Täterschaft vgl. von der Meden JuS 2015, 22 und 112.

[22] Hierzu Lange/Wagner NStZ 2011, 67; Krawczyk/Neugebauer JA 2011, 264; aus der Rspr. vgl. LG Berlin U. v. 03.07.2009 - (522) 1 Kap Js 603/07 Ks (1/08).

Ausnutzung seines bestimmenden Einflusses über die naiv-vertrauensselige Frau diese in einen Irrtum des Inhalts versetzen, er trinke mit ihr um die Wette und nehme die gleichen Mengen Schnaps zu sich wie sie. In Wirklichkeit hatte er vor, G nach jedem Einschenken mit der Flasche zuzuprosten und nur zum Schein so zu tun, als ziehe er aus der Flasche gleich, während er überhaupt nicht oder allenfalls in kleinen Schlückchen von dem Schnaps trinken wollte. B gelang es, seinem Vorhaben entsprechend, G zu täuschen, und er veranlasste sie dazu, den ihr eingeschenkten Schnaps jeweils zu trinken. G wollte gegenüber B keine Schwäche zeigen und beim Trinken mithalten, da sie annahm, dass B im gleichen Umfang wie sie Schnaps trinke. B schenkte G in den folgenden Minuten das Schnapsglas immer wieder ein, bis die Flasche leer war. G nahm innerhalb eines Zeitraumes von einer viertel bis zu einer halben Stunde mindestens 500 ml Obstschnaps zu sich. Bei seinem Verhalten war sich der B darüber klar und beabsichtigte dies auch, dass G durch das in rascher Folge ihrem Körper zugeführte Übermaß an Schnaps in einen schweren, ihre Körperfunktionen erheblich beeinträchtigenden Rausch geraten sollte. B wusste ferner, dass G am Tattage noch keine Nahrung zu sich genommen hatte, er erkannte auch die nahe Gefahr eines körperlichen Zusammenbruchs mit Bewusstseinsverlust bei der nur etwa 52 kg wiegenden Frau. G verstarb einige Stunden später an akutem Herz-Kreislaufversagen, das auf die Zuführung von Alkohol am Vormittag zurückzuführen war. Die Blutalkoholkonzentration (BAK) im Blut von G betrug zum Todeszeitpunkt im Mittel 4,65 Promille; der Gipfel der BAK lag in der Zeit von 12.45 und 13.15 Uhr zwischen 5,4 und 6 Promille.

Einerseits ist die Gefährlichkeit des Alkoholkonsums allgemein bekannt, was für einen bloßen Motivirrtum und somit eine eigenverantwortliche Selbstgefährdung spricht; andererseits mag man den irrigen Glauben, der „Gegner" des Wetttrinkens konsumiere ebenso viel Alkohol deswegen als risikorelevant einordnen, da evtl. aus der Tatsache, dass der andere noch problemlos mithält, geschlossen wird, der bisherige Konsum sei noch nicht sonderlich gefährlich.

3. Abgrenzung von Selbst- und Fremdgefährdung: Tatherrschaft

Rspr. und h.L.[23] unterscheiden die eigenverantwortliche Selbstgefährdung, bei der die objektive Zurechnung ausgeschlossen wird, von der **Fremdgefährdung**, die stets tatbestandsmäßig sein soll und lediglich aufgrund Einwilligung gerechtfertigt sein kann (allerdings nicht bei vorsätzlichen Tötungen, vgl. § 216 StGB).

Folglich stellt sich für die h.M. die Frage der **Abgrenzung** zwischen Selbst- und Fremdgefährdung. Für maßgeblich gehalten wird hierbei die sog. **Tatherrschaft**, d.h. das In-den-Händen-Halten des Geschehensablaufs.[24] Dies führt dazu,

---

[23] S. nur B. Heinrich, AT, 5. Aufl. 2016, Rn. 1049 m.w.N.

[24] B. Heinrich, AT, 5. Aufl. 2016, Rn. 1049; krit. z.B. Puppe, AT, 3. Aufl. 2016, § 6 Rn. 6 (u.a. mit dem Hinweis auf den Einheitstäterbegriff bei Fahrlässigkeitsdelikten und darauf, dass die Rspr. gerade bei der Abgrenzung von Täterschaft und Teilnahme das objektive Kriterium der Tatherrschaft nicht als Ausgangspunkt verwendet); krit. z.B. auch Roxin GA 2012, 655.

dass es z.B. beim tödlich endenden Betäubungsmittelkonsum darauf ankommt, ob der Geschädigte sich das Mittel selbst gespritzt hat (dann tatbestandslose Selbstgefährdung) oder sich hat spritzen lassen (dann Tatbestandsverwirklichung des Spritzenden).

So bestimmt sich auch die Abgrenzung von straflosen Beihilfehandlungen zum Suizid von strafbarer **Fremdtötung**.

Anlässlich einer Vielzahl von Fallgestaltungen ist allerdings zweifelhaft und umstritten, was unter Tatherrschaft des Geschädigten zu verstehen ist und ob sie jeweils vorliegt. Die h.M. neigt – in naturalistischer Betrachtung – eher zur Annahme von Fremdgefährdungen, was zu beträchtlichen Konsequenzen führt, da eine Einwilligung in fremdgesetzte lebensgefährliche Risiken nach h.M. nur in begrenztem Maße möglich ist.

Letztlich ist es eine Frage des Einzelfalls, wie die Tatherrschaft gelagert ist – teilweise sind etwas skurrile Betrachtungen erforderlich:

Beispiel 56:

Der HIV-infizierte B hatte ungeschützten Geschlechtsverkehr mit der eingeweihten Z, die sich bei ihm ansteckte.

Wer hat die Tatherrschaft beim Geschlechtsverkehr inne?
Rspr. und Lit. gehen offenbar vom penetrierenden Part aus, und zwar stellungsunabhängig und unabhängig davon, von wem die Initiative ausging.
Ob dies zutreffend ist und ob ganz allgemein der – faktisch zu betrachtenden – Tatherrschaft im Rahmen einer normativen Bewertung (!) auf Ebene der objektiven Zurechnung die entscheidende Rolle zufallen kann, erscheint zweifelhaft. Eine überzeugende Lösung dürfte weniger darin zu sehen sein, die Unterscheidung von Selbst- und Fremdgefährdungen zu nivellieren, als darin, erstens die Anforderungen an die rechtfertigende Einwilligung für Fälle der Fremdgefährdung nicht zu überspannen und zweitens nicht allzu rasch eine (Mit-)Tatherrschaft des Geschädigten zu verneinen.

4. Nichtinanspruchnahme ärztlicher Behandlung

Einen Sonderfall bildet die medizinisch völlig unvernünftige (z.B. religiös motivierte) **Nichtinanspruchnahme ärztlicher Behandlung** durch den Verletzten.[25] Hier folgt eine bewusste Selbstgefährdung auf eine zuvor erlittene Fremdschädigung.

---

[25] S. Kindhäuser, LPK, 6. Aufl. 2015, vor § 13 Rn. 151; aus der Rspr. vgl. BGH U. v. 09.03.1994 - 3 StR 711/93 - NStZ 1994, 394 (Anm. Otto JK 1995 StGB § 226/6).

Beispiel 57:

OLG Celle U. v. 14.11.2000 – 32 Ss 78/00 – NJW 2001, 2816 = StV 2002, 366 (Anm. RA 2001, 554; RÜ 2002, 411; famos 10/2002; Walther StV 2002, 367): B fuhr in einen Kreuzungsbereich ein und übersah ein „Stop"-Zeichen sowie das Kfz des ebenfalls in die Kreuzung einfahrenden und vorfahrtsberechtigten Rentners G. Durch den Unfall erlitt G starke Thoraxprellungen. Nach ärztlicher Erstversorgung im Kreiskrankenhaus wurde er zunächst nach Hause entlassen, jedoch auf Grund starker Schmerzen im Brustbereich später stationär im Kreiskrankenhaus aufgenommen. Bei der Untersuchung ergab sich der Verdacht auf eine Aortendissektion. G lehnte jedoch jegliche eingreifende Behandlung einschließlich einer kardiologischen Diagnostik ab. G starb.

Die Verletzungserfolge sind B zweifelsfrei zuzurechnen. Der Tod des G geht jedoch einzig auf die unbegründete eigenverantwortliche Entscheidung des G zurück, keine eingreifende Behandlung zuzulassen.

Jeder Patient hat das Recht, das Ob und Wie seiner Behandlung zu bestimmen. Dem Erstschädiger sind Folgen dieser Entscheidung aber jedenfalls dann nicht mehr objektiv zuzurechnen, wenn die Entscheidung nicht durch verständliche Gründe (z.B. medizinische Risiken eines Eingriffs) zu erklären ist.

5. Herausforderung (Rettung, Verfolgung)

▶ **Didaktischer Aufsatz:**
  • Satzger, Die sog. „Retterfälle" als Problem der objektiven Zurechnung, Jura 2014, 695

Eine weitere Konstellation der Selbstgefährdung bilden die sog. **Herausforderungsfälle**.[26] Hier geht es um gefährliche **Rettungsmaßnahmen** und **Verfolgungen**; eine ähnliche Problematik stellt sich auch im Zivilrecht.[27]

---

[26] Hierzu Kindhäuser, LPK, 6. Aufl. 2015, vor § 13 Rn. 152ff.; ausf. Frisch FS Nishihara 1998, 66; Radtke/Hoffmann GA 2007, 201; Roxin FS Puppe 2011, 909; Beckemper FS Roxin 2011, 397; Stuckenberg FS Roxin 2011, 411; Satzger Jura 2014, 695; aus der Rspr. vgl. OLG Stuttgart B. v. 20.02.2008 - 4 Ws 37/08 - NJW 2008, 1971 = NStZ 2009, 331 (Anm. Puppe, AT, 3. Aufl. 2016, § 5 Rn. 14ff.; Geppert JK 2008 StGB § 222/7; Kudlich JA 2008, 740; LL 2008, 820; RÜ 2008, 434; RA 2008, 462; Lampe jurisPR-StrafR 12/2008 Anm. 3; famos 7/2009; Puppe NStZ 2009, 333; Radtke/Hoffmann NStZ-RR 2009, 52; Furukawa GA 2010, 169).

[27] S. Flume, in: BeckOK-BGB, Stand 01.11.2016, § 249 Rn. 321ff.

Beispiel 58:

BGH U. v. 08.09.1993 – 3 StR 341/93 – BGHSt 39, 322 = NJW 1994, 205 = NStZ 1994, 83 = StV 1995, 77 (Anm. Puppe, AT, 3. Aufl. 2016, § 6 Rn. 10ff.; Otto JK 1994 StGB vor § 13/3; Meindl JA 1994, 100; Alwart NStZ 1994, 84; Amelung NStZ 1994, 338; Sowada JZ 1994, 663; Bernsmann/Zieschang JuS 1995, 775; Derksen NJW 1995, 240; Günther StV 1995, 78):
B zündete das Haus der Familie G an. Im Obergeschoss, in dem der Brand gelegt worden war, befanden sich ein Gast und der zwölfjährige Bruder des G. Der Gast starb in den Flammen, das Kind rettete sich über ein Vordach des Hauses. G, der dies nicht wusste, ging in das Haus, um entweder irgendwelche Sachen oder Menschen, etwa das Kind, zu retten. Bei diesem Bemühen erlitt er eine Kohlenmonoxyd-Vergiftung, an der er starb.

Ist der Tod des G noch dem B insofern zuzurechnen, als er durch das Anzünden des Hauses das Risiko geschaffen hat, dass etwaige Retter in den Flammen umkommen? Oder lässt der Todesfall sich nur der risikobehafteten Entscheidung des G zuschreiben, erneut das Haus zu betreten?

Es ist umstritten, ob ein aufgrund von Rettungs- oder Verfolgungsmaßnahmen eingetretener Erfolg (z.B. Tod) demjenigen zuzurechnen ist, der die Maßnahme vorwerfbar erforderlich machte.

Einerseits fasst ein Retter oder Verfolger einen eigenen Entschluss, sich zu gefährden, wenn er sich der Gefahrenstelle nähert oder Wagnisse beim Verfolgen eines Flüchtigen eingeht.[28]

Andererseits sind zumindest Amtsträger nicht frei in ihrer Entscheidung, da sie berufsbedingte besondere Gefahrtragungspflichten innehaben und es ihnen daher an einer Eigenverantwortlichkeit fehlt; jedenfalls motivatorisch ähnlich liegt es bei privaten Helfern, deren Eingreifen auch jenseits einer Rechtspflicht oft höchst verständlich ist und daher ebenfalls der Risikosphäre des Täters zuzurechnen ist.

Allerdings gilt diese Zurechnung nicht grenzenlos, so dass nach einer gewissermaßen vermittelnden h.M.[29] eine Zurechnung dort ihre Grenze findet, wo der Geschädigte grob fahrlässig gegen seine Obliegenheiten verstößt oder von vornherein sinnlose oder offensichtlich unverhältnismäßige Wagnisse, also ein gänzlich unvertretbares Risiko, eingeht.[30]

---

[28] Gegen eine Zurechnung daher z.B. Rengier JuS 1998, 397 (400).

[29] Vgl. Wessels/Beulke/Satzger, AT, 46. Aufl. 2016, Rn. 192a; Fischer, StGB, 64. Aufl. 2017, vor § 13 Rn. 36c.

[30] S. auch OLG Stuttgart B. v. 20.02.2008 - 4 Ws 37/08 - NJW 2008, 1971 (1972).

VI. Fehlende Risikoerhöhung; Risikoverringerung

Wer eine bereits bestehende Gefahr mildert oder sie jedenfalls nicht erhöht, der ist zwar für den eingetretenen Erfolg in der konkreten Gestalt kausal, der Erfolg ist ihm aber nicht objektiv zuzurechnen.[31] Es handelt sich um eine Ausnahme von der Irrelevanz hypothetischer Kausalverläufe.

Beispiel 59:

B1 wollte Z mit dem Hammer am Kopf verletzen und holte aus. B2 fiel dem B1 in den Arm und es gelang ihm, den Schlag so abzulenken, dass Z nur am Arm getroffen wurde.

Die h.M.[32] hält derartige Rettungshandlungen nicht erst aufgrund mutmaßlicher Einwilligung oder rechtfertigenden Notstands (§ 34 StGB) für gerechtfertigt, sondern schließt bereits die objektive Zurechnung und damit den Tatbestand aus, wenn der Erfolg nach hypothetischem Kausalverlauf auch ohne Täterhandeln zur gleichen Zeit und mit (mindestens) gleicher Intensität bei demselben Geschädigten eingetreten wäre.

Problematisch ist dabei, Milderungen desselben Risikos abzugrenzen von der Schaffung eines gänzlich neuen Risikos.

Beispiel 60:

vgl. BGH U. v. 28.07.1970 – 1 StR 175/70 (Anm. Ulsenheimer JuS 1972, 252; Spendel JZ 1973, 137):
B1 und sein Kind wurden in der Dachgeschosswohnung des B1 von einem ausgebrochenen Feuer überrascht. Das Treppenhaus war nicht mehr passierbar. B1 entschied sich daher, sein Kind einem unten bereitstehenden Helfer zuzuwerfen, obwohl er wusste, dass dieses verletzt würde, was auch geschah.

Sieht man das Verletzungsrisiko infolge des Herabwerfens gegenüber dem Risiko, aufgrund des Feuers zu ersticken oder zu verbrennen, als eigenständig an, so liegt ein objektiv zurechenbarer Erfolg vor und es kommt lediglich eine Rechtfertigung in Betracht.

---

[31] Ausf. Schaffstein FS Honig 1970, 169; Stratenwerth FS Gallas 1973, 227; Sancinetti FS Jakobs 2007, 583; Kindhäuser ZStW 2008, 481; de Sousa Mendes GA 2011, 557; Pest/Merget JR 2014, 166; aus der Rspr. vgl. OLG Stuttgart B. v. 19.06.1979 - 3 Ss (8) 237/79 - NJW 1979, 2573 (Anm. Hassemer JuS 1979, 907; Geppert JK 1980 StGB § 263/5; Joecks JA 1980, 127; Loos NJW 1980, 847; Frank NJW 1980, 848; Müller JuS 1981, 255; Heid JuS 1982, 22).

[32] Vgl. zsf. und krit. Kindhäuser, LPK, 6. Aufl. 2015, vor § 13 Rn. 109ff.

C. Fallgruppen zur zweifelhaften Realisierung der Gefahr im tatbestandsmäßigen Erfolg

Die zweite Säule an Fallgruppen zweifelhafter objektiver Zurechnung ist bei der Realisierung eines vom Täter gesetzten rechtlich missbilligten Risikos im tatbestandsmäßigen Erfolg, d.h. bei der zweiten Hälfte der Grunddefinition der objektiven Zurechnung, anzusiedeln. Hier stellt sich jeweils die Frage, ob die strafrechtliche Verbotsnorm noch den Zweck hat, das Geschehen zu sanktionieren (**Schutzzweck der Norm i.w.S.**).

I. Atypischer Kausalverlauf

▶ **Didaktischer Aufsatz:**
- Rudolphi, Vorhersehbarkeit und Schutzzweck der Norm in der strafrechtlichen Fahrlässigkeitslehre, JuS 1969, 549

Dem Täter sind Erfolge nicht zuzurechnen, deren Eintritt auf einen atypischen Kausalverlauf zurückgeht.[33]

Von einem atypischen (anschaulich auch: abenteuerlichen) Kausalverlauf spricht man allerdings erst dann, wenn dieser objektiv **völlig außerhalb der allgemeinen Lebenserfahrung** liegt, somit eher der blinde Zufall waltet und sich ein allgemeines Lebensrisiko verwirklicht, nicht aber das vom Täter gesetzte.[34]

Es handelt sich um eine sehr freie Wertung – mit daraus resultierenden Abgrenzungsschwierigkeiten und Kontroversen –, bei der natürlich die Wahrscheinlichkeit von Kausalverläufen die zentrale Rolle spielt, ohne dass man freilich die Wahrscheinlichkeiten empirisch ermitteln würde. Der atypische Kausalverlauf wird bei alledem sehr restriktiv gehandhabt.

Beispiel 61:

B verprügelte G, der in ein Krankenhaus eingeliefert wurde. Aufgrund eines Feuers in der Klinik verbrannte G.

Abgesehen von solchen Lehrbuchfällen überwiegen bei Weitem die Fallkonstellationen, bei denen der Erfolg trotz relativer Unwahrscheinlichkeit zugerechnet wird, z.B. bei atypischen Konstitutionen des Geschädigten.[35] Auch medizinische Raritäten sind zurechenbar.

---

[33] Hierzu vgl. Rudolphi JuS 1969, 549; Triffterer FS Bockelmann 1979, 201; Burkhardt FS Nishihara 1998, 15; aus der Rspr. vgl. OLG Karlsruhe B. v. 09.06.1976 - 2 Ss 111/76 (Herzinfarkt der Unfallzeugin) - NJW 1976, 1853 (Anm. Hassemer JuS 1977, 52).

[34] Vgl. Kühl, AT, 8. Aufl. 2017, § 4 Rn. 61ff.

[35] Vgl. B. Heinrich, AT, 5. Aufl. 2016, Rn. 249; aus der Rspr. vgl. BGH U. v. 09.12.1959 - 2 StR 489/59 (Bluter) - BGHSt 14, 52 = NJW 1960, 876.

Beispiel 62:

BGH U. v. 03.02.1976 – VI ZR 235/74 – NJW 1976, 1143:
B beschimpfte Z. Bei diesem wurde infolge seiner Erregung ein Blutgefäß im Gehirn beschädigt, wodurch wiederum zeitweilig schwere Sprach- und Gliederlähmungen hervorgerufen werden.

Beispiel 63:

BGH U. v. 15.11.2007 – 4 StR 453/07 – NStZ 2008, 686 = StV 2008, 406 (Anm. Jahn JuS 2008, 273; RA 2008, 103; Hardtung StV 2008, 407; Dehne-Niemann StraFo 2008, 126; Satzger JK 2009 StGB § 227 I/4):
B trat G mit der Spitze des beschuhten Fußes kräftig gegen den Oberkörper. B traf den Oberkörper des G unmittelbar unterhalb des Rippenwinkels und löste über das sog. Sonnengeflecht eine Reaktion des Nervus vagus (10. Hirnnerv) des parasympatischen Nervensystems aus, die zum Herzstillstand führte. Der Reflextod wurde durch organische Veränderungen am Herzmuskel des Tatopfers nach einer Herzmuskelentzündung begünstigt.

Gleiches muss für Schockschäden gelten.[36]

Einen Sonderfall des atypischen Kausalverlaufs bildet das Dazwischentreten eines anderen, s.u. IV.

II. Rechtswidrigkeits- / Pflichtwidrigkeitszusammenhang / rechtmäßiges Alternativverhalten

▶ **Didaktische Aufsätze:**
  • Rudolphi, Vorsehbarkeit und Schutzzweck der Norm in der strafrechtlichen Fahrlässigkeitslehre, JuS 1969, 549
  • Schlüchter, Zusammenhang zwischen Pflichtwidrigkeit und Erfolg bei Fahrlässigkeittatbeständen, JA 1984, 673
  • Bindokat, Verursachung durch Fahrlässigkeit, JuS 1985, 32
  • Magnus, Der Pflichtwidrigkeitszusammenhang im Strafrecht, JuS 2015, 402

---

[36] Hierzu Freund, in: MK-StGB, 3. Aufl. 2017, vor § 13 Rn. 430; Sowada FS Beulke 2015, 283; aus der Rspr. vgl. OLG Karlsruhe B. v. 09.06.1976 - 2 Ss 111/76 (Herzinfarkt der Unfallzeugin) - NJW 1976, 1853 (Anm. Hassemer JuS 1977, 52).

Von fehlendem Rechtswidrigkeits- oder Pflichtwidrigkeitszusammenhang[37] spricht man jedenfalls, wenn sicher feststeht, dass der Erfolg auch im hypothetischen Fall einer erlaubt riskanten Handlung eingetreten wäre. Dann hat sich im Erfolg gerade nicht das missbilligte Risiko der Rechtswidrigkeit bzw. Pflichtwidrigkeit des Verhaltens realisiert, sondern das gebilligte Risiko des Verhaltens als solches. In diesen Fällen scheidet die objektive Zurechnung unstrittig aus.[38]

Beispiel 64:

BGH U. v. 27.04.1966 – 2 StR 36/66 (Vollnarkose/Herzfehler) – BGHSt 21, 59 = NJW 1966, 1871 (Anm. Wessels JZ 1967, 449):
Zahnarzt B operierte die G unter Vollnarkose, woran diese aufgrund eines Herzfehlers starb. B unterließ vor der Narkose die angesichts der Krankengeschichte der G angezeigte internistische und anästhetische Untersuchung. Diese hätte den Herzfehler aber ohnehin nicht zu Tage gebracht.

B handelte pflichtwidrig, als er die angezeigte Untersuchung unterließ. Wenn diese den Herzfehler aber auch nicht ausfindig gemacht hätte, realisierte sich im Tod der G nicht das Risiko der unterlassenen Untersuchung, sondern das Risiko der Operation.

Strittig ist die Rechtslage, wenn – wie häufig – nicht sicher feststeht, ob der Erfolg auch bei pflichtgemäßem Verhalten eingetreten wäre, sondern nur eine (ggf. hohe) Wahrscheinlichkeit dafür besteht.

Beispiel 65:

BGH B. v. 25.09.1957 – 4 StR 354/57 (Radfahrer) – BGHSt 11, 1 = NJW 1958, 149 (Anm. Roxin, Höchstrichterliche Rspr. AT, 1998, Nr. 6; Hemmer-BGH-Classics Strafrecht, 2003, Nr. 2; Puppe, AT, 3. Aufl. 2016, § 3 Rn. 18ff.; Mezger JZ 1958, 281; Fuchs DAR 1960, 5; Spendel JuS 1964, 14):
B lenkte am 16.03.1956 gegen 17.30 Uhr einen 18 m langen Lastzug auf der Bundesstraße 70 von R. nach L. Die Straße war gerade und übersichtlich, ihre

---

[37] Hierzu Hillenkamp/Cornelius, 32 Probleme aus dem Strafrecht AT, 15. Aufl. 2017, 31. P.; Baumann DAR 1955, 210; Kaufmann FS Schmidt 1961, 200; Roxin ZStW 1962, 411; Mühlhaus DAR 1965, 35; Rudolphi JuS 1969, 549; Ulsenheimer JZ 1969, 364; Seebald GA 1969, 193; Mühl DAR 1972, 47; Mühlhaus DAR 1972, 169; Stratenwerth FS Gallas 1973, 227; Bindokat JZ 1977, 549; Otto NJW 1980, 417; Wachsmuth/Schreiber NJW 1982, 2094; Schlüchter JA 1984, 673; Ranft NJW 1984, 1425; Krümpelmann GA 1984, 491; Bindokat JuS 1985, 32; Kaufmann FS Jescheck 1985, 273; Krümpelmann FS Jescheck 1985, 313; Küper FS Lackner 1987, 247; Jordan GA 1997, 349; Burgstaller FS Moos 1997, 55; Puppe FS Roxin 2001, 287; Greco ZIS 2011, 674; Weber FS Puppe 2011, 1059; Dehne-Niemann GA 2012, 89; Gössel FS Frisch 2013, 423; Puppe FS Frisch 2013, 447; Schmoller FS Wolter 2013, 479; Magnus JuS 2015, 402; Haas GA 2015, 86; aus der Rspr. vgl. jüngst OLG Hamburg B. v. 08.06.2016 - 1 Ws 131/16 - NStZ 2016, 530 (Anm. RÜ 2016, 640; Miebach NStZ 2016, 536; Wilhelm HRRS 2017, 68).

[38] S. nur Fischer, StGB, 64. Aufl. 2017, vor § 13 Rn. 29.

geteerte und leicht gewölbte Fahrbahn etwa 6 m breit. Auf dem Seitenstreifen rechts daneben fuhr ein Radler in der gleichen Richtung, den B mit einer Geschwindigkeit von 26 bis 27 km/h überholte. Der Seitenabstand vom Kastenaufbau des Anhängers zum linken Ellbogen des Radfahrers betrug dabei 75 cm. Während des Überholvorganges geriet der Radfahrer mit dem Kopf unter die rechten Hinterreifen des Anhängers, wurde überfahren und war auf der Stelle tot. Eine später der Leiche entnommene Blutprobe ergab einen Blutalkoholgehalt von 1,96‰, der auch für den Zeitpunkt des Unfalls gilt. Der tödliche Unfall würde sich mit hoher Wahrscheinlichkeit auch bei pflichtgemäßem Verhalten des B ereignet haben. Die Umstände, aus denen sich dies ableitet, sind: unbedingte Fahruntüchtigkeit des Radfahrers infolge hohen Blutalkoholgehaltes, eine dadurch bewirkte starke Minderung seiner Wahrnehmungs- und Reaktionsfähigkeit, die in Übereinstimmung mit einem Sachverständigen bejahte Wahrscheinlichkeit, dass der Radfahrer das Fahrgeräusch des Lastzuges zunächst nicht wahrnahm, dann plötzlich, als er seiner innewurde, heftig erschrak, besonders stark reagierte und dabei völlig ungeordnet und unvernünftig sein Fahrrad nach links zog, eine Verhaltensweise, wie sie für stark angetrunkene Radfahrer typisch sei.

Beispiel 66:

RG U. v. 23.04.1929 – I 1265/28 (Ziegenhaar) – RGSt 63, 211:
B bezog für seine Pinselfabrik von einer Händlerfirma chinesische Ziegenhaare und ließ diese trotz der Mitteilung der Händlerfirma, dass er sie desinfizieren müsse, ohne vorherige Desinfektion durch seine Arbeiter zu Pinseln verarbeiten. Ein Arbeiter und drei Arbeiterinnen, die mit der Herstellung der Pinsel beschäftigt waren, und eine Arbeiterin, die mit den ersteren in Berührung kam, wurden durch Milzbrandbazillen, mit denen die Haare behaftet waren, angesteckt; die vier Arbeiterinnen sind an Milzbrand gestorben. Allerdings waren die zugelassenen Desinfektionsarten unsicher und boten keine genügende Gewähr für wirkliche Keimfreiheit der Haare; es war also nicht ausgeschlossen, dass die Ansteckung der fünf Personen auch nach Anwendung einer der drei an sich zugelassenen Desinfektionsverfahren eingetreten wäre.

Nach Rspr.[39] und wohl h.L.[40] scheidet schon dann eine Zurechnung aus, wenn der Erfolg bei pflichtgemäßem Verhalten wegen eines Fehlverhaltens des Opfers aufgrund konkreter Anhaltspunkte möglicherweise eingetreten wäre (sog. **Vermeidbarkeitstheorie**[41]). Hiernach mangelte es in den Beispielsfällen an der objektiven Zurechenbarkeit: Die Erfolge waren durch pflichtgemäßes Handeln nicht (sicher) vermeidbar.

---

[39] S.o., z.B. BGH B. v. 25.09.1957 - 4 StR 354/57 (Radfahrer) - BGHSt 11, 1 (3ff.); BGH U. v. 27.04.1966 - 2 StR 36/66 (Vollnarkose/Herzfehler) - BGHSt 21, 59 (61).
[40] Joecks, StGB, 11. Aufl. 2014, § 222 Rn. 22; Fischer, StGB, 64. Aufl. 2017, vor § 13 Rn. 29.
[41] S. z.B. B. Heinrich, AT, 5. Aufl. 2016, Rn. 1045.

Die Gegenauffassung[42] – die sog. **Risikoerhöhungslehre** – verneint eine Zurechnung nur dann, wenn der Erfolg mit Sicherheit ebenso eingetreten wäre; steht demgegenüber die Setzung eines unerlaubten Risikos fest (dergestalt, dass bei pflichtgemäßem Verhalten der Erfolg nur mit einer gewissen Wahrscheinlichkeit eingetreten
wäre, durch das vorliegende Verhalten aber wirklich eingetreten ist, i.e. Risikoerhöhung), so soll die bloße Wahrscheinlichkeit des alternativen Erfolgseintritts bei
pflichtgemäßem Verhalten die Zurechnung nicht ausschließen.

Zum gleichen Ergebnis kommt eine ältere Auffassung (sog. reine Kausalitäts-
theorie), nach der gänzlich irrelevant ist, ob bei pflichtgemäßem Verhalten der
Erfolg gleichsam eingetreten wäre.[43]

Gleiches gilt schließlich dann, wenn man mit Teilen der Lehre[44] auf eine **Dop-
pelkausalität von Sorgfaltspflichtverletzungen** abstellt: Hier wird, ähnlich wie
bei der Mehrfachkausalität, darauf abgestellt, dass in Fällen kumulativen Zusammenwirkens alle Faktoren zurechnungsbegründend wirken, so dass eine objektive
Zurechnung auch dann anzunehmen ist, wenn erst eine weitere unerlaubt riskante
Handlung (des Opfers oder eines Dritten) in Verbindung mit der unerlaubt riskanten
Handlung des Täters den Erfolg herbeiführt.

Überzeugender ist es, entgegen der h.M. den Erfolg zuzurechnen: War die
unerlaubt riskante Handlung des Täters Teil des Geschehens, welches zum
Erfolg führte, so lässt sich dies durchaus als eine Herbeiführung z.B. des Todes
„durch" Fahrlässigkeit i.S.d. § 222 StGB ansehen. Ebenso wie bei der Kausalität gilt es, hypothetische Erwägungen soweit wie möglich auszublenden. Erst
wenn das Ausbleiben des Erfolgs bei pflichtgemäßem Verhalten sicher feststeht,
ist die unerlaubt riskante Handlung normativ nicht mehr als Teil des Geschehens
anzusehen.

Zwar wird der Risikoerhöhungslehre vorgeworfen, Verletzungsdelikte in
Gefährdungsdelikte zu verwandeln; allerdings geht dies insofern fehl, als sich
durchaus das gesetzte Risiko im Erfolg verwirklicht, solange nicht *ex post* feststeht, dass die Einhaltung der Sorgfaltspflicht gänzlich und feststehend sinnlos
gewesen wäre. Entsprechend liegt auch kein Verstoß gegen *in dubio pro reo* vor:
Zum einen muss dem Täter überhaupt die Risikosetzung nachgewiesen werden,
zum anderen verweigert man auch sonst dem Täter eine Entlastung durch Hinweis
auf Fehlverhalten anderer. Deutlich wird beides, wenn man von der Kausalität der
Sorgfaltspflichtverletzung spricht: An einer solchen Kausalität ändert sich durch
weitere Beiträge (des Geschädigten) nichts, solange diese den vom Täter gesetzten
Beitrag nicht gänzlich überholen.[45] Ohnehin gilt *in dubio pro reo* nur für Tatsa-
chen-, nicht für Rechtsfragen.

---

[42] Etwa Lackner/Kühl, StGB, 28. Aufl. 2014, § 15 Rn. 22 m w N

[43] Spendel JuS 1964, 14; zsf. B. Heinrich, AT, 5. Aufl. 2016, Rn. 1043.

[44] Puppe, AT, 3. Aufl. 2016, § 3 Rn. 1ff., 13ff.; Hoyer, in: SK- StGB, 39. Lfg. 2004, Anh. zu § 16
Rn. 66ff.

[45] Vgl. Puppe, AT, 3. Aufl. 2016, § 3 Rn. 1ff., 13ff.

Ferner zeitigt die h.M. unbefriedigende Ergebnisse aufgrund mangelnder Erfolgszurechnung, da sich recht häufig nicht ausschließen lassen wird, dass der Erfolg
auch bei pflichtgemäßem Verhalten eingetreten wäre.

III. Schutzzweck der Norm (Schutzzweckzusammenhang)

▶   **Didaktischer Aufsatz:**
   • Rudolphi, Vorhersehbarkeit und Schutzzweck der Norm in der straf-
     rechtlichen Fahrlässigkeitslehre, JuS 1969, 549

Im Erfolg muss sich diejenige missbilligte Gefahr niedergeschlagen haben, deren
Eintritt nach dem Schutzzweck der einschlägigen Norm vermieden werden sollte.[46]
Die Setzung eines unerlaubten Risikos realisiert sich dann nicht im Erfolg, wenn
dieser aus Gründen eintritt, die mit dem Sinn der Verbotsvorschrift nichts mehr zu
tun haben.

Beispiel 67:

**BGH B. v. 06.11.1984 – 4 StR 72/84 – BGHSt 33, 61 = NJW 1985, 1350
(Anm. Puppe, AT, 3. Aufl. 2016, § 4 Rn. 19ff.; Hemmer-BGH-Classics Straf-
recht, 2003, Nr. 3; Otto JK 1985 StGB § 230/2; Hassemer JuS 1985, 733;
Streng NJW 1985, 2809; Ebert JR 1985, 356; Puppe JZ 1985, 295):**
B befuhr eine Landstraße mit einer Geschwindigkeit von 140 km/h. An einer
Kreuzung näherte sich von links ein anderes Fahrzeug, das Z steuerte. Beide
Fahrzeuge stießen zusammen; Z erlitt schwere Verletzungen. Hätte sich B der
Kreuzung mit der hier zulässigen Höchstgeschwindigkeit von 100 km/h genä-
hert, hätte er ebenfalls nicht mehr zum Stehen kommen können. Er wäre aber 0,3
Sekunden später am Ort des Zusammenstoßes angelangt. In dieser Zeitspanne
hätte Z die Fahrspur des B gänzlich überquert, so dass es nicht zu einer Kollision
gekommen wäre.

Der Sinn einer Geschwindigkeitsbegrenzung liegt nicht darin, das Ankommen an
einem bestimmten Ort zu verzögern; eine objektive Zurechnung scheidet richtigerweise aus.

---

[46] Hierzu ausf. Rudolphi JuS 1969, 549; Roxin FS Gallas 1973, 241; Krümpelmann FS Bockelmann 1979, 443; Otto NJW 1980, 417; Puppe ZStW 1987, 595; Puppe FS Bemmann 1997, 227;
aus der Rspr. vgl. jüngst OLG Hamm B. v. 20.08.2015 - 5 RVs 102/15 - NStZ-RR 2016, 27 (Anm.
Satzger Jura 2016, 1456; Eisele JuS 2016, 80; famos 4/2016; Rostalski jurisPR-StrafR 2/2016
Anm. 2).

Beispiel 68:

RG U. v. 20.01.1930 – II 230/29 – RGSt 63, 392 (Anm. Puppe, AT, 3. Aufl. 2016, § 3 Rn. 5):
Die Brüder Josef und Paul B fuhren in dunkler Nacht auf unbeleuchteten Fahrrädern auf der Landstraße, und zwar Paul B rechts, Josef B schräg links hinter ihm, etwa in der Mitte der Straße. An einer Wegegabelung stieß das Rad des Josef B, der wegen Wind und Regens mit gesenktem Kopfe fuhr, mit dem entgegenkommenden Fahrrade des Landwirts G zusammen, das gleichfalls nicht beleuchtet war. G stürzte vom Rad, blieb einige Zeit besinnungslos liegen, erhob sich dann, fiel gleich darauf in den Straßengraben; er konnte sich aber, nachdem die Brüder B ihn aufgerichtet und sich entfernt hatten, das Rad schiebend oder auf ihm fahrend, noch etwa 2 km fortbewegen; dann kam er vom Wege ab, fiel in einen Mühlgraben und ertrank in ihm. Beim Sturz vom Rade hatte er einen Schädelbruch mit Blutaustritt ins Gehirn erlitten, der wahrscheinlich für sich allein auch zum Tode geführt hätte. Er hatte aber zur Folge, dass G wie ein Betrunkener stark benommen war, infolgedessen vom Wege abkam, in den Mühlgraben stürzte und sich aus dem nur 75 cm tiefen Gewässer nicht heraushelfen konnte, sondern in ihm ertrank.

Strafbarkeit auch des Paul B? Zwar fuhr auch Paul ohne Licht, mangels Kollision realisierte sich dieses rechtlich missbilligte Risiko aber nicht. Die Tatsache, dass der Lichtschein seiner Lampe den Josef sichtbar gemacht hätte, führt nicht zu einem anderen Ergebnis: Die Beleuchtungspflicht für Radfahrer ist nicht dafür gedacht, andere Radfahrer sichtbar zu machen. Da der Schutzzweck der Norm (hier der Beleuchtungspflicht, vgl. § 17 StVO) nicht erfüllt ist, liegt keine objektive Zurechenbarkeit vor.

Beispiel 69:

BGH U. v. 27.04.1966 – 2 StR 36/66 (Vollnarkose/Herzfehler) – BGHSt 21, 59 = NJW 1966, 1871 (Anm. Wessels JZ 1967, 449):
Zahnarzt B operierte die G unter Vollnarkose, woran diese aufgrund eines Herzfehlers starb. Hätte B vor der Narkose die angesichts der Krankengeschichte der G angezeigte internistische und anästhetische Untersuchung nicht unterlassen, so wäre die G jedenfalls später behandelt worden und später gestorben.

Die Pflicht, vor einer Vollnarkose bestimmte Untersuchungen vorzunehmen, dient nicht der Verzögerung der Operation.

IV. Eigenverantwortliches Dazwischentreten eines anderen; Regressverbot?

Zwischen der Handlung des zu prüfenden Beteiligten und dem Erfolgseintritt sind u.U. andere Menschen tätig. Dies ist nicht ohne Weiteres so ungewöhnlich, als dass

von einem atypischen Kausalverlauf auszugehen ist; auch liegt meist keine überholende, sondern eine mehrstufige Kausalität vor. Allerdings ist fraglich, ob nur der
„Dazwischentretende" (als Letzthandelnder) strafrechtlich verantwortlich ist oder
auch der Ersthandelnde.[47]

Man unterscheidet danach, ob der „Dazwischentretende" vorsätzlich oder fahrlässig handelte.

1. Vorsätzliches Dazwischentreten

▶ **Didaktischer Aufsatz:**
  • Mitsch, Fahrlässige Tötung oder fahrlässige Beihilfe zum Totschlag?,
    ZJS 2011, 128

Es ist strittig, ob die objektive Zurechnung ausgeschlossen ist (sog. Regressverbot),
wenn ein anderer vorsätzlich und schuldhaft dazwischentritt.[48]

Beispiel 70:

**vgl. BGH U. v. 13.11.2003 – 5 StR 327/03 (Klinikausbruch) – BGHSt 49,
1 = NJW 2004, 237 = NStZ 2004, 151 = StV 2004, 484 (Anm. Puppe, AT, 3.
Aufl. 2016, § 2 Rn. 1ff.; Otto JK 2004 StGB vor § 13/16 und § 25 I/8; Ogorek
JA 2004, 356; LL 2004, 188; RÜ 2004, 34; RA 2004, 118; famos 1/2004;
Puppe NStZ 2004, 554; Roxin StV 2004, 485; Pollähne JR 2004, 429; Saliger
JZ 2004, 977; Neubacher Jura 2005, 857:**
Psychiaterin B1 ermöglichte dem untergebrachten B2 trotz erkannter Gefähr-
lichkeit des B2 einen Ausgang, den B2 u.a. für zwei Morde nutzte.

Ist nur B2 zu bestrafen wegen Mordes, §§ 212 I, 211 StGB oder zusätzlich auch
B1 wegen fahrlässiger Tötung gem. § 222 StGB?

Beispiel 71:

**BGH B. v. 22.03.2012 – 1 StR 359/11 (Winnenden) – NStZ 2013, 238 = StV
2013, 1 (Anm. Bosch JK 2012 StPO § 53/10; Jäger JA 2012, 634; LL 2012,
495 und 581; RÜ 2012, 438; RA 2012, 422; Berster ZIS 2012, 623; Widmaier
NStZ 2013, 239; Braun JR 2013, 37):**
Unter Verstoß gegen § 36 WaffG bewahrte B1 eine Schusswaffe und die dazu-
gehörige Munition in einem Schlafzimmerschrank auf. B2 nahm diese an sich
und erschoss 15 Menschen, 14 Menschen wurden verletzt.

---

[47] Zum „Dazwischentreten" B. Heinrich, AT, 5. Aufl. 2016, Rn. 253ff., 1050ff.

[48] Hierzu Hillenkamp/Cornelius, 32 Probleme aus dem Strafrecht AT, 15. Aufl. 2017, 32. P.;
Naucke ZStW 1964, 409; Jakobs ZStW 1977, 1; Bindokat JZ 1986, 421; Roxin FS Tröndle 1989,
177; Hruschka ZStW 1998, 581; Saito FS Roxin 2001, 261; Otto FS Lampe 2003, 491; Mitsch ZJS
2011, 128; Radtke FS Puppe 2011, 831.

Hat sich B1 wegen fahrlässiger Tötung gem. § 222 StGB und fahrlässiger Körperverletzung gem. § 229 StGB strafbar gemacht oder scheidet eine objektive Zurechnung aufgrund Dazwischentretens des B2 aus?

Nach heute ganz h.M.[49] existiert ein „Regressverbot" jedenfalls dann nicht, wenn der Ersthandelnde Garant ist bzw. die verletzte Sorgfaltspflicht gerade solche Risiken verringern sollte, welche in den Erfolg mündeten. Dies trifft z.B. auf das Unterbringungsrecht und auf die Pflichten zur Aufbewahrung von Waffen zu.

Zwar wird vereinzelt noch eine umfassende Unterbrechung des Zurechnungszusammenhangs vertreten.[50] Jedoch widerspräche eine Ablehnung der Erfolgszurechnung dem vom Gesetzgeber intendierten Anreiz zur Einhaltung der Sorgfaltspflichten, zumal erst eine Pönalisierung die Bedeutsamkeit der Gefahrenverhütung betont. Zwar ist das Anliegen – die Abschichtung von Verantwortungsbereichen – richtig, findet aber bei der Verletzung von Sorgfaltspflichten, welche gerade dem tatsächlich eingetretenen Geschehensablauf vorbeugen sollen, seine Grenze. Die vom Ersthandelnden geschaffene, mindestens abstrakte Gefahr wirkt weiter. Hieraus resultiert zwar eine doppelte Erfolgshaftung, dies ist aber nichts Besonderes, wie schon § 25 II StGB für den Fall der Mittäterschaft zeigt.

Kein Fall des Dazwischentretens ist anzunehmen, wenn der Zweittäter das Ersthandeln bewusst fortführt.[51] Die objektive Zurechnung liegt dann auch für den Ersttäter vor.

Beispiel 72:

BGH U. v. 30.08.2000 – 2 StR 204/00 (Pflegekinder) – NStZ 2001, 29 (Anm. Puppe, AT, 3. Aufl. 2016, § 10 Rn. 28ff.; RÜ 2000, 507; Otto JK 2001 StGB vor § 13/13; Trüg JA 2001, 365; RA 2001, 39):
B1 versetzte der G einen Messerstich, um diese zu töten, und hielt G für tot. B1 weihte B2 ein, damit dieser die Leiche entsorge. B2 erkannte allerdings, dass G noch lebte, und erschlug sie mit einer Wasserflasche.

Zum vorsätzlichen Dazwischentreten des **Geschädigten selbst** s.o.

2. Fahrlässiges Dazwischentreten

▶ **Didaktische Aufsätze:**
  • Rudolphi, Vorhersebarkeit und Schutzzweck der Norm in der strafrechtlichen Fahrlässigkeitslehre, JuS 1969, 549
  • Schneider, „The Fast and the Furious" – Zur Strafbarkeit von illegalen Autorennen bei Verletzung Unbeteiligter, ZJS 2013, 362

---

[49] S. nur B. Heinrich, AT, 5. Aufl. 2016, Rn. 101, 1053 m.w.N.

[50] Vgl. Otto, AT, 7. Aufl. 2004, § 6 Rn. 53ff. m.w.N.

[51] Vgl. B. Heinrich, AT, 5. Aufl. 2016, Rn. 253, Bsp. 3.

Ob und ggf. unter welchen Voraussetzungen ein fahrlässiges Dazwischentreten eines Dritten die objektive Zurechnung für den Ersthandelnden ausschließt, ist ebenfalls strittig.[52]

Diskutiert werden v.a. ärztliche Behandlungs- bzw. **„Kunstfehler".**[53]

Beispiel 73:

BGH B. v. 08.07.2008 – 3 StR 190/08 – NStZ 2009, 92 = StV 2009, 187 (Anm. RÜ 2008, 782; Geppert JK 2009 StGB § 227/5):
Zwischen B und seiner Ehefrau G kam es nach einem verbalen Streit zu einer tätlichen Auseinandersetzung. In deren Verlauf setzte sich der 128 kg schwere B mit Schwung auf den Brustkorb seiner mit dem Rücken am Boden liegenden Frau. Dadurch brachen die Rippen der G insgesamt 18 Mal. G wurde im Krankenhaus behandelt. Bei zwei Röntgenuntersuchungen diagnostizierten die Ärzte lediglich Frakturen von drei Rippen. G verstarb aufgrund eines toxisch-resorptiven Herz-/Kreislaufversagens infolge Sepsis bei insgesamt 18 Rippenserienfrakturen, oft mit Durchspießungen nach außen und innen, mit Vereiterung der rechten Brusthöhle als Folge der Rippenverletzungen.

Ist dem B der Tod der G zuzurechnen, obwohl die behandelnden Ärzte falsch diagnostizierten und so eine „Mitschuld" am Tod der G tragen?

Im obigen Beispiel handelt es sich nicht um einen Fall aktiver Risikosetzung durch die Ärzte (Eröffnung einer neuen Gefahrenquelle, etwa durch Medikamentenverabreichung oder einen Unfall/Kunstfehler[54]), sondern um eine evtl. pflichtwidrige Nichtabwendung des von B gesetzten Risikos.[55]
Z.T. wird in diesen Fällen stets von Zurechenbarkeit ausgegangen.[56]

---

[52] Hierzu Naucke ZStW 1964, 409; Rudolphi JuS 1969, 549; Jakobs ZStW 1977, 1; Burgstaller FS Jescheck 1985, 357; Roxin FS Tröndle 1989, 177; Otto FS Wolff 1998, 395; Hauck GA 2009, 280; Radtke FS Puppe 2011, 831; Schneider ZJS 2013, 362; aus der Rspr. vgl. BGH U. v. 30.06.1982 - 2 StR 226/82 (Hochsitz; Kunstfehler) - BGHSt 31, 96 = NJW 1982, 2831 = NStZ 1983, 21 = StV 1983, 61 (Anm. Kühl, Höchstrichterliche Rspr. BT, 2002, Nr. 31; Puppe, AT, 3. Aufl. 2016, § 10 Rn. 20ff.; Küpper JA 1983, 229; Hassemer JuS 1983, 227; Puppe NStZ 1983, 22; Schlapp StV 1983, 62; Hirsch JR 1983, 78; Stree JZ 1983, 75; Maiwald JuS 1984, 439); jüngst LG Köln U. v. 14.04.2016 - 117 KLs 19/15 (Anm Preuß HRRS 2017, 23).

[53] Hierzu zsf. Sternberg-Lieben, in: Sch/Sch, 29. Aufl. 2014, § 15 Rn. 169; aus der Rspr. vgl. OLG Celle U. v. 03.07.1957 - 1 Ss 177/57 - NJW 1958, 271; BGH U. v. 03.07.1959 - 4 StR 196/59 (Anm. Maurach GA 1960, 97); OLG Celle U. v. 14.11.2000 - 32 Ss 78/00 - NJW 2001, 2816 = StV 2002, 366 (Anm. RA 2001, 554; RÜ 2002, 411; famos 10/2002; Walther StV 2002, 367).

[54] Vgl. OLG Celle U. v. 03.07.1957 - 1 Ss 177/57 - NJW 1958, 271.

[55] Zu dieser Unterscheidung Kindhäuser, LPK, 6. Aufl. 2015, vor § 13 Rn. 145ff.

[56] Kindhäuser, LPK, 6. Aufl. 2015, vor § 13 Rn. 145.

Ein umfassendes Regressverbot für alle Fälle fahrlässigen Dazwischentretens wird heute nicht mehr vertreten.

Rspr.[57] und h.L.[58] differenzieren danach, ob sich der Tod oder die erschwerte Verletzung des Unfallopfers als eine Verwirklichung der von dem Täter pflichtwidrig geschaffenen Gefahr darstellt. In Bezug auf Behandlungsfehler wird darauf abgestellt, wie groß das Maß der Pflichtwidrigkeit der Ärzte war: Nur bei gravierenden Fehlern wird der Zurechnungszusammenhang unterbrochen.

Die Differenzierung nach dem Grad der Fahrlässigkeit (im medizinischen Bereich immerhin in Anlehnung an die *lex artis*) beinhaltet eine recht vage Wertung mit entsprechenden Abgrenzungsschwierigkeiten. Allerdings dürfte es überzeugen, im Bereich der medizinischen Behandlung der vom Täter zugefügten Verletzungen strenge Anforderungen bis hin zu einer kategorischen Ablehnung einer Unterbrechung zu vertreten, muss der Täter doch jedenfalls bei vorsätzlichen Körperverletzungen stets mit Unwägbarkeiten des darauf basierenden Geschehensablaufs rechnen. Anders mag es bei ganz anderen Pflichtwidrigkeiten Unbeteiligter sein, so dass man insofern von einem „Vertrauensgrundsatz" dahingehend sprechen könnte, dass der Ersthandelnde darauf vertrauen darf, dass die Konsequenzen seines Handelns nicht durch vorwerfbar handelnde Dritte verschlimmert werden.

In Fällen aktiver Risikosetzung muss Vergleichbares gelten, auch hier muss es auf das Ausmaß der „dazwischentretenden" Sorgfaltswidrigkeit ankommen.

Zu **Selbstgefährdungen des Opfers** vgl. schon oben.

Eine fahrlässige Mitschuld des Opfers[59] wird wie ein fahrlässiges Dazwischentreten behandelt und wirkt mithin nur in gravierenden Fällen zurechnungsausschließend.

---

[57] S.o.

[58] Sternberg-Lieben, in: Sch/Sch, 29. Aufl. 2014, § 15 Rn. 169 m.w.N.

[59] I.E. problematisch, vgl. Heuchemer, in: BeckOK-StGB, Stand 01.12.2016, § 13 Rn. 28; aus der Rspr. vgl. jüngst OLG Hamm B. v. 20.08.2015 - 5 RVs 102/15 - NStZ-RR 2016, 27 (Anm. Satzger Jura 2016, 1456; Eisele JuS 2016, 80; famos 4/2016; Rostalski jurisPR-StrafR 2/2016 Anm. 2).

9. Kapitel: Täterschaft

▶ **Didaktische Aufsätze:**
- Baumann, Täterschaft und Teilnahme, JuS 1963, 51, 85 und 125
- Herzberg, Grundfälle zur Lehre von Täterschaft und Teilnahme, JuS 1974, 237, 374, 574 und 719, Jus 1975, 35, 171, 575, 647, JuS 1976, 40
- Otto, Täterschaft, Mittäterschaft, mittelbare Täterschaft, Jura 1987, 246
- Rengier, Täterschaft und Teilnahme – Unverändert aktuelle Streitpunkte, JuS 2010, 281
- Kühl, Täterschaft und Teilnahme, JA 2014, 668

A. Grundlagen und Voraussetzungen

I. Grundlagen

Die Täterschaft ist ein in den Tatbeständen des Besonderen Teils als Teil der im Tatbestand aufgeführten Tathandlung nicht gesondert aufgeführtes **Tatbestandsmerkmal**.

I.d.R. ist der den Tatbestand Erfüllende im Gesetz lediglich mit „**wer**" umschrieben, z.B.;

§ 306 I StGB (Brandstiftung):
Wer fremde
1. Gebäude oder Hütten,
2. Betriebsstätten oder technische Einrichtungen, namentlich Maschinen,
3. Warenlager oder -vorräte,
4. Kraftfahrzeuge, Schienen-, Luft- oder Wasserfahrzeuge,
5. Wälder, Heiden oder Moore oder

© Springer-Verlag GmbH Deutschland, ein Teil von Springer Nature 2018
D. Bock, *Strafrecht Allgemeiner Teil*, Springer-Lehrbuch,
https://doi.org/10.1007/978-3-662-54789-2_9

> 6. land-, ernährungs- oder forstwirtschaftliche Anlagen oder Erzeugnisse in Brand setzt oder durch eine Brandlegung ganz oder teilweise zerstört, wird mit Freiheitsstrafe von einem Jahr bis zu zehn Jahren bestraft.

Die durch „wer" umschriebene eigene Begehung der Straftat setzt Täterschaft voraus, die in § 25 StGB normiert ist.

> **§ 25 StGB (Täterschaft)**
> (1) Als Täter wird bestraft, wer die Straftat selbst oder durch einen anderen begeht.
> (2) Begehen mehrere die Straftat gemeinschaftlich, so wird jeder als Täter bestraft (Mittäter).

§ 25 I 1. Var. StGB regelt die sog. **unmittelbare Täterschaft**, § 25 I 2. Var. StGB die sog. **mittelbare Täterschaft**, § 25 II StGB die **Mittäterschaft**.

Da – zumindest gedanklich – bei jeder Strafbarkeitsprüfung auch die Täterschaft festzustellen ist, was allerdings in unproblematischen Fällen nicht ausdrücklich erörtert wird, ist die in vielen Lehrbüchern[1] anzutreffende Einordnung der Thematik als selbständiges Kapitel (z.B. „Täterschaft und Teilnahme") missverständlich und entspricht nicht dem Prüfungsaufbau.

Das deutsche Strafrecht unterscheidet als sog. **dualistisches Beteiligungssystem**[2] zwischen **Täterschaft** (§ 25 StGB) und **Teilnahme**. Gem. § 28 I StGB umfasst die Teilnahme die Anstiftung i.S.d. § 26 StGB und die Beihilfe i.S.d. § 27 StGB; hinzu kommt die versuchte Beteiligung gem. § 30 StGB. Der Oberbegriff für sowohl Täterschaft als auch Teilnahme ist „Beteiligung" (vgl. § 28 II StGB).

> **§ 26 StGB (Anstiftung)**
> Als Anstifter wird gleich einem Täter bestraft, wer vorsätzlich einen anderen zu dessen vorsätzlich begangener rechtswidriger Tat bestimmt hat.

> **§ 27 StGB (Beihilfe)**
> (1) Als Gehilfe wird bestraft, wer vorsätzlich einem anderen zu dessen vorsätzlich begangener rechtswidriger Tat Hilfe geleistet hat.
> (2) Die Strafe für den Gehilfen richtet sich nach der Strafdrohung für den Täter. Sie ist nach § 49 Abs. 1 zu mildern.

---

[1] S. nur B. Heinrich, AT, 5. Aufl. 2016, Rn. 1173ff.

[2] B. Heinrich, AT, 5. Aufl. 2016, Rn. 1174.

§ 30 StGB (Versuch der Beteiligung)

(1) Wer einen anderen zu bestimmen versucht, ein Verbrechen zu begehen oder zu ihm anzustiften, wird nach den Vorschriften über den Versuch des Verbrechens bestraft. Jedoch ist die Strafe nach § 49 Abs. 1 zu mildern. § 23 Abs. 3 gilt entsprechend.

(2) Ebenso wird bestraft, wer sich bereit erklärt, wer das Erbieten eines anderen annimmt oder wer mit einem anderen verabredet, ein Verbrechen zu begehen oder zu ihm anzustiften.

Beispiel 74:

B1 erschoss im Auftrag des B2 den G, wofür er eine Waffe verwendete, die er sich von dem in den Plan eingeweihten B3 geliehen hatte.

B1 ist Täter (des Totschlags) i.S.d. § 25 I 1. Var. StGB, B2 Anstifter i.S.d. § 26 StGB, B3 Gehilfe i.S.d. § 27 StGB.

Beispiel 75:

B2 bat B1, den Z zu erschießen. B1 lehnte ab.

Mangels auch nur versuchter Tat des B1 bleibt für B2 „nur" eine Strafbarkeit wegen versuchter Anstiftung zum Totschlag, §§ 212, 30 I StGB.

In anderen Staaten (z.B. in Dänemark und Österreich[3]) sowie im deutschen Ordnungswidrigkeitenrecht gilt hingegen der sog. **Einheitstäterbegriff**.[4]

§ 14 I 1 OWiG (Beteiligung)
Beteiligen sich mehrere an einer Ordnungswidrigkeit, so handelt jeder von ihnen ordnungswidrig.

Hier führt jeder Tatbeitrag – inkl. Anstiftungs- und Beihilfehandlungen – zur Täterschaft, Differenzierungen finden nur bei der Strafzumessung statt.

---

[3] Vgl. Freund, in: MK-StGB, 3. Aufl. 2017, vor § 13 Rn. 493.
[4] Hierzu Fischer, StGB, 64. Aufl. 2017, vor § 25 Rn. 1b; Dreher NJW 1970, 217; Kienapfel NJW 1970, 1826; Lange FS Maurach 1972, 235; Kienapfel JuS 1974, 1; Schöneborn ZStW 1975, 902; Maiwald FS Bockelmann 1979, 343; Seier JA 1990, 342 und 382; Bloy FS Schmitt 1992, 33; Volk FS Roxin 2001, 563; Bock Jura 2005, 673; Schmoller GA 2006, 365.

§ 17 III 1 OWiG (Höhe der Geldbuße)
Grundlage für die Zumessung der Geldbuße sind die Bedeutung der Ordnungswidrigkeit und der Vorwurf, der den Täter trifft.

Auch bei den Fahrlässigkeitsdelikten gilt der Einheitstäterbegriff, so dass hier jede fahrlässige Verursachung des Erfolgs zur Täterschaft führt.

Beispiel 76:

B1 fuhr auf Drängen des B2 mit seinem Pkw zu schnell, konnte daher an einer Kreuzung nicht rechtzeitig bremsen und erfasste den G, welcher starb.

Nicht nur B1 als Fahrer des Pkw hat sich wegen fahrlässiger Tötung gem. § 222 StGB strafbar gemacht, sondern auch der „Anstifter" B2. Dieser ist freilich nicht Anstifter zur fahrlässigen Tötung (eine Anstiftung zu einem Fahrlässigkeitsdelikt gibt es nicht, da § 26 StGB eine vorsätzliche Haupttat verlangt), sondern Täter einer fahrlässigen Tötung.

Das differenzierende Beteiligungssystem der §§ 25ff. StGB lässt sich auf zwei Weisen betrachten: Entweder man geht davon aus, dass die Ursächlichkeit für die Rechtsgutverletzung an sich schon Täterschaft ausmacht – das wäre ein extensiver Täterbegriff, der durch die Teilnahmevorschriften eingeschränkt würde – oder man verlangt von Anfang an weitere Momente jenseits der Ursächlichkeit für eine Täterschaft (sog. restriktiver Täterbegriff).[5] Allein Letzteres passt zur Normfassung des § 25 StGB.[6]

In **Prüfungsarbeiten** ist zu beachten, dass eine Täterschaft nicht abstrakt – gar vorab – zu ermitteln ist, sondern i.R.d. jeweiligen Tathandlung; näheres s. sogleich bei den einzelnen Täterschaftsformen.

II. Voraussetzungen der Täterschaft; Abgrenzung zur Teilnahme

Das von § 25 I, II StGB vorausgesetzte Begehen der (eigenen) Tat ist abzugrenzen von der Teilnahme an einer fremden Tat.

Insbesondere bestehen **Abgrenzungsschwierigkeiten** zwischen Mittäterschaft (§ 25 II StGB) und Beihilfe (§ 27 I StGB) sowie mittelbarer Täterschaft (§ 25 I 2. Var. StGB) und Anstiftung (§ 26 StGB).

---

[5] Näher Hoyer, in: SK-StGB, 36. Lfg., 7. Aufl. 2001, vor § 25 Rn. 1ff.
[6] S. etwa Joecks, in: MK-StGB, 3. Aufl. 2017, vor § 25 Rn. 6ff.

Beispiel 77:

BGH B. v. 12.06.2012 – 3 StR 166/12 – NStZ 2013, 104 (Anm. RA 2012, 533):
B1 nahm in Umsetzung eines mit B2 gefassten Tatplanes unter einem falschen
Namen telefonisch mit Z Kontakt auf, traf sich mit ihm und brachte ihn schließlich am späten Abend mit ihrem Fahrzeug zu dem abgelegenen Tatort. Dort stieg
Z aus. B1 fuhr weiter, stellte ihr Fahrzeug in einiger Entfernung ab und blieb in
diesem sitzen. Nach dem Aussteigen des Z nötigte B2 diesen unter Anwendung
von Drohungen mit gegenwärtiger Gefahr für dessen Leib und Leben zur Übergabe von 9.000 Euro, ohne hierauf einen Anspruch gehabt zu haben.

§ 253 I StGB (Erpressung)
Wer einen Menschen rechtswidrig mit Gewalt oder durch Drohung mit einem emp-
findlichen Übel zu einer Handlung, Duldung oder Unterlassung nötigt und dadurch
dem Vermögen des Genötigten oder eines anderen Nachteil zufügt, um sich oder einen
Dritten zu Unrecht zu bereichern, wird mit Freiheitsstrafe bis zu fünf Jahren oder mit
Geldstrafe bestraft.

§ 255 StGB (Räuberische Erpressung)
Wird die Erpressung durch Gewalt gegen eine Person oder unter Anwendung von
Drohungen mit gegenwärtiger Gefahr für Leib oder Leben begangen, so ist der Täter
gleich einem Räuber zu bestrafen.

Ist B1 i.S.d. § 25 StGB Mittäter der von B2 begangenen räuberischen Erpressung
gem. §§ 253 I, 255, 25 II StGB oder lässt sich ihr Tatbeitrag lediglich als Hilfeleistung i.S.d. § 27 I StGB ansehen, so dass sie nur Gehilfe wäre?

Beispiel 78:
Mafiachef B1 lässt den G durch einen seiner Mafiosi töten.

Ist B1 Anstifter seines untergebenen Mafiosos (§ 26 StGB) oder lässt sich der
„Auftrag" des B1 als mittelbare Täterschaft i.S.d. § 25 I 2. Var. StGB verstehen?

Immerhin fällt in drei Fällen die Täterschaftsprüfung vergleichsweise leicht:

Dies betrifft erstens die sog. **eigenhändigen Delikte.**[7]

---

[7] Hierzu Fischer, StGB, 64. Aufl. 2017, vor § 13 Rn. 42a; ausf. Herzberg ZStW 1970, 896; Haft
JA 1979, 651; Schünemann FS Jung 2007, 881; Satzger Jura 2011, 103; Gerhold/Kuhne ZStW
2012, 943; aus der Rspr. vgl. BGH U. v. 07.09.1995 - 1 StR 236/95 - BGHSt 41, 242 = NJW 1995,
3065 = NStZ 1996, 130 = StV 1996, 91 (Anm. Schroeder JR 1996, 211).

Hier kann nur Täter sein, wer die tatbestandsmäßige Handlung selbst vornimmt; Mittäterschaft und mittelbare Täterschaft sind ausgeschlossen.[8] Damit muss es sich bei dem einzuordnenden Tatbeitrag um Anstiftung oder Beihilfe handeln. Allerdings ist bei zahlreichen Delikten (z.B. §§ 123, 154, 173, 339 StGB) umstritten, ob es sich um eigenhändige Delikte handelt.[9]

Zweitens betrifft dies die sog. **Sonderdelikte**.[10]

Beispiel 79:

B1 ist die Ehefrau des Beamten B2, der das städtische Bauamt leitet. Als B2 der B1 berichtete, ihm seien als Gegenleistung für die Erteilung einer eigentlich unzulässigen Baugenehmigung 1.000 Euro in Aussicht gestellt worden, war B1 begeistert und redete so lange auf den noch zweifelnden B2 ein, bis dieser sich entschied auf den „Handel" einzugehen. B2 traf sich später konspirativ mit dem Bauherrn und nahm das Geld entgegen.

---

§ 332 I StGB (Bestechlichkeit)

Ein Amtsträger, ein Europäischer Amtsträger oder ein für den öffentlichen Dienst besonders Verpflichteter, der einen Vorteil für sich oder einen Dritten als Gegenleistung dafür fordert, sich versprechen läßt oder annimmt, daß er eine Diensthandlung vorgenommen hat oder künftig vornehme und dadurch seine Dienstpflichten verletzt hat oder verletzen würde, wird mit Freiheitsstrafe von sechs Monaten bis zu fünf Jahren bestraft. [...]

Wenn ein Tatbestand eine bestimmte Subjektsqualität verlangt, dann kann nur Täter sein, wer diese Eigenschaft aufweist.[11]

Darauf, ob der Tatbeitrag der B1 eher für Täterschaft oder eher für Teilnahme an einer Tat des B2 spricht, kommt es also nicht an: Täter des § 332 StGB kann lediglich ein Amtsträger oder ein für den öffentlichen Dienst besonders Verpflichteter sein, was bei B1 nicht ersichtlich ist. Sie kann daher allenfalls Anstiftung oder Beihilfe zur Bestechlichkeit (§§ 332, 26 bzw. 27 StGB) verwirklichen.

Bei einigen Tatbeständen ist freilich problematisch, ob oder inwieweit es sich um ein Sonderdelikt handelt.

---

[8] B. Heinrich, AT, 5. Aufl. 2016, Rn. 1197.

[9] Vgl. Joecks, in: MK-StGB, 3. Aufl. 2017, § 25 Rn. 50f.

[10] S. Freund, in: MK-StGB, 3. Aufl. 2017, vor § 13 Rn. 462; aus der Rspr. vgl. BGH U. v. 22.07.1960 - 4 StR 232/60 - BGHSt 15, 1 = NJW 1960, 2060 (Anm. Lienen NJW 1960, 2062; Ganschezian-Fingk NJW 1961, 325).

[11] B. Heinrich, AT, 5. Aufl. 2016, Rn. 1196.

Auch ist i.E. strittig, ob derjenige, der die Subjektsqualität aufweist, stets Täter ist (die Pflichtenstellung also ohne weiteres die Täterschaft i.S.d. § 25 StGB bewirkt) oder ggf. nur Teilnehmer sein kann.[12]

Drittens gilt – spätestens seit Einführung des § 25 I 1. Var. StGB im Jahre 1975 -, dass stets Täter ist, wer **sämtliche Tatbestandsmerkmale selbst verwirklicht.**

Dies wurde früher v.a. in der Rspr. noch anders gesehen (sog. extrem-subjektive Theorie).

Beispiel 80:

RG U. v. 19.02.1940 – 3 D 69/40 (Badewanne) – RGSt 74, 84 (Anm. Hemmer-BGH-Classics Strafrecht, 2003, Nr. 27; Hartung JZ 1954, 430):
B1 tötete in bewusster und gewollter Zusammenwirkung mit ihrer Schwester B2 deren neugeborenes, uneheliches Kind, das nach der Geburt deutlich hörbar atmete, in der Weise, dass sie es in eine Badewanne legte, in der das Kind ertrank.

Hier nahm die Rspr. im Bestreben nach gemilderter Strafe, bei der B1 trotz eigenhändigen Ertränkens des Kindes keine Täterschaft an, sondern eine Beihilfe, da sie lediglich im Interesse ihrer Schwester gehandelt habe.

Beispiel 81:

BGH U. v. 19.10.1962 – 9 StE 4/62 (Staschinski) – BGHSt 18, 87 = NJW 1963, 355 (Anm. Roxin, Höchstrichterliche Rspr. AT, 1998, Nr. 76; Preuße JuS 1963, 161; Baumann NJW 1963, 561; Sax JZ 1963, 329):
Staschinski, der im KGB in der Abteilung für Terrorakte im Ausland beschäftigt war, wurde 1957 mit dem Auftrag, von der Führungsspitze der Sowjetunion als störend empfundene Exilpolitiker, führende Mitglieder der Organisation Ukrainischer Nationalisten (OUN) und des russischen Nationalen Bundes der Schaffenden, zu liquidieren, nach Berlin beordert. Auftragsgemäß ermordete er im Herbst 1957 Lew Rebet vom „nationalen Bund" und im Sommer 1959 in München Stepan Bandera, den Vorsitzenden der OUN. Als Tatwaffe verwendete er einen pistolenähnlichen Gegenstand zum Versprühen von Blausäuregas, welches er seinen Opfern heimtückisch direkt ins Gesicht applizierte.

Die Rspr. nahm bei Staschinski ebenfalls nur – vgl. die Strafmilderung gem. § 27 II 2 StGB – eine Beihilfe an, da dieser lediglich dem KGB-Chef habe dienen wollen.

Der Wortlaut des § 25 I 1. Var. StGB hat diesen wertenden Restriktionen bei eigenhändiger Tätigkeit den Boden entzogen. Es handelt sich jeweils um (unmittelbare) Täterschaft.

---

[12] Hierzu Joecks, in: MK-StGB, 3. Aufl. 2017, § 25 Rn. 48f. und 185f.

Abgesehen von diesen drei Fallgruppen verbleibt es bei der Problematik, Täterschaft und Teilnahme voneinander **abzugrenzen**.[13]

Es lassen sich zwei **Grundansätze** unterscheiden:

Die heutige **Rspr.**[14] vertritt eine im Ausgangspunkt **gemäßigt subjektive Theorie**: Täter ist hiernach, wer Täterwillen (*animus auctoris*), Teilnehmer, wer Teilnehmerwillen (*animus socii*) aufweist. Zur Ausfüllung dieses subjektiven Ansatzes, d.h. als Indizien für das Vorliegen einer Willensform, werden allerdings objektive Kriterien herangezogen, insbesondere das Erfolgsinteresse und der Umfang der Tatbeteiligung. Sogar auf die Tatherrschaft verweist die Rspr., wenn sie formuliert,[15] dass es auf die Tatherrschaft bzw. den Wille zu dieser ankomme.

Die **h.L.** vertritt demgegenüber einen materiell **objektiven Ansatz** in Gestalt der sog. **Tatherrschaftslehre**[16]: Täter ist hiernach, wer als Zentralgestalt des Geschehens die planvoll-lenkende oder mitgestaltende Tatherrschaft besitzt. Tatherrschaft ist hierbei das In-den-Händen-Halten des tatbestandsmäßigen Geschehensablaufs. Teilnehmer ist, wer ohne eigene Tatherrschaft als Randfigur des realen Geschehens die Begehung der Tat veranlasst oder fördert.

Der Gegensatz zwischen beiden Grundpositionen schwindet allerdings dadurch, dass einerseits die Rspr. objektive Kriterien zur Bestimmung des Täterwillens heranzieht und andererseits die h.L. durchaus subjektive Vorstellungen der Beteiligten bei der Prüfung der Tatherrschaft berücksichtigt – und sei es als Wille zur, d.h. Vorsatz bzgl. der Tatherrschaft. Nicht selten werden identische Subsumtionsergebnisse erzielt, wobei im Einzelnen natürlich Streit herrscht, auch innerhalb der Literatur, die eine Vielzahl von Täterschaftslehren birgt.

Im Rahmen der juristischen **Prüfungsleistungen** kommt es daher v.a. auf eine sorgfältige Auswertung der im Sachverhalt mitgeteilten objektiven und subjektiven Kriterien an, die Rückschluss auf eine Tatherrschaft bzw. den Willen hierzu oder das Gegenteil von beidem zulassen. Ein grundlegendes Bekenntnis zur h.L. oder zur Rspr. ist angesichts nur selten abweichender Ergebnisse nicht angezeigt.

---

[13] Hierzu Hillenkamp/Cornelius, 32 Probleme aus dem Strafrecht AT, 15. Aufl. 2017, 19. P.; Welzel SJZ 1947, 645; Goetzeler SJZ 1949, 838; Bockelmann GA 1954, 193; Hardwig GA 1954, 353; Kalthoener NJW 1956, 1662; von Uthmann NJW 1961, 1908; Roxin JZ 1966, 293; Cramer FS Bockelmann 1979, 389; Küpper GA 1986, 437; Geerds Jura 1990, 173; Schmidhäuser FS Stree/Wessels 1993, 343; Roxin FG 50 Jahre BGH IV 2000, 177; Schünemann FS Roxin 2011, 799; Abanto Vásquez FS Roxin 2011, 819; aus der sehr umfangreichen Rspr. vgl. nur BGH U. v. 15.01.1991 - 5 StR 492/90 - BGHSt 37, 289 = NJW 1991, 1068 = NStZ 1991, 280 = StV 1993, 410 (Anm. Roxin, Höchstrichterliche Rspr. AT, 1998, Nr. 79; Puppe, AT, 3. Aufl. 2016, § 23 Rn. 10ff.; Geppert JK 1991 StGB § 25 II/5; Puppe NStZ 1991, 571; Roxin JR 1991, 206; Herzberg JZ 1991, 856; Erb JuS 1992, 197; Stein StV 1993, 411; Hauf NStZ 1994, 263) und jüngst BGH B. v. 11.01.2017 - 5 StR 164/16 - NJW 2017, 838 (Anm. Kudlich JA 2017, 310; Ernst NJW 2017, 840; Basar jurisPR-StrafR 7/2017 Anm. 2).

[14] S.o.; zsf. Fischer, StGB, 64. Aufl. 2017, vor § 25 Rn. 3f.

[15] Z.B. BGH B. v. 25.03. 2010 - 4 StR 522/09 - NStZ-RR 2010, 236 (Anm. Satzger JK 2010 StGB § 224 I Nr. 4/3; Hecker JuS 2010, 738; RA 2010, 434).

[16] Hierzu zsf. Joecks, StGB, 11. Aufl. 2014, vor § 25 Rn. 7.

Beispiel 82:

BGH B. v. 12.06.2012 – 3 StR 166/12 – NStZ 2013, 104 (Anm. RA 2012, 533):
B1 nahm in Umsetzung eines mit B2 gefassten Tatplanes unter einem falschen Namen telefonisch mit Z Kontakt auf, traf sich mit ihm und brachte ihn schließlich am späten Abend mit ihrem Fahrzeug zu dem abgelegenen Tatort. Dort stieg Z aus. B1 fuhr weiter, stellte ihr Fahrzeug in einiger Entfernung ab und blieb in diesem sitzen. Nach dem Aussteigen des Z nötigte B2 diesen unter Anwendung von Drohungen mit gegenwärtiger Gefahr für dessen Leib und Leben zur Übergabe von 9.000 Euro, ohne hierauf einen Anspruch gehabt zu haben.

Die für eine Strafbarkeit nach §§ 253 I, 255 StGB erforderliche qualifizierte Nötigung des Opfers hat allein B2 vorgenommen. Allerdings ist zu beachten, dass B1 gemeinsam mit B2 den Tatplan gefasst, den Z zum Tatort gelockt und sich in ihrem Fahrzeug zum Fortbringen des B2 bereitgehalten hat.

Beispiel 83:

BGH U. v. 12.02.1998 – 4 StR 428/97 Castor-Transport) – BGHSt 44, 34 (= NJW 1998, 2149 – NStZ 1998, 513 = StV 1997, 372 (Anm. Krüßmann JA 1998, 626; Martin JuS 1998, 957; LL 1998, 655; Otto NStZ 1998, 513; Dietmeier JR 1998, 470):
B1 und B2 waren Mitarbeiter der Organisation Greenpeace e. V. Diese wandte sich mit einer „Castorcampagne" gegen den Transport abgebrannter Brennelemente aus Kernkraftwerken in die Wiederaufbereitungsanlage La Hague in Frankreich. Als Greenpeace bekannt wurde, dass Anfang Mai 1996 ein weiterer Bahntransport von dem stillgelegten Kernkraftwerk Würgassen nach La Hague vorgesehen war, beschloss man in der Zentrale der Organisation in Hamburg, das im Eigentum der Kraftwerksbetreiberin, der Preussen Elektra AG, stehende Verbindungsgleis zwischen dem Werksgelände und den Gleisen der Deutschen Bahn AG zu blockieren, um das Ausfahren eines Transports auf unbestimmte Zeit zu verhindern. In Ausführung dieses Plans brachten Mitglieder von Greenpeace am Morgen des 29.04.1996 auf einer Schiene im Bereich dieses Verbindungsgleises einen etwa 1,5 m langen kastenförmigen Stahlkörper an. Dies geschah mit Hilfe einer ausgeklügelten – in ihrer Funktionsweise von außen nicht erkennbaren – Kammerapparatur, die – ohne einen Eingriff in die Substanz der Schiene – bewirkte, dass ein Verschieben der Konstruktion oder ein Abheben von der Schiene nicht mehr möglich war. Während der gesamten weiteren Blockade streckte B1 einen Arm in zwei dafür vorgesehene Öffnungen auf jeder Seite des Stahlkastens. Die Polizei beendete die Blockade. Dabei musste der Teil der Schiene, auf dem der Stahlkasten angebracht war, mit einer Schneidemaschine herausgetrennt und einschließlich der Schwellen ersetzt werden. Hierdurch entstanden Kosten von über 25.000 DM. Dies war die einzige Möglichkeit, die Blockade aufzuheben und die Eigentümerin in die Lage zu versetzen,

das Verbindungsgleis zur Durchführung der genehmigten Castortransporte zu nutzen. B2 der sich nicht selbst im Stahlkasten ankettete, leitete die Aktion vor Ort. Ihm, der auch mit der Vorbereitung der Maßnahme befasst gewesen war, oblag neben der Unterstützung der „Aktivisten" vor allem die mediengerechte Darstellung der Aktion.

Bei der Prüfung, ob eine (Mit-)Täterschaft vorliegt – in Abgrenzung zur Beihilfe, aber auch zur Anstiftung – gilt es, einerlei, ob man den subjektiven Ausgangspunkt der Rspr. oder den objektiven Ausgangspunkt der h.L. wählt, **sämtliche im Sachverhalt mitgeteilten Umstände** herauszuarbeiten und zu gewichten. Je beträchtlicher die Mitwirkung bzw. die Vorstellung von der Mitwirkung ist, umso eher wird es sich um Täterschaft handeln. In vielen Fällen wird zudem sowohl eine Bejahung als auch eine Verneinung der Täterschaft **vertretbar** sein, so dass in juristischen Prüfungsarbeiten eine eher klausurtaktische Entscheidung zu fällen ist, die gleichwohl sauber aus dem Sachverhalt heraus zu begründen ist.

Der Grund für den subjektiven Ausgangspunkt der Rspr. liegt in der Äquivalenztheorie zur Kausalitätsbestimmung: Wenn alle ursächlichen Bedingungen gleichwertig sind, scheidet strenggenommen eine objektive Abgrenzung verschiedener Tatbeiträge aus. Von dieser durchaus überzeugenden Überlegung hat sich die Rspr. allerdings selbst dadurch entfernt, dass sie die objektive Tatherrschaft als Indiz für die subjektive Wertung heranzieht, also auf eine Differenzierung verschiedener Tatbeiträge letztlich doch nicht verzichtet. Das Bemühen der h.L. nach einer objektiven Abgrenzung ist insofern ehrlicher und entspricht auch dem grundsätzlichen Charakter der Täterschaft als objektivem Tatbestandsmerkmal. Es ist allerdings nicht zu vermeiden, dass der Begriff der Tatherrschaft seinerseits auslegungsbedürftig ist, so dass sich die Frage nach der Täterschaft lediglich hin zur Frage der Tatherrschaft verschiebt. Nähere Konkretisierungen erfolgen v.a. bei der Auslegung von § 25 I 2. Var. StGB und § 25 II StGB. Zusätzliche Probleme stellen sich beim Unterlassungsdelikt.

B. Unmittelbare Täterschaft (Handlungsherrschaft), § 25 I 1. Var. StGB

§ 25 I 1. Var. StGB umschreibt als sog. unmittelbare Täterschaft den **Normalfall** der Tatbestandserfüllung. Der Täter führt die erfolgsnächste aller Tathandlungen aus, der keine weiteren erfolgskausalen Tathandlungen nachfolgen, und verwirklich so alle objektiven Tatbestandsmerkmale selbst und eigenhändig.

Beispiel 84:

B entwendete aus einem Kaufhaus drei DVDs.

Mit seiner Handlung war B unmittelbarer Täter eines Diebstahls nach § 242 I StGB.

In Prüfungsarbeiten bedarf die unmittelbare Täterschaft **keiner Erwähnung**, geschweige denn einer Prüfung. Nicht einmal die Norm ist zu nennen. Es erfolgt schlicht eine Prüfung der übrigen objektiven Tatbestandsmerkmale.

C. Mittelbare Täterschaft, § 25 I 2. Var. StGB

▶ **Didaktische Aufsätze:**
- Murmann, Mittelbare Täterschaft – Grundwissen zur mittelbaren Täterschaft (§ 25 I 2. Alt. StGB), JA 2008, 321
- Koch, Grundfälle zur mittelbaren Täterschaft, § 25 I 2. Alt. StGB, JuS 2008, 399 und 496
- von der Meden, Objektive Zurechnung und mittelbare Täterschaft, JuS 2015, 22 und 112

I. Allgemeines

Gem. § 25 I 2. Var. StGB wird auch derjenige als Täter bestraft, welcher die Straftat **durch einen anderen** begeht, sog. mittelbare Täterschaft.[17]

Tatbeiträge eines sog. Werkzeugs, Tatmittlers oder Vordermanns werden dem sog. Hintermann als (mittelbar) täterschaftlich verübt **zugerechnet**.

Beispiel 85:

B1 bat B2 darum, die Kellertür abzuschließen, was B2 tat. B1 wusste allerdings, anders als B2, dass sich Z im Keller befand.

---

§ 239 I StGB (Freiheitsberaubung)

Wer einen Menschen einsperrt oder auf andere Weise der Freiheit beraubt, wird mit Freiheitsstrafe bis zu fünf Jahren oder mit Geldstrafe bestraft.

Eine Strafbarkeit des B2 wegen Freiheitsberaubung gem. § 239 I StGB scheitert am mangelnden Vorsatz.

Im Hinblick auf B1 ist zunächst festzustellen, dass keine eigenhändige Verwirklichung der Tathandlung (hier: Einsperren) vorliegt. B1 könnte die Tat aber i.S.d. § 25 I 2. Var. StGB „durch" B2 begangen haben. In der Tat liegt in der Bitte ein erfolgskausaler Tatbeitrag i.F.d. Einwirkung auf den Vordermann. Freiheitsberaubung

---

[17] Hierzu Amelung Coimbra-Symposium Roxin 1995, 247; Bloy GA 1996, 424; Murmann JA 2008, 321; Koch JuS 2008, 399 und 496; Hoyer FS Herzberg 2008, 379; Mañalich Raffo FS Puppe 2011, 709; von der Meden JuS 2015, 22 und 112.

ist ferner weder ein eigenhändiges noch ein Sonderdelikt, so dass keine besondere Täterqualifikation vorausgesetzt wird. Fraglich ist nun, ob der erfolgskausale Beitrag ausreicht, um eine mittelbare Täterschaft zu begründen.

Kernfrage ist die Auslegung des Wortes „**durch**" i.S.d. § 25 I 2. Var. StGB.
   Hier gilt es, die mittelbare Täterschaft von der Anstiftung gem. § 26 StGB, die ja auch eine Tatveranlassung (durch den Anstifter) voraussetzt, abzugrenzen. Dies geschieht dadurch, dass eine **tatbezogene Überlegenheit** des Hintermanns gegenüber dem Vordermann verlangt wird. Diese Überlegenheit unterteilt man üblicherweise in drei Fallgruppen: überlegenes Wissen, überlegenes Wollen und Organisationsherrschaft.[18] Ein starkes Indiz (Einzelheiten sind umstritten) für eine täterschaftsbegründende Überlegenheit des Hintermanns ist ein **Strafbarkeitsmangel des Vordermanns** (auch „Defekt" genannt).

Im Beispielsfall mangelte es, wie B1 wusste, dem B2 am Vorsatz bzgl. einer Freiheitsberaubung.

Grundsätzlich gilt mithin das sog. **Verantwortungsprinzip**: Hiernach beginnt die mittelbare Täterschaft des Hintermanns erst dort, wo die Unterlegenheit des Vordermanns zu dessen Straflosigkeit führt. Es ist aber strittig, ob und welche Ausnahmen es von diesem Prinzip gibt – mit der Folge, dass dann ein (mittelbarer) Täter hinter dem (unmittelbaren) Täter möglich wäre.[19]

Die Frage der täterschaftsbegründenden Überlegenheit ist **tatbestandsbezogen** zu untersuchen. So ist es z.B. durchaus möglich, dass diese sich nur auf bestimmte Umstände erstreckt, auf andere aber nicht.

Beispiel 86:

BGH U. v. 26.01.1982 – 4 StR 631/81 (Flusssäure) – BGHSt 30, 363 = NJW 1982, 1164 = NStZ 1982, 197 (Anm. Roxin, Höchstrichterliche Rspr. AT, 1998, Nr. 52; Puppe, AT, 3. Aufl. 2016, § 24 Rn. 1ff.; Hemmer-BGH-Classics Strafrecht, 2003, Nr. 20; Geilen JK 1982 StGB § 22/7; Seier JA 1982, 369; Hassemer JuS 1982, 703; Kühl JuS 1983, 180; Sippel NJW 1983, 2226; Küper JZ 1983, 361; Teubner JA 1984, 144; Sippel JA 1984, 480; Freiherr von Spiegel NJW 1984, 110; Sippel NJW 1984, 1866; Freiherr von Spiegel NJW 1984, 1867):
B1 wollte seinen Nebenbuhler Z aus Eifersucht töten. Da Z ihn kannte und B1 bei einem Fehlschlag mit einer Entdeckung rechnen musste, entschloss er sich,

---

[18] Vgl. nur Joecks, StGB, 11. Aufl. 2014, § 25 Rn. 22.
[19] Hierzu vgl. Kindhäuser, LPK, 6. Aufl. 2015, § 25 Rn. 7ff.; Spendel FS Lange 1976, 147; Roxin FS Lange 1976, 173; Teubner JA 1984, 144; Sippel JA 1984, 480; Schlösser JR 2006, 102; Schünemann FS Schroeder 2006, 401; Wolf FS Schroeder 2006, 415; Zieschang FS Otto 2007, 505; Krey/Nuys FS Amelung 2009, 203.

die Tat durch Dritte ausführen zu lassen. Diese sollten über seine Tötungsabsicht im Unklaren bleiben, durch die Aussicht auf hohe Beute für einen Raubüberfall geködert werden und sich bei der Tatausführung unwissentlich eines tödlichen Mittels bedienen. Im Dezember 1980 übergab B1 dem B2 eine Plastikflasche, die angeblich ein Schlafmittel, in Wirklichkeit aber mindestens 100 ml 35 %ige Salzsäure enthielt, die bei Aufnahme von 20 ml in den leeren Magen mit Sicherheit tödlich wirkt. B2 sollte Z überfallen, ihm – notfalls mit Gewalt – das angebliche Schlafmittel verabreichen und ihn dann berauben. Unterwegs öffnete B2 aus Neugierde den Schraubverschluss der Flasche. Der ätzende Geruch, der ihm beinahe den Atem nahm, machte ihm klar, dass es sich nicht um ein Schlafmittel, sondern um eine gefährliche Säure handelte. Er nahm daraufhin von der Tat Abstand.

Im Hinblick auf eine versuchte gefährliche Körperverletzung gem. §§ 223, 224, 22, 23 StGB handelte der Vordermann B2 durchaus vorsätzlich, so dass nach dem Verantwortungsprinzip insofern B1 Anstifter, nicht aber mittelbarer Täter war, nicht aber im Hinblick auf einen Totschlag oder Mord, §§ 212, 211 StGB, so dass insofern B1 mittelbarer Täter war.

Kein Fall der mittelbaren, sondern der unmittelbaren Täterschaft ist es, wenn ein mechanisches oder tierisches Werkzeug oder ein Mensch wie ein lebloser Gegenstand benutzt wird (sog. *vis absoluta*).

Beispiel 87:

BGH U. v. 26.02.1960 – 4 StR 582/59 – BGHSt 14, 152 = NJW 1960, 1022:
B war durch das Verhalten seines Sohnes bei einem Streit mit ihm so erbost, dass er die auf Menschen abgerichtete Hündin Addi und den Jungrüden Alf von einem Pfahl losband und mit den Worten: „Addi, Alf, fasst an" auf seinen Sohn hetzte. Die Hündin ging auf diesen Befehl den Sohn an und biss ihn, so wie sie abgerichtet war, in den erhobenen linken Arm.

Strittig ist, ob die Grundsätze der mittelbaren Täterschaft gelten, wenn der Hintermann eine **Handlung des Opfers zu eigenen Lasten** herbeiführen will.[20]

---

[20] Vgl. Wessels/Beulke/Satzger, AT, 46. Aufl. 2016, Rn. 539a; Schumann FS Puppe 2011, 971; Timpe StraFo 2013, 358; aus der Rspr. vgl. BGH U. v. 05.07.1983 - 1 StR 168/83 (Sirius) - BGHSt 32, 38 = NJW 1983, 2579 = NStZ 1984, 70 (Anm. Roxin, Höchstrichterliche Rspr. AT, 1998, Nr. 80; Hemmer-BGH-Classics Strafrecht, 2003, Nr. 28; Küpper JA 1983, 672; Geilen JK 1984 StGB § 25/1; Hassemer JuS 1984, 148; Roxin NStZ 1984, 71; Sippel NStZ 1984, 357; Neumann JuS 1985, 677; Spendel FS Lüderssen 2002, 605; Kubiciel JA 2007, 729); BGH U. v. 07.10.1997 - 1 StR 635/96 (Sprengfalle) - NStZ 1998, 294 (Anm. Puppe, AT, 3. Aufl. 2016, § 10 Rn. 44ff.; Geppert JK 1998 StGB § 16/4; Schliebitz JA 1998, 833; LL 1998, 455; Herzberg JuS 1999, 224; Herzberg NStZ 1999, 217); BGH B. v. 08.05.2001 - 1 StR 137/01 (Stromfalle) - NStZ 2001, 475 (Anm. RA 2001, 539; famos 8/2001; Otto JK 2002 StGB § 22/20; Trüg JA 2002, 102; Engländer JuS 2003, 330).

Beispiel 88:

BGH U. v. 12.08.1997 – 1 StR 234/97 (Passauer Giftfalle / Echter Hiekes Bayerwaldbärwurz / Apotheker) – BGHSt 43, 177 = NJW 1997, 3453 = NStZ 1998, 241 = StV 1997, 632 (Anm. Puppe, AT, 3. Aufl. 2016, § 20 Rn. 28 ff.; Hemmer-BGH-Classics Strafrecht, 2003, Nr. 21; Geppert JK 1998 StGB § 22/18; Kudlich JuS 1998, 596; LL 1998, 170; Wolters NJW 1998, 578; Otto NStZ 1998, 243; Gössel JR 1998, 293; Roxin JZ 1998, 211; Derksen GA 1998, 592; Böse JA 1999, 342; Baier JA 1999, 771 und 963; Martin JuS 1999, 273; Heckler NStZ 1999, 79):

Anfang März 1994 waren Unbekannte in das Einfamilienhaus des B eingedrungen, hatten sich in der im Erdgeschoss gelegenen Küche warme Speisen zubereitet und auch dort vorhandene Flaschen mit verschiedenen Getränken ausgetrunken. Weiter waren Geräte der Unterhaltungselektronik in das Dachgeschoss des Hauses verbracht worden. Die von B am 06.03.1994 verständigte Polizei ging deshalb davon aus, die Täter könnten an den folgenden Tagen noch einmal zurückkehren, um die zum Abtransport bereitgestellte Diebesbeute abzuholen. In der Nacht vom 08. auf den 09.03.1994 hielten sich deshalb vier Polizeibeamte in dem Haus auf, um dort mögliche Einbrecher ergreifen zu können. Zugleich hatte sich B, ein Apotheker, schon am Nachmittag des 08.03.1994 aus Verärgerung über den vorangegangenen Einbruch dazu entschlossen, im Flur des Erdgeschosses eine handelsübliche Steingutflasche mit der Aufschrift „Echter Hiekes Bayerwaldbärwurz" aufzustellen, die er mit 178 ml eines hochgiftigen Stoffes und 66 ml Wasser füllte und wieder verschloss. Im Wissen darum, dass bereits der Konsum geringster Mengen der genannten Mischung rasch zum Tode führen könne, nahm B es beim Aufstellen dieser Flasche jedenfalls in Kauf, dass möglicherweise erneut Einbrecher im Haus erscheinen, aus der Flasche trinken und tödliche Vergiftungen erleiden könnten. Später kamen dem B Bedenken, da er die observierenden Polizeibeamten nicht eingeweiht hatte und er nunmehr erkannte, dass auch ihnen von der Giftflasche Gefahr drohte. Er wies die Beamten, die die Flasche nicht angerührt hatten, auf deren giftigen Inhalt hin. Am nächsten Morgen wurde er telefonisch von einem Kriminalbeamten aufgefordert, die Giftflasche zu beseitigen. Er lehnte dies zwar zunächst ab, erklärte sich aber auf Zureden des Beamten schließlich damit einverstanden, dass jener die Flasche sicherstellte.

Zu einer Schädigung durch den Inhalt der Giftflasche und somit zu einem Taterfolg ist es nicht gekommen. B könnte allerdings u.a. wegen versuchten Totschlags nach §§ 212 I, 22, 23 StGB strafbar sein. Dafür müsste er zunächst dazu entschlossen gewesen sein, die Einbrecher (täterschaftlich) zu töten. Er nahm billigend in Kauf, dass die Einbrecher sterben könnten. Nach seiner Vorstellung mussten diese aber selbst aus der Flasche trinken, um einen Erfolg herbeizuführen. Diese selbstschädigende Handlung ist dem B nur zuzurechnen, wenn die Grundsätze der mittelbaren Täterschaft auch in Zweipersonenkonstellationen gelten.

Die Rspr.[21]und die ganz h.L. [22] halten auch Konstellationen, in denen der Geschädigte als Werkzeug gegen sich selbst eingesetzt wird bzw. werden soll, für Anwendungsfälle der mittelbaren Täterschaft. Die Prüfung wird dahingehend modifiziert, dass in diesen Fällen eine hypothetische Betrachtung und mithin ein fiktives Verantwortungsprinzip angelegt wird (was wäre, wenn der Vordermann nicht auf sich, sondern einen Dritten eingewirkt hätte?).

Eine Gegenauffassung[23] lehnt die Anwendung des § 25 I 2. Var. StGB auf Zweipersonenverhältnisse ab und beschränkt somit die mittelbare Täterschaft auf Dreieckskonstellationen.

Für die h.M. sprechen der weite Wortlaut des § 25 I 2. Var. StGB (anderer, nicht etwa Dritter) sowie die Vergleichbarkeit der Situation. Von Relevanz ist die Kontroverse v.a. bei der Frage der Versuchsstrafbarkeit.

II. Mittelbare Täterschaft kraft überlegenen Wissens (Irrtumsherrschaft)

Mittelbare Täterschaft kraft überlegenen Wissens zeichnet sich dadurch aus, dass der Hintermann Umstände kennt, die der Vordermann nicht kennt (intellektuelles oder kognitives Defizit), und dies ausnutzt.

Je nachdem, auf welcher strafrechtsdogmatischen Ebene der Wissensmangel des Vordermanns relevant wird, lassen sich verschiedene Fallgruppen unterscheiden.

1. Unkenntnis, die den subjektiven Tatbestand entfallen lässt

a) Vorsatzlos handelndes Werkzeug
Der Vordermann kann – sei es aufgrund ausdrücklicher oder konkludenter Täuschung oder nicht – vorsatzlos handeln.[24]

Beispiel 89:

B1 bat B2 darum, die Kellertür abzuschließen, was B2 tat. B1 wusste allerdings, anders als B2, dass sich Z im Keller befand.

Gem. § 15 StGB ist nur vorsätzliches Handeln strafbar, wenn nicht das Gesetz fahrlässiges Handeln ausdrücklich mit Strafe bedroht. B2 wusste nicht darum, jemanden einzusperren, ihm fehlte daher diesbezüglich i.R.d. § 239 I StGB der Vorsatz.

---

[21] S.o.

[22] S. nur B. Heinrich, AT, 5. Aufl. 2016, Rn. 1248.

[23] Ingelfinger, in: HK-GS, 4. Aufl. 2017, § 25 Rn. 11, 33.

[24] Hierzu zsf. B. Heinrich, AT, 5. Aufl. 2016, Rn. 1249; aus der Rspr. vgl. BGH B. v. 31.07.2012 - 3 StR 231/12 - NStZ 2013, 103 (Anm. Jäger JA 2013, 71).

BGH U. v. 26.01.1982 – 4 StR 631/81 (Flusssäure) – BGHSt 30, 363 = NJW 1982, 1164 = NStZ 1982, 197 (Anm. Roxin, Höchstrichterliche Rspr. AT, 1998, Nr. 52; Puppe, AT, 3. Aufl. 2016, § 24 Rn. 1ff.; Hemmer-BGH-Classics Strafrecht, 2003, Nr. 20; Geilen JK 1982 StGB § 22/7; Seier JA 1982, 369; Hassemer JuS 1982, 703; Kühl JuS 1983, 180; Sippel NJW 1983, 2226; Küper JZ 1983, 361; Teubner JA 1984, 144; Sippel JA 1984, 480; Freiherr von Spiegel NJW 1984, 110; Sippel NJW 1984, 1866; Freiherr von Spiegel NJW 1984, 1867):
B1 wollte seinen Nebenbuhler Z aus Eifersucht töten. Da Z ihn kannte und B1 bei einem Fehlschlag mit einer Entdeckung rechnen musste, entschloss er sich, die Tat durch Dritte ausführen zu lassen. Diese sollten über seine Tötungsabsicht im Unklaren bleiben, durch die Aussicht auf hohe Beute für einen Raubüberfall geködert werden und sich bei der Tatausführung unwissentlich eines tödlichen Mittels bedienen. Im Dezember 1980 übergab B1 dem B2 eine Plastikflasche, die angeblich ein Schlafmittel, in Wirklichkeit aber mindestens 100 ml 35 %ige Salzsäure enthielt, die bei Aufnahme von 20 ml in den leeren Magen mit Sicherheit tödlich wirkt. B2 sollte Z überfallen, ihm – notfalls mit Gewalt – das angebliche Schlafmittel verabreichen und ihn dann berauben. Unterwegs öffnete B2 aus Neugierde den Schraubverschluss der Flasche. Der ätzende Geruch, der ihm beinahe den Atem nahm, machte ihm klar, dass es sich nicht um ein Schlafmittel, sondern um eine gefährliche Säure handelte. Er nahm daraufhin von der Tat Abstand.

Bei unterstellter Ausführung und Tötung des Z: Im Hinblick auf Totschlag oder Mord, §§ 212, 211 StGB, fehlte es dem B2 am Tötungsvorsatz, was B1 wusste und ausnutzte. B1 war in dieser Hinsicht mithin mittelbarer Täter i.S.d. § 25 I 2. Var. StGB.

b) Sonderfall: Objektiv tatbestandslos handelndes Werkzeug, das nicht um den schädigenden Charakter seines Handelns weiß

aa) Selbstschädigung

▶ **Didaktische Aufsätze:**
- Herzberg, Beteiligung an einer Selbsttötung oder tödlichen Selbstgefährdung als Tötungsdelikt, JA 1985, 131, 177, 265 und 336
- Neumann, Die Strafbarkeit der Suizidbeteiligung als Problem der Eigenverantwortlichkeit des „Opfers", JA 1987, 244

Möglich ist es, dass der Vordermann bereits nicht objektiv tatbestandsmäßig handelt.[25] Dies betrifft v.a. verdeckte Selbstschädigungen bis hin zur Selbsttötung des Vordermanns.

---

[25] Hierzu Herzberg JA 1985, 131, 177, 265 und 336; Neumann JA 1987, 244; Schumann FS Puppe 2011, 971; Timpe StraFo 2013, 358.

Beispiel 91:

BGH U. v. 12.08.1997 – 1 StR 234/97 (Passauer Giftfalle / Echter Hiekes Bayerwaldbärwurz/Apotheker) – BGHSt 43, 177 = NJW 1997, 3453 = NStZ 1998, 241 = StV 1997, 632 (Anm. Puppe, AT, 3. Aufl. 2016, § 20 Rn. 28ff.; Hemmer-BGH-Classics Strafrecht, 2003, Nr. 21; Geppert JK 1998 StGB § 22/18; Kudlich JuS 1998, 596; LL 1998, 170; Wolters NJW 1998, 578; Otto NStZ 1998, 243; Gössel JR 1998, 293; Roxin JZ 1998, 211; Derksen GA 1998, 592; Böse JA 1999, 342; Baier JA 1999, 771 und 963; Martin JuS 1999, 273; Heckler NStZ 1999, 79):

Anfang März 1994 waren Unbekannte in das Einfamilienhaus des B eingedrungen, hatten sich in der im Erdgeschoss gelegenen Küche warme Speisen zubereitet und auch dort vorhandene Flaschen mit verschiedenen Getränken ausgetrunken. Weiter waren Geräte der Unterhaltungselektronik in das Dachgeschoss des Hauses verbracht worden. Die von B am 06.03.1994 verständigte Polizei ging deshalb davon aus, die Täter könnten an den folgenden Tagen noch einmal zurückkehren, um die zum Abtransport bereitgestellte Diebesbeute abzuholen. In der Nacht vom 08. auf den 09.03.1994 hielten sich deshalb vier Polizeibeamte in dem Haus auf, um dort mögliche Einbrecher ergreifen zu können. Zugleich hatte sich B, ein Apotheker, schon am Nachmittag des 08.03.1994 aus Verärgerung über den vorangegangenen Einbruch dazu entschlossen, im Flur des Erdgeschosses eine handelsübliche Steingutflasche mit der Aufschrift „Echter Hiekes Bayerwaldbärwurz" aufzustellen, die er mit 178 ml eines hochgiftigen Stoffes und 66 ml Wasser füllte und wieder verschloss. Im Wissen darum, dass bereits der Konsum geringster Mengen der genannten Mischung rasch zum Tode führen könne, nahm B es beim Aufstellen dieser Flasche jedenfalls in Kauf, dass möglicherweise erneut Einbrecher im Haus erscheinen, aus der Flasche trinken und tödliche Vergiftungen erleiden könnten. Später kamen dem B Bedenken, da er die observierenden Polizeibeamten nicht eingeweiht hatte und er nunmehr erkannte, dass auch ihnen von der Giftflasche Gefahr drohte. Er wies die Beamten, die die Flasche nicht angerührt hatten, auf deren giftigen Inhalt hin. Am nächsten Morgen wurde er telefonisch von einem Kriminalbeamten aufgefordert, die Giftflasche zu beseitigen. Er lehnte dies zwar zunächst ab, erklärte sich aber auf Zureden des Beamten schließlich damit einverstanden, dass jener die Flasche sicherstellte.

Hätten die Einbrecher den vermeintlich harmlosen Bärwurz getrunken und wären daran gestorben, so läge hierin eine irrtumsbedingte (Unkenntnis bzgl. des Gifts) Selbstschädigung, die als solche objektiv tatbestandslos ist – die Körperverletzungs- und Tötungsdelikte erfassen lediglich die Tötung fremder Menschen.

Beispiel 92:

BGH U. v. 05.07.1983 – 1 StR 168/83 (Sirius) – BGHSt 32, 38 = NJW 1983, 2579 = NStZ 1984, 70 (Anm. Roxin, Höchstrichterliche Rspr. AT, 1998, Nr. 80; Hemmer-BGH-Classics Strafrecht, 2003, Nr. 28; Küpper JA 1983,

672; Geilen JK 1984 StGB § 25/1; Hassemer JuS 1984, 148; Roxin NStZ 1984, 71; Sippel NStZ 1984, 357; Neumann JuS 1985, 677; Spendel FS Lüderssen 2002, 605; Kubiciel JA 2007, 729):

B gelang es im Laufe einer Vielzahl von Gesprächen der 23-jährigen unselbstständigen und komplexbeladenen Z einzureden, er sei ein Bewohner des Planeten Sirius. Auf der Erde wolle er einige wertvolle Menschen, darunter Z, nach dem Zerfall ihrer Körper auf den Sirius oder einen anderen Planeten bringen, wo ihre Seelen weiterleben sollten. Als B erkannte, dass ihm Z vollen Glauben schenkte, beschloss er, sich unter Ausnutzung dieses Vertrauens zu bereichern. Er legte ihr dar, sie könne die Fähigkeit, nach ihrem Tod auf einem anderen Himmelskörper weiterzuleben, dadurch erlangen, dass der Mönch Uliko sich für einige Zeit in totale Meditation versetze. Dafür seien freilich an das Kloster des Ulikos 30.000 DM zu zahlen. Das Geld verbrauchte der B für sich. Z sagte er, der Versuch sei wegen des von ihrem Körper ausgehenden Widerstandes gescheitert. Dieser Widerstand könne nur mit der Vernichtung des alten und der Beschaffung eines neuen Körpers gebrochen werden. Als er merkte, dass Z ihm weiterhin glaubte, fasste er den Plan, daraus finanziellen Nutzen zu schlagen: Er erläuterte ihr, in einem Raum am Genfer See stehe für sie ein neuer Körper bereit, in dem sie sich als Künstlerin wiederfinden werde, wenn sie sich von ihrem alten Körper trenne. Da sie auch in ihrem neuen Leben Geld brauche, solle sie eine Lebensversicherung abschließen und ihn, B, als Bezugsberechtigten einsetzen und sodann durch einen vorgetäuschten Unfall aus ihrem „jetzigen Leben" scheiden. Nach Auszahlung werde er ihr das Geld überbringen. Tatsächlich ließ Z wenig später nach den Anweisungen des B einen Föhn in ihre Badewanne fallen, um ihr „jetziges Leben" zu beenden. Der tödliche Stromstoß blieb jedoch aus. Nach eigenem Bekunden handelte Z in der Hoffnung, sofort „in einem neuen Körper" zu erwachen. Der Gedanke an einen „Selbstmord im eigentlichen Sinn", durch den ihr Leben für immer beendet würde, sei ihr nicht gekommen.

In der von B durch Täuschung veranlassten Handlung lag ein objektiv tatbestandsloses Verhalten der Z, welches sich B zunutze machte und so den versuchten Totschlag „durch" Z i.S.d. § 25 I 2. Var. StGB beging.

Hier stellt sich die Frage der **Abgrenzung** einer solchen mittelbaren Täterschaft durch Ausnutzung eines objektiv tatbestandslos handelnden Werkzeugs von der zur mangels Haupttat **straflosen Anstiftung zur Selbstschädigung**.[26]

Die Tatherrschaft über das Geschehen geht nach Rspr. und h.L.[27] dann irrtumsbedingt vom geschädigten Vordermann auf den Hintermann über, wenn der Geschädigte nicht im Bewusstsein der Selbstschädigung handelte. Eine rechtsgutsbezogene Täuschung über die Tatsache der Selbstschädigung führt mithin zur mittelbaren Täterschaft des Täuschenden.

---

[26] Hierzu B. Heinrich, AT, 5. Aufl. 2016, Rn. 1262ff.

[27] S. nur B. Heinrich, AT, 5. Aufl. 2016, Rn. 1263 m.w.N.

Abzugrenzen sind diese rechtsgutsbezogenen Irrtümer beim Geschädigten von bloßen **Motivirrtümern**.[28]

Beispiel 93:

B spiegelte G wahrheitswidrig vor, diese habe Krebs in fortgeschrittenem Stadium. Wie von B erhofft nahm sich G das Leben.

G nahm sich das Leben in dem Bewusstsein, Suizid zu begehen. Fraglich ist aber, ob die Täuschung über die Krankheit genügt, eine Tatherrschaft des B anzunehmen; anderenfalls läge lediglich eine straflose Teilnahme am Suizid vor. Angesichts der Möglichkeiten der G, die Aussage des B zu überprüfen (zumal angesichts der Tragweite der Suizidentscheidung), dürfte eine enge Handhabung der Irrtumsherrschaft vorzuziehen sein.

Einen Sonderfall bildet der vorgetäuschte Doppelsuizid:

Beispiel 94:

BGH U. v. 03.12.1985 – 5 StR 637/85 (Anm. Charalambakis GA 1986, 485; Neumann JA 1987, 244; Brandts/Schlehofer JZ 1987, 442):
B, die seit Monaten ein ehebrecherisches Verhältnis unterhielt, wollte sich ihres Ehemannes G entledigen. Sie hatte schon vor einiger Zeit mit dem Gedanken gespielt, ihn durch Gift zu beseitigen. Am Vormittag des Tattages verschaffte sie sich eine Flasche E-605 forte, die sie entwendete, um eine Eintragung in das Giftebuch zu vermeiden. Zu Hause überlegte sie, wie sie den „Störfaktor" G beseitigen könne. Sie beschloss, ihm das Gift nicht heimlich beizubringen, sondern ihn zu bewegen, es selbst zu trinken. Das wollte sie erreichen, indem sie ihm einen gemeinsamen Suizid vorspiegelte. Sie war von vornherein entschlossen, von dem Gift nicht zu trinken. In Ausführung ihres Planes vermischte sie das Gift mit Likör und stellte die Mischung in einer Kornflasche bereit. Alsdann holte sie ihren Ehemann gegen 22.00 Uhr mit dem Auto von der Arbeit ab und schlug ihm zu Hause sogleich vor, gemeinsam aus dem Leben zu scheiden. G stimmte mit der Bemerkung zu, „dann bleiben wir für immer zusammen". B sagte, sie habe die Giftmischung bereits fertiggestellt. Auf ihren Vorschlag fuhren beide an einen einsamen Ort. B führte den Wagen. Um ihren Ehemann weiterhin in Sicherheit zu wiegen, dass sie mit ihm sterben werde, versprach sie ihm, noch ein letztes Mal mit ihm geschlechtlich zu verkehren. Auf einem menschenleeren Großparkplatz hielt sie an. Beide entkleideten sich teilweise. G nahm einen kräftigen – bereits tödlichen – Schluck der giftigen Mischung. B, nunmehr erleichtert, tauschte mit ihrem Ehemann Liebkosungen aus. Zum Geschlechtsverkehr

---

[28] Aus der Rspr. vgl. zuletzt OLG Hamburg B. v. 08.06.2016 - 1 Ws 131/16 - NStZ 2016, 530 (Anm. RÜ 2016, 640; Miebach NStZ 2016, 536; Wilhelm HRRS 2017, 68).

kam es nicht mehr. Als nämlich G der B die Flasche reichte, schüttelte sie heftig mit dem Kopf. Darauf nahm G, der nun die Täuschung erkannte, einen weiteren Schluck aus der Flasche. Er brach wenige Schritte vom Auto entfernt zusammen. Es gelang der B nicht, ihn in das Auto zurückzuzerren, wo er nach ihrem Tatplan sterben sollte. Sie fuhr aufgeregt in die Wohnung, kehrte zum Parkplatz mit einem Klebeband zurück, umwickelte damit den Mund des noch schwach Atmenden, um so ein Gewaltverbrechen vorzutäuschen, und fuhr wieder nach Hause. G starb in derselben Nacht an dem Gift.

Ist die Vorspiegelung der Suizidabsicht eine hinreichende Irrtumsherrschaft?[29] Einerseits wusste G, dass er sich tötet und irrte nur über etwas Rechtsgutsfremdes[30]; andererseits war der Suizid entscheidend durch die von B hervorgerufene Vorstellung geprägt.[31] Gewichtiger ist der erste Gesichtspunkt und folglich eine Ablehnung der mittelbaren Täterschaft.

bb) Aus sonstigen Gründen objektiv tatbestandslos handelndes Werkzeug; qualifikationslos-doloses Werkzeug

Es ist strittig, ob eine mittelbare Täterschaft durch Einsatz eines sog. qualifikationslos-dolosen Werkzeugs möglich ist.[32] Gemeint sind Fälle, in denen der Hintermann (insofern sog. Intraneus = Innenstehender), anders als der Vordermann (sog. Extraneus = Außenstehender), eine notwendige Täterqualifikation aufweist, z.B. eine Amtsträgereigenschaft.

Beispiel 95:

Grundbuchbeamter B1 veranlasste den Nichtamtsträger B2 zur Vornahme einer Falschbeurkundung.

---

§ 348 I StGB (Falschbeurkundung im Amt)

Ein Amtsträger, der, zur Aufnahme öffentlicher Urkunden befugt, innerhalb seiner Zuständigkeit eine rechtlich erhebliche Tatsache falsch beurkundet oder in öffentliche Register, Bücher oder Dateien falsch einträgt oder eingibt, wird mit Freiheitsstrafe bis zu fünf Jahren oder mit Geldstrafe bestraft.

---

[29] Hierzu vgl. Joecks, StGB, 11. Aufl. 2014, § 25 Rn. 42ff.; Krey/Esser, AT, 6. Aufl. 2016, Rn. 917.

[30] Gegen mittelbare Täterschaft daher z.B. Roxin, AT II, 2003, § 25 Rn. 71; Hoyer, in: SK-StGB, 32. Lfg., 7. Aufl. 2000, § 25 Rn. 85.

[31] Daher mittelbare Täterschaft bejahend der BGH in diesem Fall sowie z.B. Krey/Esser, AT, 6. Aufl. 2016, Rn. 917.

[32] Hierzu zsf. Kindhäuser, LPK, 6. Aufl. 2015, § 25 Rn. 17ff.; aus der Rspr. vgl. RG U. v. 14.01.1896 - 4333/95 - RGSt 28, 109.

Die wohl h.M. bejaht die mittelbare Täterschaft des Hintermanns, die Gegenauffassung verneint sie.[33]

Zwar mag keine faktische Beherrschung des Sonderpflichtigen über den Nichtamtsträger bestehen; aufgrund der Täterqualifikation liegt aber eine rechtlich fundierte Tatherrschaft vor. Es gilt insbesondere, dann, wenn der Nichtamtsträger exakt die Tätigkeit des Amtsträgers übernimmt, eine taktische Ausnutzung des Sonderdeliktscharakters zu unterbinden.

c) Fehlendes sonstiges subjektives Tatbestandsmerkmal; absichtslos-doloses Werkzeug

▶ **Didaktischer Aufsatz:**
* Krämer, Der Vorsatzgegenstand bei den Absichtsdelikten, Jura 2005, 833

Es ist strittig, ob eine mittelbare Täterschaft durch Einsatz eines sog. absichtslos-dolosen Werkzeugs möglich ist.[34] Gemeint sind Fälle, in denen der Vordermann zwar vorsätzlich (dolos, basierend auf dem lateinischen Adjektiv *dolosus*) handelt, ihm aber eine im Tatbestand normierte besondere Absicht fehlt.

Beispiel 96:

vgl. RG U. v. 15.12.1913 – II 684/13 (Gänsebucht) – RGSt 48, 58 (Anm. Fahl JA 1995, 845; Fahl JA 2004, 287):
Bauer B1 beauftragte seinen Knecht B2, die Gänse seines Nachbarn Z aus dessen Stall (sog. Gänsebucht) zu holen und sie auf den Hof des B1 zu treiben. Obwohl B2 sehr wohl wusste, dass die Gänse dem Z gehörten, folgte er dem Auftrag des B1, weil es ihm gleichgültig war, wie er seine Arbeitszeit verbringt.

§ 242 I StGB (Diebstahl)
Wer eine fremde bewegliche Sache einem anderen in der Absicht wegnimmt, die Sache sich oder einem Dritten rechtswidrig zuzueignen, wird mit Freiheitsstrafe bis zu fünf Jahren oder mit Geldstrafe bestraft.

Zwar nahm der Vordermann B2 vorsätzlich eine fremde Sache weg, ihm fehlte aber die Absicht rechtswidriger Zueignung.

Die wohl h.M. hält diesen Mangel im subjektiven Tatbestand für ausreichend, um eine Tatherrschaft des Hintermanns anzunehmen, die Gegenauffassung sieht dies anders, da eine überlegene Absicht keine Tatherrschaft begründe.[35]

---

[33] Nachweise bei Kindhäuser, LPK, 6. Aufl. 2015, § 25 Rn. 18f.

[34] Hierzu Krämer Jura 2005, 833; aus der Rspr. vgl. BGH U. v. 08.07.1954 - 4 StR 350/54 (Kartenspieler) - BGHSt 6, 248 = NJW 1954, 1495 (Anm. Roxin, Höchstrichterliche Rspr. AT, 1998, Nr. 77).

[35] Vgl. jeweils die Nachweise bei Kindhäuser, LPK, 6. Aufl. 2015, § 25 Rn. 22f.

Es ist konsequent, Vorsatzmangel (s.o.) und den Mangel an tatbestandsspezifischer Absicht gleich zu behandeln, da beides notwendig zur Erfüllung des subjektiven Tatbestands ist.

Wegen der in § 242 I StGB seit 1998 ebenfalls aufgeführten Drittzueignungsabsicht und daher möglichen Anstiftungsstrafbarkeit dürfte in vielen Fällen das kriminalpolitische Bedürfnis entfallen sein. Ggf. fehlt dem Ausführenden jedoch auch jede Drittzueignungsabsicht.

2. Unkenntnis, die die Rechtswidrigkeit entfallen lässt: Gerechtfertigt handelndes Werkzeug

Der Vordermann kann auf Basis falscher Vorstellung – sei es aufgrund ausdrücklicher oder konkludenter Täuschung oder nicht – gerechtfertigt handeln, d.h. ihm kann ein Rechtfertigungsgrund zustehen.[36]

Beispiel 97:

B1 gab bei der Polizei wahrheitswidrig an, von B2 vergewaltigt worden zu sein. B2 kam in Untersuchungshaft.

Für die Anordnung der Untersuchungshaft (§§ 112ff. StPO[37]) ist das Gericht zuständig, welches auf Antrag der Staatsanwaltschaft, welche wiederum von der Polizei eingeschaltet wird, die Untersuchungshaft beschließt. Hierbei wirken die öffentlich-rechtlichen Befugnisse zur Anordnung von Untersuchungshaft als Rechtfertigungsgründe. Da erst die Falschaussage der B1 die rechtfertigende Verdachtslage zu Unrecht bewirkt hat, (vgl. auch §§ 145d, 164 StGB), hat B1 sich wegen Freiheitsberaubung in mittelbarer Täterschaft gem. §§ 239 I, 25 I 2. Var. StGB strafbar gemacht.

Beispiel 98:

OLG München U. v. 08.08.2006 – 4 St RR 135/06 – NJW 2006, 3364 = NStZ 2007, 157 (Anm. RÜ 2006, 589; RA 2006, 749; Schiemann NJW 2006, 3366; Kraatz Jura 2007, 531; Bosch JA 2007, 151; LL 2007, 31; famos 1/2007):
B war mit seinem beim Autohaus des Z1 neu gekauften Pkw unzufrieden. Erfolglos machte er Mängel gegenüber Z1 geltend. Schließlich klagte er auf Rückabwicklung des Vertrages. Das Gericht beauftragte einen Sachverständigen – Z2 –

---

[36] Zum gerechtfertigt handelnden Werkzeug zsf. B. Heinrich, AT, 5. Aufl. 2016, Rn. 1250f.; aus der Rspr. vgl. BGH U. v. 23.10.1996 - 5 StR 183/95 - BGHSt 42, 275 = NJW 1997, 951 = NStZ 1997, 437 = StV 1997, 70 (Anm. Martin JuS 1997, 660; König JR 1997, 317).

[37] Didaktisch zu §§ 112ff. StPO Beulke, Strafprozessrecht, 13. Aufl. 2016, Rn, 208ff.; Benfer JuS 1983, 110; Haberstroh Jura 1984, 225; Geppert Jura 1991, 269; Kropp JA 2001, 797; Marzahn ZJS 2008, 375; Huber JuS 2009, 994; Graf JA 2012, 262.

mit der Überprüfung der behaupteten Mängel. B befürchtete, dass die Feststellungen des Sachverständigen zu den vorhandenen Mängeln für einen Erfolg der Klage nicht ausreichten. Daher nahm er kurz vor dem vereinbarten Besichtigungstermin eine Veränderung am Fahrzeug vor, die dem Sachverständigen den Eindruck eines weiteren Mangels vermitteln sollte: Er lockerte die Verschraubung der Bremsleitung zur rechten hinteren Radbremse an der Hydraulik-Steuereinheit. Wie B wusste, bewirkte diese Manipulation ein Austreten von Bremsflüssigkeit mit der Folge, dass der Bremsdruck nicht in vollem Umfang auf die Räder übertragen wurde. Erst beim weiteren Durchtreten des Bremspedals kommt der aus Sicherheitsgründen vorhandene zweite Bremskreis zur Wirkung. Gleich zu Beginn der Besichtigungsfahrt näherte sich Z2 mit geringer Geschwindigkeit einer roten Ampel. Beim Abbremsen bemerkte er, dass sich das Bremspedal fast bis zum Boden durchtreten ließ. Er konnte jedoch das Fahrzeug mit dem zweiten Bremskreis problemlos ohne Gefährdung anderer zum Stehen bringen. Danach fuhr er zu einer nahe gelegenen Tankstelle. Dort stellte er die von B vorgenommene Manipulation fest.

Abgesehen u.a. von Straßenverkehrsdelikten kommt für B eine Strafbarkeit wegen versuchten Betrugs in mittelbarer Täterschaft in Betracht, sog. **Prozessbetrug**.[38]

> **§ 263 I StGB (Betrug)**
> Wer in der Absicht, sich oder einem Dritten einen rechtswidrigen Vermögensvorteil zu verschaffen, das Vermögen eines anderen dadurch beschädigt, daß er durch Vorspiegelung falscher oder durch Entstellung oder Unterdrückung wahrer Tatsachen einen Irrtum erregt oder unterhält, wird mit Freiheitsstrafe bis zu fünf Jahren oder mit Geldstrafe bestraft.

Letztlich sollte der Richter dem Begehren des B im Zivilprozess zu Lasten des Z1 stattgeben. Die Vorschriften der ZPO rechtfertigen den Richter in seiner Entscheidung. Das Vorbringen falscher Beweise führt zur mittelbaren Täterschaft des B.

3. Unkenntnis, die die Schuld entfallen lässt

Der Vordermann kann schuldlos handeln.

Mangelnde Kenntnis von Tatsachen kann zu einem entschuldigten Handeln des Vordermanns aufgrund eines **Entschuldigungsgrundes** führen. Hier gilt Ähnliches wie beim gerechtfertigt handelnden Werkzeug.

Der Vordermann kann sich auch in einem entschuldigenden **unvermeidbaren Verbotsirrtum** gem. § 17 S. 1 StGB befinden.

---

[38] Hierzu Kindhäuser, LPK, 6. Aufl. 2015, § 263 Rn. 215; Giehring GA 1973, 1; Eisenberg FS Salger 1995, 15; Fahl Jura 1996, 74; Krell JR 2012, 102.

> **§ 17 StGB (Verbotsirrtum)**
>
> Fehlt dem Täter bei Begehung der Tat die Einsicht, Unrecht zu tun, so handelt er ohne Schuld, wenn er diesen Irrtum nicht vermeiden konnte. Konnte der Täter den Irrtum vermeiden, so kann die Strafe nach § 49 Abs. 1 gemildert werden.

Es sind allerdings kaum Fälle denkbar, in denen ein Hintermann sich einen unvermeidbaren Verbotsirrtum eines Vordermanns zunutze macht.

4. Unkenntnis, die die vertypte Strafzumessung betrifft, insbesondere: Täter hinter dem Täter bei vermeidbarem Verbotsirrtum

Während der aufgrund § 17 S. 1 StGB schuldlos handelnde Vordermann ohne Weiteres durch einen mittelbaren Täter normativ beherrscht werden kann (s.o.), ist dies i.F.d. vermeidbaren Verbotsirrtums gem. § 17 S. 2 StGB problematisch, da dieser nicht strafbarkeitsausschließend, sondern nur strafmildernd wirkt.[39]

Die Annahme mittelbarer Täterschaft des Hintermanns würde dazu führen, dass es einen (mittelbaren) Täter hinter dem (unmittelbaren) Täter gäbe.

Beispiel 99:

BGH U. v. 15.09.1988 – 4 StR 352/88 (Katzenkönig) – BGHSt 35, 347 = NJW 1989, 912 = NStZ 1989, 176 = StV 1989, 296 (Anm. Roxin, Höchstrichterliche Rspr. AT, 1998, Nr. 81; Hemmer-BGH-Classics Strafrecht, 2003, Nr. 29; Sonnen JA 1989, 212; Hassemer JuS 1989, 673; Schaffstein NStZ 1989, 153; Küper JZ 1989, 617 und 935; Herzberg Jura 1990, 16; Roßmüller/ Rohrer Jura 1990, 582; Schumann NStZ 1990, 32; Bandemer JA 1994, 285; Nibbeling JA 1995, 216; Spendel FS Lüderssen 2002, 605):

H, P und R lebten in einem von „Mystizismus, Scheinerkenntnis und Irrglauben" geprägten „neurotischen Beziehungsgeflecht" zusammen. H gelang es im bewussten Zusammenwirken mit P, dem leicht beeinflussbaren R zunächst die Bedrohung seiner Person durch Zuhälter und Gangster mit Erfolg vorzugaukeln und ihn in eine Beschützerrolle zu drängen. Später brachten beide ihn durch schauspielerische Tricks, Vorspiegeln hypnotischer und hellseherischer Fähigkeiten und die Vornahme mystischer Kulthandlungen dazu, an die Existenz des „Katzenkönigs", der seit Jahrtausenden das Böse verkörpere und die Welt bedrohe, zu glauben; R – in seiner Kritikfähigkeit eingeschränkt, aber auch aus Liebe zu H darum bemüht, ihr zu glauben – wähnte sich schließlich auserkoren, gemeinsam mit den beiden anderen den Kampf gegen den „Katzenkönig" aufzunehmen. Auf Geheiß musste er Mutproben bestehen, sich katholisch taufen lassen, H ewige Treue schwören;

---

[39] Zur mittelbaren Täterschaft bei vermeidbarem Verbotsirrtum Hillenkamp/Cornelius, 32 Probleme aus dem Strafrecht AT, 15. Aufl. 2017, 21. P.; Herzberg Jura 1990, 16; Murmann GA 1998, 78; Otto FS Roxin 2001, 483.

so wurde er von ihr und P zunächst als Werkzeug für den eigenen Spaß benutzt. Als H Mitte des Jahres 1986 von der Heirat ihres früheren Freundes N erfuhr, entschloss sie sich aus Hass und Eifersucht, dessen Frau (A) von R – unter Ausnutzung seines Aberglaubens – töten zu lassen. In stillschweigendem Einverständnis mit P, der – wie sie wusste – seinen Nebenbuhler loswerden wollte, spiegelte die H dem R vor, wegen der vielen von ihm begangenen Fehler verlange der „Katzenkönig" ein Menschenopfer in der Gestalt der Frau A; falls er die Tat nicht binnen einer kurzen Frist vollende, müsse er sie verlassen und die Menschheit oder Millionen von Menschen würden vom „Katzenkönig" vernichtet. R, der erkannte, dass das Mord sei, suchte auch unter Berufung auf das fünfte Gebot vergeblich nach einem Ausweg. H und P wiesen stets darauf hin, dass das Tötungsverbot für sie nicht gelte, „da es ein göttlicher Auftrag sei und sie die Menschheit zu retten hätten". Nachdem er H „unter Berufung auf Jesus" hatte schwören müssen, einen Menschen zu töten, und sie ihn darauf hingewiesen hatte, dass bei Bruch des Schwurs seine „unsterbliche Seele auf Ewigkeit verflucht" sei, war er schließlich zur Tat entschlossen. Ihn plagten Gewissensbisse, er wog jedoch die „Gefahr für Millionen Menschen ab", die er „durch das Opfern von Frau A" retten könne. Am späten Abend des 30.07.1986 suchte R Frau A in ihrem Blumenladen unter dem Vorwand auf, Rosen kaufen zu wollen. Entsprechend dem ihm von P – im Einverständnis mit H – gegebenen Rat stach R mit einem ihm zu diesem Zweck von P überlassenen Fahrtenmesser hinterrücks der ahnungs- und wehrlosen Frau A in den Hals, das Gesicht und den Körper, um sie zu töten. Als dritte Personen der sich nun verzweifelt wehrenden Frau zu Hilfe eilten, ließ R von weiterer Tatausführung ab, um entsprechend seinem „Auftrag" unerkannt fliehen zu können; dabei rechnete er mit dem Tod seines Opfers, der jedoch ausblieb.

R war weder durch einen Rechtfertigungsgrund gerechtfertigt noch durch einen Entschuldigungsgrund entschuldigt. R war – trotz seiner Leichtgläubigkeit – auch schuldfähig. Es bleibt allenfalls ein Verbotsirrtum nach § 17 S. 2 StGB, der gewiss vermeidbar war. Fraglich ist nun, ob H und ggf. P, die diesen Irrtum bewusst hervorgerufen haben, mittelbare Täter i.S.d. § 25 I 2. Var. StGB waren.

Die Rspr.[40] und die h.L.[41] bejahen eine mittelbare Täterschaft, da ein ausreichender Defekt des Vordermanns vorliege.

Die Gegenauffassung[42] wendet hingegen ein **strenges Verantwortungsprinzip** an, wonach eine täterschaftliche Verantwortung des Vordermanns eine mittelbartäterschaftliche Verantwortung des Hintermanns ausschließe; es handele sich um Anstiftung (§ 26 StGB).

Zwar ist das Bestreben der h.M. verständlich, den Defekt verursachenden Hintermann als eigentlichen Drahtzieher auch täterschaftlich zu verurteilen. Dem ist

---

[40] S.o.

[41] S. nur B. Heinrich, AT, 5. Aufl. 2016, Rn. 1260.

[42] Z.B. Jakobs, AT, 2. Aufl. 1993, 21/94.

aber entgegenzuhalten, dass ein beherrschter, aber dennoch eigenverantwortlicher unmittelbarer Täter ein Widerspruch in sich ist. Das Verhalten des Vordermanns kann nicht zugleich frei und unfrei sein. Die klare Abgrenzung des strengen Verantwortungsprinzips dient auch der Rechtssicherheit: Wenn die bloße Strafmilderung nach § 17 S. 2 StGB zur Annahme einer mittelbaren Täterschaft ausreichen würde, müsste man alle vertypten Strafmilderungen (z.B. § 21 StGB) ausreichen lassen und sogar alle mildernden Aspekte, die nach § 46 StGB zu berücksichtigen wären. Ohnehin wird gem. § 26 StGB ein Anstifter gleich einem Täter bestraft, so dass keine Bestrafungsdefizite drohen.

Eine vergleichbare Problematik stellt sich bzgl. anderen vertypten Strafmilderungen, insbesondere § 21 StGB und § 35 II StGB.

5. Irrtümer über den konkreten Handlungssinn

Unter dem Schlagwort der Irrtümer über den konkreten Handlungssinn werden Fallkonstellationen diskutiert, in denen dem Vordermann zwar im Prinzip klar ist, was er tut, und sich sein Irrtum nicht so auswirkt, dass Tatbestand, Rechtswidrigkeit oder Schuld entfallen. Die eigentliche Tragweite seines Verhaltens erschließt sich ihm aber nicht. Hier sind relevante Wissensdefizite von bloßen Motivirrtümern abzugrenzen.

a) Unrechtsquantifizierung (gradueller Tatbestandsirrtum, Irrtum über Schadenshöhe)

> **Beispiel 100:**
>
> B1 täuschte dem B2 vor, dass es sich bei einem dem Z gehörenden Gemälde um geringwertiges Geschmiere handele, welches B2 ruhig verbrennen solle. B2 verbrannte das Gemälde, bei dem es sich in Wahrheit um einen wertvollen Kandinsky handelte.

Ist der Irrtum über den Wert der zerstörten Sache, mithin über das Ausmaß des Schadens ein rechtsguterheblicher?

In Fällen des Irrtums über die Unrechtshöhe[43] liegt immerhin eine vollverantwortliche Strafbarkeit des Vordermanns vor, da z.B. § 303 StGB einen bestimmten Mindestschaden nicht voraussetzt. Daher ist die Auffassung[44] zutreffend, dass kein Fall der mittelbaren Täterschaft, sondern der Anstiftung vorliegt.

---

[43] Hierzu zsf. Joecks, StGB, 11. Aufl. 2014, § 25 Rn. 44f.

[44] Joecks, StGB, 11. Aufl. 2014, § 25 Rn. 44f. m.w.N. auch zur Gegenauffassung.

Eine andere Art Vorstellungsdifferenz betrifft Fälle, in denen der Vordermann bloß Eventualvorsatz, der Hintermann aber sicheres Wissen aufweist.[45] Allerdings kann eine rechtlich irrelevante Vorsatzsteigerung ebenfalls nicht zur mittelbaren Täterschaft führen.

b) Unrechtsqualifizierung

In Fällen der Unrechtsqualifizierung[46] soll hingegen nach wohl h.M. eine mittelbare Täterschaft vorliegen. Gemeint sind Fälle, in denen sich die Wissensüberlegenheit des Hintermanns auf Umstände erstreckte, die ein Grunddelikt qualifizieren würden.

> **Beispiel 101:**
>
> B1 bat B2 darum, den G zu vergiften, wobei B2 zwar um die tödliche Wirkung des von B1 überreichten Giftes wusste, nicht darum, dass es einen schmerzhaften und langandauernden Todeskampf auslöste.
>
> Im Hinblick auf den Totschlag nach § 212 I StGB kann B1 nur Anstifter sein. Im Hinblick auf einen Mord nach § 211 StGB (Mordmerkmal „grausam") kommt hingegen eine mittelbare Täterschaft in Betracht – „Mörder hinter dem Totschläger". Zur Tatbestandsbezogenheit der mittelbaren Täterschaft vgl. schon oben.

Allerdings verwirklicht der überschießende, qualifizierende Teil zwar ein gesteigertes Körperverletzungsunrecht (Todeskampf), im Hinblick auf das Tötungsunrecht fehlt es an einem Wissensgefälle.

Entgegen der wohl h.M. ist mit der Gegenauffassung eine mittelbare Täterschaft abzulehnen.[47] Die Anstiftungsstrafbarkeit liefert – auch in Kombination mit § 28 StGB – eine hinreichende Bestrafungsmöglichkeit.

c) Manipulierter *error in persona vel obiecto* (sog. Dohna-Fall)

> **Beispiel 102:**
>
> B1 erfuhr, dass B2 ihn zur Abendzeit an einem bestimmten Ort aus dem Hinterhalt erschießen wollte. Durch Täuschung lockte er den G zum Tatort, der von B2 mit B1 verwechselt und getötet wurde.

Im sog. Dohna-Fall,[48] benannt nach dem „Erfinder" des Sachverhalts, dem 1944 verstorbenen Strafrechtsprofessor Alexander Graf zu Dohna-Schlodien, unterlag der

---

[45] Hierzu Joecks, in: MK-StGB, 3. Aufl. 2017, § 25 Rn. 108ff.

[46] Hierzu vgl. Joecks, StGB, 11. Aufl. 2014, § 25 Rn. 16; Kindhäuser, LPK, 6. Aufl. 2015, § 25 Rn. 25ff.; aus der Rspr. vgl. BGH U. v. 09.11.1951 - 2 StR 296/51 - BGHSt 1, 368 = NJW 1952, 110 (Anm. Puppe, AT, 3. Aufl. 2016, § 27 Rn. 43ff.; Schröder NJW 1952, 649; Welzel JZ 1952, 72; Schröder JZ 1952, 526; von Weber MDR 1952, 265).

[47] Vgl. Nachweise bei Hoyer, in: SK-StGB, 32. Lfg., 7. Aufl. 2000, § 25 Rn. 67.

[48] Hierzu zsf. Joecks, StGB, 11. Aufl. 2014, § 25 Rn. 47ff.

hier B2 Genannte einem Identitätsirrtum im Hinblick auf das Opfer, der aber unbeachtlich ist. Dennoch wird z.T. eine mittelbare Täterschaft des Hintermanns vertreten; andere gehen von eigener Täterschaft des B1 aus, wieder andere von Anstiftung oder Beihilfe.[49]

III. Mittelbare Täterschaft kraft überlegenen Willens

1. Nötigung durch den Hintermann: Nötigungsherrschaft

Anders als bei der Wissensherrschaft irrt sich bei der Nötigungsherrschaft der Vordermann nicht über die Tragweite seines Handelns, er wird zu diesem Handeln – sei es gegen Dritte, sei es gegen sich selbst[50] – aber gezwungen.[51]

Beispiel 103:

B1 drohte B2 damit, dessen Auto zu beschädigen, wenn B2 nicht den Z verprügelt. B2 verprügelte daher den Z.

Trotz Drohung liegt eine strafrechtlich relevante Handlung des Vordermanns vor. Die Drohung könnte zwar gem. § 34 StGB zur Rechtfertigung führen, jedoch lehnt die h.M. dies ab, da B2 auf die Seite des Unrechts trete, wenn er der Drohung des B1 nachgibt.

---

§ 34 StGB (Rechtfertigender Notstand)
Wer in einer gegenwärtigen, nicht anders abwendbaren Gefahr für Leben, Leib, Freiheit, Ehre, Eigentum oder ein anderes Rechtsgut eine Tat begeht, um die Gefahr von sich oder einem anderen abzuwenden, handelt nicht rechtswidrig, wenn bei Abwägung der widerstreitenden Interessen, namentlich der betroffenen Rechtsgüter und des Grades der ihnen drohenden Gefahren, das geschützte Interesse das beeinträchtigte wesentlich überwiegt. Dies gilt jedoch nur, soweit die Tat ein angemessenes Mittel ist, die Gefahr abzuwenden.

Allerdings kommt eine Entschuldigung gem. § 35 I StGB in Betracht.

---

[49] Nachweise bei Joecks, StGB, 11. Aufl. 2014, § 25 Rn. 47ff.

[50] Zur Nötigung zur Selbstschädigung Joecks, in: MK-StGB, 3. Aufl. 2017, § 25 Rn. 63ff.

[51] Hierzu Joecks, StGB, 11. Aufl. 2014, § 25 Rn. 50ff.; aus der Rspr. vgl. jüngst OLG Hamburg B. v. 08.06.2016 - 1 Ws 131/16 - NStZ 2016, 530 (Anm. RÜ 2016, 640; Miebach NStZ 2016, 536; Wilhelm HRRS 2017, 68).

> **§ 35 I StGB (Entschuldigender Notstand)**
> Wer in einer gegenwärtigen, nicht anders abwendbaren Gefahr für Leben, Leib oder
> Freiheit eine rechtswidrige Tat begeht, um die Gefahr von sich, einem Angehörigen
> oder einer anderen ihm nahestehenden Person abzuwenden, handelt ohne Schuld.
> Dies gilt nicht, soweit dem Täter nach den Umständen, namentlich weil er die Gefahr
> selbst verursacht hat oder weil er in einem besonderen Rechtsverhältnis stand, zuge-
> mutet werden konnte, die Gefahr hinzunehmen; jedoch kann die Strafe nach § 49
> Abs. 1 gemildert werden, wenn der Täter nicht mit Rücksicht auf ein besonderes
> Rechtsverhältnis die Gefahr hinzunehmen hatte.

Auch bei Geltung eines strengen Verantwortungsprinzips liegt dann aufgrund fehlender Schuldhaftigkeit ein rechtlich relevantes Defizit beim Vordermann vor; der
nötigende Hintermann ist mittelbarer Täter.

Problematisch sind Nötigungen, die nicht i.S.d. § 35 StGB relevant sind,[52] z.B.
Drohungen mit der Veröffentlichung ehrverletzenden Materials (das Rechtsgut Ehre
wird in § 35 StGB nicht erwähnt). Im Interesse einer rechtssicheren Abgrenzung von
rechtlich irrelevanten Willenseinflüssen ist entgegen einer Gegenauffassung daran
festzuhalten, dass nur i.F.d. rechtfertigenden oder entschuldigenden Notstands beim
Vordermann eine mittelbare Täterschaft vorliegt.[53]

Beispiel 104:

**RG U. v. 30.11.1894 – 3937/94 (Lehrling) – RGSt 26, 242 (Anm. Puppe, AT,
3. Aufl. 2016, § 24 Rn. 12ff.):**
Fleischermeister B befahl seinem Lehrling, ein nur unvollständig gereinigtes
Stück Darm zu essen. Der Lehrling bekam davon körperliche Beschwerden.

2. Bloße Ausnutzung eines bereits vorhandenen Willensmangels, namentlich: Schuldunfähiges Werkzeug

▶ **Didaktische Aufsätze:**
- Ellbogen/Wichmann, Bandendelinquenz bei Strafunmündigkeit ein-
  zelner Beteiligter, JuS 2007, 114
- Exner, Minderjährige im StGB, Jura 2013, 103

---

[52] Hierzu Joecks, StGB, 11. Aufl. 2014, § 25 Rn. 52f.

[53] Vgl. Hoyer, in: SK-StGB, 32. Lfg., 7. Aufl. 2000, § 25 Rn. 51 m.w.N., auch zur Gegenauffassung.

Der Vordermann kann auch ohne Wissensmangel schuldlos handeln, namentlich wenn ihm die Schuldfähigkeit fehlt.[54] Zu beachten ist aber, dass auch die Anstiftung nach § 26 StGB lediglich eine vorsätzliche und rechtswidrige Haupttat voraussetzt, nicht aber eine schuldhafte, so dass sich die Abgrenzungsfrage zwischen Täterschaft und Teilnahme stellt.

Beispiel 105:

B überredete den geisteskranken Z1 und die zwölfjährige Z2 dazu, Steine von einer Autobahnbrücke auf fahrende Autos zu werfen, wodurch mehrere Personen verletzt wurden.

---

§ 19 StGB (Schuldunfähigkeit des Kindes)
Schuldunfähig ist, wer bei Begehung der Tat noch nicht vierzehn Jahre alt ist.

§ 20 StGB (Schuldunfähigkeit wegen seelischer Störungen)
Ohne Schuld handelt, wer bei Begehung der Tat wegen einer krankhaften seelischen Störung, wegen einer tiefgreifenden Bewußtseinsstörung oder wegen Schwachsinns oder einer schweren anderen seelischen Abartigkeit unfähig ist, das Unrecht der Tat einzusehen oder nach dieser Einsicht zu handeln.

Während Teile der Lehre[55] in diesen Fällen stets mittelbare Täterschaft annehmen, stellen die Rspr.[56] und andere Teile der Lehre[57] zusätzlich darauf ab, ob der Schuldunfähige im konkreten Fall einen eigenen Willen gebildet hat.

Gegen letztere Auffassung ist aber die normative Entscheidung des Gesetzgebers in den §§ 19, 20 StGB anzuführen, die zudem eine rechtssichere Abgrenzung ermöglicht.

Auch die veranlasste **Selbstverletzung** eines schuldunfähigen Werkzeugs führt – in Abgrenzung zur freiverantwortlichen Selbstgefährdung – zur mittelbaren Täterschaft.

IV. Mittelbare Täterschaft kraft Organisationsherrschaft

▶   **Didaktischer Aufsatz:**
  • Otto, Täterschaft kraft organisatorischen Machtapparates, Jura 2001, 753

---

[54] Zur mittelbaren Täterschaft bei schuldunfähigem Vordermann Joecks, StGB, 11. Aufl. 2014, § 25 Rn. 32ff.; Ellbogen/Wichmann JuS 2007, 114; Exner Jura 2013, 103.

[55] Z.B. Heine/Weißer, in: Sch/Sch, 29. Aufl. 2014, § 25 Rn. 44.

[56] RG U. v. 17.03.1927 - II 170/27 - RGSt 61, 265.

[57] Vgl. nur Joecks, StGB, 11. Aufl. 2014, § 25 Rn. 33f.

1. Voraussetzungen und Behandlung

Als kontrovers diskutierte Fallgruppe des „Täters hinter dem Täter" hat sich die sog. Organisationsherrschaft etabliert.[58]

Konzipiert wurde diese Konstruktion zur Begründung der (mittelbaren) Täterschaft unter dem Eindruck **staatlicher Kriminalität** im **Nationalsozialismus**; praktische Relevanz erlangte sie bei der Aufarbeitung des **DDR-Unrechts**.[59] Ziel war es, die „Schreibtischtäter" auch wirklich als Täter und nicht „bloß" als Anstifter oder Gehilfen zu erfassen.

Beispiel 106:

BGH U. v. 26.07.1994 – 5 StR 98/94 (Nationaler Verteidigungsrat) – BGHSt 40, 218 = NJW 1994, 2703 = NStZ 1994, 537 = StV 1994, 534 (Anm. Roxin, Höchstrichterliche Rspr. AT, 1998, Nr. 82; Hemmer-BGH-Classics Strafrecht, 2003, Nr. 30; Gogger NStZ 1994, 586; Sonnen NK 1994/4, 41; Otto JK 1995 StGB § 25 I/3; Sonnen JA 1995, 98; Jung JuS 1995, 173; Jakobs NStZ 1995, 26; Schroeder JR 1995, 177; Roxin JZ 1995, 49; Gropp JuS 1996, 13; Schulz JuS 1997, 109):
Wehrdienstleistender B1 war als Grenzsoldat der DDR an der ehemaligen deutsch-deutschen Staatsgrenze in Berlin eingesetzt. In der Nacht vom 05. zum 06.02.1989 versuchte G die Mauer nach West-Berlin zu übersteigen. B1 schoss, nach erfolglosem Zuruf, G solle stehen bleiben, auf G; dabei wurde G in die Brust tödlich getroffen. Grundlage für das Verhalten des B1 war der sog. „Schießbefehl". Dieser ging zurück auf die „Jahresbefehle" des Ministeriums für Nationale Verteidigung der DDR. Notwendige Voraussetzung für deren Erlass war ein vorhergehender Beschluss des Nationalen Verteidigungsrates der DDR, einem zentralen staatlichen Organ, dem die einheitliche Leitung der Verteidigungs- und Sicherheitsmaßnahmen der DDR oblag. Er bestand aus ca. 14 Mitgliedern, allesamt hohe Funktionsträger aus Partei und Staat, unter ihnen B2.

---

[58] Hierzu Roxin GA 1963, 193; Lampe ZStW 1994, 683; Murmann GA 1996, 269; Ambos GA 1998, 226; Roxin FS Grünwald 1999, 549; Heine JZ 2000, 920; Rotsch ZStW 2000, 518; Schünemann FG 50 Jahre BGH IV 2000, 621; Otto Jura 2001, 753; Muñoz Conde FS Roxin 2001, 609; Donna FS Gössel 2002, 261; Nack GA 2006, 342; Radtke GA 2006, 350; Zaczyk GA 2006, 411; Roxin FS Schroeder 2006, 387; Roxin FS Krey 2010, 449; Greco ZIS 2011, 9; Roxin GA 2012, 395; Muñoz Conde FS Wolter 2013, 1415.

[59] Zu Mauerschützen und den Hintermännern Grünwald JZ 1966, 633; Arnold/Kühl JuS 1992, 991; Schroeder JZ 1992, 990; Maiwald NJW 1993, 1881; Laskowski JA 1994, 151; Jakobs GA 1994, 1; Pawlik GA 1994, 472; Kaufmann NJW 1995, 81; Amelung GA 1996, 51; Erb ZStW 1996, 266; Ambos JA 1997, 983; Willnow JR 1997, 221 und 265; Dreier JZ 1997, 421; Kirchner Jura 1998, 46; Claßen GA 1998, 215; Frisch FS Grünwald 1999, 133; Schunemann FS Grünwald 1999, 657; Zielinski FS Grünwald 1999, 811; Ebert FS Hanack 1999, 501; Hassemer FG 50 Jahre BGH IV 2000, 439; Ambos KritV 2003, 31; aus der Rspr. vgl. BGH U. v. 03.11.1992 - 5 StR 370/92 - BGHSt 39, 1 = NJW 1993, 141 = NStZ 1993, 129 = StV 1993, 9 (Anm. Solbach JA 1993, 90; Jung JuS 1993, 601; Amelung JuS 1993, 637; Herrmann NStZ 1993, 118; Günther StV 1993, 18; Schroeder JR 1993, 45; Fiedler JZ 1993, 206; Dannecker Jura 1994, 585; Wilms/Ziemske ZRP 1994, 170).

Bzgl. der Strafbarkeit des B1 sind nicht dessen Täterschaft und sonstige Tatbestandsverwirklichung problematisch, sondern ist es die Frage etwaiger Rechtfertigungs- und Entschuldigungsgründe. Dies steht zunächst mit der Frage nach der Rechtmäßigkeit und Rechtswirkung des sog. Schießbefehles in Zusammenhang. Des Weiteren sind dann die Umstände im Gefüge des Wehrdienstes der DDR zu ermitteln – wie Verfolgung oder Exekution bei Ungehorsam –, die zu einer Rechtfertigung bzw. Entschuldigung führen können. In einer Reihe von Fällen wurden die „Mauerschützen" verurteilt.

Bzgl. der Strafbarkeit von B2 fragt sich, ob dessen Verhalten im Nationalen Verteidigungsrat für eine Einordnung als mittelbare Täterschaft i.S.d. § 25 I 2. Var. StGB ausreicht. Vor allem stellt sich die Frage, ob dieses Verhalten auch dann noch mittelbare Täterschaft begründet, wenn die eigene Täterschaft des B1 feststeht.

In einem Atemzug mit staatlicher Kriminalität wird die mittelbare Täterschaft qua Organisationsherrschaft in **mafiösen Organisationen** genannt.[60]

Beispiel 107:
Mafiachef B lässt den G durch einen seiner Mafiosi töten.

Ist B mittelbarer Täter des Tötungsdelikts?

In Literatur und Rspr. werden die Kriterien für die Annahme einer Organisationsherrschaft unterschiedlich gesehen.[61]
Insbesondere werden drei Voraussetzungen benannt:

- Erstens: die Existenz eines **Machtapparats** (sich auszeichnend durch Anordnungsgewalt der Befehlsgeber und wesentlich erhöhte Tatbereitschaft der Vollstrecker).
- Zweitens: sog. **Fungibilität** des Ausführenden; Erfolgsverwirklichungssicherheit durch Ausnutzung eines Automatismus (es muss sich beim unmittelbaren Täter um einen im Prinzip austauschbaren Weisungsempfänger handeln).
- Drittens: Der Machtapparat muss sich als Ganzer **vom Recht gelöst** haben.

Der **BGH**[62] umschreibt die Rechtsfigur so: „Es gibt aber Fallgruppen, bei denen trotz eines uneingeschränkt verantwortlich handelnden Tatmittlers der Beitrag des Hintermannes nahezu automatisch zu der von diesem Hintermann erstrebten Tatbestandsverwirklichung führt. Solches kann vorliegen, wenn der Hintermann durch Organisationsstrukturen bestimmte **Rahmenbedingungen ausgenutzt**, innerhalb derer sein Tatbeitrag **regelhafte Abläufe** auslöst. Derartige Rahmenbedingungen

---

[60] Hierzu ausf. Bottke FS Gössel 2002, 235.
[61] Vgl. zsf. Fischer, StGB, 64. Aufl. 2017, § 25 Rn. 7.
[62] BGH U. v. 26.07.1994 - 5 StR 98/94 (Nationaler Verteidigungsrat) - BGHSt 40, 218.

mit regelhaften Abläufen kommen insbesondere bei staatlichen, unternehmerischen oder geschäftsähnlichen Organisationsstrukturen und bei Befehlshierarchien in Betracht. Handelt in einem solchen Fall der Hintermann in Kenntnis dieser Umstände, nutzt er insbesondere auch die unbedingte Bereitschaft des unmittelbar Handelnden, den Tatbestand zu erfüllen, aus und will der Hintermann den Erfolg als Ergebnis seines eigenen Handelns, ist er Täter in der Form mittelbarer Täterschaft."[63]

Es ist bereits ganz grundsätzlich strittig, ob Organisationsherrschaft überhaupt zur mittelbaren Täterschaft des „Vorgesetzten" führen kann.

Die Rspr.[64] und die h.L.[65] bejahen die Möglichkeit einer mittelbaren Täterschaft kraft Organisationsherrschaft.

Eine Gegenauffassung[66] gelangt in diesen Fällen zu einer Mittäterschaft gem. § 25 II StGB.

Wieder andere[67] lehnen eine täterschaftliche Verantwortlichkeit gänzlich ab und nehmen eine Anstiftung nach § 26 StGB an.

Der h.M. liegt v.a. das kriminalpolitische Bedürfnis zu Grunde, die eigentlich verantwortlichen Vorgesetzten nicht lediglich als Teilnehmer der Taten ihrer angewiesenen Untergebenen zu bestrafen. Sie konstruiert eine Art normative Tatherrschaft durch die Etablierung von Befehlsstrukturen. Unproblematisch läge eine mittelbare Täterschaft dann vor, wenn konsequenterweise die „Mauerschützen" gerechtfertigt oder entschuldigt gewesen wären; hierin hätte dann der täterschaftsbegründende Einsatz eines Werkzeugs mit Strafbarkeitsdefizit gelegen. Ordnet man aber die Tat des Schützen als volldeliktisch strafbar ein, handelte es sich um eine insofern freie Tat, die nicht zugleich durch einen mittelbaren Täter beherrscht werden kann. Probleme bereiten auch die vagen Voraussetzungen für eine solche Organisationsherrschaft: Sie stellt eine völlige Loslösung vom Verantwortungsprinzip dar, ohne vergleichbar rechtssichere Kriterien zu bieten: Was ist ein Machtapparat? Wann liegt Fungibilität vor und fehlt es nicht an dieser in der konkreten Tatsituation immer, da eben z.B. keine anderen Soldaten anwesend sind? Organisationsherrschaft darf nicht zu beliebiger Täterschaft Ranghöherer in einer Hierarchie führen. Jeder Teil des Machtapparates wäre Täter, der nur eine Substitutionsmacht gegenüber seinem Nachgeordneten besitzt. Eine solche Täterkumulation überzeugt nicht. Die Rechtsordnung stellt mit der Anstiftung gem. § 26 StGB eine tätergleich sanktionierende Norm für vertikal straftathervorrufende Beteiligung im Vorfeld zur Verfügung, Schreibtischtäter finden auch als Schreibtischanstifter ihre Strafe. Soweit eine Anstiftungsstrafbarkeit als minderwertig gegenüber einer Täterschaftsstrafbarkeit eingestuft wird, geht dies rechtlich fehl.

---

[63] Ausf. Würdigung z.B. bei Joecks, in: MK-StGB, 3. Aufl. 2017, § 25 Rn. 140ff

[64] 3. obige Nachweise.

[65] Z.B. B. Heinrich, AT, 5. Aufl. 2016, Rn. 1257.

[66] Jakobs, AT, 2. Aufl. 1993, 21/103.

[67] Z.B. Joecks, StGB, 11. Aufl. 2014, § 25 Rn. 30.

Die Überbetonung der Schreibtischtäter deckt rhetorisch zu, dass eine mehr oder weniger starke Abhängigkeit des unmittelbaren Täters von Hinterleuten typisch auch für Teilnahme ist.

Gegen eine Annahme von Mittäterschaft spricht die grundsätzliche Ausrichtung des § 25 II StGB an gleichberechtigtem Zusammenwirken (horizontale Struktur der Mittäterschaft, demgegenüber aber vertikale Struktur der organisatorischen Machtapparate).

2. Übertragung auf wirtschaftliche Unternehmen

▶   **Didaktische Aufsätze:**
  * Otto, Täterschaft kraft organisatorischen Machtapparates, Jura 2001, 753
  * Bottke, Täterschaft und Teilnahme im deutschen Wirtschaftskriminalrecht, JuS 2002, 320
  * Brammsen/Apel, Anstiftung oder Täterschaft? „Organisationsherrschaft" in Wirtschaftsunternehmen, ZJS 2008, 256

Auch unter denjenigen, die eine mittelbare Täterschaft i.F.d. Organisationsherrschaft grundsätzlich anerkennen, ist umstritten, ob deren Voraussetzungen bei wirtschaftlichen Unternehmen vorliegen können.[68]

Beispiel 108:

BGH U. v. 03.07.2003 – 1 StR 453/02 – NStZ 2004, 457 (Anm. Rübenstahl HRRS 2003, 210; Rotsch JR 2004, 248):
B hatte seine Tierarztpraxis mit durchschnittlich zwölf angestellten Tierärzten und weiterem nichttierärztlichen Personal und seine tierärztliche Hausapotheke so organisiert, dass er einen möglichst großen Arzneimittelumsatz erzielte, da ihm von den Pharmafirmen Rabatte in Form von unberechneten Zusatzlieferungen gewährt wurden, deren Umfang sich an seinen Bezugsmengen orientierte. Seinen Anweisungen entsprechend wurden verschreibungspflichtige Arzneimittel aus seiner tierärztlichen Hausapotheke daher auch an andere, nicht bei ihm angestellte Tierärzte verkauft. Derartige Medikamente wurden außerdem an Tierhalter weitergegeben, ohne dass deren Tiere durch B oder einen bei ihm angestellten Tierarzt ordnungsgemäß behandelt wurden. Schließlich wurden verschreibungspflichtige Arzneimittel – teilweise unter irreführender Bezeichnung – ausgereicht, die nicht für die Tierart zugelassen waren, bei der sie angewendet werden sollten. Das verschreibungspflichtige Medikament Baytril ist als orale Lösung für Hühner und Puten zugelassen. Als Injektionslösung enthält

---

[68] Hierzu Kindhäuser, LPK, 6. Aufl. 2015, § 25 Rn. 41; Rotsch NStZ 1998, 491; Otto Jura 2001, 753; Bottke JuS 2002, 320; Hefendehl GA 2004, 575; Rotsch NStZ 2005, 13; Roxin ZIS 2006, 293, Schünemann ZIS 2006, 301; Rotsch ZIS 2007, 260; Brammsen/Apel ZJS 2008, 256; Schmucker StraFo 2010, 235; Heinrich FS Krey 2010, 147; Roxin FS Wolter 2013, 451.

es einen anderen Konservierungsstoff und ist für Schweine und Rinder zugelassen. B ließ Teilmengen des Medikaments durch seinen Lagerarbeiter auf
Injektionsflaschen umfüllen. Auf den Flaschen hatte das Personal ein den Ori-
ginaletiketten für Baytril-Injektionslösung vollständig nachgebildetes Etikett
anzubringen, das B eigens hatte drucken lassen. B verkaufte die so gekenn-
zeichneten Flaschen selbst gewinnbringend an die Inhaber eines Schweine-
zuchtbetriebs, die das Medikament nach seinen Vorgaben zur Anwendung bei
ihren Tieren brachten.

> **§ 267 I StGB (Urkundenfälschung)**
> Wer zur Täuschung im Rechtsverkehr eine unechte Urkunde herstellt, eine echte
> Urkunde verfälscht oder eine unechte oder verfälschte Urkunde gebraucht, wird mit
> Freiheitsstrafe bis zu fünf Jahren oder mit Geldstrafe bestraft.

Die Etiketten der Baytril-Injektionslösung werden mit der Anbringung auf den
Injektionslösungsflaschen zu sog. zusammengesetzten Urkunden, die darüber
Zeugnis geben sollen, was sich in den Flaschen befindet. Durch die Anbringung
nachgebildeter Etiketten auf Flaschen falschen Inhalts wird eine unechte Urkunde
hergestellt. So davon auszugehen ist, dass das Personal sich bewusst war, was es
tat, und auch Täuschungsabsicht aufwies, stellt sich die Frage, ob für den B eine
mittelbare Täterschaft nach den Grundsätzen der Organisationsherrschaft verbleibt.

Die Rspr.[69] nimmt eine Übertragbarkeit der Rechtsfigur der Organisationsherrschaft
auf Unternehmen an.

Auch Teile der Literatur[70] tun dies.

Die wohl h.L.[71] lehnt eine mittelbare Täterschaft in diesen Fällen jedoch ab. Die
Täterschaft bejahende Auffassung verweist darauf, dass auch hier durch Organisationsstrukturen bestimmte Rahmenbedingungen ausgenutzt werden, die regelhafte
Abläufe auslösen (Beherrschung durch arbeitsrechtliches Direktionsrecht – vgl.
auch § 106 GewO –, Sanktionsmittel). Das kriminalpolitische Bedürfnis (auch in
Unternehmen könnte man von Schreibtischtätern sprechen) ist auch hier offenkun-
dig; mittelbare Täterschaft wird als Bestandteil effektiver Bekämpfung von Wirt-
schaftskriminalität angesehen. Die Hierarchie in Wirtschaftsunternehmen wird so
den staatlichen und mafiösen gleichgestellt.

Da bereits gewichtige Gründe gegen eine auch nur grundsätzliche Anerkennung
der mittelbaren Täterschaft qua Organisationsherrschaft bestehen, gelten diese auch
und erst recht bzgl. Unternehmen. Hinzu kommt berechtigte spezifische Kritik: Das
privatrechtlich-arbeitsrechtliche Verhältnis zwischen Arbeitgeber und Arbeitnehmer

---

[69] S.o.

[70] Z.B. Lackner/Kühl, StGB, 28. Aufl. 2014, § 25 Rn. 2.

[71] Vgl. Roxin, AT II, 2003, § 15 Rn. 129ff. m.w.N.

ist nicht mit dem Befehlsverhältnis in Unrechtsstaaten oder Mafia-Organisationen zu vergleichen; anders als staatliche Unrechtssysteme haben Wirtschaftsunternehmen weder öffentlich-rechtlich (hoheitlich) rechtsetzende Gewalt noch wird ihnen diese Fähigkeit von ihren Angestellten zugeschrieben; im Bewusstsein der Beschäftigten ist allein die staatliche Rechtsordnung maßgeblich. Anders als im Unrechtsstaat oder einer mafiaähnlichen Organisation kann ein Arbeitnehmer sich gegen Repressalien bei Ungehorsam auf ein heute entwickeltes Arbeitsrecht und soziale Sicherungssysteme verlassen, zumal eine drohende Kündigung, d.h. die Rückkehr auf den Arbeitsmarkt, der mitnichten immer für Arbeitnehmer leergefegt ist, ohnehin eine andere – geringere – Drucksituation darstellt als eine drohende staatliche Strafe bis hin zur Todesstrafe.

D. Mittäterschaft (funktionale Tatherrschaft), § 25 II StGB

▶ **Didaktische Aufsätze:**
- Roxin, Die Mittäterschaft im Strafrecht, JA 1979, 519
- Seelmann, Mittäterschaft im Strafrecht, JuS 1980, 571
- Marlie, Voraussetzungen der Mittäterschaft – Zur Fallbearbeitung in der Klausur, JA 2006, 613
- Rönnau, Die Abgrenzung von Mittäterschaft und Beihilfe, JuS 2007, 514
- Seher, Vorsatz und Mittäterschaft – Zu einem verschwiegenen Problem der strafrechtlichen Beteiligungslehre, JuS 2009, 1
- Seher, Grundfälle zur Mittäterschaft, JuS 2009, 304
- Geppert, Die Mittäterschaft (§ 25 Abs. 2 StGB), Jura 2011, 30
- Renzikowski, Zurechnungsprobleme bei Scheinmittäterschaft und verwandten Konstellationen, JuS 2013, 481

I. Allgemeines

§ 25 II StGB normiert die Mittäterschaft.[72]

> **§ 25 II StGB (Täterschaft)**
> Begehen mehrere die Straftat gemeinschaftlich, so wird jeder als Täter bestraft (Mittäter).

---

[72] Hierzu Roxin JA 1979, 519; Rudolphi FS Bockelmann 1979, 369; Seelmann JuS 1980, 571; Derksen GA 1993, 163; Lesch ZStW 1993, 271; Küpper ZStW 1993, 295; Zieschang ZStW 1995, 361; Bloy GA 1996, 424; Kindhäuser FS Hollerbach 2001, 627; Marlie JA 2006, 613; Rönnau JuS 2007, 514; Puppe ZIS 2007, 234; Seher JuS 2009, 1 und 304; Geppert Jura 2011, 30; Jakobs FS Puppe 2011, 547; Renzikowski JuS 2013, 481.

Die Norm regelt eine **Zurechnung** arbeitsteiliger Tatanteile; jeder Mittäter wird so behandelt, als habe er die Tatbeiträge des anderen selbst erbracht.[73]

Beispiel 109:

B1 und B2 wollten sich Geld bei Z verschaffen. B1 schlug Z nieder und hielt ihn dann fest, während B2 die Taschen des Z durchsuchte und dessen Geldbörse an sich nahm. B1 und B2 teilen zu Hause die Beute.

Für einen Raub nach § 249 I StGB muss der Täter Gewalt gegen eine Person oder eine Drohung mit gegenwärtiger Gefahr für Leib oder Leben angewendet und eine fremde bewegliche Sache weggenommen haben. B1 und B2 haben jeder aber nur eines der Tatbestandsmerkmale erfüllt.

Voraussetzung für eine Mittäterschaft ist gem. § 25 II StGB die gemeinschaftliche Begehung der Straftat. Hierunter versteht man – als **Ausgangsdefinition** – die gemeinsame Tatausführung aufgrund eines gemeinschaftlichen Tatentschlusses.[74]

Ein Mittäter kann allerdings nicht für Beiträge verantwortlich gemacht werden, die er in eigener Person nicht verwirklichen könnte, so dass die Gesamtzurechnung bei eigenhändigen Delikten und Sonderdelikten ausscheidet.[75]

Zugerechnet werden i.Ü. nur **objektive** Umstände, nicht jedoch subjektive Merkmale (Vorsatz und sonstige subjektive Tatbestandsmerkmale).[76]

Im Rahmen einer strafrechtlichen **Falllösung** ist die Frage der Mittäterschaft immer dann zu klären, wenn festgestellt wurde, dass der zu Prüfende ein bestimmtes objektives Tatbestandsmerkmal nicht eigenhändig verwirklichte, aber eine Zurechnung der Handlung eines anderen Beteiligten in Betracht kommt.
  Beim ersten Merkmal, welches es über § 25 II StGB zuzurechnen gilt, ist dann

- erstens die gemeinsame Tatausführung (d.h. ein in Abgrenzung zur bloßen Beihilfe hinreichend gewichtiger objektiver Tatbeitrag des Mittäters *in spe*) zu prüfen,
- zweitens der zwischen den Mittätern zu fassende Entschluss zur gemeinschaftlichen Tat.

---

[73] Vgl. nur Kindhäuser, LPK, 6. Aufl. 2015, § 25 Rn. 47.

[74] Vgl. Fischer, StGB, 64. Aufl. 2017, § 25 Rn. 11.

[75] S. z.B. Fischer, StGB, 64. Aufl. 2017, § 25 Rn. 16.

[76] Vgl. Joecks, StGB, 11. Aufl. 2014, § 25 Rn. 91; aus der Rspr. vgl. zuletzt BGH B. v. 01.09.2016 - 2 StR 19/16 - NStZ-RR 2017, 77.

Das Mitwirken von Mittätern („gemeinschaftlich") gehört zwar nicht zur rechtlichen Bezeichnung im Schuldspruch der Urteilsformel[77]; die Erwähnung in Ober- und Ergebnissatz in Klausuren ist aber üblich.

II. Gemeinsame Tatausführung: Tatbeitrag

1. Grundlagen

Welche Anforderungen an einen mittäterschaftsbegründenden Tatbeitrag – in Abgrenzung zur Beihilfe – zu stellen sind, ist umstritten. Zu den Grundansätzen in Rspr. (subjektive Theorie) und h.L. (Tatherrschaftslehre) s.o., ebenso zur weitreichenden Annäherung durch Verwendung identischer Indizien.

Während die Rspr. mithin den erforderlichen Täterwillen betont und demgegenüber die objektiven Anforderungen absenkt, objektive Gesichtspunkte allerdings indiziell zur Ermittlung des Täterwillens verwendet, herrscht innerhalb der Lehre Streit darüber, welche Tatbeiträge täterschaftsbegründend sein können.[78]

Beispiel 110:

BGH B. v. 10.10.1984 – 2 StR 470/84 – BGHSt 33, 50 = NJW 1985, 502 = NStZ 1985, 168 = StV 1985, 328 (Anm. Geppert JK 1985 StGB § 244/4; Brandts/ Seier JA 1985, 367; Hassemer JuS 1985, 417; Joerden StV 1985, 329; Taschke StV 1985, 367; Jakobs JR 1985, 342; Meyer JuS 1986, 189):
B1 unterhielt seit 1971 einen Viehhandel mit angeschlossenem Schlachtbetrieb sowie eine Landwirtschaft. Als er 1977 in zunehmende wirtschaftliche Bedrängnis geriet, beschloss er, seine finanzielle Lage durch Viehweidediebstähle aufzubessern. Die Taten sollten nach seiner Vorstellung von Mitarbeitern ausgeführt werden. Er beabsichtigte, das gestohlene Vieh zu übernehmen. Im Frühjahr 1982 unterbreitete er dieses Ansinnen mit Erfolg den bei ihm beschäftigten B2 und B3. Sie verabredeten, dass B1 seine Fahrzeuge zum Transport der gestohlenen Tiere zur Verfügung stellte. Diese sollten anlässlich der von ihnen aus betrieblichen Gründen durchgeführten Fernfahrten nach Nord- und Süddeutschland auf dem Rückweg Ausschau nach geeigneten Objekten halten. B1 erwartete, vor der Rückkehr fernmündlich unterrichtet zu werden, um die Ankunft der gestohlenen Tiere – die möglichst nachts angeliefert werden sollten – vor anderen Betriebsangehörigen verheimlichen zu können. Teilweise bestimmte B1 die B2 und B3 auch vor Fahrtantritt, Tiere zu stehlen. Dieser Abrede gemäß entwendeten B2 und B3 von Juli bis Oktober 1982 in elf Fällen insgesamt 45 Rinder mit einem Wert von 90.000 bis 100.000 DM. Nach Ankunft im Betrieb des B1 wurden die Tiere entweder noch nachts geschlachtet oder durch B1 später veräußert oder seinem Viehbestand einverleibt. Der Erlös der Beute wurde gleichmäßig verteilt.

---

[77] Meyer-Goßner/Schmitt, StPO, 59. Aufl. 2016, § 267 Rn. 24.
[78] Zsf. B. Heinrich, AT, 5. Aufl. 2016, Rn. 1226ff.

Ein Diebstahl an den Rindern nach § 242 I StGB kommt in Betracht. B2 und B3 haben sich unproblematisch als unmittelbare (Mit-)Täter strafbar gemacht. B1 hat sich hingegen nicht an einer Wegnahmehandlung beteiligt. Fraglich ist, ob ihm die Handlungen der anderen nach § 25 II StGB zugerechnet werden können. Er war während der Begehung der Taten (sog. Ausführungsstadium zwischen Versuchsbeginn und Vollendung) nicht anwesend, hat aber die Fahrzeuge zum Transport der Tiere zur Verfügung gestellt, stand fernmündlich mit B2 und B3 in Kontakt und war dafür zuständig, die Aktionen vor anderen Betriebsangehörigen zu verheimlichen. Reicht dies für einen mittäterschaftsbegründenden Tatbeitrag?

Nach der sog. strengen Tatherrschaftslehre[79] ist eine wesentliche Mitwirkung im Ausführungsstadium notwendig, auch wenn eine Anwesenheit am Tatort nicht erforderlich ist.
Die Rspr. und die h.L.[80] verlangen zwar auch einen objektiv wesentlichen Tatbeitrag, hält für einen solchen aber auch eine beträchtliche Mitwirkung im **Vorbereitungsstadium** für ausreichend, welche dann mithin in der Lage ist, ein Beteiligungsminus im Ausführungsstadium funktional auszugleichen.

Rspr. und h.L. unterscheiden sich auch hier insofern im Ergebnis kaum. Natürlich schafft gerade der weite Anwendungsbereich mittäterschaftstauglicher Tatbeiträge Abgrenzungsschwierigkeiten zur milder bestraften Beihilfe nach § 27 StGB.

> **§ 27 I StGB (Beihilfe)**
> Als Gehilfe wird bestraft, wer vorsätzlich einem anderen zu dessen vorsätzlich begangener rechtswidriger Tat Hilfe geleistet hat.

Beispiel 111:

BGH B. v. 13.01.2010 – 5 StR 506/09 – NStZ-RR 2010, 139:
B1 verabredete sich mit B2 und B3 zu einem Überfall auf ein Autohaus. Nach dem gemeinsam gefassten Tatplan sollten zur Ausführung der Raubtat eine Soft-Air-Vorderschaftrepetierflinte sowie zwei Reizstoffsprühgeräte eingesetzt werden, die B3 bei sich trug. Während B2 und B3 die Raubtat ausführen sollten, kam B1 die Aufgabe zu, das Fluchtfahrzeug nahe dem Tatort bereit zu halten und dieses nach Abschluss der Tat vorzufahren. Ob B1 ein Anteil an der Beute zufallen sollte, konnte nicht festgestellt werden.

Ist das Fahren des Fluchtfahrzeugs ausreichend für eine gemeinschaftliche Begehung i.S.d. § 25 II StGB?

---

[79] Etwa Puppe, AT, 3. Aufl. 2016, § 23 Rn. 9; Roxin JA 1979, 519 (522f.).

[80] Vgl. nur Joecks, StGB, 11. Aufl. 2014, § 25 Rn. 84f.

Laut BGH[81] liegt Mittäterschaft dann vor, wenn ein Tatbeteiligter nicht bloß fremdes Tun fördern will, sondern seinen Beitrag als Teil der Tätigkeit des anderen und umgekehrt dessen Tun als Ergänzung seines eigenen Tatanteils will. Ob ein Beteiligter dieses enge Verhältnis zur Tat habe, sei nach den gesamten von seiner Vorstellung umfassten Umständen in wertender Betrachtung zu beurteilen. Wesentliche Anhaltspunkte hierfür könnten gefunden werden im Grad des eigenen Interesses am Erfolg der Tat, im Umfang der Tatbeteiligung und in der Tatherrschaft oder wenigstens im Willen zur Tatherrschaft, so dass Durchführung und Ausgang der Tat maßgeblich von seinem Willen abhingen. Im konkreten Fall wies der BGH darauf hin, dass es zwar richtig sei, dass Mittäterschaft nicht zwingend auch eine Mitwirkung am Kerngeschehen erfordere und dass dem Fahren des Fluchtfahrzeugs als einem unverzichtbaren Beitrag für das Gelingen der Tat hinsichtlich der Frage der Täterschaft wesentliche Bedeutung zukomme, jedoch sei nicht grundsätzlich anerkannt, dass das Fahren eines Fluchtfahrzeugs stets zur Annahme von Mittäterschaft führe; vielmehr könne sich ein solches Verhalten – je nach den weiteren Tatumständen – auch als Beihilfe darstellen.

Beispiel 112:

BGH B. v. 26.06.2002 – 1 StR 191/02 – NStZ 2003, 85 (Anm. RA 2002, 602; Otto JK 2003 StGB § 25 II/14):
Am 27.11.2000 wollten B1, B2 und B3 Pkw aufbrechen und suchten geeignete Tatobjekte. Auf einem Parkplatz beobachteten sie eine Frau mit einer Handtasche, die ihr Fahrzeug bestieg, aber nicht zügig wegfahren konnte, weil ihr Fahrzeug von anderen Fahrzeugen „extrem zugeparkt" war. Sie kamen stillschweigend überein, der Frau die Handtasche wegzunehmen. B1 und B2 gingen zum Fahrzeug und taten so, als ob sie beim Ausparken helfen wollten. B2 stand auf der Fahrerseite, der B1 auf der Beifahrerseite, B3 beobachtete die Umgebung, um eventuell warnen zu können. B1 konnte die auf dem Beifahrersitz liegende Tasche aber nicht wegnehmen, weil das Fenster der Beifahrerseite verschlossen und die Beifahrertür von innen verriegelt war. Dies gab B1, von der mit Ausparken beschäftigten Fahrerin unbemerkt, dem B2 über den Wagen hinweg zu verstehen. Dieser entschloss sich daraufhin, selbst die Tasche gewaltsam wegzunehmen. Er drückte seinen Oberkörper durch das geöffnete Fenster auf der Fahrerseite, stieß den Kopf der Fahrerin kräftig gegen das Lenkrad, ergriff die Handtasche und flüchtete.

Hier ist problematisch, dass B1 zwar am Tatort war, aber passiv blieb.

Letztlich existiert eine unüberschaubare und unlernbare Kasuistik an – objektiven und subjektiven – Erwägungen, die für oder gegen Mittäterschaft sprechen können. In einer Prüfungsleistung gilt es, alles im Sachverhalt Mitgeteilte zu verwerten. Je

---

[81] Z.B. BGH B. v. 13.01.2010 - 5 StR 506/09 - NStZ-RR 2010, 139.

wichtiger die Mitwirkung im Vorbereitungsstadium (Planung) und Ausführungsstadium war, z.b. auch erkennbar an einer Aufteilung von Beute, umso eher wird man von gemeinschaftlicher Begehung sprechen können. Von indizieller Bedeutung ist dabei auch, ob der Tatbeitrag für das Gelingen der Tat konstitutiv war.

Fraglich ist, ob auch Tatbeiträge, die im Ergebnis **zu eigenen Lasten** gehen, nach § 25 II StGB zugerechnet werden.[82]

Beispiel 113:

BGH U. v. 23.01.1958 – 4 StR 613/57 (Verfolger) – BGHSt 11, 268 = NJW 1958, 836 (Anm. Roxin, Höchstrichterliche Rspr. AT, 1998, Nr. 11; Hemmer-BGH-Classics Strafrecht, 2003, Nr. 32; Schröder JR 1958, 427; Spendel JuS 1969, 314; Scheffler JuS 1992, 920; Dehne-Niemann ZJS 2008, 351):
B1 versuchte zusammen mit B2 in der Nacht zum 21.04.1952, in das Lebensmittelgeschäft des Z einzudringen, um dort zu stehlen. Jeder von ihnen war dabei mit einer geladenen Pistole bewaffnet. Als B1 die Fensterscheibe des Schlafzimmers der Eheleute Z, das er für einen Büroraum gehalten hatte, eingedrückt und B2 die Fensterflügel ins Zimmer hinein aufgestoßen hatte, war Z ans Fenster gegangen, hatte die Fensterflügel wieder zugestoßen und sich „gestikulierend und wie ein Bär brüllend" vor das Fenster gestellt. B1 und B2 flohen. An der vorderen Hausecke bemerkte B2 rückwärts schauend, dass ihm in einer Entfernung von nicht mehr als 2 bis 3 m eine Person folgte. Diese war B1. B2 hielt ihn aber für einen Verfolger und fürchtete, von ihm ergriffen zu werden. Um der vermeintlich drohenden Festnahme und der Aufdeckung seiner Täterschaft zu entgehen, schoss er auf die hinter ihm herlaufende Person; dabei rechnete er mit einer tödlichen Wirkung seines Schusses und billigte diese Möglichkeit. Das Geschoss traf B1 am rechten Oberarm und verletzte ihn. B1 und B2 hatten auch sonst bei ihren Diebesfahrten wiederholt geladene Schusswaffen bei sich. Über deren Verwendung hatten sie besprochen, dass auch auf Menschen gefeuert werden solle, wenn die Gefahr der Festnahme eines der Teilnehmer drohe. Jener Abrede entsprach auch der auf B1 abgegebene Schuss. B2 wollte ihn treffen, um ihn als den vermeintlichen Verfolger auszuschalten; er hielt auf ihn, um ihn auf alle Fälle, gleichviel an welcher Stelle des Körpers, zu treffen; es war ihm recht, wenn die Kugel dabei tödlich traf, wenn sie nur überhaupt träfe und den Getroffenen als Verfolger erledigte.

Problematisch ist, ob dem B1 der im Ergebnis nur selbstschädigende Tatbeitrag zugerechnet wird. Wenn rechtlich irrelevant ist, dass der B2 über die Identität des „Verfolgers" irrte (sog. unbeachtlicher *error in persona*) und ansonsten das Verhalten der Absprache folgte, ist § 25 II StGB an sich erfüllt. Allerdings widerspräche dies dem Grundsatz, dass Selbstverletzungen tatbestandslos sind

---

[82] Hierzu zsf. B. Heinrich, AT, 5. Aufl. 2016, Rn. 1240.

Schuldloses Handeln eines Beteiligten (§§ 19, 20 StGB) verhindert Mittäterschaft nicht.[83]

2. Sog. sukzessive Mittäterschaft

▶   **Didaktischer Aufsatz:**
  - Grabow/Pohl, Die sukzessive Mittäterschaft und Beihilfe, Jura 2009, 656

Umstritten ist ferner die sog. **sukzessive Mittäterschaft**.[84]

Unstrittig ist es möglich, einen mittäterschaftstauglichen Tatbeitrag zu erbringen, wenn der andere sich bereits und noch im Versuchsstadium befindet.[85]

Beispiel 114:

B1 wollte einen Pkw entwenden und brach diesen auf. Als es ihm aber misslang, den Motor zu starten, rief er B2 an. Dieser kam hinzu und startete den Motor.

Eine Mittäterschaft nach Vollendung ist ferner unstreitig möglich, wenn es um Dauerdelikte geht.[86]

Beispiel 115:

B1 sperrte Z im Keller ein. B2 kam hinzu, wurde von B1 über die Lage informiert und bewachte nun die Kellertür.

Das Dauerdelikt Freiheitsberaubung (§ 239 I StGB) ist zwar mit dem Akt des Einsperrens vollendet, dauert aber über den Zustand des Einsperrens noch an, so dass die Aufrechterhaltung des Zustandes durch B2 Mittäterschaft sein kann.

Strittig sind Fälle, in denen die nach Vollendung vorgenommenen Handlungen nicht mehr tatbestandsmäßig sind, sondern nur noch der Sicherung der durch Vollendung erlangten Tatvorteile dienen (sog. **Beendigungsstadium**).

---

[83] Joecks, in: MK-StGB, 3. Aufl. 2017, § 25 Rn. 188; vgl. auch Exner Jura 2013, 103.

[84] Hierzu Furtner JR 1960, 367; Küper JZ 1981, 568; Gössel FS Jescheck 1985, 537; Bitzilekis ZStW 1987, 723; Grabow/Pohl Jura 2009, 656; aus der Rspr. vgl. zuletzt BGH B. v. 26.11.2015 - 3 StR 17/15 (Nürburgring) - BGHSt 61, 48 = NJW 2016, 2585 = StV 2017, 104 (Anm. Saliger/ Schweiger NJW 2016, 2600; Schlösser StV 2017, 123; Rönnau/Becker JR 2017, 204).

[85] Wessels/Beulke/Satzger, AT, 46. Aufl. 2016, Rn. 527.

[86] S. Krey/Esser, AT, 6. Aufl. 2016, Rn. 962f.

Beispiel 116:

BGH U. v. 24.04.1952 – 3 StR 48/52 – BGHSt 2, 344 = NJW 1952, 1146 (Anm. Hemmer-BGH-Classics Strafrecht, 2003, Nr. 33; Niese NJW 1952, 1148):
B1 drang mit einem Brecheisen in eine Verkaufsbude ein, entwendete eine größere Menge Lebensmittel und brachte diese in die Wohnung der B2. Er weckte sie, teilte ihr das Geschehene mit und bemerkte, dass in der Verkaufsbude noch weitere Ware lagere. Daraufhin begab sich B1 in Begleitung der B2 nochmals zu der Verkaufsbude, wo beide gemeinsam wiederum größere Mengen Lebensmittel entwendeten. Zu Hause wurde die Gesamtbeute, also auch der von B1 allein herbeigeschaffte Teil, zwischen beiden aufgeteilt.

Fraglich ist, ob B2 als Mittäterin der Diebstähle anzusehen ist. Während sie beim zweiten Durchgang die Lebensmittel mit B1 gemeinsam entwendete, ist die Zurechnung problematisch im Hinblick auf den vorher von B1 allein vollendeten Diebstahl.

Die Rspr.[87] hält mittäterschaftsbegründende Tatbeiträge im Stadium zwischen Vollendung und Beendigung für möglich, inkl. Haftung für das bereits realisierte Verhalten des anderen, wenn der Mittäter in Kenntnis und in Billigung des bisher Geschehenen in die Tat eintritt. Anders soll dies sein, wenn der Hinzutretende die weitere Tatausführung nicht mehr fördern könne, weil für die Herbeiführung des tatbestandsmäßigen Erfolges schon alles getan sei und weil das Tun des Eintretenden auf den weiteren Ablauf des tatbestandsmäßigen Geschehens ohne jeden Einfluss bleibe.

Die h.L.[88] lehnt eine derart sukzessive Mittäterschaft ab.

Überzeugender ist die h.L.: Das Einverständnis des Hinzutretenden mit dem Gesamtplan kann nicht zur Tatherrschaft bzgl. bereits abgeschlossener Handlungen führen, kann die Kausalität für diese Teilakte nicht ersetzen. Ohne eine zumindest teilweise eigene Verwirklichung des objektiven Tatbestands mangelt es an einem Anknüpfungspunkt für eine mittäterschaftliche Zurechnung. Eine darüber hinausweisend weite Auslegung des Straftatbegriffs i.S.d. § 25 II StGB entspricht weder § 11 I Nr. 5 StGB noch dem Bestimmtheitsgebot gem. Art. 103 II GG, § 1 StGB. Für die Bestrafung nachträglicher Mitwirkung an bereits vollendeten Taten stellt der Gesetzgeber die §§ 257ff. StGB bereit.

§ 257 StGB (Begünstigung)
(1) Wer einem anderen, der eine rechtswidrige Tat begangen hat, in der Absicht Hilfe leistet, ihm die Vorteile der Tat zu sichern, wird mit Freiheitsstrafe bis zu fünf Jahren oder mit Geldstrafe bestraft.

---

[87] S.o.

[88] S. nur Kindhäuser, LPK, 6. Aufl. 2015, § 25 Rn. 55 m.w.N.

(2) Die Strafe darf nicht schwerer sein als die für die Vortat angedrohte Strafe.

(3) Wegen Begünstigung wird nicht bestraft, wer wegen Beteiligung an der Vortat strafbar ist. Dies gilt nicht für denjenigen, der einen an der Vortat Unbeteiligten zur Begünstigung anstiftet. [...]

§ 258 I, II, V StGB (Strafvereitelung)

(1) Wer absichtlich oder wissentlich ganz oder zum Teil vereitelt, daß ein anderer dem Strafgesetz gemäß wegen einer rechtswidrigen Tat bestraft oder einer Maßnahme (§ 11 Abs. 1 Nr. 8) unterworfen wird, wird mit Freiheitsstrafe bis zu fünf Jahren oder mit Geldstrafe bestraft.

(2) Ebenso wird bestraft, wer absichtlich oder wissentlich die Vollstreckung einer gegen einen anderen verhängten Strafe oder Maßnahme ganz oder zum Teil vereitelt.

(3) [...]

(4) [...]

(5) Wegen Strafvereitelung wird nicht bestraft, wer durch die Tat zugleich ganz oder zum Teil vereiteln will, daß er selbst bestraft oder einer Maßnahme unterworfen wird oder daß eine gegen ihn verhängte Strafe oder Maßnahme vollstreckt wird.

(6) Wer die Tat zugunsten eines Angehörigen begeht, ist straffrei.

§ 259 I StGB (Hehlerei)

Wer eine Sache, die ein anderer gestohlen oder sonst durch eine gegen fremdes Vermögen gerichtete rechtswidrige Tat erlangt hat, ankauft oder sonst sich oder einem Dritten verschafft, sie absetzt oder absetzen hilft, um sich oder einen Dritten zu bereichern, wird mit Freiheitsstrafe bis zu fünf Jahren oder mit Geldstrafe bestraft.

§ 261 StGB (Geldwäsche; Verschleierung unrechtmäßig erlangter Vermögenswerte)

(1) Wer einen Gegenstand, der aus einer in Satz 2 genannten rechtswidrigen Tat herrührt, verbirgt, dessen Herkunft verschleiert oder die Ermittlung der Herkunft, das Auffinden, den Verfall, die Einziehung oder die Sicherstellung eines solchen Gegenstandes vereitelt oder gefährdet, wird mit Freiheitsstrafe von drei Monaten bis zu fünf Jahren bestraft. Rechtswidrige Taten im Sinne des Satzes 1 sind

1. Verbrechen,

2. Vergehen nach

a) den §§ 108e, 332 Absatz 1 und 3 sowie § 334, jeweils auch in Verbindung mit § 335a,

[...]

4. Vergehen

a) nach den §§ 152a, 181a, 232 Absatz 1 bis 3 Satz 1 und Absatz 4, § 232a Absatz 1 und 2, § 232b Absatz 1 und 2, § 233 Absatz 1 bis 3, § 233a Absatz 1 und 2, den §§ 242, 246, 253, 259, 263 bis 264, 265c, 266, 267, 269, 271, 284, 299, 326 Abs. 1, 2 und 4, § 328 Abs. 1, 2 und 4 sowie § 348,

[...]

die gewerbsmäßig oder von einem Mitglied einer Bande, die sich zur fortgesetzten Begehung solcher Taten verbunden hat, begangen worden sind, und

[...]

(2) Ebenso wird bestraft, wer einen in Absatz 1 bezeichneten Gegenstand

1. sich oder einem Dritten verschafft oder

2. verwahrt oder für sich oder einen Dritten verwendet, wenn er die Herkunft des Gegenstandes zu dem Zeitpunkt gekannt hat, zu dem er ihn erlangt hat.

(3) Der Versuch ist strafbar.

(4) In besonders schweren Fällen ist die Strafe Freiheitsstrafe von sechs Monaten bis zu zehn Jahren. Ein besonders schwerer Fall liegt in der Regel vor, wenn der Täter gewerbsmäßig oder als Mitglied einer Bande handelt, die sich zur fortgesetzten Begehung einer Geldwäsche verbunden hat.

(5) Wer in den Fällen des Absatzes 1 oder 2 leichtfertig nicht erkennt, daß der Gegenstand aus einer in Absatz 1 genannten rechtswidrigen Tat herrührt, wird mit Freiheitsstrafe bis zu zwei Jahren oder mit Geldstrafe bestraft.

(6) Die Tat ist nicht nach Absatz 2 strafbar, wenn zuvor ein Dritter den Gegenstand erlangt hat, ohne hierdurch eine Straftat zu begehen.

[...]

(8) Den in den Absätzen 1, 2 und 5 bezeichneten Gegenständen stehen solche gleich, die aus einer im Ausland begangenen Tat der in Absatz 1 bezeichneten Art herrühren, wenn die Tat auch am Tatort mit Strafe bedroht ist.

(9) Nach den Absätzen 1 bis 5 wird nicht bestraft,

1. wer die Tat freiwillig bei der zuständigen Behörde anzeigt oder freiwillig eine solche Anzeige veranlasst, wenn nicht die Tat zu diesem Zeitpunkt bereits ganz oder zum Teil entdeckt war und der Täter dies wusste oder bei verständiger Würdigung der Sachlage damit rechnen musste, und

2. in den Fällen des Absatzes 1 oder des Absatzes 2 unter den in Nummer 1 genannten Voraussetzungen die Sicherstellung des Gegenstandes bewirkt, auf den sich die Straftat bezieht.

Nach den Absätzen 1 bis 5 wird außerdem nicht bestraft, wer wegen Beteiligung an der Vortat strafbar ist. Eine Straflosigkeit nach Satz 2 ist ausgeschlossen, wenn der Täter oder Teilnehmer einen Gegenstand, der aus einer in Absatz 1 Satz 2 genannten rechtswidrigen Tat herrührt, in den Verkehr bringt und dabei die rechtswidrige Herkunft des Gegenstandes verschleiert.

Unstrittig ist keine sukzessive Mittäterschaft mehr möglich, wenn der Hinzutretende die weitere Tatausführung nach Vollendung nicht mehr fördern kann.

Das ist erstens bei **bereits beendetem** Delikt der Fall.[89]

Beispiel 117:

BGH B. v. 01.02.2011 – 3 StR 432/10 – NStZ 2011, 637 = StV 2011, 410 (Anm. LL 2011, 561):
B1 kam mit B2 und B3 Ende 2012 überein, seine Einkommenssituation durch eine Vielzahl im Einzelnen noch unbestimmter Diebstähle dauerhaft zu verbessern. Die Taten sollten entsprechend ihren Fähigkeiten arbeitsteilig und unter wechselnder Mitwirkung der einzelnen Gruppenmitglieder sowie gegebenenfalls auch unter Beteiligung weiterer vertrauenswürdiger Personen begangen werden. B1 war als einziger von ihnen in der Lage, Tresore mit Hilfe eines Trennschleifers („Flex") zu öffnen, um so deren Inhalt zu erbeuten. Die Entscheidung über das „Wann" und „Wo" eines Einbruchs trafen B2 und B3. Am 30.12.2012 begaben sich B2 und B3 zu einer Grundschule, um dort möglichst viele stehlenswerte Gegenstände für sich zu erlangen. Für den Fall, dass sich in der Schule ein Tresor befinden sollte, wollten sie auf die Hilfe des B1 zurückgreifen, der sich schon vor der Tat generell dazu bereit erklärt hatte, bei Einbruchsdiebstählen vorgefundene Tresore mit einer Flex aufzuschneiden. B2 und B3 hebelten die Nebentür der Grundschule auf, brachen mehrere Türen innerhalb des Gebäudes auf und hebelten schließlich einen Tresorwürfel aus der Wand. Den Tresor verbrachten sie in die Kellerräume eines in einer anderen Stadt gelegenen Restaurants, in welchem B1 zum Tatzeitpunkt ein Beschäftigungsverhältnis hatte. Sodann baten B2 und B3 den B1 telefonisch, in das Restaurant zu kommen und den Tresor zu öffnen. Entsprechend seiner zuvor gegebenen Zusage begab sich der B1 in die Räumlichkeiten und flexte den Tresor auf. B1 und B2 entnahmen den Inhalt (ca. 280 Euro Bargeld), um ihn für sich zu behalten. B1 erhielt für seine Tätigkeit einen Anteil an der Beute i.H.v. 100 Euro.

Fraglich ist die Mittäterschaft des B1 an einem schweren Bandendiebstahl nach § 244a I StGB (hier bezogen auf § 243 I 2 Nr. 1, 2 StGB). Im Zeitpunkt, in dem B1 angerufen wurde, war der Gewahrsam an dem Tresor schon gesichert – nämlich in den Kellerräumen des Restaurants –, so dass das Öffnen des Tresors nicht als sukzessive Mittäterschaft anzusehen wäre, selbst wenn man mit der Rspr. eine solche generell für möglich hält. Der Hinzutretende kann die weitere Tatausführung nicht mehr fördern, weil für die Herbeiführung des tatbestandsmäßigen Erfolges schon alles getan ist und weil das Tun des Eintretenden auf den weiteren Ablauf des tatbestandsmäßigen Geschehens ohne jeden Einfluss bleibt. Bloße Kenntnis,

---

[89] Fischer, StGB, 64. Aufl. 2017, § 25 Rn. 39; aus der Rspr. vgl. jüngst BGH B. v. 07.03.2016 - 2 StR 123/15 - NStZ 2016, 524 (Anm. Kudlich JA 2016, 470; RÜ 2016, 369).

Billigung und Ausnutzung der durch einen anderen geschaffenen Lage bewirken keine Schadensvertiefung.

Sukzessive Mittäterschaft scheidet zweitens aus bei **Delikten ohne Beendigungs-stadium**.[90]

Beispiel 118:
B1 tötete G. B2 beseitigte für ihn die Leiche.

Der Totschlag ist mit dem Tod des G vollendet. Eine weitere Schädigung des Rechts-guts durch Ermöglichen einer Beendigung ist hier – anders als z.B. beim Diebstahl, da die Sicherung des Gewahrsams nach Wegnahme die Interessen des Eigentümers weiter beeinträchtigt – nicht möglich.

III. Gemeinschaftlicher Tatentschluss (Entschluss zur gemeinschaftlichen Tat, *animus coauctoris*)

▶ **Didaktischer Aufsatz:**
  • Lesch, Gemeinsamer Tatentschluß als Voraussetzung der Mittäter-schaft?, JA 2000, 73

1. Grundlagen

Außer einem hinreichend gewichtigen Tatbeitrag ist für eine Mittäterschaft nach § 25 II StGB ein sog. gemeinschaftlicher Tatentschluss erforderlich.[91] Dieser besteht in einem Einigsein über eine gleichberechtigte Partnerschaft und entsprechende Rollenverteilung sowie gegenseitige Abhängigkeit im Hinblick auf die Tatbege-hung. Die Mitwirkung muss sich nach der Willensrichtung des sich Beteiligenden als Teil der Tätigkeit aller darstellen.[92]

Bei diesem gemeinsamen Tatplan handelt es sich um ein objektives Merkmal, da dieser tatsächlich vorliegen muss und nicht nur erstrebt sein darf. Während sich der *animus auctoris* als (objektiv indizierter) Wille darstellt, einen Tatbeitrag von täterschaftlichem Gewicht zu erbringen, ist der *animus coauctoris* (objektiv mit den anderen übereinstimmender) Wille, dass sich der Tatbeitrag funktional in das geplante Geschehen einfüge.

---

[90] Vgl. Kindhäuser, LPK, 6. Aufl. 2015, § 25 Rn. 55.

[91] Hierzu Fischer, StGB, 64. Aufl. 2017, § 25 Rn. 17ff.

[92] Fischer, StGB, 64. Aufl. 2017, § 25 Rn. 33; aus der Rspr. vgl. zuletzt BGH B. v. 11.01.2017 - 5 StR 164/16 - NJW 2017, 838 (Anm. Kudlich JA 2017, 310; Ernst NJW 2017, 840; Basar jurisPR-StrafR 7/2017 Anm. 2).

Der gemeinschaftliche Tatentschluss kann ausdrücklich gefasst werden, aber auch **konkludent** (z.b. durch gegenseitiges Zunicken), dies ist auch **nach Tatbeginn** noch möglich.[93] Abzugrenzen ist dies von bloßer **Billigung** oder **Ausnutzung** des Vorgehens eines anderen.[94]

Beispiel 119:

BGH B. v. 26.06.2002 – 1 StR 191/02 – NStZ 2003, 85 (Anm. RA 2002, 602; Otto JK 2003 StGB § 25 II/14):
Am 27.11.2000 wollten B1, B2 und B3 Pkw aufbrechen und suchten geeignete Tatobjekte. Auf einem Parkplatz beobachteten sie eine Frau mit einer Handtasche, die ihr Fahrzeug bestieg, aber nicht zügig wegfahren konnte, weil ihr Fahrzeug von anderen Fahrzeugen „extrem zugeparkt" war. Sie kamen stillschweigend überein, der Frau die Handtasche wegzunehmen. B1 und B2 gingen zum Fahrzeug und taten so, als ob sie beim Ausparken helfen wollten. B2 stand auf der Fahrerseite, der B1 auf der Beifahrerseite, B3 beobachtete die Umgebung, um eventuell warnen zu können. B1 konnte die auf dem Beifahrersitz liegende Tasche aber nicht wegnehmen, weil das Fenster der Beifahrerseite verschlossen und die Beifahrertür von innen verriegelt war. Dies gab B1, von der mit Ausparken beschäftigten Fahrerin unbemerkt, dem B2 über den Wagen hinweg zu verstehen. Dieser entschloss sich daraufhin, selbst die Tasche gewaltsam wegzunehmen. Er drückte seinen Oberkörper durch das geöffnete Fenster auf der Fahrerseite, stieß den Kopf der Fahrerin kräftig gegen das Lenkrad, ergriff die Handtasche und flüchtete.

Das stillschweigende Übereinkommen, der Frau die Handtasche wegzunehmen, genügt als Entschlussfassung.

Detailvereinbarungen oder -kenntnisse bzgl. der Tatbeiträge sind nicht erforderlich.[95]

Aus der Tatsache einer **Bandenmitgliedschaft** (vgl. z.B. § 244 I Nr. 2 StGB) ist kein Rückschluss auf Mittäterschaft zu ziehen.[96] Bandenmitglieder können im Hinblick auf die zu prüfende konkrete Tat durchaus auch lediglich Gehilfen sein.

---

[93] Fischer, StGB, 64. Aufl. 2017, § 25 Rn. 34; aus der Rspr. vgl. BGH U. v. 15.01.1991 - 5 StR 492/90 - BGHSt 37, 289 = NJW 1991, 1068 = NStZ 1991, 280 = StV 1993, 410 (Anm. Roxin, Höchstrichterliche Rspr. AT, 1998, Nr. 79; Puppe, AT, 3. Aufl. 2016, § 23 Rn. 10ff.; Geppert JK 1991 StGB § 25 II/5; Puppe NStZ 1991, 571; Roxin JR 1991, 206; Herzberg JZ 1991, 856; Erb JuS 1992, 197; Stein StV 1993, 411; Hauf NStZ 1994, 263).

[94] Fischer, StGB, 64. Aufl. 2017, § 25 Rn. 34.

[95] Heine/Weißer, in: Sch/Sch, 29. Aufl. 2014, Rn. 72; aus der Rspr. vgl. BGH U. v. 08.10.2014 - 1 StR 359/13 - BGHSt 60, 1 = NStZ 2015, 89 = NStZ-RR 2015, 74 = StV 2016, 20 (Anm. LL 2015, 424; RÜ 2015, 28; Albrecht JZ 2015, 841; Dannecker NZWiSt 2015, 173; Schlösser StV 2016, 25).

[96] Fischer, StGB, 64. Aufl. 2017, § 244 Rn. 43; aus der Rspr. vgl. zuletzt BGH B. v. 20.09.2016 - 3 StR 49/16 (Gröning) - NJW 2017, 498 = NStZ 2017, 158 (Anm. famos 2/2017; Grünewald NJW 2017, 500; Rommel NStZ 2017, 161; Roxin JR 2017, 88; Safferling JZ 2017, 258; Fahl HRRS 2017, 167).

2. Subjektive Tatbestandsmerkmale; Exzess

Der gemeinschaftliche Tatentschluss ersetzt nicht die **subjektiven Tatbestandsmerkmale**. Trotz gemeinschaftlicher Tatbegehung bleibt erforderlich, dass der einzelne Mittäter selbst sämtliche subjektiven Elemente der Straftat aufweist, insofern erfolgt keine wechselseitige Zurechnung.[97] Z.B. kann Mittäter eines Diebstahls (§ 242 I StGB) nur sein, wer selbst in der Absicht handelt, die Sache sich oder einem Dritten rechtswidrig zuzueignen.

Der Einzelne haftet nur bis zur Grenze des sich im Tatplan manifestierenden Vorsatzes. Bei sog. **Exzess** des Mittäters haftet nur derjenige für das Übermaß, welches über das Vereinbarte hinausgeht.[98]

Beispiel 120:

B1 und B2 verabredeten, den G zu verprügeln. Dies geschah auch; B2 geriet aber so in Rage, dass er G tötete, womit B1 nie gerechnet und was er auch nie gewollt hatte.

Zwar waren B1 und B2 Mittäter einer Körperverletzung; B1 war aber kein Mittäter des von B2 begangenen Totschlags.

Beispiel 121:

BGH B. v. 26.06.2002 – 1 StR 191/02 – NStZ 2003, 85 (Anm. RA 2002, 602; Otto JK 2003 StGB § 25 II/14):
Am 27.11.2000 wollten B1, B2 und B3 Pkw aufbrechen und suchten geeignete Tatobjekte. Auf einem Parkplatz beobachteten sie eine Frau mit einer Handtasche, die ihr Fahrzeug bestieg, aber nicht zügig wegfahren konnte, weil ihr Fahrzeug von anderen Fahrzeugen „extrem zugeparkt" war. Sie kamen stillschweigend überein, der Frau die Handtasche wegzunehmen. B1 und B2 gingen zum Fahrzeug und taten so, als ob sie beim Ausparken helfen wollten. B2 stand auf der Fahrerseite, der B1 auf der Beifahrerseite, B3 beobachtete die Umgebung, um eventuell warnen zu können. B1 konnte die auf dem Beifahrersitz liegende Tasche aber nicht wegnehmen, weil das Fenster der Beifahrerseite verschlossen und die Beifahrertür von innen verriegelt war. Dies gab B1, von der mit Ausparken beschäftigten Fahrerin unbemerkt, dem B2 über den Wagen hinweg zu verstehen. Dieser entschloss sich daraufhin, selbst die Tasche gewaltsam wegzunehmen. Er drückte seinen Oberkörper durch das geöffnete Fenster auf der Fahrerseite, stieß den Kopf der Fahrerin kräftig gegen das Lenkrad, ergriff die Handtasche und flüchtete.

---

[97] S.o. 1.

[98] Zsf. B. Heinrich, AT, 5. Aufl. 2016, Rn. 1224; aus der Rspr. vgl. jüngst BGH U. v. 28.04.2016 - 4 StR 564/15 - NStZ 2016, 607 (Anm. Bosch Jura 2016, 1454; Kudlich JA 2016, 707; Hecker JuS 2016, 850; RÜ 2016, 513; Kulhanek NStZ 2016, 609; Krell ZJS 2017, 115).

Ist die Kommunikation von B1 und B2 über den Wagen hinweg ausreichend für einen gemeinschaftlichen Tatentschluss, der das dann folgende Geschehen umfasst? B1-B3 waren stillschweigend übereingekommen, der Frau die Handtasche wegzunehmen. Die Art und Weise des Vorgehens war nur grob festgelegt. Als B1 dem B2 zu verstehen gab, die Tasche nicht wegnehmen zu können, lässt sich einerseits argumentieren, dass dieser davon ausgehen musste, angesichts der Unbestimmtheit des Planes und der Bestimmtheit des Zieles nun selbst tätig werden zu sollen. Andererseits qualifiziert die Anwendung von Gewalt durch B2 die geplante Tat (Diebstahl, § 242 I StGB) zu einer anderen (Raub, § 249 I StGB). Eine solche Botschaft kann der Kommunikation des B1 nicht entnommen werden, so dass es sich vielmehr um den eigenen Entschluss des B2 handelte.

Auch wenn der „Mittäter" eine ganz andere Tat als die geplante begeht, scheidet eine Zurechnung aus.[99]

Angesichts der oft offenen und vagen Planung der Tat ist aber nicht jede spontane Aktion des anderen Beteiligten ein Exzess: Differenzen, mit denen nach den Umständen des Falles **gerechnet** werden muss, und solche, bei denen die verabredete Tatausführung durch eine in ihrer Schwere und Gefährlichkeit gleichwertige ersetzt wird, werden in der Regel vom Willen des Beteiligten umfasst, auch wenn er sie sich nicht so vorgestellt hat; ebenso ist der Beteiligte für jede Ausführungsart einer von ihm gebilligten Straftat verantwortlich, wenn ihm die Handlungsweise seiner Tatgenossen **gleichgültig** ist und deswegen auf die Billigung geschlossen werden kann.[100]

Beispiel 122:

BGH U. v. 19.03.2013 – 5 StR 575/12 – NStZ 2013, 400 (Anm. Hecker JuS 2013, 943):

B1, B2, B3 und B4 überfielen Z, den sie für einen Drogenhändler hielten, in seiner Wohnung, um Geld und Drogen zu erbeuten. Sie gingen davon aus, dem Z auf Grund ihrer Überzahl deutlich überlegen zu sein, und erwarteten, dessen Widerstand nur für kurze Zeit ohne erhebliche Gewaltanwendung überwinden zu müssen. Als sie die Wohnung stürmten, wurde der kräftig gebaute Z weggestoßen und kam zu Fall. Während die B1 und B2 absprachegemäß die Räume nach Drogen und Geld durchsuchten, stürzten sich die B3 und B4 auf den sich heftig wehrenden Z, schlugen nach ihm und versuchten, ihn festzuhalten. Dabei versetzte ihm einer dieser beiden

---

[99] S. Fischer, StGB, 64. Aufl. 2017, § 25 Rn. 37; aus der Rspr. vgl. BGH B. v. 19.03.2009 - 4 StR 20/09 - NStZ 2009, 25 = StV 2009, 410 (Anm. RÜ 2008, 639; Geppert JK 2009 StGB § 25 II/16; LL 2009, 29; Roxin NStZ 2009, 7).

[100] Fischer, StGB, 64. Aufl. 2017, § 25 Rn. 37; aus der Rspr. vgl. BGH U. v. 18.12.2007 - 1 StR 301/07 - NStZ 2008, 280 (Anm. Murmann ZJS 2008, 456; Walter NStZ 2008, 548; famos 12/2008); BGH U. v. 28.04.2016 - 4 StR 564/15 - NStZ 2016, 607 (Anm. Bosch Jura 2016, 1454; Kudlich JA 2016, 707; Hecker JuS 2016, 850; RÜ 2016, 513; Kulhanek NStZ 2016, 609; Krell ZJS 2017, 115).

einen so heftigen Tritt gegen das rechte Bein, knapp unterhalb des Knies, dass der Z eine Schienbein-Trümmerfraktur und eine Knorpelverletzung im Knie verbunden mit heftigen, andauernden Schmerzen erlitt. B3 und B4 hielten den sich wehrenden und laut vor Schmerz und Angst schreienden Z weiter fest. B1 und B2 hatten im Wohnzimmer Bargeld i.H.v. 120 Euro, Drogen und Zigaretten an sich genommen.

Hier ist fraglich, ob in dem Verhalten von B3 und B4 für B1 und B2 ein Exzess liegt. Hiergegen und mithin für eine Annahme von Mittäterschaft spricht, dass die Prognose des von Z zu leistenden Widerstands von Anfang an unsicher sein musste, so dass der Tatplan insofern offen war.

Zu denken ist auch daran, dass noch im Verlauf der Tatbegehung stets eine spontane – auch konkludente – **Ausweitung** des ursprünglichen Tatplans möglich ist.[101]

3. Aufkündigung des Tatentschlusses; Ausscheiden eines Mittäters

Problematisch sind Fallkonstellationen, in denen ein Mittäter einen zunächst gefassten Entschluss zur gemeinschaftlichen Tat **aufkündigt**.[102]

Fraglich ist zunächst, ob ein Aufkündigen **vor Versuchsbeginn**, also vor dem unmittelbaren Ansetzen i.S.d. § 22 StGB, den Tatentschluss wirksam aufhebt, so dass keine Mittäterschaft gem. § 25 II StGB vorliegt.

Beispiel 123:

BGH U. v. 13.03.1979 – 1 StR 739/78 – BGHSt 28, 346 = NJW 1979, 1721 (Anm. Roxin, Höchstrichterliche Rspr. AT, 1998, Nr. 71; Hemmer-BGH-Classics Strafrecht, 2003, Nr. 34; Geilen JK 1979 StGB § 24/2; Hassemer JuS 1979, 823; Backmann JuS 1981, 336):
B1 und B2, mit der er zusammenlebte und die ein Kind von ihm hatte, sowie B3, eine Hausgenossin, verabredeten in bis in die Nacht dauernden Gesprächen einen Überfall auf eine Bank am Mittag des nächsten Tages. Sie hatten den Gedanken eines Banküberfalls schon längere Zeit erwogen und B1 und B3 hatten bereits zwei Fahrräder gestohlen, die bei der Fahrt zum und vom Tatort Verwendung finden sollten. Im Anschluss an die Verabredung, noch in der Nacht, besahen sich die drei die Bank von außen. Am Vormittag traf das Trio seine letzten Vorbereitungen; kurz nach 12 Uhr machte es sich auf den Weg zur Bank. B1, der eine Kindersonnenbrille trug, ging zu Fuß und schob vor sich einen Kinderwagen her, in dem sein fast 15 Monate alter Sohn lag. B2 und B3 fuhren mit den gestohlenen Rädern zur

---

[101] Vgl. B. Heinrich, AT, 5. Aufl. 2016, Rn. 1224.

[102] Hierzu Küper JZ 1979, 775; Graul GS Meurer 2002, 89; Renzikowski JuS 2013, 481; Roxin FS Frisch 2013, 613; aus der Rspr. vgl. BGH B. v. 11.03.1999 - 4 StR 56/99 - NStZ 1999, 449 = StV 1999, 594 (Anm. Geppert JK 2000 StGB § 24/29; Otto JK 2000 StGB § 30/6; Puppe JR 2000, 72; Heuchemer JA-R 2001, 18).

Bank. Jede von ihnen hatte eine geladene Gaspistole bei sich. Der Tatplan sah vor, dass die Frauen gleichzeitig durch die beiden Kundeneingänge in die Bank gehen und mit den Pistolen das Personal und etwaige Kunden bedrohen. B1 sollte über den Tresen springen und verlangen, dass eine mitgebrachte Plastiktüte mit Geld gefüllt wird. Dem B1 kamen Bedenken. Vor der Bank unternahm er einen kurzen verbalen Versuch, um wenigstens B2 vom Tatvorhaben abzubringen. Obgleich sie darauf nicht einging, folgte ihr B1 nicht, als sie in den Kundenraum eindrang und die Gaspistole auf zwei Bankangestellte richtete. Er entfernte sich mit dem Kinderwagen, kehrte aber nochmals zurück, um „nach den beiden Frauen zu sehen". Sie hatten inzwischen den Überfall mit Erfolg durchgeführt, 10.210 DM erbeutet und sich vom Tatort entfernt. Von dem erpressten Geld erhielt B1 6.500 DM.

Während die Rspr. – hier, i.Ü. nicht immer konsistent – davon ausgeht, dass ein solcher „Rücktritt" immer dann unbeachtlich bleibt, wenn noch vorher erbrachte Tatbeiträge bei der Durchführung der Tat durch die anderen Mittäter wirksam bleiben, geht die wohl h.L.[103] davon aus, dass im Fall erloschenen gemeinschaftlichen Tatentschlusses eine Mittäterschaft ausscheidet und lediglich eine Beihilfe gem. § 27 StGB zur Haupttat möglich bleibt. Für die Auffassung der Rspr. spricht, dass gem. § 24 II StGB auch ansonsten strenge Anforderungen an die Rücknahme von Tatbeiträgen gestellt werden. Wenn der zunächst bestehende Tatentschluss zu fortwirkenden Tatbeiträgen geführt hat, muss sich der Beteiligte auch daran festhalten lassen. Das Aufkündigen des Tatentschlusses kann auf Strafzumessungsebene hinreichend berücksichtigt werden.

Erst recht kann eine bloß heimliche Abkehr des Mittäters nicht zum Ausschluss der Zurechnung führen.[104]

Auch nach Auffassung der Rspr. kann ein Aufgeben des Tatentschlusses aber zugleich ein Erlöschen des subjektiven Tatbestands sein, so dass z.B. mangels Zueignungsabsicht eine Täterschaft nicht in Betracht kommt:

Beispiel 124:

BGH U. v. 07.09.1993 – 1 StR 325/93 – NStZ 1994, 29 = StV 1994, 17 (Anm. Otto JK 1994 StGB § 25 II/8):
B1 war im Rahmen seiner Ausbildung als Praktikant in einer Bank tätig. Obwohl er sich schriftlich zur Verschwiegenheit verpflichtet hatte, prahlte er in einem Spielsalon gegenüber B2 damit, er wisse, wie man leicht und kostenlos zu Geld kommen könne. Er verriet eine geheime Code-Zahl, deren Kenntnis die Öffnung einer Hintertür der Bank ermöglichte, und fertigte darüber hinaus eine Skizze an, die ergab, wie man nach Betreten der Bank in einen Registraturraum

---

[103] Vgl. nur B. Heinrich, AT, 5. Aufl. 2016, Rn. 1234.

[104] Fischer, StGB, 64. Aufl. 2017, § 25 Rn. 38; aus der Rspr. vgl. BGH B. v. 08.05.2012 - 5 StR 88/12 - NStZ 2012, 508 (Anm. RÜ 2012, 579; LL 2013, 38).

gelangte, wo insbesondere an den Montagmorgen nach den sog. „langen Samstagen" sehr große Bargeldbeträge zunächst gezählt und dann in einen Tresor verbracht wurden. Er verriet dabei auch, dass diese Tür von den mit dem Geldzählen betrauten Bankbediensteten während dieser Zeit entgegen bankinterner Anweisung nicht verschlossen gehalten wurde, so dass der Raum – wenn man erst einmal durch die Hintertür in das Bankinnere gelangt war – leicht betreten werden konnte. B1 wusste und wollte, dass B2 sowie weitere, ihm namentlich nicht bekannte Mittäter auf der Grundlage dieser Informationen die Bank überfallen und berauben würden; es bestand Einvernehmen, dass B1 einen Anteil der Beute als Belohnung erhalten sollte. Ehe die Tat entsprechend den Informationen des B1 durchgeführt wurde, wobei die beiden Täter die Bankangestellten mit Messern bedrohten, fesselten und über 700.000 DM erbeuteten, hatte der B1 dem B2 erklärt, er wolle mit der Tat nichts mehr zu tun haben. Maßnahmen zur Verhinderung der Tat traf er nicht. Von der Beute erhielt B1 nichts.

Im Ausführungszeitpunkt mangelte es B1 jedenfalls an Zueignungsabsicht, so dass es auf die Frage fortbestehender Mittäterschaft nicht mehr ankommt.

Erst recht zweifelhaft ist die Relevanz des aufgekündigten Tatentschlusses dann, wenn die Aufgabe erst nach Versuchsbeginn geschieht.

Beispiel 125:

BGH U. v. 15.01.1991 – 5 StR 492/90 – BGHSt 37, 289 = NJW 1991, 1068 = NStZ 1991, 280 = StV 1993, 410 (Anm. Roxin, Höchstrichterliche Rspr. AT, 1998, Nr. 79; Puppe, AT, 3. Aufl. 2016, § 23 Rn. 10ff.; Geppert JK 1991 StGB § 25 II/5; Puppe NStZ 1991, 571; Roxin JR 1991, 206; Herzberg JZ 1991, 856; Erb JuS 1992, 197; Stein StV 1993, 411; Hauf NStZ 1994, 263):
B1 war zwei Monate vor der Tat aus einem Hafturlaub nicht in die Justizvollzugsanstalt zurückgekehrt. Hierzu war er von B2 überredet worden, der schon jahrelang aus dem gleichen Grund von der Polizei gesucht wurde. B2 plante u.a. ein größeres Rauschgiftgeschäft, für das er B1 gewinnen wollte. Er nahm B1 bei sich auf, stattete ihn mit 20.000 DM aus und übergab ihm einen Revolver, den dieser fortan ständig führte. Sein Auto ließ B2 „fast kriegsmäßig" ausstatten. B1 und B2 entschlossen sich, im Falle drohender Verhaftung von ihren Schusswaffen Gebrauch zu machen, um sich die Flucht auch unter billigender Inkaufnahme der Tötung von Polizeibeamten freizuschießen. Am 22.10.1987 gegen 18.30 Uhr wurden B1 und B2 auf der Straße von zwei Polizeibeamten in Zivil aufgefordert, sich auszuweisen. B1 hatte schon vorher bemerkt, dass dem von einem Bekannten gefahrenen Kraftfahrzeug des B2 ein ziviles Polizeifahrzeug gefolgt war, und hatte B2 darauf aufmerksam gemacht. Als sie angesprochen wurden, wussten beide, dass sie Polizeibeamte vor sich hatten. Zwei weitere Polizeibeamte standen mit gezogenen Dienstwaffen in der Nähe. Einer hatte die Waffe auf B1 gerichtet, nachdem der kontrollierende Beamte etwas zur Seite getreten war. B1 zog seine Waffe nicht. B2 erschoss zunächst den vor B1 stehenden Beamten,

um sich der Festnahme zu entziehen. B1 erhob sofort beide Arme zum Zeichen der Aufgabe und ließ sich dann in dieser Stellung rückwärts gegen die Hecke fallen, rutschte daran herunter und blieb schließlich mit angewinkelten Armen auf dem Bürgersteig neben der Hecke liegen. B2 bemerkte dies nicht, wähnte B1 vielmehr noch in unmittelbarer Nähe. Sodann erschoss B2 den anderen herangetretenen Polizeibeamten, um zu verhindern, dass er und B1 festgenommen wurden. Nun entfernte sich B2. Später traf er B1 und fragte ihn, warum er nicht geschossen habe. B1 erwiderte: „Du, der stand vor mir mit gezogener Waffe, ich habe tierische Angst gehabt. Ich schieße nicht." Am nächsten Tage ließen sich B1 und B2, von der Polizei überrascht, widerstandslos verhaften.

Richtigerweise wird man nach Versuchsbeginn erst recht zur grundsätzlichen Irrelevanz der Aufkündigung des Tatentschlusses gelangen. Allerdings ist in Anlehnung an § 24 II 2 2. Var. StGB („genügt zu seiner Straflosigkeit sein freiwilliges und ernsthaftes Bemühen, die Vollendung der Tat zu verhindern, wenn sie ohne sein Zutun nicht vollendet oder unabhängig von seinem früheren Tatbeitrag begangen wird") eine Ausnahme zu machen, wenn sich der Tatbeitrag des sich distanzierenden Mittäters nicht ausgewirkt hat.

E. Nebentäterschaft

Als Nebentäterschaft[105] bezeichnet man die Herbeiführung desselben Erfolgs durch mehrere Täter, die keine Mittäter sind. Die Möglichkeit hierzu besteht aufgrund der Weite der strafrechtlichen Kausalität, vgl. z.B. kumulative und alternative Kausalität. Es handelt sich um einen letztlich bedeutungslosen Begriff, da schlicht unmittelbare Täterschaft jedes einzelnen Beteiligten vorliegt.

---

[105] Hierzu B. Heinrich, AT, 5. Aufl. 2016, Rn. 1186ff.

10. Kapitel: Subjektiver Tatbestand

▶ **Didaktische Aufsätze:**

- Ebert/Kühl, Das Unrecht der vorsätzlichen Straftat, Jura 1981, 225
- Bloy, Funktion und Elemente des subjektiven Tatbestands im Deliktsaufbau, JuS 1989, L1
- Otto, Der Vorsatz, Jura 1996, 468
- Lesch, Dolus directus, indirectus und eventualis, JA 1997, 802
- Satzger, Der Vorsatz – einmal näher betrachtet, Jura 2008, 112
- Henn, Der subjektive Tatbestand der Straftat – Teil 1: Der Vorsatzbegriff, JA 2008, 699
- Rönnau, Grundwissen – Strafrecht: Vorsatz, JuS 2010, 675
- Sternberg-Lieben/Sternberg-Lieben, Vorsatz im Strafrecht, JuS 2012, 884 und 976

A. Grundlagen

I. Rechtsnatur, Inhalt, Abgrenzung

Der beim vorsätzlichen Vollendungsdelikt nach Bejahung des objektiven Tatbestands zu prüfende subjektive Tatbestand[1] besteht zunächst aus dem in § 15 StGB grundsätzlich geforderten **Vorsatz**:

> **§ 15 StGB (Vorsätzliches und fahrlässiges Handeln)**
> Strafbar ist nur vorsätzliches Handeln, wenn nicht das Gesetz fahrlässiges Handeln ausdrücklich mit Strafe bedroht.

---

[1] Näher Engisch FS Rittler 1957, 165; Ebert/Kühl Jura 1981, 225; Spendel FS Lackner 1987, 167; Bloy JuS 1989, L1; Janzarik ZStW 1992, 65; Otto Jura 1996, 468; Lesch JA 1997, 802; Gössel GS

© Springer-Verlag GmbH Deutschland, ein Teil von Springer Nature 2018
D. Bock, *Strafrecht Allgemeiner Teil*, Springer-Lehrbuch,
https://doi.org/10.1007/978-3-662-54789-2_10

Eine ansatzweise Umschreibung des Vorsatzes findet sich in § 16 I StGB, welcher sich mit dem tatbestandsausschließenden Irrtum als Kehrseite des Vorsatzerfordernisses beschäftigt.

> **§ 16 I StGB (Irrtum über Tatumstände)**
> Wer bei Begehung der Tat einen Umstand nicht kennt, der zum gesetzlichen Tatbestand gehört, handelt nicht vorsätzlich. Die Strafbarkeit wegen fahrlässiger Begehung bleibt unberührt.

Heute ist gesichert, dass der Vorsatz bereits Teil des Tatbestands ist,[2] während früher die Stellung des Vorsatzes strittig war (z.T. wurde dieser bei der Schuld eingeordnet). Auch heute noch werden Vorsatz und Fahrlässigkeit gängigerweise als Schuldformen bezeichnet.[3]

Zum Vorsatz hinzu kommen u.U. – je nach Straftatbestand (bei sog. Delikten mit überschießender Innentendenz) – bestimmte **unrechtsbegründende Absichten und Motive** des Täters, z.B. in:

> **§ 211 StGB (Mord)**
> (1) Der Mörder wird mit lebenslanger Freiheitsstrafe bestraft.
> (2) Mörder ist, wer
> aus Mordlust, zur Befriedigung des Geschlechtstriebs, aus Habgier oder sonst aus niedrigen Beweggründen,
> heimtückisch oder grausam oder mit gemeingefährlichen Mitteln oder
> um eine andere Straftat zu ermöglichen oder zu verdecken,
> einen Menschen tötet.

Die Mordmerkmale der ersten und dritten Gruppe (aus Mordlust, zur Befriedigung des Geschlechtstriebs, aus Habgier oder sonst aus niedrigen Beweggründen, um eine andere Straftat zu ermöglichen oder zu verdecken) sind subjektive Tatbestandsmerkmale.[4]

> **§ 242 I StGB (Diebstahl)**
> Wer eine fremde bewegliche Sache einem anderen in der Absicht wegnimmt, die Sache sich oder einem Dritten rechtswidrig zuzueignen, wird mit Freiheitsstrafe bis zu fünf Jahren oder mit Geldstrafe bestraft.

Zipf 1999, 217; Satzger Jura 2008, 112; Henn JA 2008, 699; Gaede ZStW 2009, 239; Rönnau JuS 2010, 675; Sternberg-Lieben/Sternberg-Lieben JuS 2012, 884 und 976.

[2] S. nur Kindhäuser, LPK, 6. Aufl. 2015, vor § 13 Rn. 5ff.

[3] Z.B. Joecks, in: MK-StGB, 3. Aufl. 2017, § 16 Rn. 12.

[4] Ganz h.M., vgl. nur Eisele, BT I, 4. Aufl. 2017, Rn. 74.

Die Absicht rechtswidriger Zueignung ist Teil des subjektiven Tatbestands des Diebstahls.

> **§ 253 I StGB (Erpressung)**
> Wer einen Menschen rechtswidrig mit Gewalt oder durch Drohung mit einem empfindlichen Übel zu einer Handlung, Duldung oder Unterlassung nötigt und dadurch dem Vermögen des Genötigten oder eines anderen Nachteil zufügt, um sich oder einen Dritten zu Unrecht zu bereichern, wird mit Freiheitsstrafe bis zu fünf Jahren oder mit Geldstrafe bestraft.

Die Absicht, sich oder einen Dritten zu Unrecht zu bereichern, ist Teil des subjektiven Tatbestands der Erpressung.

> **§ 263 I StGB (Betrug)**
> Wer in der Absicht, sich oder einem Dritten einen rechtswidrigen Vermögensvorteil zu verschaffen, das Vermögen eines anderen dadurch beschädigt, daß er durch Vorspiegelung falscher oder durch Entstellung oder Unterdrückung wahrer Tatsachen einen Irrtum erregt oder unterhält, wird mit Freiheitsstrafe bis zu fünf Jahren oder mit Geldstrafe bestraft.

Die Absicht, sich oder einem Dritten einen rechtswidrigen Vermögensvorteil zu verschaffen, ist Teil des subjektiven Tatbestands des Betrugs.

> **§ 267 I StGB (Urkundenfälschung)**
> Wer zur Täuschung im Rechtsverkehr eine unechte Urkunde herstellt, eine echte Urkunde verfälscht oder eine unechte oder verfälschte Urkunde gebraucht, wird mit Freiheitsstrafe bis zu fünf Jahren oder mit Geldstrafe bestraft.

Das Merkmal „zur Täuschung im Rechtsverkehr" ist ein subjektives Tatbestandsmerkmal der Urkundenfälschung.

Klargestellt sei, dass es auf Absichten und Motive, die nicht Teil eines Tatbestands sind, allenfalls für die in Prüfungsarbeiten nicht interessierende Frage der Strafzumessung ankommt.

Als **Grunddefinition des Vorsatzes**, als Faustformel für eher unproblematische Fälle, lässt sich verwenden, dass Vorsatz Wissen (kognitives Element) und Wollen (voluntatives Element) der den objektiven Tatbestand verwirklichenden Umstände ist,[5]

---

[5] Vgl. Joecks, StGB, 11. Aufl. 2014, § 15 Rn. 7.

Beispiel 126:

B sah sein zu tötendes Opfer, zielte, feuerte und traf tödlich.

Der objektive Tatbestand des Totschlages (§ 212 I StGB) besteht aus dem Töten eines anderen Menschen und ist vorliegend erfüllt. Damit bei B Vorsatz angenommen werden kann, ist festzustellen, ob B wusste, dass er durch seine Handlung einen Menschen tötet, und ob er dies auch wollte. Wer den von ihm verursachten Erfolg nicht in sein Wissen und Wollen aufgenommen hatte, handelt allenfalls fahrlässig, so dass, sofern ein solcher existiert, ein Fahrlässigkeitstatbestand verwirklicht sein kann (z.B. §§ 222, 229 StGB).

Beispiel 127:

B stellte während einer Autofahrt einen neuen Sender im Radio ein und achtete deshalb nicht auf die Straße. Er übersah einen Zebrastreifen, den G gerade betrat. Er fuhr G an. G starb.

Der **Gegenstand**, auf den sich der Vorsatz beziehen muss, lässt sich dem § 16 I 1 StGB entnehmen: Der Täter muss vorsätzlich bzgl. der Umstände handeln, die zum gesetzlichen Tatbestand – gemeint ist der objektive Tatbestand – gehören, sog. Kongruenz zwischen objektivem und subjektivem Tatbestand. Der Vorsatz muss sich also auf die **Umstände zur Ausfüllung sämtlicher objektiver Tatbestandsmerkmale** beziehen.

Eine rechtlich zutreffende Subsumtion ist nicht erforderlich.

Hat der Täter falsche, ihn entlastende Vorstellungen über objektive Umstände, so kann ihm der Vorsatz fehlen bzw. befindet er sich in einem vorsatzausschließenden Tatumstandsirrtum nach § 16 StGB.

Hat der Täter falsche, ihn belastende Vorstellungen über objektive Umstände, so handelt er ggf. im Versuch, §§ 22, 23 StGB.

Der Vorsatz ist **tatbestandsbezogen** und muss für jeden einzelnen Tatbestand – und natürlich für jeden **einzelnen Beteiligten** – separat geprüft werden. Z.B. kann es durchaus sein, dass ein Täter sein Opfer verletzen (§ 223 I StGB), aber nicht töten wollte (§ 212 I StGB), oder der Täter Vorsatz bzgl. einer Gefährdung hatte (z.B. i.R.d. § 315c I StGB), nicht aber bzgl. einer Verletzung.

II. Intensität des Vorsatzes; sachgedankliches Mitbewusstsein

Die in vielfacher Hinsicht ungenaue[6] Kurzformel „Wissen und Wollen der Tatumstände" darf nicht dahingehend missverstanden werden, dass der Täter an die

---

[6] S. B. Heinrich, AT, 4. Aufl. 2014, Rn. 264ff.

Verwirklichung des Umstands positiv denken muss; es genügt sog. **sachgedank-liches Mitbewusstsein** (auch Begleitwissen).[7]

Beispiel 128:

BGH U. v. 18.02.1981 – 2 StR 720/80 – BGHSt 30, 44 = NJW 1981, 1107 = NStZ 1981, 220 (Anm. Geilen JK 1981 StGB § 244 I Nr. 1/2; Sonnen JA 1981, 579; Hassemer JuS 1981, 774; Kotz JuS 1982, 97; Katzer NStZ 1982, 236; Lenckner JR 1982, 424):
B, der als Polizeibeamter im Streifendienst eingesetzt war, entwendete in vier Fällen, in denen er als Angehöriger einer Streifenwagenbesatzung an die Tatorte von Einbruchsdiebstählen gerufen worden war, in den von ihm überprüften Ver-kaufsstätten selbst Waren von zum Teil bedeutendem Wert.

---

§ 242 I StGB (Diebstahl)
Wer eine fremde bewegliche Sache einem anderen in der Absicht wegnimmt, die Sache sich oder einem Dritten rechtswidrig zuzueignen, wird mit Freiheitsstrafe bis zu fünf Jahren oder mit Geldstrafe bestraft.

---

§ 244 I Nr. 1 StGB (Diebstahl mit Waffen; Bandendiebstahl; Wohnungs-einbruchdiebstahl):
Mit Freiheitsstrafe von sechs Monaten bis zu zehn Jahren wird bestraft, wer
1. einen Diebstahl begeht, bei dem er oder ein anderer Beteiligter
a) eine Waffe oder ein anderes gefährliches Werkzeug bei sich führt,
b) sonst ein Werkzeug oder Mittel bei sich führt, um den Widerstand einer anderen Person durch Gewalt oder Drohung mit Gewalt zu verhindern oder zu überwinden,
[...]

B, der als Polizist beruflich stets die Waffe bei sich führte, müsste zur Verwirkli-chung des Qualifikationstatbestands gem. § 244 I Nr. 1 lit. a StGB Vorsatz bzgl. des Beisichführens einer Waffe gehabt haben. Naheliegend ist zwar, dass der B nicht konkret an seine Dienstwaffe dachte, dies ist aber auch nicht erforderlich. Er wies sachgedankliches Mitbewusstsein auf.

Problematisch ist allerdings die Abgrenzung zum tatsächlichen Nichtwissen, ggf. auch fahrlässigen Nichtwissen; es besteht die Gefahr der Vorsatzunterstellung.

Es ist nicht erforderlich, dass der Täter weiß, dass er ein bestimmtes Tatbestands-merkmal verwirklicht oder welche Merkmale eine Straftat hat etc. § 16 I StGB ist

---

[7] Fischer, StGB, 64. Aufl. 2017, § 15 Rn. 4; aus der Rspr. vgl. jüngst KG B. v. 03.11.2015 - (5) 121 Ss 203/15 (53/15) - StV 2016, 651 (Anm. Meile jurisPR-StrafR 16/2016 Anm. 4).

insofern missverständlich; klarer wird dies in § 16 II StGB. Relevant sind nicht Rechts-, sondern Faktenkenntnisse.

Vorsatz darf nicht mit der Frage der Schuld verwechselt werden. Auch ein Schuldunfähiger, z.B. ein Kind (vgl. § 19 StGB), kann vorsätzlich handeln.[8] Nur in Ausnahmefällen wird ein Defekt nach § 20 StGB dazu führen, dass der Täter Tatumstände verkennt; denkbar ist dies z.B. bei Trunkenheit.[9]

III. Zeitpunkt

▶ **Didaktischer Aufsatz:**
  • Jerouschek/Kölbel, Zur Bedeutung des so genannten Koinzidenzprinzips im Strafrecht, JuS 2001, 417

Der Täter muss die subjektiven Tatbestandsmerkmale im **Zeitpunkt** der Vornahme der tatbestandlichen Ausführungshandlung aufweisen (sog. **Simultanitäts- oder Koinzidenzprinzip**); ein nachträglicher Vorsatz (sog. *dolus subsequens*) oder früherer, aber erloschener Vorsatz (sog. *dolus antecedens*) sind unerheblich.[10] § 16 I 1 StGB stellt nämlich auf den Vorsatz „bei Begehung der Tat" ab, also bei Vornahme der Tathandlung i.S.d. § 8 StGB.

---

§ 8 StGB (Zeit der Tat)
Eine Tat ist zu der Zeit begangen, zu welcher der Täter oder der Teilnehmer gehandelt hat oder im Falle des Unterlassens hätte handeln müssen. Wann der Erfolg eintritt, ist nicht maßgebend.

Beispiel 129:
B1 kaufte von seinem Bekannten B2 eine gebrauchte Kamera. B2 hatte diese, was B1 nicht wusste, zuvor bei einem Einbruch in ein Fotogeschäft erbeutet. Ein paar Tage später erfuhr B1 von dem Einbruch und erkannte, dass die gekaufte Kamera aus dieser „Quelle" stammen musste. Dennoch unternahm er nichts und behielt die Kamera.

---

[8] Sternberg-Lieben/Schuster, in: Sch/Sch, 29. Aufl. 2014, § 15 Rn. 61.

[9] Sternberg-Lieben/Schuster, in: Sch/Sch, 29. Aufl. 2014, § 15 Rn. 63.

[10] Hierzu Jerouschek/Kölbel JuS 2001, 417; aus der Rspr. vgl. BGH U. v. 26.04.1960 - 5 StR 77/60 (Jauchegrube) - BGHSt 14, 193 = NJW 1960, 1261 (Anm. Roxin, Höchstrichterliche Rspr. AT, 1998, Nr. 14; Puppe, AT, 3. Aufl. 2016, § 10 Rn. 25ff.; Hemmer-BGH-Classics Strafrecht, 2003, Nr. 6; Valerius JA 2006, 261; Oğlakcıoğlu JR 2011, 103).

> **§ 259 I StGB (Hehlerei)**
> Wer eine Sache, die ein anderer gestohlen oder sonst durch eine gegen fremdes Vermögen gerichtete rechtswidrige Tat erlangt hat, ankauft oder sonst sich oder einem Dritten verschafft, sie absetzt oder absetzen hilft, um sich oder einen Dritten zu bereichern, wird mit Freiheitsstrafe bis zu fünf Jahren oder mit Geldstrafe bestraft.

Erforderlich ist Vorsatz bzgl. der Vortat im Zeitpunkt des Ankaufens, woran es bei B1 fehlte. Sein *dolus subsequens* ist unbeachtlich.

Beispiel 130:

B wollte G töten. Er steckte zu Hause eine Pistole in seine Manteltasche und machte sich auf den Weg. Als er G in der Bahnhofsgaststätte traf, kam es jedoch zu einem versöhnlichen Gespräch. Bei der abschließenden freundschaftlichen Umarmung löste sich versehentlich ein Schuss. G wurde getroffen und tödlich verletzt.

Im Zeitpunkt des Schusses mangelte es dem B am Tötungsvorsatz. Sein *dolus antecedens* ist unbeachtlich.

IV. Kumulativer und alternativer Vorsatz

▶ **Didaktischer Aufsatz:**
  • Jeßberger/Sander, Der dolus alternativus, JuS 2006, 1065

Ein Täter kann sog. **kumulativen Vorsatz** (*dolus cumulativus*) aufweisen.[11] In diesen Fällen hält der Täter es für möglich, mit seiner Handlung mehrere Erfolge zu verwirklichen.

Beispiel 131:

B wurde von Wachmann G und dessen Hund verfolgt; um sich seiner Verfolger zu entledigen, schoss er mit einer Maschinenpistole auf sie und traf beide tödlich.

Es ist möglich, dass B kumulativ sowohl Vorsatz bzgl. der Tötung eines Menschen (Totschlag gem. § 212 I StGB) als auch bzgl. der Tötung des Hundes (Sachbeschädigung gem. § 303 I StGB) hatte. Er verwirklichte dann beide Delikte kumulativ.

---

[11] Hierzu B. Heinrich, AT, 5. Aufl. 2016, Rn. 294a.

Ein Täter kann auch Generalvorsatz (*dolus generalis*) hinsichtlich einer Vielzahl beliebiger Opfer aufweisen (z.B. i.R.v. Terrorismus).

Beispiel 132:

B legte in einer Fußgängerzone eine Bombe und hoffte, möglichst viele Passanten zu töten.

Stehen bestimmte Tatbestände in einem **Stufenverhältnis**, baut also ein Delikt auf dem anderen auf, so erstreckt sich der Vorsatz des Täters bzgl. des vorrangigen Tatbestandes auch auf die nachrangigen Tatbestände.

Beispiel 133:

B wollte G töten und schoss auf ihn. G überlebte schwer verletzt.

Abgesehen vom Totschlagsversuch (§§ 212 I, 22, 23 StGB) hat sich B wegen gefährlicher Körperverletzung gem. §§ 223 I, 224 I Nr. 2 StGB strafbar gemacht: Weil die Körperverletzung ein notwendiges Durchgangsstadium zur Tötung ist, enthält der Tötungsvorsatz des B als „Durchgangsvorsatz" auch den Körperverletzungsvorsatz.[12]

Umstritten ist die Behandlung des **Alternativvorsatzes** (*dolus alternativus*).[13]

Beispiel 134:

BGH U. v. 16.10.2008 – 4 StR 369/08 – NStZ 2009, 210 (Anm. von RÜ 2008, 778; RA 2008, 791; Heintschel-Heinegg JA 2009, 149; Puppe HRRS 2009, 91):

B, seine Ehefrau G und der Z verbrachten den Abend und die Nacht trinkend im Wohnzimmer. Am nächsten Vormittag erwachte B aus einem mehrstündigen Schlaf und sah, dass seine Ehefrau, nur mit einem vorne geöffneten Morgenmantel bekleidet, auf dem Schlafsofa lag. Auf ihr lag Z mit teilweise heruntergelassener Hose. B nahm an, dass seine Ehefrau mit Z den Geschlechtsverkehr ausübte. Obwohl ihm intime Kontakte seiner Ehefrau mit Z bereits bekannt waren, war er durch den unverschämten Vertrauensbruch seines besten Freundes und seiner Ehefrau gekränkt und aufgebracht und beschloss, Z zu bestrafen. Er suchte einen Gegenstand, mit dem er Z schlagen konnte. Aus dem Einbauschrank in der Diele entnahm er ein Beil mit Holzgriff und einer Metallschneide. Damit ging er ins Wohnzimmer und stellte sich neben die Schlafcouch, was seine Ehefrau und Z, die dort immer noch aufeinander lagen, nicht bemerkten. B holte aus, um Z

---

[12] von Heintschel-Heinegg, in: MK-StGB, 3. Auf. 2016, vor § 52 Rn. 52; früher problematisch.

[13] Hierzu Schneider GA 1956, 257; Joerden ZStW 1983, 565; Schmitz ZStW 2000, 301; Jeßberger/Sander JuS 2006, 1065.

mit voller Wucht mit dem Beil auf den Kopf zu schlagen. Dabei nahm er auch zumindest billigend in Kauf, die unter Z liegende G am Kopf zu treffen. Er war auch auf sie wütend, weil sie vor seinen Augen mit seinem besten Freund Geschlechtsverkehr gehabt hatte. Ihm war bewusst, dass ein wuchtiger Schlag, mit einem Beil gegen den Kopf geführt, lebensgefährliche Verletzungen verursachen konnte. B nahm in Kauf, bei dem Angriff auch G tödlich zu verletzen. Der mit großer Wucht geführte Schlag verfehlte den Kopf des Z knapp und traf den Kopf der G. G erlag der schweren Kopfverletzung. B war davon ausgegangen, dass das Beil keinesfalls beide zugleich hätte töten können.

B hatte Vorsatz, den Z zu töten. Er hatte auch Vorsatz, die G zu töten. Er hatte aber keinen Vorsatz, beide kumulativ zu töten. Dieser Fall entspricht mithin einem Alternativvorsatz in Bezug auf den gleichen Tatbestand – im Unterschied zu den noch problematischeren Fällen tatbestandlicher Ungleichwertigkeit.[14] Problematisch ist, ob der Tötungsvorsatz durch den vollendeten Totschlag an G „verbraucht" ist, so dass nicht zugleich ein versuchter Totschlag an Z vorliegt.

Nach wohl h.M. wird im Falle tatbestandlicher Gleichwertigkeit der Alternativvorsatz im Rahmen der Vollendungsstrafbarkeit verbraucht,[15] so dass bereits der subjektive Tatbestand bzw. der sog. Tatentschluss bei der Versuchstat ausscheidet.
    Andere lösen den Konflikt auf Ebene der Konkurrenzen und gehen von einer Verdrängung des Versuchsdelikts im Wege der Gesetzeskonkurrenz aus.[16]
    Zutreffend ist aber die Annahme von Tateinheit der vom alternativen Vorsatz umfassten Delikte,[17] und zwar sowohl im Falle der tatbestandlichen Gleichwertigkeit als auch der Ungleichwertigkeit: Der Täter setzt mit derselben Handlung zu beiden Delikten unmittelbar an. In diesem Zeitpunkt weiß er noch nicht, welchen Erfolg er herbeiführen wird. Deswegen kann sein Vorsatz sich noch nicht auf einen Erfolg beziehen, sondern muss noch beide umfassen. Insofern werden zwei Versuche in Gang gesetzt, von denen einer vollendet wird.

Nur dies ermöglicht eine Berücksichtigung, dass B auch den Tod des Z billigend in Kauf genommen hat.

B. Erscheinungsformen des Vorsatzes

Üblicherweise unterscheidet man drei Erscheinungsformen des Vorsatzes: Absicht, Wissentlichkeit und Eventualvorsatz.[18]

---

[14] S. B. Heinrich, AT, 5. Aufl. 2016, Rn. 294.

[15] Vgl. Zaczyk, in: NK, 4. Aufl. 2013, § 22 Rn. 20.

[16] Wessels/Beulke/Satzger, AT, 46. Aufl. 2016, Rn. 233f.

[17] S. Puppe, in: NK, 4. Aufl 2013, § 15 Rn. 115f.

[18] S. nur B. Heinrich, AT, 5. Aufl. 2016, Rn. 279ff.

Wenn – wie grundsätzlich, solange das Gesetz nichts anderes bestimmt – jede Art von Vorsatz ausreicht, ist allerdings eine Differenzierung verschiedener Erscheinungsformen **überflüssig**; sie hat dann lediglich Bedeutung für die in universitären Prüfungsarbeiten irrelevante Rechtsfolgenentscheidung.[19] Auch die bisweilen anzutreffende Bemerkung, dass für ein bestimmtes Delikt Eventualvorsatz genüge, ist entbehrlich.

Bisweilen setzt ein Tatbestand allerdings über den Vorsatz i.S.d. § 15 StGB hinaus Absicht oder Wissentlichkeit voraus, z.B.:

> **§ 258 I StGB (Strafvereitelung)**
> Wer absichtlich oder wissentlich ganz oder zum Teil vereitelt, daß ein anderer dem Strafgesetz gemäß wegen einer rechtswidrigen Tat bestraft oder einer Maßnahme (§ 11 Abs. 1 Nr. 8) unterworfen wird, wird mit Freiheitsstrafe bis zu fünf Jahren oder mit Geldstrafe bestraft.

> **§ 164 I StGB (Falsche Verdächtigung)**
> Wer einen anderen bei einer Behörde oder einem zur Entgegennahme von Anzeigen zuständigen Amtsträger oder militärischen Vorgesetzten oder öffentlich wider besseres Wissen einer rechtswidrigen Tat oder der Verletzung einer Dienstpflicht in der Absicht verdächtigt, ein behördliches Verfahren oder andere behördliche Maßnahmen gegen ihn herbeizuführen oder fortdauern zu lassen, wird mit Freiheitsstrafe bis zu fünf Jahren oder mit Geldstrafe bestraft.

I. Absicht (*dolus directus* 1. Grades)

▶ **Didaktische Aufsätze:**
- Samson, Absicht und direkter Vorsatz im Strafrecht, JA 1989, 449
- Witzigmann, Mögliche Funktionen und Bedeutungen des Absichtsbegriffs im Strafrecht, JA 2009, 488

Die Vorsatzform der Absicht[20] zeichnet sich dadurch aus, dass es dem Täter gerade darauf ankommt (als Endziel oder als Zwischenziel), den Erfolg herbeizuführen oder einen bestimmten Umstand zu verwirklichen.[21]

---

[19] Vgl. Fischer, StGB, 64. Aufl. 2017, § 15 Rn. 5; i.E. problematisch; aus der Rspr. vgl. zuletzt BGH B. v. 01.06.2016 - 2 StR 150/15 - NStZ 2017, 216 (Anm. RÜ 2017, 39).

[20] Hierzu Oehler NJW 1966, 1633; Samson JA 1989, 449; von Selle JR 1999, 309; Witzigmann JA 2009, 488.

[21] Fischer, StGB, 64. Aufl. 2017, § 15 Rn. 6; aus der Rspr. vgl. OLG München B. v. 09.11.2005 - 4 St RR 215/03 - NJW 2005, 3794 = NStZ 2006, 452.

Beispiel 135:

B zündete seine Scheune an, um die Versicherungssumme zu kassieren.

§ 265 I StGB (Versicherungsmißbrauch)
Wer eine gegen Untergang, Beschädigung, Beeinträchtigung der Brauchbarkeit, Verlust oder Diebstahl versicherte Sache beschädigt, zerstört, in ihrer Brauchbarkeit beeinträchtigt, beiseite schafft oder einem anderen überläßt, um sich oder einem Dritten Leistungen aus der Versicherung zu verschaffen, wird mit Freiheitsstrafe bis zu drei Jahren oder mit Geldstrafe bestraft, wenn die Tat nicht in § 263 mit Strafe bedroht ist.

Absicht setzt nicht voraus, dass der Täter den Eintritt der in der Vorschrift bezeichneten Folge als sicher annimmt; sofern er die Folge anstrebt, genügt es, wenn er ihren Eintritt für möglich hält.[22]

Kognitiv ist ein ganz entferntes Für-möglich-Halten der Erfolgsherbeiführung ausreichend; der Täter muss sich lediglich eine Einwirkungsmöglichkeit durch sein Handeln vorstellen.

Wer um ein Endziel willen die Tat begeht und dabei weiß, dass hierfür ein notwendiges **Zwischenziel**[23] zu erreichen ist, handelt auch bzgl. des Zwischenziels mit Absicht, und zwar auch dann, wenn er insofern schweren Herzens handelt.

Beispiel 136:

B tötete seine Frau, um von der Lebensversicherung zu profitieren.

Ebenso genügt es für die jeweilige tatbestandsrelevante Absicht, wenn diese nur eines von mehreren Motiven darstellt (sog. **Motivbündel**).

Beispiel 137:

Ladendieb B wurde ertappt. Um entkommen zu können und um seine Beute zu retten, schlug er den Ladendetektiv Z nieder.

---

[22] Fischer, StGB, 64. Aufl. 2017, § 15 Rn. 6; aus der Rspr. vgl. BGH B. v. 24.08.1988 - 2 StR 324/88 - BGHSt 35, 325 = NJW 1989, 595 = NStZ 1989, 23 = StV 1989, 301 (Anm. Geerds Jura 1989, 294; Ranft StV 1989, 301).

[23] I.E. problematisch bzgl. unerwünschter Nebenfolgen, vgl. Rengier JZ 1990, 321; Joerden FS Jakobs 2007, 235; aus der Rspr. vgl. BGH B. v. 23.02.1961 - 4 StR 7/61 - BGHSt 16, 1 = NJW 1961, 1172 (Anm. Bähr JuS 1961, 265; Welzel NJW 1962, 20; Fahl JA 1997, 110).

> **§ 252 StGB (Räuberischer Diebstahl)**
> Wer, bei einem Diebstahl auf frischer Tat betroffen, gegen eine Person Gewalt verübt
> oder Drohungen mit gegenwärtiger Gefahr für Leib oder Leben anwendet, um sich im
> Besitz des gestohlenen Gutes zu erhalten, ist gleich einem Räuber zu bestrafen.

Die in § 252 StGB vorausgesetzte Besitzerhaltungsabsicht liegt auch dann vor,
wenn zusätzliche Motive hinzutreten, z.b. der Wille zur Flucht.[24]

II. Wissentlichkeit (*dolus directus* 2. Grades)

▶ **Didaktischer Aufsatz:**
• Samson, Absicht und direkter Vorsatz im Strafrecht, JA 1989, 449

Die Vorsatzform der Wissentlichkeit[25] zeichnet sich dadurch aus, dass der Täter
weiß oder als so gut wie sicher voraussieht (mit an Sicherheit grenzender Wahrscheinlichkeit), dass er die den objektiven Tatbestand begründenden Umstände
verwirklicht.[26]
    Dies betrifft Fälle, in denen der Täter seine Ziele nicht erreichen kann, ohne dass
zugleich der tatbestandsmäßige Erfolg eintritt. Er handelt vorsätzlich, nämlich wissentlich, auch dann, wenn er einen bestimmten Erfolg als notwendige und sichere
Folge seines Verhaltens ins Kalkül einbezieht, mag ihm der Erfolg auch unerwünscht
sein. Es reicht hier aus, wenn der Täter sich mit dem Erfolgseintritt abfindet.

Beispiel 138:

B zündete seine Scheune an, damit er die Versicherungssumme kassieren konnte.
Hierbei wusste er, dass in der Scheune ein Landstreicher schlief, der dann auch
in den Flammen verbrannte.

Beispiel 139:

B wollte seinen Feind G töten. Er wusste von dessen nächster Flugreise und
deponierte eine Bombe im Flugzeug. Er wusste, dass nicht nur G sterben werde,
sondern auch die übrigen Passagiere und die Besatzung.

---

[24] Fischer, StGB, 64. Aufl. 2017, § 252 Rn. 9.
[25] Hierzu vgl. Samson JA 1989, 449.
[26] Fischer, StGB, 64. Aufl. 2017, § 15 Rn. 7f.; aus der Rspr. vgl. BGH U. v. 25.06.2002 - 5 StR
103/02 (Anm. Eisele JA 2003, 105).

III. Eventualvorsatz (dolus eventualis, bedingter Vorsatz)

▶ **Didaktische Aufsätze:**
- Schmidhäuser, Die Grenze zwischen vorsätzlicher und fahrlässiger Straftat, JuS 1980, 241
- Herzberg, Die Abgrenzung von Vorsatz und bewusster Fahrlässigkeit – ein Problem des objektiven Tatbestandes, JuS 1986, 249
- Geppert, Zur Abgrenzung von bedingtem Vorsatz und bewusster Fahrlässigkeit, Jura 1986, 610
- Schroth, Die Differenz von dolus eventualis und bewusster Fahrlässigkeit, JuS 1992, 1
- Lesch, Dolus directus, indirectus und eventualis, JA 1997, 802
- Geppert, Zur Abgrenzung von Vorsatz und Fahrlässigkeit, insbesondere bei Tötungsdelikten, Jura 2001, 55
- Müller, Die Abgrenzung von dolus eventualis und bewusster Fahrlässigkeit (unter Berücksichtigung der aktuellen Rechtsprechung zur „Hemmschwellentheorie"), JA 2013, 584

Problematisch ist, wann außer in Fällen der Absicht und Wissentlichkeit von Vorsatz i.S.d. § 15 StGB auszugehen ist. Diesen Randbereich zur Fahrlässigkeit bezeichnet man als bedingten Vorsatz oder Eventualvorsatz. Die Anforderungen an die Intensität des Wissens und die voluntative Komponente in Abgrenzung zur (bewussten) Fahrlässigkeit – bzw. zur Straflosigkeit, wenn es kein Fahrlässigkeitsdelikt gibt, § 15 StGB – sind umstritten.[27]

Beispiel 140:

BGH B. v. 23.11.1999 – 4 StR 491/99 – NStZ-RR 2000, 106 = StV 2000, 258:
B1 kaufte von dem B2 Waren, die dieser durch Betrugstaten zum Nachteil seiner Lieferanten erlangt hatte. B1 rechnete bei dem Erwerb der Sachen zumindest mit der Möglichkeit, dass B2 sie aus einer rechtswidrigen Tat erlangt hatte.

---

§ 259 I StGB (Hehlerei)
Wer eine Sache, die ein anderer gestohlen oder sonst durch eine gegen fremdes Vermögen gerichtete rechtswidrige Tat erlangt hat, ankauft oder sonst sich oder einem Dritten verschafft, sie absetzt oder absetzen hilft, um sich oder einen Dritten zu bereichern, wird mit Freiheitsstrafe bis zu fünf Jahren oder mit Geldstrafe bestraft.

---

[27] Hierzu Hillenkamp/Cornelius, 32 Probleme aus dem Strafrecht AT, 15. Aufl. 2017, 1. P.; Schröder FS Sauer 1949, 207; Schmidhäuser GA 1957, 305; Schmidhäuser GA 1958, 161; Kaufmann ZStW 1958, 64; Stratenwerth ZStW 1959, 51; Jescheck FS Wolf 1962, 473; Honig GA 1973, 257; Philipps ZStW 1973, 27; Wolff FS Gallas 1973, 197; Haft ZStW 1976, 365; Schmidhäuser JuS

Genügt es für Vorsatz hinsichtlich der gegen fremdes Vermögen gerichteten rechtswidrigen Vortat, dass B1 allein mit der Möglichkeit rechnete, B2 könnte die Sachen aus einer rechtswidrigen Tat erlangt haben?

Besonders kontrovers wird der Tötungsvorsatz diskutiert.

Beispiel 141:

BGH U. v. 22.04.1955 – 5 StR 35/55 (Lederriemen) – BGHSt 7, 363 = NJW 1955, 1688 (Anm. Roxin, Höchstrichterliche Rspr. AT, 1998, Nr. 7; Engisch NJW 1955, 1690; Roxin JuS 1964, 53):
B hatte beschlossen, den G zu berauben. Seinen ursprünglichen Plan, ihm einen Lederriemen um den Hals zu werfen und ihn solange zu würgen, bis er bewusstlos würde, verwarf er zunächst, weil er erkannte, dass diese Art der Betäubung möglicherweise tödliche Folgen haben würde. Er beschloss daher, G mit einem Sandsack bewusstlos zu schlagen, weil er dies für weniger gefährlich hielt, da sich der Sandsack beim Aufprall der Kopfform anpasse und daher keine lebensgefährlichen Verletzungen eintreten könnten. In Ausführung seines Planes drang B in die Wohnung des schlafenden G ein und schlug ihm den Sandsack auf den Kopf. Dieser platze allerdings, worauf G erwachte und sich zur Wehr setzte. Nun warf B dem G den sicherheitshalber mitgenommenen Lederriemen um den Hals und würgte ihn damit solange, bis dieser bewusstlos zu Boden fiel. Er nahm ihm das Geld ab und nahm dann, als er erkannte, dass G möglicherweise sterben könnte, sogar Wiederbelebungsversuche vor. Nachdem diese nicht zum Erfolg führten, hielt er G für tot und verschwand. G verstarb.

B hatte erkannt, dass das Würgen mit dem Lederriemen möglicherweise tödliche Folgen haben würde, diesen aber trotzdem sicherheitshalber mitgenommen und tatsächlich bis zur Bewusstlosigkeit des G angewandt. Andererseits hatte er von vornherein nur vorgehabt, den G zu berauben und deswegen zu betäuben. Zunächst hatte er ein milderes Mittel gewählt und am Ende nahm er sogar noch Wiederbelebungsversuche vor. Liegt nun Vorsatz vor?

1980, 241; Weigend ZStW 1981, 657; Kindhäuser ZStW 1984, 1; Schmidhäuser FS Oehler 1985, 135; Geppert Jura 1986, 610; Herzberg JuS 1986, 249; Geppert Jura 1987, 668 (HIV); Spendel FS Lackner 1987, 167; Herzberg JZ 1988, 573 und 635; Küpper ZStW 1988, 758; Rengier Jura 1989, 225 (HIV); Brammsen JZ 1989, 71; Hassemer GS Armin Kaufmann 1989, 289; Frisch GS Armin Kaufmann 1989, 311; Hillenkamp GS Armin Kaufmann 1989, 351; Mayer JuS 1990, 784 (HIV); Frisch NStZ 1991, 23; Puppe ZStW 1991, 1; Bauer wistra 1991, 168; Schroth JuS 1992, 1; Schultz FS Spendel 1992, 303; Lesch JA 1997, 802; Schünemann FS H. J. Hirsch 1999, 363; Geppert Jura 2001, 55; Jakobs ZStW 2002, 584; Arzt FS Rudolphi 2004, 3; Roxin FS Rudolphi 2004, 243; Kindhäuser FS Eser 2005, 345; Schroth FS Philipps 2005, 467; Puppe GA 2006, 65; Herzberg FS Schwind 2006, 317; Koriath FS Loos 2010,103; Freund FS Maiwald 2010, 211; Prittwitz FS Puppe 2011, 819; Müller JA 2013, 584; Stein FS Wolter 2013, 521; Puppe ZIS 2014, 66; Fischer ZIS 2014, 97; Leitmeier HRRS 2016, 243; aus der enorm umfangreichen Rspr. vgl. jüngst BGH U. v. 24.11.2016 - 4 StR 235/16 - NStZ-RR 2017, 38.

Beispiel 142:

BGH U. v. 04.11.1988 – 1 StR 262/88 (HIV) – BGHSt 36, 1 = NJW 1989, 781 = NStZ 1989, 114 = StV 1989, 61 (Anm. Roxin, Höchstrichterliche Rspr. AT, 1998, Nr. 8; Puppe, AT, 3. Aufl. 2016, § 9 Rn. 16 ff.; Hemmer-BGH-Classics Strafrecht, 2003, Nr. 5; Sonnen JA 1989, 321; Hassemer JuS 1989, 761; Schlehofer NJW 1989, 2017; Helgerth NStZ 1989, 117; Prittwitz StV 1989, 123; Schünemann JR 1989, 89; Herzberg JZ 1989, 470; Nestler-Tremel NK 1989/3, 45; Frisch JuS 1990, 362):

B erfuhr, dass er mit HIV infiziert ist. Er wurde von seinem Arzt über die möglichen Folgen umfassend aufgeklärt. Dennoch übte er auch weiterhin mit mehreren Partnern ungeschützten Geschlechtsverkehr aus, ohne diesen etwas von der Infizierung zu erzählen. Einer der Betroffenen infizierte sich und starb an der Krankheit. B gab an, er sei davon ausgegangen, es würde „schon nichts passieren".

B wusste von seiner HIV-Infektion und war über die möglichen Folgen umfassend aufgeklärt worden. Er hielt seinen Zustand geheim. Genügt die Annahme und Hoffnung, es werde nichts passieren, den Vorsatz zu verneinen?

Bei der Prüfung, ob die Täter jeweils vorsätzlich handelten, sind die Anforderungen an den (Eventual-)Vorsatz durch Darstellung des Streitstands herauszuarbeiten. Allerdings gilt für Klausuren und Hausarbeiten, dass heute viele Klausurersteller und Korrektoren dieses alten Standardproblems überdrüssig sind und daher ihr Augenmerk i.d.R. weniger auf Breite und Tiefe der Theorienwiedergabe legen als vielmehr auf die **sorgfältige Subsumtion der im Sachverhalt enthaltenen Informationen unter die h.M.** Eine stark geraffte Darstellung der Kontroverse anhand nur der wichtigsten Ansätze mag daher auch hier genügen.

Unstrittig ist zunächst, dass jedenfalls ein intellektuelles Element erforderlich ist und böser Wille nicht genügt. Das ergibt sich schon aus § 16 I 1 StGB. Reines Wünschen ohne ein Minimum an Vorstellung über die Realisierbarkeit des Gewollten kann keinen Vorsatz begründen.[28]

Einige Auffassungen begnügen sich nun mit einer rein intellektuellen Abgrenzung, wobei kein Willenselement erforderlich sein soll:

Nach der sog. **Möglichkeitstheorie**[29] genügt es, wenn dem Täter die Tatbestandsverwirklichung aufgrund bestimmter Anhaltspunkte als konkret möglich erscheint und er trotzdem handelt.

Nach der sog. **Wahrscheinlichkeitstheorie**[30] kommt es auf das wissentlich gesetzte Risiko an. Der Täter muss die Tatbestandsverwirklichung nicht nur für möglich halten, sondern für wahrscheinlich, wenn auch keine überwiegende Wahrscheinlichkeit verlangt wird.

---

[28] Joecks, in: MK-StGB, 3. Aufl. 2017, § 16 Rn. 23.

[29] Etwa Kindhäuser, LPK, 6. Aufl. 2015, § 15 Rn. 13, 15.

[30] Etwa Puppe, AT, 3. Aufl. 2016, § 9 Rn. 11.

Rspr.[31] und h.L.[32] vertreten eine auch voluntative Abgrenzung, und zwar nach der sog. **Billigungs- oder Inkaufnahmetheorie**: Der Täter muss erkennen, dass der Erfolg möglich und nicht ganz fernliegend ist und muss dies billigend in Kauf nehmen, d.h. sich mit dem Erfolg abfinden, was sogar bei einem unerwünschten Erfolg der Fall sein kann.

Der h.M. ist zuzustimmen. Allein von der objektiven und erkannten Gefährlichkeit auf einen Vorsatz i.S.d. § 15 StGB zu schließen, wie es Anhänger der sog. Möglichkeitstheorie nahelegen, überzeugt nicht, da eine sachgerechte Abschichtung von Vorsatz und Fahrlässigkeit nicht ohne beträchtliche voluntative Grundkomponente möglich ist, zumal eine annähernde Gleichwertigkeit mit den anderen Vorsatzformen anzustreben ist. Gegen die Wahrscheinlichkeitstheorie spricht die Unklarheit, welcher Grad der Wahrscheinlichkeit zu verlangen und wie dieser zu ermitteln ist.

Da die Vorsatzformel der h.M. enger ist als die der meisten Gegenauffassungen, bedarf es in Falllösungen oft keiner genaueren Entscheidung für eine konkrete Meinung. Die praktischen Konsequenzen der verschiedenen Ansätze sind ohnehin dahingehend gering, dass die jeweils herangezogenen objektiven Indizien zur Vorsatzermittlung dieselben sind, so dass auch die Ergebnisse oft identisch sind.

C. Feststellung

Sowohl in der strafprozessualen Praxis als auch in der universitären Fallbearbeitung liegt die Schwierigkeit des subjektiven Tatbestands nicht im richtigen Vorsatzbegriff, sondern darin, den Vorsatz des Beschuldigten sorgfältig unter Berücksichtigung des Grundsatzes *in dubio pro reo* festzustellen.

In der strafrechtlichen Fallbearbeitung gilt es, alle Indizien, die für oder gegen einen Vorsatz sprechen, dem Sachverhalt zu entnehmen und sie zu gewichten, so dass im Rahmen der Gesamtwürdigung der Vorsatz dann bejaht oder verneint wird. Unter Umständen darf oder muss der Sachverhalt hierbei ausgelegt oder sogar lebensnah ergänzt werden; dies darf aber nicht zu täterbelastenden Unterstellungen führen.

Beispiel 143:

B schlug an einer U-Bahn-Station in München den Rentner G nieder und traktierte ihn mit Schlägen und Tritten, weil dieser den B auf das Rauchverbot in der U-Bahn hingewiesen hatte. G erlitt einen dreifachen Schädelbruch und eine Gehirnblutung und verstarb.

Was spricht für, was gegen Tötungsvorsatz?

---

[31] Zsf. Fischer, StGB, 64. Aufl. 2017, § 15 Rn. 9ff.

[32] Vgl. nur B. Heinrich, AT, 5. Aufl. 2016, Rn. 300 m.w.N.

Beispiel 144:

BGH U. v. 03.06.2008 – 1 StR 59/08 – NStZ 2009, 264 = StV 2009, 511 (Anm. RA 2008, 588; Satzger JK 2009 StGB § 24/38; Kudlich StV 2009, 513):
B war Vater des am 04.03.2006 geborenen D, eines sehr unruhigen Kindes, das viel schrie. Ende August/Anfang September 2006 war B weitgehend allein für die Versorgung des Kindes verantwortlich. Mit dieser Aufgabe war er überfordert. Er behandelte das Kind zunehmend gereizt und aggressiv. Zu einem nicht exakt feststellbaren Zeitpunkt innerhalb dieses Zeitraumes packte B das schreiende Kind am Brustkorb und schüttelte es, um es zum Schweigen zu bringen, so heftig in „sagittaler Richtung", dass der Kopf nach vorne und hinten schlug und wegen der noch schwachen Nackenmuskulatur erst in der Extremposition, also Brust und Nacken, abgebremst wurde. Es kam zum Abriss so genannter Brückenvenen zwischen Schädelkalotte und Gehirn. Dies führte zu subduralen Blutungen und zu beidseits flächenhaften mehrschichtigen Netzhauteinblutungen. Unabhängig davon hatte B das Kind auch wiederholt in den Oberarm, die Wange und das Gesäß gebissen, was zu entsprechenden Spuren an dessen Körper führte. Weitere Spuren am Körper des Kindes im Bereich der Gesäßfalte/Steißbeinregion sowie unterhalb beider Schlüsselbeine waren von B durch stumpfe Gewalteinwirkung hervorgerufen worden. Die Mutter ging wegen dieser Verletzungsspuren zur Polizei, die eine Untersuchung in der Rechtsmedizin veranlasste. Dort fiel der ungewöhnliche Umfang des Kopfes des Kindes auf und es wurde sofort in die Kinderklinik verbracht, wo sein Leben nur durch zahlreiche intensivmedizinische Maßnahmen gerettet werden konnte. Im Rahmen dieser Untersuchungen wurde anhand entsprechender Spuren im Körper des Kindes festgestellt, dass es auch schon vor Ende August/Anfang September in ähnlicher Weise und mit ähnlichen Folgen wie dort geschüttelt worden sein muss.

Mangels Beschuldigteneinlassung bzw. näherer Angaben im Sachverhalt hierzu ist es oft unumgänglich anhand der allgemeinen Lebenserfahrung aus **objektiven Kriterien** den Vorsatz zu schlussfolgern.

Der wichtigste Indikator bzgl. des kognitiven Vorsatzelementes ist die **objektive Gefährlichkeit** der Handlung. Je nachdem an welcher Körperstelle, mit welchem Mittel und mit welcher Intensität der Täter auf sein Opfer wie oft einwirkt, liegt Vorsatz näher oder ferner.

Hinzu kommen kognitive Faktoren wie z.B. die Intelligenz des Täters, die Überschaubarkeit der Situation für den Täter, die zur Verfügung stehende Zeit für die Wahrnehmung, Einfluss von Alkohol und anderen Rauschmitteln oder eine affektive Belastung des Täters – wobei aber Affekte und verminderte Steuerungsfähigkeit einem Vorsatz nicht notwendig entgegenstehen.[33]

---

[33] Hierzu Lackner/Kühl, 28. Aufl. 2014, § 15 Rn. 9; Prittwitz GA 1994, 454; aus der Rspr. vgl. BGH U. v. 18.09.2002 - 2 StR 125/02 - NStZ-RR 2003, 8.

Bzgl. des voluntativen Vorsatzelementes kann z.B. ein Vermeideverhalten während der Tat gegen Vorsatz sprechen, ebenso wie die Wahrscheinlichkeit einer Selbstverletzung, die emotionale Nähe zwischen Täter und Opfer sowie Nachtatverhalten (z.b. Wiederbelebungsversuche).

Beispiel 145:

B fuhr im fahruntüchtigen Zustand Auto.
Abwandlungen/Ergänzungen:

1. Er wies 1,1/1,9 ‰ auf.
2. Er rammte während der Fahrt den Bordstein.
3. Er war mit dem Pkw zur Gaststätte gefahren, um „kräftig zu feiern".
4. Er war einschlägig vorbestraft.
5. Er versuchte, vor der Polizei zu fliehen.
6. Er fuhr besonders langsam und vorsichtig.
7. Er wurde am nächsten Morgen nach einer Feier und einigen Stunden Schlaf auf dem Weg zur Arbeit erwischt.

---

§ 316 StGB (Trunkenheit im Verkehr)
(1) Wer im Verkehr (§§ 315 bis 315d) ein Fahrzeug führt, obwohl er infolge des Genusses alkoholischer Getränke oder anderer berauschender Mittel nicht in der Lage ist, das Fahrzeug sicher zu führen, wird mit Freiheitsstrafe bis zu einem Jahr oder mit Geldstrafe bestraft, wenn die Tat nicht in § 315a oder § 315c mit Strafe bedroht ist.
(2) Nach Absatz 1 wird auch bestraft, wer die Tat fahrlässig begeht.

Im Grundfall lässt sich noch keine Aussage über den Vorsatz treffen. (1.) Abhängig von den Trinkgewohnheiten und der Konstitution einer Person kann schon die Blutalkoholkonzentration ein Indiz sein, ob sie sich noch fahrtüchtig fühlen konnte. (2.) Mit der Kollision muss B zumindest bemerkt haben, dass er nicht mehr vollständig fahrtüchtig war. (3.) Wer in einer Gaststätte „kräftig feiert", konsumiert nicht unerhebliche Mengen Alkohols. Dass B trotzdem mit dem Pkw zur Gaststätte fuhr, kann bedeuten, dass er von vornherein billigend in Kauf nahm, auch im fahruntüchtigen Zustand damit zu fahren. (4.) Es ist nicht ohne Weiteres von der Vorstrafe auf den erneuten Vorsatz zu schließen. Die Vorstrafe ist aber ein Indiz dafür, dass B seine Fahrtüchtigkeit seit der Verurteilung besser einschätzen kann. (5.) Wenn B vor der Polizei floh, muss er damit gerechnet haben, bei einer Kontrolle die Konsequenzen fürchten zu müssen. Er kann an eine Ordnungswidrigkeit, aber auch an eine Straftat gedacht haben. (6.) Zunächst scheint die Fahrweise für B zu sprechen. Wenn er es jedoch für notwendig hielt, langsam und vorsichtig zu fahren, muss er um seine verminderte Fahrtüchtigkeit, vielleicht sogar um seine Fahruntüchtigkeit gewusst haben. (7.) Am nächsten Morgen ist es gut möglich, dass sich B nach der Bettruhe so erholt fühlte, dass er davon ausging, wieder fahrtüchtig zu sein.

D. Vorsatzausschließende Irrtümer, § 16 StGB

I. Grundlagen der Irrtumslehre

▶ **Didaktische Aufsätze:**
- Backmann, Grundfälle zum strafrechtlichen Irrtum, JuS 1972, 196, 326, 452, 649 und JuS 1973, 30, 299
- Warda, Grundzüge der strafrechtlichen Irrtumslehre, Jura 1979, 1, 71, 113 und 286
- Hettinger, Der Irrtum im Bereich der äußeren Tatumstände, JuS 1988, L71, JuS 1989, L17 und L41, JuS 1990, L73, JuS 1991, L9, L25, L33 und L49, JuS 1992, L65, L73 und L81
- Geerds, Der vorsatzausschließende Irrtum, Jura 1990, 421
- Koriath, Überlegungen zu einigen Grundsätzen der strafrechtlichen Irrtumslehre, Jura 1996, 113
- Rath, Arbeitsschritte zur Behandlung strafrechtlicher Irrtumsfälle, Jura 1998, 539
- Rönnau/Faust/Fehling, Durchblick: Der Irrtum und seine Rechtsfolgen, JuS 2004, 667
- Henn, Der subjektive Tatbestand der Straftat – Teil 2: Überblick über die Irrtumskonstellationen, JA 2008, 854
- Exner, Kompendium der strafrechtlichen Irrtumslehre, ZJS 2009, 516
- Knobloch, Examensrelevante Irrtümer im Strafrecht – Eine systematische Darstellung, JuS 2010, 864
- Sternberg-Lieben/Sternberg-Lieben, Der Tatbestandsirrtum (§ 16 I 1 StGB), JuS 2012, 289

Irrtum[34] ist die Nichtübereinstimmung von Bewusstseinsinhalt und Wirklichkeit.

Irrtümer des Täters können Elemente auf jeder Ebene der Deliktsprüfung, d.h. Elemente des objektiven Tatbestandes, der Rechtswidrigkeit, der Schuld oder sonstiger Voraussetzungen der Strafbarkeit betreffen.

Ziel der Irrtumslehre ist die Beantwortung der Frage nach der strafrechtlichen Beachtlichkeit der Fehlvorstellung. Rechtliche Auswirkungen können entweder **zu Lasten** des Täters gehen (vgl. eine etwaige Versuchsstrafbarkeit) oder **zu Gunsten** des Täters (vgl. §§ 16, 17, 35 II StGB).[35]

---

[34] Zur Irrtumslehre Backmann JuS 1972, 196, 326, 452 und 649, JuS 1973, 30 und 299, JuS 1974, 40; Warda Jura 1979, 1, 71, 113 und 286; Hettinger JuS 1988, L71, JuS 1989, L17 und L41, JuS 1990, L73, JuS 1991, L9, L25, L33 und L49, JuS 1992, L65, L73 und L81; Geerds Jura 1990, 421; Herzberg JZ 1993, 1017; Koriath Jura 1996, 113; Rath Jura 1998, 539; Rönnau/Faust/Fehling JuS 2004, 667; Henn JA 2008, 854; Exner ZJS 2009, 516; Knobloch JuS 2010, 864; Sternberg-Lieben/Sternberg-Lieben JuS 2012, 289.

[35] Vgl. B. Heinrich, AT, 5. Aufl. 2016, Rn. 1070f.

Beispiel 146:

B glaubte, auf einen Menschen zu schießen. In Wirklichkeit schoss er auf eine Vogelscheuche.

Der Irrtum über die Beschaffenheit des Tatobjekts wirkt sich dahingehend aus, dass sich B ggf. wegen versuchten Totschlags gem. §§ 212 I, 22, 23 StGB strafbar macht. Fahrlässige Sachbeschädigung ist nicht strafbar.

Beispiel 147:

B glaubte, auf ein Tier zu schießen. In Wirklichkeit schoss er auf einen Menschen.

Der Irrtum über die Beschaffenheit des Tatobjekts führt hier zu einem Irrtum nach § 16 I StGB; anders gewendet fehlte dem B der Vorsatz i.S.d. § 15 StGB bzgl. des Tatbestandsmerkmals „Mensch". Statt Totschlag gem. § 212 I StGB kommt nur eine fahrlässige Tötung gem. § 222 StGB in Frage, ferner eine versuchte Sachbeschädigung gem. §§ 303 I, III, 22, 23 StGB.

Als Faustformel gilt: Was bei Unkenntnis den Vorsatz ausschließt, begründet bei irriger Annahme den Versuch.[36]

Das Gesetz kennt zwei grundsätzliche Arten von entlastenden Irrtümern: § 16 StGB und § 17 StGB. Im Ansatz entspricht dies einer Trennung von **Rechts-** (grundsätzlich § 17 StGB) und **Tatsachenirrtümern** (grundsätzlich § 16 StGB).

§ 16 StGB (Irrtum über Tatumstände)
(1) Wer bei Begehung der Tat einen Umstand nicht kennt, der zum gesetzlichen Tatbestand gehört, handelt nicht vorsätzlich. Die Strafbarkeit wegen fahrlässiger Begehung bleibt unberührt.
(2) Wer bei Begehung der Tat irrig Umstände annimmt, welche den Tatbestand eines milderen Gesetzes verwirklichen würden, kann wegen vorsätzlicher Begehung nur nach dem milderen Gesetz bestraft werden.

§ 17 StGB (Verbotsirrtum)
Fehlt dem Täter bei Begehung der Tat die Einsicht, Unrecht zu tun, so handelt er ohne Schuld, wenn er diesen Irrtum nicht vermeiden konnte. Konnte der Täter den Irrtum vermeiden, so kann die Strafe nach § 49 Abs. 1 gemildert werden.

---

[36] Im Hinblick auf die Versuchsstrafbarkeit handelt es sich um die strittige Abgrenzung von (untauglichem) strafbarem Versuch und straflosem sog. Wahndelikt, vgl. hier nur B. Heinrich, AT, 5. Aufl. 2016, Rn. 681ff.

Da § 16 StGB vorsatzausschließend wirkt, sind Tatumstandsirrtümer im **subjektiven Tatbestand** zu prüfen.

Da § 17 StGB allenfalls die **Schuld** ausschließt, werden Verbotsirrtümer bei der Schuld behandelt. In vielen Lehrbüchern werden allerdings aus Gründen des Sachzusammenhangs alle Arten von Irrtümern zusammenhängend dargestellt.[37]

II. Grundlagen der Irrtümer über Elemente der Tatbestandsmäßigkeit

Gem. § 16 I 1 StGB handelt nicht vorsätzlich, wer bei Begehung der Tat einen Umstand nicht kennt, der zum gesetzlichen Tatbestand gehört. Das sog. Handlungsunrecht des Vorsatzdelikts entfällt. Der Täter wird vom Verhaltensappell der Norm nicht erreicht, da er auf falscher Tatsachengrundlage handelt.

Beispiel 148:

B schoss in der Dämmerung zum Spaß auf die Mülltonnen in seinem Garten. Hinter einer dieser Mülltonnen hatte sich jedoch, für B völlig überraschend, das Nachbarskind G versteckt, welches durch seinen Schuss getroffen wurde und starb.

Mangels Vorsatzes ist B nicht wegen Totschlags gem. § 212 I StGB strafbar. Wie § 16 I 2 StGB klarstellt, bleibt aber eine **Fahrlässigkeitsstrafbarkeit** möglich, hier z.B. nach § 222 StGB.

Ob der Irrtum vermeidbar oder selbstverschuldet war, ist für die Frage des Vorsatzes irrelevant,[38] wird aber die Frage der Fahrlässigkeitsstrafbarkeit mitbestimmen. Geprüft wird dort, ob der Täter seinen Irrtum sorgfaltswidrig verursacht oder sonst sorgfaltswidrig gehandelt hat.

III. Tatumstandsirrtum

1. Grundlagen

Minimalvoraussetzung für den Vorsatz ist Tatsachenkenntnis, vgl. obige Beispiele.

Problematisch ist, inwieweit Bedeutungskenntnis erforderlich ist.

---

[37] Vgl. nur B. Heinrich, AT, 5. Aufl. 2016, Rn. 1062ff.

[38] B. Heinrich, AT, 5. Aufl. 2016, Rn. 1076; aus der Rspr. vgl. BGH B. v. 08.01.2014 - 3 StR 416/13 - NStZ-RR 2014, 108

Beispiel 149:

BGH B. v. 14.07.1959 – 1 StR 296/59 – BGHSt 13, 207 = NJW 1959, 1547 (Anm. Hemmer-BGH-Classics Strafrecht, 2003, Nr. 85):
B öffnete des Nachts die Ventile aller vier Reifen eines parkenden Kfz und ließ die Luft entweichen.

Unterstellt, der objektive Tatbestand der Sachbeschädigung sei erfüllt[39]: Handelte B vorsätzlich, wenn er nicht für möglich gehalten hat, dass im deutschen Strafrecht das Ablassen von Luft aus Autoreifen als Beschädigen der Sache aufgefasst wird?

M.a.W.: Greift § 16 StGB? Oder handelt es sich – nur, aber immerhin – um einen Verbotsirrtum nach § 17 StGB? Oder ist sein Irrtum gänzlich unbeachtlich (sog. bloßer Subsumtionsirrtum,[40]) weil weder § 16 StGB noch § 17 StGB anwendbar ist?

Üblicherweise wird zwischen sog. deskriptiven und normativen Tatbestandsmerkmalen differenziert.[41]

2. Deskriptive Tatbestandsmerkmale

Deskriptive Tatbestandsmerkmale sollen dabei solche sein, die im Allgemeinen der sinnlichen Wahrnehmung zugänglich sind und Gegenstände der realen Welt (natürliche Tatsachen) beschreiben.[42] Hier soll für den Vorsatz ausreichen, dass der Täter deren natürlichen Sinngehalt erfasst hat.[43]

Als Beispiel werden etwa die Merkmale Mensch (§ 212 StGB) oder Sache (§ 303 StGB) genannt.
   Im Grunde ist aber kein Tatbestandsmerkmal deskriptiv, da aufgrund der Aufnahme des Begriffs in den Gesetzeswortlaut immer eine rechtliche Definition und Bewertung relevant wird (z.B.: Wann beginnt und endet Menschsein, d.h. das menschliche Leben?).

---

[39] Hierzu zsf. Eisele, BT II, 4. Aufl. 2017, Rn. 462.

[40] Hierzu Kudlich, in: BeckOK-StGB, Stand Stand 01.12.2016, § 16 Rn. 13 ff.; Nierwetberg Jura 1985, 238.

[41] S. z.B. Joecks, StGB, 11. Aufl. 2014, § 16 Rn. 15ff.; ausf. Kindhäuser Jura 1984, 465; Dopslaff GA 1987, 1.

[42] B. Heinrich, AT, 5. Aufl. 2016, Rn. 1083.

[43] Joecks, StGB, 11. Aufl. 2014, § 16 Rn. 15.

3. Normative Tatbestandsmerkmale; insbesondere: Abgrenzung zum Verbotsirrtum nach § 17 StGB

▶ **Didaktische Aufsätze:**
- Darnstädt, Der Irrtum über normative Tatbestandsmerkmale, JuS 1978, 441
- Haft, Grenzfälle des Irrtums über normative Tatbestandsmerkmale im Strafrecht, JA 1981, 281
- Schlüchter, Grundfälle zum Bewertungsirrtum des Täters im Grenzbereich zwischen §§ 16 und 17 StGB, JuS 1985, 373, 527 und 617
- Herzberg/Hardtung, Grundfälle zur Abgrenzung von Tatumstandsirrtum und Verbotsirrtum, JuS 1999, 1073
- Herzberg, Vorsatzausschließende Rechtsirrtümer, JuS 2008, 385
- Hinderer, Tatumstandsirrtum oder Verbotsirrtum?, JA 2009, 864

Normative Tatbestandsmerkmale zeichnen sich dadurch aus, dass ihr Vorhandensein erst aufgrund einer rechtlichen Bewertung der wahrgenommenen Tatsachen festgestellt werden kann (institutionelle Tatsachen, Rechtstatsachen).[44]

Hier ist zur Bejahung von Vorsatz neben Tatsachenkenntnis auch Bedeutungskenntnis erforderlich: Der Täter muss den juristischen Sinngehalt nicht präzise begreifen, jedoch den rechtlich-sozialen Bedeutungsgehalt erfassen (sog. **Parallelwertung in der Laiensphäre.**[45]) Der Täter muss durch seine laienhafte Beurteilung jenen Bedeutungsgehalt der Umstände erkennen, der dafür wesentlich ist, dass die Umstände dem Tatbestand unterfallen. Nötig ist also keine zutreffende Subsumtion unter die abstrakten Begriffe, sonst könnten viele Straftaten nur von Juristen begangen werden.

Bei zutreffender Parallelwertung und lediglich falscher juristischer Einordnung handelt es sich um einen unbeachtlichen sog. **Subsumtionsirrtum**.

Im obigen Beispiel genügt es, wenn B laienhaft erfasste, dass sein Verhalten die Funktionstüchtigkeit der Sache beeinträchtigte. Wenn er glaubte, das sei keine Sachbeschädigung, so ist dies allenfalls ein Verbotsirrtum nach § 17 StGB, ggf. aber wegen Vermeidbarkeit nicht einmal dies.

---

[44] Joecks, StGB, 11. Aufl. 2014, Rn. 16.

[45] Vgl. Engisch FS Mezger 1954, 127; Kreutzer NJW 1955, 1307; Lange JZ 1956, 73; Welzel JZ 1956, 238; Lange JZ 1956, 519; Darnstädt JuS 1978, 441; Haft JA 1981, 281; Schlüchter JuS 1985, 373, 527 und 617; Kaufmann FS Lackner 1987, 185; Puppe FS Lackner 1987, 199; Puppe GA 1990, 145; Kindhäuser GA 1990, 407; Herzberg/Hardtung JuS 1999, 1073; Herzberg JuS 2008, 385; Hinderer JA 2009, 864; Neumann FS Puppe 2011, 171; Heinrich FS Roxin 2011, 449; Papathanasiou FS Roxin 2011, 467.

Wie genau die Anforderungen an die Parallelwertung in der Laiensphäre sind, welches Maß an laienhafter Rechtsbewertung eben doch zum Vorsatz gehört, ist nicht allgemein auszudrücken (es handelt sich um eine stark wertungsoffene Phrase); bei einer ganzen Reihe von Tatbeständen wird dies kontrovers diskutiert.

Beispiel 150:

RG U. v. 23.12.1914 – V. 871/14 (Bierdeckelstriche)- DStrZ 1916, 77:
B radierte Striche auf seinem Bierdeckel aus, die die Kellnerin dort zur Zählung der konsumierten Getränke angebracht hatte.

---

§ 267 I StGB (Urkundenfälschung)
Wer zur Täuschung im Rechtsverkehr eine unechte Urkunde herstellt, eine echte Urkunde verfälscht oder eine unechte oder verfälschte Urkunde gebraucht, wird mit Freiheitsstrafe bis zu fünf Jahren oder mit Geldstrafe bestraft.

Bei dem Strich auf dem Bierdeckel handelte es sich um eine Urkunde i.S.d. § 267 I StGB.[46] Wenn B glaubte, nur Schriftstücke könnten Urkunden i.S.e. Urkundenfälschung sein, so ändert das an seinem Vorsatz bzgl. des Tatbestandsmerkmals Urkunde nichts, wenn er, was naheliegt, laienhaft die Funktion und Bedeutung der Bierdeckelstriche erkannte.

Beispiel 151:

B verkaufte seinen gebrauchten Pkw an Z und übereignete ihm diesen. Als Z den ihm für eine Woche gestundeten Kaufpreis nicht zahlte, nahm B den Pkw mit einem heimlich zurückgehaltenen Zweitschlüssel wieder an sich. Dabei nahm er an, der Pkw gehöre noch ihm, da B diesen schließlich noch nicht bezahlt habe.

---

§ 242 I StGB (Diebstahl)
Wer eine fremde bewegliche Sache einem anderen in der Absicht wegnimmt, die Sache sich oder einem Dritten rechtswidrig zuzueignen, wird mit Freiheitsstrafe bis zu fünf Jahren oder mit Geldstrafe bestraft.

Fraglich ist der Vorsatz des B bzgl. der Fremdheit der Sache. Hier spricht einiges dafür, dass der zivilrechtliche Vorfeldirrtum dazu führte, dass B das Diebstahlsunrecht nicht, auch nicht laienhaft, als solches erkannte.

---

[46] Vgl. Eisele, BT I, 4. Aufl. 2017, Rn. 803.

Beispiel 152:

LG Aachen U. v. 09.12.2011 – 71 Ns-607 Js 784/08-146/11 (Anm. Hecker JuS 2013, 851):
B belud seinen Lkw mit Blechen, wobei er einen neben dem Lkw parkenden Pkw beschädigte. Nach Beendigung des Beladens fuhr B davon.

---

§ 142 StGB (Unerlaubtes Entfernen vom Unfallort)

(1) Ein Unfallbeteiligter, der sich nach einem Unfall im Straßenverkehr vom Unfallort entfernt, bevor er

1. zugunsten der anderen Unfallbeteiligten und der Geschädigten die Feststellung seiner Person, seines Fahrzeugs und der Art seiner Beteiligung durch seine Anwesenheit und durch die Angabe, daß er an dem Unfall beteiligt ist, ermöglicht hat oder

2. eine nach den Umständen angemessene Zeit gewartet hat, ohne daß jemand bereit war, die Feststellungen zu treffen,

wird mit Freiheitsstrafe bis zu drei Jahren oder mit Geldstrafe bestraft.

(2) Nach Absatz 1 wird auch ein Unfallbeteiligter bestraft, der sich

1. nach Ablauf der Wartefrist (Absatz 1 Nr. 2) oder

2. berechtigt oder entschuldigt

vom Unfallort entfernt hat und die Feststellungen nicht unverzüglich nachträglich ermöglicht.

(3) Der Verpflichtung, die Feststellungen nachträglich zu ermöglichen, genügt der Unfallbeteiligte, wenn er den Berechtigten (Absatz 1 Nr. 1) oder einer nahe gelegenen Polizeidienststelle mitteilt, daß er an dem Unfall beteiligt gewesen ist, und wenn er seine Anschrift, seinen Aufenthalt sowie das Kennzeichen und den Standort seines Fahrzeugs angibt und dieses zu unverzüglichen Feststellungen für eine ihm zumutbare Zeit zur Verfügung hält. Dies gilt nicht, wenn er durch sein Verhalten die Feststellungen absichtlich vereitelt.

(4) Das Gericht mildert in den Fällen der Absätze 1 und 2 die Strafe (§ 49 Abs. 1) oder kann von Strafe nach diesen Vorschriften absehen, wenn der Unfallbeteiligte innerhalb von vierundzwanzig Stunden nach einem Unfall außerhalb des fließenden Verkehrs, der ausschließlich nicht bedeutenden Sachschaden zur Folge hat, freiwillig die Feststellungen nachträglich ermöglicht (Absatz 3).

(5) Unfallbeteiligter ist jeder, dessen Verhalten nach den Umständen zur Verursachung des Unfalls beigetragen haben kann.

Angenommen, ein Unfall i.S.d. § 142 StGB liegt aufgrund der Beschädigung vor,[47] B glaubte aber, dies sei anders. Wenn B laienhaft erkannte, dass es „nicht in Ordnung ist", davonzufahren ohne dem Geschädigten die Geltendmachung von Ansprüchen zu ermöglichen, genügt dies für eine vorsatzbegründende Bedeutungskenntnis

---

[47] Zur Kontroverse zur Annahme eines Unfalls beim Be- und Entladen vgl. Fischer, StGB, 64. Aufl. 2017, § 142 Rn. 9.

Beispiel 153:

B erschlug den Hund seines Nachbarn Z, weil ihn das ständige Gekläffe ärgerte. Später stellte er sich auf den Standpunkt, er habe keine Sachbeschädigung begangen, da man ein Tier nicht als Sache im Sinne des § 303 StGB bezeichnen könne. Da es im StGB aber keinen Tatbestand der „Tierbeschädigung" gebe, müsse er straflos bleiben.

Tiere sind den Sachen gleichgestellt (vgl. § 90a BGB) und deswegen auch solche im strafrechtlichen Sinne. Auch wenn B nicht ausdrücklich davon ausging, dass Tiere dem Sachbegriff des § 303 I StGB unterfallen, wusste er zumindest, dass Tiere gehandelt und gegen Geld erworben werden und anschließend jemandem gehören, so dass sie nicht ohne weiteres getötet werden dürfen. Das genügt der laienhaften Bedeutungserkenntnis.

Wenn allerdings Rechtslagen Teil des Tatbestands sind, dann muss sich der Vorsatz gerade auf diese Rechtslagen beziehen: Dies betrifft z.B. § 242 StGB (Rechtswidrigkeit der Zueignung), § 253 StGB und § 263 StGB (Rechtswidrigkeit der erstrebten Bereicherung).[48]

In gewisser Weise sind dies Ausnahmen von der Trennung von Rechts- und Tatsachenirrtümern.

IV. Insbesondere: Qualifizierende Tatbestandsmerkmale

Qualifizierende Tatbestandsmerkmale bauen auf einem Grunddelikt auf und verschärfen dieses zwingend. Sie werden wie andere Tatbestandsmerkmale auch behandelt. Verkennt der Täter Umstände, die zu ihrer Verwirklichung führen, so ist § 16 I StGB anzuwenden; der Tätervorsatz bezieht sich dann nur auf das Grunddelikt.

Beispiel 154:

B entwendete eine CD aus einem Kaufhaus. In seiner Jackentasche befand sich ein Messer, von dem er dachte, dies befinde sich in einer anderen Jacke.

§ 242 I StGB (Diebstahl)
Wer eine fremde bewegliche Sache einem anderen in der Absicht wegnimmt, die Sache sich oder einem Dritten rechtswidrig zuzueignen, wird mit Freiheitsstrafe bis zu fünf Jahren oder mit Geldstrafe bestraft.

---

[48] Hierzu hier nur Eisele, BT II, 4. Aufl. 2017, Rn. 88ff., 636 ff., 789.

§ 244 I StGB (Diebstahl mit Waffen; Bandendiebstahl; Wohnungseinbruchdiebstahl)
Mit Freiheitsstrafe von sechs Monaten bis zu zehn Jahren wird bestraft, wer
1. einen Diebstahl begeht, bei dem er oder ein anderer Beteiligter
a) eine Waffe oder ein anderes gefährliches Werkzeug bei sich führt,
b) sonst ein Werkzeug oder Mittel bei sich führt, um den Widerstand einer anderen Person durch Gewalt oder Drohung mit Gewalt zu verhindern oder zu überwinden,
2. als Mitglied einer Bande, die sich zur fortgesetzten Begehung von Raub oder Diebstahl verbunden hat, unter Mitwirkung eines anderen Bandenmitglieds stiehlt oder
3. einen Diebstahl begeht, bei dem er zur Ausführung der Tat in eine Wohnung einbricht, einsteigt, mit einem falschen Schlüssel oder einem anderen nicht zur ordnungsmäßigen Öffnung bestimmten Werkzeug eindringt oder sich in der Wohnung verborgen hält.

B hatte zwar Vorsatz bzgl. der Verwirklichung des § 242 I StGB. Ihm fehlte es aber am Vorsatz bzgl. § 244 I Nr. 1 lit. a, b StGB.

Bei irriger Annahme der Umstände eines qualifizierenden Merkmals, also der umgekehrten Konstellation, liegt eine Strafbarkeit wegen des vollendeten Grunddelikts und wegen Versuchs der Qualifikation vor.

V. Insbesondere: Privilegierende Tatbestandsmerkmale

▶ **Didaktische Aufsätze:**
   • Franke, Probleme beim Irrtum über Strafmilderungsgründe: § 16 II StGB, JuS 1980, 172
   • Küper, § 16 II StGB: eine Irrtumsregelung im Schatten der allgemeinen Strafrechtslehre, Jura 2007, 260

Privilegierende Tatbestandsmerkmale bauen auf einem Grunddelikt auf und mildern dieses zwingend.
   Der irrige Glaube an privilegierende Umstände ist in § 16 II StGB geregelt.[49]

§ 16 II StGB (Irrtum über Tatumstände)
Wer bei Begehung der Tat irrig Umstände annimmt, welche den Tatbestand eines milderen Gesetzes verwirklichen würden, kann wegen vorsätzlicher Begehung nur nach dem milderen Gesetz bestraft werden.

---

[49] Hierzu Küper GA 1968, 321; Hall FS Maurach 1972, 107; Franke JuS 1980, 172; Küper Jura 2007, 260; Gierhake GA 2012, 291; aus der Rspr. vgl. BGH U. v. 14.09.2011 - 2 StR 145/11 - NStZ 2012, 85 = StV 2012, 90 (Anm. Hecker JuS 2012, 365).

Beispiel 155:

Patient G forderte die Krankenschwester B eindringlich dazu auf, seinem Leben durch eine Überdosis eines bestimmten Medikamentes ein Ende zu bereiten. B tat dies aus Mitleid. G war allerdings, was B nicht wusste, geisteskrank.

§ 212 I StGB (Totschlag)
Wer einen Menschen tötet, ohne Mörder zu sein, wird als Totschläger mit Freiheitsstrafe nicht unter fünf Jahren bestraft.

§ 216 I StGB (Tötung auf Verlangen)
Ist jemand durch das ausdrückliche und ernstliche Verlangen des Getöteten zur Tötung bestimmt worden, so ist auf Freiheitsstrafe von sechs Monaten bis zu fünf Jahren zu erkennen.

B glaubte an ein ausdrückliches und ernstliches Verlangen des G, welches aufgrund der Geisteskrankheit des G aber objektiv nicht wirksam war. Aufgrund § 16 II StGB wird B wegen ihres Irrtums lediglich nach § 216 I StGB bestraft.

Bei Unkenntnis des privilegierenden Umstands liegt die Vollendung der Privilegierung i.V.m. einem Versuch des Grunddelikts vor.

VI. Exkurs: Regelbeispiele

Die sog. Regelbeispiele verschärfen auf Ebene der Strafzumessung den Strafrahmen des Tatbestands – in der Regel, d.h. vorbehaltlich einer Gesamtwürdigung.

Z.B. beim Diebstahl:

§ 242 I StGB (Diebstahl)
Wer eine fremde bewegliche Sache einem anderen in der Absicht wegnimmt, die Sache sich oder einem Dritten rechtswidrig zuzueignen, wird mit Freiheitsstrafe bis zu fünf Jahren oder mit Geldstrafe bestraft.

§ 243 StGB (Besonders schwerer Fall des Diebstahls)
(1) In besonders schweren Fällen wird der Diebstahl mit Freiheitsstrafe von drei Monaten bis zu zehn Jahren bestraft. Ein besonders schwerer Fall liegt in der Regel vor, wenn der Täter

1. zur Ausführung der Tat in ein Gebäude, einen Dienst- oder Geschäftsraum oder in einen anderen umschlossenen Raum einbricht, einsteigt, mit einem falschen Schlüssel oder einem anderen nicht zur ordnungsmäßigen Öffnung bestimmten Werkzeug eindringt oder sich in dem Raum verborgen hält,

2. eine Sache stiehlt, die durch ein verschlossenes Behältnis oder eine andere Schutzvorrichtung gegen Wegnahme besonders gesichert ist,

3. gewerbsmäßig stiehlt,

4. aus einer Kirche oder einem anderen der Religionsausübung dienenden Gebäude oder Raum eine Sache stiehlt, die dem Gottesdienst gewidmet ist oder der religiösen Verehrung dient,

5. eine Sache von Bedeutung für Wissenschaft, Kunst oder Geschichte oder für die technische Entwicklung stiehlt, die sich in einer allgemein zugänglichen Sammlung befindet oder öffentlich ausgestellt ist,

6. stiehlt, indem er die Hilflosigkeit einer anderen Person, einen Unglücksfall oder eine gemeine Gefahr ausnutzt oder

7. eine Handfeuerwaffe, zu deren Erwerb es nach dem Waffengesetz der Erlaubnis bedarf, ein Maschinengewehr, eine Maschinenpistole, ein voll- oder halbautomatisches Gewehr oder eine Sprengstoff enthaltende Kriegswaffe im Sinne des Kriegswaffenkontrollgesetzes oder Sprengstoff stiehlt.

(2) In den Fällen des Absatzes 1 Satz 2 Nr. 1 bis 6 ist ein besonders schwerer Fall ausgeschlossen, wenn sich die Tat auf eine geringwertige Sache bezieht.

Diese Regelbeispiele werden insofern ähnlich wie Tatbestandsmerkmale behandelt, als für ihre Verwirklichung Vorsatz – angesichts des Charakters der Regelbeispiele als Strafzumessungserwägungen spricht man auch von Quasi-Vorsatz, um den Begriff des Vorsatzes für Tatbestandsmerkmale zu reservieren – verlangt wird, § 16 StGB gilt hier analog.[50]

VII. Insbesondere: Vorfeldirrtümer

▶ **Didaktische Aufsätze:**
- Schlüchter, Grundfälle zum Bewertungsirrtum des Täters im Grenzbereich zwischen §§ 16 und 17 StGB, JuS 1985, 373, 527 und 617
- Francuski, Zivilrechtsakzessorische Tatbestände in der strafrechtlichen Fallbearbeitung, JuS 2014, 886
- Bülte, Blankette und normative Tatbestandsmerkmale: Zur Bedeutung von Verweisungen in Strafgesetzen, JuS 2015, 769

---

[50] Vgl. nur B. Heinrich, AT, 5. Aufl. 2016, Rn. 1113.

Die Problematik der sog. Vorfeldirrtümer[51] betrifft Tatbestände, die blankettartig auf außerstrafrechtliche Vorschriften verweisen oder aber ein normatives Tatbestandsmerkmal aufweisen, dessen Ausfüllung von anderen Gesetzen abhängt.

Z.B. setzt das Merkmal „fremd" beim Diebstahl (§ 242 I StGB) eine zivilrechtliche Prüfung und Wertung voraus.

Grundsätzlich, aber auch bei vielen einzelnen Tatbeständen, ist umstritten, bei welchen Fehlvorstellungen § 16 StGB greift, wann § 17 StGB und wann es sich um einen unbeachtlichen (sog. Subsumtions-)Irrtum handelt.[52]

Zu unterscheiden sind **drei Irrtumskonstellationen**:

Wenn der Täter schlicht über äußere Tatsachen irrt, liegt unproblematisch ein Tatbestandsirrtum nach § 16 I StGB vor.

Fälle, in denen der Täter bei voller Tatsachenkenntnis und richtiger Erfassung der außerstrafrechtlichen Rechtslage das strafrechtliche Verbot nicht kennt, sind unproblematisch allenfalls nach § 17 StGB beachtlich.

Problematisch sind die „dazwischen" liegenden Fälle (die Vorfeldirrtümer im hier verwendeten Sinn), in denen der Täter bei voller Sachverhaltskenntnis über „außerstrafrechtliche Vorfragen" irrt: Denn einerseits kennt er seine Strafbarkeit auch hier – wie beim Verbotsirrtum nach § 17 StGB – nur deswegen nicht, weil er eine falsche rechtliche Bewertung vornimmt; andererseits kann ihn der spezifisch strafrechtliche „Normappell" nicht erreichen, wenn er nicht weiß, dass die Tatbestandsvoraussetzungen vorliegen, was wiederum mit dem Irrtum nach § 16 I StGB vergleichbar ist.

Beispiel 156:

B verkaufte seinen gebrauchten Pkw an Z und übereignete ihm diesen. Als Z den ihm für eine Woche gestundeten Kaufpreis nicht zahlte, nahm B den Pkw mit einem heimlich zurückgehaltenen Zweitschlüssel wieder an sich. Dabei nahm er an, der Pkw gehöre noch ihm, da B diesen schließlich noch nicht bezahlt habe.

Die h.M.[53] **differenziert** zwischen Tatbeständen mit **normativen Tatbestandsmerkmalen** und **Blanketttatbeständen** und behandelt die jeweiligen Vorfeldirrtümer unterschiedlich.

Zum Begriff der normativen Tatbestandsmerkmale und der Behandlung des Irrtums s.o. (Parallelwertung in der Laiensphäre).

---

[51] Spiegelbildlich dazu liegt die Problematik der Abgrenzung von untauglichem Versuch und Wahndelikt.

[52] Hierzu Kudlich, in: BeckOK-StGB, Stand Stand 01.12.2016, § 16 Rn. 13 ff.; vgl. auch Schröder DRiZ 1956, 69; Schlüchter JuS 1985, 373, 527 und 617; Kaufmann FS Lackner 1987, 185; Puppe GA 1990, 145; Kindhäuser GA 1990, 407; Puppe FS Herzberg 2008, 275; Streng GA 2009, 529; Bülte NStZ 2013, 65; Francuski JuS 2014, 886.

[53] Vgl. die Nachweise bei Kudlich, in: BeckOK-StGB, Stand 01.12.2016, § 16 Rn. 13ff.; Puppe GA 1990, 145; Kindhäuser GA 1990, 407; Bülte JuS 2015, 769.

Bei Vorfeldirrtümern über diese neigt die wohl jeweils h.M. (im Detail unterscheidet sich die Kontroverse bei jedem einzelnen Tatbestand, jedem einzelnen Tatbestandsmerkmal und jeder Vorfeldfrage) dazu, eine zutreffende Parallelwertung zu verneinen: Die Unkenntnis vom Vorliegen des Merkmals führt mithin auch dann zu einem Tatumstandsirrtum, wenn sie auf der falschen Bewertung einer außerstrafrechtlichen Vorfrage beruht.

Blankette sind demgegenüber Strafgesetze, die nur Art und Maß der Strafe enthalten und im Übrigen anordnen, dass die Strafe denjenigen trifft, der eine durch ausfüllende Vorschriften festgesetzte Unterlassungs- oder Handlungspflicht verletzt. Es findet sich also keine abschließende Regelung im Tatbestand selbst, sondern ein Verweis auf andere Normen (Akzessorietät zu außerstrafrechtlichen Normen und Rechtsakten).

Diese Regelungstechnik findet sich insbesondere im Nebenstrafrecht, da hier der Zusammenhang mit zivil- oder öffentlich-rechtlicher Hauptmaterie gewahrt bleiben sollte, ferner bleibt das StGB von sehr technischen, komplizierten, ggf. kurzlebigen, ggf. nur für ganz enge Personenkreise geltenden Vorschriften verschont, z.B.:

> **§ 27 I ChemG (Strafvorschriften)**
> Mit Freiheitsstrafe bis zu zwei Jahren oder mit Geldstrafe wird bestraft, wer
> 1. einer Rechtsverordnung nach § 17 Abs. 1 Nr. 1 Buchstabe a, Nr. 2 Buchstabe b oder Nr. 3, jeweils auch in Verbindung mit Abs. 2, 3 Satz 1, Abs. 4 oder 6 über das Herstellen, das Inverkehrbringen oder das Verwenden dort bezeichneter Stoffe, Gemische, Erzeugnisse, Biozid-Wirkstoffe oder Biozid-Produkte zuwiderhandelt, soweit sie für einen bestimmten Tatbestand auf diese Strafvorschrift verweist,
> 2. einer vollziehbaren Anordnung nach § 23 Abs. 2 Satz 1 über das Herstellen, das Inverkehrbringen oder das Verwenden gefährlicher Stoffe, Gemische oder Erzeugnisse zuwiderhandelt oder
> 3. einer unmittelbar geltenden Vorschrift in Rechtsakten der Europäischen Gemeinschaften oder der Europäischen Union zuwiderhandelt, die inhaltlich einer Regelung entspricht, zu der die in Nummer 1 genannten Vorschriften ermächtigen, soweit eine Rechtsverordnung nach Satz 2 für einen bestimmten Tatbestand auf diese Strafvorschrift verweist. Die Bundesregierung wird ermächtigt, soweit dies zur Durchsetzung der Rechtsakte der Europäischen Gemeinschaften oder der Europäischen Union erforderlich ist, durch Rechtsverordnung mit Zustimmung des Bundesrates die Tatbestände zu bezeichnen, die als Straftat nach Satz 1 zu ahnden sind.

Nachteilig ist die eventuelle Unübersichtlichkeit bis hin zur Unverständlichkeit von Verweisungsketten mit entsprechenden Folgen für Bekanntheit und Akzeptanz bei Bevölkerung, Polizei und Justiz.

Bei Irrtümern über den Inhalt von Blankettvorschriften wendet die h.M. lediglich § 17 StGB an. Die h.M. geht davon aus, dass die Rechtsnormen „zusammen zu lesen" seien, d.h. der Straftatbestand sei gedanklich so zu lesen, als ob der Inhalt der in Bezug genommenen Vorschrift unmittelbar zu seinem Bestand geworden wäre;

das führt dann dazu, dass auch ein Rechtsirrtum hinsichtlich der in Bezug genommenen Vorschrift nur zu einem Verbotsirrtum führen kann.

Dies wird aber der Tatsache nicht hinreichend gerecht, dass die jeweilige Rechtsfrage durch den Gesetzgeber zum Tatbestandsmerkmal gemacht wurde.[54]

Die h.M. mit ihrer unterschiedlichen Behandlung von Vorfeldirrtümern bei normativen Tatbestandsmerkmalen bzw. Blanketttatbeständen verursacht das **Folgeproblem**, dass sie bei jedem Tatbestand zwischen beiden **Regelungsarten unterscheiden** muss. Naheliegenderweise gibt es nun zahlreiche Tatbestände und Merkmale, deren Charakter zweifelhaft ist.

Angesichts der Schwierigkeiten der h.M., überzeugende Abgrenzungen zu finden, bieten sich zwei **pauschalere Lösungen** an:

Denkbar wäre zum einen, stets lediglich § 17 StGB anzuwenden, da Vorfeldirrtümer Rechtsirrtümer sind.

Denkbar wäre zum anderen, stets § 16 StGB anzuwenden, wofür überzeugende Erwägungen streiten: Unterliegt der Täter einem rechtlichen Vorfeldirrtum, so wird er vom tatbestandlichen Appell nicht erreicht. Der Gesetzgeber hat sich entschieden, rechtlich aufgeladene Begriffe zu Tatbestandsmerkmalen und damit Teil des Appells zu machen, Rechtsirrtümer führen dann dazu, dass der soziale Sinn des Tatbestands vom irrenden Täter immer verkannt wird. Ohnehin ist es oft nur eine gesetzestechnische (platzökonomische) Frage, ob etwas im Vorfeld oder im Tatbestand selbst geregelt wird.

Jedenfalls dürfen die Anforderungen an die Parallelwertung in der Laiensphäre nicht überspannt und dadurch der Anwendungsbereich des § 16 I StGB unangemessen eingeschränkt werden.

VIII. Insbesondere: *error in persona vel obiecto*

▶ **Didaktische Aufsätze:**
- Herzberg, Aberratio ictus und error in obiecto, JA 1981, 369 und 470
- Schreiber, Grundfälle zu „error in objecto" und „aberratio ictus" im Strafrecht, JuS 1985, 873
- Toepel, Aspekte der Rose-Rosahl-Problematik: Vorüberlegungen, Beachtlichkeit der aberratio ictus beim Einzeltäter; Grundlagen zu error in persona vel objecto und aberratio ictus; Fälle zu error in persona und aberratio ictus; JA 1996, 886, JA 1997, 556 und 948
- Koriath, Einige Überlegungen zum error in persona, JuS 1999, 215
- Lubig, Die Auswirkungen von Personenverwechslungen auf übrige Tatbeteiligte – Zur Abgrenzung von Motiv- und Tatbestandsirrtümern, Jura 2006, 655

---

[54] Zum Ganzen Bülte NStZ 2013, 65.

Mit *error in persona vel obiecto*[55] werden Fallkonstellationen bezeichnet, in denen der Täter die wahre Identität des Tatopfers oder -objekts nicht kennt und eine falsche annimmt. Der Täter will ein bestimmtes Objekt treffen und trifft es auch, muss aber feststellen, dass es sich nicht um die Sache oder Person handelt, die er treffen wollte.

Beispiel 157:

B wollte Z töten. Als er diesen eines Abends allein im Garten arbeiten sah, hielt er die Gelegenheit für günstig. Er holte sein Gewehr, schlich sich von hinten an und schoss auf den vor ihm Stehenden, der sofort tot umfiel. Nun erst erkannte B, dass es sich bei dem Getöteten nicht um Z, sondern um den Gärtner G handelte, der dem Z in Größe und Statur sehr ähnlich sah.

Abzugrenzen ist dieser Irrtum des Täters von generellem, kumulativem oder alternativem Vorsatz.

Der *error in persona vel obiecto* ist unstrittig **unbeachtlich** (bloßer Motivirrtum), wenn das getroffene und das vorgestellte Objekt rechtlich **gleichwertig** sind. Rechtlich gleichwertig sind zwei Objekte, wenn sie demselben Tatbestandsmerkmal subsumiert werden können, weil die Identität des Objektes dafür unbeachtlich ist. So muss i.R.d. § 212 I StGB nur (irgend-)ein Mensch getötet werden, auf dessen Person es nicht ankommt. Deswegen verlangt § 16 I 1 StGB auch lediglich Vorsatz bzgl. eines Menschen und ist mithin nicht einschlägig.[56]

B wollte einen als Individuum erkannten und lediglich falsch identifizierten Menschen töten und hat eben diesen Menschen getötet; er ist wegen vollendeten Totschlags strafbar. Aus der Irrelevanz seines Irrtums folgt zugleich, dass sein Vorsatz insofern verbraucht wurde, als B nicht zusätzlich wegen versuchten Totschlags an Z strafbar ist.

Bei rechtlicher Ungleichwertigkeit ist der *error in persona* hingegen beachtlich:

---

[55] Hierzu Herzberg JA 1981, 369 und 470; Prittwitz GA 1983, 110; Schreiber JuS 1985, 873; Warda FS Blau 1985, 159; Toepel JA 1996, 886, JA 1997, 556 und 948; Kuriath JuS 1999, 215; Lubig Jura 2006, 655; aus der Rspr. vgl. BGH U. v. 23.01.1958 - 4 StR 613/57 (Verfolger) - BGHSt 11, 268 = NJW 1958, 836 (Anm. Roxin, Höchstrichterliche Rspr. AT, 1998, Nr. 11; Hemmer-BGH-Classics Strafrecht, 2003, Nr. 32; Schröder JR 1958, 427; Spendel JuS 1969, 314; Scheffler JuS 1992, 920; Dehne-Niemann ZJS 2008, 351); BGH U. v. 25.10.1990 - 4 StR 371/90 (Hoferbe) - BGHSt 37, 214 = NJW 1991, 933 = NStZ 1991, 123 = StV 1991, 155 (Anm. Roxin, Höchstrichterliche Rspr. AT, 1998, Nr. 12; Puppe, AT, 3. Aufl. 2016, § 27 Rn. 5ff.; Hemmer-BGH-Classics Strafrecht, 2003, Nr. 36; Geppert JK 1991 StGB § 26/4; Sonnen JA 1991, 103; Streng JuS 1991, 910; Puppe NStZ 1991, 124; Roxin JZ 1991, 680; Müller MDR 1991, 830; Geppert Jura 1992, 163; Küpper JR 1992, 294; Schlehofer GA 1992, 307; Kubiciel JA 2005, 694).

[56] S. nur B. Heinrich, AT, 5. Aufl. 2016, Rn. 1104.

Beispiel 158:

B wollte den Hund des Z erschießen und traf dabei das in die Hundehütte gekro-chene Kind G.

B verwirklichte mangels Tötungsvorsatzes lediglich eine fahrlässige Tötung gem. § 222 StGB in Tateinheit mit versuchter Sachbeschädigung gem. §§ 303 I, III, 22, 23 StGB.

Beispiel 159:

B wollte Z töten. Er drang nachts in dessen Haus ein, um ihn zu erschießen. Nachdem er durch das Fenster ins Wohnzimmer gelangt war, sah er im Schlaf-zimmer im Dunkeln eine Gestalt und schoss in der Annahme, es handle sich um den Z. Bei der Gestalt handelte es sich jedoch um eine lebensgroße Statue, die in tausend Stücke zersprang.

Hier liegt ein versuchter Totschlag vor.
Fahrlässige Sachbeschädigung ist nicht strafbar.

IX. Insbesondere: *aberratio ictus* (Fehlgehen der Tat)

▶ **Didaktische Aufsätze:**
- Backmann, Die Rechtsfolgen der aberratio ictus, JuS 1971, 113
- Herzberg, Aberratio ictus und error in obiecto, JA 1981, 369 und 470
- Schreiber, Grundfälle zu „error in objecto" und „aberratio ictus" im Strafrecht, JuS 1985, 873
- Toepel, Aspekte der Rose-Rosahl-Problematik: Vorüberlegungen, Beachtlichkeit der aberratio ictus beim Einzeltäter; Grundlagen zu error in persona vel objecto und aberratio ictus; Fälle zu error in persona und aberratio ictus; JA 1996, 886, JA 1997, 556 und 948
- Koriath, Einige Gedanken zur aberratio ictus, JuS 1997, 901
- Heuchemer, Zur funktionalen Revision der Lehre vom konkreten Vorsatz: Methodische und dogmatische Überlegungen zur aberratio ictus, JA 2005, 275
- Rath, Abirrende Tat – abirrende Argumentation, JA 2005, 709
- El-Ghazi, Die Abgrenzung von error in persona (vel obiecto) und aberratio ictus, JuS 2016, 303

Bei der sog. *aberratio ictus*[57] verfehlt der Täter das anvisierte Ziel und trifft ein anderes.

---

[57] Hierzu Hillenkamp/Cornelius, 32 Probleme aus dem Strafrecht AT, 15. Aufl. 2017, 9. P.; Backmann JuS 1971, 113; Herzberg ZStW 1973, 867; Herzberg JA 1981, 369 und 470; Puppe GA 1981, 1; Prittwitz GA 1983, 110; Schreiber JuS 1985, 873; Janiszewski MDR 1985, 533;

Abzugrenzen ist auch dieser Irrtum des Täters von generellem, kumulativem oder alternativem Vorsatz.

Es ist unstrittig, dass bei **rechtlicher Ungleichwertigkeit** der Objekte der Irrtum unter § 16 I StGB fällt.

Beispiel 160:

B wollte Z töten und zielte aus großer Entfernung auf diesen; tödlich getroffen wurde dagegen der neben Z stehende Hund des Z.
B wollte den Hund nicht treffen, so dass allenfalls Fahrlässigkeit vorliegt, eine fahrlässige Sachbeschädigung ist aber nicht strafbar. Dass B den Z töten wollte, führt zur Strafbarkeit wegen versuchten Totschlags, §§ 212 I, 22, 23 StGB.

Umstritten ist, ob § 16 I StGB anzuwenden ist, wenn anvisiertes und getroffenes Objekt **rechtlich gleichwertig** sind.[58] Es ist nämlich fraglich, inwieweit die Täterpsyche und -motivation jenseits der abstrakten Fassung der objektiven Tatbestandsmerkmale eine Rolle spielen kann, ob man also täterbegünstigend berücksichtigen muss, dass er z.B. nicht irgendeinen Menschen töten wollte, sondern einen bestimmten.

Beispiel 161:

B wollte Z töten und zielte aus großer Entfernung auf diesen; tödlich getroffen wurde dagegen der neben Z stehende G.

Beispiel 162:

BGH U. v. 10.04.1986 – 4 StR 89/86 – BGHSt 34, 53 = NJW 1986, 2325 = NStZ 1987, 277 = StV 1986, 340 (Anm. Roxin, Höchstrichterliche Rspr. AT, 1998, Nr. 67; Hemmer-BGH-Classics Strafrecht, 2003, Nr. 23; Rengier JZ 1986, 964; Ranft Jura 1987, 527; Hassemer JuS 1987, 151; Fahrenhorst NStZ 1987, 278; Kadel JR 1987, 117):

Gastwirt B bemerkte, wie seine frühere Lebensgefährtin G gemeinsam mit ihrem neuen Freund Z die Gaststätte verließ; B geriet darüber in Wut und fuhr mit seinem Pkw hinter G und Z her; er fuhr alsdann gezielt auf Z zu, um den Nebenbuhler zu töten; Z sprang im letzten Moment zur Seite; der Pkw erfasste G und verletzte sie tödlich.

Silva-Sanchez ZStW 1989, 352; Hettinger GA 1990, 531; Hruschka JZ 1991, 488; Toepel JA 1996, 886, JA 1997, 556 und 948; Koriath JuS 1997, 901; Gropp FS Lenckner 1998, 55; Heuchemer JA 2005, 275; Rath JA 2005, 709; Hoyer FS Wolter 2013, 419; Heuchemer FS von Heintschel-Heinegg 2015, 189; El-Ghazi JuS 2016, 303; aus der Rspr. vgl. LG München I U. v. 10.11.1987 - Ks 121 Js 4866/86 - NJW 1988, 1860 = NStZ 1989, 25 (Anm. Beulke Jura 1988, 641; Schroeder JZ 1988, 567; Mitsch JA 1989, 79; Mitsch NStZ 1989, 26; Puppe JZ 1989, 728).

[58] S.o.

Teile der Lehre[59] verneinen die Anwendung des § 16 I StGB in diesen Fällen und gelangen zu einer Vollendungsstrafbarkeit. Hierfür spricht, dass die Strafnorm (z.B. § 212 I StGB) das Tatobjekt nur der Gattung nach bestimmt, so dass sich grds. nur hierauf der Vorsatz beziehen muss. Wie bei einem error in persona wird z.B. ein Mensch getötet und der Täter wollte auch einen Menschen töten.

Rspr.[60] und h.L.[61] halten § 16 I StGB für einschlägig, so dass es lediglich zu einer Strafbarkeit z.B. wegen fahrlässiger Tötung – am getroffenen Opfer – in Tateinheit mit einem versuchten Totschlag – am verfehlten Opfer – kommt.

Hierfür spricht, dass der Täter sein Handeln auf ein bestimmtes, körperlich identifiziertes Individuum konkretisiert hat, so dass es sich bei dem Abirren z.B. der Gewehrkugel um einen ganz anderen Geschehensablauf handelt, als der Täter sich vorgestellt hat (anders als beim *error in persona*, bei dem der Täter das Individuum trifft, welches er treffen wollte, und lediglich die Identität verkennt).

Vermittelnde Auffassungen[62] stellen darauf ab, ob die Abirrung vorhersehbar war; dann bleibt sie unerheblich.

Für Letzteres spricht, dass es sich bei der *aberratio ictus* nur um einen Unterfall des Irrtums über den Kausalverlauf handelt[63] und daher nach dessen Regeln zu behandeln sein wird. Jedenfalls zu pauschal scheint es, mit der h.M. jede Abirrung als hinreichend wesentliche Abweichung i.S.e. Vorsatzausschlusses zu behandeln. In problematischen Fällen wird ohnehin nicht selten ein umfassender Eventualvorsatz des Täters naheliegen.

Besonders problematisch ist die Behandlung der Tatobjektsverfehlung, wenn mangels visueller Wahrnehmung die allgemeine Abgrenzung zwischen *error in persona* und *aberratio ictus* versagt.[64]

Beispiel 163:

vgl. BGH U. v. 07.10.1997 – 1 StR 635/96 (Sprengfalle) – NStZ 1998, 294 (Anm. Puppe, AT, 3. Aufl. 2016, § 10 Rn. 44ff.; Geppert JK 1998 StGB § 16/4; Schliebitz JA 1998, 833; LL 1998, 455; Herzberg JuS 1999, 224; Herzberg NStZ 1999, 217):

Um Z zu töten, brachte B an dem vor der Garage stehenden Wagen eine Handgranate an; er ging dabei davon aus, dass die Garage zum Haus des Z gehöre; tatsächlich gehörte die Garage aber zum Anwesen von Zs Nachbarn G, der sein Fahrzeug dort geparkt hatte. B befestigte die Granate so, dass bei einer Radumdrehung

---

[59] Z.B. Heuchemer JA 2005, 275.

[60] S.o.

[61] Vgl. nur B. Heinrich, AT, 5. Aufl. 2016, Rn. 1108 m.w.N.

[62] Z.B. Puppe, in: NK, 4. Aufl. 2013, § 16 Rn. 104ff.

[63] Joecks, in: MK-StGB, 3. Aufl. 2017, § 16 Rn. 95.

[64] Hierzu B. Heinrich, AT, 5. Aufl. 2016, Rn. 1112; aus der Rspr. vgl. BayObLG B. v. 18.08.1986 - RReg 1 St 34/86 (telefonische Beleidigung) (Anm. Streng JR 1987, 431).

der Splint der Granate gelöst werden und die Granate explodieren sollte; als G den Wagen das nächste Mal nutzte, explodierte die Granate. G starb.

Die Rspr.[65] und die wohl h.L.[66] nehmen hier einen unbeachtlichen *error in persona* an; die Gegenauffassung[67] eine dem § 16 I 1 StGB unterfallende *aberratio ictus*.

Überzeugender ist die h.M.: Zwar wird konkret das falsche Opfer getroffen; es handelt sich aber um die Konsequenz einer vom Täter vorgenommenen mittelbaren Individualisierung. Der Vorsatz bezieht sich auf jedes Objekt, das dem Programm-vorhaben entspricht, z.B. das Umdrehen des Zündschlüssels im Auto.

X. Insbesondere: Irrtum über den Kausalverlauf

▶ **Didaktische Aufsätze:**
- Kudlich, Objektive und subjektive Zurechnung von Erfolgen im Strafrecht – eine Einführung, JA 2010, 681
- Bechtel, Von der Jauchegrube bis zum Scheunenmord – zum Umgang mit Abweichungen vom (vorgestellten) Kausalverlauf bei mehrakti-gem Tatgeschehen, JA 2016, 906

1. Allgemeines

Abweichungen im Kausalverlauf sind bereits Gegenstand der Lehre von der objek-tiven Zurechnung: An der Zurechenbarkeit des Erfolgs mangelt es in Fällen atypi-scher Kausalverläufe.

Beispiel 164:

A wollte B mit einem Kopfschuss töten. Er traf B jedoch nur am Bein. Auf dem Transport ins Krankenhaus starb G aber an den Folgen eines Verkehrsunfalls, da der Fahrer des Krankenwagens stark alkoholisiert war und die Kontrolle über den Wagen verlor.

Ein Irrtum gem. § 16 I StGB auf Ebene des subjektiven Tatbestandes ist daher nur zu prüfen, wenn der Täter nicht mit einer Verlaufsabweichung gerechnet hatte, die objektiv voraussehbar war.

Kausalität ist ein objektives Tatbestandsmerkmal, auf das sich der Vorsatz des Täters gem. §§ 15, 16 I 1 StGB beziehen muss. Ein Kausalverlauf ist aber nie genau vorhersehbar, sondern immer Prognose. Für den Täter ist auch oft nicht von Bedeu-tung, wie genau er den Erfolg erzielt.

---

[65] BGH U. v. 07.10.1997 - 1 StR 635/96 (Sprengfalle) - NStZ 1998, 294.
[66] Vgl. nur Kindhäuser, LPK, 6. Aufl. 2015, § 16 Rn. 30.
[67] Z.B. B. Heinrich, AT, 5. Aufl. 2016, Rn. 1112.

Beispiel 165:

B wollte G durch einen gezielten Kopfschuss töten. Er zielte jedoch ungenau und schoss G direkt ins Herz.

Beispiel 166:

B stieß G von einer Brücke, damit er als Nichtschwimmer ertrinkt; tatsächlich starb G an einem Genickbruch beim Aufschlag auf einen Brückenpfeiler.

Daher liegt ein vorsatzrelevanter Irrtum über den Kausalverlauf[68] nur dann vor, wenn die Abweichung des vorgestellten vom tatsächlichen Kausalverlauf außerhalb der Grenzen des **nach allgemeiner Lebenserfahrung Voraussehbaren (Wesentlichkeit der Abweichung vom vorgestellten Kausalverlauf; Streubreite des gesehenen Risikos)** liegt, der Täter also ein ganz anderes Risiko setzt als das, was er zu schaffen vermeint.

Eine präzise Grenzziehung ist unmöglich, da i.R.d. auch sog. **subjektiven Zurechnung** mit dem Kriterium der Wesentlichkeit ein unbestimmt wertendes Kriterium entscheidet. Auch die verbreitete Umschreibung, eine wesentliche Abweichung vom Kausalverlauf solle vorliegen, wenn der tatsächliche Verlauf eine **andere rechtliche Bewertung der Tat rechtfertige,**[69] ist zirkulär, jedenfalls aber wenig hilfreich.

Welche der nachfolgenden Beispiele liegen im Rahmen des nach allgemeiner Lebenserfahrung Voraussehbaren?

Beispiel 167:

G wurde nicht – wie geplant – unmittelbar durch den Schuss des B getötet, sondern durch durchgehende Pferde, die durch den Schuss aufgeschreckt wurden.

Beispiel 168:

RG U. v. 10.06.1936 – 2 D 343/36 – RGSt 70, 257:
B wollte G durch Schläge auf den Kopf mit einem Beil töten; tatsächlich starb G im Krankenhaus an einer Wundinfektion.

---

[68] Hierzu Wolter ZStW 1977, 649; Prittwitz GA 1983, 110; Driendl GA 1986, 253; Burkhardt FS Nishihara 1998, 15; Kudlich JA 2010, 681; Bechtel JA 2016, 906; aus der Rspr. vgl. BGH U. v. 30.08.2000 - 2 StR 204/00 (Pflegekinder) - NStZ 2001, 29 (Anm. Puppe, AT, 3. Aufl. 2016, § 10 Rn. 28ff.; RÜ 2000, 507; Otto JK 2001 StGB vor § 13/13; Trüg JA 2001, 365; RA 2001, 39); zuletzt BGH U. v. 22.06.2016 - 5 StR 98/16 - BGHSt 61, 197 = NJW 2016, 2900 = StV 2016, 642 (Anm. RÜ 2016, 713; Berster JZ 2016, 1017; Schulz-Merkel jurisPR-StrafR 20/2016 Anm. 3).

[69] Hierzu Joecks, in: MK-StGB, 3. Aufl. 2017, § 16 Rn. 81.

Beispiel 169:

vgl. BGH U. v. 09.10.2002 – 5 StR 42/02 (Guben) – BGHSt 48, 34 = NJW 2003, 150 = NStZ 2003, 149 = StV 2003, 74 (Anm. Puppe, AT, 3. Aufl. 2016, § 20 Rn. 25ff.; Sowada Jura 2003, 549; Heger JA 2003, 455; Martin JuS 2003, 503; Laue JuS 2003, 743; LL 2003, 185; RÜ 2003, 26; RA 2003, 45; Hardtung NStZ 2003, 261; Puppe JR 2003, 123; Kühl JZ 2003, 637):

B wollte G verprügeln. Bevor es dazu kam, floh G. B verfolgte ihn, brach die Verfolgung dann aber ab, weil er G aus den Augen verloren hatte. G bekam hiervon jedoch nichts mit und versuchte, in ein Mehrfamilienhaus zu fliehen. Da er die Haustür nicht öffnen konnte, trat er in Todesangst die untere Glasscheibe der Tür ein. Beim anschließenden Durchsteigen verletzte er sich an den im Türrahmen verbliebenen Glasresten und verblutete.

2. Verfrühte Erfolge

▶ **Didaktischer Aufsatz:**

- Sowada, Der umgekehrte „dolus generalis": Die vorzeitige Erfolgsherbeiführung als Problem der subjektiven Zurechnung, Jura 2004, 814

Ein Sonderfall des Irrtums über den Kausalverlauf ist die verkannt verfrühte Erfolgsherbeiführung.[70]

Beispiel 170:

BGH U. v. 12.12.2001 – 3 StR 303/01 – NJW 2002, 1057 = NStZ 2002, 309 = StV 2002, 538 (Anm. Puppe, AT, 3. Aufl. 2016, § 10 Rn. 35ff.; Otto JK 2002 StGB § 22/22; Fad JA 2002, 745; Gaede JuS 2002, 1058; LL 2002, 461; RÜ 2002, 166; RA 2002, 224; famos 3/2002; Jäger JR 2002, 383; Roxin GA 2003, 257):

B wollte seine Frau G dadurch töten, dass er sie an einer einsamen Stelle im Wald erschlägt und die Leiche anschließend vergräbt. Zu diesem Zweck fesselte und knebelte er sie und sperrte sie in den Kofferraum seines Autos. Im Wald angekommen, merkte er, dass G im Kofferraum erstickt war, womit er nicht gerechnet hatte.

Beispiel 171:

BGH U. v. 10.04.2002 – 5 StR 613/01 – NStZ 2002, 475 (Anm. LL 2002, 750; RA 2002, 546; Otto JK 2003 StGB § 15/7; Roxin GA 2003, 257):

B1 und B2 wollten G durch die Injektion von Luft in eine Armvene töten; beim Fixieren des G wendeten beide eine solche Gewalt an, dass G begann, aus Mund und Nase zu bluten; G erstickte am eingeatmeten Blut.

---

[70] Hierzu Sowada Jura 2004, 814; Wolter GA 2006, 406.

Rspr.[71] und h.L.[72] halten das Entgleiten des Kausalverlaufs für unbeachtlich, wenn der Täter durch sein todesursächliches (Vor-)Verhalten die Versuchsphase erreichte, also mit der Handlung die Schwelle zum Versuch überschritt, d.h. gem. § 22 StGB „nach seiner Vorstellung von der Tat zur Verwirklichung des Tatbestandes unmittelbar ansetzt".

Die sachliche Rechtfertigung hierfür liegt darin, dass mit Überschreiten der Versuchsschwelle der bereits strafbare – gem. § 23 II StGB auch nur fakultativ milder bestrafte – Bereich beginnt, so dass die Abweichung rechtlich betrachtet unerheblich ist.

3. Verspätete Erfolge

▶ **Didaktischer Aufsatz:**
- Bechtel, Von der Jauchegrube bis zum Scheunenmord – zum Umgang mit Abweichungen vom (vorgestellten) Kausalverlauf bei mehraktigem Tatgeschehen, JA 2016, S. 906

Der umgekehrte Sonderfall des Kausalverlaufsirrtums besteht in dem Irrtum des Täters dahingehend, dass er nicht durch die vorsätzliche Ersthandlung den Erfolg herbeiführt, sondern erst durch eine Zweithandlung, zu deren Zeitpunkt der Vorsatz erloschen war.[73]

Beispiel 172:

BGH U. v. 26.04.1960 – 5 StR 77/60 (Jauchegrube) – BGHSt 14, 193 = NJW 1960, 1261 (Anm. Roxin, Höchstrichterliche Rspr. AT, 1998, Nr. 14; Puppe, AT, 3. Aufl. 2016, § 10 Rn. 25ff.; Hemmer-BGH-Classics Strafrecht, 2003, Nr. 6; Valerius JA 2006, 261; Oğlakcıoğlu JR 2011, 103):
B würgte G und stopfte ihr zwei Hände voll Sand in den Mund, um sie am Schreien zu hindern, wobei B den Tod der G in Kauf nahm; als G regungslos dalag, war B von ihrem Tod fest überzeugt und versenkte die vermeintliche Leiche in einer Jauchegrube; in Wirklichkeit trat der Tod der bis dahin nur bewusstlosen G erst hierdurch ein.

Nach einer früheren weiten Lehre vom *dolus generalis*[74] wurde darauf abgestellt, ob der Täter die spätere todbringende Handlung schon geplant hatte, als er den ersten Teilakt vornahm. War dies der Fall, dann wurde der Vorsatz auf das Gesamtgeschehen erstreckt und Vollendung angenommen, anderenfalls lag Versuch i.V.m. einem Fahrlässigkeitsdelikt vor. Hiergegen spricht aber, dass das Simultanitätsprinzip des

---

[71] S.o.

[72] Vgl. nur B. Heinrich, AT, 5. Aufl. 2016, Rn. 1091; zu anderen Auffassungen vgl. auch Joecks, in: MK-StGB, 3. Aufl. 2017, § 16 Rn. 83ff.

[73] Hierzu Maiwald ZStW 1966, 30; Roxin FS Würtenberger 1977, 109; Hettinger FS Spendel 1992, 237; Sancinetti FS Roxin 2001, 349; Bechtel JA 2016, 906.

[74] Hierzu (darstellend m.w.N.) B. Heinrich, AT, 5. Aufl. 2016, Rn. 1093.

§ 16 I 1 StGB gilt, so dass ein im Zeitpunkt der Zweithandlung erloschener Vorsatz nicht fingiert werden darf.

Rspr.[75] und h.L.[76] behandeln die Fallkonstellation als speziellen Fall der Abweichung vom Kausalverlauf und nehmen weitgehende Unbeachtlichkeit an, da sich die Abweichung in den Grenzen des nach allgemeiner Lebenserfahrung Voraussehbaren bewege und keine andere Bewertung der Tat rechtfertige, gelangen also ebenfalls zur Vollendungsstrafbarkeit.

Eine weitere Auffassung[77] hält die Fehlvorstellung für beachtlich i.S.d. § 16 I 1 StGB, so dass lediglich ein Versuch in Tateinheit mit Fahrlässigkeit vorliege: Die erste Handlung bleibe im Versuchsstadium stecken; bei der zweiten Handlung fehle die Tatumstandskenntnis, da der Täter von einer Leiche ausgehe. In der Tat spricht einiges dafür, den erloschenen Vorsatz des Täters ernst zu nehmen und, wenn man die Zweithandlung schon nicht aufgrund mangelnder objektiver Zurechnung ausscheiden möchte[78] (Täter tritt seinem eigenen Kausalverlauf dazwischen), doch die Kausalverlaufsabweichung zumindest dann unter § 16 I StGB zu fassen, wenn es sich um eine gänzlich andere Todesart handelt.

XI. Insbesondere: Irrtümer über die Täterschaft

▶ **Didaktische Aufsätze:**
- Toepel, Aspekte der Rose-Rosahl-Problematik: Vorüberlegungen, Beachtlichkeit der aberratio ictus beim Einzeltäter; Grundlagen zu error in persona vel objecto und aberratio ictus; Fälle zu error in persona und aberratio ictus; JA 1996, 886, JA 1997, 556 und 948
- Kretschmer, Mittelbare Täterschaft – Irrtümer über die tatherrschaftsbegründende Situation, Jura 2003, 535

Der Täter kann sich auch über das Vorliegen des Tatbestandsmerkmals Täterschaft – nach h.L. geprägt durch Tatherrschaft – vorsatzausschließend nach § 16 I StGB irren.[79]

1. Mittelbare Täterschaft, § 25 I 2. Var. StGB

Zunächst kann der Täter Umstände, die seine mittelbare Täterschaft nach § 25 I 2. Var. StGB begründen, **irrig annehmen**.[80]

---

[75] Z.B. BGH U. v. 26.04.1960 - 5 StR 77/60 (Jauchegrube) - BGHSt 14, 193 = NJW 1960, 1261 (Anm. Roxin, Höchstrichterliche Rspr. AT, 1998, Nr. 14; Puppe, AT, 3. Aufl. 2016, § 10 Rn. 25ff.; Hemmer-BGH-Classics Strafrecht, 2003, Nr. 6; Valerius JA 2006, 261; Oğlakcıoğlu JR 2011, 103).

[76] Vgl. nur B. Heinrich, AT, 5. Aufl. 2016, Rn. 1099 m.w.N.

[77] Kindhäuser, LPK, 6. Aufl. 2015, § 16 Rn. 24 (von ihm als h.L. bezeichnet).

[78] S. Joecks, in: MK-StGB, 3. Aufl. 2017, § 16 Rn. 92.

[79] Hierzu Toepel JA 1996, 886, JA 1997, 248 und 344; Kretschmer Jura 2003, 535; Bloy ZStW 2005, 1; Küper FS Roxin 2011, 895.

[80] Hierzu Baumann JZ 1958, 230; Kadel GA 1983, 299.

Beispiel 173:

Arzt B1 wollte den Patienten G töten. Er füllte eine Spritze mit Gift und übergab diese der Krankenschwester B2 mit dem Auftrag, diese „Vitaminspritze" zu verabreichen. B2 erkannte, dass es sich um Gift handelte, verabreichte die Spritze aber trotzdem. G starb.

B1 glaubte irrig an seine Wissensüberlegenheit. Objektiv verwirklichte er „nur" eine Anstiftung nach § 26 StGB, subjektiv glaubte er an Umstände einer mittelbaren Täterschaft.

Die Rspr. könnte von ihrer subjektiven Warte aus Täterschaft aufgrund des Täterwillens bejahen.

Nach Teilen der Lehre[81] liegt ein Versuch in mittelbarer Täterschaft (hier §§ 212 I, 25 I 2. Var., 22, 23 StGB) in Tateinheit mit Anstiftung zur Vollendung (hier §§ 212 I, 26 StGB) vor. Der Anstiftervorsatz sei dabei im Tatherrschaftswillen enthalten.

Hiergegen spricht aber, dass sich der Hintermann keine vorsätzliche Haupttat vorstellt, sein Tatherrschaftswille ist ein *aliud*; richtigerweise liegt „nur" ein Versuch in mittelbarer Täterschaft vor.[82]

Der umgekehrte Irrtum lässt sich als **Verkennen der Tatherrschaft** bezeichnen.[83]

Hier scheitert eine mittelbare Täterschaft am mangelnden Vorsatz bzgl. der Tatherrschaft. Bei Vorliegen einer vorsätzlichen rechtswidrigen Haupttat kommt jedenfalls Teilnahme in Frage.

Beispiel 174:

Arzt B1 wollte den Patienten G töten. Er füllte eine Spritze mit Gift und übergab diese augenzwinkernd der Krankenschwester B2 mit dem Auftrag, diese „Vitaminspritze" zu verabreichen. B2 erkannte, anders als sich B1 das vorstellte, nicht, dass es sich um Gift handelte. B2 verabreichte die Spritze. G starb.

Mangels einer vorsätzlich-rechtswidrigen Haupttat der B2 ist lediglich eine versuchte Anstiftung zum Totschlag gem. §§ 212 I, 30 I StGB anzunehmen.[84]

Die Gegenauffassung,[85] die von vollendeter Anstiftung ausgeht (hier: §§ 212 I, 26 StGB), da die objektiv vollendete mittelbare Täterschaft als Mehr gegenüber der Anstiftung erst recht ausreiche, überschreitet den Wortlaut des § 26 StGB und verstößt damit gegen § 1 StGB, Art. 103 II GG.

---

[81] Kühl, AT, 8. Aufl. 2017, § 20 Rn. 83.

[82] Bock JA 2007, 599 (600) m.w.N.

[83] Hierzu Baumann JZ 1958, 230; Kadel GA 1983, 299.

[84] Bock JA 2007, 599 (599f.); vgl. auch B. Heinrich, AT, 5. Aufl. 2016, Rn. 1266.

[85] Z.B. Kühl, AT, 7. Aufl., 2012, § 20 Rn. 85 m.w.N.

Strittig ist die Behandlung des *error in persona* des Vordermanns[86]:

Beispiel 175:

Arzt B1 wollte den Patienten Z töten. Er füllte eine Spritze mit Gift und übergab diese der Krankenschwester B2 mit dem Auftrag, diese „Vitaminspritze" zu verabreichen. Wie geplant erkannte B2 nicht, dass es sich um Gift handelte. Aus Versehen verabreichte sie die Spritze aber dem G. G starb.

Z.T.[87] wird der für diesen unbeachtliche *error in persona* des Vordermanns auch bzgl. des Hintermanns als eigener unbeachtlicher *error in persona* aufgefasst.

Andere[88] gehen von einer nach § 16 I 1 StGB relevanten *aberratio ictus* des Hintermanns aus.

Vermittelnde Auffassungen[89] stellen darauf ab, wieviel Individualisierung dem Tatmittler überlassen war. Allerdings ist auch mit Individualisierungsmöglichkeit der Vordermann ein Werkzeug des mittelbaren Täters; es spricht viel dafür, mechanische und menschliche Werkzeuge gleich zu behandeln und eine *aberratio ictus* anzunehmen. Da man die Situation des Hintermanns kognitiv nicht mit der des Vordermanns vergleichen kann, greift es zu kurz, den *error in persona* des Letzteren schlicht als einen des Ersteren durchschlagen zu lassen.

2. Mittäterschaft, § 25 II StGB

Im Bereich der Mittäterschaft gem. § 25 II StGB ist die Fallkonstellation relevant, in der einer der Mittäter einem *error in persona* unterliegt.[90]

Beispiel 176:

B1 und B2 verabredeten die Tötung des Z. Während B1 die detaillierten Planungen übernahm, sollte B2 als Schütze fungieren. B2 erschoss aber den dem Z ähnlich aussehenden G, weil B2 den G für Z hielt.

Beispiel 177:

BGH U. v. 23.1.1958 – 4 StR 613/57 (Verfolger) – BGHSt 11, 268 = NJW 1958, 836 (Anm. Roxin, Höchstrichterliche Rspr. AT, 1998, Nr. 11; Hemmer-BGH-Classics Strafrecht, 2003, Nr. 32; Schröder JR 1958, 427; Spendel JuS 1969, 314; Scheffler JuS 1992, 920; Dehne-Niemann ZJS 2008, 351):

---

[86] Hierzu Stratenwerth FS Baumann 1992, 57; Toepel JA 1996, 886, JA 1997, 248 und 344.

[87] Gropp, AT, 4. Aufl. 2015, § 10 Rn. 79.

[88] B. Heinrich, AT, 5. Aufl. 2016, Rn. 1240.

[89] Heine/Weißer, in: Sch/Sch, 29. Aufl. 2014, § 25 Rn. 54f.

[90] Hierzu Stratenwerth FS Baumann 1992, 57; Toepel JA 1996, 886, JA 1997, 248 und 344.

B1 versuchte zusammen mit B2 in der Nacht zum 21.04.1952, in das Lebensmittelgeschäft des Z einzudringen, um dort zu stehlen. Jeder von ihnen war dabei
mit einer geladenen Pistole bewaffnet. Als B1 die Fensterscheibe des Schlafzimmers der Eheleute Z, das er für einen Büroraum gehalten hatte, eingedrückt
und B2 die Fensterflügel ins Zimmer hinein aufgestoßen hatte, war Z ans Fenster
gegangen, hatte die Fensterflügel wieder zugestoßen und sich „gestikulierend
und wie ein Bär brüllend" vor das Fenster gestellt. B1 und B2 flohen. An der
vorderen Hausecke bemerkte B2 rückwärts schauend, dass ihm in einer Entfernung von nicht mehr als 2 bis 3 m eine Person folgte. Diese war B1. B2 hielt
ihn aber für einen Verfolger und fürchtete, von ihm ergriffen zu werden. Um
der vermeintlich drohenden Festnahme und der Aufdeckung seiner Täterschaft
zu entgehen, schoss er auf die hinter ihm herlaufende Person; dabei rechnete
er mit einer tödlichen Wirkung seines Schusses und billigte diese Möglichkeit.
Das Geschoss traf B1 am rechten Oberarm und verletzte ihn. B1 und B2 hatten
auch sonst bei ihren Diebesfahrten wiederholt geladene Schusswaffen bei sich.
Über deren Verwendung hatten sie besprochen, dass auch auf Menschen gefeuert
werden solle, wenn die Gefahr der Festnahme eines der Teilnehmer drohe. Jener
Abrede entsprach auch der auf B1 abgegebene Schuss. B2 wollte ihn treffen, um
ihn als den vermeintlichen Verfolger auszuschalten; er hielt auf ihn, um ihn auf
alle Fälle, gleichviel an welcher Stelle des Körpers, zu treffen; es war ihm recht,
wenn die Kugel dabei tödlich traf, wenn sie nur überhaupt träfe und den Getroffenen als Verfolger erledigte.

Die Rspr.[91] und die wohl h.L.[92] halten den *error in persona* des einen Mittäters auch
für weitere Mittäter für unbeachtlich. Hierfür spricht die in § 25 II StGB angelegte
Gleichstellung der Mittäter, die auf einer bewussten Arbeitsteilung fußt.

Andere[93] gehen von einem sog. Exzess aus – mit der Folge mangelnder Zurechnung der vollendeten Vorsatztat –, da der Tatplan auf bestimmte Tatopfer gerichtet
war.

Im „Verfolger-Fall" kommt noch hinzu, dass es dort um eine Zurechnung von
selbst erlittenen Tatfolgen geht, der Tatplan aber gewiss nicht auf gegenseitige Verletzung gerichtet war und zudem Täter sich selbst gegenüber strafrechtlich nicht
geschützt sind (vgl. die Straflosigkeit der Selbsttötung und -verletzung). Jedenfalls
in diesen Fällen muss nach Maßgabe der Reichweite des Rechtsgüterschutzes der
Irrtum beachtlich sein. In anderen Fällen bleibt es bei der Unbeachtlichkeit des
Identitätsirrtums.

---

[91] BGH U. v. 23.01.1958 - 4 StR 613/57 - BGHSt 11, 268.

[92] S. nur B. Heinrich, AT, 5. Aufl. 2016, Rn. 1240 m.w.N.

[93] Z.B. Gropp, AT, 4. Aufl. 2015, § 13 Rn. 81.

11. Kapitel: Rechtswidrigkeit

A. Allgemeines

I. Grundlagen

Mit Erfüllung des Tatbestands verwirklicht der Täter grundsätzlich das äußere Erfolgs- und innere Handlungsunrecht, welches der Gesetzgeber für strafwürdig erachtet hat. Er handelt dann fast immer auch wider das Recht, d.h. rechtswidrig und somit straflos. Ein darauf anspielendes Bonmot lautet: „Tatbestandsmäßigkeit indiziert Rechtswidrigkeit",[1] dessen Aussagekraft aber so begrenzt ist, dass man es in einer Falllösung nicht niederschreiben sollte.

Ggf. aber, nämlich bei Vorliegen sog. **Rechtfertigungsgründe** (Erlaubnissätze, Freistellungsnormen), handelt der Täter nicht rechtswidrig. Die Verletzung eines Rechtsguts ist dann zugelassen, andersherum: Der Geschädigte hat eine **Duldungspflicht**.

Beispiel 178:

B1 schlug auf B2 ein. B2 griff daher zu einem Bierkrug und schlug diesen dem B1 über den Kopf.

---

§ 32 StGB (Notwehr)
(1) Wer eine Tat begeht, die durch Notwehr geboten ist, handelt nicht rechtswidrig.
(2) Notwehr ist die Verteidigung, die erforderlich ist, um einen gegenwärtigen rechtswidrigen Angriff von sich oder einem anderen abzuwenden.

---

[1] B. Heinrich, AT, 5. Aufl. 2016, Rn. 310f.; kritisch aber z.B. Schlehofer, in: MK-StGB, 3. Aufl. 2017, vor § 32 Rn. 39.

© Springer-Verlag GmbH Deutschland, ein Teil von Springer Nature 2018
D. Bock, *Strafrecht Allgemeiner Teil*, Springer-Lehrbuch,
https://doi.org/10.1007/978-3-662-54789-2_11

Der Angreifer – im Beispiel der B1 –, gegen den der Angegriffene Notwehr gem. § 32 StGB übt, muss die Verteidigung hinnehmen und kann sich nicht seinerseits auf Notwehr gegen die Verteidigung berufen.

Die Duldungspflicht des Geschädigten, die dann besteht, wenn der Schädiger gerechtfertigt handelt, spielt im Rahmen der Argumentation bei der Auslegung der Rechtfertigungsgründe eine große Rolle in Gestalt einer Plausibilitätskontrolle (sog. **Notwehrprobe**[2]): Zu berücksichtigen ist nämlich stets, ob es dem Geschädigten wirklich gerechtermaßen zugemutet werden kann, dass er sich mangels dann rechtswidrigen Angriffs nicht gerechtfertigt (durch Notwehr gem. § 32 StGB) gegen die Einwirkung verteidigen kann.

In Prüfungsarbeiten sind Rechtfertigungsgründe **nur bei Anlass anzusprechen**. Im Übrigen genügt die Feststellung, dass der zu prüfende Beteiligte rechtswidrig handelte.

Es existiert kein abschließender Katalog von Rechtfertigungsgründen im StGB oder anderswo. Vielmehr können diese **allen Rechtsgebieten** entstammen. Dies entspricht auch dem Grundsatz der Einheit und Widerspruchsfreiheit der Rechtsordnung sowie der Funktion des Strafrechts als ultima ratio des Rechtsgüterschutzes: Was zivil- oder öffentlich-rechtlich rechtmäßig ist, kann nicht im strafrechtlichen Sinne rechtswidrig sein.

Auch **ungeschriebene**, gewohnheitsrechtliche Rechtfertigungsgründe existieren, z.B. die Einwilligung. Da Rechtfertigungsgründe den Täter entlasten, liegt nach ganz h.M. kein Verstoß gegen Art. 103 II GG, § 1 StGB vor; dass dem Geschädigten der gerechtfertigten Handlung die Notwehr abgeschnitten und so dessen Strafbarkeit ggf. begründet wird, ändert hieran nach h.M. nichts, da das Gesetzlichkeitsprinzip nur die unmittelbaren Normfolgen in den Blick nehme.[3]

Die **Grundprinzipien**, nach denen sich die anerkannten Rechtfertigungsgründe richten und sich kategorisieren lassen, werden kontrovers diskutiert.[4] Jedenfalls unterscheiden lassen sich die Verantwortung durch das Eingriffsopfer (vgl. §§ 32 StGB, 228ff. BGB, 127 StPO, Amtsrechte),[5] die Wahrnehmung des Opferinteresses (Einwilligung, mutmaßliche Einwilligung, behördliche Erlaubnis) und die Mindestsolidarität (§§ 34 StGB, 904 BGB). Einen umfassenden Grundgedanken aller

---

[2] Vgl. Momsen/Savic, in: BeckOK-StGB, Stand 01.12.2016, § 32 Rn. 1 und 13.

[3] Vgl. nur Kühl, AT, 8. Aufl. 2017, § 7 Rn. 164; krit. allerdings Erb, in: MK-StGB, 3. Aufl. 2017, § 32 Rn. 204ff.

[4] S. Kindhäuser, LPK, 6. Aufl. 2015, vor § 32 Rn. 5ff.; Stratenwerth ZStW 1956, 41; Rudolphi GS Armin Kaufmann 1989, 371; Günther FS Spendel 1992, 189.

[5] Vgl. Kretschmer NStZ 2012, 177.

Rechtfertigungsgründe bildet das Prinzip des überwiegenden Interesses der Rechtsordnung an der Vornahme der gerechtfertigten Handlung.[6]

Im Grundsatz sind alle Rechtfertigungsgründe nebeneinander anwendbar.

Bei der **Prüfungsreihenfolge**[7] ist zu beachten, dass bei staatlichem Handeln öffentlich rechtliche Rechtfertigungsgründe (z.B. nach Polizei- und Strafprozessrecht) vorrangig zu prüfen sind, ferner *leges speciales* vor den allgemeineren Rechtfertigungsgründen (z.B. § 859 BGB vor § 32 StGB, §§ 228, 904 BGB vor § 34 StGB).

In manchen Tatbeständen wird die Rechtswidrigkeit **ausdrücklich** erwähnt (z.T. auch als „unbefugt" oder „widerrechtlich").

Z.T. handelt es sich dann um ein echtes Tatbestandsmerkmal, nämlich wenn – die Rechtswidrigkeit weggedacht – das im Tatbestand umschriebene Verhalten keinen Unwert darstellt,[8] z.B. bei:

> **§ 303a I StGB (Datenveränderung)**
> Wer rechtswidrig Daten [...] löscht, unterdrückt, unbrauchbar macht oder verändert, wird mit Freiheitsstrafe bis zu zwei Jahren oder mit Geldstrafe bestraft.

In anderen Fällen handelt es sich um einen überflüssigen Hinweis auf die übliche Rechtfertigungsprüfung, z.B. bei:

> **§ 303 I StGB (Sachbeschädigung)**
> Wer rechtswidrig eine fremde Sache beschädigt oder zerstört, wird mit Freiheitsstrafe bis zu zwei Jahren oder mit Geldstrafe bestraft.

Abzugrenzen sind Fragen der Rechtswidrigkeit von Fragen der Schuld.[9]

II. Subjektives Rechtfertigungselement

▶   **Didaktische Aufsätze:**
- Prittwitz, Der Verteidigungswille als subjektives Merkmal der Notwehr, Jura 1984, 74
- Herzberg, Handeln in Unkenntnis einer Rechtfertigungslage, JA 1986, 190

---

[6] Schlehofer, in: MK-StGB, 3. Aufl. 2017, vor § 32 Rn. 59; näher Lenckner GA 1985, 295; Frisch GA 2016, 121.

[7] S. Warda FS Maurach 1972, 143.

[8] Hierzu B. Heinrich, AT, 5 Aufl. 2016, Rn. 319ff.

[9] Zur Unterscheidung beider Ebenen Küper JuS 1987, 81; Roxin JuS 1988, 425; Schünemann Coimbra-Symposium Roxin 1995, 149; Cortes Rosa Coimbra-Symposium Roxin 1995, 183.

- Rohrer, Über die Nichtexistenz subjektiver Rechtfertigungselemente, JA 1986, 363
- Herzberg, Subjektive Rechtfertigungselemente?, JA 1986, 541
- Scheffler, Der Erlaubnistatbestandsirrtum und seine Umkehrung, das Fehlen subjektiver Rechtfertigungselemente, Jura 1993, 617
- Graul, Der „umgekehrte Erlaubnistatbestandsirrtum", JuS 1994, L73
- Graul, Unrechtsbegründung und Unrechtsausschluß, JuS 1995, L41
- Geppert, Die subjektiven Rechtfertigungselemente, Jura 1995, 103
- Graul, Der „umgekehrte Erlaubnistatbestandsirrtum", JuS 2000, L41
- Rönnau, Subjektive Rechtfertigungselemente, JuS 2009, 594

1. Erforderlichkeit eines subjektiven Rechtfertigungselements; Anforderungen

Ebenso wie die Tatbestände oft nur das äußere Verhalten umschreiben (da sich das Vorsatzerfordernis aus § 15 StGB ergibt), sind auch die Rechtfertigungsgründe auf den ersten Blick objektiv ausgestaltet, z.B.:

---

§ 32 StGB (Notwehr)

(1) Wer eine Tat begeht, die durch Notwehr geboten ist, handelt nicht rechtswidrig.

(2) Notwehr ist die Verteidigung, die erforderlich ist, um einen gegenwärtigen rechtswidrigen Angriff von sich oder einem anderen abzuwenden.

Strittig war daher lange Zeit, ob eine Rechtfertigung bereits durch tatsächliches Vorliegen der objektiven Voraussetzungen eintritt, auch wenn der Handelnde sich der Umstände, die sein Handeln rechtfertigen, nicht bewusst ist – sog. **umgekehrter Erlaubnistatumstandsirrtum**.[10]

Beispiel 179:

B schlug den Z aus einer Laune heraus nieder. Nachher stellte sich heraus, dass Z soeben B 5.000 Euro entwendet hatte, was durch das Niederschlagen ans Licht kam.

---

[10] Hierzu Hillenkamp/Cornelius, 32 Probleme aus dem Strafrecht AT, 15. Aufl. 2017, 4. P.; von Weber FS Mezger 1954, 183; Lampe GA 1978, 7; Spendel FS Bockelmann 1979, 245; Hruschka GA 1980, 1; Prittwitz GA 1980, 381; Prittwitz Jura 1984, 74; Spendel FS Oehler 1985, 197; Triffterer FS Oehler 1985, 209; Herzberg JA 1986, 190; Rohrer JA 1986, 363; Herzberg JA 1986, 541; Frisch FS Lackner 1987, 113; Scheffler Jura 1993, 617; Puppe FS Stree/Wessels 1993, 183; Graul JuS 1994, L73; Graul JuS 1995, L41; Geppert Jura 1995, 103; Graul JuS 2000, L41; Meyer GA 2003, 807; Frister FS Rudolphi 2004, 45; Streng FS Otto 2007, 469; Rönnau JuS 2009, 594; Berster GA 2016, 36; aus der Rspr. vgl. BGH U. v. 15.01.1952 - 1 StR 552/51 - BGHSt 2, 111 = NJW 1952, 312; zuletzt BGH U. v. 27.10.2015 - NStZ 2016, 333 (Anm. Bosch Jura 2016, 702; Eisele JuS 2016, 366; RÜ 2016, 100; Rückert NStZ 2016, 334; Hinz JR 2017, 126); BGH B. v. 11.10.2016 - 1 StR 462/16 - NJW 2017, 1186 (Anm. Mitsch NJW 2017, 1188; Kratz jurisPR-StrafR 5/2017 Anm. 2).

Nach früher z.T. vertretener Auffassung[11] sollte eine Rechtfertigung auch ohne Willen des Handelnden möglich sein.

Die seit langem ganz h.M.[12] hingegen hält ein sog. subjektives Rechtfertigungselement für erforderlich.

Während die Minderheitsauffassung darauf verwies, dass auch ohne subjektive Momente beim Handelnden kein objektiv schädliches Verhalten und damit kein Unrecht vorliege, spricht doch bereits der Wortlaut der meisten Rechtfertigungsgründe für subjektive Rechtfertigungsvoraussetzungen, z.B. „um...zu" in §§ den 32, 34 StGB. Ferner ergibt sich aus der Zusammensetzung des Unrechtsbegriffs aus Erfolgs- und Handlungsunrecht (vgl. objektiver und subjektiver Tatbestand), dass eine vollständige Kompensation des tatbestandsmäßigen Unrechts nur dann vorliegt, wenn sowohl objektiv als auch subjektiv der Täter im Hinblick auf einen Rechtfertigungsgrund handelt – und ihm nicht nur der Zufall zugute kommt – gewissermaßen eine Umkehr zu § 16 StGB. Folglich ist in einer Fallbearbeitung bei jedem Rechtfertigungsgrund das subjektive Rechtfertigungselement zu prüfen.

Zu klären ist dann, welche **Anforderungen** an das subjektive Rechtfertigungselement zu stellen sind. Dies ist allgemein[13] und im Hinblick auf die einzelnen Rechtfertigungsgründe i.E. umstritten. Jedenfalls muss der Handelnde Kenntnis der Rechtfertigungslage haben; zweifelhaft ist, ob er darüber hinaus in der Absicht handeln muss, die Rechtfertigungslage abzuwenden, z.B. sich oder einen anderen i.S.d. § 32 StGB zu verteidigen.

Bzgl. derjenigen Rechtfertigungsgründe, deren Wortlaut eine finale Konjunktion (z.B. „um...zu" in den §§ 32, 34 StGB) aufweist, spricht dies für ein Absichtserfordernis. Jedenfalls dann, wenn man Zwischenziele ebenfalls anerkennt und bei Motivbündeln das Erfordernis nicht restriktiv handhabt, zeitigt dies auch keine unangemessen täterbelastenden Ergebnisse.

Weitere Ziele und Motive hindern eine Rechtfertigung nicht, solange das subjektive Rechtfertigungselement nicht völlig in den Hintergrund gedrängt ist.[14] Auch Emotionen wie Wut (insbesondere bei Notwehr in Form des Gegenangriffs, sog. Trutzwehr) schließen das subjektive Rechtfertigungselement dann nicht aus.

---

[11] Spendel DRiZ 1978, 327 (331).

[12] S. nur B. Heinrich, AT, 5. Aufl. 2016, Rn. 388f. m.w.N.

[13] Vgl. Kindhäuser, LPK, 6. Aufl. 2015, vor § 32 Rn. 13f.; Loos FS Oehler 1985, 227; Frister FS Rudolphi 2004, 45; Streng FS Otto 2007, 469; Krack FS Loos 2010, 145.

[14] Kindhäuser, LPK, 6. Aufl. 2015, vor § 32 Rn. 36; Alwart GA 1983, 433; aus der Rspr. vgl. BGH U. v. 25.04.2013 - 4 StR 551/12 - NJW 2013, 2133 = NStZ-RR 2013, 369 (Anm. Satzger JK 2013 StGB § 33/5; Jäger JA 2013, 708; Brüning ZJS 2013, 511; LL 2013, 745; RÜ 2013, 505; Erb NStZ-RR 2013, 371; Engländer HRRS 2013, 389; Mitsch JuS 2014, 593).

Beispiel 180:

BGH B. v. 08.03.2000 – 3 StR 67/00 – NStZ 2000, 365 (Anm. RA 2000, 400):
Z ging in wütender und aggressiver Stimmung auf B zu, um diesen zu schlagen.
B zog ein Messer und schwang dieses, um Z auf Abstand zu halten. Da dieser
trotzdem weiter auf den B zukam, erlitt er 5 Schnittverletzungen. Gleichwohl
ging er noch weiter auf B zu. Wut und Ärger stiegen in B hoch, war Z doch derjenige, der seine Freundin „unsittlich" angefasst hatte und sich nunmehr auch
noch mit ihm – B – schlagen wollte. Getragen von dieser Wut wollte er dem Z
einen Denkzettel verpassen. Bevor Z von sich aus irgendeine körperliche Attacke
gegen B ausführte, holte dieser mit dem Messer in der rechten Hand aus und versetzte dem ihm gegenüber stehenden Z einen gezielten und wuchtigen Stich in
den linken Oberbauch.

Dass B auch aus Wut handelte, ist solange unschädlich, wie er zumindest auch mit
Verteidigungswillen handelte.

2. Folgeproblem: bei Fehlen Vollendung oder (untauglicher) Versuch?

Umstritten ist, welche Konsequenzen sich für den in Unkenntnis der Rechtfertigungslage Handelnden ergeben.[15]
    Teile der Lehre[16] und der Rspr.[17] gehen von einer Vollendungsstrafbarkeit aus:
Mangels subjektiven Rechtfertigungselements scheide der Rechtfertigungsgrund
schlicht aus, so dass es bei der vollständigen Strafbarkeit der Tatbestandsverwirklichung bleibe.
    Andere Teile der Rspr.[18] und die h.L.[19] sehen in diesen Fällen demgegenüber
lediglich eine Versuchsstrafbarkeit gegeben, sofern der Versuch des betreffenden
Delikts überhaupt strafbar ist, § 23 StGB.
    Letzte Auffassung beruht auf dem überzeugenden Gedanken der Teilkompen-
sation: Das objektive Unrecht (Erfolgsunrecht) wird durch die objektiv gegebene
Rechtfertigungslage aufgehoben. Es verbleibt das subjektive (Handlungs-)Unrecht,
welches allein niemals Vollendungsstrafbarkeit begründet, sondern allenfalls einen
strafbaren Versuch nach § 22 StGB.

---

[15] Vgl. obige Nachweise.

[16] B. Heinrich, AT, 5. Aufl. 2016, Rn. 392.

[17] BGH U. v. 15.01.1952 - 1 StR 552/51 - BGHSt 2, 111 = NJW 1952, 312.

[18] KG U. v. 28.11.1974 - (2) Ss 250.74 (100.74) - GA 1975, 213 (215).

[19] Z.B. Krey/Esser, AT, 6. Aufl. 2016, Rn. 468f.

B. Rechtfertigungsgründe

I. Notwehr, § 32 StGB

▶   **Didaktische Aufsätze:**
- Geilen, Notwehr und Notwehrexzess, Jura 1981, 200, 256, 308, 370
- Hoyer, Das Rechtsinstitut der Notwehr, JuS 1988, 89
- Kühl, Notwehr und Nothilfe, JuS 1993, 177
- Sternberg-Lieben, Allgemeines zur Notwehr; Voraussetzungen der Notwehr, JA 1996, 129 und 299
- Stemler, Die Notwehr, ZJS 2010, 347

1. Aufbau

I.   Objektive Voraussetzungen
1. Sog. Notwehrlage
   a) Angriff auf ein notwehrfähiges Rechtsgut
   b) Gegenwärtigkeit des Angriffs
   c) Rechtswidrigkeit des Angriffs
2. Sog. Notwehrhandlung
   a) Verteidigung: gegen Angreifer gerichtet
   b) Erforderlichkeit
      aa) Eignung (Geeignetheit) der Verteidigungshandlung
      bb) Mildestes Mittel und möglichst schonender Einsatz
   c) Gebotenheit
II. Subjektive Voraussetzungen

2. Allgemeines

Der Rechtfertigungsgrund der Notwehr[20] ist in § 32 StGB normiert.

> **§ 32 StGB (Notwehr)**
> (1) Wer eine Tat begeht, die durch Notwehr geboten ist, handelt nicht rechtswidrig.
> (2) Notwehr ist die Verteidigung, die erforderlich ist, um einen gegenwärtigen rechts-
> widrigen Angriff von sich oder einem anderen abzuwenden.

Vergleichbare Regelungen finden sich für das Zivil- und das Ordnungswidrigkeitenrecht in den §§ 227 BGB, 15 OWiG.

---

[20] Hierzu Krause FS Bruns 1978, 71; Geilen Jura 1981, 200, 256, 308 und 370; Hoyer JuS 1988, 89; Frister GA 1988, 291; Kühl JuS 1993, 177; Sternberg-Lieben JA 1996, 129 und 299; Lesch FS Dahs 2005, 81; Stemler ZJS 2010, 347; vgl. auch die Rechtsprechungsübersicht bei Erb NStZ 2012, 194.

> **§ 227 BGB (Notwehr)**
> (1) Eine durch Notwehr gebotene Handlung ist nicht widerrechtlich.
> (2) Notwehr ist diejenige Verteidigung, welche erforderlich ist, um einen gegenwärtigen rechtswidrigen Angriff von sich oder einem anderen abzuwenden.

> **§ 15 I, II OWiG (Notwehr)**
> (1) Wer eine Handlung begeht, die durch Notwehr geboten ist, handelt nicht rechtswidrig.
> (2) Notwehr ist die Verteidigung, die erforderlich ist, um einen gegenwärtigen rechtswidrigen Angriff von sich oder einem anderen abzuwenden.

Nach heute h.M.[21] lässt sich das Rechtsinstitut der Notwehr **dualistisch begründen**:

Zum einen braucht sich niemand durch rechtswidrig Angreifende verletzen zu lassen (Individualschutz, Selbstschutz).

Zum anderen dient die Verteidigung der Rechtsbewährung: Das Recht braucht dem Unrecht nicht zu weichen, der Verteidiger agiert als Repräsentant der Rechtsordnung. Aus der auch überindividuellen Funktion der Notwehr erklärt sich insbesondere, dass diese als „schneidiges", „scharfes" Recht – ohne Prüfung der Verhältnismäßigkeit von Angriff und Verteidigung – ausgestaltet ist (anders als § 34 StGB[22]).

3. Objektive Voraussetzungen

a) Sog. Notwehrlage, § 32 II StGB

Als sog. Notwehrlage muss gem. § 32 II StGB ein gegenwärtiger rechtswidriger Angriff vorliegen.

aa) Angriff auf ein notwehrfähiges Rechtsgut

▶ **Didaktische Aufsätze:**
- Kühl, Angriff und Verteidigung bei der Notwehr, Jura 1993, 57, 118 und 233
- Otto, Gegenwärtiger Angriff (§ 32 StGB) und gegenwärtige Gefahr (§§ 34, 35, 249, 255 StGB), Jura 1999, 552

Angriff ist jede durch menschliches Verhalten drohende Rechtsgutsverletzung.[23] Dies impliziert, dass zunächst ein notwehrfähiges Rechtsgut betroffen sein muss.

---

[21] Ausf. zur Begründung der Notwehr Schmidhäuser FS Honig 1970, 185; Frister GA 1988, 291; Schmidhäuser GA 1991, 97; Koch ZStW 1992, 785; Kargl ZStW 1998, 38; Lesczewski FS Wolff 1998, 225; Koriath FS Müller-Dietz 2001, 361; von der Pfordten FS Schreiber 2003, 359.

[22] S.u. II 1.

[23] Joecks, StGB, 11. Aufl. 2014, § 32 Rn. 7.

(1) Notwehrfähiges Rechtsgut

Notwehrfähig sind nur **Individualrechtsgüter**, nicht Rechtsgüter der Allgemeinheit.[24]

Kein Bürger soll i.R.d. § 32 StGB als Hilfspolizist auftreten. Für die Einhaltung seiner Normen ist der Staat selbst verantwortlich, insbesondere Polizei- und Strafprozessrecht enthalten hierfür genaue Zuständigkeitsverteilungen und Ermächtigungen.

Beispiel 181:

BGH U. v. 02.10.1953 – 3 StR 151/53 (Sünderin) – BGHSt 5, 245 = NJW 1954, 438 (Anm. Roxin, Höchstrichterliche Rspr. AT, 1998, Nr. 15):
B wollte im Jahr 1951 die Vorführung des Films „Die Sünderin" stören, da er diesen für sittlich anstößig hielt. B zertrat während der Aufführung des Films mehrere Stinkbomben. Die Vorstellung musste deshalb für die Dauer von etwa 15 Minuten unterbrochen werden.

Eine Störung der öffentlichen Ordnung im Allgemeinen, wie sie durch die Aufführung sittlich oder religiös anstößiger Filme ausgelöst werden könnte, begründet, selbst dann, wenn sie hier vorläge, keinen Angriff auf ein notwehrfähiges Rechtsgut i.S.d. § 32 StGB.

Auch Individualrechtsgüter **juristischer Personen** (z.B. Vermögenswerte einer AG oder einer GmbH) und der **öffentlichen Hand** sind notwehrfähig.[25]
Das zu verteidigende Rechtsgut **muss nicht strafrechtlich geschützt** sein. Es kann sich auch z.B. um eine rein zivilrechtliche Rechtsposition handeln.[26]

Beispiel 182:

vgl. BGH U. v. 23.01.2003 – 4 StR 267/02 – NStZ 2003, 599 (Anm. RA 2003, 313; Otto JK 2004 StGB § 32/28; LL 2004, 108):
B1 fotografierte den Z ohne dessen Erlaubnis.

Zwar gibt es keine Strafnorm, die das unbefugte Fotografieren an sich pönalisiert. Beeinträchtigt wird aber das (zivil- und verfassungsrechtlich begründete) Recht am eigenen Bild.[27]

Als die wichtigsten Rechtsgüter[28] sind zu nennen Leben, Leib, (Fortbewegungs- und Willensentschließungs-)Freiheit, Ehre, Eigentum, Besitz und Vermögen.

---

[24] Fischer, StGB, 64. Aufl. 2017, § 32 Rn. 11ff.

[25] Perron, in: Sch/Sch, 29. Aufl. 2014, § 32 Rn. 6.

[26] Fischer, StGB, 64. Aufl. 2017, § 32 Rn. 8.

[27] Vgl. Fischer, StGB, 64. Aufl. 2017, § 32 Rn. 8.

[28] Überblick bei Erb, in: MK-StGB, 3. Aufl. 2017, § 32 Rn. 85ff.

Von besonderer praktischer Bedeutung sind ferner Straßenverkehrsgeschehen. Die Freiheit des einzelnen Verkehrsteilnehmers, sich ohne verkehrsfremde Beeinträchtigung im Straßenverkehr zu bewegen, ist ein notwehrfähiges Rechtsgut.[29]

Beispiel 183:

BayObLG B. v. 14.08.1992 – 2 St RR 128/92 – NJW 1993, 211 (Anm. Jung JuS 1993, 427; Heinrich JuS 1994, 17; Dölling JR 1994, 113):
B fuhr mit seinem Pkw auf einer Staatsstraße. Bei einem verkehrsbedingten Halt in der Ortschaft L. verließ Z seinen vor dem Fahrzeug des B in gleicher Fahrtrichtung haltenden Pkw, um den B wegen dessen vorangegangenen Verkehrsverhaltens zur Rede zu stellen. B war sich bewusst, dass ihn der Fahrer dieses Pkw auf der Strecke seit H. hatte überholen wollen, und er ihn dadurch geärgert hatte, dass er, wenn Gegenverkehr herrschte, langsam gefahren war, während er, wenn das Überholen möglich gewesen wäre, beschleunigt hatte, und es dem Fahrer erst im Eingangsbereich der Ortschaft L. gelungen war, mit überhöhter Geschwindigkeit zu überholen. Als er den Fahrer deshalb aussteigen und auf sich zukommen sah, war ihm, obgleich der Fahrer keine äußerlichen Zeichen der Erregung zeigte, klar, dass ihn dieser nicht etwa nach dem Weg fragen wollte. Um eine Auseinandersetzung mit ihm zu vermeiden, richtete er, als Z auf etwa 2 m herangekommen war, durch das geöffnete Fenster seine Gaspistole auf diesen mit den Worten „Verpiss dich". Erwartungsgemäß hielt Z die Gaspistole für eine scharfe Waffe, weshalb er in sein Fahrzeug zurückkehrte.

---

§ 240 I, II StGB (Nötigung)
(1) Wer einen Menschen rechtswidrig mit Gewalt oder durch Drohung mit einem empfindlichen Übel zu einer Handlung, Duldung oder Unterlassung nötigt, wird mit Freiheitsstrafe bis zu drei Jahren oder mit Geldstrafe bestraft.
(2) Rechtswidrig ist die Tat, wenn die Anwendung der Gewalt oder die Androhung des Übels zu dem angestrebten Zweck als verwerflich anzusehen ist.

Die etwaige Nötigung des B gem. § 240 StGB gegenüber Z durch Vorhalten der Gaspistole und Aufforderung, sich wegzubewegen, ist gem. § 32 StGB gerechtfertigt.

Bemerkenswert sind die sog. Parklückenfälle.[30]

---

[29] Valerius, in: BeckOK-StGB, Stand 01.12.2016, § 240 Rn. 46.
[30] Hierzu Fischer, StGB, 64. Aufl. 2017, § 32 Rn. 39.

Beispiel 184:

BayObLG U. v. 07.02.1995 – 2 St RR 239/94 – NJW 1995, 2646 (Anm. Hemmer-BGH-Classics Strafrecht, 2003, Nr. 8; Schmidt JuS 1995, 1134; Otto JK 1996 StGB § 32/20):
B fuhr mit seinem Pkw in einen Parkplatz ein, den Z für einen Bekannten freihielt. B rechnete damit, dass Z den Parkplatz unter dem Eindruck des langsamen Zufahrens räumen werde. Da Z dies nicht tat, stieß B mit der Stoßstange seines Pkw gegen das linke Schienbein des Z. Dieser geriet dadurch aus dem Gleichgewicht und stürzte. Bei dem Sturz zog er sich eine Prellung unterhalb der Kniescheibe zu. Außerdem verletzte er sich am linken Ellenbogen und an der linken Hand.

§ 12 V StVO (Halten und Parken)
An einer Parklücke hat Vorrang, wer sie zuerst unmittelbar erreicht; der Vorrang bleibt erhalten, wenn der Berechtigte an der Parklücke vorbeifährt, um rückwärts einzuparken oder wenn er sonst zusätzliche Fahrbewegungen ausführt, um in die Parklücke einzufahren. Satz 1 gilt entsprechend für Fahrzeugführer, die an einer freiwerdenden Parklücke warten.

Problematisch ist, ob das Recht auf die Nutzung der Parklücke i.R.d. § 12 V StVO ein notwehrfähiges Rechtsgut ist.

Während das BayObLG dies bejahte, lehnt eine Gegenauffassung[31] dies ab. Als Teil des Rechts, sich im Rahmen der Rechtsordnung im Straßenverkehr frei zu verhalten und gewährte Positionen in Anspruch zu nehmen, wird man das Recht auf Parklücke unter den Schutz des § 32 StGB zu stellen haben.

(2) Angriff

(a) Grundlagen
Angriff ist jede durch menschliches Verhalten drohende Rechtsgutsverletzung.[32]

Erforderlich ist ein menschliches Verhalten mit Handlungsqualität.
    Für beispielsweise den „Angriff" von nicht gehetzten Tieren gilt § 32 StGB nicht, hier greift ggf. § 228 BGB.

Ein Angriff kann auch verbal erfolgen, z.B. durch Beleidigung oder Nötigung.[33]

---

[31] Z.B. Krey/Esser, AT, 6. Aufl. 2016, Rn. 475.

[32] Joecks, StGB, 11. Aufl. 2014, § 32 Rn. 7; aus der Rspr. vgl. OGH U. v. 22.02.1949 – StS 33/48 – NJW 1949, 389

[33] Perron, in: Sch/Sch, 29. Aufl. 2014, § 32 Rn. 3, 36a; aus der Rspr. vgl. BayObLG B. v. 28.02.1991 – RReg. 5 St 14/91 – NJW 1991, 2031 = NStZ 1991, 433 (Anm. Hassemer JuS 1991, 1062; Mitsch JuS 1992, 289; Vormbaum JR 1992, 163).

In absoluten **Bagatellfällen** an der Grenze der Sozialüblichkeit wird bisweilen schon ein Angriff verneint.[34]

Beispiel 185:

In der voll besetzten Straßenbahn rempelte Z mehrere Fahrgäste leicht an, um an einer Haltestelle schnell zum Ausgang zu kommen. B sah jedoch nicht ein, dass er sich von Z zur Seite drücken lassen musste, und schlug ihn mit einem Faustschlag zu Boden.

Es lässt sich überlegen, ob im Hinblick auf eine Körperverletzung nach § 223 I StGB die Rechtfertigung des B nach § 32 StGB schon daran scheitert, dass das Zur-Seite-Drücken des Z für einen Angriff auf die Willens- oder Fortbewegungsfreiheit zu unerheblich war.

Richtigerweise ist dies aber eine Frage der Gebotenheit.

Es ist strittig, ob nur ein **vorsätzliches** Verhalten einen Angriff i.S.d. § 32 StGB darstellen kann.[35]

Beispiel 186:

Z fuhr in betrunkenem Zustand mit seinem Auto und geriet in eine Fußgängerzone. Ohne es zu merken, fuhr er auf eine Gruppe Schulkinder zu. Der Passant B konnte einen Unfall nur dadurch verhindern, dass er eine herumstehende Mülltonne vor das Auto des Z warf und diesen dadurch zum Anhalten zwang. Das Auto wurde dabei erheblich beschädigt.

Durch das Verhalten des Z drohte den Schulkindern eine Körperverletzung oder gar Tötung. Z war jedoch nicht vorsätzlich in die Fußgängerzone gefahren, sondern nur – wegen seiner Trunkenheit – sorgfaltswidrig.

Die ganz h.M.[36] sieht entgegen einem Teil der Literatur[37] auch in einem unvorsätzlichen Handeln einen Angriff.

Zwar deutet der Wortlaut („Angriff") zunächst auf ein Vorsatzerfordernis hin. Allerdings ist die Opfersicht zu berücksichtigen: Der Rechtsgüterschutz gebietet es, bereits bei objektiv schädigender Tendenz von einem Angriff auszugehen.

---

[34] Vgl. B. Heinrich, AT, 5. Aufl. 2016, Rn. 341.

[35] Zsf. B. Heinrich, AT, 5. Aufl. 2016, Rn. 342; aus der Rspr. vgl. OGH U. v. 22.02.1949 - StS 33/48 - NJW 1949, 389.

[36] Vgl. nur Kindhäuser, LPK, 6. Aufl. 2015, § 32 Rn. 12.

[37] Vgl. Hoyer JuS 1988, 89 (95).

Immerhin muss dieser Angriff ferner rechtswidrig sein, außerdem die Verteidigung erforderlich und geboten, s. sogleich.

Strittig ist, ob ein Angriff zumindest verlangt, dass der Angreifer **sorgfaltswidrig** handelt.[38]

Beispiel 187:

B fuhr ordnungsgemäß mit seinem Rad, als plötzlich hinter einem Gebüsch ein Kind hervorsprang.

Während man z.T.[39] unter Hinweis auf das drohende Erfolgsunrecht einen Angriff auch in Fällen sorgfaltsgemäßen Verhaltens annimmt, verlangt die h.M.[40] ein zumindest sorgfaltswidriges Verhalten, d.h. zusätzlich Handlungsunrecht.

In der Tat fällt es schwer von einem Angriff – geschweige denn von einem rechtswidrigen – zu sprechen, wenn der „Angreifer" kein unerlaubtes Risiko setzt, sondern sich vollkommen ordnungsgemäß verhält. Zudem würde der „Angreifer", obwohl er nicht einmal entgegen der Sorgfalt handelte, mit den scharfen Folgen – d.h. ohne jede Interessenabwägung – der Notwehr belastet. In diesen Fällen ist § 34 StGB die passendere Regelung.

Strittig ist, ob Angriffe durch **Unterlassen** möglich sind.[41]

Beispiel 188:

B wurde trotz Wegfall der Voraussetzungen seiner Inhaftierung nicht freigelassen. Daher schlug er Wärter Z nieder und entkam.

Den Wärter traf aufgrund seiner Amtsträgereigenschaft eine besondere Rechtspflicht, Gefangene nach Wegfall der Inhaftierungsvoraussetzungen freizulassen. Er war sog. Garant i.S.d. § 13 StGB und somit Täter einer Freiheitsberaubung durch Unterlassen, §§ 239, 13 StGB.

Bisweilen[42] wird ein Angriff durch Unterlassen gänzlich abgelehnt.

---

[38] S. Joecks, StGB, 11. Aufl. 2014, § 32 Rn. 11; Sinn GA 2003, 96; z.T. auch als Frage der Rechtswidrigkeit des Angriffs eingeordnet; aus der Rspr. vgl. RG U. v. 24.11.1890 - 2703/90 - RGSt 21, 168.

[39] Vgl. RG U. v. 24.11.1890 - 2703/90 - RGSt 21, 168 (171).

[40] Vgl. nur Krey/Esser, AT, 6. Aufl. 2016, Rn. 482.

[41] Hierzu Lagodny GA 1991, 300; Kretschmer JA 2015, 589; aus der Rspr. vgl. BGH U. v. 14.03.1989 - 1 StR 25/89 - NJW 1989, 2479 = NStZ 1989, 431 (Anm. Otto JK 1990 StGB § 222/4; Hassemer JuS 1990, 147; Küpper JuS 1990, 184; Eue JZ 1990, 765).

[42] S. Perron, in: Sch/Sch, 29. Aufl. 2014, § 32 Rn. 10f.

Die ganz h.M. [43] hält das Unterlassen des sog. Garanten i.S.d. § 13 StGB, den eine besondere Rechtspflicht zum Handeln trifft, für einen Angriff i.S.d. § 32 StGB. Eine Minderheitsauffassung[44] hält darüber hinaus auch denjenigen für einen Angreifer, der ohne sog. Garantenpflicht Hilfe unterlässt und sich so nach § 323c StGB strafbar macht.

Beispiel 189:

Bei einem Unfall wurde Z lebensgefährlich verletzt. Ein zufällig vorbeikommender Arzt weigerte sich, Hilfe zu leisten. B drohte diesem mit Schlägen und zwang ihn so zur Hilfeleistung.

Einen Arzt, der außerhalb seines Dienstes vorbeikommt, trifft keine besondere Rechtspflicht zum Handeln, sondern allein die des § 323c StGB. Fraglich ist, ob dessen Unterlassen einen Angriff darstellt, der den B nach § 32 StGB rechtfertigen kann.

Für das Erfordernis einer besonderen Rechtspflicht i.S.d. § 13 StGB spricht, dass nur in diesen Fällen das Unterlassen dem aktiven Tun völlig gleichgestellt wird. Aus eben dieser Norm folgt auch, dass die Auffassung nicht überzeugt, die Angriffe durch Unterlassen gänzlich ablehnt.

Der Angriff muss **tatsächlich** und nicht nur in der Vorstellung des Täters vorgelegen haben. Sprach zwar zur Tatzeit (*ex ante*) viel für einen Angriff, stellte sich dann aber später (*ex post*) heraus, dass gar kein Angriff vorlag (sog. Scheinangriff), so greift § 32 StGB nicht.[45] Es gelten die Irrtumsregeln (sog. **Erlaubnistatumstandsirrtum**).

Der Angriff muss nicht gegenüber dem Verteidiger selbst stattfinden. Erfasst ist auch die sog. **Nothilfe** (s. § 32 II StGB: „von einem anderen"). Verteidiger und Angegriffener müssen nicht identisch sein.

Auf § 32 StGB stützen auch gewerbliche Nothelfer (z.B. Mitarbeiter privater Sicherheitsdienste) ihr Handeln.[46]

(b) Exkurs: Anwendung des § 32 StGB auf staatliches Handeln

▶ **Didaktische Aufsätze:**
   • Sydow, § 34 StGB – kein neues Ermächtigungsgesetz, JuS 1978, 222

---

[43] S. nur B. Heinrich, AT, 5. Aufl. 2016, Rn. 343 m.w.N.

[44] Z.B. Krey/Esser, AT, 6. Aufl. 2016, Rn. 476.

[45] Ganz h.M., vgl. Joecks, StGB, 11. Aufl. 2014, § 32 Rn. 82ff.; ausf. Graul JuS 1995, 1049; Schröder, JuS 2000, 235; Nippert/Tinkl JuS 2002, 964; Amelung Jura 2003, 91; aus der Rspr. vgl. OLG Stuttgart U. v. 07.10.1991 - 3 Ss 333/91 - NJW 1992, 850.

[46] Vgl. Erb, in: MK-StGB, 3. Aufl. 2017, § 32 Rn. 181; Kunz ZStW 1983, 973.

- Amelung, Die Rechtfertigung von Polizeivollzugsbeamten, JuS 1986, 329
- Beisel, Straf- und verfassungsrechtliche Problematiken des finalen Rettungsschusses, JA 1998, 721

Strittig ist, ob **staatliche Stellen** (insbesondere Polizeibeamte) sich i.S.d. § 32 StGB auf Notwehr und Nothilfe berufen können.[47]

Beispiel 190:

Polizist P beendete eine Geiselnahme, indem er den Täter erschoss (sog. finaler Rettungsschuss).

Beispiel 191:

BGH U. v. 30.06.2004 – 2 StR 82/04 – NStZ 2005, 31 (Anm. RA 2004, 678; Petersohn JA 2005, 9; LL 2005, 234):

G brach einen Zigarettenautomaten auf und wurde dabei beobachtet. Polizist B wurde zum Tatort geschickt. B näherte sich G, wobei er laut rief: „Halt, stehen bleiben, Polizei!" G lief indes über eine Terrasse zwischen Tischen und Stühlen in Richtung T-Straße davon, wobei er an einem der angeketteten Stühle zerrte. B glaubte, G wolle mit dem Stuhl gegen ihn vorgehen und zog sein Pfefferspray aus dem Koppel. G fragte: „Willst Du mich erschießen?". Wegen des Abstandes und der Bewegung, in der sich beide befanden, hatte das eingesetzte Pfefferspray keine nennenswerte Wirkung. Am Ende der Terrasse lagerte eine Palette Pflastersteine, links daneben lag ein ungeordneter Haufen dieser Pflastersteine mit einem Gewicht von jeweils etwa 3 kg. G nahm mindestens einen dieser Steine auf und warf ihn in Richtung des Kopfes des B, der ihm in einer Entfernung von 3 bis 4 m gegenüberstand. Auf Grund dieses Wurfes zog B seine Dienstwaffe und führte sie nach oben, um einen Warnschuss abzugeben. G warf in diesem Augenblick mit großer Wucht einen zweiten Stein nach B, der seinen Kopf nur knapp verfehlte, und drehte sich erneut nach hinten, um einen dritten Stein aufzuheben. B erkannte, dass ihm durch die Würfe eine erhebliche Gefahr drohte, zog die Waffe nach unten, um G in die Beine zu schießen und betätigte den Abzug der nicht vorgespannten Waffe. Der Schuss traf den sich gerade bückenden G 81 cm über dem Boden in den Rücken und eröffnete die Aorta vollständig, so dass G innerhalb kurzer Zeit verblutete.

---

[47] Hierzu Hillenkamp/Cornelius, 32 Probleme aus dem Strafrecht AT, 15. Aufl. 2017, 5. P.; Blei JZ 1955, 625; Schwabe JZ 1974, 634; Kinnen MDR 1974, 631; Amelung NJW 1977, 833; Schwabe NJW 1977, 1902; Klose ZStW 1977, 61; Roßnagel KJ 1977, 257; Bockelmann FS Dreher 1977, 235; Sydow JuS 1978, 222; Amelung NJW 1978, 623; Lange NJW 1978, 784; Kirchhof NJW 1978, 969; Schaffstein GS Schröder 1978, 97; Seebode FS Klug 1983, 359; Amelung JuS 1986, 329; Beisel JA 1998, 721; Béguelin GA 2013, 473.

Der Schusswaffengebrauch unterliegt für Polizeivollzugsbeamte nach dem öffentlichen Recht strengen Voraussetzungen (vgl. z.B. §§ 257-259 LVwG-SH). Fraglich ist, ob die Körperverletzung mit Todesfolge des B nach § 227 I StGB, d.h. die gefährliche Körperverletzung (§§ 223 I, 224 I Nr. 2, Nr. 5 StGB) und die fahrlässige Tötung (§ 222 StGB) auch durch allgemeine Rechtfertigungsgründe, hier Notwehr nach § 32 StGB, gerechtfertigt sein können.

Beispiel 192:

LG Frankfurt U. v. 20.12.2004 – 5/27 KLs 7570 Js 203814/03 (4/04) (Daschner / Gäfgen / von Metzler) – NJW 2005, 692 (Anm. Ellbogen Jura 2005, 339; Kudlich JuS 2005, 376; LL 2005, 238; RÜ 2005, 258; RA 2005, 222; Götz NJW 2005, 953; Erb NstZ 2005, 593; Braum KritV 2005, 283).

Z hatte einen elfjährigen Jungen in seine Gewalt gebracht und getötet, um von der Familie des – bereits toten – Kindes ein Lösegeld zu erpressen. Nachdem Z drei Tage nach der Entführung bei der Abholung des Geldes beobachtet und später festgenommen worden war, konzentrierten sich die polizeilichen Ermittlungen zunächst auf die Feststellung des Aufenthaltsorts des Opfers; es wurde vorläufig davon ausgegangen, dass das Kind noch am Leben sei und in einem Versteck festgehalten werde. Während der Zeit der Vernehmung des Z fand die Polizei in dessen Wohnung einen wesentlichen Teil des Lösegeldes und einen Zettel, auf dem Einzelheiten der Tatvorbereitung aufgeschrieben waren. Diese Funde ergaben, dass Z als Allein- oder Mittäter der Entführung dringend verdächtig war. Da Z durch sein Aussageverhalten die behördlichen Nachforschungen mehrfach bewusst fehlgeleitet hat, wies B1 den B2 an, bei der weiteren Befragung des Z diesem mit dem Einsatz physischen Zwangs zu drohen, um Z zur Preisgabe des Verstecks zu veranlassen. B1 war damals stellvertretender Behördenleiter des im Übrigen zuständigen urlaubsabwesenden Polizeipräsidenten, B2 leitete als „amtierender Leiter K 12" den in die Untersuchungen eingebundenen Unterabschnitt „Allgemeine Ermittlungen". B1 und B2 wussten, dass die Beweislage nicht sicher und insbesondere noch ungeklärt war, ob neben Z Mittäter existierten, die über das Schicksal des Kindes mitbestimmten. Weiterhin konnte eine sichere Überzeugung, dass Z bei seinen Äußerungen zu einem angeblichen Versteck wiederum gelogen hat, zu diesem Zeitpunkt aus den Ermittlungsergebnissen nicht hergeleitet werden. B1 und B2 wussten auch, dass ein von den beteiligten Abschnittsleitern erarbeiteter Stufenplan mit verschiedenen Maßnahmen – unter anderem einer Konfrontation des Z mit Angehörigen der Familie des Opfers – nicht von vornherein aussichtslos war. Über seine Anordnung und das weitere Geschehen fertigte B1 einen schriftlichen Vermerk an, in dem es unter anderem heißt:

„Am 30.09.2002, gegen 22.45 Uhr, teilte mir B2 mit, dass der Tatverdächtige Z weiterhin keine Angaben zum Verbleib des vermissten Kindes gemacht habe. Für den Fall der weiteren Weigerung habe ich die Anwendung unmittelbaren Zwangs angeordnet. Nach Sachlage ist davon auszugehen, dass sich das

Kind, sofern es noch am Leben ist, in akuter Lebensgefahr befindet (Entzug von Nahrung und Flüssigkeit, Außentemperatur).

Am 01.10.2002 um 06.15 Uhr teilte mir B2 mit, dass Z mittlerweile freiwillig ausgesagt habe. Nach seinen Angaben seien weitere Tatverdächtige festgenommen und Wohnungen – ohne Erfolg – durchsucht worden. Angeblich werde das Kind in einer Hütte am Langener Waldsee festgehalten. Dort werden zurzeit mehrere Hundertschaften zusammengezogen. Wegen des ausgedehnten Geländes und fehlender Eingrenzungsmöglichkeiten ist mit einer langen Suchaktion zu rechnen.

Der Vernehmungsbeamte des Z sei der Ansicht, dass dieser die Wahrheit gesagt habe. Im Gegensatz dazu vertrete der Polizeipsychologe die Auffassung, dass es sich um ein Lügengebäude handele.

Zur Rettung des Lebens des entführten Kindes habe ich angeordnet, dass Z

- nach vorheriger Androhung
- unter ärztlicher Aufsicht

durch Zufügung von Schmerzen (keine Verletzungen) erneut zu befragen ist. Die Feststellung des Aufenthaltsorts des entführten Kindes duldet keinen Aufschub; insoweit besteht für die Polizei die Pflicht, im Rahmen der Verhältnismäßigkeit alle Maßnahmen zu ergreifen, um das Leben des Kindes zu retten. Die Befragung des Z dient nicht der Aufklärung der Straftat, sondern ausschließlich der Rettung des Lebens des entführten Kindes.

B2 wurde angewiesen, den Z auf die bevorstehende Verfahrensweise vorzubereiten.

Um 08.25 Uhr teilte B2 mit, dass Z ,im Konjunktiv' eingeräumt habe, dass das Kind tot sei. Später ergänzte er diese Aussage durch den Hinweis auf eine Hütte im Bereich des Langener Waldsees und den Fundort der Leiche bei Birstein. Durch das inzwischen abgelegte Geständnis war die Maßnahme entbehrlich."

Ähnliches gilt für die Polizeivollzugsbeamten untersagte Androhung von Folter.

Nach der sog. verwaltungsrechtlichen Lösung[48] kann sich ein hoheitlich handelnder Amtsträger nicht auf die allgemeinen Rechtfertigungsgründe berufen.

Nach ganz h.M.[49] allerdings (sog. strafrechtliche Lösung) gelten diese durchaus, und zwar sowohl bei Selbstschutz als auch i.F.d. Nothilfe.[50]

Zwar droht bei Anwendung des § 32 StGB ein Leerlauf oder eine Umgehung spezieller Ermächtigungsnormen des Polizeirechts (z.B. §§ 255ff. LVwG-SH); bei deren Verletzung mögen durchaus auch beamtenrechtliche (disziplinarrechtliche) Konsequenzen zu ziehen sein. Aus strafrechtlicher Sicht allerdings ist nicht einzusehen, wieso ein Polizeibeamter, der sich auch oft in heikle Situationen begeben muss, schlechter stehen soll als eine Privatperson. Wenn jeder Dritte sich auf das

---

[48] Z.B. Jakobs, AT, 2. Aufl. 1993, 12/42ff.; 13/42.

[49] S. B. Heinrich, AT, 5. Aufl. 2016, Rn. 397 m.w.N.

[50] Insoweit diff. aber Fahl Jura 2007, 743 (744f., 749).

Nothilferecht berufen könnte, dann soll dies auch für Polizeibeamte gelten. Dies entspricht nicht nur der Interessenlage des Angegriffenen; manche Polizeigesetze verweisen ohnehin auf die allgemeinen Notwehrregeln, z.b. § 250 II LVwG („Das Recht der Polizeivollzugsbeamtinnen und Polizeivollzugsbeamten zur Verteidigung in den Fällen der Notwehr und des Notstandes bleibt unberührt."). Dass dies nicht nur für den Selbstschutz, sondern auch für die Nothilfe gelten muss, zeigt schon die Gleichbehandlung beider Situationen in § 32 StGB.

In den Beispielsfällen findet § 32 StGB mithin durchaus Anwendung, so dass die weiteren Voraussetzungen zu prüfen sind.

bb) Gegenwärtigkeit des Angriffs
Der Angriff muss gegenwärtig sein.

Dies ist rein zeitlich zu verstehen[51] und dann der Fall, wenn der Angriff, unmittelbar bevorsteht oder bereits begonnen hat und noch andauert.[52]

Das in § 32 StGB normierte Merkmal ist an sich überflüssig, da es bei fehlender Gegenwärtigkeit bereits an einem Angriff im Zeitpunkt der Verteidigungshandlung mangelt.

Bei der Prüfung der Gegenwärtigkeit gilt wiederum (vgl. oben) eine *ex-post*-Betrachtung[53]; der Verteidiger befindet sich ggf. im Erlaubnistatumstandsirrtum, wenn er z.B. einen bereits beendeten Angriff für noch nicht beendet hält.

Ein Angriff steht i.S.d. Definition der Gegenwärtigkeit dann unmittelbar bevor, wenn er jederzeit in eine Rechtsgutsverletzung umschlagen kann.[54]

I.E. ist problematisch, wann bereits ein gegenwärtiger Angriff anzunehmen ist, insbesondere beim versuchsnahen **Vorbereitungsstadium** und bei **Dauergefahren** (vorsorgliche Maßnahmen, Präventiv-Notwehr).[55]

Beispiel 193:

BGH U. v. 15.05.1979 – 1 StR 74/79 (Spanner) – NJW 1979, 2053 (Anm. Roxin, Höchstrichterliche Rspr. AT, 1998, Nr. 26; Geilen JK 1980 StGB vor § 32/1; Hassemer JuS 1980, 69; Schroeder JuS 1980, 336; Hruschka NJW 1980, 21; Hirsch JR 1980, 115; Koch JA 2006, 806):

---

[51] Erb, in: MK-StGB, 3. Aufl. 2017, § 32 Rn. 103.

[52] Fischer, StGB, 64. Aufl. 2017, § 32 Rn. 17f.; näher Dencker FS Frisch 2013, 477; aus der Rspr. vgl. zuletzt BGH U. v. 24.11.2016 - 4 StR 235/16 - NStZ-RR 2017, 38.

[53] Ganz h.M., vgl. Erb, in: MK-StGB, 3. Aufl. 2017, § 32 Rn. 104; aus der Rspr. vgl. wiederum BGH U. v. 24.11.2016 - 4 StR 235/16 - NStZ-RR 2017, 38.

[54] Fischer, StGB, 64. Aufl. 2017, § 32 Rn. 17.

[55] Hierzu Widmaier NJW 2003, 2788; Adomeit/Beckemper JA 2005, 35; Koch JA 2006, 806; Haverkamp GA 2006, 586.

Im Jahre 1975 bemerkten B und seine Ehefrau dreimal, dass ihnen auf unerklärliche Weise aus der Wohnung Geld abhanden kam. Im April 1976 erwachte die Ehefrau des B nachts im Schlafzimmer dadurch, dass jemand sie an der Schulter berührte. Sie sah im Halbdunkel einen Mann, der sich alsbald leise entfernte. B, von seiner Ehefrau verständigt, sah im Wohnzimmer den später Verletzten Z stehen, den er damals nicht kannte. Der Eindringling flüchtete sofort; der B setzte ihm nach, konnte ihn jedoch nicht erreichen. Er ließ nach diesen Vorfällen am Gartentor eine Alarmanlage anbringen und erwarb eine Schreckschusspistole. Etwa sechs Wochen später ertönte abends das Signal der Alarmanlage. B ergriff die Schreckschusspistole und lief in den Garten. Dicht neben sich bemerkte er denselben Mann, den er früher im Wohnzimmer gesehen hatte. Er gab einen Schuss aus der Schreckschusspistole ab, Z flüchtete wiederum. B verfolgte ihn, verlor ihn jedoch aus den Augen. Er zeigte die Vorkommnisse der Polizei an, die zum Erwerb eines Waffenscheins und einer Schusswaffe riet. Die Eheleute befürchteten, dass der Eindringling es auf die Ehefrau des B oder auf die Kinder abgesehen habe. Ihre Angst steigerte sich derart, dass sie abends fast nie mehr gemeinsam ausgingen, auf Theaterbesuche und die Teilnahme an sonstigen Veranstaltungen verzichteten und keine Einladungen mehr annahmen. Zeitweilig traten bei ihnen Schlafstörungen auf. Die Ehefrau des B, die eine Arztpraxis betrieb, befürchtete, wenn sie zu nächtlichen Hausbesuchen gerufen wurde, jemand laure ihr auf. B ließ nach diesen Ereignissen eine seiner Ehefrau gehörende Pistole instand setzen und nahm sie mit deren Einverständnis in Besitz, obwohl er die dazu erforderliche behördliche Erlaubnis nicht hatte. Am 29.04.1977 ertönte gegen 02.30 Uhr wieder die Alarmanlage. B und seine Frau verhielten sich ruhig und erbaten telefonisch polizeiliche Hilfe. Bevor diese eintraf, flüchtete der Eindringling. Am 09.09.1977 erwachte B gegen 01.50 Uhr durch ein Geräusch und sah am Fußende seines Bettes einen Mann stehen. Mit einem Schrei sprang er aus dem Bett, ergriff die Pistole und lud sie durch. Der Mann wandte sich zur Flucht, B lief hinterher. Wieder war der Eindringling schneller als er. B rief mehrfach „Halt oder ich schieße" und schoss schließlich, da Z nicht stehenblieb, zweimal in Richtung auf die Beine des Flüchtenden. Er wollte den Eindringling dingfest machen und so der für die Familie des B unerträglichen Situation ein Ende bereiten. B traf Z in die linke Gesäßhälfte und in die linke Flanke.

Problematisch ist, dass der konkrete Angriff des Z endete, als er floh und das Haus des B verließ. Der Schuss des B könnte aber der Verhinderung weiterer Belästigungen in der Zukunft gedient haben.

Beispiel 194:

BGH U. v. 25.03.2003 – 1 StR 483/02 – BGHSt 48, 255 = NJW 2003, 2464 = NStZ 2003, 482 = StV 2003, 665 (Anm. LL 2003, 777; RÜ 2003, 315; RA 2003, 463; famos 10/2003; Kargl Jura 2004, 189; Beckemper JA 2004, 99; Otto NStZ 2004, 142; Rengier NStZ 2004, 233; Hillenkamp JZ 2004, 48; Rotsch JuS 2005, 12):

B erschoss am 21.09.2001 gegen Mittag ihren schlafenden Ehemann G mit dessen Revolver. Dieser hatte sie über viele Jahre hinweg durch zunehmend aggressivere Gewalttätigkeiten und Beleidigungen immer wieder erheblich verletzt und gedemütigt. Als sie die Tat beging, sah sie keinen anderen Ausweg mehr, um sich und auch die beiden gemeinsamen Töchter vor weiteren Tätlichkeiten zu schützen. B lernte G im Jahre 1983 kennen und freundete sich mit ihm an. Dieser war bereits damals Mitglied einer Rockergruppe. Er wurde alsbald gegenüber B tätlich, indem er sie ohrfeigte. Gleichwohl heiratete B ihn 1986. Später, nach der Geburt der ersten Tochter J, versetzte er ihr auch Faustschläge ins Gesicht oder in die Magengegend und trat sie, wenn irgendetwas im täglichen Ablauf nicht seinen Vorstellungen entsprach oder B seinen „Befehlen" nicht mit der erwarteten Schnelligkeit nachkam. Zudem ging er immer mehr dazu über, bei jeder alltäglichen Verrichtung die Hilfe der B in Anspruch zu nehmen. Auch musste sie sämtliche Gegenstände wegräumen, die er irgendwo liegen ließ. Als B schließlich mit der zweiten Tochter T schwanger war, nahm er hierauf keine Rücksicht und versetzte ihr auch jetzt Fußtritte und Faustschläge in den Bauchbereich. Hierauf führte B zurück, dass T mit einer Lippen-Gaumen-Spalte zur Welt kam. Die Gewalttätigkeiten nahmen schließlich solche Ausmaße an, dass B im Mai 1988 den Entschluss fasste, sich von ihrem Mann zu trennen. Sie begab sich in ein Frauenhaus. Ihre Eltern waren nicht bereit, sie aufzunehmen, weil sie Furcht vor den Nachstellungen durch G hatten. Nachdem dieser jedoch Besserung gelobt hatte, kehrte B nach vier Wochen zu ihm zurück. Im Jahr 1993 kam es zu einem weiteren Übergriff, bei dem er sie so lange schlug, bis sie auf dem Boden liegen blieb. Danach trat er auf die am Boden Liegende mit seinen Springerstiefeln mehrfach ein; dabei erlitt sie eine Nierenquetschung. In der Klinik täuschte B zur Verschleierung indessen einen Sturz vor. Ein anderes Mal stieß G den Kopf der B mehrfach mit solcher Heftigkeit gegen eine Zimmerwand, dass diese großflächig mit Blut verschmiert wurde und B bewusstlos zu Boden fiel. Er selbst nahm an, er habe sie getötet. Seit Mitte der 90er Jahre schlug er sie, wann immer er meinte, sie habe etwas falsch gemacht. In einem Falle versetzte er ihr mitten in der Nacht während des Schlafs einen Faustschlag ins Gesicht, weil sie ihm nach seiner Auffassung Anlass zu eifersüchtigen Träumen gegeben hatte; die aufgeplatzte Lippe musste chirurgisch versorgt werden. Nachdem die Eheleute schließlich ein Hausgrundstück gekauft hatten und G selbst Hand im Garten anlegte, erwartete er, dass B auf seinen Wink notwendige Werkzeuge oder Hilfsmittel herbeiholte; dabei titulierte er sie regelmäßig als „Schlampe", „Hure" oder „Fotze" und bedachte sie mit Ohrfeigen oder Fußtritten. Registrierte er, dass diese Handlungsweise von Nachbarn beobachtet werden konnte, schickte er B ins Haus, folgte ihr und verabreichte ihr dann dort weitere Faustschläge und Fußtritte. In der neuen Umgebung wurden seine Gewalttätigkeiten noch intensiver und häufiger. Es kam vor, dass er seine Frau mit einem Baseballschläger oder sonstigen Gegenständen schlug, die gerade für ihn greifbar waren. Schließlich misshandelte und demütigte er sie auch vor seinen Freunden in seinem Motorradclub: Weihnachten 2000 schlug er sie in Anwesenheit der versammelten Vereinsmitglieder, zwang sie, vor ihm niederzuknien und ihm nachzusprechen, sie sei eine „Schlampe" und der „letzte Dreck". B nahm die ständigen Beleidigungen und Körperverletzungen ohne Widerworte oder gar Gegenwehr hin; sie meinte, dass ihr Mann sich sonst noch mehr erzürnen und noch kräftiger zuschlagen würde. Nachdem G sich im April 2001 als Gastwirt selbstständig gemacht hatte, steigerten sich seine Gewalttätigkeiten weiter. Er schlug nicht nur B. Auch die Töchter J und T bekamen jetzt Schläge „ins Genick", wenn sie sich seiner Auffassung nach aufsässig oder unbotmäßig verhielten. B, die G in jeder freien Minute für Handreichungen bei allen alltäglichen Verrichtungen zur Verfügung zu stehen hatte und ihn bedienen musste, fand seit der Eröffnung der Gaststätte kaum mehr Schlaf. Durch die fortgesetzten Beleidigungen und Tätlichkeiten geriet sie an die Grenzen ihrer psychischen und physischen Belastbarkeit. Körperlich magerte sie immer mehr ab. Im Sommer 2001 war sie ein drittes Mal von G schwanger, erlitt aber im August, also etwa einen Monat vor der Tat, eine Fehlgeburt. In den letzten beiden Tagen vor der Tat hatte G außergewöhnlich heftige Wutanfälle. So regte er sich auf, weil er fürchtete, nicht rechtzeitig zur Öffnung seiner Gaststätte zu kommen. Er machte die B dafür verantwortlich, weil sie ihn nicht früher geweckt habe. Als er sich über eine im Windzug klappernde Tür erregte und B versuchte, ihn zu beschwichtigen, gab er ihr mehrere wuchtige Ohrfeigen, die sie zu Boden warfen. Daraufhin trat er barfuß auf sie ein. Kurze Zeit später versetzte er ihr unvermittelt einen so starken Faustschlag in den Magen, dass sie sich vor Schmerz zusammenkrümmte. Anschließend ohrfeigte er sie heftig. Er war nun wütend, weil B dabei gegen eine Tür gestoßen war; er hielt ihr vor, dass die Tür hätte beschädigt werden können. Sodann trat er, der nun Springerstiefel trug, mindestens zehnmal auf die schließlich am Boden liegende B ein, kniete sich auf sie und schlug ihr mit den Fäusten ins Gesicht. Er zog sie an den Haaren zu sich heran und biss ihr in die Wange. Infolge der Verletzungen konnte B an diesem Tag nicht das gemeinsame Lokal aufsuchen und musste auch einen Zahnarztbesuch absagen. Als G am Tattag gegen 03.30 Uhr aus seinem Lokal nach Hause kam, stritt er erneut mit B. Eine halbe Stunde lang beschimpfte er sie, bespuckte sie und schlug ihr ins Gesicht, so dass sie aus dem Mund blutete. Schließlich ging er zu Bett, während B wach blieb, weil sie die Kinder um 6 Uhr für die Schule fertig machen musste. Später, gegen 9 Uhr, stieß sie beim Aufräumen in der Wohnung auf den von G illegal erworbenen achtschüssigen Revolver „Double Action" der Marke Aminius, Kaliber 22 Magnum, nebst Munition. Diesen verwahrte ihr Mann normalerweise in der Gaststätte, um sich gegen Racheakte verfeindeter Rockergruppen und Überfälle zu schützen. B hielt ihre Situation für vollkommen ausweglos, seit sie einige Wochen zuvor wahrgenommen hatte, dass sich ihr Allgemeinzustand wegen der Doppelbelastung im Haushalt und in der Gaststätte sowie auf Grund der Beschimpfungen und Tätlichkeiten ihres Mannes erheblich verschlechtert hatte. Sie glaubte daher, den sich steigernden Gewalttätigkeiten bald „nicht mehr standhalten zu können" und befürchtete, dass die Tätlichkeiten auch gegen die Töchter schlimmere Ausmaße annehmen könnten und sie selbst dann auf Grund ihres schlechten Allgemeinbefindens dagegen immer weniger würde unternehmen können. Nach drei gescheiterten Suizidversuchen mittels Tabletten in zurückliegender Zeit war in ihr die Einsicht gereift, dass ein Suizid keine Lösung sei, weil dann ihre Töchter den Gewalttätigkeiten des Mannes schutzlos ausgesetzt wären. Spätestens seit Sommer 2001 hatte sie sich deshalb verstärkt mit dem Gedanken befasst, dem Leben ihres Mannes ein Ende zu setzen. Sie sah in ihrer Situation keinen anderen Ausweg, den Gewalttätigkeiten durch G zu entkommen und ihre eigene sowie die Unversehrtheit ihrer Töchter für die Zukunft zu garantieren, als ihn zu töten. Eine Trennung von G meinte sie auch mit Hilfe staatlicher oder karitativer Einrichtungen nicht bewerkstelligen zu können. Für diesen Fall hatte er ihr – nachdem sie aus dem Frauenhaus zurückgekehrt war – wiederholt angedroht, dass er den Töchtern etwas antun würde. Auch sie selbst könne er jederzeit ausfindig machen. Selbst wenn er ins Gefängnis käme, sei sie nicht vor ihm sicher. Er werde schließlich irgendwann „wieder herauskommen". Überdies könne er auch aus dem Gefängnis heraus seine Freunde aus den Rockergruppen beauftragen, ihr etwas anzutun. B nahm diese Drohungen ernst. Tatsächlich waren G und die Rockergruppen, denen er angehörte, gerichtsbekannt äußerst gewalttätig. Nachdem B nach dem Auffinden des Revolvers längere Zeit mit sich gerungen hatte, ob dies die Gelegenheit sei, die von ihr bereits seit einiger Zeit in Aussicht genommene Tat zu begehen, entschloss sie sich, den Schritt zu wagen und ihren Ehemann zu töten. Sie sah darin die „einzige Lösungsmöglichkeit", um die für sie ruinöse Beziehung zu ihrem Mann zu beenden. Sie betrat das Schlafzimmer und feuerte aus einer Entfernung von rund 60 cm den Inhalt der gesamten Trommel des achtschüssigen Revolvers in Sekundenschnelle auf ihren schlafenden Ehemann ab. Zwei der Geschosse trafen und führten umgehend zu seinem Tod.

Im Zeitpunkt der Schüsse schlief G und griff die B nicht an. B schoss, um zukünftige Übergriffe zu verhindern. Schon aufgrund ihrer körperlichen Unterlegenheit musste sie dafür darauf warten, dass G schlief.

Die h.M.[56] folgt angesichts der Schneidigkeit des Notwehrrechts bei der Auslegung der Gegenwärtigkeit in § 32 StGB einem restriktiven Ansatz: Selbst wenn im Zeitpunkt der Verteidigungshandlung die Gelegenheit besonders günstig war, ändere dies nichts daran, dass zur Zeit der Tat gerade kein akuter Angriff stattfand. Ggf. greife § 34 StGB (rechtfertigender Notstand).
    Eine Gegenauffassung[57] wendet § 32 StGB demgegenüber (zumindest analog) an, wenn eine Dauergefahr wirksam beseitigt werden kann, sog. notwehrähnliche Lage.
    Der h.M. ist zuzustimmen, da das schneidige Notwehrrecht – ohne Güterabwägung – nur in akut zugespitzten Situationen („Kampf ums Recht") angemessen ist; i.Ü. ist der Rückgriff auf die Notstände nach §§ 34, 35 StGB ausreichend.

---

[56] S. Joecks, StGB, 11. Aufl. 2014, § 32 Rn. 9f.

[57] Jakobs, AT, 2. Aufl. 1993, 12/27.

Der Angriff dauert an, bis er beendigt ist, d.h. der Angriff fehlgeschlagen ist oder die Rechtsgutsverletzung nicht mehr abzuwenden ist, weil sie eingetreten ist.[58]

Beispiel 195:

Z brach in die Villa des B ein und war gerade dabei, das Tafelsilber einzupacken, als B erwachte und das Wohnzimmer betrat. Z ließ alles stehen und liegen. Dennoch wurde er von B verfolgt, der ihn niederschlug und fesselte, bis die Polizei eintraf.

Der Angriff auf das Eigentum des B in Gestalt eines versuchten schweren Diebstahls nach §§ 242 I, 244 I Nr. 3, 22, 23 StGB war damit beendet, dass der Z floh. Die Verfolgung, Niederschlagung und Fesselung durch B kann nicht nach § 32 StGB, aber als vorläufige Festnahme nach § 127 I 1 StPO gerechtfertigt sein.

Gegenwärtigkeit liegt aber dann vor, wenn in unmittelbarem Zusammenhang die **Wiederholung** einer Verletzungs- oder Angriffshandlung zu befürchten ist[59] (vgl. z.B. mehrere Ohrfeigen).

Hat der Angreifer einen **rechtswidrigen Zustand** geschaffen (insbesondere eine Flucht mit Beute), so liegt ein gegenwärtiger Angriff solange vor, bis eine situative Zäsur eintritt.[60]

Beispiel 196:

Z brach in die Villa des B ein und floh mit deren wertvollem Schmuck in der Tasche. B sah dies, verfolgte Z, erreichte diesen nach 500 Metern und schlug ihn von hinten nieder.

Hier dürfte der Angriff noch gegenwärtig gewesen sein.

---

[58] Fischer, StGB, 64. Aufl. 2017, § 32 Rn. 18; aus der Rspr. vgl. RG U. v. 20.09.1920 - I 384/20 (Obstdieb) - RGSt 55, 82 (Anm. Fahl JA 2000, 460); BGH U. v. 12.02.2003 - 1 StR 403/02 - BGHSt 48, 207 = NJW 2003, 1955 − NStZ 2003, 425 = StV 2003, 557 (Anm. Trüg JA 2003, 272; Martin JuS 2003, 716; LL 2003, 630; RÜ 2003, 265; RA 2003, 399; famos 5/2003; Schneider NStZ 2003, 428; Roxin JZ 2003, 966; Geppert JK 2004 StGB § 211/41; Bürger JA 2004, 298; Bendermacher JR 2004, 301; Quentin NStZ 2005, 128).

[59] Vgl. Momsen/Savic, in: BeckOK-StGB, Stand 01.12.2016, § 32 Rn. 20; aus der Rspr. vgl. zuletzt BGH U. v. 24.11.2016 - 4 StR 235/16 - NStZ-RR 2017, 38.

[60] Fischer, StGB, 64. Aufl. 2017, § 32 Rn. 18; Kühl JuS 2002, 729; Wiegand/Zabel HRRS 2004, 202; aus der Rspr. vgl. LG München I U. v. 10.11.1987 - Ks 121 Js 4866/86 - NJW 1988, 1860 = NStZ 1989, 25 (Anm. Beulke Jura 1988, 641; Schroeder JZ 1988, 567; Mitsch JA 1989, 79; Mitsch NStZ 1989, 26; Puppe JZ 1989, 728).

Beispiel 197:

Z entwendete das Fahrrad des B. Zwei Wochen später sah B, wie Z mit dem Rad des B durch die Innenstadt fuhr. Er sprang ihm hinterher und zerrte ihn mit einem schmerzhaften Griff zu Boden.

Ein gegenwärtiger Angriff i.S.d. § 32 StGB lag nicht vor. Zu denken ist allerdings an § 34 StGB und § 127 StPO.

cc) Rechtswidrigkeit des Angriffs

Der Angriff muss rechtswidrig sein.[61]

Dies ist insbesondere nicht der Fall, wenn der **Angreifer seinerseits gerechtfertigt** ist, was bei Anlass inzident zu prüfen ist. So gibt es z.B. „keine Notwehr gegen Notwehr".

Beispiel 198:

vgl. BGH U. v. 23.01.2003 – 4 StR 267/02 – NStZ 2003, 599 (Anm. RA 2003, 313; Otto JK 2004 StGB § 32/28; LL 2004, 108):

Z1, bisherige Lebensgefährtin des B1, trennte sich von diesem und zog 2009 in eine Wohnung nach Kiel, wo sie in der Folgezeit mit ihren zwei Kindern lebte. Auch G, mit dem Z1 im Jahr 2008 ein Verhältnis begonnen hatte, hielt sich dort regelmäßig auf. B1, der sich mehrfach vergeblich um die Rückkehr seiner Lebensgefährtin bemüht hatte, wusste dies. B2, die Ehefrau des G, die von diesem vor etwa anderthalb Jahren verlassen worden war (ohne dass die Ehe geschieden worden wäre), wollte diesen ebenfalls zurückgewinnen. Sie überredete B1 im Juni 2009, sie zusammen mit ihren Kindern sowie zwei weiteren Erwachsenen, B3 und B4, zu der ihr unbekannten Wohnung zu begleiten, um eine Aussprache mit G herbeizuführen. Dementsprechend betraten B1 und B4 gegen 23 Uhr die Wohnung in Kiel. Letzterer fertigte – wie zuvor gemeinsam beabsichtigt – im Schlafzimmer zwei Lichtbilder von dem dort schlafenden G zum Beweis seiner Beziehung zu Z1. Daraufhin wurden die Eindringlinge von Z1 der Wohnung verwiesen. B1, der den ihm körperlich überlegenen G fürchtete und deshalb stets zur Verteidigung zwei Küchenmesser in seinen Hosentaschen mit sich führte, kehrte wenig später allein in die Wohnung zurück und nahm aus der Küche ein weiteres Messer mit, um es vor G zu verstecken. Anschließend wartete er mit seinen Begleitern vor dem Haus. Dorthin folgte ihm G, der inzwischen geweckt worden war. Er war wegen des Erscheinens der Besucher sowie der Anfertigung der Fotos erregt und rannte erst dem B4 und dann dem B1 hinterher, ohne jedoch einen der beiden zu erreichen. B2, die G beschimpft, am Arm gepackt und ins Gesicht geschlagen hatte und daher von diesem ebenfalls ins Gesicht geschlagen worden war, zog ihre Tochter schützend vor sich und

---

[61] Hierzu Schmidt NJW 1960, 1706; Hirsch FS Dreher 1977, 211.

trommelte nunmehr mit den Fäusten auf den Oberkörper des G ein. Während es B3 gelang, die Tochter wegzuziehen, kam B1, um der B2 zu helfen, auf G zu, wobei er zwei der mitgeführten Messer mit nach oben gerichteten Klingen in den Händen hielt. G schlug dem B1 daraufhin mit der Hand ins Gesicht. Da B1 fürchtete, G könne ihm die Messer entreißen und gegen ihn verwenden, stach er 31-mal mit beiden Messern frontal auf dessen Rumpf und Arme ein. G versuchte, die Stiche mit den Händen abzuwehren, und lief auf die gegenüberliegende Straßenseite. Dort brach er kurz darauf zusammen und verstarb später in Folge der Stichverletzungen durch Verbluten.

Die Körperverletzung mit Todesfolge (§ 227 I StGB) seitens B1 durch 31-maliges Zustechen mit den Messern könnte nach § 32 StGB gerechtfertigt sein, wenn in dem Schlag des G in das Gesicht des B1 ein gegenwärtiger rechtswidriger Angriff zu sehen ist. G könnte dabei allerdings selbst gerechtfertigt gewesen sein, da B1 zuerst mit den Messern auf den G zugetreten war. B1 wiederum könnte dabei durch Nothilfe zugunsten der B2 gerechtfertigt gewesen sein, die von G in das Gesicht geschlagen worden war. Die Schläge des G waren jedoch eine Reaktion darauf, dass B2 ihn beschimpft, am Arm gepackt und auch in das Gesicht geschlagen hatte.

Im Rahmen einer Falllösung ist der Verlauf der Auseinandersetzung chronologisch zu prüfen, es sei denn der Bearbeitervermerk beschränkt die Prüfung auf bestimmte Personen – dann ist ggf. die Historie der Tathandlung inzident abzuhandeln. Handelt der „Angreifer" selbst in Notwehr, so mangelt es für den „Verteidiger" an einer Notwehrlage.

Ferner kommt z.B. bei einverständlichen Prügeleien eine rechtfertigende Einwilligung in Betracht.[62]

Beispiel 199:

BayObLG B. v. 07.09.1998 – 5 St RR 153/98 (Aufnahmeritual) – NJW 1999, 372 = NStZ 1999, 458 (Anm. Geppert JK 1999 StGB § 228/1; Martin JuS 1999, 403; LL 1999, 242; Amelung NStZ 1999, 458; Otto JR 1999, 124):
Am Abend des 06.02.1997 hielten sich der Z, der B (Mitglied der „B.-Jugendgang") sowie weitere Jugendliche auf dem Parkplatz des E-Marktes in B. auf. Um als Mitglied in diese Jugendgang aufgenommen zu werden, erklärte sich Z gegen 19.30 Uhr gegenüber B dazu bereit, sich dem Aufnahmeritual der Gang zu unterwerfen. Dieses bestand darin, dass sich der Bewerber von drei Mitgliedern der Gang zusammenschlagen lässt. Der Bewerber darf sich während dieses Vorgangs, der zwei Minuten dauern soll, gegen die Angreifer wehren und kann auch

---

[62] Vgl. Fischer, StGB, 64. Aufl. 2017, § 32 Rn. 21a; aus der Rspr. vgl. BGH U. v. 22.01.2015 - 3 StR 233/14 - BGHSt 60, 166 = NJW 2015, 1540 = NStZ 2015, 270 (Anm. Satzger Jura 2015, 1138; LL 2015, 663; RÜ 2015, 305; Mitsch NJW 2015, 1545; Zabel JR 2015, 619; Knauer HRRS 2015, 435).

jederzeit darauf bestehen, dass der Kampf abgebrochen wird. Z wurde insbesondere ausführlich über diese „Spielregeln" aufgeklärt. Hierbei wurde er auch ausdrücklich darauf hingewiesen, „dass er auch mit schlimmen Schlägen rechnen müsse und hierbei auch etwas Schlimmes" („blaues Auge", „Rippenbrüche", „ein paar Zähne fehlen") passieren könne. Unmittelbar danach schlugen B und die anderen (?) u.a. sofort mit Fäusten auf Z ein und traten Z. Auch nachdem dieser zu Boden gestürzt war, wurde er weiter wahllos mit Schlägen und Tritten gegen Körper und Kopf traktiert. Schließlich, etwa nach einer Minute, ließen die Schläger von Z ab und fragten ihn, ob er den „Aufnahmetest" abbrechen wolle. Da Z wieder aufstand und erklärte, dass er weitermachen wolle, schlugen und traten sie erneut auf Z ein, so dass dieser wiederum zu Boden ging und benommen liegen blieb. Schließlich halfen die Schläger dem Z dabei, wieder aufzustehen.

Bei **Verwaltungshandeln** – z.B. durch Polizeibeamte – ist zu beachten, dass nicht jeder öffentlich-rechtliche oder strafprozessuale Mangel dazu führt, dass der Amtsträger den Betroffenen i.S.d. § 32 StGB rechtswidrig angreift; dies ist nur bei besonders schwerwiegenden Verstößen der Fall (sog. **strafrechtlicher Rechtmäßigkeitsbegriff**).[63] Dadurch, dass nur grobe formelle oder materielle Mängel des Verwaltungshandelns die Rechtmäßigkeit ausschließen, sollen v.a. Polizisten vor den Folgen eines Notwehrrechts des Maßnahmebetroffenen geschützt werden.[64]

Nach ganz h.M. muss der Angriff **nicht schuldhaft** sein,[65] so dass auch schuldlos oder entschuldigt Handelnde i.S.d. § 32 StGB angreifen. Dies folgt aus einem Umkehrschluss aus dem Erfordernis eines rechtswidrigen Angriffs im Wortlaut der Norm sowie aus dem Aspekt des Rechtsgüterschutzes.

b) Sog. Notwehrhandlung

Mit dem Begriff der Notwehrhandlung wird umschrieben, dass gem. § 32 StGB nur eine erforderliche (§ 32 II StGB) und gebotene (§ 32 I StGB) Verteidigungshandlung gerechtfertigt ist.

aa) Verteidigung: gegen Angreifer gerichtet

▶ **Didaktische Aufsätze:**
  • Kühl, Angriff und Verteidigung bei der Notwehr, Jura 1993, 57, 118 und 233
  • Fahl, Zur Beschränkung der Notwehr auf Rechtsgüter des Angreifers, JA 2016, 805

---

[63] Wie bei § 113 StGB; zsf. Kühl, AT, 8. Aufl. 2017, § 7 Rn. 70.

[64] Zum Ganzen (krit.) Erb, in: MK-StGB, 3. Aufl. 2017, § 32 Rn. 72ff.

[65] Vgl. Kindhäuser, LPK, 6. Aufl. 2015, § 32 Rn. 25f.; ausf. Krause GS Hilde Kaufmann 1986, 673; Jäger FS Beulke 2015, 127; a.A. Hoyer JuS 1988, 89 (96).

§ 32 StGB rechtfertigt nur die „Verteidigung".

Hierbei kann es sich um bloße sog. **Schutzwehr** handeln (z.B. Parieren eines Schlages oder schützendes Vorhalten eines Messers), aber auch um sog. **Trutzwehr** in Form eines Gegenangriffs.[66]

Nach ganz h.M. handelt es sich hierbei nur dann um Verteidigung i.S.d. § 32 StGB, wenn die Abwehrhandlung **Rechtsgüter des Angreifers** betrifft.

Beispiel 200:

Z1 wollte Z2 in seinem Hotelzimmer töten. B hörte die Schreie des Z2, trat die Tür ein und konnte Z1 sodann überwältigen. Strafbarkeit des B nach § 303 StGB?

Beispiel 201:

Z1 war in die Villa der Witwe W eingedrungen und hatte deren wertvollen Schmuck eingesteckt. Er wurde jedoch von B, dem Mitarbeiter des privaten Sicherheitsdienstes, überrascht und verfolgt. Auf der Flucht brach Z1 das Auto des Nachbarn Z2 auf, schloss dieses kurz und brauste mitsamt der Beute davon. B konnte ihn nur noch dadurch stoppen, dass er mit seiner Pistole auf die Reifen des Wagens schoss. Dadurch brach der Wagen, wie von B beabsichtigt, aus und prallte gegen einen Baum. Das Auto erlitt einen Totalschaden, Z1 wurde schwer verletzt.

In beiden Fällen ist das Eigentum – an der Hotelzimmertür bzw. an dem Auto – kein Rechtsgut des Z1. Eine Rechtfertigung nach § 32 StGB scheidet aus, aber §§ 904 BGB, 34 StGB kommen in Betracht.

Der Eingriff in Rechtsgüter Dritter kann nicht durch § 32 StGB gerechtfertigt werden, sondern ggf. gem. §§ 34 StGB, 904 BGB. Eine drittwirkende Notwehr gibt es daher nicht,[67] und zwar auch dann nicht, wenn der Angreifer eine fremde Sache bei seinem Angriff verwendet.

Verteidigungsmaßnahmen können auch zeitlich **vor dem Angriff** getroffen werden (antizipierte Notwehr), v.a. in Gestalt von technischen Selbstschutzanlagen, z.B. Selbstschussvorrichtungen, Fangeisen, Tretminen, Sprengsätze, Fallgruben, Hunde oder Glasscherben.[68] Die Voraussetzungen des § 32 StGB hängen von der Sachlage

---

[66] Fischer, StGB, 64. Aufl. 2017, § 32 Rn. 23; Erb, in: MK-StGB, 3. Aufl. 2017, § 32 Rn. 120.

[67] Ganz h.M., hierzu zsf. Kindhäuser, LPK, 6. Aufl. 2015, § 32 Rn. 28; vgl. auch Koch ZStW 2010, 804; Lanzrath/große Deters HRRS 2011, 161; Fahl JA 2016, 805; aus der Rspr. vgl. BGH U. v. 26.10.1993 - 5 StR 493/93 - BGHSt 39, 374 = NJW 1994, 871 = NStZ 1994, 277 (Anm. Hemmer-BGH-Classics Strafrecht, 2003, Nr. 8; Bandemer JA 1994, 185; Schmidt JuS 1994, 711; Spendel NStZ 1994, 279; Arzt JZ 1994, 314).

[68] Hierzu Kunz GA 1984, 539; Schlüchter FS Lenckner 1998, 313; Herzog GS Schlüchter 2002, 209; Müssig ZStW 2003, 224; Heinrich ZIS 2010, 183; Rönnau JuS 2015, 880

im Zeitpunkt der Einwirkung (z.B. Auslösung der Selbstschutzanlage) ab. Das Risiko z.B. mangelnder Erforderlichkeit des durch eine Selbstschussvorrichtung abgegebenen Schusses trägt freilich der Verteidiger.

bb) Erforderlichkeit

Gem. § 32 StGB muss die Verteidigungshandlung erforderlich sein.

Dies ist dann der Fall, wenn sie zur Abwehr des Angriffs geeignet ist und ferner das mildeste Mittel darstellt.[69]

(1) Eignung (Geeignetheit) der Verteidigungshandlung

▶ **Didaktischer Aufsatz:**
  • Warda, Die Eignung der Verteidigung als Rechtfertigungselement bei der Notwehr (§§ 32 StGB, 227 BGB), Jura 1990, 344 und 393

Zur Abwehr des Angriffs geeignet ist die Verteidigung dann, wenn sie objektiv *ex ante* (d.h. nach dem Urteil eines besonnenen Dritten in der Lage des Angegriffenen) ein taugliches Mittel ist, den Angriff sofort und ohne Gefährdung eigener Interessen abzuwehren.[70] Hierzu zählt auch die Abschwächung oder Verzögerung des Angriffs.

Die Anforderungen sind jedoch niedrig anzusetzen, so dass jedes nicht völlig aussichtslose Vorgehen bereits geeignet ist.

(2) Mildestes Mittel und möglichst schonender Einsatz

Der Verteidiger ist nur beim Einsatz des für den Angreifer mildesten Mittels gerechtfertigt.

Er hat nach konkreter Kampflage (vgl. Intensität des Angriffs, Gefährlichkeit des Angreifers, Verteidigungsmöglichkeiten) objektiv *ex ante*[71] das Mittel auszuwählen, das bei gleicher Eignung (sofortige, sichere und endgültige Beendigung des Angriffs) den Angreifer möglichst schont.[72]

Auch und gerade konstitutionell bedingte Schwächen beim Verteidiger (z.B. Körperkraft) sind zu berücksichtigen.

---

[69] B. Heinrich, AT, 5. Aufl. 2016, Rn. 254ff.; krit. aber zum Erfordernis der Eignung Erb, in: MK-StGB, 3. Aufl. 2017, § 32 Rn. 150ff.; aus der umfangreichen Rspr. vgl. zuletzt BGH B. v. 22.06.2016 - 5 StR 138/16 - NStZ 2016, 593 = NStZ-RR 2016, 271 (Anm. Erb JR 2016, 600; Satzger Jura 2017, 494; Albrecht jurisPR-StrafR 3/2017 Anm. 3).

[70] Fischer, StGB, 64. Aufl. 2017, § 32 Rn. 28f.; Warda Jura 1990, 344 und 393; Warda GA 1996, 405; Joecks FS Grünwald 1999, 251; aus der Rspr. vgl. OLG Düsseldorf B. v. 15.10.1993 - 2 Ss 175/93 - 65/93 II - 2 Ws 214/93 - NJW 1994, 1971 = NStZ 1994, 343.

[71] H.M., hierzu Otto Jura 1988, 330; aus der Rspr. vgl. zuletzt OLG Düsseldorf III-1 Ws 63/16 (Anm. RÜ 2016, 637; famos 12/2016; Eisele JuS 2017, 81; Staudinger jurisPR-StrafR 26/2016 Anm. 4); BGH B. v. 22.06.2016 - 5 StR 138/16 - NStZ 2016, 593 = NStZ-RR 2016, 271 (Anm. Erb JR 2016, 600; Satzger Jura 2017, 494; Albrecht jurisPR-StrafR 3/2017 Anm. 3).

[72] Fischer, StGB, 64. Aufl. 2017, § 32 Rn. 30ff.

Nicht verwechselt werden darf die Voraussetzung der Erforderlichkeit der Verteidigung mit einer **Verhältnismäßigkeitsprüfung**. § 32 StGB gewährt insofern ein
schneidiges Notwehrrecht, als die Verteidigung in ihrer Intensität auch über das
hinausgehen darf, was als Rechtsgutsverletzung drohte (z.B. beträchtliche Körperverletzung zur Abwehr eines Diebstahls).[73] Lediglich in Extremfällen mangelt es an
der Gebotenheit.[74]

Der Verteidiger muss kein Risiko eingehen – vor allem, dass ein zweites Mittel zu
spät käme. In der Praxis und der Fallbearbeitung ist das Restriktionspotential der
Erforderlichkeit daher vergleichsweise gering, da nicht selten nichts so effektiv ist
wie die Tötung des Angreifers. Allerdings besteht angesichts der Vagheit der Anforderungen die Gefahr, dass lebensfremde tatrichterliche Unterstellungen bzgl. des
Einsatzes milderer Mittel vorkommen.[75]

Zu beachten ist, dass **Ausweichen** keine i.R.d. Notwehr zu beachtende Verteidi-
gungsalternative ist. Eine sog. schimpfliche Flucht wird vom Verteidiger auch
dann nicht verlangt, wenn sie ohne Weiteres möglich wäre. Das Recht braucht dem
Unrecht nicht zu weichen.[76] Auch Handlungsalternativen im **Vorfeld** der Notwehrlage sind unbeachtlich.

Zur Verteidigung dürfen auch **lebensgefährliche Mittel** eingesetzt werden.[77]
  Insbesondere beim **Schusswaffengebrauch**[78] wird aber die Voraussetzung der
Erforderlichkeit deutlich: Vor der Abgabe eines Schusses ist dies grundsätzlich
zunächst verbal anzudrohen, dann ist ein Warnschuss in die Luft abzugeben; und
auch danach gilt, dass vor tödlichen Schüssen an zunächst nur verletzende Schüsse
zu denken ist. Ein fehlender Waffenschein des Verteidigers ist hierbei übrigens

---

[73] Fischer, StGB, 64. Aufl. 2017, § 32 Rn. 31.

[74] S. sogleich.

[75] Hierzu Erb NStZ 2011, 186; Erb GA 2012, 65.

[76] Vgl. Krauß FS Puppe 2011, 635; Kindhäuser FS Frisch 2013, 493; aus der Rspr. vgl. jüngst
BGH B. v. 12.4.2016 - 2 StR 523/15 - NStZ 2016, 526 (Anm. Bosch Jura 2016, 1223; Hecker
JuS 2016, 1036, RÜ 2016, 504; Engländer NStZ 2016, 527); OLG Düsseldorf B. v. 02.06.2016
- III-1 Ws 63/16 (Anm. RÜ 2016, 637; famos 12/2016; Eisele JuS 2017, 81; Staudinger jurisPR-
StrafR 26/2016 Anm. 4).

[77] Vgl. Fischer, StGB, 64. Aufl. 2017, § 32 Rn. 33a;aus der Rspr. vgl. BGH U. v. 27.09.2012 - 4
StR 197/12 - NStZ-RR 2013, 139 = StV 2013, 503 (Anm. Bosch JK 2013 StGB § 32/38; von
Heintschel-Heinegg JA 2013, 69; RÜ 2013, 25; Erb HRRS 2013, 113).

[78] S. Fischer, StGB, 64. Aufl. 2017, § 32 Rn. 33a, 34; aus der Rspr. vgl. BGH U. v. 22.11.2000 - 3
StR 331/00 - NJW 2001, 1075 = NStZ 2001, 143 = StV 2001, 568 (Anm. Puppe, AT, 3. Aufl. 2016,
§ 15 Rn. 19ff.; Engländer Jura 2001, 534; Utsumi Jura 2001, 538; Heuchemer JA-R 2001, 81;
Martin JuS 2001, 512; Mitsch JuS 2001, 751; LL 2001, 409; RÜ 2001, 78; RA 2001, 170; famos
3/2001; Eisele NStZ 2001, 416; Jäger JR 2001, 512; Roxin JZ 2001, 667).

irrelevant.[79] Auch i.Ü. verbietet sich eine schematische Beurteilung etwa i.S.e. „Checkliste".

Minusmaßnahmen wie Androhungen[80] oder Warnschüsse sind bei alledem aber nur dann erforderlich, wenn sie geeignet sind, den Angriff endgültig abzuwehren.[81] Je harmloser der Angriff ist, umso eher wird hiervon auszugehen sein.[82]

Beispiel 202:

B wurde abends in seiner Stammkneipe von Z fortlaufend angepöbelt und beleidigt. Als Z ihn dann auch noch packte und vom Barhocker zog, fragte sich B, wie er auf das Verhalten des Z reagieren sollte. Es standen ihm dabei mehrere Möglichkeiten zur Wahl: Er könnte

- die mitgeführte Pistole ziehen und B erschießen.
- das auf der Theke stehende Bierglas nehmen, es B über den Kopf schlagen und diesen dadurch lebensgefährlich verletzen.
- B mit einem gezielten Faustschlag k.o. schlagen.
- ihm mit der mitgeführten Waffe lediglich drohen.
- aufstehen und fliehen.

B muss nicht aufstehen und fliehen. Bevor er Z aber mit der Pistole erschießt, kann es ihm angesichts des vergleichsweise harmlosen Angriffs zugemutet werden, zunächst mit der Waffe zu drohen. Auch gegenüber der potentiell lebensgefährlichen Verletzung und dem zur Bewusstlosigkeit führenden Faustschlag stellt die Drohung, die lediglich die Willensfreiheit beeinträchtigt, ein milderes Mittel dar. Sofern sie den Angriff des Z ebenso sicher beendet wie dessen Kampfunfähigkeit oder Bewusstlosigkeit, ist sie das Mittel der Wahl.

Problematisch sind **ungewollte Auswirkungen** einer Verteidigungshandlung, die in ihrer Wirkung das eigentlich Erforderliche überschreiten.[83]

---

[79] Vgl. obige Nachweise; eine andere Frage ist, ob § 32 StGB dann auch den Verstoß gegen das WaffG rechtfertigt, hierzu Fischer, StGB, 64. Aufl. 2017, § 32 Rn. 33; aus der Rspr. vgl. BGH B. v. 13.01.2010 - 3 StR 508/09 - NStZ-RR 2010, 140.

[80] Zur Drohung als allein erforderliche Verteidigung Momsen/Savic, in: BeckOK-StGB, Stand 01.12.2016, § 32 Rn. 28.

[81] Fischer, StGB, 64. Aufl. 2017, § 32 Rn. 33a; aus der Rspr. vgl. BGH U. v. 02.11.2011 - 2 StR 375/11 - NStZ 2012, 272 = StV 2012, 332 (Anm. Satzger JK 2012 StGB § 32/37; Jäger JA 2012, 227; Hecker JuS 2012, 263; RÜ 2012, 162; RA 2012, 109 und 117; famos 3/2012; Engländer NStZ 2012, 274; Voigt/Hoffmann-Holland NStZ 2012, 362; Mandla StV 2012, 334; Erb JR 2012, 207; van Rienen ZIS 2012, 377; Burchard HRRS 2012, 421; Kraatz Jura 2014, 787).

[82] Momsen/Savic, in: BeckOK-StGB, Stand 01.12.2016, § 32 Rn. 28.

[83] Hierzu vgl. Kindhäuser, LPK, 6. Aufl. 2015, § 32 Rn. 29; Schaffstein FS Welzel 1974, 557; aus der Rspr. vgl. BGH B. v. 21.03.2001 - 1 StR 48/01 - NJW 2001, 3200 = NStZ 2001, 591 = StV 2001, 566 (Anm. Eisele JA 2001, 922; LL 2001, 32; RÜ 2001, 366; RA 2001, 417; Otto NStZ 2001, 594; Kretschmer Jura 2002, 114; Martin JuS 2002, 88; Seelmann JR 2002, 249).

Beispiel 203:

BGH U. v. 21.12.1977 – 2 StR 421/77 (Pistolenschlag) – BGHSt 27, 313 = NJW 1978, 955 (Anm. Roxin, Höchstrichterliche Rspr. AT, 1998, Nr. 22; Hassemer JuS 1978, 637; Hassemer JuS 1980, 412):

B sah im Dunkel der Nacht seinen von mehreren Männern umringten Chef rücklings auf der Motorhaube eines Pkw liegen. Wie sich ihm die Sache darstellte, hielten zwei Männer seinen Chef fest und ein dritter schlug auf ihn ein. Als B auf die Gruppe zueilte, wurde er angerempelt. Er zog jetzt die in seinem Hosenbund steckende Pistole heraus und nahm sie, ohne einen Finger an den Abzug zu legen, in die rechte Hand, um sie als Schlagwaffe gegen die Übermacht, insb. gegen den halb auf dem Chef liegenden Angreifer zu benutzen. Er wollte diesem Mann mit dem Pistolenknauf auf die Schulter schlagen, damit er von dem Chef ablassen müsse. Beim zweiten Schlag löste sich ein Schuss. Er traf den Angreifer in die linke Schläfe und verletzte ihn schwer, ohne ihn zu töten.

Nach ganz h.M.[84] bezieht sich die Erforderlichkeit auf die Verteidigungshandlung, nicht auf den Verteidigungserfolg. Daher sind alle Tatbestandsverwirklichungen gerechtfertigt, die aus der Gefahrenträchtigkeit der objektiv erforderlichen Abwehrhandlung erwachsen. Erst recht ist eine fahrlässige Herbeiführung gerechtfertigt, wenn der Täter auch hätte vorsätzlich handeln dürfen. Für Fälle, in denen eine vorsätzliche Herbeiführung des Erfolgs nicht mehr erforderlich wäre, verneint eine Gegenauffassung[85] allerdings die Rechtfertigung und kommt – bei entsprechender Sorgfaltswidrigkeit des Verteidigers – so zu einer Fahrlässigkeitsstrafbarkeit im Hinblick auf den überschießenden Erfolg.

Scheidet § 32 StGB aufgrund Überschreitens der Erforderlichkeit aus (sog. intensiver Notwehrexzess), so ist an den Entschuldigungsgrund des **§ 33 StGB** zu denken.

§ 33 StGB (Überschreitung der Notwehr)
Überschreitet der Täter die Grenzen der Notwehr aus Verwirrung, Furcht oder Schrecken, so wird er nicht bestraft.

cc) Gebotenheit, § 32 I StGB: Sog. sozialethische Einschränkungen der Notwehr

▶ **Didaktische Aufsätze:**
   • Kühl, „Sozialethische" Einschränkungen der Notwehr, Jura 1990, 244
   • Sternberg-Lieben, Einschränkungen der Notwehr, JA 1996, 568
   • Rönnau, „Sozialethische" Einschränkungen der Notwehr, JuS 2012, 404

---

[84] S.o.

[85] Vgl. Kühl, AT, 8. Aufl. 2017, § 7 Rn. 115.

(1) Allgemeines

§ 32 I StGB normiert die Rechtfertigung einer Tat, die durch Notwehr „geboten" ist. Zwar taucht die Gebotenheit in § 32 II StGB nicht auf. Dennoch wird hieran für bestimmte wertende (normative) Einschränkungen des als zu rigide empfundenen Notwehrrechts aufgrund sozialer Rücksichtnahme auf den Angreifer (Aspekte der Verhältnismäßigkeit, des Rechtsmissbrauchs; vgl. auch dualistische Notwehrlegitimation) angeknüpft.[86] Diese werden – eher missverständlich – als „sozialethische" Einschränkungen bezeichnet.

Es hat sich eine Reihe von Fallgruppen etabliert.

(2) Bagatellangriffe, krasses Missverhältnis, Unfugabwehr

I.R.d. Erforderlichkeit findet bei § 32 StGB keine Verhältnismäßigkeitsprüfung statt.

In **Extremfällen** scheidet eine Rechtfertigung schwerwiegender Verteidigungshandlungen aufgrund mangelnder Gebotenheit[87] aber aus, wenn es sich um einen lediglich äußerst geringfügigen Angriff handelte.[88]

Dies betrifft insbesondere den Angriff auf ganz geringfügige Sachwerte[89] sowie Fehlverhalten im Straßenverkehr.[90]

Beispiel 241:

(RG U. v. 20.09.1920 – I 384/20 (Obstdieb) – RGSt 55, 82 (Anm. Fahl JA 2000, 460):

B hielt während der Nacht in einer Schutzhütte bei seinen Obstbäumen Wache; er war von seinem Hunde begleitet und mit geladenem Gewehr ausgerüstet. Am frühen Morgen bemerkte er zwei Männer, die Obst von den Bäumen entwendeten. Auf seinen Anruf ergriffen beide unter Mitnahme des Obstes, das sie gepflückt hatten, die Flucht und leisteten der Aufforderung des B, stehen zu bleiben, obwohl er sie durch die Drohung, er werde schießen, unterstützt hatte, keine Folge. Darauf gab B in Richtung der Fliehenden einen Schrotschuss ab, traf einen von ihnen und verletzte ihn nicht unerheblich.

---

[86] Hierzu Otto FS Würtenberger 1977, 129; Roxin ZStW 1981, 68; Kühl Jura 1990, 244; Koch ZStW 1992, 785; Sternberg-Lieben JA 1996, 568; Rönnau JuS 2012, 404; Jäger GA 2016, 258; zur Vereinbarkeit mit Art. 103 II GG vgl. Lenckner GA 1968, 1; Kratzsch GA 1971, 65; Koch ZStW 1992, 785; Erb ZStW 1996, 266; Sinn FS Wolter 2013, 503; Sinn FS Beulke 2015, 271.

[87] Die Einordnung des Ausschlusses in Bagatellfällen ist in der Rspr. nicht immer eindeutig (z.T. Verneinen der Erforderlichkeit, z.T. Verneinen des subjektiven Rechtfertigungselements).

[88] Hierzu Schaffstein MDR 1952, 132; Krey JZ 1979, 702; Krause GS Hilde Kaufmann 1986, 673; Bülte GA 2011, 145; Bülte NK 2016, 172.

[89] B. Heinrich, AT, 5. Aufl. 2016, Rn. 362ff.; aus der Rspr. vgl. LG München I U. v. 10.11.1987 - Ks 121 Js 4866/86 - NJW 1988, 1860 = NStZ 1989, 25 (Anm. Beulke Jura 1988, 641; Schroeder JZ 1988, 567; Mitsch JA 1989, 79; Mitsch NStZ 1989, 26; Puppe JZ 1989, 728).

[90] Vgl. auch die sog. Parklückenfälle: Fischer, StGB, 64. Aufl. 2017, § 32 Rn. 39; aus der Rspr. vgl. BayObLG U. v. 07.02.1995 - 2 St RR 239/94 - NJW 1995, 2646 (Anm. Hemmer-BGH-Classics Strafrecht, 2003, Nr. 8; Schmidt JuS 1995, 1134; Otto JK 1996 StGB § 32/20).

Der rechtswidrige Angriff auf das Eigentum des B an dem Obst war noch gegenwärtig. Zwar flohen die beiden Männer; sie nahmen aber ihre Beute mit und perpetuierten damit die rechtswidrige Besitzlage, je weiter sie sich vom Tatort entfernten. Ferner war der Schrotschuss in die Richtung der Fliehenden insofern geeignet, als er einen der Diebe kampfunfähig machen konnte (Abschwächung des Angriffs). Angesichts bereits erfolgloser Drohung wäre diese als milderes Mittel nicht geeignet gewesen. Auch der Einsatz des Hundes versprach keine gleiche Eignung. Somit war der Schuss erforderlich. In Anbetracht der Geringfügigkeit des Obstdiebstahls ist jedoch die Gebotenheit zu verneinen.

Bei Konstellationen an der Grenze zum sozial Üblichen (z.B. Lärm, Vordrängeln, Schubsen im Gedränge, lautes Telefonieren) mangelt es ebenfalls jedenfalls an einer Gebotenheit der Verteidigung.

Auch wenn die Notwehr an sich keine Verhältnismäßigkeitsprüfung kennt, so soll aber auch ein Recht nicht um einen Preis verteidigt werden, der in **keinem Verhältnis zur drohenden Rechtsverletzung** steht. Die Inanspruchnahme des schneidigen Notwehrrechts ist dann ein Rechtsmissbrauch, da in diesen Bagatellfällen die Rechtsordnung nicht bewährt werden muss und ein Verzicht auf Selbstschutz zumutbar ist. Natürlich ist problematisch, wo die genaue Grenze liegt, zumal bei Armut auch ein vergleichsweise bescheidener Sachwert verständlicherweise verteidigt wird.

(3) Art. 2 I, II lit. a EMRK: Keine Tötung eines Menschen zur Verteidigung von Sachwerten?

Problematisch ist, ob Art. 2 EMRK (die EMRK gilt in Deutschland mit einfacher Gesetzeskraft, Art. 25 GG) gebietet, § 32 StGB dahingehend einschränkend auszulegen, dass eine Tötung eines Menschen nicht zur Verteidigung von Sachwerten gerechtfertigt sein kann.[91]

Beispiel 204:

B erschoss den G, als dieser sich gerade am Auto des B zu schaffen machte.

Art. 2 EMRK (Recht auf Leben)

(1) Das Recht jedes Menschen auf Leben wird gesetzlich geschützt. Niemand darf absichtlich getötet werden, außer durch Vollstreckung eines Todesurteils, das ein Gericht wegen eines Verbrechens verhängt hat, für das die Todesstrafe gesetzlich vorgesehen ist.

---

[91] Hierzu Hillenkamp/Cornelius, 32 Probleme aus dem Strafrecht AT, 15. Aufl. 2017, 3. P.; Bockelmann FS Engisch 1969, 456; Krey JZ 1979, 702; Frister GA 1985, 553; Zieschang GA 2006, 415; Bülte GA 2011, 145.

> (2) Eine Tötung wird nicht als Verletzung dieses Artikels betrachtet, wenn sie durch eine Gewaltanwendung verursacht wird, die unbedingt erforderlich ist, um
> a) jemanden gegen rechtswidrige Gewalt zu verteidigen;
> b) jemanden rechtmäßig festzunehmen oder jemanden, dem die Freiheit rechtmäßig entzogen ist, an der Flucht zu hindern;
> c) einen Aufruhr oder Aufstand rechtmäßig niederzuschlagen.

Z.T.[92] wird aus Art. 2 EMRK eine entsprechende Restriktion des § 32 StGB gefordert, da Art. 2 II lit. a EMRK nur bei Verteidigung gegen Gewalt zur Tötung ermächtige und dieser Vorschrift eine mittelbare Drittwirkung aufgrund Ausstrahlung auf die Auslegung des nationalen Rechts zukomme.

Die h.M.[93] lehnt eine solche Restriktion zu Recht ab. Zum einen bindet die EMRK nur die vertragsschließenden Staaten, nicht Private. Zum anderen ist eine restriktive Auslegung des Gewaltbegriffs nicht zwingend, so dass auch ein Angriff auf Sachgüter hierunter fallen kann. Ohnehin regelt Art. 2 EMRK nur die absichtliche („intentionally", intentionellement") Tötung, bei der es i.d.R. bereits an der Erforderlichkeit mangelt.

(4) Notwehrprovokation

▶ **Didaktische Aufsätze:**
  - Berz, An der Grenze von Notwehr und Notwehrprovokation, JuS 1984, 340
  - Kühl, Die „Notwehrprovokation", Jura 1991, 57
  - Stuckenberg, Provozierte Notwehrlage und Actio illicita in causa: Der Meinungsstand im Schrifttum, JA 2001, 894
  - Stuckenberg, Provozierte Notwehrlage und Actio illicita in causa – Die Entwicklung der Rechtsprechung bis BGH, NJW 2001, 1075, JA 2002, 172
  - Satzger, Dreimal „in causa" – actio libera in causa, omissio libera in causa und actio illicita in causa, Jura 2006, 513
  - Lindemann/Reichling, Die Behandlung der so genannten Abwehrprovokation nach den Grundsätzen der actio illicita in causa, JuS 2009, 496

Problematisch ist die Gebotenheit der Notwehr in den Fällen der sog. Notwehrprovokation.[94]

---

[92] Perron, in: Sch/Sch, 29. Aufl. 2014, § 32 Rn. 62.

[93] S. nur B. Heinrich, AT, 5. Aufl. 2016, Rn. 366, 368f.

[94] Hierzu Hillenkamp/Cornelius, 32 Probleme aus dem Strafrecht AT, 15. Aufl. 2017, 2. P.; Lenckner GA 1961, 299; Roxin ZStW 1963, 161; Krüger NJW 1970, 1483; Bockelmann FS Honig 1970, 19; Bertel ZStW 1972, 1; Schöneborn NStZ 1981, 201; Berz JuS 1984, 340; Kühl Jura 1991, 57; Matt NStZ 1993, 271; Hinz JR 1993, 353; Kühl FS Bemmann 1997, 191; Loos FS Deutsch

Hat der Verteidiger die Notwehrlage dadurch mitverursacht, dass er den Angriff provoziert hat, so schwächt dies den die Notwehr legitimierenden Rechtsbewährungsgedanken ab bzw. liegt in diesen Fällen ein Rechtsmissbrauch vor.

Der vage und im Gesetz nicht genannte Begriff der Provokation fasst **verschiedene Konstellationen** zusammen.

Jedenfalls fehlt es dann an einer notwehrrechtlich relevanten Provokation, wenn sich der Angreifer durch ein **rechtmäßiges und sozialadäquates Verhalten** des späteren Verteidigers provoziert fühlt.

Beispiel 205:

Z1 sprach die Z2 an, auf die – wie Z1 wusste – auch B schon ein Auge geworfen hatte.

Erlaubtes Tun führt auch dann nicht zu Einschränkungen der Notwehr, wenn der Täter wusste oder wissen konnte, dass andere durch dieses Verhalten zu einem rechtswidrigen Angriff veranlasst werden könnten.[95]

Unproblematisch ist auch die Konstellation, wenn die **Provokation selbst ein gegenwärtiger rechtswidriger Angriff** i.S.d. § 32 II StGB ist. In der Handlung des Provozierten liegt dann ggf. eine eigene Notwehr, gegen die eine Notwehr des Provokateurs mangels rechtswidrigen Angriffs auf ihn unzulässig ist. In diesen Fällen gelangt man in einer Fallbearbeitung also gar nicht zur Gebotenheit, sondern muss bereits bei der Rechtswidrigkeit des Angriffs die Prüfung beenden.

Beispiel 206:

Z beleidigte B ununterbrochen. B setzte dem mit einem Faustschlag ein Ende.

Problematisch ist die Behandlung von Konstellationen, wenn **kein gegenwärtiger rechtswidriger Angriff** seitens des Verteidigers vorliegt, insbesondere mangels Gegenwärtigkeit (z.B. Beleidigung abgeschlossen) oder mangels Rechtswidrigkeit (bloß sozialethisch wertwidriges Verhalten).

1999, 233; Stuckenberg JA 2001, 894; Hruschka ZStW 2001, 870; Stuckenberg JA 2002, 172; Satzger Jura 2006, 513; Freund GA 2006, 267; Lindemann/Reichling JuS 2009, 496; Grünewald ZStW 2010, 51; Oğlakcıoğlu HRRS 2010, 106; Otto FS Frisch 2013, 589; aus der Rspr. vgl. BGH U. v. 14.06.1972 2 StR 679/71 (Finnendolch) BGHSt 24, 356 = NJW 1972, 1821 (Anm. Roxin, Höchstrichterliche Rspr. AT, 1998, Nr. 18; Roxin NJW 1972, 1823; Hassemer JuS 1973, 60; Schröder JuS 1973, 157; Lenckner JZ 1973, 253); BGH U. v. 21.03.1996 - 5 StR 432/95 (Zugabteil) - BGHSt 42, 97 = NJW 1996, 2315 = NStZ 1996, 380 = StV 1997, 296 (Anm. Roxin, Höchstrichterliche Rspr. AT, 1998, Nr. 20; Puppe, AT, 3. Aufl. 2016, § 12 Rn. 20ff.; Lesch JA 1996, 833; Krack JR 1996, 468; Otto JK 1997 StGB § 32/22; Martin JuS 1997, 177; Kühl StV 1997, 298); zuletzt BGH U. v. 24.11.2016 - 4 StR 235/16 - NStZ-RR 2017, 38.

[95] Vgl. Kindhäuser, LPK, 6. Aufl. 2015, § 32 Rn. 54.

Beispiel 207:

BGH U. v. 14.06.1972 – 2 StR 679/71 (Finnendolch) – BGHSt 24, 356 = NJW 1972, 1821 (Anm. Roxin, Höchstrichterliche Rspr. AT, 1998, Nr. 18; Roxin NJW 1972, 1823; Hassemer JuS 1973, 60; Schröder JuS 1973, 157; Lenckner JZ 1973, 253):
B wollte mit einem zuvor von ihm gestohlenen Kraftwagen von einem Parkplatz wegfahren. Dabei streifte er einen daneben geparkten Pkw und stieß mit einem vorbeifahrenden weiteren Wagen zusammen. Um sich der Feststellung seiner Personalien zu entziehen, fuhr er davon. Er wurde von G, dem Fahrer des zweiten von ihm beschädigten Wagens, verfolgt. G setzte seine Verfolgung auch noch fort, als B hinter einem durch Rotlicht gestoppten anderen Pkw anhalten musste und zu Fuß weiterflüchtete. Er konnte ihn schließlich erreichen. Bei der folgenden Auseinandersetzung stach B mit einem Finnendolch auf G ein und verletzte ihn tödlich. Über die Einzelheiten des Tathergangs waren keine sicheren Feststellungen zu treffen. Es ist denkbar, dass G dem B bei der Verfolgung nachrief, er werde ihn umbringen, und dass er auf B einschlug, als er ihn gestellt hatte.

Der rechtswidrige Angriff des B auf das Eigentum des G war nach dem Zusammenstoß der Fahrzeuge beendet und mithin nicht mehr gegenwärtig. Insofern war der Angriff des G durch Verfolgung (Willensfreiheit) und Schläge (körperliche Integrität) seinerseits nicht durch Notwehr gerechtfertigt, sondern rechtswidrig, so dass sich B grundsätzlich zur Wehr setzen durfte. Fraglich ist, ob das vorhergegangene Verhalten des B als Notwehrprovokation im Rahmen der Gebotenheit zu berücksichtigen ist.

Beispiel 208:

BGH U. v. 21.03.1996 – 5 StR 432/95 (Zugabteil) – BGHSt 42, 97 = NJW 1996, 2315 = NStZ 1996, 380 = StV 1997, 296 (Anm. Roxin, Höchstrichterliche Rspr. AT, 1998, Nr. 20; Puppe, AT, 3. Aufl. 2016, § 12 Rn. 20ff.; Lesch JA 1996, 833; Krack JR 1996, 468; Otto JK 1997 StGB § 32/22; Martin JuS 1997, 177; Kühl StV 1997, 298):
Der damals 54 Jahre alte B benutzte am Nachmittag des 07.12.1993 für die Heimfahrt von der Arbeit einen Eilzug, der die Strecke von Hamburg nach B., dem Wohnort des B, in 24 Minuten zurücklegt. B fuhr in einem Abteil der 1. Wagenklasse. Der Zug war überfüllt; Fahrgäste, die in der 2. Klasse keinen Sitzplatz gefunden hatten, standen auf dem Gang vor der Tür des Abteils, in dem der B am Fenster saß. In diesem Abteil befand sich außer B nur der 19 oder 24 Jahre alte G. Dieser saß an der Tür zum Gang. Als nach dem Zwischenhalt in Hamburg-Harburg die Fahrkarten kontrolliert wurden, kaufte G eine Fahrkarte für die 2. Klasse. Er verließ auf Aufforderung des Kontrolleurs das Abteil, kehrte jedoch kurz darauf an seinen alten Platz zurück. Er war durch Alkohol leicht bis mittelgradig berauscht und hatte eine geöffnete Bierdose bei sich; Biergeruch breitete sich im Abteil aus. B wollte allein in dem Abteil sein; er fühlte sich von G gestört. Er entschloss sich, ihn mit Kaltluft aus dem Abteil „herauszuekeln". Er

öffnete das Fenster. G, der am Oberkörper mit einer Jacke und darunter mit drei T-Shirts und einem Hemd bekleidet war, fror, stand auf und machte das Fenster zu. B öffnete erneut das Fenster, das sodann wieder von G geschlossen wurde. Dieser Vorgang wiederholte sich weiterhin, wobei es zu einem Wortstreit kam, bei dem G immer lauter wurde. Nachdem B das Fenster zum dritten Mal geöffnet hatte, drohte G, der das Fenster abermals zumachte, dem B mit erhobener Faust Schläge für den Fall an, dass das Fenster noch einmal geöffnet würde. B zog aus der Tasche seiner links neben ihm hängenden Jacke ein Fahrtenmesser etwas aus der Scheide heraus, so dass die Klinge sichtbar wurde. Er wollte G zeigen, dass ihm ein Messer zur Verteidigung gegen Tätlichkeiten zur Verfügung stehe. B nahm an, dass G das Messer sah; ob es sich wirklich so verhielt, ist ungeklärt. Das Abteil wurde von innen nur durch die Notbeleuchtung erhellt. Doch fiel aus dem Gang, in dem man lesen konnte, durch die von Vorhängen nicht oder nur zum kleinen Teil bedeckten Fenster Licht in das Abteil; Licht kam auch durch die Außenfenster, weil der Zug, der sich dem Wohnort des B näherte, an immer mehr beleuchteten Häusern und Lichtquellen vorbeifuhr. In der Annahme, das Messer werde G von Tätlichkeiten abschrecken, machte B erneut das Fenster auf; anschließend nahm er wieder seine halb liegende Position ein, bei der sich seine Beine auf dem gegenüberliegenden Sitz befanden. Nun sprang G auf. Er ging auf B zu, um seine Drohung wahrzumachen und ihm Faustschläge zu versetzen. G fasste mit beiden Händen in das Gesicht des B. Dieser hatte den Eindruck, G wolle ihm „an den Hals gehen". B hatte – nicht ausschließbar – keine Zeit mehr zum Aufstehen. Er holte sein Fahrtenmesser aus der neben ihm hängenden Jacke und stach damit dem über ihn gebeugten G ungezielt in einer Aufwärtsbewegung acht bis zehn Zentimeter tief in den Oberbauch. G wich sodann etwas zurück. B konnte nunmehr aufstehen. Zwischen ihm und G kam es innerhalb des Abteils zu einem Kampf. Dabei stach B mit dem Fahrtenmesser fünf bis sechs Zentimeter tief in den Nacken des G; auch fügte er G zwei Schnittverletzungen am Hinterkopf zu. Ferner versetzte der B dem G einen Boxhieb in die Magengegend. G wollte sich in den Besitz des Messers setzen; denn er wollte entweder weitere Stiche von sich abwenden oder aus Wut über die Verletzung selbst mit dem Messer kämpfen. B wollte das Messer behalten und sich dem fortdauernden Angriff des G widersetzen. Schließlich stürzten beide auf den Sitz an der Abteiltür. G verletzte sich die Hand, als er den Arm des über ihm befindlichen B nach oben drückte und dabei in das Messer griff, das B noch immer in der Hand hatte. G ist am späten Abend desselben Tages an den Folgen des Stiches in den Oberbauch gestorben.

Die Eskalation der Situation geht darauf zurück, dass B versuchte, durch das Öffnen des Abteilfensters den G zum Verlassen des Abteils zu bewegen. Dabei handelt es sich allerdings um eine völlig soziallübliche Handlung, während die erste rechtswidrige Handlung die Androhung von Schlägen seitens des G gewesen sein dürfte. Im Rahmen der Rechtfertigung des B ist folglich zu erörtern, ob seine bewusst provozierende, aber rechtmäßige und soziallübliche Auftakthandlung als Notwehrprovokation angesehen werden muss.

Zunächst ist zu beachten, dass nach h.M. eine i.r.d. Gebotenheit relevante Provokation bereits dann vorliegt, wenn ein **sozialethisch zu missbilligendes** Vorverhalten
vorliegt.[96] Eine Strafbarkeit der Provokationshandlung ist dann nicht erforderlich –
z.B. ist eine fahrlässige Sachbeschädigung nicht strafbar –, nicht einmal Rechtswidrigkeit (vgl. das Öffnen eines Fensters).

Ferner ist zwischen Vorverhalten und Notwehrsituation ein enger zeitlicher und
adäquater **Zusammenhang** erforderlich.[97]

Umstritten ist nun, ob und wie eine derartige Provokation das Notwehrrecht ein-
schränkt.[98] Z.T.[99] wird jede Einschränkung abgelehnt und auf die Selbstverantwortung des Angreifers verwiesen. Das Recht verlange, dass der Provozierte der Provokation widerstehe.
      Zu demselben Ergebnis kommt zunächst die Lehre von der *actio illicita in
causa*[100] *(a.i.i.c.)*: Hiernach bleibe es bei der Rechtfertigung, aber der Täter unter-
liege einer Haftung für die Verursachung der Notwehrlage, so dass bei vorsätzlicher
Provokation die Strafbarkeit nach der Vorsatztat (z.B. § 212 StGB), bei fahrlässiger
Provokation eine Fahrlässigkeitsstrafbarkeit (z.B. § 222 StGB) gegeben sei.[101]

Die h.M.[102] differenziert wie folgt: Bei Absichtsprovokation sei die Verteidigung
nicht geboten, im Übrigen gelte eine sog. **Drei-Stufen-Lehre**. Der Verteidiger habe
zunächst auszuweichen; gelinge dies nicht, so stehe ihm zunächst nur Schutzwehr
zu; nur, wenn auch Schutzwehr zur Abwehr des Angriffs nicht ausreicht, bleibe dem
Verteidiger die Trutzwehr.

Gegen die *a.i.i.c* spricht, dass in der Provokation kaum die Vornahme der tatbestandlichen Handlung (z.B. Messerstich) gesehen werden kann, so dass diese Rechtsfigur
eine Auflösung der Tatbestandskonturen mit sich bringt. Auch ist es zweifelhaft,
ob man angesichts der gerechtfertigten z.B. Tötung noch von einem Erfolgsunwert
sprechen kann, der i.R.d. z.B. § 222 StGB bestraft werden kann.

Die Lösung der h.M. mit ihrer subjektiven Differenzierung entspricht zweifelsohne?
dem Gedanken des Rechtsmissbrauchs und überzeugt für Absichtsprovokationen

---

[96] Zsf. m.w.N. Fischer, StGB, 64. Aufl. 2017, § 32 Rn. 44.

[97] Fischer, StGB, 64. Aufl. 2017, § 32 Rn. 44.

[98] S. obige Nachweise.

[99] Z.B. Paeffgen, in: NK, 4. Aufl. 2013, vor § 32 Rn. 147.

[100] Vgl. Kindhäuser, LPK, 6. Aufl. 2015, § 32 Rn. 61f.

[101] Der Sache nach auch BGH U. v. 22.11.2000 - 3 StR 331/00 - NJW 2001, 1075 = NStZ 2001,
143 = StV 2001, 568 (Anm. Puppe, AT, 3. Aufl. 2016, § 15 Rn. 19ff.; Engländer Jura 2001, 534;
Utsumi Jura 2001, 538; Heuchemer JA-R 2001, 81; Martin JuS 2001, 512; Mitsch JuS 2001, 751;
LL 2001, 409; RÜ 2001, 78; RA 2001, 170; famos 3/2001; Eisele NStZ 2001, 416; Jäger JR 2001,
512; Roxin JZ 2001, 667).

[102] Vgl. nur B. Heinrich, AT, 5. Aufl. 2016, Rn. 373ff.

ohne Weiteres. Auch i.Ü. ermöglicht die Drei-Stufen-Theorie eine flexible Lösung, die das Vorverhalten angemessen mitberücksichtigt; Kehrseite der Medaille ist freilich eine gewisse Rechtsunsicherheit nicht nur im Hinblick auf den Provokationsbegriff (Vagheit der sozialethischen Missbilligung; Ähnliches gilt für den zeitlichen Zusammenhang zwischen Provokation und Verteidigung,[103]) sondern eben auch im Hinblick auf die eher fließende Rechtsfolgenfrage.

Zu keiner Einschränkung der Gebotenheit kommt es nach h.M. bei der – eher missverständlich – sog. **Abwehrprovokation,**[104] wenn der Täter sich in der Erwartung eines Angriffs schwerer, als es zur Abwehr nötig wäre, bewaffnet. Maßgeblich bleibt allein die Erforderlichkeit im Zeitpunkt der Verteidigungshandlung.

(5) „Zu Recht" Erpresste

Problematisch ist, ob die Notwehr eines wegen einer von diesem begangenen Straftat Erpressten gegen die Erpressung beschränkt ist.[105]

Beispiel 209:

BGH U. v. 12.02.2003 – 1 StR 403/02 – BGHSt 48, 207 = NJW 2003, 1955 = NStZ 2003, 425 = StV 2003, 557 (Anm. Trüg JA 2003, 272; Martin JuS 2003, 716; LL 2003, 630; RÜ 2003, 265; RA 2003, 399; famos 5/2003; Schneider NStZ 2003, 428; Roxin JZ 2003, 966; Geppert JK 2004 StGB § 211/41; Bürger JA 2004, 298; Bendermacher JR 2004, 301; Quentin NStZ 2005, 128):

G hatte dem B in Teilbeträgen 6.000 DM abgepresst. Er hatte ihm gedroht, ihm im Nichtzahlungsfalle wegen seines Handels mit so genannten Raubpressungen von Kompaktschallplatten (CDs) Schwierigkeiten bei der Polizei zu bereiten und ihn von Freunden zusammenschlagen zu lassen. Beide waren miteinander bekannt und hatten oft persönlichen Kontakt. Als B am Tattage morgens G in dessen Wohnung besuchte, verlangte dieser weitere 1.000 DM. G drohte ihm erneut mit einer Anzeige wegen seiner illegalen Geschäfte. Um den B zur Zahlung zu veranlassen, rief G über die Notrufnummer die Polizei an, um „einen Termin" zu vereinbaren. Er kündigte überdies an, er werde mit Freunden das Geld von ihm eintreiben. B ließ sich jedoch nicht zur Zahlung bewegen und verließ schließlich Gs Wohnung. Abends suchte G den B in Begleitung des Z in dessen Wohnung auf. B ließ beide ein. Während Z Proviant und eine Flasche

---

[103] Vgl. Erb, in: MK-StGB, 3. Aufl. 2017, § 32 Rn. 237.

[104] Hierzu Erb, in: MK-StGB, 3. Aufl. 2017, § 32 Rn. 236; Küpper JA 2001, 438; aus der Rspr. vgl. BGH U. v. 09.08. 2005 - 1 StR 99/05 - NStZ 2006, 152 (Anm. RÜ 2005, 537; Satzger JK 2006 StGB § 32/29).

[105] Hierzu Fischer, StGB, 64. Aufl. 2017, § 32 Rn. 43; Haug MDR 1964, 548; Arzt MDR 1965, 344; Baumann MDR 1965, 346; Amelung GA 1982, 381; Eggert NStZ 2001, 225; Arzt JZ 2001, 1052; Widmaier NJW 2003, 2788; Kaspar GA 2007, 36; Kretschmer StraFo 2009, 189; zur Chantage auch Amelung GA 1982, 381; Krause FS Spendel 1992, 547; Müller NStZ 1993, 366; Novoselec NStZ 1997, 218; Amelung NStZ 1998, 70.

Wodka besorgte, stritten B und G lautstark miteinander. G hielt dem B vor, dass er seit drei Jahren von Sozialhilfe lebe und daneben illegal CDs verkaufe. Er forderte nunmehr vom B die Zahlung von 5.000 DM. Nach Zs Rückkehr tranken die drei Anwesenden schließlich – am Wohnzimmertisch sitzend – drei Viertel des Inhalts einer Flasche Wodka, der B indessen lediglich etwa 0,2 cl. Als B auch auf Gs erneute, nun höhere Forderung nicht einging und diese ablehnte, drohte G, die Wohnzimmereinrichtung zu zerstören. B bot G darauf die Übergabe von 1.200 DM an, die er in der Wohnung habe. Dies war G jedoch zu wenig; er bestand auf der Zahlung von 5.000 DM und drohte im weiteren Verlauf erneut mit Polizei und Finanzamt sowie der Zerstörung der Sachen in der Wohnung oder aber der Mitnahme von Gegenständen im Wert von 5.000 DM. Schließlich begann G, gegen die CD-Sammlung des B zu treten. B erklärte sich daraufhin bereit, den geforderten Betrag zu zahlen, wenn G seine Sachen in Ruhe ließe. Er ging ins Badezimmer seiner „Einraumwohnung mit offenem Küchenbereich" und holte dort eine Plastiktüte aus einem Versteck, in der sich 5.000 DM und 500 US-Dollar befanden. Zurück im Wohnzimmer überließ er Z die Tüte. Man vermochte nicht zu klären, ob Z dem B die Tüte aus der Hand riss oder ob der B sie an Z übergab. G stand zu diesem Zeitpunkt mit den Händen in den Hosentaschen im Wohnzimmer. Völlig überraschend für ihn, der „keinerlei Angriff erwartete", trat B hinter ihn, um ihn zu töten. Er war wütend darüber, dass G ihm das angesparte Geld wegnehmen wollte; er mochte sich von G nicht seine Existenz zerstören lassen. Blitzschnell riss er den Kopf des G zurück, schlug ihm mehrfach auf denselben und schnitt mit einem aus der Hosentasche gezogenen feststehenden, einseitig geschliffenen Küchenmesser mit einer Klingenlänge von 5,8 cm sofort mehrfach von links nach rechts durch den Hals. Dabei fügte er G mehrere bis auf die Wirbelsäule reichende Schnittverletzungen zu. G brach zusammen und verstarb umgehend.

---

§ 253 I, II StGB (Erpressung)

(1) Wer einen Menschen rechtswidrig mit Gewalt oder durch Drohung mit einem empfindlichen Übel zu einer Handlung, Duldung oder Unterlassung nötigt und dadurch dem Vermögen des Genötigten oder eines anderen Nachteil zufügt, um sich oder einen Dritten zu Unrecht zu bereichern, wird mit Freiheitsstrafe bis zu fünf Jahren oder mit Geldstrafe bestraft.

(2) Rechtswidrig ist die Tat, wenn die Anwendung der Gewalt oder die Androhung des Übels zu dem angestrebten Zweck als verwerflich anzusehen ist.

Bei gegebener Erforderlichkeit der Verteidigung ist richtigerweise die Notwehr nicht mangels Gebotenheit zu verneinen. Es gibt keinen rechtsfreien Raum zwischen Straftätern. Das rechtswidrige Verhalten des Erpressers (§ 253 StGB) wird nicht durch die Vortat des Erpressten legitimiert, konsequenterweise sollte das Vorliegen eines rechtswidrigen Angriffs nicht durch eine sozialethische Einschränkung konterkariert werden.

(6) Angriffe von schuldlos Handelnden und schuldlos Irrenden

Die v.a. für die Notwehrprovokation als Fallgruppe der Gebotenheit entwickelte Drei-Stufen-Lehre findet auch dann Anwendung, wenn der Angriff von schuldlos Handelnden oder schuldlos Irrenden ausgeht.[106] Der Angegriffene muss ausweichen, sofern ihm dies ohne eigene Gefährdung möglich ist; Schutzwehr geht vor Trutzwehr; bei Irrtum muss sich der Verteidiger zunächst um Aufklärung bemühen.

Beispiel 210:

Ein stark alkoholisierter Mann schlug ziellos um sich und drohte den B zu treffen.

B kann es zugemutet werden, sich aus der Nähe des anderen zu entfernen. Sollte sich dies nicht rechtzeitig durchführen lassen, darf er zunächst seine körperliche Integrität durch Abwehrbewegungen, z.B. das Hochheben der Unterarme schützen. Bleibt auch die Schutzwehr erfolglos, darf er in den Grenzen der Erforderlichkeit zum Angriff übergehen.

Die Einschränkung des schneidigen Notwehrrechts beruht hier darauf, dass es sich bei den Angreifern um Personen handelt, welche die Geltung der Rechtsordnung nicht in Frage stellen (vgl. die überindividuelle Komponente der Notwehr).

(7) Nahestehende Angreifer (enge persönliche Beziehungen)

▶ **Didaktische Aufsätze:**
- Zieschang, Einschränkung des Notwehrrechts bei engen persönlichen Beziehungen, Jura 2003, 527
- Kretschmer, Notwehr (§ 32 StGB) und Unterlassen (§ 13 StGB) – eine wechselseitige Beziehung zweier Rechtsfiguren, JA 2015, 589

Die Drei-Stufen-Lehre gilt auch dann, wenn zwischen Angreifer und Angegriffenem ein Näheverhältnis besteht, welches gegenseitige Rücksichtnahme-, Fürsorge- und Solidaritätspflichten beinhaltet (insbesondere sog. Garantenverhältnisse i.S.d. § 13 StGB).[107] Diese überlagern dann das Rechtsbewährungsinteresse.

---

[106] Hierzu Schaffstein MDR 1952, 132; Krause GA 1979, 329; Krause GS Hilde Kaufmann 1986, 673; aus der Rspr. vgl. OLG Düsseldorf B. v. 02.06.2016 - III-1 Ws 63/16 (Anm. RÜ 2016, 637; famos 12/2016; Eisele JuS 2017, 81; Staudinger jurisPR-StrafR 26/2016 Anm. 4).

[107] Hierzu Engels GA 1982, 109; Schroth NJW 1984, 2562; Wohlers JZ 1999, 434; Zieschang Jura 2003, 527; Kretschmer JR 2008, 51; Kretschmer JA 2015, 589; aus der Rspr. vgl. BGH B. v. 21.03.2001 - 1 StR 48/01 - NJW 2001, 3200 = NStZ 2001, 591 = StV 2001, 566 (Anm. Eisele JA 2001, 922; LL 2001, 32; RÜ 2001, 366; RA 2001, 417; Otto NStZ 2001, 594; Kretschmer Jura 2002, 114; Martin JuS 2002, 88; Seelmann JR 2002, 249); BGH B. v. 12.04.2016 - 2 StR 523/15 - NStZ 2016, 526 (Anm. Bosch Jura 2016, 1223; Hecker JuS 2016, 1036; RÜ 2016, 504; Engländer NStZ 2016, 527).

Beispiel 211:

BGH U. v. 11.01.1984 – 2 StR 541/83 – NJW 1984, 986 = NStZ 1984, 214 = StV 1984, 200 (Anm. Geilen JK 1984 StGB § 32/7; Sonnen JA 1984, 439; Hassemer JuS 1984, 563; Spendel JZ 1984, 507; Loos JuS 1985, 859; Montenbruck JR 1985, 115):

B tötete am 17.04.1982 ihren Ehemann G mit einem Messerstich. Die Ehe war seit einiger Zeit mit Schwierigkeiten der verschiedensten Art belastet. G hatte sich anderen Frauen zugewandt, es hatte Rauschgift- und Alkoholprobleme sowie Geldschwierigkeiten gegeben. Zwischen B und G war es zu wiederholten Auseinandersetzungen und Tätlichkeiten gekommen. Anfang des Jahres 1982 hatte B deshalb G verlassen und einige Wochen mit dessen Freund Z zusammengelebt, war dann jedoch zu ihrem Mann und ihrem Kind zurückgekehrt. Sie war in dieser Zeit schwanger. Wegen der weiterhin bestehenden Schwierigkeiten und Auseinandersetzungen, bei denen es auch um die Verwendung des Familieneinkommens ging, hielt B Ersparnisse in Höhe von 300 DM vor G im Schlafzimmer versteckt. Am Spätnachmittag des 17.04.1982 gab es erneut Streit zwischen den Eheleuten, weil G von diesem Geld 100 DM an sich nahm und damit die Wohnung verließ. Eine Stunde später kam er zurück und forderte die B auf, den Rest ihrer Ersparnisse herauszugeben, durchwühlte verschiedene Behältnisse im Schlafzimmer, fand die restlichen 200 DM und wollte damit erneut die Wohnung verlassen. B suchte das zu verhindern, schloss die Wohnungstür ab und steckte den Schlüssel in ihre Hosentasche. Sie glaubte, G habe für die 100 DM Rauschgift gekauft und sich dieses injiziert, auch hielt sie ihn für angetrunken. Zwischen den Eheleuten entwickelte sich eine lautstarke Auseinandersetzung, die der gemeinsame Freund H zunächst zu schlichten versuchte. Während dieser dann aber im Wohnzimmer einer Fernsehsendung zusah, stritten die Eheleute in der Küche weiter. G forderte wiederholt die Herausgabe des Schlüssels, schlug B und stieß sie gegen ein Möbelstück; sie trat auf ihn ein. Schließlich ergriff sie ein auf der Spüle liegendes Küchenmesser und richtete es drohend gegen ihren Mann. Dieser rief ihr wiederholt zu: „Du tust es ja doch nicht, Du liebst mich ja" und holte erneut zu einem Schlag aus. B hielt sich daraufhin die linke Hand zur Abwehr vor das Gesicht, stieß mit dem Messer zu und traf ihren Ehemann ins Herz.

Zwischen Ehegatten besteht zumindest dahingehend ein gegenseitiges Garantenverhältnis nach § 13 I StGB, dass sie für den Schutz des jeweils anderen rechtlich einzustehen haben. Bei einer Rechtfertigung der B durch Notwehr ist im Rahmen der Gebotenheit die Drei-Stufen-Lehre anzuwenden. Zwar war die Ehe schon stark beeinträchtigt, der Angriff des G richtete sich aber nicht gegen die Person der B, sondern nur gegen einen Vermögenswert. Die B hätte in der Situation schlicht den Schlüssel hergeben können.

Der Verteidiger muss ggf. auch das mildere, aber weniger sichere Mittel nehmen; wenn möglich, muss er ausweichen.

Anders als die frühere Rspr. ist die heute h.M. allerdings wesentlich zurückhaltender bei den Einschränkungen, insbesondere bzgl. Ehegatten und zwar erst recht, wenn die Ehe zerrüttet ist.[108] Keinesfalls folgt aus einer z.B. Ehegattenstellung eine Pflicht zur Duldung auch nur leichter Verletzungen, auch nicht bei früherer Duldung von Misshandlungen.

(8) Folter

▶ **Didaktische Aufsätze:**
- Jerouschek, Gefahrenabwendungsfolter – Rechtsstaatliches Tabu oder polizeilich legitimierter Zwangseinsatz?, JuS 2005, 296
- Norouzi, Folter in Nothilfe – geboten?!, JA 2005, 306
- Erb, Nothilfe durch Folter, Jura 2005, 24
- Fahl, Neue sozialethische Einschränkung der Notwehr: Folter, Jura 2007, 743
- Jäger, Folter und Flugzeugabschuss – rechtsstaatliche Tabubrüche oder rechtsguterhaltende Notwendigkeit?, JA 2008, 678

Beispiel 212:

LG Frankfurt U. v. 20.12.2004 – 5/27 KLs 7570 Js 203814/03 (4/04) (Daschner / Gäfgen / von Metzler) – NJW 2005, 692 (Anm. Ellbogen Jura 2005, 339; Kudlich JuS 2005, 376; LL 2005, 238; RÜ 2005, 258; RA 2005, 222; Götz NJW 2005, 953; Erb NStZ 2005, 593; Braum KritV 2005, 283):
Z hatte einen elfjährigen Jungen in seine Gewalt gebracht und getötet, um von der Familie des – bereits toten – Kindes ein Lösegeld zu erpressen. Nachdem Z drei Tage nach der Entführung bei der Abholung des Geldes beobachtet und später festgenommen worden war, konzentrierten sich die polizeilichen Ermittlungen zunächst auf die Feststellung des Aufenthaltsorts des Opfers; es wurde vorläufig davon ausgegangen, dass das Kind noch am Leben sei und in einem Versteck festgehalten werde. Während der Zeit der Vernehmung des Z fand die Polizei in dessen Wohnung einen wesentlichen Teil des Lösegeldes und einen Zettel, auf dem Einzelheiten der Tatvorbereitung aufgeschrieben waren. Diese Funde ergaben, dass Z als Allein- oder Mittäter der Entführung dringend verdächtig war. Da Z durch sein Aussageverhalten die behördlichen Nachforschungen mehrfach bewusst fehlgeleitet hatte, wies B1 den B2 an, bei der weiteren Befragung des Z diesem mit dem Einsatz physischen Zwangs zu drohen, um Z zur Preisgabe des Verstecks zu veranlassen. B1 war damals stellvertretender Behördenleiter des im Übrigen zuständigen urlaubsabwesenden Polizeipräsidenten, B2 leitete als „amtierender Leiter K 12" den in die Untersuchungen eingebundenen Unterabschnitt „Allgemeine Ermittlungen". B1 und B2 wussten, dass die Beweislage nicht sicher und

---

[108] Vgl. nur B. Heinrich, AT, 5. Aufl. 2016, Rn. 381.

insbesondere noch ungeklärt war, ob neben Z Mittäter existierten, die über das Schicksal des Kindes mitbestimmten. Weiterhin konnte eine sichere Überzeugung, dass Z bei seinen Äußerungen zu einem angeblichen Versteck wiederum gelogen hat, zu diesem Zeitpunkt aus den Ermittlungsergebnissen nicht hergeleitet werden. B1 und B2 wussten auch, dass ein von den beteiligten Abschnittsleitern erarbeiteter Stufenplan mit verschiedenen Maßnahmen – unter anderem einer Konfrontation des Z mit Angehörigen der Familie des Opfers – nicht von vornherein aussichtslos war. Über seine Anordnung und das weitere Geschehen fertigte B1 einen schriftlichen Vermerk an, in dem es unter anderem heißt:

„Am 30.09.2002, gegen 22.45 Uhr, teilte mir B2 mit, dass der Tatverdächtige Z weiterhin keine Angaben zum Verbleib des vermissten Kindes gemacht habe. Für den Fall der weiteren Weigerung habe ich die Anwendung unmittelbaren Zwangs angeordnet. Nach Sachlage ist davon auszugehen, dass sich das Kind, sofern es noch am Leben ist, in akuter Lebensgefahr befindet (Entzug von Nahrung und Flüssigkeit, Außentemperatur).

Am 01.10.2002 um 06.15 Uhr teilte mir B2 mit, dass Z mittlerweile freiwillig ausgesagt habe. Nach seinen Angaben seien weitere Tatverdächtige festgenommen und Wohnungen – ohne Erfolg – durchsucht worden. Angeblich werde das Kind in einer Hütte am Langener Waldsee festgehalten. Dort werden zurzeit mehrere Hundertschaften zusammengezogen. Wegen des ausgedehnten Geländes und fehlender Eingrenzungsmöglichkeiten ist mit einer langen Suchaktion zu rechnen.

Der Vernehmungsbeamte des Z sei der Ansicht, dass dieser die Wahrheit gesagt habe. Im Gegensatz dazu vertrete der Polizeipsychologe die Auffassung, dass es sich um ein Lügengebäude handele.

Zur Rettung des Lebens des entführten Kindes habe ich angeordnet, dass Z

- nach vorheriger Androhung
- unter ärztlicher Aufsicht

durch Zufügung von Schmerzen (keine Verletzungen) erneut zu befragen ist. Die Feststellung des Aufenthaltsorts des entführten Kindes duldet keinen Aufschub; insoweit besteht für die Polizei die Pflicht, im Rahmen der Verhältnismäßigkeit alle Maßnahmen zu ergreifen, um das Leben des Kindes zu retten. Die Befragung des Z dient nicht der Aufklärung der Straftat, sondern ausschließlich der Rettung des Lebens des entführten Kindes.

B2 wurde angewiesen, den Z auf die bevorstehende Verfahrensweise vorzubereiten.

Um 08.25 Uhr teilte B2 mit, dass Z ‚im Konjunktiv‘ eingeräumt habe, dass das Kind tot sei. Später ergänzte er diese Aussage durch den Hinweis auf eine Hütte im Bereich des Langener Waldsees und den Fundort der Leiche bei Birstein. Durch das inzwischen abgelegte Geständnis war die Maßnahme entbehrlich.“

Nach ganz h.M. kommt eine Rechtfertigung sog. Rettungsfolter und entsprechender Drohungen mangels Gebotenheit nicht in Betracht.[109]

Zwar ist angesichts des Rechtsgüterschutzes des Angegriffenen verständlich, dass in der Literatur nach Möglichkeiten gesucht wird, den Folternden unter bestimmten Voraussetzungen aus der strafrechtlichen Verantwortung zu nehmen.[110]

Allerdings folgt aus den Art. 1 I, 104 I 2 GG, § 136a StPO, polizeirechtlichen Vorschriften sowie den Art. 3 (vgl. auch 15 II) EMRK, 7 IPBPR und der UN-Anti-Folter-Konvention ein umfassendes Folterverbot, welches jedenfalls zur mangelnden Gebotenheit i.R.d. § 32 I StGB führt. Die Motivation der Opferrettung kann mildernd auf der Ebene der Strafzumessung berücksichtigt werden. Die Menschenwürde des Opfers führt nicht dazu, dass die Menschenwürde des Angreifers verletzt werden darf, so unbefriedigend dies im Einzelfall auch ist – es handelt sich bei der Menschenwürde um den Grundwert des gesamten deutschen Rechtsstaats.

(9) Rechtswidrige polizeiliche Maßnahmen

Abgesehen davon, dass bei öffentlich-rechtlichem Handeln eines Amtsträgers auch dann kein im strafrechtlichen Sinne rechtswidriger Angriff vorliegt, wenn nicht alle öffentlich-rechtlichen Rechtmäßigkeitsvoraussetzungen vorliegen (s.o., sog. strafrechtlicher Rechtmäßigkeitsbegriff), ist auch auf Ebene der Gebotenheit zu berücksichtigen, dass ein sich irrender Amtsträger einen gewissen, erweiterten Schutz gegenüber den Betroffenen genießen soll.

Es fehlt an der Gebotenheit einer Verteidigung, wenn ein Vollstreckungsbeamter nicht offensichtlich bösgläubig oder amtsmissbräuchlich handelt, kein irreparabler Schaden droht und durch die Abwehrhandlung erhebliche Verletzungen des Amtsträgers zu erwarten sind.[111]

---

[109] Hierzu Joecks, StGB, 11. Aufl. 2014, § 32 Rn. 61 ff.; Brugger JZ 2000, 165; Merten JR 2003, 404; Jerouschek/Kölbel JZ 2003, 613; Kinzig ZStW 2003, 791; Fahl JR 2004, 182; Hilgendorf JZ 2004, 331; Neuhaus GA 2004, 521; Saliger ZStW 2004, 35; Jahn KritV 2004, 24; Lüderssen FS Rudolphi 2004, 691; Lisken FS Tondorf 2004, 211; Perron FS Weber 2004, 143; Erb Jura 2005, 24; Norouzi JA 2005, 306; Jerouschek JuS 2005, 296; Herzberg JZ 2005, 321; Roxin FS Eser 2005, 461; Joerden FS Hruschka 2005, 495, Roxin FS Nehm 2006, 205, Fahl Jura 2007, 743; Greco GA 2007, 628; Merkel FS Jakobs 2007, 375; Gössel FS Otto 2007, 41; Seebode FS Otto 2007, 999; Jäger JA 2008, 678; Prittwitz FS Herzberg 2008, 515, Jäger FS Herzberg 2008, 539, Erb FS Seebode 2008, 99; Spinellis FS Seebode 2008, 387; Ambos ZStW 2010, 504; Eser FS Hassemer 2010, 713; Ambos FS Loos 2010, 5; Fahl JR 2011, 338; Kargl FS Puppe 2011, 1163; Gómez Navajas FS Roxin 2011, 627; Mitsch FS Roxin 2011, 639; Amelung JR 2012, 18; Greve ZIS 2014, 236.

[110] Kühl, AT, 8. Aufl. 2017, § 7 Rn. 156a.

[111] Hierzu Erb, in: MK-StGB, 3. Aufl. 2017, § 32 Rn. 72 ff.; Erb FS Gössel 2002, 217; aus der Rspr. vgl. OLG Hamm B. v. 07.05.2009 - 3 Ss 180/09 - NStZ-RR 2009, 271 (Anm. Zimmermann JR 2010, 363).

(10) Aufgedrängte Nothilfe

▶ **Didaktische Aufsätze:**
- Sternberg-Lieben/Sternberg-Lieben, Zur Strafbarkeit der aufgedrängten Nothilfe, JuS 1999, 444
- Kasiske, Begründung und Grenzen der Nothilfe, Jura 2004, 832
- Kaspar, Die Strafbarkeit der aufgedrängten Nothilfe, JuS 2014, 769

Bei sog. **aufgedrängter** Nothilfe[112] greift § 32 StGB nicht, sondern nur bei tatsächlichem oder mutmaßlichem Einverständnis desjenigen, dem der Verteidiger zu Hilfe kommen will, da nur dann die individualistische Komponente der Notwehr betroffen ist. Ohnehin handelt es sich ggf. aufgrund Einwilligung nicht um einen rechtswidrigen Angriff.

4. Subjektive Voraussetzungen

Zum subjektiven Rechtfertigungselement s.o. Erforderlich ist ein sog. Verteidigungswille.

II. Rechtfertigende Notstände

1. § 34 StGB

▶ **Didaktische Aufsätze:**
- Bergmann, Die Grundstruktur des rechtfertigenden Notstandes (§ 34 StGB), JuS 1989, 109
- Zieschang, Der rechtfertigende und der entschuldigende Notstand, JA 2007, 679
- Erb, Der rechtfertigende Notstand, JuS 2010, 17 und 108

a) Aufbau

I. Objektive Voraussetzungen
   1. Sog. Notstandslage
      a) Gefahr für ein notstandsfähiges Rechtsgut
      b) Gegenwärtigkeit
   2. Sog. Notstandshandlung
      a) Nicht anders abwendbar (erforderlich)
      b) Bei Abwägung der widerstreitenden Interessen wesentliches Überwiegen des geschützten Interesses gegenüber dem beeinträchtigten
      c) Angemessenheit, § 34 S. 2 StGB
II. Subjektive Voraussetzungen

---

[112] Hierzu Seier NJW 1987, 2476; Sternberg-Lieben/Sternberg-Lieben JuS 1999, 444; Kasiske Jura 2004, 832; Kuhlen GA 2008, 282; Kaspar JuS 2014, 769.

b) Allgemeines

Der rechtfertigende Notstand[113] ist in § 34 StGB normiert.

> **§ 34 StGB (Rechtfertigender Notstand)**
> Wer in einer gegenwärtigen, nicht anders abwendbaren Gefahr für Leben, Leib, Freiheit, Ehre, Eigentum oder ein anderes Rechtsgut eine Tat begeht, um die Gefahr von sich oder einem anderen abzuwenden, handelt nicht rechtswidrig, wenn bei Abwägung der widerstreitenden Interessen, namentlich der betroffenen Rechtsgüter und des Grades der ihnen drohenden Gefahren, das geschützte Interesse das beeinträchtigte wesentlich überwiegt. Dies gilt jedoch nur, soweit die Tat ein angemessenes Mittel ist, die Gefahr abzuwenden.

Eine ähnliche Regelung findet sich für das Ordnungswidrigkeitenrecht in § 16 OWiG.

Die Norm dient dazu, ein Handeln im überwiegenden Interesse der Rechtsordnung zu rechtfertigen und insofern dem Betroffenen eine Mindestsolidarität in Form der Preisgabe seines vergleichsweise geringerwertigen Rechtsguts abzuverlangen.[114] Der Duldungspflichtige darf sich angesichts der Rechtfertigung des Eingriffs insbesondere nicht in Notwehr üben.

Beispiel 213:

B verirrte sich im Gebirge und drohte zu erfrieren. Als er auf die Berghütte des Z stieß, brach er die Tür auf und suchte Zuflucht.

B verwirklichte eine Sachbeschädigung (§ 303 I StGB) an der Tür des Z sowie einen Hausfriedensbruch (§ 123 StGB). Da dies aber geschah, um das Leben des B zu retten, verlangt die Rechtsordnung von Z, dies strafrechtlich zu dulden (eine andere Frage ist die des zivilrechtlichen Schadensersatzes).

c) Objektive Voraussetzungen

aa) Sog. Notstandslage: Gegenwärtige Gefahr für ein notstandsfähiges Rechtsgut

▶ **Didaktische Aufsätze:**
- Otto, Gegenwärtiger Angriff (§ 32 StGB) und gegenwärtige Gefahr (§§ 34, 35, 249, 255 StGB), Jura 1999, 552
- Kretschmer, Der Begriff der Gefahr in § 34 StGB, Jura 2005, 662

---

[113] Hierzu Bergmann JuS 1989, 109; Zieschang JA 2007, 679; Erb JuS 2010, 17 und 108.

[114] Hierzu Fischer, StGB, 64. Aufl. 2017, § 34 Rn. 2; Gimbernat Ordeig FS Welzel 1974, 485; Hruschka JuS 1979, 385; Lenckner GA 1985, 295; Kühl FS Lenckner 1998, 143; Küper JZ 2005, 105; Frisch FS Puppe 2011, 425; Frisch GA 2016, 121.

Als sog. Notstandslage muss eine gegenwärtige Gefahr für ein notstandsfähiges Rechtsgut vorliegen.[115]

Gefahr ist ein Zustand, in dem aufgrund tatsächlicher Umstände die Wahrscheinlichkeit des Eintritts eines Schadens besteht.[116]

Maßgeblich ist nach h.M. eine *ex-ante*-Prognose eines Durchschnittsbetrachters, bei der aber Sonderwissen des Notstandstäters berücksichtigt wird.[117] Anders als bei der Notwehr wird also nicht die Irrtumslehre angewendet, wenn sich eine *ex ante* vermutete Gefahr als *ex post* nicht existent herausstellt. Der Grund wird darin gesehen, dass dem Gefahrbegriff eine Prognose immanent sei.[118]

Gleichgültig ist der **Ursprung** der Gefahr.[119] Menschliches Verhalten ist eine denkbare Ursache, aber nicht erforderlich, so dass z.B. auch Naturgewalten eine Gefahr i.S.d. § 34 StGB darstellen können.

Auch die Gefahr für einen anderen begründet eine Notstandslage, zu deren Abwendung sog. **Notstandshilfe** möglich ist. Anders ist dies, wenn der Betreffende die Unterstützung nicht will (aufgedrängte Notstandshilfe).[120]

Notstandsfähig sind alle Individual- und Universal-Rechtsgüter.[121] Zwar zählt § 34 StGB einige Rechtsgüter auf, genannt wird aber auch „ein anderes Rechtsgut", so dass die Aufzählung nicht abschließend ist.
   Es muss sich – wie bei § 32 StGB – nicht um strafrechtlich geschützte Rechtsgüter handeln,[122] lediglich eine rechtliche, nicht bloß sittliche Anerkanntheit ist erforderlich.

Auch zugunsten Rechtsgütern der Allgemeinheit kann Notstandshilfe geleistet werden.[123] Das Erfordernis wesentlichen Überwiegens begrenzt die Beeinträchtigung des Gewaltmonopols des Staates.

---

[115] Hierzu Otto Jura 1999, 552; Kretschmer Jura 2005, 662; Zieschang GA 2006, 1.

[116] Fischer, StGB, 64. Aufl. 2017, § 34 Rn. 4; aus der Rspr. vgl. zuletzt BGH B. v. 28.06.2016 - 1 StR 613/15 - BGHSt 61, 202 = NJW 2016, 2818 (Anm. Bosch Jura 2017, 114; Kudlich JA 2017, 71); vgl. auch die Gefahrbegriffe bei verschiedenen Straftatbeständen (z.B. §§ 221, 249, 255, 306a, 315b, 315c StGB).

[117] Joecks, StGB, 11. Aufl. 2014, § 34 Rn. 15; näher Schaffstein FS Bruns 1978, 89.

[118] Zum ganzen (krit.) Erb, in: MK-StGB, 3. Aufl. 2017, § 32 Rn. 61ff.

[119] Kindhäuser, LPK, 6. Aufl. 2015, § 34 Rn. 24.

[120] Kühl, AT, 8. Aufl. 2017, § 8 Rn. 35.

[121] B. Heinrich, AT, 5. Aufl. 2016, Rn. 410.

[122] Vgl. Joecks, StGB, 11. Aufl. 2014, § 34 Rn. 13; aus der Rspr. vgl. OLG Frankfurt B. v. 11.12.1978 - 4 Ws 127/78 - NJW 1979, 1172 (Anm. Hassemer JuS 1979, 747).

[123] Kindhäuser, LPK, 6. Aufl. 2015, § 34 Rn. 20.

So kann z.B. die Wegnahme eines Autoschlüssels zur Verhinderung einer Trunkenheitsfahrt (§ 316 StGB) gem. § 34 StGB gerechtfertigt sein.[124]

Problematisch ist allerdings, inwieweit **Staatsorgane** sich auf Notstand berufen können[125]: S. hierzu bereits bei § 32 StGB; die dortigen Ausführungen gelten entsprechend. § 34 StGB ist auf das Verhalten von Staatsorganen – insbesondere **Polizeibeamten** – anwendbar.

Die Gefahr muss **gegenwärtig** sein.

Der Begriff wird i.R.d. § 34 StGB anders, nämlich weiter, ausgelegt als bei § 32 StGB.[126]

Die Gefahr ist i.S.d. § 34 StGB dann gegenwärtig, wenn bei natürlicher Weiterentwicklung der Dinge der Eintritt eines Schadens höchstwahrscheinlich ist, falls nicht alsbald Abwehrmaßnahmen ergriffen werden, oder wenn der Zustand jederzeit in einen Schaden umschlagen kann.[127] Relevant ist also die Notwendigkeit sofortigen Handelns, weniger der Zeitpunkt der erwarteten Gefahrrealisierung.

Neben Augenblicksgefahren sind auch **Dauergefahren** und **zukünftige** Gefahren i.S.d. § 34 StGB gegenwärtig, wenn sie nur durch unverzügliches Handeln wirksam abgewendet werden können.[128]

Beispiel 214:

BGH U. v. 15.05.1979 – 1 StR 74/79 (Spanner) – NJW 1979, 2053 (Anm. Roxin, Höchstrichterliche Rspr. AT, 1998, Nr. 26; Geilen JK 1980 StGB vor § 32/1; Hassemer JuS 1980, 69; Schroeder JuS 1980, 336; Hruschka NJW 1980, 21; Hirsch JR 1980, 115; Koch JA 2006, 806):

Im Jahre 1975 bemerkten B und seine Ehefrau dreimal, dass ihnen auf unerklärliche Weise aus der Wohnung Geld abhanden kam. Im April 1976 erwachte die Ehefrau des B nachts im Schlafzimmer dadurch, dass jemand sie an der Schulter berührte. Sie sah im Halbdunkel einen Mann, der sich alsbald leise entfernte. B, von seiner Ehefrau verständigt, sah im Wohnzimmer den später Verletzten Z stehen, den er damals nicht kannte. Der Eindringling flüchtete sofort; der B setzte ihm nach, konnte ihn jedoch nicht erreichen. Er ließ nach diesen Vorfällen am Gartentor eine Alarmanlage anbringen und erwarb eine Schreckschusspistole. Etwa sechs Wochen später ertönte abends das Signal der Alarmanlage.

---

[124] Hierzu B. Heinrich, AT, 5. Aufl. 2016, Rn. 410; aus der Rspr. vgl. OLG Koblenz U. v. 25.07.1963 - (2) Ss 248/63 - NJW 1963, 1991 (Anm. Seidel NJW 1964, 214); OLG Frankfurt U. v. 28.08.1995 - 3 Ss 116/95 - NStZ-RR 1996, 136 (Anm. Otto JK 1996 StGB § 34/2).

[125] Hierzu Fischer, StGB, 64. Aufl. 2017, § 32 Rn. 34.

[126] Hierzu Dencker FS Frisch 2013, 477; aus der Rspr. vgl. zuletzt BGH B. v. 28.06.2016 - 1 StR 613/15 - BGHSt 61, 202 = NJW 2016, 2818 (Anm. Bosch Jura 2017, 114; Kudlich JA 2017, 71).

[127] Fischer, StGB, 64. Aufl. 2017, § 34 Rn. 7f.

[128] Joecks, StGB, 11. Aufl. 2014, § 34 Rn. 18; Küper FS Rudolphi 2004, 151.

B ergriff die Schreckschusspistole und lief in den Garten. Dicht neben sich bemerkte er denselben Mann, den er früher im Wohnzimmer gesehen hatte. Er gab einen Schuss aus der Schreckschusspistole ab, Z flüchtete wiederum. B verfolgte ihn, verlor ihn jedoch aus den Augen. Er zeigte die Vorkommnisse der Polizei an, die zum Erwerb eines Waffenscheins und einer Schusswaffe riet. Die Eheleute befürchteten, dass der Eindringling es auf die Ehefrau des B oder auf die Kinder abgesehen habe. Ihre Angst steigerte sich derart, dass sie abends fast nie mehr gemeinsam ausgingen, auf Theaterbesuche und die Teilnahme an sonstigen Veranstaltungen verzichteten und keine Einladungen mehr annahmen. Zeitweilig traten bei ihnen Schlafstörungen auf. Die Ehefrau des B, die eine Arztpraxis betrieb, befürchtete, wenn sie zu nächtlichen Hausbesuchen gerufen wurde, jemand lauere ihr auf. B ließ nach diesen Ereignissen eine seiner Ehefrau gehörende Pistole instand setzen und nahm sie mit deren Einverständnis in Besitz, obwohl er die dazu erforderliche behördliche Erlaubnis nicht hatte. Am 29.04.1977 ertönte gegen 02.30 Uhr wieder die Alarmanlage. B und seine Frau verhielten sich ruhig und erbaten telefonisch polizeiliche Hilfe. Bevor diese eintraf, flüchtete der Eindringling. Am 09.09.1977 erwachte B gegen 01.50 Uhr durch ein Geräusch und sah am Fußende seines Bettes einen Mann stehen. Mit einem Schrei sprang er aus dem Bett, ergriff die Pistole und lud sie durch. Der Mann wandte sich zur Flucht, B lief hinterher. Wieder war der Eindringling schneller als er. B rief mehrfach „Halt oder ich schieße" und schoss schließlich, da Z nicht stehenblieb, zweimal in Richtung auf die Beine des Flüchtenden. Er wollte den Eindringling dingfest machen und so der für die Familie des B unerträglichen Situation ein Ende bereiten. B traf Z in die linke Gesäßhälfte und in die linke Flanke.

So liegt z.B. in den **Familientyrannen**-Fällen[129] ggf. kein gegenwärtiger Angriff i.S.d. § 32 StGB vor, sehr wohl aber eine gegenwärtige Gefahr i.S.d. § 34 StGB; freilich fehlt es ggf. am überwiegenden Interesse.

Beispiel 215:

BGH U. v. 25.03.2003 – 1 StR 483/02 – BGHSt 48, 255 = NJW 2003, 2464 = NStZ 2003, 482 = StV 2003, 665 (Anm. LL 2003, 777; RÜ 2003, 315; RA 2003, 463; famos 10/2003; Kargl Jura 2004, 189; Beckemper JA 2004, 99; Otto NStZ 2004, 142; Rengier NStZ 2004, 233; Hillenkamp JZ 2004, 48; Rotsch JuS 2005, 12):

---

[129] Hierzu vgl. Lackner/Kühl, StGB, 28. Aufl. 2014, § 34 Rn. 3, 9; Hillenkamp FS Miyazawa 1995, 141; Trechsel KritV-FG Hassemer 2000, 183; Widmaier NJW 2003, 2788; Welke ZRP 2004, 15; Adomeit/Beckemper JA 2005, 35; Haverkamp GA 2006, 586; Schneider NStZ 2015, 64; aus der Rspr. vgl. BGH U. v. 12.07.1966 - 1 StR 291/66 (Bratpfanne) - NJW 1966, 1823 (Anm. Hertel NJW 1966, 2418; Kion JuS 1967, 499); BGH B. v. 02.08.1983 - 5 StR 503/83 - NJW 1983, 2456 = NStZ 1984, 20 = StV 1983, 458 (Anm. Hassemer JZ 1983, 967; Seier JA 1984, 261; Hassemer JuS 1984, 66; Rengier NStZ 1984, 21; Spendel StV 1984, 45; Günther JR 1985, 268).

B erschoss am 21.09.2001 gegen Mittag ihren schlafenden Ehemann G mit dessen Revolver. Dieser hatte sie über viele Jahre hinweg durch zunehmend aggressivere Gewalttätigkeiten und Beleidigungen immer wieder erheblich verletzt und gedemütigt. Als sie die Tat beging, sah sie keinen anderen Ausweg mehr, um sich und auch die beiden gemeinsamen Töchter vor weiteren Tätlichkeiten zu schützen. B lernte G im Jahre 1983 kennen und freundete sich mit ihm an. Dieser war bereits damals Mitglied einer Rockergruppe. Er wurde alsbald gegenüber B tätlich, indem er sie ohrfeigte. Gleichwohl heiratete B ihn 1986. Später, nach der Geburt der ersten Tochter J, versetzte er ihr auch Faustschläge ins Gesicht oder in die Magengegend und trat sie, wenn irgendetwas im täglichen Ablauf nicht seinen Vorstellungen entsprach oder B seinen „Befehlen" nicht mit der erwarteten Schnelligkeit nachkam. Zudem ging er immer mehr dazu über, bei jeder alltäglichen Verrichtung die Hilfe der B in Anspruch zu nehmen. Auch musste sie sämtliche Gegenstände wegräumen, die er irgendwo liegen ließ. Als B schließlich mit der zweiten Tochter T schwanger war, nahm er hierauf keine Rücksicht und versetzte ihr auch jetzt Fußtritte und Faustschläge in den Bauchbereich. Hierauf führte B zurück, dass T mit einer Lippen-Gaumen-Spalte zur Welt kam. Die Gewalttätigkeiten nahmen schließlich solche Ausmaße an, dass B im Mai 1988 den Entschluss fasste, sich von ihrem Mann zu trennen. Sie begab sich in ein Frauenhaus. Ihre Eltern waren nicht bereit, sie aufzunehmen, weil sie Furcht vor den Nachstellungen durch G hatten. Nachdem dieser jedoch Besserung gelobt hatte, kehrte B nach vier Wochen zu ihm zurück. Im Jahr 1993 kam es zu einem weiteren Übergriff, bei dem er sie so lange schlug, bis sie auf dem Boden liegen blieb. Danach trat er auf die am Boden Liegende mit seinen Springerstiefeln mehrfach ein; dabei erlitt sie eine Nierenquetschung. In der Klinik täuschte B zur Verschleierung indessen einen Sturz vor. Ein anderes Mal stieß G den Kopf der B mehrfach mit solcher Heftigkeit gegen eine Zimmerwand, dass diese großflächig mit Blut verschmiert wurde und B bewusstlos zu Boden fiel. Er selbst nahm an, er habe sie getötet. Seit Mitte der 90er Jahre schlug er sie, wann immer er meinte, sie habe etwas falsch gemacht. In einem Falle versetzte er ihr mitten in der Nacht während des Schlafs einen Faustschlag ins Gesicht, weil sie ihm nach seiner Auffassung Anlass zu eifersüchtigen Träumen gegeben hatte; die aufgeplatzte Lippe musste chirurgisch versorgt werden. Nachdem die Eheleute schließlich ein Hausgrundstück gekauft hatten und G selbst Hand im Garten anlegte, erwartete er, dass B auf seinen Wink notwendige Werkzeuge oder Hilfsmittel herbeiholte; dabei titulierte er sie regelmäßig als „Schlampe", „Hure" oder „Fotze" und bedachte sie mit Ohrfeigen oder Fußtritten. Registrierte er, dass diese Handlungsweise von Nachbarn beobachtet werden konnte, schickte er B ins Haus, folgte ihr und verabreichte ihr dann dort weitere Faustschläge und Fußtritte. In der neuen Umgebung wurden seine Gewalttätigkeiten noch intensiver und häufiger. Es kam vor, dass er seine Frau mit einem Baseballschläger oder sonstigen Gegenständen schlug, die gerade für ihn greifbar waren. Schließlich misshandelte und demütigte er sie auch vor seinen Freunden in seinem Motorradclub: Weihnachten 2000 schlug er sie in Anwesenheit der versammelten Vereinsmitglieder, zwang sie, vor ihm niederzuknien und ihm nachzusprechen, sie sei eine „Schlampe" und der „letzte Dreck". B nahm die ständigen Beleidigungen und Körperverletzungen ohne Widerworte oder gar Gegenwehr hin; sie meinte, dass ihr Mann sich sonst noch mehr erzürnen und noch kräftiger zuschlagen würde. Nachdem G sich im April 2001 als Gastwirt selbstständig gemacht hatte, steigerten sich seine Gewalttätigkeiten weiter. Er schlug nicht nur B. Auch die Töchter J und T bekamen jetzt Schläge „ins Genick", wenn sie sich seiner Auffassung nach aufsässig oder unbotmäßig verhielten. B, die G in jeder freien Minute für Handreichungen bei allen alltäglichen Verrichtungen zur Verfügung zu stehen hatte und ihn bedienen musste, fand seit der Eröffnung der Gaststätte kaum mehr Schlaf. Durch die fortgesetzten Beleidigungen und Tätlichkeiten geriet sie an die Grenzen ihrer psychischen und physischen Belastbarkeit. Körperlich magerte sie immer mehr ab. Im Sommer 2001 war sie ein drittes Mal von G schwanger, erlitt aber im August, also etwa einen Monat vor der Tat, eine Fehlgeburt. In den letzten beiden Tagen vor der Tat hatte G außergewöhnlich heftige Wutanfälle. So regte er sich auf, weil er fürchtete, nicht rechtzeitig zur Öffnung seiner Gaststätte zu kommen. Er machte die B dafür verantwortlich, weil sie ihn nicht früher geweckt habe. Als er sich über eine im Windzug klappernde Tür erregte und B versuchte, ihn zu beschwichtigen, gab er ihr mehrere wuchtige Ohrfeigen, die sie zu Boden warfen. Daraufhin trat er barfuß auf sie ein. Kurze Zeit später versetzte er ihr unvermittelt einen so starken Faustschlag in den Magen, dass sie sich vor Schmerz zusammenkrümmte. Anschließend ohrfeigte er sie heftig. Er war nun wütend, weil B dabei gegen eine Tür gestoßen war; er hielt ihr vor, dass die Tür hätte beschädigt werden können. Sodann trat er, der nun Springerstiefel trug, mindestens zehnmal auf die schließlich am Boden liegende B ein, kniete sich auf sie und schlug ihr mit den Fäusten ins Gesicht. Er zog sie an den Haaren zu sich heran und biss ihr in die Wange. Infolge der Verletzungen konnte B an diesem Tag nicht das gemeinsame Lokal aufsuchen und musste auch einen Zahnarztbesuch absagen. Als G am Tattag gegen 03.30 Uhr aus seinem Lokal nach Hause kam, stritt er erneut mit B. Eine halbe Stunde lang beschimpfte er sie, bespuckte sie und schlug ihr ins Gesicht, so dass sie aus dem Mund blutete. Schließlich ging er zu Bett, während B wach blieb, weil sie die Kinder um 6 Uhr für die Schule fertig machen musste. Später, gegen 9 Uhr, stieß sie beim Aufräumen in der Wohnung auf den von G illegal erworbenen achtschüssigen Revolver „Double Action" der Marke Aminius, Kaliber 22 Magnum, nebst Munition. Diesen verwahrte ihr Mann normalerweise in der Gaststätte, um sich gegen Racheakte verfeindeter Rockergruppen und Überfälle zu schützen. B hielt ihre Situation für vollkommen ausweglos, seit sie einige Wochen zuvor wahrgenommen hatte, dass sich ihr Allgemeinzustand wegen der Doppelbelastung im Haushalt und in der Gaststätte sowie auf Grund der Beschimpfungen und Tätlichkeiten ihres Mannes erheblich verschlechtert hatte. Sie glaubte daher, den sich steigernden Gewalttätigkeiten bald „nicht mehr standhalten zu können" und befürchtete, dass die Tätlichkeiten auch gegen die Töchter schlimmere Ausmaße annehmen könnten und sie selbst dann auf Grund ihres schlechten Allgemeinbefindens dagegen immer weniger würde unternehmen können. Nach drei gescheiterten Suizidversuchen mittels Tabletten in zurückliegender Zeit war in ihr die Einsicht gereift, dass ein Suizid keine Lösung sei, weil dann ihre Töchter den Gewalttätigkeiten des Mannes schutzlos ausgesetzt wären. Spätestens seit Sommer 2001 hatte sie sich deshalb verstärkt mit dem Gedanken befasst, dem Leben ihres Mannes ein Ende zu setzen. Sie sah in ihrer Situation keinen anderen Ausweg, den Gewalttätigkeiten durch G zu entkommen und ihre eigene sowie die Unversehrtheit ihrer Töchter für die Zukunft zu garantieren, als ihn zu töten. Eine Trennung von G meinte sie auch mit Hilfe staatlicher oder karitativer Einrichtungen nicht bewerkstelligen zu können. Für diesen Fall hatte er ihr – nachdem sie aus dem Frauenhaus zurückgekehrt war – wiederholt angedroht, dass er den Töchtern etwas antun würde. Auch sie selbst könne er jederzeit ausfindig machen. Selbst wenn er ins Gefängnis käme, sei sie nicht vor ihm sicher. Er werde schließlich irgendwann „wieder herauskommen". Überdies könne er auch aus dem Gefängnis heraus seine Freunde aus den Rockergruppen beauftragen, ihr etwas anzutun. B nahm diese Drohungen ernst. Tatsächlich waren G und die Rockergruppen, denen er angehörte, gerichtsbekannt äußerst gewalttätig. Nachdem B nach dem Auffinden des Revolvers längere Zeit mit sich gerungen hatte, ob dies die Gelegenheit sei, die von ihr bereits seit einiger Zeit in Aussicht genommene Tat zu begehen, entschloss sie sich, den Schritt zu wagen und ihren Ehemann zu töten. Sie sah darin die „einzige Lösungsmöglichkeit", um die für sie ruinöse Beziehung zu ihrem Mann zu beenden. Sie betrat das Schlafzimmer und feuerte aus einer Entfernung von rund 60 cm den Inhalt der gesamten Trommel des achtschüssigen Revolvers in Sekundenschnelle auf ihren schlafenden Ehemann ab. Zwei der Geschosse trafen und führten umgehend zu seinem Tod.

bb) Sog. Notstandshandlung
Mit dem Begriff der Notstandshandlung wird umschrieben, dass gem. § 34 StGB nur dann eine Rechtfertigung eintritt, wenn die Gefahr nicht anders als durch die Eingriffshandlung abgewendet werden konnte, bei Abwägung der widerstreitenden Interessen das geschützte Interesse das beeinträchtigte wesentlich überwog und die Tat ein angemessenes Mittel war.

(1) Nicht anders abwendbar (Erforderlichkeit)
Zwar unterscheidet sich der Wortlaut des § 34 StGB im Hinblick auf die Erforderlichkeit der Eingriffshandlung von dem des § 2 StGB; gemeint ist aber dasselbe.

Auf Grundlage einer objektiven *ex-ante*-Beurteilung unter Berücksichtigung von Sonderwissen muss die ergriffene Handlung **geeignet** zur Gefahrenabwehr gewesen sein und hierbei das für den Betroffenen **mildeste Mittel** dargestellt haben.[130]

---

[130] Fischer, StGB, 64. Aufl. 2017, § 34 Rn. 9; näher Lenckner FS Lackner 1987, 95.

Geeignet ist die Handlung dann, wenn sie eine nicht nur ganz entfernte und vage Rettungschance bietet, wobei ausreicht, wenn die erfolgreiche Abwendung des drohenden Schadens nicht ganz unwahrscheinlich ist.[131]

Zum **mildesten Mittel** und möglichst schonenden Einsatz vgl. wiederum zunächst das bei § 32 StGB Erörterte.

Allerdings wird i.R.d. § 34 StGB auch ein Ausweichen, insbesondere zwecks Erlangung staatlicher Hilfe, als milderes Mittel verlangt.[132]

Bei einer Trunkenheitsfahrt, die dazu dient, einen Verletzten in ein Krankenhaus zu bringen,[133] wird es darauf ankommen, ob die Verletzung so schwer ist, dass das Warten auf einen herbeizurufenden Krankenwagen zu riskant ist.

(2) Bei Abwägung der widerstreitenden Interessen wesentliches Überwiegen des geschützten Interesses gegenüber dem beeinträchtigten
Bei Abwägung der widerstreitenden Interessen, namentlich der betroffenen Rechtsgüter und des Grades der ihnen drohenden Gefahren, muss das geschützte Interesse das beeinträchtigte wesentlich überwiegen, § 34 S. 1 StGB.[134] Die Vielfalt der Einflüsse auf die Abwägung entzieht sich einer darüber hinausgehenden abstrakten Formel.

Abwägungsfaktoren sind vor allem der abstrakte Rang der Rechtsgüter[135] (zu ermitteln aus einem Strafrahmenvergleich, ferner Persönlichkeitswerte vor Sachgütern) und das Ausmaß der drohenden Rechtsgutverletzung[136] (Quantität, sofern quantifizierbar).

Beispiel 216:

B verirrte sich im Gebirge und drohte zu erfrieren. Als er auf die Berghütte des Z stieß, brach er die Tür auf und suchte Zuflucht.

Das Leben eines Menschen überwiegt den Sachwert der Tür und das Hausrecht an einer Berghütte, was sich auch in den Strafrahmen der §§ 211 I, 212 I StGB einerseits und den §§ 303 I, 123 I StGB andererseits widerspiegelt.

---

[131] Fischer, StGB, 64. Aufl. 2017, § 34 Rn. 10; aus der Rspr. vgl. OLG Naumburg B. v. 24.04.2013 - 2 Ss 58/12 - NStZ 2013, 718 = StV 2014, 225 (Anm. Jahn JuS 2013, 1139).

[132] Fischer, StGB, 64. Aufl. 2017, § 34 Rn. 9; Pelz NStZ 1995, 305; Béguelin GA 2013, 473; aus der Rspr. vgl. zuletzt BGH B. v. 28.06.2016 - 1 StR 613/15 - BGHSt 61, 202 = NJW 2016, 2818 (Anm. Bosch Jura 2017, 114; Kudlich JA 2017, 71).

[133] Vgl. Perron, in: Sch/Sch, 29. Aufl. 2014, § 34 Rn. 20a; aus der Rspr. vgl. OLG Koblenz U. v. 16.04.1987 - 1 Ss 125/87 - NJW 1988, 2316 (Anm. Puppe, AT, 3. Aufl. 2016, § 13 Rn. 6ff.; Mitsch JuS 1989, 964).

[134] Hierzu B. Heinrich, AT, 5. Aufl. 2016, Rn. 422ff.

[135] Joecks, StGB, 11. Aufl. 2014, § 34 Rn. 26.

[136] Joecks, StGB, 11. Aufl. 2014, § 34 Rn. 27.

Beispiel 217:

Arzt B teilte der Z1 mit, dass deren Ehemann Z2, ebenfalls Patient des B, mit HIV infiziert sei.

§ 203 I StGB (Verletzung von Privatgeheimnissen)

Wer unbefugt ein fremdes Geheimnis, namentlich ein zum persönlichen Lebensbereich gehörendes Geheimnis oder ein Betriebs- oder Geschäftsgeheimnis, offenbart, das ihm als

1. Arzt, Zahnarzt, Tierarzt, Apotheker oder Angehörigen eines anderen Heilberufs, der für die Berufsausübung oder die Führung der Berufsbezeichnung eine staatlich geregelte Ausbildung erfordert,

2. Berufspsychologen mit staatlich anerkannter wissenschaftlicher Abschlußprüfung,

3. Rechtsanwalt, Kammerrechtsbeistand, Patentanwalt, Notar, Verteidiger in einem gesetzlich geordneten Verfahren, Wirtschaftsprüfer, vereidigtem Buchprüfer, Steuerberater, Steuerbevollmächtigten oder Organ oder Mitglied eines Organs einer Rechtsanwalts-, Patentanwalts-, Wirtschaftsprüfungs-, Buchprüfungs- oder Steuerberatungsgesellschaft,

4. Ehe-, Familien-, Erziehungs- oder Jugendberater sowie Berater für Suchtfragen in einer Beratungsstelle, die von einer Behörde oder Körperschaft, Anstalt oder Stiftung des öffentlichen Rechts anerkannt ist,

5. Mitglied oder Beauftragten einer anerkannten Beratungsstelle nach den §§ 3 und 8 des Schwangerschaftskonfliktgesetzes,

6. staatlich anerkanntem Sozialarbeiter oder staatlich anerkanntem Sozialpädagogen oder

7. Angehörigen eines Unternehmens der privaten Kranken-, Unfall- oder Lebensversicherung oder einer privatärztlichen, steuerberaterlichen oder anwaltlichen Verrechnungsstelle anvertraut worden oder sonst bekanntgeworden ist, wird mit Freiheitsstrafe bis zu einem Jahr oder mit Geldstrafe bestraft.

Der Schutz der Gesundheit der Z1 kann i.S.d. § 34 StGB das Geheimhaltungsinteresse des Z2 überwiegen.[137]

Im Hinblick auf die quantitative Abwägung gibt es nach ganz h.M.[138] allerdings eine gewichtige Ausnahme: Eine Abwägung **Leben gegen Leben** findet **nicht** statt, so dass eine Tötung niemals nach § 34 StGB gerechtfertigt sein kann, auch nicht, wenn

---

[137] Vgl. Weidemann, in: BeckOK-StGB, Stand 01.12.2016, § 203 Rn. 45; Eberbach MedR 1987, 267; Kreuzer ZStW 1988, 786; aus der Rspr. vgl. OLG Frankfurt B. v. 08.07.1999 - 8 U 67/99 - NJW 2000, 875 – NStZ 2001, 130 (Anm. Otto JK 2001 StGB § 203/2; Wolfslast NStZ 2001, 151).

[138] Näher Peters JR 1950, 742; Oehler JR 1951, 489; Küper JuS 1971, 474; Küper JuS 1981, 785; Hörnle FS Herzberg 2008, 555; aus der Rspr. vgl. OGH U. v. 05.03.1949 - StS 19/49 (Euthanasie) - OGHSt 1, 321 (Anm. Peters JR 1949, 496; Schmidt SJZ 1949, 559; Welzel MDR 1949, 373; Klefisch MDR 1950, 258).

dadurch andere Menschenleben gerettet werden, und ferner selbst dann nicht, wenn das geopferte Leben „ohnehin verloren"[139] war.

Beispiel 218:

G und B unternahmen eine Gebirgstour und stürzten in eine Schlucht. Beide waren über ein Seil miteinander verbunden. Während sich G schwerverletzt in relativ aussichtsloser Lage befand, konnte sich B mit letzter Kraft noch retten, wenn er das Seil kappte und G damit in den sofortigen Tod beförderte. Er tat dies. G stürzte ab und starb.

§ 34 StGB scheidet aus.

In Betracht kommt eine Entschuldigung nach § 35 StGB.

Beispiel 219:

Regina vs. Dudley and Stephens, Queens Bench Division 1884 (Mignonette) (Anm. Ziemann ZIS 2014, 479)[140]:
Die relativ kleine Segeljacht „Mignonette" war auf der Reise von Falmouth in Südwestengland nach Sydney in Australien etwa 680 Seemeilen südlich der Insel Saint Helena im Südatlantik in einem Sturm untergegangen. Die vierköpfige Besatzung rettete sich mit Mühe in ein vier Meter langes Beiboot. An Lebensmitteln konnten die Männer zwei Dosen Rüben mitnehmen. Süßwasser gab es nicht an Bord. Am vierten Tag gelang es ihnen, eine kleine Schildkröte zu fangen, die sie verzehrten. Am achten Tag begannen sie, Ihren eigenen Urin zu trinken. Am neunzehnten Tag schnitt Kapitän Dudley dem siebzehn- oder achtzehnjährigen Schiffsjungen R. Parker, der Salzwasser getrunken hatte und schwer – wahrscheinlich sogar letal – an Durchfall erkrankt war, die Kehle durch. Die restlichen Männer ernährten sich nun vier Tage lang von dem Körper des Schiffsjungen, bis sie ein deutsches Segelschiff an Bord nahm.

Beispiel 220:

BGH U. v. 28.11.1952 – 4 StR 23/50 (Euthanasie-Ärzte) – NJW 1953, 513 (Anm. Roxin, Höchstrichterliche Rspr. AT, 1998, Nr. 23):
B1 und B2 wirkten im Jahre 1941 als Ärzte bei der Durchführung der staatlich angeordneten Massentötung von Geisteskranken mit. Sie erkannten den Zweck der Verlegung der Kranken und rechneten damit, dass die auf den Listen

---

[139] Hierzu Jäger ZStW 2003, 765; Hirsch FS Küper 2007, 149.

[140] Vgl. auch schon den antiken Fall des „Brett des Karneades", hierzu Momsen/Savic, in: BeckOK-StGB, Stand 01.12.2016, § 35 Rn. 4; Hruschka GA 1991, 1; Koriath JA 1998, 250; Maultzsch JA 1999, 429.

Verzeichneten getötet werden sollten. Sie führten die zu diesem Zweck erteilten Anweisungen teilweise durch, setzten aber einen Teil der Kranken – etwa 25 bis 30 % – unter Überschreitung der dafür gegebenen Richtlinien, die nur etwa 5 % Streichungen zuließen, von den Verlegungslisten ab. Andere Kranke bewahrten sie dadurch vor dem Vergasungstod, dass sie sie zu ihren Angehörigen entließen oder durch Vermittlung der sie betreuenden Ordensschwestern in konfessionellen Anstalten unterbringen ließen. 30 bis 40 Jugendliche der Heilanstalt in M. rettete B1, indem er sie wahrheitswidrig als erziehungsfähig bezeichnete. Eine Gruppe von 200 Kranken ließ er aus hessischen Anstalten zurückholen, als er erfuhr, dass sie dort schlecht untergebracht waren, sie blieben auf diese Weise von der Tötung verschont.

Beispiel 221:

Bahnwärter B sah, wie ein vollbesetzter ICE mit 250 km/h auf einem Gleis fuhr, welches hinter der nächsten Kurve von einer Gerölllawine verschüttet war. Er konnte den Zugführer nicht mehr warnen. Mindestens 200 Menschen drohten durch das Zugunglück zu sterben. Im letzten Moment lenkte er den Zug auf ein ansonsten nicht benutztes Nachbargleis um, auf dem jedoch der Bahnarbeiter G friedlich seinen Mittagsschlaf hielt. G wurde von dem Zug erfasst und starb.

Beispiel 222:

vgl. BVerfG U. v. 15.02.2006 – 1 BvR 357/05 – BVerfGE 115, 118 = NJW 2006, 751 (Anm. LL 2006, 269)[141]:

Um auf politische und religiöse Anliegen ihrer Organisation aufmerksam zu machen, beschlossen B1 und B2, Flugzeuge zu entführen, um diese an einem Bundesliga-Sonnabend in stark besuchte Fußballstadien stürzen zu lassen. B1 kaperte ein leeres Transportflugzeug, welches er sodann selbst flog. B2 gelang es, ein mit 200 Menschen besetztes Passagierflugzeug zu entführen. Sie übermittelten eine Botschaft an Behörden und Öffentlichkeit, in der sie ihre Hoffnung zum Ausdruck brachten, möglichst viele dekadente Wohlstandsbürger mit in den Tod zu reißen. Verteidigungsminister B3 ordnete das Aufsteigen einer Alarmrotte der Luftwaffe an. Er befahl dem Piloten B4, das von B1 gelenkte Transportflugzeug, dem Piloten B5, das von B2 entführte Passagierflugzeug jeweils über einem unbewohnten Naturschutzgebiet abzuschießen. B4 und B5 taten dies, es gab keine Überlebenden.

---

[141] Zum Flugzeugabschuss zur Anschlagsverhinderung Fischer, StGB, 64. Aufl. 2017, § 34 Rn. 17ff.; Jerouschek FS Schreiber 2003, 185; Sinn NStZ 2004, 585; Mitsch GA 2006, 11; Gropp GA 2006, 284; Isensee FS Jakobs 2007, 205; Rogall NStZ 2008, 1; Ladiges ZIS 2008, 129; Streng FS Stöckel 2010, 135; Roxin ZIS 2011, 552; vgl. auch den zwischenzeitlichen § 14 III LuftSiG (für verfassungswidrig erklärt: BVerfG U. v. 15.02.2006 - 1 BvR 357/05 - BVerfGE 115, 118 = NJW 2006, 751 (Anm. LL 2006, 269)); hierzu Sinn NStZ 2004, 585; Merkel JZ 2007, 373.

Beispiel 223:

BGH U. v. 25.03.2003 – 1 StR 483/02 – BGHSt 48, 255 = NJW 2003, 2464 = NStZ 2003, 482 = StV 2003, 665 (Anm. LL 2003, 777; RÜ 2003, 315; RA 2003, 463; famos 10/2003; Kargl Jura 2004, 189; Beckemper JA 2004, 99; Otto NStZ 2004, 142; Rengier NStZ 2004, 233; Hillenkamp JZ 2004, 48; Rotsch JuS 2005, 12):

B erschoss am 21.09.2001 gegen Mittag ihren schlafenden Ehemann G mit dessen Revolver. Dieser hatte sie über viele Jahre hinweg durch zunehmend aggressivere Gewalttätigkeiten und Beleidigungen immer wieder erheblich verletzt und gedemütigt. Als sie die Tat beging, sah sie keinen anderen Ausweg mehr, um sich und auch die beiden gemeinsamen Töchter vor weiteren Tätlichkeiten zu schützen. B lernte G im Jahre 1983 kennen und freundete sich mit ihm an. Dieser war bereits damals Mitglied einer Rockergruppe. Er wurde alsbald gegenüber B tätlich, indem er sie ohrfeigte. Gleichwohl heiratete B ihn 1986. Später, nach der Geburt der ersten Tochter J, versetzte er ihr auch Faustschläge ins Gesicht oder in die Magengegend und trat sie, wenn irgendetwas im täglichen Ablauf nicht seinen Vorstellungen entsprach oder B seinen „Befehlen" nicht mit der erwarteten Schnelligkeit nachkam. Zudem ging er immer mehr dazu über, bei jeder alltäglichen Verrichtung die Hilfe der B in Anspruch zu nehmen. Auch musste sie sämtliche Gegenstände wegräumen, die er irgendwo liegen ließ. Als B schließlich mit der zweiten Tochter T schwanger war, nahm er hierauf keine Rücksicht und versetzte ihr auch jetzt Fußtritte und Faustschläge in den Bauchbereich. Hierauf führte B zurück, dass T mit einer Lippen-Gaumen-Spalte zur Welt kam. Die Gewalttätigkeiten nahmen schließlich solche Ausmaße an, dass B im Mai 1988 den Entschluss fasste, sich von ihrem Mann zu trennen. Sie begab sich in ein Frauenhaus. Ihre Eltern waren nicht bereit, sie aufzunehmen, weil sie Furcht vor den Nachstellungen durch G hatten. Nachdem dieser jedoch Besserung gelobt hatte, kehrte B nach vier Wochen zu ihm zurück. Im Jahr 1993 kam es zu einem weiteren Übergriff, bei dem er sie so lange schlug, bis sie auf dem Boden liegen blieb. Danach trat er auf die am Boden Liegende mit seinen Springerstiefeln mehrfach ein; dabei erlitt sie eine Nierenquetschung. In der Klinik täuschte B zur Verschleierung indessen einen Sturz vor. Ein anderes Mal stieß G den Kopf der B mehrfach mit solcher Heftigkeit gegen eine Zimmerwand, dass diese großflächig mit Blut verschmiert wurde und B bewusstlos zu Boden fiel. Er selbst nahm an, er habe sie getötet. Seit Mitte der 90er Jahre schlug er sie, wann immer er meinte, sie habe etwas falsch gemacht. In einem Falle versetzte er ihr mitten in der Nacht während des Schlafs einen Faustschlag ins Gesicht, weil sie ihm nach seiner Auffassung Anlass zu eifersüchtigen Träumen gegeben hatte; die aufgeplatzte Lippe musste chirurgisch versorgt werden. Nachdem die Eheleute schließlich ein Hausgrundstück gekauft hatten und G selbst Hand im Garten anlegte, erwartete er, dass B auf seinen Wink notwendige Werkzeuge oder Hilfsmittel herbeiholte; dabei titulierte er sie regelmäßig als „Schlampe", „Hure" oder „Fotze" und bedachte sie mit Ohrfeigen oder Fußtritten. Registrierte er, dass diese Handlungsweise von Nachbarn beobachtet werden konnte, schickte er B

ins Haus, folgte ihr und verabreichte ihr dann dort weitere Faustschläge und Fußtritte. In der neuen Umgebung wurden seine Gewalttätigkeiten noch intensiver
und häufiger. Es kam vor, dass er seine Frau mit einem Baseballschläger oder
sonstigen Gegenständen schlug, die gerade für ihn greifbar waren. Schließlich
misshandelte und demütigte er sie auch vor seinen Freunden in seinem Motorradclub: Weihnachten 2000 schlug er sie in Anwesenheit der versammelten Vereinsmitglieder, zwang sie, vor ihm niederzuknien und ihm nachzusprechen, sie sei
eine „Schlampe" und der „letzte Dreck". B nahm die ständigen Beleidigungen
und Körperverletzungen ohne Widerworte oder gar Gegenwehr hin; sie meinte,
dass ihr Mann sich sonst noch mehr erzürnen und noch kräftiger zuschlagen
würde. Nachdem G sich im April 2001 als Gastwirt selbstständig gemacht hatte,
steigerten sich seine Gewalttätigkeiten weiter. Er schlug nicht nur B. Auch die
Töchter J und T bekamen jetzt Schläge „ins Genick", wenn sie sich seiner Auffassung nach aufsässig oder unbotmäßig verhielten. B, die G in jeder freien
Minute für Handreichungen bei allen alltäglichen Verrichtungen zur Verfügung
zu stehen hatte und ihn bedienen musste, fand seit der Eröffnung der Gaststätte
kaum mehr Schlaf. Durch die fortgesetzten Beleidigungen und Tätlichkeiten
geriet sie an die Grenzen ihrer psychischen und physischen Belastbarkeit. Körperlich magerte sie immer mehr ab. Im Sommer 2001 war sie ein drittes Mal von
G schwanger, erlitt aber im August, also etwa einen Monat vor der Tat, eine Fehlgeburt. In den letzten beiden Tagen vor der Tat hatte G außergewöhnlich heftige
Wutanfälle. So regte er sich auf, weil er fürchtete, nicht rechtzeitig zur Öffnung
seiner Gaststätte zu kommen. Er machte die B dafür verantwortlich, weil sie ihn
nicht früher geweckt habe. Als er sich über eine im Windzug klappernde Tür
erregte und B versuchte, ihn zu beschwichtigen, gab er ihr mehrere wuchtige
Ohrfeigen, die sie zu Boden warfen. Daraufhin trat er barfuß auf sie ein. Kurze
Zeit später versetzte er ihr unvermittelt einen so starken Faustschlag in den
Magen, dass sie sich vor Schmerz zusammenkrümmte. Anschließend ohrfeigte er
sie heftig. Er war nun wütend, weil B dabei gegen eine Tür gestoßen war; er hielt
ihr vor, dass die Tür hätte beschädigt werden können. Sodann trat er, der nun
Springerstiefel trug, mindestens zehnmal auf die schließlich am Boden liegende
B ein, kniete sich auf sie und schlug ihr mit den Fäusten ins Gesicht. Er zog sie
an den Haaren zu sich heran und biss ihr in die Wange. Infolge der Verletzungen
konnte B an diesem Tag nicht das gemeinsame Lokal aufsuchen und musste auch
einen Zahnarztbesuch absagen. Als G am Tattag gegen 03.30 Uhr aus seinem
Lokal nach Hause kam, stritt er erneut mit B. Eine halbe Stunde lang beschimpfte
er sie, bespuckte sie und schlug ihr ins Gesicht, so dass sie aus dem Mund blutete.
Schließlich ging er zu Bett, während B wach blieb, weil sie die Kinder um 6 Uhr
für die Schule fertig machen musste. Später, gegen 9 Uhr, stieß sie beim Aufräumen in der Wohnung auf den von G illegal erworbenen achtschüssigen Revolver
„Double Action" der Marke Aminius, Kaliber 22 Magnum, nebst Munition.
Diesen verwahrte ihr Mann normalerweise in der Gaststätte, um sich gegen
Racheakte verfeindeter Rockergruppen und Überfälle zu schützen. B hielt ihre
Situation für vollkommen ausweglos, seit sie einige Wochen zuvor wahrgenom-
men hatte, dass sich ihr Allgemeinzustand wegen der Doppelbelastung im

Haushalt und in der Gaststätte sowie auf Grund der Beschimpfungen und Tätlichkeiten ihres Mannes erheblich verschlechtert hatte. Sie glaubte daher, den sich steigernden Gewalttätigkeiten bald „nicht mehr standhalten zu können" und befürchtete, dass die Tätlichkeiten auch gegen die Töchter schlimmere Ausmaße annehmen könnten und sie selbst dann auf Grund ihres schlechten Allgemeinbefindens dagegen immer weniger würde unternehmen können. Nach drei gescheiterten Suizidversuchen mittels Tabletten in zurückliegender Zeit war in ihr die Einsicht gereift, dass ein Suizid keine Lösung sei, weil dann ihre Töchter den Gewalttätigkeiten des Mannes schutzlos ausgesetzt wären. Spätestens seit Sommer 2001 hatte sie sich deshalb verstärkt mit dem Gedanken befasst, dem Leben ihres Mannes ein Ende zu setzen. Sie sah in ihrer Situation keinen anderen Ausweg, den Gewalttätigkeiten durch G zu entkommen und ihre eigene sowie die Unversehrtheit ihrer Töchter für die Zukunft zu garantieren, als ihn zu töten. Eine Trennung von G meinte sie auch mit Hilfe staatlicher oder karitativer Einrichtungen nicht bewerkstelligen zu können. Für diesen Fall hatte er ihr – nachdem sie aus dem Frauenhaus zurückgekehrt war – wiederholt angedroht, dass er den Töchtern etwas antun würde. Auch sie selbst könne er jederzeit ausfindig machen. Selbst wenn er ins Gefängnis käme, sei sie nicht vor ihm sicher. Er werde schließlich irgendwann „wieder herauskommen". Überdies könne er auch aus dem Gefängnis heraus seine Freunde aus den Rockergruppen beauftragen, ihr etwas anzutun. B nahm diese Drohungen ernst. Tatsächlich waren G und die Rockergruppen, denen er angehörte, gerichtsbekannt äußerst gewalttätig. Nachdem B nach dem Auffinden des Revolvers längere Zeit mit sich gerungen hatte, ob dies die Gelegenheit sei, die von ihr bereits seit einiger Zeit in Aussicht genommene Tat zu begehen, entschloss sie sich, den Schritt zu wagen und ihren Ehemann zu töten. Sie sah darin die „einzige Lösungsmöglichkeit", um die für sie ruinöse Beziehung zu ihrem Mann zu beenden. Sie betrat das Schlafzimmer und feuerte aus einer Entfernung von rund 60 cm den Inhalt der gesamten Trommel des achtschüssigen Revolvers in Sekundenschnelle auf ihren schlafenden Ehemann ab. Zwei der Geschosse trafen und führten umgehend zu seinem Tod.

Zwar gibt es z.T. Bestrebungen, die Abwägung dann nach dem Rechtsgedanken des § 228 S. 1 BGB zu modifizieren (gesteigerte Duldungspflicht bei eigener Gefahrverursachung); ganz herrschend ist aber die Auffassung, dass die Tötung eines Menschen unter keinen Umständen nach § 34 StGB gerechtfertigt sein kann.[142]

Außer Qualität und Quantität der betroffenen Rechtsgüter können in die Abwägung einzustellen sein: Grad der drohenden Gefahren, Art und Ursprung der Gefahr, spezielle Schutzpflichten, Motive des Täters, ggf. Unersetzbarkeit des Schadens, Größe der Rettungschance.

---

[142] S. z.B. Fischer, StGB, 64. Aufl. 2017, § 34 Rn. 14ff.; ausf. Roxin FS Jescheck 1985, 457; Pawlik GA 2003, 12; Günther FS Amelung 2009, 147.

Zu beachten ist, dass ein **wesentliches** Überwiegen verlangt wird, so dass das Übergewicht beträchtlich sein muss.[143]

(3) Angemessenheit, § 34 S. 2 StGB

(a) Allgemeines

Gem. § 34 S. 2 StGB muss die Tat ein angemessenes Mittel sein, die Gefahr abzuwenden.

Unter die Frage der Angemessenheit werden – ähnlich wie bei § 32 StGB – rechts- und sozialethische Schranken subsumiert.[144]

(b) Rechtlich geordnete Verfahren

Die erste Fallgruppe betrifft rechtlich geordnete Verfahren.[145]

Wenn die Rechtsordnung für bestimmte Kollisionslagen spezielle Rechtsvorschriften zur Verfügung stellt, ist ein eigenmächtiges Vorgehen eines Betroffenen nicht angemessen i.S.d. § 34 S. 2 StGB; hier kommen insbesondere Normen des Verwaltungsrechts (z.B. des Polizeirechts) und des Strafprozessrechts in Betracht.

Beispiel 224:

B war zu Unrecht zu einer Freiheitsstrafe von drei Jahren verurteilt worden. Er wurde in die Vollzugsanstalt gebracht, in der er die Strafe absitzen sollte. Bei der nächsten Gelegenheit schlug B einen Wächter nieder und floh.

Für die Feststellung der Straftat inkl. der Rechtsfolgen stellt das Strafprozessrecht abschließende Regelungen zur Verfügung – insbesondere Rechtsmittel, ferner zur Durchbrechung der Rechtskraft die Wiederaufnahme –; ein Rückgriff auf § 34 StGB ist ausgeschlossen.

Beispiel 225:

Der mittellose B brauchte dringend Geld für eine lebensnotwendige Operation. Er konnte sich dieses nur durch Herstellung und Verkauf von Betäubungsmitteln beschaffen.

Die Sicherstellung medizinischer Versorgung und wirtschaftliche Notlagen überhaupt regelt das Sozialrecht abschließend.

Gleiches gilt für das Existenzminimum:

---

[143] Zum Begriff der Wesentlichkeit i.S.d. § 34 StGB Küper GA 1983, 289; Hoyer FS Küper 2007, 173.

[144] Näher Grebing GA 1979, 81; Joerden GA 1991, 411.

[145] Kindhäuser, LPK, 6. Aufl. 2015, § 34 Rn. 38; aus der Rspr. vgl. zuletzt BGH B. v. 28.06.2016 - 1 StR 613/15 - BGHSt 61, 202 = NJW 2016, 2818 (Anm. Bosch Jura 2017, 114; Kudlich JA 2017, 71).

Beispiel 226:

B war Sozialhilfeempfänger und hatte kaum die erforderlichen finanziellen Mittel, um sich über Wasser zu halten. Als ihm zu Beginn des Monats auch noch das wenige Geld, das er von der Behörde erhalten hatte, gestohlen wurde, wusste er sich nicht anders zu helfen, als von einem Marktstand drei Äpfel zu entwenden, um seinen Hunger zu stillen.

Beispiel 227:

vgl. OLG Frankfurt U. v. 21.08.1987 – 1 Ss 488/86 – NJW 1988, 3110 = StV 1988, 301 (Anm. Wolf StV 1988, 301):
Ausländer B reiste illegal in Deutschland ein, um dem Krieg in seinem Heimatland zu entkommen.

Asyl- und Aufenthaltsrecht regeln die Einreise von Ausländern abschließend. § 34 StGB greift nach ganz h.M. nicht.[146]

(c) Sog. Nötigungsnotstand

▶   **Didaktische Aufsätze:**
   - Neumann, Der strafrechtliche Nötigungsnotstand – Rechtfertigungs- oder Entschuldigungsgrund?, JA 1988, 329
   - Bünemann/Hömpler, Nötigungsnotstand bei Gefahr für nichthöchstpersönliche Rechtsgüter, Jura 2010, 184
   - Brand/Lenk, Probleme des Nötigungsnotstands, JuS 2013, 883

Die zweite Fallgruppe fehlender Angemessenheit i.S.d. § 34 S. 2 StGB ist der sog. Nötigungsnotstand.[147]

Beispiel 228:

BGH U. v. 05.03.1954 – 1 StR 230/53 – BGHSt 5, 371 = NJW 1954, 1126 (Anm. Roxin, Höchstrichterliche Rspr. AT, 1998, Nr. 40; Nüse JR 1954, 268):
B wurde in zwei Strafverfahren gegen Z vor Gericht zunächst eidlich, sodann zweimal uneidlich und schließlich nochmals eidlich als Zeugin vernommen. Sie sagte jedes Mal zugunsten des Z wissentlich falsch aus. Z hatte sie dazu durch die Drohung bestimmt, er werde sie töten, wenn sie nicht die unwahren Aussagen erstatte.

---

[146] Hierzu Perron, in: Sch/Sch, 29. Aufl. 2014, § 34 Rn. 41; krit. Abramenko NStZ 2001, 71.

[147] Hierzu Neumann JA 1988, 329; Meyer GA 2004, 356; Matsumiya FS Jakobs 2007, 361; Bünemann/Hömpler Jura 2010, 184; Dann wistra 2011, 127; Brand/Lenk JuS 2013, 883.

§ 153 StGB (Falsche uneidliche Aussage)
Wer vor Gericht oder vor einer anderen zur eidlichen Vernehmung von Zeugen oder
Sachverständigen zuständigen Stelle als Zeuge oder Sachverständiger uneidlich falsch
aussagt, wird mit Freiheitsstrafe von drei Monaten bis zu fünf Jahren bestraft.

§ 154 I StGB (Meineid)
Wer vor Gericht oder vor einer anderen zur Abnahme von Eiden zuständigen Stelle
falsch schwört, wird mit Freiheitsstrafe nicht unter einem Jahr bestraft.

Es ist umstritten, ob nach § 34 StGB gerechtfertigt sein kann, wer zu einer Straftat
gezwungen wird.

Rspr. und h.L.[148] lehnen eine Angemessenheit i.S.d. § 34 S. 2 StGB in diesen
Fällen ab und verweisen auf eine mögliche Entschuldigung gem. § 35 StGB.

Z.T.[149] wird dies anders gesehen und der Nötigungsnotstand unter § 34 StGB
gefasst.

Für letztere Auffassung spricht, dass auch eine von einem anderen Menschen
geschaffene Gefahr grundsätzlich unter § 34 StGB fällt. Allerdings ist dem mit der
h.M. entgegenzuhalten, dass nicht recht einsichtig ist, wieso der Geschädigte der
durch den Genötigten begangenen Straftat diese dulden muss. Mangels rechtswidrigen
Angriffs stünde ihm nämlich keine Notwehr nach § 32 StGB zu, sog. Notwehrprobe.
Der Genötigte tritt auf die Seite des Unrechts; hielte man dies für gerechtfertigt, so ent-
stünde ein Widerspruch in der Rechtsordnung. Den Interessen des Genötigten trägt der
Entschuldigungsgrund des § 35 StGB hinreichend Rechnung. Bei vielen denkbaren
Straftaten des Genötigten mag es ohnehin an einem wesentlichen Überwiegen fehlen.

(d) Besondere Rechtsstellung
Eine dritte Fallgruppe fehlender Angemessenheit ist die Duldungspflicht des
Gefährdeten aufgrund einer besonderen Rechtsstellung. Dies meint insbesondere
Amtsträger, deren Dienst typischerweise gefährlich ist, z.B. Soldaten, Polizisten,
Richter, Staatsanwälte und Feuerwehrleute.[150] Diese haben größere Gefahren als der
Normalbürger hinzunehmen, in den sicheren Tod gehen müssen aber auch sie nicht.

(e) Verschulden der Notstandslage
Die vierte Fallgruppe betrifft das Verschulden der Notstandslage.[151]

---

[148] Vgl. Wessels/Beulke/Satzger, AT, 46. Aufl. 2016, Rn. 443.

[149] Z.B. Joecks, StGB, 11. Aufl. 2014, § 34 Rn. 45ff.

[150] Hierzu Krey/Esser, AT, 6. Aufl. 2016, Rn. 610; Küper JZ 1980, 755.

[151] Hierzu Kindhäuser, LPK, 6. Aufl. 2015, § 34 Rn. 40.

Beispiel 229:

BayObLG B. v. 26.05.1978 – 3 Ob OWi 38/78 – NJW 1978, 2046 (Anm. Geilen JK 1979 OWiG § 16/1; Dencker JuS 1979, 779; Hruschka JR 1979, 125):
B war als Kraftfahrer bei einem Fäkalienabfuhrunternehmen beschäftigt. Er hatte die bei der Entleerung von Abwasser- und Abortgruben angefallenen Abfälle mit einem Fahrzeug entweder den dafür zugelassenen Abfallbeseitigungsanlagen zuzuführen oder zu Düngungszwecken auf landwirtschaftlich genutzte Böden nach vorheriger Zustimmung der Grundstückseigentümer aufzubringen. Am 03.12.1976 nahm er Fäkalien in das Fahrzeug auf, das damit ein Gesamtgewicht von 22 Tonnen erreichte. Auf der Suche nach einem zur Aufnahme von Fäkalien geeigneten landwirtschaftlichen Grundstück befuhr er einen unbefestigten Feldweg, der höchstens 3 m breit war und neben dem ein Graben verlief. Der Feldweg war nur zum Befahren durch landwirtschaftliche Fahrzeuge, jedoch nicht, wie der Betroffene erkannte, für den Verkehr mit Lkw geeignet. Nachdem der Betroffene auf dem Feldweg ca. 25 bis 30 m zurückgelegt hatte, sackte das Fahrzeug mit den rechten Rädern vom Weg in den Graben ab, so dass es umzukippen drohte. Um der zu erwartenden Beschädigung des Fahrzeugs, das einen Wert von 60.000 DM verkörperte, zu begegnen, entleerte B die Fäkalien auf das anliegende landwirtschaftliche Grundstück. B verteilte die Fäkalien mit einem Schlauch auf eine größere Breite, um dadurch eventuelle Schäden möglichst gering zu halten. Tatsächlich entstand nur ein geringer Schaden. Nach der Entleerung des Fahrzeugs war die Gefahr des Umstürzens beseitigt.

§ 326 I StGB (Unerlaubter Umgang mit Abfällen)
Wer unbefugt Abfälle, die
1. Gifte oder Erreger von auf Menschen oder Tiere übertragbaren gemeingefährlichen Krankheiten enthalten oder hervorbringen können,
[…]
4. nach Art, Beschaffenheit oder Menge geeignet sind,
a) nachhaltig ein Gewässer, die Luft oder den Boden zu verunreinigen oder sonst nachteilig zu verändern oder
b) einen Bestand von Tieren oder Pflanzen zu gefährden,
außerhalb einer dafür zugelassenen Anlage oder unter wesentlicher Abweichung von einem vorgeschriebenen oder zugelassenen Verfahren sammelt, befördert, behandelt, verwertet, lagert, ablagert, ablässt, beseitigt, handelt, makelt oder sonst bewirtschaftet, wird mit Freiheitsstrafe bis zu fünf Jahren oder mit Geldstrafe bestraft.

Angenommen, das Verhalten des B erfüllt den Tatbestand des § 326 I StGB: Fraglich ist, ob das fahrlässige Herbeiführen der Gefahr die Rechtfertigung nach § 34 S. 2 StGB beeinflusst.

Teilweise wird bei (Mit-)Verschulden eine Rechtfertigung nach § 34 StGB mangels Angemessenheit abgelehnt,[152] vielfach aber auch nur bei absichtlicher Herbeiführung der Notstandslage, während bei sonstiger Vorwerfbarkeit – reduzierte – Notstandshandlungen zulässig bleiben, ähnlich wie bei der Notwehrprovokation.[153] Andere[154] verneinen die Relevanz des Verschuldens gänzlich.

Bisweilen[155] wird auf die Grundsätze der *actio illicita in causa* abgestellt.

Es ist unter dem Aspekt des Rechtsgüterschutzes sinnvoll, den Täter nach erkanntem Verschulden bei einer gebotenen Rettungshandlung zu rechtfertigen. Auch fehlt eine Regel wie in § 35 I 2 StGB. Es bleibt daher dabei, dass das Verschulden nichts am Vorliegen der Gefahr ändert, deren Behebung in den Grenzen des Erforderlichen auch angemessen ist. Soweit das Vorverschulden selbst strafbar ist, erfasst die entsprechende Pönalisierung das Täterverschulden hinreichend.

(f) Unantastbare Freiheitsrechte des Betroffenen

Als fünfte Fallgruppe lassen sich Konstellationen anführen, in denen der von der Notstandshandlung Betroffene elementare Grundrechtseingriffe erfährt.[156]

Beispiel 230:

Z1 besuchte seine Ehefrau Z2 im Krankenhaus. Gerade in diesem Moment wurde der schwerverletzte Z3 eingeliefert, der bei einem Autounfall viel Blut verloren hatte und daher dringend eine Blutkonserve benötigte. Z3 hatte aber eine sehr seltene Blutgruppe, die im Krankenhaus nicht vorrätig war. Zufällig wusste der diensthabende Arzt B, dass Z1 die erforderliche seltene Blutgruppe besaß. Auf Anfrage weigerte sich Z1 jedoch, Blut zu spenden. Da eine Blutspende die einzige Rettungsmöglichkeit für Z3 war, ordnete B eine solche an: Z1 wurde von vier stämmigen Krankenpflegern festgehalten und musste eine zwangsweise Blutentnahme durch B dulden.

Kein Mensch soll als lebende Blutbank fungieren; dies überschreitet – vor dem Hintergrund der Menschenwürde in Art. 1 I GG und dem Recht auf körperliche Unversehrtheit in und Art. 2 II GG – die Grenze gegenseitiger Solidarität.

d) Subjektive Voraussetzungen

Zum subjektiven Rechtfertigungselement s.o. Erforderlich ist i.R.d. § 34 StGB eine sog. Gefahrabwendungsabsicht.[157]

---

[152] Fischer, StGB, 64. Aufl. 2017, § 34 Rn. 25.

[153] Kühl, AT, 8. Aufl. 2017, § 8 Rn. 142.

[154] B. Heinrich, AT, 5. Aufl. 2016, Rn. 426.

[155] BayObLG NJW 1978, 2046.

[156] B. Heinrich, AT, 5. Aufl. 2016, Rn. 427.

[157] Vgl. nur B. Heinrich, AT, 5. Aufl. 2016, Rn. 429ff.

2. Zivilrechtlicher Notstand

▶ **Didaktischer Aufsatz:**
  • Schreiber, Die Rechtfertigungsgründe des BGB, Jura 1997, 29

Im BGB finden sich in den §§ 228, 904 BGB zwei gegenüber § 34 StGB **vorrangige** Spezialregelungen des Notstandes für den Fall, dass die Notstandshandlung in der **Einwirkung auf eine Sache** besteht – insbesondere also Sachbeschädigungen gem. § 303 StGB.

a) Defensiver Notstand, § 228 BGB

▶ **Didaktischer Aufsatz:**
  • Pawlik, Der Defensivnotstand, Jura 2002, 26

§ 228 S. 1 BGB regelt den sog. defensiven Notstand.

> **§ 228 S. 1 BGB (Notstand)**
> Wer eine fremde Sache beschädigt oder zerstört, um eine durch sie drohende Gefahr von sich oder einem anderen abzuwenden, handelt nicht widerrechtlich, wenn die Beschädigung oder die Zerstörung zur Abwendung der Gefahr erforderlich ist und der Schaden nicht außer Verhältnis zu der Gefahr steht.

aa) Aufbau

I. Objektive Voraussetzungen
  1. Sog. Notstandslage: Drohende Gefahr durch eine fremde Sache
  2. Sog. Notstandshandlung
    a) Fremde Sache beschädigt oder zerstört
    b) Erforderlichkeit
    c) Nicht außer Verhältnis
II. Subjektive Voraussetzungen

bb) Allgemeines

Die Norm rechtfertigt das Handeln des Täters aufgrund sog. Defensivnotstands; defensiv deswegen, weil sich der Täter gegen die gefährliche Sache – das kann auch ein Tier sein, § 90a BGB – verteidigt.[158]

Die Norm ergänzt insofern zugleich § 32 StGB, der nur bei von einem Menschen drohenden Gefahren („Angriff") anwendbar ist.

§ 228 BGB stellt eine Spezialregelung gegenüber § 34 StGB dar für den Fall, dass eine Sache beschädigt oder zerstört wird, von der eine Gefahr ausgeht.

---

[158] Zu § 228 BGB Pawlik Jura 2002, 26; Pawlik GA 2003, 12.

Beispiel 231:

B ging im Wald spazieren, als ihm plötzlich der Hund des Z zähnefletschend gegenüber stand. Dieser hatte sich von Z losgerissen und streunte seit Tagen durchs Land. Der Hund sprang B an und wollte sich im Hals des B festbeißen. B konnte dies nur dadurch verhindern, dass er sein Fahrtenmesser zog und dem Hund damit eine tödliche Verletzung zufügte.

cc) Objektive Voraussetzungen

(1) Notstandslage: Drohende Gefahr durch eine fremde Sache
Die **drohende Gefahr** ist wie die gegenwärtige Gefahr in § 34 StGB auszulegen.

Quelle der Gefahr muss eine **fremde Sache** sein, insbesondere auch (nicht vom Eigentümer gehetzte) Tiere.[159]

(2) Notstandshandlung
Von § 34 StGB unterscheidet sich § 228 BGB dahingehend, dass der Anwendungsbereich Notstandshandlungen betrifft, bei der gefährdende fremde Sachen beschädigt oder zerstört werden.

Die Notstandshandlung muss **erforderlich** gewesen sein (Eignung und mildestes Mittel, s. schon §§ 32, 34 StGB).

Ferner darf der Schaden **nicht außer Verhältnis** zu der Gefahr stehen. Anders als bei § 34 StGB ist zulässig, dass das beeinträchtigte das geschützte Interesse überwiegt, nur darf dies kein wesentliches Ausmaß erreichen.

Beispiel 232:

B bemerkte, dass sich das teure Reitpferd des Z aus dem Stall losgerissen hatte, nun in seinem Vorgarten stand und die Salatsetzlinge anknabberte. Sofort zog B sein Gewehr und erschoss das Pferd.

Abgesehen von der zweifelhaften Erforderlichkeit: Aufgrund des Missverhältnisses zwischen dem Wert des Pferdes und dem Wert der Pflanzen ist § 228 S. 1 BGB nicht erfüllt.

dd) Subjektive Voraussetzungen
Zum subjektiven Rechtfertigungselement s.o.

b) Aggressiver Notstand, § 904 S. 1 BGB
§ 904 S. 1 BGB regelt den sog. aggressiven Notstand

---

[159] Dennhardt, in. BeckOK-BGB, Stand 01.11.2016, § 228 Rn. 5; aus der Rspr. vgl. RGSt 34, 295; RGSt 36, 236.

§ 904 S. 1 BGB (Notstand)
Der Eigentümer einer Sache ist nicht berechtigt, die Einwirkung eines anderen auf die Sache zu verbieten, wenn die Einwirkung zur Abwendung einer gegenwärtigen Gefahr notwendig und der drohende Schaden gegenüber dem aus der Einwirkung dem Eigentümer entstehenden Schaden unverhältnismäßig groß ist.

aa) Aufbau

I.   Objektive Voraussetzungen
   1. Notstandslage
      a) Gefahr für ein notstandsfähiges Rechtsgut
      b) Gegenwärtigkeit
   2. Notstandshandlung
      a) Einwirkung auf fremde Sache
      b) Notwendig
      c) Drohender Schaden unverhältnismäßig groß
      d) § 34 S. 2 StGB analog
II. Subjektive Voraussetzungen

bb) Erläuterungen

§ 904 S. 1 BGB regelt den sog. Aggressivnotstand – aggressiv deshalb, weil eine Sache, von der keine Gefahr ausgeht und die daher „unbeteiligt" ist, beeinträchtigt wird.[160]

Beispiel 233:

B wurde auf offener Straße vom Hund des Z1 attackiert, der sich von der Leine losgerissen hatte. Um dem drohenden Hundebiss ins Bein zu entgehen, brach B aus dem Gartenzaun seines Nachbarn Z2 eine Latte heraus, mit der er den Dackel erschlug.

Die Voraussetzungen entsprechen § 34 StGB, da § 904 BGB wie § 34 StGB dem Grundgedanken begrenzter Solidarpflicht des Unbeteiligten folgt. Es handelt sich um eine aus strafrechtlicher Sicht entbehrliche, aber vorrangige Sonderregelung für den Fall der Einwirkung auf eine unbeteiligte Sache (v.a. Sachbeschädigung, § 303 I StGB), die nötig ist, um irgendeine Gefahr abzuwenden.

III. Vorläufige Festnahme, § 127 I 1 StPO

▶ **Didaktische Aufsätze:**
   • Borchert, Die vorläufige Festnahme nach § 127 StPO, JA 1982, 338
   • Geppert, Vorläufige Festnahme, Verhaftung, Vorführung und andere Festnahmearten, Jura 1991, 269

---

[160] Hierzu B. Heinrich, AT, 5. Aufl. 2016, Rn. 488ff.

- Schröder, Das Festnahmerecht Privater und die Teilrechtfertigung unerlaubter Festnahmehandlungen, Jura 1999, 10
- Otto, Probleme der vorläufigen Festnahme, § 127 StPO, Jura 2003, 685
- Meyer-Mews, Das Festnahmerecht – Ein Überblick, JA 2006, 206
- Satzger, Das Jedermann-Festnahmerecht nach § 127 I 1 StPO als Rechtfertigungsgrund, Jura 2009, 107
- Wagner, Das allgemeine Festnahmerecht gem. § 127 Abs. 1 S. 1 StPO als Rechtfertigungsgrund, ZJS 2011, 465
- Sickor, Das Festnahmerecht nach § 127 I 1 StPO im System der Rechtfertigungsgründe, JuS 2012, 1074

1. Aufbau

I. Objektive Voraussetzungen
   1. Auf frischer Tat betroffen oder verfolgt
   2. Festnahmegründe: Fluchtverdacht, Identitätsfeststellung
   3. Festnahmehandlung
II. Subjektive Voraussetzungen

2. Grundlagen

§ 127 StPO normiert den Rechtfertigungsgrund der vorläufigen Festnahme.

> **§ 127 I, II, III StPO (Vorläufige Festnahme)**
> (1) Wird jemand auf frischer Tat betroffen oder verfolgt, so ist, wenn er der Flucht verdächtig ist oder seine Identität nicht sofort festgestellt werden kann, jedermann befugt, ihn auch ohne richterliche Anordnung vorläufig festzunehmen. Die Feststellung der Identität einer Person durch die Staatsanwaltschaft oder die Beamten des Polizeidienstes bestimmt sich nach § 163b Abs. 1.
> (2) Die Staatsanwaltschaft und die Beamten des Polizeidienstes sind bei Gefahr im Verzug auch dann zur vorläufigen Festnahme befugt, wenn die Voraussetzungen eines Haftbefehls oder eines Unterbringungsbefehls vorliegen.
> (3) Ist eine Straftat nur auf Antrag verfolgbar, so ist die vorläufige Festnahme auch dann zulässig, wenn ein Antrag noch nicht gestellt ist. Dies gilt entsprechend, wenn eine Straftat nur mit Ermächtigung oder auf Strafverlangen verfolgbar ist.

§ 127 II StPO bezieht sich auf die Staatsanwaltschaft und die Polizei. § 127 II StPO ist hier nur eine von zahlreichen strafprozessualen Ermächtigungsgrundlagen für staatliche Grundrechtseingriffe bei Beschuldigten und ggf. Dritten. Diese öffentlich-rechtlichen Ermächtigungen wirken materiell-strafrechtlich als Rechtfertigungsgründe, so dass die Amtswalter zwar ggf. tatbestandsmäßig, nicht aber rechtswidrig handeln.

§ 127 I 1 StPO normiert hingegen ein sog. **Jedermannsrecht**[161] zur Festnahme.[162]
Die Vorschrift stellt eine Ausnahme vom Verbot des Faustrechts und vom staatlichen Gewaltmonopol dar. Der Bürger handelt in engen Grenzen *pro magistratu*, d.h. an Stelle des Staates.

Hierbei kommt es nicht darauf an, ob es sich um einen gewissermaßen couragierten Zufallsbetroffenen handelt oder jemanden, der berufsmäßig, aber privatrechtlich zur Abwehr oder Verfolgung von Straftaten eingesetzt wird.

Beispiel 234:

B sah, wie Z gerade ein Fahrradschloss „knackte". Kurzentschlossen nahm er ihn in den „Schwitzkasten" und rief die Polizei.

Beispiel 235:

Ladendetektiv B sah im Kaufhaus, wie Z eine CD unter seine Jacke steckte. Am Ausgang fing er ihn ab und führte ihn in sein Büro.

Beispiel 236:

Nachtwächter B erwischte den Einbrecher Z. Er packte ihn am Arm und fesselte ihn bis zum Eintreffen der Polizei.

Der Festnehmende muss nicht Geschädigter der Tat sein.[163]

3. Objektive Voraussetzungen

a) Auf frischer Tat betroffen oder verfolgt
Der Festnehmende muss den Festgenommenen auf frischer Tat betroffen oder verfolgt haben.

Tat ist (vgl. auch § 11 I Nr. 5 StGB) jede tatbestandsmäßige Straftat, und zwar inkl. versuchter und fahrlässiger Taten, sofern Versuch bzw. Fahrlässigkeit pönalisiert sind.

Strittig ist, ob erkennbar **Schuldunfähige** festgenommen werden dürfen (Kinder gem. § 19 StGB und Erwachsene i.R.d. § 20 StGB).

---

[161] Vgl. Kühl, AT, 8. Aufl. 2017, § 8 Rn. 83.

[162] Zu § 127 StPO vgl. die Kommentierungen zur StPO, z.B. Meyer-Goßner/Schmitt, StPO, 59. Aufl. 2016; Joecks, StPO, 4. Aufl. 2015; des Weiteren Borchert JA 1982, 338; Arzt FS Kleinknecht 1985, 1; Geppert Jura 1991, 269; Schröder Jura 1999, 10; Kargl NStZ 2000, 8; Otto Jura 2003, 685; Meyer-Mews JA 2006, 206; Satzger Jura 2009, 107; Bülte ZStW 2009, 377; Wagner ZJS 2011, 465; Sickor JuS 2012, 1074.

[163] Meyer-Goßner/Schmitt, StPO, 59. Aufl. 2016, § 127 Rn. 7.

Im Hinblick auf schuldunfähige Erwachsene bejaht dies die wohl h.M.,[164] im Hinblick auf Kinder verneint sie es,[165] was daran liegt, dass gegenüber Kindern keine strafrechtlichen Rechtsfolgen verhängt werden können, gegenüber schuldunfähigen Erwachsenen aber durchaus, nämlich Maßregeln der Besserung und Sicherung, §§ 61ff. StGB.

Strittig ist ferner, ob die Tat **tatsächlich begangen** worden sein muss.[166]

Beispiel 237:

BayObLG U. v. 30.05.1986 – RReg. 5 St 43/86 (Anm. Hemmer-BGH-Classics Strafrecht, 2003, Nr. 10; Schlüchter JR 1987, 309; Otto JK 1988 StGB § 32/10): B, Angestellter eines Einkaufsmarkts, beobachtete, dass Z eine gelbgrüne Packung in die Innentasche seiner Jacke steckte und an der Kasse nicht bezahlte. Obwohl er nicht hatte sehen können, woher Z den Gegenstand genommen hatte, glaubte er, es sei eine Packung Suppenwürfel im Wert von 1,80 DM. B eilte dem Z nach und hielt ihn außerhalb des Marktes auf. Als Z bestritt, Ware nicht bezahlt zu haben, forderte ihn B auf, zur Klärung des Sachverhalts in das Büro mitzukommen. Z war dazu nicht bereit. Während einer wörtlichen Auseinandersetzung fasste B den Z wiederholt an der Jacke, um ihn ins Büro zu bringen. Z forderte ihn auf, ihn in Ruhe zu lassen. Als B den Z weiter zerrte, gab dieser ihm eine schmerzhafte Ohrfeige. Daraufhin ließ B von Z ab, und letzterer entfernte sich.

Es fragt sich, ob B in seinem Verhalten – ggf. gem. §§ 239 I, 240 StGB tatbestandsmäßig – aufgrund § 127 I StPO gerechtfertigt war, auch wenn Z in Wirklichkeit keinen Diebstahl begangen hatte.

Teile der Rspr.[167] und die wohl h.L.[168] halten § 127 I StPO nur dann für anwendbar, wenn wirklich eine Straftat des Festgenommenen vorlag (sog. materiellrechtliche Auslegung).
Die Gegenauffassung (sog. prozessuale Auslegung) lässt einen dringenden Tatverdacht ausreichen[169] oder doch jedenfalls Indizien, die nach der Lebenserfahrung

---

[164] Vgl. Krey/Esser, AT, 6. Aufl. 2016, Rn. 650.

[165] Krey/Esser, AT, 6. Aufl. 2016, Rn. 650; a.A. Fischer, StGB, 64. Aufl. 2017, vor § 32 Rn. 7.

[166] Hierzu Hillenkamp/Cornelius, 32 Probleme aus dem Strafrecht AT, 15. Aufl. 2017, 8. P.; Fincke GA 1971, 41; aus der Rspr. vgl. zuletzt OLG Celle U. v. 26.11.2014 - 32 Ss 176/14 - StV 2016, 295 (Anm. Bosch Jura 2015, 1261; Jahn JuS 2015, 565)

[167] OLG Hamm U. v. 24.11.1976 - 4 Ss 263/76 - NJW 1977, 590 (Anm. Puppe, AT, 3. Aufl. 2016, § 12 Rn. 6ff.; Thomas JA 1977, 239; Hassemer JuS 1977, 476; Schumann JuS 1979, 559).

[168] Vgl. nur Krey/Esser, AT, 6. Aufl. 2016, Rn. 646.

[169] Z.B. B. Heinrich, AT, 5. Aufl. 2016, Rn. 508.

im Urteil des Festnehmenden ohne vernünftige Zweifel den Schluss auf eine rechtswidrige Tat zulassen.[170]

Für die materiellrechtliche Auslegung spricht der differenzierende Wortlaut der Norm („frische Tat" in § 127 I StPO und „Verdacht" in §§ 127 II i.V.m. 112 StPO). Auch der Tatbegriff der §§ 8, 9, 11 I Nr. 5 StGB ist materiell zu verstehen. Hinzu kommt, dass es sich um eine Regelung mit Ausnahmecharakter handelt, da Private nur in engen Grenzen statt der Behörden handeln sollen. Es ist nicht ersichtlich, warum ein Festgenommener Maßnahmen des Irrenden dulden muss (Abschneiden des Notwehrrechts). Der Festnehmende wird auch nicht einem unvertretbaren strafrechtlichen Risiko ausgesetzt, da er sich ggf. in einem (vorsatzausschließenden) Erlaubnistatumstandsirrtum befindet; seine unsichere Situation, dass er in kürzester Zeit die Lage beurteilen muss, wird daher entschärft, die Zivilcourage leidet nicht.

Frisch ist die Tat dann, wenn zwischen Festnahmehandlung und Tat ein unmittelbarer örtlicher und zeitlicher Zusammenhang besteht.[171]

b) Festnahmegründe: Fluchtverdacht, Identitätsfeststellung

Die Festnahme ist nach § 127 I StPO dann erlaubt, wenn der Täter der Flucht verdächtig ist oder seine Identität nicht sofort festgestellt werden kann.

Fluchtverdacht liegt vor, wenn der Festnehmende nach dem erkennbaren Verhalten des Täters vernünftigerweise davon ausgehen muss, dieser werde sich dem Strafverfahren durch Flucht entziehen, wenn er nicht alsbald festgenommen wird.[172]

Die **Identität** des Betroffenen ist dann nicht sofort feststellbar, wenn sie nicht augenblicklich und an Ort und Stelle so festgestellt werden kann, dass der weiteren, zügigen Strafverfolgung insoweit nichts im Wege steht.[173]

Verdunklungs- oder Wiederholungsgefahr sind i.R.d. § 127 I StPO keine Festnahmegründe, anders als bei der Untersuchungshaft gem. §§ 112, 112a StPO.

c) Festnahmehandlung

Von § 127 I StPO gedeckt sind im Ansatz alle Handlungen, die zur Festnahme erforderlich sind.

Allerdings gilt nicht nur, dass die Handlung geeignet und das mildeste Mittel sein muss. Vielmehr wird das Festnahmemittel auch in dem Sinne beschränkt, dass

---

[170] So OLG Hamm B. v. 08.01.1998 - 2 Ss 1526/97 - NStZ 1998, 370 (Anm. LL 1998, 592).

[171] Meyer-Goßner/Schmitt, StPO, 59. Aufl. 2016, § 127 Rn. 5.

[172] Hierzu vgl. BayObLG B. v. 25.07.2002 - 5 StR RR 209/2002 - NStZ-RR 2002, 336 (Anm. Otto JK 2003 StPO § 127/5).

[173] Meyer-Goßner/Schmitt, StPO, 59. Aufl. 2016, § 127 Rn. 11.

lediglich Freiheitsberaubungen, Nötigungen sowie leichtere Körperverletzungen –
aber nur, wenn diese mit der Festnahme unmittelbar verbunden sind – gerechtfertigt werden.[174] Nicht nach § 127 I StPO zu rechtfertigen sind Handlungen, die zu
einer ernsthaften Beschädigung der Gesundheit oder unmittelbaren Gefährdung des
Lebens führen.

Schusswaffengebrauch ist i.R.d. § 127 I StPO nicht zulässig.[175]

Beispiel 238:

**BGH U. v. 10.02.2000 – 4 StR 558/99 – BGHSt 45, 378 = NJW 2000,
1348 = NStZ 2000, 603 = StV 2001, 258 (Anm. Otto JK 2000 StPO § 127/4;
Baier JA 2000, 630; Martin JuS 2000, 717; Mitsch JuS 2000, 848; LL 2000,
713; RÜ 2000, 203; RA 2000, 269; Kargl/Kirsch NStZ 2000, 604; Trüg/
Wentzell Jura 2001, 30; Börner GA 2002, 276):**

Der als Ladendetektiv in einem Kaufhaus tätige B sprach den Kunden G, bei dem
er glaubte, gesehen zu haben, dass er einige CDs in seine Jackentasche gesteckt
hatte, hinter der Kasse an, wobei er sich als Detektiv auswies. Als der 13 kg
schwerere und 13 cm größere G sich der Feststellung seiner Personalien widersetzte, nach dem B schlug – oder ihn beiseite schob – und die Flucht ergriff, verfolgte ihn B und sprang ihn von hinten an, wobei er seinen linken Arm um dessen
Hals legte. Durch den Anprall gingen beide zu Boden. Während B versuchte, den
in die Unterlage geratenen G am Boden zu fixieren, rief er um Hilfe und forderte
G mehrfach auf, sich zu ergeben und zum Zeichen der Aufgabe mit der Hand auf
den Boden zu schlagen. G zeigte jedoch keine derartige Reaktion. Der wenige
Augenblicke später hinzukommende Inhaber eines Schuhreparaturstandes, Z1,
hielt die rechte Hand des G und, als dieser mit den Beinen um sich trat, auch
ein Bein fest. Wenige Minuten danach trat der Leiter des Kaufhauses, Z2, hinzu.
Er drückte den rechten Arm des G, den Z1 kaum noch festhalten konnte, mit
seinem Knie zu Boden; ferner veranlasste er, dass die Polizei verständigt wurde.
Während der gesamten Zeit hielt B den Hals des G weiter in seiner linken Armbeuge, wobei er den ertappten Dieb über einen Zeitraum von mindestens drei
Minuten ohne Unterlass derart würgte, dass diesem die Luftzufuhr vollständig
abgeschnitten wurde. Die ein- oder zweimal gestellte Frage des Z2, ob der Mann
noch Luft bekomme, bejahte B. Als wenige Minuten später der Polizeibeamte Z3
erschien, forderte Z2 diesen auf, dem G Handfesseln anzulegen. Nachdem Z1 und
Z2 den nunmehr regungslos am Boden liegenden G losgelassen hatten, diesem
Handfesseln angelegt worden waren und auch der B den G losließ, drehte Z3
dessen reglosen Körper um. Das Gesicht des G war blau verfärbt; er war infolge
der Strangulation durch B erstickt. In seiner Jacke wurden fünf CDs gefunden,
die aus dem Kaufhaus stammten und nicht bezahlt worden waren.

---

[174] B. Heinrich, AT, 5. Aufl. 2016, Rn. 502; aus der Rspr. vgl. BGH B. v. 11.09.1997 - 4 StR
296/97 - NStZ-RR 1998, 50 = StV 1998, 481 (Anm. Geppert JK 1998 StPO § 127/3).

[175] Vgl. hierzu aus der Rspr. BGH B. v. 11.09.1997 - 4 StR 296/97 - NStZ-RR 1998, 50 = StV 1998,
481 (Anm. Geppert JK 1998 StPO § 127/3).

Das lebensgefährdende und letztlich tödliche Würgen war nicht durch § 127 I StPO gedeckt.

Klarzustellen ist, dass **weitere Rechtfertigungsgründe** unberührt bleiben. So kommt zum einen bei fortdauerndem Angriff, z.B. auf das Eigentum in Gestalt einer Flucht mit Beute, eine Notwehr nach § 32 StGB in Betracht; zum anderen ist § 32 StGB auch dann anwendbar, wenn sich der Festzunehmende gegen die Festnahme wehrt und so den Festnehmenden i.S.d. § 32 StGB angreift.

Mildere Maßnahmen als eine Freiheitsberaubung sind erst recht gerechtfertigt,[176] z.B. die Wegnahme eines Ausweises.[177]

4. Subjektive Voraussetzungen

Zum subjektiven Rechtfertigungselement s.o. Der Festnehmende muss zum Zweck der Festnahme handeln (sog. Festnahmeabsicht).[178]

IV. Einwilligung

▶   **Didaktische Aufsätze:**
- Bergmann, Einwilligung und Einverständnis im Strafrecht, JuS 1989, L 65
- Amelung/Eymann, Die Einwilligung des Verletzten im Strafrecht, JuS 2001, 937
- Rönnau, Die Einwilligung als Instrument der Freiheitsbetätigung, Jura 2002, 595
- Rönnau, Voraussetzungen und Grenzen der Einwilligung im Strafrecht, Jura 2002, 665
- Otto, Einwilligung, mutmaßliche, gemutmaßte und hypothetische Einwilligung, Jura 2004, 679
- Rönnau, Grundwissen – Strafrecht: Einwilligung und Einverständnis, JuS 2007, 18
- Beckert, Einwilligung und Einverständnis, JA 2013, 507

1. Aufbau

I.   Objektive Voraussetzungen
  1. Disponibilität des Rechtsguts
  2. Verfügungsberechtigung
  3. Einwilligungsfähigkeit

---

[176] B. Heinrich, AT, 5. Aufl. 2016, Rn. 503.

[177] So Kühl, AT, 8. Aufl. 2017, § 7 Rn. 91; krit. aber Krey/Esser, AT, 6. Aufl. 2016, Rn. 653.

[178] Meyer-Goßner/Schmitt, StPO, 59. Aufl. 2016, § 127 Rn. 8.

 4. Keine wesentlichen Willensmängel
 5. Ggf.: Keine Sittenwidrigkeit, § 228 StGB
 6. Erklärung vor der Tat, Fortbestehen zur Tatzeit
II. Subjektive Voraussetzungen

2. Grundlagen; Abgrenzung zum Einverständnis

Das Strafrecht dient dem Rechtsgüterschutz. Soweit diese Rechtsgüter individueller Natur sind, also einem bestimmten Menschen zustehen, kann der strafrechtliche Schutz nicht absolut sein, sondern muss sich nach der freien Entfaltung des Einzelnen (vgl. Art. 2 I GG) richten. Verzichtet dieser auf den Schutz, so muss das strafrechtliche Folgen haben. *Volenti non fit iniuria* (dem Wollenden geschieht kein Unrecht) bzw. *nulla iniuria est, quae in volentem fiat* (kein Unrecht ist das, was mit Einwilligung geschieht).[179]

Die Einwilligung[180] und das Einverständnis sind strafrechtlich **nicht geregelt**.[181]
   Rspr.[182] und h.L.[183] sehen in der Einwilligung einen **Rechtfertigungsgrund**; eine gewichtige Gegenauffassung[184] nimmt einen Tatbestandsausschluss an.
Für die Einordnung als Rechtfertigungsgrund spricht der Wortlaut des § 228 StGB.

> **§ 228 StGB (Einwilligung)**
> Wer eine Körperverletzung mit Einwilligung der verletzten Person vornimmt, handelt nur dann rechtswidrig, wenn die Tat trotz der Einwilligung gegen die guten Sitten verstößt.

Eine Zustimmung wirkt aber jedenfalls dann bereits **tatbestandsausschließend** und heißt dann **Einverständnis**, wenn es für das Unrecht des Delikts konstituierend ist, dass die Handlung des Täters gegen oder ohne den Willen des Betroffenen vorgenommen

---

[179] Joecks, StGB, 11. Aufl. 2014, vor § 32 Rn. 21; näher Weigend ZStW 1986, 44.

[180] Hierzu Geerds GA 1954, 262; Bergmann JuS 1989, L65; Amelung/Eymann JuS 2001, 937; Rönnau Jura 2002, 595 und 665; Dölling FS Gössel 2002, 209; Otto Jura 2004, 679; Rönnau JuS 2007, 18; Beulke FS Otto 2007, 207; Kindhäuser GA 2010, 490; Beckert JA 2013, 507.

[181] Vgl. aber im Zivilrecht nunmehr § 630d BGB bzgl. medizinischer Maßnahmen.

[182] Z.B. BGH U. v. 10.07.1962 - 1 StR 194/62 (Krankenseelsorger, Pockenarzt) - BGHSt 17, 359 = NJW 1963, 165 und 400 (Anm. Roxin, Höchstrichterliche Rspr. AT, 1998, Nr. 32; Preuße JuS 1963, 161, Rutkowsky NJW 1963, 166; Gimbernat Ordeig FS Frisch 2013, 291).

[183] S. nur Joecks, StGB, 11. Aufl. 2014, vor § 32 Rn. 18; ausf. zur Frage der dogmatischen Einordnung de Vicente Remesal FS Roxin 2001, 379; Kindhäuser FS Rudolphi 2004, 135; Roxin FS Amelung 2009, 269; Gropp GA 2015, 5

[184] Z.B. Kindhäuser, LPK, 6. Aufl. 2015, vor § 13 Rn. 162 m.w.N.

werden muss, z.B. §§ 123, 177, 178, 240, 242, 248b, 253 StGB.[185] Der entgegenstehende Wille des Geschädigten ist hier Teil des auszulegenden Tathandlungsbegriffs.[186]

Beispiel 239:

B fragte seinen Freund Z, ob er sich aus der auf dem Tisch liegenden Zigarettenschachtel eine Zigarette nehmen dürfe. Z stimmte zu. B zog eine Zigarette heraus und zündete sie sich an.

So kann man schon begrifflich nicht von einer Wegnahme i.S.d. § 242 I StGB sprechen, wenn der Gewahrsamsinhaber mit der Übertragung des Gewahrsams an den anderen einverstanden ist. Diesbzgl. Irrtümer fallen direkt unter § 16 I 1 StGB.[187] Die Voraussetzungen des tatbestandsausschließenden Einverständnisses unterscheiden sich von denen der Einwilligung und werden im Anschluss an die Behandlung der Einwilligung dargestellt.

Zu unterscheiden ist die eingewilligte Fremdgefährdung von der tatbestandslosen Selbstgefährdung. Zur Tatbestandslosigkeit eigenverantwortlicher Selbstgefährdung und -verletzung (Ausschluss der objektiven Zurechnung, sofern Tatherrschaft des Geschädigten) s.o.

3. Objektive Voraussetzungen

a) Disponibilität des Rechtsguts

Der Einwilligung zugänglich sind nur **Individualrechtsgüter**, nicht Kollektivrechtsgüter.[188]

Bei einzelnen Tatbeständen ist umstritten, welche Rechtsgüter diese schützen und ob es sich mithin um einwilligungsfähige Tatbestandsverwirklichungen handelt, z.B. bei §§ 164, 315c StGB.

Nicht disponibel ist das Rechtsgut **Leben** jedenfalls im Hinblick auf **vorsätzliche Tötungen**.[189] Dies zeigt § 216 I StGB (Tötung auf Verlangen).

---

§ 216 I StGB (Tötung auf Verlangen)

Ist jemand durch das ausdrückliche und ernstliche Verlangen des Getöteten zur Tötung bestimmt worden, so ist auf Freiheitsstrafe von sechs Monaten bis zu fünf Jahren zu erkennen.

---

[185] Joecks, StGB, 11. Aufl. 2014, vor § 32 Rn. 19.

[186] Vgl. Baumann JZ 1960, 8; de Vicente Remesal FS Roxin 2001, 379; aus der Rspr. vgl. BGH U. v. 13.05.1969 - 2 StR 616/68 - BGHSt 23, 1 = NJW 1969, 1582 (Anm. Peters JR 1970, 68).

[187] B. Heinrich, AT, 5. Aufl. 2016, Rn. 450.

[188] Kindhäuser, LPK, 6. Aufl. 2015, vor § 32 Rn. 169.

[189] Joecks, StGB, 11. Aufl. 2014, vor § 32 Rn. 23.

Beispiel 240:

Die schwer kranke G bat ihren Ehemann B, ihr ein tödliches Gift zu spritzen, damit sie in Ruhe und schmerzfrei sterben könne. B tat dies.

Selbst bei ausdrücklichem und ernstlichem Verlangen des Getöteten bleibt der Täter strafbar, daher kann eine bloße Einwilligung erst recht nicht rechtfertigend wirken.

Dies wirft i.E. schwierige Abgrenzungsfragen im Rahmen der **Sterbehilfe** auf. Zur Straflosigkeit der Mitwirkung an einem Suizid s.o.

Strittig ist, ob eine Einwilligung in lebensbedrohliche Fremdgefährdungen, die sich als tödlich erwiesen haben und bei denen mithin eine Strafbarkeit wegen **fahrlässiger Tötung** im Raum steht, möglich ist.[190]

Beispiel 241:

B verließ ziemlich angetrunken eine Feier und war gerade dabei, in seinen Pkw zu steigen, als ihn G ansprach und darum bat, mitgenommen zu werden. B teilte ihm zwar mit, dass er fahruntüchtig sei, dies war dem G aber gleichgültig. B verursachte einen Unfall, bei dem G starb.

Fraglich sind die Auswirkungen des Umstandes, dass dem G die Fahruntüchtigkeit des B gleichgültig war und er sich trotz der Kenntnis von B fahren ließ. Die objektive Zurechnung des Todes des G ist nicht dadurch unterbrochen: Zwar konnte G zum Zeitpunkt des Einsteigens noch darüber entscheiden, ob er das Risiko eingehen wollte; im Zeitpunkt der Schädigung hatte aber ausschließlich der Fahrer B Tatherrschaft über das Geschehen, so dass keine freiverantwortliche Selbstgefährdung vorliegt. Es stellt sich dann die Frage, ob B durch Einwilligung des G gerechtfertigt war. Dabei ist problematisch, inwieweit G in eine lebensgefährliche, ex post tatsächlich tödliche Trunkenheitsfahrt überhaupt einwilligen konnte.

Während insbesondere die frühere Rspr.[191] die Einwilligungsmöglichkeit ablehnte und auch für fahrlässige Tötungen die Wertung des § 216 StGB heranzog, sehen die

[190] Hierzu Kühl, AT, 8. Aufl. 2017, § 17 Rn. 82ff.; vgl. auch Geppert ZStW 1971, 947 (Mitfahrer); Schaffstein FS Welzel 1974, 557; Weber FS Baumann 1992, 43; Schroeder JuS 1994, 846; Hauck GA 2012, 202; Stefanopoulou ZStW 2012, 689; aus der Rspr. vgl. RG U. v. 03.01.1923 - IV 529/22 (Memel) - RGSt 57, 172; BGH U. v. 20.11.2008 - 4 StR 328/08 (Beschleunigungsrennen) - BGHSt 53, 55 = NJW 2009, 1155 = NStZ 2009, 148 (Anm. Puppe, AT, 3. Aufl. 2016, § 6 Rn. 5ff.; Satzger JK 2009 StGB § 222/8; Kudlich JA 2009, 389; Jahn JuS 2009, 370; Brüning ZJS 2009, 194; LL 2009, 179; RÜ 2009, 164; RA 2009, 68; Kühl NJW 2009, 1158; Duttge NStZ 2009, 690; Roxin JZ 2009, 399; Puppe GA 2009, 486; Renzikowski HRRS 2009, 347).

[191] Vgl. BGH U. v. 22.01.1953 - 4 StR 373/52 (Prügelei) - BGHSt 4, 88 = NJW 1953, 912 (Anm. Roxin, Höchstrichterliche Rspr. AT, 1998, Nr. 28).

heutige Rspr.[192] und die h.L.[193] dies anders und bejahen eine grundsätzliche Einwilligungsmöglichkeit – vorbehaltlich der weiteren Voraussetzungen der Einwilligung. In der Tat passt die Wertung des § 216 StGB nicht, es liegt bei den sog. Risiko-Einwilligungen eine Einwilligung in eine riskante Handlung vor, während § 216 StGB auf den – zudem vom Vorsatz umfassten – tatbestandlichen Erfolg abstellt. Wenn man dieses bewusste Eingehen eines Risikos schon nicht als Ausschluss der objektiven Zurechnung anerkennt, so muss es dem mündigen Menschen doch möglich sein, rechtfertigend einwilligend einem anderen die Risikosetzung zu erlauben.

b) Verfügungsberechtigung

Zur Verfügung über das Rechtsgut berechtigt ist nur der **Rechtsgutinhaber** oder sein **Vertreter**.

Insbesondere werden **Kinder** i.R.d. §§ 1626 I, 1627 I, 1631 I, 1631b, 1666 BGB durch ihre Eltern vertreten. Grenzen dieser elterlichen Sorge sind i.e. problematisch, etwa im Hinblick auf „Masernpartys"[194] oder Beschneidungen.[195]

Bei **juristischen Personen** (z.B. AG, GmbH) gelten die Vertretungsregelungen des Gesellschaftsrechts.[196]

c) Einwilligungsfähigkeit

Der Einwilligende muss einwilligungsfähig sein.

Dies ist dann der Fall, wenn der Betreffende nach seiner geistigen und sittlichen Reife imstande ist, Bedeutung und Tragweite des Rechtsgutsverzichts zu erkennen

---

[192] Vgl. BGH U. v. 20.11.2008 - 4 StR 328/08 (Beschleunigungsrennen) - BGHSt 53, 55 = NJW 2009, 1155 = NStZ 2009, 148 (Anm. Puppe, AT, 3. Aufl. 2016, § 6 Rn. 5ff.; Satzger JK 2009 StGB § 222/8; Kudlich JA 2009, 389; Jahn JuS 2009, 370; Brüning ZJS 2009, 194; LL 2009, 179; RÜ 2009, 164; RA 2009, 68; Kühl NJW 2009, 1158; Duttge NStZ 2009, 690; Roxin JZ 2009, 399; Puppe GA 2009, 486; Renzikowski HRRS 2009, 347).

[193] Kühl, AT, 8. Aufl. 2017, § 17 Rn. 83 m.w.N.

[194] Hierzu Wedlich ZJS 2013, 559.

[195] Zur Beschneidung Eser/Sternberg-Lieben, in: Sch/Sch, 29. Aufl. 2014, § 223 Rn. 12a ff.; Putzke NJW 2008, 1568; Jerouschek NStZ 2008, 313; Putzke MedR 2008, 268; Putzke FS Herzberg 2008, 669; Herzberg JZ 2009, 332; Hagemeier/Bülte JZ 2010, 406; Herzberg ZIS 2010, 471; Walter JZ 2012, 1110; Brocke/Weidling StraFo 2012, 450; Herzberg ZIS 2012, 486; Herzberg MedR 2012, 169; Isensee JZ 2013, 317; Hörnle/Huster JZ 2013, 328; Pekárek ZIS 2013, 514; Alatovic/Helmken NK 2013, 120; Herzberg ZIS 2014, 56; Fahl FS Beulke 2015, 81; aus der Rspr. vgl. LG Köln U. v. 07.05.2012 - 151 Ns 169/11 - NJW 2012, 2128 = NStZ 2012, 449 = StV 2012, 603 (Anm. Muckel JA 2012, 636; Jahn JuS 2012, 850; LL 2012, 808; RÜ 2012, 573; RA 2012, 414; famos 12/2012; Bartsch StV 2012, 604; Kempf JR 2012, 436; Rox JZ 2012, 806; Beulke/Dießner ZIS 2012, 338; Peglau jurisPR-StrafR 15/2012 Anm. 2; Satzger JK 2013 StGB § 223/7).

[196] Lackner/Kühl, StGB, 28. Aufl. 2014, vor § 32 Rn. 17.

und sachgerecht zu beurteilen.[197] Hinreichende Urteilskraft und Gemütsruhe sind erforderlich.[198]

Nicht ohne Weiteres darf von zweifelhaften Motiven einer Einwilligung auf eine Einwilligungsunfähigkeit geschlossen werden.

Beispiel 242:

BGH U. v. 22.02.1978 – 2 StR 372/77 (Zahnextraktion) – NJW 1978, 1206 (Anm. Roxin, Höchstrichterliche Rspr. AT, 1998, Nr. 29; Sonnen JA 1978, 464; Hassemer JuS 1978, 710; Rogall NJW 1978, 2344; Hruschka JR 1978, 519; Rüping Jura 1979, 90; Horn JuS 1979, 29; Bichlmeier JZ 1980, 53):

Z litt seit Jahren ständig unter starken Kopfschmerzen, deren Ursache alle ärztlichen Bemühungen nicht hatten ergründen können. Bei neuerlichen ergebnislosen Untersuchungen äußerte sie die Absicht, sich alle plombierten Zähne ziehen zu lassen, weil nach ihrer Überzeugung ein Zusammenhang zwischen dem Leiden und den mit einer Füllung versehenen Zähnen bestehe. Der untersuchende Arzt war der Auffassung, dass eine solche Maßnahme medizinisch nicht geboten sei, konnte Z aber nicht von ihrer Meinung abbringen. Er überwies sie deshalb dem B als Zahnarzt, dem er die Sachlage telefonisch erläutert hatte. Auch der B stellte fest, dass der Zustand der Zähne für die Kopfschmerzen der Z nicht ursächlich sein konnte, und teilte ihr den Befund mit. Z beharrte jedoch auf dem Wunsch nach einer Extraktion. Mit der Bemerkung, sie müsse es selbst wissen, ob sie die Zähne „heraus haben" wolle, erklärte er sich schließlich dazu bereit, an einem späteren Tag Zähne zu ziehen. Um sie hinzuhalten, entfernte er am 14.10.1975 zunächst zwei Zähne im Oberkiefer und drei Zähne im Unterkiefer der Z. Eine medizinische Indikation hierfür bestand nicht und wurde vom B auch nicht angenommen; er hielt es lediglich für entfernt denkbar – ohne sich jedoch über eine solche Indikation zu vergewissern –, dass unbekannte psychosomatische Zusammenhänge ein Abklingen der Kopfschmerzen nach einer Zahnextraktion bewirken könnten. Z wiederum hat die Einwände des B gegen die verlangte Maßnahme nicht in den Wind geschlagen; sie war sich nicht gewiss, dass sich ihr Zustand bessern werde. Jedoch hielt sie die Extraktion für die einzige verbleibende Therapie, die sie – wie ihm klar war – aus Unkenntnis, Rat- und Hoffnungslosigkeit, jedoch nach seinem Eindruck auf Grund reiflicher Überlegung, begehrte. Am 29.10.1975 erschien die Z erneut und gelangte zu dem Assistenten des B. Dieser untersuchte Gebiss und Schädel; da er keine Veranlassung zur Entfernung von Zähnen sah, die Z aber darauf bestand, zog er den B hinzu. Diesem gegenüber wiederholte sie ihren Wunsch. B entfernte elf weitere Zähne, so dass der Oberkiefer nunmehr zahnlos war. Eine Besserung des Leidens ist nicht eingetreten.

---

[197] Kindhäuser, LPK, 6. Aufl. 2015, vor § 13 Rn. 170, ausf. Amelung ZStW 1992, 525 und 821, Amelung JR 1999, 45; aus der Rspr. vgl. zuletzt OLG Hamburg B. v. 08.06.2016 - 1 Ws 131/16 - NStZ 2016, 530 (Anm. RÜ 2016, 640; Miebach NStZ 2016, 536; Wilhelm HRRS 2017, 68); BGH U. v. 24.11.2016 - 4 StR 289/16 - NStZ 2017, 219 (Anm. Jäger NStZ 2017, 222).

[198] Eschelbach, in: BeckOK-StGB, Stand 01.12.2016, § 228 Rn. 13; aus der Rspr. vgl. BGH U. v. 12.10.1999 - 1 StR 417/99 - NStZ 2000, 87 (Anm. Otto JK 2000 StGB § 228/2).

Einwilligungsfähigkeit kann auch bei **Minderjährigen** vorliegen.[199]
Nach ganz h.M. kommt es hierbei auch bei Vermögensrechten nicht auf die bürgerlich-rechtliche Geschäftsfähigkeit an.[200]

Bei beträchtlicher **Trunkenheit**[201] oder **Betäubungsmittelabhängigkeit**[202] kann die Einwilligungsfähigkeit fehlen.

d) Keine wesentlichen Willensmängel
Der Einwilligende darf keinem Willensmangel unterliegen.[203]

aa) Gewalt; Drohung
Dies betrifft zunächst Gewalt oder Drohung: Wird die Schwelle der Nötigung nach § 240 StGB erreicht, so ist eine Einwilligung unwirksam.[204]

bb) Irrtum
Bei Irrtümern des Einwilligenden sind zwei Konstellationen zu unterscheiden: Der täuschungsbedingte und der nicht täuschungsbedingte Irrtum.[205]

Problematisch ist zunächst, welche Bedeutung eine **Täuschung** hat.[206]
Zwar herrscht Einigkeit darüber, dass die Einwilligung unwirksam ist, wenn dem Einwilligenden sein Rechtsgutsverzicht verborgen bleibt (dies ist vielmehr ein Fall der mittelbaren Täterschaft durch Einsatz des Werkzeugs gegen sich selbst).

---

[199] Joecks, StGB, 11. Aufl. 2014, vor § 32 Rn. 27; ausf. Lenckner ZStW 1960, 446; Exner Jura 2013, 103; aus der Rspr. vgl. BGH U. v. 07.08.1984 - 1 StR 200/84 (Stechapfeltee) - NStZ 1985, 25 (Anm. Fahl JA 1998, 105).

[200] Hierzu Schlehofer, in: MK-StGB, 3. Aufl. 2017, vor § 32 Rn. 148; Hillenkamp/Cornelius, 32 Probleme aus dem Strafrecht AT, 15. Aufl. 2017, 6. P.

[201] Lenckner/Sternberg-Lieben, in: Sch/Sch, 29. Aufl. 2014, vor § 32 Rn. 40; aus der Rspr. vgl. BGH U. v. 22.01.1953 - 4 StR 373/52 (Prügelei) - BGHSt 4, 88 = NJW 1953, 912 (Anm. Roxin, Höchstrichterliche Rspr. AT, 1998, Nr. 28).

[202] Eser/Sternberg-Lieben, in: Sch/Sch, 29. Aufl. 2014, § 223 Rn. 38a; aus der Rspr. vgl. OLG Frankfurt U v. 30.11.1990 - 1 Ss 466/89 - NJW 1991, 763 = NStZ 1991, 235 (Anm. Geppert JK 1991 StGB § 223/1; Radloff NStZ 1991, 236).

[203] Hierzu Kindhäuser, LPK, 6. Aufl. 2015, vor § 13 Rn. 180ff.; ausf. Amelung ZStW 1997, 490.

[204] Joecks, StGB, 11. Aufl. 2014, vor § 32 Rn. 33ff., der allerdings bzgl. der Drohung auf den Maßstab des § 35 StGB abstellt.

[205] S. Kühl, AT, 8. Aufl. 2017, § 9 Rn. 37ff. und 40ff.

[206] Hierzu Hillenkamp/Cornelius, 32 Probleme aus dem Strafrecht AT, 15. Aufl. 2017, 7. P.; Kühne JZ 1979, 241; Roxin GS Noll 1984, 275; aus der Rspr. vgl. BGH U. v. 23.12.1986 - 1 StR 598/86 - NJW 1987, 1495 = NStZ 1987, 174 (Anm. Geppert JK 1987 StGB § 223a/2; Hassemer JuS 1987, 661; Wolski GA 1987, 527; Sowada JR 1988, 123).

Beispiel 243:

B gab dem Z ein vermeintliches Bonbon, bei welchem es sich in Wirklichkeit um ein Brechmittel handelte.

Streit herrscht aber über die Beachtlichkeit nicht rechtsgutsbezogener Fehlvorstellungen.

Beispiel 244:

B überredete den Z zu einer Blutspende, indem er ihm die Zahlung von 100 Euro versprach, obwohl er nie vorhatte, dem Z das Geld auszuzahlen.

Die Blutabnahme erfüllt durchaus den objektiven Tatbestand der Körperverletzung (§ 223 I StGB). Die Zahlung von 100 Euro hat aber nichts mit dem Rechtsgut der körperlichen Unversehrtheit zu tun. Ist die durch Täuschung über die Zahlung erwirkte Einwilligung in § 223 I StGB trotzdem unwirksam?

Während z.T.[207] die täuschungsbedingte Einwilligung stets für unwirksam gehalten wird, gilt dies nach h.M.[208] nur für eine rechtsgutsbezogene Fehlvorstellung – in Abgrenzung sog. bloßer **Motivirrtümer**.
Für die h.M. spricht, dass der Schutz der Dispositions- und Tauschfreiheit nicht Gegenstand z.B. der Körperverletzungsdelikte ist. Im Hinblick auf den Rechtsgutseingriff liegt eben eine bewusste Preisgabe vor. Selbst bei entscheidenden Motiven ist es nicht Aufgabe des Nichtvermögensstrafrechts, die Vermögensinteressen des Betreffenden zu schützen.

So kann im obigen Beispiel aber ein Betrug nach § 263 I StGB zu Lasten des Z vorliegen. In der Blutspende, die eine werthaltige Blutkonserve generiert, besteht eine Vermögensverfügung, die Z erst durch einen täuschungsbedingten Irrtum über die Zahlung vorgenommen hat. Ohne versprochene Gegenleistung ist ihm damit ein Vermögensschaden eingetreten.

Auch die Behandlung von Irrtümern, die **nicht** auf **Täuschung** beruhen, ist strittig.[209]

Beispiel 245:

BGH U. v. 01.02.1961 – 2 StR 457/60 (Famulus) – BGHSt 16, 309 = NJW 1962, 682 (Anm. Roxin, Höchstrichterliche Rspr. AT, 1998, Nr. 31; Puppe, AT, 3. Aufl. 2016, § 11 Rn. 1ff.; Bockelmann JZ 1962, 525):

---

[207] Z.B. Kindhäuser, LPK, 6. Aufl. 2015, vor § 13 Rn. 184.

[208] Vgl. Joecks, StGB, 11. Aufl. 2014, vor § 32 Rn. 31.

[209] Zsf. Kindhäuser, LPK, 6. Aufl. 2015, vor § 131 Rn. 186ff.

B1 und B2 – damals Studenten der Medizin – waren von August bis Oktober 1958 als sog. Famuli in einem Landkrankenhaus tätig. Während dieser Zeit behandelten sie selbständig Verletzungen und machten Eingriffe bei Patienten, von denen sie für Ärzte gehalten wurden.

Die h.M. hält derartige Irrtümer, anders als die Gegenauffassung, für unbeachtlich, es sei denn, der Erklärungsempfänger kennt den Irrtum. Das wäre ein Rechtsmissbrauch der Einwilligung.[210]

cc) Unterlassene bzw. mangelhafte Aufklärung; hypothetische Einwilligung

▶ **Didaktische Aufsätze:**
- Sickor, Die Übertragung der hypothetischen Einwilligung auf das Strafrecht, JA 2008, 11
- Otto/Albrecht, Die Bedeutung der hypothetischen Einwilligung für den ärztlichen Heileingriff, Jura 2010, 264
- Conrad/Koranyi, Die „hypothetische Einwilligung" im Zivil- und Strafrecht vor dem Hintergrund des neuen § 630 h II 2 BGB, JuS 2013, 979
- Rönnau, Grundwissen – Strafrecht: Hypothetische Einwilligung, JuS 2014, 882

Sieht man mit der Rspr.[211] und der h.L.[212] auch in **ärztlichen Heileingriffen** tatbestandliche Körperverletzungen i.S.d. §§ 223ff. StGB, so bewahrt i.d.R. nur die Einwilligung des Patienten den Arzt vor einer Strafbarkeit.

Dies setzt aber voraus, dass der Arzt seiner **medizinischen Aufklärungspflicht** gerecht wird; der Arzt muss den Patienten über Indikation, Risiken und Nebenwirkungen aufklären; die Einwilligung erstreckt sich dann auf den *de lege artis* ausgeführten Eingriff.[213]

---

[210] Kühl, AT, 8. Aufl. 2017, § 9 Rn. 40.

[211] Z.B. BGH U. v. 28.11.1957 - 4 StR 525/57 (Myom) - BGHSt 11, 111 = NJW 1958, 267 (Anm. Roxin, Höchstrichterliche Rspr. AT, 1998, Nr. 30; Puppe, AT, 3. Aufl. 2016, § 11 Rn. 9ff. und § 15 Rn. 1ff.; Baumann NJW 1958, 2092; Schmidt JR 1958, 226); BGH U. v. 04.10.1999 - 5 StR 712/98 (Sterilisation nach Kaiserschnitt) - BGHSt 45, 219 = NJW 2000, 885 = StV 2004, 371 (Anm. Geppert JK 2000 StGB § 226/9; RÜ 2000, 65; RA 2000, 212; Hoyer JR 2000, 473; Wasserburg StV 2004, 373).

[212] S. nur Fischer, StGB, 64. Aufl. 2017, § 223 Rn. 16ff.; ausf. Kaufmann ZStW 1961, 341; Niese FS Schmidt 1961, 364; Graefe/Clauß JR 1962, 254; Kohlhaas NJW 1963, 2348; Hardwig GA 1965, 161; Krauß FS Bockelmann 1979, 557; Bockelmann ZStW 1981, 105; Meyer GA 1998, 415; Kargl GA 2001, 538; Bollacher/Stockburger Jura 2006, 908; Gropp GA 2015, 5.

[213] Lackner/Kühl, StGB, 28. Aufl. 2014, § 223 Rn. 8; Schwalm MDR 1960, 722; Bockelmann NJW 1961, 945; Grünwald ZStW 1961, 5; Hollmann NJW 1973, 1393; Jacob Jura 1982, 529; Liebhardt/Penning FS Spann 1986, 434; Burgert JA 2016, 246; aus der Rspr. vgl. BGH U. v. 22.12.2010 - 3 StR 239/10 (Zitronensaft) - NJW 2011, 1088 = NStZ 2011, 343 (Anm. Bosch JK 2011 StGB § 223/5; Jahn JuS 2011, 468; Zöller ZJS 2011, 173; LL 2011, 641; RA 2011, 223; Schiemann NJW 2011, 1046; Hardtung NStZ 2011, 635; Ziemann/Ziethen HRRS 2011, 394; Widmaier FS Roxin 2011, 439).

Dies entspricht i.Ü. auch der zivilrechtlichen Rechtslage.[214]

Eine mangelhafte Aufklärung führt zu einer unwirksamen Einwilligung.

Zu beachten ist nun aber das kontrovers diskutierte Institut der **hypothetischen Einwilligung**.[215] Diese betrifft Konstellationen, in denen zwar eine Einwilligung mangels Aufklärung unwirksam war oder überhaupt nicht erteilt, aber bei ordnungsgemäßer Aufklärung die Einwilligung ohnehin erteilt worden wäre oder – *in dubio pro reo* – dies nicht auszuschließen ist. Der wichtigste Anwendungsfall ist der ärztliche Eingriff bei mangelhafter Aufklärung.

Beispiel 246:

BGH U. v. 11.10.2011 – 1 StR 134/11 – NStZ 2012, 205 (Anm. Satzger JK 2012 StGB § 223/6; Jäger JA 2012, 70; RA 2012, 357; famos 9/2012):
B führte am 24.07.2007 in seinen Praxisräumen in der Stadt B bei dem 85-jährigen Patienten G, in dessen Stuhl Blut festgestellt worden war, eine Darmspiegelung durch. Bereits am 18.07.2007 hatte G nach ordnungsgemäßer Aufklärung eine entsprechende Einwilligungserklärung unterzeichnet. Nachdem die Untersuchung einen normalen Befund ohne Hinweise auf eine Blutungsquelle ergeben hatte, entschloss sich B, im unmittelbaren Anschluss an die Darmspiegelung unter Ausnutzung der noch anhaltenden Sedierung noch eine Magenspiegelung vorzunehmen. Dass G aufgrund der Sedierungswirkung nicht in der Lage war, in rechtserheblicher Weise in die Untersuchung einzuwilligen, erkannte B. Eine direkt im Anschluss an die Darmspiegelung durchgeführte Magenspiegelung war auch medizinisch nicht zwingend erforderlich, lediglich wollte B dem G dadurch eine erneute Anreise aus seinem in der Umgebung der Stadt B gelegenen Heimatort ersparen. Die ersten beiden Versuche, das Endoskop einzuführen, scheiterten an Schluckbeschwerden des G. Nach einer zweistündigen Pause wurden – obwohl G möglicherweise schon über Brustschmerzen geklagt hatte – nach Auffrischung der Sedierung mindestens zwei weitere erfolglose Versuche zur Einführung des Endoskops unternommen, wobei es bei einem dieser Versuche zu einer Perforation der Speiseröhre kam. Ob eine Aufklärung des G über

---

[214] Vgl. Mansel, in: Jauernig, BGB, 16. Aufl. 2015, § 630d Rn. 2, 630c Rn. 1ff.

[215] Hierzu Hirsch/Weißauer MedR 1983, 41; Kuhlen FS Müller-Dietz 2001, 431; Kuhlen FS Roxin 2001, 331; Puppe GA 2003, 764; Otto Jura 2004, 679; Mitsch JZ 2005, 279; Kuhlen JZ 2005, 713; Böcker JZ 2005, 925; Duttge FS Schroeder 2006, 179; Gropp FS Schroeder 2006, 197; Jäger FS Jung 2007, 345; Sickor JA 2008, 11; Sickor JR 2008, 179; Otto/Albrecht Jura 2010, 264; Renzikoswki FS Fischer 2010, 365; Rosenau FS Maiwald 2010, 683; Yamanaka FS Maiwald 2010, 865; Jansen ZJS 2011, 482; Schlehofer FS Puppe 2011, 953; Weber FS Puppe 2011, 1059; Sowada NStZ 2012, 1; Merkel JZ 2013, 975; Swoboda ZIS 2013, 18; Rönnau JuS 2014, 882; Haas GA 2015, 147; Zabel GA 2015, 219; Tag ZStW 2015, 523; Krüger FS Beulke 2015, 137; Saliger FS Beulke 2015, 257; Sternberg-Lieben FS Beulke 2015, 299; Puppe ZIS 2016, 366; Böse ZIS 2016, 495; aus der Rspr. vgl. BGH U. v. 29.06.1995 - 4 StR 760/94 (Surgibone) - NStZ 1996, 34 = StV 1996, 148 (Anm. Ulsenheimer NStZ 1996, 132; Rigizahn JR 1996, 72; Jordan JR 1997, 32).

die Magenspiegelung stattfand, konnte nicht abschließend geklärt werden. Das Landgericht ging jedenfalls davon aus, dass dieser seine Einwilligung erklärt hätte, wäre er vor der Maßnahme wirksam aufgeklärt worden. Am Tag nach der Untersuchung wurde G ins Klinikum B eingewiesen und an der Speiseröhre operiert. Nach der zunächst erfolgreich verlaufenen Operation kam es jedoch zu Komplikationen, die letztlich zum Tod des G führten.

G hatte eine Einwilligungserklärung für die Darmspiegelung unterzeichnet; eine Einwilligung in die Magenspiegelung ist aufgrund der Sedierung nicht erfolgt. *In dubio pro reo* ist aber nicht auszuschließen, dass G im Vollbesitz seiner geistigen Kräfte eingewilligt hätte, um nach der erfolglosen Darmspiegelung durch eine weitere Maßnahme die Ursache für das Blut in seinem Stuhl zu ergründen und um sich die erneute Anreise aus seinem in der Umgebung der Stadt B gelegenen Heimatort zu ersparen.

Teile der Literatur[216] schließen die objektive Zurechnung aus, da sich die mangelnde Aufklärung nicht ausgewirkt habe und daher der Pflichtwidrigkeitszusammenhang zwischen Handlung und Erfolg fehle.

Die Rspr.[217] und Teile der Lehre[218] nehmen eine Rechtfertigung an.

Die wohl h.L. lehnt die hypothetische Einwilligung ab.[219]

Verständlicherweise kritisiert die h.L., dass die Anerkennung der hypothetischen Einwilligung das Selbstbestimmungsrecht des Patienten aushöhlt. Der Sache nach handelt es sich eher um eine nachträgliche Zustimmung, die im Strafrecht immer unbeachtlich ist. Der Achtungsanspruch eines geschützten Rechtsguts im Zeitpunkt der Beeinträchtigung geht nämlich nicht dadurch verloren, dass der Rechtsgutsberechtigte zu einem späteren Zeitpunkt auf den Rechtsschutz verzichtet hätte – vgl. beim Diebstahl: Das Bekunden seitens des Opfers, dass es auf Befragen die Sache dem Dieb geschenkt hätte, rechtfertigt den Dieb nicht. Es besteht die Gefahr, dass der Arzt dem Patienten jedes Risiko aufzwingen kann, das die *lex artis* noch deckt, indem er ihn unvollständig aufklärt. Hinzu kommt die logische Unmöglichkeit, eine fiktive Entscheidung des Patienten nachträglich zu ermitteln (hindsight bias), ganz abgesehen davon, dass hypothetische Kausalverläufe eigentlich unbeachtlich sind; speziell im Strafrecht bewirkt auch der Grundsatz *in dubio pro reo* – anders als bei der zivilrechtlichen Beweislastverteilung – weitreichende Strafbarkeitsausschlüsse. Das eigentliche Bedürfnis besteht in der Lockerung der zivilrechtlich entwickelten ärztlichen Aufklärungspflichten.

Allerdings ist die Rspr. mittlerweile Gesetz geworden. § 630h II 2 BGB.[220]

---

[216] Vgl. Rönnau JZ 2004, 801.

[217] S. obige Nachweise.

[218] Vgl. Wessels/Beulke/Satzger, AT, 46. Aufl. 2016, Rn. 384a.

[219] Z.B. Krey/Esser, AT, 6. Aufl. 2016, Rn. 682.

[220] Hierzu auch und gerade aus strafrechtlicher Sicht Conrad/Koranyi JuS 2013, 979; Merkel JZ 2013, 975.

> **§ 630h II 2 BGB (Beweislast bei Haftung für Behandlungs- und Aufklärungsfehler)**
> Genügt die Aufklärung nicht den Anforderungen des § 630e, kann der Behandelnde sich darauf berufen, dass der Patient auch im Fall einer ordnungsgemäßen Aufklärung in die Maßnahme eingewilligt hätte.

Damit dürfte die Rechtsfigur auch im Strafrecht, das als *ultima ratio* nicht strenger sein sollte als das Zivilrecht, anzuerkennen sein, auch wenn die zivilrechtliche Norm den Charakter einer bloßen Beweisregel hat.

e) Ggf.: Keine Sittenwidrigkeit, § 228 StGB

▶ **Didaktische Aufsätze:**
- Roxin, Verwerflichkeit und Sittenwidrigkeit als unrechtsbegründende Merkmale im Strafrecht, JuS 1964, 373
- Bott/Volz, Die Anwendung und Interpretation des mysteriösen § 228 StGB, JA 2009, 421

Für **Körperverletzungsdelikte** bildet die Sittenwidrigkeit der Tat eine Begrenzung der Einwilligung.[221]

> **§ 228 StGB (Einwilligung)**
> Wer eine Körperverletzung mit Einwilligung der verletzten Person vornimmt, handelt nur dann rechtswidrig, wenn die Tat trotz der Einwilligung gegen die guten Sitten verstößt.

Für andere Delikte gilt § 228 StGB nicht, auch nicht analog.[222] Allerdings muss die Norm erst recht für die Fahrlässige Tötung in § 222 StGB gelten, bei der die Einwilligung als Einwilligung in das Risiko grds. zulässig ist.

---

[221] Hierzu Krey/Esser, AT, 6. Aufl. 2016, Rn. 664; Kohlhaas NJW 1963, 2348; Roxin JuS 1964, 373; Roth-Stielow JR 1965, 210; Berz GA 1969, 145; Schmitt GS Schröder 1978, 263; Frisch FS H. J. Hirsch 1999, 485; Duttge GS Schlüchter 2002, 775; Jakobs FS Schroeder 2006, 507, Kühl FS Schroeder 2006, 521; Kühl FS Jakobs 2007, 293; Nitschmann ZStW 2007, 547; Duttge NStZ 2009, 690; Hirsch FS Amelung 2009, 181, Bott/Volz JA 2009, 421, Kühl FS Puppe 2011, 653; aus der umfangreichen Rspr. vgl. zuletzt BGH U. v. 22.01.2015 - 3 StR 233/14 - BGHSt 60, 166 = NJW 2015, 1540 = NStZ 2015, 270 (Anm. Satzger Jura 2015, 1138; LL 2015, 663; RÜ 2015, 305; Mitsch NJW 2015, 1545; Zabel JR 2015, 619; Knauer HRRS 2015, 435).

[222] Ganz h.M., s. nur Joecks, StGB, 11. Aufl. 2014, Rn. 6.

Relevant ist die Sittenwidrigkeit der Tat, nicht die der Einwilligung[223]; auf die Motive der Einwilligung kommt es nicht an.

Nach herkömmlicher (zivilrechtlicher, § 138 I BGB) Definition ist sittenwidrig, was gegen das Anstandsgefühl aller billig und gerecht Denkenden verstößt.[224] Dies ist in einer freiheitlich-pluralistischen Gesellschaft schon im Ansatz problematisch. Namentlich kann es ein einheitliches und – wie die Formel suggeriert – empirisch festzustellendes Anstandsgefühl nicht geben. Außerdem ist die Formel dergestalt zirkelschlüssig, dass dieses Anstandsgefühl nur bestimmt werden kann, wenn man die Menge der billig und gerecht Denkenden umgrenzt hat, was wiederum die Kenntnis dessen voraussetzt, was billig und gerecht ist. Im Strafrecht kommen noch Bedenken hinsichtlich des Bestimmtheitsgrundsatzes (Art. 103 II GG, § 1 StGB)[225] hinzu.

Rspr.[226] und h.L.[227] verstehen daher die Prüfung der Sittenwidrigkeit, anders als die Gegenauffassung,[228] nicht mehr als Gesamtprüfung mit Schwerpunkt bei den Beweggründen der Verletzung(sduldung). Stattdessen soll es entscheidend darauf ankommen, ob die Körperverletzung wegen des besonderen Gewichts des jeweiligen tatbestandlichen Rechtsgutsangriffs unter Berücksichtigung des Umfangs der eingetretenen Körperverletzung und des damit verbundenen Gefahrengrades für Leib und Leben trotz Einwilligung des Rechtsgutsträgers nicht mehr als von der Rechtsordnung hinnehmbar erscheint (sog. **Rechtsgutslösung**). Jedenfalls liegt hiernach dann eine sittenwidrige Tat vor, wenn der Geschädigte in konkrete Todesgefahr gerät, es sei denn, ein anerkennenswerter Zweck legitimiert das Eingehen eines sehr hohen Risikos (z.B. eine lebensgefährliche, aber einzig lebensrettende Operation).

Beispiel 247:

BGH U. v. 26.05.2004 – 2 StR 505/03 (Sadomasochismus) – BGHSt 49, 166 = NJW 2004, 2458 = NStZ 2004, 621 = StV 2004, 655 (Anm. RÜ 2004, 480; RA 2004, 582; Hirsch JR 2004, 475; Hardtung Jura 2005, 401; Petersohn JA 2005, 93; Stree NStZ 2005, 40; Arzt JZ 2005, 103; Gropp ZJS 2012, 602):

---

[223] Fischer, StGB, 64. Aufl. 2017, § 228 Rn. 8; aus der Rspr. vgl. BGH U. v. 26.05.2004 - 2 StR 505/03 (Sadomasochismus) - BGHSt 49, 166 = NJW 2004, 2458 = NStZ 2004, 621 = StV 2004, 655 (Anm. RÜ 2004, 480; RA 2004, 582; Hirsch JR 2004, 475; Hardtung Jura 2005, 401; Petersohn JA 2005, 93; Stree NStZ 2005, 40; Arzt JZ 2005, 103; Gropp ZJS 2012, 602).

[224] Joecks, StGB, 11. Aufl. 2014, § 228 Rn. 2.

[225] Für Verfassungswidrigkeit der Norm z.B. Stree/Sternberg-Lieben, in: Sch/Sch, 29. Aufl. 2014, § 228 Rn. 1f.

[226] S.o.

[227] Vgl. nur Joecks, StGB, 11. Aufl. 2014, Rn. 3ff.

[228] Vgl. nur die Auseinandersetzung mit der älteren Rspr. bei BGH U. v. 26.05.2004 - 2 StR 505/03 (Sadomasochismus) - BGHSt 49, 166 (170ff.).

Die Lebensgefährtin des B, die G, zeigte großes Interesse an der Ausübung außergewöhnlicher sexueller Praktiken, vor allem so genannter „Fesselspiele". Hierzu gehörte unter anderem, dass B, der an diesen „Spielen" kein Interesse hatte und dabei selbst angekleidet blieb, mit einem Gegenstand Druck auf ihren Kehlkopf, ihr Zungenbein oder ihre Luftröhre ausüben musste, um auf diese Weise den von ihr erstrebten vorübergehenden Sauerstoffmangel hervorzurufen, der für sie eine erregende Wirkung hatte. In der Vergangenheit fanden dabei für diesen Würgevorgang Stricke oder Seile Verwendung. Nachdem eine Zeit lang derartige Fesselspiele nicht mehr stattgefunden hatten, weil B Sicherheitsbedenken geäußert hatte, verlangte G von ihm am 18.05.2002 erneut die Durchführung eines Fesselspiels und bereitete die dazu erforderlichen Utensilien (Stricke, ein Holzstück sowie ein Metallrohr) selbst vor. B sträubte sich zunächst und kam ihrem Wunsch dann doch nach. Wegen der Leibesfülle von G, die in letzter Zeit deutlich an Körperumfang zugenommen hatte, äußerte er aber Bedenken, da er auf Grund der Fixierung der Beine über den Bauch hinweg zum Kopf befürchtete, G könnte keine Luft mehr bekommen. Sie zerstreute seine Bedenken jedoch und verlangte, er solle dieses Mal statt des bisher verwendeten Stricks das Metallrohr benutzen. B äußerte auch insoweit zunächst Vorbehalte, ließ sich dann aber umstimmen und fesselte seine Lebensgefährtin wie von ihr gewünscht. Zunächst benutzte er für den Würgevorgang das bereitgelegte Holzstück, ging dann auf Wunsch seiner Lebensgefährtin dazu über, das Metallrohr zum Würgen zu verwenden. Dabei erkannte er, dass die Verwendung eines sich nicht den Konturen des Halses anpassenden Gegenstands gefährlich war, und erklärte ihr dies auch, ließ sich dann aber von seiner Lebensgefährtin zur Verwendung überreden und verstärkte auf deren Wunsch hin sogar die Einwirkung noch. Den Eintritt eines tödlichen Verlaufs infolge seiner gewaltsamen Einwirkung auf den Hals des Opfers hielt er für möglich, vertraute jedoch darauf, dass dies nicht geschehen werde. Nach seinen persönlichen Fähigkeiten und dem Maß seines individuellen Könnens war er imstande, die Gefährlichkeit seines Tuns zu erkennen und die sich daraus ergebenden Sorgfaltsanforderungen zu erfüllen. Im Verlauf der intervallartigen, gegen den Hals der G gerichteten mehrfachen und mindestens drei Minuten währenden Aktionen drückte er dann mit dem Metallrohr zu. Dadurch erzielte er die gewünschte Kompression der Halsgefäße und insbesondere der arteriellen und venösen Blutversorgung des Gehirns, allerdings auch eine von ihm nicht gewollte, massive, durch den Einsatz des Metallrohrs hervorgerufene Verletzung des Kehlskeletts. Diese Verletzungen waren aber nicht tödlich, vielmehr verstarb G an den Folgen der massiven Kompression der Halsgefäße und der dadurch unterbundenen Sauerstoffzufuhr zum Gehirn mit nachfolgendem Herzstillstand. Als G sich nicht mehr vernehmlich artikulierte, löste B die Fesselungen in dem Glauben, sie sei – wie nach solchen Handlungen in der Vergangenheit üblich – eingeschlafen. Nachmittags kamen ihm wegen des Zeitablaufs Bedenken, er musste feststellen, dass G nicht mehr am Leben war.

Es kommt also nicht darauf an, ob das im Rahmen von Fesselspielen ausgeführte Würgen mit einem Metallrohr zwecks sexueller Stimulation und Befriedigung sich noch im anständig-sittlichen Bereich der Sexualität befindet, sondern es ist anhand des Gefährlichkeitsgrades der Handlung (Würgen mit Metallrohr) und des Umfanges der eingetretenen Körperverletzung (unterbundene Sauerstoffzufuhr zum Gehirn durch massive Kompression der Halsgefäße) zu untersuchen, ob die Einwilligung von der Rechtsordnung hinnehmbar erscheint.

Der im Grunde *contra legem* weitgehend objektivierende Ansatz der heutigen h.M. hat den Vorzug, dass er die Ausforschung von Zielen und Beweggründen, die mit dem Rechtsgut der Körperverletzungsdelikte nichts zu tun haben (z.B. die Sexualmoral,[229]) entbehrlich macht. Die Relevanz der Todesgefahr steht auch im Einklang mit der Wertung des § 216 StGB, der zum Ausdruck bringt, dass ein soziales Interesse am Erhalt des Lebens auch gegen den Willen des Betroffenen besteht. Den hierin liegenden Paternalismus gegenüber den Geschädigten, die sich bewusst durch Dritte gefährden lassen, kann letztlich nur der Gesetzgeber beseitigen. Gleiches gilt für nicht immer sachgerecht erscheinende Differenzierungen zwischen Selbst- und Fremdgefährdungen sowie im Bereich der Sterbehilfe.

Naturgemäß existiert eine reichhaltige Kasuistik bzgl. der Frage, welche Handlungen so gefährlich sind, dass § 228 StGB greift, und bei welchen das nicht der Fall ist.[230]

Einige weitere Beispiele:

Beispiel 248:

BGH B. v. 20.02.2013 – 1 StR 585/12 – BGHSt 58, 140 = NJW 2013, 1379 = StV 2013, 439 = NStZ 2013, 342 (Anm. Bosch JK 2013 StGB § 228/6; Jäger JA 2013, 634; Jahn JuS 2013, 945; Zöller ZJS 2013, 429; LL 2013, 431; RÜ 2013, 302; famos 5/2013; Sternberg-Lieben JZ 2013, 953; von der Meden HRRS 2013, 158; Hardtung NStZ 2014, 267; Gaede ZIS 2014, 489): Z1, ein Cousin des Z2, griff ein Mitglied aus einer Jugendgruppe, zu der auch B1 und B2 gehörten, an, indem er den Angegriffenen schüttelte und ihn gegen ein parkendes Auto zu drücken versuchte. Diese Auseinandersetzung konnte Z2 so weit schlichten, dass zunächst weder aus der Gruppe um Z1 noch aus der Gruppe um B1 und B2 weitere Tätlichkeiten verübt wurden. Allerdings forderte der über den Vorfall aufgebrachte B1 erfolgreich telefonisch weitere Angehörige seiner Gruppe auf, zum Ort des Geschehens zu kommen. Nach kurzer Zeit standen sich die nunmehr verstärkte Gruppe um B1 und B2 und die um Z1, samt Z2 und Z3, gegenüber. Den Beteiligten beider Gruppen war bewusst, dass es auf Grund der sich durch wechselseitige Beleidigungen weiter aufheizenden Stimmung zu körperlichen Auseinandersetzungen kommen würde. Auf Grund einer

---

[229] Speziell zum Sadomasochismus Sitzmann GA 1991, 71.
[230] Vgl. nur Fischer, StGB, 64. Aufl. 2017, § 228 Rn. 12ff.

faktischen Übereinkunft stimmten die Beteiligten zu, diese mit Faustschlägen und Fußtritten auszutragen. Den Eintritt auch erheblicher Verletzungen billigten sie. Im Zuge der sich anschließenden, rund vier bis fünf Minuten andauernden wechselseitigen Tätlichkeiten erwies sich die Gruppe um B1 und B2 als überlegen. Als Z3 ungeachtet dessen ein Mitglied aus der Gruppe um die B1 und B2 im Rahmen eines Faustkampfs in Bedrängnis brachte, schlug B2 auf Z3 ein, der daraufhin stürzte. Der am Boden liegende Z3 erhielt anschließend einen Fußtritt. Er erlitt unter anderem eine Schädelprellung und wurde mit einem Rettungswagen in ein Krankenhaus verbracht, wo er stationär behandelt wurde. B1 schlug den Z2 so heftig mit der Faust in das Gesicht, dass dieser im Unterkiefer drei Zähne verlor, die durch Implantate ersetzt werden mussten. Zudem verursachte der Schlag eine Verschiebung der Nasenscheidewand. Die Verletzung bedurfte einer operativen Korrektur. Der zur Gruppe um Z1 gehörende Z4 ging durch die Wirkung von Faustschlägen bereits zu Beginn der Auseinandersetzung zu Boden und blieb dort wehrlos liegen. In dieser Lage versetzten ihm unter anderem die B1 und B2 mehrere Tritte gegen den Kopf und den Körper. Nachdem eine kurze Zeit von dem Z4 abgelassen worden war und er auf allen Vieren wegzukriechen versuchte, holte B1 mit dem Fuß aus und trat Z4 ins Gesicht. Anschließend trat auch B2 erneut auf den am Boden liegenden Z4 ein. Einen Tritt führte B2 gegen den Kopf des Z4. Zudem hob er den Kopf des Z4 etwas an und schlug ihn mit allerdings geringer Kraft auf den Asphalt. Auf Grund der zahlreichen erlittenen Verletzungen wurde der Z4 drei Tage stationär, davon einen Tag auf der Intensivstation, behandelt und war 14 Tage arbeitsunfähig krank.

Fehlen bei solchen Auseinandersetzungen[231] das Gefährlichkeitspotenzial – vgl. auch § 231 StGB – begrenzende Absprachen und effektive Sicherungen für deren Einhaltung, verstoßen die in deren Verlauf begangenen Körperverletzungen nach Auffassung des BGH trotz Einwilligung selbst dann gegen die guten Sitten, wenn mit den einzelnen Körperverletzungen keine konkrete Todesgefahr verbunden war.

Beispiel 249:

LG Mönchengladbach U. v. 20.09.1996 – 12 Ns 29/96 (6) (Autosurfen) – NStZ-RR 1997, 169; OLG Düsseldorf B. v. 06.06.1997 – 2 Ss 147/97 – 49/97 II (Autosurfen) – NJW 1998, 770 = NStZ-RR 1997, 325 (Anm. Hemmer-BGH-Classics Strafrecht, 2003, Nr. 88; Geppert JK 1998 StGB § 315b/7; Martin JuS 1998, 274; Hammer JuS 1998, 785; Saal NZV 1998, 49):
In der Nacht des 21.08.1993 führte der zum Tatzeitpunkt 23 Jahre alte B mit vier Freunden, auf geteerten landwirtschaftlichen Wegen Fahrten mit einem kleineren Pkw durch, bei denen sie sich abwechselnd auf das Dach des Fahrzeugs legten (Autosurfen). Zunächst legten sich bei den Fahrten abwechselnd eine Person,

---

[231] Zu Gruppenschlägereien Spoenle NStZ 2011, 552.

dann zwei und schließlich vier Personen aufs Dach. Bei der Unglücksfahrt, bei der der B den Pkw steuerte, lagen vier Personen auf dem Dach, und zwar jeweils zwei Personen aufeinander, wobei die beiden unten liegenden Personen sich jeweils mit der äußeren Hand durch die geöffneten Fenster an den jeweiligen Türholmen der Fahrer- bzw. Beifahrertür festhielten und sich mit der jeweilig auf dem Dach innen liegenden Hand sich gegenseitig umklammerten. Die auf ihnen liegenden beiden anderen Personen umklammerten mit ihrer außen liegenden Hand den Arm der jeweils unter ihnen liegenden Person, während sie sich mit der innen liegenden Hand ebenfalls gegenseitig umklammerten. Als B eine leichte – mit Winkelabweichung von 15 Grad – Rechtskurve mit einer Geschwindigkeit von mindestens 70 km/h durchfuhr, entwickelte sich eine derart enorme Fliehkraft nach links – was B infolge Fahrlässigkeit nicht bedachte –, so dass sich der links oben liegende Z1 nicht mehr an dem unter ihm liegenden Z2 und dem neben ihm oben liegenden Z3 festzuhalten vermochte, sich vielmehr aus der Umklammerung bei beiden löste und von dem Fahrzeug in einen 10 bis 20 m hinter der Kurve angrenzenden Graben flog. Z1 erlitt aufgrund des Sturzes ein Schädel-Hirn-Trauma, welches ein apalisches Syndrom mit spastischen Lähmungen von Armen und Beinen hervorgerufen hat.

Nach dem LG Mönchengladbach reicht eine Einwilligung in lebensgefährliche Unternehmungen nur aus, wenn der Wert der durch die Einwilligung betätigten Opferautonomie gemeinsam mit den durch die Tat verfolgten Zwecken den in der Lebensgefährdung liegenden Unwert überwiegt. Dem Autosurfen komme aber keinerlei sinnvoller Zweck zu, ihm könne nicht einmal ein sportlicher Aspekt abgewonnen werden. Deswegen sei nicht fraglich, dass „ein solch unsinniges Unternehmen" einen Verstoß gegen die guten Sitten darstelle.

Beispiel 250:

BGH U. v. 11.12.2003 – 3 StR 120/03 (Betäubungsmittel) – BGHSt 49, 34 = NJW 2004, 1054 = NStZ 2004, 204 (Anm. Otto JK 2004 StGB vor § 13/17 und § 228/3; Trüg JA 2004, 597; Martin JuS 2004, 350; Sternberg-Lieben JuS 2004, 954; LL 2004, 392; RÜ 2004, 138; RA 2004, 221; famos 4/2004; Mosbacher JR 2004, 390; Hardtung Jura 2005, 401; Duttge NJW 2005, 260): B hatte G im Jahre 1997 kennengelernt. G war alkoholabhängig und litt unter Krampfanfällen, zu deren Vermeidung er Medikamente einnahm. Sein körperlicher Zustand war schlecht. Seine Hände zitterten und die Funktion seiner Beine war gestört, so dass er ein behindertengerechtes dreirädriges Fahrrad benutzen musste. Nachdem B erfahren hatte, dass G gelegentlich Heroin spritzte, konsumierte er zweimal mit ihm zusammen Heroin. Während B dabei das Rauschgift rauchte, injizierte sich G das Heroin. Danach machte er auf B in beiden Fällen einen „weggetretenen" Eindruck, reagierte jedoch auf Ansprache. Am Abend des 23.08.2001 traf B den G, der sich mit Zechkumpanen vor einem Supermarkt aufhielt und eine Dose Bier in der Hand hatte. G hatte zu diesem Zeitpunkt bereits erhebliche Mengen Bier getrunken, zeigte wegen seiner Alkoholgewöhnung jedoch keine

Ausfallerscheinungen. B und G kamen überein, gemeinsam 1 g Heroin zu konsumieren. Absprachegemäß besorgte B das Rauschgift und begab sich damit zur Wohnung des G. Nachdem beide dort zunächst weiteren Alkohol getrunken hatten, holte B aus seiner nahe gelegenen Wohnung ein Spritzenbesteck. Er kochte die Hälfte des erworbenen Heroins mit Ascorbinsäure und etwas Wasser auf und injizierte sich das Rauschgift. Dessen Wirkung empfand er gemessen an seiner langjährigen Erfahrung als normal; es stellte sich bei ihm ein leichter Rauschzustand ein. Nachdem die Spritze in heißem Wasser desinfiziert worden war, kochte B die andere Hälfte des Heroins auf. G band sich den Arm ab, konnte sich wegen des Zitterns seiner Hände die Spritze aber nicht mehr selbst setzen. Er bat daher den B, ihm das Heroin zu injizieren und hielt ihm hierzu seine linke Armbeuge entgegen. B kam der Bitte nach. Alsbald nach der Injektion verstarb G an einer Heroinintoxikation, die sein Atemzentrum lähmte. Der Todeseintritt wurde durch die erhebliche Alkoholisierung des G (Blutalkoholkonzentration von 2,33 ‰) „begünstigt".

Das illegale Verabreichen von Betäubungsmitteln an einen anderen mit dessen Einwilligung ist laut BGH nicht schon deswegen sittenwidrig, weil sich der Handelnde durch die Tat wegen eines Verstoßes gegen das Betäubungsmittelgesetz strafbar macht. Maßgeblich sei, ob Gesundheits- oder Suchtgefahren begründet oder verstärkt werden. Insb. sei die Grenze dann überschritten, wenn bei vorausschauender objektiver Betrachtung aller maßgeblichen Umstände der Betroffene durch das Verabreichen in konkrete Todesgefahr gebracht wird.

Beispiel 251:

BGH U. v. 20.11.2008 – 4 StR 328/08 (Beschleunigungsrennen) – BGHSt 53, 55 = NJW 2009, 1155 = NStZ 2009, 148 (Anm. Puppe, AT, 3. Aufl. 2016, § 6 Rn. 5ff.; Satzger JK 2009 StGB § 222/8; Kudlich JA 2009, 389; Jahn JuS 2009, 370; Brüning ZJS 2009, 194; LL 2009, 179; RÜ 2009, 164; RA 2009, 68; Kühl NJW 2009, 1158; Duttge NStZ 2009, 690; Roxin JZ 2009, 399; Puppe GA 2009, 486; Renzikowski HRRS 2009, 347):

B gehörte einer Clique an, die auf Autobahnen in der Umgebung des Bodensees mit hochfrisierten Autos Autorennen durchführte, an denen zumeist fünf bis sieben Fahrzeuge beteiligt waren. Er war Besitzer eines Pkw VW Golf II, den er für Rennzwecke umgebaut hatte, so dass das Fahrzeug eine Höchstgeschwindigkeit von etwa 240 km/h erreichen konnte. Auch der mit ihm befreundete G gehörte der Clique an; er hatte ebenfalls an mehreren Rennen teilgenommen, wobei wechselweise er oder B Fahrer bzw. Beifahrer des jeweiligen Fahrzeugs war. Der mit G befreundete Z konnte am 30.01.2007 den seinem Vater gehörenden Pkw Porsche Carrera 4 S nutzen, der eine Höchstgeschwindigkeit von etwa 300 km/h erreichen konnte. Am Nachmittag dieses Tages verabredeten B, G und Z mit dem VW Golf und dem Porsche zunächst auf der vierspurig ausgebauten Bundesstraße „Beschleunigungstests" durchzuführen. Die mit der Durchführung der Autorennen verbundenen Eigen- und Fremdgefahren waren ihnen bewusst. Anschließend fuhren B mit G als Beifahrer in dem VW Golf und Z in dem Porsche auf die autobahnähnlich ausgebaute Bundesstraße. Dort führten sie einen ersten Beschleunigungstest durch. Hierzu fuhren die Fahrzeuge nebeneinander, sodann wurde – durch Handzeichen – von 3 auf 0 heruntergezählt und die Fahrer beschleunigten die Pkw. Der Beschleunigungstest wurde von G mit seiner Handykamera gefilmt. Die Pkw erreichten eine Geschwindigkeit von mehr als 200 km/h. Beide setzten das Rennen fort, auch als vor ihnen auf dem rechten Fahrstreifen ein mit vier Personen besetzter und knapp 120 km/h schneller Pkw Opel Astra sichtbar wurde. Als der Fahrer dieses Pkw die von hinten auf ihn zuschießenden Fahrzeuge bemerkte, steuerte er sein Fahrzeug ganz nach rechts, während B den VW auf dem linken Fahrstreifen zur Mittelleitplanke hin lenkte. Zugleich steuerte Z den Porsche über die mittlere Fahrbahnmarkierung hinaus auf den linken Fahrstreifen, um den Opel ebenfalls überholen zu können. Während des Überholvorgangs befanden sich die drei Fahrzeuge zeitgleich nebeneinander, wobei der Abstand zwischen dem VW und dem Porsche etwa 30 cm betrug. Hierbei geriet das von B gesteuerte Fahrzeug mit den linken Reifen auf den Grünstreifen an der Mittelleitplanke. Bei dem Versuch, wieder auf die Fahrbahn zu gelangen, machte B eine zu starke Lenkbewegung, das von ihm gesteuerte Fahrzeug schleuderte gegen die Mittelleitplanke, kam schließlich zum Stehen und geriet in Brand. G starb.

Der BGH führt aus: „Ob bereits durch den mit hohen Geschwindigkeiten durchgeführten ‚Beschleunigungstest' auf einer öffentlichen Straße mit einer Geschwindigkeitsbegrenzung auf 120 km/h die drohende Rechtsgutsgefährdung für die Insassen der an dem Rennen beteiligten Fahrzeuge so groß war, dass eine konkrete Lebensgefahr vorlag, braucht der Senat nicht zu entscheiden. Jedenfalls lag eine solche Gefahr in der Fortsetzung des Rennens noch zu einem Zeitpunkt, als ein gleichzeitiges Überholen eines unbeteiligten dritten Fahrzeugs mit nicht mehr kontrollierbaren höchsten Risiken für sämtliche betroffenen Verkehrsteilnehmer verbunden war."

f) Erklärung vor der Tat, Fortbestehen zur Tatzeit
Nach ganz h.M.[232] ist eine ausdrückliche oder konkludente Erklärung der Einwilligung vor der Tat erforderlich.

Eine nachträgliche Einwilligung in den Unrechtserfolg (Genehmigung) hat keine rechtfertigende Wirkung.[233]

---

[232] Vgl. nur Kühl, AT, 8. Aufl. 2017, § 9 Rn. 31; anders Schlehofer, in: MK-StGB, 3. Aufl. 2017, vor § 32 Rn. 146; vgl. auch Böhmer JR 1969, 54.

[233] Fischer, StGB, 64. Aufl. 2017, § 228 Rn. 5; aus der Rspr. vgl. BGH U. v. 10.07.1962 - 1 StR 194/62 (Krankenseelsorger, Pockenarzt) - BGHSt 17, 359 = NJW 1963, 165 und 400 (Anm. Roxin, Höchstrichterliche Rspr. AT, 1998, Nr. 32; Preuße JuS 1963, 161; Rutkowsky NJW 1963, 166; Gimbernat Ordeig FS Frisch 2013, 291).

Bei der Prüfung einer konkludenten Einwilligung ist darauf zu achten, nicht allzu schnell von einem Wissen des Geschädigten um die Tatbestandsverwirklichung auf seine Einwilligung zu schließen.[234]

Die Einwilligung kann auch unter Bedingungen erteilt werden (z.b. einer Geldzahlung).

Die Erklärung ist jederzeit frei widerruflich.[235]

Genau zu beachten ist die **Reichweite** einer Einwilligung.[236]
So erstreckt sich u.U. eine Einwilligungserklärung lediglich auf bestimmte z.b. medizinische Eingriffe, auf andere aber nicht.

Beispiel 252:

BGH U. v. 11.10.2011 – 1 StR 134/11 – NStZ 2012, 205 (Anm. Satzger JK 2012 StGB § 223/6; Jäger JA 2012, 70; RA 2012, 357; famos 9/2012):
B führte am 24.07.2007 in seinen Praxisräumen in der Stadt B bei dem 85-jährigen Patienten G, in dessen Stuhl Blut festgestellt worden war, eine Darmspiegelung durch. Bereits am 18.07.2007 hatte G nach ordnungsgemäßer Aufklärung eine entsprechende Einwilligungserklärung unterzeichnet. Nachdem die Untersuchung einen normalen Befund ohne Hinweise auf eine Blutungsquelle ergeben hatte, entschloss sich B, im unmittelbaren Anschluss an die Darmspiegelung unter Ausnutzung der noch anhaltenden Sedierung noch eine Magenspiegelung vorzunehmen. Dass G aufgrund der Sedierungswirkung nicht in der Lage war, in rechtserheblicher Weise in die Untersuchung einzuwilligen, erkannte B. Eine direkt im Anschluss an die Darmspiegelung durchgeführte Magenspiegelung war auch medizinisch nicht zwingend erforderlich, lediglich wollte B dem G dadurch eine erneute Anreise aus seinem in der Umgebung der Stadt B gelegenen Heimatort ersparen. Die ersten beiden Versuche, das Endoskop einzuführen, scheiterten an Schluckbeschwerden des G. Nach einer zweistündigen Pause wurden – obwohl G möglicherweise schon über Brustschmerzen geklagt hatte – nach Auffrischung der Sedierung mindestens zwei weitere erfolglose Versuche zur Einführung des Endoskops unternommen, wobei es bei einem dieser Versuche zu einer Perforation der Speiseröhre kam. Ob eine Aufklärung des G über die Magenspiegelung stattfand, konnte nicht abschließend geklärt werden. Das

---

[234] Kargl, in: NK, 4. Aufl. 2013, § 201 Rn. 24; aus der Rspr. vgl. OLG Jena U. v. 24.04.1995 1 Ss 184/94 - NStZ 1995, 502 (Anm. Otto JK 1996 StGB § 201/2; Joerden JR 1996, 265).

[235] B. Heinrich, AT, 5. Aufl. 2016, Rn. 460.

[236] Eser/Sternberg-Lieben, in: Sch/Sch, 29. Aufl. 2014, § 223 Rn. 44b; aus der Rspr. vgl. BGH U. v. 28.11.1957 - 4 StR 525/57 (Myom) - BGHSt 11, 111 = NJW 1958, 267 (Anm. Roxin, Höchstrichterliche Rspr. AT, 1998, Nr. 30; Puppe, AT, 3. Aufl. 2016, § 11 Rn. 9ff. und § 15 Rn. 1ff.; Baumann NJW 1958, 2092; Schmidt JR 1958, 226).

Landgericht ging jedenfalls davon aus, dass dieser seine Einwilligung erklärt hätte, wäre er vor der Maßnahme wirksam aufgeklärt worden. Am Tag nach der Untersuchung wurde G ins Klinikum B eingewiesen und an der Speiseröhre operiert. Nach der zunächst erfolgreich verlaufenen Operation kam es jedoch zu Komplikationen, die letztlich zum Tod des G führten.

Die tatsächliche Einwilligung des G erfasste die Darm-, nicht aber die Magenspiegelung.

Bei **Fahrlässigkeitsdelikten** reicht es aus, wenn die Einwilligung(serklärung) sich auf die sorgfaltswidrige Handlung als solche erstreckt.[237] Auch wenn bei einem Erfolgsdelikt der Geschädigte darauf vertraut, dass der Erfolg ausbleibt, so beseitigt seine Einwilligung in das Risiko das Handlungsunrecht, so dass auch die Strafbarkeit bzgl. des Erfolgsunrechts (z.B. § 222 StGB) entfällt.[238] Zu beachten ist ggf. die Grenze des § 228 StGB, s.o.

4. Subjektive Voraussetzungen

Zum subjektiven Rechtfertigungselement s.o. Der Täter muss in Kenntnis der Einwilligung handeln. Strittig ist, ob er ferner gerade aufgrund der Einwilligung handeln muss. Richtigerweise ist dies nicht der Fall,[239] da bereits bei Kenntnis vom Rechtsgutsverzicht das Handlungsunrecht entfällt.

5. Voraussetzungen des tatbestandsausschließenden Einverständnisses

Das in Abgrenzung zur rechtfertigenden Einwilligung bereits – bei einigen Delikten – tatbestandsausschließende Einverständnis setzt wie die Einwilligung die **Disponibilität des Rechtsguts** und die **Verfügungsberechtigung** voraus.

Im Gegensatz zur Einwilligung, die Einwilligungsfähigkeit voraussetzt, genügt allerdings bereits ein sog. **natürlicher Wille**[240], den z.B. auch bereits sehr kleine Kinder aufweisen können, z.B. bei einer Gewahrsamsaufgabe.

Anders als bei der Einwilligung ist das Einverständnis **trotz Willensmängeln wirksam**, insbesondere eine Täuschung ändert also nichts an der Wirksamkeit (z.B.

---

[237] B. Heinrich, AT, 5. Aufl. 2016, Rn. 473.

[238] Näher Geppert ZStW 1971, 947 (Mitfahrer); Schaffstein FS Welzel 1974, 557; Grünewald GA 2012, 364; aus der Rspr. vgl. AG Saalfeld U. v. 08.03.2004 - 635 Js 25691/03 2 Ds jugs (Anm. Otto JK 2005 StGB § 228/5).

[239] So auch z.B. Kühl, AT, 8. Aufl. 2017, § 9 Rn. 41; a.A. z.B. B. Heinrich, AT, 5. Aufl. 2016, Rn. 462.

[240] B. Heinrich, AT, 5. Aufl. 2016, Rn. 445; Exner Jura 2013, 103; aus der Rspr. vgl. BGH U. v. 21.11.1974 - 4 StR 502/74 - BGHSt 26, 70 = NJW 1975, 269 (Anm. Lampe JR 1975, 424).

beim täuschenden Erschleichen des Zutritts zu einer Wohnung: mangels Eindringens keine Strafbarkeit nach § 123 I StGB). Der Betreffende muss lediglich – in Abgrenzung zur bloßen Duldung – freiwillig handeln.[241]

Das Einverständnis bedarf **keiner Erklärung**; der billigend-rechtsgutsverzichtende[242] innere Wille genügt.[243]

V. Mutmaßliche Einwilligung

▶   **Didaktischer Aufsatz:**
   • Mitsch, Die mutmaßliche Einwilligung, ZJS 2012, 38

1. Grundlagen

Die mutmaßliche Einwilligung[244] ist ein gewohnheitsrechtlich anerkannter Rechtfertigungsgrund.[245] Dies gilt auch für das mutmaßliche Einverständnis.[246]

Unterscheiden lassen sich zwei Konstellationen: Handeln im Interesse des Betroffenen und Handeln bei Gleichgültigkeit des Betroffenen.

2. Handeln im Interesse des Betroffenen

▶   **Didaktischer Aufsatz:**
   • Schroth, Die berechtigte Geschäftsführung ohne Auftrag als Rechtfertigungsgrund im Strafrecht, JuS 1992, 476

---

[241] B. Heinrich, AT, 5. Aufl. 2016, Rn. 447; aus der Rspr. vgl. RG U. v. 17.09.1934 - 2 D 839/33 - RGSt 68, 306

[242] Wiederum in Abgrenzung zur bloßen Duldung, B. Heinrich, AT, 5. Aufl. 2016, Rn. 446; aus der Rspr. vgl. RG U.v. 17.09.1934 - 2 D 839/33 - RGSt 68, 306.

[243] B. Heinrich, AT, 5. Aufl. 2016, Rn. 446, 448.

[244] Hierzu Roxin FS Welzel 1974, 447; Yoshida FS Roxin 2001, 401; Mitsch ZJS 2012, 38.

[245] B. Heinrich, AT, 5. Aufl. 2016, Rn. 453; aus der Rspr. vgl. BGH B. v. 25.03.1988 - 2 StR 93/88 - BGHSt 35, 246 = NJW 1988, 2310 = NStZ 1988, 406 = StV 1988, 523 (Anm. Roxin, Höchstrichterliche Rspr. AT, 1998, Nr. 34; Sonnen JA 1988, 639; Fuchs StV 1988, 524; Giesen JZ 1988, 1022; Geppert JK 1989 StGB § 224/3; Hassemer JuS 1989, 145; Müller-Dietz JuS 1989, 280; Hoyer StV 1989, 245).

[246] I.E. problematisch, vgl. hierzu Schmitz, in: MK-StGB, 2. Aufl. 2012, § 242 Rn. 83; Ludwig/Lange JuS 2000, 446; Marlie JA 2007, 112; aus der Rspr. vgl. BGH B. v. 24.06.2014 - 2 StR 73/14 - BGHSt 59, 260 – NJW 2014, 2887 – NStZ 2015, 156 – StV 2015, 114 (Anm. Kudlich JA 2014, 873; RÜ 2014, 786; Jahn JuS 2015, 82; Theile/Stürmer ZJS 2015, 123; famos 7/2015; Floeth NZV 2015, 95; Mitsch NZV 2015, 423).

Beispiel 253:

Z wurde nach einem Verkehrsunfall bewusstlos in eine Klinik eingeliefert. Um sein Leben zu retten, musste eine gefährliche Notoperation durchgeführt werden. B führte diese durch.

a) Aufbau

I. Objektive Voraussetzungen
    1. Disponibilität des Rechtsguts
    2. Verfügungsberechtigung
    3. Mutmaßliche Einwilligungsfähigkeit
    4. Subsidiarität: Nichteinholbarkeit einer Einwilligung
    5. Erwartbarkeit einer Einwilligung (mutmaßlicher Wille)
II. Subjektive Voraussetzungen

b) Objektive Voraussetzungen

Zunächst gelten für die mutmaßliche Einwilligung vergleichbare Voraussetzungen wie bei der Einwilligung: **Disponibilität des Rechtsguts** und **Verfügungsberechtigung**. Hinzu kommt die **mutmaßliche Einwilligungsfähigkeit**: Der Betroffene ist grundsätzlich einwilligungsfähig, nur ist die Einwilligungsfähigkeit aktuell aufgehoben.[247]

Zu beachten ist des Weiteren vor allem die **Sperrwirkung der Einwilligung**. Die mutmaßlichen Einwilligung ist gegenüber einer möglichen Einwilligung **subsidiär**.[248] Damit der Täter sich auf eine mutmaßliche Einwilligung berufen kann, muss sein Verzicht auf das Einholen einer Einwilligungserklärung darauf beruhen, dass seine Handlung dringlich und eine Einwilligung daher nicht rechtzeitig einholbar war.

Insbesondere ist also bei Operationen darauf abzustellen, ob eine vitale oder akute Indikation vorliegt, so dass nicht abgewartet werden kann, bis die Entscheidungs- und Artikulationsfähigkeit wiederhergestellt ist.[249] Mithin sind spontane Operationserweiterungen nur rechtmäßig, wenn der Patient z.B. nicht ohne signifikantes Risiko geweckt und befragt werden kann.

---

[247] B. Heinrich, AT, 5. Aufl. 2016, Rn. .

[248] Kühl, AT, 8. Aufl. 2017, § 9 Rn. 46.

[249] B. Heinrich, AT, 5. Aufl. 2016, Rn. 477; aus der Rspr. vgl. BGH U. v. 28.11.1957 - 4 StR 525/57 (Myom) - BGHSt 11, 111 = NJW 1958, 267 (Anm. Roxin, Höchstrichterliche Rspr. AT, 1998, Nr. 30; Puppe, AT, 3. Aufl. 2016, § 11 Rn. 9ff. und § 15 Rn. 1ff.; Baumann NJW 1958, 2092; Schmidt JR 1958, 226); BGH U. v. 04.10.1999 - 5 StR 712/98 (Sterilisation nach Kaiserschnitt) - BGHSt 45, 219 = NJW 2000, 885 = StV 2004, 371 (Anm. Geppert JK 2000 StGB § 226/9; RÜ 2000, 65; RA 2000, 212; Hoyer JR 2000, 473; Wasserburg StV 2004, 373).

Beispiel 254:

BGH U. v. 11.10.2011 – 1 StR 134/11 – NStZ 2012, 205 (Anm. Satzger JK 2012 StGB § 223/6; Jäger JA 2012, 70; RA 2012, 357; famos 9/2012):
B führte am 24.07.2007 in seinen Praxisräumen in der Stadt B bei dem 85-jährigen Patienten G, in dessen Stuhl Blut festgestellt worden war, eine Darmspiegelung durch. Bereits am 18.07.2007 hatte G nach ordnungsgemäßer Aufklärung eine entsprechende Einwilligungserklärung unterzeichnet. Nachdem die Untersuchung einen normalen Befund ohne Hinweise auf eine Blutungsquelle ergeben hatte, entschloss sich B, im unmittelbaren Anschluss an die Darmspiegelung unter Ausnutzung der noch anhaltenden Sedierung noch eine Magenspiegelung vorzunehmen. Dass G aufgrund der Sedierungswirkung nicht in der Lage war, in rechtserheblicher Weise in die Untersuchung einzuwilligen, erkannte B. Eine direkt im Anschluss an die Darmspiegelung durchgeführte Magenspiegelung war auch medizinisch nicht zwingend erforderlich, lediglich wollte B dem G dadurch eine erneute Anreise aus seinem in der Umgebung der Stadt B gelegenen Heimatort ersparen. Die ersten beiden Versuche, das Endoskop einzuführen, scheiterten an Schluckbeschwerden des G. Nach einer zweistündigen Pause wurden – obwohl G möglicherweise schon über Brustschmerzen geklagt hatte – nach Auffrischung der Sedierung mindestens zwei weitere erfolglose Versuche zur Einführung des Endoskops unternommen, wobei es bei einem dieser Versuche zu einer Perforation der Speiseröhre kam. Ob eine Aufklärung des G über die Magenspiegelung stattfand, konnte nicht abschließend geklärt werden. Das Landgericht ging jedenfalls davon aus, dass dieser seine Einwilligung erklärt hätte, wäre er vor der Maßnahme wirksam aufgeklärt worden. Am Tag nach der Untersuchung wurde G ins Klinikum B eingewiesen und an der Speiseröhre operiert. Nach der zunächst erfolgreich verlaufenen Operation kam es jedoch zu Komplikationen, die letztlich zum Tod des G führten.

Die Magenspiegelung war medizinisch nicht zwingend erforderlich. Lediglich wollte B dem G eine erneute Anreise aus seinem in der Umgebung der Stadt B gelegenen Heimatort ersparen. B hätte eine Erklärung des G einholen müssen.

Kernvoraussetzung ist die **Erwartbarkeit der Einwilligung** (d.h. der **mutmaßliche Wille**).[250]

Im Rahmen einer *ex-ante*-Beurteilung – es ist irrelevant, wenn sich die Prognose später als falsch herausstellt – hat der Täter den wahrscheinlichen hypothetischen Willen unter Berücksichtigung von individuellen Interessen, Wünschen und Wertvorstellungen zu ermitteln. Von besonderer Bedeutung sind frühere Äußerungen des Betroffenen.

---

[250] Hierzu B. Heinrich, AT, 5. Aufl. 2016, Rn. 477; aus der Rspr. vgl. BGH B. v. 25.03.1988 - 2 StR 93/88 - BGHSt 35, 246 = NJW 1988, 2310 = NStZ 1988, 406 = StV 1988, 523 (Anm. Roxin, Höchstrichterliche Rspr. AT, 1998, Nr. 34; Sonnen JA 1988, 639; Fuchs StV 1988, 524; Giesen JZ 1988, 1022; Geppert JK 1989 StGB § 224/3; Hassemer JuS 1989, 145; Müller-Dietz JuS 1989, 280; Hoyer StV 1989, 245).

Objektive Gesichtspunkte (Vernünftigkeit) dienen hierbei lediglich als Indiz und können v.a. durch bekanntgewordene unvernünftige Präferenzen des Geschädigten (z.B. aufgrund Religion oder Weltanschauung, vgl. Art. 4 GG) derogiert werden.

Insbesondere dürfen Ärzte dann nicht das medizinisch Gebotene durchsetzen, wenn ihnen der entgegenstehende Wille bekannt ist, auch wenn die Einstellung des Geschädigten riskant ist.

Beispiel 255:

BGH U. v. 04.10.1999 – 5 StR 712/98 (Sterilisation nach Kaiserschnitt) – BGHSt 45, 219 = NJW 2000, 885 = StV 2004, 371 (Anm. Geppert JK 2000 StGB § 226/9; RÜ 2000, 65; RA 2000, 212; Hoyer JR 2000, 473; Wasserburg StV 2004, 373):

B arbeitete als Facharzt für Gynäkologie im Krankenhaus A., in das die 24-jährige Z zur Entbindung ihres zweiten Kindes eingewiesen wurde. Ihr erstes Kind hatte Z fünf Jahre zuvor mittels Kaiserschnitts zur Welt gebracht. Während des Geburtsverlaufs verhielt sich Z unkooperativ, sie schrie lautstark und verweigerte schließlich eine aktive Mitwirkung bei der Geburt. Als durch falsche Atmung der werdenden Mutter die Gesundheit des Kindes zunehmend in Gefahr geriet, entschloss sich B, die Entbindung mittels Kaiserschnitts durchzuführen. Nachdem er erfolglos versucht hatte, Z über die geplante Kaiserschnittoperation aufzuklären, besprach er die Situation mit dem Ehemann der Z, der der Operation zustimmte. Bevor die Narkose eingeleitet wurde, stellte B der schon im Operationssaal befindlichen Z angesichts der unmittelbar bevorstehenden Kaiserschnittoperation die Frage: „Frau Z, Sie wollen doch sicher keine Kinder mehr haben, wir wollen Sie gleich mit sterilisieren?" Z lehnte dies jedoch ab. Daraufhin nahm B von seinem Vorhaben, sie zu sterilisieren, zunächst Abstand. Während der Operation, die von B durchgeführt wurde, bildeten sich Risse in der Gebärmutter der Patientin. Es kam zu heftigen Blutungen, die jedoch alsbald zum Stillstand gebracht werden konnten. Aufgrund dieser Komplikationen führte B nunmehr bei der Patientin eine Tubensterilisation durch. Mit dieser Maßnahme wollte er eine erneute Schwangerschaft der Z, bei der er das Risiko eines Gebärmutterrisses mit lebensgefährlichen Folgen für Mutter und Kind befürchtete, sicher vermeiden. Z, die sich insgesamt drei Kinder gewünscht hatte, war mit der von B durchgeführten Sterilisation nicht einverstanden.

c) Subjektive Voraussetzungen

Zum subjektiven Rechtfertigungselement s.o. Erforderlich ist die Überzeugung des Täters, im Interesse des Rechtsgutsträgers zu handeln.[251]

---

[251] B. Heinrich, AT, 5. Aufl. 2016, Rn. 477.

3. Handeln bei Gleichgültigkeit des Betroffenen

Die zweite Fallgruppe der mutmaßlichen Einwilligung ist die Gleichgültigkeit des Betroffenen.[252]

Beispiel 256:

B stand an der Kasse eines Supermarktes, öffnete eine noch nicht übereignete Limonadenflasche und nahm einen kräftigen Schluck.

Hier ist davon auszugehen, dass der Eigentümer der Limonadenflasche in ein solches Verhalten einwilligt, so dass der etwaige Diebstahl (§ 242 I StGB) und die Sachbeschädigung (§ 303 I StGB) gerechtfertigt sind.

VI. Erziehungsrecht; Züchtigungsrecht

▶ **Didaktische Aufsätze:**
- Otto, Rechtfertigung einer Körperverletzung durch das elterliche Züchtigungsrecht, Jura 2001, 670
- Roxin, Die strafrechtliche Beurteilung elterlicher Züchtigung, JuS 2004, 177

Das elterliche Erziehungsrecht[253] mit der Befugnis, Freiheiten ihrer Kinder einzuschränken, folgt aus insbesondere §§ 1626 I, II, 1631 I BGB.

§ 1626 I, II BGB (Elterliche Sorge, Grundsätze)
(1) Die Eltern haben die Pflicht und das Recht, für das minderjährige Kind zu sorgen (elterliche Sorge). Die elterliche Sorge umfasst die Sorge für die Person des Kindes (Personensorge) und das Vermögen des Kindes (Vermögenssorge).
(2) Bei der Pflege und Erziehung berücksichtigen die Eltern die wachsende Fähigkeit und das wachsende Bedürfnis des Kindes zu selbständigem verantwortungsbewusstem Handeln. Sie besprechen mit dem Kind, soweit es nach dessen Entwicklungsstand angezeigt ist, Fragen der elterlichen Sorge und streben Einvernehmen an.

§ 1631 I BGB (Inhalt und Grenzen der Personensorge)
Die Personensorge umfasst insbesondere die Pflicht und das Recht, das Kind zu pflegen, zu erziehen, zu beaufsichtigen und seinen Aufenthalt zu bestimmen.

---

[252] Hierzu B. Heinrich, AT, 5. Aufl. 2016, Rn. 478; aus der Rspr. vgl. OLG Celle U. v. 25.06.1974 - 1 Ss 125/74 - NJW 1974, 1833 (Anm. Hassemer JuS 1975, 190).
[253] Hierzu Beulke FS Hanack 1999, 539; Otto Jura 2001, 670; Roxin JuS 2004, 177.

Jedenfalls bzgl. z.B. § 239 I StGB (vgl. Stubenarrest) ist eine Rechtfertigung nach diesen Vorschriften möglich. Dieses **Erziehungsrecht** kann auch auf z.B. Tagesmütter übertragen werden.

---

§ 239 I StGB (Freiheitsberaubung)
Wer einen Menschen einsperrt oder auf andere Weise der Freiheit beraubt, wird mit Freiheitsstrafe bis zu fünf Jahren oder mit Geldstrafe bestraft.

Problematisch ist die Rechtfertigung einer Körperverletzung (sog. **Züchtigungsrecht**).[254]

Beispiel 257:

Vater B gab seinem Sohn Z eine Ohrfeige, nachdem dieser beim Fußballspielen ein Fenster zerschossen hatte.

---

§ 223 I StGB (Körperverletzung)
Wer eine andere Person körperlich mißhandelt oder an der Gesundheit schädigt, wird mit Freiheitsstrafe bis zu fünf Jahren oder mit Geldstrafe bestraft.

Insbesondere ist strittig, welche Konsequenzen aus dem seit dem Jahr 2000 geltenden § 1631 II BGB zu ziehen sind.

---

§ 1631 II BGB (Inhalt und Grenzen der Personensorge)
Kinder haben ein Recht auf gewaltfreie Erziehung. Körperliche Bestrafungen, seelische Verletzungen und andere entwürdigende Maßnahmen sind unzulässig.

Klarzustellen ist zunächst, dass ganz leichte Beeinträchtigungen (z.B. der berühmte „Klaps" auf das – ggf. bekleidete – Gesäß) u.U. bereits den objektiven Tatbestand des § 223 I StGB nicht erfüllen, so dass sich die Frage der Rechtfertigung überhaupt erst bei Beeinträchtigungen gewisser Erheblichkeit stellt.

Lange Zeit war das elterliche Züchtigungsrecht als Rechtfertigungsgrund anerkannt; auch heute noch wird unter bestimmten Voraussetzungen mit verschiedenen Begründungen eine solche Rechtfertigungsmöglichkeit vertreten.[255]

---

[254] Hierzu Beulke FS Hanack 1999, 539; Noak JR 2002, 402; Beulke FS Schreiber 2003, 29; Heinrich ZIS 2011, 431; aus der (früheren) Rspr. vgl. BGH B. v. 25.11.1986 - 4 StR 605/86 - NStZ 1987, 173 = StV 1988, 62 (Anm. Rolinski StV 1988, 63; Reichert-Hammer JZ 1988, 617).

[255] Z.B. Kühl, AT, 8. Aufl. 2017, § 9 Rn. 52ff.

Verständlich ist, dass diese Vertreter eine Kriminalisierung der Elternschaft vermeiden möchten, zumal Überforderungssituationen und ggf. -reaktionen bei Erziehungskonflikten sehr häufig sein dürften.

Sowohl der Wortlaut des § 1631 II BGB als auch der Wille des Gesetzgebers sprechen aber dafür, alle körperlichen Strafen zu ächten, so dass der Rechtfertigungsgrund des elterlichen Züchtigungsrechts abgeschafft ist.[256] Das Strafprozessrecht gibt hinreichend Gelegenheit, unangemessene Bestrafungen von Eltern zu verhindern (z.B. §§ 153, 153a StPO). Angesichts des Grundrechts der Kinder auf körperliche Unversehrtheit (Art. 2 II GG) dürfte diese Beschränkung des elterlichen Erziehungsrechts (Art. 6 II 1 GG) gerechtfertigt sein.

Wohl unstrittig ist auch keine Züchtigung fremder Kinder gerechtfertigt.[257]

Lehrern kommt unstrittig kein Züchtigungsrecht mehr zu, was auch in einer Reihe heutiger Landesschulgesetze Ausdruck gefunden hat.[258]

> **§ 25 III 2 SchulG-SH (Maßnahmen bei Konflikten mit oder zwischen Schülerinnen und Schülern)**
> Körperliche Gewalt und andere entwürdigende Maßnahmen sind verboten.

Bei der Durchsetzung einer schulischen Anweisung nach Maßgabe des Schulrechts können leichtere Körperverletzungserfolge, die aus unmittelbarem Zwang bei der Durchsetzung der Anweisung resultieren, allerdings gerechtfertigt sein.[259]

In der **Berufsausbildung** besteht ein Züchtigungsverbot gem. § 31 JArbSchG.

> **§ 31 JArbSchG (Züchtigungsverbot, […])**
> (1) Wer Jugendliche beschäftigt oder […] beaufsichtigt, anweist oder ausbildet, darf sie nicht körperlich züchtigen.
> (2) Wer Jugendliche beschäftigt, muß sie vor körperlicher Züchtigung und Mißhandlung und vor sittlicher Gefährdung durch andere bei ihm Beschäftigte und durch Mitglieder seines Haushalts an der Arbeitsstätte und in seinem Haus schützen. […]

---

[256] Z.B. B. Heinrich, AT, 5. Aufl. 2016, Rn. 523.

[257] Fischer, StGB, 64. Aufl. 2017, § 223 Rn. 42.

[258] Hierzu Fischer, StGB, 64. Aufl. 2017, § 223 Rn. 42; Vormbaum JR 1977, 492; Ruhmannseder HRRS 2008, 322, aus der zunächst anders lautenden, dann aufgegebenen Rspr. vgl. BGH U. v. 06.06.1952 - 1 StR 708/51 - BGHSt 3, 105 = NJW 1952, 1023 (Anm. Roxin, Höchstrichterliche Rspr. AT, 1998, Nr. 39; Hemmer-BGH-Classics Strafrecht, 2003, Nr. 14).

[259] Eser/Sternberg-Lieben, in: Sch/Sch, 29. Aufl. 2014, § 223 Rn. 24; aus der Rspr. vgl. LG Berlin B. v. 18.12.2009 - 518 Qs 60/09 (Anm. Jahn JuS 2010, 458; famos 11/2010).

VII. Besitzkehr, § 859 II, III BGB

▶ **Didaktischer Aufsatz:**
  • Duchstein, Die Selbsthilfe, JuS 2015, 105

§ 859 BGB enthält einen weiteren zivilrechtlichen Rechtfertigungsgrund.[260]

---

§ 859 BGB (Selbsthilfe des Besitzers)
(1) Der Besitzer darf sich verbotener Eigenmacht mit Gewalt erwehren.
(2) Wird eine bewegliche Sache dem Besitzer mittels verbotener Eigenmacht weggenommen, so darf er sie dem auf frischer Tat betroffenen oder verfolgten Täter mit Gewalt wieder abnehmen.
(3) Wird dem Besitzer eines Grundstücks der Besitz durch verbotene Eigenmacht entzogen, so darf er sofort nach der Entziehung sich des Besitzes durch Entsetzung des Täters wieder bemächtigen.
(4) Die gleichen Rechte stehen dem Besitzer gegen denjenigen zu, welcher nach § 858 Abs. 2 die Fehlerhaftigkeit des Besitzes gegen sich gelten lassen muss.

Beispiel 258:

B war kurz beim Bäcker und hatte sein Rad unabgeschlossen draußen abgestellt. Z sah das und radelte davon. B nahm die Verfolgung auf, holte den Z ein, und riss ihn vom Rad.

Beispiel 259 :

OLG Frankfurt B. v. 17.11.1999 – 2 Ws 66/99 – NStZ-RR 2000, 107:
Z ist Eigentümerin eines Hausgrundstücks mit Garten. Eine der Wohnungen vermietete sie an den B. Ausweislich des ihm überlassenen Mietvertragsexemplars waren die 400 qm Garten mitvermietet. Z betrat den Garten, um dort Blumen zu pflücken. B untersagte ihr dies und verwies sie des Gartens. Z kam dieser Aufforderung nicht nach, woraufhin der Beschuldigte sie mittels körperlichen Einsatzes aus dem Garten drängte.

Die Nötigung (§ 240 I, II StGB) durch B ist gem. § 859 I BGB gerechtfertigt.

Zu beachten ist, dass Besitzkehr verlangt, dass der Störer **auf frischer Tat betroffen oder verfolgt** (§ 859 II BGB) wird bzw. der Täter **sofort nach der Entziehung** (§ 859 III BGB) handelt: Verlangt wird ein enger zeitlicher Zusammenhang zur Besitzentziehung.

---

[260] B. Heinrich, AT, 5. Aufl. 2016, Rn. 497; aus der Rspr. vgl. zuletzt BGH B. v. 21.04.2015 - 4 StR 92/15 - NJW 2015, 2898 = NStZ 2015, 571 = StV 2015, 630 (Anm. Jäger JA 2015, 874; Kudlich NJW 2015, 2901; Oğlakcıoğlu NStZ 2015, 573).

VIII. Selbsthilfe, § 229 BGB

Der zivilrechtliche Rechtfertigungsgrund der Selbsthilfe[261] ist in den §§ 229, 230 BGB normiert.

> **§ 229 BGB (Selbsthilfe)**
> Wer zum Zwecke der Selbsthilfe eine Sache wegnimmt, zerstört oder beschädigt oder wer zum Zwecke der Selbsthilfe einen Verpflichteten, welcher der Flucht verdächtig ist, festnimmt oder den Widerstand des Verpflichteten gegen eine Handlung, die dieser zu dulden verpflichtet ist, beseitigt, handelt nicht widerrechtlich, wenn obrigkeitliche Hilfe nicht rechtzeitig zu erlangen ist und ohne sofortiges Eingreifen die Gefahr besteht, dass die Verwirklichung des Anspruchs vereitelt oder wesentlich erschwert werde.

> **§ 230 BGB (Grenzen der Selbsthilfe)**
> (1) Die Selbsthilfe darf nicht weiter gehen, als zur Abwendung der Gefahr erforderlich ist.
> (2) Im Falle der Wegnahme von Sachen ist, sofern nicht Zwangsvollstreckung erwirkt wird, der dingliche Arrest zu beantragen.
> (3) Im Falle der Festnahme des Verpflichteten ist, sofern er nicht wieder in Freiheit gesetzt wird, der persönliche Sicherheitsarrest bei dem Amtsgericht zu beantragen, in dessen Bezirk die Festnahme erfolgt ist; der Verpflichtete ist unverzüglich dem Gericht vorzuführen.
> (4) Wird der Arrestantrag verzögert oder abgelehnt, so hat die Rückgabe der weggenommenen Sachen und die Freilassung des Festgenommenen unverzüglich zu erfolgen."

Beispiel 260:
Der Gastwirt B verfolgte den Zechpreller Z und hielt ihn solange fest, bis er sich auswies (Abwandlung: bezahlte).

Beispiel 261:
BGH B. v. 05.04.2011 – 3 StR 66/11 – NJW 2012, 1093 = NStZ 2012, 144 = StV 2011, 617 (Anm. Bosch JK 2011 BGB § 229/1; Hecker JuS 2011, 940; LL 2011, 647; RA 2011, 291; Grabow NStZ 2012, 145):
B ging am frühen Morgen des 01.06.2009 gegen 06.30 Uhr zu Fuß in Richtung ihrer Wohnung und überholte dabei den angetrunkenen Z, von dem sie

---

[261] Hierzu Duchstein JuS 2015, 105.

angesprochen wurde. Sie war wütend, reagierte gereizt und sagte dem Mann, er solle sie in Ruhe lassen. Es kam zwischen den Kontrahenten zu einem Wortwechsel mit gegenseitigen Beleidigungen. Als Z auf sie zutrat, zog die B in der Annahme, sie werde geschlagen, ein Taschenmesser mit einer ca. 4,5 cm langen Klinge. Entgegen ihrer Erwartung bedrängte sie Z weiter. Es entwickelte sich ein Handgemenge, bei dem die Kopfhörer ihres MP3-Players zerstört wurden und Z eine überwiegend oberflächliche Schnittverletzung an der linken Unterarmseite erlitt. Anschließend nahm B das auf den Boden gefallene Mobiltelefon des Z an sich und erklärte, sie werde dieses erst herausgeben, wenn dieser für die zerstörten Kopfhörer Schadenersatz leiste. Dann setzte sie ihren Weg nach Hause fort. Z folgte der B und verlangte von ihr immer wieder die Herausgabe seines Mobiltelefons. B erwiderte, er bekomme es nur zurück, wenn er ihren Schaden ersetze. Beide Kontrahenten erwogen auch, zu einer nahe gelegenen Polizeistation zu gehen. B drehte sich immer wieder um und zeigte Z das Messer, um ihn auf Abstand zu halten. Vor dem Haus, in dem sie wohnte, trat Z an sie heran und versuchte, ihr das Messer aus der Hand zu treten, um sein Mobiltelefon wieder an sich bringen zu können. Es entwickelte sich eine Auseinandersetzung, bei der der Z der B eine Verletzung im Gesicht zufügte. Diese stach schließlich mit dem Taschenmesser in die Brust des Z, der eine potentiell lebensgefährliche Verletzung erlitt. Nach dem Stich warf B das Messer weg und lief, von Z verfolgt, in ihre Wohnung.

Zur Duldung der Selbsthilfehandlung verpflichtet ist derjenige gegenüber dem Gläubiger, der **Schuldner** eines einredefreien (einklagbaren, vollstreckbaren) zivilrechtlichen Anspruchs i.S.d. § 194 I BGB ist.

Der Handelnde muss selbst **Anspruchsinhaber** sein, eine Selbsthilfe zugunsten Dritter ist nicht möglich.

Es muss ferner die **Gefahr** bestehen, dass die Verwirklichung des Anspruchs vereitelt oder wesentlich erschwert wird.[262]

Obrigkeitliche Hilfe darf nicht rechtzeitig zu erlangen sein.

Enge Grenzen setzt § 230 BGB:

- Erforderlichkeit, § 230 I BGB
- Beantragung dinglichen oder persönlichen Arrests, § 230 II, III BGB i.V.m. §§ 917, 918 ZPO
- bei Ablehnung des Antrags unverzüglich Rückgabe bzw. Freilassung, § 230 IV BGB.

---

[262] Dennhardt, in: BeckOK-BGB, Stand 01.11.2016, § 228 Rn. 6; aus der Rspr. vgl. BGH U. v. 11.05.1962 - 4 StR 81/62 - BGHSt 17, 328 = NJW 1962, 1923 (Anm. Isenbeck NJW 1963, 116); zu Fahrausweiskontrolleuren s. Schauer/Wittig JuS 2004, 107; Mitsch NZV 2014, 545.

Subjektive Voraussetzung ist, dass der Täter zum Zwecke der Selbsthilfe handelte, d.h. zur Anspruchssicherung; § 229 BGB gibt ein Recht **nur zur Sicherung**, nicht zur Erfüllung.[263]

Sonderregelungen der Selbsthilfe enthalten die §§ 562b I, 581 II, 592, 704 S. 2, 910, 962 BGB.

IX. Grundrechte

Ob Grundrechte Rechtfertigungsgründe bilden, erst recht welche und unter welchen Voraussetzungen, ist umstritten.[264] Jedenfalls beeinflussen Grundrechte auch die Auslegung der Tatbestandsmerkmale, so dass sich u.U. die Frage der Rechtfertigung nicht mehr stellt.

Diskutiert wird erstens die **Glaubens- und Gewissensfreiheit** gem. **Art. 4 I, II GG**.[265]

Art. 4 I, II GG
(1) Die Freiheit des Glaubens, des Gewissens und die Freiheit des religiösen und weltanschaulichen Bekenntnisses sind unverletzlich.
(2) Die ungestörte Religionsausübung wird gewährleistet.

Beispiel 262:

LG Köln U. v. 07.05.2012 – 151 Ns 169/11 – NJW 2012, 2128 = NStZ 2012, 449 = StV 2012, 603 (Anm. Muckel JA 2012, 636; Jahn JuS 2012, 850; LL 2012, 808; RÜ 2012, 573; RA 2012, 414; famos 12/2012; Bartsch StV 2012, 604; Kempf JR 2012, 436; Rox JZ 2012, 806; Beulke/Dießner ZIS 2012, 338; Peglau jurisPR-StrafR 15/2012 Anm. 2; Satzger JK 2013 StGB § 223/7):
Der Arzt B führte in seiner Praxis unter örtlicher Betäubung die Beschneidung des zum Tatzeitpunkt vierjährigen Z mittels eines Skalpells auf Wunsch von dessen Eltern durch, ohne dass für die Operation eine medizinische Indikation vorlag. Er vernähte die Wunden des Kindes mit vier Stichen und versorgte es bei einem Hausbesuch am Abend desselben Tages weiter. Am 06.11.2010 wurde das Kind von seiner Mutter in die Kindernotaufnahme der Universitätsklinik in Köln gebracht, um Nachblutungen zu behandeln. Die Blutungen wurden dort gestillt.

---

[263] B. Heinrich, AT, 5. Aufl. 2016, Rn. 495; aus der Rspr. vgl. BayObLG B. v. 18.10.1990 - RReg. 5 St 92/90 (Gänsebrust) - NJW 1991, 934 = NStZ 1991, 133 (Anm. Otto JK 1991 StGB vor § 32/2; Laubenthal JR 1991, 519; Schroeder JZ 1991, 682; Joerden JuS 1992, 23; Duttge Jura 1993, 416).

[264] Hierzu Kühl, AT, 8. Aufl. 2017, § 9 Rn. 112ff.; Wolter GA 1996, 207; Schmidt ZStW 2009, 645; Kröpil JR 2011, 283.

[265] Hierzu Kühl, AT, 8. Aufl. 2017, § 9 Rn. 114; Blei JA 1972, 231, 303 und 369; Böse ZStW 2001, 40; Frisch GA 2006, 273; Roxin GA 2011, 1.

Beispiel 263:

BVerfG B. v. 19.10.1971 – 1 BvR 387/65 (Evangelischer Brüderverein) – BVerfGE 32, 98 = NJW 1972, 327 (Anm. Roxin, Höchstrichterliche Rspr. AT, 1998, Nr. 42; Weber JuS 1972, 281; Schwabe JuS 1972, 380; Händel NJW 1972, 330; Deubner NJW 1972, 814; Dreher JR 1972, 342; Peters JZ 1972, 85; Ranft FS Schwinge 1973, 111):
B gehört der religiösen Vereinigung des evangelischen Brüdervereins an. Seine Ehefrau war ebenfalls Mitglied dieser Gemeinschaft. Die nach der Geburt des vierten Kindes unter akutem Blutmangel leidende Ehefrau lehnte es ab, sich ärztlichem Rat gemäß in eine Krankenhausbehandlung zu begeben und insbesondere eine Bluttransfusion vornehmen zu lassen. B unterließ es, seinen Einfluss auf seine Ehefrau i.S. der ärztlichen Ratschläge geltend zu machen. Eine Heilbehandlung unterblieb; die Ehefrau, die bis zuletzt bei klarem Bewusstsein war, verstarb.

Nach h.M. kommt Art. 4 I, II GG keine rechtfertigende Wirkung zu (allenfalls eine entschuldigende), da die Rechtsordnung für alle Bürger denselben Inhalt haben müsse. Religionsausübung darf nicht durch Begehung von Straftaten geschehen, vgl. auch Art. 140 GG i.V.m. Art. 136 WRV. Die Abwägung des Art. 4 I, II GG mit anderen Verfassungsrechtspositionen ist dabei i.E. problematisch.

Zweitens kommt die **Meinungsfreiheit** des **Art. 5 I GG** als Rechtfertigung in Betracht. Dies betrifft insbesondere die §§ 185ff. StGB.

Beispiel 264:

BVerfG B. v. 10.10.1995 – 1 BvR 1476/91, 1 BvR 1980/91, 1 BvR 102/92, 1 BvR 221/92 (Soldaten sind Mörder) – BVerfGE 93, 266 = NJW 1995, 3303 = NStZ 1996, 26 = StV 1996, 17 (Anm. Kühl, Höchstrichterliche Rspr. BT, 2002, Nr. 13; Mager Jura 1996, 405; Hufen JuS 1996, 738; Gounalakis NJW 1996, 481; Otto NStZ 1996, 127; Zuck JZ 1996, 364; Haas GA 1996, 473):
B zeigte 1989 vor einem Informationsstand, den die Bundeswehr bei einer Motorradausstellung unterhielt, mit einer weiteren Person ein Transparent, auf dem stand: „Soldaten sind potentielle Mörder." Drei der vier an dem Stand Dienst verrichtenden Soldaten stellten Strafantrag.

Drittens ist bei bestimmten Delikten an die Berücksichtigung der **Kunstfreiheit** nach **Art. 5 III GG** zu denken.[266]

---

[266] Hierzu Kühl, AT, 8. Aufl. 2017, § 9 Rn. 114; Leiss NJW 1962, 2323; Ott NJW 1963, 617; Dünnwald JR 1965, 46; Schmidt GA 1966, 97; Müller JZ 1970, 87; Würtenberger FS Dreher 1977, 79; Würtenberger NJW 1982, 610; Würtenberger NJW 1983, 1144; Zechlin NJW 1984, 1091; Volk JR 1984, 441; Otto NJW 1986, 1206; aus der umfangreichen Rspr. vgl. nur BGH U. v. 21.06.1990 - 1 StR 477/89 (Opus Pistorum) - BGHSt 37, 55 = NJW 1990, 3026 = NStZ 1990, 586 = StV 1991, 162 (Anm. Puppe, AT, 3. Aufl. 2016, § 19 Rn. 29ff.; Maiwald JZ 1990, 1141; Geppert JK 1991 StGB § 184/1; Jean d´ Heur StV 1991, 165; Gusy JZ 1991, 470); AG Kassel U. v. 29.08.2013 - 240 Cs - 1614 Js 30173/12 (Meese) - NJW 2014, 801 (Anm. Muckel JA 2014, 479; Hufen JuS 2014, 855; Ilgner/Wargalla NJW 2014, 803).

Art. 5 GG

(1) Jeder hat das Recht, seine Meinung in Wort, Schrift und Bild frei zu äußern und zu verbreiten und sich aus allgemein zugänglichen Quellen ungehindert zu unterrichten. Die Pressefreiheit und die Freiheit der Berichterstattung durch Rundfunk und Film werden gewährleistet. Eine Zensur findet nicht statt.

(2) Diese Rechte finden ihre Schranken in den Vorschriften der allgemeinen Gesetze, den gesetzlichen Bestimmungen zum Schutze der Jugend und in dem Recht der persönlichen Ehre.

(3) Kunst und Wissenschaft, Forschung und Lehre sind frei. Die Freiheit der Lehre entbindet nicht von der Treue zur Verfassung.

Viertens beeinflusst die **Versammlungsfreiheit** gem. **Art. 8 GG** v.a. die Handhabung der Nötigung (§ 240 StGB), insbesondere bei Straßenblockaden.

Beispiel 265:

BGH U. v. 08.08.1969 – 2 StR 171/69 (Laepple) – BGHSt 23, 46 = NJW 1969, 1770 (Anm. Hassemer JuS 1969, 590; Ott NJW 1969, 2023; Eilsberger JuS 1970, 164):

Um gegen eine Preiserhöhung der Kölner Verkehrsbetriebe, die am 24.10.1966 in Kraft treten sollte, zu protestieren, veranstaltete der „Arbeitskreis Kölner Hochschulen" (AKH), eine Vereinigung von Studenten und Schülern, an diesem Tage um 13.30 Uhr einen „Sitzstreik", durch den der Straßenbahnverkehr an zwei wichtigen Kreuzungspunkten innerhalb Kölns blockiert wurde. Während die eine dieser Demonstrationen um 14.30 Uhr beendet war, dauerte die andere planwidrig an, bis es schließlich zum Einsatz von Wasserwerfern und berittener Polizei kam. An der Vorbereitung und Durchführung der beiden Demonstrationen im vorgesehenen Rahmen waren der B1 als Vorsitzender des AKH und der B2 als Pressereferent des AStA beteiligt.

Art. 8 GG

(1) Alle Deutschen haben das Recht, sich ohne Anmeldung oder Erlaubnis friedlich und ohne Waffen zu versammeln.

(2) Für Versammlungen unter freiem Himmel kann dieses Recht durch Gesetz oder auf Grund eines Gesetzes beschränkt werden.

Fünftens ist fraglich, inwiefern das **Asylrecht** gem. **Art. 16a GG** rechtfertigend wirken kann, v.a. bzgl. der unerlaubten Einreise (§ 95 AufenthG) [267]

---

[267] Aus der Rspr. vgl. OLG Bamberg U. v. 24.09.2014 - 3 Ss 59/13 - NStZ 2015, 404 = StV 2015, 358 (Anm. El-Ghazi/Fischer-Lescano StV 2015, 386).

Art 16a I, II, III GG

(1) Politisch Verfolgte genießen Asylrecht.

(2) Auf Absatz 1 kann sich nicht berufen, wer aus einem Mitgliedstaat der Europäischen Gemeinschaften oder aus einem anderen Drittstaat einreist, in dem die Anwendung des Abkommens über die Rechtsstellung der Flüchtlinge und der Konvention zum Schutze der Menschenrechte und Grundfreiheiten sichergestellt ist. Die Staaten außerhalb der Europäischen Gemeinschaften, auf die die Voraussetzungen des Satzes 1 zutreffen, werden durch Gesetz, das der Zustimmung des Bundesrates bedarf, bestimmt. In den Fällen des Satzes 1 können aufenthaltsbeendende Maßnahmen unabhängig von einem hiergegen eingelegten Rechtsbehelf vollzogen werden.

(3) Durch Gesetz, das der Zustimmung des Bundesrates bedarf, können Staaten bestimmt werden, bei denen auf Grund der Rechtslage, der Rechtsanwendung und der allgemeinen politischen Verhältnisse gewährleistet erscheint, daß dort weder politische Verfolgung noch unmenschliche oder erniedrigende Bestrafung oder Behandlung stattfindet. Es wird vermutet, daß ein Ausländer aus einem solchen Staat nicht verfolgt wird, solange er nicht Tatsachen vorträgt, die die Annahme begründen, daß er entgegen dieser Vermutung politisch verfolgt wird.

X. Öffentlich-rechtliche Eingriffsbefugnisse von Amtsträgern

▶   **Didaktischer Aufsatz:**
   • Amelung, Die Rechtfertigung von Polizeivollzugsbeamten, JuS 1986, 329

Das Handeln von Amtsträgern nach Maßgabe des für sie geltenden öffentlichen Rechts kann tatbestandsmäßig, aber durch die öffentlich-rechtlichen Eingriffsbefugnisse gerechtfertigt sein.

Dies betrifft insbesondere verwaltungsrechtliche (z.B. nach den Polizeigesetzen der Länder oder nach dem UZwG des Bundes) und strafprozessuale Maßnahmen (v.a. §§ 81ff., 94ff., 102ff., 112ff. StPO), aber z.B. auch Gerichtsvollzieher (§§ 758, 808, 909 ZPO).

XI. Befehl; dienstliche Weisung

Befehl und Weisung wirken rechtfertigend, wenn sie für den Empfänger rechtsverbindlich sind. Rechtmäßig brauchen sie dazu nicht zu sein (strafrechtlicher Rechtmäßigkeitsbegriff).[268]

---

[268] Schlehofer, in: MK-StGB, 3. Aufl. 2017, vor § 32 Rn. 121.

Bei einem Befehl[269] zu Straftaten besteht keine Befolgungspflicht, sondern ein Befolgungsverbot (vgl. §§ 11 II 1 SG, 35, 36 BeamtStG). Demnach ist ein Handeln nach einem derartigen Befehl nicht gerechtfertigt. U.U. wird die Schuld ausgeschlossen.

§ 11 I, II SG (Gehorsam)

(1) Der Soldat muss seinen Vorgesetzten gehorchen. Er hat ihre Befehle nach besten Kräften vollständig, gewissenhaft und unverzüglich auszuführen. Ungehorsam liegt nicht vor, wenn ein Befehl nicht befolgt wird, der die Menschenwürde verletzt oder der nicht zu dienstlichen Zwecken erteilt worden ist; die irrige Annahme, es handele sich um einen solchen Befehl, befreit den Soldaten nur dann von der Verantwortung, wenn er den Irrtum nicht vermeiden konnte und ihm nach den ihm bekannten Umständen nicht zuzumuten war, sich mit Rechtsbehelfen gegen den Befehl zu wehren.

(2) Ein Befehl darf nicht befolgt werden, wenn dadurch eine Straftat begangen würde. Befolgt der Untergebene den Befehl trotzdem, so trifft ihn eine Schuld nur, wenn er erkennt oder wenn es nach den ihm bekannten Umständen offensichtlich ist, dass dadurch eine Straftat begangen wird.

§ 36 I, II BeamtStG (Verantwortung für die Rechtmäßigkeit)

(1) Beamtinnen und Beamte tragen für die Rechtmäßigkeit ihrer dienstlichen Handlungen die volle persönliche Verantwortung.

(2) Bedenken gegen die Rechtmäßigkeit dienstlicher Anordnungen haben Beamtinnen und Beamte unverzüglich auf dem Dienstweg geltend zu machen. Wird die Anordnung aufrechterhalten, haben sie sich, wenn die Bedenken fortbestehen, an die nächst höhere Vorgesetzte oder den nächst höheren Vorgesetzten zu wenden. Wird die Anordnung bestätigt, müssen die Beamtinnen und Beamten sie ausführen und sind von der eigenen Verantwortung befreit. Dies gilt nicht, wenn das aufgetragene Verhalten die Würde des Menschen verletzt oder strafbar oder ordnungswidrig ist und die Strafbarkeit oder Ordnungswidrigkeit für die Beamtinnen oder Beamten erkennbar ist. Die Bestätigung hat auf Verlangen schriftlich zu erfolgen.

Beispiel 266:

Kompaniechef Hauptmann B1 wies Zugführer Hauptfeldwebel B2 an, den Rekruten Z zur Strafe für dessen schlechte Leistungen in dessen Stube übers Wochenende einzusperren.

---

[269] Hierzu Fischer, StGB, 64. Aufl. 2017, vor § 32 Rn. 16; von Weber MDR 1948, 34; Würtenberger MDR 1948, 271; Amelung JuS 1986, 329; Küper JuS 1987, 81; Lenckner FS Stree/Wessels 1993, 223; Ambos JR 1998, 221; Fahl ZIS 2011, 229; Meyer GA 2012, 556.

Beispiel 267:

Der Bundesverteidigungsminister B1 gab dem Luftwaffenpiloten B2 den Befehl, ein von Terroristen gekapertes voll besetztes Passagierflugzeug abzuschießen, was auch geschah.

In Fällen, in denen eine Weisung trotz Rechtswidrigkeit verbindlich und keine Rechtsfolge ausdrücklich geregelt ist (vgl. § 36 II 3 BeamtStG), ist strittig, ob eine Rechtfertigung oder Entschuldigung vorliegt. Ähnlich wie beim Nötigungsnotstand ist aber nicht einzusehen, dass dem Geschädigten der Straftat die Notwehr dadurch abgeschnitten wird, dass der Befehlsempfänger gerechtfertigt handelt. Eine andere Frage ist die der Entschuldigung.

XII. Behördliche Genehmigung

Vor allem im Neben- und Umweltstrafrecht (§§ 324ff. StGB) ist die zuständige Fachbehörde befugt, bestimmte Rechtsguteingriffe zu genehmigen. Diese Genehmigung wirkt dann nach h.M. rechtfertigend; i.E. ist dies für verschiedene Tatbestände umstritten, vgl. z.B.:

§ 324 StGB (Gewässerverunreinigung)
(1) Wer unbefugt ein Gewässer verunreinigt oder sonst dessen Eigenschaften nachteilig verändert, wird mit Freiheitsstrafe bis zu fünf Jahren oder mit Geldstrafe bestraft.
(2) Der Versuch ist strafbar.
(3) Handelt der Täter fahrlässig, so ist die Strafe Freiheitsstrafe bis zu drei Jahren oder Geldstrafe.

Die zuständige Wasserbehörde kann z.B. die Einleitung von Abwässern in einen Fluss genehmigen, so dass der Täter dann nicht unbefugt i.S.d. § 324 StGB handelt, d.h. gerechtfertigt.[270]

Problematisch ist u.a. die Behandlung verwaltungsrechtlich rechtswidriger Genehmigungen.[271]

---

[270] Vgl. Fischer, StGB, 64. Aufl. 2017, § 324 Rn. 7.

[271] Fischer, StGB, 64. Aufl. 2017, vor § 324 Rn. 8; aus der Rspr. vgl. BGH U. v. 03.11.1993 - 2 StR 321/93 - BGHSt 39, 381 = NJW 1994, 670 = NStZ 1994, 432 = StV 1994, 316 (Anm. Puppe, AT, 3. Aufl. 2016, § 14 Rn. 1ff. und § 15 Rn. 13ff.; Otto JK 1994 StGB vor § 324ff./1 und 2; Jung JuS 1994, 530; Michalke NJW 1994, 1693; Stackelberg NStZ 1994, 433; Horn JZ 1994, 636; Schirrmacher JR 1995, 386).

XIII. Völkerrechtliche Erlaubnisse

In Zeiten von Auslandseinsätzen deutscher Bundeswehrsoldaten erlangen völkerrechtliche Erlaubnisse als strafrechtliche Rechtfertigungsgründe gesteigerte Bedeutung, z.B. in Gestalt erlaubter Tötungshandlungen von Soldaten der Bundeswehr in bewaffneten Konflikten.[272]

C. Irrtum über die tatsächlichen Voraussetzungen eines Rechtfertigungsgrundes

▶ **Didaktische Aufsätze:**
- Herzberg, Erlaubnistatbestandsirrtum und Deliktsaufbau, JA 1989, 243 und 294
- Geerds, Der vorsatzausschließende Irrtum, Jura 1990, 421
- Graul, Der Erlaubnistatbestandsirrtum, JuS 1992, L49
- Scheffler, Der Erlaubnistatbestandsirrtum und seine Umkehrung, das Fehlen subjektiver Rechtfertigungselemente, Jura 1993, 617
- Dieckmann, Plädoyer für die eingeschränkte Schuldtheorie beim Irrtum über Rechtfertigungsgründe, Jura 1994, 178
- Gasa, Die Behandlung des Irrtums über rechtfertigende Umstände im Gutachten – Typische Fehler, JuS 2005, 890
- Roquejo, Die Putativnotwehr als Rechtfertigungsgrund, JA 2005, 114
- Momsen/Rackow, Der Erlaubnistatbestandsirrtum in der Fallbearbeitung, JA 2006, 550 und 654
- Kelker, Erlaubnistatumstands- und Erlaubnisirrtum – eine systematische Erörterung, Jura 2006, 591
- – Stiebig, Der Erlaubnistatbestandsirrtum in der Prüfungsarbeit, Jura 2009, 274
- Heuchemer, Die Behandlung des Erlaubnistatbestandsirrtums in der Klausur, JuS 2012, 795
- Ludes/Panneborg, Der Erlaubnistatbestandsirrtum im Fahrlässigkeitsdelikt, Jura 2013, 24.
- Kraatz, Verbreitete Fehler bei der Behandlung des Erlaubnistatbestandsirrtums am Beispiel des Hells Angels-Falles (BGH NStZ 2012, 272), Jura 2014, 787
- Christoph, Der Erlaubnistatbestandsirrtum in der Falllösung, JA 2016, 32

---

[272] Hierzu Fischer, StGB, 64. Aufl. 2017, vor § 32 Rn. 6a, 6b; Ladiges JuS 2011, 879; zur strafrechtlichen Verantwortlichkeit von Bundeswehrangehörigen bei Auslandseinsätzen Safferling/Kirsch JA 2010, 81; Ambos NJW 2010, 1725; Zimmermann GA 2010, 507; Hertel HRRS 2010, 339; Basak HRRS 2010, 513; Müssig/Meyer FS Puppe 2011, 1501; Sinn FS Roxin 2011, 673; Safferling/Kirsch JA 2012, 481; Richter HRRS 2012, 28; Jeßberger HRRS 2013, 119.

Irrt sich der Täter insofern über die tatsächlichen Voraussetzungen eines Rechtfertigungsgrundes, dass er diese verkennt, so fehlt ihm das subjektive Rechtfertigungselement.

Die irrige Annahme nennt sich **Erlaubnistatumstandsirrtum** (häufig auch, wenngleich missverständlich: Erlaubnistatbestandsirrtum)[273]: Der Täter stellt sich einen Sachverhalt vor, der die Voraussetzungen eines Rechtfertigungsgrunds erfüllt.

Beispiel 268:

Z wollte seinen neuen Nachbarn B erschrecken und klingelte bei diesem an der Tür. Als B öffnete, hielt Z ihm eine täuschend echt aussehende Spielzeugpistole vor das Gesicht. B reagierte schnell und schlug Z mit einem gezielten Schlag bewusstlos.

Hier lag in Wirklichkeit kein Angriff i.S.d. § 32 StGB vor, B glaubte aber an einen solchen.

Der **Prüfungsstandort**, an dem Erlaubnistatumstandsirrtümer anzusprechen sind, ist strittig.[274]

Zu empfehlen ist entgegen der ganz h.M.[275] eine Erörterung innerhalb des Prüfungspunkts der Rechtswidrigkeit direkt nach Verneinung einer Rechtfertigung.[276] Hierfür spricht, dass dann bereits die objektive Rechtfertigung geprüft wurde. Daher wäre ein Prüfungsstandort im subjektiven Tatbestand zu früh, würde namentlich eine Inzidentprüfung der Rechtswidrigkeit voraussetzen. Eine Erörterung in der Schuld widerspricht der Tatsache, dass die ganz h.M. (s. sogleich) § 16 StGB direkt oder analog anwendet, so dass die Vorsatzhaftung entfällt.

---

[273] Hierzu Hillenkamp/Cornelius, 32 Probleme aus dem Strafrecht, AT, 14. Aufl. 2012, 10. P.; von Weber JZ 1951, 260; Schaffstein MDR 1951, 196; Lang-Hinrichsen JR 1952, 184; Schröder MDR 1953, 70; Kaufmann JZ 1954, 653; von Weber FS Mezger 1954, 183; Kaufmann JZ 1955, 37; Kaufmann JZ 1956, 353 und 393; Hardwig GA 1956, 369; Fukuda JZ 1958, 143; Engisch ZStW 1958, 566; Lampe GA 1959, 367; Börker JR 1960, 168; Dreher FS Heinitz 1972, 207; Hruschka GA 1980, 1; Grünwald GS Noll 1984, 183; Herzberg JA 1989, 243 und 294; Paeffgen GS Armin Kaufmann 1989, 399; Geerds Jura 1990, 421; Graul JuS 1992, L49; Scheffler Jura 1993, 617; Puppe FS Stree/Wessels 1993, 183; Dieckmann Jura 1994, 178; Hruschka FS Roxin 2001, 441; Roquejo JA 2005, 114; Gasa JuS 2005, 890; Kelker Jura 2006, 591; Momsen/Rackow JA 2006, 550 und 654; Schünemann/Greco GA 2006, 777; Hirsch FS Schroeder 2006, 223; Koriath FS Müller 2008, 357; Stiebig Jura 2009, 274; Heuchemer JuS 2012, 795; Paeffgen FS Frisch 2013, 403; Kraatz Jura 2014, 787; Christoph JA 2016, 32; aus der Rspr. vgl. BGH U. v. 06.06.1952 - 1 StR 708/51 - BGHSt 3, 105 = NJW 1952, 1023 (Anm. Roxin, Höchstrichterliche Rspr. AT, 1998, Nr. 39; Hemmer-BGH-Classics Strafrecht, 2003, Nr. 14); jüngst BGH U. v. 27.10.2015 - NStZ 2016, 333 (Anm. Bosch Jura 2016, 702; Eisele JuS 2016, 366; RÜ 2016, 100; Rückert NStZ 2016, 334; Hinz JR 2017, 126).

[274] Hierzu ausf. Gasa JuS 2005, 890.

[275] Vgl. nur B. Heinrich, AT, 5. Aufl. 2016, Rn. 1125.

[276] So auch Kühl, AT, 8. Aufl. 2017, § 13 Rn. 77.

In der Falllösung[277] ist zunächst herauszuarbeiten, dass sich der Täter wirklich in einem Erlaubnistatumstandsirrtum befindet: Auf Grundlage der subjektiven Vorstellung ist **inzident** der **Rechtfertigungsgrund durchzuprüfen**, wobei allerdings bzgl. des nicht vom Irrtum erfassten Teils auf das zuvor bereits objektiv Geprüfte verwiesen werden kann. Insofern ergänzt die subjektiv-basierte Prüfung den objektiv nur unvollständig gegebenen Rechtfertigungsgrund. Nur bei Bejahung der Rechtfertigung auf dieser Grundlage handelt es sich wirklich um einen Erlaubnistatumstandsirrtum.

Abzugrenzen ist dieser insbesondere vom sog. **Doppelirrtum,**[278] bei dem die hypothetische Rechtfertigung zu verneinen ist, da auch eine andere Rechtfertigungsvoraussetzung fehlt (z.b. die Erforderlichkeit der Verteidigungshandlung bei der Notwehr). Hier kommt allenfalls § 17 StGB in Frage.

Erst dann, wenn geprüft und bejaht wurde, dass ein Erlaubnistatumstandsirrtum vorliegt, ist der Streit bzgl. der rechtlichen Behandlung aufzuwerfen.

Da das deutsche Strafrecht zwei Irrtumsregeln zur Verfügung stellt, §§ 16 und 17 StGB, lässt sich das komplexe Meinungsspektrum hiernach gliedern.

Die sog. **strenge Schuldtheorie**[279] wendet beim Erlaubnistatumstandsirrtum § 17 StGB an. Die Vergleichbarkeit mit der Situation des Verbotsirrtums wird daraus abgeleitet, dass der Täter bewusst den Tatbestand erfülle und daher die besondere Appellfunktion des Tatbestands gegen sich gelten lassen müsse. Zuzugeben ist dieser Auffassung, dass sie eine recht weitreichende Bestrafung des Täters ermöglicht, so dass keine kriminalpolitisch evtl. unerwünschten Strafbarkeitslücken bzgl. einer Teilnahme entstehen.

Allerdings passt die Anwendung des § 17 StGB insofern nicht zur Situation des Erlaubnistatumstandsirrtums, als der Täter schon über den Sachverhalt irrt, nicht erst über die Verbotsnorm.

Zwar ist aufgrund des heutigen § 17 StGB die frühere **Vorsatztheorie**[280] überholt, die das Unrechtsbewusstsein als Teil des Vorsatzes einordnete, so dass ohne Weiteres der heutige § 16 StGB einschlägig war.

Die **Lehre von den negativen Tatbestandsmerkmalen**[281] kommt deswegen zu einer direkten Anwendbarkeit des § 16 StGB, weil sie das Fehlen von Rechtfertigungsgründen als (negatives) Tatbestandsmerkmal behandelt. Dem wird freilich das

---

[277] S. wiederum Gasa JuS 2005, 890.

[278] Hierzu Haft JuS 1980, 430, 588 und 659; Schuster JuS 2007, 617; Gropp ZIS 2016, 601.

[279] Heuchemer, in: BeckOK-StGB, Stand 01.12.2016, § 17 Rn. 34.

[280] Vgl. die Darstellung bei B. Heinrich, AT, 5. Aufl. 2016, Rn. 1129.

[281] S. z.B. Kindhäuser, LPK, 6. Aufl. 2015, vor § 32 Rn. 39ff.; Schlehofer, in: MK-StGB, 3. Aufl. 2017, vor § 32 Rn. 36ff.

sog. Mückenbeispiel entgegengehalten: Es müsse doch einen (Wert-)Unterschied machen, ob man eine Mücke tötet (nicht nach § 212 I StGB tatbestandsmäßig) oder einen Menschen in Notwehr (Rechtfertigung gem. § 32 StGB). Hinzu kommt, dass der Gesetzgeber bei der Formulierung seiner Rechtfertigungsgründe den dogmatischen Unterschied voraussetzt.

Die sog. **eingeschränkten Schuldtheorien**[282] wenden § 16 StGB analog in unterschiedlichen Ausprägungen an:

Teile der Lehre[283] (echte eingeschränkte Schuldtheorie) halten § 16 StGB vollumfänglich in analoger Anwendung für einschlägig, so dass der Vorsatz und mit ihm der subjektive Tatbestand entfällt. Hierfür spricht, dass der Täter sich an sich rechtstreu verhalten möchte und er nur die Tatsachen falsch einschätzt. Sein Wille ist ebenso wenig auf einen Erfolgsunwert gerichtet, wie er es im Fall des § 16 StGB wäre, daher ist auch beim Erlaubnistatumstandsirrtum vom fehlenden Handlungsunwert auszugehen. Die Anwendung des § 17 StGB (fakultative Strafmilderung) widerspräche auch dem Gedanken des § 35 II StGB (obligatorische Strafmilderung).

Die Rspr.[284] und die h.L.[285] scheuen aber in mancher Hinsicht die Konsequenz des Vorsatzausschlusses: Mangels tatbestandsmäßiger Haupttat wäre keine strafbare Teilnahme (Anstiftung oder Beihilfe) möglich, außerdem stellt sich die Problematik des Notwehrrechts des vom Irrenden Angegriffenen.[286] Die h.M. wendet daher § 16 StGB nur sog. rechtsfolgenverweisend an (daher rechtsfolgenverweisende eingeschränkte Schuldtheorie): Beim Täter entfalle die sog. Vorsatzschuld, so dass zwar der Täter nicht wegen der Vorsatztat bestraft werde, es aber prinzipiell beim Charakter einer rechtswidrigen und schuldhaften Haupttat bleibe.

Hiergegen spricht aber, dass die Erfindung einer ansonsten nicht gebräuchlichen Vorsatzschuld eine bloße *ad-hoc*-Konstruktion zur Schließung von Strafbarkeitslücken bei der Teilnahme darstellt.

Soweit es in Fallbearbeitungen allein auf den (Haupt-)Täter ankommt, kann der Bearbeiter offen lassen, welchem der § 16 StGB anwendenden Ansätze er folgt.

Zu beachten ist, dass ggf. eine **Fahrlässigkeitsstrafbarkeit** des Irrenden in Betracht kommt (vgl. auch die Klarstellung in § 16 I 2 StGB), z.B. gem. §§ 222, 229 StGB. Zu prüfen ist insbesondere die Frage, ob der Irrende hinreichende (zumutbare) Sorgfalt bei der Aufklärung des Sachverhalts aufgebracht hat.

---

[282] Vgl. die Darstellung bei B. Heinrich, AT, 5. Aufl. 2016, Rn. 1132ff.

[283] Hoyer, in: SK-StGB, 34. Lfg., 7. Aufl. 2000, vor § 26 Rn. 36f.; Bock JA 2007, 599 (600).

[284] S.o.

[285] Vgl. nur B. Heinrich, AT, 5. Aufl. 2016, Rn. 1133f.

[286] S. B. Heinrich, AT, 5. Aufl. 2016, Rn. 1133; aus der Rspr. vgl. OLG Hamm U. v. 24.11.1976 - 4 Ss 263/76 - NJW 1977, 590 (Anm. Puppe, AT, 3. Aufl. 2016, § 12 Rn. 6ff.; Thomas JA 1977, 239; Hassemer JuS 1977, 476; Schumann JuS 1979, 559).

12. Kapitel: Schuld

A. Grundlagen

▶ **Didaktische Aufsätze:**
- Seelmann, Neuere Entwicklungen beim strafrechtsdogmatischen Schuldbegriff, Jura 1980, 505
- Pothast, Probleme bei der Rechtfertigung staatlicher Strafe, JA 1993, 104
- Marlie, Schuldstrafrecht und Willensfreiheit – Ein Überblick, ZJS 2008, 41
- Duru, Gießener Erneuerung des Strafrechts – Reinhard Frank und der Schuldbegriff, ZJS 2012, 734
- Schiemann, Die Willensfreiheit und das Schuldstrafrecht – eine überflüssige Debatte?, ZJS 2012, 774
- Frister, Der strafrechtsdogmatische Begriff der Schuld, JuS 2013, 1057

Die **dritte Prüfungsebene** – nach Tatbestand und Rechtswidrigkeit – ist die der Schuld.

Die Schuld im strafrechtlichen Sinne ist abzugrenzen von der umgangssprachlichen, moralischen oder auch zivilrechtlichen Schuld.

Der Begriff der Schuld wird im Strafrecht mehrdeutig verwendet:

So ist das sog. **Schuldprinzip**[1] – *nulla poena sine culpa* – als Teil des Rechtsstaatsprinzips (vgl. Art. 20 III, 23 I 1, 28 I 1 GG) und als Gehalt der Menschenwürde

---

[1] Hierzu Lang-Hinrichsen ZStW 1961, 210; Schwalm JZ 1970, 487; Schmidhäuser NJW 1975, 1807; Kaufmann FS Lange 1976, 27; Kaufmann Jura 1986, 225; Hirsch ZStW 1994, 746; Asada FS Roxin 2001, 519; Braum KritV 2003, 22; Frister JuS 2013, 1057; Frisch NStZ 2013, 249; Kaspar ZStW 2015, 654; Adam/Schmidt/Schumacher NStZ 2017, 7; aus der Rspr. vgl. zuletzt BVerfG B. v. 15.12.2015 - 2 BvR 2735/14 (Solange III) - NJW 2016, 1149 = NStZ 2016, 546 = StV 2016, 220 (Anm. Eßlinger/Herzmann Jura 2016, 852; Sachs JuS 2016, 373; Satzger NStZ 2016, 514; Brodowski JR 2016, 415; Funke HRRS 2016, 327; Meyer HRRS 2016, 332).

© Springer-Verlag GmbH Deutschland, ein Teil von Springer Nature 2018
D. Bock, *Strafrecht Allgemeiner Teil*, Springer-Lehrbuch,
https://doi.org/10.1007/978-3-662-54789-2_12

(Art. 1 I GG) eine verfassungsrechtliche Voraussetzung für das Verhängen einer Strafe. Es besagt zum einen, dass eine Kriminalstrafe nur darauf gegründet werden darf, dass dem Täter seine Tat persönlich zum Vorwurf gemacht werden kann (**Strafbegründungsschuld**). Notwendig ist eine Kongruenz zwischen Unrecht und Schuld; die Schuld muss also sämtliche Elemente des konkreten Unrechts umfassen. Die vom Gericht verhängte Strafe darf zum anderen in ihrer Dauer das Maß der Schuld nicht übersteigen und zwar auch dann nicht, wenn Behandlungs-, Sicherungs- oder Abschreckungsinteressen eine längere Inhaftierung als wünschenswert erscheinen ließen (**Strafmaßschuld**; § 46 I StGB).

> **§ 46 I 1 StGB (Grundsätze der Strafzumessung)**
> Die Schuld des Täters ist Grundlage für die Zumessung der Strafe.

Im Rahmen der universitären strafrechtlichen Fallbearbeitung umfasst die **Prüfungsebene der Schuld** allerdings lediglich die Strafbegründungsschuld, dabei v.a. Fragen der Schuldfähigkeit, des Unrechtsbewusstseins und der Entschuldigungsgründe. Nähere Ausführungen sind hierbei nur dann veranlasst, wenn der Sachverhalt diesbzgl. Auffälligkeiten enthält.

Seit langem herrscht der sog. **normative Schuldbegriff**[2] vor: Schuld ist Vorwerfbarkeit (Dafürkönnen). Mit dem Unwerturteil der Schuld wird dem Täter vorgeworfen, dass er sich nicht rechtmäßig verhalten hat, obwohl er sich rechtmäßig hätte verhalten können. Dies lässt sich aus einer Umkehrung der §§ 17 und 20 StGB folgern.[3] Abgestellt wird auf die Fähigkeit, sich in der konkreten Tatsituation auf verständige Weise für oder gegen die Beachtung der Rechtsnorm zu entscheiden. Es geht nicht um eine „Lebensführungsschuld" oder eine allgemeine rechtsfeindliche Gesinnung.

---

[2] Hierzu Fischer, StGB, 64. Aufl. 2017, vor § 13 Rn. 47; näher zum Schuldbegriff Brauneck GA 1959, 261; Baumann JZ 1962, 41; Kaufmann JZ 1967, 553; Neufelder GA 1974, 289; Gimbernat Ordeig FS Henkel 1974, 151; Roxin FS Henkel 1974, 171; Jakobs FS Welzel 1974, 307; Bacigalupo FS Welzel 1974, 477; Burkhardt GA 1976, 321; Schöneborn ZStW 1976, 349; Kaufmann FS Lange 1976, 27; Muñoz Conde GA 1978, 65; Roxin FS Bockelmann 1979, 279; Seelmann Jura 1980, 505; Otto GA 1981, 481; Albrecht GA 1983, 193; Krümpelmann GA 1983, 337; Schreiber FS Richterakademie 1983, 73; Roxin ZStW 1984, 641; Würtenberger FS Jescheck 1985, 37; Schmidhäuser FS Jescheck 1985, 485; Lackner FS Kleinknecht 1985, 245; Tiemeyer GA 1986, 203; Neumann ZStW 1987, 567; Maiwald FS Lackner 1987, 149; Tiemeyer ZStW 1988, 527; Burkhardt FS Lenckner 1998, 3; Roxin FS Brauneck 1999, 385; Schünemann FS Lampe 2003, 537; Streng FS Hruschka 2005, 697; Momsen FS Jung 2007, 569; Hirsch FS Otto 2007, 307; Müssig FS Mehle 2009, 451; Kindhäuser FS Hassemer 2010, 761; Burkhardt FS Maiwald 2010, 79; Koriath GA 2011, 618; Crespo FS Roxin 2011, 689; Schroth FS Roxin 2011, 705; Hoyer FS Roxin 2011, 723; Merkel FS Roxin 2011, 737; Duru ZJS 2012, 734; Frister JuS 2013, 1057; Frister FS Frisch 2013, 533; Feijoo Sánchez FS Frisch 2013, 555; Cancio Meliá FS Frisch 2013, 575; Herzberg GA 2015, 250; Roxin GA 2015, 489; aus der Rspr. vgl. BGH B. v. 18.03.1952 - GSSt 2/51 - BGHSt 2, 194 = NJW 1952, 593 (Anm. Welzel NJW 1952, 564; Hartung NJW 1952, 761; Lindner NJW 1952, 854; Schwarz NJW 1952, 1081; Lang-Hinrichsen JR 1952, 302 und 356; Welzel JZ 1952, 340; Mayer MDR 1952, 392; Niese DRiZ 1952, 111; Heitzer NJW 1953, 210).

[3] Näher Schlehofer, in: MK-StGB, 3. Aufl. 2017, vor § 32 Rn. 229.

Hierfür muss der Mensch „anders" handeln können (**Indeterminismus**).

De lege lata einschließlich dem Grundgesetz wird ein Menschenbild dahingehend vorausgesetzt, dass dieser auf freie, verantwortliche, sittliche Selbstbestimmung angelegt und deshalb befähigt ist, sich für das Recht und gegen das Unrecht zu entscheiden. Die Schuld des Erwachsenen wird insofern widerleglich vermutet bzw. konstruiert – als staatsnotwendige Fiktion oder wertende Unterstellung, die die Autonomie des Menschen respektiert.

Naturwissenschaftlich ist dies im Lichte von Erkenntnissen neuerer Hirnforschung problematisch,[4] die darauf hindeuten könnten, dass es aufgrund biologisch-kausaler Determination keine Entscheidung des Menschen gibt, sondern nur die Selbsttäuschung der Willensfreiheit. Selbst abgesehen davon, handelt es sich bei den schuldumschreibenden Begriffen letztlich um nicht naturwissenschaftlich zugängliche Leerformeln, da ein „Andershandelnkönnen" nicht zu bestimmen ist. Hier setzen kriminalpolitisch geprägte Schuldbegriffe an, die die Regelungen des Gesetzgebers, welche die Schuld betreffen, aus der Warte der Prävention begründen.[5]

Handelt ein Beteiligter ohne Schuld, so kann er nicht i.e.S. bestraft werden. Unter bestimmten Voraussetzungen können aber **Maßregeln der Besserung und Sicherung** verhängt werden, §§ 63, 64 StGB, 7 JGG.

B. Schuldfähigkeit

▶ **Didaktische Aufsätze:**
- Wolfslast, Die Regelung der Schuldfähigkeit im StGB, JA 1981, 464
- Blau/Franke, Prolegomena zur strafrechtlichen Schuldfähigkeit, Jura 1982, 393
- Keiser, Schuldfähigkeit als Voraussetzung der Strafe, Jura 2001, 376

---

[4] Hierzu Nowakowski FS Rittler 1957, 55; Less DRiZ 1961, 3; Weber DRiZ 1961, 252; Stögmayer DRiZ 1962, 90; Bockelmann ZStW 1963, 372; Schörcher ZStW 1965, 240; Bockelmann ZStW 1965, 253; Kaufmann JZ 1967, 553; Danner FS von Hentig 1967, 97; Haddenbrock JZ 1969, 121; Baumann JZ 1969, 181; Haddenbrock JZ 1969, 504; Baumann JZ 1969, 505; Welzel FS Engisch 1969, 91; Lange FS Bockelmann 1979, 261; Roxin FS Bockelmann 1979, 279; Griffel DRiZ 1982, 140; Lange ZStW 1985, 121; Griffel ZStW 1986, 28; Griffel GA 1989, 193; Streng ZStW 1990, 273; Dreher FS Spendel 1992, 13; Pothast JA 1993, 104; Tiemeyer ZStW 1993, 483; Triffterer/ Mitterauer MedR 1994, 297; Haddenbrock FS Salger 1995, 633; Griffel GA 1996, 457; Roth FS Lampe 2003, 43; Schiemann NJW 2004, 2056; Reinelt NJW 2004, 2792; Spilgies HRRS 2004, 43; Mosbacher JR 2005, 61; Hillenkamp JZ 2005, 313; Jakobs ZStW 2005, 247; Kudlich HRRS 2005, 51; Alwart FS Hruschka 2005, 357; Merkel FS Philipps 2005, 41; Müller-Dietz GA 2006, 338; Lampe ZStW 2006, 1; Roth/Lück/Strüber NK 2006, 55; Günther KJ 2006, 116; Schreiber FS Laufs 2006, 1069; Herdegen FS Richter II 2006, 233; Walter FS Schroeder 2006, 131; Spilgies ZIS 2007, 155; Streng FS Jakobs 2007, 675; Krauß FS Jung 2007, 411; Mailic ZJS 2008, 41, Merkel FS Herzberg 2008, 3; Hassemer ZStW 2009, 829; Hirsch ZIS 2010, 62; Nedopil FS Schöch 2010, 979; Lüderssen FS Puppe 2011, 65; Schroth Roxin FS 2011, 705; Schiemann ZJS 2012, 774; Herzberg ZStW 2012, 12; Jäger GA 2013, 3; Crespo GA 2013, 15; Weißer GA 2013, 26; Herzberg FS Frisch 2013, 95; Hillenkamp JZ 2015, 391; Hillenkamp ZStW 2015, 10.

[5] Vgl. Roxin, AT I, 4. Aufl. 2006, § 19 Rn. 3.

I. Schuldunfähigkeit, §§ 19, 20 StGB

1. Kinder und Jugendliche

Kinder – also Menschen unter vierzehn Jahren – sind gem. § 19 StGB schuldunfähig.[6] Dies wird also unwiderleglich vermutet. Relevant ist die Zeit der Tathandlung.[7]

> **§ 19 StGB (Schuldunfähigkeit des Kindes)**
> Schuldunfähig ist, wer bei Begehung der Tat noch nicht vierzehn Jahre alt ist.

Für **Jugendliche** – i.e. im Alter von mindestens 14, aber noch nicht 18 Jahren, § 1 II JGG – gilt § 3 JGG,[8] vgl. auch § 10 StGB.

> **§ 10 StGB (Sondervorschriften für Jugendliche und Heranwachsende)**
> Für Taten von Jugendlichen und Heranwachsenden gilt dieses Gesetz nur, soweit im Jugendgerichtsgesetz nichts anderes bestimmt ist.

> **§ 1 II JGG (Persönlicher und sachlicher Anwendungsbereich):**
> Jugendlicher ist, wer zur Zeit der Tat vierzehn, aber noch nicht achtzehn, Heranwachsender, wer zur Zeit der Tat achtzehn, aber noch nicht einundzwanzig Jahre alt ist.

> **§ 3 JGG (Verantwortlichkeit)**
> Ein Jugendlicher ist strafrechtlich verantwortlich, wenn er zur Zeit der Tat nach seiner sittlichen und geistigen Entwicklung reif genug ist, das Unrecht der Tat einzusehen und nach dieser Einsicht zu handeln. Zur Erziehung eines Jugendlichen, der mangels Reife strafrechtlich nicht verantwortlich ist, kann der Richter dieselben Maßnahmen anordnen wie das Familiengericht.

In der Praxis stellt sich bisweilen das Problem von Beschuldigten unbekannten Alters, insbesondere bei Ausländern. Abhilfe kann hier eine gutachterliche Altersermittlung schaffen.[9]

---

[6] Näher Frehsee ZStW 1988, 290.

[7] Streng, in: MK-StGB, 3. Aufl. 2017, § 19 Rn. 7.

[8] Hierzu Laubenthal/Baier/Nestler, Jugendstrafrecht, 3. Aufl. 2015, Rn. 64ff.

[9] Hierzu Jung StV 2013, 51.

Kriminalpolitisch werden die normierten Altersgrenzen immer wieder kontro
vers diskutiert, wobei einerseits Absenkunge, andererseits Anhebungen gefordert
werden.[10]

2. Schuldunfähigkeit von Erwachsenen, § 20 StGB

a) Grundlagen

Erwachsene sind (nur, also ausnahmsweise) unter den Voraussetzungen des § 20
StGB schuldunfähig.[11]

> **§ 20 StGB (Schuldunfähigkeit wegen seelischer Störungen)**
> Ohne Schuld handelt, wer bei Begehung der Tat wegen einer krankhaften seelischen
> Störung, wegen einer tiefgreifenden Bewußtseinsstörung oder wegen Schwachsinns
> oder einer schweren anderen seelischen Abartigkeit unfähig ist, das Unrecht der Tat
> einzusehen oder nach dieser Einsicht zu handeln.

Es handelt sich um eine in der **Praxis** sehr bedeutsame Norm[12] mit einer Vielzahl von Auslegungs- und Anwendungsproblemen an der Schnittstelle zwischen
Medizin (v.a. Psychiatrie) und Rechtspflege, verschärft durch die veraltete und stig-
matisierende Terminologie des § 20 StGB, die nicht mehr dem wissenschaftlichen
Stand der Psychiatrie entspricht.[13]

    Naturwissenschaftlich nicht entscheidbar ist die ganz grundsätzliche Frage, ab
wann man eine Bewusstseinsstörung etc. für so gravierend erachten muss, dass dies
Konsequenzen für die Anwendung des Strafrechts haben soll.

In der **universitären Fallbearbeitung** spielt § 20 StGB kaum eine Rolle, da entsprechende Sachverhalte medizinische Details etc. enthalten müssten. Bisweilen
tauchen schuldunfähig betrunkene Täter auf, meist i.V.m. der Problematik der *actio
libera in causa* und des Vollrausches (§ 323a StGB).

b) Struktur (Ebenen)

Die **Prüfung** des § 20 StGB erfolgt in **zwei Stufen**[14]:

---

[10] S. Streng, in: MK-StGB, 3. Aufl. 2017, § 19 Rn. 16ff.; Roestel NJW 1956, 1383; Berckhauer ZRP 1981, 265; Woltslast FS Bemmann 1997, 274; Hinz ZRP 2000, 107; Landau FS Kreuzer 2003, 207.

[11] Ausf. Hülle JZ 1952, 296; Würtenberger JZ 1954, 209; Seelig FS Mezger 1954, 213; Rauch NJW 1958, 2089; Waider GA 1967, 193; Schwarz/Willo NJW 1971, 1061; Schreiber NStZ 1981, 46; Rasch StV 1984, 264; Lackner FS Kleinknecht 1985, 245; Roxin FS Spann 1986, 457

[12] Fischer, StGB, 64. Aufl. 2017, § 20 Rn. 1.

[13] Zur Reformdiskussion Streng, in: MK-StGB, 3. Aufl. 2017, § 20 Rn. 159ff.

[14] B. Heinrich, AT, 5. Aufl. 2016, Rn. 536ff.; aus der Rspr. vgl. BGH U. v. 01.07.2015 - 2 StR 137/15 - NJW 2015, 3319.

Festzustellen ist zunächst eine in § 20 StGB benannte bestimmte krankhafte Störung (biologische Ebene); ferner (psychologische Ebene) muss der Täter derentwegen unfähig gewesen sein, das Unrecht der Tat einzusehen (fehlende Einsichtsfähigkeit) oder nach dieser Einsicht zu handeln (fehlende Steuerungsfähigkeit).[15] Die psychologische Ebene ist mithin wiederum zweigeteilt: Zuerst ist die Einsichtsfähigkeit zu bestimmen. Wenn diese aufgrund der Störung fehlt, liegt Schuldunfähigkeit vor. Erst wenn Einsichtsfähigkeit vorliegt, kann die darauf aufbauende Steuerungsfähigkeit geprüft werden. Bei deren Fehlen ist die Schuldfähigkeit zu verneinen.[16]

Ein Täter, der im konkreten Fall trotz erheblich verminderter Einsichtsfähigkeit Einsicht in das Unrecht seiner Tat gehabt hat, ist – sofern nicht seine Steuerungsfähigkeit erheblich eingeschränkt war – voll schuldfähig.[17]

c) Bezugspunkte der Schuldfähigkeit

Ausreichend ist es, wenn die Schuldfähigkeit **bei Versuchsbeginn** gegeben ist. Geht diese dann während der Tat verloren, ändert dies an der strafrechtlichen Verantwortlichkeit nichts.[18] Wird der Täter vor Beginn der Tat zurechnungsunfähig, so liegt eine schuldhafte Handlung hingegen auch dann nicht vor, wenn die Tat den im Zustand der Zurechnungsfähigkeit geplanten und vorbereiteten Verlauf nimmt.[19] Bei Dauerdelikten ist zu beachten, dass der Täter nur dann schuldlos handelt, wenn seine Schuldunfähigkeit den gesamten Zeitraum umfasst.[20]

Die Schuldfähigkeit ist stets bzgl. der **konkreten Tathandlung** zu prüfen. Denkbar ist, dass eine partielle Schuldfähigkeit bzgl. bestimmter Leistungsbereiche vorliegt[21]; denkbar ist ebenso, dass der Täter bzgl. mancher Delikte[22] oder Tatmodalitäten[23] schuldfähig, bzgl. anderer schuldunfähig handelte.

---

[15] Vgl. (krit.) Fischer, StGB, 64. Aufl. 2017, § 20 Rn. 5.

[16] Streng, in: MK-StGB, 3. Aufl. 2017, § 20 Rn. 48, 51.

[17] Eschelbach, in: BeckOK-StGB, Stand 01.12.2016, § 20 Rn. 65; aus der Rspr. vgl. zuletzt BGH B. v. 05.07.2016 - 4 StR 215/16 - NStZ-RR 2016, 271.

[18] Fischer, StGB, 64. Aufl. 2017, § 20 Rn. 48; aus der Rspr. vgl. BGH U. v. 21.04.1955 - 4 StR 552/54 (Blutrausch) - BGHSt 7, 325 = NJW 1955, 1077 (Anm. Roxin, Höchstrichterliche Rspr. AT, 1998, Nr. 13; Meister MDR 1955, 688; Mayer JZ 1956, 109; Oehler GA 1956, 1).

[19] Fischer, StGB, 64. Aufl. 2017, § 20 Rn. 48; aus der Rspr. vgl. BGH U. v. 21.10.1970 - 2 StR 313/70 - BGHSt 23, 356 = NJW 1971, 254 (Anm. Hassemer JuS 1971, 266; Geilen JuS 1972, 73).

[20] Fischer, StGB, 64. Aufl. 2017, § 20 Rn. 48.

[21] Lackner/Kühl, 28. Aufl. 2014, § 20 Rn. 16; aus der Rspr. vgl. BGH U. v. 03.02.1960 - 2 StR 640/59 - BGHSt 14, 114 = NJW 1960, 731.

[22] I.E. problematisch, Perron/Weißer, in: Sch/Sch, 29. Aufl. 2014, § 20 Rn. 31; Eisenberg HRRS 2012, 23; aus der Rspr. vgl. zuletzt BGH B. v. 14.10.2015 - 1 StR 56/15 (Mollath) - NJW 2016, 728 = NStZ 2016, 560 = StV 2016, 781 (Anm. Satzger Jura 2016, 956; Jahn JuS 2016, 180; RÜ2 2016, 37; Michalke NJW 2016, 731; Grosse-Wilde/Stuckenberg StV 2016, 784; Reckmann jurisPR-StrafR 1/2016 Anm. 2).

[23] Streng, in: MK-StGB, 3. Aufl. 2017, § 21 Rn. 43; aus der Rspr. vgl. BGH B. v. 29.06.2000 - 1 StR 223/00 - StV 2001, 615.

d) Einzelne Merkmale

aa) Krankhafte seelische Störung
Krankhafte seelische Störungen i.S.d. § 20 StGB sind Geisteskrankheiten (krankhafte psychische Abweichungen vom Normalzustand), deren somatische Ursachen nachgewiesen sind (sog. exogene Psychosen) oder postuliert werden können (sog. endogene Psychosen).[24] Hinzu kommen intellektuelle Minderbegabungen auf geklärter organischer Basis sowie genetisch bedingte Erkrankungen.[25]

Beispiele[26] hierfür sind Schizophrenie,[27] Bipolarität (manisch-depressives Verhalten),[28] Paranoia,[29] Borderline[30] oder Hirnverletzungen und -erkrankungen.[31] Problematisch ist etwa die Einordnung der Pädophilie.[32]

Zu beachten ist, dass eine **diagnostizierte** – auch schwerwiegende – **Erkrankung** (z.B. nach dem ICD) keine Aussage über eine Beeinträchtigung der Schuldfähigkeit bzgl. der konkreten Tat ermöglicht, sondern nur ein Indiz bildet.[33]

Die Diagnose führt für sich genommen nicht zur Feststellung einer generellen oder zumindest längere Zeiträume überdauernden gesicherten Beeinträchtigung oder Aufhebung der Schuldfähigkeit; erforderlich ist stets die konkretisierende Darlegung, in welcher Weise sich die festgestellte Störung bei Begehung der Tat auf die Einsichts- oder Steuerungsfähigkeit **ausgewirkt** hat.[34]

---

[24] Kindhäuser, LPK, 6. Aufl. 2015, § 20 Rn. 6.

[25] S. Streng, in: MK-StGB, 3. Aufl. 2017, § 20 Rn. 35.

[26] Systematisierte Kasuistik bei Streng, in: MK-StGB, 3. Aufl. 2017, § 20 Rn. 32ff.

[27] Fischer, StGB, 64. Aufl. 2017, § 20 Rn. 41; Huber FS Leferenz 1983, 463; aus der Rspr. vgl. jüngst BGH B. v. 27.01.2016 - 2 StR 314/15 - NStZ-RR 2016, 167.

[28] Eschelbach, in: BeckOK-StGB, Stand 01.12.2016, § 20 Rn. 55; aus der Rspr. vgl. zuletzt BGH B. v. 28.01.2016 - 3 StR 521/15 - NStZ-RR 2016, 135.

[29] Eschelbach, in: BeckOK-StGB, Stand 01.12.2016, § 20 Rn. 48; aus der Rspr. vgl. OLG Braunschweig B. v. 20.01.2015 - 1 Ws 379/14 - NStZ-RR 2015, 190.

[30] Fischer, StGB, 64. Aufl. 2017, § 20 Rn. 41; aus der Rspr. vgl. BGH B. v. 06.02.1997 - 4 StR 672/96 - BGHSt 42, 385 = NJW 1997, 1645 = NStZ 1997, 278 = StV 1997, 299 (Anm. Faller NJW 1997, 3073; Kröber/Dannhorn NStZ 1998, 80).

[31] Lackner/Kühl, StGB, 28. Aufl. 2014, § 20 Rn. 4; Lindenberg JR 1950, 393; von Winterfeld NJW 1951, 781; Glatzel StV 1990, 132; aus der Rspr. vgl. BGH B. v. 12.01.1993 - 1 StR 798/92 - NJW 1993, 1540.

[32] Fischer, StGB, 64. Aufl. 2017, § 20 Rn. 41; aus der Rspr. vgl. BGH B. v. 03.09.2015 - 1 StR 255/15 - NStZ-RR 2016, 198.

[33] Perron/Weißer, in: Sch/Sch, 29. Aufl. 2014, § 20 Rn. 45; aus der Rspr. vgl. zuletzt BGH B. v. 21.06.2016 - 4 StR 161/16 - NStZ-RR 2017, 108.

[34] Lackner/Kühl, StGB, 28. Aufl. 2014, § 20 Rn. 16; aus der Rspr. vgl. zuletzt BGH B. v. 21.06.2016 - 4 StR 161/16 - NStZ-RR 2017, 108.

bb) Tiefgreifende Bewusstseinsstörung

(1) Allgemeines
Tiefgreifende Bewusstseinsstörungen sind schwere nichtkrankhafte Bewusstseinstrübungen oder -einengungen, die zu einem Verlust der räumlich-zeitlichen Orientierung führen, wenn der Ausnahmezustand eine Intensität erreicht, die in ihrer Auswirkung auf die Einsichts- oder Steuerungsfähigkeit den krankhaften seelischen Störungen i.S.d. §§ 20, 21 StGB gleichwertig ist.[35]

Von Bedeutung sind insbesondere Alkoholisierung und Affekte.

(2) Alkoholisierung

▶   **Didaktische Aufsätze:**
  * Schembecker, Blutalkoholkonzentration im Rahmen der §§ 315c, 316, 20, 21 StGB, JuS 1993, 674
  * Satzger, Die relevanten Grenzwerte der Blutalkoholkonzentration im Strafrecht, Jura 2013, 345

Trunkenheit wird überwiegend als krankhafte seelische Störung eingeordnet, andere nehmen eine tiefgreifende Bewusstseinsstörung an – letztlich ist die genaue Verortung irrelevant.[36]

Bei einer Blutalkoholkonzentration (BAK) von zur Tatzeit mindestens **3,0 ‰** (3,3 ‰ bei Tötungsdelikten) ist i.d.R. (**Indiz**) Schuldunfähigkeit gegeben. Es sind aber stets die Umstände des Einzelfalls zu berücksichtigen und in eine Gesamtwürdigung einzustellen (insbesondere die Konstitution und die Alkoholgewöhnung des Täters und das äußere Leistungsverhalten bei ggf. komplexem Geschehnisablauf mit differenzierten Handlungsabläufen, Erinnerungsfähigkeit des Täters nach der Tat). Während die universitäre Fallbearbeitung noch verbreitet mit den Faustformeln der Promillegrenzen arbeitet, um die Sachverhalte nicht ausufern zu lassen, kann in der Rechtspraxis mithin auch bei einer BAK deutlich unter 3,0 ‰ Schuldunfähigkeit vorliegen (v.a. bei alkoholungewöhnten Tätern mit starken Ausfallerscheinungen), andersherum kann die Schuldfähigkeit auch bei einer Überschreitung der 3,0 ‰ gegeben sein.[37] Es gibt keinen gesicherten medizinisch-statistischen Erfahrungssatz darüber, dass allein wegen einer bestimmten BAK zur Tatzeit vom Vorliegen einer alkoholbedingt erheblich verminderten Steuerungsfähigkeit auszugehen ist.

---

[35] Kindhäuser, LPK, 6. Aufl. 2015, § 20 Rn. 7; vgl. auch von Winterfeld NJW 1975, 2229; Mende FS Bockelmann 1979, 311; Glatzel StV 1982, 434; Glatzel StV 1983, 339; Albrecht GA 1983, 193; Endres StV 1998, 674; aus der Rspr. vgl. BGH U. v. 06.08.1987 - 4 StR 321/87 - NStZ 1988, 268 = StV 1988, 58 (Anm. Venzlaff NStZ 1988, 269; Schlothauer StV 1988, 59).

[36] Zum Ganzen Joecks, StGB, 11. Aufl. 2014, § 20 Rn. 4.

[37] Hierzu Barton StV 1983, 428; Luthe/Rösler ZStW 1986, 314; Schewe FS Venzlaff 1986, 39; Krümpelmann ZStW 1987, 191; Schembecker JuS 1993, 674; Satzger Jura 2013, 345; aus der Rspr. vgl. BGH U. v. 14.10.2015 - 2 StR 115/15 - NStZ-RR 2016, 103.

Wird die BAK – wie häufig – erst deutlich nach der Tat ermittelt, dann ist die BAK zum Zeitpunkt der Tat **zurückzurechnen**, wobei zu Gunsten des Täters folgende Methodik gilt[38]: Es wird ohne Annahme einer abbaulosen Resorptionsphase ein stündlicher Abbau von 0,2 ‰ zugrunde gelegt, addiert wird ein einmaliger Sicherheitszuschlag für die ersten beiden Stunden von 0,2 ‰.

Wird also drei Stunden nach der Tat eine BAK von 0,7 ‰ festgestellt, so beträgt die für eine Anwendung der §§ 20, 21 StGB anzunehmende BAK im Tatzeitpunkt 1,5 ‰.

Ggf. muss die BAK anhand von **Trinkmengenangaben** errechnet werden (nach der sog. **Widmark-Formel**), sofern eine glaubhafte Feststellung möglich ist.[39]

Entziehen sich die Angaben des Täters oder von Zeugen zum Alkoholkonsum sowohl zeitlich als auch mengenmäßig jedem Versuch einer Eingrenzung, kann sich die Beurteilung der Schuld in diesem Fall nur nach psychodiagnostischen Kriterien richten,[40] v.a. Ausfallerscheinungen bei Durchführung der Tat.

Der Selbsteinschätzung des Angeklagten oder der Einschätzung von Zeugen über den Trunkenheitsgrad kommt nur geringer Beweiswert zu.[41]

Atemalkoholgeräte sind zur Feststellung nicht geeignet,[42] da sie keine hinreichende Sicherheit gewährleisten, entsprechende Messwerte bilden nur ein Indiz. Die direkte Umrechnung von AAK zu BAK ist nach derzeitigem Erkenntnisstand nicht möglich.

Zu beachten sind auch **Zusammenwirkungen** von Alkohol und

- Betäubungsmitteln,[43]
- affektiven Spannungen,[44]
- Persönlichkeitsstörungen[45] sowie
- Hirnschädigungen.[46]

---

[38] Hierzu Fischer, StGB, 64. Aufl. 2017, § 20 Rn. 13; Ponsold JZ 1963, 471; Schembecker JuS 1993, 674; Satzger Jura 2013, 345; aus der Rspr. vgl. BGH U. v. 14.03.1991 - 4 StR 84/91 - NJW 1991, 2356 = NStZ 1991, 329 = StV 1991, 298 (Anm. Grüner JR 1992, 117).

[39] Hierzu Fischer, StGB, 64. Aufl. 2017, § 20 Rn. 14; Schütz/Weiler StraFo 1999, 371; aus der Rspr. vgl. BGH U. v. 22.11.1990 - 4 StR 117/90 - BGHSt 37, 231 = NJW 1991, 852 = NStZ 1991, 481 = StV 1991, 60 (Anm. Mayer NStZ 1991, 526).

[40] Aus der Rspr. vgl. BGH U. v. 26.08.1999 - 4 StR 329/99 - NStZ 2000, 24.

[41] Perron/Weißer, in. Sch/Sch, 29. Aufl. 2014, § 20 Rn. 16e; aus der Rspr. vgl. BGH B. v. 02.07.2015 - 2 StR 146/15 - NJW 2015, 3525 – NStZ-RR 2015, 367 (Anm. RÜ2 2015, 208).

[42] Hierzu Arbab-Zadeh NJW 1984, 2615; Grüner/Penners NJW 1985, 1377; Iffland/Eisenmenger/Bilzer NJW 1999, 1379; Iffland/Hentschel NZV 1999, 489; Iffland DAR 2005, 198; Sandherr NZV 2016, 6; aus der Rspr. vgl. BGH B. v. 03.04.2001 - 4 StR 507/00 - BGHSt 46, 358 = NJW 2001, 1952 = NStZ 2001, 381 = StV 2001, 347.

[43] Fischer, StGB, 64. Aufl. 2017, § 20 Rn. 23a, 26b.

[44] Perron/Weißer, in. Sch/Sch, 29. Aufl. 2014, § 20 Rn. 15, 16e.

[45] Eschelbach, in: BeckOK-StGB, Stand 01.12.2016, § 20 Rn. 48.

[46] Perron/Weißer, in. Sch/Sch, 29. Aufl. 2014, § 20 Rn. 16e.

Natürlich können auch andere **Betäubungsmittel**[47] oder **Medikamente**[48] zu einer Bewusstseinsstörung führen.

(3) Hochgradiger Affekt

Die zweite bedeutsame Fallgruppe der tiefgreifenden Bewusstseinsstörung ist die der hochgradigen Affekte.[49]

Hier gilt es, „normale" emotionale Aufgeregtheiten bei Begehung von Straftaten abzugrenzen von Zuständen, in denen der Täter aufgrund seiner Stimmung kaum „weiß, was er tut". Indizien[50] hierfür sind z.b. ein Tatablauf ohne Sicherungstendenzen, ein Missverhältnis zwischen Tatanstoß und Reaktion, ein Stimmungsumschwung nach der Tat, ggf. auch ein Zusammenwirken mit einer Alkohol- oder Drogenintoxikation.

cc) Schwachsinn

Schwachsinn ist eine angeborene oder auf seelischer Fehlentwicklung beruhende, erhebliche Intelligenzschwäche ohne nachweisbare organische Ursachen.[51]

dd) Schwere andere seelische Abartigkeit

Schwere andere seelische Abartigkeiten sind gravierende Psychopathien, Neurosen und Triebstörungen.[52]

Besonders zu nennen sind dissoziale Persönlichkeitsstörungen.[53] Auch altersbedingte Triebstörungen[54] kommen in Betracht.

---

[47] Zu Kokain s. Fischer, StGB, 64. Aufl. 2017, § 20 Rn. 26a; aus der Rspr. vgl. BGH B. v. 24.04.2013 - 2 StR 93/13 - StV 2013, 693 (Anm. Satzger JK 2014 StGB § 21/4).

[48] Fischer, StGB, 64. Aufl. 2017, § 20 Rn. 26a; aus der Rspr. vgl.LG Berlin B. v. 02.04.2001 - 538 Qs 30/01 - StV 2002, 246.

[49] Hierzu Fischer, StGB, 64. Aufl. 2017, § 20 Rn. 30ff.; Oehler GA 1956, 1; Hadamik GA 1957, 101; Seibert NJW 1966, 1847; Engel ZStW 1967, 331; Bresser/Fotakis ZStW 1967, 449; Schlüter NJW 1971, 1070; Geilen FS Maurach 1972, 173; Rudolphi FS Henkel 1974, 199; Krümpelmann FS Welzel 1974, 327; Rasch NJW 1980, 1309; Bossi NJW 1980, 2747; Venzlaff FS Blau 1985, 391; Krümpelmann ZStW 1987, 191; Bernsmann NStZ 1989, 160; Blau FS Tröndle 1989, 109; Salger FS Tröndle 1989, 201; Glatzel StV 1993, 220; Foerster StraFo 1997, 165; Theune NStZ 1999, 273; Krümpelmann FS Hanack 1999, 717; Sander FS Eisenberg 2009, 359; aus der Rspr. vgl. zuletzt BGH U. v. 13.07.2016 - 1 StR 128/16 - NStZ 2016, 670 (Anm. Drees NStZ 2016, 672).

[50] Ausf. Streng, in: MK-StGB, 3. Aufl. 2017, § 20 Rn. 76ff.

[51] Kindhäuser, LPK, 6. Aufl. 2015, § 20 Rn. 8; aus der Rspr. vgl. BGH B. v. 19.11.2014 - 4 StR 497/14 - NStZ-RR 2015, 71.

[52] Kindhäuser, LPK, 6. Aufl. 2015, § 20 Rn. 9; näher Rasch NStZ 1982, 177; Albrecht GA 1983, 193; Foerster NStZ 1988, 444; Wegener KJ 1989, 316; Rasch StV 1991, 126; Blau FS Rasch 1993, 113; aus der Rspr. vgl. BGH U. v. 14.08.2014 - 4 StR 163/14 - NJW 2014, 3382 = NStZ 2015, 266 = StV 2015, 295 (Anm. Lohmann NStZ 2015, 580).

[53] Eschelbach, in: BeckOK-StGB, Stand 01.12.2016, § 20 Rn. 48; aus der Rspr. vgl. BGH U. v. 21.06.2011 - 5 StR 52/11 - BGHSt 56, 254 = NJW 2011, 2744 = NStZ 2011, 631 = StV 2011, 674 (Anm. Schöch JR 2012, 171).

[54] Eschelbach, in: BeckOK-StGB, Stand 01.12.2016, § 20 Rn. 88; aus der Rspr. vgl. BGH U. v. 11.08.1998 - 1 StR 338/98 - NStZ 1999, 297 (Anm. Kröber NStZ 1999, 298).

Bei Straftaten, die aufgrund einer **Sucht**[55] begangen worden sind (insbesondere Betäubungsmittelabhängigkeit, aber auch z.B. Spielsucht, Kleptomanie, Pyromanie, Kaufsucht) – dies können insbesondere Delikte zur Beschaffung der finanziellen Mittel für das Befriedigen der Sucht sein (sog. Beschaffungskriminalität) – kommt eine Schuldunfähigkeit in mehrerer Hinsicht in Betracht:

Erstens kann ein langjähriger Betäubungsmittelgenuss zu schwerster **Persönlichkeitsveränderung** geführt haben, zweitens kann der Täter zur Tatzeit unter starken **Entzugserscheinungen** gelitten haben, drittens kann ein Drogenabhängiger aus **Angst vor Entzugserscheinungen** gehandelt haben, die er schon als äußerst unangenehm erlebt hatte und als nahe bevorstehend einschätzte, viertens kann die Tat im **Zustand aktuellen Rausches** verübt worden sein.

e) Abgrenzung der §§ 20 und 21 StGB

Von der Anwendung des § 20 StGB ist die Anwendung des § 21 StGB ggf. anhand der **Vorwerfbarkeit abzugrenzen**: Nimmt der Tatrichter eine erheblich verminderte Einsichtsfähigkeit des Täters an, so muss er darüber befinden, ob diese sodann zum Fehlen der Unrechtseinsicht geführt oder ob der Täter gleichwohl das Unrecht der Tat eingesehen hat. Hat ihm die Einsicht gefehlt, so ist weiter zu prüfen, ob ihm dies zum Vorwurf gemacht werden kann. Ist ihm das Fehlen vorwerfbar, so ist auch bei fehlender Einsichtsfähigkeit nicht § 20 StGB, sondern § 21 StGB anwendbar.[56]

f) Bedeutung von Sachverständigen

Die Praxis ist mangels eigener Sachkunde des Richters bei alledem in bedeutendem Umfang von der Sachkunde von – meist medizinischen – Sachverständigen abhängig; die Schuldunfähigkeit i.S.d. § 20 StGB bleibt aber eine vom Richter zu entscheidende Rechtsfrage; mit einem Sachverständigengutachten muss sich das Gericht substantiiert auseinandersetzen, es darf die rechtliche Entscheidung nicht schlicht an den Sachverständigen delegieren.[57]

---

[55] Hierzu Fischer, StGB, 64. Aufl. 2017, § 20 Rn. 41; Arbab-Zadeh NJW 1978, 2326; Terhorst MDR 1982, 368; Taschner NJW 1984, 638; Mende FS Rasch 1993, 32; Theune NStZ 1997, 57; aus der Rspr. vgl. BGH U. v. 07.11.2013 - 5 StR 377/13 - NStZ 2014, 80 (Anm. Petzsche JR 2014, 308).

[56] Eschelbach, in: BeckOK-StGB, Stand 01.12.2016, § 21 Rn. 4; aus der Rspr. vgl. zuletzt BGH B. v. 05.07.2016 - 4 StR 215/16 - NStZ-RR 2016, 271.

[57] Hierzu Fischer, StGB, 64. Aufl. 2017, § 20 Rn. 60ff.; zur Bedeutung von Sachverständigen bei der Beurteilung der Schuld Haddenbrock ZStW 1963, 460; Kargl NJW 1975, 558; Witter NJW 1975, 563; Sarstedt FS Schmidt-Leichner 1977, 171; Bresser NJW 1978, 1188; Haddenbrock NJW 1979, 1235; Bresser NJW 1979, 1922; Haddenbrock FS Sarstedt 1981, 35; Bauer/Thoss NJW 1983, 305; Wolff NStZ 1983, 537; Maisch/Schorsch StV 1983, 32; Streng FS Leferenz 1983, 397; Witter FS Leferenz 1983, 441; Leygraf FS Rasch 1993, 78; Streng NStZ 1995, 12 und 161; Haddenbrock NStZ 1995, 581; Dölling FS Kaiser 1998, 1337; Tondorf StV 2004, 279; Scholz ZStW 2004, 618; Boetticher/Nedopil/Bosinski/Saß NStZ 2005, 57; Eisenberg NStZ 2005, 304; Basdorf HRRS 2008, 275; Schöch FS Widmaier 2008, 967; Kotsalis FS Stöckel 2010, 397; Kruse NJW 2014, 509; aus der Rspr. vgl. zuletzt BGH B. v. 28.09. 2016 - 2 StR 223/16 - NStZ-RR 2017, 37.

II. Verminderte Schuldfähigkeit, § 21 StGB

§ 21 StGB[58] ist ein – rechtspolitisch z.T. zweifelhafter[59] – **fakultativer Strafmilderungsgrund**, der auf die Voraussetzungen des § 20 StGB Bezug nimmt.

Zwar sind Strafzumessungserwägungen in der universitären Fallbearbeitung grundsätzlich nicht anzustellen, ausgenommen sind aber – neben den sog. Regelbeispielen – vertypte Strafschärfungs- und -milderungsgründe.

---

§ 21 StGB (Verminderte Schuldfähigkeit)
Ist die Fähigkeit des Täters, das Unrecht der Tat einzusehen oder nach dieser Einsicht zu handeln, aus einem der in § 20 bezeichneten Gründe bei Begehung der Tat erheblich vermindert, so kann die Strafe nach § 49 Abs. 1 gemildert werden.

Zur zweistufigen Prüfung und zu den einzelnen Störungen s.o.

Wie bei § 20 StGB dürfte auch bzgl. § 21 StGB die **Alkoholisierung** der wichtigste Anwendungsfall sein.

Als **indizielle Faustformel** gilt hier eine verminderte Schuldfähigkeit ab einer BAK von **2,0 ‰,** die aber wiederum sehr stark dadurch relativiert wird, dass eine Gesamtwürdigung anzustellen ist – insbesondere anhand der Alkoholgewöhnung des Täters und seiner Ausfallerscheinungen bei Begehung der Tat.[60]

Die Frage, ob eine Verminderung der Steuerungsfähigkeit „**erheblich**" i.S.d. § 21 StGB ist, stellt sich als Rechtsfrage dar; diese hat der Tatrichter ohne Bindung an Äußerungen von Sachverständigen zu beantworten.[61] Insofern ist auch der Grundsatz *in dubio pro reo* unanwendbar.

Bei der Beurteilung der Erheblichkeit sind die Anforderungen, welche die Rechtsordnung an jedermann stellt, entscheidend – diese sind umso höher, je schwerwiegender das in Rede stehende Delikt ist.[62] Dem Gericht kommt hierbei ein großer Beurteilungsspielraum zu.

Bei mehreren Faktoren ist eine Gesamtbetrachtung vorzunehmen.[63]

---

[58] Zu § 21 StGB Mergen GA 1955, 193; Haddenbrock NJW 1967, 285; Göppinger FS Leferenz 1983, 411.

[59] Namentlich bzgl. Alkoholisierung, hierzu Maatz StV 1998, 279.

[60] Hierzu Kindhäuser, LPK, 6. Aufl. 2015, § 20 Rn. 11; Kröber NStZ 1996, 569; aus der Rspr. vgl. BGH U. v. 12.01.1994 - 3 StR 633/93 - NJW 1994, 2629 = NStZ 1994, 239 = StV 1995, 636 (Anm. Kühl, Höchstrichterliche Rspr. BT, 2002, Nr. 16; Fabricius StV 1995, 637).

[61] Fischer, StGB, 64. Aufl. 2017, § 21 Rn. 7; aus der Rspr. vgl. zuletzt BGH B. v. 28.09. 2016 - 2 StR 223/16 - NStZ-RR 2017, 37.

[62] I.E. problematisch, vgl. Fischer, StGB, 64. Aufl. 2017, § 21 Rn. 7b; aus der Rspr. vgl. BGH B. v. 09.10.2008 - 1 StR 359/08 - NStZ-RR 2009, 17 = StV 2009, 128 (Anm. Dehne-Niemann StraFo 2009, 34).

[63] Fischer, StGB, 64. Aufl. 2017, § 21 Rn. 7a, 10; aus der Rspr. vgl. zuletzt BGH B. v. 21.06.2016 - 4 StR 161/16 - NStZ-RR 2017, 108.

Rechtsfolge der Norm ist eine **fakultative Strafmilderung**, deren Vornahme in das pflichtgemäße Ermessen des Gerichts gestellt wird.[64] Selbst bei lebenslanger Freiheitsstrafe ist eine Versagung der Strafmilderung möglich, woran aber hohe Anforderungen gestellt werden.[65]

Ausgangspunkt ist, dass in der Regel aufgrund der in §§ 21 i.V.m. 20 StGB genannten Umstände eine Schuldminderung vorliegt, die eine Strafmilderung gebietet, wenn sie nicht durch schulderhöhende Umstände aufgewogen wird. Was hierfür im Rahmen der gebotenen Gesamtwürdigung heranzuziehen ist, richtet sich letztlich nach den kriminalpolitisch fundierten Grundsätzen des Sanktionenrechts (vgl. nur § 46 StGB) und ist i.E. problematisch.[66]

Insbesondere wird kontrovers diskutiert, welche Auswirkungen es hat, wenn der schuldmindernde Umstand **selbst verschuldet** wurde.[67]

Derartiges Vorverschulden wird nach h.M. bei der Strafzumessungsentscheidung berücksichtigt.[68] Zwar hat die Frage der Schuldfähigkeit im Tatzeitpunkt nichts mit dem Verhalten vor der Tat zu tun, sehr wohl ist aber derartiges Vorverhalten strafzumessungsrelevant. Die entsprechende Handhabung des § 21 StGB erübrigt auch eine problematische Anknüpfung an die Rechtsfigur der *actio libera in causa* (s. sogleich).

Nicht geklärt ist damit die Frage, wann z.B. eine Alkoholisierung oder ein Affekt dergestalt selbstverschuldet ist, dass die Strafmilderung des § 21 StGB nicht zur Anwendung gelangen soll. Da etwa allgemein bekannt ist, dass Alkohol enthemmt, kann dies kaum für eine Versagung der Strafmilderung genügen; anders dürfte dies sein, wenn der Täter um seine Neigung zu Straftaten nach vorhergehendem Alkoholgenuss wusste oder hätte wissen können.[69]

Das Wehrstrafrecht enthält eine Spezialregelung zu der Frage selbstverschuldeten Rausches.

---

[64] Eschelbach, in: BeckOK-StGB, Stand 01.12.2016, § 21 Rn. 23ff.; Schweling MDR 1971, 971.

[65] Fischer, StGB, 64. Aufl. 2017, § 21 Rn. 23; aus der Rspr. vgl. BGH U. v. 17.08.2004 - 5 StR 93/04 - BGHSt 49, 239 = NJW 2004, 3350 = NStZ 2004, 678 = StV 2004, 591 (Anm. RA 2004, 709; Geppert JK 2005 StGB § 21/2a und b; Sonnen NK 2005, 36).

[66] S. nur Fischer, StGB, 64. Aufl. 2017, § 21 Rn. 20ff.

[67] Hierzu Fischer, StGB, 64. Aufl. 2017, § 21 Rn. 24ff.; Foth DRiZ 1990, 417; Otto Jura 1992, 329; Foth FS Salger 1995, 31; Duensing StraFo 2005, 15; Schöch GA 2006, 371; aus der Rspr. vgl. BGH U. v. 27.03.2003 - 3 StR 435/02 - NJW 2003, 2394 = NStZ 2003, 480 = StV 2003, 497 (Anm. Geppert JK 2003 StGB § 21/1; RA 2003, 516; Streng NJW 2003, 2963; Foth NStZ 2003, 597; Neumann StV 2003, 527; Frister JZ 2003, 1019; Baier JA 2004, 104; Rau JR 2004, 401; Verrel/Hoppe JuS 2005, 308).

[68] Vgl. nur Fischer, StGB, 64. Aufl. 2017, § 21 Rn. 24.

[69] Zum Ganzen und zu den Nuancen der Rspr. bzgl. selbstverschuldeter Trunkenheit Fischer, StGB, 64. Aufl. 2017, § 21 Rn. 25ff.

§ 7 WStG (Selbstverschuldete Trunkenheit)
(1) Selbstverschuldete Trunkenheit führt nicht zu einer Milderung der angedrohten Strafe, wenn die Tat eine militärische Straftat ist, gegen das Kriegsvölkerrecht verstößt oder in Ausübung des Dienstes begangen wird.
(2) Der Trunkenheit steht ein Rausch anderer Art gleich.

Der zweite wichtige Anwendungsfall der Versagung der Strafmilderung aufgrund Vorverschulden betrifft den **Affekt**.[70]

Beispiel 269:

BGH U. v. 29.10.2008 – 2 StR 349/08 – BGHSt 53, 31 = NJW 2009, 305 = NStZ 2009, 568 = StV 2009, 527 (Anm. Streng JR 2009, 341; Winkler jurisPR-StrafR 2/2009 Anm. 1; Haas FS Krey 2010, 117):
B zog mit seiner Freundin G zusammen. In der Beziehung entstanden Spannungen, B beschimpfte und bedrohte G. G wendete sich von B ab und trennte sich von ihm. B verkraftete die Trennung nicht, seine Gedanken kreisten nur noch um die gescheiterte Beziehung. B erstach wenig später G, da diese lieber sterben sollte als ein von ihm losgelöstes Leben führen.

Fraglich ist, inwieweit B durch die Beschimpfungen und Drohungen, die zur Abkehr der G und zur Trennung geführt haben, seine Belastung durch die Trennung selbst verschuldet hat.

Auch bei Versagen der Milderung des § 21 StGB finden die entsprechenden Umstände mildernde Berücksichtigung bei der allgemeinen Strafzumessung.[71]
    Ggf. ist aufgrund von Merkmalen des § 21 StGB ein minder schwerer Fall des Delikts anzunehmen,[72] sofern dies vorgesehen ist (z.B. in §§ 213, 226 III StGB).

III. Actio libera in causa (sed non libera in actu)

▶   **Didaktische Aufsätze:**
   * Maurach, Fragen der actio libera in causa, JuS 1961, 373
   * Hruschka, Der Begriff der actio libera in causa und die Begründung ihrer Strafbarkeit, JuS 1968, 554
   * Puppe, Grundzüge der actio libera in causa, JuS 1980, 346

---

[70] Zur schuldmindernden oder schuldausschließenden Bedeutung vgl. o. bei § 20 StGB; s. ferner Krümpelmann ZStW 1987, 191; Frisch ZStW 1989, 538; Salger FS Tröndle 1989, 201; Otto FS Frisch 2013, 589.

[71] Perron/Weißer, in: Sch/Sch, 29. Aufl. 2014, § 21 Rn. 23, 25.

[72] Fischer, StGB, 64. Aufl. 2017, § 21 Rn. 19; Danckert StV 1983, 476.

- Krause, Probleme der actio libera in causa, Jura 1980, 169
- Otto, Actio libera in causa, Jura 1986, 426
- Rath, Zur actio libera in causa bei Schuldunfähigkeit des Täters, JuS 1995, 405
- Mutzbauer, Actio libera in causa, JA 1997, 97
- Rönnau, Dogmatisch-konstruktive Lösungsmodelle zur actio libera in causa; Grundstruktur und Erscheinungsformen der actio libera in causa, JA 1997, 599 und 707
- Jerouschek, Die Rechtsfigur der actio libera in causa: Allgemeines Zurechnungsprinzip oder verfassungswidrige Strafbarkeitskonstruktion?, JuS 1997, 385
- Fahl, Actio libera in causa, JA 1999, 842
- Schweinberger, Allgemeiner Teil actio libera in causa: Folgeprobleme des herrschenden Tatbestandsmodells, JuS 2006, 507
- Satzger, Dreimal „in causa" – actio libera in causa, omissio libera in causa und actio illicita in causa, Jura 2006, 513
- Rönnau, Grundwissen – Strafrecht: Actio libera in causa, JuS 2010, 300

Actio libera in causa (abgekürzt a.l.i.c.)[73] bedeutet „im Grund freie Handlung", das meist weggelassene *sed non libera in actu* verweist darauf, dass bei Ausführung der Handlung diese nicht frei war. Gemeint ist damit, dass die Tat zwar bei Ausführung aufgrund Schuldunfähigkeit unfrei war, nicht aber in ihrer Ursache, da im Zeitpunkt der Herbeiführung der Schuldunfähigkeit (z.B. durch Alkoholkonsum) noch Schuldfähigkeit vorlag.

Beispiel 270:

B wollte seinen Nebenbuhler G töten, traute sich dieses im nüchternen Zustand jedoch nicht zu. Daher ging er in seine Stammkneipe, da er wusste, dass auch G diese am Abend aufsuchen würde. Bis zum Eintreffen des G betrank sich B, um anschließend den G im schuldunfähigen Zustand zu töten. Dies geschah auch.

B kann aufgrund seiner Schuldunfähigkeit nach § 20 StGB nicht wegen Totschlages (§ 212 I StGB) bestraft werden. Allerdings hat er die zur Schuldunfähigkeit führende Trunkenheit absichtlich herbeigeführt.

---

[73] Hierzu Hillenkamp/Cornelius, 32 Probleme aus dem Strafrecht AT, 15. Aufl. 2017, 13. P.; Maurach JuS 1961, 373; Krause FS Mayer 1966, 305; Hruschka JuS 1968, 554; Horn GA 1969, 289; Krause Jura 1980, 169; Puppe JuS 1980, 346; Küper FS Leferenz 1983, 573; Paeffgen ZStW 1985, 513; Otto Jura 1986, 426; Roxin FS Lackner 1987, 307; Hruschka JZ 1989, 310; Herzberg FS Spendel 1992, 203; Salger/Mutzbauer NStZ 1993, 561; Streng JZ 1994, 709; Rath JuS 1995, 405; Hruschka JZ 1996, 64; Mutzbauer JA 1997, 97, Rönnau JA 1997, 599 und 707, Jerouschek JuS 1997, 385; Horn StV 1997, 264; Hirsch FS Nishihara 1998, 88; Jakobs FS Nishihara 1998, 105; Fahl JA 1999, 842; Jerouschek FS H. J. Hirsch 1999, 241; Schlüchter FS H. J. Hirsch 1999, 345; Spendel FS H. J. Hirsch 1999, 379; Streng JZ 2000, 20; Otto FG 50 Jahre BGH IV 2000, 111; Hruschka FS Gössel 2002, 145; Satzger Jura 2006, 513; Schweinberger JuS 2006, 507; Mitsch

Beispiel 271:

BGH U. v. 22.08.1996 – 4 StR 217/96 (Grenzüberfahrt) – BGHSt 42, 235 = NJW 1997, 138 = NStZ 1997, 228 = StV 1997, 21 (Anm. Roxin, Höchstrichterliche Rspr. AT, 1998, Nr. 36; Hemmer-BGH-Classics Strafrecht, 2003, Nr. 11; Puppe, AT, 3. Aufl. 2016, § 16 Rn. 1ff.; Geppert JK 1997 StGB § 20/2; Mutzbauer JA 1997, 97; Martin JuS 1997, 377; Wolff NJW 1997, 2032; Ambos NJW 1997, 2296; Neumann StV 1997, 23; Spendel JR 1997, 133; Hruschka JZ 1997, 22; Fahnenschmidt/Klumpe DRiZ 1997, 77; Hardtung NZV 1997, 97; Gottwald JA 1998, 343; Otto Jura 1999, 217):

B, ein dänischer Staatsangehöriger, der bereits mehrfach – in Deutschland und Dänemark – wegen Trunkenheitsfahrten verurteilt worden war und keine gültige Fahrerlaubnis hatte, fuhr am Tattag mit einem Lieferwagen von seinem Wohnort in Dänemark durch das Bundesgebiet in die Niederlande, um dort Kunden aufzusuchen. Unmittelbar nach der Einreise in die Niederlande, wo er für die Nacht ein Hotel suchen wollte, kaufte der bis dahin nüchterne B kurz nach 18 Uhr alkoholische Getränke. In der Folgezeit trank er etwa fünf Liter Bier sowie Schnaps in nicht feststellbarer Menge. Zwischen 21.15 und 21.30 Uhr fuhr der zu dieser Zeit erheblich alkoholisierte B in deutlichen Schlangenlinien auf der niederländischen Autobahn A 1 in Richtung der deutschen Grenze. Gegen 21.30 Uhr erreichte er den Grenzübergang Bad Bentheim. Er fuhr mit einer Geschwindigkeit von mindestens 70 km/h auf die Kontrollstelle zu. Dabei überfuhr er zunächst einige Leitkegel, mit denen die rechte Fahrspur abgesperrt war. Sodann stieß er – mit unverminderter Geschwindigkeit – mit der rechten vorderen Seite seines Fahrzeugs gegen die hintere linke Seite eines auf der rechten Spur stehenden Personenkraftwagens. Dabei erfasste er zwei Grenzschutzbeamte, die dieses Fahrzeug kontrollierten. Die Beamten erlitten tödliche Verletzungen und starben an der Unfallstelle.

Vorausgesetzt, dass sich aus diesen Umständen die Schuldunfähigkeit des B nach § 20 StGB ergibt, könnte aber zu berücksichtigen sein, dass er sich vorsätzlich betrunken hat.

Um trotz § 20 StGB eine Bestrafung der Rauschtat jenseits des § 323a StGB zu ermöglichen, existieren verschiedene **Begründungsmodelle** der a.l.i.c.[74]

Das sog. **Ausnahmemodell**[75] geht – im Hinblick auf das Koinzidenzprinzip – von einer Ausnahme bei der Anwendung des § 20 StGB aus, jedenfalls bei zielgerichtetem Sich-Berauschen des Täters. Dies verstößt aber gegen Art. 103 II GG, § 1 StGB, da es sich um eine täterbelastende Wortlautüberschreitung handelt.

FS Küper 2007, 347; Dold GA 2008, 427; Hoyer GA 2008, 711; Rönnau JuS 2010, 300; Otto FS Frisch 2013, 589; Freund GA 2014, 137; aus der Rspr. vgl. BGH U. v. 07.06.2000 - 2 StR 135/00 - NStZ 2000, 584 (Anm. Puppe, AT, 3. Aufl. 2016, § 16 Rn. 18ff.; Trüg JA-R 2001, 77; Streng JuS 2001, 540; LL 2001, 36).

[74] Vgl. zum Ganzen auch z.B. Kindhäuser, LPK, 6. Aufl. 2015, § 20 Rn. 14ff.

[75] Z.B. Wessels/Beulke/Satzger, AT, 46. Aufl. 2016, Rn. 415.

Gleiches gilt für ein **Ausdehnungsmodell,**[76] welches beim Tatbegriff in § 20 StGB ansetzt, dabei aber in Konflikt mit dem Tatbegriff u.a. des § 16 StGB gerät.

Die sog. **Werkzeugtheorie**[77] verweist auf eine Parallele zur mittelbaren Täterschaft gem. § 25 I 2. Var. StGB: Der Täter benutze sich selbst als schuldunfähiges Werkzeug. Hiergegen spricht aber, dass § 25 I 2. Var. StGB von der Tatbegehung durch einen anderen spricht; bei eigenhändigen Delikten versagt die Begründung ohnehin.

Wohl noch h.L.[78] ist eine „Tatbestandslösung" oder „**Vorverlagerungslösung**": Diese knüpft an das Sich-Betrinken (als sog. *actio praecedens*) an und sieht mithin in diesem Akt bereits die spätere Ausführungshandlung. Richtig hieran ist, dass der Täter im schuldfähigen Zustand eine entscheidende Ursache für sein späteres Tun setzt. § 20 StGB steht nicht entgegen, da gerade die Herbeiführung des Defektzustandes als Anknüpfungspunkt und Tathandlung fungiert. Kriminalpolitisch verständlich ist das Bestreben ebenfalls dahingehend, dass die rechtsmissbräuchliche Taktik des Täters nicht aufgehen soll. Jedoch verstößt auch dieses Modell gegen Art. 103 II GG, § 1 StGB: Eine derart weite Vorverlagerung der Tathandlung widerspricht § 22 StGB, nach dem nicht jede Ursache auch nur der Versuchsbeginn ist, erst recht ist nicht jede Ursache eine Begehung der Tat. Ein Sich Betrinken kann nicht als Töten etc. begriffen werden, der Versuchsbeginn ist der frühest mögliche Zeitpunkt der Vorverlegung. Auch der Tatbegriff in §§ 16, 17 S. 1 StGB wird restriktiv ausgelegt. Zu bedenken wären ferner die Konsequenzen für die Frage, wann der Täter zum Versuch der *actio libera in causa* ansetzt (Beginn des Trinkens?).

Fundamentalkritiker[79] lehnen nach alledem die a.l.i.c. vollständig ab und wenden **allein § 323a StGB** an.

---

§ 323a StGB (Vollrausch)
(1) Wer sich vorsätzlich oder fahrlässig durch alkoholische Getränke oder andere berauschende Mittel in einen Rausch versetzt, wird mit Freiheitsstrafe bis zu fünf Jahren oder mit Geldstrafe bestraft, wenn er in diesem Zustand eine rechtswidrige Tat begeht und ihretwegen nicht bestraft werden kann, weil er infolge des Rausches schuldunfähig war oder weil dies nicht auszuschließen ist.
(2) Die Strafe darf nicht schwerer sein als die Strafe, die für die im Rausch begangene Tat angedroht ist.
(3) Die Tat wird nur auf Antrag, mit Ermächtigung oder auf Strafverlangen verfolgt, wenn die Rauschtat nur auf Antrag, mit Ermächtigung oder auf Strafverlangen verfolgt werden könnte.

Bei § 323a StGB handelt es sich um die gesetzliche Lösung des Problems, welches die Verfechter der a.l.i.c. lösen wollen. Die Existenz dieser Norm stellt auch ein wesentliches Argument zur Ablehnung aller Spielarten der a.l.i.c. dar.

---

[76] S. Streng, in: MK-StGB, 3. Aufl. 2017, § 20 Rn. 128ff.

[77] Vgl. Joecks, StGB, 11. Aufl. 2014, § 323a Rn. 33.

[78] Vgl. B. Heinrich, AT, 5. Aufl. 2016, Rn. 602ff.

[79] Z.B. Rönnau JA 1997, 707 (715f.).

Da aber die Strafobergrenze des § 323a StGB bei fünf Jahren Freiheitsstrafe liegt, wurde und wird die alleinige Anwendbarkeit des Vollrausches jedenfalls für schwere Rauschtaten als unbefriedigend empfunden, insbesondere wenn der Täter sich zielgerichtet für seine Tat in den Zustand der Schuldunfähigkeit versetzt. Es wäre Aufgabe des Gesetzgebers, die Lösung der Problematik zu normieren. Die Anknüpfung an ein Vorverhalten ist eben nur bei gesetzlicher Regelung möglich, vgl. §§ 17 S. 2, 35 I 2 StGB.

Die **Rspr.**[80] hat den Bedenken der Literatur insofern ein Stück weit Rechnung getragen, als sie bei **verhaltensgebundenen Delikten** die a.l.i.c. ablehnt; dies betrifft v.a. die Straßenverkehrsdelikte (insbesondere §§ 315c, 316 StGB). Ihr Hinweis, bei diesen Delikten knüpfe die Strafbarkeit ausdrücklich an eine besondere Handlung an, trifft freilich auf letztlich alle Delikte zu – auch das Töten bezieht sich auf einen restriktiven Tatbegriff. **I.Ü.** hält die Rspr. die vorsätzliche a.l.i.c. nach wie vor für möglich, wenn der Täter seinen Rausch vorsätzlich herbeiführt und vor diesem Zeitpunkt schon Vorsatz bzgl. der später verwirklichten Tat hatte. Nicht ausreichend ist es, dass der Täter weiß, er neige unter Alkoholeinfluss zu Gewalttaten; vielmehr muss sich der Vorsatz darauf richten, eine bestimmte Straftat auszuführen.[81]
Bei Begehung einer anderen Tat als die vom Vorsatz in nüchternem Zustand erfasste kann ein Versuch in Tateinheit mit § 323a StGB für die ausgeführte Tat vorliegen. Die Anforderungen an die Bestimmtheit der Vorstellung sind hierbei i.E. problematisch.[82]
Ob ein etwaiger *error in persona* bei der Rauschtat unbeachtlich ist, als *aberratio ictus* oder sonst wesentliche Kausalverlaufsabweichung anzusehen ist, ist strittig.[83]

Von einer **fahrlässigen** *actio libera in causa* spricht man, wenn der Täter sich vorsätzlich oder fahrlässig berauscht und dabei fahrlässig nicht bedenkt, dass er im schuldunfähigen Zustand eine rechtswidrige Tat begehen könnte.[84]

Beispiel 272:

B betrank sich vorsätzlich, wie er es jeden Samstag tut. Obwohl er es nicht vorhatte, verprügelte er später im schuldunfähigen Zustand den Z. Damit konnte er allerdings rechnen, da er wusste, dass er in alkoholisiertem Zustand zu Gewalttätigkeiten neigt.

---

[80] BGH U. v. 22.08.1996 - 4 StR 217/96 (Grenzüberfahrt) - BGHSt 42, 235.
[81] Vgl. Fischer, StGB, 64. Aufl. 2017, § 20 Rn. 50.
[82] S. B. Heinrich, AT, 5. Aufl. 2016, Rn. 610f.; aus der Rspr. vgl. BGH U. v. 24.01.1967 - 4 StR 500/67 - BGHSt 21, 381 = NJW 1968, 657 (Anm. Puppe, AT, 3. Aufl. 2016, § 16 Rn. 12ff.; Hruschka JuS 1968, 554; Schröder JR 1968, 305; Cramer JZ 1969, 273).
[83] Hierzu Kindhäuser, LPK, 6. Aufl. 2015, § 20 Rn. 30ff.; Schweinberger JuS 2006, 507.
[84] Hierzu Hettinger GA 1989, 1; Sternberg-Lieben GS Schlüchter 2002, 217; Hettinger FS Schroeder 2006, 209; aus der Rspr. vgl. OLG Nürnberg U. v. 09.05.2006 - 2 St OLG Ss 53/06 (Alkoholkrankheit) - NStZ-RR 2006, 248 (Anm. Satzger JK 2007 StGB § 222/6).

Die Konstruktion einer fahrlässigen a.l.i.c. ist jedoch überflüssig, da das Fahrlässigkeitsdelikt direkt eingreift: Dort ist die Anknüpfung an eine vorwerfbare vorgelagerte Handlung keine Besonderheit.

In der **Fallbearbeitung** empfiehlt sich folgendes Vorgehen:
Die normal durchzuführende Prüfung der eigentlichen Tathandlung (z.B. Tötung oder Trunkenheitsfahrt *sub specie* § 212 I StGB bzw. § 316 StGB) endet bei der Schuld, wenn § 20 StGB greift und der Täter daher schuldunfähig im Zeitpunkt der Tathandlung war.
Nun ist die Frage der a.l.i.c. im Hinblick auf die eigentliche Tathandlung aufzuwerfen (Ausnahmemodell, weiter Tatbegriff).
Nach Ablehnung dieser Konstruktionen ist nun das Sich-Betrinken zu prüfen – in diesem Zeitpunkt war der Täter ja noch schuldfähig –, und zwar nach der entsprechenden Konstruktion der a.l.i.c. (Tatbestandslösung und Werkzeugtheorie).
Nach Ablehnung auch dieser Auffassungen bleibt u.U. eine Fahrlässigkeitsstrafbarkeit aufgrund des Sich-Betrinkens (z.B. §§ 222, 229 StGB), wenn der spätere Erfolg vorhersehbar war. Diese scheitert gerade nicht an § 20 StGB.
I.Ü. greift, wenn dessen Voraussetzungen erfüllt sind, der Vollrausch gem. § 323a StGB.

C. Spezielle Schuldmerkmale

In der Literatur[85] stößt man bisweilen auf die Kategorie der speziellen Schuldmerkmale. Richtigerweise existiert diese Kategorie aber nicht, da es sich bei den entsprechenden Merkmalen um Tatbestandsmerkmale handelt.

D. Schuldform

Die Frage der Schuldform[86] im heutigen Sinne – früher verstand man auch Vorsatz und Fahrlässigkeit als Schuldformen – stellt sich lediglich beim Erlaubnistatumstandsirrtum, bzgl. dessen die wohl h.M. ein Entfallen der sog. Vorsatzschuld annimmt.

E. Unrechtsbewusstsein und Verbotsirrtümer, § 17 StGB

▶ **Didaktische Aufsätze:**
* Backmann, Grundfälle zum strafrechtlichen Irrtum, JuS 1972, 196, 326, 452, 649 und JuS 1973, 30, 299
* Bergmann, Der Verbotsirrtum und der Irrtum im Bereich der Schuld, JuS 1990, L 17

---

[85] Z.B. Wessels/Beulke/Satzger, AT, 46. Aufl. 2016, Rn. 422; Hardwig ZStW 1956, 14.
[86] Vgl. Wessels/Beulke/Satzger, AT, 46. Aufl. 2016, Rn. 425f.

- Otto, Der Verbotsirrtum, Jura 1990, 645
- Neumann, Der Verbotsirrtum (§ 17 StGB), JuS 1993, 793
- Lesch, Dogmatische Grundlagen zur Behandlung des Verbotsirrtums; Unrechtseinsicht und Erscheinungsformen des Verbotsirrtums; Die Vermeidbarkeit des Verbotsirrtums; JA 1996, 346, 504 und 607
- Bachmann, Irrtümer im Bereich der Schuld, JA 2009, 510

I. Allgemeines

1. Grundlagen

§ 17 StGB regelt das Unrechtsbewusstsein sowie den sog. Verbotsirrtum.[87]

> **§ 17 StGB (Verbotsirrtum)**
> Fehlt dem Täter bei Begehung der Tat die Einsicht, Unrecht zu tun, so handelt er ohne Schuld, wenn er diesen Irrtum nicht vermeiden konnte. Konnte der Täter den Irrtum vermeiden, so kann die Strafe nach § 49 Abs. 1 gemildert werden.

Eine vergleichbare Norm gibt es auch im Ordnungswidrigkeitenrecht.

> **§ 11 II OWiG (Irrtum)**
> Fehlt dem Täter bei Begehung der Handlung die Einsicht, etwas Unerlaubtes zu tun, namentlich weil er das Bestehen oder die Anwendbarkeit einer Rechtsvorschrift nicht kennt, so handelt er nicht vorwerfbar, wenn er diesen Irrtum nicht vermeiden konnte.

Dem § 17 StGB lässt sich entnehmen, dass die „Einsicht, Unrecht zu tun" (sog. **Unrechtsbewusstsein**, gemeint ist Verbotskenntnis, das Fehlen desselben nennt sich dann **Verbotsirrtum**) nicht Teil des Vorsatzes im subjektiven Tatbestand, sondern der Schuldebene zuzurechnen ist. Es handelt sich um eine Kodifikation der sog. Schuldtheorie.[88]

---

[87] Zum Unrechtsbewusstsein und § 17 StGB Schwarz NJW 1955, 526; Salm ZStW 1957, 522; Warda ZStW 1959, 252; Maurach FS Schmidt 1961, 301; Schmidhäuser FS Mayer 1966, 317; Krümpelmann GA 1968, 129; Tiedemann ZStW 1969, 869; Backmann JuS 1972, 196, 326, 452 und 649, JuS 1973, 30 und 299, JuS 1974, 40; Baumann FS Welzel 1974, 533; Schmidhäuser NJW 1975, 1807; Herdegen FS 25 Jahre BGH 1975, 195; Schünemann NJW 1980, 735; Spendel FS Tröndle 1989, 89; Otto Jura 1990, 645; Bergmann JuS 1990, L17; Neumann JuS 1993, 793; Lesch JA 1996, 346, 504 und 607; Puppe FS Rudolphi 2004, 231; Bachmann JA 2009, 510; Timpe HRRS 2016, 541.

[88] Hierzu B. Heinrich, AT, 5. Aufl. 2016, Rn. 549ff.; zur Verfassungsmäßigkeit des § 17 StGB s. BVerfG B. v. 17.12.1975 - 1 BvL 24/75 - BVerfGE 41, 121 = NJW 1976, 413 (Anm. Schmidhäuser JZ 1979, 361; Kramer/Trittel JZ 1980, 393).

Für eine Strafbarkeit ist aber kein tatsächliches Unrechtsbewusstsein vorausgesetzt, sondern nur **potentielles**, da gem. § 17 S. 1 StGB nur bei Unvermeidbarkeit des Verbotsirrtums die Schuld entfällt, während bei vermeidbar fehlendem Unrechtsbewusstsein die Schuld vorliegt und lediglich eine fakultative Strafmilderung vorgesehen ist.

2. Bezugspunkte

Das Unrechtsbewusstsein ist stets im Hinblick auf den **jeweiligen Tatbestand** zu prüfen, so dass es möglich ist, dass ein Täter bei derselben Handlung sich bzgl. des einen Tatbestands in einem Verbotsirrtum befand, bzgl. eines anderen Tatbestands aber nicht (z.B. auch bzgl. Qualifikationen)[89] – Teilbarkeit des Unrechtsbewusstseins.

Umstritten ist, ob sich das Unrechtsbewusstsein auf die Strafrechtswidrigkeit oder auf Rechtswidrigkeit in irgendeinem Rechtsbereich beziehen muss.[90]

> **Beispiel 273:**
>
> B fuhr betrunken Auto. Zwar wusste er nicht, dass er dadurch eine Straftat beging, ihm war jedoch bekannt, dass er deswegen seinen Führerschein verlieren könnte.

Die Einsicht, Unrecht zu tun, liegt nach Rspr.[91] und h.L.[92] bereits dann vor, wenn der Täter die Vorstellung hat, gegen **irgendeine rechtliche Bestimmung** zu verstoßen („Unrecht zu tun"). Ein Laie wird i.d.R. ohnehin nicht derart differenzieren.
Die Gegenauffassung[93] setzt die Vorstellung, sich strafbar zu machen, voraus.
Die Kritik an der h.M. dürfte zutreffen: Wer weiß, dass etwas z.B. zivilrechtlich oder verwaltungsrechtlich verboten ist, weiß nicht zwangsläufig um die Strafbarkeit. Dies entspricht auch der – tatbestandsbezogenen – Teilbarkeit des Unrechtsbewusstseins. Dass aber der Begriff des Unrechts im StGB strafrechtlich auszulegen ist, eben auch in § 17 S. 1 StGB, liegt näher als ein ganz weites Verständnis irgendeiner rechtlichen Missbilligung.

---

[89] B. Heinrich, AT, 5. Aufl. 2016, Rn. 554; aus der Rspr. vgl. BGH U. v. 28.02.1961 - 1 StR 467/60 - BGHSt 15, 377 = NJW 1961, 1031 (Anm. Bindokat NJW 1961, 1731; Baumann JZ 1961, 564; Bindokat NJW 1962, 185).

[90] Hierzu Joecks, StGB, 11. Aufl. 2014, § 17 Rn. 4f.; aus der Rspr. vgl. BGH U. v. 25.06.2008 - 5 StR 109/07 - BGHSt 52, 307 = NJW 2008, 2723 = NStZ 2008, 627 = StV 2008, 642 (Anm. Bosch JA 2008, 903; Gillmeister NJW 2008, 2726; Geppert JK 2009 StGB § 356/7; Müssig NStZ 2009, 471; Wohlers JR 2009, 480).

[91] S.o.

[92] S. nur Kindhäuser, LPK, 6. Aufl. 2015, § 17 Rn. 5.

[93] Z.B. Joecks, in: MK-StGB, 3. Aufl. 2017, § 17 Rn. 13ff.

Unstrittig nicht ausreichend für ein Unrechtsbewusstsein ist es – wie schon der Begriff zum Ausdruck bringt –, wenn der Täter sein Verhalten lediglich für moralisch, sittlich oder religiös bedenklich oder sozialschädlich hält.[94]

3. Fehlende Vorstellung; bedingtes Unrechtsbewusstsein

Das Unrechtsbewusstsein fehlt, wenn der Täter sich überhaupt keine Gedanken über die Rechtmäßigkeit macht.[95]

Problematisch ist das sog. bedingte Unrechtsbewusstsein.[96]

Beispiel 274:

B erhielt beim Bäcker zu viel Wechselgeld. Obwohl er sich nicht sicher war, ob er sich dadurch strafbar macht, machte er die Verkäuferin nicht darauf aufmerksam, sondern behielt es.

Beispiel 275:

Der junge Bankangestellte B behauptete an der Theaterkasse, Student zu sein, und zahlte daher nur einen ermäßigten Eintrittspreis.

In beiden Fällen wird jeweils der B davon ausgegangen sein, dass es „nicht in Ordnung ist" was er tut, zumindest eine laienhafte Vorstellung davon gehabt haben, dass der Bäckereibetreiber auf das Wechselgeld bzw. der Theaterinhaber auf den Mehrpreis einen zivilrechtlichen Anspruch hat. Ob er sich strafbar machen würde, wusste er hingegen nicht. Was muss vorliegen, damit von strafrechtlichem Unrechtsbewusstsein auszugehen ist?

Die Fragestellung ist verwandt mit den Anforderungen an den Vorsatz (v.a. *dolus eventualis*, auch sog. bedingter Vorsatz). Parallel dazu nimmt die h.M.[97] dann ein Unrechtsbewusstsein an, wenn der Täter die Vorstellung davon hat (wobei sachgedankliches Mitbewusstsein genügt[98]), möglicherweise Unrecht zu tun, und ernsthaft an der Erlaubtheit seines Tuns zweifelt, den Rechtsbruch also billigend in Kauf nimmt, wenn er trotzdem handelt.

---

[94] Fischer, StGB, 64. Aufl. 2017, § 17 Rn. 3.

[95] Joecks, in: MK-StGB, 3. Aufl. 2017, § 17 Rn. 21.

[96] Hierzu Rudolphi, in: SK-StGB, 37. Lfg., 7. Aufl. 2002, § 17 Rn. 12ff.; Warda FS Welzel 1974, 499; Leite GA 2012, 688; aus der Rspr. vgl. jüngst BGH U. v. 07.04.2016 - 5 StR 332/15 - NStZ 2016, 460 = StV 2017, 76 (Anm. Kämpfer NStZ 2016, 462; Reichling wistra 2016, 306; Loose StV 2017, 76).

[97] S.o.

[98] Joecks, in: MK-StGB, 3. Aufl. 2017, § 17 Rn. 27.

Wenig überzeugend ist dies bei nicht durch Auskunftseinholung o.Ä. behebbaren Zweifeln; vom Täter würde verlangt, ein ggf. legales Verhalten zu unterlassen, obwohl er keine Schuld am unklaren Rechtszustand trägt. Der – vielleicht moralisch besonders achtsame – Zweifelnde würde gegenüber dem Gleichgültigen benachteiligt. Auch würde der Anwendungsbereich des § 17 StGB deutlich beschnitten. Eine sorgfältige Beweiswürdigung wird in der Praxis die Frage ohnehin entschärfen, v.a. angesichts der strengen Anforderungen an die Vermeidbarkeit.

Abzugrenzen ist die fehlende Unrechtseinsicht vom fehlenden **Einverständnis mit der Rechtsordnung**[99]: Überzeugungs- und Gewissenstäter wissen, dass sie Unrecht tun, sie akzeptieren die Rechtslage nur nicht, was unbeachtlich ist.

II. Konstellationen

1. Irrtum über das Verbotensein (direkter, unmittelbarer Verbotsirrtum)

Der Täter kann i.S.d. § 17 StGB zunächst über das Verbotensein seines Verhaltens an sich irren, entweder weil er die Existenz Verbotsnorm nicht kennt oder deren Reichweite verkennt.[100]

Ersteres wird bei einem psychisch gesunden, normal in Deutschland sozialisierten Menschen[101] im ganz grundlegenden Kernstrafrecht des StGB selten sein, anders im Nebenstrafrecht[102] oder bei neu geschaffenen Strafnormen.

Beispiel 276:

Der 14jährige B schlief mit seiner dreizehnjährigen Freundin Z.

---

§ 176 I StGB (Sexueller Mißbrauch von Kindern)

Wer sexuelle Handlungen an einer Person unter vierzehn Jahren (Kind) vornimmt oder an sich von dem Kind vornehmen läßt, wird mit Freiheitsstrafe von sechs Monaten bis zu zehn Jahren bestraft.

Die Annahme, sexueller Missbrauch von Kindern könne nicht durch Kinder selbst, sondern nur durch Erwachsenen begangen werden, liegt gar nicht fern. Eine besondere Täterqualität fordert § 176 StGB aber nicht. Dass tatsächlich Kinder i.S.d.

---

[99] Kühl, AT, 8. Aufl, 2017, § 12 Rn. 31.

[100] B. Heinrich, AT, 5. Aufl. 2016, Rn. 1114.

[101] Zu § 17 StGB bei Ausländern Fischer, StGB, 64. Aufl. 2017, § 17 Rn. 8a; Laubenthal/Baier GA 2000, 205; Valerius NStZ 2003, 341; aus der Rspr. vgl. LG Mannheim U. v. 03.05.1990 - (12) 2 Ns 70/89 - NJW 1990, 2212 (Anm. Sonnen JA 1990, 358; Sonnen NK 1990/4, 42).

[102] B. Heinrich, AT, 5. Aufl. 2016, Rn. 548; aus der Rspr. vgl. OLG Oldenburg U. v. 19.10.1998 - Ss 343/98 - NStZ-RR 1999, 122.

StGB nicht bestraft werden können, liegt nur an ihrer Schuldunfähigkeit nach § 19 StGB. Kinder i.S.d. StGB sind allerdings noch nicht 14 Jahre alt. Jugendliche wie der B hingegen – im Alter von 14 bis 17 Jahren – können gem. § 3 JGG im Verhältnis zu ihrer Einsichts- und Steuerungsfähigkeit durchaus nach § 176 StGB strafrechtlich verantwortlich sein.

Beispiel 277:

B1 erfuhr, dass B2 seine Ehefrau am nächsten Tag ermorden wollte.

§ 138 I, III StGB (Nichtanzeige geplanter Straftaten)
(1) Wer von dem Vorhaben oder der Ausführung
[...]
5. eines Mordes (§ 211) oder Totschlags (§ 212) oder eines Völkermordes (§ 6 des Völkerstrafgesetzbuches) oder eines Verbrechens gegen die Menschlichkeit (§ 7 des Völkerstrafgesetzbuches) oder eines Kriegsverbrechens (§§ 8, 9, 10, 11 oder 12 des Völkerstrafgesetzbuches) oder eines Verbrechens der Aggression (§ 13 des Völkerstrafgesetzbuches),
6. einer Straftat gegen die persönliche Freiheit in den Fällen des § 232 Absatz 3 Satz 2, des § 232a Absatz 3, 4 oder 5, des § 232b Absatz 3 oder 4, des § 233a Absatz 3 oder 4, jeweils soweit es sich um Verbrechen handelt, der §§ 234, 234a, 239a oder 239b,
7. eines Raubes oder einer räuberischen Erpressung (§§ 249 bis 251 oder 255) oder
8. einer gemeingefährlichen Straftat in den Fällen der §§ 306 bis 306c oder 307 Abs. 1 bis 3, des § 308 Abs. 1 bis 4, des § 309 Abs. 1 bis 5, der §§ 310, 313, 314 oder 315 Abs. 3, des § 315b Abs. 3 oder der §§ 316a oder 316c
zu einer Zeit, zu der die Ausführung oder der Erfolg noch abgewendet werden kann, glaubhaft erfährt und es unterläßt, der Behörde oder dem Bedrohten rechtzeitig Anzeige zu machen, wird mit Freiheitsstrafe bis zu fünf Jahren oder mit Geldstrafe bestraft.
[...]

Dass man sich selbst strafbar machen kann, wenn man die Tat eines anderen nicht anzeigt, wird der durchschnittliche Bürger, der sich vielleicht aus den Dingen heraushalten möchte, nicht zwangsläufig wissen.

Ein Beispiel für ein zu enges Verständnis einer Norm findet sich im oft zu wenig streng eingeschätzten § 142 StGB.

Beispiel 278:

B rammte beim Ausparken mit seinem Pkw ein anderes Auto. Er wartete 10 Minuten und fuhr dann davon.

§ 142 StGB (Unerlaubtes Entfernen vom Unfallort)

(1) Ein Unfallbeteiligter, der sich nach einem Unfall im Straßenverkehr vom Unfallort entfernt, bevor er

1. zugunsten der anderen Unfallbeteiligten und der Geschädigten die Feststellung seiner Person, seines Fahrzeugs und der Art seiner Beteiligung durch seine Anwesenheit und durch die Angabe, daß er an dem Unfall beteiligt ist, ermöglicht hat oder

2. eine nach den Umständen angemessene Zeit gewartet hat, ohne daß jemand bereit war, die Feststellungen zu treffen,

wird mit Freiheitsstrafe bis zu drei Jahren oder mit Geldstrafe bestraft.

(2) Nach Absatz 1 wird auch ein Unfallbeteiligter bestraft, der sich

1. nach Ablauf der Wartefrist (Absatz 1 Nr. 2) oder

2. berechtigt oder entschuldigt

vom Unfallort entfernt hat und die Feststellungen nicht unverzüglich nachträglich ermöglicht.

(3) Der Verpflichtung, die Feststellungen nachträglich zu ermöglichen, genügt der Unfallbeteiligte, wenn er den Berechtigten (Absatz 1 Nr. 1) oder einer nahe gelegenen Polizeidienststelle mitteilt, daß er an dem Unfall beteiligt gewesen ist, und wenn er seine Anschrift, seinen Aufenthalt sowie das Kennzeichen und den Standort seines Fahrzeugs angibt und dieses zu unverzüglichen Feststellungen für eine ihm zumutbare Zeit zur Verfügung hält. Dies gilt nicht, wenn er durch sein Verhalten die Feststellungen absichtlich vereitelt.

(4) Das Gericht mildert in den Fällen der Absätze 1 und 2 die Strafe (§ 49 Abs. 1) oder kann von Strafe nach diesen Vorschriften absehen, wenn der Unfallbeteiligte innerhalb von vierundzwanzig Stunden nach einem Unfall außerhalb des fließenden Verkehrs, der ausschließlich nicht bedeutenden Sachschaden zur Folge hat, freiwillig die Feststellungen nachträglich ermöglicht (Absatz 3).

(5) Unfallbeteiligter ist jeder, dessen Verhalten nach den Umständen zur Verursachung des Unfalls beigetragen haben kann.

Die Auslegung der Wartepflicht nach § 142 I, II Nr. 1 StGB[103] ist strenger als von Laien i.d.R. vermutet.

Abzugrenzen ist ein solcher Verbotsirrtum nach § 17 StGB bei normativen Strafbarkeitsmerkmalen von § 16 StGB, ferner von unbeachtlichen **Subsumtionsirrtümern.**[104]

---

[103] Hierzu Eisele, BT I, 4. Aufl. 2017, Rn. 1204 m.w.N.

[104] Hierzu Kudlich, in: BeckOK-StGB, Stand 01.12.2016, § 16 Rn. 13ff.; Nierwetberg Jura 1985, 238.

Beispiel 279:

RG U. v. 23.12.1914 – V. 871/14 (Bierdeckelstriche) – DStrZ 1916, 77:
B radierte Striche auf seinem Bierdeckel aus, die die Kellnerin dort zur Zählung der konsumierten Getränke angebracht hatte.

Selbst wenn B sein Handeln nicht als Urkundenfälschung einschätzte, befand er sich nach h.M. doch nicht in einem Irrtum nach § 17 StGB, da er zumindest wusste, dass sein Handeln zivilrechtlich zu beanstanden war (Parallelwertung in der Laiensphäre), was nach h.M. genügt.

Der umgekehrte Fall, die irrige Annahme strafbaren Handelns trotz tatsächlicher Straflosigkeit, wird als **Wahndelikt** bezeichnet.[105]

Beispiel 280:

B „betrog" seine Ehefrau, indem er mit einer anderen Frau fremdging.

In Abgrenzung zum strafbaren – auch untauglichen – Versuch ist das Wahndelikt straflos[106]: Die bloße Vorstellung des „Täters" kann die Begründung einer Strafbarkeit durch ein Strafgesetz nicht ersetzen, vgl. auch Art. 103 II GG, § 1 StGB, *nulla poena sine lege.*

2. Irrtum über Existenz oder Grenzen eines Rechtfertigungsgrundes

Unter § 17 StGB fällt es auch, wenn der Täter an einen in Wirklichkeit nicht existierenden oder in der Reichweite falsch verstandenen Rechtfertigungsgrund glaubt (Erlaubnisirrtum).[107]

Beispiel 281:

B schlug ihr Kind, nachdem es sich „ungezogen" verhalten hatte.

Richtigerweise existiert ein elterliches Züchtigungsrecht nicht mehr.

Beispiel 282:

RG U. v. 20.09.1920 – I 384/20 (Obstdieb) – RGSt 55, 82 (Anm. Fahl JA 2000, 460):
B hielt während der Nacht in einer Schutzhütte bei seinen Obstbäumen Wache; er war von seinem Hunde begleitet und mit geladenem Gewehr ausgerüstet.

---

[105] S. hier nur B. Heinrich, AT, 5. Aufl. 2016, Rn. 681ff.

[106] Fischer, StGB, 64. Aufl. 2017, § 22 Rn. 49.

[107] B. Heinrich, AT, 5. Aufl. 2016, Rn. 1142f.; aus der umfangreichen Rspr. vgl. BGH B. v. 05.04.2011 - 3 StR 66/11 - NJW 2012, 1093 = NStZ 2012, 144 = StV 2011, 617 (Anm. Bosch JK 2011 BGB § 229/1; Hecker JuS 2011, 940; LL 2011, 647; RA 2011, 291; Grabow NStZ 2012, 145).

Am frühen Morgen bemerkte er zwei Männer, die Obst von den Bäumen entwendeten. Auf seinen Anruf ergriffen beide unter Mitnahme des Obstes, das sie gepflückt hatten, die Flucht und leisteten der Aufforderung des B, stehen zu bleiben, obwohl er sie durch die Drohung, er werde schießen, unterstützt hatte, keine Folge. Darauf gab B in Richtung der Fliehenden einen Schrotschuss ab, traf einen von ihnen und verletzte ihn nicht unerheblich.

Mangels Gebotenheit der Notwehrhandlung liegt keine Rechtfertigung nach § 32 StGB vor; glaubte der Täter aber an ein weitergehendes Notwehrrecht, greift auf Ebene der Schuld § 17 StGB.

III. Rechtliche Behandlung

▶ **Didaktischer Aufsatz:**
 • Nestler, Gilt für die Vermeidbarkeit des Verbotsirrtums ein „strengerer Maßstab" als für die Tatfahrlässigkeit?, Jura 2015, 562

Der Täter handelt gem. § 17 S. 1 StGB ohne Schuld, wenn sein Verbotsirrtum (das Fehlen der Einsicht, Unrecht zu tun) **unvermeidbar** war.[108]
Dies ist dann nicht der Fall, wenn er bei hinlänglicher Sorgfalt hätte verhindert werden können (potentielle Kenntnis). Vermeidbar war der Irrtum, wenn dem Täter sein Verhalten unter Berücksichtigung seiner Fähigkeiten und Kenntnisse hätte Anlass geben müssen, über dessen mögliche Rechtswidrigkeit nachzudenken oder Erkundigungen einzuholen.[109]
Anlass besteht insbesondere, wenn der Täter konkrete Zweifel hat, er weiß, dass er sich auf rechtlich besonders geregeltem Gebiet bewegt oder dass sein Verhalten Einzelnen oder der Allgemeinheit Schaden zufügt.

Die Vergewisserungsbemühungen beziehen sich zunächst auf eigenes Nachdenken und eine genügende **Gewissensanspannung** – das Gewissen gibt freilich wenig Auskunft über Rechtsfragen. Gemeint ist ein Nachdenken, d.h. der Einsatz der eigenen geistigen Erkenntniskräfte.[110]
Ferner trifft den Täter die **Pflicht zur Erkundigung**, andersherum darf er sich auf eine Rechtsauskunft verlassen und befindet sich dann in einem unvermeidbaren

---

[108] Zur Vermeidbarkeit Timpe GA 1984, 51; Stratenwerth GS Armin Kaufmann 1989; Zabel GA 2008, 33; Nestler Jura 2015, 562; aus der Rspr. vgl. jüngst BGH U. v. 04.09.2014 - 4 StR 473/13 (Jalloh) - BGHSt 59, 292 = NJW 2015, 96 (Anm. Puppe, AT, 3. Aufl. 2016, § 11 Rn. 25ff. und § 29 Rn. 23ff.; RÜ 2014, 777; Satzger Jura 2015, 882; Jäger JA 2015, 72; Jahn JuS 2015, 180; LL 2015, 179; famos 1/2015; Schiemann NJW 2015, 20, Rostalski JR 2015, 306; Zimmermann/Linder ZStW 2016, 713; Dehne-Niemann HRRS 2017, 174).

[109] Kindhäuser, LPK, 6. Aufl. 2015, § 17 Rn. 15.

[110] Hierzu Joecks, in: MK-StGB, 3. Aufl. 2017, § 17 Rn. 46ff.; Mattil ZStW 1962, 201; aus der Rspr. vgl. BayObLG U. v. 05.08.1964 - RReg. 1 a St 632/63 (Wanderer) - NJW 1965, 163.

Verbotsirrtum nach § 17 S. 1 StGB, wenn an deren Seriosität kein Zweifel besteht,[111] was jedenfalls bei behördlicher Auskunft[112] naheliegt.

Es ist strittig, ob eine unterlassene Erkundigung auch dann zur Vermeidbarkeit führt, wenn die Auskunft den Irrtum nicht beseitigt hätte (**Vermeidbarkeitszusammenhang**).[113]
Zutreffend sieht in diesen Fällen die h.M.[114] den Irrtum als unvermeidbar an. Für sie spricht, dass sich in einem solchen Fall das vorwerfbare Unterlassen des Täters nicht im rechtlichen Sinne ausgewirkt hat, so dass hierauf nicht mehr abgestellt werden sollte.

Insgesamt wird die (Un-)Vermeidbarkeit täterunfreundlich gehandhabt, letztlich ist dies eine Frage der Staatsräson.
Entscheidungen der Rspr., in denen eine Unvermeidbarkeit angenommen wird, betreffen weit überwiegend entlegenes **Nebenstrafrecht** – selbst hier gilt aber, dass man ggf. auch solche Normen aufgrund eigener Zugehörigkeit zu einem bestimmten Verkehrskreis kennen muss (insbesondere aufgrund des Berufs)[115] – und das **Ordnungswidrigkeitenrecht** (§ 11 II OWiG).

Weitere Fallgruppen stellen zwischen verschiedenen Gerichten **umstrittene Rechtsfragen**, widersprüchliche höchstrichterliche Entscheidungen oder eine plötzliche **Abweichung** von einer bisherigen höchstrichterlichen Rspr.[116] dar. Selbst dann kommt ggf. ein bedingtes Unrechtsbewusstsein in Betracht, s.o.

Bei **Ausländern**[117] stellt sich die Frage, wie weit die Relativierung des Geltungsanspruchs des deutschen Rechts bei der individuellen Täterbetrachtung gehen darf.

---

[111] V.a. bzgl. anwaltlicher Auskunft problematisch, s. Fischer, StGB, 64. Aufl. 2017, § 17 Rn. 9a; Kunz GA 1983, 457; Gaede HRRS 2013, 449; Eidam ZStW 2015, 120; aus der Rspr. vgl. BGH U. v. 04.04.2013 - 3 StR 521/12 - NStZ 2013, 461 = StV 2014, 13 (Anm. Bosch JK 2013 StGB § 17/5; RÜ 2013, 369; famos 4/2014; Dahs StV 2014, 14).

[112] Fischer, StGB, 64. Aufl. 2017, § 17 Rn. 9; aus der Rspr. vgl. BGH B. v. 02.02.2000 - 1 StR 597/99 - NStZ 2000, 364 (Anm. RA 2000, 398).

[113] Hierzu Kindhäuser, LPK, 6. Aufl. 2015, § 17 Rn. 17; aus der Rspr. vgl. BayObLG U. v. 08.09.1988 - RReg. 5 St 96/88 - NJW 1989, 1744 = StV 1989, 436 (Anm. Puppe, AT, 3. Aufl. 2016, § 19 Rn. 19ff.; Hassemer JuS 1989, 843; Rudolphi JR 1989, 387; Zaczyk JuS 1990, 889).

[114] S. nur Kühl, AT, 8. Aufl. 2017, § 13 Rn. 62 m.w.N.

[115] Neumann, in: NK, 4. Aufl. 2013, § 17 Rn. 58.

[116] S. Neumann, in: NK, 4. Aufl. 2013, § 17 Rn. 67ff.

[117] Hierzu Fischer, StGB, 64. Aufl. 2017, § 17 Rn. 8a; Laubenthal/Baier GA 2000, 205; Valerius NStZ 2003, 341; aus der Rspr. vgl. LG Mannheim U. v. 03.05.1990 - (12) 2 Ns 70/89 - NJW 1990, 2212 (Anm. Sonnen JA 1990, 358; Sonnen NK 1990/4, 42).

F. Entschuldigungsgründe

I. Entschuldigender Notstand, § 35 StGB

▶   **Didaktische Aufsätze:**
*   Timpe, Grundfälle zum entschuldigenden Notstand (§ 35 I StGB) und zum Notwehrexzess (§ 33 StGB), JuS 1984, 859, JuS 1985, 35 und 117
*   Roxin, Der entschuldigende Notstand nach § 35 StGB, JA 1990, 97 und 137
*   Müller-Christmann, Der entschuldigende Notstand, JuS 1995, L65
*   Zieschang, Der rechtfertigende und der entschuldigende Notstand, JA 2007, 679
*   Hörnle, Der entschuldigende Notstand (§ 35 StGB), JuS 2009, 873
*   Bosch, Grundprobleme des entschuldigenden Notstands (§ 35 StGB), Jura 2015, 347
*   Rönnau, Grundwissen – Strafrecht: Entschuldigender Notstand (§ 35 StGB), JuS 2016, 786

1. Aufbau

I.   Objektive Voraussetzungen
  1. Sog. Notstandslage
    a) Gefahr für Leben, Leib oder Freiheit
    b) Persönliche Nähebeziehung
    c) Gegenwärtigkeit
  2. Sog. Notstandshandlung
    a) Nicht anders abwendbar (Erforderlichkeit)
    b) Verhältnismäßigkeit
    c) Keine Zumutbarkeit, § 35 I 2 StGB
II. Subjektive Voraussetzungen

2. Grundlagen

§ 35 StGB normiert den entschuldigenden Notstand.

> **§ 35 StGB (Entschuldigender Notstand)**
> (1) Wer in einer gegenwärtigen, nicht anders abwendbaren Gefahr für Leben, Leib oder Freiheit eine rechtswidrige Tat begeht, um die Gefahr von sich, einem Angehörigen oder einer anderen ihm nahestehenden Person abzuwenden, handelt ohne Schuld. Dies gilt nicht, soweit dem Täter nach den Umständen, namentlich weil er die Gefahr selbst verursacht hat oder weil er in einem besonderen Rechtsverhältnis stand, zugemutet werden konnte, die Gefahr hinzunehmen; jedoch kann die Strafe nach § 49 Abs. 1 gemildert werden, wenn der Täter nicht mit Rücksicht auf ein besonderes Rechtsverhältnis die Gefahr hinzunehmen hatte.

(2) Nimmt der Täter bei Begehung der Tat irrig Umstände an, welche ihn nach Absatz 1 entschuldigen würden, so wird er nur dann bestraft, wenn er den Irrtum vermeiden konnte. Die Strafe ist nach § 49 Abs. 1 zu mildern.

Der Norm liegt die Überlegung zugrunde, dass strafbares Handeln unter gewissen Umständen verständlich ist, weil der Täter sich und seine Nächsten schützen möchte und ihm insofern die Befolgung der Norm nicht mehr zugemutet und daher auf die Erhebung des Schuldvorwurfs verzichtet werden kann.[118]

Relevant wird dieser Entschuldigungsgrund typischerweise dann, wenn eine Rechtfertigung nach § 34 StGB deswegen ausscheidet, weil es um die i.R.d. § 34 StGB nach ganz h.M. nicht abwägungsfähige Tötung eines Menschen geht oder weil die Angemessenheit nach § 34 S. 2 StGB fehlt.

Beispiel 283:

Regina vs. Dudley and Stephens, Queens Bench Division 1884 (Mignonette) (Anm. Ziemann ZIS 2014, 479):
Die relativ kleine Segeljacht „Mignonette" war auf der Reise von Falmouth in Südwestengland nach Sydney in Australien etwa 680 Seemeilen südlich der Insel Saint Helena im Südatlantik in einem Sturm untergegangen. Die vierköpfige Besatzung rettete sich mit Mühe in ein vier Meter langes Beiboot. An Lebensmitteln konnten die Männer zwei Dosen Rüben mitnehmen. Süßwasser gab es nicht an Bord. Am vierten Tag gelang es ihnen, eine kleine Schildkröte zu fangen, die sie verzehrten. Am achten Tag begannen sie, Ihren eigenen Urin zu trinken. Am neunzehnten Tag schnitt Kapitän Dudley dem siebzehn- oder achtzehnjährigen Schiffsjungen R. Parker, der Salzwasser getrunken hatte und schwer – wahrscheinlich sogar letal – an Durchfall erkrankt war, die Kehle durch. Die restlichen Männer ernährten sich nun vier Tage lang von dem Körper des Schiffsjungen, bis sie ein deutsches Segelschiff an Bord nahm.

Beispiel 284:

BGH U. v. 28.11.1952 – 4 StR 23/50 (Euthanasie-Ärzte) – NJW 1953, 513 (Anm. Roxin, Höchstrichterliche Rspr. AT, 1998, Nr. 23):
B1 und B2 wirkten im Jahre 1941 als Ärzte bei der Durchführung der staatlich angeordneten Massentötung von Geisteskranken mit. Sie erkannten den Zweck der Verlegung der Kranken und rechneten damit, dass die auf den Listen Verzeichneten getötet werden sollten. Sie führten die zu diesem Zweck erteilten Anweisungen teilweise durch, setzten aber einen Teil der Kranken – etwa 25 bis

---

[118] Kindhäuser, LPK, 6. Aufl. 2015, § 35 Rn. 1.

30 % – unter Überschreitung der dafür gegebenen Richtlinien, die nur etwa 5 % Streichungen zuließen, von den Verlegungslisten ab. Andere Kranke bewahrten sie dadurch vor dem Vergasungstod, dass sie sie zu ihren Angehörigen entließen oder durch Vermittlung der sie betreuenden Ordensschwestern in konfessionellen Anstalten unterbringen ließen. 30 bis 40 Jugendliche der Heilanstalt in M. rettete B1, indem er sie wahrheitswidrig als erziehungsfähig bezeichnete. Eine Gruppe von 200 Kranken ließ er aus hessischen Anstalten zurückholen, als er erfuhr, dass sie dort schlecht untergebracht waren, sie blieben auf diese Weise von der Tötung verschont.

Beispiel 285:

BVerfG U. v. 15.02.2006 – 1 BvR 357/05 – BVerfGE 115, 118 = NJW 2006, 751 (Anm. LL 2006, 269):
Um auf politische und religiöse Anliegen ihrer Organisation aufmerksam zu machen, beschlossen B1 und B2, Flugzeuge zu entführen, um diese an einem Bundesliga-Sonnabend in stark besuchte Fußballstadien stürzen zu lassen. B1 kaperte ein leeres Transportflugzeug, welches er sodann selbst flog. B2 gelang es, ein mit 200 Menschen besetztes Passagierflugzeug zu entführen. Sie übermittelten eine Botschaft an Behörden und Öffentlichkeit, in der sie ihre Hoffnung zum Ausdruck brachten, möglichst viele dekadente Wohlstandsbürger mit in den Tod zu reißen. Verteidigungsminister B3 ordnete das Aufsteigen einer Alarmrotte der Luftwaffe an. Er befahl dem Piloten B4, das von B1 gelenkte Transportflugzeug, dem Piloten B5, das von B2 entführte Passagierflugzeug jeweils über einem unbewohnten Naturschutzgebiet abzuschießen. B4 und B5 taten dies, es gab keine Überlebenden.

Beispiel 286:

BGH U. v. 25.03.2003 – 1 StR 483/02 – BGHSt 48, 255 = NJW 2003, 2464 = NStZ 2003, 482 = StV 2003, 665 (Anm. LL 2003, 777; RÜ 2003, 315; RA 2003, 463; famos 10/2003; Kargl Jura 2004, 189; Beckemper JA 2004, 99; Otto NStZ 2004, 142; Rengier NStZ 2004, 233; Hillenkamp JZ 2004, 48; Rotsch JuS 2005, 12):
B erschoss am 21.09.2001 gegen Mittag ihren schlafenden Ehemann G mit dessen Revolver. Dieser hatte sie über viele Jahre hinweg durch zunehmend aggressivere Gewalttätigkeiten und Beleidigungen immer wieder erheblich verletzt und gedemütigt. Als sie die Tat beging, sah sie keinen anderen Ausweg mehr, um sich und auch die beiden gemeinsamen Töchter vor weiteren Tätlichkeiten zu schützen. B lernte G im Jahre 1983 kennen und freundete sich mit ihm an. Dieser war bereits damals Mitglied einer Rockergruppe. Er wurde alsbald gegenüber B tätlich, indem er sie ohrfeigte. Gleichwohl heiratete B ihn 1986. Später, nach der Geburt der ersten Tochter J, versetzte er ihr auch Faustschläge ins Gesicht oder in die Magengegend und trat sie, wenn irgendetwas im täglichen Ablauf nicht seinen Vorstellungen entsprach oder B seinen „Befehlen"

nicht mit der erwarteten Schnelligkeit nachkam. Zudem ging er immer mehr dazu über, bei jeder alltäglichen Verrichtung die Hilfe der B in Anspruch zu nehmen. Auch musste sie sämtliche Gegenstände wegräumen, die er irgendwo liegen ließ. Als B schließlich mit der zweiten Tochter T schwanger war, nahm er hierauf keine Rücksicht und versetzte ihr auch jetzt Fußtritte und Faustschläge in den Bauchbereich. Hierauf führte B zurück, dass T mit einer Lippen-Gaumen-Spalte zur Welt kam. Die Gewalttätigkeiten nahmen schließlich solche Ausmaße an, dass B im Mai 1988 den Entschluss fasste, sich von ihrem Mann zu trennen. Sie begab sich in ein Frauenhaus. Ihre Eltern waren nicht bereit, sie aufzunehmen, weil sie Furcht vor den Nachstellungen durch G hatten. Nachdem dieser jedoch Besserung gelobt hatte, kehrte B nach vier Wochen zu ihm zurück. Im Jahr 1993 kam es zu einem weiteren Übergriff, bei dem er sie so lange schlug, bis sie auf dem Boden liegen blieb. Danach trat er auf die am Boden Liegende mit seinen Springerstiefeln mehrfach ein; dabei erlitt sie eine Nierenquetschung. In der Klinik täuschte B zur Verschleierung indessen einen Sturz vor. Ein anderes Mal stieß G den Kopf der B mehrfach mit solcher Heftigkeit gegen eine Zimmerwand, dass diese großflächig mit Blut verschmiert wurde und B bewusstlos zu Boden fiel. Er selbst nahm an, er habe sie getötet. Seit Mitte der 90er Jahre schlug er sie, wann immer er meinte, sie habe etwas falsch gemacht. In einem Falle versetzte er ihr mitten in der Nacht während des Schlafs einen Faustschlag ins Gesicht, weil sie ihm nach seiner Auffassung Anlass zu eifersüchtigen Träumen gegeben hatte; die aufgeplatzte Lippe musste chirurgisch versorgt werden. Nachdem die Eheleute schließlich ein Hausgrundstück gekauft hatten und G selbst Hand im Garten anlegte, erwartete er, dass B auf seinen Wink notwendige Werkzeuge oder Hilfsmittel herbeiholte; dabei titulierte er sie regelmäßig als „Schlampe", „Hure" oder „Fotze" und bedachte sie mit Ohrfeigen oder Fußtritten. Registrierte er, dass diese Handlungsweise von Nachbarn beobachtet werden konnte, schickte er B ins Haus, folgte ihr und verabreichte ihr dann dort weitere Faustschläge und Fußtritte. In der neuen Umgebung wurden seine Gewalttätigkeiten noch intensiver und häufiger. Es kam vor, dass er seine Frau mit einem Baseballschläger oder sonstigen Gegenständen schlug, die gerade für ihn greifbar waren. Schließlich misshandelte und demütigte er sie auch vor seinen Freunden in seinem Motorradclub: Weihnachten 2000 schlug er sie in Anwesenheit der versammelten Vereinsmitglieder, zwang sie, vor ihm niederzuknien und ihm nachzusprechen, sie sei eine „Schlampe" und der „letzte Dreck". B nahm die ständigen Beleidigungen und Körperverletzungen ohne Widerworte oder gar Gegenwehr hin; sie meinte, dass ihr Mann sich sonst noch mehr erzürnen und noch kräftiger zuschlagen würde. Nachdem G sich im April 2001 als Gastwirt selbstständig gemacht hatte, steigerten sich seine Gewalttätigkeiten weiter. Er schlug nicht nur B. Auch die Töchter J und T bekamen jetzt Schläge „ins Genick", wenn sie sich seiner Auffassung nach aufsässig oder unbotmäßig verhielten. B, die G in jeder freien Minute für Handreichungen bei allen alltäglichen Verrichtungen zur Verfügung zu stehen hatte und ihn bedienen musste, fand seit der Eröffnung der Gaststätte kaum mehr Schlaf. Durch die fortgesetzten Beleidigungen und Tätlichkeiten geriet sie an die Grenzen ihrer psychischen und physischen Belastbarkeit. Körperlich magerte sie immer mehr ab. Im Sommer 2001 war sie ein drittes Mal von G schwanger, erlitt aber im August, also etwa einen Monat vor der Tat, eine Fehlgeburt. In den letzten beiden Tagen vor der Tat hatte G außergewöhnlich heftige Wutanfälle. So regte er sich auf, weil er fürchtete, nicht rechtzeitig zur Öffnung seiner Gaststätte zu kommen. Er machte die B dafür verantwortlich, weil sie ihn nicht früher geweckt habe. Als er sich über eine im Windzug klappernde Tür erregte und B versuchte, ihn zu beschwichtigen, gab er ihr mehrere wuchtige Ohrfeigen, die sie zu Boden warfen. Daraufhin trat er barfuß auf sie ein. Kurze Zeit später versetzte er ihr unvermittelt einen so starken Faustschlag in den Magen, dass sie sich vor Schmerz zusammenkrümmte. Anschließend ohrfeigte er sie heftig. Er war nun wütend, weil B dabei gegen eine Tür gestoßen war; er hielt ihr vor, dass die Tür hätte beschädigt werden können. Sodann trat er, der nun Springerstiefel trug, mindestens zehnmal auf die schließlich am Boden liegende B ein, kniete sich auf sie und schlug ihr mit den Fäusten ins Gesicht. Er zog sie an den Haaren zu sich heran und biss ihr in die Wange. Infolge der Verletzungen konnte B an diesem Tag nicht das gemeinsame Lokal aufsuchen und musste auch einen Zahnarztbesuch absagen. Als G am Tattag gegen 03.30 Uhr aus seinem Lokal nach Hause kam, stritt er erneut mit B. Eine halbe Stunde lang beschimpfte er sie, bespuckte sie und schlug ihr ins Gesicht, so dass sie aus dem Mund blutete. Schließlich ging er zu Bett, während B wach blieb, weil sie die Kinder um 6 Uhr für die Schule fertig machen musste. Später, gegen 9 Uhr, stieß sie beim Aufräumen in der Wohnung auf den von G illegal erworbenen achtschüssigen Revolver „Double Action" der Marke Aminius, Kaliber 22 Magnum, nebst Munition. Diesen verwahrte ihr Mann normalerweise in der Gaststätte, um sich gegen Racheakte verfeindeter Rockergruppen und Überfälle zu schützen. B hielt ihre Situation für vollkommen ausweglos, seit sie einige Wochen zuvor wahrgenommen hatte, dass sich ihr Allgemeinzustand wegen der Doppelbelastung im Haushalt und in der Gaststätte sowie auf Grund der Beschimpfungen und Tätlichkeiten ihres Mannes erheblich verschlechtert hatte. Sie glaubte daher, den sich steigernden Gewalttätigkeiten bald „nicht mehr standhalten zu können" und befürchtete, dass die Tätlichkeiten auch gegen die Töchter schlimmere Ausmaße annehmen könnten und sie selbst dann auf Grund ihres schlechten Allgemeinbefindens dagegen immer weniger würde unternehmen können. Nach drei gescheiterten Suizidversuchen mittels Tabletten in zurückliegender Zeit war in ihr die Einsicht gereift, dass ein Suizid keine Lösung sei, weil dann ihre Töchter den Gewalttätigkeiten des Mannes schutzlos ausgesetzt wären. Spätestens seit Sommer 2001 hatte sie sich deshalb verstärkt mit dem Gedanken befasst, dem Leben ihres Mannes ein Ende zu setzen. Sie sah in ihrer Situation keinen anderen Ausweg, den Gewalttätigkeiten durch G zu entkommen und ihre eigene sowie die Unversehrtheit ihrer Töchter für die Zukunft zu garantieren, als ihn zu töten. Eine Trennung von G meinte sie auch mit Hilfe staatlicher oder karitativer Einrichtungen nicht bewerkstelligen zu können. Für diesen Fall hatte er ihr – nachdem sie aus dem Frauenhaus zurückgekehrt war – wiederholt angedroht, dass er den Töchtern etwas antun würde. Auch sie selbst könne er jederzeit ausfindig machen. Selbst wenn er ins Gefängnis käme, sei sie nicht vor ihm sicher. Er werde schließlich irgendwann „wieder herauskommen". Überdies könne er auch aus dem Gefängnis heraus seine Freunde aus den Rockergruppen beauftragen, ihr etwas anzutun. B nahm diese Drohungen ernst. Tatsächlich waren G und die Rockergruppen, denen er angehörte, gerichtsbekannt äußerst gewalttätig. Nachdem B nach dem Auffinden des Revolvers längere Zeit mit sich gerungen hatte, ob dies die Gelegenheit sei, die von ihr bereits seit einiger Zeit in Aussicht genommene Tat zu begehen, entschloss sie sich, den Schritt zu wagen und ihren Ehemann zu töten. Sie sah darin die „einzige Lösungsmöglichkeit", um die für sie ruinöse Beziehung zu ihrem Mann zu beenden. Sie betrat das Schlafzimmer und feuerte aus einer Entfernung von rund 60 cm den Inhalt der gesamten Trommel des achtschüssigen Revolvers in Sekundenschnelle auf ihren schlafenden Ehemann ab. Zwei der Geschosse trafen und führten umgehend zu seinem Tod.

Beispiel 287:

BGH U. v. 05.03.1954 – 1 StR 230/53 – BGHSt 5, 371 = NJW 1954, 1126 (Anm. Roxin, Höchstrichterliche Rspr. AT, 1998, Nr. 40; Nüse JR 1954, 268): B ist in zwei Strafverfahren gegen Z vor Gericht zunächst eidlich, sodann zweimal uneidlich und schließlich nochmals eidlich als Zeugin vernommen worden. Sie hat jedes Mal zugunsten des Z wissentlich falsch ausgesagt. Z hatte sie dazu durch die Drohung bestimmt, er werde sie töten, wenn sie nicht die unwahren Aussagen erstatte.

3. Objektive Voraussetzungen

a) Sog. Notstandslage

aa) Gefahr für Leben, Leib oder Freiheit

Zum Begriff der Gefahr s. bei § 34 StGB.

Anders als dort genügt aber nicht die Gefahr für irgendein Rechtsgut; die Aufzählung in § 35 StGB ist abschließend (*numerus clausus*).[119]

„**Leben**" umfasst nach h.M. nicht das ungeborene Leben.[120]

„**Leib**" ist die körperliche Unversehrtheit.

---

[119] Ganz h.M., vgl. Kindhäuser, LPK, 6. Aufl. 2015, § 35 Rn. 3.
[120] Fischer, StGB, 64. Aufl. 2017, § 35 Rn. 3; ausf. Satzger JuS 1997, 800.

„**Freiheit**" meint nur die Fortbewegungsfreiheit, nicht die allgemeine Handlungs-
und Entscheidungsfreiheit.[121]

Eine gewisse Bagatellgrenze muss jeweils überschritten sein.

Der Ursprung der Gefahr ist gleichgültig; die wichtigsten Fälle betreffen Bedrohun-
gen durch Menschen oder Naturkatastrophen.

bb) Persönliche Nähebeziehung

Anders als bei § 34 StGB sind nach § 35 I 1 StGB nur Handlungen gedeckt, mit
denen der Täter sich, einen Angehörigen oder eine andere ihm nahestehende Person
schützen will.

Angehörige sind in § 11 I Nr. 1 StGB legaldefiniert.

---

§ 11 I Nr. 1 StGB (Personen- und Sachbegriffe)
Im Sinne dieses Gesetzes ist
1. Angehöriger:
wer zu den folgenden Personen gehört:
a) Verwandte und Verschwägerte gerader Linie, der Ehegatte, der Lebenspartner, der
Verlobte, auch im Sinne des Lebenspartnerschaftsgesetzes, Geschwister, Ehegatten
oder Lebenspartner der Geschwister, Geschwister der Ehegatten oder Lebenspartner,
und zwar auch dann, wenn die Ehe oder die Lebenspartnerschaft, welche die Beziehung begründet hat, nicht mehr besteht oder wenn die Verwandtschaft oder Schwäger-
schaft erloschen ist,
b) Pflegeeltern und Pflegekinder

Nichteheliche Lebensgemeinschaften sind keine Angehörigenverhältnisse.[122]

Ob zu den in § 11 I Nr. 1 StGB genannten Personen tatsächlich eine emotionale
Beziehung besteht, ist irrelevant.[123]

Andere nahestehende Personen sind solche, deren In-Gefahr-Schweben beim
Täter eine seelische Zwangslage bewirken kann.[124] Dies sind insbesondere Partner
in Liebesbeziehungen und enge Freunde.

---

[121] B. Heinrich, AT, 5. Aufl. 2016, Rn. 566.

[122] Fischer, StGB, 64. Aufl. 2017, § 11 Rn. 10; ausf. zur Problematik Muther JA 2004, 375; Kretschmer JR 2008, 51.

[123] Fischer, StGB, 64. Aufl. 2017, § 11 Rn. 2, der dies *de lege ferenda* kritisiert.

[124] S. Joecks, StGB, 11. Aufl. 2014, § 35 Rn. 7; aus der Rspr. vgl. OLG Koblenz U. v. 16.04.1987 - 1
Ss 125/87 - NJW 1988, 2316 (Anm. Puppe, AT, 3. Aufl. 2016, § 13 Rn. 6ff.; Mitsch JuS 1989, 964).

cc) Gegenwärtigkeit
Zum Begriff der Gegenwärtigkeit der Gefahr s. bei § 34 StGB.

b) Sog. Notstandshandlung

aa) Nicht anders abwendbar (Erforderlichkeit)
Wie bei §§ 32 und 34 StGB auch, muss die Handlung des Täters ein geeignetes Mittel zur Gefahrabwendung sein, vor allem aber muss es sich um das mildeste Mittel handeln, welches der Täter möglichst schonend einsetzt.[125]

bb) Verhältnismäßigkeit
Ob eine Verhältnismäßigkeitsprüfung bzgl. der Gefahr und der Täterhandlung anzustellen ist, ist strittig,[126] aber abzulehnen: Einerseits lassen sich Zweifelsfälle unter § 35 I 2 StGB subsumieren (s. sogleich), andererseits gehen auch die Vertreter des Verhältnismäßigkeitserfordernisses nur von einem Ausschluss krasser Missverhältnisse aus.[127] Insbesondere können auch Tötungen entschuldigt sein.[128]

cc) Keine Zumutbarkeit, § 35 I 2 StGB
§ 35 I 2 StGB schränkt § 35 StGB für Fälle ein, in denen dem Täter die Gefahrtragung zuzumuten ist. Explizit aufgeführt werden die Verursachung der Gefahr und das besondere Rechtsverhältnis; die Formulierung „namentlich" macht aber deutlich, dass dies lediglich Beispiele sind.

(1) Verursachung der Gefahr
Darüber, was als „selbst verursacht" i.S.d. § 35 I 2 StGB anzusehen ist, herrscht Streit.[129] Einigkeit besteht darüber, dass Kausalität nicht genügt, da diese schuldindifferent ist.

Richtigerweise ist eine Fahrlässigkeit gegen sich selbst zu fordern, d.h. eine Obliegenheitsverletzung, eine Nichtbeachtung dessen, was nach der Verkehrsanschauung an gefahrvermeidenden Maßnahmen geboten war.

Beispiel 288:

B und G veranstalteten gemeinsam eine Segelpartie. Aus Nachlässigkeit vergaß B seine Schwimmweste zu Hause. Als das Boot in Folge eines Sturmes kenterte,

---

[125] Kindhäuser, LPK, 6. Aufl. 2015, § 35 Rn. 5.
[126] Vgl. Kindhäuser, LPK, 6. Aufl. 2015, § 35 Rn. 5; Silva Sánchez FS Hruschka 2005, 681.
[127] S. nur B. Heinrich, AT, 5. Aufl. 2016, Rn. 571.
[128] B. Heinrich, AT, 5. Aufl. 2016, Rn. 571.
[129] S. Blei JA 1975, 307; Lermann ZStW 2015, 284.

konnte er sich nur noch dadurch retten, dass er die Schwimmweste des G an sich nahm und für sich benutzte. G – nun ohne Schwimmweste – ertrank.

Hier hat B durch das fahrlässige Vergessen der Schwimmweste die Gefahr selbst verursacht.

Bei **Notstandshelfern** ist besonders fraglich, wessen Verschulden zu welchen Rechtsfolgen führt.[130]

Überzeugend ist es, in diesen Fällen stets die Zumutbarkeit zu verneinen, also zum Schuldausschluss zu gelangen: Ein Helfer, der die Gefahr für den anderen verursacht hat, wird sich gerade besonders verpflichtet fühlen, den Fehler zu beheben, so dass sein Motivationsdruck groß ist. Hat hingegen der Gefährdete die Gefahr verursacht, passt zum einen der Wortlaut nicht („selbst"), zum anderen wird der Motivationsdruck bei Helfern bei einer Gefahrverursachung durch den Gefährdeten nicht unbedingt vermindert.

(2) Besonderes Rechtsverhältnis
Das besondere Rechtsverhältnis i.S.d. § 35 I 2 StGB[131] ist als berufsbezogene Duldungspflicht bei von Anfang an gefahrgeneigten Tätigkeiten zugunsten der Allgemeinheit auszulegen,[132] z.B. bei Polizisten, Soldaten, Feuerwehrleute oder Richter.

Beispiel 289:

Der Polizeibeamte B wurde im Rahmen seiner dienstlichen Tätigkeit in einen Bankraub mit Geiselnahme verwickelt. Um sein Leben zu retten, stieß er die von den Geiselnehmern ebenfalls bedrohte Angestellte G in die Gruppe der Geiselnehmer, um den Augenblick der Verwirrung zum rettenden Sprung aus dem Fenster zu nutzen. Dabei nahm er billigend in Kauf, dass G im Rahmen dieser Aktion erschossen würde, was auch geschah.

Die Duldungspflicht beschränkt sich hierbei aber auf die berufstypischen Gefahren, jedenfalls gibt es keine Pflicht, in den sicheren Tod zu gehen.

Bei Notstandshelfern stellt sich wiederum die Problematik des **Dreiecksverhältnisses**[133] und wiederum sollte die Entschuldigung stets erhalten bleiben: Ist der Helfer

---

[130] Hierzu B. Heinrich, AT, 5. Aufl. 2016, Rn 574

[131] Hierzu B. Heinrich, AT, 5. Aufl. 2016, Rn. 575ff.; aus der Rspr. vgl. RG U. v. 14.06.1938 - 4 D 90/38 - (Wettermann) - RGSt 72, 246 (Anm. Puppe, AT, 3. Aufl. 2016, § 17 Rn. 1ff.; Fahl JA 2013, 274); zum Schiffskapitän Fahl JA 2012, 161; zum Beitritt zu einem Kollektiv Beck ZStW 2012, 660.

[132] Kindhäuser, LPK, 6. Aufl. 2015, § 35 Rn. 12.

[133] S. B. Heinrich, AT, 5. Aufl. 2016, Rn. 577.

in einem besonderen Rechtsverhältnis, so sollte dies keine Drittwirkung zu Lasten des Gefährdeten haben; befindet sich der Gefährdete in einem besonderen Rechtsverhältnis, mag dies an der Helfermotivation verständlicherweise ggf. nichts ändern.

(3) Weitere Umstände

§ 35 I 2 StGB ist nicht abschließend („namentlich"), trifft aber keine Aussage über die Art sonstiger Umstände, die zur Duldungspflicht bzgl. der Gefahr führen.

Genannt[134] werden u.a. sog. Garantenstellungen, Verhältnismäßigkeitserwägungen sowie rechtlich geordnete Verfahren (vgl. auch § 34 S. 2 StGB).

4. Subjektive Voraussetzungen (subjektives Entschuldigungselement)

Das sog. subjektive Entschuldigungselement i.R.d. § 35 StGB setzt voraus,[135] dass der Täter die Gefahrenlage kennt und zum Zwecke der Gefahrabwendung handelt.

Fehlt es hieran, führt dies zur Nichtanwendung des Entschuldigungsgrundes, da Sinn und Zweck der Norm die Berücksichtigung eines Motivationsdrucks ist.[136]

> **§ 35 II StGB (Entschuldigender Notstand)**
> Nimmt der Täter bei Begehung der Tat irrig Umstände an, welche ihn nach Absatz 1 entschuldigen würden, so wird er nur dann bestraft, wenn er den Irrtum vermeiden konnte. Die Strafe ist nach § 49 Abs. 1 zu mildern.

Nimmt der Täter **irrig entschuldigende Umstände** bzgl. § 35 I StGB an, so gilt § 35 II StGB.[137]

Dieser sog. **Entschuldigungstatumstandsirrtum** führt bei Unvermeidbarkeit[138] zur Straflosigkeit, bei Vermeidbarkeit zu einer obligatorischen Strafmilderung.

---

[134] S. Joecks, StGB, 11. Aufl. 2014, § 35 Rn. 17; ausf. etwa Rogall, in: SK-StGB, 125. Lfg. 2010, § 35 Rn. 41ff.

[135] H.M., vgl. nur B. Heinrich, AT, 5. Aufl. 2016, Rn. 579.

[136] B. Heinrich, AT, 5. Aufl. 2016, Rn. 579.

[137] Hierzu Fischer, StGB, 64. Aufl. 2017, § 35 Rn. 16; Vogler GA 1969, 103; Hardtung ZStW 1996, 26; Bachmann JA 2009, 510; aus der Rspr. vgl. BGH U. v. 05.03.1954 - 1 StR 230/53 - BGHSt 5, 371 = NJW 1954, 1126 (Anm. Roxin, Höchstrichterliche Rspr. AT, 1998, Nr. 40; Nüse JR 1954, 268); BGH B. v. 27.10.2010 - 2 StR 505/10 - NStZ 2011, 336 (Anm. Sinn ZJS 2011, 402).

[138] Zu den Kriterien Müssig, in: MK-StGB, 3. Aufl. 2017, § 35 Rn. 83.

II. Überschreitung der Notwehr, § 33 StGB

▶ **Didaktische Aufsätze:**
- Geilen, Notwehr und Notwehrexzeß, Jura 1981, 200, 256, 308 und 370
- Timpe, Grundfälle zum entschuldigenden Notstand (§ 35 I StGB) und zum Notwehrexzess (§ 33 StGB), JuS 1984, 859, JuS 1985, 35 und 117
- Otto, Grenzen der straflosen Überschreitung der Notwehr, § 33 StGB, Jura 1987, 604
- Sauren, Zur Überschreitung des Notwehrrechts, Jura 1988, 567
- Müller-Christmann, Der Notwehrexzess, JuS 1989, 717
- Müller-Christmann, Der Notwehrexzess, JuS 1993, L 41
- Müller-Christmann, Überschreiten der Notwehr, JuS 1994, 649
- Heuchemer/Hartmann, Grundprobleme des Notwehrexzesses – § 33 StGB: eine Vorschrift im Schnittfeld von Schuld- und Notwehrlehre, JA 1999, 165
- Heuchemer, Zum Notwehrexzess (§ 33 StGB): Putativnotwehrexzess und Exzess bei anderen Rechtfertigungsgründen, JA 1999, 724
- Heuchemer JA 2000, 382
- Theile, Der bewusste Notwehrexzess, JuS 2006, 965
- Geppert, Notwehr und Irrtum. Putativnotwehr, intensiver und extensiver Notwehrexzess, Putativnotwehrexzess, Jura 2007, 33
- Engländer, Die Entschuldigung nach § 33 StGB bei Putativnotwehr und Putativnotwehrexzess, JuS 2012, 408

§ 33 StGB regelt die Überschreitung der Notwehr.[139]

> **§ 33 StGB (Überschreitung der Notwehr)**
> Überschreitet der Täter die Grenzen der Notwehr aus Verwirrung, Furcht oder Schrecken, so wird er nicht bestraft.

Trotz der vagen Rechtsfolgenanordnung ist anerkannt, dass es sich bei § 33 StGB um einen **Entschuldigungsgrund** handelt.[140]

Die Entschuldigung beruht darauf,[141] dass ein Angegriffener Nachsicht verdient, wenn er in bestimmte Affektzustände gerät und sich daher über den erlaubten

---

[139] Zu § 33 StGB Roxin FS Schaffstein 1975, 105; Geilen Jura 1981, 200, 256, 308 und 370; Timpe JuS 1984, 859, JuS 1985, 35 und 117; Otto Jura 1987, 604; Sauren Jura 1988, 567; Müller-Christmann JuS 1989, 717; Müller-Christmann JuS 1993, L41; Müller-Christmann JuS 1994, 649; Heuchemer/Hartmann JA 1999, 165; Rosenau FS Beulke 2015, 225.

[140] B. Heinrich, AT, 5. Aufl. 2016, Rn. 582; aus der Rspr. vgl. zuletzt BGH U. v. 27.10.2015 - NStZ 2016, 333 (Anm. Bosch Jura 2016, 702; Eisele JuS 2016, 366; RÜ 2016, 100; Rückert NStZ 2016, 334; Hinz JR 2017, 126).

[141] Erb, in: MK-StGB, 3. Aufl. 2017, § 33 Rn. 2.

Rahmen des § 32 StGB hinaus wehrt. Immerhin ist ferner der ursprüngliche Angreifer verantwortlich für die Situation und damit auch für die Reaktion des Verteidigers. Jedenfalls ist § 33 StGB anwendbar auf den sog. **intensiven Notwehrexzess.** Hier ist die Notwehrlage i.S.d. § 32 StGB tatsächlich gegeben; das Überschreiten der Grenzen liegt im Verlassen des Erforderlichen[142] bei der Verteidigung gegen den Angreifer.

Beispiel 290:

Z wollte den körperlich überlegenen B verprügeln. Der überraschte B bekam Angst und stach den Z mit einem Messer nieder, obwohl er Z leicht mit einem Faustschlag hätte abwehren können.

Umstritten ist, ob § 33 StGB auch auf den sog. **extensiven Notwehrexzess,** d.h. das Überschreiten der Gegenwärtigkeitsgrenze (noch nicht begonnener oder bereits beendeter Angriff), anwendbar ist.[143]

Beispiel 291:

BGH U. v. 24.10.2001 – 3 StR 272/01 – NStZ 2002, 141 (Anm. Puppe, AT, 2. Aufl. 2011, § 18 Rn. 4ff.; Geppert JK 2002 StGB § 33/3):
B1 hatte albanischen Drogenhändlern verraten, dass B2 Hintermann eines Raubes war, bei dem den Albanern gehörende Betäubungsmittel entwendet worden waren. Hierfür wollte sich B2 an B1 rächen. B1, der wusste, dass B2 eine scharfe Schusswaffe besaß, fürchtete daher um sein Leben. Am Abend des 11.06.2009 besuchte B1 das Stadtfest in A. Er hatte ein Anglermesser mit 9 cm langer Klinge bei sich. B1 hatte bereits tagsüber Alkohol sowie Betäubungsmittel konsumiert und setzte diesen Konsum auf dem Fest fort. Gegen 21 Uhr erschien B2 mit einer Gruppe von etwa 10 Begleitern. Er entdeckte B1, schaute aus einigen Metern Entfernung immer wieder und langandauernd zu diesem hin und sprach wiederholt mit seinen Begleitern, während er auf B1 hinwies. B1 fühlte sich über einen Zeitraum von fast zwei Stunden fixiert, geriet in Angst und überlegte, ob er das Fest verlassen sollte. Er verwarf diesen Gedanken jedoch, weil er befürchtete, von B2 und seinen Leuten eingeholt zu werden und ihnen dann ausgeliefert zu sein. Schließlich musste B1 zum Austreten an B2 vorbeigehen. Als er zurückkehrte, stellte sich ihm B2 in den Weg, packte ihn an der Schulter

---

[142] B. Heinrich, AT, 5. Aufl. 2016, Rn. 583; aus der Rspr. vgl. BGH U. v. 30.10.1986 - 4 StR 505/86 - NStZ 1987, 172 = StV 1987, 99 (Anm. Roxin, Höchstrichterliche Rspr. AT, 1998, Nr. 17).
[143] Hierzu Hillenkamp/Cornelius, 32 Probleme aus dem Strafrecht AT, 15. Aufl. 2017, 12. P.; Hardtung ZStW 1996, 26; Engländer JuS 2012, 408; aus der Rspr. vgl. LG München I U. v. 10.11.1987 - Ks 121 Js 4866/86 - NJW 1988, 1860 = NStZ 1989, 25 (Anm. Beulke Jura 1988, 641; Schroeder JZ 1988, 567; Mitsch JA 1989, 79; Mitsch NStZ 1989, 26; Puppe JZ 1989, 728); BGH U. v. 18.04.2002 - 3 StR 503/01 - NStZ-RR 2002, 203 (Anm. Otto JK 2003 StGB § 32/27; LL 2003, 29; Walther JZ 2003, 52).

und versetzte ihm einen Schlag ins Gesicht, wobei er schrie, jetzt würden sie abrechnen. B2 ging auf B1 zu und griff dabei innen in seine Bomberjacke, in der sich eine scharfe Schusswaffe befand. In seiner Angst dachte B1 nunmehr sofort an die scharfe Waffe des B2 und fürchtete, dass dieser ihn erschießen wolle. Um sich vor dem weiteren Angriff zu wehren und selbst zu schützen, zog er aus seiner Jackentasche das mitgeführte Messer, klappte es mittels eines Hebels auf und stieß es, um dem erwarteten unmittelbaren „Schießangriff" des B2 zuvorzukommen, in diesen hinein. In seiner panischen Angst davor, dass B2 noch an die Waffe kommen und schießen könne, stieß B1 danach wiederholt kräftig zu, bis er den B2 zu Boden gebracht hatte. Er hielt B2, der noch nicht mit dem ganzen Körper lag, mit der linken Hand und stand seitlich in dessen Rücken, während er in unverminderter Angst von hinten über den B2 gebeugt mit Wucht auf diesen einstach. B2 war nicht mehr in der Lage, etwas gegen B1 zu unternehmen und sich ihm zu widersetzen. In seiner starken Angst vor dem vermeintlichen Schusswaffenangriff vermochte B1 indessen auch unter der Einwirkung des Alkohols die Situation nicht mehr richtig einzuschätzen. Seine Angst war so groß, dass er den Tod des B2 billigend in Kauf nahm. B2 sackte schließlich, im Gesicht, am Hals und im Brustbereich getroffen, ganz zu Boden. B1 wurde von hinzukommenden Helfern weggerissen und floh.

Der Angriff durch B2 war beendet, als dieser durch die ersten Stiche nicht mehr in der Lage war, etwas gegen B1 zu unternehmen. Trotzdem stach B1 in seiner starken Angst vor dem vermeintlichen Schusswaffenangriff auch unter Einwirkung des Alkohols weiter auf den B2 ein. Während die ersten Stiche noch von § 32 StGB gerechtfertigt waren, fehlte bei den weiteren die Notwehrlage.

Teile der Lehre[144] halten § 33 StGB auch im Fall des extensiven Notwehrexzesses für anwendbar, die wohl h.L.[145] nur, aber immerhin im Hinblick auf bereits beendete Angriffe, nicht im Hinblick auf Präventivverteidigung.

Die Rspr.[146] und einige Vertreter der Lehre[147] verneinen die Anwendbarkeit.

Zwar führt die letztgenannte Auffassung den Wortlaut an: Das Notwehrrecht müsse aktuell bestanden haben, weil ein nicht mehr bestehendes Recht nicht überschritten werden könne, § 33 StGB baue auf § 32 StGB auf. Allerdings ist eine Überschreitung auch in zeitlicher Hinsicht durchaus vom Wortlaut gedeckt. Richtig ist auch, dass der Sinn und Zweck der Norm in einer Berücksichtigung von durch Angriffen verursachter Affekte liegt. Jedenfalls bei einer sog. nachzeitigen Notwehr gegen einen bereits beendeten Angriff liegt aber eine vergleichbare psychische Situation wie beim intensiven Notwehrexzess vor; das Handeln des vormals Angegriffenen ist ebenso verständlich.

---

[144] Z.B. Erb, in: MK-StGB, 3. Aufl. 2017, § 33 Rn. 14.

[145] Z.B. Kühl, AT, 8. Aufl. 2017, § 12 Rn. 141, 144.

[146] S.o.

[147] Z.B. Rogall, in: SK-StGB, 122. Lfg. 2010, § 33 Rn. 4.

Lediglich i.F.d. Präventivabwehr greift richtigerweise weder § 32 StGB noch § 33 StGB.

§ 33 StGB gilt auch bei **Überschreiten der Gebotenheit,**[148] es sei denn, dass – wie z.b. bei der Absichtsprovokation – § 32 StGB gänzlich unanwendbar wird.[149]

Da eine dem § 35 I 2 StGB entsprechende Regelung in § 33 StGB fehlt, genügt eine vorwerfbare Verursachung (Notwehrprovokation) nicht, um die Entschuldigung zu versagen. § 33 StGB scheitert erst dann, wenn der Täter sich planmäßig auf eine tätliche Auseinandersetzung eingelassen hat, da dann die eigentliche Ursache für die Überschreitung in vor dem Eintritt der Notwehrlage gegebenen Affekten liegt.

Ebenso wenig wie § 32 StGB Drittwirkung hat, hat dies § 33 StGB.[150]

Der Täter muss aus **Verwirrung, Furcht oder Schrecken,** handeln, sog. asthenischen (schwachen) Affekten.[151] Abzugrenzen sind diese von sthenischen Affekten (aggressiven Emotionen, z.B. Hass oder Zorn).[152]

Vorausgesetzt wird, dass sich der Handelnde in einem psychischen Ausnahmezustand mit einem Störungsgrad befindet, der eine erhebliche Reduzierung seiner Fähigkeit, das Geschehen zu verarbeiten, zur Folge hat.[153] Hierfür genügt nicht jedes Angstgefühl; eine Todesangst ist aber nicht erforderlich.[154]

Auch bei einem erwarteten – erst recht bei einem nur erwartbaren – Angriff kann ein asthenischer Affekt im Zeitpunkt der Verteidigungshandlung gegeben sein.[155]

---

[148] Fischer, StGB, 64. Aufl. 2017, § 33 Rn. 2; aus der Rspr. vgl. zuletzt BGH U. v. 27.10.2015 - NStZ 2016, 333 (Anm. Bosch Jura 2016, 702; Eisele JuS 2016, 366; RÜ 2016, 100; Rückert NStZ 2016, 334; Hinz JR 2017, 126).

[149] Zur Überschreitung bei provoziertem Angriff Fischer, StGB, 64. Aufl. 2017, § 33 Rn. 6; Renzikowski FS Lenckner 1998, 249; aus der Rspr. vgl. BGH U. v. 03.02.1993 - 3 StR 356/92 (Dresdner Bordell) - BGHSt 39, 133 = NJW 1993, 1869 = NStZ 1993, 333 = StV 1993, 576 (Anm. Roxin, Höchstrichterliche Rspr. AT, 1998, Nr. 41; Hemmer-BGH-Classics Strafrecht, 2003, Nr. 13; Lesch StV 1993, 578; Otto JK 1994 StGB § 32/19; Müller-Christmann JuS 1994, 649; Drescher JR 1994, 423; Arzt JZ 1994, 314; Roxin NStZ 1995, 335).

[150] Kindhäuser, LPK, 6. Aufl. 2015, § 33 Rn. 19.

[151] B. Heinrich, AT, 5. Aufl. 2016, Rn. 588.

[152] Kindhäuser, LPK, 6. Aufl. 2015, § 33 Rn. 3; aus der Rspr. vgl. BGH U. v. 29.04.1997 - 1 StR 511/95 - BGHSt 43, 66 = NJW 1997, 2460 = StV 1997, 460 (Anm. Rönnau JA 1997, 920; Martin JuS 1997, 1139; Loos JR 1997, 514).

[153] Fischer, StGB, 64. Aufl. 2017, § 33 Rn. 3; aus der Rspr. vgl. zuletzt BGH U. v. 03.06.2015 - 2 StR 473/14 - NStZ 2016, 84 = StV 2016, 281 (Anm. RÜ 2015, 578; Hecker JuS 2016, 177; famos 6/2016; Mitsch JuS 2017, 19).

[154] Fischer, StGB, 64. Aufl. 2017, § 33 Rn. 3; aus der Rspr. vgl. BGH B. v. 21.06.2006 - 2 StR 109/06 - StV 2006, 688 (Anm. Geppert JK 2007 StGB § 33/4).

[155] Erb, in: MK-StGB, 3. Aufl. 2017, § 33 Rn. 20; aus der Rspr. vgl. BGH U. v. 24.07.1979 - 1 StR 249/79 - NJW 1980, 2263 (Anm. Arzt JR 1980, 211; Geilen JK 1981 StGB § 32/4; Hassemer JuS 1981, 151).

Der Täter muss „**aus**" dem asthenischen Affekt handeln. Erforderlich ist ein innerer Zusammenhang zwischen Affekt und Exzess.

Bei **Motivbündeln** genügt allerdings eine Mitursächlichkeit; es ist nicht nötig, dass der asthenische Affekt dominiert.[156]

Es ist umstritten, ob § 33 StGB anwendbar ist, wenn eine **bewusste (vorsätzliche) Überschreitung** vorliegt.[157]
Rspr. und h.L.[158] bejahen dies.
Eine Gegenauffassung[159] verlangt eine fehlerhafte oder bruchstückhafte Wahrnehmung oder einen Spontanentschluss.
Richtigerweise mag in diesen Fällen u.U. der asthenische Affekt fehlen; liegt dieser aber vor, so erlaubt der Wortlaut des § 33 StGB keine Differenzierung. Auch bei vollem Situationsbewusstsein kann eine psychische Ausnahmesituation vorliegen, die auch teleologisch die Entschuldigung legitimiert.

Strittig ist, ob § 33 StGB Anwendung auf den **Putativnotwehrexzess** findet.[160]
Gemeint sind damit Fälle, in denen der Täter irrig an eine Notwehrlage glaubt (er sich insofern in einem Erlaubnistatumstandsirrtum befindet), bei der Putativnotwehr jedoch auch noch die Grenzen der Notwehr überschreitet.
Die ganz h.M.[161] lehnt § 33 StGB in diesen Fällen ab, ebenso eine Analogie. Vielmehr befinde sich der Täter ggf. in einem „Doppelirrtum", für den § 17 StGB gelte. Ihr ist zu folgen: § 33 StGB knüpft an § 32 StGB an; bei Anwendung des § 33 StGB stünde derjenige, der eine vermeintliche Notwehr überschreitet, besser als derjenige, der lediglich über das Vorliegen der Notwehrlage irrt (für den greift ggf. die Fahrlässigkeitsstrafbarkeit).

---

[156] H.M., Fischer, StGB, 64. Aufl. 2017, § 33 Rn. 4; a.A. Erb, in: MK-StGB, 3. Aufl. 2017, § 33 Rn. 22; aus der Rspr. vgl. zuletzt BGH U. v. 27.10.2015 - NStZ 2016, 333 (Anm. Bosch Jura 2016, 702; Eisele JuS 2016, 366; RÜ 2016, 100; Rückert NStZ 2016, 334; Hinz JR 2017, 126).

[157] Zsf. Rogall, in: SK-StGB, 122. Lfg. 2010, § 33 Rn. 10; vgl. auch Theile JuS 2006, 965; Erb NStZ 2011, 186; aus der Rspr. vgl. BGH U. v. 03.02.1993 - 3 StR 356/92 (Dresdner Bordell) - BGHSt 39, 133 = NJW 1993, 1869 = NStZ 1993, 333 = StV 1993, 576 (Anm. Roxin, Höchstrichterliche Rspr. AT, 1998, Nr. 41; Hemmer BGH-Classics Strafrecht, 2003, Nr. 13; Lesch StV 1993, 578; Otto JK 1994 StGB § 32/19; Müller-Christmann JuS 1994, 649; Drescher JR 1994, 423; Arzt JZ 1994, 314; Roxin NStZ 1995, 335).

[158] S.o.

[159] Perron, in: Sch/Sch, 29. Aufl. 2014, § 33 Rn. 6.

[160] Hierzu Heuchemer JA 1999, 724; Geppert Jura 2007, 33; Engländer JuS 2012, 408; Albrecht GA 2013, 369; aus der Rspr. vgl. zuletzt BGH U. v. 27.10.2015 - NStZ 2016, 333 (Anm. Bosch Jura 2016, 702; Eisele JuS 2016, 366; RÜ 2016, 100; Rückert NStZ 2016, 334; Hinz JR 2017, 126).

[161] S. nur Peters JR 1950, 742; Oehler JR 1951, 489; Welzel ZStW 1951, 47; Koch JA 2005, 745; Hörnle FS Herzberg 2008, 555; Jakobs FS Krey 2010, 207; Rönnau JuS 2017, 113.

III. Übergesetzlicher entschuldigender Notstand

▶ **Didaktische Aufsätze:**
- Koch, Tötung Unschuldiger als straflose Rettungshandlung?, JA 2005, 745
- Rönnau, Grundwissen – Strafrecht: Übergesetzlicher entschuldigender Notstand (analog § 35 StGB), JuS 2017, 113

Bereits ganz grundsätzlich ist strittig, ob es über § 35 StGB hinaus einen übergesetzlichen entschuldigenden Notstand gibt.[162]

Diskutiert werden Fälle, in denen zwar eine Voraussetzung des § 35 StGB fehlt (nämlich das persönliche Näheverhältnis), in denen aufgrund des Interesses am Rechtsgüterschutz und einer damit einhergehenden Verständlichkeit des Verhaltens des Täters eine Bestrafung aber unangebracht erscheint.

Beispiel 292:

BGH U. v. 28.11.1952 – 4 StR 23/50 (Euthanasie-Ärzte) – NJW 1953, 513 (Anm. Roxin, Höchstrichterliche Rspr. AT, 1998, Nr. 23):
B1 und B2 wirkten im Jahre 1941 als Ärzte bei der Durchführung der staatlich angeordneten Massentötung von Geisteskranken mit. Sie erkannten den Zweck der Verlegung der Kranken und rechneten damit, dass die auf den Listen Verzeichneten getötet werden sollten. Sie führten die zu diesem Zweck erteilten Anweisungen teilweise durch, setzten aber einen Teil der Kranken – etwa 25 bis 30 % – unter Überschreitung der dafür gegebenen Richtlinien, die nur etwa 5 % Streichungen zuließen, von den Verlegungslisten ab. Andere Kranke bewahrten sie dadurch vor dem Vergasungstod, dass sie sie zu ihren Angehörigen entließen oder durch Vermittlung der sie betreuenden Ordensschwestern in konfessionellen Anstalten unterbringen ließen. 30 bis 40 Jugendliche der Heilanstalt in M. rettete B1, indem er sie wahrheitswidrig als erziehungsfähig bezeichnete. Eine Gruppe von 200 Kranken ließ er aus hessischen Anstalten zurückholen, als er erfuhr, dass sie dort schlecht untergebracht waren, sie blieben auf diese Weise von der Tötung verschont.

Beispiel 293:

vgl. BVerfG U. v. 15.02.2006 – 1 BvR 357/05 – BVerfGE 115, 118 = NJW 2006, 751 (Anm. LL 2006, 269):
Um auf politische und religiöse Anliegen ihrer Organisation aufmerksam zu machen, beschlossen B1 und B2, Flugzeuge zu entführen, um diese an einem Bundesliga-Sonnabend in stark besuchte Fußballstadien stürzen zu lassen.

---

[162] S. B. Heinrich, AT, 5. Aufl. 2016, Rn. 596.

B 1 kaperte ein leeres Transportflugzeug, welches er sodann selbst flog. B2 gelang es, ein mit 200 Menschen besetztes Passagierflugzeug zu entführen. Sie übermittelten eine Botschaft an Behörden und Öffentlichkeit, in der sie ihre Hoffnung zum Ausdruck brachten, möglichst viele dekadente Wohlstandsbürger mit in den Tod zu reißen. Verteidigungsminister B3 ordnete das Aufsteigen einer Alarmrotte der Luftwaffe an. Er befahl dem Piloten B4, das von B 1 gelenkte Transportflugzeug, dem Piloten B5, das von B2 entführte Passagierflugzeug jeweils über einem unbewohnten Naturschutzgebiet abzuschießen. B4 und B5 taten dies, es gab keine Überlebenden.

Beispiel 294:

BGH U. v. 15.09.1988 – 4 StR 352/88 (Katzenkönig) – BGHSt 35, 347 = NJW 1989, 912 = NStZ 1989, 176 = StV 1989, 296 (Anm. Roxin, Höchstrichterliche Rspr. AT, 1998, Nr. 81; Hemmer-BGH-Classics Strafrecht, 2003, Nr. 29; Sonnen JA 1989, 212; Hassemer JuS 1989, 673; Schaffstein NStZ 1989, 153; Küper JZ 1989, 617 und 935; Herzberg Jura 1990, 16; Roßmüller/Rohrer Jura 1990, 582; Schumann NStZ 1990, 32; Bandemer JA 1994, 285; Nibbeling JA 1995, 216; Spendel FS Lüderssen 2002, 605):

H, P und R lebten in einem von „Mystizismus, Scheinerkenntnis und Irrglauben" geprägten „neurotischen Beziehungsgeflecht" zusammen. H gelang es im bewussten Zusammenwirken mit P, dem leicht beeinflussbaren R zunächst die Bedrohung seiner Person durch Zuhälter und Gangster mit Erfolg vorzugaukeln und ihn in eine Beschützerrolle zu drängen. Später brachten beide ihn durch schauspielerische Tricks, Vorspiegeln hypnotischer und hellseherischer Fähigkeiten und die Vornahme mystischer Kulthandlungen dazu, an die Existenz des „Katzenkönigs", der seit Jahrtausenden das Böse verkörpere und die Welt bedrohe, zu glauben; R – in seiner Kritikfähigkeit eingeschränkt, aber auch aus Liebe zu H darum bemüht, ihr zu glauben – wähnte sich schließlich auserkoren, gemeinsam mit den beiden anderen den Kampf gegen den „Katzenkönig" aufzunehmen. Auf Geheiß musste er Mutproben bestehen, sich katholisch taufen lassen, H ewige Treue schwören; so wurde er von ihr und P zunächst als Werkzeug für den eigenen Spaß benutzt. Als H Mitte des Jahres 1986 von der Heirat ihres früheren Freundes N erfuhr, entschloss sie sich aus Hass und Eifersucht, dessen Frau (A) von R – unter Ausnutzung seines Aberglaubens – töten zu lassen. In stillschweigendem Einverständnis mit P, der – wie sie wusste – seinen Nebenbuhler loswerden wollte, spiegelte die H dem R vor, wegen der vielen von ihm begangenen Fehler verlange der „Katzenkönig" ein Menschenopfer in der Gestalt der Frau A; falls er die Tat nicht binnen einer kurzen Frist vollende, müsse er sie verlassen und die Menschheit oder Millionen von Menschen würden vom „Katzenkönig" vernichtet. R, der erkannte, dass das Mord sei, suchte auch unter Berufung auf das fünfte Gebot vergeblich nach einem Ausweg. H und P wiesen stets darauf hin, dass das Tötungsverbot für sie nicht gelte, „da es ein göttlicher Auftrag sei und sie die Menschheit zu retten hätten". Nachdem er H „unter Berufung auf Jesus" hatte schwören müssen, einen Menschen zu töten, und sie ihn darauf hingewiesen hatte, dass bei Bruch des Schwurs seine „unsterbliche Seele auf Ewigkeit verflucht" sei, war er schließlich zur Tat entschlossen. Ihn plagten Gewissensbisse, er wog jedoch die „Gefahr für Millionen Menschen ab", die er „durch das Opfern von Frau A" retten könne. Am späten Abend des 30.07.1986 suchte R Frau A in ihrem Blumenladen unter dem Vorwand auf, Rosen kaufen zu wollen. Entsprechend dem ihm von P – im Einverständnis mit H – gegebenen Rat stach R mit einem ihm zu diesem Zweck von P überlassenen Fahrtenmesser hinterrücks der ahnungs- und wehrlosen Frau A in den Hals, das Gesicht und den Körper, um sie zu töten. Als dritte Personen der sich nun verzweifelt wehrenden Frau zu Hilfe eilten, ließ R von weiterer Tatausführung ab, um entsprechend seinem „Auftrag" unerkannt fliehen zu können; dabei rechnete er mit dem Tod seines Opfers, der jedoch ausblieb.

Wenn in diesen Fällen der Täter Leben opfert, um anderes – quantitativ überwiegendes – Leben zu schützen, sollte er angesichts des positiven Rechtsgütersaldos entschuldigt sein. Mag man dies auch als eine methodisch kaum zu begründende Analogie zu § 35 StGB ansehen,[163] so würde eine Verurteilung doch kaum der psychischen Situation des Täters im Zeitpunkt der Tathandlung gerecht werden.

Besonders fraglich sind Fälle, in denen der Täter das Risiko auf bisher nicht Gefährdete oder gar unrettbar Verlorene umlenkt. Es bleibt hier das ungute Gefühl, dass der Täter „Gott spielt". Es dürfte aber zutreffen, auch in diesen Fällen eine Entschuldigung anzunehmen: Ganz abgesehen von utilitaristischen Erwägungen muss der Täter in einer oft sehr eilbedürftigen Situation entscheiden; dass er sich dann für das quantitativ überwiegende Interesse entscheidet, ist verständlich und begründet kein Strafbedürfnis.

IV. Gewissensnot, Art. 4 GG?

Ob Grundrechte, wenn sie schon ggf. an Tatbestandsmäßigkeit und Rechtswidrigkeit der Tat nichts ändern, jedenfalls entschuldigend wirken können, ist problematisch und wird v.a. für Art. 4 GG diskutiert.[164]

---

[163] Schlehofer, in: MK-StGB, 3. Aufl. 2017, vor § 32. Rn. 269ff.

[164] S. Kühl, AT, 8. Aufl. 2017, § 12 Rn. 109ff.; Kraushaar GA 1959, 325; Hannover GA 1964, 33; Heinitz ZStW 1966, 615; Noll ZStW 1966, 638; Peters FS Mayer 1966, 257; Dürig JZ 1967, 426; Peters FS Engisch 1969, 468; Blei JA 1972, 231, 303 und 369; Müller-Dietz FS Peters 1974, 91; Bockelmann FS Welzel 1974, 543; Rudolphi FS Welzel 1974, 605; Schulte/Träger FS 25 Jahre BGH 1975, 251; Struensee JZ 1984, 645; Herdegen GA 1986, 97; Roxin FS Maihofer 1988, 389; Peters FS Stree/Wessels 1993, 3; Wolter GA 1996, 207; Böse ZStW 2001, 40; de Figueiredo Dias FS Roxin 2001, 531; Otto FS Schmitt Glaeser 2003, 21; Frisch GA 2006, 273; Frisch FS Schroeder 2006, 11; Roxin GA 2011, 1; Luzón Peña FS Wolter 2013, 431.

Beispiel 295:

BVerfG B. v. 19.10.1971 – 1 BvR 387/65 (Evangelischer Brüderverein) – BVerfGE 32, 98 = NJW 1972, 327 (Anm. Roxin, Höchstrichterliche Rspr. AT, 1998, Nr. 42; Weber JuS 1972, 281; Schwabe JuS 1972, 380; Händel NJW 1972, 330; Deubner NJW 1972, 814; Dreher JR 1972, 342; Peters JZ 1972, 85; Ranft FS Schwinge 1973, 111):
B gehört der religiösen Vereinigung des evangelischen Brüdervereins an. Seine Ehefrau war ebenfalls Mitglied dieser Gemeinschaft. Die nach der Geburt des vierten Kindes unter akutem Blutmangel leidende Ehefrau lehnte es ab, sich entgegen ärztlichem Rat in eine Krankenhausbehandlung zu begeben und insbesondere eine Bluttransfusion vornehmen zu lassen. Ihr Ehemann unterließ es, seinen Einfluss auf seine Ehefrau im Sinne der ärztlichen Ratschläge geltend zu machen. Eine Heilbehandlung unterblieb. Die Ehefrau, die bis zuletzt bei klarem Bewusstsein war, verstarb.

Richtigerweise gilt auch im Lichte des Art. 4 GG, dass für Überzeugungstäter als Gewissenstäter die Rechtsordnung gleichermaßen gilt. Diese darf die Geltung ihrer Normen nicht von der Billigung durch den Einzelnen abhängig machen. Der strafrechtliche Rechtsgüterschutz rechtfertigt auch den Eingriff in Art. 4 GG i.R.d. verfassungsimmanenten Schranken.

V. Befehl; dienstliche Weisung

Zur Rechtfertigung aufgrund Befehls s.o. Bei bestehender Rechtswidrigkeit kommt u.U. eine Entschuldigung[165] in Betracht, s. §§ 11 II SoldG, 5 I WStG, 3 VStGB, 56 II 3 BBG, 38 II 2 BRRG, 30 III ZDG, 97 II StVollzG. Im examensrelevanten Kernstrafrecht spielt dies kaum eine Rolle.

---

[165] Zur Entschuldigung aufgrund Befehl Küper JuS 1987, 81; Lenckner FS Stree/Wessels 1993, 223; Ambos JR 1998, 221; Walter JR 2005, 279; Fahl ZIS 2011, 229; Meyer GA 2012, 556.

13. Kapitel: Sonstige Strafvoraussetzungen

Nach der Schuld endet meistens die Strafbarkeitsprüfung, so dass – ggf. nach Auseinandersetzung mit der Strafzumessung bei sog. Regelbeispielen, z.B. nach § 243 I 2 StGB, und bei vertypten Milderungen, z.B. §§ 21, 23 II, 27 II 2 StGB – nur noch ein Endergebnis folgt.

Bei einigen Delikten sind aber weitere Strafbarkeitsvoraussetzungen zu prüfen.[1]

Zu sog. objektiven Bedingungen der Strafbarkeit s. bereits o.

A. Strafausschließungsgründe

▶ **Didaktischer Aufsatz:**

- Bloy, Die Rolle der Strafausschließungs- und Strafaufhebungsgründe in der Dogmatik und im Gutachten, JuS 1993, L33.

Dies sind zum einen Strafausschließungsgründe, bei deren Vorliegen die Tat von vornherein nicht strafbar ist, z.B. Art. 46 I GG, Art. 46 II GG, § 36 StGB, §§ 173 III, 258 VI StGB, §§ 218 IV 2, 218a IV 1, 218b I 3, 218c II StGB, §§ 257 III 1, 258 V StGB, § 37 StGB, § 326 VI StGB. In der typisierten Situation besteht aus kriminalpolitischen Gründen kein Strafbedürfnis.

---

[1] Hierzu B. Heinrich, AT, 5. Aufl. 2016, Rn. 615ff.

© Springer-Verlag GmbH Deutschland, ein Teil von Springer Nature 2018
D. Bock, *Strafrecht Allgemeiner Teil*, Springer-Lehrbuch,
https://doi.org/10.1007/978-3-662-54789-2_13

§§ 258 I, II, V, VI StGB (Strafvereitelung)

(1) Wer absichtlich oder wissentlich ganz oder zum Teil vereitelt, daß ein anderer dem Strafgesetz gemäß wegen einer rechtswidrigen Tat bestraft oder einer Maßnahme (§ 11 Abs. 1 Nr. 8) unterworfen wird, wird mit Freiheitsstrafe bis zu fünf Jahren oder mit Geldstrafe bestraft.

(2) Ebenso wird bestraft, wer absichtlich oder wissentlich die Vollstreckung einer gegen einen anderen verhängten Strafe oder Maßnahme ganz oder zum Teil vereitelt.

[…]

(5) Wegen Strafvereitelung wird nicht bestraft, wer durch die Tat zugleich ganz oder zum Teil vereiteln will, daß er selbst bestraft oder einer Maßnahme unterworfen wird oder daß eine gegen ihn verhängte Strafe oder Maßnahme vollstreckt wird.

(6) Wer die Tat zugunsten eines Angehörigen begeht, ist straffrei.

B. Strafaufhebungsgründe

▶ **Didaktischer Aufsatz:**
  • Bloy, Die Rolle der Strafausschließungs- und Strafaufhebungsgründe in der Dogmatik und im Gutachten, JuS 1993, L33.

Zum anderen gibt es Strafaufhebungsgründe, bei denen eine bereits begründete Strafbarkeit *ex post* entfällt. Der Täter kehrt zur Rechtstreue zurück. Zu nennen sind v.a. der Rücktritt vom versuchten Delikt nach §§ 24, 31 StGB und die tätige Reue[2] bei bestimmten vollendeten Delikten, §§ 98 II, 306e II, 314a, 320 III, 330b I 2 StGB.

§ 24 StGB (Rücktritt)

(1) Wegen Versuchs wird nicht bestraft, wer freiwillig die weitere Ausführung der Tat aufgibt oder deren Vollendung verhindert. Wird die Tat ohne Zutun des Zurücktretenden nicht vollendet, so wird er straflos, wenn er sich freiwillig und ernsthaft bemüht, die Vollendung zu verhindern.

(2) Sind an der Tat mehrere beteiligt, so wird wegen Versuchs nicht bestraft, wer freiwillig die Vollendung verhindert. Jedoch genügt zu seiner Straflosigkeit sein freiwilliges und ernsthaftes Bemühen, die Vollendung der Tat zu verhindern, wenn sie ohne sein Zutun nicht vollendet oder unabhängig von seinem früheren Tatbeitrag begangen wird.

---

[2] Hierzu Krack NStZ 2001, 505; vgl. auch Oğlakcıoğlu/Kulhanek JR 2014, 462.

§ 306e StGB (Tätige Reue)

(1) Das Gericht kann in den Fällen der §§ 306, 306a und 306b die Strafe nach seinem Ermessen mildern (§ 49 Abs. 2) oder von Strafe nach diesen Vorschriften absehen, wenn der Täter freiwillig den Brand löscht, bevor ein erheblicher Schaden entsteht.

(2) Nach § 306d wird nicht bestraft, wer freiwillig den Brand löscht, bevor ein erheblicher Schaden entsteht.

(3) Wird der Brand ohne Zutun des Täters gelöscht, bevor ein erheblicher Schaden entstanden ist, so genügt sein freiwilliges und ernsthaftes Bemühen, dieses Ziel zu erreichen.

C. Strafantrag, §§ 77ff. StGB; Verfolgungsverjährung, §§ 78-78c StGB

Strafantrag und Verjährung sind zwar im StGB geregelt, der Sache nach handelt es sich aber weniger um materielle Strafbarkeitsvoraussetzungen als um Institute des Strafprozessrechts (Prozessvoraussetzungen),[3] so dass sie in der strafrechtlichen Fallbearbeitung fast nie zu prüfen sind.

Was aber den Strafantrag angeht, so hat es sich eingebürgert, dass sowohl dann, wenn entweder laut Bearbeitervermerk alle erforderlichen Strafanträge gestellt sind, als auch wenn kein Hinweis im Fall ersichtlich ist, zumindest das Antragserfordernis kurz mit dazugehöriger Norm erwähnt wird, vgl. z.B. §§ 123 II, 194, 205, 230, 238 IV, 247, 248a, 263 IV, 265a III, 288 II, 289 III, 294, 303c StGB.

§ 123 StGB (Hausfriedensbruch)

(1) Wer in die Wohnung, in die Geschäftsräume oder in das befriedete Besitztum eines anderen oder in abgeschlossene Räume, welche zum öffentlichen Dienst oder Verkehr bestimmt sind, widerrechtlich eindringt, oder wer, wenn er ohne Befugnis darin verweilt, auf die Aufforderung des Berechtigten sich nicht entfernt, wird mit Freiheitsstrafe bis zu einem Jahr oder mit Geldstrafe bestraft.

(2) Die Tat wird nur auf Antrag verfolgt.

§ 230 StGB (Strafantrag)

(1) Die vorsätzliche Körperverletzung nach § 223 und die fahrlässige Körperverletzung nach § 229 werden nur auf Antrag verfolgt, es sei denn, daß die Strafverfolgungsbehörde

---

[3] S. daher Beulke, Strafprozessrecht, 13. Aufl. 2016, Rn. 281, 283; didaktisch zur Verjährung Bock JuS 2006, 12; Satzger Jura 2012, 433; Meyer JA 2014, 342; zum Strafantrag Kett-Straub JA 2011, 694; Bosch Jura 2013, 368; Mitsch JA 2014, 1; Böhme/Lahmann JuS 2016, 234.

wegen des besonderen öffentlichen Interesses an der Strafverfolgung ein Einschreiten von Amts wegen für geboten hält. Stirbt die verletzte Person, so geht bei vorsätzlicher Körperverletzung das Antragsrecht nach § 77 Abs. 2 auf die Angehörigen über.

(2) Ist die Tat gegen einen Amtsträger, einen für den öffentlichen Dienst besonders Verpflichteten oder einen Soldaten der Bundeswehr während der Ausübung seines Dienstes oder in Beziehung auf seinen Dienst begangen, so wird sie auch auf Antrag des Dienstvorgesetzten verfolgt. Dasselbe gilt für Träger von Ämtern der Kirchen und anderen Religionsgesellschaften des öffentlichen Rechts.

§ 248a StGB (Diebstahl und Unterschlagung geringwertiger Sachen)
Der Diebstahl und die Unterschlagung geringwertiger Sachen werden in den Fällen der §§ 242 und 246 nur auf Antrag verfolgt, es sei denn, daß die Strafverfolgungsbehörde wegen des besonderen öffentlichen Interesses an der Strafverfolgung ein Einschreiten von Amts wegen für geboten hält.

14. Kapitel: Versuchtes täterschaftliches Begehungsdelikt

▶ **Didaktische Aufsätze:**
- Roxin, Tatentschluß und Anfang der Ausführung beim Versuch, JuS 1979, 1
- Kühl, Grundfälle zu Vorbereitung, Versuch, Vollendung und Beendigung, JuS 1979, 718 und 874, JuS 1980, 120, 273, 506, 650 und 811, JuS 1981, 193, JuS 1982, 110 und 189
- Rath, Grundfälle zum Unrecht des Versuchs, JuS 1998, 1006 und 1106, JuS 1999, 32 und 140
- Fahl/Scheuermann-Kettner, Versuch, Vorbereitung usw., JA 1999, 124
- Putzke, Der strafbare Versuch, JuS 2009, 894, 985 und 1083
- Rönnau, Grundwissen Strafrecht: Versuchsbeginn, JuS 2013, 879
- Krack, Jetzt geht´s los – typische Klausurfehler im Rahmen der Versuchsprüfung, JA 2015, 905

A. Grundlagen

I. Stufen der Deliktsverwirklichung *(iter criminis)*

▶ **Didaktische Aufsätze:**
- Mitsch, Vorbereitung und Strafrecht, Jura 2013, 696
- Kuhl, Die Straftat in ihrer zeitlichen Entwicklung, JA 2014, 907

Die Straftatbestände formulieren objektive und subjektive Tatbestandsvoraussetzungen. Erfüllt der Täter sämtliche dieser Tatbestandsmerkmale, so ist das Delikt **vollendet**. Er kann dann in aller Regel nichts mehr tun, um diese Strafbarkeit zu beseitigen. Eine Wiedergutmachung des Schadens o.Ä. findet lediglich bei der Strafzumessung Berücksichtigung.

© Springer-Verlag GmbH Deutschland, ein Teil von Springer Nature 2018
D. Bock, *Strafrecht Allgemeiner Teil*, Springer-Lehrbuch,
https://doi.org/10.1007/978-3-662-54789-2_14

Eine Ausnahme bilden die seltenen Regelungen zu **tätigen Reue** (vgl. v.a. §§ 98 II, 142 IV, 306e II, 314a, 320 III, 330b I 2 StGB), z.B.:

---

§ 306e StGB (Tätige Reue)
(1) Das Gericht kann in den Fällen der §§ 306, 306a und 306b die Strafe nach seinem Ermessen mildern (§ 49 Abs. 2) oder von Strafe nach diesen Vorschriften absehen, wenn der Täter freiwillig den Brand löscht, bevor ein erheblicher Schaden entsteht.
(2) Nach § 306d wird nicht bestraft, wer freiwillig den Brand löscht, bevor ein erheblicher Schaden entsteht.
(3) Wird der Brand ohne Zutun des Täters gelöscht, bevor ein erheblicher Schaden entstanden ist, so genügt sein freiwilliges und ernsthaftes Bemühen, dieses Ziel zu erreichen.

Eine analoge Anwendung der Vorschriften zur tätigen Reue auf andere Fallgestaltungen und Tatbestände i.S.e. allgemeinen Rechtsgedankens wird verschiedentlich diskutiert, von der h.M. aber stets unter Hinweis auf die klar und vom Gesetzgeber bewusst beschränkte Gesetzesfassung verneint.

Der „Normalfall" in Gesetz, Praxis und Klausur ist die Vollendung des Delikts. In chronologischer Hinsicht tritt diese allerdings relativ spät ein. Das Delikt durchläuft vor der Vollendung verschiedene Phasen, das sog. *iter criminis*, die im Folgenden nacheinander dargestellt werden.

Im Vorfeld lassen sich demgegenüber zunächst **Tatgeneigtheit** und das Stadium der **Vorbereitung**[1] benennen. Diesen Stadien kommt fast keine rechtliche Relevanz zu.
   Allerdings gibt es gewisse Tatbestände, die derart weit gefasst sind, dass sie der Sache nach auch bloße Vorbereitungshandlungen pönalisieren, z.B. §§ 80, 83, 87, 89, 98, 129, 149, 176 IV Nr. 3 und Nr. 4, 180 I, 219a, 219b, 234a III, 265, 275, 310, 316c IV StGB.
   Dass das Vorbereitungsstadium i.Ü. straflos ist, ändert freilich nichts daran, dass eine Beteiligungshandlung, z.B. i.R.d. Mittäterschaft nach § 25 II StGB, bereits wirksam stattfinden kann.

Die neben dem Eintritt der Vollendung wichtigste Zäsur ist der Eintritt aus dem Vorbereitungsstadium in das Stadium des **Versuchs**, dessen Strafbarkeit sich für das versuchte täterschaftliche Delikt nach den **§§ 22-24 StGB** richtet.[2]

---

[1] Hierzu Mitsch Jura 2013, 696.
[2] Zum Versuch Krey/Esser, 5. Aufl. 2012, Rn. 1192ff.; Treplin ZStW 1964, 441; Meyer ZStW 1975, 598; Roxin JuS 1979, 1; Kühl JuS 1979, 718 und 874, JuS 1980, 120, 273, 506, 650 und 811, JuS 1981, 193, JuS 1982, 110 und 189; Rath JuS 1998, 1006 und 1106, JuS 1999, 32 und 140; Fahl/Scheuermann-Kettner JA 1999, 124; Putzke JuS 2009, 894, 985 und 1083; Rönnau JuS 2013, 879; Krack JA 2015, 905.

Der Versuch ist allerdings nicht bei allen Delikten strafbar:

> **§ 23 I StGB (Strafbarkeit des Versuchs)**
> Der Versuch eines Verbrechens ist stets strafbar, der Versuch eines Vergehens nur dann, wenn das Gesetz es ausdrücklich bestimmt.

Angeknüpft wird also an die Einordnung des Delikts als **Verbrechen oder Vergehen**, welche § 12 StGB normiert.

> **§ 12 StGB (Verbrechen und Vergehen)**
> (1) Verbrechen sind rechtswidrige Taten, die im Mindestmaß mit Freiheitsstrafe von einem Jahr oder darüber bedroht sind.
> (2) Vergehen sind rechtswidrige Taten, die im Mindestmaß mit einer geringeren Freiheitsstrafe oder die mit Geldstrafe bedroht sind.
> (3) Schärfungen oder Milderungen, die nach den Vorschriften des Allgemeinen Teils oder für besonders schwere oder minder schwere Fälle vorgesehen sind, bleiben für die Einteilung außer Betracht.

Der Gesetzgeber hat bei fast allen examensrelevanten Vergehen auch eine Versuchsstrafbarkeit angeordnet (vgl. nur §§ 223 II, 242 II StGB).

Eine solche **fehlt** aber insbesondere bei den §§ 123, 185ff., 221, 241, 257, 266, 323c, 331ff. StGB.

Zur Selbstvergewisserung, ob der Versuch des geprüften Delikts strafbar ist, dient die sog. **Vorprüfung**.[3]

In der Fallbearbeitung ist der Versuch grundsätzlich nur und **erst** dann zu prüfen, wenn die **Prüfung des vollendeten Delikts** mit einer Verneinung der Tatbestandsmäßigkeit endet. Bei einer Bejahung des vollendeten Delikts ist ein Ansprechen des darin enthaltenen Versuchs überflüssig.

Nur, wenn eine Vollendung evident ausscheidet (etwa weil das Opfer einen Anschlag auf sein Leben überlebt hat), darf ohne vorherige Vollendungsprüfung direkt mit einer Versuchsprüfung begonnen werden. Die Nichtvollendung wird mit kurzer Angabe des Grundes in der sog. Vorprüfung festgestellt.

Mit Erfüllung aller Tatbestandsmerkmale ist der Versuch zur **Vollendung** gelangt.

Das letzte Stadium der Straftatbegehung ist die **Beendigung**.[4]

---

[3] Zur Frage der Sinnhaftigkeit einer solchen Vorprüfung Hardtung Jura 1996, 293.

[4] Hierzu Furtner JR 1966, 169; Hruschka GA 1968, 193; Jescheck FS Welzel 1974, 683; Kühl FS Roxin 2001, 665.

Gesetzlich geregelt ist hierbei lediglich, dass gem. § 78a StGB die Verjährung beginnt, sobald die Tat beendet ist – eine nur sehr selten examensrelevante Frage.

Die Unterscheidung zwischen Vollendung und Beendigung ist aber auch i.R.d. materiellen Strafbarkeitsprüfung von Bedeutung.

Dies betrifft zunächst die – umstrittene – sog. sukzessive Mittäterschaft, ferner als Pendant die ebenso umstrittene sog. sukzessive Teilnahme (v.a. als sukzessive Beihilfe), die wiederum umstrittene Frage der Möglichkeit sukzessiver Qualifikation und schließlich Fragen der Konkurrenzlehre.

Ein Beendigungsstadium, welches sich vom Eintritt der Vollendung unterscheiden lässt, existiert **nicht bei allen Delikten**, sondern lediglich bei solchen, die sich durch einen recht frühen Vollendungszeitpunkt auszeichnen.

Dies ist z.B. der Diebstahl gem. § 242 I StGB, welcher bereits mit der Wegnahme der Sache vollendet ist, beendet aber erst dann, wenn der Täter seinen erlangten Gewahrsam an der fremden Sache endgültig gegen Entziehung gesichert hat. Beteiligt sich eine weitere Person nach Vollendung, aber vor Beendigung des Diebstahls an diesem (z.B. beim Abtransport der Beute), so wird die Kontroverse bzgl. einer sukzessiven Mittäterschaft oder Beihilfe relevant. Entsprechendes gilt, wenn der Täter erst nach Vollendung, aber vor Beendigung einen qualifizierenden Umstand verwirklicht (z.B. nach Vollendung, aber vor Beendigung eines Raubes eine Waffe verwendet, §§ 249 I, 250 II Nr. 1 StGB).

II. Strafgrund des Versuchs

Dass der Versuch i.R.d. §§ 22ff. StGB strafbar ist, ist keine Selbstverständlichkeit. Zumindest bei untauglichen Versuchen, bei denen dem Opfer keine wirkliche Gefahr drohte, etwa weil der Täter ein völlig ungeeignetes Tatmittel ergriffen hat, sondern letztlich der Schwerpunkt des Vorwurfs auf dem bösen Willen des Täters liegt, versteht sich die Strafwürdigkeit des Verhaltens nicht von selbst.[5]

Beispiel 296:

BGH U. v. 14.03.1995 – 1 StR 846/94 (Insektengift) – BGHSt 41, 94 = NJW 1995, 2176 = StV 1995, 581 (Anm. Roxin, Höchstrichterliche Rspr. AT, 1998, Nr. 57; Hemmer-BGH-Classics Strafrecht, 2003, Nr. 22; Geppert JK 1995 StGB § 23 III/1; Schmidt JuS 1995, 1042; Radtke JuS 1996, 878):
B sprühte das Insektengift „Detmol" aus einer Spraydose auf das Vesperbrot ihres Ehemannes, um ihn zu töten. Der Sprühvorgang dauerte zweimal je etwa eine Sekunde. Der Ehemann verzichtete jedoch auf den Verzehr des Brotes,

---

[5] Zum Strafgrund des Versuchs Roos JR 1950, 206; Waiblinger ZStW 1957, 189; Spendel NJW 1965, 1881; Spendel FS Stock 1966, 89; Adams/Shavell GA 1990, 337; Roxin FS Nishihara 1998, 157; Hirsch GS Vogler 2004, 31; Hirsch JZ 2007, 494; Haas ZStW 2011, 226; Gössel FS Wolter 2013, 403.

nachdem er einen ersten Bissen wegen des bitteren Geschmacks ausgespuckt hatte. Die 500 ml-Spraydose enthielt 0,17 % des Giftes Fenitrothion, mithin 0,85 ml dieses Wirkstoffes. Die für einen Menschen mit 70 kg Körpergewicht tödliche Dosis dieses Giftes beträgt bei oraler Einnahme 40 g.

Auch der gesamte Inhalt der Spraydose hätte ausweislich der Dichte von Fenitrothion nur ~ 1,13 g des Giftes enthalten. Untauglichkeit allein beeinflusst eine Strafbarkeit aber nicht. Selbst bei Handeln aus grobem Unverstand ist eine Strafmilderung oder ein Absehen von Strafe nach § 23 III StGB nur fakultativ.

Im Gegensatz zu früheren Extrempositionen (rein subjektive – Bestrafung des bösen Willens – und rein objektive Theorien – Bestrafung einer eingetretenen Gefahr) ergibt sich aus dem heutigen § 22 StGB, dass der Gesetzgeber den Versuch für strafbar hält, weil, aber auch nur soweit der Täter Tatvorsatz fasst („Vorstellung von der Tat") und diesen soweit ausübt, dass von einem unmittelbaren Ansetzen gesprochen werden kann.

> **§ 22 StGB (Begriffsbestimmung)**
> Eine Straftat versucht, wer nach seiner Vorstellung von der Tat zur Verwirklichung des Tatbestandes unmittelbar ansetzt.

Der Täter entwickelt also einen weit gediehenen rechtsfeindlichen Willen, den er aber nicht für sich behält (Gedanken an sich sind schon mangels Handlungsqualität straflos), sondern ansatzweise betätigt. Stellt man nun eine Beziehung zu den Strafzwecken her, so kann man aus einem solchen Verhalten des Täters spezial- und generalpräventive Strafbedürftigkeit folgern. Durch sein vom Tatvorsatz getragenes unmittelbares Ansetzen erweist sich der Täter als gefährlich, sein Verhalten erschüttert zugleich die Rechtsordnung und das Sicherheitsbedürfnis der Bevölkerung.

§ 22 StGB enthält mithin einen Kompromiss: Einerseits soll die bloße Gesinnung nicht bestraft werden, andererseits ist Grundlage der Bewertung des Täterverhaltens dessen Vorstellung, so dass es insbesondere auf eine objektive Gefährlichkeit seines Tuns grundsätzlich nicht ankommt.

III. Rechtsfolgen

Die Sanktionierung der Versuchsstrafbarkeit regelt § 23 II StGB.

> **§ 23 II StGB (Strafbarkeit des Versuchs)**
> Der Versuch kann milder bestraft werden als die vollendete Tat (§ 49 Abs. 1).

Normiert ist also eine bloß **fakultative Strafmilderung** gegenüber dem Strafrahmen des vollendeten Delikts. Ob und inwieweit von dieser Milderungsmöglichkeit

Gebrauch gemacht wird, ist in einer Fallbearbeitung nicht zu erörtern. Erforderlich wäre hierfür eine Gesamtschau, die neben der Persönlichkeit des Täters die Tatumstände im weitesten Sinne und dabei insbesondere die versuchsbezogenen Gesichtspunkte einbezieht, wie die Nähe zur Tatvollendung, objektive Gefährlichkeit des Versuchs und die eingesetzte kriminelle Energie, wobei die Kriterien i.E. problematisch sind.[6]

B. Aufbau

I. Vorprüfung[7]
    1. Keine Tatvollendung
    2. Strafbarkeit des Versuchs, §§ 23 I, 12 I StGB, ggf. i.V.m. BT
II. Tatbestand
    1. Vorstellung von der Verwirklichung des Tatbestands (sog. Tatentschluss, subjektiver Tatbestand)
    2. Unmittelbares Ansetzen (objektiver Tatbestand)
III. Rechtswidrigkeit
IV. Schuld
V. Ggf. Rücktritt, § 24 StGB

C. Tatbestand des Versuchs, § 22 StGB

I. Vorstellung von der Verwirklichung des Tatbestandes (sog. Tatentschluss, subjektiver Tatbestand)

▶ **Didaktischer Aufsatz:**
    • Jung, Die Vorstellung von der Tat beim strafrechtlichen Versuch, JA 2006, 228

1. Allgemeines

Anders als beim vollendeten Delikt wird beim versuchten Delikt der **subjektive Tatbestand zuerst** geprüft.

Dies liegt daran, dass der objektive Tatbestand gerade nicht vollendet ist, während der subjektive Tatbestand vollständig vorliegen muss. Das objektive Tatmoment erschöpft sich gem. § 22 StGB in einem unmittelbaren Ansetzen, welches nach dem Wortlaut der Norm ohnehin nach den Vorstellungen zu bestimmen ist.

---

[6] Zsf. Fischer, StGB, 64. Aufl. 2017, § 23 Rn. 3ff.; aus der Rspr. vgl. zuletzt BGH B. v. 17.02.2016 - 1 StR 12/16 - NStZ-RR 2016, 136 = StV 2016, 562; BGH B. v. 12.05.2016 - 5 StR 102/16 - NStZ-RR 2016, 242 = StV 2016, 562.
[7] Erforderlichkeit strittig, s. Hardtung Jura 1996, 293.

Der subjektive Tatbestand des versuchten Delikts wird üblicherweise **Tatentschluss** genannt[8] (s. § 43 StGB a.F.[9]), was als gängige Kurzdiktion auch in der heutigen Fallbearbeitung in Ordnung ist. Genauer und normgetreuer wäre angesichts des Wortlauts des § 22 StGB eine Bezeichnung als „**Vorstellung von der Verwirklichung des Tatbestandes**".[10]

Nach ganz h.M.[11] ist der subjektive Tatbestand des Versuchs identisch mit dem des Vollendungsdelikts, da der Versuch ein Durchgangsstadium ist. Der Täter muss also **Vorsatz** i.S.d. § 15 StGB bzgl. aller objektiven Tatbestandsmerkmale aufweisen, wobei insbesondere also *dolus eventualis* ausreicht, wenn er auch zur Vollendung genügen würde.[12] Hinzukommen **etwaige weitere subjektiven Tatbestandsmerkmale** (z.B. subjektive Mordmerkmale).

Der Täter muss gewusst bzw. geglaubt und gewollt haben, dass sämtliche für ein vollendetes Delikt erforderlichen tatbestandsmäßigen Umstände eintreten (**Vollendungsvorsatz**).[13] Einen besonderen Versuchsvorsatz, der ein Minus zum Vollendungsvorsatz wäre, gibt es nicht.
    Ein fahrlässiger Versuch existiert nicht; die schwierige Abgrenzung von (bewusster) Fahrlässigkeit und Eventualvorsatz, insbesondere beim Tötungsvorsatz, erlangt insofern besondere Bedeutung.

Hierbei ist in der Fallbearbeitung sprachlich besonders darauf zu achten, dass nicht versehentlich so **formuliert** wird, als ob es auf das tatsächliche Vorliegen den objektiven Tatbestand verwirklichender Umstände ankäme, sondern eben so, dass stets die subjektive Grundlage geprüft wird, auch wenn das manchmal umständlich klingen mag (z.B. „müsste sich vorgestellt haben, …", „müsste Vorsatz bzgl. … gehabt haben").

Abzugrenzen ist der Tatentschluss zur bloßen Tatgeneigtheit: Erst dann, wenn der Täter sich endgültig und vorbehaltlos zur Tat entschlossen hat (deswegen auch das

---

[8] Näher Roxin GS Schröder 1978, 145; Struensee GS Armin Kaufmann 1989, 523; Hillenkamp FS Roxin 2001, 689; Jung JA 2006, 228.

[10] Hierzu Frister FS Wolter 2013, 375.

[9] „Wer den Entschluß, ein Verbrechen oder Vergehen zu verüben, durch Handlungen, welche einen Anfang der Ausführung dieses Verbrechens oder Vergehens enthalten, bethätigt hat, ist, wenn das beabsichtigte Verbrechen oder Vergehen nicht zur Vollendung gekommen ist, wegen Versuches zu bestrafen."

[11] Vgl. nur Joecks, StGB, 11. Aufl. 2014, § 22 Rn. 4; Lampe NJW 1958, 332; Remy NJW 1958, 700; Herzberg NStZ 1990, 311; aus der Rspr. vgl. zuletzt BGH U. v. 10.09.2015 - 4 StR 151/15 - NJW 2015, 3732 – NStZ 2015, 702 (Anm. RÜ 2015, 781), BGH B. v. 28.04.2016 - 4 StR 317/15 - NStZ 2016, 539 (Anm. RÜ 2016, 510; Becker NStZ 2016, 541).

[12] Ganz h.M., näher hierzu Hoffmann-Holland, in: MK-StGB, 3. Aufl. 2017, § 22 Rn. 43ff.

[13] Beckemper/Cornelius, in: BeckOK-StGB, Stand 01.09.2016, § 22 Rn. 23; aus der Rspr. vgl. BGH U. v. 30.04.1953 - 5 StR 941/52 - BGHSt 4, 199 = NJW 1953, 1271.

verbreitete Festhalten an der Formulierung „Tatentschluss"), sind die subjektiven Anforderungen des § 22 StGB erfüllt.[14]

Beispiel 297:

BGH U. v. 19.01.1968 – 4 StR 559/67 (Radrütteln) – BGHSt 22, 80 = NJW 1968, 1100 (Anm. Roxin, Höchstrichterliche Rspr. AT, 1998, Nr. 48):
Der Angriff des B1 und seines Mittäters B2 war jeweils gegen ein ganz bestimmtes Fahrzeug gerichtet. In beiden Fällen waren sie bereits entschlossen, den ins Auge gefassten Kraftwagen für die geplante Fahrt nach D. wegzunehmen. B1 rüttelte an den Vorderrädern, um festzustellen, ob das Lenkrad durch ein Schloss versperrt war. Beim Fehlen eines solchen Hindernisses wollte er sich unmittelbar anschließend des Fahrzeugs bemächtigen.

---

§ 242 StGB (Diebstahl)
(1) Wer eine fremde bewegliche Sache einem anderen in der Absicht wegnimmt, die Sache sich oder einem Dritten rechtswidrig zuzueignen, wird mit Freiheitsstrafe bis zu fünf Jahren oder mit Geldstrafe bestraft.
(2) Der Versuch ist strafbar.

Zweifelhaft ist bereits, ob erst nach der Feststellung, dass kein Lenkradschloss vorhanden war, von einem Tatentschluss ausgegangen werden kann, oder bereits davor.

Ähnlich ist es bei den sog. Klingel-Fällen[15]:

Beispiel 298:

BGH U. v. 16.09.1975 – 1 StR 264/75 – BGHSt 26, 201 = NJW 1976, 58 (Anm. Roxin, Höchstrichterliche Rspr. AT, 1998, Nr. 47; Hemmer-BGH-Classics Strafrecht, 2003, Nr. 17; Otto NJW 1976, 578; Gössel JR 1976, 249; Meyer JuS 1977, 19):
B1 und B2 kamen in den Abendstunden zu einer für einen Überfall ausersehenen Tankstelle. Diese war nicht besetzt. Deshalb gingen sie zu dem im Tankstellenbereich liegenden Wohnhaus. Vor der Haustür zogen sie die Strumpfmasken auf. Dann läutete B1. Er hatte eine mitgeführte Pistole in der Hand. B1 und B2 nahmen an, dass auf ihr Läuten der Tankwart, der Inhaber der Tankstelle oder

---

[14] Hierzu Less GA 1956, 33; Schmid ZStW 1962, 48; Arzt JZ 1969, 54; aus der Rspr. vgl. BGH U. v. 03.12.1958 - 2 StR 500/58 (Ausbruch) - BGHSt 12, 306 = NJW 1959, 777 (Anm. Roxin, Höchstrichterliche Rspr. AT, 1998, Nr. 45).

[15] Vgl. Kindhäuser, LPK, 6. Aufl. 2015, § 22 Rn. 17; aus der Rspr. vgl. BGH B. v. 18.06.2013 - 2 StR 75/13 - NStZ 2013, 579 (Anm. Jäger JA 2013, 949; RÜ 2013, 637; LL 2014, 110).

eine andere Person erscheinen werde. Sogleich bei ihrem Erscheinen sollte die
öffnende Person mit der Pistole bedroht, gefesselt und zur Ermöglichung und
Duldung der Wegnahme genötigt werden. Auf das Läuten kam niemand. Auch
das Klopfen an mehreren Fenstern blieb ohne Erfolg. B1 und B2 gaben die Verwirklichung ihres Vorhabens auf, weil aus dem gegenüberliegenden Haus eine
Frau heraussah und sie glaubten, diese Frau könne sie entdecken.

---

§ 249 I StGB (Raub)
Wer mit Gewalt gegen eine Person oder unter Anwendung von Drohungen mit gegenwärtiger Gefahr für Leib oder Leben eine fremde bewegliche Sache einem anderen in
der Absicht wegnimmt, die Sache sich oder einem Dritten rechtswidrig zuzueignen,
wird mit Freiheitsstrafe nicht unter einem Jahr bestraft.

---

§ 253 StGB (Erpressung)
(1) Wer einen Menschen rechtswidrig mit Gewalt oder durch Drohung mit einem empfindlichen Übel zu einer Handlung, Duldung oder Unterlassung nötigt und dadurch
dem Vermögen des Genötigten oder eines anderen Nachteil zufügt, um sich oder einen
Dritten zu Unrecht zu bereichern, wird mit Freiheitsstrafe bis zu fünf Jahren oder mit
Geldstrafe bestraft.
(2) Rechtswidrig ist die Tat, wenn die Anwendung der Gewalt oder die Androhung des
Übels zu dem angestrebten Zweck als verwerflich anzusehen ist.
(3) Der Versuch ist strafbar.
(4) In besonders schweren Fällen ist die Strafe Freiheitsstrafe nicht unter einem Jahr.
Ein besonders schwerer Fall liegt in der Regel vor, wenn der Täter gewerbsmäßig oder
als Mitglied einer Bande handelt, die sich zur fortgesetzten Begehung einer Erpressung verbunden hat.

---

§ 255 StGB (Räuberische Erpressung)
Wird die Erpressung durch Gewalt gegen eine Person oder unter Anwendung von
Drohungen mit gegenwärtiger Gefahr für Leib oder Leben begangen, so ist der Täter
gleich einem Räuber zu bestrafen.

Allerdings sind die Anforderungen an den Tatentschluss nicht sehr hoch: Ein Tatentschluss auf **bewusst unsicherer Tatsachengrundlage** (Lenkradschloss? Öffnen
der Tür?) genügt, das „Wie" der Tatausführung muss noch nicht feststehen.

Auch ein **Rücktrittsvorbehalt** – der Täter ist zur Tat entschlossen, er lässt aber
die Fortführung der Tatbestandsverwirklichung von vornherein von einem bestimmten Verlauf der Tat abhängen – ändert am Vorliegen des Tatentschlusses nichts.[16]

---

[16] Joecks, StGB, 11. Aufl. 2014, § 22 Rn. 9ff.

Man spricht auch von „**bedingtem Tatentschluss**". Das ist insofern treffend, als bei einer äußeren Bedingung, weil der Täter keinen Einfluss hat, für den Fall, dass die Bedingung eintritt, schon vollwertiger Tatentschluss vorliegt. Bei einer inneren Bedingung hingegen hat der Täter noch Einfluss auf den Eintritt, so dass der Tatentschluss noch gefestigt werden muss.

Eine andere Frage ist allerdings jeweils, ob in der Tathandlung bereits ein unmittelbares Ansetzen i.S.d. § 22 StGB gesehen werden kann.

2. Untauglicher Versuch; Wahndelikt; abergläubischer Versuch

▶ **Didaktische Aufsätze:**
- Dicke, Zur Problematik des untauglichen Versuchs, JuS 1968, 157
- Blei, Das Wahnverbrechen, JA 1973, 237, 321, 389, 459, 529 und 601
- Herzberg, Das Wahndelikt in der Rechtsprechung des BGH, JuS 1980, 469
- Heinrich, Die Abgrenzung von untauglichem, grob unverständigem und abergläubischem Versuch, Jura 1998, 393
- Seier/Gaude, Untaugliche, grob unverständige und abergläubische Versuche, JuS 1999, 456
- Valerius, Untauglicher Versuch und Wahndelikt, JA 2010, 113

a) Allgemeines
Versuche, die unter den tatsächlich gegebenen Umständen entgegen den Vorstellungen des Täters nicht zu einer Vollendung des Delikts hätten führen können, nennt man **untaugliche Versuche**.[17]

Unterscheiden kann man **drei Arten** untauglicher Versuche.

Zunächst kann die **Art des Tatopfers oder -objekts** untauglich sein.[18]

---

[17] Hierzu Pusinelli JR 1950, 398; Pusinelli JR 1951, 197; Spendel ZStW 1957, 441; Maurach NJW 1962, 716 und 767; Sax JZ 1964, 241; Foth JR 1965, 366; Dicke JuS 1968, 157; Engisch FS Heinitz 1972, 185; Blei JA 1973, 237, 321, 389, 459, 529 und 601; Herzberg JuS 1980, 469; Struensee ZStW 1990, 21; Roxin JZ 1996, 981; Heinrich Jura 1998, 393; Seier/Gaude JuS 1999, 456; Bottke FG 50 Jahre BGH IV 2000, 135; Herzberg GA 2001, 257; Hirsch FS Roxin 2001, 711; Herzberg GS Schlüchter 2002, 189; Hirsch GS Vogler 2004, 31; Bottke FS Hruschka 2005, 395; Roxin FS Jung 2007, 829; Puppe FS Herzberg 2008, 275; Valerius JA 2010, 113; Maiwald FS Loos 2010, 159; Zaczyk FS Maiwald 2010, 885; Colombi Ciachhi FS Samson 2010, 3; Ellbogen FS von Heintschel-Heinegg 2015, 125; Mitsch ZIS 2016, 352; aus der Rspr. vgl. BGH U. v. 14.03.1995 - 1 StR 846/94 (Insektengift) - BGHSt 41, 94 = NJW 1995, 2176 = StV 1995, 581 (Anm. Roxin, Höchstrichterliche Rspr. AT, 1998, Nr. 57; Hemmer-BGH-Classics Strafrecht, 2003, Nr. 22; Geppert JK 1995 StGB § 23 III/1; Schmidt JuS 1995, 1042; Radtke JuS 1996, 878).

[18] B. Heinrich, AT, 5. Aufl. 2016, Rn. 670; aus der Rspr. vgl. BGH U. v. 08.02.2006 - 1 StR 523/05 - NJW 2006, 3155 = NStZ 2006, 501.

Beispiel 299:

B wollte Z töten. Er legte sich nachts in dessen Garten auf die Lauer und schoss, als er eine Gestalt daherkommen sah, auf diese. Allerdings handelte es sich bei der Gestalt um den im Garten herumstreunenden Schäferhund des Z.

Ferner kann das vom Täter eingesetzte **Tatmittel** untauglich sein.[19]

Beispiel 300:

BGH U. v. 14.03.1995 – 1 StR 846/94 (Insektengift) – BGHSt 41, 94 = NJW 1995, 2176 = StV 1995, 581 (Anm. Roxin, Höchstrichterliche Rspr. AT, 1998, Nr. 57; Hemmer-BGH-Classics Strafrecht, 2003, Nr. 22; Geppert JK 1995 StGB § 23 III/1; Schmidt JuS 1995, 1042; Radtke JuS 1996, 878):
B sprühte das Insektengift „Detmol" aus einer Spraydose auf das Vesperbrot ihres Ehemannes, um ihn zu töten. Der Sprühvorgang dauerte zweimal je etwa eine Sekunde. Der Ehemann verzichtete jedoch auf den Verzehr des Brotes, nachdem er einen ersten Bissen wegen des bitteren Geschmacks ausgespuckt hatte. Die 500 ml-Spraydose enthielt 0,17 % des Giftes Fenitrothion, mithin 0,85 ml dieses Wirkstoffes. Die für einen Menschen mit 70 kg Körpergewicht tödliche Dosis dieses Giftes beträgt bei oraler Einnahme 40 g.

Beispiel 301:

B zielte mit einer Pistole in Tötungsabsicht auf Z und drückte ab. Die Pistole war aber ungeladen.

Drittens kann der Täter als **Tatsubjekt** untauglich sein, weil er bestimmte vom Tatbestand vorausgesetzte Eigenschaften nicht aufweist.[20]

Beispiel 302:

B nahm für eine Dienstleistung Geld an und kannte dabei die Nichtigkeitsgründe seiner Beamtenernennung nicht.

---

[19] B. Heinrich, AT, 5. Aufl. 2016, Rn. 671; aus der Rspr. vgl. BGH U. v. 26.01.1982 - 4 StR 631/81 (Flusssäure) - BGHSt 30, 363 = NJW 1982, 1164 = NStZ 1982, 197 (Anm. Roxin, Höchstrichterliche Rspr. AT, 1998, Nr. 52; Puppe, AT, 3. Aufl. 2016, § 24 Rn. 1ff.; Hemmer-BGH-Classics Strafrecht, 2003, Nr. 20; Geilen JK 1982 StGB § 22/7; Seier JA 1982, 369; Hassemer JuS 1982, 703; Kühl JuS 1983, 180; Sippel NJW 1983, 2226; Küper JZ 1983, 361; Teubner JA 1984, 144; Sippel JA 1984, 480; Freiherr von Spiegel NJW 1984, 110; Sippel NJW 1984, 1866; Freiherr von Spiegel NJW 1984, 1867).

[20] Hierzu Hardwig GA 1957, 170; Stratenwerth FS Bruns 1978, 59; Bruns GA 1979, 161; aus der Rspr. vgl. BGH B. v. 29.05.1961 - GSSt 1/61 - BGHSt 16, 155 = NJW 1961, 1682 (Anm. Roxin, Höchstrichterliche Rspr. AT, 1998, Nr. 96; Puppe, AT, 3. Aufl. 2016, § 31 Rn. 1ff.; Hemmer-BGH-Classics Strafrecht, 2003, Nr. 16; Bähr JuS 1961, 368; Fuhrmann GA 1962, 161; Kaufmann JZ 1963, 504).

§ 331 I, II StGB (Vorteilsannahme)

(1) Ein Amtsträger, ein Europäischer Amtsträger oder ein für den öffentlichen Dienst besonders Verpflichteter, der für die Dienstausübung einen Vorteil für sich oder einen Dritten fordert, sich versprechen läßt oder annimmt, wird mit Freiheitsstrafe bis zu drei Jahren oder mit Geldstrafe bestraft.

(2) Ein Richter, Mitglied eines Gerichts der Europäischen Union oder Schiedsrichter, der einen Vorteil für sich oder einen Dritten als Gegenleistung dafür fordert, sich versprechen läßt oder annimmt, daß er eine richterliche Handlung vorgenommen hat oder künftig vornehme, wird mit Freiheitsstrafe bis zu fünf Jahren oder mit Geldstrafe bestraft. Der Versuch ist strafbar.

---

§ 332 I, II StGB (Bestechlichkeit)

(1) Ein Amtsträger, ein Europäischer Amtsträger oder ein für den öffentlichen Dienst besonders Verpflichteter, der einen Vorteil für sich oder einen Dritten als Gegenleistung dafür fordert, sich versprechen läßt oder annimmt, daß er eine Diensthandlung vorgenommen hat oder künftig vornehme und dadurch seine Dienstpflichten verletzt hat oder verletzen würde, wird mit Freiheitsstrafe von sechs Monaten bis zu fünf Jahren bestraft. In minder schweren Fällen ist die Strafe Freiheitsstrafe bis zu drei Jahren oder Geldstrafe. Der Versuch ist strafbar.

(2) Ein Richter, Mitglied eines Gerichts der Europäischen Union oder Schiedsrichter, der einen Vorteil für sich oder einen Dritten als Gegenleistung dafür fordert, sich versprechen läßt oder annimmt, daß er eine richterliche Handlung vorgenommen hat oder künftig vornehme und dadurch seine richterlichen Pflichten verletzt hat oder verletzen würde, wird mit Freiheitsstrafe von einem Jahr bis zu zehn Jahren bestraft. In minder schweren Fällen ist die Strafe Freiheitsstrafe von sechs Monaten bis zu fünf Jahren.

---

§ 11 I Nr. 2, 2a StGB (Personen- und Sachbegriffe)

Im Sinne dieses Gesetzes ist

[...]

2. Amtsträger:

wer nach deutschem Recht

a) Beamter oder Richter ist,

b) in einem sonstigen öffentlich-rechtlichen Amtsverhältnis steht oder

c) sonst dazu bestellt ist, bei einer Behörde oder bei einer sonstigen Stelle oder in deren Auftrag Aufgaben der öffentlichen Verwaltung unbeschadet der zur Aufgabenerfüllung gewählten Organisationsform wahrzunehmen;

2a. Europäischer Amtsträger:

wer

a) Mitglied der Europäischen Kommission, der Europäischen Zentralbank, des Rechnungshofs oder eines Gerichts der Europäischen Union ist,

b) Beamter oder sonstiger Bediensteter der Europäischen Union oder einer auf der Grundlage des Rechts der Europäischen Union geschaffenen Einrichtung ist oder

c) mit der Wahrnehmung von Aufgaben der Europäischen Union oder von Aufgaben einer auf der Grundlage des Rechts der Europäischen Union geschaffenen Einrichtung beauftragt ist

Auch der untaugliche Versuch ist **strafbar**, so dass es irrelevant ist, ob die Tathandlung objektiv das geschützte Rechtsgut gefährdet hat.[21]

Dies ergibt sich bereits aus dem Wortlaut des § 22 StGB welcher auf die Vorstellung des Täters abstellt. Der Versuch zeichnet sich ja gerade dadurch aus, dass der Täter sich vorstellt, sämtliche Umstände verwirklichen zu können, die einen existierenden Straftatbestand erfüllen; daher wird der untaugliche Versuch auch als umgekehrter Tatumstandsirrtum (vgl. § 16 StGB) bezeichnet.

Zudem zeigt die Regelung des § 23 III StGB, dass der Gesetzgeber nur ganz ausnahmsweise auf eine Bestrafung untauglicher Versuche verzichten möchte.

§ 23 III StGB (Strafbarkeit des Versuchs)

Hat der Täter aus grobem Unverstand verkannt, daß der Versuch nach der Art des Gegenstandes, an dem, oder des Mittels, mit dem die Tat begangen werden sollte, überhaupt nicht zur Vollendung führen konnte, so kann das Gericht von Strafe absehen oder die Strafe nach seinem Ermessen mildern (§ 49 Abs. 2).

Die Strafbarkeit in den Fällen des untauglichen Tatsubjekts ist allerdings strittig.[22]

Diese wird in Teilen der Rspr.[23] und Lehre[24] verneint, so dass von einem sog. Wahndelikt ausgegangen wird. Begründet wird dies damit, dass das untaugliche Tatsubjekt in § 23 III StGB nicht erwähnt wird. Auch könne ein Irrtum des Täters den Kreis der Normadressaten nicht erweitern, ein Nicht-Normadressat könne dem Rechtsgut aber nicht gefährlich werden.

Andere Teile der Rspr.[25] und die wohl h.L.[26] gehen von einem strafbaren Versuch aus. Letzterer Auffassung ist zu folgen, da sie der Gleichwertigkeit aller Tatbestandsmerkmale entspricht und sich so in die Anwendung der allgemeinen Grundsätze zur Strafbarkeit des untauglichen Versuchs einfügt.

---

[21] Heute unstrittig, Kindhäuser, LPK, 6. Aufl. 2015, § 22 Rn. 5.

[22] Hierzu B. Heinrich, AT, 5. Aufl. 2016, Rn. 672.

[23] RG U. v. 30.03.1883 - 578/83 - RGSt 8, 198 (200).

[24] Z.B. Jakobs, AT, 2. Aufl. 1993, 25/43.

[25] RG U. v. 02.06.1913 - I 251/13 - RGSt 47, 189 (190f.); RG U. v. 03.03.1938 - 2 D 60/38 - RGSt 72, 109 (112f.)

[26] S. nur B. Heinrich, AT, 5. Aufl. 2016, Rn. 672.

Einen Sonderfall des sog. untauglichen Versuchs bildet der **grob unverständige Versuch** i.S.d. § 23 III StGB.[27]

Beispiel 303:

B regte sich über den zunehmenden Fluglärm auf und wollte in der Weise dagegen vorgehen, dass er ein Flugzeug „abschoss", wobei er den Tod von Menschen billigend in Kauf nahm. Er kaufte sich eine große Steinschleuder, installierte diese in seinem Garten und schoss mehrmals Steinbrocken in Richtung der Flugzeuge, sobald diese über seinem Haus erschienen. Die Steinbrocken wurden jedoch höchstens 30 Meter in die Höhe geschleudert.

Ein objektiver Dritter an Stelle des B hätte den Abschuss eines Flugzeuges durch eine Steinschleuder für völlig abwegig gehalten und ihm keinerlei Verwirklichungschance zugebilligt.

Beispiel 304:

BGH U. v. 14.03.1995 – 1 StR 846/94 (Insektengift) – BGHSt 41, 94 = NJW 1995, 2176 = StV 1995, 581 (Anm. Roxin, Höchstrichterliche Rspr. AT, 1998, Nr. 57; Hemmer-BGH-Classics Strafrecht, 2003, Nr. 22; Geppert JK 1995 StGB § 23 III/1; Schmidt JuS 1995, 1042; Radtke JuS 1996, 878):
B sprühte das Insektengift „Detmol" aus einer Spraydose auf das Vesperbrot ihres Ehemannes, um ihn zu töten. Der Sprühvorgang dauerte zweimal je etwa eine Sekunde. Der Ehemann verzichtete jedoch auf den Verzehr des Brotes, nachdem er einen ersten Bissen wegen des bitteren Geschmacks ausgespuckt hatte. Die 500 ml-Spraydose enthielt 0,17 % des Giftes Fenitrothion, mithin 0,85 ml dieses Wirkstoffes. Die für einen Menschen mit 70 kg Körpergewicht tödliche Dosis dieses Giftes beträgt bei oraler Einnahme 40 g.

Dass die orale Einnahme eines wirksamen, üblicherweise mit Warnhinweisen versehenen Giftes zum Tode eines Menschen führen würde, ist keine völlig abwegige Vorstellung. Nach allgemeiner Vorstellung ist ein Insektenschutzmittel in erster Linie giftig. Daran ändert auch die Tatsache nichts, dass es sich „nur" um ein Gift gegen Insekten handelt. Die Behauptung, dass das Mittel deswegen so konzipiert sein müsse, dass es Menschen nicht schadet, wäre doch reichlich naiv, zumal es sich bei oraler Einnahme noch um einen völlig anderen Kontakt handelt als beim Versprühen.

---

[27] Hierzu Heinrich Jura 1998, 393; Seier/Gaude JuS 1999, 456; Bloy ZStW 2001, 76; Ellbogen FS von Heintschel-Heinegg 2015, 125; Mitsch ZIS 2016, 352; aus der Rspr. vgl. RG U. v. 24.05.1880 - 264/80 - RGSt 1, 439; BGH U. v. 14.01.1981 - 3 StR 459/80.

Grober Unverstand liegt vor, wenn der Täter dem Versuch auf der Grundlage einer völlig abwegigen Vorstellung von gemeinhin bekannten Tatsachen eine Verwirklichungsaussicht einräumt.[28]

Abzugrenzen ist dies von bloß grob unverständiger Motivation oder grob unverständiger Verkennung tatsächlicher Umstände.

Rechtsfolge des § 23 III StGB ist lediglich eine fakultative Strafmilderung bzw. ein fakultatives Absehen von Strafe, so dass die Prüfung in der Fallbearbeitung auf der Ebene der Strafzumessung nach der Schuld erfolgt.

b) Abgrenzung des untauglichen Versuchs zum Wahndelikt

aa) Begriff des Wahndelikts

Als Wahndelikt (ungenau auch: Wahnverbrechen) bezeichnet man es, wenn der Täter den wahren Sachverhalt kennt, aber irrig die Strafbarkeit seines Verhaltens annimmt.[29]

Während also der untaugliche Versuch als Umkehrung zu § 16 I StGB auf falschen Tatsachenvorstellungen des Täters beruht, handelt es sich beim Wahndelikt um die Umkehrung zu § 17 StGB, also um einen umgekehrten Verbotsirrtum.

Beispiel 305:

Der verheiratete B hatte Sex mit seiner „Geliebten".

Beispiel 306:

Wie zuvor, nur war seine „Geliebte" zugleich seine Cousine.

Es besteht Einigkeit darüber, dass das Wahndelikt straflos ist, was sich schon daraus ergibt, dass das Verhalten des „Täters" unter keinen Straftatbestand subsumiert werden kann, so dass auch kein Tatentschluss nach § 22 StGB vorliegen kann. Nicht der Täter, sondern das Gesetz entscheidet über die Strafbarkeit, *nullum crimen sine lege* (Art. 103 II GG, § 1 StGB), daher ist die zu Unrecht selbstbelastende Tätervorstellung unbeachtlich.[30]

Da es keinen Straftatbestand des Ehebruchs gibt und auch der Beischlaf unter Verwandten gem. § 173 I, II StGB nur Verwandte auf- bzw. absteigender Linie sowie Geschwister umfasst, handelt es sich bei dem Verhalten des B um straflose sog. Wahndelikte.

---

[28] Fischer, StGB, 64. Aufl. 2017, § 23 Rn. 7.

[29] Zum Wahndelikt B. Heinrich, AT, 5. Aufl. 2016, Rn. 681ff.; s. auch schon obige Nachweise.

[30] Fischer, StGB, 64. Aufl. 2017, § 22 Rn. 49; aus der Rspr. vgl. BGH U. v. 26.05.1955 - 4 StR 148/55 - BGHSt 8, 263 = NJW 1955, 1078 (Anm. Mittelbach JR 1955, 390).

bb) Abgrenzungsproblematik

▶ **Didaktische Aufsätze:**
  • Herzberg, Das Wahndelikt in der Rechtsprechung des BGH, JuS 1980, 469
  • Schlüchter, Grundfälle zum Bewertungsirrtum des Täters im Grenzbereich zwischen §§ 16 und 17 StGB, JuS 1985, 373, 527 und 617
  • Schmitz, Die Abgrenzung von strafbarem Versuchen und Wahndelikt, Jura 2003, 593
  • Valerius, Untauglicher Versuch und Wahndelikt, JA 2010, 113
  • Hotz, Untauglicher Versuch und Wahndelikt bei Fehlvorstellungen über rechtsinstitutionelle Umstände, JuS 2016, 221

Die Abgrenzung von Tatumstandsirrtümern i.s.d. § 16 I StGB und Verbotsirrtümern nach § 17 StGB ist im Hinblick auf eine Vielzahl von (sog. normativen) Tatbestandsmerkmalen problematisch und umstritten, da die Unterscheidung zwischen Tatsachenirrtum und Rechtsirrtum umso schwieriger wird, je stärker die (primär) rechtliche Prägung des Tatbestandsmerkmals ist.

Beispiel 307:

B verkaufte seinen gebrauchten Pkw an Z und übereignete ihm diesen. Als Z den ihm für eine Woche gestundeten Kaufpreis nicht zahlte, nahm B den Pkw mit einem heimlich zurückgehaltenen Zweitschlüssel wieder an sich. Dabei nahm er an, der Pkw gehöre noch ihm, da Z diesen schließlich noch nicht bezahlt habe.

Hier ist fraglich, ob der Irrtum über die Fremdheit der Sache i.s.d. § 242 I StGB zum Vorsatzausschluss nach § 16 I StGB führt (kein Vorsatz i.s.d. § 15 StGB bzgl. des Tatbestandsmerkmals „fremd") oder allenfalls zum Ausschluss der Schuld nach § 17 StGB (Rechtsirrtum, da Fehlvorstellung über die Frage des bürgerlich-rechtlichen Eigentumsübergangs).

Die Problematik der Abgrenzung zwischen §§ 16 und 17 StGB setzt sich in ihrer **Umkehrung** fort als Problematik der Abgrenzung zwischen strafbarem untauglichen Versuch und straflosem Wahndelikt.[31]

---

[31] Hierzu Maurach NJW 1962, 716 und 767; Bindokat NJW 1963, 745; Engisch FS Heinitz 1972, 185; Herzberg JuS 1980, 469; Schlüchter JuS 1985, 373, 527 und 617; Puppe FS Lackner 1987, 199; Kindhäuser GA 1990, 407; Roxin JZ 1996, 981; Schmitz Jura 2003, 593; Puppe FS Herzberg 2008, 275; Streng GA 2009, 529; Valerius JA 2010, 113; Burkhardt GA 2013, 346; Timpe ZStW 2013, 755; Hotz JuS 2016, 221; Puppe ZStW 2016, 301; aus der Rspr. vgl. BGH U. v. 05.01.1951 - 2 StR 29/50 (zuständige Stelle bei § 156 StGB) - BGHSt 1, 13 = NJW 1951, 160 (Anm. Puppe, AT, 3. Aufl. 2016, § 20 Rn. 16ff.; Mezger JZ 1951, 179); BGH U. v. 13.11.1953 - 5 StR 342/53 (Kakaobutter) - BGHSt 5, 90 = NJW 1954, 241 (Puppe, AT, 3. Aufl. 2016, § 8 Rn. 10ff.; Hartung JR 1954, 111; Mattern JZ 1954, 254); OLG Stuttgart B. v. 07.06.2001 - 4 Ss 130/01 (Urkunde) - NStZ-RR 2001, 370 (Anm. RÜ 2001, 511; Otto JK 2002 StGB § 267/30); OLG Hamburg B. v. 19.12.2011 - 2 Ws 123/11 (Zahngold) - NJW 2012, 1601 (Anm. RA 2012, 361; Stoffers NJW 2012, 1607; Satzger JK 2013 StGB § 242/26); BGH U. v. 10.09.2015 - 4 StR 151/15 - NJW 2015, 3732 = NStZ 2015, 702 (Anm. RÜ 2015, 781).

Beispiel 308:

B übergab dem Z mit Übereignungswillen ein Buch, ohne zu wissen, dass Z geisteskrank (§§ 104 Nr. 2, 105 BGB) war und somit keine wirksame Willenserklärung zur Vereinbarung des Eigentumsübergangs (vgl. § 929 S. 1 BGB) abgeben konnte. Am nächsten Tag nahm er es ihm in Zueignungsabsicht wieder weg und hielt dabei das Buch also für „fremd", obwohl er es gar nicht wirksam übereignet hatte.

Beispiel 309:

Zeuge B schwor in einem strafrechtlichen Ermittlungsverfahren falsch vor einem Polizisten, seine Aussage wahrheitsgemäß gemacht zu haben. Er ging dabei davon aus, dass auch Polizisten zur Abnahme von Eiden zuständig sind. Nach § 161 I 3 StPO sind dies aber nur Richter.

§ 153 StGB (Falsche uneidliche Aussage)

Wer vor Gericht oder vor einer anderen zur eidlichen Vernehmung von Zeugen oder Sachverständigen zuständigen Stelle als Zeuge oder Sachverständiger uneidlich falsch aussagt, wird mit Freiheitsstrafe von drei Monaten bis zu fünf Jahren bestraft.

§ 154 I StGB (Meineid)

Wer vor Gericht oder vor einer anderen zur Abnahme von Eiden zuständigen Stelle falsch schwört, wird mit Freiheitsstrafe nicht unter einem Jahr bestraft.

Ausgangspunkt der h.M.[32] ist die Parallelität zur Irrtumslehre: Ein entlastender Irrtum, der den Täter gem. § 16 I StGB ohne Vorsatz bzgl. eines bestimmten Tatbestandsmerkmals handeln lässt, führt im Umkehrfall des belastenden Irrtums zum strafbaren Versuch; fällt der entlastende Irrtum unter § 17 StGB, liegt im Umkehrfall kein strafbarer Versuch vor, sondern ein sog. strafloses Wahndelikt. Ein untauglicher Versuch liegt also immer dann vor, wenn der Täter irrig Umstände annimmt, die bei tatsächlichem Vorliegen das Tatbestandsmerkmal erfüllen würden, nicht aber, wenn der vermeintliche Täter den Sachverhalt richtig erkennt, aber ein bestimmtes Tatbestandsmerkmal zu seinen Ungunsten ausdehnt.

Radikalere Minderheitsauffassungen nehmen in Fällen derartiger täterbelastender Vorfeldirrtümer stets[33] oder nie[34] einen Versuch an.

---

[32] Vgl. Paeffgen, in: NK, 4. Aufl. 2013, vor § 32 Rn. 257ff.; zur Rspr. s.o.

[33] So z.B. Herzberg JuS 1980, 469.

[34] Z.B. Burkhardt JZ 1981, 681; Burkhardt GA 2013, 346.

Ferner gibt es eine Fülle differenzierender Ansätze; ohnehin ist letztlich für eine ganze Reihe von Tatbeständen, Tatbestandsmerkmalen und Vorfeldirrtümern die Kontroverse im Detail unterschiedlich gelagert und somit im Hinblick auf eine studentische Fallbearbeitung aufgrund ihrer Unüberschaubarkeit kaum zu beherrschen.

Problematisch an der Lehre vom Umkehrschluss ist, dass es auf ihrer Grundlage keine Möglichkeit gibt, den Rechtslaien umfassend vor der Komplexität der Rechtsordnung in Schutz zu nehmen. Richtigerweise ist bei rechtlichen Vorfeldirrtümern § 16 I StGB umfassend anzuwenden, wenn der Gesetzgeber das Ergebnis solcher rechtlicher Vorfragen als Tatbestandsmerkmal normiert hat (z.B. die Fremdheit der Sache i.S.d. § 242 I StGB).

Das, was man dem Täter bei entlastenden Irrtümern an Verständnis entgegenbringt, nimmt man ihm aber auf der anderen Seite dann wieder durch eine ebenso weitreichende Versuchsstrafbarkeit in den umgekehrten Konstellationen. In der Tat glaubt der Täter ja an ein tatbestandsmäßiges Verhalten, so dass die Annahme von Tatentschluss nach § 22 StGB konsequent ist, zumal man die Identität des Vorsatzbegriffs bei vollendeten und versuchten Delikten zu wahren anstrebt. Andererseits handelt es sich trotz alledem um einen Rechtsirrtum des Täters, wenn auch im Vorfeld der Strafnorm (etwa im BGB). Zumindest eine teleologische Reduktion des § 22 StGB in diesen Fällen könnte dem unklaren Charakter der normativen Vorfeldfragen und dem recht zweifelhaften Strafbedürfnis in diesen Fällen Rechnung tragen.

c) Abergläubischer Versuch

▶ **Didaktische Aufsätze:**
  • Heinrich, Die Abgrenzung von untauglichem, grob unverständigem und abergläubischem Versuch, Jura 1998, 393
  • Seier/Gaude, Untaugliche, grob unverständige und abergläubische Versuche, JuS 1999, 456
  • Satzger, Der irreale Versuch – über die Schwierigkeiten der Strafrechtsdogmatik, dem abergläubischen Versuch Herr zu werden, Jura 2013, 1017

Der sog. abergläubische Versuch[35] zeichnet sich dadurch aus, dass der Täter auf Kräfte setzt, die der menschlichen Einwirkung entzogen sind (z.B. Zauberei, Voodoo, Teufelsanbetung, Verhexen, Totbeten).[36]

---

[35] Hierzu Schneider GA 1955, 265; Gössel GA 1971, 225; Heinrich Jura 1998, 393; Seier/Gaude JuS 1999, 456; Hillenkamp FS Schreiber 2003, 135; Kudlich JZ 2004, 72; Kretschmer JR 2004, 444; Satzger Jura 2013, 1017; Ellbogen FS von Heintschel-Heinegg 2015, 125; aus der Rspr. vgl. RG U. v. 21.06.1900 - 1983/00 - RGSt 33, 321.

[36] Joecks, StGB, 11. Aufl. 2014, § 22 Rn. 7.

Beispiel 310:

B veranstaltete zu Hause in einem abgedunkelten Zimmer bei Kerzenschein mit Freunden zusammen einen „kultischen Abend". Gemeinsam stellten sie ein Foto des Z in die Mitte des Raumes und überzogen dieses mit bösen Flüchen in der Hoffnung, dies würde den Tod des Z herbeiführen. Dabei waren sie überzeugt, dass die Zuhilfenahme dieser magischen Kräfte zur Herbeiführung des gewünschten Erfolges tauglich ist.

Der abergläubische Versuch wird mit unterschiedlichen Begründungen einhellig für **straflos** gehalten.[37]

Die wohl h.M. verneint bereits Tatentschluss mangels Vorsatz hinsichtlich der Schaffung eines rechtlich missbilligten Risikos.[38]

Andere verneinen ein unmittelbares Ansetzen oder kommen mangels Strafwürdigkeit des abergläubischen Verhaltens zu einem normativen Ausschluss.[39]

Denkbar ist auch, den abergläubischen Versuch unter § 23 III StGB zu fassen,[40] welcher immerhin eine greifbare und flexible gesetzliche Regelung bietet. Der Unterschied zwischen Aberglaube und grobem Unverstand dürfte i.R.d. Versuchsstrafbarkeit auch nicht derart gewichtig sein, dass die Anwendung des § 23 III StGB unangemessen erscheint; dieser ist auch durchaus geeignet, dem nicht einschlägigen Strafgrund des Versuchs durch das Entfallen der Bestrafung Rechnung zu tragen.

II. Unmittelbares Ansetzen (objektiver Tatbestand)

▶ **Didaktische Aufsätze:**
- Kratzsch, Die Bemühungen um Präzisierung der Ansatzformel (§ 22 StGB), JA 1983, 420 und 578
- Berz, Grundlagen des Versuchsbeginns, Jura 1984, 511
- Sonnen/Hansen-Siedler, Abgrenzung des Versuchs von Vorbereitung und Vollendung, JA 1988, 17
- Bosch, Unmittelbares Ansetzen zum Versuch, Jura 2011, 909
- Rönnau, Grundwissen – Strafrecht: Versuchsbeginn, JuS 2013, 879
- Hoffmann, Über das unmittelbare Ansetzen während zeitlich gestreckter Handlungsabläute, JA 2016, 194

1. Allgemeines

Gem. § 22 StGB liegt ein strafbarer Versuch vor, wenn der Täter „nach seiner Vorstellung von der Tat zur Verwirklichung des Tatbestandes unmittelbar ansetzt."

---

[37] S. nur Fischer, StGB, 64. Aufl. 2017, § 23 Rn. 9.
[38] Vgl. die Begründung bei B. Heinrich, AT, 5. Aufl. 2016, Rn. 679.
[39] Kühl, AT, 8. Aufl. 2017, § 15 Rn. 93.
[40] So Bloy ZStW 2001, 76 (109).

Bei dieser Gesetzesfassung handelt es sich um einen Kompromiss zwischen **objektiven** und **subjektiven** Gesichtspunkten. Eine objektive Tathandlung des Täters ist erforderlich, erschöpft sich freilich in einem unmittelbaren Ansetzen, welches allerdings auch subjektiv bestimmt wird, da es auf die Tätervorstellung ankommt.

Die Auslegung des unmittelbaren Ansetzens ist von immenser Bedeutung, da es um die Grenzziehung zwischen Straflosigkeit und, ggf. strenger, Strafbarkeit geht. Sie ist zugleich seit jeher ganz grundsätzlich und hinsichtlich einer Fülle von Einzelfragen umstritten, zudem existiert eine unüberschaubare Kasuistik.

Für die strafrechtliche Fallbearbeitung mag zunächst eine griffige **Arbeitsdefinition** nützlich sein:
Unmittelbares Ansetzen i.S.d. § 22 StGB liegt dann vor, wenn der Täter subjektiv die Schwelle zum „Jetzt geht's los" überschreitet und objektiv Handlungen vornimmt, die in ungestörtem Fortgang ohne wesentliche Zwischenakte – d.h. ohne weiteren Willensimpuls – zur Tatbestandserfüllung führen sollen, so dass sein Tun in die Erfüllung des Tatbestands übergeht. Indizien können ein enger räumlicher oder zeitlicher Zusammenhang zur Tatbestandserfüllung oder eine unmittelbare Gefährdung des geschützten Rechtsgutes sein."[41]

Sodann sind **unterschiedliche Situationen der Fallbearbeitung** zu betrachten.

In völlig **unproblematischen Fällen** kann man sich auf eine Faustformel zurückziehen: Ein unmittelbares Ansetzen ist jedenfalls dann gegeben, wenn der Täter alles getan hat, was er zur Verwirklichung des Tatbestands für erforderlich hielt (sog. beendeter Versuch).[42]

Beispiel 311:

B wollte Z töten und lud zu diesem Zweck zu Hause sein Gewehr. Dann begab er sich in den Vorgarten des Z, versteckte sich mit dem schussbereiten Gewehr

---

[41] Vgl. Fischer, StGB, 64. Aufl. 2017, § 22 Rn. 10; Rudolphi, in: SK-StGB, 20. Lfg., 6. Aufl. 1993, § 22 Rn. 13; zum unmittelbaren Ansetzen i.S.d. § 22 StGB s. auch Mayer SJZ 1949, 173; Bockelmann JZ 1954, 468; Bockelmann JZ 1955, 193; Roxin FS Maurach 1972, 213; Kratzsch JA 1983, 420 und 578; Walder FS Leferenz 1983, 537; Berz Jura 1984, 511; Sonnen/Hansen-Siedler JA 1988, 17; Vogler FS Stree/Wessels 1993, 285; Meyer GA 2002, 367; Gropp FS Gössel 2002, 175; Kühl FS Küper 2007, 289; Roxin FS Herzberg 2008, 341; Bosch Jura 2011, 909; Rönnau JuS 2013, 879; Hoffmann JA 2016, 194; aus der sehr umfangreichen Rspr. vgl. BGH U. v. 16.09.1975 - 1 StR 264/75 - BGHSt 26, 201 = NJW 1976, 58 (Anm. Roxin, Höchstrichterliche Rspr. AT, 1998, Nr. 47; Hemmer-BGH-Classics Strafrecht, 2003, Nr. 17; Otto NJW 1976, 578; Gössel JR 1976, 249; Meyer JuS 1977, 19); BGH U. v. 09.10.2002 - 5 StR 42/02 (Guben) - BGHSt 48, 34 = NJW 2003, 150 = NStZ 2003, 149 = StV 2003, 74 (Anm. Puppe, AT, 3. Aufl. 2016, § 20 Rn. 25ff.; Sowada Jura 2003, 549; Heger JA 2003, 455; Martin JuS 2003, 503; Laue JuS 2003, 743; LL 2003, 185; RÜ 2003, 26; RA 2003, 45; Hardtung NStZ 2003, 261; Puppe JR 2003, 123; Kühl JZ 2003, 637); jüngst BGH B. v. 20.09.2016 - 2 StR 43/16 - NJW 2017, 1189 = NStZ 2017, 86 (Anm. Kudlich JA 2017, 152; Eisele JuS 2017, 175).

[42] Vgl. die Faustformel bei Joecks, StGB, 11. Aufl. 2014, § 22 Rn. 17f.

hinter einer Hecke und wartete. Als er Z die Straße entlang kommen sah, legte er an. Nachdem dieser das Gartentor durchschritten hatte, drückte B ab.

Beispiel 312:

B deponierte um 15 Uhr eine Zeitbombe in der Fußgängerzone und stellte diese auf 17 Uhr ein. Daraufhin entfernte er sich und wartete ab.

Mehr als abzudrücken bzw. die Bombe zu aktivieren war im Zeitpunkt der beiden Handlungen nicht erforderlich, um den Z bzw. die Fußgänger zu töten.

Unmittelbares Ansetzen soll auch dann vorliegen, wenn der Täter bereits eines von mehreren Tatbestandsmerkmalen erfüllt hat.[43]

Hiervon gibt es allerdings viele Ausnahmen[44] (z.B. im Bereich der §§ 154, 249, 252, 263 StGB), die eine solche Regel entwerten.

Insbesondere ist zu beachten, dass in dem unmittelbaren Ansetzen zu einem Versuch des Grunddelikts nicht ohne Weiteres ein unmittelbares Ansetzen zum Versuch der Qualifikation oder zur Verwirklichung eines Regelbeispiels gesehen werden kann.[45]

Auch ist die Annahme eines vollendeten Regelbeispiels ohne Bedeutung für die Frage, ob das Grunddelikt bereits versucht wurde.[46]

In Fallbearbeitungen, in denen das unmittelbare Ansetzen **nicht evident** ist, gilt es, nach Wiedergabe der Arbeitsdefinition diese in ihre verschiedenen **Kriterien** zu **zerlegen** und den Sachverhalt daran zu messen.

Wenig ergiebig ist die Formel vom **Überschreiten der Schwelle zum „Jetzt geht's los"**. Die Rechtsfrage des objektiven Tatbestandsmerkmals des unmittelbaren Ansetzens steht nicht in der Entscheidungsmacht des Täters. Eine geistige Schwelle kann der Täter bereits weit im Vorfeld überschreiten, z.B. bei einer Anreise zum später gedachten Tatort. Etwas besser wäre: „gleich ist es vollbracht". Ohnehin scheint das „Jetzt geht's los" eher eine zirkuläre Paraphrasierung des § 22 StGB zu sein.

---

[43] Joecks, StGB, 11. Aufl. 2014, § 22 Rn. 20.

[44] S. Joecks, StGB, 11. Aufl. 2014, § 22 Rn. 20; Roxin FS Maurach 1972, 213; aus der Rspr. vgl. BGH U. v. 16.01.1991 - 2 StR 527/90 - BGHSt 37, 294 = NJW 1991, 1839 = NStZ 1991, 385 = StV 1991, 418 (Anm. Geppert JK 1991 StGB § 22/15; Pasker JA 1991, 341; Hassemer JuS 1991, 965; Kienapfel JR 1992, 122; Küper JZ 1992, 338).

[45] Fischer, StGB, 64. Aufl. 2017, § 22 Rn. 36; Stree FS Peters 1974, 179; aus der Rspr. vgl. BGH B. v. 18.11.1985 - 3 StR 291/85 (Bleiumbördelung) - BGHSt 33, 370 = NJW 1986, 940 = StV 1986, 481 (Anm. Geppert JK 1986 StGB § 243/2; Hassemer JuS 1986, 569; Schäfer JR 1986, 522; Küper JZ 1986, 518; Eckstein JA 2001, 548); BGH B. v. 20.09.2016 - 2 StR 43/16 - NJW 2017, 1189 = NStZ 2017, 86 (Anm. Kudlich JA 2017, 152; Eisele JuS 2017, 175); OLG Hamburg, U. v. 28.12.2016 - 1 Rev 78/16 - NStZ-RR 2017, 72 (Anm. Peglau jurisPR-StrafR 4/2017 Anm. 4).

[46] Aus der Rspr. vgl. BGH B. v. 03.05.2011 - 3 StR 33/11 - NStZ 2011, 711 (Anm. RA 2011, 414).

Missverständlich ist auch das Kriterium der **unmittelbaren Gefährdung des Rechtsguts**. Abgesehen von der Tatsache, dass die Unmittelbarkeit gerade die zu beantwortende Frage ist, mag zwar der Eintritt einer konkreten Gefährdung des Tatopfers oder -objekts ein Indiz für das Vorliegen des unmittelbaren Ansetzens i.S.d. § 22 StGB sein. Hüten muss man sich allerdings vor dem Umkehrschluss: Eine Verneinung des unmittelbaren Ansetzens mangels tatsächlicher Gefährdung würde verkennen, dass auch untaugliche Versuche strafbar sind. Ferner kann eine Gefährdung bereits die Vollendung des Delikts bedeuten (eben bei konkreten Gefährdungsdelikten). Auch zeichnen sich viele Tatsituationen durch eine ständig steigende Gefahr aus, so dass sich das Problem der Grenzziehung nicht erledigt.

Zentral ist das Kriterium des ungestörten Fortgangs ohne wesentliche **Zwischenakte**. Hier gilt es zu untersuchen, welche Schritte noch zu unternehmen waren, welche Ereignisse noch eintreten mussten, damit es zur Deliktsvollendung kommt. Der Sache nach wird hierbei das Wertungsproblem der Unmittelbarkeit freilich nur auf die Frage verschoben, wann ein Zwischenakt wesentlich ist.

Der **räumliche Zusammenhang** ist von lediglich indizieller Bedeutung. Das Kriterium versagt bei Tathandlungen, deren Erfolg an einem ganz anderen Ort eintreten soll (z.B. beim Versenden einer Briefbombe).

Vergleichbares gilt für den **zeitlichen Zusammenhang**: Das Kriterium versagt bei Tathandlungen, deren Erfolg erst viel später eintreten soll (z.B. wiederum beim Versenden einer Briefbombe).

In einer **Fallbearbeitung** sind die Sachverhaltsinformationen nach Maßgabe dieser Kriterien auszuwerten.

Im Anschluss daran ist eine **Gesamtwürdigung** vorzunehmen. Da die Handhabung der Kriterien und erst recht die Gesamtwürdigung sehr vage sind, bleiben dem Bearbeiter nicht selten große Vertretbarkeitsspielräume. Klausurtaktisch gilt es dann zu bedenken, ob auf späteren Prüfungsebenen des Versuchs Klausurschwerpunkte liegen (z.B. beim Rücktritt).

Aufgrund dessen, dass es sich beim unmittelbaren Ansetzen um eine recht offene Wertungsfrage handelt, ergibt es auch wenig Sinn, sich für bestimmte Fallkonstellationen Lösungen in Literatur und Rspr. zu merken, da der Bearbeiter ohnehin stets das Für und Wider des unmittelbaren Ansetzens sorgfältig abzuwägen hat. Die problematischen Fälle zeichnen sich gerade dadurch aus, dass sich Argumente für beide Sichtweisen vorbringen lassen. Die folgenden Beispiele dienen folglich nur als Illustration.

Beispiel 313:

BGH U. v. 20.12.1951 – 4 StR 839/51 – NJW 1952, 514 (Anm. Roxin, Höchstrichterliche Rspr. AT, 1998, Nr. 46; Mezger NJW 1952, 515; Fahl JA 1997, 635):
B1 und B2 waren übereingekommen, einen Boten, der für einen Bielefelder Betrieb bei der Bank Geld für die Lohnzahlung abzuholen pflegte, auf dem

Rückweg zum Betrieb zu überfallen, ihm die Tasche mit den Lohngeldern zu entreißen und in den zu diesem Zweck bereitgehaltenen beiden Kraftwagen zu fliehen. Sie verabredeten alle Einzelheiten der Durchführung des Plans und bereiteten den Raubüberfall auf das Sorgfältigste vor. An dem verabredeten Tage fuhren sie nach ihrem Plan mit den Kraftwagen gegen Mittag zu dem vereinbarten Tatort, der unweit der Straßenbahnhaltestelle lag, an der der Bote auszusteigen pflegte. Dort warteten sie auf seine Ankunft: er musste nach ihrer Berechnung alsbald mit der Straßenbahn eintreffen. Sie hielten den Pfeffer, der ihm in die Augen gestreut werden sollte, bereit und ließen bei Ankunft einer jeden Straßenbahn die Motoren der Wagen anlaufen, um sofort nach Ausführung der Tat das Weite suchen zu können. Nachdem sie vier Straßenbahnen abgewartet hatten, erkannten sie, dass der Bote an diesem Tage verfehlt war. Sie fuhren ein Stück weiter und entfernten sich, nachdem sie noch eine Zeitlang vergeblich gewartet hatten.

Beispiel 314:

BGH U. v. 19.01.1968 – 4 StR 559/67 (Radrütteln) – BGHSt 22, 80 = NJW 1968, 1100 (Anm. Roxin, Höchstrichterliche Rspr. AT, 1998, Nr. 48):
Der Angriff des B1 und seines Mittäters B2 war jeweils gegen ein ganz bestimmtes Fahrzeug gerichtet. In beiden Fällen waren sie bereits entschlossen, den ins Auge gefassten Kraftwagen für die geplante Fahrt nach D. wegzunehmen. B1 rüttelte an den Vorderrädern, um festzustellen, ob das Lenkrad durch ein Schloss versperrt war. Beim Fehlen eines solchen Hindernisses wollte er sich unmittelbar anschließend des Fahrzeugs bemächtigen.

Beispiel 315:

BGH U. v. 16.09.1975 – 1 StR 264/75 – BGHSt 26, 201 = NJW 1976, 58 (Anm. Roxin, Höchstrichterliche Rspr. AT, 1998, Nr. 47; Hemmer-BGH-Classics Strafrecht, 2003, Nr. 17; Otto NJW 1976, 578; Gössel JR 1976, 249; Meyer JuS 1977, 19):
B1 und B2 kamen in den Abendstunden zu einer für einen Überfall ausersehenen Tankstelle. Diese war nicht besetzt. Deshalb gingen sie zu dem im Tankstellenbereich liegenden Wohnhaus. Vor der Haustür zogen sie die Strumpfmasken auf. Dann läutete B1. Er hatte die mitgeführte Pistole in der Hand. B1 und B2 nahmen an, dass auf ihr Läuten der Tankwart, der Inhaber der Tankstelle oder eine andere Person erscheinen werde. Sogleich bei ihrem Erscheinen sollte die öffnende Person mit der Pistole bedroht, gefesselt und zur Ermöglichung und Duldung der Wegnahme genötigt werden. Auf das Läuten kam niemand. Auch das Klopfen an mehreren Fenstern blieb ohne Erfolg. B1 und B2 gaben die Verwirklichung ihres Vorhabens auf, weil aus dem gegenüberliegenden Haus eine Frau heraussah und sie glaubten, diese Frau könne sie entdecken.

Beispiel 316:

BGH U. v. 26.10.1978 – 4 StR 429/78 – BGHSt 28, 162 = NJW 1979, 378 (Anm. Roxin, Höchstrichterliche Rspr. AT, 1998, Nr. 48; Geilen JK 1979 StGB § 22/1; Sonnen JA 1979, 333; Hassemer JuS 1979, 295):
B beschaffte sich Nachschlüssel (Kopien der Zündschlüssel) für einige auf dem Gelände einer Kfz-Werkstatt befindlichen Fahrzeuge; er erkundigte sich nach der Anschrift des jeweiligen Fahrzeughalters und Eigentümers und versuchte durch Telefonanrufe, den augenblicklichen Standort der Fahrzeuge in Erfahrung zu bringen.

Beispiel 317:

BGH B. v. 14.03.2001 – 3 StR 48/01 – NStZ 2001, 415 = StV 2001, 621 (Anm. RA 2001, 477; Geppert JK 2002 StGB § 22/20):
B suchte den Juwelier Z in dessen Geschäftsräumen auf, um diesem wertvollen Schmuck und Uhren zu entwenden. Sein Plan ging in erster Linie dahin, den Juwelier dazu zu bewegen, die Geschäftsräume unter der Mitnahme von Schmuck zu verlassen, um den Diebstahl dann außerhalb des Juweliergeschäfts ausführen zu können. Als er merkte, dass der Juwelier seinem Vorschlag wenig Sympathie entgegenbrachte, war B fest entschlossen, jede sich bietende Gelegenheit und insbesondere jede Unachtsamkeit des Juweliers dazu auszunutzen, Uhren und Schmuck bereits in den Verkaufsräumen zu entwenden. Hierzu kam es auf Grund der Aufmerksamkeit des Juweliers jedoch nicht. B verließ daher die Geschäftsräume und wurde dabei von der zuvor verständigten Polizei festgenommen.

Beispiel 318:

BGH U. v. 09.03.2006 – 3 StR 28/06 – NStZ 2006, 331 = StV 2007, 187 (Anm. Geppert JK 2006 StGB § 22/24; RA 2006, 312; Schuhr StV 2007, 188):
B1 plante, die von ihm betriebene Diskothek in Brand setzen zu lassen, um die Versicherungssumme kassieren zu können. Er beauftragte den B2, der bei ihm als Türsteher tätig war und den Brand nicht selbst legen wollte, zwei Leute für die Brandlegung zu besorgen. B2 gewann dafür B3, der seinerseits zwei weitere Personen mit Versprechen überredete, jeder könne dabei 10.000 Euro verdienen. Alle vier besprachen gemeinsam den Tatplan, wonach die Außentüre des Gebäudes mit einem von B1 zur Verfügung gestellten Schlüssel sowie eine verschlossene Zwischentüre zum Diskothekenraum mit einem mitgeführten Kuhfuß geöffnet, dort aus einem mitgebrachten Kanister Benzin verschüttet und dieses dann entzündet werden sollte. Alle vier begaben sich mit der vorgesehenen Ausrüstung (Schlüssel, Kuhfuß und Brandbeschleuniger) in die Nähe des Tatortes. B2 blieb im Fahrzeug, um die anderen nach der Brandlegung aufnehmen zu können. Zwei Mittäter gingen zur Diskothek, öffneten mit dem Schlüssel die Außentüre, betraten das Gebäude und wurden noch im Vorraum von der Polizei festgenommen.

Beispiel 319:

BGH B. v. 18.06.2013 – 2 StR 75/13 – NStZ 2013, 579 (Anm. Jäger JA 2013, 949; LL 2014, 110; RÜ 2013, 637):
B1, B2 und B3 wollten Z überfallen, um ihm die Herausgabe eines Laptops abzunötigen, auf dem sie kinderpornographische Bilddateien vermuteten, mit denen sie den Z später zu Geldzahlungen erpressen wollten. Sie wollten sich mit Sturmhauben maskieren und mit Messern bewaffnen. Während die B1 und B2 sich in der Nähe des Hauses hinter einer Hecke verstecken sollten, sollte der B3 an der Haustür des Z klingeln und diesen mit einem Messer bedrohen, sobald dieser die Tür öffnen würde. Dazu kam es nicht, weil B3 meinte, er habe nach dem Klingeln an der Haustür einen Hund bellen hören und ein Kind hinter der Türverglasung gesehen. Daher nahm er von der weiteren Tatausführung Abstand und wandte sich zum Gehen. Unmittelbar danach wurden B1, B2 und B3 durch Polizeibeamte festgenommen, die sie observiert hatten.

2. Besonderheiten bei der mittelbaren Täterschaft (inkl. Selbstschädigung), § 25 I 2. Var. StGB

▷   **Didaktische Aufsätze:**
- Otto, Versuch und Rücktritt bei mehreren Tatbeteiligten, JA 1980, 641 und 707
- Herzberg, Der Anfang des Versuchs bei mittelbarer Täterschaft, JuS 1985, 1
- Dornis, Der Versuchsbeginn in Selbstschädigungsfällen, Jura 2001, 664
- Rönnau, Grundwissen – Strafrecht: Versuchsbeginn bei Mittäterschaft, mittelbarer Täterschaft und unechten Unterlassungsdelikten, JuS 2014, 109
- Hoffmann, Über das unmittelbare Ansetzen während zeitlich gestreckter Handlungsabläufe, JA 2016, 194

In Fällen der mittelbaren Täterschaft liegt ein unmittelbares Ansetzen des mittelbaren Täters[47] spätestens dann vor, wenn der Tatmittler unmittelbar ansetzt.[48]

Beispiel 320:
B überredete den geistig stark behinderten Z1 dazu, auf den Z2 zu schießen. Dies tat Z1 auch, der Schuss verfehlte aber den Z2.

---

[47] Hierzu Hillenkamp/Cornelius, 32 Probleme aus dem Strafrecht AT, 15. Aufl. 2017, 15. P.; Otto JA 1980, 641 und 707; Küper JZ 1983, 361; Kadel GA 1983, 299; Herzberg JuS 1985, 1; Krack ZStW 1998, 611; Dornis Jura 2001, 664; Herzberg FS Roxin 2001, 749; Puppe FS Dahs 2005, 173; Kühl FS Küper 2007, 289; Rönnau JuS 2014, 109; Hoffmann JA 2016, 194.

[48] Joecks, StGB, 11. Aufl. 2014, § 25 Rn. 69.

Spätestens mit dem Schuss des Z1 hat auch B unmittelbar angesetzt.

Dies betrifft gleichermaßen Konstellationen der Selbstschädigung, die entsprechend der mittelbaren Täterschaft behandelt werden.

Beispiel 321:

BGH U. v. 05.07.1983 – 1 StR 168/83 (Sirius) – BGHSt 32, 38 = NJW 1983, 2579 = NStZ 1984, 70 (Anm. Roxin, Höchstrichterliche Rspr. AT, 1998, Nr. 80; Hemmer-BGH-Classics Strafrecht, 2003, Nr. 28; Küpper JA 1983, 672; Geilen JK 1984 StGB § 25/1; Hassemer JuS 1984, 148; Roxin NStZ 1984, 71; Sippel NStZ 1984, 357; Neumann JuS 1985, 677; Spendel FS Lüderssen 2002, 605; Kubiciel JA 2007, 729):

B gelang es im Laufe einer Vielzahl von Gesprächen, der 23-jährigen unselbstständigen und komplexbeladenen Z einzureden, er sei ein Bewohner des Planeten Sirius. Auf der Erde wolle er einige wertvolle Menschen, darunter Z, nach dem Zerfall ihrer Körper auf den Sirius oder einen anderen Planeten bringen, wo ihre Seelen weiterleben sollten. Als B erkannte, dass ihm Z vollen Glauben schenkte, beschloss er, sich unter Ausnutzung dieses Vertrauens zu bereichern. Er legte ihr dar, sie könne die Fähigkeit, nach ihrem Tod auf einem anderen Himmelskörper weiterzuleben, dadurch erlangen, dass der Mönch Uliko sich für einige Zeit in totale Meditation versetze. Dafür seien freilich an das Kloster des Ulikos 30.000 DM zu zahlen. Das Geld verbrauchte der B für sich. Z sagte er, der Versuch sei wegen des von ihrem Körper ausgehenden Widerstandes gescheitert. Dieser Widerstand könne nur mit der Vernichtung des alten und der Beschaffung eines neuen Körpers gebrochen werden. Als er merkte, dass Z ihm weiterhin glaubte, fasste er den Plan, daraus finanziellen Nutzen zu schlagen: Er erläuterte ihr, in einem Raum am Genfer See stehe für sie ein neuer Körper bereit, in dem sie sich als Künstlerin wiederfinden werde, wenn sie sich von ihrem alten Körper trenne. Da sie auch in ihrem neuen Leben Geld brauche, solle sie eine Lebensversicherung abschließen und ihn, B, als Bezugsberechtigten einsetzen und sodann durch einen vorgetäuschten Unfall aus ihrem „jetzigen Leben" scheiden. Nach Auszahlung werde er ihr das Geld überbringen. Tatsächlich ließ Z wenig später nach den Anweisungen des B einen Föhn in ihre Badewanne fallen, um ihr „jetziges Leben" zu beenden. Der tödliche Stromstoß blieb jedoch aus. Nach eigenem Bekunden handelte Z in der Hoffnung, sofort „in einem neuen Körper" zu erwachen. Der Gedanke an einen „Selbstmord im eigentlichen Sinn", durch den ihr Leben für immer beendet würde, sei ihr nicht gekommen.

Indem Z mit dem Föhn zum Suizid ansetzte, ist auch ein unmittelbares Ansetzen des B gegeben.

Umstritten ist, ab wann bereits ein unmittelbares Ansetzen vorliegt, wenn das Verhalten des Tatmittlers selbst noch nicht als unmittelbares Ansetzen gewertet werden kann.

BGH U. v. 26.01.1982 – 4 StR 631/81 (Flusssäure) – BGHSt 30, 363 = NJW 1982, 1164 = NStZ 1982, 197 (Anm. Roxin, Höchstrichterliche Rspr. AT, 1998, Nr. 52; Puppe, AT, 3. Aufl. 2016, § 24 Rn. 1ff.; Hemmer-BGH-Classics Strafrecht, 2003, Nr. 20; Geilen JK 1982 StGB § 22/7; Seier JA 1982, 369; Hassemer JuS 1982, 703; Kühl JuS 1983, 180; Sippel NJW 1983, 2226; Küper JZ 1983, 361; Teubner JA 1984, 144; Sippel JA 1984, 480; Freiherr von Spiegel NJW 1984, 110; Sippel NJW 1984, 1866; Freiherr von Spiegel NJW 1984, 1867):

B1 wollte seinen Nebenbuhler Z aus Eifersucht töten. Da Z ihn kannte und B1 bei einem Fehlschlag mit einer Entdeckung rechnen musste, entschloss er sich, die Tat durch Dritte ausführen zu lassen. Diese sollten über seine Tötungsabsicht im Unklaren bleiben, durch die Aussicht auf hohe Beute für einen Raubüberfall geködert werden und sich bei der Tatausführung unwissentlich eines tödlichen Mittels bedienen. Im Dezember 1980 übergab B1 dem B2 eine Plastikflasche, die angeblich ein Schlafmittel, in Wirklichkeit aber mindestens 100 ml 35 %ige Salzsäure enthielt, die bei Aufnahme von 20 ml in den leeren Magen mit Sicherheit tödlich wirkt. B2 sollte Z überfallen, ihm – notfalls mit Gewalt – das angebliche Schlafmittel verabreichen und ihn dann berauben. Unterwegs öffnete B2 aus Neugierde den Schraubverschluss der Flasche. Der ätzende Geruch, der ihm beinahe den Atem nahm, machte ihm klar, dass es sich nicht um ein Schlafmittel, sondern um eine gefährliche Säure handelte. Er nahm daraufhin von der Tat Abstand.

B2 stellte sich vor, einen schweren Raub verüben zu sollen (§§ 249 I, 250 I Nr. 1 lit. b StGB). Im Hinblick auf einen besonders schweren Raub (§§ 249 I, 250 II Nr. 1 StGB) und einen Totschlag oder Mord (§§ 211, 212 I StGB) hatte B1 überlegenes Wissen. Fraglich ist, ob B1 schon unmittelbar angesetzt haben kann, wenn sein Tatmittler B2 sich noch auf dem Weg zum Tatort befand und noch nicht unmittelbar angesetzt hatte.

Dies betrifft ebenfalls Konstellationen der Selbstschädigung, die entsprechend der mittelbaren Täterschaft behandelt werden.

BGH U. v. 12.08.1997 – 1 StR 234/97 (Passauer Giftfalle / Echter Hiekes Bayerwaldbärwurz / Apotheker) – BGHSt 43, 177 = NJW 1997, 3453 = NStZ 1998, 241 = StV 1997, 632 (Anm. Puppe, AT, 3. Aufl. 2016, § 20 Rn. 28ff.; Hemmer-BGH-Classics Strafrecht, 2003, Nr. 21; Geppert JK 1998 StGB § 22/18; Kudlich JuS 1998, 596; LL 1998, 170; Wolters NJW 1998, 578; Otto NStZ 1998, 243; Gössel JR 1998, 293; Roxin JZ 1998, 211; Derksen GA 1998, 592; Böse JA 1999, 342; Baier JA 1999, 771 und 963; Martin JuS 1999, 273; Heckler NStZ 1999, 79):

Anfang März 1994 waren Unbekannte in das Einfamilienhaus des B eingedrungen, hatten sich in der im Erdgeschoss gelegenen Küche warme Speisen zubereitet und auch dort vorhandene Flaschen mit verschiedenen Getränken ausgetrunken. Weiter waren Geräte der Unterhaltungselektronik in das Dachgeschoss des Hauses verbracht worden. Die von B am 06.03.1994 verständigte Polizei ging deshalb davon aus, die Täter könnten an den folgenden Tagen noch einmal zurückkehren, um die zum Abtransport bereitgestellte Diebesbeute abzuholen. In der Nacht vom 08. auf den 09.03.1994 hielten sich deshalb vier Polizeibeamte in dem Haus auf, um dort mögliche Einbrecher ergreifen zu können. Zugleich hatte sich B, ein Apotheker, schon am Nachmittag des 08.03.1994 aus Verärgerung über den vorangegangenen Einbruch dazu entschlossen, im Flur des Erdgeschosses eine handelsübliche Steingutflasche mit der Aufschrift „Echter Hiekes Bayerwaldbärwurz" aufzustellen, die er mit 178 ml eines hochgiftigen Stoffes und 66 ml Wasser füllte und wieder verschloss. Im Wissen darum, dass bereits der Konsum geringster Mengen der genannten Mischung rasch zum Tode führen könne, nahm B es beim Aufstellen dieser Flasche jedenfalls in Kauf, dass möglicherweise erneut Einbrecher im Haus erscheinen, aus der Flasche trinken und tödliche Vergiftungen erleiden könnten. Später kamen dem B Bedenken, da er die observierenden Polizeibeamten nicht eingeweiht hatte und er nunmehr erkannte, dass auch ihnen von der Giftflasche Gefahr drohte. Er wies die Beamten, die die Flasche nicht angerührt hatten, auf deren giftigen Inhalt hin. Am nächsten Morgen wurde er telefonisch von einem Kriminalbeamten aufgefordert, die Giftflasche zu beseitigen. Er lehnte dies zwar zunächst ab, erklärte sich aber auf Zureden des Beamten schließlich damit einverstanden, dass jener die Flasche sicherstellte.

Ein unmittelbares Ansetzen der Einbrecher – oder anderer Opfer, deren Tod B dann fahrlässig verursacht hätte – wäre wohl frühestens mit Ergreifen der Flasche in der Absicht einer Kostprobe gegeben.

Beispiel 324:

BGH B. v. 08.05.2001 – 1 StR 137/01 (Stromfalle) – NStZ 2001, 475 (Anm. RA 2001, 539; famos 8/2001; Otto JK 2002 StGB § 22/20; Trüg JA 2002, 102; Engländer JuS 2003, 330):
B lag mit dem Vermieter der von ihm und seiner Familie bewohnten Doppelhaushälfte im Streit. Nachdem ein rechtskräftiger Räumungstitel gegen ihn vorlag, zog er aus dem Hause aus. Aus Verärgerung, und um den Vermieter in Verruf zu bringen, nahm er zuvor mehrere Veränderungen u.a. an der Elektroinstallation des Hauses vor. So öffnete er im Esszimmer und im Kinderzimmer jeweils eine Doppelsteckdose, klemmte an je einer der Steckdosen den Schutzleiter und den stromführenden Leiter ab und schloss den stromführenden Leiter an den Schutzleiterkontakt an. Dadurch bewirkte er, dass beim späteren Anschluss eines mit einem Schutzleiter ausgestatteten Elektrogeräts an eine dieser Steckdosen sofort eine Spannung von 230 Volt auf das Gehäuse des angeschlossenen Gerätes übertragen werden konnte. Er wollte erreichen, dass ein nachfolgender Nutzer des Hauses beim bestimmungsgemäßen Gebrauch der manipulierten Steckdosen

einen Stromschlag erhielte. Überdies hatte B zuvor im Haussicherungskasten für die drei Stromkreise des Hauses die vorhandenen 16-Ampère-Sicherungen und zudem die Sicherungslastschalter überbrückt, die die stromführenden Phasen zwischen Hausanschlusskasten und dem Haussicherungskasten nochmals mit jeweils 25 Ampère absicherten; sie waren damit funktionslos. Die einzige wirksame Sicherung war danach noch die sog. Panzersicherung im Hausanschlusskasten mit einer Absicherung von 50 Ampère. Die Manipulationen wurden alsbald bei einer Überprüfung der gesamten Elektroinstallation des Hauses entdeckt. Diese fand statt, nachdem der Hausverwalter Veränderungen an der Ölheizungsanlage des Hauses festgestellt hatte, die zu deren Ausfall geführt hatten.

Die Manipulationen wurden entdeckt, bevor jemand zur Selbstschädigung durch Benutzung der Steckdosen unmittelbar ansetzen konnte.

Die sog. **Gesamtlösung** eines Teils der Lehre[49] nimmt ein unmittelbares Ansetzen des mittelbaren Täters stets erst dann an, wenn das Werkzeug (bzw. das Opfer als solches gegen sich selbst) unmittelbar ansetzt.

Die sog. **Einzellösung** eines Teils der Rspr.[50] und der Lehre[51] bejaht das unmittelbare Ansetzen bereits, wenn der mittelbare Täter auf den Tatmittler einzuwirken beginnt.

Die herrschende Rspr.[52] und die h.L.[53] stellen – allerdings mit zahlreichen Nuancen – für das unmittelbare Ansetzen darauf ab, wie sicher sich der Täter den weiteren Fortgang vorgestellt hat (sog. **modifizierte Einzellösung**): Hält der Täter den Eintritt einer späteren Gefährdung für sicher, so setzt er bereits dann unmittelbar an, wenn er das Geschehen aus den Händen gibt; hält er ihn für unsicher, setzt er erst dann unmittelbar an, wenn der Unsicherheitsfaktor entfallen ist, so dass eine konkrete Gefahr droht. Da z.B. im „Apotheker-Fall" nach Vorstellung des „Täters" unsicher war, ob die Einbrecher erneut erscheinen werden, lag mangels tatsächlichen Erscheinens kein unmittelbares Ansetzen vor.

Die h.M. bemüht sich um einen Kompromiss zwischen sehr frühem und sehr spätem Annehmen des unmittelbaren Ansetzens. Ferner ist es auch ein wichtiges Anliegen, den mittelbaren Täter nicht besser oder schlechter zu stellen als einen unmittelbaren Versuchstäter. Durch die starke Subjektivierung des Maßstabs wird dieser aber kaum dem Anspruch gerecht, das unmittelbare Ansetzen als objektive Tatbestandshandlung zu bestimmen. Auch ein generelles Abstellen auf eine konkrete Gefahr für das geschützte Rechtsgut birgt die Problematik, dass auch untaugliche Versuche erfasst sind; letztlich bleibt es i.R.d. h.M. wieder bei einer umfassenden Gesamtabwägung.

Klare Ergebnisse erzielen Einzel- und Gesamtlösung. Die Gesamtlösung betrachtet den Entwicklungsstand der Gesamttat, so dass man unsachgerechte

---

[49] Z.B. Hoyer, in: SK-StGB, 32. Lfg., 7. Aufl. 2000, § 25 Rn. 147.

[50] Z.B. RG U. v. 06.05.1919 - II 124/19 · RGSt 53, 15; BayObLG B. v. 25.04.1994 · 4 St RR 18/94 · NJW 1994, 2164.

[51] Z.B. Jakobs, AT, 2. Aufl. 1993, 21/105.

[52] Vgl. nur BGH U. v. 12.08.1997 - 1 StR 234/97 (Passauer Giftfalle / Echter Hiekes Bayerwaldbärwurz / Apotheker) - BGHSt 43, 177 (180).

[53] S. nur Kindhäuser, LPK, 6. Aufl. 2015, § 22 Rn. 33.

Ergebnisse vermeidet, wenn der mittelbare Täter den Kausalverlauf sehr früh aus der Hand gibt. Ebenso, wie das Verhalten des Mittlers dem Hintermann zugerechnet werde, müsse dem Hintermann zugute kommen, was der Mittler noch nicht getan habe. Da der mittelbare Täter „durch" das Werkzeug handele, könne ersterer nicht früher ansetzen als letzteres. Die Gesamtlösung bemüht auch den Wortlaut des § 22 StGB („unmittelbar"). Allerdings besteht die Tathandlung des mittelbaren Täters ausschließlich in der Risikoschaffung durch das Ingangsetzen des Werkzeugs. Insofern sind gerade keine Zwischenakte erforderlich; das Handeln „durch" den Vordermann muss daher durchaus früher als dessen Handeln selbst liegen; der bloße zeitlich-räumliche Abstand schließt die Unmittelbarkeit nicht zwingend aus. Anders als bei Mittäterschaft nach § 25 II StGB erfolgt keine wechselseitige Zurechnung, sondern es existiert ein Stufenverhältnis. Überzeugender ist aufgrund ihrer Tathandlungsorientierung daher die Einzellösung. Sie wahrt auch die Parallele zu einem unmittelbaren Täter, der ein mechanisches Werkzeug zum Einsatz bringt. Die dadurch bedingte erhebliche Vorverlagerung der Versuchsstrafbarkeit und Schlechterstellung gegenüber einem unmittelbaren Täter rechtfertigt sich durch die hohe Gefährlichkeit eines auf den Weg gebrachten Tatmittlers. Der mittelbare Täter setzt eine neue Kausalkette in Gang, die ohne weitere Einflussnahme der Verwirklichung des Taterfolgs zustrebt. Der Zeitpunkt des unmittelbaren Ansetzens des Tatmittlers ist dem mittelbaren Täter oft ohnehin nicht bekannt und für diesen daher höchst zufällig. Auf den Entwicklungsstand der Gesamttat kann es somit nicht ankommen. Unangemessenen Ergebnissen aufgrund einer Vorverlagerung der Versuchsstrafbarkeit beugt die Rücktrittsmöglichkeit nach § 24 StGB vor.

3. Besonderheiten bei der Mittäterschaft, § 25 II StGB

▶ **Didaktische Aufsätze:**
- Otto, Versuch und Rücktritt bei mehreren Tatbeteiligten, JA 1980, 641 und 707
- Ahrens, Vermeintliche Mittäterschaft und Versuchsstrafbarkeit, JA 1996, 664
- Renzikowski, Zurechnungsprobleme bei Scheinmittäterschaft und verwandten Konstellationen, JuS 2013, 481
- Rönnau, Grundwissen – Strafrecht: Versuchsbeginn bei Mittäterschaft, mittelbarer Täterschaft und unechten Unterlassungsdelikten, JuS 2014, 109

Auch bei der Mittäterschaft gem. § 25 II StGB ist umstritten, nach welchen Kriterien das unmittelbare Ansetzen zu bestimmen ist.[54]

---

[54] Hierzu Küper JZ 1979, 775; Otto JA 1980, 641 und 707; da Conceição Valdágua ZStW 1986, 839; Stoffers MDR 1989, 208; Krack ZStW 1998, 611; Mylonopoulos GA 2011, 462; Rönnau JuS 2014, 109; aus der Rspr. vgl. BGH U. v. 02.06.1993 - 2 StR 158/93 - BGHSt 39, 236 = NJW 1993, 2251 = NStZ 1993, 489 = StV 1993, 467 (Anm. Roxin, Höchstrichterliche Rspr. AT, 1998, Nr. 53; Hemmer-BGH-Classics Strafrecht, 2003, Nr. 18; Otto JK 1994 StGB § 25 II/7; Jung JuS 1994, 355; Hauf NStZ 1994, 263; Weber FS Lenckner 1998, 435).

Beispiel 325:

BGH U. v. 09.03.2006 – 3 StR 28/06 – NStZ 2006, 331 = StV 2007, 187 (Anm. Geppert JK 2006 StGB § 22/24; RA 2006, 312; Schuhr StV 2007, 188):
B1 plante, die von ihm betriebene Diskothek in Brand setzen zu lassen, um die Versicherungssumme kassieren zu können. Er beauftragte den B2, der bei ihm als Türsteher tätig war und den Brand nicht selbst legen wollte, zwei Leute für die Brandlegung zu besorgen. B2 gewann dafür B3, der seinerseits zwei weitere Personen mit Versprechen überredete, jeder könne dabei 10.000 Euro verdienen. Alle vier besprachen gemeinsam den Tatplan, wonach die Außentüre des Gebäudes mit einem von B1 zur Verfügung gestellten Schlüssel sowie eine verschlossene Zwischentüre zum Diskothekenraum mit einem mitgeführten Kuhfuß geöffnet, dort aus einem mitgebrachten Kanister Benzin verschüttet und dieses dann entzündet werden sollte. Alle vier begaben sich mit der vorgesehenen Ausrüstung (Schlüssel, Kuhfuß und Brandbeschleuniger) in die Nähe des Tatortes. B2 blieb im Fahrzeug, um die anderen nach der Brandlegung aufnehmen zu können. Zwei Mittäter gingen zur Diskothek, öffneten mit dem Schlüssel die Außentüre, betraten das Gebäude und wurden noch im Vorraum von der Polizei festgenommen.

Hat auch der im Auto wartende B2 unmittelbar angesetzt?

Die sog. **Einzellösung**[55] stellt separat auf den einzelnen Mittäter ab.

Nach der sog. **Gesamtlösung** von Rspr.[56] und h.L.[57] fallen alle Mittäter bereits unter § 22 StGB, wenn nur einer der Mittäter unmittelbar ansetzt.

Zwar ist § 22 StGB dahingehend formuliert, dass es auf den einzelnen Menschen ankommt, was für eine Einzellösung sprechen könnte. Allerdings überwindet § 25 II StGB die isolierte Betrachtung durch Zurechnung im Rahmen des gemeinsamen, einheitlichen Tatplans – wie sonst auch i.R.d. § 25 II StGB bzgl. vollendeter Delikte. Dass die Gesamtlösung hier überzeugender ist, zeigt sich auch darin, dass anderenfalls derjenige Mittäter, der seinen gleichwertig gewichtigen Beitrag spät erbringen soll, unsachgemäß privilegiert würde.

Die Problematik des Zusammenspiels von § 22 StGB und § 25 II StGB kulminiert in der Frage der Versuchsstrafbarkeit bei sog. **vermeintlicher Mittäterschaft** oder **Scheinmittäterschaft**.[58]

---

[55] Roxin, AT II, 2003, § 29 Rn. 297ff.
[56] Z.B. BGH U. v. 02.06.1993 - 2 StR 158/93 - BGHSt 39, 236 (237).
[57] Vgl. nur Kindhäuser, LPK, 6. Aufl. 2015, § 22 Rn. 38.
[58] Hierzu Ingelfinger JZ 1995, 704; Ahrens JA 1996, 664; Heckler GA 1997, 72; Bloy ZStW 2005, 1; Krack ZStW 2005, 555; Renzikowski JuS 2013, 481; Rönnau JuS 2014, 109.

Beispiel 326:

BGH U. v. 25.10.1994 – 4 StR 173/94 (Münzhändler) – BGHSt 40, 299 = NJW 1995, 142 = NStZ 1995, 120 = StV 1995, 128 (Anm. Roxin, Höchstrichterliche Rspr. AT, 1998, Nr. 54; Hemmer-BGH-Classics Strafrecht, 2003, Nr. 19; Geppert JK 1995 StGB § 25 II/9; Sonnen JA 1995, 361; Jung JuS 1995, 360; Küpper/Mosbacher JuS 1995, 488; Kühne NJW 1995, 934; Erb NStZ 1995, 424; Graul JR 1995, 427; Ingelfinger JZ 1995, 704; Joerden JZ 1995, 735; Joecks wistra 1995, 58; Zopfs Jura 1996, 19; Roßmüller/Rohrer MDR 1996, 986; Weber FS Lenckner 1998, 435; Mitsch ZIS 2013, 369):

B1 lernte in einer Gaststätte B2 kennen. Beide sprachen darüber, wie man an Geld kommen könne. B2 erzählte dem B1, ihm sei ein Münzhändler bekannt, der seine Versicherung betrügen wolle. Er machte dem B1 den Vorschlag, diesen in seinem Haus zu überfallen und zu berauben; der Münzhändler sei mit allem einverstanden. Nachdem B2 dem B1 für seine „Mitwirkung" 50.000 Euro versprochen hatte – von denen 15.000 Euro im Voraus gezahlt werden sollten, die restlichen 35.000 Euro sollte sich B1 aus dem Tresor des Münzhändlers nehmen dürfen –, erklärte sich der B1 bereit, den Überfall durchzuführen. Die zum Schein zu raubenden Münzen sollten B2 übergeben werden. B2 wies den B1 an, gegenüber dem Münzhändler nicht zu erkennen zu geben, dass er wisse, dass dieser dem Überfall zugestimmt habe. Einige Tage vor Ausführung der Tat zahlte B2 dem B1 15.000 Euro und teilte ihm Namen und Adresse des zu überfallenden Münzhändlers mit. Dieser war allerdings nicht, wie B2 den B1 glauben machte, mit dem Überfall einverstanden. Der geplante „Raub" wurde von B1 durchgeführt. Die Gesamtbeute hatte einen Wert von 350.000 bis 400.000 Euro. Dem bei der Tat gefesselten und in den Waschkeller seines Hauses verbrachten Münzhändler gelang es, sich zu befreien und die Polizei zu alarmieren. Noch am Tattag meldete er seiner Versicherung den Schadensfall.

§ 263 I, II StGB (Betrug)

(1) Wer in der Absicht, sich oder einem Dritten einen rechtswidrigen Vermögensvorteil zu verschaffen, das Vermögen eines anderen dadurch beschädigt, daß er durch Vorspiegelung falscher oder durch Entstellung oder Unterdrückung wahrer Tatsachen einen Irrtum erregt oder unterhält, wird mit Freiheitsstrafe bis zu fünf Jahren oder mit Geldstrafe bestraft.

(2) Der Versuch ist strafbar.

In Betracht kommt ein versuchter Betrug in Mittäterschaft. Zwischen B1 und dem Münzhändler lag aber nur eine vermeintliche Mittäterschaft vor, da der Münzhändler in Wirklichkeit nicht eingeweiht war.

In diesen Konstellationen ist wiederum strittig, wie das unmittelbare Ansetzen zu bestimmen ist.

Teile der Lehre[59] und die Rspr.[60] folgen auch hier der **Gesamtlösung** und halten es für unschädlich, wenn bloß vermeintliche Mittäterschaft vorliegt. Von einem unmittelbaren Ansetzen wäre dann wohl erst auszugehen, wenn der Münzhändler im Falle tatsächlicher Mittäterschaft die Anzeige bei der Versicherung gemacht hätte.

Die Einzellösung betrachtet ohnehin nur den jeweils zu Prüfenden (hier B1). Zu seinem eigenen Tatbeitrag hat B1 hier ohne Weiteres unmittelbar angesetzt, da er ihn sogar vollständig geleistet hat.

Nach z.T. vertretener Auffassung innerhalb der Gesamtlösung[61] wird die **Zurechnung qua vermeintlicher Mittäterschaft abgelehnt.** § 25 II StGB sei nicht durch bloße Vorstellung überwindbar, sogar § 30 II StGB erfordere ein objektives Vorliegen des Verabredens, nicht bloß eine Vorstellung. Auch normiere § 22 StGB gerade das *objektive* Erfordernis des unmittelbaren Ansetzens.

Gegen die letztgenannte Auffassung spricht freilich der weite, von einer subjektiven Betrachtung ausgehende Wortlaut des § 22 StGB. In der Tat setzt der Münzhändler nach der Vorstellung des B1 gewiss unmittelbar durch seine Schadensmeldung an. Wieso es aber dem B1 im Rahmen einer Versuchsprüfung zugutekommen soll, dass objektiv keine Mittäterschaft des Münzhändlers vorliegt, erschließt sich nicht. Es handelt sich schlicht um einen eben objektiv untauglichen Versuch. Gerade die lediglich innere Distanzierung eines Mittäters darf den anderen nicht besser stellen. Es ist einer entsprechend weiten Gesamtlösung zu folgen. Dies muss konsequenterweise sogar dahingehend gelten, dass ein vermeintliches Ansetzen eines vermeintlichen Mittäters dafür ausreicht, das unmittelbare Ansetzen des sich Mittäterschaft Vorstellenden qua Zurechnung zu bejahen – wenn z.B. der Münzhändler im obigen Beispiel nur nach der Vorstellung des B1 den Schaden gemeldet hätte.

4. Besonderheiten bei der *actio libera in causa*

▶   **Didaktischer Aufsatz:**
  • Schweinberger, Actio libera in causa: Folgeprobleme des herrschenden Tatbestandsmodells JuS 2006, 507

Bzgl. des Versuchsbeginns bei der Tatbegehung mittels *actio libera in causa* – hält man diese nicht ohnehin für verfassungswidrig – ist das unmittelbare Ansetzen problematisch, da ein Abstellen auf den Beginn der Handlung, die zur Schuldunfähigkeit führen soll (z.B. Betrinken) sehr weit im Vorfeld der Erfolgsherbeiführung liegt.[62]

---

[59] B. Heinrich, AT, 5. Aufl. 2016, Rn. 744 m.w.N.

[60] BGH U. v. 25.10.1994 - 4 StR 173/94 (Münzhändler) - BGHSt 40, 299 (302f.).

[61] Etwa Kindhäuser, LPK, 6. Aufl. 2015, § 22 Rn. 41.

[62] Hierzu Joecks, StGB, 11. Aufl. 2014, § 323a Rn. 40f.; Schweinberger JuS 2006, 507; aus der Rspr. vgl. BGH U. v. 01.06.1962 - 4 StR 88/62 - BGHSt 17, 333 = NJW 1962, 1830; BGH U. v. 24.01.1967 - 4 StR 500/67 - BGHSt 21, 381 = NJW 1968, 657 (Anm. Puppe, AT, 3. Aufl. 2016, § 16 Rn. 12ff.; Hruschka JuS 1968, 554; Schröder JR 1968, 305; Cramer JZ 1969, 273).

D. Versuch des Regelbeispiels

▶   **Didaktische Aufsätze:**
*   Sternberg-Lieben, Versuch und § 243 StGB, Jura 1986, 183
*   Eisele, Die Regelbeispielsmethode: Tatbestands- oder Strafzumessungslösung?, JA 2006, 309
*   Huber, Versuchter besonders schwerer Fall des Diebstahls?, JuS 2016, 597

Sog. Regelbeispiele sind nicht abschließende und nicht zwingende Strafzumessungserwägungen zur Bestimmung eines benannten besonders oder minder schweren Falls, welche aber tatbestandsähnlich ausgestaltet sind, z.B.:

---

§ 243 StGB (Besonders schwerer Fall des Diebstahls)

(1) In besonders schweren Fällen wird der Diebstahl mit Freiheitsstrafe von drei Monaten bis zu zehn Jahren bestraft. Ein besonders schwerer Fall liegt in der Regel vor, wenn der Täter

1. zur Ausführung der Tat in ein Gebäude, einen Dienst- oder Geschäftsraum oder in einen anderen umschlossenen Raum einbricht, einsteigt, mit einem falschen Schlüssel oder einem anderen nicht zur ordnungsmäßigen Öffnung bestimmten Werkzeug eindringt oder sich in dem Raum verborgen hält,

2. eine Sache stiehlt, die durch ein verschlossenes Behältnis oder eine andere Schutzvorrichtung gegen Wegnahme besonders gesichert ist,

3. gewerbsmäßig stiehlt,

4. aus einer Kirche oder einem anderen der Religionsausübung dienenden Gebäude oder Raum eine Sache stiehlt, die dem Gottesdienst gewidmet ist oder der religiösen Verehrung dient,

5. eine Sache von Bedeutung für Wissenschaft, Kunst oder Geschichte oder für die technische Entwicklung stiehlt, die sich in einer allgemein zugänglichen Sammlung befindet oder öffentlich ausgestellt ist,

6. stiehlt, indem er die Hilflosigkeit einer anderen Person, einen Unglücksfall oder eine gemeine Gefahr ausnutzt oder

7. eine Handfeuerwaffe, zu deren Erwerb es nach dem Waffengesetz der Erlaubnis bedarf, ein Maschinengewehr, eine Maschinenpistole, ein voll- oder halbautomatisches Gewehr oder eine Sprengstoff enthaltende Kriegswaffe im Sinne des Kriegswaffenkontrollgesetzes oder Sprengstoff stiehlt.

(2) In den Fällen des Absatzes 1 Satz 2 Nr. 1 bis 6 ist ein besonders schwerer Fall ausgeschlossen, wenn sich die Tat auf eine geringwertige Sache bezieht.

Unstrittig ist die Geltung der Indizwirkung des **vollendeten Regelbeispiels** auf das versuchte Delikt.[63] Der Wortlaut z.B. des § 243 StGB („Diebstahl") umfasst auch

---

[63] Fischer, StGB, 64. Aufl. 2017, § 46 Rn. 103; aus der Rspr. vgl. BGH B. v. 22.08.1984 - 3 StR 209/84 - NStZ 1985, 217 = StV 1985, 103 (Anm. Arzt StV 1985, 104).

§ 242 II StGB. Die Prüfung erfolgt auch hier erst bei der Strafzumessung und nicht im Tatentschluss, da Regelbeispiele nach ganz h.M. keine Tatbestandsmerkmale sind und ein verschärfter Strafrahmen erst relevant wird, wenn überhaupt der Strafrahmen des versuchten Delikts eröffnet ist.

Beispiel 327:

B brach in ein Bürogebäude ein, fand aber nichts Stehlenswertes.

B hat einen versuchten Diebstahl begangen (§§ 242, 22, 23 StGB). In der Strafzumessung ist der vollendete besonders schwere Fall (§ 243 I 2 Nr. 1 StGB) zu berücksichtigen.

Strittig ist die Existenz eines **Versuchs des Regelbeispiels,**[64] d.h. die Frage, ob bei vollendetem oder versuchtem Grunddelikt der verschärfte Strafrahmen auch dann anzuwenden ist, wenn das Regelbeispiel nicht vollendet, sondern nur versucht ist.[65]

Beispiel 328:

BGH B. v. 18.11.1985 – 3 StR 291/85 (Bleiumbördelung) – BGHSt 33, 370 = NJW 1986, 940 = StV 1986, 481 (Anm. Geppert JK 1986 StGB § 243/2; Hassemer JuS 1986, 569; Schäfer JR 1986, 522; Küper JZ 1986, 518; Eckstein JA 2001, 548):

B wollte in der Tatnacht in eine Gaststätte einbrechen, um mitnehmenswerte Gegenstände zu entwenden. Er versuchte, an einem aus mehreren kleineren Butzenfenstern bestehenden Seitenfenster der Gaststätte mit Hilfe eines Teppichmessers und eines Schraubenziehers die Bleieinfassung aufzustemmen. Der Tatplan war darauf gerichtet, mehrere Butzenscheiben aus ihrer Umfassung herauszunehmen und durch die so geschaffene Öffnung in die Gaststätte einzudringen. B hatte die Bleiumbördelung erst von einer noch im Fenster sitzenden Scheibe gelöst, als die Polizei erschien und dadurch die Fortführung der Tat unterband.

Indem sich B mit dem Teppichmesser an dem Seitenfenster zu schaffen machte, liegt ein versuchter Diebstahl vor (§§ 242, 22, 23). Das Regelbeispiel des § 243 I 2 Nr. 1 StGB ist aber ebenfalls nur versucht.

---

[64] Hierzu von Löbbecke MDR 1973, 374; Lieben NStZ 1984, 538; Sternberg-Lieben Jura 1986, 183; Fabry NJW 1986, 15; Laubenthal JZ 1987, 1065; Degener FS Stree/Wessels 1993, 305; Eisele JA 2006, 309; Streng FS Puppe 2011, 1025; Huber JuS 2016, 597; aus der Rspr. vgl. BayObLG U. v. 13.05.1997 - 2 St RR 52/97 - NStZ 1997, 442 (Anm. Geppert JK 1998 StGB § 243/3; LL 1998, 95; Graul JuS 1999, 852; Sander/Malkowski NStZ 1999, 36; Wolters JR 1999, 37); BGH B. v. 01.08.2013 - 4 StR 189/13 - NStZ 2013, 710 = StV 2014, 417 (Anm. RÜ 2013, 783; Jäger JA 2014, 230; Schwaab ZJS 2014, 705; LL 2014, 189; Barton StV 2014, 418).

[65] Entsprechend problematisch ist die Anwendung der Rücktrittsregeln auf Regelbeispielsversuche, Zaczyk, in: NK, 4. Aufl. 2013, § 24 Rn. 79; aus der Rspr. vgl. BGH B. v. 23.06.2000 - 2 StR 225/00 - NStZ-RR 2001, 199 = StV 2000, 554.

Teilweise wird in der Lehre[66] und in der Rspr.[67] eine Anwendung des besonders schweren Falls bei bloß versuchtem Regelbeispiel abgelehnt.

Die überwiegende Rspr.[68] und Teile der Lehre[69] sehen dies anders.

Die verneinende Auffassung hält eine Indizwirkung des Regelbeispiels nur für angezeigt, wenn dieses vollständig erfüllt ist, wofür auf den ansonsten geringeren Unrechtsgehalt verwiesen wird. Außerdem gelte § 22 StGB nur für Tatbestände, so dass bei einer Anwendung auf Strafzumessungsregeln Art. 103 II GG, § 1 StGB verletzt seien. Auch beziehe jede ausdrückliche Anordnung der Versuchsstrafbarkeit die Regelbeispiele nicht ein. Allerdings gestehen auch Vertreter dieser Auffassung zu, dass ein Erfassen derartiger Versuchskonstellationen als unbenannter schwerer Fall möglich sei. Dies kommt dann ohnehin der Rechtsfolge gleich, die sich bei Bejahung der Indizwirkung des Regelbeispiels ergibt. Ohnehin spricht mehr für die Auffassung der überwiegenden Rspr.: Regelbeispiele weisen eine große Tatbestandsähnlichkeit auf, wobei der Unterschied zur Qualifikation nur auf der Rechtsfolgenseite liegt. Die Teleologie der Versuchsstrafbarkeit gilt auch für die Frage der Straferhöhung. Ein Verstoß gegen Art. 103 II GG liegt schon deshalb nicht vor, weil die Alternative (Erfassen als unbenannter besonders schwerer Fall) ebenso täterbelastend und darüber hinaus deutlich vager ist. Das geringere Unrecht kann über § 23 II StGB berücksichtigt werden bzw. im Rahmen der konkreten Strafhöhe oder als Absehen von der Annahme eines besonders schweren Falls trotz Erfüllung des versuchten Regelbeispiels.

E. Rücktritt, § 24 StGB

▶ **Didaktische Aufsätze:**
  - Schröder, Grundprobleme des Rücktritts vom Versuch, JuS 1962, 81
  - Krauß, Der strafbefreiende Rücktritt vom Versuch, JuS 1981, 883
  - Lettl, Der Rücktritt des Alleintäters vom Versuch gemäß § 24 I 1 StGB, JuS 1998, L81
  - Kudlich, Grundfälle zum Rücktritt vom Versuch, JuS 1999, 240, 349 und 449
  - Scheinfeld, Der strafbefreiende Rücktritt vom Versuch in der Fallbearbeitung, JuS 2002, 250
  - Hoven, Der Rücktritt vom Versuch in der Fallbearbeitung, JuS 2013, 305 und 403

---

[66] Joecks, StGB, 11. Aufl. 2014, § 243 Rn. 50; Eser/Bosch, in: Sch/Sch, 29. Aufl. 2014, § 243 Rn. 44.

[67] OLG Düsseldorf B. v. 07.07.1983 - 2 Ss 254/83 - 140/83 II - NJW 1983, 2712 = StV 1983, 462 (Anm. Kratzsch JA 1984, 117); BGH B. v. 17.06.1997 - 5 StR 232/97 - NStZ-RR 1997, 293 (Anm. Otto JK 1998 StGB § 22/18).

[68] Vgl. BGH B. v. 28.07.2010 - 1 StR 332/10 - NStZ 2011, 167 (Anm. LL 2011, 323).

[69] Eisele, BT II, 4. Aufl. 2017, Rn. 151.

I. Grundlagen

§ 24 StGB regelt den Rücktritt vom Versuch.[70]

> **§ 24 StGB (Rücktritt)**
> (1) Wegen Versuchs wird nicht bestraft, wer freiwillig die weitere Ausführung der Tat aufgibt oder deren Vollendung verhindert. Wird die Tat ohne Zutun des Zurücktretenden nicht vollendet, so wird er straflos, wenn er sich freiwillig und ernsthaft bemüht, die Vollendung zu verhindern.
> (2) Sind an der Tat mehrere beteiligt, so wird wegen Versuchs nicht bestraft, wer freiwillig die Vollendung verhindert. Jedoch genügt zu seiner Straflosigkeit sein freiwilliges und ernsthaftes Bemühen, die Vollendung der Tat zu verhindern, wenn sie ohne sein Zutun nicht vollendet oder unabhängig von seinem früheren Tatbeitrag begangen wird.

Nach in der Fallbearbeitung ohne Weiteres zugrunde zu legender Auffassung handelt es sich beim Rücktritt gem. § 24 StGB um einen **persönlichen Strafaufhebungsgrund**,[71] welcher unter entsprechend lautender Überschrift nach der Schuld zu prüfen ist.

Der **Grundgedanke** der Regelung ist im Einzelnen umstritten.[72]

Jedenfalls liegt der Anreiz für den Täter, die Tat nicht zu vollenden, auch im Interesse des **Rechtsgüterschutzes** (Opferschutzes). Dem entspricht die kriminalpolitische Lehre von der „**goldenen Brücke**" zum Rückzug: Der Rückzug soll nicht dadurch abgeschnitten werden, dass der Täter glaubt, an der Strafbarkeit ohnehin nichts mehr ändern zu können. Allerdings kennt ein Täter die Rücktrittsvorschrift nicht unbedingt. Ohnehin handelt es sich gerade bei Gewalttaten häufig um

---

[70] Hierzu Schröder JuS 1962, 81; Schröder FS Mayer 1966, 377; Krauß JuS 1981, 883; Herzberg FS Blau 1985, 97; Herzberg NJW 1991, 1633; Jakobs ZStW 1992, 82; von Heintschel-Heinegg ZStW 1997, 29; Lettl JuS 1998, L81; Kudlich JuS 1999, 240, 349 und 449; Scheinfeld JuS 2002, 250; Heger StV 2010, 320; Hoven JuS 2013, 305 und 403; vgl. auch die Rechtsprechungsübersicht bei Miebach/Heim NStZ-RR 2009, 129.

[71] Ganz h.M., vgl. nur Kindhäuser, LPK, 6. Aufl. 2015, § 24 Rn. 1; aus der Rspr. vgl. BGH B. v. 19.09.1990 - 3 StR 396/90 - StV 1991, 197 (Anm. Dahs JR 1991, 246).

[72] Hierzu Fischer, StGB, 64. Aufl. 2017, § 24 Rn. 2; Muñoz Conde ZStW 1972, 756; Herzberg FS Lackner 1987, 325; Herzerg NStZ 1989, 49; Yamanaka FS Roxin 2001, 773; Loos FS Jakobs 2007, 347; Haas ZStW 2011, 226; aus der Rspr. vgl. BGH U. v. 28.02.1956 - 5 StR 352/55 (Lilo) - BGHSt 9, 48 = NJW 1956, 718 (Anm. Roxin, Höchstrichterliche Rspr. AT, 1998, Nr. 61; Traub NJW 1956, 1183; Heinitz JR 1956, 248; Fahl JA 2003, 757); BGH B. v. 13.01.1988 - 2 StR 665/87 (Zeitmangel) - BGHSt 35, 184 = NJW 1988, 1603 = NStZ 1988, 404 = StV 1988, 200 (Anm. Roxin, Höchstrichterliche Rspr. AT, 1998, Nr. 62; Puppe, AT, 3. Aufl. 2016, § 21 Rn. 27ff.; Lackner NStZ 1988, 405; Jakobs JZ 1988, 519; Lampe JuS 1989, 610; Bloy JR 1989, 70; Grasnick JZ 1989, 821); BGH B. v. 19.05.1993 - GSSt 1/93 (Denkzettel) - BGHSt 39, 221 = NJW 1993, 2061 = NStZ 1993, 433 = StV 1993, 408 (Anm. Roxin, Höchstrichterliche Rspr. AT, 1998, Nr. 69; Puppe, AT, 3. Aufl. 2016, § 21 Rn. 8ff.; Hemmer-BGH-Classics Strafrecht, 2003, Nr. 25; Bauer NJW 1993, 2590; Roxin JZ 1993, 896; Hauf MDR 1993, 929; Otto JK 1994 StGB § 24/20; Jung JuS 1994, 82; Pahlke GA 1995, 72; Beckemper JA 2003, 203).

Spontantaten ohne kühle Kalkulation. Auch und gerade kühl kalkulierende Täter spekulieren eher darauf, nicht überführt werden zu können.

Eine **Gnaden**- oder **Prämientheorie** sieht den Verzicht auf Strafe als Belohnung für verdienstliches Verhalten des Täters.

Nach der **Schulderfüllungstheorie** hat der Täter seine Schuld selbst bereits ausgeglichen.

Naheliegend ist es, die Teleologie des Rücktritts in Beziehung zu den allgemeinen Strafzwecken und zum Zweck der Versuchsstrafbarkeit zu setzen (**Strafzwecktheorie**): Durch sein Rücktrittsverhalten hat der Täter gezeigt, dass seine Bestrafung wegen der Versuchstat kriminalpolitisch/teleologisch nicht notwendig ist, da er seine relative Ungefährlichkeit gezeigt (Spezialprävention) und auch das Vertrauen in die Geltung des Rechts wieder gestärkt hat (Generalprävention).

Klarzustellen ist, dass § 24 StGB lediglich die Bestrafung wegen des versuchten Delikts hindert; die Strafbarkeit aufgrund **bereits vollendeter Delikte** (z.B. wenn §§ 223, 224 StGB bei einem versuchten Totschlag erfüllt sind) bleibt unberührt.[73] Ggf. lebt eine eigentlich subsidiäre Strafbarkeit wieder auf.[74]

II. Anwendbarkeit des § 24 StGB: Kein sog. (subjektiv) fehlgeschlagener Versuch

▶ **Didaktische Aufsätze:**
- Sonnen, Fehlgeschlagener Versuch und Rücktrittsvoraussetzungen, JA 1980, 158
- Roxin, Der fehlgeschlagene Versuch, JuS 1981, 1
- Otto, Fehlgeschlagener Versuch und Rücktritt, Jura 1992, 423
- Bürger, Der fehlgeschlagene Versuch: rechtliche Einordnung und Anwendung des Zweifelssatzes bei fehlenden Feststellungen zum Vorstellungsbild des Täters, ZJS 2015, 23

1. Prüfung

Unter einem subjektiv fehlgeschlagenen Versuch[75] versteht man denjenigen, den der Täter, selbst wenn er wollte, nicht mehr vollenden zu können glaubt.

---

[73] B. Heinrich, AT, 5. Aufl. 2016, Rn. 759; aus der Rspr. vgl. zuletzt BGH B. v. 15.05.2014 - 2 StR 581/13 - NStZ 2014, 634 = NStZ-RR 2014, 137.

[74] Fischer, StGB, 64. Aufl. 2017, § 24 Rn. 45; aus der Rspr. vgl. BGH B. v. 07.09.1993 - 5 StR 327/93 - NStZ 1994, 131 (Anm. Otto JK 1994 StGB § 323a/5; Kusch NStZ 1994, 131); BGH U. v. 22.02.1996 - 1 StR 721/94 - NStZ 1996, 352; BGH B. v. 20.02.1997 - 5 StR 26/97 - NStZ 1997, 387; BGH U. v. 28.06.2000 - 3 StR 156/00 - NStZ-RR 2001, 15.

[75] Hierzu Otto GA 1967, 144; Gössel ZStW 1975, 3; Sonnen JA 1980, 158; Roxin JuS 1981, 1; Otto Jura 1992, 423; Feltes GA 1992, 395; Bauer wistra 1992, 201; Brand/Wostry GA 2008, 611; Schroeder NStZ 2009, 9; Roxin NStZ 2009, 319; Gössel GA 2012, 65; Fahl GA 2014, 453; Bürger ZJS 2015, 23.

Das StGB erwähnt dieses Rechtsinstitut nicht. Es herrscht aber Einigkeit darüber, dass im Ergebnis die Anwendung des § 24 StGB ausscheidet.

Während teilweise[76] vertreten wird, dass es in diesen Fällen an der in § 24 I, II StGB ausdrücklich vorausgesetzten Freiwilligkeit fehle, verortet die ganz h.M.[77] den Fehlschlag schon beim objektiven Rücktrittsverhalten. In der Tat fällt es bereits objektiv schwer, von einem Aufgeben der Tatausführung oder Verhindern der Vollendung zu sprechen, wenn der Täter ohnehin erkennt oder irrig annimmt, dass sein Vorhaben gescheitert ist. In der Fallbearbeitung prüft man daher den Fehlschlag zweckmäßigerweise am Beginn der Erörterungen zu § 24 StGB als Frage der „Anwendbarkeit".

2. Rücktrittshorizont; Gesamtbetrachtungslehre; erfolgloser Einzelakt

▶ **Didaktische Aufsätze:**
  * Fahrenhorst, Fehlschlag des Versuchs bei weiterer Handlungsmöglichkeit?, Jura 1987, 291
  * Schulz, Das Problem des Rücktritts vom mehraktigen Versuch, JA-Ü 1992, 34
  * Otto, Rücktritt und Rücktrittshorizont, Jura 2001, 341
  * Bosch, Gesamtbetrachtungslehre und Rucktrittshorizont, Jura 2014, 395
  * Bürger, Der fehlgeschlagene Versuch: rechtliche Einordnung und Anwendung des Zweifelssatzes bei fehlenden Feststellungen zum Vorstellungsbild des Täters, ZJS 2015, 23

Ausgangspunkt der Frage, ob ein Fehlschlag vorliegt, ist die **Vorstellung** des Täters.
    Auf eine unerkannte objektive Tauglichkeit oder Untauglichkeit der Versuchshandlung kommt es für die Annahme eines Fehlschlags nicht an; erst das Erkennen (bzw. die irrige Annahme) der Untauglichkeit führt zu einem fehlgeschlagenen Versuch.[78]

Der für das Vorliegen der Rücktrittsvoraussetzungen relevante **Zeitpunkt** ist nach heute einhelliger Auffassung der sog. **Rücktrittshorizont**, d.h. die Vorstellung des Täters im Moment der zu prüfenden Rücktrittshandlung, **nicht** hingegen der sog. **Tatplanhorizont**, d.h. die Vorstellung des Täters vor dem unmittelbaren Ansetzen.[79]

Hiermit hängt die Problematik des **fehlgeschlagenen Einzelakts**[80] eng zusammen.

---

[76] Vgl. Schroeder NStZ 2009, 9.

[77] Vgl. nur Kindhäuser, LPK, 6. Aufl. 2015, § 24 Rn. 9ff.

[78] B. Heinrich, AT, 5. Aufl. 2016, Rn. 770.

[79] Kindhäuser, LPK, 6. Aufl. 2015, § 24 Rn. 17f.

[80] Zu Tatplan-/Rücktrittshorizont, Gesamtbetrachtungslehre und der Frage des fehlgeschlagenen Einzelakts Fischer, StGB, 64. Aufl. 2017, § 24 Rn. 7, 15ff; Hillenkamp/Cornelius, 32 Probleme aus dem Strafrecht AT, 15. Aufl. 2017, 18. P.; Fahrenhorst Jura 1987, 291; Streng JZ 1990, 212; Schulz JA-Ü 1992, 34; Otto Jura 2001, 341; Puppe ZIS 2011, 524; Bosch Jura 2014, 395; Bürger ZJS 2015, 23; aus der sehr umfangreichen Rspr. vgl. BGH U. v. 04.07.1989 - 1 StR 153/89 („Ich lebe noch") - BGHSt 36, 221 = NJW 1989, 2900 = NStZ 1990, 184 (Anm. Roxin, Höchstrichterliche Rspr. AT, 1998, Nr. 68; Ranft JZ 1989, 1128; Otto JK 1990 StGB § 24/18); jüngst BGH B. v.

Beispiel 329:

B wollte Z erschießen. Aus seinem mit sechs Patronen geladenen Revolver gab er einen Schuss auf Z ab, der diesen aber verfehlte. Obwohl B noch weitere Schüsse hätte abgeben können, überlegte er es sich anders.

Ist der Versuch des B fehlgeschlagen, weil die erste Kugel ihr Ziel verfehlte oder liegt solange kein Fehlschlag vor, wie B noch die Möglichkeit weiterer Schüsse hatte?

Beispiel 330:

BGH U. v. 08.02.2007 – 3 StR 470/06 – NStZ 2007, 399 (Anm. LL 2007, 683; RÜ 2007, 250; RA 2007, 268):

Aus Verärgerung, dass seine Ehefrau gegen ihn wegen vorausgegangener Tätlichkeiten eine einstweilige Anordnung nach dem Gewaltschutzgesetz beim AG erwirkt und ihm trotz seines lautstarken Verlangens keinen Zutritt zur ehelichen Wohnung gewährt hatte, drang B gewaltsam in die Wohnung ein, indem er die Eingangstür eintrat. Er wollte seine Machtposition wiederherstellen, seine Ehefrau bestrafen, weil sie ihm nicht geöffnet hatte, und ihr – in diesem Moment noch ohne eine konkrete Vorstellung – „das Schlimmste" antun. Als er bemerkte, dass sich seine Ehefrau zusammen mit der Tochter auf den Balkon der im 1. Obergeschoss eines Mehrfamilienhauses gelegenen Wohnung geflüchtet hatte, durchquerte er zügig das Wohnzimmer, stieß seine Tochter zur Seite, griff seiner Frau mit der linken Hand in die Haare und packte sie mit seiner rechten Hand am Bein, um sie aus einem spontan gefassten Entschluss heraus vom Balkon zu stürzen. Zunächst gelang es ihm nur, seine Ehefrau über das Balkongeländer zu schleudern. Diese konnte sich an der äußeren Balkonseite hängend an dem Geländer festklammern. Daraufhin schlug B mit voller Kraft auf die Hände seiner Frau, bis diese sich nicht mehr festzuhalten vermochte und auf die ca. 4,70 Meter unter der Oberkante des Balkongeländers liegende Rasenfläche stürzte. Bei seinem Vorgehen nahm B billigend in Kauf, dass seine Frau durch den Sturz zu Tode kommen könnte.

Diese überlebte den Sturz indessen ohne größere Verletzungen, insbesondere auch deshalb, weil der Boden durch vorangegangenen Regen stark durchweicht war. B bemerkte sofort, dass seine Frau entgegen seiner Vorstellung, sie könnte sich bei dem Sturz das Genick brechen, kaum verletzt war und sich aufzurichten versuchte. Immer noch in Wut, hangelte er sich selbst von dem Balkon herunter, um seine Frau jetzt auf andere Weise zu töten. Er packte sie an den Haaren und zerrte sie zu einem an der Rasenfläche entlangführenden gepflasterten Gehweg.

23.02.2016 - 3 StR 5/16 (Anm. Bosch Jura 2016, 955; Eisele JuS 2016, 656; RÜ 2016, 371); BGH B. v. 11.05.2016 - 1 StR 77/16 - NStZ 2016, 720; BGH U. v. 17.02.2016 - 2 StR 213/15 - NStZ 2017, 149; BGH U. v. 08.06.2016 - 5 StR 564/15 (Anm. RÜ 2016, 573); BGH B. v. 17.11.2016 - 3 StR 402/16 (Anm. Jäger JA 2017, 387; RÜ 2017, 233); BGH B. v. 08.12.2016 - 2 StR 440/16 - NStZ-RR 2017, 71.

Dort versuchte er, ihren Kopf auf die Platten des Gehwegs zu schlagen. Dies gelang ihm jedoch auf Grund der heftigen Gegenwehr seiner Frau nicht. Während er weiter auf sie eintrat und einschlug, riefen Nachbarn, die das Geschehen von ihren Balkonen aus beobachteten, dem B zu, dass er aufhören solle. Auch seine Tochter versuchte, ihn von weiteren Tätlichkeiten abzuhalten, indem sie vom Balkon aus ihre „Rollerblades" und andere Schuhe nach ihm warf. In dieser Situation ärgerte sich B darüber, dass er kein Messer mitgenommen hatte. Er spielte noch mit dem Gedanken, seine Frau mit seinem Gürtel zu würgen, weil seine Kräfte nachließen und es ihm wegen der Gegenwehr seiner Frau nicht gelang, ihren Kopf auf die Gehwegplatten zu schlagen. Letztlich entschloss er sich, von seinem Opfer abzulassen, weil sich seine Wut durch den Stoß vom Balkon und die anschließenden Gewalttätigkeiten entladen hatte. Er zerrte seine Frau an den Haaren zu einer an den Gehweg anschließenden Böschung, ging danach noch einmal ins Haus, wo er eine von der Ehefrau vor der Wohnungstür abgestellte Tüte mit ihm gehörenden Kleidungsstücken holte, und begab sich zu Fuß zur nächsten S-Bahn-Haltestelle. Am nächsten Tag stellte er sich der Polizei.

Handelt es sich um mehrere Versuche, die Frau zu töten, oder einen fortgesetzten?

Beispiel 331:

BGH B. v. 09.07.2009 – 3 StR 257/09 – NStZ 2009, 688 = NStZ-RR 2009, 335 (Anm. RÜ 2009, 641; RA 2009, 663; Bosch JA 2010, 70; LL 2010, 100):
B1 und B2 kamen überein, ein Lebensmittelgeschäft zu überfallen. Sie beabsichtigten, die Inhaberin durch Bedrohung mit einem Klappmesser zur Herausgabe von Geld zu veranlassen; einen über die Drohung hinausgehenden Einsatz des Messers zum Zwecke der Verletzung anderer Personen schlossen sie jedoch von vornherein in jedem Fall aus. Nach dem Betreten des Geschäfts ging B1 zur Theke, hielt der Inhaberin das Messer vor und sagte „Geld her". Als die Inhaberin resolut entgegnete „ihr kriegt hier nichts", entschlossen sich B1 und B2, das Geschäft unverrichteter Dinge zu verlassen.

War der Versuch des Raubes (§§ 249 I, 22, 23 StGB) oder – je nach Vorstellung der Täter – der räuberischen Erpressung (§§ 253 I, II, 255, 22, 23 StGB) mit dem Widerstand der Inhaberin schon fehlgeschlagen oder ein Rücktritt noch möglich?

Nach der früher insbesondere von der Rspr. vertretenen **Tatplantheorie**[81] war der Versuch dann fehlgeschlagen, wenn der Täter seine vorab im Tatplan festgelegten Mittel ausgeschöpft hatte. Das Heranziehen des Tatplanhorizonts versagt aber, wenn sich kein Tatplan des Täters feststellen lässt, des Weiteren würde der umfassend und skrupellos Planende, der auf jede mögliche Weise zum Ziel kommen will, gegenüber demjenigen bevorzugt, der sich auf ein bestimmtes Tatmittel festlegt.

---

[81] Vgl. BGH U. v. 20.12.1956 - 4 StR 447/56 - BGHSt 10, 129 = NJW 1957, 595.

Daher wird heute unstrittig der **Rücktrittshorizont** zugrunde gelegt, s. schon o. Grundlage ist die Tätervorstellung nach Abschluss der letzten Ausführungshandlung; in unmittelbarem räumlichem Zusammenhang sind hierbei in beide Richtungen **Korrekturen** möglich.[82] Es zählt das Bewusstsein des Täters im Zeitpunkt des zu prüfenden Rücktritts, einerlei, was sich der Täter vorher überlegt und vorgestellt hatte. Dieser ggf. **korrigierte Rücktrittshorizont** entscheidet auch über die Frage, ob ein sog. unbeendeter Versuch, von dem der Täter durch bloßes Aufgeben der weiteren Ausführung der Tat (§ 24 I 1 1. Var. StGB) zurücktreten kann, oder ein sog. beendeter Versuch vorliegt, bei dem ein Rücktritt die aktive Verhinderung der Vollendung voraussetzt (§ 24 I 1 2. Var. StGB).

Aber auch auf dieser Grundlage ist die Behandlung fehlgeschlagener Einzelakte strittig.

Nach der sog. **Einzelaktstheorie**[83] ist der Einzelakt ein selbständiger Versuch, so dass ein Fehlschlag vorliegt und ein Rücktritt ausscheidet.

Rspr.[84] und h.L.[85] folgen einer sog. **Gesamtbetrachtungslehre**: Hiernach scheidet ein fehlgeschlagener Versuch aus, wenn und solange der Täter die Tat – wie er weiß – in unmittelbarem Fortgang des Geschehens mit den bereits eingesetzten oder neuen bereitstehenden Mitteln noch vollenden könnte; ein Fehlschlag liegt erst dann vor, wenn der Täter erkennt oder irrig annimmt, dass er seinen Tatplan nur noch mit zeitlicher Verzögerung nach dem Ingangsetzen einer neuen Kausalkette (Zäsur) verwirklichen kann.

Für die Einzelaktstheorie spricht, dass der Täter bei Vornahme seiner Tathandlung immerhin damit rechnete, dass der Akt zum Erfolg führt; er hat den Verlauf aus der Hand gegeben und mithin beträchtliche kriminelle Energie an den Tag gelegt und die Rechtsordnung erschüttert. Auch ist es oft eine Frage des Zufalls, ob noch weitere Möglichkeiten der Tatvollendung bestehen. Auf den ersten Blick befremdet es auch, dass sich der Täter nach der Gesamtbetrachtungslehre beliebig viele Fehlschläge leisten kann, solange er nur noch ein weiteres Tatmittel in petto hat.

Der h.M. ist dennoch zu folgen: Sie vermeidet das Auseinanderreißen eines einheitlichen Lebensvorganges, auch wenn der Begriff der Einheitlichkeit vage ist. Der Verzicht auf unmittelbare Fortführung des ursprünglichen Vorhabens muss dem Täter zugute gehalten werden: Er zeigt letztlich doch Rechtstreue und seine Unfähigkeit, die Tat zu vollenden; er entscheidet sich für die Rechtsgutserhaltung, kehrt in die Legalität zurück. Der Wortlaut des § 24 I 1 1. Var. StGB (Aufgeben nur der

---

[82] Ausf. B. Heinrich, AT, 5. Aufl. 2016, Rn. 828ff.

[83] Z.B. Jakobs, AT, 2. Aufl. 1993, 26/15f.

[84] Z.B. BGH U. v. 03.12.1982 - 2 StR 550/82 - BGHSt 31, 170 = NJW 1983, 764 = NStZ 1983, 360 = StV 1983, 100 (Anm. Roxin, Höchstrichterliche Rspr. AT, 1998, Nr. 64; Hemmer-BGH-Classics Strafrecht, 2003, Nr. 24; Geilen JK 1983 StGB § 24/8; Sonnen JA 1983, 335; Hassemer JuS 1983, 556; Rudolphi NStZ 1983, 361; Küper JZ 1983, 264; Kienapfel JR 1984, 72; Mayer MDR 1984, 187).

[85] S. nur Joecks, StGB, 11. Aufl. 2014, § 24 Rn. 18ff.

„weiteren" Ausführung erforderlich) zeigt, dass auch der Gesetzgeber den Blick nach vorn und nicht zurück richtet.

3. Fallgruppen

a) Tatsächliche Unmöglichkeit: Erkannte Unerreichbarkeit des Erfolgs
Der „Normalfall" des subjektiven Fehlschlags ist die tatsächliche erkannte Unmöglichkeit der Vollendung (vgl. auch § 275 I BGB).[86]

Beispiel 332:

B wollte Z einen Faustschlag versetzen. Z duckte sich aber und lief für B uneinholbar davon.

Auch hinzukommende Helfer o.Ä. können die Fortführung der Tat aus Sicht des Täters unmöglich machen.[87] Ein Fehlschlag liegt aber nicht bereits vor, wenn Dritte als denkbare Zeugen eine Strafverfolgung ermöglichen. Auch kann Dulden von Gegenwehr als Aufgeben ausreichen.[88]

b) Irrig angenommene tatsächliche Unmöglichkeit
Da es für die Beurteilung des Fehlschlags allein auf die Tätervorstellung ankommt, führt auch eine irrig angenommene tatsächliche Unmöglichkeit zum Fehlschlag.[89]

Beispiel 333:

B schoss auf Z1 im Glauben, nur noch eine Patrone zu haben, verfehlte ihn aber.

---

c) Sinnlosigkeit: Unerreichbarkeit des außertatbestandlichen Ziels, Wegfall der Geschäftsgrundlage?
Ein Fehlschlag soll ferner dann vorliegen, wenn der Täter nach seinem Versuch erkennt, dass er mit seiner Handlung ein außertatbestandliches Ziel doch nicht erreichen kann.[90] Der Täter könnte also die Tat vollenden, es ergibt für ihn nur keinen Sinn mehr.

---

[86] Fischer, StGB, 64. Aufl. 2017, § 24 Rn. 7a; aus der Rspr. vgl. zuletzt BGH B. v. 16.07.2014 - 5 StR 290/14 - StV 2015, 423.

[87] Eser/Bosch, in: Sch/Sch, 29. Aufl. 2014, § 24 Rn. 9; aus der Rspr. vgl. BGH B. v. 02.11.2007 - 2 StR 336/07 - NStZ 2008, 393 = StV 2008, 246 (Anm. Jahn JuS 2008, 370; LL 2008, 473; RÜ 2008, 173; Schroeder JR 2008, 252; Jäger Jura 2009, 53; Satzger JK 2009 StGB § 24/37).

[88] BGH B. v. 02.07.2013 - 2 StR 91/13 - NStZ 2013, 639 (Anm. Engländer NStZ 2013, 640).

[89] Fischer, StGB, 64. Aufl. 2017, § 24 Rn. 7; aus der Rspr. vgl. BGH B. v. 04.06.2014 - 4 StR 168/14; BGH B. v. 16.07.2014 - 5 StR 290/14 - StV 2015, 423.

[90] Hierzu Kühl, AT, 8. Aufl. 2017, § 16 Rn. 15; Streng JZ 1990, 212; Bauer wistra 1993, 201; Ceffinato JR 2016, 620.

Das betrifft z.B. den *error in persona vel obiecto*.[91]

Beispiel 334:

B schoss auf Z1 im Glauben, den Z2 vor sich zu haben. Nachdem der Schuss den Z1 verfehlte, erkannte B seinen Irrtum und verzichtete auf weitere Schüsse.

B könnte Z1 noch ohne Weiteres töten. Damit würde er sein Ziel aber nicht erreichen.

Ferner zu nennen sind Fälle, in denen der Täter quantitativ seine Erwartungen enttäuscht sieht[92]:

Beispiel 335:

BGH U. v. 20.02.1953 – 1 StR 719/52 – BGHSt 4, 56 = NJW 1953, 752 (Anm. Roxin, Höchstrichterliche Rspr. AT, 1998, Nr. 58; Oehler JZ 1953, 561):
B beabsichtigte, als Vertreter für eine Firma Rauchfleisch zu verkaufen. Um dieses Geschäft beginnen zu können, benötigte er nach seiner Ansicht ein Anfangskapital von etwa 300 DM. Da er aber über kein Geld verfügte, kam er in einer Gastwirtschaft, in der er stundenlang gezecht hatte, auf den Gedanken, die Wirtschaftskasse auszurauben. Zu diesem Zwecke schloss er die Eingangstür zur Wirtschaft ab und hielt dem Wirt mit den Worten: „Geld oder Leben!" ein Stilettmesser auf die Brust; gleichzeitig erklärte er dem Wirt und dem einzigen Gast, der noch in der Wirtschaft anwesend war, wenn sie sich ruhig verhielten, werde ihnen nichts geschehen: er wolle nur das Wirtschaftsgeld. Dem Gast, der dem Wirt zu Hilfe eilen wollte, schlug er mit dem Heft des Stilettmessers zweimal heftig auf den Kopf, entwand dem Wirt einen von diesem zur Abwehr erfassten Stuhl und schleuderte ihn gegen den Wirt. Hierauf riss er die Kassenschublade auf und griff hinein, entdeckte in der Kasse jedoch nur einen Geldbetrag von 20 bis 30 DM. Ohne etwas zu nehmen, eilte er dann durch die hintere Wirtschaftstür in den Hof, stieg über die Hofmauer und floh.

B hätte den Geldbetrag aus der Kasse wegnehmen können. Er ließ ihn nur dort, weil er ihm zu gering war.

---

[91] Zum Fehlschlag bei *error in persona vel obiecto* B. Heinrich, AT, 5. Aufl. 2016, Rn. 777; aus der Rspr. vgl. BGH U. v. 17.03.2015 - 2 StR 379/14 - BGHSt 60, 215 = NJW 2015, 1769 = NStZ 2015, 398 = StV 2015, 561 (Anm. Groß jurisPR-StrafR 13/2015 Anm. 3; Drees NStZ 2016, 153; Einecker StV 2016, 595).
[92] Fischer, StGB, 64. Aufl. 2017, § 24 Rn. 8; aus der Rspr. vgl. BGH U. v. 23.06.1959 - 5 StR 211/59 - BGHSt 13, 156 = NJW 1959, 1645; BGH B. v. 26.11.2003 - 3 StR 406/03 - NStZ 2004, 333; BGH B. v. 29.11.2007 - 4 StR 549/07 - NStZ 2008, 215 = StV 2008, 356.

In beiden Fällen sind Zweifel an der Annahme eines fehlgeschlagenen Versuchs angebracht, wird doch der Tatbegriff des § 24 StGB angereichert durch Fragen der Tätermotivation, was zwar kriminalpolitisch zu erklären ist, aber nicht dem Wortlaut des § 24 StGB entspricht.

Erwähnt sei schließlich der sog. fehlgeschlagene Mitnahmesuizid[93]:

Beispiel 336:

BGH B. v. 14.11.2007 – 2 StR 458/07 – NStZ 2008, 275 = StV 2008, 245 (Anm. von Heintschel-Heinegg JA 2008, 545):
B war am 23.11.2006 wegen ehelicher und finanzieller Probleme verzweifelt und fasste den Entschluss, ihr aus Wohnhaus und Scheune bestehendes Anwesen in Brand zu setzen und gemeinsam mit ihrem bei ihr wohnenden 12-jährigen Sohn im Bett liegend an einer Rauchvergiftung zu sterben. Dabei wollte sie nicht nur den Sohn, sondern auch ihre beiden Hunde mit in den Tod nehmen. Sie brachte ihren Sohn zu Bett und gab ihm Schlafmittel, damit er weder den Brand noch die Rauchgase, an denen er ersticken sollte, bemerken würde. Bewusst das Vertrauen ihres Sohnes in sie als Mutter ausnutzend, erklärte sie ihm bei der Gabe der Tabletten, dass es sich um Vitamintabletten zur Stärkung seiner Gesundheit handele. Den beiden im Haus befindlichen Hunden gab sie ebenfalls Schlafmittel, damit diese von dem Brand nichts mitbekommen, keinen Alarm schlagen und mir ihr und ihrem Sohn an Rauchgas ersticken sollten. B bereitete mehrere Brandherde vor. Da bei ihren beiden Hunden das Schlafmittel nicht die von ihr erhoffte Wirkung zeigte, nahm sie einen Hammer und schlug ihnen mit diesem auf den Kopf und das Genick. Während einer der Hunde sofort starb, wurde der andere nur schwer verletzt und verendete erst nach geraumer Zeit. B legte dann an den vorbereiteten Stellen Feuer, das zu starker eigenständiger Brandzehrung führte. Sie setzte sich zu ihrem nichts ahnend im Bett schlafenden Sohn. Der Brand wurde von einem Nachbarn bemerkt, der als Wehrführer der Feuerwehr ein Feuerwehrauto mit eingeschaltetem Martinshorn und Blaulicht vor das Haus fuhr, um die im Haus befindlichen Menschen vor dem Feuer zu warnen. B hörte dies, reagierte aber nicht, obwohl sie spätestens zu diesem Zeitpunkt erkannte, dass sie auf Grund des Einsatzes der Feuerwehr gerettet werden würden und jedenfalls ihr Tatplan, in den durch den Brand hervorgerufenen Rauchgasen zu ersticken, gescheitert war. Als B bemerkte, dass die Haustür von dem Feuerwehrmann eingeschlagen wurde, entschloss sie sich, mit ihrem Sohn das Haus zu verlassen. Sie weckte ihren Sohn und schickte ihn hinaus, während sie noch Kleidung für ihn holte und ihm dann folgte. An der Scheune und dem Wohnhaus, das eigenständig in Brand geraten war, entstand ein Sachschaden i.H.v. etwa 300.000 Euro.

---

[93] Fischer, StGB, 64. Aufl. 2017, § 24 Rn. 8.

B entfernte ihren Sohn nur aus dem Haus, weil sie ohnehin gerettet werden würden. Die Rspr. sah hierin allerdings keinen Fehlschlag.

d) Erreichung eines außertatbestandlichen Ziels (Zweckerreichung)?

▶   **Didaktischer Aufsatz:**
   * Bott, Die sogenannten ‚Denkzettelkonstellationen': Der Rücktritt vom Versuch trotz des Erreichens eines außertatbestandlichen Ziels, Jura 2008, 753

In Fällen, in denen der Täter mit (Eventual-)Vorsatz handelt, bei seinem Tun aber eigentlich einen anderen Zweck verfolgt, stellt sich die Frage, ob es sich um einen Rücktritt i.S.d. § 24 StGB handelt, wenn der Täter sein Tun nach Erreichen seines außertatbestandlichen Zwecks einstellt.[94]

Strenggenommen ist Zweckerreichung kein Fehlschlag, sondern motivatorisch das Gegenteil. Dennoch ist wie beim Fehlschlag bereits begrifflich das Aufgeben der Tat bzw. die Verhinderung der Vollendung zu problematisieren, da für den Täter die Herbeiführung der Vollendung mit Erreichen seines Ziels sinnlos geworden ist.

Beispiel 337:

BGH B. v. 19.05.1993 – GSSt 1/93 (Denkzettel) – BGHSt 39, 221 = NJW 1993, 2061 = NStZ 1993, 433 = StV 1993, 408 (Anm. Roxin, Höchstrichterliche Rspr. AT, 1998, Nr. 69; Puppe, AT, 3. Aufl. 2016, § 21 Rn. 8ff.; Hemmer-BGH-Classics Strafrecht, 2003, Nr. 25; Bauer NJW 1993, 2590; Roxin JZ 1993, 896; Hauf MDR 1993, 929; Otto JK 1994 StGB § 24/20; Jung JuS 1994, 82; Pahlke GA 1995, 72; Beckemper JA 2003, 203):
B stieß dem ihm körperlich unterlegenen Mitbewohner eines Heims für Asylbewerber ein Messer mit 12 cm langer, spitz zulaufender Klinge mit einem kräftigen Stoß in den Leib, um ihm einen „Denkzettel" zu verpassen und ihm unmissverständlich klarzumachen, dass er keine Gegenwehr dulde. Dabei führte er den Stich frontal gegen den Oberbauch; aufgrund einer Drehung des Opfers drang die Klinge seitlich rechts in den Körper ein. Durch den Stich wurde der Brustraum eröffnet, das Zwerchfell durchstoßen und der rechte Leberlappen verletzt. B nahm bei seiner Handlung den Tod des Opfers billigend in Kauf. Er zog nach dem Stich das Messer aus dem Körper des Verletzten und verließ den Raum. Das Opfer verspürte zunächst keine Schmerzen; es blieb stehen. Als es die Verletzung bemerkte, ließ es sich von einem Mitbewohner einen Notverband anlegen und fuhr dann mit dem Fahrrad zur Polizeistation.

---

[94] Hierzu Herzberg NStZ 1990, 311; Streng JZ 1990, 212; Bauer wistra 1992, 201; Schroth GA 1997, 151; Bott Jura 2008, 753; Puppe ZIS 2011, 524; Ceffinato JR 2016, 62.; aus der Rspr. vgl. BGH B. v. 27.02.2014 - 1 StR 367/13 - StV 2014, 472 (Anm. LL 2014, 898; RÜ 2014, 572); BGH B. v. 06.05.2014 - 3 StR 134/14 - NStZ 2014, 450 = StV 2015, 111 (Anm. Engländer NStZ 2014, 450; Jäger JA 2015, 149).

B beabsichtigte nur, dem Mitbewohner einen „Denkzettel" zu erteilen. Den billigend in Kauf genommenen Tod des Mitbewohners letztendlich noch herbeizuführen, war für B nach Erteilung des Denkzettels sinnlos geworden.

Beispiel 338:

BGH U. v. 08.02.2007 – 3 StR 470/06 – NStZ 2007, 399 (Anm. LL 2007, 683; RÜ 2007, 250; RA 2007, 268):

Aus Verärgerung, dass seine Ehefrau gegen ihn wegen vorausgegangener Tätlichkeiten eine einstweilige Anordnung nach dem Gewaltschutzgesetz beim AG erwirkt und ihm trotz seines lautstarken Verlangens keinen Zutritt zur ehelichen Wohnung gewährt hatte, drang B gewaltsam in die Wohnung ein, indem er die Eingangstür eintrat. Er wollte seine Machtposition wiederherstellen, seine Ehefrau bestrafen, weil sie ihm nicht geöffnet hatte, und ihr – in diesem Moment noch ohne eine konkrete Vorstellung – „das Schlimmste" antun. Als er bemerkte, dass sich seine Ehefrau zusammen mit der Tochter auf den Balkon der im 1. Obergeschoss eines Mehrfamilienhauses gelegenen Wohnung geflüchtet hatte, durchquerte er zügig das Wohnzimmer, stieß seine Tochter zur Seite, griff seiner Frau mit der linken Hand in die Haare und packte sie mit seiner rechten Hand am Bein, um sie aus einem spontan gefassten Entschluss heraus vom Balkon zu stürzen. Zunächst gelang es ihm nur, seine Ehefrau über das Balkongeländer zu schleudern. Diese konnte sich an der äußeren Balkonseite hängend an dem Geländer festklammern. Daraufhin schlug B mit voller Kraft auf die Hände seiner Frau, bis diese sich nicht mehr festzuhalten vermochte und auf die ca. 4,70 Meter unter der Oberkante des Balkongeländers liegende Rasenfläche stürzte. Bei seinem Vorgehen nahm B billigend in Kauf, dass seine Frau durch den Sturz zu Tode kommen könnte. Diese überlebte den Sturz indessen ohne größere Verletzungen, insbesondere auch deshalb, weil der Boden durch vorangegangenen Regen stark durchweicht war. B bemerkte sofort, dass seine Frau entgegen seiner Vorstellung, sie könnte sich bei dem Sturz das Genick brechen, kaum verletzt war und sich aufzurichten versuchte. Immer noch in Wut, hangelte er sich selbst von dem Balkon herunter, um seine Frau jetzt auf andere Weise zu töten. Er packte sie an den Haaren und zerrte sie zu einem an der Rasenfläche entlangführenden gepflasterten Gehweg. Dort versuchte er, ihren Kopf auf die Platten des Gehwegs zu schlagen. Dies gelang ihm jedoch auf Grund der heftigen Gegenwehr seiner Frau nicht. Während er weiter auf sie eintrat und einschlug, riefen Nachbarn, die das Geschehen von ihren Balkonen aus beobachteten, dem B zu, dass er aufhören solle. Auch seine Tochter versuchte, ihn von weiteren Tätlichkeiten abzuhalten, indem sie vom Balkon aus ihre „Rollerblades" und andere Schuhe nach ihm warf. In dieser Situation ärgerte sich B darüber, dass er kein Messer mitgenommen hatte. Er spielte noch mit dem Gedanken, seine Frau mit seinem Gürtel zu würgen, weil seine Kräfte nachließen und es ihm wegen der Gegenwehr seiner Frau nicht gelang, ihren Kopf auf die Gehwegplatten zu schlagen. Letztlich entschloss er sich, von seinem Opfer abzulassen, weil sich seine Wut durch den Stoß vom Balkon und die anschließenden Gewalttätigkeiten entladen hatte. Er zerrte seine Frau an den Haaren zu einer an den Gehweg anschließenden Böschung, ging danach noch einmal ins Haus, wo er eine von der Ehefrau vor der Wohnungstür abgestellte Tüte mit ihm gehörenden Kleidungsstücken holte, und begab sich zu Fuß zur nächsten S-Bahn-Haltestelle. Am nächsten Tag stellte er sich der Polizei.

B wollte „seine Machtposition wiederherstellen, seine Ehefrau bestrafen, weil sie ihm nicht geöffnet hatte, und ihr (…) ‚das Schlimmste' antun". Dass letzteres deren Tod sein musste, ist nicht gesagt. Als B seine Wut entladen hatte und die genannten Ziele ausreichend verfolgt waren, hatte die Tötung der Ehefrau keinen Sinn mehr für ihn.

Die frühere Rspr.[95] und Teile der Lehre[96] verneinen in diesen Fällen die Anwendung des § 24 I 1 1. Var. StGB.

Die heutige Rspr.[97] und die wohl h.L.[98] halten in diesen Fällen einen Rücktritt durch Verzicht auf Vollendungsherbeiführung für möglich, nehmen also weder einen fehlgeschlagenen noch einen beendeten Versuch an.

Kriminalpolitisch ist es gut verständlich, den Rücktritt abzulehnen. Der Täter hat erreicht, worauf es ihm ankam. Sein Verzicht auf die Vollendung entstammt keiner überzeugten Rückkehr in die Legalität, seine Verzichtsleistung erscheint wenig anerkennenswert, der rechtserschütternde Eindruck wird kaum beseitigt. Allerdings wird diese Lesart dem Wortlaut des § 24 I 1 1. Var. StGB nur dann gerecht, wenn man Aufgeben als Nichtverfolgung tatbestandlicher und außertatbestandlicher Ziele verstünde. Dies aber verstößt gegen den Begriff der „Tat" i.S.d. 24 StGB: Außertatbestandliche Handlungsziele sind nicht Teil der Tat, vgl. § 11 I Nr. 5 StGB. Es ist kein Raum für wertende Merkmale – eine ethische oder moralische Bewertung – bei objektiv gegebenen Rücktrittsvoraussetzungen. Der Gesetzgeber erweist sich hier als großzügig, und zwar in der Hoffnung, einen Beitrag zum Opferschutz zu leisten. Nur bei dieser Handhabung wird auch vermieden, denjenigen, der z.B. den Tod beabsichtigt, gegenüber einem Täter, der nur mit *dolus eventualis* – also aufgrund anderer eigentlicher Motivation – handelt, besserzustellen.

e) Rechtliche Unmöglichkeit

Der Fehlschlag aufgrund rechtlicher Unmöglichkeit[99] betrifft v.a. Delikte, die tatbestandsmäßig einen entgegenstehenden Willen des Opfers voraussetzen, z.B. i.R.d. § 177 StGB. Erklärt sich das Opfer mit dem Handeln des Täters nach Versuchsbeginn einverstanden, so wird dem dies wissenden oder glaubenden Täter die

---

[95] Z.B. BGH U. v. 20.09.1989 - 2 StR 251/89 - NJW 1990, 522 = NStZ 1990, 77 = StV 1990, 108 (Anm. Herzberg JuS 1990, 273; Puppe NStZ 1990, 433).

[96] B. Heinrich, AT, 5. Aufl. 2016, Rn. 837f.

[97] BGH B. v. 19.05.1993 - GSSt 1/93 (Denkzettel) - BGHSt 39, 221 (230).

[98] Vgl. nur Krey/Esser, AT, 6. Aufl. 2016, Rn. 1293; Bock JuS 2006, 603 (606).

[99] Eser/Bosch, in: Sch/Sch, 29. Aufl. 2014, § 24 Rn. 9; aus der Rspr. vgl. BGH U. v. 14.04.1955 - 4 StR 16/55 (Erna) - BGHSt 7, 296 = NJW 1955, 915 (Anm. Roxin, Höchstrichterliche Rspr. AT, 1998, Nr. 60; Bockelmann NJW 1955, 1417; Jescheck MDR 1955, 562); BGH U. v. 15.09.1988 - 4 StR 356/88 - NStZ 1988, 550; BGH U. v. 24.06.1993 - 4 StR 33/93 - BGHSt 39, 244 = NJW 1993, 2188 = NStZ 1993, 581 (Anm. Roxin, Höchstrichterliche Rspr. AT, 1998, Nr. 59; Streng NStZ 1993, 582; Vitt JR 1994, 199; Bottke JZ 1994, 71).

Tatbestandsvollendung aufgrund tatbestandsausschließenden Einverständnisses unmöglich gemacht, so dass ein Fehlschlag vorliegt, was allerdings umstritten ist.[100]

III. Rücktritt vom sog. unbeendeten Versuch, § 24 I 1 1. Var. StGB

1. Aufbau

I.Objektive Voraussetzungen
  1.Keine Vollendung
  2.Kein sog. fehlgeschlagener Versuch
  3.Vorliegen eines sog. unbeendeten Versuchs
  4.Aufgeben der weiteren Ausführung der Tat
II.Subjektive Voraussetzungen
  1.Vorsatz bzgl. Rücktrittshandlung
  2.Freiwilligkeit

2. Der sog. unbeendete Versuch

§ 24 I 1 StGB nennt zwei Varianten des Rücktritts: Das Aufgeben der weiteren Ausführung der Tat (1. Var.) und die Verhinderung der Vollendung (2. Var.). Ersteres ergibt nur Sinn, wenn der Täter nicht ohnehin schon alles in Gang gesetzt hat, was zur Herbeiführung des Erfolgs erforderlich ist; letzteres kann nur die umgekehrte Situation betreffen, da man sonst nicht von einer Verhinderung der Vollendung sprechen kann. Es hat sich eingebürgert, diese verschiedenen Tatsituationen als **unbeendeten Versuch** (1. Var.)[101] und **beendeten Versuch** (2. Var.) zu bezeichnen.[102]

§ 24 I 1 1. Var. StGB setzt also einen sog. **unbeendeten Versuch** voraus:
  Der **Täter erkennt oder glaubt, noch nicht alles Erforderliche** für den Erfolgseintritt getan zu haben.

Falls hingegen der Täter **erkennt** oder **glaubt, alles Erforderliche** zum Erfolgseintritt getan zu haben, liegt ein sog. **beendeter Versuch** vor, von dem der Täter nur unter den Voraussetzungen des § 24 I 1 2. Var. StGB zurücktreten kann.[103]

Beurteilt wird dies auf Basis des (ggf. korrigierten) Rücktrittshorizonts, vgl. oben.

---

[100] S. Hoffmann-Holland, in: MK-StGB, 3. Aufl. 2017, § 24 Rn. 68ff.

[101] Kritisch zur Beschränkung von § 24 I 1 1. Var. StGB auf sog. unbeendete Versuche aber Ostermeier StraFo 2008, 102.

[102] Zum unbeendeten und beendeten Versuch Geilen JZ 1972, 335; Borchert/Hellmann GA 1982, 429; Herzberg NJW 1986, 2466; Stein GA 2010, 129.

[103] Zur Abgrenzung von unbeendetem und beendetem Versuch B. Heinrich, AT, 5. Aufl. 2016, Rn. 779ff.; aus der umfangreichen Rspr. vgl. zuletzt BGH B. v. 23.02.2016 - 3 StR 5/16 (Anm. Bosch Jura 2016, 955; Eisele JuS 2016, 656; RÜ 2016, 371).

Beispiel 339:

BGH U. v. 04.07.1989 – 1 StR 153/89 („Ich lebe noch") – BGHSt 36, 221 = NJW 1989, 2900 = NStZ 1990, 184 (Anm. Roxin, Höchstrichterliche Rspr. AT, 1998, Nr. 68; Ranft JZ 1989, 1128; Otto JK 1990 StGB § 24/18):
Um den Z zu töten, stach B mit einem Messer auf ihn ein, wobei die Stiche überwiegend gegen dessen linke Oberkörperseite geführt wurden und dort auch Verletzungen hervorriefen. Schließlich ließ B von Z ab, wobei er äußerte: „Jetzt bist Du erledigt." Er war der Meinung, er habe nun alles Erforderliche getan, um Z zu töten. Z erwiderte jedoch: „Ich lebe noch, ich rufe die Polizei." Er wandte sich ab und lief davon. B steckte das Messer ein, folgte aber dem davonlaufenden Z nicht, der schwer, aber nicht lebensgefährlich verletzt war.

Auch wenn B zunächst glaubte, alles zur Tötung des Z Erforderliche getan zu haben, das wäre dann ein beendeter Versuch, veränderte sich seine Vorstellung nach dem Ausruf des Z, so dass im Zeitpunkt des Unterlassens der Verfolgung (Rücktrittshorizont) ein unbeendeter Versuch vorlag, von dem B durch bloßes Nicht-weiter-Handeln (§ 24 I 1 1. Var. StGB) zurücktreten konnte.

Um einen beendeten Versuch handelt es sich bereits dann, wenn der Täter die maßgeblichen Umstände kennt und den Eintritt des Erfolgs **für möglich hält**. Auf einen Erfolgswillen kommt es nicht mehr an.[104]

Nach Rspr. ist sogar **Gleichgültigkeit** ausreichend, um einen beendeten Versuch anzunehmen, da in diesen Fällen der Täter sowohl den Eintritt als auch den Nichteintritt des Erfolgs für möglich hält.[105]
Kein beendeter Versuch liegt demgegenüber dann vor, wenn der Täter lediglich mit einem Erfolgseintritt rechnen musste; zum beendeten Versuch gelangt man in einem solchen Fall nach Rspr. jedoch dann, wenn der Täter die Möglichkeit des Erfolgs tatsächlich erkannt oder sich überhaupt keine Vorstellungen über die Folgen seines Tuns gemacht hat.
Gleichfalls soll nach der Rspr. genügen, wenn der Täter tatsächliche Umstände annimmt, die den Erfolgseintritt nach der Lebenserfahrung nahelegen.[106] Insofern

---

[104] B. Heinrich, AT, 5. Aufl. 2016, Rn. 782; aus der Rspr. vgl. jüngst BGH B. v. 22.10.2015 - 4 StR 262/15 - NStZ 2016, 207 = NStZ-RR 2016, 73 (Anm. RÜ 2016, 300); BGH U. v. 03.12.2015 - 1 StR 457/15 - NStZ 2016, 341; BGH B. v. 23.02.2016 - 3 StR 5/16 (Anm. Bosch Jura 2016, 955; Eisele JuS 2016, 656; RÜ 2016, 371); BGH U. v. 08.06.2016 - 5 StR 564/15 (Anm. RÜ 2016, 573).
[105] S. z.B. BGH B. v. 22.10.2015 - 4 StR 262/15 - NStZ 2016, 207 = NStZ-RR 2016, 73 (Anm. RÜ 2016, 300).
[106] BGH U. v. 22.08.1985 - 4 StR 326/85 - BGHSt 33, 295 = NJW 1986, 73 = NStZ 1986, 25 = StV 1985, 501 (Anm. Roxin, Höchstrichterliche Rspr. AT, 1998, Nr. 66; Otto JK 1986 StGB § 24/10; Seier JA 1986, 164; Hassemer JuS 1986, 237; Puppe NStZ 1986, 14; Roxin JR 1986, 424; Hassemer JuS 1988, 910); BGH U. v. 18.02.2015 - 2 StR 38/14 - NStZ 2015, 261 = NStZ-RR 2015, 138 (Anm. Becker NStZ 2015, 262).

ist wiederum Gedankenlosigkeit hinreichend für die Annahme eines beendeten Versuchs.[107]

Beispiel 340:

vgl. BGH U. v. 08.12.2010 – 2 StR 536/10 – NStZ 2011, 209 (Anm. von Heintschel-Heinegg JA 2011, 551):
B suchte am Abend des 20.01.2010 eine Gaststätte auf, um den Wirt, den Z, körperlich zu misshandeln und zu verletzen. Er begab sich hinter die Theke, stach mehrfach mit einem Messer in Richtung des Z und verletzte ihn schließlich am Arm. Nun schlug der 1,91 m große und jahrelang als Amateurboxer tätige B mit einem Barhocker in Richtung des Z. Sein erster Schlag verfehlte diesen jedoch und traf nur die Theke und die Zapfanlage. Der folgende zweite, mit voller Wucht geführte Schlag, bei dem B auch den Tod des Z billigend in Kauf nahm, traf diesen am Kopf. Z erlitt einen Schädelbasisbruch und brach sofort zusammen. Er versuchte sich aufzurichten, brach aber aufgrund der von dem Schlag verursachten Lähmungserscheinungen sogleich wieder zusammen. B warf noch mehrere Barhocker auf ihn und verließ sodann, während Z bewusstlos am Boden liegen blieb, die Gaststätte.

B hatte mit dem zweiten Schlag den Tod des Z billigend in Kauf genommen. Damit wusste er um die Möglichkeit des Todeseintrittes. Ein beendeter Versuch liegt vor.

Beispiel 341:

BGH U. v. 10.11.2005 – 4 StR 337/05 – NStZ-RR 2006, 101 (Anm. RA 2006, 118):
B fügte der ihm flüchtig bekannten Z nach gemeinsamem erheblichen Alkoholkonsum aus ungeklärter Motivation in deren Wohnung in der Zeit zwischen 12.30 Uhr und 20 Uhr vorsätzlich vielfältige Verletzungen zu, wobei er unter anderem ein Messer und eine leere Weinbrandflasche einsetzte. Z erlitt massiv blutende Kopfverletzungen und eine 9 cm lange Schnittwunde im oberen Halsbereich, die weit auseinanderklaffte und ebenfalls stark blutete; außerdem trug sie durch stumpfe Gewaltanwendung einen Nasenbeinbruch und Prellungen im Augen- und Brustbereich davon. Hilferufe unterband B dadurch, dass er der Frau mittels eines Kopfkissens so lange die Möglichkeit zum Atmen nahm, bis sie bewusstlos wurde und Unterblutungen in der Mundhöhle sowie unter den Ohren erlitt. Während des gesamten Tatgeschehens verlor Z mehrfach das Bewusstsein. Zu einem nicht näher bestimmbaren Zeitpunkt stellte B seine Übergriffe auf die Frau ein. Schließlich erklärte er, er werde ihr nichts mehr tun, und forderte sie auf, ein Bad zu nehmen, was diese aus Angst vor ihm ablehnte. Gegen 20 Uhr

---

[107] BGH U. v. 02.11.1994 - 2 StR 449/94 - BGHSt 40, 304 = NJW 1995, 974 = NStZ 1995, 121 = StV 1995, 296 (Anm. Otto JK 1995 StGB § 24/23; Schmidt JuS 1995, 650; Puppe NStZ 1995, 403; Murmann JuS 1996, 590; Heckler NJW 1996, 2490; Hauf JR 1996, 29).

gelang es der Z, aus der in einem Mehrfamilienhaus gelegenen Wohnung zu fliehen und an einer Wohnungstür zu klingeln; danach brach sie auf einem Treppenabsatz zusammen. B hatte mittlerweile die Flucht seines Opfers bemerkt und verließ an der am Boden Liegenden vorbeigehend das Haus. Nahezu zeitgleich sorgten Hausbewohner für ärztliche Hilfe, so dass die Z gerettet werden konnte.

Angesichts der Aufforderung, ein Bad zu nehmen, und der Erklärung, er werde ihr nichts mehr tun, ist davon auszugehen, dass B nicht mit der Möglichkeit rechnete, die Z könnte an den Verletzungen versterben, so dass ein unbeendeter Versuch vorliegt.

Im Strafprozess ist bei unaufklärbarer Tätervorstellung *in dubio pro reo* von einem unbeendeten Versuch auszugehen.[108]

3. Objektive Voraussetzungen

a) Keine Vollendung

▶ **Didaktischer Aufsatz:**
  • Guhra/Sommerfeld, Rücktritt vom vollendeten Delikt, JA 2003, 775

§ 24 StGB bezieht sich nur auf den Versuch. Ein Rücktritt vom vollendeten Delikt ist ausgeschlossen. Auch bei sehr früh vollendeten Delikten (vgl. auch Unternehmensdelikte) erfolgt keine analoge Anwendung des § 24 StGB, eine Berücksichtigung ist nur bei der Strafzumessung möglich.[109]

In der Fallbearbeitung wird das Vollendungsdelikt ohnehin häufig zuerst geprüft, so dass nach oben (ggf. auch auf die „Vorprüfung") verwiesen werden kann.

Problematisch sind Fälle des sog. **misslungenen Rücktritts**.[110] Hier tritt die Vollendung entgegen der Tätervorstellung ein, der Täter irrt über die Wirksamkeit des Getanen (mithin ein unbeendet-tauglicher Versuch).

Beispiel 342:

B wollte G mit Gift töten und verabreichte ihm eine erste Dosis, die er aber nicht für tödlich hielt. Nach Verabreichung nahm B von seinem Vorhaben, den G zu

---

[108] Hierzu Fischer, StGB, 64. Aufl. 2017, § 24 Rn. 15c; Bürger ZJS 2015, 23; aus der Rspr. vgl. zuletzt BGH U. v. 03.12.2015 - 1 StR 457/15 - NStZ 2016, 341.

[109] Fischer, StGB, 64. Aufl. 2017, § 24 Rn. 3; aus der Rspr. vgl. BGH U. v. 07.04.1954 - 6 StR 7/54 - BGHSt 6, 85 = NJW 1954, 1209 (Anm. Maurach JZ 1954, 638); BGH U. v. 22.11.1960 - 5 StR 457/60 - BGHSt 15, 198 = NJW 1961, 83.

[110] Hierzu Krey/Esser, AT, 6. Aufl. 2016, Rn. 1265ff.; Muñoz Conde GA 1973, 33.

töten, Abstand – im Glauben, nichts tun zu müssen, damit G überlebt. Tatsäch
lich aber war die Dosis tödlich, G starb.

Zwar finden sich in der Literatur Stimmen, die dies als Fallgruppe der „verfrühten
Erfolge" ansehen, mangels Zurechnung nicht als vollendete Vorsatztat auffassen,
sondern nur eine fahrlässige Tötung und einen Totschlagsversuch annehmen und so
zu einer Anwendung des § 24 I 1 1. Var. StGB gelangen.[111]
    Die ganz h.M.[112] hält derartige Erfolge aber für zurechenbar und verneint folge-
richtig eine Rücktrittsmöglichkeit. In der Tat liegt in diesen Fällen gar kein Versuch
mehr vor; nach Überschreiten der Versuchsschwelle liegt der Irrtum über die Wirksamkeit der Tathandlung in der Risikosphäre des Täters.

b) Aufgeben der weiteren Ausführung der Tat

▶ **Didaktische Aufsätze:**
  - Mitsch, Der Rücktritt vom Versuch des qualifizierten Delikts, JA
    2014, 268
  - Blaue, Der Teilrücktritt vom qualifizierten Delikt: Nichts Halbes und
    nichts Ganzes?, ZJS 2015, 580

Der Täter muss nach § 24 I 1 1. Var. StGB die weitere Ausführung der Tat aufgeben.

Da hierfür schlichtes Nicht-weiter-Handeln genügt, besteht in der **Fallbearbeitung**
große **Gefahr**, einen Rücktritt des Täters zu **übersehen**.

Problematisch ist, wie der **Begriff der Tat** in § 24 StGB auszulegen ist.[113]

Beispiel 343:

BGH B. v. 19.01.2010 – 4 StR 605/09 – NStZ 2010, 384:
Am Abend des 11.07.2008 hielten sich die ehemalige Lebensgefährtin des B,
Z1, und deren Tochter Z2 im Haus der Z3 auf. Kurz nach Mitternacht verschaffte
sich B gewaltsam Zutritt zum Haus. Unter lauten Beschimpfungen schlug B mit
einer Axt zunächst auf den Kopf von Z1 ein, sodann auf den Kopf der Z3. Diese
wurde daraufhin ohnmächtig. Während sich B erneut Z1 zuwandte, betrat Z4 das
Wohnzimmer. B hieb mit der Axt sofort auf den Kopf des Z4 ein und zerschlug
dabei zwei Stühle, mit denen dieser den Angriff des B abzuwehren versuchte. Z4
gelang schließlich die Flucht zum Nachbarhaus.

---

[111] S. Jakobs, AT, 2. Aufl. 1993, 26/13.

[112] Z.B. Kühl, AT, 8. Aufl. 2017, § 16 Rn. 79ff.

[113] Hierzu Hillenkamp/Cornelius, 32 Probleme aus dem Strafrecht AT, 15. Aufl. 2017, 17. P.; Herzberg GS Hilde Kaufmann 1986, 711; aus der Rspr. vgl. zuletzt BGH B. v. 07.09.2016 - 1 StR
293/16 - NJW 2017, 1124 (Anm. Schiemann NJW 2017, 1125).

Ist B von dem versuchten Totschlag (§ 212 I, 22, 23 StGB) zulasten der Z1 zwischenzeitlich zurückgetreten, indem er Z3 angriff, oder handelt es sich noch um dieselbe Tat, als er sich hinterher wieder Z1 zuwandte?

Während teilweise ein Aufgeben der Tat nur dann angenommen wird, wenn der Täter von seinem Tatplan endgültig Abstand nimmt,[114] stellen andere auf den konkreten einheitlichen Lebensvorgang oder die konkrete Form der Tatausübung ab oder lassen ganz allgemein auch eine vorübergehende Abstandnahme ausreichen.[115]
Am ehesten mit dem Wortlaut („weitere Ausführung") vereinbar dürfte es sein, jede konkrete Tathandlung isoliert zu betrachten und konsequenterweise die Anforderungen an das Aufgeben der Tat nicht zu überspannen. Eine endgültige Abstandnahme zu verlangen, entspricht zwar einem gewissen kriminalpolitischen Judiz, indem bloßer Verbrecherlogik ein Riegel vorgeschoben wird, jedoch würde § 24 StGB allzu sehr moralisiert, ohne dass sich dies dem Gesetzestext entnehmen ließe (Art. 103 II GG, § 1 StGB). Das Strafbedürfnis wird ohnehin weitgehend durch die Bestrafung wegen der vollendeten Delikte erfüllt.

Da § 24 StGB **bzgl. jeder einzelnen Tatbestandsverwirklichung** gesondert zu prüfen ist, ist ein Rücktritt auch nur von **einem von mehreren Delikten** denkbar.[116]

Ferner existiert ein partieller Rücktritt (**Teilrücktritt**), insbesondere im Hinblick auf qualifizierende Merkmale: Der Täter kann von der Qualifikation zurücktreten und wird dann nur nach dem Grunddelikt bestraft.[117]

Ein Aufgeben der weiteren Ausführung der Tat i.S.d. § 24 I 1 1. Var. StGB liegt auch dann vor, wenn man eigentlich nur von einem **versuchten Rücktritt vom unbeendeten Versuch** sprechen kann, wenn nämlich der Täter zu Unrecht meint, die Tat auch bis zur Vollendung weiter ausführen zu können (Rücktritt vom **objektiv, aber nicht subjektiv untauglichen Versuch**).[118]

---

[114] Z.B. BGH B. v. 19.01.2010 - 4 StR 605/09 - NStZ 2010, 384.

[115] Näher B. Heinrich, AT, 5. Aufl. 2016, Rn. 840ff.

[116] Aus der Rspr. vgl. BGH B. v. 12.11.1998 - 4 StR 575/98 - NStZ-RR 2000, 42 = StV 1999, 211 (Anm. Puppe, AT, 3. Aufl. 2016, § 21 Rn. 47ff.; Otto JK 1999 StGB § 306e/1; LL 1999, 522).

[117] Hierzu Eser/Bosch, in: Sch/Sch, 29. Aufl. 2014, § 24 Rn. 113; Günther GS Armin Kaufmann 1989, 541; Mitsch JA 2014, 268; Blaue ZJS 2015, 580; aus der Rspr. vgl. BGH U. v. 14.12.2000 - 4 StR 327/00 - NJW 2001, 980 = StV 2001, 162 (Anm. Martin JuS 2001, 513; LL 2001, 337; RA 2001, 242; famos 4/2001; RÜ 2002, 457); BGH B. v. 14.05.2003 - 2 StR 98/03 - NStZ 2003, 533 = StV 2003, 393 und 616 (Anm. Reichenbach JR 2004, 384); BGH U. v. 04.04.2007 - 2 StR 34/07 - BGHSt 51, 276 = NJW 2007, 1699 = NStZ 2007, 468 (Anm. von Heintschel-Heinegg JA 2007, 656; RA 2007, 607; Schroeder JR 2007, 481; Streng JZ 2007, 1089).

[118] B. Heinrich, AT, 5. Aufl. 2016, Rn. 793; aus der Rspr. vgl. RG U. v. 12.02.1934 - 2 D 56/34 - RGSt 68, 82; BGH B. v. 14.11.2007 - 2 StR 458/07 - NStZ 2008, 275 = StV 2008, 245 (Anm. Heintschel-Heinegg JA 2008, 545).

4. Subjektive Voraussetzungen

a) Vorsatz bzgl. Rücktrittshandlung

Das Verhalten des Täters muss auf einem Entschluss beruhen, den Erfolg nicht eintreten zu lassen.[119] Nur dann lässt sich auch von einem Aufgeben sprechen.

b) Freiwilligkeit

Die Aufgabe der weiteren Ausführung der Tat muss freiwillig geschehen sein.[120]

Es ist bereits ganz grundsätzlich strittig, wie Freiwilligkeit zu definieren ist. Rspr.[121] und h.L.[122] tun dies mithilfe der Unterscheidung von **autonomen** und **heteronomen** Motiven. In Abgrenzung zu äußeren Zwangslagen muss der Täter **Herr seiner Entschlüsse** geblieben sein, damit von freiwilliger Aufgabe gesprochen werden kann.

Faustformel: „Ich will nicht, selbst wenn ich könnte" und nicht „ich kann nicht, selbst wenn ich wollte".

Bereits dies wirft eine ganze Reihe von Abgrenzungsschwierigkeiten auf, z.B. bei aufwallenden Emotionen des Täters (Angst vor Entdeckung und Strafe, Panik, Hemmungen, Reue, Gewissensbisse, Mitleid) oder bei Einwirkungen Dritter. Unklar ist z.B. die Behandlung bloßer Aufforderungen von Personen, die den Täter, wie von diesem erkannt, objektiv nicht an der Tat hindern können.

Beispiel 344:

BGH B. v. 27.02.2003 – 4 StR 59/02 – NStZ-RR 2003, 199:
B stach mit einem Messer auf seine Frau Z1 ein. Auf das Tatgeschehen wurde Z2 aufmerksam. Er lief auf B zu und rief ihm zu, aufzuhören. B reagierte darauf jedoch nicht, sondern stach weiter auf seine Frau ein. Sodann wurde durch die Schreie der Ehefrau des B die Z3 aus etwa 30 bis 40m Entfernung auf das

---

[119] Zum Vorsatzerfordernis beim Rücktritt, welches bei § 24 I 1 2. Var. StGB von größerer Bedeutung ist, Joecks, StGB, 11. Aufl. 2014, § 24 Rn. 38; aus der Rspr. vgl. BGH U. v. 05.12.1985 - 4 StR 593/85 - NJW 1986, 1001 = NStZ 1986, 214 = StV 1986, 148 (Anm. Otto JK 1986 StGB § 24/11; Hassemer JuS 1986, 656; Roxin JR 1986, 424)

[120] Zur Freiwilligkeit Schröder MDR 1956, 321; Herzberg FS Lackner 1987, 325; Maiwald GS Zipf 1999, 255; Jäger ZStW 2000, 783; Bottke FG 50 Jahre BGH IV 2000, 135; Amelung ZStW 2008, 205; Bitzilekis FS Hassemer 2010, 661; aus der Rspr. vgl. BGH U. v. 14.04.1955 - 4 StR 16/55 (Erna) - BGHSt 7, 296 – NJW 1955, 915 (Anm. Roxin, Höchstrichterliche Rspr. AT, 1998, Nr. 60; Bockelmann NJW 1955, 1417; Jescheck MDR 1955, 562); BGH U. v. 28.02.1956 - 5 StR 352/55 (Lilo) - BGHSt 9, 48 = NJW 1956, 718 (Anm. Roxin, Höchstrichterliche Rspr. AT, 1998, Nr. 61; Traub NJW 1956, 1183; Heinitz JR 1956, 248; Fahl JA 2003, 757); zuletzt BGH U. v. 28.05.2015 - 3 StR 89/15 (Anm. RÜ 2015, 642; Jäger JA 2016, 232; Ceffinato JR 2016, 620); BGH B. v. 17.11.2016 - 3 StR 402/16 (Anm. Jäger JA 2017, 387; RÜ 2017, 233).

[121] S.o.

[122] Vgl. nur Joecks, StGB, 11. Aufl. 2014, § 24 Rn. 24ff.

Tatgeschehen aufmerksam. Z3 fuhr mit dem Fahrrad direkt auf B zu und schrie ihn dabei an. B zuckte zusammen und ließ von seiner Frau ab. Er blickte erst auf seine Hand, in der er das Messer hielt, dann zu Z3 und schließlich auf seine vor ihm liegende Frau. Nach einiger Zeit legte er sein Messer zur Seite.

Zunächst ist die Klassifikation des Verhaltens des B schwierig. Sein Zusammenzucken lässt auf einen Schreck schließen. Das Weitere klingt, als sei er aus einer Raserei erst wieder zu Bewusstsein gekommen. Es lässt sich aber auch als Abwägung deuten. Darauf kommt es aber letztlich nicht an. Das Aufgeben der Tatausführung geht auf die Initiative des Z3 zurück. Liegt deswegen ein heteronomes Motiv vor oder sind die in B ablaufenden Prozesse in den Vordergrund zu stellen, so dass es sich um ein autonomes Motiv handeln kann?

Eine starke Strömung in der Literatur normativiert den Begriff der Freiwilligkeit und stellt auf den Maßstab der **Verbrechervernunft** ab.[123]
     Freiwillig handelt der Täter hiernach nur, wenn er wieder zur Achtung der rechtlichen Verbote bzw. Gebote zurückgefunden und sich damit als ungefährlich erwiesen hat und nicht nur der Verbrechervernunft folgt.

Beispiel 345:

BGH B. v. 19.05.1993 – GSSt 1/93 (Denkzettel) – BGHSt 39, 221 = NJW 1993, 2061 = NStZ 1993, 433 = StV 1993, 408 (Anm. Roxin, Höchstrichterliche Rspr. AT, 1998, Nr. 69; Puppe, AT, 3. Aufl. 2016, § 21 Rn. 8ff.; Hemmer-BGH-Classics Strafrecht, 2003, Nr. 25; Bauer NJW 1993, 2590; Roxin JZ 1993, 896; Hauf MDR 1993, 929; Otto JK 1994 StGB § 24/20; Jung JuS 1994, 82; Pahlke GA 1995, 72; Beckemper JA 2003, 203):
B stieß dem ihm körperlich unterlegenen Mitbewohner eines Heims für Asylbewerber ein Messer mit 12 cm langer, spitz zulaufender Klinge mit einem kräftigen Stoß in den Leib, um ihm einen „Denkzettel" zu verpassen und ihm unmissverständlich klarzumachen, dass er keine Gegenwehr dulde. Dabei führte er den Stich frontal gegen den Oberbauch; aufgrund einer Drehung des Opfers drang die Klinge seitlich rechts in den Körper ein. Durch den Stich wurde der Brustraum eröffnet, das Zwerchfell durchstoßen und der rechte Leberlappen verletzt. B nahm bei seiner Handlung den Tod des Opfers billigend in Kauf. Er zog nach dem Stich das Messer aus dem Körper des Verletzten und verließ den Raum. Das Opfer verspürte zunächst keine Schmerzen; es blieb stehen. Als es die Verletzung bemerkte, ließ es sich von einem Mitbewohner einen Notverband anlegen und fuhr dann mit dem Fahrrad zur Polizeistation.

B ist nicht zur Achtung der Rechtsordnung zurückgekehrt. Er hat lediglich von seinem Mitbewohner abgelassen, weil er sein Ziel, diesem einen „Denkzettel" zu verpassen, erreicht hatte. Dann aufzuhören, entspricht der bloßen Verbrechervernunft.

---

[123] S. Rudolphi, in: SK-StGB, 20. Lfg., 6. Aufl. 1993, § 24 Rn. 25.

Beispiel 346:

BGH B. v. 13.01.1988 – 2 StR 665/87 (Zeitmangel) – BGHSt 35, 184 = NJW 1988, 1603 = NStZ 1988, 404 = StV 1988, 200 (Anm. Roxin, Höchstrichterliche Rspr. AT, 1998, Nr. 62; Puppe, AT, 3. Aufl. 2016, § 21 Rn. 27ff.; Lackner NStZ 1988, 405; Jakobs JZ 1988, 519; Lampe JuS 1989, 610; Bloy JR 1989, 70; Grasnick JZ 1989, 821):

B hatte dem Z, Freund seiner geschiedenen Ehefrau G, angekündigt, er werde ihn erschießen, falls er nicht von G ablasse, zu einer Duldung von Kontakten zwischen ihnen sei er nur dann bereit, wenn beide ihm zur Abdeckung seiner Schulden 100.000 DM zahlen würden. Da diese Drohung keinen Erfolg hatte, fasste er aus Wut über die Verweigerung der Geldzahlung den Entschluss, beide bei nächster Gelegenheit zu töten. Am Abend des 16.12.1986 fuhr er in der Erwartung, zumindest seine frühere Ehefrau umbringen zu können, auf einen Parkplatz des Betriebes, in dem sie beschäftigt war. Er führte ein Fleischer- sowie ein Küchenmesser bei sich. Während er in seinem Auto auf das Erscheinen seiner geschiedenen Ehefrau wartete, traf ebenfalls Z mit seinem Fahrzeug ein. Dieser hatte mit ihr vereinbart, sie – wie bereits an den vorangegangenen Tagen – auf dem Parkplatz zu treffen und sie nach Hause zu begleiten. Z stellte seinen Pkw ca. 10 m entfernt vom Wagen seiner Freundin ab. Beim Aussteigen aus dem Auto bemerkte er den B. In der Absicht, mit ihm nochmals wegen der Geldforderungen zu sprechen, ging er zu dessen Fahrzeug, öffnete die Wagentür und begrüßte den B. Dieser versetzte ihm aus Wut über die Nichtzahlung des verlangten Betrages in Tötungsabsicht – für den Z völlig unerwartet – einen wuchtigen Stich mit dem Fleischermesser in den Unterleib. Dabei verletzte er den Dünndarm, den Magen und den Dickdarm des Z. Z flüchtete, wurde aber von B eingeholt, der versuchte, erneut auf ihn einzustechen. Dem sich verzweifelt wehrenden Z gelang es, dem B das Fleischermesser zu entreißen und es über einen Zaun zu werfen. Sodann lief er zu einem anderen – ca. 50 m entfernt liegenden – Firmenparkplatz. B rannte zu seinem Pkw zurück und verfolgte im Fahrzeug den Z mit dem Ziel, ihn durch Überfahren zu töten. Z wich aus und sprang durch einen 5 m breiten Heckenstreifen. Hinter diesem kauerte er sich nieder; er fühlte eine Ohnmacht nahen, und sah sich zur Fortsetzung der Flucht außerstande. B fuhr in die Hecke, um diese zu durchbrechen und den Z zu überrollen. Sein Auto drang zwar fast vollständig in die Hecke ein, blieb aber dort stecken. Daraufhin stieg B aus dem Fahrzeug, ließ von Z ab und lief – sei es, weil er meinte, Z werde die ihm zugefügte schwere Verletzung ohnehin nicht überleben, sei es, weil er fürchtete, infolge des eingetretenen Zeitablaufs seine geschiedene Ehefrau zu verpassen –, unter Mitnahme des Küchenmessers eilends zu ihrem Fahrzeug. Dort eingetroffen, versetzte er der an ihrem Pkw angelangten G aus Wut über die verweigerte Geldzahlung in unbedingter Tötungsabsicht mit Hilfe des Küchenmessers insgesamt etwa 17 zum Oberkörper und zum Bauch geführte Stichverletzungen, durch die u.a. das Herz, die große Körperschlagader und die Lungenschlagader eröffnet wurden. G verstarb infolge Verblutens. B kehrte, nachdem er seiner Frau die Stiche versetzt hatte, zu dem anderen Parkplatz zurück und stellte sich zu dem verletzt am Boden kauernden Z.

Bzgl. des versuchten Totschlages zu Lasten des Z muss *in dubio pro reo* davon ausgegangen werden, dass B den Versuch noch nicht für beendet hielt, sondern von Z abließ, um die G trotz Zeitablaufes nicht zu verpassen. Ein Opfer zu verschonen, um sich dem anderen zu widmen, entspricht der Verbrechervernunft.

Der normative Ansatz ist Ausdruck des verständlichen Unbehagens, dem Täter das Rücktrittsprivileg zukommen zu lassen. Richtigerweise sind aber normative Einschränkungen des § 24 I 1 1. Var. StGB unzulässig: Der Wortlaut sieht dies nicht vor, so dass ein Verstoß gegen Art. 103 II GG, § 1 StGB vorläge. Freiwilligkeit setzt freien Willen voraus, nicht aber ethisch hochstehendes Handeln. Freiwilligkeit ist etwas Anderes als Gutwilligkeit. Selbst bei nüchterner Abwägung verschiedener krimineller Ziele kann sie gegeben sein.[124]

Dem entspricht, dass es irrelevant ist, ob der Täter erst auf Anstoß von außen (z.B. auch Flehen des Opfers) zur Aufgabe veranlasst wurde. Auch beruhigender Einfluss Dritter auf einen affektiv erregten Täter schließt Freiwilligkeit nicht aus.[125]

Selbst Furcht vor drohender Entdeckung führt nur zur Unfreiwilligkeit, wenn es dem Täter auf die Heimlichkeit der Tat ankam oder wenn er aufgrund äußerer Veränderungen von einem wesentlich gesteigerten, für ihn nicht mehr hinnehmbaren Risiko der Tataufdeckung ausging.[126]

Beispiel 347:

BGH U. v. 16.09.1975 – 1 StR 264/75 – BGHSt 26, 201 = NJW 1976, 58 (Anm. Roxin, Höchstrichterliche Rspr. AT, 1998, Nr. 47; Hemmer-BGH-Classics Strafrecht, 2003, Nr. 17; Otto NJW 1976, 578; Gössel JR 1976, 249; Meyer JuS 1977, 19):
B1 und B2 kamen in den Abendstunden zu einer für einen Überfall ausersehenen Tankstelle. Diese war nicht besetzt. Deshalb gingen sie zu dem im Tankstellenbereich liegenden Wohnhaus. Vor der Haustür zogen sie die Strumpfmasken auf. Dann läutete B1. Er hatte eine mitgeführte Pistole in der Hand. B1 und B2 nahmen an, dass auf ihr Läuten der Tankwart, der Inhaber der Tankstelle oder eine andere Person erscheinen werde. Sogleich bei ihrem Erscheinen sollte die öffnende Person mit der Pistole bedroht, gefesselt und zur Ermöglichung und Duldung der Wegnahme genötigt werden. Auf das Läuten kam niemand. Auch das Klopfen an mehreren Fenstern blieb ohne Erfolg. B1 und B2 gaben

---

[124] B. Heinrich, AT, 5. Aufl. 2016, Rn. 813; aus der Rspr. BGH U. v. 29.09.2004 - 2 StR 149/04 - NStZ 2005, 150 (Anm. Valerius JA 2005, 410; Scheinfeld NStZ 2006, 375); BGH B. v. 26.09.2006 - 4 StR 347/06 - NStZ 2007, 91 = StV 2007, 72.

[125] BGH B. v. 09.08.2011 - 4 StR 367/11 - StV 2012, 15.

[126] B. Heinrich, AT, 5. Aufl. 2016, Rn. 812; aus der Rspr. vgl. BGH U. v. 26.05.2011 - 1 StR 20/11 - NStZ 2011, 688 (Anm. LL 2011, 886; RA 2011, 527; famos 11/2011; Hecker JuS 2012, 82); BGH B. v. 08.02.2012 - 4 StR 621/11 - NStZ-RR 2012, 167.

die Verwirklichung ihres Vorhabens auf, weil aus dem gegenüberliegenden Haus eine Frau heraussah und sie glaubten, diese Frau könne sie entdecken.

Zwar war es für den Tatplan notwendig, dass bei der Ausführung der Tankwart, der Tankstelleninhaber oder eine in ähnlicher Verbindung zur Tankstelle stehende Person B1 und B2 sehen würde. Dass aber die Frau B1 und B2 hätte entdecken können, bevor diese auch nur eine Chance auf die erhoffte Beute hatten – zumal höchst unsicher war, ob ihr Vorhaben noch zum Erfolg führen würde – ist ein derart erhöhtes Risiko, dass nicht mehr von einem freiwilligen Rücktritt auszugehen ist.

Beurteilungsgrundlage ist bei alledem nicht die objektive Sachlage, sondern die Vorstellung des Täters hiervon nach Maßgabe des Rücktrittshorizonts; äußere Gegebenheiten sind allerdings insofern von Belang, als sie Rückschlüsse auf die innere Einstellung des Täters zulassen.[127] In der Fallbearbeitung gilt es natürlich, die Angaben des Sachverhaltes fruchtbar zu machen.

Ein Sonderproblem stellt sich, wenn der Täter nach Tatbeginn schuldunfähig wird.[128] Während manche die Freiwilligkeit dann verneinen, da der Täter i.F.d. § 20 StGB nicht Herr seiner Entschlüsse sei, lässt die h.M. den verbleibenden natürlichen Restwillen des Täters für eine Freiwilligkeit ausreichen. Für Letzteres spricht die Teleologie des § 24 StGB.

IV. Rücktritt vom sog. beendeten Versuch, § 24 I 1 2. Var. StGB

▶ **Didaktischer Aufsatz:**
  • Bloy, Zurechnungsstrukturen des Rücktritts vom beendeten Versuch und Mitwirkung Dritter an der Verhinderung der Tatvollendung, JuS 1987, 528

1. Aufbau

I. Objektive Voraussetzungen
  1. Keine Vollendung
  2. Kein sog. fehlgeschlagener Versuch
  3. Vorliegen eines sog. beendeten Versuchs
  4. Verhinderung der Vollendung
    a) Vornahme von Rettungshandlungen
    b) Kausalität der Rettungshandlungen für das Ausbleiben des Erfolgs

---

[127] Fischer, StGB, 64. Aufl. 2017, § 24 Rn. 18, 24f.; aus der Rspr. vgl. BGH B. v. 16.03.2011 - 2 StR 22/11 (Anm. RA 2011, 474).

[128] S. Beckemper/Cornelius, in: BeckOK-StGB, Stand 01.09.2016, § 24 Rn. 70; aus der Rspr. vgl. BGH B. v. 15.10.2003 - 1 StR 402/03 - NStZ 2004, 324 = StV 2004, 594 (Anm. RA 2004, 416; Otto JK 2005 StGB § 24/32).

II.Subjektive Voraussetzungen
    1.Vorsatz bzgl. Rücktrittshandlung
    2.Freiwilligkeit

2. Der sog. beendete Versuch

Während der Anwendungsbereich des § 24 I 1 1. Var. StGB auf sog. unbeendete Versuche beschränkt ist, kommt bei sog. beendeten Versuchen, bei denen der Täter **erkennt oder glaubt**, alles für den Erfolgseintritt **Nötige getan** zu haben nur ein Rücktritt nach § 24 I 1 2. Var. StGB in Betracht.[129]

3. Objektive Voraussetzungen

a) Keine Vollendung
Die Tat darf nicht vollendet sein, s.o.

b) Verhinderung der Vollendung: Vornahme von Rettungshandlungen; Kausalität der Rettungshandlungen für das Ausbleiben des Erfolgs

▶   **Didaktischer Aufsatz:**
    • Scheinfeld, Gibt es einen antizipierten Rücktritt vom strafbaren Versuch?, JuS 2006, 397

Der Täter muss gem. § 24 I 1 2. Var. StGB die Vollendung der Tat verhindern.

Erforderlich ist ein **aktives Tun** des Täters (eine sog. Rettungshandlung), welches ursächlich dafür ist, dass der Erfolg ausbleibt.[130] Das Erfordernis der Kausalität ergibt sich bereits aus dem Wortlaut der Norm (Verhinderung der Vollendung).
    Mitursächlichkeit genügt.[131]

Bei fehlender objektiver Kausalität kommt ein Rücktritt nach § 24 I 2 StGB in Betracht, sog. versuchter Rücktritt vom beendeten Versuch.

Ob darüber hinaus weitere Anforderungen an die Verhinderung der Vollendung zu stellen sind, ist umstritten – Problem des **suboptimalen Rücktritts**.[132]

---

[129] Hierzu B. Heinrich, AT, 5. Aufl. 2016, Rn. 795f.

[130] Fischer, StGB, 64. Aufl. 2017, § 24 Rn. 31; näher Arzt GA 1964, 1; Roxin FS H. J. Hirsch 1999, 327.

[131] Fischer, StGB, 64. Aufl. 2017, § 24 Rn. 31; aus der Rspr. vgl. BGH U. v. 27.05.1981 - 2 StR 204/81 - StV 1981, 514 (Anm. Geilen JK 1982 StGB § 24/6); BGH U. v. 07.11.1984 - 2 StR 521/84 - NJW 1985, 813 (Anm. Bloy JuS 1987, 528).

[132] Hierzu Zieschang GA 2003, 353; aus der Rspr. vgl. BGH B. v. 20.05.2010 - 3 StR 78/10 - NStZ-RR 2010, 276 (Anm. famos 3/2011).

Beispiel 348:

BGH U. v. 27.04.1982 – 1 StR 873/81 (Krankenhaus) – BGHSt 31, 46 = NJW 1982, 2263 = NStZ 1982, 463 = StV 1982, 467 (Anm. Roxin, Höchstrichterliche Rspr. AT, 1998, Nr. 65; Geilen JK 1983 StGB § 24/7; Hassemer JuS 1983, 69; Puppe NStZ 1984, 488; Bloy JuS 1987, 528):

B, der seine Ehefrau Z schon wiederholt in brutalster, sadistischer Weise so geschlagen hatte, dass sie schwere Verletzungen davongetragen hatte und im Krankenhaus stationär behandelt werden musste, schlug am 20.03.1981 wiederum auf sie ein, würgte und biss sie. Aus Verzweiflung wollte sie sich das Leben nehmen. Sie schluckte in der Annahme, es handle sich um Rattengift, einen Suppenlöffel voll roter Körner. Der Todesdrohung des B entgegnete sie, er brauche sie nicht mehr zu töten, sie werde, weil sie Gift genommen habe, ohnehin sterben. Nachdem sie dem B das Päckchen mit dem Gift gezeigt hatte, brachte er sie sofort in das Krankenhaus. Dort wurde ihr der Magen ausgepumpt. Am folgenden Tag holte B seine noch stark geschwächte Frau gegen den Widerstand des Arztes aus dem Krankenhaus ab. Als beide zu Hause angekommen waren, bedrängte B die Z, in die Scheidung einzuwilligen. Er wollte seine Freundin heiraten. Wie bisher stets widersetzte sich Z auch diesmal dem Scheidungsverlangen des B. Aus Wut über ihre Weigerung schlug er mit einer Bierflasche und mit einem schweren Glasaschenbecher auf sie ein. Schließlich benutzte er einen Holzstuhl und – nachdem er den Stuhl auseinandergerissen hatte – die Stuhlbeine als Schlagwerkzeug. Mit den Stuhlbeinen schlug er, um Z schwer zu verletzen, mindestens achtmal wuchtig und gezielt auf ihren Kopf ein. Er schlug so heftig zu, dass die Stuhlbeine zerbrachen. Es war ihm bei diesen Schlägen klar, dass er den Tod der Z herbeiführen konnte. Ihr Tod war ihm recht, er war damit einverstanden. Als Z am Kopf heftig blutete, hörte B mit dem Schlagen auf. Sie war in die Knie gegangen, wimmerte und war zeitweilig kurz bewusstlos. B war sich im Klaren darüber, dass er ihr schwere Verletzungen beigebracht hatte. Er hielt es für möglich, dass es sich um lebensbedrohliche Verletzungen handelte. Er entschloss sich, sie – wie in früheren Fällen – mit dem Pkw zum Krankenhaus zu bringen. Obwohl sie stark benommen war, konnte Z bis zum Auto gehen. B fuhr bis auf etwa 95 m an einen Nebeneingang des Krankenhauses heran, ließ seine blutende Frau aussteigen und allein in Richtung Krankenhaus gehen und entfernte sich. Nicht lange danach wurde die Z etwa 40 m vom Haupteingang des Krankenhauses entfernt von einem Passanten aufgefunden. Sie lag bewusstlos im Gebüsch, den Kopf mit einer Strickjacke bedeckt, und hatte 30 % ihres Blutes verloren. Die Kopfverletzungen waren wegen der Gefahr eines Hirnödems lebensgefährlich. Ohne Auffindung und nachfolgende sofortige ärztliche Betreuung hätte Z wenigstens an Herz- und Kreislaufversagen versterben können. B brachte Z nur in Krankenhausnähe, weil er die Schwere der Verletzungen erkannt hatte und nicht wusste, wie er den auf ihn fallenden Tatverdacht entkräften sollte. Er unterbrach jedoch die Heimfahrt und kehrte noch einmal in die Nähe des Krankenhauses zurück, um seine anfänglichen Zweifel, ob Z das Krankenhaus erreichte, zu beruhigen. Als er in der Eingangshalle eine weibliche Person mit einer weißen Kopfbedeckung wahrnahm, beruhigte er seine Zweifel und fuhr in der Überzeugung, Z in ärztliche Hände gebracht zu haben, nach Hause.

Dass B nur bis auf 95m an einen Nebeneingang des Krankenhauses heranfuhr, seine noch blutende Ehefrau aussteigen ließ und sich ohne Weiteres entfernte, ist keine sonderlich geeignete Rettungshandlung. Obwohl sich der Gedanke aufdrängt, dass das Ausbleiben des Erfolgs vorwiegend dem Passanten zu verdanken ist, hat B damit aber letztendlich den rettenden Kausalverlauf in Gang gesetzt.

Beispiel 349:

BGH B. v. 14.08.2002 – 2 StR 251/02 (Gashahn) – NJW 2002, 3719 = NStZ 2003, 28 (Anm. RÜ 2002, 555; RA 2002, 726; famos 12/2002; Otto JK 2003 StGB § 24/31; Beckemper JA 2003, 277; LL 2003, 179)**:**
B öffnete in Selbsttötungsabsicht zwei Gashähne in seiner im Erdgeschoss eines Zwölf-Familien-Hauses gelegenen Wohnung. Hierbei dachte er nicht daran, dass durch sein Handeln möglicherweise andere Hausbewohner zu Schaden kommen könnten. Nach dem Öffnen der Gashähne wurde dem B bewusst, dass es durch das ausströmende Gas zu einer Explosion kommen könnte und dass hierdurch andere Hausbewohner verletzt oder getötet werden könnten. Dies nahm er zunächst billigend in Kauf. Kurze Zeit später änderte er insoweit seine Willensrichtung. Er rief über die Notrufnummer zunächst die Feuerwehr, unmittelbar darauf die Polizei an, nannte seinen Namen und seine Anschrift und forderte die genannten Stellen auf, sogleich für eine Rettung der Hausbewohner zu sorgen, da er nicht wollte, dass diese durch eine – von B als möglich erkannte – Gasexplosion zu Schaden kämen. Seinen Entschluss, sich selbst durch Gasvergiftung zu töten, gab er nicht auf; der Aufforderung, das Gas abzudrehen, kam er daher nicht nach. Nach Beendigung des zweiten Telefongesprächs wurde B bewusstlos; wenige Minuten später traf die Feuerwehr ein, evakuierte etwa 50 Personen und drehte den Gashahn zu.

Die bessere Rettungshandlung wäre das Zudrehen der Gashähne gewesen.

Beispiel 350:

BGH U. v. 16.03.2006 – 4 StR 594/05 – NStZ 2006, 503 (Anm. RÜ 2006, 308; RA 2006, 565; famos 8/2006; LL 2007, 191)**:**
B war am 19.06.2004 gegen 01.15 Uhr von der Abschlussfeier seines Fußballvereins nach Hause zurückgekehrt. Er war darüber verärgert, dass ihm, als er auf der Feier am Tisch eingeschlafen war, ein Büschel Haare abgeschnitten worden war. Um seine Wut abzureagieren, fuhr der B mit dem von ihm und anderen Familienmitgliedern genutzten Opel Zafira zum Deggendorfer Kreuz und weiter in Richtung Regensburg. Gegen 03.30 Uhr verließ er bei Schwarzach die Autobahn. Nach kurzem Halt fuhr er, ohne die Scheinwerfer einzuschalten, über die Autobahnausfahrt Schwarzach in Gegenrichtung auf die Autobahn. Dort setzte er auf der Standspur die Fahrt fort und beschleunigte das Fahrzeug, obwohl er

auf eine Entfernung von mindestens 500 m erkannte, dass ihm ein Fahrzeug entgegenkam. Entweder befuhr B zu diesem Zeitpunkt mit seinem Fahrzeug bereits
die rechte Fahrspur der A 3 oder er war, als er das entgegenkommende Fahrzeug
wahrgenommen hatte, mit seinem Fahrzeug von der Standspur auf die rechte
Fahrspur gewechselt. Dabei handelte er in der Absicht, einen Unfall zu verursachen, um Suizid zu begehen und nahm billigend in Kauf, dass durch einen
Zusammenstoß mit dem entgegenkommenden Pkw andere Verkehrsteilnehmer
getötet oder schwer verletzt werden. Ihm war bewusst, dass die Insassen des entgegenkommenden Fahrzeugs nicht damit rechneten, dass ihnen ein unbeleuchte-
tes Fahrzeug entgegenkam, so dass der Führer des Fahrzeugs keine Möglichkeit
haben würde, einen Unfall zu vermeiden. Als eine Kollision der Fahrzeuge auf
der rechten in Richtung Regensburg führenden Fahrspur für B und den Führer
des entgegenkommenden Fahrzeugs objektiv durch eine Bremsung nicht mehr
zu vermeiden war, gab B – jedenfalls nicht ausschließbar – seine Suizidabsicht
auf und schaltete das Licht an seinem Fahrzeug ein, um den Führer des entgegenkommenden Fahrzeugs auf sich aufmerksam zu machen. Dieser versuchte nach
links auszuweichen, was ihm jedoch nicht mehr gelang. Die Fahrzeuge stießen
überlappend mit dem jeweils rechten Frontbereich zusammen. In dem Fahrzeug,
mit dem der von B geführte Opel Zafira kollidierte, befanden sich 6 Personen.
Der Beifahrer, die hinter diesem auf dem Rücksitz sitzende Ehefrau des Fahr-
zeuglenkers und seine neben ihrer Mutter sitzende 4jährige Tochter erlitten tödliche Verletzungen. Der Führer des Fahrzeugs und seine beiden hinter ihm auf
dem Rücksitz sitzenden Töchter wurden schwer verletzt.

Dem B könnte vorgehalten werden, das Licht einzustellen war als Rücktrittshandlung im Vergleich z.B. zum Ausweichen – eine Selbstgefährdung wäre angesichts
des Vorverhaltens dann zumutbar – nicht ausreichend.

Die frühere Rspr.[133] und Teile der Lehre[134] nahmen bzw. nehmen eine Verhinderung
der Vollendung i.S.d. § 24 I 1 2. Var. StGB nur dann an, wenn der Täter die für ihn
bestmögliche (optimale) Rettungshandlung vornimmt (Bestleistungstheorie).
    Die heutige Rspr.[135] und die h.L.[136] lassen hingegen jedes Eröffnen einer neuen
Kausalkette ausreichen, die für die Nichtvollendung der Tat ursächlich wird, sog.
Chanceneröffnung(stheorie).
    Eine zwischen eigenhändiger Rettung und dem Einschalten Dritter differenzie-
rende Auffassung[137] verlangt optimales Handeln nur in letzterem Falle. Gegen eine

---

[133] Z.B. BGH U. v. 27.04.1982 - 1 StR 873/81 (Krankenhaus) - BGHSt 31, 46 (49).

[134] Z.B. Puppe, AT, 3. Aufl. 2016, § 21 Rn. 43ff.; vgl. auch Krey/Esser, AT, 6. Aufl. 2016, Rn. 850.

[135] Z.B. BGH U. v. 22.08.1985 - 4 StR 326/85 - BGHSt 33, 295 = NJW 1986, 73 = NStZ 1986, 25
= StV 1985, 501 (Anm. Roxin, Höchstrichterliche Rspr. AT, 1998, Nr. 66; Otto JK 1986 StGB §
24/10; Seier JA 1986, 164; Hassemer JuS 1986, 237; Puppe NStZ 1986, 14; Roxin JR 1986, 424;
Hassemer JuS 1988, 910).

[136] Vgl. nur Joecks, StGB, 11. Aufl. 2014, § 24 Rn. 35f.; Bock JuS 2006, 603 (607).

[137] Etwa Roxin, AT II, 2003, § 30 Rn. 243ff.

solche Differenzierung spricht aber bereits, dass der Wortlaut des § 24 I 1 StGB hierfür keine Anhaltspunkte bietet.

Einmal mehr ist es kriminalpolitisch verständlich, die Anforderungen an den strafbefreienden Rücktritt recht hoch anzusetzen, da es nicht leicht einzusehen ist, wieso der bestenfalls halbherzig zurücktretende Täter in den Genuss der insofern vollständigen Strafbefreiung kommen soll, obwohl er allenfalls teilweise in die Legalität zurückkehrt. Zu folgen ist *de lege lata* dennoch der h.M., da ein Bestleistungserfordernis sich dem Wortlaut nicht entnehmen lässt, so dass ein Verstoß gegen Art. 103 II GG, § 1 StGB vorläge. Dass der Gesetzgeber durchaus das Problem erkannt hat, zeigt sich darin, dass er in § 24 I 2 StGB besondere Anforderungen normiert hat (ernsthaftes Bemühen). Dass die Lösung „Ende gut, alles gut" kriminalpolitisch eine recht grobe ist, müsste der Gesetzgeber beheben. Immerhin zeigt ein suboptimal Zurücktretender eine gewisse Bereitschaft, die Norm zu befolgen und das Opfer vor den Folgen seiner (des Täters) Handlungen zu schützen. Unterließe der Täter jegliche Rettungshandlung aufgrund der Angst, sich selbst zu überführen, wäre damit dem Rechtsgüterschutzgedanken des Rücktritts wenig gedient. Der Anreiz für den Täter, optimale Rettungsbemühungen vorzunehmen, besteht ohnehin, da er ja im Falle des Erfolgseintritts wegen der Vollendungstat haftet und er so das Risiko dafür trägt, dass seine Bemühungen keinen Erfolg zeigen. Für eine gewisse Restriktion sorgen schließlich die subjektiven Voraussetzungen (Vorsatz und Freiwilligkeit).

Nach alledem kann jedes aktive Verhalten, insbesondere auch die Einschaltung Dritter,[138] i.R.d. § 24 I 1 2. Var. StGB genügen.

Passivität allerdings – z.B. bloßes Gewährenlassen von Helfern – reicht nicht aus.

Bedeutungslos ist es, wenn auch andere, vom Willen des Täters unabhängige Umstände zur Verhinderung der Tatvollendung beigetragen haben; ohne Belang ist es auch, wenn der Täter zunächst nicht rettungswillig war, sich gar zunächst vom Tatort entfernt hat oder wenn er zunächst sogar hilfsbereite Dritte von der Rettung abgehalten hat.[139]

Nach Rspr.[140] und h.L.[141] gibt es auch einen sog. **antizipierten Rücktritt**, wenn nämlich der Versuchstäter schon vor dem Versuchsbeginn Maßnahmen ergreift, die später die Vollendung der Tat verhindern.

---

[138] Fischer, StGB, 64. Aufl. 2017, § 24 Rn. 31; aus der Rspr. vgl. BGH B. v. 25.02.1997 - 4 StR 49/97 - NStZ-RR 1997, 193 = StV 1997, 518 (Anm. Otto JK 1998 StGB § 24/25).

[139] Fischer, StGB, 64. Aufl. 2017, § 24 Rn. 31; aus der Rspr. vgl. BGH B. v. 19.07.1983 - 5 StR 472/83 - StV 1983, 413; BGH B. v. 08.09.1993 - 5 StR 536/93 - StV 1994, 304; BGH B. v. 09.12.1998 - 5 StR 584-98 - NStZ 1999, 128 = StV 1999, 204 (Anm. Otto JK 1999 StGB § 24/28).

[140] S. BGH B. v. 28.10.1998 - 5 StR 176/98 (Minensperren) - BGHSt 44, 204 = NJW 1999, 589 = NStZ 1999, 238 = StV 1999, 203 (Anm. Otto JK 1999 StGB § 24/27; Kudlich JA 1999, 624; LL 1999, 436; Rotsch NStZ 1999, 239; Schroeder JR 1999, 297; Müssig JR 2001, 228).

[141] Ausf. Herzberg NJW 1989, 862; Eisele ZStW 2000, 745; Rotsch GA 2002, 165; Scheinfeld JuS 2006, 397.

Beispiel 351:

BGH B. v. 28.10.1998 – 5 StR 176/98 (Minensperren) – BGHSt 44, 204 = NJW 1999, 589 = NStZ 1999, 238 = StV 1999, 203 (Anm. Otto JK 1999 StGB § 24/27; Kudlich JA 1999, 624; LL 1999, 436; Rotsch NStZ 1999, 239; Schroeder JR 1999, 297; Müssig JR 2001, 228):
B wirkte als General am Erlass von Jahresbefehlen des Verteidigungsministeriums der DDR mit, worin u.a. die Grenzsicherung durch Splitterminen vorgeschrieben wurde. Die Jahresbefehle sahen in Übereinstimmung mit dem DDR-Grenzgesetz vor, verletzte Flüchtlinge zu bergen und ärztlich zu versorgen. Auf Grund dieser Grenzsicherung wurde der Flüchtling Z von einer Splittermine lebensgefährlich verletzt. Grenzsoldaten führten ihn aber – befehlsgemäß – ärztlicher Versorgung zu, was ihm das Leben rettete.

In der Tat wird auch in diesen Konstellationen ein aktives Verhalten im Zeitpunkt des Rücktrittshorizonts wirksam und kausal für das Ausbleiben des Erfolgs.

4. Subjektive Voraussetzungen

Der Täter muss Vorsatz bzgl. der Rücktrittshandlung aufweisen, ferner muss er freiwillig gehandelt haben.

V. Rücktritt nach § 24 I 2 StGB

▶ **Didaktischer Aufsatz:**
   • Noltensmeier/Henn, Der Rücktritt vom Versuch nach § 24 I 2 StGB, JA 2010, 269

1. Aufbau

I. Vorprüfung/Anwendungsbereich:
   – Tat ohne Zutun des Zurücktretenden nicht vollendet
II. Subjektive Voraussetzungen
   1. Entschluss, die Vollendung der Tat zu verhindern
   2. Freiwilligkeit
III. Objektive Voraussetzung:
   – Ernsthaftes Bemühen, die Vollendung zu verhindern

2. Anwendungsbereich; Voraussetzungen

Gem. § 24 I 2 StGB liegt auch dann ein strafbefreiender Rücktritt vor, wenn zwar die Tat ohne Zutun des Zurücktretenden nicht vollendet wird, der Täter sich aber freiwillig und ernsthaft bemüht hat, die Vollendung zu verhindern.

Man spricht auch vom **versuchten Rücktritt**[142] vom subjektiv beendeten (beim unbeendeten Versuch griffe § 24 I 1 1. Var. StGB), aber objektiv von vornherein untauglichen oder doch konkret fehlgeschlagenen Versuch.[143]

Maßgeblich für den Zeitpunkt der Tätervorstellung ist dabei wie sonst auch der Rücktrittshorizont.

Unterscheiden lassen sich folgende Fallkonstellationen:

Erstens der unerkannt untaugliche Versuch[144]:

Beispiel 352:

BGH U. v. 29.04.1958 – 5 StR 28/58 – BGHSt 11, 324 = NJW 1958, 1051 (Anm. Lange JZ 1958, 671):

B hatte den Entschluss gefasst, sich mit Luminal das Leben zu nehmen und auch ihr Kind zu töten, weil dies ohne seine Mutter keine ausreichende Betreuung haben würde und weil sie ihm ein weiteres Leben, das ihr auch für das Kind nicht mehr lebenswert erschien, ersparen wollte. Am Abend des 18.12.1956 gab sie dem 1¾ Jahre alten Kind 2¼ Tabletten Luminal in Apfelsinensaft und nahm selbst 5¾ Tabletten ein. Die dem Kind gegebene Menge war unter den gegebenen Umständen, besonders bei dem Alter des Kinds, nicht geeignet, dessen Tod herbeizuführen. B glaubte aber, dass die Dosis tödlich sein würde. Als sie gegen Morgen von einem Brechreiz erwachte, bemerkte sie, dass das neben ihr liegende Kind noch lebte. Als ihre durch das Erbrechen der B wach gewordene Mutter sich erkundigte, was denn los sei, erklärte sie ihr, sie habe Luminal genommen und auch dem Kind davon gegeben; die Mutter solle sofort einen Arzt holen. Dies tat sie, weil sie vor allem ihr Kind retten wollte. Der von der Mutter herbeigeholte Arzt veranlasste die Überführung der B und des Kindes in ein Krankenhaus. Dort wurden sie beide von der Luminalvergiftung geheilt.

Beispiel 353:

BGH B. v. 11.12.2007 – 3 StR 489/07 – NStZ 2008, 329 (Anm. RA 2008, 305):

B packte nach einem Streit mit direktem Tötungsvorsatz seine 16 Jahre alte Tochter Z auf dem Balkon einer im 4. Stock eines Mehrfamilienhauses gelegenen Wohnung am Nacken und an den Beinen, hob sie über die Brüstung und ließ sie fallen. Z stürzte 8,81 m in die Tiefe und fiel auf das Dach einer Garage, wo sie benommen und regungslos liegen blieb. B nahm an, dass Z zumindest lebensbedrohlich verletzt sei und lief nach unten. Als er im Wohnzimmer an seiner Ehefrau vorbeilief, rief er ihr zu, sie solle einen Krankenwagen holen, da die Tochter sich vom Balkon gestürzt habe. Die Rettungsdienste wurden jedoch von

---

[142] Joecks, StGB, 11. Aufl. 2014, § 24 Rn. 41ff.

[143] Zu § 24 I 2 StGB Noltensmeier/Henn JA 2010, 269.

[144] Vgl. Arzt GA 1964, 1; aus der Rspr. vgl. zuletzt BGH B. v. 23.02.2016 - 3 StR 5/16 (Anm. Bosch Jura 2016, 955; Eisele JuS 2016, 656; RÜ 2016, 371).

anderen Zeugen herbeigerufen, die das Geschehen beobachtet hatten. Z hatte zahlreiche Verletzungen; diese waren aber nicht lebensgefährlich.

Zweitens: Der an sich taugliche, aber konkret objektiv (nicht subjektiv – dann wäre kein Rücktritt möglich) fehlgeschlagene Versuch.[145]

Beispiel 354:

BGH B. v. 03.02.1999 – 5 StR 645/98 – NStZ-RR 2000, 41 = StV 1999, 596 (Anm. Otto JK 2000 StGB § 24/30; RA 2000, 176):
B beabsichtigte, die Ehefrau des Z mit deren Willen zu „entführen", um mit ihr zukünftig zusammenzuleben. Im Rahmen der geplanten „Entführung" kam es in der ehelichen Wohnung zu einer Auseinandersetzung zwischen Z einerseits und dem B und einem Freund des B andererseits. Nachdem Z, der sich im Schlafzimmer der Wohnung befand, auf den Freund des B geschossen hatte und dieser vor der Schlafzimmertür zusammengebrochen war, gab B durch die geschlossene Schlafzimmertür vier Schüsse auf Z ab, ohne ihn dabei zu treffen. B vermutete, dass er Z tödlich getroffen habe. Die Abgabe weiterer Schüsse war aus der Sicht des B sinnlos, da sich Z – falls er ihn nicht ohnehin bereits getroffen hatte – inzwischen in Deckung gebracht haben musste. Nach der Tat fuhr B mit der Ehefrau des Z in ein Musikcafé, wo er zwei Bekannte aufforderte, die Polizei und Feuerwehr zu alarmieren und in die Tatwohnung zu schicken. Motiv für diese Rettungsbemühung war die Sorge des B um seinen angeschossenen Freund.

Insbesondere zu nennen sind Konstellationen, in denen ohne Kenntnis des Täters Dritte die Vollendung verhindern.[146]

Beispiel 355:

BGH B. v. 25.02.1997 – 4 StR 49/97 – NStZ-RR 1997, 193 = StV 1997, 518:
B lief, nachdem er einen Brand gelegt hatte, aus Reue über das, was er getan hatte, aus der Wohnung zu dem ca. 100 Meter entfernt installierten Feuermelder, mit dem er die Sirene auslöste. Die Feuerwehr war aber schon von dritter Seite alarmiert worden.

Ferner Konstellationen, in denen das Opfer selbst den Rücktrittsbemühungen zuvorkommt, also z.B. einen Krankenwagen ruft.

Drittens: Vollendung tritt ein, ist dem Täter aber nicht objektiv zurechenbar.[147]

---

[145] B. Heinrich, AT, 5. Aufl. 2016, Rn. 798; aus der Rspr. vgl. BGH B. v. 27.11.2014 - 3 StR 458/14 - NStZ 2015, 331 = NStZ-RR 2015, 105.

[146] B. Heinrich, AT, 5. Aufl. 2016, Rn. 799.

[147] Hoffmann-Holland, in: MK, 3. Aufl. 2017, § 24 Rn. 139; aus der Rspr. vgl. BGH U. v. 25.05.2011 - 5 StR 565/10 - NStZ 2012, 29 (Anm. Mandla NStZ 2012, 30).

Da es sich der Sache nach bei § 24 I 2 StGB um einen versuchten Rücktritt handelt, s.o., ist es zweckmäßig, die Grundsätze des **Versuchsaufbaus** anzuwenden: Zu beginnen ist also mit den subjektiven Voraussetzungen, d.h. hier mit dem **Tatentschluss** des Täters, die Vollendung der Tat zu verhindern, sowie der **Freiwilligkeit**.

Objektive Voraussetzung des § 24 I 2 StGB ist das **ernsthafte Bemühen**, die Vollendung zu verhindern.

Die Anforderungen sind umstritten[148] Nach restriktiver ganz h.M.[149] muss der Täter all das tun, was nach seiner Vorstellung erforderlich ist, um den Erfolg abzuwenden, er muss die ihm bekannten Möglichkeiten ausschöpfen (Optimalität); dem Zufall darf der Täter keinen Raum lassen, wo er ihn vermeiden kann. Für derartige Strenge spricht der Wortlaut: Nur dann kann man von ernsthaftem Bemühen sprechen.

Hierbei darf man die Voraussetzung der Bestleistung nicht mit Eigenhändigkeit verwechseln: Der Täter darf durchaus Dritte einschalten, z.B. Rettungskräfte.[150]

VI. Rücktritt bei mehreren Beteiligten, § 24 II StGB

▶ **Didaktische Aufsätze:**
- Otto, Versuch und Rücktritt bei mehreren Tatbeteiligten, JA 1980, 641 und 707
- Kölbel/Selter, § 24 II StGB – Der Rücktritt bei mehreren Tatbeteiligten, JA 2012, 1
- Dorn-Haag, Klausurrelevante Fragen des Rücktritts mehrerer Beteiligter gem. § 24 II, JA 2016, 674
- Ladiges, Der strafbefreiende Rücktritt bei Beteiligung mehrerer, JuS 2016, 15

1. Grundlagen

§ 24 II StGB[151] verschärft die Rücktrittsanforderungen gegenüber § 24 I StGB für den Fall, dass an der Tat mehrere beteiligt sind. Ein Rücktritt durch bloße Aufgabe genügt i.R.d. § 24 II StGB nicht.

Die Norm findet auch Anwendung bei einem „Rücktritt", bevor die Tat ins Versuchsstadium gekommen ist.[152]

---

[148] S. Joecks, StGB, 11. Aufl. 2014, § 24 Rn. 45f.; Römer MDR 1989, 945; Maiwald FS Wolff 1998, 337.

[149] S. nur B. Heinrich, AT, 5. Aufl. 2016, Rn. 800; aus der Rspr. vgl. BGH B. v. 20.05.2010 - 3 StR 78/10 - NStZ-RR 2010, 276 (Anm. famos 3/2011); BGH B. v. 04.08.2011 - 2 StR 219/11 - NStZ 2012, 28 (Anm. Satzger JK 2012 StGB § 216/11; LL 2012, 110).

[150] B. Heinrich, AT, 5. Aufl. 2016, Rn. 800.

[151] Hierzu Lenckner FS Gallas 1973, 281; Grünwald FS Welzel 1974, 701; Otto JA 1980, 641 und 707; Vogler ZStW 1986, 331; Jescheck ZStW 1987, 111; Roxin FS Lenckner 1998, 267; Müssig JR 2001, 238; Kölbel/Selter JA 2012, 1; Dorn-Haag JA 2016, 674; Ladiges JuS 2016, 15.

[152] B. Heinrich, AT, 5. Aufl. 2016, Rn. 805.

Der Begriff des (Tat-)Beteiligten wird in § 28 II StGB definiert und umfasst Täter sowie Teilnehmer (Anstifter und Gehilfen).

Klarzustellen ist vorab, dass der Rücktritt als persönlicher Strafaufhebungsgrund nur zugunsten desjenigen Beteiligten eingreift, der die Voraussetzungen selbst erfüllt; der Rücktritt ist **für jeden Beteiligten gesondert** zu prüfen.

2. Vollendeter Rücktritt, § 24 II 1 StGB

▶ **Didaktischer Aufsatz:**
   • Loos, Beteiligung und Rücktritt, Jura 1996, 518

Gem. § 24 II 1 StGB muss der Beteiligte die Vollendung der Tat verhindern. Dies entspricht den Voraussetzungen von § 24 I 1 2. Var. StGB.

Grund der strengen Regelung ist, dass bei Tatbeteiligung mehrerer die Gefahr besteht, dass die anderen Tatbeteiligten sich die bisherigen Tatbeiträge des Zurücktretenden zunutze machen und die Tat ohne ihn fortführen.[153]

Entgegen dem Wortlaut des § 24 II 1 StGB besteht Einigkeit, dass ausnahmsweise (teleologische Reduktion) bloße Passivität (Aufgeben) für einen Rücktritt eines von mehreren Tatbeteiligten genügen kann.[154]
   Dies betrifft Fälle, in denen sicher ist, dass die Tat nicht durch weitere Tatbeteiligte weiter betrieben wird, d.h. bei angestiftetem oder unterstütztem zurücktretenden Einzeltäter,[155] bei gemeinsamem Aufgeben aller Beteiligten,[156] wenn der Erfolg allein in der Hand des Täters liegt (erfolgskontrollierendes Unterlassen aufgrund unverzichtbarer Tathandlung),[157] wenn der Haupttäter eine so beherrschende Stellung einnimmt, dass er davon ausgehen kann, sein Aufgeben halte alle anderen von weiterer Aktivität ab, schließlich bei unterlassender Nebentäterschaft.[158]

---

[153] Joecks, StGB, 11. Aufl. 2014, § 24 Rn. 50.

[154] Ausf. Loos Jura 1996, 518.

[155] Näher Mitsch FS Baumann 1992, 89.

[156] Kindhäuser, LPK, 6. Aufl. 2015, § 24 R. 62; aus der Rspr. vgl. zuletzt BGH B. v. 23.02.2016 - 3 StR 5/16 (Anm. Bosch Jura 2016, 955; Eisele JuS 2016, 656; RÜ 2016, 371); BGH B. v. 11.05.2016 - 1 StR 77/16 - NStZ 2016, 720; BGH B. v. 07.09.2016 - 1 StR 202/16 - NStZ-RR 2016, 367.

[157] B. Heinrich, AT, 5. Aufl. 2016, Rn. 804; aus der Rspr. vgl. BGH B. v. 26.06.2011 - 4 StR 268/11 - StV 2012, 16 (Anm. Kudlich JA 2011, 869).

[158] Eser/Bosch, in: Sch/Sch, 29. Aufl. 2014, § 24 Rn. 27; aus der Rspr. vgl. BGH U. v. 19.05.2010 - 2 StR 278/09 - NStZ 2010, 690 (Anm. LL 2010, 741; RA 2010, 474; Satzger JK 2011 StGB § 24/41; Jahn JuS 2011, 78).

3. Versuchter Rücktritt ohne Tatvollendung, § 24 II 2 1. Var. StGB; versuchter Rücktritt bei Tatvollendung, § 24 II 2 2. Var. StGB

§ 24 II 2 1. Var. StGB[159] betrifft Konstellationen, in denen ein Verhindern der Vollendung i.S.d. § 24 II 1 StGB an fehlender Kausalität scheitert.

Die Regelung entspricht im Anwendungsbereich und in den Voraussetzungen dem § 24 I 2 StGB.

§ 24 II 2 2. Var. StGB[160] lässt einen Rücktritt sogar trotz Tatvollendung zu, allerdings nur dann, wenn es dem Zurücktretenden gelungen ist, seinen eigenen Tatbeitrag zu beseitigen. Bei Fortwirken des Beitrags ist kein Rücktritt möglich.

---

[159] Hierzu B. Heinrich, AT, 5. Aufl. 2016, Rn. 806.
[160] Hierzu Walter JR 1976, 100; Haft JA 1979, 306.

15. Kapitel: Fahrlässiges Begehungsdelikt, § 15 StGB

▶ **Didaktische Aufsätze:**
- Schünemann, Moderne Tendenzen in der Dogmatik der Fahrlässigkeits- und Gefährdungsdelikte, JA 1975, 435, 511, 575, 647, 715 und 787
- Quentin, Fahrlässigkeit im Strafrecht, JuS 1994, L41, L49 und L57
- Kretschmer, Das Fahrlässigkeitsdelikt, Jura 2000, 267
- Laue, Der Tatbestand des fahrlässigen Erfolgsdelikts, JA 2000, 666
- Mitsch, Fahrlässigkeit und Straftatsystem, JuS 2001, 105
- Beck, Achtung: Fahrlässiger Umgang mit der Fahrlässigkeit, JA 2009, 111 und 268
- Kaspar, Grundprobleme der Fahrlässigkeit, JuS 2012, 16 und 112

Fahrlässige Begehungsdelikte lassen sich in zwei Arten einteilen: reine Fahrlässigkeitsdelikte, bei denen keinerlei Vorsatz des Täters verlangt wird (s. sogleich A), und Vorsatz-Fahrlässigkeits-Kombinationen, bei denen der Täter teils vorsätzlich, teils fahrlässig handeln muss (s.u. B).

A. Reine Fahrlässigkeitsdelikte

I. Aufbau

Wie ein Fahrlässigkeitsdelikt[1] zu prüfen ist, ist **umstritten,**[2] was damit zusammenhängt, dass keine Einigkeit über das Unrecht fahrlässiger Erfolgsverursachung besteht. Die heute h.M. geht davon aus, dass die Verursachung des Erfolgs nicht

---

[1] Zum Fahrlässigkeitsdelikt Boldt ZStW 1956, 335; Maihofer ZStW 1958, 159; Wimmer ZStW 1958, 196; Wimmer ZStW 1963, 420; Mühlhaus DAR 1967, 34; Schünemann JA 1975, 435, 511, 575, 647, 715 und 787; Schmidhäuser FS Schaffstein 1975, 129; Schünemann FS Schaffstein 1975, 159; Gössel FS Bruns 1978, 43; Schroeder ZStW 1979, 257; Gössel ZStW 1979,

bereits den tatbestandlichen Unwert ausmacht, so dass die objektive Fahrlässigkeit, aufgrund derer der Erfolg verursacht wird, schon zum Tatbestand gehört.

Da kein Vorsatz erforderlich ist, gibt es keinen subjektiven Tatbestand, sondern nur einen einheitlich-objektiven Tatbestand. Zwar geht auch die h.M. davon aus, dass es eine subjektive Komponente des Fahrlässigkeitsunrechts gibt (subjektive Fahrlässigkeit), diese wird von ihr aber – anders als heute unstrittig beim Vorsatzdelikt – erst bei der Schuld verortet.

Dies ergibt Folgendes:

I.   Tatbestand
    1. Erfolg, Handlung, Kausalität
    2. Objektive Fahrlässigkeit
        a) Feststellung der Sorgfaltsanforderungen
        b) Verstoß: Sorgfaltswidrigkeit
        c) Objektive Vorhersehbarkeit des Erfolgseintritts
        d) Objektive Zurechnung
II. Rechtswidrigkeit
III. Schuld
    1. Allgemeines
    2. Subjektive Fahrlässigkeit

Trotz vielfacher Bedenken[3] ist dieser Aufbau in einer Fallbearbeitung zu verwenden, da die meisten Korrektoren ihn erwarten. Zur Berücksichtigung der sachlichen Identität der objektiven Fahrlässigkeit mit der Lehre von der objektiven Zurechnung, die auch Konsequenzen für den Aufbau haben kann, s.o.

II. Allgemeines

§ 15 StGB lautet:

---

§ 15 StGB (Vorsätzliches und fahrlässiges Handeln)
Strafbar ist nur vorsätzliches Handeln, wenn nicht das Gesetz fahrlässiges Handeln ausdrücklich mit Strafe bedroht.

270; Gössel FS Bengl 1984, 23; Schöne GS Hilde Kaufmann 1986, 649; Struensee JZ 1987, 53; Herzberg JZ 1987, 536; Struensee JZ 1987, 541; Schroeder JZ 1989, 776; Lampe ZStW 1989, 1; Quentin JuS 1994, L41, L49 und L57; Kretschmer Jura 2000, 267; Laue JA 2000, 666; Mitsch JuS 2001, 105; Herzberg GA 2001, 568; Giezek FS Gössel 2002, 117; Weigend FS Gössel 2002, 129; Schünemann GS Meurer 2002, 37; Otto GS Schlüchter 2002, 77; Jähnke GS Schlüchter 2002, 99; Duttge GA 2003, 451; Hirsch FS Lampe 2003, 515; Herzberg NStZ 2004, 593 und 660; Freund FS Küper 2007, 63; Beck JA 2009, 111 und 268; Kaspar JuS 2012, 16 und 112; Rostalski GA 2016, 73; Herzberg GA 2016, 737.

[2] S. Joecks, StGB, 11. Aufl. 2014, § 15 Rn. 50 ff.

[3] Ausf. Hoyer, in: SK-StGB, 39. Lfg., 7. Aufl. 2004, Anh. zu § 16 Rn. 10ff.

Die in Praxis und Fallbearbeitung relevantesten reinen Fahrlässigkeitsdelikte des StGB sind:

§ 222 StGB (Fahrlässige Tötung)
Wer durch Fahrlässigkeit den Tod eines Menschen verursacht, wird mit Freiheitsstrafe bis zu fünf Jahren oder mit Geldstrafe bestraft.

§ 229 StGB (Fahrlässige Körperverletzung)
Wer durch Fahrlässigkeit die Körperverletzung einer anderen Person verursacht, wird mit Freiheitsstrafe bis zu drei Jahren oder mit Geldstrafe bestraft.

§ 306d StGB (Fahrlässige Brandstiftung)
(1) Wer in den Fällen des § 306 Abs. 1 oder des § 306a Abs. 1 fahrlässig handelt oder in den Fällen des § 306a Abs. 2 die Gefahr fahrlässig verursacht, wird mit Freiheitsstrafe bis zu fünf Jahren oder mit Geldstrafe bestraft.
(2) Wer in den Fällen des § 306a Abs. 2 fahrlässig handelt und die Gefahr fahrlässig verursacht, wird mit Freiheitsstrafe bis zu drei Jahren oder mit Geldstrafe bestraft.

§ 316 StGB (Trunkenheit im Verkehr)
(1) Wer im Verkehr [...] ein Fahrzeug führt, obwohl er infolge des Genusses alkoholischer Getränke oder anderer berauschender Mittel nicht in der Lage ist, das Fahrzeug sicher zu führen, wird mit Freiheitsstrafe bis zu einem Jahr oder mit Geldstrafe bestraft, wenn die Tat nicht in § 315a oder § 315c mit Strafe bedroht ist.
(2) Nach Absatz 1 wird auch bestraft, wer die Tat fahrlässig begeht.

§ 315b I, V StGB (Gefährliche Eingriffe in den Straßenverkehr)
(1) Wer die Sicherheit des Straßenverkehrs dadurch beeinträchtigt, daß er
1. Anlagen oder Fahrzeuge zerstört, beschädigt oder beseitigt,
2. Hindernisse bereitet oder
3. einen ähnlichen, ebenso gefährlichen Eingriff vornimmt,
und dadurch Leib oder Leben eines anderen Menschen oder fremde Sachen von bedeutendem Wert gefährdet, wird mit Freiheitsstrafe bis zu fünf Jahren oder mit Geldstrafe bestraft.
[...]
(5) Wer in den Fällen des Absatzes 1 fahrlässig handelt und die Gefahr fahrlässig verursacht, wird mit Freiheitsstrafe bis zu zwei Jahren oder mit Geldstrafe bestraft.

§ 315c I, III Nr. 2 StGB (Gefährdung des Straßenverkehrs)

(1) Wer im Straßenverkehr

1. ein Fahrzeug führt, obwohl er

a) infolge des Genusses alkoholischer Getränke oder anderer berauschender Mittel oder

b) infolge geistiger oder körperlicher Mängel

nicht in der Lage ist, das Fahrzeug sicher zu führen, oder

2. grob verkehrswidrig und rücksichtslos

a) die Vorfahrt nicht beachtet,

b) falsch überholt oder sonst bei Überholvorgängen falsch fährt,

c) an Fußgängerüberwegen falsch fährt,

d) an unübersichtlichen Stellen, an Straßenkreuzungen, Straßeneinmündungen oder Bahnübergängen zu schnell fährt,

e) an unübersichtlichen Stellen nicht die rechte Seite der Fahrbahn einhält,

f) auf Autobahnen oder Kraftfahrstraßen wendet, rückwärts oder entgegen der Fahrtrichtung fährt oder dies versucht oder

g) haltende oder liegengebliebene Fahrzeuge nicht auf ausreichende Entfernung kenntlich macht, obwohl das zur Sicherung des Verkehrs erforderlich ist,

und dadurch Leib oder Leben eines anderen Menschen oder fremde Sachen von bedeutendem Wert gefährdet, wird mit Freiheitsstrafe bis zu fünf Jahren oder mit Geldstrafe bestraft.

[…]

(3) Wer in den Fällen des Absatzes 1

[…]

2. fahrlässig handelt und die Gefahr fahrlässig verursacht,

wird mit Freiheitsstrafe bis zu zwei Jahren oder mit Geldstrafe bestraft.

Vgl. des Weiteren z.B. §§ 161, 261 V, 264 IV, 324 III StGB, ferner existieren umfassende (z.T. flächendeckende) Fahrlässigkeitsstrafbarkeiten im Nebenstrafrecht, erst recht im Ordnungswidrigkeitenrecht.

Im StGB findet sich keine nähere Konkretisierung jenseits des bloßen Begriffs der Fahrlässigkeit, so dass Bedenken hinsichtlich der Bestimmtheit nach Art. 103 II GG erhoben werden.[4] Diese sind aber in der Rspr. ohne Konsequenzen geblieben und werden auch von der h.L. nicht geteilt. In der Tat sind die allgemeinen Straftatvoraussetzungen sehr vage gehalten, was aber keine Besonderheit des § 15 StGB ist (vgl. z.B. §§ 16 oder 22 StGB). Richtig ist aber, dass ein Unbehagen bleibt, wenn fahrlässigkeitsbegründende Sorgfaltspflichtverletzungen keiner

---

[4] Bohnert ZStW 1982, 68; Duttge FS Kohlmann 2003, 13; Schmitz FS Samson 2010, 181; Herzberg ZIS 2011, 444; Duttge JZ 2014, 261; Herzberg FS Beulke 2015, 419.

Gesetzesnorm des Straf- oder Primärrechts entnommen werden, sondern der allgemeinen Verkehrsanschauung.

Das Verhältnis von Vorsatz und Fahrlässigkeit ist im Einzelnen strittig.[5]
Jedenfalls aber i.R.d. der Fallbearbeitung wird beides, wofür bereits die Formulierung des § 15 StGB spricht, in einem **Stufenverhältnis** gehandhabt: **Vorrang** hat die Prüfung des **Vorsatzdelikts**; Vorsatzdelikte verdrängen gleichgerichtete Fahrlässigkeitsdelikte aufgrund Gesetzeskonkurrenz (materielle Subsidiarität). Liegt *in dubio pro reo* kein Vorsatz vor, bleibt eine Verurteilung aus dem Fahrlässigkeitsdelikt möglich.

Gängig ist die Unterscheidung von **bewusster** und **unbewusster Fahrlässigkeit**.[6] Bei bewusster Fahrlässigkeit (*luxuria*) rechnet der Täter mit der Möglichkeit einer Tatbestandsverwirklichung, vertraut aber darauf, dass alles gut geht. Bei unbewusster Fahrlässigkeit (*neglegentia*) rechnet der Täter nicht mit der Verwirklichung eines Tatbestands. Im geltenden deutschen Strafrecht ist diese Differenzierung aber allenfalls für die Strafzumessung relevant.

Fahrlässigkeitsdelikte müssen stets vollendet sein, einen fahrlässigen Versuch gibt es nicht.
Die Kategorie fahrlässiger Schadensverursachung ist auch im Zivilrecht von großer Bedeutung, vgl. nur §§ 276, 823 I BGB.
Ggf. kann eine entsprechende zivilrechtliche Rspr. auch für die Auslegung der strafrechtlichen Fahrlässigkeitstatbestände fruchtbar gemacht werden, wobei allerdings im Lichte der *ultima-ratio*-Funktion des Strafrechts auf die grundsätzliche Asymmetrie der Akzessorietät zu achten ist.

III. Objektive Fahrlässigkeit

1. Grundlagen

Fahrlässigkeit ist im StGB nicht definiert. Es existieren unterschiedliche Terminologien und vielerlei Detailkontroversen.[7]
In § 276 II BGB findet sich immerhin eine Umschreibung.

> **§ 276 II BGB (Verantwortlichkeit des Schuldners)**
> Fahrlässig handelt, wer die im Verkehr erforderliche Sorgfalt außer Acht lässt.

---

[5] S. Fischer, StGB, 64. Aufl. 2017, § 15 Rn. 12a.

[6] Vgl. B. Heinrich, AT, 5. Aufl. 2016, Rn. 1001f.; aus der Rspr. vgl. OLG Stuttgart U. v. 24.05.1976 - 3 Ss 197/76 - NJW 1976, 1852 (Anm. Gollwitzer JR 1977, 207; Hassemer JuS 1978, 52).

[7] S. Fischer, StGB, 64. Aufl. 2017, § 15 Rn. 12a ff.

Der Täter muss mithin eine ihm obliegende **Sorgfaltspflicht verletzt**[8] und hierdurch den Erfolg verursacht haben.

Gängig sind darüber hinaus Umschreibungen, die sowohl die objektive als auch die subjektive Fahrlässigkeit umreißen sollen, z.B.: Fahrlässig handelt, wer eine objektive Pflichtwidrigkeit begeht, sofern er diese nach seinen subjektiven Kenntnissen und Fähigkeiten vermeiden konnte, und wenn die Pflichtwidrigkeit objektiv und subjektiv vorhersehbar den Erfolg gezeigt hat.[9]

Der objektive Gehalt solcher Formeln zur Definition der Fahrlässigkeit besteht neben der Sorgfaltspflichtverletzung in der Vorhersehbarkeit des Erfolgs. Beide objektiven Elemente lassen sich auch derart umschreiben, dass der Täter ein unerlaubtes Risiko geschaffen haben muss (Sorgfaltswidrigkeit), welches sich im Erfolg realisiert hat (Vorhersehbarkeit). Dies **entspricht** beim Vorsatzdelikt den **Anforderungen der objektiven Zurechnung**, welche zwar nicht in der Rspr., aber in der ganz h.L. als Einschränkung der weiten Äquivalenzkausalität anerkannt ist. Ob auch beim Fahrlässigkeitsdelikt eine eigene Ebene der objektiven Zurechnung geboten ist oder diese identisch mit der Sorgfaltspflichtverletzung ist, kann in einer Fallbearbeitung letztlich dahinstehen.[10] Die Orientierung an der üblichen Terminologie wird Korrektoren entgegenkommen, kann aber sachliche Verwandtschaften der Institute nicht überdecken.

2. Feststellung der Sorgfaltsanforderungen

a) Grundlagen

Die Feststellung einer Sorgfaltspflichtverletzung setzt voraus, diejenigen Sorgfaltspflichten zu ermitteln, die dem Täter zum Zeitpunkt der Handlung oblagen.

Zu beachten ist hierbei, dass aus dem Erfolgseintritt nicht *ex post* geschlossen werden darf, der Täter hätte sich anders verhalten müssen. Der Mensch neigt hier zu Rückschaufehlern und infolgedessen zu einer Überspannung der Sorgfaltspflichten

---

[8] Vgl. nur Kindhäuser, LPK, 6. Aufl. 2015, § 15 Rn. 47ff.

[9] S. B. Heinrich, AT, 5. Aufl. 2016, Rn. 987; aus der Rspr. vgl. BGH U. v. 20.11.2008 - 4 StR 328/08 (Beschleunigungsrennen) - BGHSt 53, 55 = NJW 2009, 1155 = NStZ 2009, 148 (Anm. Puppe, AT, 3. Aufl. 2016, § 6 Rn. 5ff.; Satzger JK 2009 StGB § 222/8; Kudlich JA 2009, 389; Jahn JuS 2009, 370; Brüning ZJS 2009, 194; LL 2009, 179; RÜ 2009, 164; RA 2009, 68; Kühl NJW 2009, 1158; Duttge NStZ 2009, 690; Roxin JZ 2009, 399; Puppe GA 2009, 486; Renzikowski HRRS 2009, 347); OLG Bremen B. v. 18.06.2014 - 1 SsBs 51/13 - NStZ-RR 2014, 257 = StV 2014, 623; BGH U. v. 04.09.2014 - 4 StR 473/13 (Jalloh) - BGHSt 59, 292 = NJW 2015, 96 (Anm. Puppe, AT, 3. Aufl. 2016, § 11 Rn. 25ff. und § 29 Rn. 23ff.; RÜ 2014, 777; Satzger Jura 2015, 882; Jäger JA 2015, 72; Jahn JuS 2015, 180; LL 2015, 179; famos 1/2015; Schiemann NJW 2015, 20; Rostalski JR 2015, 306; Zimmermann/Linder ZStW 2016, 713; Dehne-Niemann HRRS 2017, 174); OLG Hamburg B. v. 28.04.2015 - 1 Rev 13/15 - NStZ-RR 2015, 209 (Anm. Eisele JuS 2015, 945; RÜ 2015, 509); OLG Frankfurt U. v. 18.03.2016 - 1 Ss 356/15 - StV 2016, 796; LG Köln U. v. 14.04.2016 - 117 KLs 19/15 (Anm Preuß HRRS 2017, 23).

[10] Hoyer, in: SK-StGB, 39. Lfg., 7. Aufl. 2004, Anh. zu § 16 Rn. 8 und passim; Kindhäuser GA 1994, 197; Hoyer ZStW 2009, 860; Grünewald GA 2012, 364.

und v.a. der Vorhersehbarkeit, da zufälliges Unglück schwer zu akzeptieren ist und
dann eher ein Sündenbock gesucht wird.[11]

Bei der Beurteilung der Frage einer Sorgfaltspflichtverletzung ergeben sich Art
und Maß der anzuwendenden Sorgfalt aus den Anforderungen, die bei einer Betrachtung der Gefahrenlage *ex ante* an einen besonnenen und gewissenhaften Menschen
in der konkreten Lage und der sozialen Rolle des Handelnden zu stellen sind.[12]

Einen abschließenden Katalog risikobegrenzender Verhaltenspflichten kann es aufgrund der immensen Zahl möglicher riskanter Verhaltensweisen nicht geben.

Beispiel 356:

**BGH U. v. 01.02.2005 – 1 StR 422/04 – NStZ 2005, 446 (Anm. Kudlich JuS
2005, 848; RÜ 2005, 309; RA 2005, 376; Herzberg NStZ 2005, 602; Walther
JZ 2005, 686):**

B empfing im Wohnzimmer ihrer Wohnung mehrere Gäste, die gemeinsam mit
ihr zahlreiche Zigaretten rauchten und Alkohol tranken. Ihre Kinder schliefen im
benachbarten Kinderzimmer. Zwischen 20.30 Uhr und 20.45 Uhr verließ B mit
einem der Gäste die Wohnung und suchte eine Gaststätte auf. Kurze Zeit später
verließen zwei weitere Gäste die Wohnung. Gegen 22 Uhr folgte die letzte Besu-
cherin, nachdem sie sich vergewissert hatte, dass beide Kinder in ihren Betten
fest schliefen. Der Sohn war zu diesem Zeitpunkt an Windpocken erkrankt und
hatte Fieber. Gegen 23.30 Uhr kehrte B in die Wohnung zurück, verließ jedoch
die Wohnung kurz darauf wieder und ließ die Kinder unbeaufsichtigt zurück. B
unterließ es, hierbei das Wohnzimmer auf feuergefährliche Gegenstände, insbesondere auf heruntergefallene brennende oder glimmende Zigarettenreste zu
untersuchen. Auf der Couch im Wohnzimmer hinterließ sie in unordentlichem
Zustand u.a. ein Feuerzeug, Papier, eine Zeitschrift, ein Kissen und ein Kleidungsstück. Während der Abwesenheit der B entwickelte sich auf der Couch ein
Schwelbrand. Im Wohnzimmer entstanden direkte Brandschäden an der Couch,
den Fenstern, Wänden und Deckenbalken; sämtliche Zimmer der Wohnung
wurden stark verrußt. Als B gegen 4.45 Uhr mit ihren Gästen in die Wohnung
zurückkehrte, fand sie die Kinder auf Grund des durch den Schwelbrand freige-
setzten Kohlenmonoxyds und Cyanids bewusstlos vor. Beide Kinder verstarben
durch Vergiftung bei gleichzeitigem Sauerstoffmangel.

Es gibt kein Gesetz zur Regelung des Umgangs mit Zigarettenresten. Zwar regelt
das BGB das Verhältnis der Eltern zu ihren Kindern (§§ 1626ff. BGB), aber wiederum auf einem hohen Abstraktionsniveau. Es fehlen mithin jegliche gesetzlichen
Anhaltspunkte, welche Vorsichtsmaßnahmen erforderlich gewesen wären bzw.
andersherum, welche Unterlassungen von risikosenkenden Maßnahmen fahrlässig-
keits- und damit strafbarkeitsbegründend wirken.

---

[11] Hierzu Fahl JA 2012, 808; vgl. auch Duttge, in: MK-StGB, 3. Aufl. 2017, § 15 Rn. 2f.

[12] Fischer, StGB, 64. Aufl. 2017, § 15 Rn. 16; aus der Rspr. vgl. OLG Dresden U. v. 14.02.2014 - 2
OLG 25 Ss 788/13 - StV 2015, 120.

Etwas hilflos muss man – in der Praxis wie in der Fallbearbeitung – normativierte Verkehrsanschauungen ermitteln (oder behaupten).

Da eine absolute Sicherung gegen Gefahren und Schäden nicht erreichbar ist und auch die berechtigten Verkehrserwartungen nicht auf einen solchen absoluten Schutz ausgerichtet sind, beschränkt sich die Verkehrssicherungspflicht auf das Ergreifen solcher Maßnahmen, die nach den Gesamtumständen zumutbar sind und die ein verständiger und umsichtiger Mensch für notwendig und ausreichend hält.[13] Hier entstehen große Vertretbarkeitsspielräume und folglich (Rechts-)Unsicherheiten bei den Normunterworfenen. Abhelfen könnte nur eine Ausweitung der Regulierung im Primärrecht, was in manchen Lebensbereichen durchaus denkbar und ggf. auch wünschenswert sein mag (z.B. im Wirtschafts- und Umweltstrafrecht), für viele andere Lebensbereiche aber undenkbar ist – schon aufgrund des erforderlichen Umfangs derartiger Kodifikationen und der Intensität damit verbundener Grundrechtseingriffe, vgl. nur z.B. bzgl. des Umgangs von Eltern mit ihren Kindern.

Je größer das objektiv bestehende Risiko ist – zusammengesetzt aus der Wahrscheinlichkeit des Eintritts des Schadensereignisses und dem Umfang des ggf. entstehenden Schadens –, umso eher wird es auch ein unerlaubtes sein und umso umfangreicher müssen die Bemühungen des Täters zur Risikosenkung sein.

b) Individualisierung vs. Generalisierung
Bei der Ermittlung des Sorgfaltsmaßstabs ist in vielen Fällen unklar, welche Vergleichsgruppe bei der Bewertung des Verhaltens heranzuziehen ist.[14] Der „generellste" Maßstab wäre der aller Menschen; der „individuellste" der des jeweiligen Täters.

---

[13] Fischer, StGB, 64. Aufl. 2017, § 15 Rn. 16; aus der Rspr. vgl. BGH U. v. 13.11.2008 - 4 StR 252/08 (Abbrucharbeiten) - BGHSt 53, 38 = NJW 2009, 240 = NStZ 2009, 146 = StV 2009, 406 (Anm. Satzger JK 2009 StGB § 222/8; RÜ 2009, 96; RA 2009, 113; Bußmann NStZ 2009, 386; Renzikowski StV 2009, 443; Kraatz JR 2009, 182; Duttge HRRS 2009, 145; Wegner HRRS 2009, 381); BGH U. v. 21.12.2011 - 2 StR 295/11 - NStZ 2012, 319 (Anm. Bosch JK 2012 StGB § 13 I/47; Kudlich JA 2012, 470; Hecker JuS 2012, 755; Brüning ZJS 2012, 691; RA 2012, 353; Murmann NStZ 2012, 387; Oğlakcıoğlu NStZ-RR 2012, 246; Kuhli HRRS 2012, 331; Puppe ZIS 2013, 45); BGH B. v. 05.08.2015 - 1 StR 328/15 - BGHSt 61, 21 = NJW 2016, 176 = NStZ 2016, 406 = StV 2016, 426 (Anm. Bosch Jura 2016, 450; Jäger JA 2016, 392; Eisele JuS 2016, 276; RÜ 2016, 167; famos 3/2016; Schiemann NJW 2016, 178; Roxin StV 2016, 428; Herbertz JR 2016, 548).

[14] Zur Frage des Sonderwissens und der besonderen Fähigkeit Schmidhäuser FS Schaffstein 1975, 129; Schünemann FS Schaffstein 1975, 159; Stratenwerth FS Jescheck 1985, 285; Castaldo GA 1993, 495; Freund FS Küper 2007, 63; Murmann FS Herzberg 2008, 123; Struensee FS Samson 2010, 199.

Rspr.[15] und h.L.[16] stellen auf einen besonnenen und gewissenhaften Menschen in der konkreten Lage und sozialen Rolle des Handelnden ab, bilden mithin einen **begrenzt objektiv-generellen** Maßstab, sog. „Verkehrskreise". Dies entspricht auch § 276 II BGB („im Verkehr").

Problematisch hieran ist, dass derartige Verkehrskreise letztlich beliebig weit oder eng zugeschnitten werden können, z.B. bei ärztlichen Kunstfehlern: Kommt es auf den Verkehrskreis aller Ärzte an? Ist die Erfahrung relevant? Facharztausbildung? Etc.

Aus diesem Grunde vertritt ein Teil der Lehre[17] einen von vornherein **individuell** zugeschnittenen Sorgfaltsmaßstab: Der Täter muss hiernach *seine* Kenntnisse und Fähigkeiten zur Vermeidung des Erfolgs ausschöpfen.

Letztere Auffassung dürfte zum einen dem Rechtsgüterschutz am besten gerecht werden und zum anderen in überzeugender Weise Abgrenzungsschwierigkeiten vermeiden. Im Ergebnis sind die Unterschiede vielfach gering, da bei objektiv vorliegender Fahrlässigkeit ggf. nach h.M. auf Schuldebene die subjektive Fahrlässigkeit fehlt. Eine Fallbearbeitung sollte sich an der h.M. orientieren und die Individualisierung allein auf Schuldebene vornehmen.

Auf Grundlage der h.M. ist strittig,[18] ob **Sonderwissen und -fähigkeiten** zu berücksichtigen sind.

Beispiel 357:

Herzspezialist B ist ein absoluter Fachmann auf seinem Gebiet. Während bei einer besonders riskanten Herzoperation das Risiko eines tödlichen Ausgangs für den Patienten üblicherweise bei 30 % liegt, kann B in Folge seiner Fähigkeiten das Risiko auf etwa 10 % reduzieren. Bei der Operation von G erschien B betrunken zum Dienst. G starb in Folge der Operation. B besaß in betrunkenem Zustand die gleichen Fähigkeiten wie ein anderer Operateur im nüchternen Zustand, so dass das Risiko eines tödlichen Ausgangs, wenn er betrunken operierte, ebenfalls bei 30 % lag.

Der besonnene und gewissenhafte Mensch in der konkreten Lage und sozialen Rolle des B wäre ein normaler Herzchirurg mit einem Risiko von 30 % gewesen, so dass nach h.M. eigtl. keine Sorgfaltspflichtverletzung vorläge.

Etwas inkonsequent weicht die h.M.[19] von ihrem generalisierten Standpunkt in diesen Fällen ab und wendet den strengeren Sorgfaltsmaßstab des besonders

---

[15] Z.B. BGH U. v. 01.02.2005 - 1 StR 422/04 - NStZ 2005, 446 (Anm. Kudlich JuS 2005, 848; RÜ 2005, 309; RA 2005, 376; Herzberg NStZ 2005, 602; Walther JZ 2005, 686).

[16] S. nur D. Heinrich, AT, 5. Aufl. 2016, Rn. 1038.

[17] Hoyer, in: SK-StGB, 39. Lfg., 7. Aufl. 2004, Anh. zu § 16 Rn. 17f.

[18] S.o.

[19] S. nur Krey/Esser, AT, 6. Aufl. 2016, Rn. 1349.

qualifizierten Täters an. Dies liegt durchaus im Interesse des Rechtsgüterschutzes und ist auch für den Täter keinesfalls unzumutbar; deutlich wird eher, dass bereits *prima facie* eine starke Individualisierung des Sorgfaltsmaßstabs sachgerecht ist.

In umgekehrten Fällen, in denen ein **minder qualifizierter** Täter den Erfolg verursacht, ist ebenfalls problematisch, ob es dann auf den Verkehrskreis der Menschen mit der minderen Qualifikation des Täters ankommt.

Beispiel 358:

Der unerfahrene Assistenzarzt B führte erstmals eine komplizierte Operation durch. Der Patient starb, als dem B ein Fehler unterlief, der einem erfahrenen Arzt nicht passiert wäre.

Hier werden unangemessene Bereiche der Straflosigkeit aber selbst bei einem individualisierten Fahrlässigkeitsmaßstab dadurch vermieden, dass die Fahrlässigkeit des Täters in einem sog. **Übernahmeverschulden** (Übernahmefahrlässigkeit[20]) liegt. Ein Assistenzarzt darf z.B. von vornherein nur bestimmte Operationen unbeaufsichtigt durchführen.

Bekannt ist eine derartige Vorverlagerung des Anknüpfungspunkts auch von der Frage der Handlungsqualität und der *actio libera in causa*.

c) Objektive Anhaltspunkte (Indizien)

aa) Rechtsnormen
Das beste – bei Rechtsgutsbezug der Norm wohl i.d.R. zwingende – Indiz ist eine gesetzliche Regelung des Verhaltens.[21]

Beispiel 359:

B fuhr innerorts 70 km/h und überfuhr daher G, der an der Unfallstelle starb.

---

§ 3 III Nr. 1 StVO (Geschwindigkeit)
Die zulässige Höchstgeschwindigkeit beträgt auch unter günstigsten Umständen

1. innerhalb geschlossener Ortschaften für alle Kraftfahrzeuge 50 km/h

---

[20] Hierzu Jung FS Puppe 2011, 1401; aus der Rspr. vgl. BGH U. v. 07.07.2011 - 5 StR 561/10 (Vertuschung einer fehlerhaften Operation I) - BGHSt 56, 277 = NJW 2011, 2895 = NStZ 2012, 86 = StV 2012, 91 (Anm. Bosch JK 2011 StGB § 227/6; RA 2011, 530; Kudlich NJW 2011, 2856; Beckemper ZJS 2012, 132; Lindemann/Wostry HRRS 2012, 138; Sternberg-Lieben/Reichmann MedR 2012, 97).

[21] Näher Bohnert JR 1982, 6; Kudlich FS Otto 2007, 373.

B verletzte die Verhaltensnorm der StVO und setzte so im Hinblick auf § 222 StGB ein unerlaubtes Risiko bzw. verletzte eine Sorgfaltspflicht.

Die StVO ist in der Praxis die wohl wichtigste gesetzliche Quelle für strafrechtsrelevante Sorgfaltspflichten.[22] Dies ist nicht im Hinblick auf alle Regelungen der StVO unproblematisch, da manche vage oder sehr streng sind.

> **§ 1 II StVO (Grundregeln)**
> Wer am Verkehr teilnimmt hat sich so zu verhalten, dass kein Anderer geschädigt, gefährdet oder mehr, als nach den Umständen unvermeidbar, behindert oder belästigt wird.

> **§ 3 I 4 StVO (Geschwindigkeit)**
> Es darf nur so schnell gefahren werden, dass innerhalb der übersehbaren Strecke gehalten werden kann.

Weitere Rechtsnormen entstammen insbesondere dem sonstigen besonderen Polizei- und Ordnungsrecht.[23]

bb) Normen des Verkehrskreises

In Bereichen, in denen eine staatliche Regulierung fehlt, können ggf. private Regelwerke eine Indizfunktion entfalten, auch wenn es ihnen an öffentlich-rechtlicher Geltung und demokratischer Legitimation fehlt.

Zu nennen sind insbesondere die Regeln der ärztlichen Kunst[24]:

> **Beispiel 360:**
> vgl. BGH U. v. 22.12.2010 – 3 StR 239/10 (Zitronensaft) – NJW 2011, 1088 = NStZ 2011, 343 (Anm. Bosch JK 2011 StGB § 223/5; Jahn JuS 2011, 468; Zöller ZJS 2011, 173; LL 2011, 641; RA 2011, 223; Schiemann NJW 2011, 1046; Hardtung NStZ 2011, 635; Ziemann/Ziethen HRRS 2011, 394; Widmaier FS Roxin 2011, 439):

---

[22] Vgl. Kudlich, in: BeckOK-StGB, Stand 01.12.2016, § 15 Rn. 39; aus der Rspr. vgl. BGH B. v. 06.11.1984 - 4 StR 72/84 - BGHSt 33, 61 = NJW 1985, 1350 (Anm. Puppe, AT, 3. Aufl. 2016, § 4 Rn. 19ff.; Hemmer-BGH-Classics Strafrecht, 2003, Nr. 3; Otto JK 1985 StGB § 230/2; Hassemer JuS 1985, 733, Streng NJW 1985, 2809; Ebert JR 1985, 356; Puppe JZ 1985, 295); zuletzt OLG Hamm B. v. 20.08.2015 - 5 RVs 102/15 - NStZ-RR 2016, 27 (Anm. Satzger Jura 2016, 1456; Eisele JuS 2016, 80; famos 4/2016; Rostalski jurisPR-StrafR 2/2016 Anm. 2).

[23] Hierzu Duttge, in: MK-StGB, 3. Aufl. 2017, § 15 Rn. 138.

[24] S. Kudlich, in: BeckOK-StGB, Stand 01.12.2016, § 15 Rn. 41.

Am Ende einer Operation legte B in die Wunde einen mit Zitronensaft getränkten Streifen ein und vernähte die Wunde darüber. B war auf Grund persönlicher beruflicher Erfahrungen der Überzeugung, Zitronensaft sei ein geeignetes Mittel zur Behandlung schwerwiegender Wundheilungsstörungen.

Die Überzeugung des B steht nicht mit den Regeln der ärztlichen Kunst in Einklang.

Ferner Sportregeln[25]:

Beispiel 361:

Im Laufe eines Fußballspiels grätschte B den Z – ohne den Ball zu treffen – so um, dass dieser einen Bänderriss erlitt.

Bei einer solchen Grätsche handelt es sich ausweislich der FIFA-Fußball-Regeln 2016/2017 Regel 12 (Fouls und unsportliches Betragen) um ein mindestens rücksichtsloses Vergehen, das zu einem direkten Freistoß führt.

Im Bereich wirtschaftlicher Tätigkeit sind v.a. die DIN-Normen bedeutsam.

d) Insbesondere: Vertrauensgrundsatz

▶   **Didaktischer Aufsatz:**
   • Eidam, Zum Ausschluss strafrechtlicher (Fahrlässigkeits-)Verantwortlichkeit anhand des Vertrauensgrundsatzes – ein Überblick, JA 2011, 912

aa) Allgemeines

Eine besondere Konstellation fehlender Sorgfaltswidrigkeit ergibt sich aus dem sog. Vertrauensgrundsatz.[26] Dieser besagt, dass derjenige, der sich selbst sorgfältig verhält, darauf vertrauen darf, dass andere sich ebenfalls sorgfältig verhalten. Man muss also keine Vorkehrungen dafür treffen, dass sich andere sorgfaltswidrig verhalten.

Die wichtigsten Fallgruppen sind die des Straßenverkehrs (dort wurde der Vertrauensgrundsatz entwickelt), der Arbeitsteilung und der vorsätzlichen Straftaten anderer.

bb) Straßenverkehr

Wer sich an die Regeln der StVO hält, darf darauf vertrauen, dass die anderen Verkehrsteilnehmer dies auch tun.[27]

---

[25] Hierzu Kindhäuser, LPK, 6. Aufl. 2015, § 15 Rn. 61ff.; aus der Rspr. vgl. OLG Hamburg B. v. 28.04.2015 - 1 Rev 13/15 - NStZ-RR 2015, 209 (Anm. Eisele JuS 2015, 945; RÜ 2015, 509).

[26] S. Eidam JA 2011, 912; Timpe StraFo 2016, 11.

[27] Fischer, StGB, 64. Aufl. 2017, § 222 Rn. 13ff.; Mühl DAR 1972, 47; aus der Rspr. vgl. BayObLG U. v. 07.12.1979 - RReg. 1 St 456/79 (Anm. Puppe, AT, 3. Aufl. 2016, § 5 Rn. 5ff.; Krümpelmann FS Lackner 1987, 289).

Niemand muss an einer grünen Ampel anhalten und sich umschauen, jeder darf darauf vertrauen, dass der, der „rot" hat, auch wirklich anhält.

Der Vertrauensgrundsatz endet allerdings dann, wenn besondere Umstände das Vertrauen nicht mehr rechtfertigen, z.B. besondere Kenntnisse.

Beispiel 362:

A fuhr mit seinem Auto durch die Stadt. Als Ortskundiger wusste er, dass er an einer bestimmten Straßenkreuzung, obwohl von links kommend, infolge geänderter Vorfahrtsregeln vorfahrtsberechtigt war. Er wusste aber auch, dass das Verkehrsschild für die von rechts kommenden, wartepflichtigen Verkehrsteilnehmer nur schlecht sichtbar ist, so dass sich dort oft Unfälle ereignen. Dennoch verringerte er, als er von links kommend und somit vorfahrtsberechtigt in die Kreuzung einfuhr, seine Geschwindigkeit nicht, obwohl er sah, dass von rechts T mit seinem Pkw herannahte. Es kam zu einem Unfall, bei dem T schwer verletzt wurde.

Ferner darf man etwa ggü. kleinen Kindern nicht darauf vertrauen, dass diese sich verkehrsgerecht verhalten.[28]

cc) Arbeitsteiliges Zusammenwirken

▶ **Didaktischer Aufsatz:**
  • Wilhelm, Strafrechtliche Fahrlässigkeit bei Arbeitsteilung in der Medizin, Jura 1985, 183

Vergleichbares gilt bei arbeitsteiligem Zusammenwirken,[29] insbesondere in Wirtschaftsunternehmen, auf Baustellen und bei der medizinischen Versorgung.

Beispiel 363:

Bei einer schwierigen Operation arbeiteten Gehirnchirurg B1, Anästhesist B2 sowie die Krankenschwester B3 zusammen. B1 übersah, dass B2 eine zu hohe Dosis des Anästhetikums verabreichte. Außerdem fiel ihm nicht auf, dass B3 die Wunde nicht desinfizierte.

---

[28] Fischer, StGB, 64. Aufl. 2017, § 222 Rn. 16.

[29] Hierzu Kudlich, in: BeckOK-StGB, Stand 01.12.2016, § 15 Rn. 47; Stratenwerth FS Schmidt 1961, 382 (Medizin); Wilhelm MedR 1983, 45 (Medizin); Wilhelm Jura 1985, 183 (Medizin); Peters StV 2001, 708; Esser/Keuten NStZ 2011, 314 (Bau); Duttge ZIS 2011, 349 (Medizin); Beck MedR 2011, 471, Lindemann/Wostry HRRS 2012, 138 (Medizin); aus der Rspr. vgl. BGH U. v. 02.02.1983 - 2 StR 558/82 (Ärzte) - NStZ 1983, 263; BGH U. v. 31.01.2002 - 4 StR 289/01 (Wuppertaler Schwebebahn) - BGHSt 47, 224 = NJW 2002, 1887 = NStZ 2002, 421 (Anm. LL 2002, 605; Freund NStZ 2002, 424; Kudlich JR 2002, 468; Otto JK 2003 StGB § 13/33); BGH U. v. 13.11.2008 - 4 StR 252/08 (Abbrucharbeiten) - BGHSt 53, 38 = NJW 2009, 240 = NStZ 2009, 146 = StV 2009, 406 (Anm. Satzger JK 2009 StGB § 222/8; RÜ 2009, 96; RA 2009, 113; Bußmann NStZ 2009, 386; Renzikowski StV 2009, 443; Kraatz JR 2009, 182; Duttge HRRS 2009, 145; Wegner HRRS 2009, 381).

Hier gilt, dass bei Zusammenarbeit Gleichrangiger (z.B. Ärzte verschiedener Fachrichtungen) jeder darauf vertrauen darf, dass der jeweils andere seine eigene Arbeit ordnungsgemäß erledigt.

Bei einem Unterordnungsverhältnis wirkt die Arbeitsteilung aufgrund Delegation dahingehend, dass sich der Pflichteninhalt des Delegierenden verändert. Dieser darf auf ordnungsgemäße Arbeit seiner Untergebenen dann vertrauen, wenn er diese sorgfältig auswählt, anleitet und überwacht. Der Untergebene seinerseits darf grundsätzlich darauf vertrauen, dass eine Anweisung des Vorgesetzten sachlich richtig ist.

Begrenzt wird der Vertrauensgrundsatz auch hier bei erkannter oder leicht erkennbarer Mangelhaftigkeit der Leistung des Mitwirkenden

Für das obige Beispiel ergibt sich, dass B1, dem bei der schwierigen Operation eine Überwachung der anderen nicht zumutbar ist, bei sorgfältiger Auswahl und vorhergehender Anleitung wegen des Vertrauensgrundsatzes keine Sorgfaltspflichtverletzung zur Last gelegt werden kann.

e) Ggf.: Leichtfertigkeit
Einige Tatbestände lassen zur Strafbarkeit nicht jede Fahrlässigkeit genügen, verlangen aber auch keinen Vorsatz, sondern stellen auf leichtfertiges Verhalten ab, z.B.:

---

§ 138 StGB (Nichtanzeige geplanter Straftaten)
(1) Wer von dem Vorhaben oder der Ausführung
[...]
5. eines Mordes (§ 211) oder Totschlags (§ 212) oder eines Völkermordes (§ 6 des Völkerstrafgesetzbuches) oder eines Verbrechens gegen die Menschlichkeit (§ 7 des Völkerstrafgesetzbuches) oder eines Kriegsverbrechens (§§ 8, 9, 10, 11 oder 12 des Völkerstrafgesetzbuches) oder eines Verbrechens der Aggression (§ 13 des Völkerstrafgesetzbuches),
6. einer Straftat gegen die persönliche Freiheit in den Fällen des § 232 Absatz 3 Satz 2, des § 232a Absatz 3, 4 oder 5, des § 232b Absatz 3 oder 4, des § 233a Absatz 3 oder 4, jeweils soweit es sich um Verbrechen handelt, der §§ 234, 234a, 239a oder 239b,
7. eines Raubes oder einer räuberischen Erpressung (§§ 249 bis 251 oder 255) oder
8. einer gemeingefährlichen Straftat in den Fällen der §§ 306 bis 306c oder 307 Abs. 1 bis 3, des § 308 Abs. 1 bis 4, des § 309 Abs. 1 bis 5, der §§ 310, 313, 314 oder 315 Abs. 3, des § 315b Abs. 3 oder der §§ 316a oder 316c
zu einer Zeit, zu der die Ausführung oder der Erfolg noch abgewendet werden kann, glaubhaft erfährt und es unterläßt, der Behörde oder dem Bedrohten rechtzeitig Anzeige zu machen, wird mit Freiheitsstrafe bis zu fünf Jahren oder mit Geldstrafe bestraft.
(2) [...]
(3) Wer die Anzeige leichtfertig unterläßt, obwohl er von dem Vorhaben oder der Ausführung der rechtswidrigen Tat glaubhaft erfahren hat, wird mit Freiheitsstrafe bis zu einem Jahr oder mit Geldstrafe bestraft.

§ 261 StGB (Geldwäsche; Verschleierung unrechtmäßig erlangter Vermögenswerte)

(1) Wer einen Gegenstand, der aus einer in Satz 2 genannten rechtswidrigen Tat herrührt, verbirgt, dessen Herkunft verschleiert oder die Ermittlung der Herkunft, das Auffinden, den Verfall, die Einziehung oder die Sicherstellung eines solchen Gegenstandes vereitelt oder gefährdet, wird mit Freiheitsstrafe von drei Monaten bis zu fünf Jahren bestraft. Rechtswidrige Taten im Sinne des Satzes 1 sind

1. Verbrechen,

2. Vergehen nach

a) den §§ 108e, 332 Absatz 1 und 3 sowie § 334, jeweils auch in Verbindung mit § 335a,

[…]

4. Vergehen

a) nach den §§ 152a, 181a, 232 Absatz 1 bis 3 Satz 1 und Absatz 4, § 232a Absatz 1 und 2, § 232b Absatz 1 und 2, § 233 Absatz 1 bis 3, § 233a Absatz 1 und 2, den §§ 242, 246, 253, 259, 263 bis 264, 265c, 266, 267, 269, 271, 284, 299, 326 Abs. 1, 2 und 4, § 328 Abs. 1, 2 und 4 sowie § 348,

[…]

die gewerbsmäßig oder von einem Mitglied einer Bande, die sich zur fortgesetzten Begehung solcher Taten verbunden hat, begangen worden sind, und

[…]

(2) Ebenso wird bestraft, wer einen in Absatz 1 bezeichneten Gegenstand

1. sich oder einem Dritten verschafft oder

2. verwahrt oder für sich oder einen Dritten verwendet, wenn er die Herkunft des Gegenstandes zu dem Zeitpunkt gekannt hat, zu dem er ihn erlangt hat.

(3) Der Versuch ist strafbar.

(4) In besonders schweren Fällen ist die Strafe Freiheitsstrafe von sechs Monaten bis zu zehn Jahren. Ein besonders schwerer Fall liegt in der Regel vor, wenn der Täter gewerbsmäßig oder als Mitglied einer Bande handelt, die sich zur fortgesetzten Begehung einer Geldwäsche verbunden hat.

(5) Wer in den Fällen des Absatzes 1 oder 2 leichtfertig nicht erkennt, daß der Gegenstand aus einer in Absatz 1 genannten rechtswidrigen Tat herrührt, wird mit Freiheitsstrafe bis zu zwei Jahren oder mit Geldstrafe bestraft.

[…]

Auch einige erfolgsqualifizierte Delikte setzen Leichtfertigkeit voraus.

§ 239a I, III StGB (Erpresserischer Menschenraub)

(1) Wer einen Menschen entführt oder sich eines Menschen bemächtigt, um die Sorge des Opfers um sein Wohl oder die Sorge eines Dritten um das Wohl des Opfers zu einer Erpressung (§ 253) auszunutzen, oder wer die von ihm durch eine solche Handlung geschaffene Lage eines Menschen zu einer solchen Erpressung ausnutzt, wird mit Freiheitsstrafe nicht unter fünf Jahren bestraft.

[...]

(3) Verursacht der Täter durch die Tat wenigstens leichtfertig den Tod des Opfers, so ist die Strafe lebenslange Freiheitsstrafe oder Freiheitsstrafe nicht unter zehn Jahren.

§ 251 StGB (Raub mit Todesfolge)
Verursacht der Täter durch den Raub (§§ 249 und 250) wenigstens leichtfertig den Tod eines anderen Menschen, so ist die Strafe lebenslange Freiheitsstrafe oder Freiheitsstrafe nicht unter zehn Jahren.

§ 306c StGB (Brandstiftung mit Todesfolge)
Verursacht der Täter durch eine Brandstiftung nach den §§ 306 bis 306b wenigstens leichtfertig den Tod eines anderen Menschen, so ist die Strafe lebenslange Freiheitsstrafe oder Freiheitsstrafe nicht unter zehn Jahren.

§ 316a I, III StGB (Räuberischer Angriff auf Kraftfahrer)
(1) Wer zur Begehung eines Raubes (§ 249 oder 250), eines räuberischen Diebstahls (§ 252) oder einer räuberischen Erpressung (§ 255) einen Angriff auf Leib oder Leben oder die Entschlußfreiheit des Führers eines Kraftfahrzeugs oder eines Mitfahrers verübt und dabei die besonderen Verhältnisse des Straßenverkehrs ausnutzt, wird mit Freiheitsstrafe nicht unter fünf Jahren bestraft.
[...]
(3) Verursacht der Täter durch die Tat wenigstens leichtfertig den Tod eines anderen Menschen, so ist die Strafe lebenslange Freiheitsstrafe oder Freiheitsstrafe nicht unter zehn Jahren.

Bei Leichtfertigkeit[30] handelt es sich – wie bei der groben Fahrlässigkeit im Zivilrecht, so dass ggf. auch die dortige Rspr. zu berücksichtigen ist – um einen erhöhten Grad der Fahrlässigkeit: Der Täter beachtet nicht, was sich ihm zur Reduzierung der Gefahr des Erfolgseintritts aufdrängte.

---

[30] Hierzu Fischer, StGB, 64. Aufl. 2017, § 15 Rn. 20; Hall FS Mezger 1954, 229; Maiwald GA 1974, 257; Tenckhoff ZStW 1976, 897; Arzt GS Schröder 1978, 119; Wegscheider ZStW 1986, 624; Radtke FS Jung 2007, 737; aus der Rspr. vgl. BGH U. v. 15.05.1992 - 3 StR 535/91 - BGHSt 38, 295 = NJW 1992, 2103 = NStZ 1992, 589 = StV 1992, 464 (Anm. Puppe, AT, 3. Aufl. 2016, § 10 Rn. 38ff.; Hemmer-BGH-Classics Strafrecht, 2003, Nr. 69; Jung JuS 1992, 1066; Rengier NStZ 1992, 590; Geppert JK 1993 StGB § 251/3; Heymann JA 1993, 157; Rengier JuS 1993, 460; Schroeder JZ 1993, 52); zuletzt OLG Karlsruhe U. v. 07.06.02016 - 2 (5) Ss 156/16 (Anm. Reckmann jurisPR-StrafR 16/2016 Anm. 2; Floeth NZWiSt 2016, 397).

3. Vergleich mit Täterverhalten: Verstoß gegen Sorgfaltsanforderungen

Nach Ermittlung der Sorgfaltsanforderungen, die der Täter hätte beachten müssen, werden diese mit dem tatsächlichen Täterverhalten verglichen und ein etwaiger Verstoß wird festgestellt.

Klarzustellen ist, dass der Täter ein Begehungsdelikt verwirklicht, obwohl man ihm ein Unterlassen, nämlich das der erforderlichen Sorgfalt, vorwirft.

4. Objektive Vorhersehbarkeit des Erfolgseintritts

Bei Vornahme der erfolgskausalen Handlung musste für den Täter der Erfolg vorhersehbar sein.[31] Dies ist dann der Fall, wenn der Kausalverlauf nicht außerhalb aller Lebenserfahrung lag. Hier kann auf die entsprechende Fallgruppe der objektiven Zurechnung verwiesen werden.

5. Objektive Zurechnung

Zur auch beim Vorsatzdelikt erforderlichen objektiven Zurechnung s.o.

Bestimmte Fallgruppen erfahren ihren Hauptanwendungsbereich beim Fahrlässigkeitsdelikt, z.B. der Pflichtwidrigkeits- und der Schutzzweckzusammenhang, Mitwirkung an freiverantwortlicher Selbstgefährdung.

IV. Täterschaft

1. Allgemeines

Anders als beim vorsätzlichen Begehungsdelikt, bei dem zwischen Täterschaft gem. § 25 StGB (in verschiedenen Formen) und Teilnahme gem. §§ 26ff. StGB unterschieden wird, gilt im Fahrlässigkeitsbereich der sog. **Einheitstäterbegriff**.

Es gibt keine Teilnahme an einer fahrlässigen Tat (s. §§ 26, 27 StGB: „zu dessen *vorsätzlich* begangener rechtswidriger Tat") und keine fahrlässige Teilnahme (s. §§ 26, 27 StGB: „wer *vorsätzlich* einem anderen").

---

[31] Hierzu Mühlhaus DAR 1967, 229; Triffterer FS Bockelmann 1979, 201; aus der Rspr. vgl. BGH U. v. 04.09.2014 - 4 StR 473/13 (Jalloh) - BGHSt 59, 292 = NJW 2015, 96 (Anm. Puppe, AT, 3. Aufl. 2016, § 11 Rn. 25ff. und § 29 Rn. 23ff.; RÜ 2014, 777; Satzger Jura 2015, 882; Jäger JA 2015, 72; Jahn JuS 2015, 180; LL 2015, 179; famos 1/2015; Schiemann NJW 2015, 20; Rostalski JR 2015, 306; Zimmermann/Linder ZStW 2016, 713; Dehne-Niemann HRRS 2017, 174).

Jede Mitwirkung, die kausal für die Erfolgsherbeiführung wird, ist eine (täterschaftliche) Verwirklichung des Fahrlässigkeitsdelikts.[32]

Beispiel 364:

B1 erbte von seinem Großvater eine Pistole. Sein Freund B2 überredete ihn, die Pistole einmal auszuprobieren. Sie gingen gemeinsam in den Wald und B2 forderte B1 auf, einen Ast von einem Baum zu schießen. B1 schoss. Die Kugel prallte jedoch ab und traf einen sich in der Nähe befindenden Spaziergänger, der sofort tot war.

Neben dem eigentlich unmittelbaren Täter, z.B. einem Schützen, ist auch derjenige Täter einer fahrlässigen Tötung, der den unmittelbar Handelnden zur Tat bestimmt hat, auch wenn dies im Vorsatzbereich „nur" eine Anstiftung zur Haupttat i.S.d. § 26 StGB wäre.

So kommt im Beispiel für B1 und B2 gleichermaßen fahrlässige Tötung (§ 222 StGB) in Betracht.

Gleiches gilt für eine Mitwirkung, die an sich als Beihilfe i.S.d. § 27 StGB anzusehen wäre.

Anders ist dies nur bei eigenhändigen Delikten. Da bei diesen nach h.M. nur eine unmittelbare Täterschaft möglich ist, können entferntere fahrlässige Beiträge nicht als fahrlässige Verwirklichung eines solchen Delikts angesehen werden.

Beispiel 365:

B1 lieh dem B2 auf dessen Bitte hin sein Auto. B1 wusste, dass B2 öfters alkoholisiert Auto fährt. Er vertraute jedoch darauf, dass B2 das Trinken an diesem Abend sein lassen würde.

Auch bei fahrlässiger Trunkenheit im Verkehr (§ 316 II StGB) kann das Überlassen des Autos das in § 316 I StGB genannte Führen eines Fahrzeuges als Tathandlung nicht ersetzen.

2. Fahrlässige Mittäterschaft

▶ **Didaktische Aufsätze:**
  - Otto, Mittäterschaft beim Fahrlässigkeitsdelikt, Jura 1990, 47
  - Pfeiffer, Notwendigkeit und Legitimität der fahrlässigen Mittäterschaft, Jura 2004, 519

---

[32] Näher Lampe ZStW 1959, 579; Seebald GA 1964, 161; Otto FS Spendel 1992, 271; Schlehofer FS Herzberg 2008, 355

Umstritten ist, ob trotz grundsätzlicher Einheitstäterschaft die Zurechnungsfunktion der Mittäterschaft gem. § 25 II StGB bei Fahrlässigkeitsdelikten anzuwenden ist – das Problem der sog. fahrlässigen Mittäterschaft.[33]

Beispiel 366:

vgl. Schweizer Bundesgericht U. v. 15.05.1987 (Felsbrocken) – BGE 113 IV, 58:
B1 und B2 sahen zwei schwere Steine am Abhang zur Töss liegen. B1 trat an den Abhang und rief, da er das Ufer nicht einsehen konnte, ob sich unten jemand befände. Niemand antwortete. Obwohl sie wussten, dass unten des Öfteren Fischer saßen, ließ jeder von ihnen einen der schweren Steine hinunterrollen. Einer der beiden Steine traf den Fischer G tödlich. Es ließ sich nicht ermitteln, ob B1 oder B2 den tödlich wirkenden Stein ins Rollen gebracht hatte.

Wenn eine Zurechnung nach § 25 II StGB nicht stattfinden kann, sind *in dubio pro reo* sowohl B1 als auch B2 straflos. Deswegen wird diskutiert, ob es aufgrund des gemeinsamen Entschlusses, die sorgfaltswidrigen Handlungen vorzunehmen, von denen nur eine zum Erfolg führte, eine fahrlässige Mittäterschaft gibt.

Rspr.[34] und h.L.[35] lehnen es ab, mittels Zurechnung nach § 25 II StGB den mangelnden Nachweis individueller Kausalität zu überwinden.

Die Gegenauffassung[36] sieht dies anders und argumentiert, abgesehen vom praktisch unbefriedigenden Ergebnis der h.M., mit dem Wortlaut des § 25 II StGB: Die gemeinsame Begehung des Pflichtverstoßes sei als gemeinschaftliche Begehung aufzufassen.

Allerdings liegt hierin eine sehr weitreichende Vorverlagerung und Ausweitung der Begehung der Tat, ähnlich wie bei der *actio libera in causa*. Auch von einem gemeinsamen Tatentschluss kann nur hinsichtlich der Risikosetzung gesprochen werden, gerade nicht aber bzgl. der Erfolgsherbeiführung. Schon um das Kriterium der Tatherrschaft nicht noch weiter ausufern zu lassen, ist die Anwendung des § 25 II StGB hier abzulehnen. In vielen Fällen kann ohnehin ein kausaler Beitrag ermittelt werden oder doch eine Unterlassungstäterschaft anzunehmen sein.

---

[33] Hierzu Bindokat JZ 1979, 434; Otto Jura 1990, 47; Walder FS Spendel 1992, 363; Weißer JZ 1998, 230; Bottke GA 2001, 463; Vassilaki FS Schreiber 2003, 499; Pfeiffer Jura 2004, 519; Puppe GA 2004, 129; Renzikowski FS Otto 2007, 423; Gropp GA 2009, 265; Hoyer FS Puppe 2011, 515; Rotsch FS Puppe 2011, 887; aus der Rspr. vgl. Schweizer Bundesgericht U. v. 15.05.1987 (Felsbrocken) – BGE 113 IV, 58.

[34] S.o.

[35] Z.B. Kindhäuser, LPK, 6. Aufl. 2015, vor § 25 Rn. 48.

[36] Etwa B. Heinrich, AT, 5. Aufl. 2016, Rn. 999.

V. Rechtswidrigkeit

Für das Fahrlässigkeitsdelikt gelten die gleichen Rechtfertigungsgründe wie für das Vorsatzdelikt. Von besonderer Bedeutung ist die Einwilligung in ein Risiko.

Zu beachten ist aber, dass mangels Handlungsunrechts in Gestalt des Vorsatzes das Unrecht beim Fahrlässigkeitsdelikt bereits bei objektiver Rechtfertigung aufgehoben ist: Ein subjektives Rechtfertigungselement ist mithin nicht erforderlich.[37] Bei Vorsatzhandlungen mit ungewollten Auswirkungen sind letztere von der Rechtfertigung miterfasst.

VI. Schuld

▶   **Didaktischer Aufsatz:**
   • Herzberg, Die Schuld beim Fahrlässigkeitsdelikt, Jura 1984, 402

1. Subjektive Fahrlässigkeit (Persönliche Vorwerfbarkeit, Fahrlässigkeitsschuld)

Die h.M. bestimmt den Tatbestand des Fahrlässigkeitsdelikts rein objektiv.
   Die sog. subjektive Fahrlässigkeit[38] wird in der Schuld geprüft.

Der Täter handelt dann subjektiv fahrlässig, wenn er nach seinen persönlichen Kenntnissen und Fähigkeiten in der Lage war, die objektive Sorgfaltspflichtverletzung zu vermeiden und die Tatbestandsverwirklichung vorauszusehen.[39] Maßgeblich hierfür sind v.a. Bildung, Intelligenz, soziale Stellung und Lebenserfahrung.

In einer Fallbearbeitung ist dies nur ganz selten zu problematisieren, nämlich bei deutlichen Anhaltspunkten im Sachverhalt für Defizite beim Täter.

Selbst dann ist stets noch an ein sog. Übernahmeverschulden zu denken, s.o.

2. Spezieller Entschuldigungsgrund: Unzumutbarkeit normgemäßen Verhaltens?

Beim Fahrlässigkeitsdelikt sind zunächst diejenigen Entschuldigungsgründe anwendbar, die auch beim Vorsatzdelikt gelten.

---

[37] Kindhäuser, LPK, 6. Aufl. 2015, vor § 32 Rn. 17; Schaffstein FS Welzel 1974, 557; aus der Rspr. vgl. BGH B. v. 21.03.2001 - 1 StR 48/01 - NJW 2001, 3200 = NStZ 2001, 591 = StV 2001, 566 (Anm. Eisele JA 2001, 922; LL 2001, 32; RÜ 2001, 366; RA 2001, 417; Otto NStZ 2001, 594; Kretschmer Jura 2002, 114; Martin JuS 2002, 88; Seelmann JR 2002, 249).

[38] Hierzu Schmidhäuser FS Schaffstein 1975, 129; Schünemann FS Schaffstein 1975, 159; Struensee JZ 1987, 53; Herzberg JZ 1987, 536; Struensee JZ 1987, 541; Wolf FS Puppe 2011, 1067; Nestler Jura 2015, 562; aus der Rspr. vgl. jüngst OLG Bremen B. v. 18.06.2014 - 1 SsBs 51/13 - NStZ-RR 2014, 257 = StV 2014, 623.

[39] Fischer, StGB, 64. Aufl. 2017, § 15 Rn. 17.

Darüber hinaus diskutiert man, ob die Unzumutbarkeit normgemäßen Verhaltens[40] ein fahrlässiges Verhalten entschuldigen kann.

Beispiel 367:

RG U. v. 23.03.1897 – 576/97 (Leinenfänger) – RGSt 30, 25 (Anm. Roxin, Höchstrichterliche Rspr. AT, 1998, Nr. 43; Achenbach Jura 1997, 631):
B stand als Kutscher bei einem Droschkenbesitzer in Dienst. Er führte eine mit zwei Pferden bespannte Droschke. Eines der Pferde war ein sog. „Leinenfänger", d.h. es hatte zeitweise die Gewohnheit, den Schweif über die Fahrleine zu schlagen und diese mit demselben herunter und fest an den Körper zu drücken. Dieser Fehler war sowohl dem B als auch dem Dienstherrn bekannt. Bei einer am 19.07.1896 von B ausgeführten Fahrt gelang es dem erwähnten Pferde auf einer Chaussee, die Leine mit dem Schwanze einzukneifen. Bei den vergeblichen Versuchen des B, die Leine hervorzuziehen, wurden die Pferde wild; B verlor völlig die Herrschaft über das Gespann, welches beim Weitergaloppieren den an der Seite der Chaussee gehenden Z umwarf, so dass dieser unter den Wagen geriet und einen Beinbruch erlitt.

Die Sorgfaltspflichtwidrigkeit besteht nicht darin, dass B versuchte, die Leine hervorzuziehen, oder dass er die Kontrolle verlor, sondern darin, dass er mit einem Leinenfänger Fahrten unternahm. Man könnte es aber als unzumutbar ansehen, dass der in einem Abhängigkeitsverhältnis stehende Angestellte dagegen etwas hätte unternehmen sollen, wo sein Dienstherr doch Kenntnis von dem Fehler hatte.

Allerdings nimmt nur eine Minderheitsauffassung in der älteren Rspr.[41] und der Literatur[42] einen solchen Entschuldigungsgrund an.
Die h.M.[43] lehnt dies ab.
Der h.M. ist zu folgen. Zum einen drückt der Begriff der Unzumutbarkeit eher ein Ergebnis aus, die Voraussetzungen und Kriterien bleiben vage. Zum anderen gilt es, die Parallelität zwischen Vorsatz- und Fahrlässigkeitsdelikt zu erhalten. Hierfür spricht auch der Rechtsgüterschutz, ist doch der pönalisierte Erfolg ggf. der gleiche (z.B. der Tod eines Menschen). Der Gesetzgeber hat sich entschieden, lediglich i.R.d. §§ 33, 35 StGB eigene Interessen des Täters zu berücksichtigen; Erweiterungen müssen sorgfältig abgewogen werden, wenn sie auch im Interesse optimalen Rechtsgüterschutzes und einer Berücksichtigung der Grundrechte nicht ganz ausgeschlossen sind. Bloße Angst um den Arbeitsplatz kann aber ohnehin nicht genügen.

---

[40] Hierzu Kindhäuser, LPK, 6. Aufl. 2015, § 15 Rn. 95; Henkel FS Mezger 1954, 249; Wittig JZ 1969, 546; Lücke JR 1975, 55; Achenbach JR 1975, 492; aus der Rspr. vgl. OLG Stuttgart B. v. 21.11.1996 - 1 Ws 166/96 - NStZ 1997, 190 (Anm. Puppe, AT, 3. Aufl. 2016, § 5 Rn. 1ff.; Otto JK 1997 StGB vor § 13/11; Gössel JR 1997, 519).

[41] RG U. v. 23.03.1897 - 576/97 (Leinenfänger) - RGSt 30, 25.

[42] Z.B. Sternberg-Lieben, in: Sch/Sch, 29. Aufl. 2014, § 15 Rn. 204.

[43] Vgl. Krey/Esser, AT, 6. Aufl. 2016, Rn. 1352.

Fälle, in denen erstens die Lage des Täters nicht bei der Ermittlung der objektiven und subjektiven Fahrlässigkeit berücksichtigt werden kann und zweitens nicht i.R.d. allgemeinen Rechtfertigung oder Entschuldigung (§ 35 StGB und übergesetzlicher entschuldigender Notstand), dürften ohnehin selten sein. Restliche Härten können strafprozessual gelöst werden.

B. Vorsatz-Fahrlässigkeits-Kombinationen (Teilvorsatzdelikte)

Vorsatz-Fahrlässigkeits-Kombinationen[44] sind Delikte, deren Tatbestand sich aus Elementen, die Vorsatz erfordern, und solchen, bzgl. derer Fahrlässigkeit genügt, zusammensetzen. Man unterscheidet eigentliche und uneigentliche Vorsatz-Fahrlässigkeits-Kombinationen.[45]

I. Eigentliche Vorsatz-Fahrlässigkeits-Kombinationen

Eigentliche Vorsatz-Fahrlässigkeits-Kombinationen[46] sind Delikte mit vorsätzlichen Verhaltensweisen, durch die fahrlässig ein bestimmter missbilligter Erfolg herbeigeführt wird.

Im fallbearbeitungsrelevanten Bereich sind dies v.a. §§ 315b IV, 315c III Nr. 1 StGB.

> **§ 315b I, IV, V StGB (Gefährliche Eingriffe in den Straßenverkehr)**
> (1) Wer die Sicherheit des Straßenverkehrs dadurch beeinträchtigt, daß er
> 1. Anlagen oder Fahrzeuge zerstört, beschädigt oder beseitigt,
> 2. Hindernisse bereitet oder
> 3. einen ähnlichen, ebenso gefährlichen Eingriff vornimmt,
> und dadurch Leib oder Leben eines anderen Menschen oder fremde Sachen von bedeutendem Wert gefährdet, wird mit Freiheitsstrafe bis zu fünf Jahren oder mit Geldstrafe bestraft.
> [...]
> (4) Wer in den Fällen des Absatzes 1 die Gefahr fahrlässig verursacht, wird mit Freiheitsstrafe bis zu drei Jahren oder mit Geldstrafe bestraft.
> (5) Wer in den Fällen des Absatzes 1 fahrlässig handelt und die Gefahr fahrlässig verursacht, wird mit Freiheitsstrafe bis zu zwei Jahren oder mit Geldstrafe bestraft.

---

[44] Hierzu Joecks, StGB, 11. Aufl. 2014, § 15 Rn. 71ff.

[45] S. Joecks, StGB, 11. Aufl. 2014, § 15 Rn. 71f.

[46] Näher Krey/Schneider NJW 1970, 640.

§ 315b I StGB enthält das reine Vorsatzdelikt, § 315b V StGB das reine Fahrlässigkeitsdelikt, § 315b IV StGB die Kombination aus Vorsatz bzgl. des Eingriffsteils und Fahrlässigkeit bzgl. des Gefahrerfolgs.

---

§ 315c StGB (Gefährdung des Straßenverkehrs)

(1) Wer im Straßenverkehr

1. ein Fahrzeug führt, obwohl er

a) infolge des Genusses alkoholischer Getränke oder anderer berauschender Mittel oder

b) infolge geistiger oder körperlicher Mängel

nicht in der Lage ist, das Fahrzeug sicher zu führen, oder

2. grob verkehrswidrig und rücksichtslos

a) die Vorfahrt nicht beachtet,

b) falsch überholt oder sonst bei Überholvorgängen falsch fährt,

c) an Fußgängerüberwegen falsch fährt,

d) an unübersichtlichen Stellen, an Straßenkreuzungen, Straßeneinmündungen oder Bahnübergängen zu schnell fährt,

e) an unübersichtlichen Stellen nicht die rechte Seite der Fahrbahn einhält,

f) auf Autobahnen oder Kraftfahrstraßen wendet, rückwärts oder entgegen der Fahrtrichtung fährt oder dies versucht oder

g) haltende oder liegengebliebene Fahrzeuge nicht auf ausreichende Entfernung kenntlich macht, obwohl das zur Sicherung des Verkehrs erforderlich ist,

und dadurch Leib oder Leben eines anderen Menschen oder fremde Sachen von bedeutendem Wert gefährdet, wird mit Freiheitsstrafe bis zu fünf Jahren oder mit Geldstrafe bestraft.

(2) In den Fällen des Absatzes 1 Nr. 1 ist der Versuch strafbar.

(3) Wer in den Fällen des Absatzes 1

1. die Gefahr fahrlässig verursacht oder

2. fahrlässig handelt und die Gefahr fahrlässig verursacht,

wird mit Freiheitsstrafe bis zu zwei Jahren oder mit Geldstrafe bestraft.

---

§ 315c I StGB enthält das reine Vorsatzdelikt, § 315c III Nr. 2 StGB das reine Fahrlässigkeitsdelikt, § 315c III Nr. 1 StGB die Vorsatz-Fahrlässigkeits-Kombination.

Beispiel 368:

Nach einer Feier wusste B, dass er zu viel Alkohol getrunken hatte, als dass er noch Auto fahren dürfte. Er glaubte aber, noch gut fahren zu können. Auf dem Heimweg, den er mit dem Auto antrat, kam er von der Fahrbahn ab und rammte beinahe einen Fußgänger, der gerade noch zur Seite springen konnte.

B hatte Vorsatz bzgl. einer Trunkenheitsfahrt, aber nicht, den Fußgänger zu rammen. In Betracht kommt deswegen die Vorsatz-Fahrlässigkeits-Kombination des § 315c I, III Nr. 1 StGB.

II. Erfolgsqualifizierte Delikte (uneigentliche Vorsatz-Fahrlässigkeits-Kombinationen)

▶ **Didaktische Aufsätze:**
  * Wolter, Zur Struktur der erfolgsqualifizierten Delikte, JuS 1981, 168
  * Bloy, Die Tatbestandsform des erfolgsqualifizierten Delikts, JuS 1995, L17
  * Sowada, Die erfolgsqualifizierten Delikte im Spannungsfeld zwischen Allgemeinem und Besonderem Teil des Strafrechts, Jura 1995, 644
  * Kühl, Das erfolgsqualifizierte Delikt, Jura 2002, 810 und 2003, 19
  * Heinrich/Reinbacher, Objektive Zurechnung und „spezifischer Gefahrzusammenhang" bei den erfolgsqualifizierten Delikten, Jura 2005, 743
  * Kudlich, Das erfolgsqualifizierte Delikt in der Fallbearbeitung, JA 2009, 246
  * Isfen, Der Exzess beim erfolgsqualifizierten Delikt, Jura 2014, 1087

1. Allgemeines

a) Aufbau

I. Tatbestand
  1. Grunddelikt
      a) Objektiver Tatbestand
      b) Subjektiver Tatbestand
  2. Erfolgsqualifikation
      a) Eintritt der schweren Folge
      b) Zusammenhang zwischen Grunddelikt und schwerer Folge
          aa) Kausalität
          bb) Objektive Zurechnung
          cc) Gefahrverwirklichungszusammenhang
      c) Objektive Fahrlässigkeit, § 18 StGB
II. Rechtswidrigkeit
III. Schuld
  1. Allgemeines

  2. Subjektive Fahrlässigkeit, § 18 StGB

b) Erläuterungen

aa) Grundlagen
Erfolgsqualifizierte Delikte[47] sind solche, die auf der Verwirklichung eines Grunddelikts dahingehend aufbauen, dass eine bestimmte sog. schwere Folge

---

[47] Hierzu Oehler GA 1954, 33; Schneider JR 1955, 414; Schneider JZ 1956, 750; Oehler ZStW 1957, 503; Baumann ZStW 1958, 227; Hardwig GA 1965, 97; Hirsch GA 1972, 65; Schubarth

eingetreten ist, die vom Vorsatz des Täters nicht umfasst war (sonst gilt der Vorrang des Vorsatzdelikts).

Beispiel 369:

B versetzte dem G einen Faustschlag gegen den Kopf. G starb. Damit hätte B nie gerechnet.

§ 223 I StGB (Körperverletzung)
Wer eine andere Person körperlich mißhandelt oder an der Gesundheit schädigt, wird mit Freiheitsstrafe bis zu fünf Jahren oder mit Geldstrafe bestraft.

§ 227 I StGB (Körperverletzung mit Todesfolge):
Verursacht der Täter durch die Körperverletzung (§§ 223 bis 226a) den Tod der verletzten Person, so ist die Strafe Freiheitsstrafe nicht unter drei Jahren.
In minder schweren Fällen ist auf Freiheitsstrafe von einem Jahr bis zu zehn Jahren zu erkennen.

Weitere fallbearbeitungsrelevante Erfolgsqualifikationen sind:

§ 221 I, II Nr. 2, III StGB (Aussetzung)
(1) Wer einen Menschen
1. in eine hilflose Lage versetzt oder
2. in einer hilflosen Lage im Stich läßt, obwohl er ihn in seiner Obhut hat oder ihm sonst beizustehen verpflichtet ist,
und ihn dadurch der Gefahr des Todes oder einer schweren Gesundheitsschädigung aussetzt, wird mit Freiheitsstrafe von drei Monaten bis zu fünf Jahren bestraft.
(2) Auf Freiheitsstrafe von einem Jahr bis zu zehn Jahren ist zu erkennen, wenn der Täter
[...]
(3) Verursacht der Täter durch die Tat den Tod des Opfers, so ist die Strafe Freiheitsstrafe nicht unter drei Jahren.

ZStW 1973, 754; Wolter JuS 1981, 168; Paeffgen JZ 1989, 220; Dornseifer GS Armin Kaufmann 1989, 427; Sowada Jura 1995, 644; Bloy JuS 1995, L17; Bussmann GA 1999, 21; Küpper ZStW 1999, 785; Kühl FG 50 Jahre BGH IV 2000, 237; Kühl Jura 2002, 810 und 2003, 19; Schroeder FS Lüderssen 2002, 599; Heinrich/Reinbacher Jura 2005, 743; Duttge FS Herzberg 2008, 309; Kudlich JA 2009, 246.

§ 226 I StGB (Schwere Körperverletzung)

Hat die Körperverletzung zur Folge, daß die verletzte Person

1. das Sehvermögen auf einem Auge oder beiden Augen, das Gehör, das Sprechvermögen oder die Fortpflanzungsfähigkeit verliert,

2. ein wichtiges Glied des Körpers verliert oder dauernd nicht mehr gebrauchen kann oder

3. in erheblicher Weise dauernd entstellt wird oder in Siechtum, Lähmung oder geistige Krankheit oder Behinderung verfällt,

so ist die Strafe Freiheitsstrafe von einem Jahr bis zu zehn Jahren.

§ 239 I, III Nr. 2, IV StGB (Freiheitsberaubung)

(1) Wer einen Menschen einsperrt oder auf andere Weise der Freiheit beraubt, wird mit Freiheitsstrafe bis zu fünf Jahren oder mit Geldstrafe bestraft.

[...]

(3) Auf Freiheitsstrafe von einem Jahr bis zu zehn Jahren ist zu erkennen, wenn der Täter

2. durch die Tat oder eine während der Tat begangene Handlung eine schwere Gesundheitsschädigung des Opfers verursacht.

[...]

(4) Verursacht der Täter durch die Tat oder eine während der Tat begangene Handlung den Tod des Opfers, so ist die Strafe Freiheitsstrafe nicht unter drei Jahren.

§ 239a I, III StGB (Erpresserischer Menschenraub)

(1) Wer einen Menschen entführt oder sich eines Menschen bemächtigt, um die Sorge des Opfers um sein Wohl oder die Sorge eines Dritten um das Wohl des Opfers zu einer Erpressung (§ 253) auszunutzen, oder wer die von ihm durch eine solche Handlung geschaffene Lage eines Menschen zu einer solchen Erpressung ausnutzt, wird mit Freiheitsstrafe nicht unter fünf Jahren bestraft.

[...]

(3) Verursacht der Täter durch die Tat wenigstens leichtfertig den Tod des Opfers, so ist die Strafe lebenslange Freiheitsstrafe oder Freiheitsstrafe nicht unter zehn Jahren.

§ 251 StGB (Raub mit Todesfolge)

Verursacht der Täter durch den Raub (§§ 249 und 250) wenigstens leichtfertig den Tod eines anderen Menschen, so ist die Strafe lebenslange Freiheitsstrafe oder Freiheitsstrafe nicht unter zehn Jahren.

§ 306b I StGB (Besonders schwere Brandstiftung)
Wer durch eine Brandstiftung nach § 306 oder § 306a eine schwere Gesundheitsschädigung eines anderen Menschen oder eine Gesundheitsschädigung einer großen
Zahl von Menschen verursacht, wird mit Freiheitsstrafe nicht unter zwei Jahren
bestraft.

§ 306c StGB (Brandstiftung mit Todesfolge)
Verursacht der Täter durch eine Brandstiftung nach den §§ 306 bis 306b wenigstens
leichtfertig den Tod eines anderen Menschen, so ist die Strafe lebenslange Freiheitsstrafe oder Freiheitsstrafe nicht unter zehn Jahren.

Der Wortlaut der Normen scheint allein eine Kausalität der Begehung des Grunddelikts für den Eintritt der schweren Folge zu verlangen.

Es gilt aber **§ 18 StGB**, welcher zugleich eine Ausnahme zu § 15 StGB bildet.

§ 18 StGB (Schwerere Strafe bei besonderen Tatfolgen)
Knüpft das Gesetz an eine besondere Folge der Tat eine schwerere Strafe, so trifft sie
den Täter oder den Teilnehmer nur, wenn ihm hinsichtlich dieser Folge wenigstens
Fahrlässigkeit zur Last fällt.

Daher handelt es sich bei den erfolgsqualifizierten Delikten tatsächlich um
Vorsatz-Fahrlässigkeits-Kombinationen.

Z.T. wird dieses Fahrlässigkeitserfordernis verschärft, z.B. verlangt § 251 StGB
Leichtfertigkeit.

Für die Kausalität und die objektive Zurechnung gelten die gleichen Grundsätze wie
beim Vorsatzdelikt.

bb) Gefahrverwirklichungszusammenhang

Speziell bei den erfolgsqualifizierten Delikten wird darüber hinaus ein deliktsspe-
zifischer Unmittelbarkeits-, Risiko- oder **Gefahrverwirklichungszusammenhang**
verlangt[48]: In dem Eintritt der schweren Folge muss sich gerade die dem Grunddelikt anhaftende spezifische Gefährlichkeit realisiert haben.

---

[48] Hierzu Krey/Esser, AT, 6. Aufl. 2016, Rn. 1369f.

Diese Restriktion wird daraus gefolgert, dass die Mindeststrafe einer Erfolgsqualifikation deutlich erhöht ist gegenüber der der Verwirklichung der einzelnen
Komponenten (vgl. nur § 227 StGB gegenüber § 223 I StGB und § 222 StGB), was
sich nur aus einem besonderen verknüpfenden Zusammenhang erklären lässt.

Der Sache nach ähneln die Probleme des spezifischen Gefahrverwirklichungszu-
sammenhangs sehr gewissen Fallgruppen der allgemeinen objektiven Zurechnung
(insbesondere freiverantwortliche Selbstgefährdung, atypischer Kausalverlauf,
Dazwischentreten eines anderen); hierbei kann dahinstehen, ob es sich um zwei
getrennte Prüfungsebenen oder bei dem spezifischen Gefahrverwirklichungszusammenhang nur um eine Untergruppe handelt. In einer Fallbearbeitung kann man sich
für eine Variante frei entscheiden.

Problematisch ist die Handhabung insbesondere bei § 227 StGB.[49]

> **Beispiel 370:**
>
> **BGH U. v. 02.02.1960 – 1 StR 14/60 (Pistolenschlag) – BGHSt 14, 110 = NJW
> 1960, 683 (Anm. Kühl, Höchstrichterliche Rspr. BT, 2002, Nr. 30; Hemmer-
> BGH-Classics Strafrecht, 2003, Nr. 59; Deubner NJW 1960, 1068; Stree GA
> 1960, 289):**
>
> B überwachte in der Nacht zum 10.01.1959 zusammen mit einem anderen
> Polizeibeamten in M. die Einhaltung der Polizeistunde. Als er gegen 01.40
> Uhr die Gäste des Lokals „Wetterstein" zum Gehen aufforderte, wurde er von
> dem stark angetrunkenen G und zwei weiteren mit diesem zusammensitzenden
> Männern beschimpft und tätlich bedroht. Während der andere Polizeibeamte
> die drei zurückzuhalten suchte, zog B seine Dienstpistole, lud durch, sicherte
> und drohte zu schießen, wenn er angegriffen werde. Als er rückwärts in den
> Hausgang trat, folgten ihm die drei unter weiteren Beschimpfungen und Dro-
> hungen. Anschließend stellten sie ihn erneut auf der Straße. Sie vereinbarten,
> sie wollten es „heute darauf ankommen lassen", ob B tatsächlich schieße. G

---

[49] Zum Gefahrverwirklichungszusammenhang, insbesondere bei § 227 StGB, Joecks, StGB, 11.
Aufl. 2014, § 227 Rn. 7ff.; Geilen FS Welzel 1974, 655; Wolter GA 1984, 443; Hirsch FS Oehler
1985, 111; Sowada Jura 1994, 643; Altenhain GA 1996, 19; Küpper FS H. J. Hirsch 1999, 615;
Laue JuS 2003, 743; Engländer GA 2008, 669; Stiebig FS Paulus 2009, 151; Steinberg NStZ
2010, 72; Kahlo FS Puppe 2011, 581; Freund FS Frisch 2013, 677; aus der Rspr. vgl. BGH U. v.
30.09.1970 - 3 StR 119/70 (Rötzel; Balkonsturz) - NJW 1971, 152 (Anm. Kühl, Höchstrichterliche Rspr. BT, 2002, Nr. 32; Hassemer JuS 1971, 158; Schröder JR 1971, 206; Rengier Jura 1986,
143; Bartholme JA 1994, 373); BGH U. v. 17.03.1992 - 5 StR 34/92 (Fenstersturz) - NJW 1992,
1708 = NStZ 1992, 335 = StV 1993, 73 (Anm. Kühl, Höchstrichterliche Rspr. BT, 2002, Nr. 33;
Geppert JK 1992 StGB § 226/3; Jung JuS 1992, 886; Graul JR 1992, 344; Mitsch Jura 1993, 18;
Bartholme JA 1993, 127); BGH U. v. 09.10.2002 - 5 StR 42/02 (Guben) - BGHSt 48, 34 = NJW
2003, 150 = NStZ 2003, 149 = StV 2003, 74 (Anm. Puppe, AT, 3. Aufl. 2016, § 20 Rn. 25ff.;
Sowada Jura 2003, 549; Heger JA 2003, 455; Martin JuS 2003, 503; Laue JuS 2003, 743; LL
2003, 185; RÜ 2003, 26; RA 2003, 45; Hardtung NStZ 2003, 261; Puppe JR 2003, 123; Kühl JZ
2003, 637).

ging auf den B zu und beschimpfte ihn als Sauhund und Feigling. B zog darauf
erneut seine Pistole und suchte rückwärtsgehend einer tätlichen Auseinandersetzung auszuweichen. G folgte dem B in kurzem Abstand und mit dem wiederholten Ruf: „Schieß doch, du Feigling". Als er nach dem vorgestreckten
Arm des B fasste oder stieß, versetzte ihm dieser mit seiner Dienstpistole zwei
Schläge auf den Kopf. G stürzte und lag ausgestreckt mit dem Gesicht nach
unten auf der Straße. Darauf beugte oder kniete sich der B über ihn und stieß
mit der Pistole nochmals gegen den Hinterkopf des am Boden Liegenden,
wobei er wie bisher den Zeigefinger am Abzugsbügel hatte. In diesem Augenblick löste sich ein Schuss, der G in den Kopf traf und seinen Tod herbeiführte.

Hat sich in dem tödlichen Schuss noch die spezifische Gefährlichkeit des Schlags
realisiert?

Beispiel 371:

**BGH U. v. 30.06.1982 – 2 StR 226/82 (Hochsitz; Kunstfehler) – BGHSt 31,
96 = NJW 1982, 2831 = NStZ 1983, 21 = StV 1983, 61 (Anm. Kühl, Höchstrichterliche Rspr. BT, 2002, Nr. 31; Puppe, AT, 3. Aufl. 2016, § 10 Rn. 20ff.;
Küpper JA 1983, 229; Hassemer JuS 1983, 227; Puppe NStZ 1983, 22; Schlapp
StV 1983, 62; Hirsch JR 1983, 78; Stree JZ 1983, 75; Maiwald JuS 1984, 439):**
B warf am 13.11.1980 im Wald den Hochsitz um, auf dem sein Onkel, der später
verstorbene G, saß, um die Jagd auszuüben. Der Abstand zwischen der Sitzflä-
che des Hochsitzes und dem Waldboden betrug etwa 3,50 m. G fiel herunter und
brach sich dabei den rechten Knöchel (Sprunggelenkfraktur). Der Bruch wurde
in den Städtischen Kliniken in D operativ behandelt und mit Metallschrauben
sowie einer Metalllasche stabilisiert. Am 02.12.1980 wurde G aus dem Krankenhaus entlassen. Weder hierbei noch vorher waren ihm blutverflüssigende Mittel
gegeben oder Anweisungen darüber erteilt worden, wie er sich zuhause verhalten
solle. Auch eine Nachbehandlung fand nicht statt. Zuhause war der Verletzte fast
ausschließlich bettlägerig. Am 19.12.1980 wurde er mit akuter Atemnot in die
Städtischen Kliniken in W eingeliefert, wo er noch am Morgen desselben Tages
verstarb. Todesursache war – wie die Obduktion ergab – Herz-Kreislauf-Versagen infolge des Zusammenwirkens einer doppelseitigen Lungenembolie mit
einer herdförmigen Lungenentzündung in beiden Lungenunterlappen; Embolie
und Lungenentzündung hatten sich in Abhängigkeit zu dem verletzungsbeding-
ten längeren Krankenlager entwickelt.

Kann man den Tod noch hinreichend eng mit dem Umstürzen des Hochsitzes in
Verbindung bringen, zumal ärztliche Kunstfehler hinzugetreten sind?

Zu unterscheiden sind zwei **Grundpositionen.**[50]

---

[50] S. Eisele, BT I, 4. Aufl. 2017, Rn. 371ff.

Die frühere Rspr.[51] und Teile der Lehre[52] folgen einer sog. **Letalitätslehre**, nach der die schwere Folge auf dem **Körperverletzungserfolg** beruhen muss. Dieser Ansicht zufolge würde dann der durch einen Schuss verursachte Tod nicht auf der durch den Schlag beigebrachten Kopfverletzung beruhen, ein Herz-Kreislauf-Versagen nicht auf der Sprunggelenkfraktur.

Die Gegenauffassung in der heutigen Rspr.[53] und der wohl h.L.[54] lässt hingegen ausreichen, wenn die **Körperverletzungshandlung** die schwere Folge herbeiführt.

Unergiebig ist eine zwischen den verschiedenen Erfolgsqualifikationen differenzierende Auffassung[55]: Verlange der erfolgsqualifizierende Tatbestand eine Verknüpfung mit der Tathandlung des Grunddelikts, so sei deren Verwirklichung ausreichend, verlange er dagegen eine Verknüpfung von Taterfolg und schwerer Folge, so sei ein Erfolgseintritt erforderlich. Einem solchen Vorgehen ist entgegenzuhalten, dass keine Kriterien für die Beurteilung, wann welcher Fall vorliegt, bekannt sind. In problematischen Fällen, wie gerade bei § 227 StGB – welcher sowohl von einer „Körperverletzung", als auch von „der verletzten Person" spricht, so dass nicht eindeutig geklärt werden kann, ob damit der Körperverletzungserfolg oder die Körperverletzungshandlung gemeint ist – führt dieses Vorgehen zu keinem Ergebnis.

Überzeugender ist die h.M. Zwar spricht § 227 StGB vom Tod der „verletzten Person", auch ist gegen eine restriktive Auslegung aufgrund der hohen Strafandrohung wenig einzuwenden, allerdings ist es gerade auch Schutzzweck des § 227 StGB, typische Folgen bereits der gefährlichen Handlung als solcher zu erfassen. Besonders deutlich wird dies bei der (konsequenterweise ebenfalls umstrittenen) Frage des erfolgsqualifizierten Versuchs: Bei ausgebliebenem Erfolg des Grunddelikts schiede eine Anwendung des § 227 StGB immer aus, obwohl doch § 227 StGB auf den gesamten § 223 StGB (also inkl. dessen Absatz zwei) verweist und auch bei „normalen Qualifikationen" eine Versuchsstrafbarkeit möglich ist. Die allgemeine Grenze der objektiven Zurechnung genügt als Korrektiv, freilich bleiben die Kriterien im Einzelfall vage.

Deutlich wird dies bei der Frage zurechnungsausschließender Kunstfehler, die sich allerdings beim Vorsatzdelikt genauso stellt. Letztlich gilt nur: Je schwerer das Fremdverschulden, umso eher wird eine Zurechnung zu verneinen sein.

Besonders problematisch ist ein vorsätzliches Dazwischentreten Dritter, wenn die schwere Folge durch einen **Mittäterexzess** herbeigeführt worden ist.[56]

---

[51] S. nur BGH U. v. 02.02.1960 - 1 StR 14/60 (Pistolenschlag) - BGHSt 14, 110 (112); BGH U. v. 30.06.1982 - 2 StR 226/82 (Hochsitz; Kunstfehler) - BGHSt 31, 96 (99).

[52] Z.B. Hardtung, in: MK-StGB, 2. Aufl. 2012, § 227 Rn. 11.

[53] S. BGH U. v. 09.10.2002 - 5 StR 42/02 (Guben) - BGHSt 48, 34 (37).

[54] Vgl. Eisele, BT I, 4. Aufl. 2017, Rn. 372.

[55] Paeffgen, in: NK, 4. Aufl. 2013, § 227 Rn. 25.

[56] Hierzu Joecks, StGB, 11. Aufl. 2014, § 25 Rn, 92; Isfen Jura 2014, 1087; aus der Rspr. vgl. BGH B. v. 05.09.2012 - 2 StR 242/12 - NStZ 2013, 280 (Anm. Bosch JK 2013 StGB § 227/9; Jäger JA 2013, 312; LL 2013, 164; LL 2013, 423; famos 6/2013; Murmann HRRS 2014, 442); BGH B. v. 04.02.2016 - 1 StR 344/15 - NStZ-RR 2016, 136 (Anm. Hecker JuS 2016, 944).

Beispiel 372:

BGH U. v. 19.08.2004 – 5 StR 218/04 (Schweinetrog) – NStZ 2005, 93 (Anm. Kudlich JuS 2005, 568; LL 2005, 314; RA 2005, 28; Heinrich NStZ 2005, 94):
Bei einer gemeinsamen Heimfahrt mit Fahrrädern zwangen B1, B2 und B3 den G, sich mit ihnen auf ein abgelegenes landwirtschaftliches Gelände und dort in einen großen Schweinestall zu begeben, wo sie weiterhin abwechselnd auf den Jungen einschlugen und ihn ängstigen wollten. Zweimal zwangen sie ihn, in die Steinkante eines Schweinetrogs zu beißen. B1 wollte ihn damit durch Nachstellen einer brutalen Mordszene aus einem Film, der jedenfalls auch B2 bekannt war, schockieren. Als der verängstigte Junge, der Aufforderung folgend, zum zweiten Mal in den Steintrog biss, entschloss sich B1 spontan aus einem Motivbündel von menschenverachtender Abenteuerlust und Imponierbedürfnis, die Filmszene vollends in die Realität umzusetzen. Er sprang G mit direktem Tötungsvorsatz mit beiden Füßen, an denen er Springerstiefel mit Stahlkappen trug, auf den Kopf. B2 und B3 hatten hiermit möglicherweise nicht gerechnet. Während sich B1, nunmehr schockiert, abwandte und zunächst abseits hielt, beschloss B3, das Opfer, das sichtbar schwerste Kopfzerquetschungen und Schädelbrüche erlitten hatte, endgültig zu beseitigen, um die Entdeckung der Tat zu verhindern. Er suchte gemeinsam mit B2 nach einem geeigneten Tatwerkzeug. B2 fand einen großen schweren Betonstein. Diesen warf er G zweimal auf den Kopf. Anschließend vergruben sie die Leiche des G in einer Jauchegrube.

Ob man in der nicht nach § 25 II StGB zurechenbaren Exesshandlung des B1 eine Realisierung des Risikos der vorherigen Misshandlungen sehen kann, wird davon abhängen, wie groß das Eskalationsrisiko war. Bei einem besonders überraschenden Exzess wird es ferner an der Fahrlässigkeit der übrigen Beteiligten fehlen, da es dann an der Vorhersehbarkeit des Erfolgs mangelte.

Ebenfalls vom Vorsatzdelikt bekannt ist die Frage der eigenverantwortlichen **Selbstgefährdung** bzw. des Mitverschuldens des Geschädigten.

Beispiel 373:

BGH U. v. 30.09.1970 – 3 StR 119/70 (Rötzel; Balkonsturz) – NJW 1971, 152 (Anm. Kühl, Höchstrichterliche Rspr. BT, 2002, Nr. 32; Hassemer JuS 1971, 158; Schröder JR 1971, 206; Rengier Jura 1986, 143; Bartholme JA 1994, 373):
B brachte im Obergeschoss des mütterlichen Hauses der Hausgehilfin G eine tiefe Oberarmwunde und einen Nasenbeinbruch bei. Vor den fortdauernden Angriffen des B versuchte die verängstigte Frau durch das Fenster ihres Zimmers auf einen Balkon zu flüchten. Dabei stürzte sie ab und verletzte sich tödlich.

Beispiel 374:

BGH U. v. 17.03.1992 – 5 StR 34/92 (Fenstersturz) – NJW 1992, 1708 = NStZ 1992, 335 = StV 1993, 73 (Anm. Kühl, Höchstrichterliche Rspr. BT, 2002, Nr. 33; Geppert JK 1992 StGB § 226/3; Jung JuS 1992, 886; Graul JR 1992, 344; Mitsch Jura 1993, 18; Bartholme JA 1993, 127):

Dem B war von Bekannten berichtet worden, der G habe ihnen 8.000 DM entwendet. Er erklärte sich für eine Belohnung von 1.000 DM bereit, das Geld wiederzubeschaffen. Am Bahnhof fand er G. Nachdem B dem G einen Faustschlag ins Gesicht versetzt und gefragt hatte, ob er seine Schulden beglichen habe, führte G den B aus Angst vor weiteren Schlägen in die Wohnung eines Dritten, indem er vorgab, das Geld sei dort aufbewahrt. In der im zehnten Stockwerk gelegenen Wohnung schlug B den G eine halbe Stunde lang, um die Herausgabe des Geldes zu erzwingen, nachdem dieser – was B ihm nicht glaubte – sagte, dass das Geld nicht in der Wohnung sei. B schlug G mit einem Besenstiel kraftvoll auf die Stirn, was zu einer stark blutenden Platzwunde, einer Schädelprellung und zu einem Schädel-Hirn-Trauma ersten Grades führte. Aufgrund dieses Schlages war G fortan deutlich sichtbar benommen und litt an Bewusstseinsstörungen. Es folgten mehrere Faustschläge und Tritte, auch gegen den Kopf, die weitere Verletzungen hervorriefen. G war vor lauter Verzweiflung und Angst kaum noch in der Lage, zusammenhängend zu sprechen. Er bat darum, an das Fenster zu dürfen, worauf B das Wohnzimmerfenster öffnete. In diesem Moment schlug B kraftvoll mit einem Baseballschläger gegen das rechte Schienbein des G, der stöhnend zu Boden ging. B sagte nun zu G, er solle frische Luft schnappen, worauf dieser ersichtlich benommen zum offenen Fenster humpelte. Während sich B abwandte, ohne sich um G Gedanken zu machen oder nach ihm zu sehen, schaute dieser voller Angst vor einer Fortsetzung der schweren Misshandlung still aus dem Fenster. Unter dem durch seinen gegenwärtigen geistigen und körperlichen Zustand verursachten Eindruck, sich angesichts der Überlegenheit und Brutalität des B in einer völlig ausweglosen Lage zu befinden, geriet er in Panik, verlor völlig die Selbstkontrolle und ließ sich wortlos aus dem Fenster fallen. Der Sturz aus einer Höhe von 27 Metern war tödlich. Zum Todeszeitpunkt hatte G 0,4 Promille Alkohol im Blut. Neben der panischen Angst vor einer Fortsetzung der schweren Misshandlungen prägte ein Zustand der Benommenheit aufgrund des Schlages mit dem Besenstiel auf den Kopf die psychische Verfassung des G.

Kann man jeweils von einer bzgl. des Todes freiverantwortlichen und mithin zurechnungsausschließenden Selbstschädigung sprechen?[57]

---

[57] Zur Relevanz des Opferverhaltens bei § 227 StGB Eisele, BT I, 4. Aufl. 2017, Rn. 375f.; Steinberg JZ 2009, 1053; Stuckenberg FS Puppe 2011, 1039.; aus der Rspr. vgl. BGH U. v. 09.10.2002 - 5 StR 42/02 (Guben) - BGHSt 48, 34 = NJW 2003, 150 = NStZ 2003, 149 = StV 2003, 74 (Anm. Puppe, AT, 3. Aufl. 2016, § 20 Rn. 25ff.; Sowada Jura 2003, 549; Heger JA 2003, 455; Martin JuS 2003, 503; Laue JuS 2003, 743; LL 2003, 185; RÜ 2003, 26; RA 2003, 45; Hardtung NStZ 2003, 261; Puppe JR 2003, 123; Kühl JZ 2003, 637).

Eine strenge Erfolgslehre[58] muss zu einer Unterbrechung des Zurechnungszusammenhangs gelangen, da die Misshandlung als solche nicht tödlich verlaufen ist und die schwere Folge aus bloß nötigungstypischer Gefahr resultierte.

H.L.[59] und heutige Rspr.[60] nehmen jedenfalls dann keine Unterbrechung an, wenn es sich bei dem Opferverhalten um eine **naheliegende und deliktstypische Reaktion** handelt. In der Tat lässt sich dann – ähnlich wie bei sonstigen Herausforderungs-, z.B. Retterfällen – kaum noch von einer Eigenverantwortlichkeit sprechen, da der Geschädigte aufgrund der vom Täter herbeigeführten Panik (vgl. auch den elementaren Selbsterhaltungstrieb) unfrei handelte.

Hierhin gehört auch die Problematik nicht in Anspruch genommener medizinischer Hilfe.

2. Versuch

▶ **Didaktische Aufsätze:**
- Otto, Der Versuch des erfolgsqualifizierten Delikts, Jura 1985, 671
- Kühl, Versuch des erfolgsqualifizierten Delikts und Rücktritt, Jura 2003, 19

Da das erfolgsqualifizierte Delikt eine Vorsatz-Fahrlässigkeits-Kombination darstellt, sind Versuchskonstellationen[61] denkbar, die sich danach unterscheiden lassen, woran eine Vollendungsstrafbarkeit scheitert.

a) Grunddelikt vollendet, schwere Folge ausgeblieben: Versuchte Erfolgsqualifikation

aa) Aufbau (Tatbestand)

I.   Grunddelikt
    1. Objektiver Tatbestand des Grunddelikts
    2. Subjektiver Tatbestand des Grunddelikts
II.   Versuchte Erfolgsqualifikation
    1. Subjektiver Tatbestand der Erfolgsqualifikation: Sog. Tatentschluss
       a) Vorsatz bzgl. schwerer Folge
       b) Vorsatz bzgl. Kausalität, objektiver Zurechnung und Gefahrverwirklichungszusammenhang
    2. Objektiver Tatbestand der Erfolgsqualifikation: Unmittelbares Ansetzen

---

[58] So noch BGH U. v. 30.09.1970 - 3 StR 119/70 (Rötzel; Balkonsturz) - NJW 1971, 152 (Anm. Kühl, Höchstrichterliche Rspr. BT, 2002, Nr. 32; Hassemer JuS 1971, 158; Schröder JR 1971, 206, Rengier Jura 1986, 143; Bartholme JA 1994, 373).

[59] S. Eisele, BT I, 4. Aufl. 2017, Rn. 375.

[60] S. nur BGH U. v. 09.10.2002 - 5 StR 42/02 (Guben) - BGHSt 48, 34.

[61] Zum erfolgsqualifizierten Versuch (i.w.S.) Ulsenheimer GA 1966, 257; Otto Jura 1985, 671; Laubenthal JZ 1987, 1065; Kühl FS Gössel 2002, 191; Kühl Jura 2003, 19; Küper FS Herzberg 2008, 323; Herzberg FS Amelung 2009, 159; Gössel ZIS 2011, 386.

bb) Erläuterungen

Die erste Konstellation ist die sog. versuchte Erfolgsqualifikation,[62] die sich dadurch auszeichnet, dass das Grunddelikt vollendet, die vom Vorsatz umfasste schwere Folge aber ausgeblieben ist.

Beispiel 375:

BGH B. v. 29.03.2001 – 3 StR 46/01 – NJW 2001, 2187 = NStZ 2001, 371 (Anm. Kühl, Höchstrichterliche Rspr. BT, 2002, Nr. 56; Geppert JK 2001 StGB § 251/8; Baier JA 2001, 751; Martin JuS 2001, 821; LL 2001, 492; RÜ 2001, 267):

B und ein Mittäter hatten einen stark angetrunkenen Mann, Z, nachts zu einem Geldautomaten zu schleppen versucht, um dort unter Verwendung von dessen Scheckkarte an Geld zu gelangen. Als sich Z widersetzte, schlug B zuerst mit einem dicken Ast zweimal wuchtig auf dessen Kopf ein. Z erlitt als Abwehrverletzungen Brüche des rechten Mittelhandknochens und des rechten Ellenschafts sowie Kopfverletzungen und fiel zu Boden, worauf ihm der Mittäter die Geldbörse aus der Jacke zog. Sodann schlug B mit dem Ast ein drittes Mal auf den Kopf des Z ein und trat mehrfach mit dem Fuß von oben auf und ebenfalls mehrfach von der Seite gegen dessen Kopf. Bei den Schlägen und Tritten nahm er den Tod des Opfers billigend in Kauf. Auf Aufforderung des Mittäters hörte B mit den Misshandlungen auf. Sie ließen Z schwerverletzt zurück in dem Bewusstsein, dass er sterben könne. Sie erzählten alsbald Freunden von der Tat. Als die vorschlugen, telefonisch einen Krankenwagen herbeizurufen, widersetzte sich B aus Furcht vor Entdeckung erfolgreich diesem Vorschlag. Z überlebte trotz schwerster Verletzungen.

In diesen Fällen ist zunächst das Grunddelikt vollendet, ggf. auch eine Qualifikation.

Im vorliegenden Fall handelt es sich um einen Raub (§ 249 StGB); ferner eine gefährliche Körperverletzung (§§ 223, 224 StGB). Der Raub ist als schwerer Raub (§ 250 II Nr. 1, Nr. 3 StGB) qualifiziert.

---

§ 249 I StGB (Raub)

Wer mit Gewalt gegen eine Person oder unter Anwendung von Drohungen mit gegenwärtiger Gefahr für Leib oder Leben eine fremde bewegliche Sache einem anderen in der Absicht wegnimmt, die Sache sich oder einem Dritten rechtswidrig zuzueignen, wird mit Freiheitsstrafe nicht unter einem Jahr bestraft.

---

[62] Hierzu B. Heinrich, AT, 5. Aufl. 2016, Rn. 689.

§ 250 I, II StGB (Schwerer Raub)
(1) Auf Freiheitsstrafe nicht unter drei Jahren ist zu erkennen, wenn
1. der Täter oder ein anderer Beteiligter am Raub
a) eine Waffe oder ein anderes gefährliches Werkzeug bei sich führt,
b) sonst ein Werkzeug oder Mittel bei sich führt, um den Widerstand einer anderen Person durch Gewalt oder Drohung mit Gewalt zu verhindern oder zu überwinden,
c) eine andere Person durch die Tat in die Gefahr einer schweren Gesundheitsschädigung bringt oder
2. der Täter den Raub als Mitglied einer Bande, die sich zur fortgesetzten Begehung von Raub oder Diebstahl verbunden hat, unter Mitwirkung eines anderen Bandenmitglieds begeht.
(2) Auf Freiheitsstrafe nicht unter fünf Jahren ist zu erkennen, wenn der Täter oder ein anderer Beteiligter am Raub
1. bei der Tat eine Waffe oder ein anderes gefährliches Werkzeug verwendet,
2. in den Fällen des Absatzes 1 Nr. 2 eine Waffe bei sich führt oder
3. eine andere Person
a) bei der Tat körperlich schwer mißhandelt oder
b) durch die Tat in die Gefahr des Todes bringt.

Im Hinblick auf die Erfolgsqualifikation (hier § 251 StGB) ist die schwere Folge nicht eingetreten, es lag aber entsprechender Tatentschluss (hier also Tötungsvorsatz) vor.

§ 251 StGB (Raub mit Todesfolge)
Verursacht der Täter durch den Raub (§§ 249 und 250) wenigstens leichtfertig den Tod eines anderen Menschen, so ist die Strafe lebenslange Freiheitsstrafe oder Freiheitsstrafe nicht unter zehn Jahren.

Zum einen folgt hieraus eine Versuchsstrafbarkeit wegen Erstrebens der schweren Folge als solcher (hier also: versuchter Totschlag, ggf. Mord, §§ 212 I, 211, 22, 23 StGB).

Zum anderen ist aber auch eine Strafbarkeit wegen versuchter Erfolgsqualifikation gegeben (hier: §§ 249 I, 251, 22, 23 StGB).

Bei den verschiedenen erfolgsqualifizierten Delikten ist sodann das Konkurrenzverhältnis unterschiedlich: Während ein versuchter § 227 StGB hinter dem versuchten Totschlag zurücktritt,[63] da der Unrechtsgehalt von letzterem vollständig wiedergegeben wird, tritt ein versuchter Raub mit Todesfolge in Tateinheit (§ 52 StGB) neben den schweren Raub und den versuchten Totschlag.[64]

---

[63] H.M., s. nur B. Heinrich, AT, 5. Aufl. 2016, Rn. 691 m.w.N.
[64] Joecks, StGB, 11. Aufl. 2014, § 251 Rn. 13.

b) Grunddelikt versucht, schwere Folge ausgeblieben

aa) Aufbau (Tatbestand)

I. Grunddelikt
    1. Subjektiver Tatbestand des Grunddelikts: Sog. Tatentschluss
    2. Objektiver Tatbestand des Grunddelikts: Unmittelbares Ansetzen
II. Versuchte Erfolgsqualifikation
    1. Subjektiver Tatbestand der Erfolgsqualifikation: Sog. Tatentschluss
       a) Vorsatz bzgl. schwerer Folge
       b) Vorsatz bzgl. Kausalität, objektiver Zurechnung und Gefahrverwirklichungszusammenhang
    2. Objektiver Tatbestand der Erfolgsqualifikation: Unmittelbares Ansetzen

bb) Erläuterungen
Bei der zweiten Konstellation sind sowohl Grunddelikt als auch schwere Folge nur vom Tatentschluss umfasst, aber nicht zur Vollendung gelangt.[65]

Beispiel 376:

BGH B. v. 10.05.2001 – 3 StR 99/01 – NStZ 2001, 534 = StV 2002, 81 (Anm. Otto JK 2002 StGB § 263/64):
B schoss in Tötungsabsicht mit einer Armbrust auf Z. Dieser abgegebene Schuss diente auch dazu, dem Z Schlüssel und Dokumente wegzunehmen und sich damit die Motoryacht anzueignen. Hierzu kam es jedoch nicht.

Anerkanntermaßen ist eine solche Konstellation als versuchte Erfolgsqualifikation strafbar (hier nach §§ 249 I, 251, 22, 23 StGB). Zum Konkurrenzverhältnis zum zugleich verwirklichten versuchten Totschlag s.o.

c) Grunddelikt versucht, schwere Folge eingetreten: Erfolgsqualifizierter Versuch

aa) Aufbau (Tatbestand)

I. Grunddelikt
    1. Subjektiver Tatbestand des Grunddelikts: Sog. Tatentschluss
    2. Objektiver Tatbestand des Grunddelikts: Unmittelbares Ansetzen
II. Erfolgsqualifikation
    1. Schwere Folge
    2. Kausalität, objektive Zurechnung, Gefahrverwirklichungszusammenhang
    3. Objektive Fahrlässigkeit, § 18 StGB

---

[65] S. B. Heinrich, AT, 5. Aufl. 2016, Rn. 690.

bb) Erläuterungen

Strittig ist die dritte Konstellation, der sog. erfolgsqualifizierte Versuch[66] i.e.S., bei dem das Grunddelikt nur ins Versuchsstadium gelangt und dennoch die schwere Folge eingetreten ist.

Beispiel 377:

BGH U. v. 09.10.2002 – 5 StR 42/02 (Guben) – BGHSt 48, 34 = NJW 2003, 150 = NStZ 2003, 149 = StV 2003, 74 (Anm. Puppe, AT, 3. Aufl. 2016, § 20 Rn. 25ff.; Sowada Jura 2003, 549; Heger JA 2003, 455; Martin JuS 2003, 503; Laue JuS 2003, 743; LL 2003, 185; RÜ 2003, 26; RA 2003, 45; Hardtung NStZ 2003, 261; Puppe JR 2003, 123; Kühl JZ 2003, 637):

In der Nacht zum 13.02.1999 besuchten B1, B2 und Z1 die Diskothek „Dance-Club" in Guben. Alsbald gerieten sie dort in einen Streit mit mehreren vietnamesischen Besuchern, der in eine tätliche Auseinandersetzung vor der Diskothek mündete. In deren Verlauf, es war etwa 02.30 Uhr, griff Z2, ein kubanischer Staatsangehöriger mit dunkler Hautfarbe, zu einem flachen metallischen Gegenstand, der auch eine Machete gewesen sein kann. Als er damit auf die deutschen Jugendlichen zurannte, flüchteten diese. Er lief hinter Z1 her, erreichte diesen und schlug ihm mit dem Gegenstand auf den Rücken. Bei der weiteren Flucht zog sich Z1 eine Prellung des Kniegelenks und eine oberflächliche Risswunde zu. Im Laufe der nächsten beiden Stunden trafen B1 und B2 in der Nähe der Diskothek auf B3, B4, B5, B6, B7, B8 und B9 und berichteten ihnen, dass sie von Ausländern bedroht und von Vietnamesen misshandelt worden seien. In erregter Stimmung gegenüber dem Ausländer Z2, gegenüber Vietnamesen und gegenüber Ausländern im Allgemeinen entschlossen sich B1-B9, den Kubaner auf eigene Faust zu suchen und zu ergreifen. Allen war bewusst, dass sie dabei Gewalt anwenden und die Person auch möglicherweise verletzen würden; auch die später hinzukommenden B10 und B11 erklärten sich damit einverstanden. Alsbald nachdem diese nunmehr aus elf Personen bestehende Gruppe mit den von B5, B6 und B9 geführten Fahrzeugen losgefahren war, sahen die B1 und B3 in der Nähe der Diskothek die Z3. Da sie annahmen, dass diese „mit Ausländern Bekanntschaften pflege", sprangen beide aus den Wagen und liefen auf Z3 zu. Sie riefen dabei sinngemäß: „Wir haben dir was mitgebracht – Hass, Hass, Hass – Ausländer raus!" und schütteten ihr dann Bier über den Kopf. Nach Rückkehr in die Fahrzeuge setzten sie die Suche nach dem Kubaner fort. Dabei schrien B1 und B3 weiterhin ausländerfeindliche Parolen; die Stimmung wurde durch das lautstarke Abspielen von Musikkassetten mit fremdenfeindlichen Texten weiter geschürt. In dieser Situation – es war etwa 04.40 Uhr – bemerkten sie drei Ausländer: Z4 und Z5 sowie den später verstorbenen G, die nach dem Besuch des „Dance-Clubs" auf dem Heimweg waren. Die Fahrer

---

[66] Hierzu Hillenkamp/Cornelius, 32 Probleme aus dem Strafrecht AT, 15. Aufl. 2017, 16. P.; Geilen FS Welzel 1974, 655.

bremsten auf Höhe der Ausländer die Autos scharf ab. B1 und B3 sowie weitere
Beteiligte stürmten laut schreiend aus den Fahrzeugen auf die Ausländer zu.
Diese ergriffen beim Anblick der zum Teil mit so genannten Bomberjacken und
Springerstiefeln bekleideten Beteiligten angstvoll die Flucht zurück in Richtung Diskothek. Mittels der Pkw, in die diese Beteiligten wieder eingestiegen
waren, setzten sie die Verfolgung fort. Nach ca. 50 bis 100 m überholten sie
die Flüchtigen und bremsten die Wagen direkt vor ihnen ab, um den Weg zur
Diskothek zu verstellen. Die Ausländer sahen, dass wiederum mehrere Beteiligte aus den Fahrzeugen sprangen – darin verblieben neben den Fahrern nur
die B4 und B11 sowie B2 – und auf sie zuliefen. Aus Angst und in Panik liefen
sie nunmehr in unterschiedliche Richtungen davon. Die Verfolger teilten sich
entsprechend auf: Während Z5 und G durch B1 und B3 verfolgt wurden, liefen
B9 sowie B7 und B10 hinter Z4 her; als B9 diesen eingeholt hatte, versetzte
er ihm mehrere Tritte, so dass Z4 während des Laufs wiederholt zu Fall kam
und schließlich gegen ein geparktes Auto stürzte, wobei er sich eine blutende
Kopfwunde zuzog; ein in Richtung des Opfers geworfener Pflasterstein verfehlte dieses. Erst jetzt erkannte B9 an der Hautfarbe des am Boden Liegenden,
dass es nicht der gesuchte Kubaner war. Er und die beiden anderen ließen vom
Opfer ab und kehrten zu den Fahrzeugen zurück. B1 und B3 hatten hingegen die
weitere Verfolgung der beiden anderen Flüchtenden nach einigen Metern abgebrochen, weil sie sie aus den Augen verloren hatten oder ihnen deren Vorsprung
mittlerweile zu groß erschien. Ihre Suche nach den beiden weiteren gaben sie
jedoch nicht auf. Indessen wähnten Z5 und G die Verfolger noch hinter sich.
Sie liefen zu einem etwa 200 m von dem letzten Haltepunkt der Pkw entfernten
Mehrfamilienhaus. Da G die Haustür nicht öffnen konnte, trat er in Todesangst
die untere Glasscheibe der Tür ein. Dabei oder beim anschließenden Durchsteigen verletzte er sich an den im Türrahmen verbliebenen Glasresten; er zog sich
eine 8,5 cm tiefe Wunde am rechten Bein und die Verletzung einer Schlagader
zu. Binnen kurzer Zeit verblutete er.

Zu der von B1 und B3 beabsichtigten Körperverletzung von Z5 und G ist es nicht
gekommen. Indem G sich auf der Flucht so schwere Verletzungen zuzog, dass er
verblutete, ist aber der Todeserfolg des § 227 StGB eingetreten.

Nach der oben abgelehnten Letalitätslehre kann ein bloß versuchtes Grunddelikt
nie im Gefahrverwirklichungszusammenhang mit dem Todeserfolg stehen. Folgt
man allerdings mit der h.M.[67] zutreffenderweise dem Standpunkt, dass es auf die
Gefährlichkeit der Handlung an sich ankommt, so kann durchaus auch durch einen
Versuch nach §§ 223 I, II StGB der Tod i.S.d. § 227 StGB durch die Körperverletzung verursacht sein. Dass bzgl. der schweren Folge nur Fahrlässigkeit vorliegt,
ist für die Versuchsstrafbarkeit unschädlich: § 11 II StGB regelt den Charakter der
Erfolgsqualifikation als Gesamt-Vorsatztat.

---

[67] S.o.

> **§ 11 II StGB (Personen- und Sachbegriffe)**
> Vorsätzlich im Sinne dieses Gesetzes ist eine Tat auch dann, wenn sie einen gesetz-
> lichen Tatbestand verwirklicht, der hinsichtlich der Handlung Vorsatz voraussetzt,
> hinsichtlich einer dadurch verursachten besonderen Folge jedoch Fahrlässigkeit aus-
> reichen läßt.

Es entsteht nach alledem eine Strafbarkeit nach z.B. §§ 223 I, 22, 23, 227 StGB.

Problematisch ist es allerdings, wenn der **Versuch des Grunddelikts nicht strafbar ist**.[68]

Dies betrifft § 221 StGB. Mangels ausdrücklicher Normierung einer Versuchsstrafbarkeit und mangels Verbrechenscharakters des Grunddelikts (s. § 12 StGB) ist
die versuchte Aussetzung straflos. Die Strafandrohung des § 221 III StGB erfolgs-
qualifiziert das Delikt allerdings zum Verbrechen.

Während eine Minderheitsauffassung[69] letztere Umwertung des Delikts zu einem
Verbrechen für ausreichend hält, entspricht es der h.M.,[70] dass bereits der Versuch
des Grunddelikts für sich genommen strafbar gewesen sein muss, da die nur von
Fahrlässigkeit umfasste erfolgsqualifizierende Folge nur straferhöhend, aber nicht
strafbegründend wirken darf (vgl. § 18 StGB).

Strittig ist, ob ein **Rücktritt** vom erfolgsqualifizierten Versuch nach Eintritt der
schweren Folge möglich ist.[71]

Beispiel 378:

**BGH U. v. 14.05.1996 – 1 StR 51/96 – BGHSt 42, 158 = NJW 1996, 2663 = StV
1996, 546 (Anm. Roxin, Höchstrichterliche Rspr. AT, 1998, Nr. 70; Hemmer-BGH-Classics Strafrecht, 2003, Nr. 26; Geppert JK 1997 StGB 251/5;
Sonnen JA 1997, 184; Martin JuS 1997, 178; Küper JZ 1997, 229):**
B1, B2 und B3 hatten sich bei einem Einbruch u.a. mit einer geladenen 9 mm-
Pistole bewaffnet, die nach der gemeinsamen Vorstellung aller drei dazu dienen
sollte, möglichen Widerstand bei den beabsichtigten Wegnahmehandlungen zu
brechen, wobei sie zumindest billigend in Kauf nahmen, dass die geladene Waffe
auch auf Menschen gerichtet wurde. Bei Auftreten von Widerstand sollte in den
Boden oder in die Luft geschossen werden. Im Verlauf des Geschehens löste sich

---

[68] Hierzu B. Heinrich, AT, 5. Aufl. 2016, Rn. 699; aus der Rspr. vgl. BGH U. v. 10.07.1985 - 3 StR
104/85 - NStZ 1985, 501 = StV 1986, 201 (Anm. Otto JK 1986 StGB § 221/2; Ulsenheimer StV
1986, 201).

[69] Z.B. Laubenthal JZ 1987, 1065 (1067).

[70] S. nur Krey/Esser, AT, 6. Aufl. 2016, Rn. 1375.

[71] Hierzu Ulsenheimer FS Bockelmann 1979, 405; Jäger NStZ 1998, 161; Anders GA 2000, 64;
Wolters GA 2007, 65; Streng FS Küper 2007, 629.

aus der von B1 geführten Pistole ein Schuss, der den Hauseigentümer G tötete. Es ist nicht auszuschließen, dass B1 nicht bewusst und willentlich geschossen hatte. Nachdem B2 und B3 bemerkt hatten, dass B1, der sehr erschrocken war, auf G geschossen und diesen getroffen hatte, brachen sie die weitere Tatausführung ab und verließen den Tatort ohne Beute; B2 und B3 machten dem B1 wegen des Schusses heftige Vorwürfe.

Ungeachtet einer Strafbarkeit nach § 222 StGB könnten die B1 bis B3 durch die Aufgabe der weiteren Tatausführung vom versuchten Raub mit eingetretener Todesfolge (§§ 249 I, 250 II Nr. 1, Nr. 3 lit. b, 22, 23, 251 StGB) nach § 24 I 1 1. Var. StGB (teleologische Reduktion des Abs. 2) zurückgetreten sein.

Teile der Lehre[72] halten einen Rücktritt vom erfolgsqualifizierten Versuch nach Eintritt der schweren Folge mangels Versuchscharakters der Tat für ausgeschlossen.
    Rspr.[73] und h.L.[74] halten einen Rücktritt für möglich, so dass bei Vorliegen der übrigen Rücktrittsvoraussetzungen mit dem Grunddelikt, von dem zurückgetreten wird, zugleich der Anknüpfungspunkt für die Erfolgsqualifikation entfällt.
    Zwar ist richtig, dass ein Rücktritt trotz Eintritt des Todes auf den ersten Blick unbefriedigend erscheint, allerdings greift insofern zumindest § 222 StGB. Würde man unter den Begriff der Tat i.S.d. §§ 22, 24 StGB auch die schwere Folge subsumieren, so verstieße man insofern gegen Art. 103 II GG, § 1 StGB als eine außertatbestandliche Folge für vollendungsrelevant erklärt würde.

---

[72] Z.B. Jäger, AT, 7. Aufl. 2015, Rn. 326.
[73] S. nur BGH U. v. 14.05.1996 - 1 StR 51/96 - BGHSt 42, 158 (160).
[74] S. nur B. Heinrich, AT, 5. Aufl. 2016, Rn. 846f.

16. Kapitel: Unechtes Unterlassungsdelikt (Begehen durch Unterlassen), § 13 StGB

▶ **Didaktische Aufsätze:**

- Kaufmann, Methodische Probleme der Gleichstellung des Unterlassens mit der Begehung, JuS 1961, 173
- Böhm, Methodische Probleme der Gleichstellung des Unterlassens mit der Begehung, JuS 1961, 177
- Maiwald, Grundlagenprobleme der Unterlassungsdelikte, JuS 1981, 473
- Otto/Brammsen, Die Grundlagen der strafrechtlichen Haftung des Garanten wegen Unterlassens, Jura 1985, 530, 592 und 646, Jura 1986, 37
- Fahl/Scheurmann-Kettner, Unterlassungsdelikte, JA 1998, 658
- Ransiek, Das unechte Unterlassungsdelikt, JuS 2010, 490, 585 und 678
- Kühl, Das Unterlassungsdelikt, JA 2014, 507

A. Aufbau des vorsätzlichen unechten Unterlassungsdelikts

I. Vorprüfung: Abgrenzung von Tun und Unterlassen
II. Tatbestand
   1. Objektiver Tatbestand
     a) Erfolg
     b) Unterlassen der Erfolgsabwendung: Fehlen eines dem Täter möglichen und erforderlichen Erfolgsabwendungsversuches
     c) Hypothetische (Quasi-)Kausalität
     d) Objektive Zurechnung
     e) Rechtlich dafür einzustehen haben (sog. Garantenstellung)
     f) Zumutbarkeit
     g) Entsprechungsklausel
   2. Subjektiver Tatbestand

III. Rechtswidrigkeit
IV. Schuld

B. Allgemeines

Der Gesetzgeber normiert in seinen Straftatbeständen überwiegend Begehungsdelikte.
Hier erfüllt der Täter die Tatbestandsmerkmale durch ein aktives Verhalten.

Bei den sog. Unterlassungsdelikten[1] wird der Täter nicht für ein aktives Tun,
sondern für ein Unterlassen bestraft. Man unterscheidet echte und unechte
Unterlassungsdelikte.

Echte Unterlassungsdelikte (auch: *delicta omissiva*) sind solche, in denen bereits
die ausdrückliche Fassung des Tatbestands im Besonderen Teil lediglich ein Unterlassen umschreibt. Auch das Unterlassen kann also ein strafbares Verhalten, eine
strafbare Handlung sein, z.B.:

§ 138 I, III StGB (Nichtanzeige geplanter Straftaten)
(1) Wer von dem Vorhaben oder der Ausführung
[...]
5. eines Mordes (§ 211) oder Totschlags (§ 212) oder eines Völkermordes (§ 6 des
Völkerstrafgesetzbuches) oder eines Verbrechens gegen die Menschlichkeit (§ 7
des Völkerstrafgesetzbuches) oder eines Kriegsverbrechens (§§ 8, 9, 10, 11 oder
12 des Völkerstrafgesetzbuches) oder eines Verbrechens der Aggression (§ 13 des
Völkerstrafgesetzbuches),
6. einer Straftat gegen die persönliche Freiheit in den Fällen des § 232 Absatz 3 Satz
2, des § 232a Absatz 3, 4 oder 5, des § 232b Absatz 3 oder 4, des § 233a Absatz 3
oder 4, jeweils soweit es sich um Verbrechen handelt, der §§ 234, 234a, 239a oder
239b,
7. eines Raubes oder einer räuberischen Erpressung (§§ 249 bis 251 oder 255) oder
8. einer gemeingefährlichen Straftat in den Fällen der §§ 306 bis 306c oder 307 Abs. 1
bis 3, des § 308 Abs. 1 bis 4, des § 309 Abs. 1 bis 5, der §§ 310, 313, 314 oder 315
Abs. 3, des § 315b Abs. 3 oder der §§ 316a oder 316c
zu einer Zeit, zu der die Ausführung oder der Erfolg noch abgewendet werden kann,
glaubhaft erfährt und es unterläßt, der Behörde oder dem Bedrohten rechtzeitig

---

[1] Hierzu Vogt ZStW 1951, 381; Zimmermann NJW 1952, 1321; Grünwald ZStW 1958, 412;
Schmitt JZ 1959, 432; Busch FS von Weber 1963, 192; Maiwald JuS 1981, 473; Schünemann
ZStW 1984, 287; Gössel ZStW 1984, 321; Otto/Brammsen Jura 1985, 530, 592 und 646, Jura
1986, 37; Fahl/Scheurmann-Kettner JA 1998, 658; Gimbernat Ordeig ZStW 1999, 307; Schmidhäuser FS Müller-Dietz 2001, 761; Perdomo-Torres FS Jakobs 2007, 497; Ransiek JuS 2010, 490,
585 und 678; Kühl JA 2014, 507; Schünemann GA 2016, 301.

Anzeige zu machen, wird mit Freiheitsstrafe bis zu fünf Jahren oder mit Geldstrafe bestraft.
[...]
(3) Wer die Anzeige leichtfertig unterläßt, obwohl er von dem Vorhaben oder der Ausführung der rechtswidrigen Tat glaubhaft erfahren hat, wird mit Freiheitsstrafe bis zu einem Jahr oder mit Geldstrafe bestraft.

§ 221 I Nr. 2 StGB (Aussetzung)
(1) Wer einen Menschen
[...]
2. in einer hilflosen Lage im Stich lässt, obwohl er ihn in seiner Obhut hat oder ihm sonst beizustehen verpflichtet ist, und ihn dadurch der Gefahr des Todes oder einer schweren Gesundheitsschädigung aussetzt, wird mit Freiheitsstrafe von drei Monaten bis zu fünf Jahren bestraft.

§ 323c StGB (Unterlassene Hilfeleistung)
Wer bei Unglücksfällen oder gemeiner Gefahr oder Not nicht Hilfe leistet, obwohl dies erforderlich und ihm den Umständen nach zuzumuten, insbesondere ohne erhebliche eigene Gefahr und ohne Verletzung anderer wichtiger Pflichten möglich ist, wird mit Freiheitsstrafe bis zu einem Jahr oder mit Geldstrafe bestraft.

Außer diesen sog. echten Unterlassungsdelikten hat der Gesetzgeber eine allgemeine Regelung geschaffen, die unter bestimmten Voraussetzungen jedes eigentlich aktivisch normierte Delikt als sog. **unechtes Unterlassungsdelikt** (*delictum commissivum per omissionem*) unter Strafe stellt, § 13 I StGB:

§ 13 I StGB (Begehen durch Unterlassen)
Wer es unterlässt, einen Erfolg abzuwenden, der zum Tatbestand eines Strafgesetzes gehört, ist nach diesem Gesetz nur dann strafbar, wenn er rechtlich dafür einzustehen hat, dass der Erfolg nicht eintritt, und wenn das Unterlassen der Verwirklichung des gesetzlichen Tatbestandes durch ein Tun entspricht.

Der Täter wird hier, wenn er sog. Garant ist („wenn er rechtlich dafür einzustehen hat"), zur Abwendung eines Erfolges verpflichtet. Strafbar ist aufgrund des jeweiligen Straftatbestands des Besonderen Teils i.V.m. § 13 StGB also auch bloße Passivität eines sog. Garanten, obwohl der Tatbestand ein aktives Tun beschreibt.

Beispiel 379:

B sah, dass seine Ehefrau G gestürzt war und sich am Kopf verletzt hatte. Obwohl er erkannte, dass sie in Lebensgefahr schwebte, rief er keinen Arzt. G, die bei rechtzeitigem Verständigen eines Arztes gerettet worden wäre, starb.

B, der als Ehegatte sog. Garant für den Schutz seiner Ehefrau ist, hat sich nach §§ 212 I, 13 StGB wegen Totschlags durch Unterlassen strafbar gemacht und eben **nicht „nur"** nach **§ 323c StGB**, welcher auch für Nichtgaranten gilt und insofern eine Auffangfunktion hat.

§ 323c StGB (Unterlassene Hilfeleistung)
Wer bei Unglücksfällen oder gemeiner Gefahr oder Not nicht Hilfe leistet, obwohl dies erforderlich und ihm den Umständen nach zuzumuten, insbesondere ohne erhebliche eigene Gefahr und ohne Verletzung anderer wichtiger Pflichten möglich ist, wird mit Freiheitsstrafe bis zu einem Jahr oder mit Geldstrafe bestraft.

Dadurch, dass § 13 StGB die aktivisch formulierten Straftatbestände modifiziert, wird die allgemeine Handlungsfreiheit (Art. 2 I GG) erheblich eingeschränkt, da nicht bloß das Vermeiden eines bestimmten Verhaltens verlangt wird (Begehungsdelikt: alle anderen Verhaltensweisen bleiben erlaubt), sondern die Vornahme eines bestimmten Verhaltens.

Für die **Strafe** gilt § 13 II StGB.

§ 13 II StGB (Begehen durch Unterlassen)
Die Strafe kann nach § 49 Abs. 1 gemildert werden.

Vorgesehen ist also eine fakultative Strafmilderung, bzgl. deren Anwendungsentscheidung das Gericht eine Gesamtwürdigung aller Umstände vorzunehmen hat.[2]

Ähnlich wie beim Fahrlässigkeitsdelikt beschränkt sich der Gesetzgeber auf eine ganz rudimentäre Regelung der Verantwortlichkeitsvoraussetzungen, so dass auch bzgl. § 13 StGB Bedenken hinsichtlich der Bestimmtheit bestehen,[3] die allerdings das BVerfG[4] nicht teilt.

---

[2] Näher Fischer, StGB, 64. Aufl. 2017, § 13 Rn. 99ff.; Bruns FS Tröndle 1989, 125; Lerman GA 2008, 78; aus der Rspr. vgl. BGH U. v. 04.08.2015 - 1 StR 624/14 - NJW 2015, 3047 = NStZ 2016, 95 = StV 2016, 435 (Anm. Engländer NJW 2015, 3049; Momsen-Pflanz StV 2016, 440).

[3] S. Kaufmann JuS 1961, 173; Böhm JuS 1961, 177; Seebode FS Spendel 1992, 317; Kühl FS Herzberg 2008, 177

[4] S. BVerfG B. v. 10.06.1997 - 2 BvR 1516/96 - BVerfGE 96, 68 = NJW 1998, 50 = NStZ 1998, 144 (Anm. Fassbender NStZ 1998, 144); BVerfG B. v. 21.11.2002 - 2 BvR 2202//01 - NJW 2003, 1030 (Anm. Seebode JZ 2004, 305).

C. Vorab: Abgrenzung von Tun und Unterlassen

▶ **Didaktische Aufsätze:**
- Ranft, Zur Unterscheidung von Tun und Unterlassen im Strafrecht, JuS 1963, 340
- Seelmann, Probleme der Unterscheidung von Handeln und Unterlassen im Strafrecht, JuS 1987, L33
- Stoffers, „Schwerpunkt der Vorwerfbarkeit" und die Abgrenzung von Tun und Unterlassen, JuS 1993, 23
- Röhl, Die Abgrenzung von Tun und Unterlassen und das fahrlässige Unterlassungsdelikt, JuS 1999, 895
- Führ, Die Abgrenzung von Tun und Unterlassen im Strafrecht – vom „Ziegenhaarfall" zu „Terri Schiavo", Jura 2006, 265

I. Ansätze

In einer Fallbearbeitung wird **vorrangig** der Sachverhalt nach einem **aktiven Tun** des Täters abgesucht. In eindeutigen Fällen wird dann ausschließlich das aktive Verhalten des Täters nach einer Begehungsstrafbarkeit geprüft, ein etwaiger Unterlassensvorwurf bzgl. des gleichen Unrechts in evidenten Fällen gar nicht mehr erwähnt. Andersherum ist eine Begehensprüfung dann entbehrlich, wenn evident allein ein Unterlassensvorwurf erhoben werden kann.

Es gibt allerdings eine Reihe von **Grenzfällen**, in denen fraglich ist, ob das aktive Tun des Täters dessen Strafbarkeit nach einem Begehungsdelikt trägt. Schließlich lässt sich irgendein aktives Tun so gut wie immer feststellen, und sei es ein Weggehen oder ein Freizeitverhalten bei gleichzeitiger Inaktivität, was das gefährdete Rechtsgut angeht. Dann gäbe es nur einen sehr begrenzten Anwendungsbereich des Unterlassungsdelikts. Es müssen also Kriterien dafür entwickelt werden, welche aktiven Handlungen des Täters insofern irrelevant sind, als er nur wegen eines Unterlassungsdelikts bestraft wird. Hier ist es zweckmäßig, i.R.e. Vorprüfung Stellung zu nehmen, auch um sich selbst noch einmal zu vergewissern, ob man eine vorrangige Begehensstrafbarkeit hinreichend erwogen hat. Die Abgrenzung kann häufig auch bereits beim Ansprechen des Begehungsdelikts erfolgen.

Beispiel 380:

RG U. v. 23.04.1929 – I 1265/28 (Ziegenhaar) – RGSt 63, 211:
B bezog für seine Pinselfabrik von einer Händlerfirma chinesische Ziegenhaare und ließ diese trotz der Mitteilung der Händlerfirma, dass er sie desinfizieren müsse, ohne vorherige Desinfektion durch seine Arbeiter zu Pinseln verarbeiten. Ein Arbeiter und drei Arbeiterinnen, die mit der Herstellung der Pinsel beschäftigt waren, und eine Arbeiterin, die mit den ersteren in Berührung kam, wurden durch Milzbrandbazillen, mit denen die Haare behaftet waren, angesteckt; die vier Arbeiterinnen sind an Milzbrand gestorben.

Wirft man dem Fabrikanten ein bloßes Unterlassen vor (Nicht-Desinfektion der Haare) oder ein aktives Tun (Überreichen der infizierten Haare an die Arbeiter)?

Beispiel 381:

BGH U. v. 14.03.2003 – 2 StR 239/02 (infizierter Arzt) – NStZ 2003, 657 = StV 2007, 76 (Anm. Puppe, AT, 3. Aufl. 2016, § 28 Rn. 7ff.; RÜ 2003, 268; RA 2003, 378; famos 8/2003; Duttge JR 2003, 34; Geppert JK 2004 StGB § 13/38; Nepomuck StraFo 2004, 9; Paeffgen FS Rudolphi 2004, 187; Ulsenheimer StV 2007, 77):

B, der auch wissenschaftlich umfangreich aktiv war, genoss als Herzchirurg einen ausgezeichneten Ruf und operierte selbst mehrere hundert Patienten pro Jahr. Dem B war die in Ärztekreisen und Fachliteratur eingehend diskutierte Problematik der Gefahr wechselseitiger HBV-Infektionen zwischen Ärzten und Patienten – einschließlich des besonderen Risikos bei chirurgischer Tätigkeit – bekannt; seit Beginn der 1990er-Jahre gehörte es darüber hinaus zum allgemeinen medizinischen Kenntnisstand, dass unter Umständen schon winzige, optisch nicht wahrnehmbare Mengen von Blut- oder Serumspuren (z.B. Schweißtropfen) für eine Übertragung des Virus ausreichend sind. Ebenso wusste B, dass das gesamte Personal der von ihm geführten Klinik – mit Ausnahme seiner eigenen Person sowie seines Stellvertreters – in regelmäßigen Abständen zu Kontrollen einbestellt wurde. B hingegen unterzog sich weder einer Untersuchung durch den Hochschularzt noch außerhalb des Klinikums; auch eine Impfung ließ er nicht vornehmen. Spätestens im Jahr 1992 infizierte der B sich mit Hepatitis B, ohne jemals Krankheitssymptome an sich festzustellen. Die Krankheit nahm einen chronischen Verlauf und von B ging eine extrem hohe Infektiösität aus. Im Zeitraum vom 27.05.1994 bis 06.11.1998 infizierte er bei Herzoperationen zwölf seiner Patienten. Bei einigen von ihnen kam es zu erheblichen gesundheitlichen Beschwerden; in drei Fällen verlief die Infektion chronisch.

Liegt ein Begehungsdelikt vor, wenn nämlich an die Behandlungen anzuknüpfen ist, oder ein Unterlassungsdelikt, wenn auf das Versäumen der Untersuchungen abgestellt wird?

Beispiel 382:

BGH B. v. 17.08.1999 – 1 StR 390/99 (Küchenbrand) – NStZ 1999, 607 (Anm. Puppe, AT, 3. Aufl. 2016, § 28 Rn. 1ff.):

B ließ am Vormittag des 05.08.1998 ihre damals drei Jahre alte Tochter G für längere Zeit allein in der Wohnung zurück. Obwohl G schon früher in einem unbeaufsichtigten Moment die Herdplatten eingeschaltet hatte, traf B gegen diese Möglichkeit keine Vorkehrungen. Im Laufe des Tages setzte G die Herdplatten erneut in Gang. Durch die Hitzeentwicklung fing neben den Herdplatten liegendes Papier Feuer, es kam zu einem Küchenbrand; G erstickte.

Stellt das Verlassen der Wohnung ein strafrechtlich relevantes aktives Tun dar oder kann der B nur ein Unterlassen (Aufsicht, Sicherung der Herdplatten) vorgeworfen werden?

Wonach aktives Tun und Unterlassen abzugrenzen sind, ist strittig.[5]

Ausgangspunkt ist das faktische Kriterium des **Energieeinsatzes**, das Vorhandensein einer Körperbewegung. Allerdings lässt sich eine solche in Zweifelsfällen immer in irgendeiner Weise feststellen, ohne dass damit der eigentliche Vorwurf herausgestellt werden kann.

Unverzichtbar ist daher die **normative** Abgrenzung: Abzustellen ist auf den **Schwerpunkt der Vorwerfbarkeit.** Zuzugeben ist dabei, dass in Fällen der Gemengelage zwischen Tun und Unterlassen zunächst unklar bleibt, wie man den Schwerpunkt zu bestimmen hat. Es handelt sich eher um eine Formulierung des Problems als um eine Lösung. Immerhin wird man im Lichte des Rechtsgüterschutzes in vielen Fällen herausarbeiten können, ob das Verhalten des Täters das **eigene aktive Setzen eines unerlaubten Risikos** darstellt oder eben nur die Nichtabwendung eines fremdgesetzten Risikos. Zu beachten ist, dass das Unterlassen ohnehin nachrangig ist, so dass in Zweifelsfällen die Annahme aktiven Tuns naheliegt. In einer Fallbearbeitung wird ein weiter Vertretbarkeitsspielraum eröffnet, so dass klausurtaktische Erwägungen eine Rolle spielen werden.

II. Einzelfälle

1. Zeitliches Zusammenfallen von Tun und Unterlassen, insbesondere Vornahme einer gefährlichen Handlung bei gleichzeitigem Unterlassen möglicher Sicherungsmaßnahmen

---
Beispiel 383:

G U. v. 23.04.1929 – I 1265/28 (Ziegenhaar) – RGSt 63, 211:
B bezog für seine Pinselfabrik von einer Händlerfirma chinesische Ziegenhaare und ließ diese trotz der Mitteilung der Händlerfirma, dass er sie desinfizieren

---

[5] Hierzu Spendel FS Schmidt 1961, 183; Ranft JuS 1963, 340; Lampe ZStW 1967, 476; Roxin FS Engisch 1969, 380; Engisch FS Gallas 1973, 163; Samson FS Welzel 1974, 579; Hruschka FS Bockelmann 1979, 421; Seelmann JuS 1987, L33; Volk FS Tröndle 1989, 219; Stoffers JuS 1993, 23; Stoffers GA 1993, 262; Struensee FS Stree/Wessels 1993, 133; Röhl JuS 1999, 895; Kargl GA 1999, 459; Brammsen GA 2002, 193; Walter ZStW 2004, 555; Führ Jura 2006, 265; Merkel FS Herzberg 2008, 193; Freund FS Herzberg 2008, 225; Streng ZStW 2010, 1; Loos FS Samson 2010, 81; Kuhlen FS Puppe 2011, 669; Ast ZStW 2012, 612; aus der umfangreichen Rspr. vgl. zuletzt BGH U. v. 04.09.2014 - 4 StR 473/13 (Jalloh) - BGHSt 59, 292 = NJW 2015, 96 (Anm. Puppe, AT, 3. Aufl. 2016, § 11 Rn. 25ff. und § 29 Rn. 23ff.; RÜ 2014, 777; Satzger Jura 2015, 882; Jäger JA 2015, 72; Jahn JuS 2015, 180; LL 2015, 179; famos 1/2015; Schiemann NJW 2015, 20; Rostalski JR 2015, 306; Zimmermann/Linder ZStW 2016, 713; Dehne-Niemann HRRS 2017, 174); KG B. v. 12.12.2016 - 3 Ws 637/16, 3 Ws 637/16 - 161 AR 160/16 (Anm. Ambrosy, jurisPR-StrafR 5/2017 Anm. 3).

müsse, ohne vorherige Desinfektion durch seine Arbeiter zu Pinseln verarbeiten. Ein Arbeiter und drei Arbeiterinnen, die mit der Herstellung der Pinsel beschäftigt waren, und eine Arbeiterin, die mit den ersteren in Berührung kam, wurden durch Milzbrandbazillen, mit denen die Haare behaftet waren, angesteckt; die vier Arbeiterinnen sind an Milzbrand gestorben.

Beispiel 384:

BGH U. v. 14.03.2003 – 2 StR 239/02 (infizierter Arzt) – NStZ 2003, 657 = StV 2007, 76 (Anm. Puppe, AT, 3. Aufl. 2016, § 28 Rn. 7ff.; RÜ 2003, 268; RA 2003, 378; famos 8/2003; Duttge JR 2003, 34; Geppert JK 2004 StGB § 13/38; Nepomuck StraFo 2004, 9; Paeffgen FS Rudolphi 2004, 187; Ulsenheimer StV 2007, 77):

B, der auch wissenschaftlich umfangreich aktiv war, genoss als Herzchirurg einen ausgezeichneten Ruf und operierte selbst mehrere hundert Patienten pro Jahr. Dem B war die in Ärztekreisen und Fachliteratur eingehend diskutierte Problematik der Gefahr wechselseitiger HBV-Infektionen zwischen Ärzten und Patienten – einschließlich des besonderen Risikos bei chirurgischer Tätigkeit – bekannt; seit Beginn der 1990er-Jahre gehörte es darüber hinaus zum allgemeinen medizinischen Kenntnisstand, dass unter Umständen schon winzige, optisch nicht wahrnehmbare Mengen von Blut- oder Serumspuren (z.B. Schweißtropfen) für eine Übertragung des Virus ausreichend sind. Ebenso wusste B, dass das gesamte Personal der von ihm geführten Klinik – mit Ausnahme seiner eigenen Person sowie seines Stellvertreters – in regelmäßigen Abständen zu Kontrollen einbestellt wurde. B hingegen unterzog sich weder einer Untersuchung durch den Hochschularzt noch außerhalb des Klinikums; auch eine Impfung ließ er nicht vornehmen. Spätestens im Jahr 1992 infizierte der B sich mit Hepatitis B, ohne jemals Krankheitssymptome an sich festzustellen. Die Krankheit nahm einen chronischen Verlauf und von B ging eine extrem hohe Infektiösität aus. Im Zeitraum vom 27.05.1994 bis 06.11.1998 infizierte er bei Herzoperationen zwölf seiner Patienten. Bei einigen von ihnen kam es zu erheblichen gesundheitlichen Beschwerden; in drei Fällen verlief die Infektion chronisch.

Beispiel 385:

AG München U. v. 06.05.1987 – 462 Ds 123 Js 3284/87 – NJW 1987, 2314 = NStZ 1987, 407 (Anm. Herzberg JuS 1987, 777; Arloth NStZ 1987, 408):

B ging seit ihrem 12. Lebensjahr der Prostitution nach. Seit Anfang 1985 ist sie mit dem HIV-1 Virus infiziert. Die Gesundheitsbehörde untersagte ihr die Ausübung der Prostitution mit Bescheid vom 14.11.1985. Sie wurde belehrt, dass sie auch privat den Geschlechtsverkehr ausschließlich unter Verwendung von Kondomen durchführen dürfe. Gleichwohl ging sie weiterhin ihrer Tätigkeit nach. Zu einer Infizierung der Kunden kam es nicht.

Setzt der Täter ein eigenes Risiko, so handelt es sich um aktives Tun.[6] Daneben liegt zwar auch ein Unterlassen vor, das aktive Tun geht als stärkere Begehungsform dem Unterlassen aber vor.

Bei Nichteindämmung anders (z.B. durch Dritte oder das Opfer) gesetzter Risiken liegt der Schwerpunkt der Vorwerfbarkeit hingegen beim Unterlassen.

Beispiel 386:

BGH B. v. 17.08.1999 – 1 StR 390/99 (Küchenbrand) – NStZ 1999, 607 (Anm. Puppe, AT, 3. Aufl. 2016, § 28 Rn. 1ff.):
B ließ am Vormittag des 05.08.1998 ihre damals drei Jahre alte Tochter G für längere Zeit allein in der Wohnung zurück. Obwohl G schon früher in einem unbeaufsichtigten Moment die Herdplatten eingeschaltet hatte, traf B gegen diese Möglichkeit keine Vorkehrungen. Im Laufe des Tages setzte G die Herdplatten erneut in Gang. Durch die Hitzeentwicklung fing neben den Herdplatten liegendes Papier Feuer, es kam zu einem Küchenbrand; G erstickte.

Bei einem Herd besteht stets das abstrakte Risiko, dass ein Kind mit den Bedienelementen spielt und ihn in Gang setzt. B muss vorgeworfen werden, dieses bestehende Risiko nicht durch Beaufsichtigung der G eingedämmt zu haben. Es handelt sich um ein Unterlassen.

2. Zeitliches Auseinanderfallen von Tun und Unterlassen

Folgt einem aktiven Tun ein späteres Unterlassen, so liegt in letzterem dann kein eigener Anknüpfungspunkt für eine Strafbarkeit mehr (Gesetzeskonkurrenz i.F.d. materiellen Subsidiarität), wenn es lediglich darin besteht, den durch eigene aktive Risikosetzung zu erwartenden Erfolg nicht abgewendet zu haben.[7]

Beispiel 387:

B misshandelte G, wobei er ihren Tod billigend in Kauf nahm, und ließ sie verletzt liegen. G starb.

B ist neben Totschlag (§ 212 I StGB) nicht zugleich wegen Totschlages durch Unterlassen (§§ 212 I, 13 I StGB) zu verurteilen, da er nur die Verwirklichung des selbst aktiv gesetzten Risikos nicht verhinderte.

Es liegt aber dann kein Fall der Gesetzeskonkurrenz vor, wenn das Unterlassen neues Unrecht verwirklicht, z.B. bei später gefasstem Tötungsvorsatz.

---

[6] B. Heinrich, AT, 5. Aufl. 2016, Rn. 867.
[7] B. Heinrich, AT, 5. Aufl. 2016, Rn. 868.

Beispiel 388:

B misshandelte G ohne Tötungsvorsatz. Er erkannte dann, dass er G so schwer verletzt hatte, dass diese ohne Hilfe bald sterben würde. Dennoch ließ er sie liegen, G starb.

Hier tritt zu § 223 I StGB zumindest ein Totschlag durch Unterlassen, §§ 212 I, 13 StGB.

3. Abbruch von Rettungsbemühungen

Die Störung fremder Rettungsbemühungen ist ein aktives Tun; problematisch ist der Abbruch eigener, sog. Rücktritt vom Gebotserfüllungsversuch.[8]

Beispiel 389:

B sah den um Hilfe rufenden, ertrinkenden G. Er warf ihm einen Rettungsring zu. Kurz bevor G den Ring packen konnte, überlegte B es sich anders und zog ihn wieder weg.

Mit dem Zuwerfen des Rettungsringes hatte B einen bei ungestörtem Fortgang des Geschehens zur Rettung des G führenden Kausalverlauf in Gang gesetzt, durch das Wegziehen ihn wieder abgebrochen. Ist das ein Begehen?

Die h.M.[9] differenziert nach dem Stadium der Rettung: Begehungstäter sei hiernach, wer die Rettung zu einem Zeitpunkt abbricht, in dem bereits eine gesicherte Rettungsmöglichkeit bestand, ansonsten bleibe es beim Unterlassungsvorwurf.

4. *Omissio libera in causa* (Ausschluss der Handlungsfähigkeit)

▶ **Didaktischer Aufsatz:**
  • Satzger, Dreimal "in causa" – actio libera in causa, omissio libera in causa und actio illicita in causa, Jura 2006, 513

Als *omissio libera in causa* bezeichnet man es, wenn ein Unterlassungstäter sich in den Zustand der Handlungsunfähigkeit versetzt hat.[10]

---

[8] Hierzu B. Heinrich, AT, 5. Aufl. 2016, Rn. 873; aus der Rspr. vgl. KG B. v. 12.12.2016 - 3 Ws 637/16, 3 Ws 637/16 - 161 AR 160/16 (Anm. Ambrosy jurisPR-StrafR 5/2017 Anm. 3).

[9] Vgl. nur Joecks, StGB, 11. Aufl. 2014, § 13 Rn. 17.

[10] Hierzu Bertel JZ 1965, 53; Baier GA 1999, 272; Satzger Jura 2006, 513; Otto FS Frisch 2013, 589; aus der Rspr. vgl. zuletzt KG B. v. 09.02.2016 - (4) 121 Ss 231/15 (5/16) - NStZ-RR 2016, 208 = StV 2016, 478.

Beispiel 390:

Bademeister B trank Alkohol und schlief volltrunken ein. Er hörte daher die Schreie der Nichtschwimmerin G nicht, die ins Wasser gefallen war und ertrank.

Im Zeitpunkt der Rettungspflicht handelte B mangels Handlungsfähigkeit nicht tatbestandsmäßig. Angeknüpft werden kann aber an sein fahrlässiges oder vorsätzliches Vorverhalten. Dieses war zwar ohne Weiteres ein aktives Tun (Trinken), dennoch wird dieser verschuldete Ausschluss der Rettungsfähigkeit als Unterlassungsdelikt bewertet, um eine Schlechterstellung gegenüber dem aus sonstigen Gründen nicht Rettenden zu vermeiden.[11]

5. Sterbehilfe

Diese besondere Problematik sei im Besonderen Teil erörtert.

6. Produkthaftung

▶ **Didaktischer Aufsatz:**
 • Schmidt-Salzer, Zivilrechtliche und strafrechtliche Produktverantwortung, JA 1988, 465

Es ist problematisch, ob beim Vertrieb gefährlicher und nicht zurückgerufener Produkte der Schwerpunkt der Vorwerfbarkeit beim aktiven In-Verkehr-Bringen des Produkts liegt oder beim Unterlassen des gebotenen Rückrufs.[12]

Beispiel 391:

BGH U. v. 06.07.1990 – 2 StR 549/89 (Lederspray) – BGHSt 37, 106 = NJW 1990, 2560 = NStZ 1990, 587 = StV 1990, 446 (Anm. Roxin, Höchstrichterliche Rspr. AT, 1998, Nr. 92; Puppe, AT, 3. Aufl. 2016, § 2 Rn. 9ff. und 27ff.; Hemmer-BGH-Classics Strafrecht, 2003, Nr. 1; Schmidt-Salzer NJW 1990, 2966; Kuhlen NStZ 1990, 566; Brammsen Jura 1991, 533; Hassemer JuS 1991, 253; Samson StV 1991, 182; Beulke/Bachmann JuS 1992, 737; Meier

---

[11] Vgl. etwa Kindhäuser, LPK, 6. Aufl. 2015, § 13 Rn. 84.

[12] Hierzu Lackner/Kühl, StGB, 28. Aufl. 2014, § 13 Rn. 5; Schmidt-Salzer JA 1988, 465; Schmidt-Salzer NJW 1988, 1937; Vogel GA 1990, 241; Kuhlen JZ 1994, 1142; Schmidt-Salzer NJW 1996, 1; Hoyer GA 1996, 160; Deutscher/Körner wistra 1996, 292 und 327; Kühne NJW 1997, 1951; Hilgendorf FS Lenckner 1998, 699; Otto FS H. J. Hirsch 1999, 291; Tiedemann FS H. J. Hirsch 1999, 765; Bode FS 50 Jahre BGH 2000, 515; Kuhlen FG 50 Jahre BGH IV 2000, 647; Kellermann FS Kreuzer 2003, 265; Hilgendorf FS Weber 2004, 33; Kuhlen FS Eser 2005, 359; Bloy FS Maiwald 2010, 35.

NJW 1992, 3193; Puppe JR 1992, 30; Hirte JZ 1992, 257; Brammsen GA 1993, 97; Hilgendorf NStZ 1994, 561; Jähnke Jura 2010, 582):
Die E-GmbH befasste sich unter anderem mit der Herstellung von Schuh- und Lederpflegeartikeln. Dazu gehörten auch Ledersprays, die – abgefüllt in Treibgasdosen – zum Versprühen bestimmt waren und der Pflege, dem Imprägnieren oder dem Färben insbesondere von Schuhen und sonstigen Bekleidungsgegenständen dienen. Ab dem Spätherbst 1980 gingen Schadensmeldungen ein, in denen berichtet wurde, dass Personen nach dem Gebrauch von Ledersprays Marke „E" gesundheitliche Beeinträchtigungen erlitten hatten. Diese Beeinträchtigungen äußerten sich zumeist in Atembeschwerden, Husten, Übelkeit, Schüttelfrost und Fieber. Die Betroffenen mussten vielfach ärztliche Hilfe in Anspruch nehmen, bedurften oftmals stationärer Krankenhausbehandlung und kamen in nicht seltenen Fällen wegen ihres lebensbedrohlichen Zustands zunächst auf die Intensivstation. Die Befunde ergaben regelmäßig Flüssigkeitsansammlungen in den Lungen (Lungenödem). Die ersten Schadensmeldungen lösten firmeninterne Untersuchungen aus. Diese bezogen sich auf zurückgegebene Spraydosen. Fabrikationsfehler ergaben sich dabei nicht. Festgestellt wurde nur, dass bei einem Spray seit Mitte 1980 der Wirkstoffanteil des Silikonöls erhöht worden war. Diese Rezepturänderung wurde Anfang 1981 rückgängig gemacht. Gleichwohl folgten weitere Schadensmeldungen. Fachgespräche mit Toxikologen zweier Chemieunternehmen und einem beratenden Arzt brachten keine Klärung. Der Silikonöl-Wirkstoff wurde aus den Produkten genommen. Die Schadensmeldungen setzten sich jedoch fort. Am 12.05.1981 fand eine Sondersitzung der Geschäftsführung statt. Den einzigen Tagesordnungspunkt bildeten die bekanntgewordenen Schadensfälle. Teilnehmer waren unter anderem sämtliche Geschäftsführer der Firma W-GmbH, nämlich B1-4. Sie fassten den einstimmigen Beschluss, den Vertrieb des Ledersprays fortzusetzen. In der Folgezeit kam es zu weiteren Gesundheitsschäden nach der Verwendung von Ledersprays der bezeichneten Marke.

Lag bereits bei Beginn des Vertriebs Vorsatz oder Fahrlässigkeit vor, so wird diese Begehungshandlung als aktive Risikosetzung dem Unterlassen vorgehen, sofern dieses nicht an Unrecht überwiegt.

D. Erfolg

§ 13 I StGB spricht ausdrücklich von einem Unterlassen der *Erfolg*sabwendung. Dennoch ist es ganz h.M., dass auch reine Tätigkeitsdelikte (z.B. § 153 StGB) hierunter fallen.[13]

---

[13] Hierzu Tenckhoff FS Spendel 1992, 347; aus der Rspr. vgl. BayObLG U. v. 18.08.1978 - RReg. 1 St 147/77 (Anm. Horn JR 1979, 291).

Zu beachten ist aber, dass bei eigenhändigen Delikten die täterschaftliche Unterlassungsbegehung ausgeschlossen ist.[14]

E. Unterlassen der Erfolgsabwendung: Fehlen eines dem Täter möglichen und erforderlichen Erfolgsabwendungsversuches

§ 13 I StGB stellt die unterlassene Erfolgsabwendung unter Strafe. Dem Täter wird damit vorgeworfen, nicht zugunsten des Rechtsguts tätig geworden zu sein,[15] obwohl erstens hierzu die Möglichkeit[16] bestand und zweitens das Handeln zur Erfolgsabwendung erforderlich war.

Bei Unmöglichkeit bzgl. der Ergreifung bestimmter Maßnahmen ist ggf. an andere unterlassene Optionen zu denken.

> **Beispiel 392:**
> B erkannte, dass G ertrinken würde. Er ist aber Nichtschwimmer.

Ggf. wäre das Herbeiholen fremder Hilfe, z.B. das Zuwerfen eines Rettungsringes, möglich gewesen.

Bei selbstverschuldeter Handlungsunfähigkeit greift ggf. die *omissio libera in causa*, s.o.

Bei mehreren möglichen Handlungen muss der Täter nicht die effektivste ergreifen, solange nur der Erfolg verhindert werden kann.[17]

An einer Erforderlichkeit fehlt es z.B. bei der Anwesenheit vorrangiger Rettungspflichtiger, ferner bei sicherer Erfolglosigkeit eines Rettungsbemühens.[18]

---

[14] Heine, in: Sch/Sch, 29. Aufl. 2014, vor § 25 Rn. 105; aus der Rspr. vgl. BGH U. v. 27.07.1962 - 4 StR 215/62 - BGHSt 18, 6 = NJW 1962, 2069.

[15] Hierzu B. Heinrich, AT, 5. Aufl. 2016, Rn. 894ff.

[16] Fischer, StGB, 64. Aufl. 2017, § 13 Rn. 77ff.; Joecks, StGB, 11. Aufl. 2014, § 13 Rn. 26; aus der Rspr. vgl. BGH U. v. 07.08.1984 - 1 StR 200/84 (Stechapfeltee) - NStZ 1985, 25 (Anm. Fahl JA 1998, 105).

[17] B. Heinrich, AT, 5. Aufl. 2016, Rn. 900.

[18] B. Heinrich, AT, 5. Aufl. 2016, Rn. 901f.; aus der Rspr. vgl. jüngst OLG Hamburg B. v. 08.06.2016 - 1 Ws 131/16 - NStZ 2016, 530 (Anm. RÜ 2016, 640; Miebach NStZ 2016, 536; Wilhelm HRRS 2017, 68).

F. Hypothetische (Quasi-)Kausalität und objektive Zurechnung

Der Kausalität beim Begehungsdelikt entspricht die hypothetische oder Quasi-Kausalität beim Unterlassungsdelikt.[19] Die abweichende Bezeichnung beruht darauf, dass problematisch ist, ob man ein „Nichts" (das Unterlassen) als (naturwissenschaftlich, empirisch, philosophisch?) kausal für einen Erfolg bezeichnen kann, da es an einer Veränderung in der Außenwelt gerade fehlt. In der Tat handelt es sich bei der Quasi-Kausalität des Unterlassungsdelikts um eine Prognose, die notwendig normativ geprägt ist.

Die **Anforderungen an die Quasi-Kausalität** sind strittig.[20]

Einigkeit besteht darüber, dass die Quasi-Kausalität dann vorliegt, wenn der Erfolg mit Sicherheit ausgeblieben wäre, wenn der Täter gebotenerweise gehandelt hätte. Unproblematisch ist auch der umgekehrte Fall, wenn mit Sicherheit feststeht, dass der Erfolg dennoch eingetreten wäre. Dann fehlt die Quasi-Kausalität, ggf. kommt ein Versuch in Betracht.

Häufig ist aber die Konstellation, dass unklar bleibt (z.B. aufgrund der Grenzen der Rechtsmedizin), ob der Erfolg entfallen wäre, wenn der Täter gehandelt hätte.

Beispiel 393:

BGH B. v. 13.06.2002 – 4 StR 51/02 – NStZ-RR 2002, 303 (Anm. RA 2002, 544):
B1, B2, B3, B4 und B5 wollten in einem Abrisshaus einem Obdachlosen – notfalls mit Gewalt – Geld abnehmen. In Ausführung dieses Vorhabens weckte B1 den dort schlafenden G und verlangte von ihm die Herausgabe von Geld. Als dieser angab, kein Geld zu haben, schlug B1 ihm mit der Faust mehrmals ins Gesicht und durchsuchte seine Jackentaschen, fand aber nichts. Daraufhin misshandelten ihn auch die übrigen Beteiligten. Nachdem sie das Haus verlassen hatten, befürchteten sie, die Verletzungen könnten

---

[19] Hierzu Hall GS Grünhut 1967, 213; Herzberg MDR 1971, 881; Wachsmuth/Schreiber NJW 1982, 2094; Ranft ZStW 1985, 268; Kaufmann FS Jescheck 1985, 273; Maiwald FS Küper 2007, 329; Spendel FS Herzberg 2008, 247; Marinucci FS Maiwald 2010, 485; Greco ZIS 2011, 674; Dehne-Niemann GA 2012, 89; aus der umfangreichen Rspr. vgl. BGH B. v. 08.07.1987 - 2 StR 269/87 - NJW 1987, 2940 = NStZ 1987, 505 (Anm. Puppe, AT, 3. Aufl. 2016, § 2 Rn. 18ff.; Otto JK 1988 StGB § 13/14; Brammsen MDR 1989, 123); zuletzt BGH U. v. 04.09.2014 - 4 StR 473/13 (Jalloh) - BGHSt 59, 292 = NJW 2015, 96 (Anm. Puppe, AT, 3. Aufl. 2016, § 11 Rn. 25ff. und § 29 Rn. 23ff.; RÜ 2014, 777; Satzger Jura 2015, 882; Jäger JA 2015, 72; Jahn JuS 2015, 180; LL 2015, 179; famos 1/2015; Schiemann NJW 2015, 20; Rostalski JR 2015, 306; Zimmermann/ Linder ZStW 2016, 713; Dehne-Niemann HRRS 2017, 174); OLG Hamburg B. v. 08.06.2016 - 1 Ws 131/16 - NStZ 2016, 530 (Anm. RÜ 2016, 640; Miebach NStZ 2016, 536; Wilhelm HRRS 2017, 68).

[20] S. obige Nachweise.

möglicherweise zum Tod des G geführt haben. Sie kehrten später zu dem Gebäude zurück, auch, um sich über den Gesundheitszustand des G zu vergewissern. Als sie ihn noch lebend vorfanden und er wahrheitswidrig angab, ihm seien gerade 2.000 DM geraubt worden, misshandelten sie ihn – insbesondere durch Tritte – weiter, diesmal mit mindestens bedingtem Tötungsvorsatz. Dann verließen sie das Haus. Zu diesem Zeitpunkt lebte G noch. Er verstarb schließlich aufgrund der erlittenen massiven Gewalteinwirkungen, wobei ihm die todbringenden Verletzungen möglicherweise bereits im ersten Tatkomplex beigebracht worden waren; die Misshandlungen im zweiten Tatkomplex haben den Todeseintritt jedoch beschleunigt. Das Leben des G hätte „mit einiger Wahrscheinlichkeit" gerettet werden können, wenn er umgehend ärztlicher Hilfe zugeführt worden wäre.

In dubio pro reo muss davon ausgegangen werden, dass dem G die tödlichen Verletzungen schon im ersten Tatkomplex beigebracht worden sind, als die B1-B5 noch keinen Tötungsvorsatz hatten. Während es dort also am subjektiven Tatbestand fehlt, verbleibt für den zweiten Tatkomplex keine todesursächliche Handlung. Es kommt aber eine Strafbarkeit wegen Totschlages oder Mordes durch Unterlassen (§§ 212 I, 211, 13 I StGB) in Betracht, weil die B1-B5 das unvorsätzlich gesetzte Risiko des Todes nicht beseitigten (sondern sogar steigerten). Dabei ist aber nicht sicher, ob der Todeserfolg noch hätte verhindert werden können, und deswegen die Quasi-Kausalität problematisch.

Die Rspr.[21] und die h.L.[22] fordern, dass der Erfolg bei Hinzudenken der unterlassenen Handlung mit an **Sicherheit grenzender Wahrscheinlichkeit** verhindert worden wäre, während eine beachtliche Minderheitsauffassung[23] jede Risikoverringerung (Eröffnung einer Rettungschance) für ausreichend erachtet (sog. **Risikoerhöhungslehre** bzw. Risikoverringerungslehre).

Gegen die Risikoverringerungslehre spricht, dass sie entgegen dem Wortlaut eine strafbarkeitsausdehnende Umwandlung von Erfolgsdelikten in Gefährdungsdelikte bewirkt. Das Unterlassen schafft gerade kein nachweisliches Risiko, das sich realisiert hat. Die Haftung für ein Unterlassen wäre überdies strenger als für ein Begehen. Wie § 130 OWiG zeigt, ist sich der Gesetzgeber dieser Problematik auch sehr wohl bewusst, ohne dass er sie für § 13 StGB geregelt hätte. Unerträgliche Strafbarkeitslücken dürften angesichts einer meist noch verbleibenden Versuchsstrafbarkeit nicht entstehen.

---

[21] Z.B. BGH U. v. 06.07.1990 - 2 StR 549/89 (Lederspray) - BGHSt 37, 106.

[22] Vgl. nur B. Heinrich, AT, 5. Aufl. 2016, Rn. 888f.

[23] Z.B. Otto, AT, 7. Aufl. 2004, § 9 Rn. 99ff.; Puppe ZJS 2008, 600 (601).

> **§ 130 I OWiG**
> Wer als Inhaber eines Betriebes oder Unternehmens vorsätzlich oder fahrlässig die Aufsichtsmaßnahmen unterläßt, die erforderlich sind, um in dem Betrieb oder Unternehmen Zuwiderhandlungen gegen Pflichten zu verhindern, die den Inhaber treffen und deren Verletzung mit Strafe oder Geldbuße bedroht ist, handelt ordnungswidrig, wenn eine solche Zuwiderhandlung begangen wird, die durch gehörige Aufsicht verhindert oder wesentlich erschwert worden wäre. Zu den erforderlichen Aufsichtsmaßnahmen gehören auch die Bestellung, sorgfältige Auswahl und Überwachung von Aufsichtspersonen.

Zuzugeben ist aber, dass im Bereich **mehrstufiger Unterlassungen** nie mit an Sicherheit grenzender Wahrscheinlichkeit feststeht, dass ein Handeln des Täters dazwischengeschaltete andere Personen zur Erfolgsvermeidung angehalten hätte.[24]

Beispiel 394:

BGH B. v. 06.03.2008 – 4 StR 669/07 (Kfz-Werkstatt) – BGHSt 52, 159 = NJW 2008, 1897 = NStZ 2008, 391 (Anm. Puppe, AT, 3. Aufl. 2016, § 30 Rn. 18ff.; Geppert JK 2008 StGB § 13 I/2; Bosch JA 2008, 737; Lindemann ZJS 2008, 404; LL 2008, 537; RÜ 2008, 372; RA 2008, 376; Kühl NJW 2008, 1899; Kühl HRRS 2008, 359):

B1, Leiter der firmeneigenen Werkstatt eines Transportunternehmens, stellte bei einer Probefahrt fest, dass ein Sattelzug infolge schadhafter Bremsen im Straßenverkehr nicht mehr sicher beherrschbar war. Ohne weitere Prüfung ging er davon aus, dass die Bremsprobleme auf fehlerhafte Einsteller an den Vorderradbremsen zurückzuführen waren; in Wahrheit waren auch die Bremsbeläge der Hinterachse nahezu vollständig abgefahren. Bei einer einfachen Sichtkontrolle hätte er das Ausmaß der Mängel ohne Weiteres bemerkt. Er wies B2, den „Juniorchef" des Unternehmens, darauf hin, dass das Fahrzeug nicht mehr verkehrssicher sei und vor der Reparatur der Einsteller nicht mehr geführt werden könne. B2 ordnete gleichwohl die Weiterbenutzung des Fahrzeugs an unter Hinweis darauf, dass neue Einsteller am Wochenende eingebaut werden könnten. B1 trat dem nicht mehr entgegen und unterrichtete den Fahrer davon, dass die Einsteller bereits bestellt waren. Beim Betrieb des Gespanns kam es auf einer Gefällestrecke infolge des Versagens der Bremsen von Zugmaschine und Auflieger zu einem Unfall, bei dem drei Menschen getötet wurden.

Unklar ist, ob sich der Juniorchef von erneuter Kritik hätte beeindrucken lassen.

---

[24] Hierzu Stree/Bosch, in: Sch/Sch, 29. Aufl. 2014, § 13 Rn. 62; Greco ZIS 2011, 674; Bosch FS Puppe 2011, 373.

Auch in Konstellationen der **Produkthaftung** ist oft unklar, ob ein pflichtgemäßer Rückruf die betroffenen Kunden wirklich erreicht hätte und wie sich diese verhalten hätten.

Beispiel 395:

BGH U. v. 06.07.1990 – 2 StR 549/89 (Lederspray) – BGHSt 37, 106 = NJW 1990, 2560 = NStZ 1990, 587 = StV 1990, 446 (Anm. Roxin, Höchstrichterliche Rspr. AT, 1998, Nr. 92; Puppe, AT, 3. Aufl. 2016, § 2 Rn. 9ff. und 27ff.; Hemmer-BGH-Classics Strafrecht, 2003, Nr. 1; Schmidt-Salzer NJW 1990, 2966; Kuhlen NStZ 1990, 566; Brammsen Jura 1991, 533; Hassemer JuS 1991, 253; Samson StV 1991, 182; Beulke/Bachmann JuS 1992, 737; Meier NJW 1992, 3193; Puppe JR 1992, 30; Hirte JZ 1992, 257; Brammsen GA 1993, 97; Hilgendorf NStZ 1994, 561; Jähnke Jura 2010, 582):

Die E-GmbH befasste sich unter anderem mit der Herstellung von Schuh- und Lederpflegeartikeln. Dazu gehörten auch Ledersprays, die – abgefüllt in Treibgasdosen – zum Versprühen bestimmt waren und der Pflege, dem Imprägnieren oder dem Färben insbesondere von Schuhen und sonstigen Bekleidungsgegenständen dienen. Ab dem Spätherbst 1980 gingen Schadensmeldungen ein, in denen berichtet wurde, dass Personen nach dem Gebrauch von Ledersprays Marke „E" gesundheitliche Beeinträchtigungen erlitten hatten. Diese Beeinträchtigungen äußerten sich zumeist in Atembeschwerden, Husten, Übelkeit, Schüttelfrost und Fieber. Die Betroffenen mussten vielfach ärztliche Hilfe in Anspruch nehmen, bedurften oftmals stationärer Krankenhausbehandlung und kamen in nicht seltenen Fällen wegen ihres lebensbedrohlichen Zustands zunächst auf die Intensivstation. Die Befunde ergaben regelmäßig Flüssigkeitsansammlungen in den Lungen (Lungenödem). Die ersten Schadensmeldungen lösten firmeninterne Untersuchungen aus. Diese bezogen sich auf zurückgegebene Spraydosen. Fabrikationsfehler ergaben sich dabei nicht. Festgestellt wurde nur, dass bei einem Spray seit Mitte 1980 der Wirkstoffanteil des Silikonöls erhöht worden war. Diese Rezepturänderung wurde Anfang 1981 rückgängig gemacht. Gleichwohl folgten weitere Schadensmeldungen. Fachgespräche mit Toxikologen zweier Chemieunternehmen und einem beratenden Arzt brachten keine Klärung. Der Silikonöl-Wirkstoff wurde aus den Produkten genommen. Die Schadensmeldungen setzten sich jedoch fort. Am 12.05.1981 fand eine Sondersitzung der Geschäftsführung statt. Den einzigen Tagesordnungspunkt bildeten die bekanntgewordenen Schadensfälle. Teilnehmer waren unter anderem sämtliche Geschäftsführer der Firma W-GmbH, nämlich B1-4. Sie fassten den einstimmigen Beschluss, den Vertrieb des Ledersprays fortzusetzen. In der Folgezeit kam es zu weiteren Gesundheitsschäden nach der Verwendung von Ledersprays der bezeichneten Marke.

Nach der Risikoerhöhungslehre läge in beiden Fällen ohnehin Quasi-Kausalität vor. Aber auch Vertreter der h.M.[25] modifizieren ihren Ansatz dahingehend, dass in Fällen psychisch vermittelter hypothetischer Kausalverläufe ein rechtmäßiges Verhalten aller anderen Menschen unwiderleglich vermutet wird. Bei menschlichen Entscheidungsprozessen lässt sich nämlich niemals mit an Sicherheit grenzender Wahrscheinlichkeit feststellen, welche Konsequenzen ein Anstoß gehabt hätte. In diesen Fällen wird die Lösung darin gesucht, dass die Rechtsordnung grundsätzlich von rechtmäßigem Verhalten der Menschen ausgeht und einen Entschluss zur Begehung einer rechtswidrigen Tat erst dann als rechtlich existent ansieht, wenn zu seiner Verwirklichung angesetzt wurde. In Fällen, in denen dem Unterlassenden eine Erfolgsabwendung nur vermittelt durch die eigenverantwortliche Entscheidung eines Dritten möglich wäre, ist daher bei der hypothetischen Beurteilung des Kausalverlaufs stets von einem rechtmäßigen Verhalten des Dritten im Falle ausreichender Information auszugehen; die Berufung auf ein möglicherweise rechtswidriges Verhalten des Dritten muss dem Unterlassenden hingegen versagt bleiben.

Bei **mehreren handlungspflichtigen Garanten** (sog. paralleles / kollektives Unterlassen) ist das Unterlassen jedes einzelnen Garanten kausal, wenn bei pflichtgemäßem Handeln aller Verpflichteten (sog. Garantengemeinschaft) der Erfolg hätte abgewendet werden können. Niemand soll sich damit entlasten können, dass das Bemühen, die gebotene Kollegialentscheidung herbeizuführen, erfolglos geblieben wäre, weil ihn die anderen Beteiligten im Streitfalle überstimmt hätten. Sonst könnte sich jeder Garant allein durch den Hinweis auf die gleichartige und ebenso pflichtwidrige Untätigkeit gleichgeordneter Garanten von jeder strafrechtlichen Haftung entlasten.[26] Dies entspricht der Rechtslage beim Begehungsdelikt bzgl. der Kausalität i.F.v. Kollektiventscheidungen (Gremienentscheidungen).

Zur objektiven Zurechnung vgl. o. beim Begehungsdelikt.[27]

G. Rechtlich dafür einzustehen haben (sog. Garantenstellung)

▶   **Didaktische Aufsätze:**
  • Arzt, Zur Garantenstellung beim unechten Unterlassungsdelikt, JA 1980, 553, 647 und 712
  • Kühl, Die strafrechtliche Garantenstellung, JuS 2007, 497

---

[25] S. nur Lindemann ZJS 2008, 404 (407f.) m.w.N.; ausf. Puppe, AT, 3. Aufl. 2016, § 30 Rn. 1ff.

[26] S. Stree/Bosch, in: Sch/Sch, 29. Aufl. 2014, § 13 Rn. 61ff.; Greco ZIS 2011, 674; aus der Rspr. vgl. BGH U. v. 06.11.2002 - 5 StR 281/01 (Politbüro des ZK der SED) - BGHSt 48, 77 = NJW 2003, 522 = NStZ 2003, 141 (Anm. Puppe, AT, 3. Aufl. 2016, § 30 Rn.1ff.; Otto JK 2003 StGB vor § 13/15 und § 13/34; RÜ 2003, 71; RA 2003, 102; Ranft JZ 2003, 582; Dreher JuS 2004, 17).

[27] Speziell zur objektiven Zurechnung beim Unterlassungsdelikt Kölbel JuS 2006, 309.

I. Allgemeines

Gem. § 13 I StGB setzt die Strafbarkeit wegen eines unechten Unterlassungsdelikts voraus, dass der Täter **rechtlich dafür einzustehen** hat, dass der Erfolg nicht eintritt. Diese rechtliche Einstandspflicht nennt man **Garantenstellung**, die daraus resultierende Rettungspflicht Garantenpflicht.[28]

Die Möglichkeit der Erfolgsverhinderung genügt zur Begründung einer Garantenstellung nicht.[29]

Die Garantenstellung ist nicht identisch mit der Mindestsolidarität, die jeder schuldet (dafür gelten die echten Unterlassungsdelikte, v.a. § 323c StGB, § 138 StGB[30]), sondern setzt eine **besondere Verantwortlichkeit** dafür voraus, dass der Erfolg nicht eintritt bzw. das Delikt nicht verwirklicht wird.[31]

Hierbei kommt es nicht auf rein sittliche oder moralische „Pflichten" an, verlangt wird eine **Rechtspflicht**,[32] die zudem dem Schutz des durch die in Frage stehende Norm geschützten Rechtsgutes dienen muss.[33]

Alle Erfolgsabwendungspflichten beruhen auf dem Grundgedanken, dass eine bestimmte Person in besonderer Weise zum Schutz des gefährdeten Rechtsguts aufgerufen ist und dass sich alle übrigen Beteiligten auf das helfende Eingreifen dieser Person verlassen und verlassen dürfen (berechtigtes Vertrauen).[34]

---

[28] Zu den Garantenstellungen und -pflichten Blei FS Mayer 1966, 119; Arzt JA 1980, 553, 647 und 712; Seelmann GA 1989, 241; Kühl JuS 2007, 497; Schünemann FS Amelung 2009, 303; Pawlik FS Roxin 2011, 931.

[29] Fischer, StGB, 64. Aufl. 2017, § 13 Rn. 8; aus der Rspr. vgl. BGH U. v. 25.09.2014 - 4 StR 586/13 - BGHSt 59, 318 = NJW 2014, 3669 = NStZ 2015, 150 = StV 2015, 420 (Anm. Hecker JuS 2014, 1133; Johnigk NJW 2014, 3671; Bosch Jura 2015, 221; Kudlich JA 2015, 74; Wohlers JR 2015, 397; Bringewat StV 2016, 462).

[30] Dazu, dass auch aus § 138 StGB keine Garantenstellung folgt, Kindhäuser, LPK, 6. Aufl. 2015, § 13 Rn. 32; aus der Rspr. vgl. LG Itzehoe B. v. 20.07.2009 - 1 Qs 63/09 - NStZ-RR 2010, 10 (Anm. Hecker JuS 2010, 549).

[31] Kindhäuser, LPK, 6. Aufl. 2015, § 13 Rn. 32; näher Meister MDR 1953, 649.

[32] Kindhäuser, LPK, 6. Aufl. 2015, § 13 Rn. 32; aus der Rspr. vgl. BayObLG U. v. 05.02.1987 - RReg. 3 St 174/86 - NJW 1987, 1654 = StV 1987, 397 (Anm. Hassemer JuS 1987, 830; Otto JZ 1987, 628; Hillenkamp JR 1988, 301; Rengier JuS 1989, 802).

[33] Stree/Bosch, in: Sch/Sch, 29. Aaufl. 2014, § 13 Rn. 8f.; aus der Rspr. vgl. BGH U. v. 06.07.1990 - 2 StR 549/89 (Lederspray) - BGHSt 37, 106 = NJW 1990, 2560 = NStZ 1990, 587 = StV 1990, 446 (Anm. Roxin, Höchstrichterliche Rspr. AT, 1998, Nr. 92; Puppe, AT, 3. Aufl. 2016, § 2 Rn. 9ff. und 27ff.; Hemmer-BGH-Classics Strafrecht, 2003, Nr. 1; Schmidt-Salzer NJW 1990, 2966; Kuhlen NStZ 1990, 566; Brammsen Jura 1991, 533; Hassemer JuS 1991, 253; Samson StV 1991, 182; Beulke/Bachmann JuS 1992, 737; Meier NJW 1992, 3193; Puppe JR 1992, 30; Hirte JZ 1992, 257; Brammsen GA 1993, 97; Hilgendorf NStZ 1994, 561; Jähnke Jura 2010, 582).

[34] Wohlers/Gaede, in: NK, 4. Aufl. 2013, § 13 Rn. 34; aus der Rspr. vgl. BGH U. v. 25.09.2014 - 4 StR 586/13 - BGHSt 59, 318 = NJW 2014, 3669 = NStZ 2015, 150 = StV 2015, 420 (Anm. Hecker JuS 2014, 1133; Johnigk NJW 2014, 3671; Bosch Jura 2015, 221; Kudlich JA 2015, 74; Wohlers JR 2015, 397; Bringewat StV 2016, 462).

Hierbei ist heute eine **Unterteilung** der Garantenstellung nach ihrer Funktion bzw. Schutzrichtung in **Obhuts- und Überwachergaranten** üblich.[35]

II. Obhutsgarant (Beschützergarant)

1. Grundlagen

Die sog. Obhuts- oder Beschützergarantenstellungen zeichnen sich dadurch aus, dass der Garant den oder die in seiner Obhut befindlichen Rechtsgutsträger vor allen Gefahren schützen muss.[36]

Ähnlich umrissen ist die Täterqualifikation des echten Unterlassungsdelikts nach § 221 I Nr. 2 StGB (Aussetzung).

> **§ 221 I Nr. 2 StGB (Aussetzung)**
> Wer einen Menschen
> [...]
> 2. in einer hilflosen Lage im Stich läßt, obwohl er ihn in seiner Obhut hat oder ihm sonst beizustehen verpflichtet ist, und ihn dadurch der Gefahr des Todes oder einer schweren Gesundheitsschädigung aussetzt, wird mit Freiheitsstrafe von drei Monaten bis zu fünf Jahren bestraft.

Die hierzu ergangene Rspr. liefert somit Anhaltspunkte für die Voraussetzungen an eine Beschützergarantenstellung nach § 13 StGB.

Im Folgenden seien die wichtigsten Fallgruppen erläutert.

2. Eltern / Kinder, §§ 1601, 1618a, 1626, 1626a, 1631 BGB

▶   **Didaktischer Aufsatz:**
  • Kretschmer, Die Garantenstellung (§ 13 StGB) auf familienrechtlicher Grundlage, Jura 2006, 898

Eltern und ihre Kinder stehen in einem familienrechtlichen Rechtsverhältnis, welches v.a. in den §§ 1601, 1618a, 1626, 1626a, 1631 BGB zum Ausdruck kommt und zur Annahme wechselseitiger Garantenstellungen führt,[37] wobei von besonderer

---

[35] S. nur Kindhäuser, LPK, 6. Aufl. 2015, § 13 Rn. 18ff.

[36] Fischer, StGB, 64. Aufl. 2017, § 13 Rn. 14.

[37] B. Heinrich, AT, 5. Aufl. 2016, Rn. 931; Kretschmer Jura 2006, 898; aus der Rspr. vgl. BGH U. v. 28.07.1970 - 1 StR 175/70 (Anm. Ulsenheimer JuS 1972, 252; Spendel JZ 1973, 137).

Bedeutung die Schutzpflichten der Eltern gegenüber ihren Kindern sind, aber auch Kinder ihre Eltern schützen[38] müssen.

Beispiel 396:

BGH B. v. 17.08.1999 – 1 StR 390/99 (Küchenbrand) – NStZ 1999, 607 (Anm. Puppe, AT, 2. Aufl. 2011, § 28 Rn. 1ff.):
B ließ am Vormittag des 05.08.1998 ihre damals drei Jahre alte Tochter G für längere Zeit allein in der Wohnung zurück. Obwohl G schon früher in einem unbeaufsichtigten Moment die Herdplatten eingeschaltet hatte, traf B gegen diese Möglichkeit keine Vorkehrungen. Im Laufe des Tages setzte G die Herdplatten erneut in Gang. Durch die Hitzeentwicklung fing neben den Herdplatten liegendes Papier Feuer, es kam zu einem Küchenbrand; G erstickte.

Beispiel 397:

BGH U. v. 20.12.1983 – 1 StR 746/83 (Anzeige Angehöriger) – NStZ 1984, 164 = StV 1984, 460 (Anm. Roxin, Höchstrichterliche Rspr. AT, 1998, Nr. 44; Geilen JK 1984 StGB vor § 13/1; Seier JA 1984, 531):
B unterließ es, ihren Ehemann bei Jugendamt oder Polizei anzuzeigen, als sie feststellte, dass dieser mit ihren beiden, 15 und 17 Jahre alten Töchtern aus erster Ehe fortgesetzt geschlechtlich verkehrte.

In beiden Fällen liegt eine Obhutsgarantenstellung in Bezug auf die Kinder vor.

Auf die Frage der Ehelichkeit kommt es nicht an, vgl. § 1684 BGB, Art. 6 V GG.[39]

Auch Pflegeeltern sind Garanten, vgl. §§ 1909 III, 1915 I BGB.

Die Garantenstellung beginnt mit den Geburtswehen.[40] Ihr Ende ist insofern nicht leicht zu bestimmen, als die formale Grenzziehung bei der Volljährigkeit dem heutigen häufigen Näheverhältnis der Eltern zu ihren erwachsenen Kindern nicht gerecht wird.[41] Man wird sich eher an der faktischen Obhut zu orientieren haben.

I.E. problematisch ist auch, inwieweit eine effektive Familiengemeinschaft über die bloße Abstammung hinaus zu verlangen ist.[42] Jedenfalls bei weitreichender

---

[38] B. Heinrich, AT, 5. Aufl. 2016, Rn. 931; aus der Rspr. vgl. BGH U. v. 29.11.1963 - 4 StR 390/63 - BGHSt 19, 167 = NJW 1964, 731 (Anm. Willms JuS 1964, 330; Schröder JR 1964, 227).

[39] Stree/Bosch, in: Sch/Sch, 29. Aufl. 2014, § 13 Rn. 18ff.

[40] Lackner/Kühl, StGB, 28. Aufl. 2014, § 13 Rn. 8; aus der Rspr. vgl. BGH U. v. 12.11.2009 - 4 StR 227/09 - NStZ 2010, 214 (Anm. Satzger JK 2010 StGB § 13/43; Hecker JuS 2010, 453; LL 2010, 315; RA 2010, 115; Stam HRRS 2011, 79).

[41] Kindhäuser, LPK, 6. Aufl. 2015, § 13 Rn. 58.

[42] Hierzu Joecks, StGB, 11. Aufl. 2014, § 13 Rn. 33f.; Bülte GA 2013, 389.

Zerrüttung und Entfremdung erscheint es kaum gerechtfertigt, Garantenpflichten anzunehmen. Die Verpflichtung aus den echten Unterlassungsdelikten genügt zur Gewährleistung eines angemessenen Rechtsgüterschutzes.

3. Ehegatten, § 1353 BGB

▶ **Didaktischer Aufsatz:**
- Kretschmer, Die Garantenstellung (§ 13 StGB) auf familienrechtlicher Grundlage, Jura 2006, 898

Gem. § 1353 I 2 BGB tragen Ehegatten „füreinander Verantwortung", woraus zumindest eine wechselseitige Schutzpflicht folgt.[43] Für Lebenspartner gilt § 2 LPartG.

Strittig ist, wann die Garantenpflicht erlischt.[44]

Beispiel 398:

BGH U. v. 24.07.2003 – 3 StR 153/03 – BGHSt 48, 301 = NJW 2003, 3212 = NStZ 2004, 30 = StV 2003, 611 (Anm. RÜ 2003, 497; RA 2003, 702; famos 11/2003; Freund NJW 2003, 3384; Geppert JK 2004 StGB § 13/37; Baier JA 2004, 354; Martin JuS 2004, 82; LL 2004, 32; Ingelfinger NStZ 2004, 409; Rönnau JR 2004, 158):
Am 25.01.2001 würgte B1 den Ehemann der B2, Z, bis an die Grenze der Bewusstlosigkeit und schlug ihm mit der Faust in den Magen. Er war über Z verärgert, weil dieser ihn wegen eines Diebstahls bei der Polizei angezeigt hatte. B2 hatte kurz vor der Tat von dem Vorhaben des B1 Kenntnis erlangt, unterließ es aber, ihren Ehemann, von dem sie sich etwa vier Wochen zuvor getrennt hatte, vor dem Angriff zu warnen. Auch unternahm sie keinerlei Bemühungen, den B1 von seiner Tat abzuhalten.

Gem. § 1564 S. 1, 2 BGB ist die Ehe zwischen B2 und Z zivilrechtlich erst mit Rechtskraft einer richterlichen Entscheidung aufgelöst. Fraglich ist aber, ob die Garantenpflicht der B2 bereits mit der Trennung erloschen ist.

Während z.T.[45] formal auf das Bestehen der Ehe abgestellt wird, so dass die Garantenstellung erst bei Scheidung endet, hält eine andere Auffassung[46] das tatsächliche Näheverhältnis für relevant, an welchem es nach einer Trennung fehlt.

---

[43] Hierzu B. Heinrich, AT, 5. Aufl. 2016, Rn. 931; Kretschmer Jura 2006, 898; aus der Rspr. vgl. BGH U. v. 12.02.1952 - 1 StR 59/50 - BGHSt 2, 150 = NJW 1952, 552 (Anm. Roxin, Höchstrichterliche Rspr. AT, 1998, Nr. 86; Gallas JZ 1952, 371; Dreher MDR 1952, 711; Meister GA 1953, 166); zuletzt BGH U. v. 24.11.2016 - 4 StR 289/16 - NStZ 2017, 219 (Anm. Jäger NStZ 2017, 222).

[44] Hierzu Krey/Esser, AT, 6. Aufl. 2016, Rn. 1131; Nikolaus JA 2005, 605.

[45] Jakobs, AT, 2. Aufl. 1993, 29/64.

[46] Rudolphi/Stein, in: SK-StGB, 119. Lfg. 2009, § 13 Rn. 50f.

Die Rspr.[47] und ihr folgend die wohl h.L.[48] bemühen sich um eine vermittelnde Betrachtung, nach der die strafrechtliche Garantenpflicht unter Eheleuten ende, wenn sich ein Ehegatte vom anderen in der ernsthaften Absicht getrennt hat, die eheliche Lebensgemeinschaft nicht wiederherzustellen. Dies birgt zwar eine gewisse Rechtsunsicherheit, trifft aber den sachlichen Kern gegenseitig empfundener Schutzverantwortung, die auch nach einer Trennung noch eine Weile zumutbar ist, aber gewiss nicht bis zur formalen Scheidung weiterwirkt.

Auch darüber hinaus ist problematisch, ob die Garantenstellung aus der formal bestehenden Ehe oder einem tatsächlichen gegenseitigen Vertrauensverhältnis abzuleiten ist[49] (vgl. auch Zweck-, Zwangs- und Scheinehen).

4. Sonstige Angehörige?

▶ **Didaktischer Aufsatz:**
  - Kretschmer, Die Garantenstellung (§ 13 StGB) auf familienrechtlicher Grundlage, Jura 2006, 898

In § 11 I Nr. 1 StGB ist der Begriff des Angehörigen definiert. Es besteht aber Einigkeit, dass nicht bzgl. jeder dort genannten Beziehung per se eine Garantenstellung besteht,[50] Gleiches gilt im Hinblick auf nahestehende Personen i.S.d. § 35 StGB.

Bei sonstigen Verwandten gerader Linie und Verschwägerten[51] wird man neben dem Rechtsverhältnis die tatsächlichen Nähebeziehungen berücksichtigen müssen.

Ähnliches wird bei Geschwistern gelten[52]:

Beispiel 399:

LG Kiel B. v. 02.06.2003 – VIII Ks 2/03 – NStZ 2004, 157 (Anm. Otto JK 2004 StGB § 13/39; RÜ 2004, 194; RA 2004, 272):
B beließ ihren Bruder G in der Zeit vom 31.01. bis zum 04.02.2002 in – durch den vorangegangenen Konsum von 6,9 ml Methadon ausgelöst – bewusstlosem Zustand in dessen Zimmer in der gemeinsamen Wohnung, ohne ihn einem Arzt zuzuführen oder ärztliche Hilfe zu rufen. G starb.

---

[47] BGH U. v. 24.07.2003 - 3 StR 153/03 - BGHSt 48, 301.
[48] Vgl. Joecks, StGB, 11. Aufl. 2014, § 13 Rn. 35f.
[49] S. Rudolphi/Stein, in: SK-StGB, 119. Ltg. 2009, § 13 Rn. 50.
[50] Heuchemer, in: BeckOK-StGB, Stand 01.12.2016, § 13 Rn. 38.
[51] B. Heinrich, AT, 5. Aufl. 2016, Rn. 931.
[52] Hierzu Nikolaus JA 2005, 605.

Auch bei Verlobten (§§ 1297ff. BGB)[53] wird weniger aus bürgerlichem Recht als vielmehr aus der engen tatsächlichen Verbundenheit und ggf. der häuslichen Lebensgemeinschaft eine Garantenstellung resultieren.

Stets sind die Sachverhaltsangaben sorgfältig auszuwerten.

5. Enge natürliche Verbundenheit

Auch ohne Rechtsverhältnis können Menschen sich so nahe stehen, dass sie einander im Hinblick auf die Gewähr gegenseitiger Hilfe und Fürsorge in Gefahrensituationen vertrauen.[54]

Dies betrifft v.a. nichteheliche Lebensgemeinschaften[55] und Liebesbeziehungen,[56] aber ebenso sehr enge Freundschaften.

6. Häusliche Lebensgemeinschaft

Auch ein Zusammenwohnen in einer häuslichen Lebensgemeinschaft kann eine Beschützergarantenstellung begründen.[57] Abzugrenzen ist dies aber von bloß zweckgebundenem Zusammenwohnen ohne Begründung eines gegenseitigen Vertrauensverhältnisses.

7. Gefahrengemeinschaft

Auch ohne dauerhaftes Näheverhältnis können Menschen wechselseitige Obhutspflichten zukommen, wenn sie sich anlässlich einer bestimmten Gefahrenlage zusammenschließen, um die Risiken gemeinsam zu reduzieren.[58]

Zu nennen sind z.B. Soldaten im Einsatz, Bergsteiger, Weltumsegler, Tiefseetaucher und Expeditionsteilnehmer.

Abzugrenzen sind derartige Gefahrengemeinschaften von sog. Zufallsgemeinschaften, die z.B. beim gemeinsamen Konsum von Alkohol („Zechgemeinschaften") oder

---

[53] S. Kindhäuser, LPK, 6. Aufl. 2015, § 13 Rn. 58; aus der Rspr. vgl. BGH U. v. 05.07.1960 - 5 StR 131/60 - NJW 1960, 1821 (Anm. Heinitz JR 1961, 29).

[54] Näher Lilie JZ 1991, 541; Otto FS Herzberg 2008, 255.

[55] Hierzu Wohlers/Gaede, in: NK, 4. Aufl. 2013, § 13 Rn. 57; Kretschmer JR 2008, 51.

[56] Vgl. B. Heinrich, AT, 5. Aufl. 2016, Rn. 936; aus der Rspr. vgl. BGH U. v. 25.05.2011 - 5 StR 565/10 - NStZ 2012, 29 (Anm. Mandla NStZ 2012, 30).

[57] Näher Honig FS Schaffstein 1975, 89; aus der Rspr. vgl. BGH U. v. 07.11.1986 - 2 StR 494/86 - NJW 1987, 850 = NStZ 1987, 171 (Anm. Otto JK 1987 StGB § 13/13; Sonnen JA 1987, 334; Ranft JZ 1987, 859); LG Kiel B. v. 02.06.2003 - VIII Ks 2/03 - NStZ 2004, 157 (Anm. Otto JK 2004 StGB § 13/39; RÜ 2004, 194; RA 2004, 272).

[58] B. Heinrich, AT, 5. Aufl. 2016, Rn. 937f.

Betäubungsmittel entstehen oder aufgrund eines gemeinsam erlittenen Unglücks.[59] Ein Grenzfall ist die Gruppe illegal Einreisender[60] – hier stellt sich die Frage, ob die Strafbarkeit des Vorhabens die Annahme von Garantenstellungen ausschließt, zumal sich die Gruppe meist vorher nicht näher kennt.

8. Freiwillige tatsächliche Übernahme (Gewährsübernahme)

Die garantenstellungsbegründende freiwillige tatsächliche Übernahme einer Schutzfunktion für bestimmte Rechtsgüter[61] hat ihre Wurzel in der Garantenstellung kraft Vertrags. Allerdings ist heute anerkannt, dass es nicht auf die zivilrechtliche Wirksamkeit und Dauer eines Vertrags ankommt, sondern darauf, dass aufgrund der faktischen Übernahme bestimmter Pflichten Vertrauen begründet wird, welches dazu führt, dass andere Schutzmaßnahmen nicht ergriffen werden.

Paradebeispiele sind ärztliche Behandlung, Pflegedienst, Babysitter, Bergführer, Bademeister, Bauaufsicht, Kfz-Wartung oder Bankverträge.

Beispiel 400:
Bademeister B plauderte mit Badegästen und übersah so, dass G ertrank.

Beispiel 401:
BGH B. v. 06.03.2008 – 4 StR 669/07 (Kfz-Werkstatt) – BGHSt 52, 159 = NJW 2008, 1897 = NStZ 2008, 391 (Anm. Puppe, AT, 3. Aufl. 2016, § 30 Rn. 18ff.; Geppert JK 2008 StGB § 13 I/2; Bosch JA 2008, 737; Lindemann ZJS 2008, 404; LL 2008, 537; RÜ 2008, 372; RA 2008, 376; Kühl NJW 2008, 1899; Kühl HRRS 2008, 359):
B1, Leiter der firmeneigenen Werkstatt eines Transportunternehmens, stellte bei einer Probefahrt fest, dass ein Sattelzug infolge schadhafter Bremsen im Straßenverkehr nicht mehr sicher beherrschbar war. Ohne weitere Prüfung ging er davon aus, dass die Bremsprobleme auf fehlerhafte Einsteller an den Vorderradbremsen zurückzuführen waren; in Wahrheit waren auch die Bremsbeläge der Hinterachse nahezu

---

[59] B. Heinrich, AT, 5. Aufl. 2016, Rn. 938; aus der Rspr. vgl. BGH B. v. 13.11.1962 - 4 StR 267/63 - BGHSt 19, 152 = NJW 1964, 412 (Anm. Roxin, Höchstrichterliche Rspr. AT, 1998, Nr. 90; Willms JuS 1964, 208; Geilen JZ 1965, 469); OLG Stuttgart B. v. 17.09.1980 - 3 Ss (23) 697/80 - NJW 1981, 182 (Anm. Geilen JK 1981 StGB § 13/1; Hassemer JuS 1981, 381).

[60] Hierzu Stree/Bosch, in: Sch/Sch, 29. Aufl. 2014, § 13 Rn. 24; Kretschmer StraFo 2009, 189; BGH B. v. 14.11.2007 - 2 StR 458/07 - NStZ 2008, 276 = StV 2008, 182 (Anm. Satzger JK 2008 StGB § 13/40; RA 2008, 159; Kühl HRRS 2008, 359; Wilhelm NStZ 2009, 15).

[61] Hierzu B. Heinrich, AT, 5. Aufl. 2016, Rn. 940ff.; aus der Rspr. vgl. BGH U. v. 01.03.1955 - 5 StR 583/54 - BGHSt 7, 211 (Bereitschaftsarzt) = NJW 1955, 718 (Anm. Roxin, Höchstrichterliche Rspr. AT, 1998, Nr. 88; Schmidt JR 1955, 270); zuletzt OLG Hamburg B. v. 08.06.2016 - 1 Ws 131/16 - NStZ 2016, 530 (Anm. RÜ 2016, 640; Miebach NStZ 2016, 536; Wilhelm HRRS 2017, 68).

vollständig abgefahren. Bei einer einfachen Sichtkontrolle hätte er das Ausmaß der Mängel ohne Weiteres bemerkt. Er wies B2, den „Juniorchef" des Unternehmens, darauf hin, dass das Fahrzeug nicht mehr verkehrssicher sei und vor der Reparatur der Einsteller nicht mehr geführt werden könne. B2 ordnete gleichwohl die Weiterbenutzung des Fahrzeugs an unter Hinweis darauf, dass neue Einsteller am Wochenende eingebaut werden könnten. B1 trat dem nicht mehr entgegen und unterrichtete den Fahrer davon, dass die Einsteller bereits bestellt waren. Beim Betrieb des Gespanns kam es auf einer Gefällestrecke infolge des Versagens der Bremsen von Zugmaschine und Auflieger zu einem Unfall, bei dem drei Menschen getötet wurden.

Nicht immer ist ganz eindeutig, welche Rechtsgüter bzw. Rechtsgutsträger Bezugspunkt der Schutzvereinbarung sind. So dient die Pflicht zur ordnungsgemäßen Fahrzeugwartung einerseits dem Schutz des Fahrers und der Insassen, andererseits aber auch dem Schutz aller anderen Verkehrsteilnehmer. Je größer der Kreis der zu Schützenden gezogen wird, umso eher lässt sich auch von einer Überwachungsgarantenpflicht sprechen, da es Aufgabe des Pflichtigen ist, jedermann vor den Gefahren eines unsicheren Fahrzeugs zu schützen. Die Unterteilung in Beschützer- und Überwachergaranten gelingt insofern nicht frei von Überschneidungen – die Rechtsfolgen sind ohnehin in der Handhabung der h.M. identisch. Bei der Bestimmung der personalen und sachlichen Reichweite sowie Dauer der Gewährsübernahme ist jedenfalls Zurückhaltung anzumahnen.

Auch eine **begonnene Hilfeleistung** kann zur Garantenstellung führen, wenn der Täter die Situation des Hilfsbedürftigen risikoerhöhend verändert hat, und sei es auch nur, weil sich andere hilfsbereite Menschen auf den Hilfeleistenden verlassen.[62]

Von besonderer Bedeutung ist die Frage einer vertraglichen Garantenstellung beim **Betrug** durch Unterlassen, §§ 263 I, 13 StGB, aufgrund einer etwaigen **Täuschung durch Unterlassen**.

Beispiel 402

B kaufte im Supermarkt eine Flasche Schnaps für 9 Euro. An der Kasse überreichte er der Kassiererin Z einen 10 Euro-Schein. Z hielt diesen jedoch für einen 100 Euro-Schein und gab B 91 Euro zurück. Dieser freute sich und nahm das Geld ohne Widerspruch an.

Wenn die widerspruchslose Annahme des Geldes als Täuschung durch Unterlassen zu deuten ist, hatte B aufgrund des vorher abgeschlossenen (Trennungsprinzip!) Kaufvertrages (§ 433 BGB) eine Garantenstellung?

---

[62] B. Heinrich, AT, 5. Aufl. 2016, Rn. 945; aus der Rspr. vgl. BGH U. v. 05.12.1974 - 4 StR 529/74 - BGHSt 26, 35 = NJW 1975, 1175 (Anm. Roxin, Höchstrichterliche Rspr. AT, 1998, Nr. 91; Hassemer JuS 1975, 466); BGH U. v. 22.06.1993 - 1 StR 264/93 - NJW 1993, 2628 = NStZ 1994, 84 (Anm. Hemmer-BGH-Classics Strafrecht, 2003, Nr. 57; Otto JK 1994 StGB § 13/24; Jung JuS 1994, 262; Mitsch JuS 1994, 555; Hoyer NStZ 1994, 85).

Hierbei ist restriktiv zu verfahren: Aus einem Vertragsverhältnis (Haupt- und Nebenpflichten, ggf. § 242 BGB) folgt nur bei besonderen Umständen eine Schutzverpflichtung gegenüber dem Vertragspartner. Dieser ist grundsätzlich selbst dafür verantwortlich, die für ihn wichtigen Informationen einzuholen (vgl. Privatautonomie), niemand kann von seinem Geschäftspartner, insbesondere im Massengeschäftsverkehr, erwarten, dass dieser ihn vor Irrtümern bewahrt. Anders ist dies bei ausdrücklicher Vereinbarung, bei besonderen Vertrauensverhältnissen (z.B. aufgrund ständiger Geschäftsverbindung) oder bei besonderer Schutzbedürftigkeit eines Partners bei gleichzeitig besonderer Überlegenheit des anderen.[63]

Für bestimmte Rechtsverhältnisse existieren auch gesetzliche Vorschriften, die bestimmte Aufklärungspflichten etc. vorsehen, z.B. im **Sozialrecht** (§ 60 I SGB I)[64] oder für Versicherungsverträge[65] (§ 19 VVG).

Die freiwillige tatsächliche Übernahme endet nach Maßgabe der Vereinbarung. Eine Aufkündigung muss dabei jedenfalls rechtzeitig sein, so dass insbesondere der Pflichtige seine Pflichten nicht einfach einseitig beenden kann, sofern schon eine kritische Lage besteht.

9. Stellung als Amtsträger oder Organ

Besondere gesetzliche Ausprägungen der Gewährsübernahme sind öffentlich-rechtliche Stellungen als Amtsträger sowie gesellschaftsrechtliche Organfunktionen.[66]

Von besonderer Fallrelevanz sind **Polizisten**,[67] denen gefahrenabwehrrechtliche (z.B. § 174 LVwG-SH) und strafprozessuale (§ 163 StPO) Handlungspflichten zukommen.

Beispiel 403

Polizist B1 sah, wie B2 den Z verprügelte. Um sich nicht unnötig Arbeit zu machen, schritt er nicht ein.

---

[63] Zur Täuschung durch Unterlassen z.B. Fischer, StGB, 64. Aufl. 2017, § 263 Rn. 38ff.

[64] Hierzu Fischer, StGB, 64. Aufl. 2017, § 13 Rn. 28; Bringewat NStZ 2011, 131; Klose StraFo 2013, 192; aus der Rspr. vgl. zuletzt BGH B. v. 22.03. 2016 - 3 StR 517/15 - NJW 2016, 2968 = NStZ 2016, 412 = StV 2017, 97 (Anm. Hoven NStZ 2016, 413); OLG Naumburg B. v. 13.05.2016 - 2 Rv 31/16 - StV 2017, 117.

[65] Kindhäuser, in: NK, 4. Aufl. 2013, § 263 Rn. 158; aus der Rspr. vgl. BGH U. v. 23.01.1985 - 1 StR 691/84 - NJW 1985, 1563 = StV 1985, 368 (Anm. Sonnen JA 1985, 663; Seelmann JR 1986, 346).

[66] Hierzu B. Heinrich, AT, 5. Aufl. 2016, Rn. 947ff.

[67] S. Fischer, StGB, 64. Aufl. 2017, § 13 Rn. 30ff.; Geerds GS Schröder 1978, 389; Pawlik ZStW 1999, 335; aus der Rspr. vgl. zuletzt BGH U. v. 04.09.2014 - 4 StR 473/13 (Jalloh) - BGHSt 59, 292 = NJW 2015, 96 (Anm. Puppe, AT, 3. Aufl. 2016, § 11 Rn. 25ff. und § 29 Rn. 23ff.; RÜ 2014, 777; Satzger Jura 2015, 882; Jäger JA 2015, 72; Jahn JuS 2015, 180; LL 2015, 179; famos 1/2015; Schiemann NJW 2015, 20; Rostalski JR 2015, 306; Zimmermann/Linder ZStW 2016, 713; Dehne-Niemann HRRS 2017, 174).

§ 163 I StPO (Aufgaben der Polizei im Ermittlungsverfahren)
Die Behörden und Beamten des Polizeidienstes haben Straftaten zu erforschen und alle keinen Aufschub gestattenden Anordnungen zu treffen, um die Verdunkelung der Sache zu verhüten. Zu diesem Zweck sind sie befugt, alle Behörden um Auskunft zu ersuchen, bei Gefahr im Verzug auch, die Auskunft zu verlangen, sowie Ermittlungen jeder Art vorzunehmen, soweit nicht andere gesetzliche Vorschriften ihre Befugnisse besonders regeln.

§ 258 I StGB (Strafvereitelung)
Wer absichtlich oder wissentlich ganz oder zum Teil vereitelt, daß ein anderer dem Strafgesetz gemäß wegen einer rechtswidrigen Tat bestraft oder einer Maßnahme (§ 11 Abs. 1 Nr. 8) unterworfen wird, wird mit Freiheitsstrafe bis zu fünf Jahren oder mit Geldstrafe bestraft.

§ 258a I StGB (Strafvereitelung im Amt)
Ist in den Fällen des § 258 Abs. 1 der Täter als Amtsträger zur Mitwirkung bei dem Strafverfahren oder dem Verfahren zur Anordnung der Maßnahme (§ 11 Abs. 1 Nr. 8) oder ist er in den Fällen des § 258 Abs. 2 als Amtsträger zur Mitwirkung bei der Vollstreckung der Strafe oder Maßnahme berufen, so ist die Strafe Freiheitsstrafe von sechs Monaten bis zu fünf Jahren, in minder schweren Fällen Freiheitsstrafe bis zu drei Jahren oder Geldstrafe.

Problematisch ist, ob die amtliche Handlungspflicht auch **außerhalb der Dienstzeit** gilt.[68]

Beispiel 404:

OLG Koblenz U. v. 05.02.1998 – 1 Ss 275/97 – NStZ-RR 1998, 332 = StV 1999, 541 (Anm. Geppert JK 1999 StGB § 258/13; Martin JuS 1999, 194):
B1 und B2 waren als Polizeibeamte bis einschließlich Juli 1991 tätig. Vom 01.08.1991 bis Juli 1993 waren sie zur Absolvierung eines Studiums an die

---

[68] Hierzu Rössner/Safferling, 30 Probleme aus dem Strafprozessrecht, 3. Aufl. 2017, 2. P.; Krause GA 1964, 110; Geerds GS Schröder 1978, 389; Krause JZ 1984, 548; Laubenthal JuS 1993, 907; Laubenthal FS Weber 2004, 109; aus der Rspr. vgl. OLG Köln U. v. 18.03.1981 - 3 Ss 1111/80 - NJW 1981, 1794 (Anm. Geppert JK 1982 StGB § 258a/1); BGH U. v. 29.10.1992 - 4 StR 358/92 - BGHSt 38, 388 = NJW 1993, 544 = NStZ 1993, 383 = StV 1993, 126 (Anm. Hemmer-BGH-Classics Strafrecht, 2003, Nr. 92; Otto JK 1993 StGB § 13/22; Laubenthal JuS 1993, 907; Mitsch NStZ 1993, 384; Bergmann StV 1993, 518; Rudolphi JR 1995, 167); BVerfG B. v. 21.11.2002 - 2 BvR 2202//01 - NJW 2003, 1030 (Anm. Seebode JZ 2004, 305).

Fachhochschule abgeordnet. An einem nicht mehr genau feststellbaren Wochen tag im Oktober oder November 1992 begegneten sie nach 17 Uhr auf einem Stadtbummel dem per Haftbefehl wegen des dringenden Verdachts eines Betäubungsmittelverbrechens gesuchten Z. Z berichtete ihnen bei einem gemeinsamen Lokalbesuch, dass es ihm gelungen sei, aus der wegen einer Haschischsache angeordneten Untersuchungshaft zu fliehen. Gemeinsam suchten sie anschließend noch eine weitere Gaststätte auf, wo man zusammen Bier trank. Als es in diesem Lokal zu einer Auseinandersetzung zwischen einem Gast und einem Bediensteten kam und der Gastwirt deswegen die Polizei benachrichtigte, suchte Z das Weite. Während der gesamten Zeit hatten B1 und B2 nichts unternommen, um ihn festnehmen zu lassen. Z verübte in der Folgezeit schwere Verbrechen.

Nach in der Rspr.[69] teilweise vertretener Auffassung besteht immer eine Ermittlungspflicht.

Andere vertreten die Ansicht, es bestehe außerdienstlich keine Ermittlungspflicht.[70] Die überwiegende Rspr.[71] und die wohl h.L.[72] nehmen dagegen eine Einzelfallabwägung zwischen dem öffentlichen Interesse an der Strafverfolgung und dem privaten Interesse des Amtsträgers vor. Diese soll sich an der Intensität der Verknüpfung mit der Privatsphäre, der Schwere des Vergehens und dem Grad der Gefährdung der Allgemeinheit orientieren. Entsprechend der h.M. würde wohl vorliegend wegen der Schwere und Summe der Delikte eine Garantenstellung angenommen. Manche Vertreter stellen bzgl. einer Ermittlungspflicht auch auf die Straftatenkataloge der § 138 StGB, §§ 100a II, 100c II StPO oder § 12 StGB ab.[73]

Für eine umfassend verstandene Ermittlungspflicht spricht der weite Wortlaut des § 163 I StPO. Das Legalitätsprinzip ist von überragender Bedeutung für die Durchsetzung des staatlichen Strafanspruchs sowie den Schutz der Allgemeinheit und die Gleichheit vor dem Gesetz. Gegen eine Einzelfallabwägung lässt sich zudem einwenden, dass die zu Grunde liegenden Kriterien zu vage sind, so dass ein Verstoß gegen Art. 103 II GG möglich erscheint. Dies gilt umso mehr, als etwaige Fehleinschätzungen zu einer Bestrafung nach § 258a StGB führen. Die Ausrichtung an festen Straftatenkatalogen zeigt zudem unbefriedigende Ergebnisse im Einzelfall. Die h.M. misst ferner der Privatsphäre des Beamten nicht hinreichend Gewicht zu. Dass Beamte in einem besonderen Verhältnis zum Staat stehen und in gewisser Weise „immer im Dienst" sind, bedeutet nicht, dass hieraus eine strafbewerte Pflicht zum Einschreiten nach Dienstschluss folgt. Auch Beamte müssen eine rechtlich geschützte Privatsphäre haben, um ein normales soziales Leben führen zu können, was unmöglich wäre, wenn jeder private Gesprächspartner Angst davor hätte, etwas Falsches zu sagen. Eine Garantenstellung scheidet daher aus.

---

[69] OLG Stuttgart U. v. 18.11.1949 - Ss 133/49 - NJW 1950, 198.

[70] Etwa Hoyer, in: SK-StGB, 140. Lfg. 2013, § 258a Rn. 6.

[71] Vgl. schon BGH U. v. 16.12.1958 - 1 StR 456/58 - BGHSt 12, 277 = NJW 1959, 494.

[72] Beulke, Strafprozessrecht, 13. Aufl. 2016, Rn. 91; Stree/Hecker, in: Sch/Sch, 29. Aufl. 2014, § 258a Rn. 11.

[73] Hierzu Beulke, Strafprozessrecht, 13. Aufl. 2016, Rn. 91.

Als weitere Beispiele der Garanten kraft Amtes sind zu nennen Bürgermeister,[74] Bedienstete des Ordnungsamts,[75] der Umweltbehörden,[76] des Strafvollzugs,[77] des Jugendamts[78] oder des Finanzamts,[79] Schiffsführer (Kapitäne),[80] ferner Lehrer[81] und Schulleiter.[82]

III. Überwachergarant

1. Grundlagen

Die sog. Überwachergarantenstellungen zeichnen sich dadurch aus, dass der Garant alle Rechtsgüter vor Schäden aus einer von ihm beherrschten **Gefahrenquelle** schützen muss. [83]

Im Folgenden seien die wichtigsten Fallgruppen erläutert.

---

[74] Joecks, StGB, 11. Aufl. 2014, § 13 Rn. 42; Pfohl NJW 1994, 418; aus der Rspr. vgl. BGH U. v. 19.08.1992 - 2 StR 86/92 - BGHSt 38, 325 = NJW 1992, 3247 = NStZ 1993, 285 (Anm. Puppe, AT, 3. Aufl. 2016, § 29 Rn. 19ff.; Otto JK 1993 StGB § 13/21; Jung JuS 1993, 346; Schall JuS 1993, 719; Schwarz NStZ 1993, 285; Michalke NJW 1994, 1693; Nestler GA 1994, 514).

[75] Fischer, StGB, 64. Aufl. 2017, § 13 Rn. 33; aus der Rspr. vgl. BGH B. v. 15.07.1986 - 4 StR 301/86 - NJW 1987, 199 = NStZ 1986, 503 (Anm. Winkelbauer JZ 1986, 1119; Otto JK 1987 StGB § 13/12; Rudolphi JR 1987, 336).

[76] Hierzu Horn NJW 1981, 1; Geisler NJW 1982, 11; Rudolphi FS Dünnebier 1982, 561; Scheu NJW 1983, 1707; Meinberg NJW 1986, 2220; Winkelbauer NStZ 1986, 149; Schünemann wistra 1986, 235; Papier NJW 1988, 1113; Keller FS Rebmann 1989, 241; Pfohl NJW 1994, 418.

[77] Hierzu Fischer, StGB, 64. Aufl. 2017, § 13 Rn. 34f.; Grunst StV 2005, 453; aus der Rspr. vgl. OLG Hamburg U. v. 04.08.1995 - 2 Ss 113/94 - NStZ 1996, 102 = StV 1996, 606 (Anm. Geppert JK 1996 StGB § 258/9; Klesczewski NStZ 1996, 103; Volckart StV 1996, 608; Küpper JR 1996, 524); BGH U. v. 30.04.1997 - 2 StR 670/96 - BGHSt 43, 82 = NJW 1997, 2059 = NStZ 1997, 597 = StV 1997, 526 (Anm. Sonnen JA 1997, 837; Martin JuS 1997, 1047; Rudolphi NStZ 1997, 599; Geppert JK 1998 StGB § 258/110; Seebode JR 1998, 338; Klesczewski JZ 1998, 313).

[78] Fischer, StGB, 64. Aufl. 2017, § 13 Rn. 33; Bringewat NJW 1998, 944; Kunkel StV 2002, 333; Beulke/Swoboda FS Gössel 2002, 73; Hassemer FS Hassemer 2010, 729; aus der Rspr. vgl. OLG Oldenburg U. v. 02.09.1996 - Ss 249/96 - NStZ 1997, 238 = StV 1997, 133 (Anm. Otto JK 1997 StGB § 13/26; Bringewat StV 1997, 135).

[79] Heuchemer, in: BeckOK-StGB, Stand 01.12.2016, § 13 Rn. 52; Schneider wistra 2004, 1; Dusch/Rommel NStZ 2014, 188.

[80] Fischer, StGB, 64. Aufl. 2017, § 13 Rn. 28a; Esser/Bettendorf NStZ 2012, 233; Fahl JA 2012, 161.

[81] Heuchemer, in: BeckOK-StGB, Stand 01.12.2016, § 13 Rn. 36; aus der Rspr. vgl. OLG Köln U. v. 29.10.1985 - Ss 301/85 - NJW 1986, 1947.

[82] Fischer, StGB, 64. Aufl. 2017, § 13 Rn. 33; aus der Rspr. vgl. BGH B. v. 26.07.2007 - 4 StR 240/07 - NStZ-RR 2008, 9 (Anm. Geppert JK 2008 StGB § 157/5; Kudlich JA 2008, 233).

[83] Fischer, StGB, 64. Aufl. 2017, § 13 Rn. 15.

2. Beaufsichtigungspflicht

Bei der Gefahrenquelle, vor der die Allgemeinheit zu schützen ist, kann es sich um einen Menschen handeln, der mithin zu beaufsichtigen ist.[84] Allerdings gilt der Grundsatz der **Selbstverantwortung**: Grundsätzlich besteht keine Pflicht, das Verhalten anderer Menschen zu überwachen, dies muss auf Ausnahmefälle beschränkt bleiben, in denen der Überwachte privat- oder öffentlich-rechtlich in seiner Autonomie beschränkt wird.

Im Bereich öffentlich-rechtlicher Regelungen zu nennen sind insbesondere **Insassen** im Straf- und Maßregelvollzug[85] und in psychiatrischen Anstalten, ferner dienstlich **Untergebene**.[86]

Im Bereich privater Regelungen müssen insbesondere **Eltern** ihre Kinder überwachen (vgl. auch § 832 BGB).[87]

Beispiel 405:
Vater B verhinderte nicht, dass sein Sohn den Nachbarsjungen Z verprügelte.

---

§ 832 I BGB (Haftung des Aufsichtspflichtigen)
Wer kraft Gesetzes zur Führung der Aufsicht über eine Person verpflichtet ist, die wegen Minderjährigkeit oder wegen ihres geistigen oder körperlichen Zustands der Beaufsichtigung bedarf, ist zum Ersatz des Schadens verpflichtet, den diese Person einem Dritten widerrechtlich zufügt. Die Ersatzpflicht tritt nicht ein, wenn er seiner Aufsichtspflicht genügt oder wenn der Schaden auch bei gehöriger Aufsichtsführung entstanden sein würde.

Betreuer i.S.d. §§ 1896ff. BGB stehen für ihre Betreuten ein, vgl. § 1901 BGB.[88]

---

[84] Hierzu B. Heinrich, AT, 5. Aufl. 2016, Rn. 969ff.

[85] Wohlers/Gaede, in: NK, 4. Aufl. 2013, § 13 Rn. 52; Wagner FS StA SH 1992, 511; zum Anstaltsleiter Verrel GA 2003, 595; zu Mitarbeitern im Jugendstrafvollzug Walter NStZ 2010, 57; zum Personal im Maßregelvollzug StA Paderborn NStZ 1999, 51 (Vollzugslockerung) (Anm. Pollähne NStZ 1999, 53).

[86] Hierzu Wohlers/Gaede, in: NK, 4. Aufl. 2013, § 13 Rn. 52, Rudolphi NStZ 1991, 361.

[87] Joecks, StGB, 11. Aufl. 2014, § 13 Rn. 50; aus der Rspr. vgl. BGH B. v. 17.02.1954 - GSSt 3/53 - BGHSt 6, 46 = NJW 1954, 766 (Anm. Bockelmann JR 1954, 361; Sax JZ 1954, 474).

[88] Stree/Bosch, in: Sch/Sch, 29. Aufl. 2014, § 13 Rn. 52; aus der Rspr. vgl. OLG Celle U. v. 21.11.2007 - 32 Ss 99/07 - NJW 2008, 1012 (Anm. Bosch JA 2008, 471).

Strittig ist, ob **Ehegatten** einander von Straftaten abhalten müssen.[89]

Beispiel 406:

B1 verhinderte nicht, dass seine Ehefrau B2 nicht existierende Gegenstände bei Ebay versteigerte.

Während in der älteren Rspr.[90] eine Garantenstellung angenommen wurde, lehnen dies h.L.[91] und heutige Rspr.[92] ab.

In der Tat ändert eine Ehe nichts an der Eigenverantwortlichkeit des Einzelnen; eine Handlungspflicht wäre auch schädlich für das (grundrechtlich geschützte, Art. 6 GG, vgl. auch z.B. § 52 I Nr. 2 StPO) Verhältnis der Ehegatten zueinander.

Erst recht wird man bei bloßen Lebensgefährten[93] oder noch weniger engen Bekanntschaften[94] keine Überwachergarantenstellung annehmen können.

Eine Sonderform strafbaren Geschehenlassens von Straftaten normiert § 357 StGB.

---

§ 357 StGB (Verleitung eines Untergebenen zu einer Straftat)
(1) Ein Vorgesetzter, welcher seine Untergebenen zu einer rechtswidrigen Tat im Amt verleitet oder zu verleiten unternimmt oder eine solche rechtswidrige Tat seiner Untergebenen geschehen läßt, hat die für diese rechtswidrige Tat angedrohte Strafe verwirkt.
(2) Dieselbe Bestimmung findet auf einen Amtsträger Anwendung, welchem eine Aufsicht oder Kontrolle über die Dienstgeschäfte eines anderen Amtsträgers übertragen ist, sofern die von diesem letzteren Amtsträger begangene rechtswidrige Tat die zur Aufsicht oder Kontrolle gehörenden Geschäfte betrifft.

Ähnlich im Wehrstrafrecht:

---

[89] Hierzu Joecks, StGB, 11. Aufl. 2014, § 13 Rn. 51; aus der Rspr. vgl. BGH U. v. 05.05.1964 - 1 StR 26/64 - BGHSt 19, 295 = NJW 1964, 1330 (Anm. Willms JuS 1964, 370; Geilen JuS 1965, 426); OLG Stuttgart U. v. 25.07.1985 - 1 Ss 394/85 - NJW 1986, 1767 (Anm. Otto JK 1986 StGB § 13/9; Ranft JZ 1987, 909).

[90] RG U. v. 16.09.1940 - 3 D 510/40 - RGSt 74, 283.

[91] Z.B. B. Heinrich, AT, 5. Aufl. 2016, Rn. 970.

[92] S. OLG Stuttgart NJW 1986, 1767.

[93] Hierzu vgl. aus der Rspr. OLG Düsseldorf B. v. 11.08.1993 - 2 Ss 241/93 - 87/93 II - NJW 1994, 272 = StV 1995, 256 (Anm. Otto JK 1994 StGB § 154/3).

[94] Wohlers/Gaede, in: NK, 4. Aufl. 2013, § 13 Rn. 40; aus der Rspr. vgl. zu Trinkgenossen BGH U. v. 23.05.2007 - 5 StR 97/07; zum Fahrgast bzgl. Fahrzeugführer OLG Oldenburg U. v. 22.08.1961 - 1 Ss 179/61 - NJW 1961, 1938.

> **§ 41 I, II, III WStG (Mangelhafte Dienstaufsicht)**
> (1) Wer es unterläßt, Untergebene pflichtgemäß zu beaufsichtigen oder beaufsichtigen zu lassen, und dadurch wenigstens fahrlässig eine schwerwiegende Folge (§ 2 Nr. 3) verursacht, wird mit Freiheitsstrafe bis zu drei Jahren bestraft.
> (2) Der Versuch ist strafbar.
> (3) Wer die Aufsichtspflicht leichtfertig verletzt und dadurch wenigstens fahrlässig eine schwerwiegende Folge verursacht, wird mit Freiheitsstrafe bis zu sechs Monaten bestraft.
> [...]

Und im Ordnungswidrigkeitenrecht:

> **§ 130 I OWiG**
> Wer als Inhaber eines Betriebes oder Unternehmens vorsätzlich oder fahrlässig die Aufsichtsmaßnahmen unterläßt, die erforderlich sind, um in dem Betrieb oder Unternehmen Zuwiderhandlungen gegen Pflichten zu verhindern, die den Inhaber treffen und deren Verletzung mit Strafe oder Geldbuße bedroht ist, handelt ordnungswidrig, wenn eine solche Zuwiderhandlung begangen wird, die durch gehörige Aufsicht verhindert oder wesentlich erschwert worden wäre. Zu den erforderlichen Aufsichtsmaßnahmen gehören auch die Bestellung, sorgfältige Auswahl und Überwachung von Aufsichtspersonen.

Eine besondere – strittige -, dem Wirtschaftsstrafrecht zuzuordnende Fallgruppe ist die sog. **Geschäftsherrenhaftung** des Betriebsinhabers für betriebsbezogene Straftaten seiner Mitarbeiter.[95]

Beispiel 407:

BGH U. v. 20.10.2011 – 4 StR 71/11 – BGHSt 57, 42 = NJW 2012, 1237 = NStZ 2012, 142 = StV 2012, 403 (Anm. Bosch JK 2012 StGB § 13 I/45; Jäger JA 2012, 395; Wagner ZJS 2012, 704; LL 2012, 269; RÜ 2012, 97; famos 6/2012; Mansdörfer/Trüg StV 2012, 432; Roxin JR 2012, 305; Schramm JZ 2012, 969; Kudlich HRRS 2012, 177; Kuhn wistra 2012, 297; Poguntke CCZ 2012, 158; Bülte NZWiSt 2012, 176; Schlösser NZWiSt 2012, 281; Zimmermann WiJ 2013, 94; Selbmann HRRS 2014, 235):

---

[95] Hierzu Fischer, StGB, 64. Aufl. 2017, § 13 Rn. 67ff.; Bock, Criminal Compliance, 2. Aufl. 2013, S. 317ff.; Göhler FS Dreher 1977, 611; Schünemann wistra 1982, 41; Otto Jura 1998, 409; Schünemann FG 50 Jahre BGH IV 2000, 621; Gimbernat Ordeig FS Roxin 2001, 651; Schall FS Rudolphi 2004, 267; Otto FS Schroeder 2006, 339; Nietsch CCZ 2013, 192; Hernández Baualto FS Frisch 2013, 333; Lindemann/Sommer JuS 2015, 1057; Roxin FS Beulke 2015, 239; Timpe StraFo 2016, 237; Geneuss ZIS 2016, 259.

B1 war in der Straßenbauabteilung der Stadt H beschäftigt. Nach deren Zusammenlegung mit der Grünflächenabteilung der Stadt im städtischen Bauhof im Frühsommer 2006 war er Vorarbeiter einer Kolonne, der außer ihm u.a. B2 und B3 angehörten. Zwischen Februar 2006 und Juli 2008 wurde der ebenfalls beim städtischen Bauhof angestellte, aber in einer anderen Kolonne tätige Z während der Arbeitszeit wiederholt Opfer demütigender körperlicher Übergriffe von B2 und B3, die hierfür bisweilen auch Knüppel, Ketten oder andere Werkzeuge verwendeten. Unter anderem kam es zu folgenden Vorfällen: Am 22.02.2006 drängten B2 und B3 den Z in eine Friedhofskapelle. B2 hielt ihn an den Armen fest, während B3 ihm mit einem Holzknüppel mehrere wuchtige Schläge gegen den Oberkörper versetzte. Anfang 2008 forderten B2 und B3 den Z auf, sich einen vermeintlichen Schaden an einem der zum Bauhof gehörenden Fahrzeuge anzuschauen, packten ihn, als er sich dem Fahrzeug genähert hatte, von hinten und stießen seinen Kopf heftig auf die Motorhaube. Im Frühjahr 2008 erhielt Z, weil er sich für eine berufliche Fortbildung angemeldet hatte, beim Beladen eines Fahrzeugs Schläge von B2 und B3. B1 war zwar bei diesen drei Taten anwesend; eine aktive Tatbeteiligung konnte jedoch nicht festgestellt werden.

Hatte B1 als Vorarbeiter der Kolonne, der B2 und B3 angehörten, eine Überwachergarantenstellung?

Rspr. und h.L.[96] bejahen eine Garantenstellung betrieblicher Vorgesetzter.
Eine Gegenauffassung[97] lehnt eine solche ab.
Vergleichen lässt sich die Kontroverse mit der Problematik der mittelbaren Täterschaft kraft Organisationsherrschaft in Wirtschaftsunternehmen, zumal die jeweilige Argumentation sehr ähnlich ist. Die h.M. sieht das Unternehmen als Gefahrenquelle und folgert aus dem Direktionsrecht des Vorgesetzten oder Inhabers (vgl. § 106 I GewO) die Garantenstellung bzgl. betriebsbezogener Straftaten. Dem ist aber entgegenzuhalten, dass Arbeitnehmer bei der Erfüllung ihres synallagmatischen Arbeitsvertrags eigenverantwortlich bleiben. Aus der Möglichkeit zum Einschreiten folgt noch keine Pflicht, es mangelt an einer Brücke von einem Dürfen, nämlich dem arbeitsrechtlichen Direktionsrecht, zu einem Sollen, d.h. einer strafrechtlich relevanten Direktionspflicht. Kein Hilfemonopol macht aus einem Täter nach § 323c StGB einen Garanten. Zweifelhaft ist auch, ob das erlaubte ubiquitäre und sozial nützliche Verhalten des unternehmerischen Erwerbs zur Quelle eines besonderen Risikos erklärt werden kann.

Folgt man der h.M. in der Annahme einer Garantenpflicht, so kann deren Erfüllung auch auf nachgeordnetes Personal **delegiert** werden. Für dieses entsteht dann eine abgeleitete Garantenpflicht aus freiwilliger tatsächlicher Übernahme nach

---

[96] Vgl. B. Heinrich, AT, 5. Aufl. 2016, Rn. 970.
[97] Bock, Criminal Compliance, 2. Aufl. 2013, S. 325ff.; Rudolphi/Stein, in: SK-StGB, 119. Lfg. 2009, § 13 Rn. 35a.

Maßgabe des Arbeitsvertrags. Dies gilt insbesondere für sog. Compliance-Beauftragte, deren Funktion die Einhaltung der Rechtsnormen bei der unternehmerischen Tätigkeit ist.[98]

3. Verkehrssicherungspflicht

Die strafrechtliche Pflicht zur Eindämmung von Gefahren, die nicht von spezifisch zu beaufsichtigenden Menschen ausgehen, geht vielfach parallel mit der zivilrechtlichen Verkehrssicherungspflicht, die denjenigen trifft, der Herrschaft über eine Gefahrenquelle innehat.

a) Gefährliche Gegenstände, Einrichtungen und Veranstaltungen
Dies können gefährliche Gegenstände sein, die zu überwachen sind, z.B. Tiere[99]:

Beispiel 408:

Hundehalter B vergaß, den Zwinger zu verschließen; sein Hund entwich und biss den Z.

Kraftfahrzeuge[100]:

Beispiel 409:

OLG Karlsruhe U. v. 07.02.1980 – 1 Ss 319/79 – NJW 1980, 1859 (Anm. Geppert JK 1981 StGB § 1/1):

B1 hat bei einem Unfall entweder in alkoholbedingt fahruntüchtigem Zustand selbst einen Pkw geführt oder als für das vorgenannte Fahrzeug verantwortlicher Mithalter und Fahrzeuginsasse dem für ihn erkennbar absolut fahruntüchtigen B2 nach größtenteils gemeinschaftlichem Alkoholgenuss den Pkw zum Führen überlassen. Infolge der Fahruntüchtigkeit des Fahrers geriet der Pkw auf die linke Fahrbahnseite und prallte gegen einen entgegenkommenden Pkw, dessen Fahrer getötet wurde und dessen Beifahrerin eine Schädelprellung, eine Risswunde am rechten Mittelfinger, eine Knieprellung rechts und einen Schock erlitt.

---

[98] Hierzu Fischer, StGB, 64. Aufl. 2017, § 13 Rn. 39; aus der Rspr. vgl. (obiter dictum) BGH U. v. 17.07.2009 - 5 StR 394/08 (BSR) - BGHSt 54, 44 = NJW 2009, 3173 = NStZ 2009, 686 = StV 2009, 687 (Anm. Jahn JuS 2009, 1142; Rotsch ZJS 2009, 712; RÜ 2009, 636; RA 2009, 589; Stoffers NJW 2009, 3176; Berndt StV 2009, 689; Kretschmer JR 2009, 474; Mosiek HRRS 2009, 565; Barton jurisPR-StrafR 22/2009 Anm. 1 und jurisPR-StrafR 23/2009 Anm. 1; Thomas CCZ 2009, 239; Satzger JK 2010 StGB § 13/42; Mosbacher/Dierlamm NStZ 2010, 268; Warneke NStZ 2010, 312; Dannecker/Dannecker JZ 2010, 981; Spring GA 2010, 222; Kraft wistra 2010, 81; Fecker/Kinzl CCZ 2010, 13; Krüger ZIS 2011, 1; Schneider/Gottschaldt ZIS 2011, 573; Geiger CCZ 2011, 170; Brozat CCZ 2011, 227; Schwarz wistra 2012, 13; Raum CCZ 2012, 197; Schmid JA 2013, 835).

[99] B. Heinrich, AT, 5. Aufl. 2016, Rn. 964.

[100] Fischer, StGB, 64. Aufl. 2017, § 13 Rn. 64.

Ferner Grundstücke,[101] Baustellen[102] und Gebäude.[103]

Beispiel 410:

LG Saarbrücken B. v. 24.10.2005 – 8 Qs 73/05 – NStZ-RR 2006, 75 (Anm. RA 2006, 434):
B1 als Bezirksbauleiter und Verantwortlicher in der W-Schule in E und B2 als Hausmeister der vorgenannten Schule kamen ihrer Verkehrssicherungspflicht nicht nach, so dass die Jugendlichen Z1, Z2 und Z3, die sich auf einem Flachdach der W-Schule, das von einer Seite aus ebenerdig zugänglich ist, befanden, aus einer Höhe von ca. 3,50 m in die Tiefe stürzten, da sich das dort zur Sicherung angebrachte Eisengitter nicht in einem verkehrssicheren Zustand befand und bereits nicht ausreichend dimensioniert war, aber auch starke Korrosion aufwies, so dass bereits ein mehr oder weniger starkes Anlehnen geeignet war, die Geländerkonstruktion zum Einsturz zu bringen, und sich Z1, Z2 und Z3, die sich am Geländer festhielten und abstürzten, erhebliche Verletzungen zuzogen.

Auch Veranstaltungen sind zu überwachende Gefahrenquellen.[104]

Beispiel 411:

LG Waldshut-Tiengen U. v. 12.09.2000 – Ns 22 Js 6046/98 – NJW 2002, 153 (Anm. LL 2002, 177):
Am 02.08.1998 fanden auf einer Mountainbikerennstrecke in Todtnau die deutschen Meisterschaften in der Kategorie Mountainbike-Downhill statt. Veranstalter war der Bund Deutscher Radfahrer, Ausrichter des Rennens ein örtlicher Verein. Während des Wettkampfs kam es zu einem tödlichen Unfall, als an einer Steilstrecke einer der Teilnehmer stürzte, sein Fahrrad durch die Luft flog und einen 31-jährigen Zuschauer am Kopf traf. Dieser verstarb trotz intensiver medizinischer Behandlung im November 1998 an einem schweren Schädelhirntrauma. B war vom Bund Deutscher Radfahrer als Vorsitzender eines aus drei Personen bestehenden Wettkampfausschusses eingesetzt worden. Nach den gerichtlichen Feststellungen war er dafür zuständig, dass die Rennstrecke den Wettkampfregeln des Verbands entsprach, hatte den Kurs abzunehmen und für die Behebung etwaiger Beanstandungen durch den Ausrichter zu sorgen.

---

[101] B. Heinrich, AT, 5. Aufl. 2016, Rn. 964.

[102] B. Heinrich, AT, 5. Aufl. 2016, Rn. 964; aus der Rspr. vgl. BGH U. v. 13.11.2008 - 4 StR 252/08 (Abbrucharbeiten) - BGHSt 53, 38 = NJW 2009, 240 = NStZ 2009, 146 = StV 2009, 406 (Anm. Satzger JK 2009 StGB § 222/8; RÜ 2009, 96; RA 2009, 113; Bußmann NStZ 2009, 386; Renzikowski StV 2009, 443; Kraatz JR 2009, 182; Duttge HRRS 2009, 145; Wegner HRRS 2009, 381).

[103] Fischer, StGB, 64. Aufl. 2017, § 13 Rn. 65.

[104] B. Heinrich, AT, 5. Aufl. 2016, Rn. 964.

b) Inverkehrbringen von Produkten

▶ **Didaktischer Aufsatz:**
  • Schmidt-Salzer, Zivilrechtliche und strafrechtliche Produktverant-
    wortung, JA 1988, 465

Zur Abgrenzung von Tun und Unterlassen bei der strafrechtlichen Produkthaftung
vgl. schon oben.

Beispiel 412:

**BGH U. v. 06.07.1990 – 2 StR 549/89 (Lederspray) – BGHSt 37, 106 = NJW
1990, 2560 = NStZ 1990, 587 = StV 1990, 446 (Anm. Roxin, Höchstrichterliche Rspr. AT, 1998, Nr. 92; Puppe, AT, 3. Aufl. 2016, § 2 Rn. 9ff. und 27ff.;
Hemmer-BGH-Classics Strafrecht, 2003, Nr. 1; Schmidt-Salzer NJW 1990,
2966; Kuhlen NStZ 1990, 566; Brammsen Jura 1991, 533; Hassemer JuS
1991, 253; Samson StV 1991, 182; Beulke/Bachmann JuS 1992,737; Meier
NJW 1992, 3193; Puppe JR 1992, 30; Hirte JZ 1992, 257; Brammsen GA
1993, 97; Hilgendorf NStZ 1994, 561; Jähnke Jura 2010, 582):**
Die E-GmbH befasste sich unter anderem mit der Herstellung von Schuh- und
Lederpflegeartikeln. Dazu gehörten auch Ledersprays, die – abgefüllt in Treibgasdosen – zum Versprühen bestimmt waren und der Pflege, dem Imprägnieren
oder dem Färben insbesondere von Schuhen und sonstigen Bekleidungsgegenständen dienen. Ab dem Spätherbst 1980 gingen Schadensmeldungen ein, in
denen berichtet wurde, dass Personen nach dem Gebrauch von Ledersprays
Marke „E" gesundheitliche Beeinträchtigungen erlitten hatten. Diese Beeinträchtigungen äußerten sich zumeist in Atembeschwerden, Husten, Übelkeit, Schüttelfrost und Fieber. Die Betroffenen mussten vielfach ärztliche Hilfe in Anspruch
nehmen, bedurften oftmals stationärer Krankenhausbehandlung und kamen in
nicht seltenen Fällen wegen ihres lebensbedrohlichen Zustands zunächst auf die
Intensivstation. Die Befunde ergaben regelmäßig Flüssigkeitsansammlungen in
den Lungen (Lungenödem). Die ersten Schadensmeldungen lösten firmeninterne
Untersuchungen aus. Diese bezogen sich auf zurückgegebene Spraydosen. Fabrikationsfehler ergaben sich dabei nicht. Festgestellt wurde nur, dass bei einem
Spray seit Mitte 1980 der Wirkstoffanteil des Silikonols erhöht worden war. Diese
Rezepturänderung wurde Anfang 1981 rückgängig gemacht. Gleichwohl folgten
weitere Schadensmeldungen. Fachgespräche mit Toxikologen zweier Chemieunternehmen und einem beratenden Arzt brachten keine Klärung. Der Silikonöl-
Wirkstoff wurde aus den Produkten genommen. Die Schadensmeldungen setzten
sich jedoch fort. Am 12.05.1981 fand eine Sondersitzung der Geschäftsführung
statt. Den einzigen Tagesordnungspunkt bildeten die bekanntgewordenen Schadensfälle. Teilnehmer waren unter anderem sämtliche Geschäftsführer der Firma
W-GmbH, nämlich B1-4. Sie fassten den einstimmigen Beschluss, den Vertrieb
des Ledersprays fortzusetzen. In der Folgezeit kam es zu weiteren Gesundheitsschäden nach der Verwendung von Ledersprays der bezeichneten Marke.

Die Garantenstellung, aus der sich z.b. eine Pflicht zum Rückruf von Produkten nach Erkennen der Gefährlichkeit ergibt,[105] folgert die h.M. aus dem Wissens- und Wirkungsvorsprung des Produzenten gegenüber den Verbrauchern. Zwar ist das Inverkehrbringen an sich nicht zu beanstanden, die Produkte stammen aber aus der Sphäre des Produzenten, so dass sich dessen Verantwortung aus diesem – wenn auch unerkannt – riskanten Akt ergibt. Allerdings gilt es, die Anforderungen an die zu ergreifenden Maßnahmen nicht zu überspannen, insbesondere kann die sehr strenge zivilrechtliche Haftung nicht uneingeschränkt auf das Strafrecht übertragen werden.

c) Räumlichkeiten

▶ **Didaktischer Aufsatz:**
  • Tenckhoff, Garantenstellung des Wohnungsinhabers bei Angriffen auf einen Gast, JuS 1978, 308

Abzugrenzen ist die Überwachungspflicht bzgl. beherrschter Gefahrenquelle von Fällen, in denen ein anderer Mensch Straftaten eigenverantwortlich lediglich in genutzten Räumlichkeiten des Unterlassenden begeht.[106]

Beispiel 413:

BGH B. v. 30.09.2009 – 2 StR 329/09 – NStZ 2010, 221 = StV 2010, 128 (Anm. Bosch JA 2010, 306; RA 2010, 29):

B1 und B2 teilten sich seit sieben Jahren eine Wohnung. B1 übernachtete im Wohnzimmer oder in der Küche, während B2 das Schlafzimmer benutzte. Zum Ausgleich für Unterkunft und Verpflegung leitete B2 seine Hartz-IV-Bezüge an B1 weiter. B2 handelte seit mindestens einem Jahr mit Betäubungsmitteln, die er vorwiegend in den Niederlanden erwarb. Er nutzte das Schlafzimmer sowohl zur Lagerung der Drogen als auch zur Abwicklung der Drogengeschäfte mit Konsumenten. Dies war der B1 bekannt und wurde von ihr geduldet.

Da eine Wohnung kein typischerweise rechtsgutsgefährdender Bereich ist und diese auch keine Herrschaft über andere anwesende Personen vermittelt, folgt aus dem Tatort keine Garantenstellung für die B1.

Anders gelagert ist dies bei Gaststätten.[107]

---

[105] VglB. Heinrich, AT, 5. Aufl. 2016, Rn. 968; aus der Rspr. vgl. BGH U. v. 19.07.1995 - 2 StR 758/94 (Glykol) - NJW 1995, 2933 = NStZ 1995, 605 = StV 1996, 73 (Anm. Geppert JK 1996 StPO § 136a/8; Fezer StV 1996, 77; Samson StV 1996, 93).

[106] Hierzu Tenckhoff JuS 1978, 308; Reus/Vogel MDR 1990, 869; aus der Rspr. vgl. BGH B. v. 17.11.2011 - 2 StR 348/11 - NStZ-RR 2012, 58 (Anm. Bosch JK 2012 StGB § 13 I/45; RA 2012, 169).

[107] B. Heinrich, AT, 5. Aufl. 2016, Rn. 966.

Zum einen wird hier Alkohol ausgeschenkt, was für Tatbestandsverwirklichungen nach §§ 315c I Nr. 1 lit. a, 316 StGB sowie v.a. §§ 222, 229 StGB relevant werden kann.

Beispiel 414:

BGH B. v. 13.11.1962 – 4 StR 267/63 – BGHSt 19, 152 = NJW 1964, 412 (Anm. Roxin, Höchstrichterliche Rspr. AT, 1998, Nr. 90; Willms JuS 1964, 208; Geilen JZ 1965, 469):
B betrieb eine Gastwirtschaft. Gegen Mitternacht kehrten bei ihm drei Gäste ein. Alle drei hatten schon vorher Alkohol getrunken. In der Gastwirtschaft des B knobelten sie zusammen mit diesem zehn bis zwölf Runden Whisky aus. Gegen 3 Uhr morgens wollten sie mit einem Pkw wegfahren. B erkannte, dass keiner von ihnen mehr sicher fahren konnte, und riet ihnen deshalb, eine Taxe zu nehmen. Sie folgten diesem Ratschlag nicht. Der Blutalkoholgehalt betrug bei dem, der den Wagen führte, 2,14‰, bei dem mitfahrenden Halter 1,97‰. Auf der Fahrt kam der Wagen infolge Fahruntüchtigkeit des Fahrers von der Straße ab und geriet auf einen Acker. Dort überschlug er sich. Zwei Personen wurden verletzt.

Durch den Ausschank trug der Wirt zur Schaffung einer Gefahrenquelle bei.

Zum anderen vertrauen die Gäste darauf, dass sie nicht von anderen Gästen angegriffen werden, sondern der Wirt in diesen Fällen von seinem Hausrecht Gebrauch macht.

Beispiel 415

BGH U. v. 05.07.1966 – 5 StR 280/66 – NJW 1966, 1763:
Als Inhaberin einer Gastwirtschaft duldete B, dass vier männliche Stammgäste einer jungen Frau, die sich geweigert hatte, mit einem von ihnen zum zweiten Male zu tanzen, gewaltsam das Haupthaar und einen Teil der Schamhaare abschnitten.

B hatte rechtlich dafür einzustehen, dass der jungen Frau keine Körperverletzungen zugefügt würden.

4. Ingerenz (gefährliches Vorverhalten)

▶ **Didaktische Aufsätze:**
- Herzberg, Garantenpflichten aufgrund gerechtfertigtem Vorverhalten, JuS 1971, 74
- Sowada, Die Garantenstellung aus vorangegangenem Tun (Ingerenz), Jura 2003, 236
- Theile, Verdeckungsabsicht und Tötung durch Unterlassen, JuS 2006, 110
- Kretschmer, Notwehr (§ 32 StGB) und Unterlassen (§ 13 StGB) – eine wechselseitige Beziehung zweier Rechtsfiguren, JA 2015, 589

Unter Ingerenz versteht man Vorverhalten des später Unterlassenden, welches das Rechtsgut überhaupt einem Risiko bzw. einer Gefahr aussetzte.[108]

Nach ganz h.M.[109] führt ein Vorverhalten des Täters dann zu einer Garantenstellung, wenn dieses **unerlaubt** riskant (pflichtwidrig) war.

Beispiel 416:

Autofahrer B fuhr zu schnell und daher den Fußgänger G an. Er stieg aus und sah, dass dieser ohne Hilfe sterben würde. Um keinen Ärger mit der Polizei zu bekommen, ließ er G zurück.

Einen unverschuldet Unfallbeteiligten trifft nur die allgemeine Hilfeleistungspflicht des § 323c StGB. Aus der pflichtwidrigen Geschwindigkeitsüberschreitung (vgl. § 3 StVO) erwächst dem B aber eine Garantenpflicht, so dass mit dem Zurücklassen des G ein Totschlag durch Unterlassen im Raum steht, §§ 212 I, 13 I StGB.

Strittig ist, ob auch **rechtlich erlaubtes** riskantes Vorverhalten zur Garantenstellung aus Ingerenz führt.[110]

Beispiel 417:

BGH U. v. 19.07.1973 – 4 StR 284/73 (Normalfahrer) – BGHSt 25, 218 = NJW 1973, 1706 (Anm. Roxin, Höchstrichterliche Rspr. AT, 1998, Nr. 94; Hassemer JuS 1973, 785; Otto NJW 1974, 528; Rudolphi JR 1974, 160):
B fuhr in der Nacht zum 01.10.1971 mit seinem Pkw auf der B 26 bei nebeligem Wetter mit einer Geschwindigkeit von etwa 50 km/h den in gleicher Richtung gehenden, sein Fahrrad rechts neben sich herschiebenden, erheblich angetrunkenen G an und verletzte ihn schwer. Dass er irgendwie schuldhaft zu diesem Unfall beigetragen hat, ist nicht erwiesen, auch nicht, dass er fahruntüchtig war oder sich sonst vorschriftswidrig verhalten hat. Es ist nicht ausgeschlossen, dass

---

[108] Zur Ingerenz Lampe ZStW 1960, 93; Herzberg JuS 1971, 74; Bringewat MDR 1971, 716; Schünemann GA 1974, 231; Herzberg JZ 1986, 986; Dencker FS Stree/Wessels 1993, 159; Jakobs FG 50 Jahre BGH IV 2000, 29; Otto FS Gössel 2002, 99; Roxin FS Trechsel 2002, 551; Sowada Jura 2003, 236; Jasch NStZ 2005, 8; Walther FS Herzberg 2008, 503; Kretschmer JA 2015, 589; aus der Rspr. vgl. zuletzt OLG Hamburg B. v. 08.06.2016 - 1 Ws 131/16 - NStZ 2016, 530 (Anm. RÜ 2016, 640; Miebach NStZ 2016, 536; Wilhelm HRRS 2017, 68); BGH B. v. 20.09.2016 - 3 StR 174/16 - NStZ 2017, 92 (Anm. RÜ 2017, 103); BGH U. v. 24.11.2016 - 4 StR 289/16 - NStZ 2017, 219 (Anm. Jäger NStZ 2017, 222).

[109] S. nur Fischer, StGB, 64. Aufl. 2017, § 13 Rn. 47ff.; krit. aber z.B. Seebode NStZ 1993, 83 (84).

[110] Hierzu Hillenkamp/Cornelius, 32 Probleme aus dem Strafrecht AT, 15. Aufl. 2017, 29. P.; aus der Rspr. vgl. BGH U. v. 25.09.1952 - 4 StR 41/52 - BGHSt 3, 203; BGH U. v. 29.07.1970 - 2 StR 221/70 (Notwehr) - BGHSt 23, 327 = NJW 1970, 2252 (Anm. Roxin, Höchstrichterliche Rspr. AT, 1998, Nr. 93; Herzberg JuS 1971, 74; Hassemer JuS 1971, 105; Welp JZ 1971, 433).

G so kurz vor dem B in dessen Fahrbahn hineinlief oder hineinschwankte, dass der Unfall für B bei den gegebenen Umständen unvermeidbar war. B hielt an, lief etwa 25–30 m auf der Straße zurück und rief laut „Hallo", als er niemanden sah. Da er keine Antwort erhielt, setzte er einige Minuten später seine Fahrt fort, obwohl er auch weiterhin damit rechnete, einen Menschen angefahren und so schwer verletzt zu haben, dass dieser möglicherweise hilflos auf der Fahrbahn lag und deshalb auf der stark befahrenen Straße durch andere Kfz getötet würde. G wurde einige Zeit danach, bevor Hilfsmaßnahmen anderer Kraftfahrer wirksam geworden waren, von einem Lkw überfahren und tödlich verletzt.

Es ist nicht erwiesen, dass B schuldhaft zu dem Unfall beigetragen hat, fahruntüchtig war oder sich sonst vorschriftswidrig verhalten hat.

Beispiel 418:

BGH U. v. 16.02.2000 – 2 StR 582/99 – NStZ 2000, 414 = StV 2001, 616 (Anm. Puppe, AT, 3. Aufl. 2016, § 29 Rn. 5ff.; LL 2000, 810; RÜ 2000, 421; RA 2000, 474; Geppert JK 2001 StGB § 13/31; Schröder JA 2001, 191; Engländer JuS 2001, 958):

Am 30.09.1998 befanden sich B, sein Freund Z und das spätere Tatopfer G in einer Gaststätte. Z und G hatten eine Auseinandersetzung. Der erboste G verließ das Lokal, drohte aber wiederzukommen. Er holte ein großes Brotmesser und lauerte Z auf. Als B und Z das Lokal verließen und sich gerade getrennt hatten, sprang G hervor und brachte dem überraschten Z mit dem Messer am Kopf eine lange Schnittverletzung bei. Z schrie um Hilfe und rannte in Todesangst davon; G verfolgte ihn. B folgte den beiden, um seinem Freund zu helfen. G unterbrach die Verfolgung des Z und wandte sich, das Messer in der Hand haltend, nunmehr angriffsbereit dem B zu. Dieser prallte in vollem Lauf auf G und riss ihn zu Boden, wobei diesem das Messer aus der Hand fiel. Es kam zu einem Kampf am Boden, wobei es dem B gelang, in den Besitz des Messers zu kommen, mit dem er nun auf seinen Gegner einstach. B fügte dem G neben Abwehrverletzungen an Arm und Hand als erstes drei tiefe Stichverletzungen an der Rückseite des rechten Oberschenkels zu, unter denen sich die später zum Tode führende Schlagaderverletzung befand. Während dieser Phase des Kampfes musste B sich noch gegen den Angriff seines Gegners wehren und damit rechnen, dass dieser die Absicht hatte, ihm das Messer wieder zu entwinden und es dann gegen den B zu richten. Das änderte sich, nachdem B die ersten Stiche gesetzt hatte. Infolge der ihm zugefügten schweren Verletzung schwand die Angriffskraft des G und es gelang dem B, seinen Gegner mit dem Rücken auf den Boden zu fixieren und sich – das Gesicht in Richtung von dessen Füßen, den Rücken zum Kopf des Z – auf seinen Brustkorb zu setzen oder zu knien. Dem B wurde bewusst, dass er „etwas Schlimmes getan" hatte. Er sprang auf, rief zu Z „Lass uns abhauen!", und beide rannten zum Pkw des B. B glaubte in diesem Augenblick nicht, dass G bereits im Sterben lag, aber es war ihm klar, dass er ihn durch die heftigen Stiche so schwer verletzt hatte, dass dieser ohne ärztliche Behandlung verbluten würde.

Obwohl er nicht damit rechnete – was in Anbetracht der tiefen Nachtzeit, der menschenleeren Örtlichkeit und des Regenwetters auch nicht anzunehmen war–, dass dem G rechtzeitig Hilfe zuteil werden würde, fuhr er mit Z davon. Er tat dies, weil er wegen seiner Vorstrafen befürchtete, dass die Polizei ihm nicht glauben würde, und nahm den Tod des Z durch Verbluten dabei billigend in Kauf.

Vorausgesetzt, dass die Messerstiche gerechtfertigt waren, hatte B trotzdem eine Garantenstellung kraft Ingerenz, als er den verletzten G seinem Schicksal überließ?

Die frühere Rspr.[111] und Teile der Lehre[112] halten auch eine nicht unerlaubte Risikosetzung für ausreichend, um eine Garantenstellung kraft Ingerenz zu begründen.
    Die heutige Rspr.[113] und die h.L.[114] verlangen demgegenüber ein pflichtwidriges Verhalten, an dem es bei nicht fahrlässigem Handeln und v.a. auch bei gerechtfertigtem Handeln fehlt.
    Zu folgen ist der h.M. Zwar mag auch derjenige, der schuldlos eine Gefahr begründet hat, sich für diese verantwortlich fühlen, auch aus Opfersicht besteht kein Unterschied bzgl. des Risikos; allerdings genügt der Schutz des § 323c StGB in diesen Fällen vollauf. Von einer rechtlichen Einstandspflicht i.S.d. § 13 I StGB kann man bei schlichter wertfreier Kausalität nicht sprechen. Bei einem in Notwehr handelnden Verteidiger erscheint es besonders paradox, diesen mit einer Garantenpflicht zu belasten, obwohl er doch dem Angreifer eher ferner als anderen Mitmenschen steht. Ein Angreifer würde insofern sogar bessergestellt als ein zufällig Verunglückter, zu dessen Gunsten nur die allgemeine Rettungspflicht nach § 323c StGB eingreift. Darüber hinaus ist eine Garantenstellung aber auch dann abzulehnen, wenn der Geschädigte nichts zur Situation beigetragen hat – etwa in Fällen des Notstands –, hieraus folgt eben noch nicht, dass der Unterlassende die rechtliche Verantwortung innehat.

Über die bloße Erfolgsursächlichkeit und Pflichtwidrigkeit des Vorverhaltens hinaus wird ferner zu Recht verlangt, dass der Täter durch sein Vorverhalten die **nahe Gefahr** für den Schadenseintritt geschaffen hat, was bei der Missachtung einer Vorschrift angenommen wird, die dem Schutz des betroffenen Rechtsguts dient.[115] Es genügt wie ganz allgemein i.R.d. objektiven Zurechnung also nicht irgendein unerlaubtes Risiko, sondern es muss ein Risikoverwirklichungszusammenhang zwischen Erfolg und Pflichtwidrigkeit bestehen.

---

[111] Vgl. BGH U. v. 25.09.1952 - 4 StR 41/52 - BGHSt 3, 203 (204).

[112] Z.B. Lackner/Kühl, StGB, 28. Aufl. 2014, § 13 Rn. 13.

[113] Vgl. BGH U. v. 29.07.1970 - 2 StR 221/70 - BGHSt 23, 327.

[114] Vgl. nur Fischer, StGB, 64. Aufl. 2017, § 13 Rn. 52.

[115] Hierzu Joecks, StGB, 11. Aufl. 2014, § 13 Rn. 55; aus der Rspr. vgl. zuletzt BGH B. v. 20.09.2016 - 3 StR 174/16 - NStZ 2017, 92 (Anm. RÜ 2017, 103).

Besonders problematisch[116] ist dies bei **Mittäterexzessen**.

Beispiel 419:

BGH U. v. 19.08.2004 – 5 StR 218/04 (Schweinetrog) – NStZ 2005, 93 (Anm. Kudlich JuS 2005, 568; LL 2005, 314; RA 2005, 28; Heinrich NStZ 2005, 94): Bei einer gemeinsamen Heimfahrt mit Fahrrädern zwangen B1, B2 und B3 den G, sich mit ihnen auf ein abgelegenes landwirtschaftliches Gelände und dort in einen großen Schweinestall zu begeben, wo sie weiterhin abwechselnd auf den Jungen einschlugen und ihn ängstigen wollten. Zweimal zwangen sie ihn, in die Steinkante eines Schweinetrogs zu beißen. B1 wollte ihn damit durch Nachstellen einer brutalen Mordszene aus einem Film, der jedenfalls auch B2 bekannt war, schockieren. Als der verängstigte Junge, der Aufforderung folgend, zum zweiten Mal in den Steintrog biss, entschloss sich B1 spontan aus einem Motivbündel von menschenverachtender Abenteuerlust und Imponierbedürfnis, die Filmszene vollends in die Realität umzusetzen. Er sprang G mit direktem Tötungsvorsatz mit beiden Füßen, an denen er Springerstiefel mit Stahlkappen trug, auf den Kopf. B2 und B3 hatten hiermit möglicherweise nicht gerechnet. Während sich B1, nunmehr schockiert, abwandte und zunächst abseits hielt, beschloss B3, das Opfer, das sichtbar schwerste Kopfzerquetschungen und Schädelbrüche erlitten hatte, endgültig zu beseitigen, um die Entdeckung der Tat zu verhindern. Er suchte gemeinsam mit B2 nach einem geeigneten Tatwerkzeug. B2 fand einen großen schweren Betonstein. Diesen warf er G zweimal auf den Kopf. Anschließend vergruben sie die Leiche des G in einer Jauchegrube.

Beispiel 420:

B1 und B2 begingen einen Banküberfall. Bei der Flucht hinderte B1 den B2 nicht daran, entgegen der vorherigen Absprache einen Verfolger zu erschießen.

In solchen Fällen stellt sich die Frage, ob den anderen Mittätern vorgeworfen werden kann, den durch den Exzess herbeigeführten Erfolg nicht verhindert zu haben. Die für Ingerenz notwendige pflichtwidrige Risikosetzung liegt in der Mitwirkung an der mittäterschaftlichen Vortat. Allerdings könnte der Mittäterexzess den Zusammenhang zur Verwirklichung im Erfolg und damit die Garantenstellung ausschließen.

Je nach mittäterschaftlicher Vortat liegt der Risikoverwirklichungszusammenhang im Hinblick auf das Unterlassungsdelikt mal näher, mal ferner. Überdies kann es auch an der Fahrlässigkeit (vgl. § 18 StGB, z.B. bzgl. § 227 StGB) oder Leichtfertigkeit (z.B. bei § 251 StGB) fehlen. Allerdings wird beides bei typischem Eskalieren sowie Delikten zur Tatverdeckung häufig vorliegen. Insofern liegt in jeder

---

[116] S. Fischer, StGB, 64. Aufl. 2017, § 13 Rn. 49; aus der Rspr. vgl. BGH B. v. 05.09.2012 - 2 StR 242/12 - NStZ 2013, 280 (Anm. Bosch JK 2013 StGB § 227/9; Jäger JA 2013, 312; LL 2013, 164; LL 2013, 423; famos 6/2013; Murmann HRRS 2014, 442).

Mittäterschaft eine potentielle Überwachergarantenstellung für das Verhalten der übrigen Mittäter. Vor Ausweichen auf eine Unterlassungstat ist freilich zu prüfen, ob nicht der Tatentschluss – ggf. stillschweigend – erweitert worden ist.

Strittig ist, ob auch eine **vorsätzliche Risikosetzung** zur Garantenstellung kraft Ingerenz bzgl. des gleichen Erfolgs führt.[117]

Beispiel 421:

BGH U. v. 12.12.2002 – 4 StR 297/02 – NJW 2003, 1060 = NStZ 2003, 312 = StV 2004, 600 (Anm. Otto JK 2003 StGB § 211/40; LL 2003, 486; RÜ 2003, 121; RA 2003, 175; Freund NStZ 2004, 123; Stein JR 2004, 79; Wilhelm NStZ 2005, 177):

B misshandelte mit bedingtem Tötungsvorsatz die zur Tatzeit zwei Jahre alte, mit ihm in Hausgemeinschaft lebende Tochter seiner damaligen Lebensgefährtin in derart massiver Weise, dass das Kind später verstarb. Obwohl er erkannt hatte, dass das schwer verletzte Kind ohne alsbaldige ärztliche Hilfe sterben würde, unterließ er jegliche Rettungsbemühungen.

Teile der Rspr.[118] und Lehre[119] lehnen die Garantenstellung in diesen Fällen ab, während die überwiegende Rspr.[120] und die h.L.[121] eine solche bejahen.

Zwar spricht für die verneinende Auffassung, dass die Gefahr besteht, dass man eine Unterlassungshaftung daran anknüpft, dass ein Täter seine vorsätzliche Tat nicht abbricht, ihm also vorwirft, nicht zurückgetreten zu sein; § 24 StGB enthält nämlich nur ein Recht und keine Pflicht. Allerdings kann eben diese Pflicht aus § 13 StGB folgen. Zutreffend ist es, auch in diesen Fällen eine Ingerenz anzunehmen und etwaige mehrfache Gesetzesverletzungen auf Konkurrenzebene zu lösen, wobei in der Regel das Unterlassungsdelikt zurücktritt (materielle Subsidiarität), es sei denn, qualifizierende Merkmale werden verwirklicht. In der Tat liegt ein Erstrecht-Schluss nahe: Wenn bereits die fahrlässige Risikosetzung für eine Ingerenz genügt, dann erst recht eine vorsätzliche. Dies vermeidet auch die missliche Folge, dass es für später hinzutretende Teilnehmer an einer neuen rechtswidrigen Haupttat fehlt – für den schon abgeschlossenen aktiven Tatteil wäre eine Teilnahme unstreitig ausgeschlossen.

---

[117] Hierzu Grünewald GA 2005, 502; Theile JuS 2006, 110; Hillenkamp FS Otto 2007, 287; aus der Rspr. vgl. BGH U. v. 11.10.2005 - 1 StR 250/05 - NStZ-RR 2006, 10 (Anm. Satzger JK 2006 StGB § 227/2).

[118] BGH U. v. 24.10.1995 - 1 StR 465/95 - NStZ-RR 1996, 131 = StV 1996, 131 (Anm. Otto JK 1996 StGB § 221/4; Stein JR 1999, 265).

[119] Tag JR 1995, 133 (136).

[120] Etwa BGH U. v. 11.07.2003 - 2 StR 531/02 - NStZ 2004, 89 (Anm. RA 2003, 639; Schneider NStZ 2004, 91).

[121] Wohlers, in: NK, 4. Aufl. 2013, § 13 Rn. 44 m.w.N.

H. Zumutbarkeit

▶ **Didaktische Aufsätze:**
  • Herzberg, Beteiligung an einer Selbsttötung oder tödlichen Selbst-
    gefährdung als Tötungsdelikt, JA 1985, 131, 177, 265 und 336
  • Neumann, Die Strafbarkeit der Suizidbeteiligung als Problem der
    Eigenverantwortlichkeit des „Opfers", JA 1987, 244

In § 323c StGB ist die Zumutbarkeit ausdrücklich als Voraussetzung der echten Unterlassensstrafbarkeit normiert und wird dort als Tatbestandsmerkmal angesehen.[122]

> **§ 323c (Unterlassene Hilfeleistung)**
> Wer bei Unglücksfällen oder gemeiner Gefahr oder Not nicht Hilfe leistet, obwohl
> dies erforderlich und ihm den Umständen nach zuzumuten, insbesondere ohne erheb-
> liche eigene Gefahr und ohne Verletzung anderer wichtiger Pflichten möglich ist, wird
> mit Freiheitsstrafe bis zu einem Jahr oder mit Geldstrafe bestraft.

I.R.d. unechten Unterlassungsdelikts ist strittig, ob man eine Unzumutbarkeit des
Tätigwerdens auf Tatbestands-, Rechtswidrigkeits- oder Schuldebene berücksichtigt.[123] Richtigerweise gehört auch hier die Zumutbarkeit zum Tatbestand, da es
bereits keinen Unwert darstellt, Unzumutbares zu unterlassen.

Naturgemäß vage sind die Kriterien, wann Unzumutbarkeit vorliegt.[124] Dies ist dann
der Fall, wenn der Täter eigenen billigenswerten Interessen erheblichen Umfangs
nachgeht, anstatt den Erfolg zu verhindern, die in einem angemessenen Verhältnis
zum drohenden Erfolg stehen.[125]
   Zu berücksichtigen ist insbesondere eine ernsthafte Gefahr für Leib oder Leben
des Unterlassenden.

Die Gefahr der **Strafverfolgung** ändert an der Zumutbarkeit des Handelns zumindest bei einigem Gewicht des drohenden Erfolgs nichts.[126] Insofern wird der Grundsatz *nemo tenetur, se ipsum accusare* empfindlich und nicht unbedenklich im Interesse des Rechtsgüterschutzes eingeschränkt.

---

[122] Fischer, StGB, 64. Aufl. 2017, § 323c Rn. 15.

[123] Näher Henkel FS Mezger 1954, 249; Dallinger JR 1968, 6; Stree FS Lenckner 1998, 393.

[124] Vgl. B. Heinrich, AT, 5. Aufl. 2016, Rn. 903ff.; aus der Rspr. vgl. zuletzt BGH B. v. 05.08.2015 -
1 StR 328/15 - BGHSt 61, 21 = NJW 2016, 176 = NStZ 2016, 406 = StV 2016, 426 (Anm. Bosch
Jura 2016, 450; Jäger JA 2016, 392; Eisele JuS 2016, 276; RÜ 2016, 167; famos 3/2016; Schiemann NJW 2016, 178, Roxin StV 2016, 428, Herbertz JR 2016, 548).

[125] Fischer, StGB, 64. Aufl. 2017, § 13 Rn. 80ff.

[126] Näher Ulsenheimer GA 1972, 1; aus der Rspr. vgl. BGH U. v. 12.09.1984 - 3 StR 245/84 - NStZ
1985, 24 = StV 1985, 100 (Anm. Otto JK 1985 StGB § 13/7; Sonnen JA 1985, 365).

Ein Sonderfall der Unzumutbarkeit des Tätigwerdens ist die Nichtverhinderung einer **Selbstschädigung** bis hin zum **Suizid**.[127]

Beispiel 422:

BGH U. v. 12.02.1952 – 1 StR 59/50 – BGHSt 2, 150 = NJW 1952, 552 (Anm. Roxin, Höchstrichterliche Rspr. AT, 1998, Nr. 86; Gallas JZ 1952, 371; Dreher MDR 1952, 711; Meister GA 1953, 166):
Der Ehemann der B tötete sich wegen ehelicher und häuslicher Zerwürfnisse durch Erhängen. Als er schon bewusstlos, aber noch zu retten war, kam B dazu, erkannte dies, ließ ihn aber hängen. Sie war mit dem Verlauf der ohne ihr Zutun in Fluss gekommenen Dinge einverstanden und wollte ihn nicht durch Hilfeleistung abändern.

Beispiel 423:

BGH U. v. 04.07.1984 – 3 StR 96/84 (Wittig) – BGHSt 32, 367 = NJW 1984, 2639 = NStZ 1985, 119 (Anm. Roxin, Höchstrichterliche Rspr. AT, 1998, Nr. 87; Hemmer-BGH-Classics Strafrecht, 2003, Nr. 55; Solbach JA 1984, 756; Sowada Jura 1985, 75; Hassemer JuS 1985, 238; Schultz JuS 1985, 270; Gropp NStZ 1985, 97; Eser MedR 1985, 6):
B1 war der Hausarzt der 76-jährigen Witwe G Sie litt an hochgradiger Verkalkung der Herzkranzgefäße und an Gehbeschwerden wegen einer Hüft- und Kniearthrose. Nachdem ihr Ehemann – von ihr „Peterle" genannt – im März 1981 gestorben war, sah sie in ihrem Leben keinen Sinn mehr. Gegenüber dem B1 und Dritten äußerte sie öfter die Absicht, aus dem Leben zu scheiden. Schon zu Lebzeiten ihres Ehemannes hatte sie sich mit der Problematik des Suizids beschäftigt und Bücher darüber gelesen. Sie wollte nicht in einen Zustand der Hilflosigkeit geraten und weder in ein Krankenhaus noch in ein Pflegeheim eingewiesen werden. Dies hatte sie auch dem B1 erklärt, der vergeblich versuchte, sie von ihren Suizidgedanken abzubringen. Er wusste, dass schon seit Oktober 1980 ein von ihr verfasstes Schriftstück mit folgendem Text auf ihrem Schreibtisch lag: „Willenserklärung. Im Vollbesitz meiner Sinne bitte ich meinen Arzt keine Einweisung in ein Krankenhaus oder Pflegeheim, keine Intensivstation und keine Anwendung lebensverlängernder Medikamente. Ich möchte einen würdigen Tod sterben. Keine Anwendung von Apparaten. Keine Organentnahme." Am 13.04.1981 verfasste sie ein weiteres Schriftstück etwa

---

[127] Hierzu Eser/Sternerg-Lieben, in: Sch/Sch, 29. Aufl. 2014, vor § 211 Rn. 39ff.; Kohlhaas NJW 1973, 548; Schmidhäuser FS Welzel 1974, 801; Geilen JZ 1975, 145; Bringewat ZStW 1975, 623; Roxin FS Dreher 1977, 331; Klinkenberg JR 1978, 441; Wellmann JR 1979, 182; Klinkenberg JR 1979, 183; Spann/Liebhardt/Braun FS Bockelmann 1979, 487; Bottke GA 1982, 346; Herzberg JA 1985, 131, 177, 265 und 336; Herzberg NJW 1986, 1635; Herzberg JZ 1986, 1021; Neumann JA 1987, 244; Baumann JZ 1987, 131; Herzberg JZ 1987, 132; Schreiber FS Jakobs 2007, 615; Kutzer FS Schöch 2010, 481; Kutzer ZRP 2012, 135; Henking JZ 2015, 174; Herzberg ZIS 2016, 440.

desselben Inhalts mit der zusätzlichen „Erklärung": „Ich bin über 76 Jahre alt und möchte nicht länger leben." Bei einem Hausbesuch am 27.11.1981 sagte ihr der B1 zu, sie am nächsten Tag zwischen 19 und 20 Uhr erneut aufzusuchen, um mit ihr über ihre Weigerung, sich in ein Krankenhaus einliefern zu lassen, zu sprechen. Wie verabredet, klingelte B1 am 28.11.1981 zwischen 19.15 und 19.30 Uhr an der Haustür. Obwohl Licht brannte, öffnete G nicht. Er begab sich daraufhin zu dem in der Nähe wohnenden B2, von dem er wusste, dass er einen Zweitschlüssel besaß. Mit diesem gelangten beide in die Wohnung von G. Sie lag bewusstlos auf der Couch. Unter ihren gefalteten Händen befand sich ein Zettel, auf dem sie handschriftlich vermerkt hatte: „An meinen Arzt – bitte kein Krankenhaus – Erlösung! – 28.11.1981 – G." Auf einen anderen in der Wohnung befindlichen Zettel hatte sie geschrieben: „- ich will zu meinem Peterle -". Anhand zahlreicher Medikamentenpackungen und des Abschiedsbriefs erkannte B1, dass sie eine Überdosis Morphium und Schlafmittel in Selbsttötungsabsicht zu sich genommen hatte. Sie atmete, wie er feststellte, nur noch sechsmal je Minute; ihr Puls war nicht zu fühlen. B1 ging davon aus, dass G nicht, jedenfalls nicht ohne schwere Dauerschäden zu retten sein werde. Das Wissen um den immer wieder geäußerten Selbsttötungswillen und die vorgefundene Situation veranlassten ihn schließlich, nichts zu ihrer Rettung zu unternehmen. Er blieb mit B2 in der Wohnung, bis er am nächsten Morgen gegen 7 Uhr den Tod feststellen konnte.

Beispiel 424:

BGH B. v. 16.07.1993 – 2 StR 294/93 – NJW 1994, 1357 = NStZ 1994, 29 (Anm. Puppe, AT, 3. Aufl. 2016, § 20 Rn. 14ff.; Loos JR 1994, 511; Otto JK 1995 StGB § 13/25):

B hatte G, eine italienische Staatsangehörige, im Jahr 1987 geheiratet. Ihm war bekannt, dass diese an Schizophrenie litt und sich deswegen bereits in Italien in stationärer psychiatrischer Behandlung befunden hatte. Die Ehe verlief anfänglich harmonisch, G begleitete den B, der als Schiffsführer auf einem Rheinschiff tätig war, auf dessen Fahrten. Seit Anfang 1989 kam es dann zu häufigen Auseinandersetzungen, die sowohl auf der psychischen Erkrankung der G wie auch auf übermäßigem Alkoholgenuss des B beruhten. Am 18.02.1989 legte B sein Schiff in X. an. Am Abend kam es wiederum zu einem Streit zwischen den Ehegatten. G stieg, den B heftig beschimpfend, auf das Dach des Schiffes, wo sie sich bereits zuvor nach einem Streit aufgehalten hatte und vom B zurückgeholt worden war. Gegen 20.35 Uhr begab sich auch dieser auf das Dach. G befand sich zu dieser Zeit auf der Mitte des Daches. B blieb ca. 2 bis 2,5m von ihr entfernt stehen. Auf Grund ihrer Äußerungen war ihm klar, dass seine Ehefrau beabsichtigte, ins Wasser zu springen, um sich umzubringen. Er wusste, dass sie nicht schwimmen konnte und wegen ihrer psychischen Erkrankung die Tragweite ihres Handelns nicht erkannte. Als B auf sie zuging, drehte sie sich zur Landseite hin um, rief „Ich jetzt gehen", lief in Richtung Steuerbord und sprang mit einem kräftigen Satz ins Wasser. Zu diesem Zeitpunkt herrschte Dunkelheit. Die Außentemperatur betrug 11 bis 12 Grad Celsius und die Wassertemperatur 9,5 Grad Celsius. Der Rhein war an dieser Stelle 3m tief, die Fließgeschwindigkeit an der Oberfläche mäßig, in tiefen Wasserschichten stärker. An den Außenseiten des Steuerhauses befand sich je ein Rettungsring. In ca. 350m Entfernung lag ein Boot des Wasser- und Schifffahrtsamtes. B, der eine BAK von 2,7 Promille aufwies, war sich bewusst, dass er seine Ehefrau retten musste und fühlte sich dazu trotz des genossenen Alkohols in der Lage. Er sah auf der Wasseroberfläche zunächst eine kreisförmige Wellenbewegung, dann seine Ehefrau noch einmal mit Hinterkopf und Schulter auftauchen. Er ging davon aus, dass seine Frau gerettet werden könnte, wenn er entweder ihr nachspringen und sie an das ca. 20 bis 25m entfernte Ufer bringen oder sofort die in der Nähe seines Schiffes stationierte Wasserschutzpolizei telefonisch unterrichten würde. Er unternahm jedoch zunächst nichts. Gegen 21.40 Uhr verständigte er dann von dem Vorfall die Wasserschutzpolizei X, die im Hafen von X, 700m rheinabwärts von der Anlegestelle des B entfernt, ihre Dienststelle hat. Von dort aus wurde umgehend eine – erfolglose – Suchaktion nach G durchgeführt. Deren Leiche wurde am 8.03.1989 ca. 50 km rheinabwärts geborgen.

Beispiel 425:

StA München I V. v. 30.07.2010 – 125 Js 11736/09 – NStZ 2011, 345 (Anm. RA 2011, 439):

Nachdem bei ihr im Jahre 2007 eine Alzheimer-Demenz diagnostiziert worden war, entschloss sich die G, durch Selbsttötung aus dem Leben zu scheiden, da sie nicht bis zur vollen Ausprägung des Krankheitsbildes am Leben bleiben wollte. Nachdem sie sich umfänglich informiert und ihren Tod von langer Hand geplant hatte, setzte G den Zeitpunkt auf den 28.02.2009 fest. Am Abend dieses Tages kamen die Kinder der G, B1 und B2, in die Wohnung ihrer Mutter. Zunächst unterhielt man sich dort und aß gemeinsam. Sodann nahm G ein Mittel gegen Übelkeit ein. Zirka ½ Stunde später schluckte sie 16 Tabletten des Medikaments „Weimer quin forte" und 45 Tabletten des Medikaments „Luminal". Daraufhin trank man gemeinsam Sekt. Nach ca. 10 Minuten wurde G müde, putzte sich die Zähne und zog sich ihr Nachthemd an. Anschließend begab sie sich zu Bett. Nacheinander gingen B1 und B2 zu ihrer Mutter und verabschiedeten sich. Bei geöffneter Tür setzten sich B1 und B2 danach im Wohnzimmer zusammen. Ab und an sah jemand nach der G, welche innerhalb kürzester Zeit tief und fest eingeschlafen war sowie ruhig und regelmäßig atmete. Als gegen 00.30 Uhr des 01.03.2009 die Atmung flach und unregelmäßig wurde, setzten sich B1 und B2 an das Bett ihrer Mutter und hielten deren Hand. Gegen 00.41 Uhr wurde auf Grund der fehlenden Atmung und des fehlenden Pulses letztendlich der Tod festgestellt.

Beispiel 426:

BGH U. v. 21.12.2011 – 2 StR 295/11 – NStZ 2012, 319 (Anm. Bosch JK 2012 StGB § 13 I/47; Kudlich JA 2012, 470; Hecker JuS 2012, 755; Brüning ZJS 2012, 691; RA 2012, 353; Murmann NStZ 2012, 387; Oğlakcıoğlu NStZ-RR 2012, 246; Kuhli HRRS 2012, 331; Puppe ZIS 2013, 45):

B war seit dem Jahre 2006 mit G befreundet. Es entstand eine intime Beziehung, in der sich B dominant zeigte, während ihm die G „in Hörigkeit und Liebe" zugetan war. B war zeitweise aggressiv. Er demütigte G in diesen Phasen durch sexuell motivierte Machtspiele und betrieb „emotionale Erpressung". G zog sich in ihrer Familie und im Freundeskreis immer mehr zurück. Sie verfolgte aber ihre Ausbildung zielstrebig und nahm zum Wintersemester 2008/2009 ein Studium in Trier auf. Vor diesem Hintergrund erklärten B und G jeweils, dass sie ihre Beziehung beenden wollten. B wandte sich einer neuen Freundin zu, mit der er sich verlobte. Er stand aber weiter mit G in Kontakt, rief sie am 07.06.2009 nach einem Streit mit seiner Verlobten an und vereinbarte mit ihr, dass beide einige Zeit gemeinsam in Trier verbringen würden, wo G über ein Zimmer in einer Wohngemeinschaft verfügte. B nahm eine zu mehr als der Hälfte gefüllte Flasche „Cleanmagic" dorthin mit. Dabei handelte es sich um ein Reinigungsmittel mit dem Wirkstoff Gamma-Butyrolacton. Er hatte sich im Internet über die Wirkungsweise informiert und benutzte es sehr vorsichtig in genau dosierten Mengen als Drogenersatz. Er hatte auch der G angeboten, ebenfalls dieses Mittel zu konsumieren, was aber nicht erfolgt war. G wusste von der Gefährlichkeit des Mittels, ohne ebenso eingehend wie B darüber informiert zu sein. B stellte die Flasche „Cleanmagic" im Zimmer der G auf den Wohnzimmertisch. Das Paar verbrachte in den folgenden Tagen die meiste Zeit in diesem Zimmer und war mehrfach täglich miteinander intim. G, die den B als „die Liebe ihres Lebens" bezeichnete, hoffte wieder auf eine gemeinsame Zukunft. Am 12.06.2009 erklärte ihr B jedoch, dass er weiter an seiner Verlobung mit einer anderen Frau festhalte. G war darüber tief enttäuscht. Gegen 23 Uhr hörte Z, die in derselben Wohngemeinschaft lebte, laute Geräusche aus dem Zimmer der G und erkundigte sich durch die geschlossene Zimmertür, ob alles in Ordnung sei, was G bejahte. Danach, jedenfalls aber vor 23.35 Uhr, nahm die G, die nie zuvor Selbsttötungsgedanken geäußert hatte, aus einem spontanen Entschluss heraus die Flasche „Cleanmagic", schüttete vor den Augen des B etwa 30 Milliliter des Reinigungsmittels in ein Glas, mischte dies mit einem Getränk und trank die Hälfte der Mischung, darunter 15 bis 25 Milliliter des Reinigungsmittels. Bereits 6 bis 7 Milliliter bewirken bei einer Person von ihrer Statur Bewusstlosigkeit, Verflachung der Atmung und Atemstillstand. B, der am Computer saß, hatte zuvor die Verzweiflung der G bemerkt und wahrgenommen, dass sie aus der Flasche von „Cleanmagic" trank. Er erkannte an der verbleibenden Restmenge die erhebliche Dosis. Er wusste um die schnelle Resorption und die Lebensgefährlichkeit des Mittels für Menschen, die es trinken. Er forderte G auf, sich zu übergeben. Diese erbrach aber erst 5 Minuten nach dem Verschlucken des Reinigungsmittels einen Teil der Flüssigkeit und verfiel in Bewusstlosigkeit. B suchte im Internet nach Informationen über Gegenmaßnahmen, unterließ es aber, notärztliche Hilfe zu rufen und nahm dabei den Tod der G in Kauf. Er beobachtete lediglich die Situation und recherchierte weiter im Internet. Hätte er unverzüglich einen Notarzt gerufen, so hätte G zumindest innerhalb ½ Stunde nach Einnahme des Mittels gerettet werden können. Gegen 00.30 Uhr klopfte Z an der Zimmertür, um sich nach G zu erkundigen. B hatte sich aber dazu entschlossen, keine fremde Hilfe heranzulassen und erklärte, dass sie schlafe. Um 01.55 Uhr beendete er seine Computerrecherchen und verließ die Wohnung. Danach entdeckten Z und deren Freund die leblose G und riefen den Notarzt, der sie dann aber nicht mehr retten konnte.

Sobald der Suizident die Tatherrschaft verloren hat (etwa durch Bewusstlosigkeit), kommt für Garanten eine Strafbarkeit wegen Totschlages durch Unterlassen in Betracht, §§ 212 I, 13 I StGB.

Wenn man die Straflosigkeit des Suizids und folgerichtig der aktiven Suizidteilnahme akzeptiert, so wäre es – entgegen der Rspr.[128] – widersinnig, nach Übergang der Tatherrschaft eine Unterlassensstrafbarkeit anzunehmen – dies betrifft auch § 323c StGB. Besonders deutlich wird dies in Fällen, in denen aktive Hilfe zum Suizid geleistet wurde: Derjenige, der dem freiverantwortlichen Suizidenten den Strick reichte, müsste ggf. bei Erlangung der Tatherrschaft Rettungsmaßnahmen ergreifen, dürfte nach Genesung des Suizidenten diesem sodann straflos erneut Beihilfe zum Suizid leisten usw. Denkbar wäre es, bereits die objektive Zurechnung des Erfolgs[129] oder die Garantenstellung abzulehnen, jedenfalls mangelt es an der Zumutbarkeit.[130]

I. Unterlassen entspricht der Verwirklichung des gesetzlichen Tatbestandes durch ein Tun (sog. Entsprechungsklausel, Modalitätenäquivalenz)

▶ **Didaktische Aufsätze:**
  • Satzger, Wann „entspricht" ein Unterlassen einem Tun? Zur Entsprechungsklausel in § 13 StGB, Jura 2011, 749
  • Fahl, Zum (richtigen) Prüfungsstandort der Entsprechungsklausel in § 13 StGB, JA 2013, 674

---

[128] S. nur BGH U. v. 12.02.1952 - 1 StR 59/50 - BGHSt 2, 150.

[129] So B. Heinrich, AT, 5. Aufl. 2016, Rn. 891.

[130] Zur Unterlassensstrafbarkeit aufgrund nicht verhinderten Suizids Eisele, BT I, 4. Aufl. 2017, Rn. 186ff.; Kindhäuser, LPK, 6. Aufl. 2015, vor §§ 211ff. Rn. 31.

Gem. § 13 I StGB setzt die Strafbarkeit wegen Unterlassens – vage – voraus, dass „das Unterlassen der Verwirklichung des gesetzlichen Tatbestandes durch ein Tun entspricht."

Diese sog. Entsprechungsklausel[131] erfordert, dass das Unterlassen dem Unrechtsgehalt aktiver Tatbestandsverwirklichung so nahe kommt, dass es sich dem Unrechtstypus des Tatbestands einfügt.[132]

Bei reinen Erfolgsdelikten wird hierbei ohne Weiteres eine Gleichstellung angenommen.

Anders ist dies bei sog. verhaltensgebundenen Delikten, d.h. solchen, die eine bestimmte Verhaltensweise erfordern, z.B. §§ 142, 164, 211, 224, 240, 263, 253 StGB.[133] Näheres ist im Besonderen Teil abzuhandeln.

J. Subjektiver Tatbestand

Im Hinblick auf den subjektiven Tatbestand des unechten Unterlassungsdelikts[134] sind die allgemeinen Regeln anwendbar, insbesondere genügt Eventualvorsatz dort, wo dies auch beim Begehungsdelikt der Fall ist.

Der Vorsatz muss sich auf alle Tatbestandsmerkmale beziehen, u.a. muss der Täter Vorsatz bzgl. der Möglichkeit eines Rettungsversuchs aufweisen,[135] ferner hinreichende Vorstellungen zur Quasi-Kausalität[136] und insbesondere Vorsatz bzgl. der Garantenstellung, nicht aber bzgl. der Garantenpflicht.[137] Der Unterlassende muss also die Umstände kennen, die ihn zum Garanten werden lassen, sonst greift § 16 StGB; die daraus resultierende Verpflichtung muss er nicht kennen, hier liegt nur ggf. § 17 StGB vor, sog. Gebotsirrtum.

[131] Hierzu Roxin FS Lüderssen 2002, 577; Satzger Jura 2011, 749; Fahl JA 2013, 674; aus der Rspr. vgl. zuletzt BGH U. v. 04.08.2015 - 1 StR 624/14 - NJW 2015, 3047 = NStZ 2016, 95 = StV 2016, 435 (Anm. Engländer NJW 2015, 3049; Momsen-Pflanz StV 2016, 440).

[132] Fischer, StGB, 64. Aufl. 2017, § 13 Rn. 83, 84.

[133] Hierzu Fischer, StGB, 64. Aufl. 2017, § 13 Rn. 85; Kargl ZStW 2007, 250.

[134] Hierzu Hardwig ZStW 1962, 27; Kaufmann FS von Weber 1963, 207; Grünwald FS Mayer 1966, 281.

[135] Fischer, StGB, 64. Aufl. 2017, § 13 Rn. 87; aus der Rspr. vgl. BGH U. v. 11.04.2001 - 3 StR 456/00 - BGHSt 46, 373 – NJW 2001, 2484 = NStZ 2001, 600 (Anm. Lemme NStZ 2001, 602).

[136] B. Heinrich, AT, 5. Aufl. 2016, Rn. 911; aus der Rspr. vgl. BGH U. v. 28.07.1970 - 1 StR 175/70 (Anm. Ulsenheimer JuS 1972, 252; Spendel JZ 1973, 137).

[137] Hierzu Fischer, StGB, 64. Aufl. 2017, § 13 Rn. 87f.; Busch FS Mezger 1954, 165; Börker JR 1956, 87; Satzger Jura 2011, 432.; aus der Rspr. vgl. BGH U. v. 12.02.1952 - 1 StR 59/50 - BGHSt 2, 150 = NJW 1952, 552 (Anm. Roxin, Höchstrichterliche Rspr. AT, 1998, Nr. 86; Gallas JZ 1952, 371; Dreher MDR 1952, 711; Meister GA 1953, 166).

K. Rechtswidrigkeit und Schuld

I. Rechtswidrigkeit: Insbesondere rechtfertigende Pflichtenkollision

▶ **Didaktische Aufsätze:**
- Hruschka, Rettungspflichten in Notstandssituationen, JuS 1979, 385
- Dingeldey, Pflichtenkollision und rechtsfreier Raum, Jura 1979, 478
- Otto, Die strafrechtliche Beurteilung der Kollision rechtlicher gleichrangiger Interessen, Jura 2005, 470
- Rönnau, Grundwissen – Strafrecht: Rechtfertigende Pflichtenkollision, JuS 2013, 113
- Kretschmer, Notwehr (§ 32 StGB) und Unterlassen (§ 13 StGB) – eine wechselseitige Beziehung zweier Rechtsfiguren, JA 2015, 589

I.R.d. Rechtswidrigkeit gelten zunächst die Grundsätze der Rechtfertigung beim Begehungsdelikt.

Darüber hinaus existiert nach h.M.[138] als besonderer Rechtfertigungsgrund beim unechten Unterlassungsdelikt die Pflichtenkollision[139] – andere[140] halten bereits den Tatbestand für nicht erfüllt, wieder andere[141] nehmen eine Entschuldigung an – für Fälle, in denen Handlungspflichten kollidieren, von denen nicht alle erfüllbar sind.

Beispiel 427:

Das Haus des B brannte. Die beiden Söhne des B drohten in den Flammen umzukommen. B konnte nur einen retten, der andere erstickte oder verbrannte.

Isoliert betrachtet, wäre die Rettung des verstorbenen Sohnes möglich gewesen, wenn B sich zuerst um diesen gekümmert hätte. B, der als Vater Beschützergarant war, hat aber zugunsten des anderen Sohnes den erforderlichen Rettungsversuch unterlassen. Das Interesse, zunächst den anderen Sohn zu retten, schließt auch nicht die Zumutbarkeit aus. Es muss aber berücksichtigt werden, dass B in der Gesamtschau nur einen Sohn retten konnte.

---

[138] S. nur Joecks, StGB, 11. Aufl. 2014, § 13 Rn. 74ff.

[139] Hierzu Gallas FS Mezger 1954, 311; Mangakis ZStW 1972, 447; Dingeldey Jura 1979, 478; Hruschka JuS 1979, 385; Hruschka FS Larenz 1983, 257; Lampe FS Lenckner 1998, 159; Gropp FS H. J. Hirsch 1999, 207; Neumann FS Roxin 2001, 421; Otto Jura 2005, 470; Rönnau JuS 2013, 113; Kretschmer JA 2015, 589; aus der Rspr. vgl. BGH U. v. 28.07.1970 - 1 StR 175/70 (Anm. Ulsenheimer JuS 1972, 252; Spendel JZ 1973, 137); BGH B. v. 30.07.2003 - 5 StR 221/03 (§ 266a StGB) - BGHSt 48, 307 = NJW 2003, 3787 = NStZ 2004, 283 = StV 2004, 208 (Anm. Martin JuS 2004, 254; Radtke NStZ 2004, 562).

[140] Freund, in: MK-StGB, 3. Aufl. 2017, § 13 Rn. 193ff.

[141] Fischer, StGB, 64. Aufl. 2017, vor § 32 Rn. 11a.

Aufbau:

I.   Objektive Voraussetzungen
    1. Kollision zweier Handlungspflichten
    2. Rangverhältnis der Handlungsplichten
    3. Erfüllung einer Handlungspflicht, Nichterfüllung der anderen
II. Subjektive Voraussetzung: Kenntnis

Mehr als das Mögliche kann nicht verlangt werden – *ultra posse nemo obligatur*, vgl. § 275 I BGB.

Sind die Handlungspflichten gleichwertig, so muss der Täter nur so viele wie möglich erfüllen, das Unterlassen der übrigen Rettungshandlungen ist gerechtfertigt. Auf das Motiv der Auswahl (z.B. Sympathie bzw. Antipathie) kommt es nicht an.

Bei ungleichgewichtigen Handlungspflichten muss der wichtigeren nachgekommen werden (vgl. den Rechtsgedanken des § 34 StGB). Bei der Abwägung der Pflichten berücksichtigt die h.M. nicht nur das gefährdete Rechtsgut, sondern auch etwaiges Vorverschulden eines zu Rettenden; ferner geht die Erfüllung einer Garantenpflicht dem § 323c StGB nach h.M. vor,[142] auch wenn dann entgegen der Handhabung i.R.d. § 34 StGB ggf. Leben gegen Leben abgewogen wird.

II. Schuld

Auch i.R.d. Schuld gelten die allgemeinen Regelungen.

Hervorzuheben ist der sog. Gebotsirrtum[143] als Sonderfall des Verbotsirrtum nach § 17 StGB: Hier weiß der Täter nicht um die Pflichten, die aus seiner erkannten Garantenstellung folgen. Glaubt umgekehrt der „Täter" irrig an eine Garantenpflicht, so handelt es sich um ein strafloses sog. Wahndelikt.[144]

L. Versuch und Rücktritt

▶   **Didaktische Aufsätze:**
- Kudlich, Der Versuch des unechten Unterlassungsdelikts, JA 2008, 601
- Exner, Versuch und Rücktritt vom Versuch eines Unterlassungsdelikts, Jura 2010, 276

---

[142] S. B. Heinrich, AT, 5. Aufl. 2016, Rn. 516.

[143] Näher Börker JR 1956, 87; aus der Rspr. vgl. BGH B. v. 29.05.1961 - GSSt 1/61 - BGHSt 16, 155 = NJW 1961, 1682 (Anm. Roxin, Höchstrichterliche Rspr. AT, 1998, Nr 96; Puppe, AT, 3. Aufl. 2016, § 31 Rn. 1ff.; Hemmer-BGH-Classics Strafrecht, 2003, Nr. 16; Bähr JuS 1961, 368, Fuhrmann GA 1962, 161; Kaufmann JZ 1963, 504).

[144] Fischer, StGB, 64. Aufl. 2017, § 13 Rn. 88; aus der Rspr. vgl. BGH B. v. 16.07.1993 - 2 StR 294/93 - NJW 1994, 1357 = NStZ 1994, 29 (Anm. Puppe, AT, 3. Aufl. 2016, § 20 Rn. 14ff.; Loos JR 1994, 511; Otto JK 1995 StGB § 13/25).

- Rönnau, Grundwissen – Strafrecht: Versuchsbeginn bei Mittäterschaft, mittelbarer Täterschaft und unechten Unterlassungsdelikten, JuS 2014, 109
- Kaltenhäuser, Die Kombination von Versuchs-, Fahrlässigkeits- und unechtem Unterlassungsdelikt – Aufbaufragen und Kernprobleme, JA 2017, 268

Der Versuch des unechten Unterlassungsdelikts ist nach ganz h.M. wie der des Begehungsdelikts strafbar.[145]

Bestritten wird dies von einer Minderheitsauffassung[146] v.a. für untaugliche Unterlassungsversuche, da es in diesen Fällen weder eine Rechtsgutsgefährdung noch eine äußerliche Manifestation gebe, so dass letztlich nur der böse Gedanke bestraft werde. Mit der h.M. ist aber aus dem Zusammenspiel der allgemeinen Versuchsgrundsätze nach §§ 22, 23 StGB (subjektive Betrachtungsweise) i.V.m. § 13 StGB (Unterlassen als tatbestandsmäßige Handlung) auf die umfassende Versuchsstrafbarkeit zu schließen.

Beispiel 428:

BGH U. v. 22.09.1992 – 5 StR 379/92 (Bahngleis) – BGHSt 38, 356 = NJW 1992, 3309 = NStZ 1993, 32 = StV 1993, 24 (Anm. Puppe, AT, 3. Aufl. 2016, § 32 Rn. 1ff. und 12ff.; Otto JK 1993 StGB § 22/16; Niepoth JA 1994, 337): Nach einer Zechtour trafen B1 und B2 gegen 00.30 Uhr auf einem S-Bahnhof den ihnen unbekannten Z. B1 schlug den betrunkenen Z mit einem Faustschlag ins Gesicht nieder, trat ihm dann brutal ins Gesicht und in den Bauch und schlug mehrmals den Kopf des Z auf den Boden. Auf der Bahnhofstreppe sagte B1 zu B2 „Der muss weg!". Er meinte damit, dass Z zur Vermeidung einer drohenden Strafverfolgung getötet werden sollte. B2 verstand das und befürchtete ebenfalls, durch Z als Mittäter der vorangegangenen Straftat überführt zu werden. B1 und B2 kehrten auf den Bahnsteig zurück, wo Z allein und bewusstlos in seinem Blut lag. B1 warf ihn auf das Gleisbett, um ihn von einem S-Bahn-Zug überfahren zu lassen. Er sprang sodann auf die Gleise hinunter, um den Z so hinzulegen, dass er überfahren werden würde. B1 und B2 rechneten damit, dass noch Züge verkehrten, und verließen den Bahnhof. Ein von einem Augenzeugen der Schläge und Tritte alarmierter weiterer Zeuge lief auf den Bahnsteig, sah den Z, der inzwischen vom Gleis etwas heruntergeglitten war, und versuchte vergeblich, ihn auf den Bahnsteig zu heben, schob ihn in eine Hohlkehle unter der Bahnsteigkante und lief dem um 00.49 Uhr einlaufenden S-Bahn-Zug entgegen. Der Fahrer hielt den Zug

---

[145] Vgl. Fischer, StGB, 64. Aufl. 2017, § 13 Rn. 89, 90; näher Maihofer GA 1958, 289; Rudolphi MDR 1967, 1; Herzberg MDR 1973, 89.

[146] Z.B. Spendel NJW 1965, 1881.

etwas vor dem üblichen Haltepunkt an. Der Kurzzug hätte ohnehin vor der Stelle gehalten, an der der Z gelegen hatte. Der Fahrer hätte auf der geraden Strecke und wegen der guten Ausleuchtung des Bahnhofs einen Mann, der dort auf den Gleisen lag, rechtzeitig gesehen. Der schwerverletzte Z erfuhr stationäre chirurgische Versorgung einschließlich zweier Nachoperationen wegen Wundinfektionen.

Tatgericht und BGH sahen das Verhalten des hier B2 genannten Angeklagten im zweiten Geschehensabschnitt als einen versuchten Mord, begangen zumindest durch Unterlassen, an.

Strittig ist, wann der Unterlassungstäter i.S.d. § 22 StGB **unmittelbar ansetzt**.[147]

Beispiel 429:

B beschloss, ihr Kind verhungern zu lassen. Sie fütterte es einen Tag lang nicht.

Hat die B schon mit dem Unterlassen über einen Tag hinweg unmittelbar angesetzt?

Z.T.[148] wird auf den letztmöglichen Eingriffszeitpunkt abgestellt, wonach hier ein unmittelbares Ansetzen zu verneinen wäre; z.T.[149] auf das Unterlassen des erstmöglichen Eingriffs.

Die h.M.[150] stellt auf den Grad der Gefahr aus der Täterperspektive ab: Besteht eine unmittelbare Gefahr für das geschützte Handlungsobjekt, genügt das Verstreichenlassen der ersten Abwendungsmöglichkeit, i.Ü. wird das unmittelbare Ansetzen bei Aus-der-Hand-Geben des Kausalverlaufs angenommen.

Gegen die Grenzziehung im Hinblick auf die letztmögliche Rettungschance spricht, dass nur fehlgeschlagene oder untaugliche Versuche überhaupt denkbar sind. Schließlich trennt Versuch und Vollendung ansonsten u.U. nur noch eine logische Sekunde. Auch ein Rücktritt wäre selten möglich. Der Zweck der Garantenpflicht liegt darin, dass der Garant schon zur Verminderung der Gefahr für das bedrohte Rechtsgut verpflichtet ist bzw. sein soll. Jedenfalls, wenn sich der Täter eine akute Gefahr vorstellt, gebietet der Rechtsgüterschutz, dass nicht mehr von einem (ggf. straflosen) Vorbereitungsstadium zu sprechen ist. Gleiches muss aufgrund des Fehlens erforderlicher Zwischenakte auch dann gelten, wenn der Täter

---

[147] Hierzu Hillenkamp/Cornelius, 32 Probleme aus dem Strafrecht AT, 15. Aufl. 2017, 1. P.; Maihofer GA 1958, 289; Grünwald JZ 1959, 46; Herzberg MDR 1973, 89; Rönnau JuS 2014, 109; aus der Rspr. vgl. BGH U. v. 22.09.1992 - 5 StR 379/92 (Bahngleis) - BGHSt 38, 356 = NJW 1992, 3309 = NStZ 1993, 32 = StV 1993, 24 (Anm. Puppe, AT, 3. Aufl. 2016, § 32 Rn. 1ff. und 12ff.; Otto JK 1993 StGB § 22/16; Niepoth JA 1994, 337); zuletzt OLG Hamburg B. v. 08.06.2016 - 1 Ws 131/16 - NStZ 2016, 530 (Anm. RÜ 2016, 640; Miebach NStZ 2016, 536; Wilhelm HRRS 2017, 68).

[148] Etwa Armin Kaufmann, Die Dogmatik der Unterlassungsdelikte, 1959, S. 210ff.

[149] Etwa Herzberg MDR 1973, 89 (96); RG U. v. 07.07.1927 - II 504/27 - RGSt 61, 360 (361f.).

[150] S. nur Kindhäuser, LPK, 6. Aufl. 2015, § 22 Rn. 26 m.w.N.

den Kausalverlauf aus den Händen gegeben hat, selbst in Fällen größerer zeitlicher Distanz zum vorgestellten Erfolgseintritt.

Der **Rücktritt** vom Unterlassungsversuch setzt voraus, dass der Täter nunmehr die gebotene Handlung vornimmt, so dass er stets **aktiv** werden muss und sich der Rücktritt nach § 24 I 1 2. Var. StGB richtet – insofern kann man sagen, dass Unterlassungsversuche stets beendete Versuche sind.[151]

M. Täterschaft und Teilnahme

▶ **Didaktische Aufsätze:**
- Schultz, Aufhebung von Garantenstellungen und Beteiligung durch Unterlassen, JuS 1985, 270
- Sowada, Täterschaft und Teilnahme beim Unterlassungsdelikt, Jura 1986, 399
- Bachmann/Eichinger, Täterschaft/Teilnahme beim Unterlassungsdelikt, JA 2011, 105 und 509
- Satzger, Beteiligung und Unterlassen, Jura 2015, 1055
- Otto, Beihilfe durch Unterlassen, JuS 2017, 289

Wenn außer dem unterlassenden Garanten keine weitere Person an der Tat beteiligt ist, so ist der Garant ohne Weiteres Täter i.S.d. § 25 I 1. Var. StGB.

Strittig ist, ob und wie beim Unterlassenden zwischen Täterschaft und Teilnahme unterschieden werden kann, wenn der **Garant das Begehen der Tat durch einen Dritten nicht verhindert.**[152]

---

[151] I.E. problematisch; zum Rücktritt vom Versuch des Unterlassungsdelikts Grünwald JZ 1959, 46; Lönnies NJW 1962, 1950; Stein GA 2010, 129; Engländer JZ 2012, 130; Murmann GA 2012, 711; aus der Rspr. vgl. BGH B. v. 20.12.2002 - 2 StR 251/02 (Gashahn) - BGHSt 48, 147 = NJW 2003, 1058 = NStZ 2003, 308 = StV 2003, 214 (Anm. Puppe, AT, 3. Aufl. 2016, § 21 Rn. 38ff.; famos 12/2002; Trüg JA 2003, 836; Martin JuS 2003, 619; Engländer JuS 2003, 641; RA 2003, 246; Puppe NStZ 2003, 309; Neubacher NStZ 2003, 576; Zwiehoff StV 2003, 631; Jakobs JZ 2003, 743; Seelmann JR 2004, 162).

[152] Hierzu Kielwein GA 1955, 225; Grünwald GA 1959, 110; Stree GA 1963, 1; Ranft ZStW 1982, 815; Schultz JuS 1985, 270; Sowada Jura 1986, 399; Bottke Coimbra-Symposium Roxin 1995, 235; Bottke FS Rudolphi 2004, 15; Hoffmann-Holland ZStW 2006, 620; Ranft FS Otto 2007, 403; Bachmann/Eichinger JA 2011, 105 und 509; Krüger ZIS 2011, 1; Haas ZIS 2011, 392; Satzger Jura 2015, 1055; Murmann FS Beulke FS 2015, 181; Otto JuS 2017, 289; aus der Rspr. vgl. BGH U. v. 17.07.2009 - 5 StR 394/08 (BSR) - BGHSt 54, 44 = NJW 2009, 3173 = NStZ 2009, 686 = StV 2009, 687 (Anm. Jahn JuS 2009, 1142; Rotsch ZJS 2009, 712; RÜ 2009, 636; RA 2009, 589; Stoffers NJW 2009, 3176; Berndt StV 2009, 689; Kretschmer JR 2009, 474; Mosiek HRRS 2009, 565; Barton jurisPR-StrafR 22/2009 Anm. 1 und jurisPR-StrafR 23/2009 Anm. 1; Thomas CCZ 2009, 239; Satzger JK 2010 StGB § 13/42; Mosbacher/Dierlamm NStZ 2010, 268; Warneke NStZ 2010, 312; Dannecker/Dannecker JZ 2010, 981; Spring GA 2010, 222; Kraft wistra 2010, 81; Fecker/Kinzl CCZ 2010, 13; Krüger ZIS 2011, 1; Schneider/Gottschaldt ZIS 2011, 573; Geiger CCZ 2011, 170; Brozat CCZ 2011, 227; Schwarz wistra 2012, 13; Raum CCZ 2012, 197; Schmid JA 2013, 835).

Beispiel 430:

B1 griff nicht ein, als der B2 die Frau des B1 verprügelte.

Beispiel 431:

Gefängniswärter B1 schritt nicht ein, als Insasse B2 den Gefängniskoch schlug.

Die Rspr. folgt auch hier einem subjektiven Ansatz,[153] indem sie auf den Willen zur Täterschaft (*animus auctoris*) oder Teilnahme (*animus socii*) abstellt.

Teile der Lehre[154] gehen in diesen Fällen immer von Beihilfe des Unterlassenden aus.

Andere differenzieren nach Art der Garantenstellung; ein Beschützergarant sei immer Täter, ein Überwachergarant immer Gehilfe.[155]

Wieder andere[156] nehmen stets (Neben-)Täterschaft des Unterlassenden an.

Die wohl h.L.[157] sucht auch bei den Unterlassungsdelikten die Abgrenzung in einer (potentiellen) Tatherrschaft. Richtigerweise allerdings liegt die Tatherrschaft in diesen Konstellationen immer beim Begehungstäter; zu ähnlichen Ergebnissen wird i.d.R. auch der subjektive Ansatz führen. Dass stets (etwa aus § 13 StGB folgend) Täterschaft vorliegen soll, kann nicht überzeugen: Dies wäre eine Schlechterstellung gegenüber einer aktiven Förderung eines Begehungstäters (§ 27 II 2 StGB), das Einheitstäterprinzip würde hier §§ 26, 27 StGB aushebeln, obwohl § 9 II 1 StGB von der Möglichkeit einer Teilnahme durch Unterlassen ausgeht.

Gegen eine Differenzierung nach der Art der Garantenstellung spricht, dass sich aus der ohnehin nicht im Gesetz vorkommenden Differenzierung der Garantenstellungen keine unterschiedlichen Pflichteninhalte ergeben; hinzu kommen Abgrenzungsschwierigkeiten zwischen den Garantenstellungen.

Überzeugend ist es, in diesen Konstellationen stets Teilnahme anzunehmen, da eine objektive Tatherrschaft niemals vorliegt; allein Tatinteresse und Motiv des Unterlassenden können nicht den Ausschlag geben. Die Möglichkeit, einzugreifen, ist nur eine notwendige, nicht aber eine hinreichende Voraussetzung für eine Unterlassungstäterschaft. In einer Reihe von Fällen wird auch an eine Mittäterschaft zu denken sein. Zwar wird der Anwendungsbereich des § 25 StGB eingeschränkt, betroffen sind aber nur gewisse Konstellationen.

N. Fahrlässiges unechtes Unterlassungsdelikt

▶ **Didaktischer Aufsatz:**
  * Kaltenhäuser, Die Kombination von Versuchs-, Fahrlässigkeits- und unechtem Unterlassungsdelikt – Aufbaufragen und Kernprobleme, JA 2017, 268

---

[153] Vgl. schon RG U. v. 16.06.1930 – II 419/30 – RGSt 64, 273 (275).

[154] Z.B. Lackner/Kühl, StGB, 28. Aufl. 2014, § 27 Rn. 5.

[155] Bosch JA 2007, 418 (21); Krüger ZIS 2011, 1 (6ff.).

[156] Wohlers/Gaede, in: NK, 4. Aufl. 2013, § 13 Rn. 26.

[157] S. nur B. Heinrich, AT, 5. Aufl. 2016, Rn. 1214 m.w.N.

I. Aufbau

I. Vorprüfung: Abgrenzung von Tun und Unterlassen
II. Tatbestand
    1. Erfolg
    2. Unterlassen der Erfolgsabwendung: Fehlen eines dem Täter möglichen und erforderlichen Erfolgsabwendungsversuches
    3. Hypothetische (Quasi-)Kausalität
    4. Rechtlich dafür einzustehen haben (sog. Garantenstellung)
    5. Objektive Zurechnung
    6. Objektive Fahrlässigkeit
    7. Zumutbarkeit
    8. Sog. Entsprechungsklausel
III. Rechtswidrigkeit
IV. Schuld
    1. Allgemeines
    2. Subjektive Fahrlässigkeit

II. Erläuterungen

Sofern es ein fahrlässiges Begehungsdelikt gibt, existiert auch das entsprechende unechte Unterlassungsdelikt.[158]

Beispiel 432:

B1 schloss seine Pistole nicht ordnungsgemäß weg; sein Sohn B2 erschoss mit der Waffe den G.

Besonders sorgfältig ist auf die Abgrenzung von aktivem Tun und Unterlassen nach Maßgabe des Schwerpunkts der Vorwerfbarkeit zu achten.

Möglich ist auch die Verwirklichung einer Erfolgsqualifikation, wenn das Grunddelikt durch Unterlassen begangen wurde,[159] z.B. §§ 223, 13, 227 StGB. Der erforderliche Gefahrverwirklichungszusammenhang liegt jedenfalls dann vor, wenn sich aus dem Unterlassungs-Grunddelikt bereits die Gefahr des Eintritts der schweren Folge beim Geschädigten ergibt.

---

[158] Näher Schöne JZ 1977, 150; Struensee JZ 1977, 217; Kaltenhäuser JA 2017, 268.

[159] S. z.B. zu § 227 StGB Kindhäuser, LPK, 6. Aufl. 2015, § 227 Rn. 2; Ingelfinger GA 1997, 573; aus der Rspr. vgl. zuletzt BGH U. v. 22.11.2016 - 1 StR 354/16 - NJW 2017, 418 = NStZ 2017, 223 (Anm. Kudlich JA 2017, 229; Berster NJW 2017, 420; Lorenz NStZ 2017, 226; Jansen jurisPR-StrafR 2/2017 Anm. 1).

17. Kapitel: Teilnahmedelikte (Anstiftung und Beihilfe; Versuch der Beteiligung), §§ 26ff. StGB

▶ **Didaktische Aufsätze:**
- Baumann, Täterschaft und Teilnahme, JuS 1963, 51, 85 und 125
- Herzberg, Grundfälle zur Lehre von Täterschaft und Teilnahme, JuS 1974, 237, 374, 574 und 719, JuS 1975, 35, 171, 575, 647, JuS 1976, 40
- Otto, Anstiftung und Beihilfe, JuS 1982, 557
- Kühl, Täterschaft und Teilnahme, JA 2014, 668

A. Grundlagen

I. Allgemeines; Strafgrund

Die **Straftatbestände** sind im Sinne einer unmittelbar **täterschaftlichen** Begehung **formuliert**, z.B.:

> **§ 223 I StGB (Körperverletzung)**
> Wer eine andere Person körperlich mißhandelt oder an der Gesundheit schädigt, wird mit Freiheitsstrafe bis zu fünf Jahren oder mit Geldstrafe bestraft.

Neben der in § 25 I 1. Var. StGB klargestellten sog. unmittelbaren Täterschaft gibt es auch die sog. mittelbare Täterschaft gem. § 25 I 2. Var. StGB und die Mittäterschaft gem. § 25 II StGB.

> **§ 25 StGB (Täterschaft)**
> (1) Als Täter wird bestraft, wer die Straftat selbst oder durch einen anderen begeht.
> (2) Begehen mehrere die Straftat gemeinschaftlich, so wird jeder als Täter bestraft (Mittäter).

© Springer-Verlag GmbH Deutschland, ein Teil von Springer Nature 2018
D. Bock, *Strafrecht Allgemeiner Teil*, Springer-Lehrbuch,
https://doi.org/10.1007/978-3-662-54789-2_17

Das deutsche Strafrecht unterscheidet – sog. **dualistisches Beteiligungssystem**[1] – zwischen Täterschaft (§ 25 StGB) und Teilnahme.[2] Gem. § 28 I StGB fallen unter letztere Anstiftung i.S.d. § 26 StGB und Beihilfe i.S.d. § 27 StGB, hinzu kommt die versuchte Beteiligung gem. § 30 StGB. Der Oberbegriff für Täterschaft und Teilnahme ist Beteiligung, vgl. § 28 II StGB.

---

§ 26 StGB (Anstiftung)
Als Anstifter wird gleich einem Täter bestraft, wer vorsätzlich einen anderen zu dessen vorsätzlich begangener rechtswidriger Tat bestimmt hat.

---

§ 27 StGB (Beihilfe)
(1) Als Gehilfe wird bestraft, wer vorsätzlich einem anderen zu dessen vorsätzlich begangener rechtswidriger Tat Hilfe geleistet hat.
(2) Die Strafe für den Gehilfen richtet sich nach der Strafdrohung für den Täter. Sie ist nach § 49 Abs. 1 zu mildern.

---

§ 30 StGB (Versuch der Beteiligung)
(1) Wer einen anderen zu bestimmen versucht, ein Verbrechen zu begehen oder zu ihm anzustiften, wird nach den Vorschriften über den Versuch des Verbrechens bestraft. Jedoch ist die Strafe nach § 49 Abs. 1 zu mildern. § 23 Abs. 3 gilt entsprechend.
(2) Ebenso wird bestraft, wer sich bereit erklärt, wer das Erbieten eines anderen annimmt oder wer mit einem anderen verabredet, ein Verbrechen zu begehen oder zu ihm anzustiften.

Beispiel 433:
B1 erschoss im Auftrag des B2 den G, wofür er eine Waffe verwendete, die er sich von dem in den Plan eingeweihten B3 lieh.

B1 ist Täter des Totschlags i.S.d. § 25 I 1. Var. StGB, B2 Anstifter i.S.d. § 26 StGB, B3 Gehilfe i.S.d. § 27 StGB.

---

[1] B. Heinrich, AT, 5. Aufl. 2016, Rn. 1174.

[2] Zur Teilnahme Piotet ZStW 1957, 14; Mayer FS Rittler 1957, 243; Baumann JuS 1963, 51, 85 und 125; Lampe ZStW 1965, 262; Herzberg JuS 1974, 237, 374, 574 und 719, JuS 1975, 35, 171, 575, 647, JuS 1976, 40; Sax ZStW 1978, 927; Otto JuS 1982, 557; Puppe GA 2013, 514; Kühl JA 2014, 668

Beispiel 434:

B2 bat B1, den Z zu erschießen. B1 lehnte ab.

Mangels auch nur versuchter Tat des B1 bleibt für B2 „nur" eine Strafbarkeit wegen versuchter Anstiftung zum Totschlag, §§ 212, 30 I StGB.

In einer Fallbearbeitung ist, sofern der Bearbeitervermerk nichts Anderes anordnet, zunächst zu prüfen, ob eine täterschaftliche Tatbestandsverwirklichung durch einen der Beteiligten vorliegt („Täter vor Teilnehmer"; „Beginn mit dem Tatnächsten"). Auch nachdem eine täterschaftliche Strafbarkeit eines Beteiligten bejaht wurde, darf bei den anderen Beteiligten nicht leichthin auf eine bloße Teilnahmestrafbarkeit ausgewichen werden, da vorrangig eine (mittelbare oder Mit-)Täterschaft zu prüfen ist, es sei denn, dass eine solche evident ausscheidet.
Festzuhalten ist, dass sich mit dem Vorliegen von Täterschaft die Prüfung von Teilnahme erledigt hat, weil sie von der Täterschaft verdrängt wird. Auch verdrängt eine Anstiftung die Beihilfe.

Vor dem Hintergrund des restriktiven Täterbegriffs des § 25 StGB sind die §§ 26, 27, 30 StGB Strafausdehnungsgründe, die der **Begründung** bedürfen. Warum der Gesetzgeber Anstiftung (§ 26 StGB), Beihilfe (§ 27 StGB) und Versuch der Beteiligung (§ 30 StGB) bestraft, ist im Einzelnen strittig.[3] Der Fassung der Teilnahmenormen lässt sich entnehmen, dass dem Teilnehmer die Veranlassung (§ 26 StGB) bzw. Förderung (§ 27 StGB) einer fremden Haupttat vorgeworfen wird, da hierin jeweils eine (Mit-)Verursachung des täterschaftlichen Unrechts liegt – ein **mittelbarer Rechtsgutsangriff**.

Aus dieser Teleologie der Teilnahmestrafbarkeit folgt auch, dass eine Teilnahme an einem Delikt gegen ein eigenes Individualrechtsgut des Teilnehmers nicht strafbar ist; das Rechtsgut der Haupttat muss auch gegenüber dem Teilnehmer geschützt sein.[4]

Beispiel 435:

B1 forderte B2 auf, ihn zu töten. B2 schritt zur Tat, B1 überlebte aber.

---

[3] Hierzu Esser GA 1958, 321; Meyer GA 1979, 252; Roxin FS Stree/Wessels 1993, 365, Lüderssen FS Miyazawa 1995, 449; Heghmanns GA 2000, 473; Amelung FS Schroeder 2006, 147; Koriath FS Maiwald 2010, 417; Schroeder GA 2016, 65; Gerson ZIS 2016, 183 und 295; aus der Rspr. vgl. BGH U. v. 25.10.1990 - 4 StR 371/90 (Hoferbe) - BGHSt 37, 214 = NJW 1991, 933 = NStZ 1991, 123 = StV 1991, 155 (Anm. Roxin, Höchstrichterliche Rspr. AT, 1998, Nr. 12, Puppe, AT, 3. Aufl. 2016, § 27 Rn. 5ff.; Hemmer-BGH-Classics Strafrecht, 2003, Nr. 36; Geppert JK 1991 StGB § 26/4; Sonnen JA 1991, 103; Streng JuS 1991, 910; Puppe NStZ 1991, 124; Roxin JZ 1991, 680; Müller MDR 1991, 830; Geppert Jura 1992, 163; Küpper JR 1992, 294; Schlehofer GA 1992, 307; Kubiciel JA 2005, 694).

[4] Hoyer, in: SK-StGB, 34. Lfg., 7. Aufl. 2000, vor § 26 Rn. 31; ausf. Ebert JZ 1983, 633; Nowak JuS 2004, 197.

Die Anstiftung zur versuchten Tötung auf Verlangen (§§ 216, 26 StGB) an sich selbst kann aufgrund der Erlaubtheit des Suizids nicht strafbar sein.

Derartige konstruktiv mögliche, aber teleologisch nicht strafwürdige Teilnahmehandlungen fallen unter die straflose sog. notwendige Teilnahme.[5]

II. Akzessorietät

Die Teilnahmestrafbarkeit ist nach dem Grundsatz der sog. **limitierten Akzessorietät** ausgestaltet[6] – akzessorisch insofern, als Tatbestandsmerkmal der Teilnahmestrafbarkeit das Vorliegen einer sog. **Haupttat** eines Täters ist; limitiert insofern als §§ 26, 27 StGB nur eine **vorsätzliche** und **rechtswidrige** Haupttat voraussetzen, nicht aber eine schuldhaft begangene Haupttat, s. auch § 29 StGB.

> **§ 29 StGB (Selbständige Strafbarkeit des Beteiligten)**
> Jeder Beteiligte wird ohne Rücksicht auf die Schuld des anderen nach seiner Schuld bestraft.

Beispiel 436:

B lieh dem sich im Zustand des § 20 StGB befindlichen Z sein Messer, damit dieser seinen Kontrahenten G erstechen konnte, was auch geschah.

Trotz Schuldunfähigkeit des Z liegt eine voll schuldhafte Beihilfe (§ 27 I StGB) des B vor.

Hinzu kommt die Akzessorietätslockerung bzgl. besonderer persönlicher Merkmale gem. § 28 I StGB.

Auch eigentliche und uneigentliche **Vorsatz-Fahrlässigkeits-Kombinationen** sind teilnahmefähig, § 11 II StGB.[7]

---

[5] Hierzu Otto FS Lange 1976, 197; Wolter JuS 1982, 343; Herrlein/Werner JA 1994, 561; Graalmann-Scheerer GA 1995, 349; Magata Jura 1999, 246; aus der Rspr. vgl. zuletzt OLG Stuttgart U. v. 23.07.2015 – 2 Ss 94/15 - NStZ 2016, 155 (Anm. RÜ 2015, 713; Kunkel jurisPR-StrafR 20/2015 Anm. 4; Niehaus DAR 2015, 720; Hecker JuS 2016, 82; Dehne-Niemann HRRS 2016, 453; Mitsch NZV 2016, 564).

[6] Hierzu Börker JR 1953, 166; Tröndle GA 1956, 129; Jakobs GA 1996, 253.

[7] Hierzu Oehler GA 1954, 33; Seebald GA 1964, 161; Kudlich JA 2000, 511; aus der Rspr. vgl. BGH U. v. 20.05.1986 - 1 StR 224/86 - NJW 1987, 77 = StV 1986, 475 (Anm. Geppert JK 1986 StGB § 251/1).

> **§ 11 II StGB (Personen- und Sachbegriffe)**
> Vorsätzlich im Sinne dieses Gesetzes ist eine Tat auch dann, wenn sie einen gesetzlichen Tatbestand verwirklicht, der hinsichtlich der Handlung Vorsatz voraussetzt, hinsichtlich einer dadurch verursachten besonderen Folge jedoch Fahrlässigkeit ausreichen läßt.

Bei **Erfolgsqualifikationen** ist aber § 18 StGB zu beachten.

> **§ 18 StGB (Schwerere Strafe bei besonderen Tatfolgen)**
> Knüpft das Gesetz an eine besondere Folge der Tat eine schwerere Strafe, so trifft sie den Täter oder den Teilnehmer nur, wenn ihm hinsichtlich dieser Folge wenigstens Fahrlässigkeit zur Last fällt.

Mithin ist bei erfolgsqualifizierten Delikten für den Teilnehmer eine eigene Fahrlässigkeit erforderlich, aber auch ausreichend. Eine akzessorische Behandlung scheidet insofern aus.[8]

Zwar setzen §§ 26 und 27 StGB Teilnahmevorsatz voraus; dieser muss sich aber nur auf den Vorsatzteil der Vorsatz-Fahrlässigkeits-Kombination beziehen, wobei dahinstehen kann, ob dies dem § 11 II StGB, § 18 StGB (ggf. analog) oder dem § 29 StGB zu entnehmen ist.[9]

Als Haupttat kommt ggf. auch ein Teilnahmedelikt in Betracht, sog. **Kettenteilnahme**.[10]
  Besteht die Kette allein aus Anstiftenden, so werden auch die entfernteren Kettenglieder als Anstifter zur Haupttat bestraft.
  Enthält die Kette einen Gehilfen, so erfolgt eine Bestrafung der nachfolgenden Kettenglieder wegen Beihilfe zur Haupttat.

Beispiel 437:

B1 forderte B2 auf, den B3 zu einer Tötung aufzufordern, den B4 forderte er auf, dem B5 bei einem Einbruch Werkzeug zu leihen.

---

[8] B. Heinrich, AT, 5. Aufl. 2016, Rn. 1282; aus der Rspr. vgl. jüngst BGH U. v. 14.01.2016 - 4 StR 72/13 - NJW 2016, 2516 – NStZ 2016, 211 (Anm. Bosch Jura 2016, 703; Puppe NStZ 2016, 575; Hinz JR 2016, 400).

[9] Hierzu von Heintschel-Heinegg, in: BeckOK-StGB, Stand 01.12.2016, § 11 Rn. 56; Noak JuS 2005, 312.

[10] Hierzu Fischer, StGB, 64. Aufl. 2017, § 26 Rn. 9; Schwind MDR 1969, 13; Krell JR 2011, 499.; aus der Rspr. vgl. OLG Bamberg U. v. 02.05.2006 - 2 Ss 73/05 - NJW 2006, 2935 = NStZ-RR 2007, 75 = StV 2007, 529 (Anm. RA 2006, 733; Müller Jura 2007, 697; LL 2007, 38; RÜ 2007, 641; Müller StV 2007, 531; Hecker ZJS 2012, 485).

Bzgl. des B1 handelt es sich um eine Anstiftung zur Anstiftung der Haupttat, die als Anstiftung zur Haupttat zu bestrafen ist. Bzgl. des B5 liegt eine Anstiftung zur Beihilfe zur Haupttat vor, die wegen des mittleren Kettengliedes als Beihilfe zur Haupttat zu bestrafen ist.

Die Haupttat muss nicht vollendet sein. Es gibt auch eine Anstiftung und Beihilfe zum bloß versuchten Delikt – **Teilnahme am Versuch.**

Beispiel 438:

B1 forderte B2 auf, den Z zu töten. B2 schoss daraufhin auf Z, verfehlte aber das Ziel.

B1 ist Anstifter zum versuchten Totschlag, §§ 212 I, 22, 23, 26 StGB.

Ist es noch **nicht einmal** zu einer **versuchten Haupttat** gekommen, so greift allenfalls § 30 StGB, der aber v.a. die versuchte Beihilfe nicht erfasst, so dass diese straflos ist.[11]

§ 30 StGB selbst ist keine beihilfefähige Haupttat,[12] aber eine Anstiftung zu den Tatformen des § 30 II StGB ist möglich.

Nur **vorsätzliche** Haupttaten sind gem. §§ 26, 27 StGB teilnahmefähig. Bei Fahrlässigkeitsdelikten gilt der Einheitstäterbegriff.

Strittig ist, ob eine Teilnahmestrafbarkeit möglich ist, wenn sich der Haupttäter in einem **Erlaubnistatumstandsirrtum** befand.[13]

Beispiel 439:

B1 und B2 gingen durch den dunklen Stadtpark. Der wild gestikulierende Z kam auf sie zu, um Feuer zu erbitten. B1 erkannte dies, dennoch forderte er die B2, die an einen Überfall glaubte, auf, dem O einen Schlag mit ihrem Regenschirm zu versetzen, was auch geschah.

Diejenigen, die lediglich die Schuld oder eine sog. Vorsatzschuld ausschließen, gehen konsequenterweise von einer vorsätzlichen rechtswidrigen Haupttat aus; diejenigen, die § 16 StGB direkt oder analog anwenden, verneinen die vorsätzliche Haupttat. Die besseren Gründe sprechen für Letzteres: Da es sich um einen Sachverhaltsirrtum

---

[11] Fischer, StGB, 64. Aufl. 2017, § 26 Rn. 2; näher Bockelmann FS Gallas 1973, 261; aus der Rspr. vgl. OLG Düsseldorf B. v. 29.01.1993 - 1 Ws 10/93 - NJW 1993, 2253 = StV 1993, 478.

[12] Heine/Weißer, in: Sch/Sch, 29. Aufl. 2014, § 30 Rn. 34; näher Busch NJW 1959, 1119; Busch FS Maurach 1972, 245.

[13] Hierzu Hoyer, in: SK-StGB, 34. Lfg., 7. Aufl. 2000, vor § 26 Rn. 36f.; Hillenkamp/Cornelius, 32 Probleme aus dem Strafrecht AT, 15. Aufl. 2017, 22. P.

handelt, der dazu führt, dass der Haupttäter sich an sich rechtstreu verhalten möchte, ist die analoge (da rechtfertigende Umstände richtigerweise keine Tatumstände sind) Anwendung des § 16 StGB nur folgerichtig, während die Konstruktion einer ansonsten fast nirgends relevanten Vorsatzschuld rein ergebnisbezogen anmutet.

Strittig ist, ob der Mangel einer vorsätzlichen rechtswidrigen Haupttat durch eine objektiv verwirklichte mittelbare Täterschaft überwunden werden kann (objektiv mittelbare Täterschaft, subjektiv Teilnahme: Verkennen der Tatherrschaft); dies ist aufgrund des klaren Wortlauts der §§ 26, 27 StGB, die eine vorsätzliche Haupttat voraussetzen, abzulehnen.

Gleiches gilt, wenn eine mittelbare Täterschaft mangels Verwirklichung eines besonderen Merkmals ausscheiden muss,[14] ferner bei Eigenhändigkeit des Delikts.[15]

B. Anstiftung, § 26 StGB

▶ **Didaktische Aufsätze:**
- Schulz, Anstiftung oder Beihilfe, JuS 1986, 933
- Geppert, Die Anstiftung (§ 26 StGB), Jura 1997, 299 und 358
- Bock, Grundwissen zur Anstiftung (§ 26 StGB), JA 2007, 599
- Koch/Wirth, Grundfälle zur Anstiftung, JuS 2010, 203

I. Aufbau

   I. Tatbestand
     1. Objektiver Tatbestand
       a) Vorsätzliche rechtswidrige (Haupt-)Tat i.S.d. § 11 I Nr. 5 StGB
        – ggf. Tatbestandsverschiebung, § 28 II StGB
       b) Bestimmen
     2. Subjektiver Tatbestand
  II. Rechtswidrigkeit
 III. Schuld
 IV. Ggf. Strafzumessung, § 28 I StGB

II. Allgemeines

§ 26 StGB regelt die Anstiftung.[16]

---

[14] Kudlich, in: BeckOK-StGB, Stand 01.12.2016, § 25 Rn. 38.

[15] Kudlich, in: BeckOK-StGB, Stand 01.12.2016, § 25 Rn. 38; aus der Rspr. vgl. KG U. v. 25.08.1976 - (1) Ss 374/75 (27/76) - NJW 1977, 817 (Anm. Röhmel JA 1977, 284; Hassemer JuS 1977, 553; Schall JuS 1979, 104).

[16] Zu § 26 StGB Less ZStW 1957, 43; Schulz JuS 1986, 933; Geppert Jura 1997, 299 und 358; Bock JA 2007, 599; Koch/Wirth JuS 2010, 203.

§ 26 StGB (Anstiftung)
Als Anstifter wird gleich einem Täter bestraft, wer vorsätzlich einen anderen zu dessen vorsätzlich begangener rechtswidriger Tat bestimmt hat.

Beachtenswert ist, dass für Anstifter derselbe Strafrahmen gilt wie für Täter.

III. Objektiver Tatbestand

1. Haupttat

Erfolg der Anstiftung ist die vorsätzliche rechtswidrige (Haupt-)Tat des (Haupt-) Täters.

In einer Fallbearbeitung sind, wenn nicht der Bearbeitervermerk etwas Anderes anordnet, Täter vor Teilnehmern zu prüfen, so dass i.R.d. Teilnahmeprüfung bzgl. der Haupttat schlicht nach oben verwiesen werden kann. Nur, wenn der Bearbeitervermerk eine Prüfung des Täters ausschließt, ist die Haupttat bzgl. Tatbestandsmäßigkeit und Rechtswidrigkeit inzident im objektiven Tatbestand der Anstiftung zu prüfen.

Auch zu einer Unterlassungstat kann angestiftet werden.

Zur evtl. Tatbestandsverschiebung aufgrund § 28 II StGB s.u. D.

2. Bestimmen

▶ **Didaktische Aufsätze:**
  • Bloy, Anstiftung durch Unterlassen?, JA 1987, 490
  • Hilgendorf, Was meint „zur Tat bestimmen" in § 26 StGB?, Jura 1996, 9
  • Küpper, Besondere Erscheinungsformen der Anstiftung, JuS 1996, 23
  • Krüger, Zum Bestimmen im Sinne von §§ 26, 30 StGB, JA 2008, 492

a) Grundlagen
Tathandlung der Anstiftung ist das Bestimmen.[17]

---

[17] Hierzu Puppe GA 1984, 101; Hilgendorf Jura 1996, 9; Amelung FS Schroeder 2006, 147; Krüger JA 2008, 492; Joerden FS Puppe 2011, 563; Timpe GA 2013, 145; Gerson ZIS 2016, 183 und 295

Hier kann sich das Problem der Abgrenzung zwischen Anstiftung und mittelbarer Täterschaft nach § 25 I 2. Var. StGB stellen. Im Gutachten nimmt man allerdings die Abgrenzung bereits bei der Prüfung der Täterschaft vor.

Als Arbeits- oder Ausgangsdefinition i.R.e. Fallbearbeitung ist anzuführen, dass Bestimmen das **Hervorrufen des Tatentschlusses** beim Täter ist.[18]

Es ist aber umstritten, ob darüber hinaus weitere Anforderungen an das Bestimmen zu stellen sind.[19]

Beispiel 440:

Um endlich den Täter wiederholter Diebstähle in seiner Firma zu ertappen, ließ B1 das Tablet seiner Frau im unverschlossenen Büro liegen. Wie erwartet steckte B2 das Tablet ein. Sofort danach wurde er von B1 gestellt.

Fraglich ist hier, ob das bloße Schaffen tatprovozierender Umstände ein Bestimmen darstellt.

Nach von der Rspr.[20] und Teilen der Lehre[21] vertretener Auffassung genügt jede Verursachung, also auch das bloß faktische Herbeiführen einer anreizenden Sachlage.
   Hiernach hätte B1 den B2 zu einem wegen des Einverständnisses in den Gewahrsamswechsel nur versuchten Diebstahl bestimmt. In der Tat ist der Begriff des Bestimmens insofern offen, als jede Art und Weise der Verursachung einer Straftat darunter verstanden werden kann.
   Dennoch verlangt die h.L.[22] eine kommunikative Beeinflussung des Täters.
   Insbesondere wird aus dem Strafrahmen des § 26 StGB gefolgt, dass für das Bestimmen ein erheblicher Beitrag vorausgesetzt wird; ein gleicher Unrechtsgehalt werde erst durch unmittelbare Kommunikation verwirklicht. Hiernach scheidet eine Anstiftung durch Schaffen einer anreizenden Sachlage aus.
   In der Literatur finden sich weitere, noch restriktivere Auffassungen: Teilweise[23] wird ein „Unrechtspakt" – eine Verabredung eines gemeinsamen Tatplans – zwischen Täter und Anstifter vorausgesetzt, z.T.[24] eine zielgerichtete Aufforderung (Kollusion) oder eine Motivherrschaft[25] über den Täter.

---

[18] Hoyer, in: SK StGB, 34. Lfg., 7. Aufl. 2000, § 26 Rn. 5.
[19] Hierzu Hillenkamp/Cornelius, 32 Probleme aus dem Strafrecht AT, 15. Aufl. 2017, 23. P.; aus der Rspr. vgl. BGH U. v. 22.03.2000 - 3 StR 10/00 - NStZ 2000, 421 (Anm. RA 2000, 456; Otto JK 2001 StGB § 26/7; LL 2001, 32).
[20] S.o.
[21] Z.B. Lackner/Kühl, StGB, 28. Aufl. 2014, § 26 Rn. 2.
[22] S. Krey/Esser, AT, 6. Aufl. 2016, Rn. 1038f.
[23] Puppe, AT, 3. Aufl. 2016, § 25 Rn. 3ff.
[24] B. Heinrich, AT, 5. Aufl. 2016, Rn. 1292.
[25] Hoyer, in: SK-StGB, 34. Lfg., 7. Aufl. 2000, § 26 Rn. 12f.

Relevant wird die Auseinandersetzung mit den restriktiveren Auffassungen insbesondere bei eher unverbindlichen Vorschlägen.

Beispiel 441:

B1 schlug dem B2 vor, aus einer Auslage vor einem Modegeschäft ein T-Shirt zu entwenden, weil es sich um eine gute Gelegenheit handele. Dies sah B2 genauso und folgte dem Vorschlag.

Während in diesen Fällen eine Kausalität ohne Weiteres vorliegt, ebenso eine kommunikative Beeinflussung, so fehlt es doch an einer Motivherrschaft und einem Unrechtspakt. Nach diesen Ansichten entfiele eine Anstiftungsstrafbarkeit und es verbliebe eine etwaige Beihilfe. Freilich ist diesen Restriktionen entgegenzuhalten, dass sie den Anstiftungsbegriff im Hinblick auf Wortlaut und Teleologie des § 26 StGB zu sehr verengen. Auch das historisch gewachsene Bild vom Typus der Anstiftung dürfte von einem extensiveren Verständnis geprägt sein. Ohnehin wird praktisch die vielleicht gesetzlich überharte tätergleiche Strafbarkeit des Anstifters auf Strafzumessungsebene relativiert.

Mitursächlichkeit für den Entschluss zur Haupttat genügt.[26]

Nicht ohne Weiteres liegt ein (gegenseitiges?) Bestimmen bei gemeinschaftlicher Planung – gemeinsamem Entwickeln einer Idee – vor.[27] Zu denken ist hier an Mittäterschaft gem. § 25 II StGB und Beihilfe gem. § 27 StGB.

Nach h.M.[28] kann auch eine Irrtumserregung oder Nötigung ein Bestimmen darstellen; vorrangig ist allerdings an eine mittelbare Täterschaft zu denken.

Das Bestimmen kann auch in Mittäterschaft nach § 25 II StGB begangen werden.[29] Abzugrenzen ist dies von einer Beihilfe zur Anstiftung.

Strittig ist, ob ein Bestimmen durch **Unterlassen** möglich ist.[30]

---

[26] Fischer, StGB, 64. Aufl. 2017, § 26 Rn. 4; aus der Rspr. vgl. BGH U. v. 22.03.2000 - 3 StR 10/00 - NStZ 2000, 421 (Anm. RA 2000, 456; Otto JK 2001 StGB § 26/7; LL 2001, 32).

[27] Aus der Rspr. vgl. BGH B. v. 02.07.2008 - 1 StR 174/08 - NStZ 2009, 25 = StV 2009, 410 (Anm. RÜ 2008, 639; Geppert JK 2009 StGB § 25 II/16; LL 2009, 29; Roxin NStZ 2009, 7).

[28] Vgl. Kudlich, in: BeckOK-StGB, Stand 01.12.2016, § 26 Rn. 13; aus der Rspr. vgl. BGH U. v. 12.12.2002 - 4 StR 297/02 - NJW 2003, 1060 = NStZ 2003, 312 = StV 2004, 600 (Anm. Otto JK 2003 StGB § 211/40; LL 2003, 486; RÜ 2003, 121; RA 2003, 175; Freund NStZ 2004, 123; Stein JR 2004, 79; Wilhelm NStZ 2005, 177).

[29] H.M., hierzu Hoyer, in: SK-StGB, 34. Lfg., 7. Aufl. 2000, § 26 Rn. 31; Küpper JuS 1996, 23; aus der Rspr. vgl. BGH U. v. 22.03.2000 - 3 StR 10/00 - NStZ 2000, 421 (Anm. RA 2000, 456; Otto JK 2001 StGB § 26/7; LL 2001, 32).

[30] Hierzu Meyer MDR 1975, 892; Bloy JA 1987, 490.

Beispiel 442:

B1 sah, dass sein vierzehnjähriger Sohn B2 den gleichaltrigen Nachbarssohn B3 überredete, mit dem Auto seines Vaters zu fahren. B1 griff nicht ein. B3 tat schließlich, was B2 ihm angetragen hatte.

---

§ 21 I Nr. 1 StVG (Fahren ohne Fahrerlaubnis)
Mit Freiheitsstrafe bis zu einem Jahr oder mit Geldstrafe wird bestraft, wer
1. ein Kraftfahrzeug führt, obwohl er die dazu erforderliche Fahrerlaubnis nicht hat
[...]

Die h.L.[31] verneint die Möglichkeit einer Anstiftung durch Unterlassen.

Teile der Lehre[32] bejahen sie.

Der Garant ist im Rahmen des § 13 StGB verpflichtet, Straftaten zu verhindern, dazu zählt auch die Anstiftung. Zumindest, wenn man mit der h.M. keine Kollusion, Motivherrschaft o.Ä. verlangt, muss der Garant sich die Verletzung der Verhinderungspflicht derart entgegenhalten lassen, dass der Kommunikationsakt (hier des Sohnes) Inhalt der Pflichtverletzung wird. Auch die sog. Entsprechungsklausel steht bei dem Erfolgsdelikt der Anstiftung nicht entgegen. Unbilligkeiten bei der Strafzumessung beugt die Strafmilderung nach § 13 II StGB vor.

b) Anforderungen an die Konkretisierung der Haupttat

Ein Bestimmen zur Haupttat nach § 26 StGB liegt zum einen nur dann vor, wenn der Anstifter einen bestimmten Täter oder individuell bestimmbaren Täterkreis anvisiert.[33]

Bei ganz offenen Aufrufen, z.B. im Internet,[34] greift hingegen allenfalls § 111 StGB.

---

§ 111 I StGB (Öffentliche Aufforderung zu Straftaten)
Wer öffentlich, in einer Versammlung oder durch Verbreiten von Schriften (§ 11 Abs. 3) zu einer rechtswidrigen Tat auffordert, wird wie ein Anstifter (§ 26) bestraft.

Zum anderen kann nur dann von einem Bestimmen zur Tat gesprochen werden, wenn der Anstifter diese hinreichend konkretisiert hatte. Strittig ist, wann dies der Fall ist.[35]

---

[31] S. nur B. Heinrich, AT, 5. Aufl. 2016, Rn. 1293.

[32] Bock JA 2007, 599 (601) m w N

[33] B. Heinrich, AT, 5. Aufl. 2016, Rn. 1288; näher Kasiske GA 2016, 756.

[34] Hierzu Ostendorf/Frahm/Doege NStZ 2012, 529.

[35] Hierzu Roxin FS Salger 1995, 129; aus der Rspr. vgl. zuletzt BGH U. v. 13.01.2015 - 1 StR 454/14 - NJW 2015, 967 = NStZ-RR 2015, 75.

Beispiel 443:

BGH U. v. 21.04.1986 – 2 StR 661/85 (Bank oder Tankstelle machen) – BGHSt 34, 63 = NJW 1986, 2770 = NStZ 1986, 407 = StV 1988, 419 (Anm. Roxin, Höchstrichterliche Rspr. AT, 1998, Nr. 83; Puppe, AT, 3. Aufl. 2016, § 25 Rn. 1ff.; Geppert JK 1986 StGB § 26/3; Herzberg JuS 1987, 617; Sieg MDR 1987, 551; Günther StV 1988, 421):
B1 traf sich am 19.02.1983 mit B2, der nach einem Streit mit seinem Vater unter Mitnahme eines Revolvers und eines Personenkraftwagens das Elternhaus verlassen hatte, um ins Ausland zu gehen. B2 erzählte dem B1, er wolle ins Ausland fliehen, weil er – was nicht zutraf – einen Türken angeschossen habe. B1 fragte B2, ob er Geld habe. Als B2 verneinte, schlug er ihm vor, dann solle er doch das Auto oder die Waffe verkaufen. B2 erklärte dazu, er wolle die Waffe behalten; das Auto könne er nicht verkaufen, weil es nicht auf ihn zugelassen sei. B1 hielt ihm entgegen, ohne Geld könne er nicht ins Ausland gehen. Er äußerte: „Dann müsstest Du eine Bank oder Tankstelle machen." B1 verabredete mit B2 ein weiteres Treffen für den 21.02.1983, 12.00 Uhr. Am Vormittag dieses Tages überfiel B2 eine Zweigstelle der Sparkasse; er bedrohte einen Bankangestellten mit dem Revolver, forderte ihn auf, Geld in seine Sporttasche zu füllen, und erbeutete auf diese Weise 39.775 DM.

Fraglich ist, ob B1 den B2 zu dessen Haupttat (§§ 253, 255, 250 II Nr. 1 StGB) i.S.d. § 26 StGB bestimmt hat. Ist die Äußerung „eine Bank oder Tankstelle machen" hinreichend konkret?

Strittig ist, ob dies bereits ein Problem des objektiven Tatbestandes[36] ist oder erst des Vorsatzes.[37] Angesichts dessen, dass das Hervorrufen des Tatentschlusses bereits ein gewisses fassbares Tatbild voraussetzt, ist die Handhabung als Frage des objektiven Bestimmens vorzugswürdig.
   Nach Rspr.[38] und h.L.[39] muss der Anstifter sein Ansinnen soweit konkretisieren, dass die Tat als individualisierbares Geschehen erkennbar ist.
   Teilweise wird aber auch vertreten, dass es ausreiche, wenn die wesentlichen Dimensionen des Unrechts festgelegt würden.[40]
   Unter dem Gesichtspunkt der tätergleichen Haftung des Anstifters ist der h.M. zu folgen.

Kein Bestimmen liegt vor, wenn ein Angestifteter den zunächst gefassten Tatvorsatz endgültig aufgibt und die Tat später aufgrund eines ganz neuen Vorsatzes begeht.[41]

---

[36] So Puppe, AT, 3. Aufl. 2016, § 25 Rn. 2

[37] So Joecks, StGB, 11. Aufl. 2014, § 26 Rn. 22.

[38] S. nur BGH U. v. 21.04.1986 - 2 StR 661/85 (Bank oder Tankstelle machen) - BGHSt 34, 63.

[39] Vgl. Joecks, StGB, 11. Aufl. 2014, § 26 Rn. 22f.

[40] Roxin, AT II, 2003, § 26 Rn. 136.

[41] Hoyer, in: SK-StGB, 34. Lfg., 7. Aufl. 2000, § 26 Rn. 5; aus der Rspr. vgl. BGH B. v. 25.11.1986 - 4 StR 631/85 - NStZ 1987, 118 (Anm. Sonnen JA 1987, 28).

c) *Omnimodo facturus*

War der Täter bereits ohne die Einflussnahme des Teilnehmers zur Tat entschlossen – sog. *omnimodo facturus*, lateinisch: jemand, der es ohnehin getan hätte –, scheidet eine vollendete Anstiftung i.S.d. § 26 StGB aus und es kommt nur eine versuchte Anstiftung gem. § 30 I StGB oder eine Beihilfe gem. § 27 StGB in Betracht.[42]

Beispiel 444:

B1 wollte G töten, allerdings nicht eigenhändig. Er bat daher B2 darum. Dieser hatte aber insgeheim schon lange vor, mit G abzurechnen, und die Tat auch bereits geplant, bevor B1 an ihn herantrat.

B1 ist nicht wegen Anstiftung zum Totschlag (§§ 212 I, 26 StGB) strafbar. Da B2 schon lange vorhatte, mit G abzurechnen, fehlt auch das für psychische Beihilfe erforderliche Bestärken des Tatentschlusses. Es verbleibt die versuchte Anstiftung zum Totschlag (§§ 212 I, 30 I StGB).

Ein bloß Tatgeneigter kann hingegen i.S.d. § 26 StGB zur Tat bestimmt werden.[43]

d) Bewirken einer Tatänderung

▶   **Didaktischer Aufsatz:**
   • Küpper, Besondere Erscheinungsformen der Anstiftung, JuS 1996, 23

Schwierigkeiten bereitet die Abgrenzung eines **omnimodo facturus** von einem i.S.d. § 26 StGB Bestimmten dann, wenn zwar der Haupttäter bereits zu einer Tat entschlossen war, der Anstifter aber eine Tatänderung veranlasst.44

Zu unterscheiden sind die sog. Umstiftung, Abstiftung und Aufstiftung.

aa) Umstiftung

Als Umstiftung bezeichnet man es, wenn der bereits zu einer bestimmten Tat Entschlossene durch den Anstifter zu einer anderen Tat bestimmt wird.[45]

Ändert sich das gefährdete Rechtsgut, handelt es sich um eine völlig andere Tat, so dass eine Anstiftung vorliegt.

---

[42] Hierzu Bock JR 2008, 143; aus der Rspr. vgl. BGH B. v. 08.08.1995 - 1 StR 377/95 - NStZ-RR 1996, 1 = StV 1996, 2 (Anm. Geppert JK 1996 StGB § 26/5).

[43] B, Heinrich, AT, 5. Aufl. 2016, Rn. 1295; aus der Rspr. vgl. BGH U. v. 07.09.1993 - 1 StR 325/93 - NStZ 1994, 29 = StV 1994, 16 (Anm. Otto JK 1994 StGB § 25 II/8); BGH U. v. 20.01.2000 - 4 StR 400/99 - BGHSt 45, 373 = NJW 2000, 1877 = NStZ 2000, 321 = StV 2000, 260.

[44] Hierzu Stree FS Heinitz 1972, 277; Bemmann FS Gallas 1973, 273; Küpper JuS 1996, 23.

[45] Hoyer, in: SK-StGB, 34. Lfg., 7. Aufl. 2000, § 26 Rn. 20; aus der Rspr. vgl. BGH B. v. 08.08.1995 - 1 StR 377/95 - NStZ-RR 1996, 1 = StV 1996, 2 (Anm. Geppert JK 1996 StGB § 26/5).

B1 wollte eine Körperverletzung begehen, um sich abzureagieren. Sein Freund B2 riet ihm dazu, etwas zu stehlen. Auch dann werde sich B1 besser fühlen.

Wenn das neue Delikt allerdings wesentlich leichter ist, kommt eine Rechtfertigung nach § 34 StGB in Betracht.

Problematisch ist es, wenn sich die Modifikation des Entschlusses innerhalb desselben Tatbestands bewegt und also lediglich Tatumstände und -modalitäten betrifft.[46]

B1 wollte sich an Z rächen und ihn daher mit einem Baseballschläger verprügeln. B2 riet dem B1, lieber einen Golfschläger zu verwenden.

Hier wird man nur wesentliche Änderungen für relevant halten können, wobei für die Beurteilung der Wesentlichkeit die Erhöhung der Intensität der Rechtsgutsbeeinträchtigung zugrunde liegt.[47] Ansonsten kommt lediglich Beihilfe in Frage. Bei höchstpersönlichen Rechtsgütern ist darüber hinaus ein Austausch des Angriffsziels stets eine wesentliche Veränderung.

bb) Abstiftung

▶ **Didaktischer Aufsatz:**
   • Kudlich, Die Abstiftung, JuS 2005, 592

Von einer Abstiftung (auch: Herunterstiftung) spricht man dann, wenn der Täter sich dahingehend beeinflussen lässt, dass er nicht mehr einen Qualifikations-, sondern nur noch den Grundtatbestand verwirklicht.

B1 wollte sich an Z rächen und ihn daher mit einem Baseballschläger verprügeln. B2 meinte zu ihm, Faustschläge täten es ja wohl auch. B1 stimmte dem schließlich zu und führte die Tat mit bloßen Händen aus.

---

[46] S. Hoyer, in: SK-StGB, 34. Lfg., 7. Aufl. 2000, § 26 Rn. 24; aus der Rspr. vgl. BGH B. v. 08.08.1995 - 1 StR 377/95 - NStZ-RR 1996, 1 = StV 1996, 2 (Anm. Geppert JK 1996 StGB § 26/5).

[47] Speziell zur Veränderung der Tatzeit Schroeder GA 2006, 375; bei einer Tötung allerdings ist zu beachten, dass der Begriff des Tötens i.S.d. § 212 StGB gerade die Verkürzung der Lebenszeit ausdrückt; daher ist die Lebenszeitverkürzung dem Anstifter als eigenständiges Unrecht zuzurechnen, Hoyer, in: SK-StGB, 34. Lfg., 7. Aufl. 2000, § 26 Rn. 24.

Der zu einer Qualifikation (z.B. § 224 I StGB) Entschlossene ist notwendigerweise auch zum darin enthaltenen Grunddelikt (z.B. § 223 I StGB) entschlossen, so dass er nicht mehr i.S.d. § 26 StGB bestimmt werden kann.

In Frage kommt allenfalls eine psychische Beihilfe, wobei dann jedoch u.U. die objektive Zurechnung fehlt (Risikoverringerung) oder ein Rechtfertigungsgrund, insbesondere § 34 StGB, einschlägig ist.

cc) Aufstiftung

Den umgekehrten Fall – der Täter war lediglich zur Begehung des Grunddelikts entschlossen, ihm wird sodann geraten, Umstände zu verwirklichen, die einen Qualifikationstatbestand erfüllen – nennt man Aufstiftung, Hochstiftung oder Überstiftung.[48]

Beispiel 448:

B1 wollte sich an Z rächen und ihm daher einen Faustschlag versetzen. B2 riet ihm, doch dafür einen Baseballschläger zu benutzen. So geschah es.

Hier hat B2 den zu einer Körperverletzung (§ 223 I StGB) entschlossenen B1 zu einer gefährlichen Körperverletzung (§ 224 Nr. 2 StGB) veranlasst.

Beispiel 449:

BGH U. v. 03.06.1964 – 2 StR 14/64 – BGHSt 19, 339 = NJW 1964, 1809 (Anm. Roxin, Höchstrichterliche Rspr. AT, 1998, Nr. 84; Puppe, AT, 3. Aufl. 2016, § 25 Rn. 8ff; Hemmer-BGH-Classics Strafrecht, 2003, Nr. 35; Willms JuS 1964, 502; Cramer JZ 1966, 31):

B1 und B2 beabsichtigten, aus der Wohnung der Ladeninhaberin G, einer alten Frau von über achtzig Jahren, Geld zu entwenden. Da B1 bereits einmal wegen schweren Diebstahls verurteilt worden war, wollte er die Tat selbst nicht durchführen, sollte jedoch an der Beute teilhaben. B2 rechnete damit, bei der Durchsuchung des Wohnzimmers von G bemerkt zu werden, und wollte sie niederschlagen, um unerkannt entkommen zu können. B1 schlug vor, er sollte einen Knüppel mitnehmen und G auf den Hinterkopf schlagen, damit sie bewusstlos werde. B2 ließ sich dazu bestimmen und führte die Tat so aus. G ist infolge der ihr mit einem Stuhlbein zugefügten Hiebe auf den Schädel verstorben.

---

[48] Hierzu Hillenkamp/Cornelius, 32 Probleme aus dem Strafrecht AT, 15. Aufl. 2017, 25. P.; Hardtung FS Herzberg 2008, 411; Kahlo FS Seebode 2008, 159.

> **§ 249 I StGB (Raub)**
> Wer mit Gewalt gegen eine Person oder unter Anwendung von Drohungen mit gegen-
> wärtiger Gefahr für Leib oder Leben eine fremde bewegliche Sache einem anderen in
> der Absicht wegnimmt, die Sache sich oder einem Dritten rechtswidrig zuzueignen,
> wird mit Freiheitsstrafe nicht unter einem Jahr bestraft.

> **§ 250 I, II StGB (Schwerer Raub)**
> (1) Auf Freiheitsstrafe nicht unter drei Jahren ist zu erkennen, wenn
> 1. der Täter oder ein anderer Beteiligter am Raub
> a) eine Waffe oder ein anderes gefährliches Werkzeug bei sich führt,
> b) sonst ein Werkzeug oder Mittel bei sich führt, um den Widerstand einer anderen
> Person durch Gewalt oder Drohung mit Gewalt zu verhindern oder zu überwinden,
> c) eine andere Person durch die Tat in die Gefahr einer schweren Gesundheitsschädi-
> gung bringt oder
> 2. der Täter den Raub als Mitglied einer Bande, die sich zur fortgesetzten Begehung
> von Raub oder Diebstahl verbunden hat, unter Mitwirkung eines anderen Bandenmit-
> glieds begeht.
> (2) Auf Freiheitsstrafe nicht unter fünf Jahren ist zu erkennen, wenn der Täter oder ein
> anderer Beteiligter am Raub
> 1. bei der Tat eine Waffe oder ein anderes gefährliches Werkzeug verwendet,
> 2. in den Fällen des Absatzes 1 Nr. 2 eine Waffe bei sich führt oder
> 3. eine andere Person
> a) bei der Tat körperlich schwer mißhandelt oder
> b) durch die Tat in die Gefahr des Todes bringt.

B1 hat dem B2 ausgehend von einem Raub (§ 249 I StGB) zur Verwirklichung eines
(besonders) schweren Raubes (§ 250 II Nr. 1 StGB) geraten.

In diesen Fällen gehen die Rspr.[49] und Teile der Lehre[50] von einer Anstiftung zum
qualifizierten Delikt aus. Hierfür spreche der erhebliche eigene und neue Unrechtsgehalt der Qualifikation gegenüber dem Grunddelikt.

    Freilich bleibt bei dieser Lösung außer Betracht, dass der Täter immerhin bzgl. des
Grunddelikts bereits fest entschlossen war und nicht mehr bestimmt werden konnte.
Dem Anstifter würden Unrechtsteile angelastet, für die er nicht verantwortlich ist.

    Daher wird in der Literatur zu Recht vielfach ein sog. **analytisches Trennungs-
prinzip** vertreten[51]: Eine Haftung als Anstifter kommt nur für Tatsteigerungen in
Betracht, die einem selbständigen Tatbestand unterfallen (z.B. unerlaubter Waffenbesitz, § 52 WaffG); im Übrigen liegt allenfalls – psychische – Beihilfe vor.

---

[49] BGH U. v. 03.06.1964 - 2 StR 14/64 - BGHSt 19, 339.

[50] Wessels/Beulke/Satzger, AT, 46. Aufl. 2016, Rn. 571.

[51] Z.B. Hoyer, in: SK-StGB, 34. Lfg., 7. Aufl. 2000, § 26 Rn. 19.

e) Zeitpunkt des Bestimmens

▶ **Didaktische Aufsätze:**
- Börner, Die sukzessive Anstiftung, Jura 2006, 415
- Grabow, Die sukzessive Anstiftung, Jura 2009, 408

I.d.R. wird das Bestimmen vor Versuchsbeginn, geschweige denn Vollendung, erfolgen.

Möglich ist aber auch eine sog. sukzessive Anstiftung, soweit die Vollendung noch einer Vertiefung durch weitere, den Tatbestand vollständig verwirklichende Einzelakte zugänglich ist.[52]

f) „Neutrale" Anstiftung?

Analog zur weitaus intensiver diskutierten Problematik der „neutralen" Beihilfe[53] ist fraglich, ob es sog. „neutrale" Anstiftungen gibt – und ggf. wie solche zu behandeln sind.[54]

Jedenfalls bei der weiten Auslegung des Bestimmens durch die h.M. können hiervon auch Alltagshandlungen erfasst werden. Zu nennen sind z.B. Berichterstattungen in den Medien (vgl. einen Nachahmer- bzw. Fortbildungseffekt) und insbesondere Rechtsberatungen.[55] Zu Lösungsansätzen auf Tatbestands- und Rechtswidrigkeitsebene s.u. bei der sog. „neutralen" Beihilfe.

IV. Subjektiver Tatbestand

▶ **Didaktischer Aufsatz:**
- Satzger, Teilnehmerstrafbarkeit und „Doppelvorsatz", Jura 2008, 514

1. Allgemeines

In § 26 StGB wird klargestellt, dass der Anstifter (allgemeinen Regeln folgend) vorsätzlich gehandelt haben muss, und zwar einerseits bzgl. der sog. Haupttat und andererseits bzgl. des Bestimmens.[56] Dies wird auch als doppelter Anstiftervorsatz bezeichnet, was aber irreführend ist, da es sich um einen einzigen Vorsatz handelt, der sich auf mehrere objektive Tatbestandsmerkmale bezieht.

---

[52] Hierzu Börner Jura 2006, 415; Grabow Jura 2009, 408.

[53] Hierzu s.u. C III 2 d).

[54] Näher Timpe GA 2013, 145.

[55] Hierzu Heine/Weißer, in: Sch/Sch, 29. Aufl. 2014, § 26 Rn. 12ff.; Baumgarte wistra 1992, 41; Ignor StraFo 2000, 42; aus der Rspr. vgl. BGH B. v. 20.09.1999 - 5 StR 729/98 - NStZ 2000, 34 = StV 2000, 479 (Anm. Puppe, AT, 3. Aufl. 2016, § 26 Rn. 8ff.; Otto JK 2000 StGB § 27/14; RA 2000, 92).

[56] Zum subjektiven Tatbestand der Anstiftung Satzger Jura 2008, 514.

Der Anstifter muss Vorsatz hinsichtlich der Vollendung der hinreichend konkretisierten (s.o.) Haupttat aufweisen.[57] Dies betrifft auch ggf. qualifizierende Merkmale.[58]
Eventualvorsatz genügt,[59] so dass es auf eine darüber hinausweisende Ernsthaftig-
keit nicht ankommt.

Ein **Haupttäterexzess** ist dem Anstifter nicht als Anstiftung zur Haupttat
zuzurechnen.[60]

Begeht der Haupttäter eine andere Tat, kommt mangels Anstiftungsvorsatzes[61]
bzgl. der durchgeführten Tat lediglich eine versuchte Anstiftung nach § 30 I StGB
in Frage. Anders ist dies nur bei unwesentlichen Abweichungen hinsichtlich der
gewollten Tat.

Umfasst ferner die Vorstellung des Anstifters von der vom Angestifteten zu bege-
henden Tat mehrere Möglichkeiten der Tatdurchführung, so fällt ihm die vom Angestifteten tatsächlich gewählte Art vollständig zur Last.[62]

Bleibt die vom Haupttäter begangene Tat hinter der initiierten zurück, stehen
aber beide Taten in einem Stufenverhältnis, kann der Anstifter jedenfalls wegen
der Anstiftung zu dem begangenen (Grund-)Delikt bestraft werden.[63] Dies gilt zum
einen für den Fall, dass statt einer qualifizierten Tat tatsächlich nur das Grunddelikt
verwirklicht wird, aber zum anderen auch für einen Exzess dergestalt, dass der Täter
ohne Kenntnis des Anstifters eine Qualifikation verwirklicht. Im ersteren Falle ist
zusätzlich an eine Anwendung des § 30 I StGB zu denken.[64]

Mangelt es an einem Anstiftungsvorsatz im Hinblick auf bestimmte vom Haupttäter
verursachte Folgen, so kommt ggf. die **Anstiftung zu einer Erfolgsqualifikation** in
Betracht, z.B. §§ 227, 251 StGB. Hier genügt bzgl. der schweren Folge Fahrlässigkeit bzw. Leichtfertigkeit.[65]

---

[57] Kindhäuser, LPK, 6. Aufl. 2015, § 26 Rn. 30.

[58] Aus der Rspr. vgl. BGH U. v. 15.12.1981 - 1 StR 733/81 - NJW 1982, 2738 = NStZ 1982,
171 = StV 1982, 208.

[59] Kindhäuser, LPK, 6. Aufl. 2015, § 26 Rn. 27; aus der Rspr. vgl. BGH U. v. 12.01.2005 - 2 StR
229/04 - BGHSt 50, 1 = NJW 2005, 996 = NStZ 2005, 381 = StV 2005, 662 (Anm. Valerius JA
2005, 682; Kudlich JuS 2005, 1051; LL 2005, RÜ 2005, 198; 603; RA 2005, 217; famos 4/2005;
Jäger JR 2005, 477; Puppe JZ 2005, 902; Kraatz Jura 2006, 613).

[60] Kindhäuser, LPK, 6. Aufl. 2015, § 26 Rn. 29; aus der Rspr. vgl. BGH U. v. 27.05.1998 - 3 StR
66/98 - NJW 1998, 3361 = NStZ 1998, 511 (Anm. Geppert JK 1999 StGB § 251/6; LL 1999, 32).

[61] Fischer, StGB, 64. Aufl. 2017, § 26 Rn. 15.

[62] Vgl. aus der Rspr. BGH B. v. 12.09.1996 - 1 StR 509/96 - NStZ 1997, 281 = StV 1997, 410
(Anm. Otto JK 1998 StGB § 263/49).

[63] S. Hoyer, in: SK-StGB, 34. Lfg., 7. Aufl. 2000, § 26 Rn. 27.

[64] I.E. problematisch; vgl. Fischer, StGB, 64. Aufl. 2017, § 26 Rn. 17.

[65] Fischer, StGB, 64. Aufl. 2017, § 227 Rn. 10; aus der Rspr. vgl. zuletzt BGH U. v. 25.11.2015 - 1 StR
349/15 - NStZ-RR 2016, 43 (Anm. Hecker JuS 2016, 364; RÜ 2016, 230; Satzger Jura 2017, 115).

Setzt die Haupttat im subjektiven Tatbestand über den Vorsatz hinaus eine **bestimmte Absicht** voraus (z.b. subjektive Mordmerkmale i.S.d. § 211 StGB, die Zueignungsabsicht bei § 242 I StGB oder die Bereicherungsabsicht bei § 263 I StGB), so ist fraglich, ob der Teilnehmer diese selbst aufweisen muss oder ob es auf den Vorsatz bzgl. einer Verwirklichung durch den Täter ankommt.[66] Dies ist aber eine Frage der Anwendbarkeit des § 28 StGB, hierzu s.u. D.

2. Agent provocateur

▶ **Didaktische Aufsätze:**
- Maaß, Die Behandlung des „agent provocateur" im Strafrecht, Jura 1981, 514
- Herzberg, Der agent provocateur und die „besonderen persönlichen Merkmale" (§ 28 StGB), JuS 1983, 737
- Suhr, Zur Strafbarkeit von verdeckt operierenden Polizeibeamten, JA 1985, 629
- Deiters, Der agent provocateur, JuS 2006, 302
- Rönnau, Grundwissen – Strafrecht: Agent provocateur, JuS 2015, 19

Als agent provocateur (Lockspitzel) bezeichnet man denjenigen, der einen späteren Haupttäter anstiftet, um diesen zu überführen; strittig ist, ob diese Überführungsabsicht die Strafbarkeit als Anstifter berührt.[67]

Unproblematisch straflos ist der agent provocateur, der lediglich die Begehung einer versuchten Haupttat in seinen Vorsatz aufgenommen hat, hier mangelt es nämlich am Vollendungsvorsatz.

Beispiel 450:

BayObLG B. v. 03.10.1978 – RReg. 3 St 230/78 – NJW 1979, 729 (Anm. Geilen JK 1979 StGB § 242/1; Hassemer JuS 1979, 295; Paeffgen JR 1979, 297):
Am 14.04.1977 entwendete B1, die damals in einer Klinik als Schwesternhelferin tätig war, aus einer auf einem Tisch in einem Krankenzimmer abgestellten Handtasche eine Geldbörse mit 110 DM Inhalt. Zur Aufklärung des Diebstahls schaltete die Krankenhausverwaltung den Polizisten B2 ein. Dieser präparierte ihm zur Verfügung gestellte Geldscheine und ließ sie in einem anderen Krankenzimmer in

---

[66] Hierzu Hoyer, in: SK-StGB, 34. Lfg., 7. Aufl. 2000, § 26 Rn. 26; Joecks, in: MK-StGB, 3. Aufl. 2017, § 28 Rn. 36ff.; aus der Rspr. vgl. BGH U. v. 07.02.1996 - 2 StR 571/95 - NStZ 1996, 384 (Anm. Otto JK 1997 StGB § 211/30).

[67] Hierzu Hillenkamp/Cornelius, 32 Probleme aus dem Strafrecht AT, 15. Aufl. 2017, 24. P.; Stratenwerth MDR 1953, 717; Plate ZStW 1972, 294; Küper GA 1974, 321; Franzheim NJW 1979, 2014; Maaß Jura 1981, 514; Körner StV 1982, 382; Herzberg JuS 1983, 737; Seelmann ZStW 1983, 797; Suhr JA 1985, 629; Ostendorf StV 1985, 73; Sommer JR 1986, 485; Deiters JuS 2006, 302; Rönnau JuS 2015, 19; aus der Rspr. vgl. OLG Oldenburg B. v. 04.03.1999 - Ss 40/99 - NJW 1999, 2751 (Anm. Geppert JK 2000 StGB § 26/6).

eine Geldbörse legen, die in eine auf dem Nachtkästchen abgestellte Toilettentasche gesteckt wurde. Sodann beauftragte die Stationsschwester B3 am 25.04.1977 die B1, die Nachtkästchen abzustauben. Bei dieser Gelegenheit entnahm B1 der Geldbörse einen präparierten 50-DM-Schein und verstaute ihn zunächst in einer Tasche ihres Kittels. Sodann versteckte sie das Geld in der Wäschekammer.

Aufgrund Einverständnisses in den Gewahrsamswechsel liegt lediglich ein versuchter Diebstahl vor.

Problematisch ist der Ausschluss des Anstiftervorsatzes dann, wenn Vollendungsvorsatz vorliegt und der Haupttäter erst nach Vollendung der Haupttat überführt werden sollte.

Beispiel 451:

Polizist B1 wollte endlich den stadtbekannten Dieb B2 überführen. Er überredete ihn, in eine bestimmte Villa einzusteigen und dort wertvolle Goldmünzen zu entwenden. Der Eigentümer und Gewahrsamsinhaber Z wusste von nichts. B2 hatte bereits einige Münzen in seine Jackeninnentasche gesteckt. Dies hatte B1 billigend in Kauf genommen, weil er den B2 ohnehin nach dem Verlassen der Villa verhaften wollte.

Hier hatte B1 Eventualvorsatz hinsichtlich der Vollendung mit Gewahrsamsübergang.

Während Teile der Lehre[68] in diesen Fällen der Deliktsvollendung einen Anstiftungsvorsatz des agent provocateur bejahen, verneinen Rspr.[69] und h.L.[70] einen solchen.
Für die h.M. spricht, dass der agent provocateur dem Rechtsgutsinhaber keinen irreparablen Rechtsgutsschaden zufügen lassen will. Hinzu kommt das kriminalpolitische Bedürfnis, solche „Fallen" stellen zu können, die sich aufgrund früher Vollendung mancher Delikte ohne Zulassen einer Vollendung ansonsten nicht realisieren lassen könnten. Für die strengere Auffassung lässt sich zwar die Rechtssicherheit der formellen Vollendungsgrenze anführen – im Gegensatz zur vagen Beendigung oder zum „irreparablen Rechtsgutsschaden". Auch fehlt es strenggenommen nicht an einem Vorsatz bzgl. einer vollendeten Haupttat und eines Bestimmens. Jedenfalls angesichts der Teleologie der Teilnahmestrafbarkeit überzeugt aber die Annahme einer Strafbarkeit nicht.

Von besonderer Bedeutung ist diese Frage bei der Bekämpfung von Betäubungsmittelkriminalität, da die nicht examensrelevanten Delikte des BtMG sehr früh vollendet werden.

---

[68] Z.B. Hoyer, in: SK-StGB, 34. Lfg., 7. Aufl. 2000, vor § 26 Rn. 69.
[69] Z.B. OLG Oldenburg B. v. 04.03.1999 - Ss 40/99 - NJW 1999, 2751 (Anm. Geppert JK 2000 StGB § 26/6).
[70] S. nur B. Heinrich, AT, 5. Aufl. 2016, Rn. 1315.

Sehr fraglich ist überdies die Auswirkung einer Tatprovokation auf den Haupttäter[71] zumindest dann, wenn dieser bislang unverdächtig und nicht tatgeneigt war.

Beispiel 452:

BGH U. v. 18.11.1999 – 1 StR 221/99 – BGHSt 45, 321 = NJW 2000, 1123 = NStZ 2000, 269 = StV 2000, 57 (Anm. Endriß/Kinzig StraFo 1998, 299; Geppert JK 2000 MRK Art. 6 I/1; Lesch JA 2000, 450; Kudlich JuS 2000, 951; LL 2000, 485; RA 2000, 277; famos 6/2000; Endriß/Kinzig NStZ 2000, 271; Sinner/Kreuzer StV 2000, 114; Lesch JR 2000, 434; Roxin JZ 2000, 368; Sommer StraFo 2000, 150; Weber NStZ 2002, 50):

Im Juli 1997 sprach B1, eine Vertrauensperson der Polizei (VP), den B2 in einer Versicherungsangelegenheit an. Im Verlauf des Gesprächs fragte B1, ob dieser jemanden kenne, der 1 kg Kokain besorgen könnte. B2 erklärte, er mache keine solchen Geschäfte und verfüge auch nicht über entsprechende Kontakte. In den folgenden Wochen erfolgten zwei weitere Anfragen durch B1. B1 stellte dem B2 dabei einen Gewinn in Höhe von etwa 5.000 DM in Aussicht. B2 lehnte jeweils erneut ab. Erst nach einer vierten Anfrage – etwa einen Monat nach der ersten Anfrage – sagte der B2 zu, er werde sich umhören. B2 sprach den ihm als Drogenkonsumenten bekannten B3 an, der ihn an einen gemeinsamen Bekannten, den B4, verwies. Dieser hielt es für möglich, dass ein weiterer Landsmann, der B5, von dem er laufend Kokain zum Eigenkonsum bezog, über eine ausreichende Quelle verfügte. B5 ließ sich vom B2 den B1 vorstellen. Dieser gab zu verstehen, dass hinter ihm ein finanzkräftiger Käufer stehe, der bereit sei, über 100.000 DM für 1 kg Kokain zu bezahlen. Die Beteiligten verständigten sich, dass das Geschäft im Oktober 1997 abgewickelt werden sollte. Bei der Übergabe von rund 1 kg Kokain an den von B1 herangeführten polizeilichen Scheinaufkäufer und nach Erhalt des Kaufpreises wurden die B2, B3, B4 und B5 festgenommen.

Nach h.M.[72] ist aber abgesehen von Extremfällen auch bei Verstoß gegen das Prinzip des fairen Verfahrens gem. Art. 6 I EMRK weder ein Strafausschließungsgrund noch ein Verfahrenshindernis oder Beweisverwertungsverbot anzunehmen, sondern lediglich eine **Strafmilderung**. In der Tat bleibt es materiellrechtlich zunächst

---

[71] Hierzu Meyer-Goßner/Schmitt, StPO, 59. Aufl. 2016, Einl. Rn. 148a; Rössner/Safferling, 30 Probleme aus dem Strafprozessrecht, 3. Aufl. 2017, 4. P.; Lüderssen FS Peters 1974, 349; Franzheim NJW 1979, 2014; Maaß Jura 1981, 514; Sieg StV 1981, 636; Körner StV 1982, 382; Dencker FS Dünnebier 1982, 447; Seelmann ZStW 1983, 797; Foth NJW 1984, 221; Taschke StV 1984, 178; Herzog NStZ 1985, 153; Creutz ZRP 1988, 415; Fischer/Maul NStZ 1992, 7; Maul FS 50 Jahre BGH 2000, 569; Kreuzer FS Schreiber 2003, 225; Eschelbach GA 2015, 545; Roxin FS Beulke 2015, 987; Güntge FS Ostendorf 2015, 387; Dölp StraFo 2016, 265; Schmidt ZIS 2017, 56; aus der Rspr. vgl. zuletzt BGH U. v. 10.06.2015 - 2 StR 97/14 - BGHSt 60, 276 = NJW 2016, 91 = NStZ 2016, 52 = StV 2016, 70 (Anm. famos 10/2015; Lochmann StraFo 2015, 492; Satzger Jura 2016, 574; Jäger JA 2016, 308; RÜ 2016, 24; Eisenberg NJW 2016, 98; Mitsch NStZ 2016, 57; Eidam StV 2016, 129; Jahn/Kudlich JR 2016, 54).

[72] Vgl. obige Nachweise.

schlicht bei der Eigenverantwortlichkeit des Angestifteten. Eine Verwirkung des Strafanspruchs ist dem Strafrecht fremd. Geschützte Rechtsgüter stehen nicht zur Disposition des agent provocateur. Je intensiver aber die Anstiftung in Richtung eines Überredens eines Unbescholtenen neigt, umso eher muss man eine beträchtliche Strafmilderung annehmen. Diese Lösung hat auch den Vorteil der Flexibilität bei der Berücksichtigung der Tatprovokation.

3. Auswirkung eines *error in persona vel obiecto* des Haupttäters

▶ **Didaktische Aufsätze:**
- Geppert, Zum „error in persona vel obiecto" und zur „aberratio ictus", insbesondere vor dem Hintergrund der neuen „Rose-Rosahl-Entscheidung" (= BGHSt 37, 214ff), Jura 1992, 163
- Toepel, Aspekte der Rose-Rosahl-Problematik, JA 1996, 886, JA 1997, 248 und 344

Wenn der Haupttäter bei Begehung seiner Tat einem *error in persona vel obiecto* unterliegt, ist dieser bei Gleichwertigkeit der Rechtsgüter unbeachtlich.

Wurde dieser Täter zur Haupttat angestiftet, ist strittig, wie sich der *error in persona vel obiecto*, dem der Haupttäter unterlag, auf die Strafbarkeit des Anstifters auswirkt.[73]

Beispiel 453:

vgl. PrOTr U. v. 05.05.1859 – GA 7 (1858), 322 und RG U. v. 20.08.1936 – 5 D 488/36 – RGSt 70, 296 (Rose-Rosahl) (Anm. Bemmann MDR 1958, 817; Alwart JuS 1979, 351; Dehne-Niemann Jura 2009, 373):
Der Holzhändler Rosahl aus Schiepzig (nahe Halle) versprach dem Arbeiter Rose, ihn reichlich zu belohnen, wenn er den Zimmermann Schliebe aus Lieskau erschösse. Rose legte sich daraufhin zwischen Lieskau und Schiepzig in den Hinterhalt, um Schliebe, den er genau kannte, aufzulauern. Während der Dämmerung sah er einen Mann des Weges daherkommen. Diesen erschoss er, da er ihn für Schliebe hielt. In Wirklichkeit war es der 17-jährige Kantorssohn Harnisch.

Beispiel 454:

BGH U. v. 25.10.1990 – 4 StR 371/90 (Hoferbe) – BGHSt 37, 214 = NJW 1991, 933 = NStZ 1991, 123 = StV 1991, 155 (Anm. Roxin, Höchstrichterliche Rspr. AT, 1998, Nr. 12; Puppe, AT, 3. Aufl. 2016, § 27 Rn. 5ff.; Hemmer-BGH-Classics Strafrecht, 2003, Nr. 36; Geppert JK 1991 StGB § 26/4; Sonnen JA 1991, 103; Streng JuS 1991, 910; Puppe NStZ 1991, 124; Roxin

---

[73] Hierzu Hillenkamp/Cornelius, 32 Probleme aus dem Strafrecht AT, 15. Aufl. 2017, 26. P.; Geppert Jura 1992, 163; Weßlau ZStW 1992, 105; Stratenwerth FS Baumann 1992, 57; Roxin FS Spendel 1992, 289; Bemmann FS Stree/Wessels 1993, 397; Toepel JA 1996, 886, JA 1997, 248 und 344.

JZ 1991, 680; Müller MDR 1991, 830; Geppert Jura 1992, 163; Küpper JR 1992, 294; Schlehofer GA 1992, 307; Kubiciel JA 2005, 694):
B1 hatte sich 1984 entschlossen, Z – seinen Sohn aus erster Ehe und Hoferben – zu töten. Er hatte dem Sohn den Hof gegen Einräumung eines Nießbrauchs übergeben; das Nießbrauchsrecht machte Z ihm aber streitig. Dieser ließ sich auch – meist unter Alkohol – eine Reihe tätlicher Übergriffe zuschulden kommen. B1 fürchtete daher neben der Existenzvernichtung den Verlust seines Heimes und sah den häuslichen Frieden nachhaltig gestört. Obwohl er selbst finanziell von Landverkäufen des Sohnes profitiert und die Hofübergabe ihn von seinen Schulden befreit hatte, glaubte er, dass die Tötung des Sohnes zur eigenen Rettung und zur Rettung der Familie erforderlich sei. Es gelang ihm, den B2 gegen das Versprechen einer Geldsumme für die Tötung zu gewinnen; er selbst fühlte sich als Vater außerstande, die Tat zu begehen. B2 sollte Z im Pferdestall töten, den dieser bei seiner Heimkehr regelmäßig durchquerte; das nähere Vorgehen war ihm überlassen. Um sicherzugehen, dass andere Personen nicht zu Schaden kamen, unterrichtete B1 den B2 über die Gewohnheiten und das Aussehen seines Sohnes, ferner legte er ihm ein Lichtbild vor. Er suchte am 24.11.1985 B2 auf und setzte ihm im Hinblick auf mehrere gescheiterte Anläufe – bei einem von ihnen hatte B2 den Z auch gesehen – eine Frist zur Ausführung der Tat, welche nunmehr mit einem von B1 ausfindig gemachten Kleinkalibergewehr verübt werden sollte. B2 begab sich am 25.11.1985 zum Hof des B1 und in den Pferdestall. Er traf dort zufällig mit dem B1 zusammen, der sein Vorhaben erkannte und sich durch eine Frage vergewisserte, dass er Z werde identifizieren können. B2 wartete sodann in dem Stall auf das Erscheinen des Z. Es war dunkel, eine gewisse Helligkeit wurde lediglich dadurch erzeugt, dass Schnee lag. Gegen 19.00 Uhr betrat G, ein Nachbar, den Hof und öffnete die Stalltür. Er ähnelte Z in der Statur und führte in der Hand eine Tüte mit sich, wie dies auch Z zu tun pflegte. B2 nahm deshalb an, Z vor sich zu haben und erschoss den nichtsahnenden G aus kurzer Entfernung.

Die frühere Rspr.[74] und Teile der Lehre[75] halten den für den Täter unbeachtlichen *error in persona vel obiecto* beim Anstifter immer für unbeachtlich.

Demgegenüber geht ein anderer Teil der Literatur davon aus, der *error in persona vel obiecto* bedeute für den Anstifter immer eine *aberratio ictus*.[76] Dann würde dieser – ggf. neben fahrlässiger Tötung – wegen versuchter Anstiftung zur Tötung haften, sofern man mit der h.M. die *aberratio ictus* als immer beachtlich ansieht.

Nach Auffassung der neueren Rspr.[77] und eines Teils der Literatur[78] ist ein solcher Irrtum des Haupttäters auch für den Anstifter unbeachtlich, wenn die Verwechslung sich im Rahmen des nach allgemeiner Lebenserfahrung Vorhersehbaren bewegt.

---

[74] PrOTr U. v. 05.05.1859 - GA 7 (1858), 322.

[75] Puppe, AT, 3. Aufl. 2016, § 27 Rn. 9ff.

[76] Kühl, AT, 8. Aufl. 2017, § 20 Rn. 209.

[77] BGH U. v. 25.10.1990 - 4 StR 371/90 - BGHSt 37, 214.

[78] Küpper JR 1992, 296.

Eine anders differenzierende Auffassung unterscheidet zwischen solchen Konstellationen, in denen der Irrtum des Vordermanns auf einem vorsätzlichen oder fahrlässigen Lösen von den Vorgaben des Hintermanns beruht – dann *aberratio ictus* –, und solchen, in denen der Irrtum auf einen Planungsfehler des Hintermanns zurückgeht.[79]

Gegen eine reine sog. *aberratio-ictus*-Theorie ist einzuwenden, dass die Regeln für das Fehlgehen des Angriffs (*aberratio ictus*) als Sonderfall der Kausalabweichung für Geschehensabläufe entwickelt worden sind, in denen der Täter das Angriffsobjekt vor sich sieht, an seiner Stelle aber ein anderes Objekt verletzt. Die schlichte Übertragung dieser Regeln auf andere Sachverhalte lässt sich nicht ohne Weiteres vornehmen. Auch ist nicht einzusehen, weshalb der Anstifter, der die Tat letztlich verursacht hat – da er es war, der den Tatentschluss beim Täter weckte – gegenüber dem Täter stets privilegiert werden sollte. Im Übrigen drohen nach der *aberratio-ictus*-Lösung Strafbarkeitslücken, da eine Bestrafung über § 30 I StGB nur bei Verbrechen möglich ist. Jedenfalls aber, wenn der Fehler überwiegend aus der Sphäre des Haupttäters stammt, überzeugt es, den Anstifter insofern aus der Haftung zu entlassen, da es an einer Verwirklichung des vorsätzlich gesetzten Risikos fehlt. Besonders deutlich wird dies im Lichte des sog. Blutbad-Arguments: Angenommen, der Haupttäter schritte nach Erkennen seines Irrtums erneut zur Tat, irrt aber bei der nächsten Ausführung abermals, so ist es schwer einzusehen, dass der Anstifter als Anstifter zum „ganzen Gemetzel" ebenso vollumfänglich haften soll wie der irrende Haupttäter.

C. Beihilfe, § 27 StGB

▶ **Didaktische Aufsätze:**
- Murmann, Zum Tatbestand der Beihilfe, JuS 1999, 548
- Geppert, Die Beihilfe (§ 27 StGB), Jura 1999, 266
- Gaede, Die strafbare Beihilfe und ihre aktuellen Probleme, JA 2007, 757
- Seher, Grundfälle zur Beihilfe, JuS 2009, 793

I. Aufbau

I. Tatbestand
  1. Objektiver Tatbestand
    a) Vorsätzliche rechtswidrige (Haupt-)Tat
      – ggf. Tatbestandsverschiebung, § 28 II StGB
    b) Hilfe geleistet
  2. Subjektiver Tatbestand
II. Rechtswidrigkeit
III. Schuld
IV. Strafzumessung
    – ggf. § 28 I StGB
    – §§ 27 II 2 i.V.m. 49 I StGB

---

[79] Hoyer, in: SK-StGB, 34. Lfg., 7. Aufl. 2000, vor § 26 Rn. 53; Bock JA 2007, 599 (604).

II. Allgemeines

§ 27 StGB regelt die Beihilfe.[80]

---

§ 27 StGB (Beihilfe)
(1) Als Gehilfe wird bestraft, wer vorsätzlich einem anderen zu dessen vorsätzlich begangener rechtswidriger Tat Hilfe geleistet hat.
(2) Die Strafe für den Gehilfen richtet sich nach der Strafdrohung für den Täter. Sie ist nach § 49 Abs. 1 zu mildern.

Die Beihilfestrafbarkeit ist gem. § 27 II 2 StGB gegenüber dem Strafrahmen der Haupttat obligatorisch gemildert.

III. Objektiver Tatbestand

1. Haupttat

Zum in § 27 StGB genannten Erfordernis der vorsätzlichen rechtswidrigen (sog. Haupt-)Tat vgl. oben bei § 26 StGB.

2. Hilfeleisten

▶   **Didaktische Aufsätze:**
  • Geppert, Zum Begriff der „Hilfeleistung" im Rahmen von Beihilfe (§ 27 StGB) und sachlicher Begünstigung (§ 257 StGB), Jura 2007, 589
  • Timpe, Der Tatbestand der Beihilfe, JA 2012, 430

a) Grundlagen
Tathandlung der Beihilfe ist das Hilfeleisten.
  Die Anforderungen hieran sind bereits ganz grundsätzlich umstritten.[81]

---

[80] Zu § 27 StGB Geppert Jura 1999, 266; Murmann JuS 1999, 548; Gaede JA 2007, 757; Kindhäuser FS Otto 2007, 355; Seher JuS 2009, 793.

[81] Hierzu Hillenkamp/Cornelius, 32 Probleme aus dem Strafrecht AT, 15. Aufl. 2017, 27. P.; Class FS Stock 1966, 115; Schaffstein FS Honig 1970, 169; Dreher MDR 1972, 553; Vogler FS Heinitz 1972, 295; Samson FS Peters 1974, 121; Spendel FS Dreher 1977, 167; Roxin FS Miyazawa 1995, 501; Harzer/Vogt StraFo 2000, 39; Charalambakis FS Roxin 2001, 625; Geppert Jura 2007, 589; Zieschang FS Küper 2007, 733; Jakobs FS Rüping 2008, 17; Timpe JA 2012, 430; aus der Rspr. vgl. zuletzt BGH B. v. 20.09.2016 - 3 StR 49/16 (Gröning) - NJW 2017, 498 = NStZ 2017, 158 (Anm. famos 2/2017; Grünewald NJW 2017, 500; Rommel NStZ 2017, 161; Roxin JR 2017, 88; Safferling JZ 2017, 258; Fahl HRRS 2017, 167).

Als Ausgangs- und Arbeitsdefinition lässt sich verwenden: Hilfeleisten ist – bei im Einzelnen umstrittenen Anforderungen – jede **Förderung** der Tathandlung oder des Erfolgseintritts.

In einer Fallbearbeitung darf abgesehen von evidenten Fällen nicht vergessen werden, vor Erörterung der Beihilfe eine mittäterschaftliche Begehung nach § 25 II StGB zu prüfen.

Die Kontroverse bzgl. des Hilfeleistens betrifft die Frage der Kausalität der Beihilfe.

> **Beispiel 455:**
>
> B1 trug dem Dieb B2 die Leiter zum Tatort. B2 hätte die Leiter auch selbst zum Tatort tragen können.

Hat B1 die Tat des B2 gar nicht gefördert, weil sein Beitrag nicht notwendig war?

> **Beispiel 456:**
>
> B1 lieh dem B2 für einen Einbruch ein Brecheisen, damit dieser eine Wohnungstür aufbrechen konnte. Allerdings war die Tür unverschlossen und B2 verwendete das Brecheisen nicht.

Gilt hier dasselbe für B1, weil sein Beitrag sich in keiner Weise im Kausalverlauf niedergeschlagen hat?

Einigkeit besteht darüber, dass die Hilfeleistung nicht *condicio sine qua non* gewesen sein muss.[82] Mitverursachung genügt.

Die Rspr.[83] und die wohl h.L.[84] wollen aber gänzlich auf ein Kausalitätserfordernis verzichten und jede „Förderung" ausreichen lassen. Allerdings ist auch eine Förderung ohne Kausalbeitrag begrifflich ausgeschlossen. Ein einflusslos gebliebener Beitrag stellt – abgesehen von der Frage der psychischen Beihilfe – keine Förderung dar. Andernfalls würde auch die Straflosigkeit der bloß versuchten Beihilfe unterlaufen.

Verschiedene Ansätze in der Literatur[85] betonen mithin das Erfordernis einer kausalen Risikosetzung, benannt u.a. als Modifikationskausalität, Verstärkungs-, oder Förderungskausalität, Chancenerhöhung oder Risikoerhöhung. All diesen Ansätzen ist aus gutem Grund gemein, dass von einem objektiven Hilfeleisten nur bei Erhöhung der Gefahr für das Rechtsgut gesprochen werden kann; nur dann ist auch die partielle (§ 27 II 2 StGB) Zurechnung des Haupttatunrechts geboten und die

---

[82] S. nur Fischer, StGB, 64. Aufl. 2017, § 27 Rn. 14a.

[83] S.o.

[84] Vgl. Wessels/Beulke/Satzger, AT, 46. Aufl. 2016, Rn. 582.

[85] Hierzu B. Heinrich, AT, 5. Aufl. 2016, Rn. 1326ff.

Teleologie der Teilnahmestrafbarkeit gewahrt. Jedenfalls dann, wenn man mit der ganz h.M. auch eine psychische Beihilfe für möglich hält, drohen auch keine Bereiche unangemessener Straflosigkeit.

Mithin muss ein mitursächlicher Beitrag vorliegen, der das Risiko einer Rechtsgutsverletzung erhöht hat.

Ein Hilfeleisten ist auch in Mittäterschaft und in mittelbarer Täterschaft möglich,[86] ferner durch Unterlassen.

Kein Hilfeleisten liegt vor, wenn der „Gehilfe" seinen Tatbeitrag vor Versuchsbeginn annulliert. Scheitern aber Rücknahmebemühungen des Gehilfen, so ändert sein erloschener Vorsatz nichts an seiner Beihilfe.

Beispiel 457:

B1 lieh dem Dieb B2 ein Brecheisen, verlangte es aber heraus, noch bevor B2 zum Diebstahl schritt. B2 lehnte das Herausgabeverlangen jedoch ab und setzte das Brecheisen bei seinem nächsten Einbruch ein.

Die Hilfeleistung kann auch **heimlich** erfolgen – in dem Sinne, dass der Haupttäter von der Hilfe nichts zu wissen braucht.[87] Anders ist dies naturgemäß bei psychischer Beihilfe.

Als Beihilfe sind auch vergleichsweise geringfügige Tatbeiträge strafbar. Das ggf. recht geringe Gewicht des Tatbeitrags ist nur für die Strafzumessung von Bedeutung.[88]

b) Physische und psychische Beihilfe

▶ **Didaktischer Aufsatz:**
- Stoffers, Streitige Fragen der psychischen Beihilfe im Strafrecht, Jura 1993, 11

Man unterscheidet üblicherweise physische (Tathilfe) und psychische Beihilfe.[89]

---

[86] H.M., vgl. Hoyer, in: SK-StGB, 34. Lfg., 7. Aufl. 2000, § 27 Rn. 37.

[87] Schild, in: NK, 4. Aufl. 2013, § 27 Rn. 15; aus der Rspr. vgl. BGH U. v. 08.07.1954 - 4 StR 350/54 (Kartenspieler) - BGHSt 6, 248 = NJW 1954, 1495 (Anm. Roxin, Höchstrichterliche Rspr. AT, 1998, Nr. 77).

[88] Vgl. aus der Rspr. BGH U. v. 16.11.2006 - 3 StR 139/06 - BGHSt 51, 144 = NJW 2007, 384 = NStZ 2007, 230 = StV 2007, 59 (Anm. Satzger JK 2007 StGB § 27 I/20; Kudlich JA 2007, 309; Bosch JA 2007, 312; Jahn JuS 2007, 382; LL 2007, 387; RÜ 2007, 28; RA 2007, 22; famos 2/2007; Widmaier NStZ 2007, 234; Mosbacher JR 2007, 387).

[89] B. Heinrich, AT, 5. Aufl. 2016, Rn. 1322.

Ersteres umfasst v.a. die Mithilfe am Tatort und das Zurverfügungstellen von Gegenständen. Die psychische Beihilfe lässt sich weiter unterscheiden in **kognitive** Beihilfe (Rathilfe) und **voluntative** Beihilfe (Bestärkung des Tatentschlusses).[90]

Rathilfe ist unstrittig ein Hilfeleisten i.S.d. § 27 StGB.[91]

Beispiel 458:

B1 erklärte dem B2 die Funktionsweise der Alarmanlage einer Bank, so dass dieser sie ausschalten und die Bank ausrauben konnte.

Problematisch ist die Annahme eines Hilfeleistens, wenn weder physische noch kognitive Beihilfe vorliegen und sich die Handlung in einer sog. psychischen (genauer voluntativen) Beihilfe erschöpft.[92]

Beispiel 459:

BGH B. v. 14.11.2006 – 4 StR 374/06 – NStZ-RR 2007, 37:

B1, B2 und zwei weitere Männer begaben sich zum Kiosk der Familie Z. B2 betrat den Kiosk und verlangte von der dort tätigen Z die Herausgabe von 100 Euro,, wobei er ihr ein langes Küchenmesser vor die Brust hielt. B1 und die beiden anderen standen währenddessen vor der Tür des Kiosks, wobei sie durch ihre Erscheinung ebenfalls einen einschüchternden Eindruck auf Z machten. Diese kam der Aufforderung des B2 nicht nach, sondern sprühte ihm Pfefferspray in die Augen.

Hat B1 bei einem Raub (§ 249 I StGB) oder einer räuberischen Erpressung (§§ 253 I, 255 StGB) Hilfe geleistet, indem er vor der Tür des Kiosks stand und einen einschüchternden Eindruck auf Z machte?

Zwar erkennen Rspr.[93] und ganz h.L.[94] eine solche voluntative Beihilfe entgegen einer beachtlichen Minderheitsauffassung[95] prinzipiell an. Jedoch grenzen auch sie die so geartete Beihilfe ab von bloßer Kenntnis und innerer Billigung sowie

---

[90] Hoyer, in: SK-StGB, 34. Lfg., 7. Aufl. 2000, § 27 Rn. 11.

[91] Vgl. Hoyer, in: SK-StGB, 34. Lfg., 7. Aufl. 2000, § 27 Rn. 11.

[92] Zur voluntativen Beihilfe Hoyer, in: SK-StGB, 34. Lfg., 7. Aufl. 2000, § 27 Rn. 11ff.; Stoffers Jura 1993, 11; Charalambakis FS Roxin 2001, 625; aus der Rspr. vgl. OLG Düsseldorf B. v. 05.09.2005 - 2 Ss 24/05 - 16/05 III - NStZ-RR 2005, 336 (Anm. RÜ 2005, 530; Geppert JK 2006 StGB § 27/19); zuletzt BGH B. v. 20.09.2016 - 3 StR 49/16 (Gröning) - NJW 2017, 498 = NStZ 2017, 158 (Anm. famos 2/2017; Grünewald NJW 2017, 500; Rommel NStZ 2017, 161; Roxin JR 2017, 88; Safferling JZ 2017, 258; Fahl HRRS 2017, 167).

[93] S.o.

[94] S. nur Kindhäuser, LPK, 6. Aufl. 2015, § 27 Rn. 11 m.w.N.

[95] Hruschka JR 1983, 177; Puppe, AT, 3. Aufl. 2016, § 26 Rn. 6f.; restriktiv auch Hoyer, in: SK-StGB, 34. Lfg., 7. Aufl. 2000, § 27 Rn. 13f.

reiner Anwesenheit des Betreffenden, ferner vom Unterlassensvorwurf, für den eine Garantenstellung erforderlich ist. Zu beachten ist nämlich die Straflosigkeit der versuchten Beihilfe mangels Normierung in § 30 StGB. Grundsätzlich reicht bloße Anwesenheit am Tatort in Kenntnis einer Straftat selbst bei deren Billigung nicht aus, die Annahme von Beihilfe i.S.e. aktiven Tuns zu begründen.[96] Anderes gilt nur dann, wenn die Billigung der Tat gegenüber dem Täter zum Ausdruck gebracht und dieser dadurch in seinem Tatentschluss oder in der Bereitschaft, ihn weiter zu verwirklichen, bestärkt wird und – was sorgfältiger und genauer Feststellungen bedarf – die Tat in ihrer konkreten Gestalt gefördert oder erleichtert wird. Jedoch ist auch in diesem Fall – wie bei jeder strafrechtlichen Verantwortlichkeit für positives Tun – ein durch Handeln erbrachter Tatbeitrag des Gehilfen unabdingbare Voraussetzung; dieser kann im Einzelfall schon darin bestehen, dass der Gehilfe den Haupttäter im Wissen um dessen Vorhaben zur Tatausführung begleitet, etwa mitfährt oder mitgeht, seine Anwesenheit gleichsam „einbringt", um den Haupttäter in seinem Tatentschluss zu bestärken und ihm das Gefühl erhöhter Sicherheit zu geben.

In einer Fallbearbeitung wird i.d.R. angezeigt sein, die grundsätzliche Möglichkeit der psychischen Beihilfe durch Bestärken des Tatentschlusses zugrunde zu legen und im Rahmen der Subsumtion unter Heranziehung aller Umstände des Sachverhalts hinreichende Restriktion walten zu lassen.

c) Zeitpunkt des Hilfeleistens

▶ **Didaktische Aufsätze:**
  * Laubenthal, Zur Abgrenzung zwischen Begünstigung und Beihilfe zur Vortat, Jura 1985, 630
  * Grabow/Pohl, Die sukzessive Mittäterschaft und Beihilfe, Jura 2009, 656

Anerkanntermaßen kann die Hilfeleistung bereits im Vorbereitungsstadium erbracht werden, solange nur der Tatbeitrag bei Ausführung der Haupttat fortwirkt.[97] Dies gilt sogar vor Entschließung des Haupttäters.[98]

Unstrittig ist **nach Beendigung** der Haupttat keine Beihilfe mehr möglich, Gleiches gilt bei Delikten ohne Beendigungsstadium mit Eintritt der Vollendung.[99]

---

[96] So (auch zum Folgenden) OLG Düsseldorf B. v. 05.09.2005 - 2 Ss 24/05 - 16/05 III - NStZ-RR 2005, 336 (Anm. RÜ 2005, 530; Geppert JK 2006 StGB § 27/19).

[97] B. Heinrich, AT, 5. Aufl. 2016, Rn. 1323; aus der Rspr. vgl. zuletzt BGH B. v. 20.09.2016 - 3 StR 49/16 (Gröning) - NJW 2017, 498 = NStZ 2017, 158 (Anm. famos 2/2017; Grünewald NJW 2017, 500; Rommel NStZ 2017, 161; Roxin JR 2017, 88; Safferling JZ 2017, 258; Fahl HRRS 2017, 167).

[98] Fischer, StGB, 64. Aufl. 2017, § 27 Rn. 5; aus der Rspr. vgl. BGH B. v. 08.11.2011 - 3 StR 310/11 - NStZ 2012, 264 (Anm. Satzger JK 2012 StGB § 27/24; RA 2012, 114).

[99] Vgl. aus der Rspr. BGH B. v. 16.04.2014 – 2 StR 435/13 - NStZ 2014, 516 = StV 2014, 684 (Anm. Becker NStZ 2014, 517).

Umstritten ist, ob bei Delikten, die ein Beendigungsstadium aufweisen, ein **Hilfe-leisten nach Vollendung, aber vor Beendigung** möglich ist[100] (sog. **sukzessive Beihilfe**).

Beispiel 460:

BGH U. v. 23.04.1953 – 4 StR 743/52 – BGHSt 4, 132 = NJW 1953, 992:
B1 hatte von einem umzäunten Schrottplatz ca. 6t Schrott entwendet und diesen ca. 100m vom Tatort entfernt hinter einer Hecke versteckt. B1 fuhr am nächsten Tag mit B2 in dessen Lkw zum Aufbewahrungsort der Beute, um dem B2 beim Fortschaffen behilflich zu sein. Nach dem Aufladen des Schrotts auf die Lade-fläche fuhr B2 die gestohlene Ware zu einem Schrotthändler, der den Schrott kaufte.

Indem B1 mit Zueignungsabsicht den Schrott aus der Gewahrsamssphäre des Schrottplatzinhabers in ausreichende Entfernung verbrachte, vollendete er bereits einen Diebstahl (§ 242 I StGB). Konnte der B2 zu dieser Tat hinterher noch Hilfe leisten?

Rspr.[101] und Teile der Lehre[102] bejahen die Möglichkeit einer sukzessiven Beihilfe, die wohl h.L.[103] lehnt sie ab.

Die bejahende Auffassung verweist darauf, dass eine Unterstützung des Täters nach Erfolgseintritt oft ebenso förderlich beim Angriff auf das Rechtsgut sei, so dass es keinen Unterschied bzgl. der Interessenlage des Opfers darstelle, ob die Hilfe vor Vollendung oder nach Vollendung, aber vor Beendigung geleistet wird. Ferner liege anders als bei Mittäterschaft das Unrecht lediglich in der Beihilfehand-lung, insofern drohe keine unzulässige täterschaftliche Zurechnung bereits abge-schlossener Vorgänge.

Überzeugender ist die Gegenauffassung, die zu Recht auf Art. 103 II GG, § 1 StGB hinweist, wenn die Strafbarkeit wegen Teilnahme von dem unpräzisen Begriff der Beendigung abhängig gemacht wird. Der Wortlaut „Tat" in § 27 I StGB (vgl. auch §§ 11 I Nr. 5, 22 StGB) setzt der Auslegung Grenzen. Förderungen nach Vollendung sind aus tatbestandlicher Sicht nur Veränderungen unbeachtlicher Begleitumstände; es mag sich die Strafverfolgung verzögern, für die Erfassung von Anschlusshand-lungen allerdings hat der Gesetzgeber die §§ 257ff. StGB geschaffen.

---

[100] Hierzu Furtner JR 1960, 367; Furtner MDR 1965, 431; Laubenthal Jura 1985, 630; Rudolphi FS Jescheck 1985, 559; Bitzilekis ZStW 1987, 723; Walter NStZ 2008, 549; Grabow/Pohl Jura 2009, 656; aus der Rspr. vgl. zuletzt BGH B. v. 20.09.2016 - 3 StR 49/16 (Gröning) - NJW 2017, 498 = NStZ 2017, 158 (Anm. famos 2/2017; Grünewald NJW 2017, 500; Rommel NStZ 2017, 161; Roxin JR 2017, 88; Safferling JZ 2017, 258; Fahl HRRS 2017, 167).

[101] S. obige Nachweise,

[102] Wessels/Beulke/Satzger, AT, 46. Aufl. 2016, Rn. 583.

[103] S. nur B. Heinrich, AT, 5. Aufl. 2016, Rn. 1324.

§ 257 I-III StGB (Begünstigung)

(1) Wer einem anderen, der eine rechtswidrige Tat begangen hat, in der Absicht Hilfe leistet, ihm die Vorteile der Tat zu sichern, wird mit Freiheitsstrafe bis zu fünf Jahren oder mit Geldstrafe bestraft.

(2) Die Strafe darf nicht schwerer sein als die für die Vortat angedrohte Strafe.

(3) Wegen Begünstigung wird nicht bestraft, wer wegen Beteiligung an der Vortat strafbar ist. Dies gilt nicht für denjenigen, der einen an der Vortat Unbeteiligten zur Begünstigung anstiftet.

§ 258 I StGB (Strafvereitelung)

Wer absichtlich oder wissentlich ganz oder zum Teil vereitelt, daß ein anderer dem Strafgesetz gemäß wegen einer rechtswidrigen Tat bestraft oder einer Maßnahme (§ 11 Abs. 1 Nr. 8) unterworfen wird, wird mit Freiheitsstrafe bis zu fünf Jahren oder mit Geldstrafe bestraft.

§ 259 I StGB (Hehlerei)

Wer eine Sache, die ein anderer gestohlen oder sonst durch eine gegen fremdes Vermögen gerichtete rechtswidrige Tat erlangt hat, ankauft oder sonst sich oder einem Dritten verschafft, sie absetzt oder absetzen hilft, um sich oder einen Dritten zu bereichern, wird mit Freiheitsstrafe bis zu fünf Jahren oder mit Geldstrafe bestraft.

§ 261 I, II StGB (Geldwäsche; Verschleierung unrechtmäßig erlangter Vermögenswerte)

(1) Wer einen Gegenstand, der aus einer in Satz 2 genannten rechtswidrigen Tat herrührt, verbirgt, dessen Herkunft verschleiert oder die Ermittlung der Herkunft, das Auffinden, den Verfall, die Einziehung oder die Sicherstellung eines solchen Gegenstandes vereitelt oder gefährdet, wird mit Freiheitsstrafe von drei Monaten bis zu fünf Jahren bestraft. Rechtswidrige Taten im Sinne des Satzes 1 sind

1. Verbrechen,

2. Vergehen nach

a) den §§ 108e, 332 Absatz 1 und 3 sowie § 334, jeweils auch in Verbindung mit § 335a,

[…]

4. Vergehen

a) nach den §§ 152a, 181a, 232 Absatz 1 bis 3 Satz 1 und Absatz 4, § 232a Absatz 1 und 2, § 232b Absatz 1 und 2, § 233 Absatz 1 bis 3, § 233a Absatz 1 und 2, den §§ 242, 246, 253, 259, 263 bis 264, 265c, 266, 267, 269, 271, 284, 299, 326 Abs. 1, 2 und 4, § 328 Abs. 1, 2 und 4 sowie § 348,

[…]

die gewerbsmäßig oder von einem Mitglied einer Bande, die sich zur fortgesetzten Begehung solcher Taten verbunden hat, begangen worden sind, und
[...]
(2) Ebenso wird bestraft, wer einen in Absatz 1 bezeichneten Gegenstand
1. sich oder einem Dritten verschafft oder
2. verwahrt oder für sich oder einen Dritten verwendet, wenn er die Herkunft des Gegenstandes zu dem Zeitpunkt gekannt hat, zu dem er ihn erlangt hat.

In der Tat muss sich die eine sukzessive Beihilfe bejahende Auffassung ohnehin der Problematik der Abgrenzung zwischen Begünstigung und Beihilfe stellen: Teilweise wird unter Hinweis auf § 257 III 1 StGB auf einen generellen Vorrang der Beihilfe abgestellt,[104] was zu einer weitgehenden Beschneidung des Anwendungsbereichs des § 257 I StGB, nämlich bzgl. des gesamten Beendigungsstadiums, führt. Die h.M.[105] innerhalb der eine sukzessive Beihilfe bejahenden Auffassung stellt auf den Willen des Helfenden ab: Wolle der Täter dazu beitragen, die Tat erfolgreich zu beenden, so liege Beihilfe vor, wolle er aber das vom Vortäter erlangte lediglich gegen Entziehung sichern, so liege eine Begünstigung vor. Merkwürdig ist allerdings, dass dann derjenige, der die Beendigung einer Tat fördert, der möglicherweise schwereren Bestrafung wegen Beihilfe zur Tat deshalb entgehen könnte, weil er zugleich auch eine Vorteilssicherung anstrebt. Zudem ist die innere Willensrichtung kein taugliches Abgrenzungskriterium, da sie erheblichen Feststellungsschwierigkeiten ausgesetzt ist. Auch dies spricht für eine generelle Ablehnung der sukzessiven Beihilfe.

Bei **Dauerdelikten** ist eine Beihilfe solange möglich, wie der rechtswidrige Zustand noch nicht beendet ist; problematisch ist dabei allerdings, ob eine Ursächlichkeit für die Fortführung der Tat zu verlangen ist.[106]

d) „Neutrale" Beihilfe

▶ **Didaktische Aufsätze:**
- Ambos, Beihilfe durch Alltagshandlungen, JA 2000, 721
- Lesch, Strafbare Beteiligung durch berufstypisches Verhalten, JA 2001, 986
- Beckemper, Strafbare Beihilfe durch alltägliche Geschäftsvorgänge, Jura 2001, 163
- Rotsch, „Neutrale Beihilfe" – Zur Fallbearbeitung im Gutachten, Jura 2004, 14
- Bechtel, Die neutrale Handlung – Problemfeld im Rahmen des Förderungsbeitrags iSd § 27 StGB, Jura 2016, 865

---

[104] Stree/Hecker, in: Sch/Sch, 29. Aufl. 2014, § 257 Rn. 7.

[105] Vgl. Cramer/Pascal, in: MK-StGB, 2. Aufl. 2012, § 257 Rn. 24; aus der Rspr. vgl. BGH U. v. 23.04.1953 - 4 StR 743/52 - BGHSt 4, 132 (133).

[106] S. Fischer, StGB, 64. Aufl. 2017, § 27 Rn. 8, 8a.

Unter dem Stichwort der „neutralen" Beihilfe diskutiert man, ob die Beihilfestrafbarkeit bei sog. neutralen Handlungen des Alltags- und Berufslebens einzuschränken ist.[107]

Beispiel 461:

B1 betreibt ein Fachgeschäft für Farben. B2 suchte dieses Geschäft auf und kaufte ein halbes Dutzend Spraydosen der Farbe Rot. B1 ahnte angesichts der Umstände, dass diese für Graffiti eingesetzt werden sollten, im Hinblick auf die Einnahmen nahm er dies jedoch billigend in Kauf. In der Tat brachte B2 auf einigen Eisenbahnwaggons Graffiti auf.

§ 303 I, II StGB (Sachbeschädigung):
(1) Wer rechtswidrig eine fremde Sache beschädigt oder zerstört, wird mit Freiheitsstrafe bis zu zwei Jahren oder mit Geldstrafe bestraft.
(2) Ebenso wird bestraft, wer unbefugt das Erscheinungsbild einer fremden Sache nicht nur unerheblich und nicht nur vorübergehend verändert.

Begreift man Hilfeleistung als mitursächlichen Beitrag, der das Risiko einer Rechtsgutsverletzung erhöht hat, so liegt dieser mit dem Verkauf der Spraydosen vor. Zu berücksichtigen ist aber einerseits, dass es sich bei dem Verkauf von Spraydosen um eine sozialübliche und abstrakt ungefährliche Handlung handelt, und andererseits, dass B1 das Vorhaben des B2 ahnte und trotzdem billigend in Kauf nahm.

Abgesehen von Lehrbuchbeispielen zum Verkauf von Tatwerkzeugen sind insbesondere erbrachte Dienstleistungen problematisch, wobei v.a. die Beratung durch Bankangestellte zu anonymen Kapitaltransfers ins Ausland[108] sowie Beratungsleistungen durch Rechtsanwälte[109] praktisch relevant geworden sind.

---

[107] Hierzu Hillenkamp/Cornelius, 32 Probleme aus dem Strafrecht AT, 15. Aufl. 2017, 28. P.; Meyer-Arndt wistra 1989, 281; Niedermair ZStW 1995, 507; Hassemer wistra 1995, 41 und 81; Löwe-Krahl wistra 1995, 201; Tag JR 1997, 49; Ransiek wistra 1997, 41; Otto FS Lenckner 1998, 193; Weigend FS Nishihara 1998, 197; Behr wistra 1999, 245; Amelung FS Grünwald 1999, 9, Lüderssen FS Grünwald 1999, 329; Ambos JA 2000, 721; Wohlers NStZ 2000, 169; Otto JZ 2000, 436; Harzer/Vogt StraFo 2000, 39; Beckemper Jura 2001, 163; Lesch JA 2001, 986; Samson/Schillhorn wistra 2001, 1; Rabe von Kühlewein JZ 2002, 1139; Frisch FS Lüderssen 2002, 539; Schall GS Meurer 2002, 103; Moos FS Trechsel 2002, 477; Müller FS Schreiber 2003, 343; Rotsch Jura 2004, 14; Schneider NStZ 2004, 312; Hartmann ZStW 2004, 585; Yamanaka FS Jakobs 2007, 767; Bechtel Jura 2016, 865; aus der Rspr. vgl. BGH U. v. 01.08.2000 - 5 StR 624/99 - BGHSt 46, 107 = NJW 2000, 3010 = StV 2000, 492 (Anm. RÜ 2000, 463; RA 2000, 637; famos 11/2000; Kudlich JZ 2000, 1178; Jäger wistra 2000, 344; Otto JK 2001 StGB § 27/15; Lesch JA 2001, 187; Lesch JR 2001, 383), BGH U. v. 22.01.2014 - 3 StR 468/12 - StV 2014, 474 (Anm. Satzger JK 2014 StGB § 27/27; Putzke ZJS 2014, 635; Bott/Orlowski NZWiSt 2014, 143; Greco wistra 2015, 1).

[108] Vgl. obige Nachweise.

[109] Hierzu Heine/Weißer, in: Sch/Sch, 29. Aufl. 2014, § 27 Rn. 29; Baumgarte wistra 1992, 41; von Briel StraFo 1997, 71; Ignor StraFo 2000, 42.

Eine erste Auffassung[110] sieht keine Besonderheiten, geht von einer extensiven Strafbarkeit aus und verneint die Strafbarkeit nur bei Rechtfertigungsgründen.

Andere Auffassungen lassen den objektiven Tatbestand mit verschiedenen Begründungen entfallen, verweisen u.a. auf einen Bereich der Sozialadäquanz bzw. des erlaubten Risikos,[111] auf eine sog. professionelle Adäquanz,[112] oder verlangen zur Begründung einer Strafbarkeit einen besonderen objektiven deliktischen Sinnbezug[113] oder ein Sonderverhalten i.S.e. Abstimmung auf die Tat.[114]

Zunächst einmal liegen die Voraussetzungen des § 27 StGB an sich vor, jedoch wäre ein soziales Miteinanderleben dann unmöglich, wenn im Geschäftsverkehr stets eine Beihilfestrafbarkeit drohen würde, zumal die Anforderungen an einen Eventualvorsatz nicht besonders hoch sind. Auch vor dem Hintergrund des Art. 12 GG erscheint eine Restriktion am Platze: Gegen das Kriterium der Sozialadäquanz ist jedoch zu sagen, dass es einerseits zu unbestimmt ist; insbesondere aber ist nicht alles, was sozial normal ist, strafrechtlich irrelevant (man denke etwa an die Steuerhinterziehung). Ähnliches gilt bei der Theorie der professionellen Adäquanz, die eine Beihilfe nur bei Verstoß gegen Berufsregeln anerkennt: Berufsregeln müssen nicht unbedingt den strafrechtlichen Regeln entsprechen. Gegen den deliktischen Sinnbezug ist anzuführen, dass hier nahezu abstruse Ergebnisse entstehen (vgl. den Kauf eines Feuerzeugs zwecks Brandstiftung durch einen Raucher oder Nichtraucher[115]). Ein Abstellen auf ein Sonderverhalten gerät in Konflikt mit dem Grundsatz, dass alternative Kausalverläufe nicht hinzugedacht werden dürfen. Eine Einschränkung des objektiven Tatbestandes ist demnach nicht vorzunehmen.

Die Rspr.[116] und ein Teil der Lehre[117] grenzen die dann straflose „neutrale" Beihilfe nach der inneren Willensrichtung ab, nämlich sei ein Tatförderungswille oder sicheres Wissen erforderlich; hingegen liege keine Beihilfe vor, wenn der Helfende nur dolus eventualis hatte.

In der Tat unterliegt die „neutrale" Beihilfe der Diskussion nur deshalb, weil man Alltagshandlungen nicht vorschnell pönalisieren will. Bei Absicht oder sicherem Wissen hinsichtlich einer Straftat kann von einem solchen alltäglichen, neutralen Geschäft aber nicht mehr gesprochen werden. Dann geht der Alltagscharakter verloren und wird durch eine Solidarisierung mit einem Haupttäter ersetzt, die nun nicht mehr neutral ist. Zuzugeben ist allerdings, dass diese subjektive Restriktion eher einem Judiz entspringt, während die eigentliche Abgrenzungsarbeit einmal mehr bei der Abgrenzung von objektiv erlaubten und unerlaubten Risiken zu leisten wäre. Jedenfalls i.R.d. geltenden § 27 StGB wird sich eine Strafbarkeitsbeschränkung nur

---

[110] Beckemper Jura 2001, 163 (169).

[111] Murmann JuS 1999, 552; vgl. auch Hoyer, in: SK-StGB, 34. Lfg., 7. Aufl. 2000, § 27 Rn. 24.

[112] Hassemer, wistra 1995, 41 und 81 (83).

[113] Frisch Jura 1992, 376.

[114] Heine, in: Sch/Sch, 29. Aufl. 2014, § 27 Rn. 10c.

[115] S. Hoyer, in: SK-StGB, 34. Lfg., 7. Aufl. 2000, § 27 Rn. 28.

[116] S. obige Nachweise.

[117] Hoyer, in: SK-StGB, 34. Lfg., 7. Aufl. 2000, § 27 Rn. 30ff.

unter großen Bedenken annehmen lassen; dem Bedürfnis nach Schaffung faktisch strafloser Bereiche dürften ggf. auch strafprozessuale Lösungen genügen.

In der Fallbearbeitung mag man, da es objektive und subjektive Lösungsansätze gibt, in Erwägung ziehen, die Darstellung der Problematik in Ausführungen im objektiven sowie im subjektiven Tatbestand aufzuteilen; allerdings ist dies nicht zu empfehlen, da der Sachzusammenhang dafür spricht, den Streitstand en bloc beim Hilfeleisten darzustellen.

IV. Subjektiver Tatbestand

▶ **Didaktischer Aufsatz:**
  • Satzger, Teilnehmerstrafbarkeit und „Doppelvorsatz", Jura 2008, 514

Zum Vorsatzerfordernis vgl. oben bei § 26 StGB. Im Bereich der Beihilfe spricht man – missverständlich – vom doppelten Gehilfenvorsatz.

Wiederum genügt Eventualvorsatz; eine darüber hinausgehende Solidarisierung o.Ä. ist nicht erforderlich, innere Distanzierungen o.Ä. sind irrelevant.[118]

Erforderlich ist Vollendungsvorsatz.[119]

Bei Beihilfe zur Qualifikation ist auch Vorsatz bzgl. qualifizierender Merkmale erforderlich.
  Bei Exzessen des Haupttäters mangelt es am Beihilfevorsatz.

Zur subjektiven Einschränkung bei sog. „neutraler" Beihilfe s.o.

Problematisch ist, wie **konkret** die Vorstellung des Gehilfen von der ins Auge gefassten Haupttat sein muss.[120]
  Anders als bei § 26 StGB ist dies kein objektives Problem der Tathandlung, sondern eines des Vorsatzes, da der Gehilfe die Tat nicht veranlasst, sondern nur die Umsetzung eines bereits bestehenden Tatentschlusses fördert.

---

[118] Kindhäuser, LPK, 6. Aufl. 2015, § 27 Rn. 24; aus der Rspr. vgl. BGH B. v. 20.01.2011 - 3 StR 420/10 NStZ 2011, 399 = NStZ RR 2011, 177 (Anm. Bosch JK 2011 StGB § 27/23); LG Gießen B. v. 04.08.2014 - 7 Qs 26/14 - StV 2015, 226 (Anm. Liesching StV 2015, 227; Jahn FS Wessing 2016, 533).

[119] B. Heinrich, AT, 5. Aufl. 2016, Rn. 1336; aus der Rspr. vgl. LG Gießen B. v. 04.08.2014 - 7 Qs 26/14 - StV 2015, 226 (Anm. Liesching StV 2015, 227; Jahn FS Wessing 2016, 533).

[120] Hierzu Roxin FS Salger 1995, 129; aus der Rspr. vgl. jüngst LG Gießen B. v. 04.08.2014 - 7 Qs 26/14 - StV 2015, 226 (Anm. Liesching StV 2015, 227; Jahn FS Wessing 2016, 533).

Beispiel 462:

BGH U. v. 18.04.1996 – 1 StR 14/96 (Edelstein-Gutachten) – BGHSt 42, 135 = NJW 1996, 2517 = NStZ 1997, 272 = StV 1997, 411 (Anm. Roxin, Höchstrichterliche Rspr. AT, 1998, Nr. 85; Fahl JA 1997, 11; Martin JuS 1997, 277; Scheffler JuS 1997, 598; Kindhäuser NStZ 1997, 273; Schlehofer StV 1997, 412; Loos JR 1997, 297; Roxin JZ 1997, 210; Otto JK 1999 StGB § 27/11):
B1, ein vereidigter Sachverständiger für geschliffene Edelsteine, Diamanten und Perlen, wurde im November 1989 von B2 beauftragt, den Wert mehrerer hundert Edelsteine (Rubine, Saphire und Smaragde) zu begutachten. Dabei herrschte stillschweigende Einigkeit darüber, dass die als „Schätzung" bezeichneten Gutachten einen überhöhten Wert ausweisen und späteren betrügerischen Handlungen dienen sollten. B1 erkannte, dass mit Hilfe der falschen Wertangaben die Steine entweder zu einem überhöhten Wert veräußert oder beliehen werden sollten, beides nahm er billigend in Kauf.

Die Urkundenfälschung (§ 267 I StGB) soll hier außer Acht bleiben. Genügt es für den Vorsatz bzgl. der von B2 nachher tatsächlich ausgeführten Haupttat, dass B1 die unlauteren Absichten des B2 erahnte, aber von dessen konkretem Vorhaben nichts wusste?

Anders als bei der Anstiftung muss der Gehilfe nicht schon recht genaue Vorstellungen haben, an welcher Haupttat er teilnimmt. Eine tätergleich bestrafte Anstiftung lässt sich nur dann legitimieren, wenn tatsächlich vom Veranlassen einer im Zeitpunkt des Bestimmens schon hinreichend konkretisierten Haupttat zu sprechen ist. Bei der geringeren, milder bestraften Beteiligungsform der Beihilfe ist es anerkannt, dass es ausreicht, wenn der Gehilfe den wesentlichen Unrechtsgehalt der Haupttat erfasst. Opfer,[121] Tatzeit oder nähere Details müssen nicht bekannt sein.

Ein Beihilfevorsatz kann im Anstiftungsvorsatz enthalten sein, so dass die Einwirkung auf einen *omnimodo facturus* als psychische Beihilfe bestraft werden kann.

D. Akzessorietätslockerungen, §§ 28, 29 StGB

▶   **Didaktische Aufsätze:**
*   Schünemann, Die Bedeutung der „Besonderen persönlichen Merkmale" für die strafrechtliche Teilnehmer- und Vertreterhaftung, Jura 1980, 354 und 568
*   Fischer/Gutzeit, Grundfragen zu § 28 StGB, JA 1998, 41

---

[121] Oder auch nur die Opferzahl, Fischer, StGB, 64. Aufl. 2017, § 27 Rn. 22; aus der Rspr. vgl. BGH U. v. 16.11.2006 - 3 StR 139/06 - BGHSt 51, 144 = NJW 2007, 384 = NStZ 2007, 230 = StV 2007, 59 (Anm. Satzger JK 2007 StGB § 27 I/20; Kudlich JA 2007, 309; Bosch JA 2007, 312; Jahn JuS 2007, 382; LL 2007, 387; RÜ 2007, 28; RA 2007, 22; famos 2/2007; Widmaier NStZ 2007, 234; Mosbacher JR 2007, 387).

- Otto, Besondere persönliche Merkmale im Sinne des § 28 StGB, Jura 2004, 469
- Valerius, Besondere persönliche Merkmale, Jura 2013, 15

Die Strafbarkeit des Teilnehmers bestimmt sich nach der Haupttat. Was der Teilnehmer weiß, wird ihm zugerechnet. Der Teilnehmer muss die Tatbestandsmerkmale nicht selbst verwirklichen.

Diese sog. Akzessorietät wird aber in den §§ 28 und 29 StGB limitiert.[122]

Gem. § 29 StGB wird jeder Beteiligte ohne Rücksicht auf die Schuld des anderen nach seiner Schuld bestraft, so dass es zum einen für die Teilnahmestrafbarkeit nicht auf die schuldhafte Verwirklichung der Haupttat ankommt und der Teilnehmer zum anderen selbst alle Schuldmerkmale erfüllen muss. Dies gilt auch für die Fahrlässigkeit, insbesondere bei erfolgsqualifizierten Delikten.

Von deutlich größerer Bedeutung in einer Fallbearbeitung ist § 28 StGB.

§ 28 StGB (Besondere persönliche Merkmale)
(1) Fehlen besondere persönliche Merkmale (§ 14 Abs. 1), welche die Strafbarkeit des Täters begründen, beim Teilnehmer (Anstifter oder Gehilfe), so ist dessen Strafe nach § 49 Abs. 1 zu mildern.
(2) Bestimmt das Gesetz, daß besondere persönliche Merkmale die Strafe schärfen, mildern oder ausschließen, so gilt das nur für den Beteiligten (Täter oder Teilnehmer), bei dem sie vorliegen.

§ 28 I StGB ist eine Strafzumessungsregel, die als solche in einer eigenen Ebene nach der Schuld geprüft wird.

Tatbestände mit besonderen persönlichen Merkmalen (hierzu noch sogleich), die eine Strafbarkeit des Täters begründen, sind im examensrelevanten Bereich z.B. die §§ 203 I Nr. 1, II Nr. 1, 331ff., 339, 343 StGB.

Beispiel 463:
Nichtamtsträger B1 überredete Amtsträger B2 dazu, ein Bestechungsgeld anzunehmen.

---

[122] Hierzu Dahm NJW 1949, 809; Lange JR 1949, 165; Hardwig GA 1954, 65; Roeder ZStW 1957, 223; Herzberg ZStW 1976, 68; Langer FS Lange 1976, 241; Steinke MDR 1977, 365; Schünemann Jura 1980, 354 und 568; Herzberg GA 1991, 145; Küper ZStW 1992, 559; Niedermair ZStW 1994, 388; Fischer/Gutzeit JA 1998, 41; Hirsch FS Schreiber 2003, 153; Otto Jura 2004, 469; Küper JZ 2006, 1157; Puppe ZStW 2008, 504; Hoyer GA 2012, 123; Valerius Jura 2013, 15.

Hier greift bzgl. §§ 331/332, 26 StGB der § 28 I StGB, so dass der Nichtamtsträger einem gemilderten Strafrahmen unterliegt.

§ 28 II StGB betrifft v.a. Qualifikationen und Privilegierungen, ist allerdings auch dann anwendbar, wenn eigenständige Sondertatbestände aufeinander bezogen sind.

Der mit Abstand wichtigste, aber auch strittigste Anwendungsbereich sind die Tötungsdelikte (§§ 212, 211, 216 StGB). Bei diesen ist gerade strittig, ob der Mord eine Qualifikation des Totschlags ist und die Tötung auf Verlangen eine Privilegierung, was die ganz h.L. entgegen der Rspr. bejaht.

Die **Rechtsfolgen** des § 28 II StGB sind strittig,[123] was auch den Prüfungsstandort beeinflusst:

Rspr.[124] und h.L.[125] nehmen keine Strafrahmenverschiebung, sondern eine **Tatbestandsverschiebung** an.

Hieraus folgt, dass in einer Fallbearbeitung aus Gründen des Sachzusammenhangs die Frage des § 28 II StGB bereits **im objektiven Tatbestand** der Anstiftung oder Beihilfe i.R.d. Haupttat zu prüfen ist. Dort wird zwar einerseits i.d.R. nach oben verwiesen, andererseits kann sich gerade aufgrund § 28 II StGB die Haupttat verschieben, so dass z.B. (nach jeweils h.M.) der Haupttäter sich nur wegen Totschlags strafbar gemacht hat, der Anstifter aber wegen Anstiftung zum Mord zu bestrafen ist (oder andersherum).

Beispiel 464:

B1 tötete ohne besonderes Interesse den Erbonkel des B2. Der habgierige B2 hatte ihm für diese Tat eine Waffe überlassen.

Sieht man mit der h.L. Mord als Qualifikation des Totschlages, kommt hier § 28 II StGB zur Anwendung. B2 weist mit der Habgier ein besonderes persönliches Merkmal auf, das B1 fehlt. Nach der Tatbestandsverschiebung hat er sich wegen Anstiftung zum Mord (§§ 211, 26 StGB), nicht zum Totschlag strafbar gemacht. Sieht man mit der Rspr. die Delikte als voneinander unabhängig an, könnte höchstens § 28 I StGB zur Anwendung gelangen. Dieser sieht aber nur eine Strafmilderung, keine Strafschärfung vor, sodass es bei der Strafbarkeit wegen Anstiftung zum Totschlag (§§ 212 I, 26 StGB) bliebe.

---

[123] Näher Cortes Rosa ZStW 1978, 413; Küper FS Jakobs 2007, 311; Roger GA 2013, 694; aus der Rspr. vgl. BGH B. v. 14.07.2010 - 2 StR 104/10 - BGHSt 55, 229 = NJW 2010, 3669 = NStZ 2011, 457 = StV 2011, 161 (Anm. Satzger JK 2011 StGB § 28 II/2; Wieck-Noodt NStZ 2011, 458; Hoyer GA 2012, 123).

[124] S. BGH B. v. 14.07.2010 - 2 StR 104/10 - BGHSt 55, 229 (231).

[125] Z.B. B. Heinrich, AT, 5. Aufl. 2016, Rn. 1357.

Beispiel 465:

B1 tötete seinen Erbonkel aus Habgier. B2 hatte ihm ohne eigene Habgier für diese Tat eine Waffe überlassen.

Hier führt die Ansicht der h.L. zu einer Tatbestandsverschiebung nach § 28 II StGB zur Beihilfe zum Totschlag (§§ 212 I, 27 I StGB), statt zum Mord. Nach der Rspr. bliebe es bei der Beihilfe zum Mord (§§ 211, 27 I StGB); die Strafe wäre aber nach §§ 28 I, 49 I StGB zu mildern.

Eine Gegenauffassung[126] geht von einer bloßen Strafrahmenverschiebung aus.
  Für die h.M. spricht aber der Wortlaut des § 28 II StGB – „gilt das" bezieht sich auf das Gesetz, nicht nur auf die Rechtsfolge.

§ 28 StGB setzt voraus, dass zum Tatbestand der Haupttat **besondere persönliche Merkmale** gehören. Zwar verweist § 28 I StGB ausdrücklich auf § 14 StGB, es herrscht aber Einigkeit darüber, dass dies keinen Erkenntnisgewinn bringt.

§ 14 StGB (Handeln für einen anderen)

(1) Handelt jemand

1. als vertretungsberechtigtes Organ einer juristischen Person oder als Mitglied eines solchen Organs,

2. als vertretungsberechtigter Gesellschafter einer rechtsfähigen Personengesellschaft oder

3. als gesetzlicher Vertreter eines anderen,

so ist ein Gesetz, nach dem besondere persönliche Eigenschaften, Verhältnisse oder Umstände (besondere persönliche Merkmale) die Strafbarkeit begründen, auch auf den Vertreter anzuwenden, wenn diese Merkmale zwar nicht bei ihm, aber bei dem Vertretenen vorliegen.

(2) Ist jemand von dem Inhaber eines Betriebs oder einem sonst dazu Befugten

1. beauftragt, den Betrieb ganz oder zum Teil zu leiten, oder

2. ausdrücklich beauftragt, in eigener Verantwortung Aufgaben wahrzunehmen, die dem Inhaber des Betriebs obliegen,

und handelt er auf Grund dieses Auftrags, so ist ein Gesetz, nach dem besondere persönliche Merkmale die Strafbarkeit begründen, auch auf den Beauftragten anzuwenden, wenn diese Merkmale zwar nicht bei ihm, aber bei dem Inhaber des Betriebs vorliegen. Dem Betrieb im Sinne des Satzes 1 steht das Unternehmen gleich. Handelt jemand auf Grund eines entsprechenden Auftrags für eine Stelle, die Aufgaben der öffentlichen Verwaltung wahrnimmt, so ist Satz 1 sinngemäß anzuwenden.

(3) Die Absätze 1 und 2 sind auch dann anzuwenden, wenn die Rechtshandlung, welche die Vertretungsbefugnis oder das Auftragsverhältnis begründen sollte, unwirksam ist.

---

[126] Hoyer, in: SK-StGB, 35. Lfg., 7. Aufl. 2001, § 28 Rn. 45.

Üblich ist die Unterscheidung von **täterbezogenen** und **tatbezogenen** Merkmalen; nur erstere fallen unter § 28 StGB.[127]

Täterbezogen sind Eigenschaften, Verhältnisse und andere Umstände, die vornehmlich mit der Person des Beteiligten verknüpft sind und das personale Unrecht, die Schuld oder die Strafbarkeit mitbestimmen (z.B. Motive, Tendenzen, höchstpersönliche Pflichtenstellung).

Tatbezogen sind diejenigen Merkmale, die das sachliche Unrecht der Tat kennzeichnen (z.B. Erfolg, Tatmittel, aber auch Vorsatz und Absichten).

Besonders problematisch ist die Abgrenzung bei subjektiven Tatbestandsmerkmalen.[128]

Im hier interessierenden Bereich ist anerkannt oder doch jeweils h.M., dass insbesondere die §§ 201 III, 211 II 1. und 3. Gruppe, 216, 246 II, 258 VI, 266, 340 StGB besondere persönliche Merkmale enthalten.

Insbesondere bei den **Mordmerkmalen** ist anerkannt, dass die subjektiven Mordmerkmale unter § 28 StGB fallen. Umstritten ist allerdings, ob § 28 I StGB (so die Rspr.) oder § 28 II StGB (so die ganz h.L.) Anwendung findet.

Strittig ist ferner insbesondere, ob die sog. Garantenstellung i.S.d. § 13 StGB ein besonderes persönliches Merkmal ist, was die h.M. bejaht.[129]

Regelbeispiele muss ein Teilnehmer stets selbst verwirklichen, da diese die Strafzumessung betreffen.[130]

E. Versuch der Beteiligung, § 30 StGB

▶   **Didaktische Aufsätze:**
- Roxin, Die Strafbarkeit von Vorstufen der Beteiligung (§ 30 StGB), JA 1979, 169
- Geppert, Die versuchte Anstiftung (§ 30 Abs. 1 StGB), Jura 1997, 546
- Dessecker, Im Vorfeld eines Verbrechens: die Handlungsmodalitäten des § 30 StGB, JA 2005, 549
- Hinderer, Versuch der Beteiligung, § 30 StGB, JuS 2011, 1072

---

[127] Vgl. nur Kindhäuser, LPK, 6. Aufl. 2015, § 28 Rn. 6f.; näher Herzberg ZStW 1976, 68; Langer FS Lange 1976, 241; Grünwald GS Armin Kaufmann 1989, 555; Schünemann FS Küper 2007, 561; aus der Rspr. vgl. BGH U. v. 20.05.1969 - 5 StR 658/68 - BGHSt 22, 375 = NJW 1969, 1181 (Anm. Hassemer JuS 1969, 441; Baumann NJW 1969, 1279; Körting NJW 1969, 1392; Küper JZ 2017, 229).

[128] Näher Joecks, in: MK-StGB, 3. Aufl. 2017, § 28 Rn. 36ff.

[129] Hierzu vgl. Kindhäuser, LPK, 6. Aufl. 2015, § 28 Rn. 11ff.; aGeppert ZStW 1970, 40; Vogler FS Lange 1976, 265; Satzger Jura 2015, 1055.

[130] Fischer, StGB, 64. Aufl. 2017, § 46 Rn. 105; aus der Rspr. vgl. BGH B. v. 13.09.2007 - 5 StR 65/07 (Anm. RA 2007, 734).

I. Allgemeines

Die §§ 26, 27 StGB setzen eine mindestens versuchte vorsätzliche rechtswidrige Haupttat voraus. Kam es noch nicht einmal zu einem Versuch einer Haupttat, so kommt lediglich eine Vorfeldstrafbarkeit nach § 30 StGB in Betracht (etwas missverständlich als Versuch der Beteiligung überschrieben).[131]

> **§ 30 StGB (Versuch der Beteiligung)**
> (1) Wer einen anderen zu bestimmen versucht, ein Verbrechen zu begehen oder zu ihm anzustiften, wird nach den Vorschriften über den Versuch des Verbrechens bestraft. Jedoch ist die Strafe nach § 49 Abs. 1 zu mildern. § 23 Abs. 3 gilt entsprechend.
> (2) Ebenso wird bestraft, wer sich bereit erklärt, wer das Erbieten eines anderen annimmt oder wer mit einem anderen verabredet, ein Verbrechen zu begehen oder zu ihm anzustiften.

Außerhalb der engen Grenzen des § 30 StGB ist die versuchte Teilnahme (bzw. Vorstufen) nicht strafbar, insbesondere also die versuchte Beihilfe nicht.

Der **Strafgrund** der Norm[132] besteht in der abstrakten Gefahr, dass der Anstoß zu einer Straftat eine selbständig weiterwirkende Kausalkette in Gang setzt: Derjenige, der einen anderen zur Begehung eines Verbrechens auffordert, setzt Kräfte in Richtung auf das angegriffene Rechtsgut in Bewegung, über die er nicht mehr die volle Herrschaft behält. Bzgl. der Verabredung etc. besteht im Vergleich zum Alleintäter eine gesteigerte Rechtsgutsbedrohung durch konspirative Bindung. Das jeweils geschützte Rechtsgut ist das der in Aussicht genommenen Haupttat.

In einer Fallbearbeitung ist vorrangig zu prüfen, ob eine Täterschaft oder Teilnahme bzgl. der Haupttat in Frage kommt. Ist dies der Fall, so bedürfen Vorfeldhandlungen, die unter § 30 StGB fielen, aber durch die spätere Täterschaft oder Teilnahme in Gesetzeskonkurrenz verdrängt werden, i.d.R. keiner ausdrücklichen Prüfung.

II. § 30 I StGB

1. Aufbau

I. „Vorprüfung"
 1. Keine vollendete Anstiftung
 2. Strafbarkeit des Versuchs: Verbrechen als Haupttat

---

[131] Zu § 30 StGB Dreher GA 1954, 11; Roxin JA 1979, 169; Geppert Jura 1997, 546; Dessecker JA 2005, 549; Hinderer JuS 2011, 1072; Rogall FS Puppe 2011, 859.
[132] Hierzu Kindhäuser, LPK, 6. Aufl. 2015, § 30 Rn. 1f.; aus der Rspr. vgl. BGH U. v. 29.10.1997 - 2 StR 239/97 - NStZ 1998, 347 (Anm. LL 1998, 595; Kretschmer NStZ 1998, 401; Graul JR 1999, 249); BGH B. v. 17.12.2014 - StB 10/14 - NJW 2015, 1032 = NStZ 2015, 455 (Anm. Schiemann NJW 2015, 1034).

II. Tatbestand
   1. Sog. Tatentschluss
   2. Unmittelbares Ansetzen zum Bestimmen
III. Rechtswidrigkeit
IV. Schuld
 V. Rücktritt, § 31 I Nr. 1, II StGB

2. Grundlagen

§ 30 I StGB enthält die **versuchte Anstiftung** („zu bestimmen versucht, ein Verbrechen zu begehen") und die **versuchte Kettenanstiftung**[133] („oder zu ihm anzustiften"). Der Prüfungsaufbau ähnelt daher dem des täterschaftlichen Versuchsdelikt.

Beispiel 466:

B meldete sich bei seinem Freund Z1 und fragte diesen, ob er bereit sei, gegen eine Belohnung in Höhe von 10.000 Euro den Z2 zu töten. Z1 lehnte entrüstet ab.

Beispiel 467:

B meldete sich bei seinem Freund Z1 und fragte diesen, ob er bereit sei, an den Z2 heranzutreten und diesen zu beauftragen, gegen eine Belohnung in Höhe von 10.000 Euro den Z3 zu töten. Z1 lehnte entrüstet ab.

3. Strafbarkeit der versuchten Anstiftung: Verbrechen

Nur die versuchte Anstiftung zu einem **Verbrechen** i.S.d. § 12 I StGB ist strafbar, nicht die zu einem Vergehen i.S.d. § 12 II StGB.

---

§ 12 StGB (Verbrechen und Vergehen)
(1) Verbrechen sind rechtswidrige Taten, die im Mindestmaß mit Freiheitsstrafe von einem Jahr oder darüber bedroht sind.
(2) Vergehen sind rechtswidrige Taten, die im Mindestmaß mit einer geringeren Freiheitsstrafe oder die mit Geldstrafe bedroht sind.
(3) Schärfungen oder Milderungen, die nach den Vorschriften des Allgemeinen Teils oder für besonders schwere oder minder schwere Fälle vorgesehen sind, bleiben für die Einteilung außer Betracht.

Im examensrelevanten Bereich sind dies v.a. die §§ 154, 212 I, 211, 226, 239a, b, 244a, 249, 252, 255, 260a, 263 V, 267 IV, 306ff., 315b III i.V.m. 315 III, 316a, 339 StGB.

---

[133] Zur versuchten Kettenanstiftung Fischer, StGB, 64. Aufl. 2017, § 30 Rn. 8; Kroß Jura 2003, 250.

Umstritten ist, für welche Person die ins Auge gefasste Tat ein Verbrechen sein muss,[134] was bei besonderen persönlichen Merkmalen i.S.d. § 28 II StGB relevant wird.

Beispiel 468:

B, motiviert durch das ernstliche Verlangen des Z1, versuchte, den Z2 dazu zu bewegen, den Z1 zu töten, wobei Z2 von dem Verlangen des Z1 nichts wusste.

Z2 könnte nur zu einem Totschlag oder Mord (§§ 211, 212 StGB) angestiftet werden. Wegen des ernstlichen Verlangens des Z1 würde es sich – sofern man mit der h.L. ein Stufenverhältnis annimmt – für B1 aber gem. § 28 II StGB als Anstiftung zur Tötung auf Verlangen (§§ 216 I, 26 StGB) darstellen. Die Tötung auf Verlangen nach § 216 StGB ist kein Verbrechen, Totschlag und Mord sind es gem. §§ 212, 211 StGB aber schon.

§ 216 I StGB (Tötung auf Verlangen)
Ist jemand durch das ausdrückliche und ernstliche Verlangen des Getöteten zur Tötung bestimmt worden, so ist auf Freiheitsstrafe von sechs Monaten bis zu fünf Jahren zu erkennen.

Die Rspr.[135] und ein Teil der Lehre[136] stellen auf den präsumtiven Täter ab, die wohl h.L.[137] auf den Anstifter; wieder andere[138] verlangen, dass die Tat in Bezug auf beide Personen ein Verbrechen sein muss.

Dafür, dass die beabsichtigte Haupttat ein Verbrechen sein muss, spricht bereits der Wortlaut des § 30 I StGB („ein Verbrechen zu begehen"); auch soll § 30 I StGB gerade besonders gefährliche Haupttaten erfassen. Überzeugend ist aber, mit der Minderheitsauffassung zusätzlich zu verlangen, dass die Tat kumulativ für die Person des Auffordernden ein Verbrechen sein muss: Die unterschiedliche Deliktsqualität ist eine bewusste Entscheidung des Gesetzgebers, die Strafbarkeit unterschiedlich zu gewichten. Es ist insofern also § 28 II StGB auch bei § 30 I StGB anzuwenden, was auch einen Wertungswiderspruch zur vollendeten Anstiftung vermeidet.

---

[134] Hierzu Kindhäuser, LPK, 6. Aufl. 2015, § 30 Rn. 8ff.; Börker JR 1956, 286; Valerius Jura 2013, 15; aus der Rspr. vgl. BGH U. v. 04.02.2009 - 2 StR 165/08 - BGHSt 53, 174 = NJW 2009, 1221 = NStZ 2009, 322 = StV 2010, 301 (Anm. Dehne-Niemann Jura 2009, 695; Geppert JK 2009 StGB § 30/7; von Heintschel-Heinegg JA 2009, 547; LL 2009, 678; RÜ 2009, 304; RA 2009, 323; famos 6/2009; Mitsch JR 2009, 359).

[135] S.o.

[136] Hinderer JuS 2011, 1072 (1073).

[137] Vgl. Wessels/Beulke/Satzger, AT, 46. Aufl. 2016, Rn. 562.

[138] Hoyer, in: SK- StGB, 35. Lfg., 7. Aufl. 2001, § 30 Rn. 22.

Wenn die Vorfeldbeteiligten mehrere Begehungsmöglichkeiten ins Auge fassen und in ihren Willen aufnehmen, genügt es, wenn nur eine von ihnen ein Verbrechen ist.[139]

4. Subjektiver Tatbestand der versuchten Anstiftung: Tatentschluss

Der subjektive Tatbestand des § 30 I StGB ist identisch mit dem subjektiven Tatbestand des § 26 StGB, man könnte auch von einem Tatentschluss zur Anstiftung sprechen: Erforderlich ist der Vorsatz, bei einem anderen den Entschluss zur Begehung eines Verbrechens hervorzurufen.

Hierbei ist heute (wie bei § 26 StGB) anerkannt, dass Eventualvorsatz ausreicht und eine darüber hinausgehende „Ernstlichkeit" nicht zu verlangen ist,[140] so dass es genügt, wenn der Täter des § 30 I StGB es für möglich gehalten und billigend in Kauf genommen hat, dass der Aufgeforderte die Aufforderung ernst nehmen und durch sie zur Tat bestimmt werden könnte.

Der Tatentschluss muss sich hierbei auf eine hinreichend **konkretisierte** Haupttat beziehen: Die Haupttat muss so genau ins Auge gefasst werden, dass der andere sie nun ausführen könnte, wenn er wollte.[141]

Wenn der Versuch der Anstiftung ggf. ein untauglicher war (z.B. weil der Angesprochene ein *omnimodo facturus* war), ändert sich, wie auch bei § 22 StGB, nichts am Tatentschluss.[142]

5. Objektiver Tatbestand der versuchten Anstiftung: Unmittelbares Ansetzen zum Bestimmen

§ 30 I StGB verweist stillschweigend auf § 22 StGB, so dass sich der objektive Tatbestand in einem unmittelbaren Ansetzen erschöpft.

Eine Minderheitsauffassung[143] sieht i.R.d. § 30 I StGB nur bei Zugang oder gar Kenntnisnahme der Anstiftungserklärung beim präsumtiven Täter ein unmittelbares

---

[139] Heine/Weißer, in: Sch/Sch, 29. Aufl. 2014, § 30 Rn. 5; aus der Rspr. vgl. BGH U. v. 03.12.1958 - 2 StR 500/58 (Ausbruch) - BGHSt 12, 306 = NJW 1959, 777 (Anm. Roxin, Höchstrichterliche Rspr. AT, 1998, Nr. 45).

[140] Früher strittig, vgl. B. Heinrich, AT, 5. Aufl. 2016, Rn. 1366; aus der Rspr. vgl. BGH U. v. 10.06.1998 - 3 StR 113/98 - BGHSt 44, 99 = NJW 1998, 2835 = NStZ 1998, 615 = StV 1998, 650 (Anm. Martin JuS 1998, 1066; Roxin NStZ 1998, 616; Geppert JK 1999 StGB § 30/5; Bloy JZ 1999, 157).

[141] Kindhäuser, LPK, 6. Aufl. 2015, § 30 Rn. 4; aus der Rspr. vgl. BGH B. v. 16.03.2011 - 5 StR 581/10 - NStZ 2011, 570 = StV 2012, 146 (Anm. RA 2011, 366; famos 10/2011; Weigend NStZ 2011, 572; Rotsch ZJS 2012, 680; Reinbacher NStZ-RR 2012, 40; Rackow/Bock/Harrendorf StV 2012, 687).

[142] Heine/Weißer, in: Sch/Sch, 29. Aufl. 2014, § 30 Rn. 7.

[143] Jakobs, AT, 2. Aufl. 1993, 12/175.

Ansetzen als gegeben an, während allerdings Rspr.[144] und h.L.[145] die allgemeinen Regeln des § 22 StGB anwenden.

Beispiel 469:

B1 forderte Z1 schriftlich auf, den Z2 zu töten. Der in die Post gegebene Brief kam aber bei Z1 nie an.

Rspr. und h.L. kämen zu einem unmittelbaren Ansetzen, die Minderheitsauffassung nicht.

Zwar ist das Bemühen um Restriktion angesichts der erheblichen Vorverlagerung der Strafbarkeit durch § 30 I StGB verständlich, allerdings gibt der Wortlaut dies nicht her, außerdem geht § 31 I Nr. 1 StGB von der Existenz auch unbeendeter Versuche aus. Auch ohne Zugang kann daher bereits ein unmittelbares Ansetzen vorliegen.

§ 30 I 2, 3 StGB normieren die Rechtsfolgen.

III. § 30 II StGB

1. Aufbau

I. Tatbestand
   1. Objektiver Tatbestand
     a) Hinreichend bestimmtes Verbrechen
     b) Vorbereitungshandlung: Sichbereiterklären, Annahme des Erbietens, Verabredung
   2. Subjektiver Tatbestand
     a) Vorsatz bzgl. Bezugstat
     b) Vorsatz bzgl. tauglicher Vorbereitungshandlung
II. Rechtswidrigkeit
III Schuld
IV. Rucktritt, §§ 31 I Nr. 2, 3, II

2. Allgemeines

§ 30 II StGB bedroht bestimmte Vorbereitungshandlungen weit im Vorfeld eines Verbrechens mit Strafe.

---

[144] Vgl. BGH U. v. 14.06.2005 - 1 StR 503/04 - BGHSt 50, 142 = NJW 2005, 2867 = NStZ 2005, 626 = StV 2005, 660 (Anm. LL 2005, 753; RÜ 2005, 534; RA 2005, 604; Kudlich JA 2006, 91; Kütterer-Lang JuS 2006, 206; Kühl NStZ 2006, 94; Puppe JR 2006, 75; Mosenheuer ZIS 2006, 99; Steinberg GA 2008, 516).

[145] S. nur Joecks, StGB, 11. Aufl. 2014, § 30 Rn. 10f.

Zur Frage des Verbrechenscharakters s.o. bei § 30 I StGB.

3. Sichbereiterklären

Jemand erklärt sich dann i.S.d. § 30 II StGB bereit, ein Verbrechen zu begehen oder zu ihm anzustiften, wenn er seine Bereitschaft zur Tat einem anderen mitteilt (sei es aus eigener Initiative, sei es aufgrund der Initiative Dritter).[146] Die Erklärung muss ernstlich gemeint sein.[147] Die bloße Kundgabe, ein Verbrechen begehen zu wollen, genügt nicht; vielmehr muss die Erklärung darauf gerichtet sein, sich gegenüber deren Adressaten zu binden.[148]

4. Annahme des Erbietens

Das Erbieten eines anderen wird angenommen, wenn der Handelnde sich einverstanden erklärt mit dem Angebot eines anderen, ein Verbrechen zu begehen oder zu ihm anzustiften.[149]

Strittig ist, ob diese Erklärung ernstlich gemeint sein muss.[150]
   Während dies von früherer Rspr.[151] und Teilen der Lehre[152] bejaht wird, sehen dies die heutige Rspr.[153] und Teile der Lehre[154] anders.
   Für letztere Auffassung spricht die gesteigerte Gefahr für das Rechtsgut, dass der Anbietende die Tat nun wirklich ausführt.

5. Verabredung

Verabredung ist die ernstliche und konkretisierte Vereinbarung von mindestens zwei Beteiligten zur gemeinschaftlichen Begehung eines Verbrechens.[155]

Von wem die Initiative ausgeht, ist irrelevant.[156]

---

[146] Joecks, StGB, 11. Aufl. 2014, § 30 Rn. 15; Kindhäuser, LPK, 6. Aufl. 2015, § 30 Rn. 18.

[147] B. Heinrich, AT, 5. Aufl. 2016, Rn. 1369; aus der Rspr. vgl. BGH B. v. 17.12.2014 - StB 10/14 - NJW 2015, 1032 = NStZ 2015, 455 (Anm. Schiemann NJW 2015, 1034).

[148] BGH B. v. 17.12.2014 - StB 10/14 - NJW 2015, 1032 = NStZ 2015, 455 (Anm. Schiemann NJW 2015, 1034).

[149] Kindhäuser, LPK, 6. Aufl. 2015, § 30 Rn. 22.

[150] Hierzu B. Heinrich, AT, 5. Aufl. 2016, Rn. 1370; aus der Rspr. vgl. RG U. v. 16.02.1923 - I 3/23 - RGSt 57, 243; BGH U. v. 07.04.1998 - 1 StR 801/97 - NStZ 1998, 403 (Anm. Otto JK 1999 StGB § 30/5; Geerds JR 1999, 426).

[151] Vgl. RG U. v. 16.02.1923 - I 3/23 - RGSt 57, 243 (244ff.).

[152] Z.B. Hoyer, in: SK-StGB, 35. Lfg., 7. Aufl. 2001, § 30 Rn. 41.

[153] Seit BGH U. v. 04.10.1957 - 2 StR 366/57 - BGHSt 10, 388 = NJW 1957, 1770 (Anm. Blei NJW 1958, 30).

[154] B. Heinrich, AT, 5. Aufl. 2016, Rn. 1370.

[155] Kindhäuser, LPK, 6. Aufl. 2015, § 30 Rn. 23; RG U. v. 24.09.1920 - IV 717/20 - RGSt 55, 87.

[156] Hoyer, in: SK-StGB, 35. Lfg., 7. Aufl. 2001, § 30 Rn. 46.

Heute ist unstrittig, dass es sich um eine Vereinbarung handeln muss, die eine mittäterschaftliche Begehung zum Gegenstand hat, eine Verabredung zwischen zukünftigem Täter und einem zukünftigen Gehilfen genügt nicht.[157] Dies ergibt sich aus einem Umkehrschluss zu § 30 I StGB: Da nicht einmal die versuchte Beihilfe strafbar ist, ist erst recht nicht die bloße Verabredung einer Beihilfe strafbar. Insofern hat die Abgrenzung zwischen Täterschaft und Teilnahme hier strafbegründende Wirkung.

Beispiel 470:

BGH U. v. 28.06.2007 – 3 StR 140/07 – NStZ 2007, 697 (Anm. RA 2007, 669; famos 12/2007; Kudlich JA 2008, 146; LL 2008, 110):
Zwischen den bereits anderweitig verheirateten B1 und B2 entwickelte sich ein Liebesverhältnis. Nachdem B1 geäußert hatte, dass eine Scheidung „mit dem Haus und den 4 Kindern" sein finanzieller Ruin sei und es eine gemeinsame Zukunft nur gebe, wenn seiner Ehefrau etwas zustoße, strebten B1 und B2 deren Tötung ernsthaft an. B2 schlug vor, sie besorge Gift, das B1 seiner Ehefrau beibringen solle. Dies lehnte B1 ab, da der Verdacht sogleich auf ihn falle. Zwischen den beiden war es noch zu keiner Einigung über die Modalitäten der Tatbegehung gekommen, als die Pläne vorzeitig aufgedeckt wurden.

Das Besorgen von Gift stellt lediglich eine Beihilfehandlung dar. Eine Verbrechensverabredung i.S.d. § 30 II StGB liegt damit nicht vor.

Strittig ist, ob ein innerer Vorbehalt eines Beteiligten (mangelnde Ernstlichkeit der Mitwirkung bei der Vereinbarung) die Verabredung i.S.d. § 30 II StGB ausschließt.[158]
Rspr.[159] und h.L.[160] bejahen dies entgegen einer Minderheitsauffassung[161]. Bereits der Wortlaut spricht dafür, die Ernstlichkeit als essentiell anzusehen. Hinzu kommt, dass die Teleologie des § 30 II StGB verfehlt würde, da bei lediglich einem Tatbereiten keine Steigerung der Wahrscheinlichkeit einer Deliktsbegehung gegeben ist.

---

[157] B. Heinrich, AT, 5. Aufl. 2016, Rn. 1371; aus der Rspr. vgl. BGH U. v. 04.02.2009 - 2 StR 165/08 - BGHSt 53, 174 = NJW 2009, 1221 = NStZ 2009, 322 = StV 2010, 301 (Anm. Dehne-Niemann Jura 2009, 695; Geppert JK 2009 StGB § 30/7; von Heintschel-Heinegg JA 2009, 547; LL 2009, 678; RÜ 2009, 304; RA 2009, 323; famos 6/2009; Mitsch JR 2009, 359); BGH B. v. 16.03.2011 - 5 StR 581/10 - NStZ 2011, 570 = StV 2012, 146 (Anm. RA 2011, 366; famos 10/2011; Weigend NStZ 2011, 572; Rotsch ZJS 2012, 680; Reinbacher NStZ-RR 2012, 40; Rackow/Bock/Harrendorf StV 2012, 687).

[158] Hierzu Hoyer, in: SK-StGB, 35. Lfg., 7. Aufl. 2001, § 30 Rn. 48; aus der Rspr. vgl. BGH B. v. 16.03.2011 - 5 StR 581/10 - NStZ 2011, 570 = StV 2012, 146 (Anm. RA 2011, 366; famos 10/2011; Weigend NStZ 2011, 572; Rotsch ZJS 2012, 680; Reinbacher NStZ-RR 2012, 40; Rackow/Bock/Harrendorf StV 2012, 687).

[159] S.o.

[160] S. nur B. Heinrich, AT, 5. Aufl. 2016, Rn. 1371.

[161] Z.B. Heine/Weißer, in: Sch/Sch, 29. Aufl. 2014, § 30 Rn. 29.

Die Vereinbarung muss hinreichend **konkret** sein[162]: Erforderlich ist eine Willensbildung, kraft derer jeder Beteiligte in der Lage ist, die von dem anderen zugesagten verbrecherischen Handlungen einzufordern.[163] Ausreichend ist aber eine Konkretisierung in wesentlichen Grundzügen; es ist unschädlich, wenn Zeit, Ort und Modalitäten im Einzelnen noch offen bleiben.[164] Bloße Tatgeneigtheit und Fantasien genügen nicht,[165] freilich stehen Bedingungen einer Verabredung nicht entgegen.[166]

Einerlei ist es, ob die in Aussicht genommene Tatbegehung zum Erfolg hätte führen können (vgl. den untauglichen Versuch).[167]

IV. Rücktritt vom Versuch der Beteiligung, § 31 StGB

▶ **Didaktischer Aufsatz:**
- Schröder, Grundprobleme des § 49a StGB, JuS 1967, 289

§ 31 StGB[168] regelt den Rücktritt vom Versuch der Beteiligung.

> **§ 31 StGB (Rücktritt vom Versuch der Beteiligung)**
> (1) Nach § 30 wird nicht bestraft, wer freiwillig
> 1. den Versuch aufgibt, einen anderen zu einem Verbrechen zu bestimmen, und eine etwa bestehende Gefahr, daß der andere die Tat begeht, abwendet,
> 2. nachdem er sich zu einem Verbrechen bereit erklärt hatte, sein Vorhaben aufgibt oder,
> 3. nachdem er ein Verbrechen verabredet oder das Erbieten eines anderen zu einem Verbrechen angenommen hatte, die Tat verhindert.

---

[162] B. Heinrich, AT, 5. Aufl. 2016, Rn. 1371.

[163] Heine/Weißer, in: Sch/Sch, 29. Aufl. 2014, § 30 Rn. 24; aus der Rspr. vgl. BGH B. v. 16.03.2011 - 5 StR 581/10 - NStZ 2011, 570 = StV 2012, 146 (Anm. RA 2011, 366; famos 10/2011; Weigend NStZ 2011, 572; Rotsch ZJS 2012, 680; Reinbacher NStZ-RR 2012, 40; Rackow/Bock/Harrendorf StV 2012, 687).

[164] Beckemper/Cornelius, in: BeckOK-StGB, Stand 01.09.2016, § 30 Rn. 13; aus der Rspr. vgl. BGH U. v. 28.06.2007 - 3 StR 140/07 - NStZ 2007, 697 (Anm. RA 2007, 669; famos 12/2007; Kudlich JA 2008, 146; LL 2008, 110).

[165] Fischer, StGB, 64. Aufl. 2017, § 30 Rn. 12a; aus der Rspr. vgl. BGH B. v. 16.03.2011 - 5 StR 581/10 - NStZ 2011, 570 = StV 2012, 146 (Anm. RA 2011, 366; famos 10/2011; Weigend NStZ 2011, 572; Rotsch ZJS 2012, 680; Reinbacher NStZ-RR 2012, 40; Rackow/Bock/Harrendorf StV 2012, 687).

[166] Beckemper/Cornelius, in: BeckOK-StGB, Stand 01.09.2016, § 30 Rn. 7; aus der Rspr. vgl. BGH U. v. 03.12.1958 - 2 StR 500/58 (Ausbruch) - BGHSt 12, 306 = NJW 1959, 777 (Anm. Roxin, Höchstrichterliche Rspr. AT, 1998, Nr. 45).

[167] Heine/Weißer, in: Sch/Sch, 29. Aufl. 2014, § 30 Rn. 7.

[168] Hierzu Schröder MDR 1949, 714; Schröder JuS 1967, 289; Mitsch FS Herzberg 2008, 443.

(2) Unterbleibt die Tat ohne Zutun des Zurücktretenden oder wird sie unabhängig von seinem früheren Verhalten begangen, so genügt zu seiner Straflosigkeit sein freiwilliges und ernsthaftes Bemühen, die Tat zu verhindern.

Wie bei § 24 StGB handelt es sich um einen persönlichen Strafaufhebungsgrund,[169] der nach der Schuld zu prüfen ist.

Voraussetzung der Anwendung ist, dass die Tat nicht bis zu einem dem Täter des § 30 StGB zuzurechnenden Versuch ausgeführt wurde[170] und insofern kein Taterfolg einer Beteiligung vorliegt.

Sämtliche Varianten des § 31 StGB setzen an sich eine Aktivität voraus,[171] unter bestimmten Voraussetzungen genügt aber ein bloßes Aufgeben:
Für den strafbefreienden Rücktritt nach § 31 I Nr. 1 StGB ist das bloße Aufgeben der Einwirkung auf den Anderen ausreichend, solange dieser noch keinen Tatentschluss gefasst hat und auch keine Gefahr entstanden ist, dass er die Tat begeht.[172]
Bei § 31 I Nr. 2 StGB genügt nach h.M. ferner eine innere Willensumkehr, so dass das Abstandnehmen (entgegen einer Minderheitsauffassung) nicht nach außen erkennbar sein muss.[173]
Auch bei § 31 I Nr. 3 StGB reicht es aus, wenn ein an der Verabredung eines Verbrechens Beteiligter nach der Verabredung untätig bleibt, wenn nach seiner Vorstellung das verabredete Verbrechen ohne ihn nicht ausgeführt werden kann.[174]
Selbst i.R.d. § 31 II StGB kann ein bloßes Unterlassen einer als notwendig erachteten Handlung genügen.[175]

Im Übrigen sind die Merkmale des § 31 StGB wie bei § 24 StGB auszulegen.

---

[169] Kindhäuser, LPK, 6. Aufl. 2015, § 31 Rn. 1.

[170] Fischer, StGB, 64. Aufl. 2017, § 31 Rn. 2; aus der Rspr. vgl. BGH B. v. 25.11.1986 - 4 StR 631/85 - NStZ 1987, 118 (Anm. Sonnen JA 1987, 28).

[171] Vgl. o. bei § 24 II StGB.

[172] Fischer, StGB, 64. Aufl. 2017, § 31 Rn. 3; aus der Rspr. vgl. BGH B. v. 13.03.1997 - 4 StR 39/97 - NStZ-RR 1997, 289 (Anm. Otto JK 1998 StGB § 31/3).

[173] S. Fischer, StGB, 64. Aufl. 2017, § 31 Rn. 4; aus der Rspr. vgl. BGH B. v. 16.03.2011 - 5 StR 581/10 - NStZ 2011, 570 = StV 2012, 146 (Anm. RA 2011, 366; famos 10/2011; Weigend NStZ 2011, 572; Rotsch ZJS 2012, 680; Reinbacher NStZ-RR 2012, 40; Rackow/Bock/Harrendorf StV 2012, 687).

[174] Fischer, StGB, 64. Aufl. 2017, § 31 Rn. 5; aus der Rspr. vgl. BGH U. v. 22.04.1999 - 4 StR 76/99 - NStZ 1999, 395 = StV 1999, 593 (Anm. Martin JuS 1999, 1134; LL 1999, 653; Baier JA-R 2000, 15; Jäger NStZ 2000, 415; Dey JR 2000, 295).

[175] Joecks, in: MK-StGB, 3. Aufl. 2017, § 31 Rn. 26; aus der Rspr. vgl. BGH B. v. 25.11.1986 - 4 StR 631/86 - StV 1987, 386.

18. Kapitel: Konkurrenzen

▶ **Didaktische Aufsätze:**
- Warda, Grundfragen der strafrechtlichen Konkurrenzlehre, JuS 1964, 81
- Kühl, Das leidige Thema der Konkurrenzen, JA 1978, 475
- Geppert, Grundzüge der Konkurrenzlehre (§§ 52 bis 55 StGB), Jura 1982, 358 und 418
- Tiedemann, Grundzüge der Konkurrenzlehre, JuS 1987, L17
- Mitsch, Konkurrenzen im Strafrecht, JuS 1993, 385
- Geppert, Grundzüge der Konkurrenzlehre (§§ 52 bis 55 StGB), Jura 2000, 598 und 651
- Seher, Zur strafrechtlichen Konkurrenzlehre – Dogmatische Strukturen und Grundfälle, JuS 2004, 392 und 482
- Walter, Zur Lehre von den Konkurrenzen: Die Bedeutung der Konkurrenzen und wie man sie prüft JA 2004, 133
- Steinberg/Bergmann, Über den Umgang mit den „Konkurrenzen" in der Strafrechtsklausur, Jura 2009, 905
- Rückert, Die Lehre von den Konkurrenzen in der Klausurpraxis, JA 2014, 826

A. Grundlagen

Die strafrechtlichen Sachverhalte in Theorie und Praxis zeichnen sich häufig dadurch aus, dass der **Täter mehr als einen Straftatbestand** verwirklicht.

> **Beispiel 471:**
> Der betrunkene B (1,3 Promille BAK) fuhr mit dem Auto zur Bank, wobei er einen Fußgänger anfuhr und diesen achselzuckend zurückließ. Bei der Bank angekommen, zog er sich eine Maske über den Kopf, nahm im Kundenraum eine

Geisel und forderte die Kassiererin auf, Geld herauszugeben, was auch geschah. Auf der Flucht mit einem nun spontan gestohlenen fremden Auto erschoss B den Polizisten G und rammte mehrere andere Fahrzeuge.

Zu diesem Beispiel vgl. nur die §§ 316, 223, 224, 229, 315c, 142, 323c, 249, 250, 253, 255, 239a, 239b, 239, 240, 242, 211, 212, 303, 315b StGB.

In einer Fallbearbeitung gilt es, **alle** ernsthaft in Betracht kommenden Straftatbestände nach Maßgabe bestimmter Aufbaukriterien (insbesondere Chronologie und Deliktsschwere) abzuhandeln. Auch der Strafrechtspraktiker tut dies bei der strafprozessualen Bearbeitung zumindest gedanklich. Natürlich ist es eine Wertungsfrage, wann im Ergebnis nicht erfüllte Tatbestände anzusprechen sind. Hier gilt es, mit gesundem Menschenverstand und Blick auf die zur Verfügung stehenden Ressourcen den mutmaßlichen Willen des Sachverhaltserstellers zu erspüren. Leider haben da unterschiedliche Prüfer durchaus auch verschiedene Auffassungen.

Die Fallbearbeitung endet mit einem **Endergebnis**, welches alle verwirklichten Tatbestände enthält. Es ist üblich, auch zu den sog. **Konkurrenzen**[1] – die Benennung rührt daher, dass die Strafrahmen der verwirklichten Delikte um ihre Anwendung konkurrieren; die Addition aller in Betracht kommenden Strafen überstiege das Maß der Schuld des Täters – Stellung zu nehmen, obwohl diese Fragestellung dem **Sanktionenrecht** und in den Auswirkungen auch dem **Strafprozessrecht** zuzurechnen ist. Die praktische Relevanz der Konkurrenzlehre ist beträchtlich; die traditionelle Abhandlung in der strafrechtlichen Fallbearbeitung dient insofern der Annäherung von universitärem Gutachten und strafprozessual praktischen Erwägungen.

Fragen der Konkurrenzlehre beeinflussen vor allem aber auch die **Technik und Taktik der Fallbearbeitung**.

Dies gilt insbesondere für Überlegungen zur Gesetzeskonkurrenz (s. sogleich): Wenn aus bestimmten Gründen ein Beteiligter nicht wegen bestimmter Tatbestandserfüllungen verurteilt wird, v.a. weil er bestimmte andere, insbesondere schwerere, Tatbestände erfüllt hat, wäre es ein Fehleinsatz der Raum- und Zeitressourcen einer Klausur, den verdrängten Delikten längere Ausführungen zu widmen. Auch bei der Reihenfolge der Deliktsprüfungen wird man Konkurrenzfragen berücksichtigen, z.B. auch bei der Bildung von Tatkomplexen.

Da die Konkurrenzen v.a. am Ende der Fallbearbeitung ausgearbeitet werden und dem Korrektor daher bei der Notenvergabe in besonders frischer Erinnerung sind, können Bearbeiter mit überzeugenden Ausführungen zu den Konkurrenzen den Korrektor, der zwischen zwei Noten schwankt, bisweilen zur Vergabe der höheren Note bewegen.

---

[1] Zu den sog. Konkurrenzen Jescheck ZStW 1955, 529; Geerds DRiZ 1963, 429; Warda JuS 1964, 81; Kühl JA 1978, 475; Geppert Jura 1982, 358 und 418; Tiedemann JuS 1987, L17; Mitsch JuS 1993, 385; Geppert Jura 2000, 598 und 651; Seher JuS 2004, 392 und 482; Walter JA 2004, 133; Erb ZStW 2005, 37; Puppe ZIS 2007, 254; Steinberg/Bergmann Jura 2009, 905; Rückert JA 2014, 826.

Die Konkurrenzen sind **für jeden Beteiligten gesondert** zu prüfen.[2]

Hierbei sind folgende **Überlegungen** anzustellen:

Liegen mehrere Gesetzesverletzungen vor (erste Vorüberlegung)?
Ist dies der Fall, dann schließt sich die Frage an: Liegt ein Fall der Gesetzeskonkurrenz vor (zweite Vorüberlegung)?
Liegt keine Gesetzeskonkurrenz vor, so ist zu erörtern, ob die Gesetzesverletzungen durch dieselbe Handlung i.S.d. § 52 StGB begangen wurden (dann Tateinheit, § 52 StGB) oder durch mehrere Handlungen (dann Tatmehrheit, §§ 53ff. StGB).
Während man die letzte Frage zweckmäßigerweise i.R.d. Endergebnisses erörtert, empfiehlt sich die Behandlung der Vorüberlegungen bereits bei oder nach der Prüfung derjenigen Delikte, bei denen sich derartige Fragen stellen.

Bei alledem wird die Konkurrenzlehre zwar der Materie des Allgemeinen Teils zugerechnet, sie wird aber in großem Maße durch deliktsspezifische Erwägungen geprägt, daher finden sich Ausführungen zu den Konkurrenzen in den Kommentierungen stets auch am Ende der Erörterung des einzelnen Tatbestands.
Da an dieser Stelle detaillierte Kenntnisse der einzelnen Delikte des Besonderen Teils noch nicht vorhanden sind, beschränkt sich das Folgende auf wichtige Grundstrukturen. Hierbei ist auch anzumerken, dass die Terminologie i.R.d. Konkurrenzlehre besonders uneinheitlich gehandhabt wird, dies gilt auch für die Rspr. Das hier gewählte System stellt insofern einen Vorschlag dar.

B. Erste Vorüberlegung: Mehrheit von Gesetzesverletzungen; tatbestandliche Bewertungseinheit (tatbestandliche Handlungseinheit; Erfolgseinheit)

I. Allgemeines

Nimmt der Täter nur eine einzige Körperbewegung vor, die nur einen einzigen Tatbestand erfüllt – z.B. Ausruf eines Schimpfworts gegenüber einem anderen Menschen (Beleidigung gem. § 185 StGB) -, so stellt sich die Frage nach den Konkurrenzen von Anfang an nicht.[3]

Des Weiteren kann es aber sein, dass aufgrund der Besonderheit des jeweiligen Tatbestands nur eine einzige Tatbestandserfüllung anzunehmen ist, obwohl mehrere trennbare Handlungen des Täters oder Merkmalsverwirklichungen vorliegen. Dies wird **tatbestandliche Bewertungseinheit** (auch, aber missverständlich, weil sie

---

[2] Fischer, StGB, 64. Aufl. 2017, vor § 52 Rn. 34; aus der Rspr. vgl. BGH B. v. 14.10.2014 - 3 StR 365/14 - NStZ 2015, 334.
[3] Jäger, in: SK-StGB, 136. Lfg. 2012, vor § 52 Rn. 11.

gerade nicht zur Anwendung von § 52 StGB führt, sondern bereits im Vorfeld der Abgrenzung von §§ 52, 53 StGB relevant wird **tatbestandliche Handlungseinheit**) genannt. Hier wird der Täter nur wegen einmaliger Straftatbegehung verurteilt.

II. Erfüllung mehrerer Tatbestandsvarianten

Dies betrifft zunächst Fälle, in denen der Täter mehrere Tatbestandsvarianten – auch: Qualifikationsvarianten – erfüllt.[4]

Beispiel 472:

BGH B. v. 24.03.1994 – 4 StR 656/93 – NJW 1994, 2034 = NStZ 1994, 394 = StV 1994, 426 (Anm. Geppert JK 1994 StGB § 250/7; von Heintschel-Heinegg JA 1994, 538; von Hippel JR 1995, 125):
B hatte dem Z „fünf Pack Heroingemisch" entwendet. Als Z auf den B mit einem Gummiknüppel eindrang, um ihm das entwendete Heroingemisch wieder abzunehmen, versetzte B ihm mit bedingtem Tötungsvorsatz einen Stich mit einem Messer in den Bauch.

---

§ 252 StGB (Räuberischer Diebstahl)
Wer, bei einem Diebstahl auf frischer Tat betroffen, gegen eine Person Gewalt verübt oder Drohungen mit gegenwärtiger Gefahr für Leib oder Leben anwendet, um sich im Besitz des gestohlenen Gutes zu erhalten, ist gleich einem Räuber zu bestrafen.

---

§ 250 II Nr. 1, 3 StGB (Schwerer Raub)
Auf Freiheitsstrafe nicht unter fünf Jahren ist zu erkennen, wenn der Täter oder ein anderer Beteiligter am Raub
1. bei der Tat eine Waffe oder ein anderes gefährliches Werkzeug verwendet,
[...]
3. eine andere Person
a) bei der Tat körperlich schwer mißhandelt oder
b) durch die Tat in die Gefahr des Todes bringt.

Hier hat B mit dem Messer mindestens ein gefährliches Werkzeug i.S.d. § 250 II Nr. 1 StGB verwendet. Durch den Stich in den Bauch hat er den Z aber auch i.S.d. § 250 II Nr. 3 lit. a StGB körperlich schwer misshandelt.

---

[4] I. E. problematisch, hierzu Puppe, in NK, 4. Aufl. 2013, vor § 52 Rn. 15; Altenhain ZStW 1995, 382.

Zwar sind in einem Gutachten alle in Betracht kommenden Varianten zu prüfen und ggf. kumulativ zu bejahen. Es liegt aber nur ein einziger qualifizierter räuberischer Diebstahl vor. Dass der Täter zugleich mehrere Varianten verwirklicht hat, ist allein für die Strafzumessung relevant.

III. Mehraktige, zusammengesetzte und pauschalierende Delikte

Bestimmte Straftatbestände normieren Tathandlungen und Erfolge, die bereits begrifflich aus einer Mehrzahl von Handlungen bestehen. Wann dies Fall ist, ist im Wege der Auslegung festzustellen und z.T. strittig.

Beispiel 473:

BGH B. v. 19.11.2009 – 3 StR 244/09 – BGHSt 54, 189 = NJW 2010, 1680 = NStZ 2010, 277 = StV 2010, 307 (Anm. Satzger JK 2010 StGB § 238/1; Kudlich JA 2010, 389; Heghmanns ZJS 2010, 269; LL 2010, 247; RA 2010, 154; famos 8/2010; Gazeas NJW 2010, 1684; Mitsch NStZ 2010, 513; Seher JZ 2010, 582; Winkler jurisPR-StrafR 4/2010 Anm. 1; Buß JR 2011, 84):

B lernte im April 2006 die Z kennen und führte mit dieser bis Ende 2007 eine Beziehung. Nach der Trennung kam es wiederholt zu Auseinandersetzungen, da B die Trennung nicht akzeptieren wollte. Es kam zu folgenden einzelnen Vorfällen:

Am 29.03.2008 klingelte er an der Tür des Mehrfamilienhauses, in dem sich die Wohnung der Z befand. Z öffnete das Badezimmerfenster und forderte den B auf zu verschwinden. Dieser kündigte jedoch an, bis zum nächsten Morgen zu warten, um zu sehen, wer aus dem Haus komme; außerdem bedrohte er die Z mit dem Tode und beschimpfte sie als „Nutte" und „Hure".

Am Mittag des 24.04.2008 rief B die Z mehrfach an und erklärte, er werde sie nicht in Ruhe lassen. Am Nachmittag desselben Tages fing er sie auf dem Rückweg von ihrer Arbeit ab, beobachtete in der Folgezeit ihre Wohnung mit einem Fernglas und drohte der Z telefonisch und durch lautes Rufen, er werde ihr ein Messer in den Hals stecken, sie abstechen und umbringen; außerdem bezeichnete er sie als Schlampe.

---

§ 238 I StGB (Nachstellung):
Mit Freiheitsstrafe bis zu drei Jahren oder mit Geldstrafe wird bestraft, wer einer anderen Person in einer Weise unbefugt nachstellt, die geeignet ist, deren Lebensgestaltung schwerwiegend zu beeinträchtigen, indem er beharrlich
1. die räumliche Nähe dieser Person aufsucht,
2. unter Verwendung von Telekommunikationsmitteln oder sonstigen Mitteln der Kommunikation oder über Dritte Kontakt zu dieser Person herzustellen versucht,
3. unter missbräuchlicher Verwendung von personenbezogenen Daten dieser Person
a) Bestellungen von Waren oder Dienstleistungen für sie aufgibt oder
b) Dritte veranlasst, Kontakt mit ihr aufzunehmen, oder

> 4. diese Person mit der Verletzung von Leben, körperlicher Unversehrtheit, Gesundheit oder Freiheit ihrer selbst, eines ihrer Angehörigen oder einer anderen ihr nahestehenden Person bedroht oder
>
> 5. eine andere vergleichbare Handlung vornimmt.

Die Voraussetzung „beharrlich" enthält das Erfordernis wiederholten Handelns, so dass mehrere der in Nr. 1-5 aufgeführten Handlungen dennoch nur zu einer einzigen Verwirklichung des § 238 I StGB führen.[5]

Ähnliches gilt für § 225 StGB.[6]

> **§ 225 I StGB (Mißhandlung von Schutzbefohlenen)**
> Wer eine Person unter achtzehn Jahren oder eine wegen Gebrechlichkeit oder Krankheit wehrlose Person, die
> 1. seiner Fürsorge oder Obhut untersteht,
> 2. seinem Hausstand angehört,
> 3. von dem Fürsorgepflichtigen seiner Gewalt überlassen worden oder
> 4. ihm im Rahmen eines Dienst- oder Arbeitsverhältnisses untergeordnet ist,
> quält oder roh mißhandelt, oder wer durch böswillige Vernachlässigung seiner Pflicht, für sie zu sorgen, sie an der Gesundheit schädigt, wird mit Freiheitsstrafe von sechs Monaten bis zu zehn Jahren bestraft.

Weitere Beispiele finden sich im Staatsschutzstrafrecht (v.a. §§ 94, 98, 99, 109f StGB),[7] bzgl. der Bildung krimineller und terroristischer Vereinigungen (§§ 129, 129a StGB)[8] und im Nebenstrafrecht.

Bei konkreten **Gefährdungsdelikten**, bei denen mehrere Gefahrerfolge auf einer einzigen oder andauernden Handlung beruhen, liegt nur eine einzige Verwirklichung des Tatbestands vor.[9]

---

[5] Fischer, StGB, 64. Aufl. 2017, § 238 Rn. 39.

[6] Fischer, StGB, 64. Aufl. 2017, § 221 Rn. 21; aus der Rspr. vgl. BGH U. v. 30.03.1995 - 4 StR 768/94 - BGHSt 41, 113 = NJW 1995, 2045 = NStZ 1996, 35 = StV 1995, 460 (Anm. Schmidt JuS 1995, 939; Otto JK 1996 StGB § 223b/2; Hirsch NStZ 1996, 37; Wolfslast/Schmeissner JR 1996, 338; Warda FS H. J. Hirsch 1999, 391).

[7] Hierzu Fischer, StGB, 64. Aufl. 2017, § 99 Rn. 10; Paeffgen JR 1999, 89; Lampe/Schneider GA 1999, 105.

[8] Hierzu Fischer, StGB, 64. Aufl. 2017, § 129 Rn. 49; Haberstumpf MDR 1979, 977; aus der Rspr. vgl. BGH B. v. 09.07.2015 - 3 StR 537/14 - BGHSt 60, 308 = NJW 2016, 657 = NStZ 2016, 464 = StV 2016, 499 (Anm. van Lessen NStZ 2016, 446; Gazeas StV 2016, 502; Puppe JZ 2016, 478; El-Ghazi jurisPR-StrafR 4/2016 Anm. 1).

[9] Zu § 315b StGB Fischer, StGB, 64. Aufl. 2017, § 315b Rn. 23; Engelhardt DRiZ 1982, 106; aus der Rspr. vgl. BGH B. v. 12.01.1995 - 4 StR 742/94 - NJW 1995, 1766 (Anm. Geppert JK 1995 StGB § 315b/5; Sowada NZV 1995, 465).

Beispiel 474:

BGH B. v. 23.05.1989 – 4 StR 190/89 – NJW 1989, 2550 (Anm. Hassemer JuS 1990, 66):
B verletzte einen US-Soldaten lebensgefährlich. Auf seiner Flucht fuhr er auch über den Bürgersteig. Hierbei fuhr er gezielt auf zwei Personen zu und setzte seine Fahrt fort, nachdem er eine Person ein Stück auf der Kühlerhaube mitgenommen hatte.

§ 315b I StGB (Gefährliche Eingriffe in den Straßenverkehr)
Wer die Sicherheit des Straßenverkehrs dadurch beeinträchtigt, daß er
1. Anlagen oder Fahrzeuge zerstört, beschädigt oder beseitigt,
2. Hindernisse bereitet oder
3. einen ähnlichen, ebenso gefährlichen Eingriff vornimmt,
und dadurch Leib oder Leben eines anderen Menschen oder fremde Sachen von bedeutendem Wert gefährdet, wird mit Freiheitsstrafe bis zu fünf Jahren oder mit Geldstrafe bestraft.

Auch ein Verkehrsteilnehmer, der sich im Straßenverkehr befindet, kann in den Straßenverkehr eingreifen, wenn er sein Fahrzeug pervertiert, es z.B. wie eine Waffe verwendet. Die konkrete Gefährdung beider Personen geht auf das Fahren mit dem Kraftfahrzeug zurück, weswegen nur eine Verwirklichung des § 315b StGB vorliegt.

Bei echten und unechten **Unterlassungsdelikten** bildet das Unterlassen mehrerer erfolgsabwendender Handlungen, die sich auf denselben Erfolg beziehen, ebenfalls eine tatbestandliche Bewertungseinheit, so dass nur ein einheitliches Unterlassungsdelikt vorliegt.[10]

Gleiches gilt bei einer Mehrheit von Sorgfaltspflichtverletzungen, die zu einem einzigen Erfolg führen.[11]

Überlegungen, bei sog. Massenverbrechen eine einzige Tatbestandsverwirklichung anzunehmen, diskutiert v.a. bzgl. Straftaten zur Zeit des Nationalsozialismus (z.B. Massentötungen), haben sich nicht durchgesetzt.[12]

---

[10] B. Heinrich, AT, 5. Aufl. 2016, Rn. 1422; aus der Rspr. vgl. zuletzt BGH U. v. 22.07.2015 - 2 StR 389/13 - NJW 2016, 419.

[11] Puppe, in: NK, 4. Aufl. 2013, § 52 Rn. 28.

[12] S. Sternberg-Lieben/Bosch, in: Sch/Sch, 29. Aufl. 2014, vor § 52 Rn. 12; aus der Rspr. vgl. BGH U. v. 10.07.1951 - 1 StR 207/51 - NJW 1951, 666.

IV. Aufrechterhaltung eines Dauerdelikts

Hat ein Täter sämtliche Tatbestandsmerkmale eines **Dauerdelikts** verwirklicht, so bleibt es bei der einmaligen Strafgesetzverletzung, auch wenn er sodann weitere Handlungen vornimmt, die dieses Dauerdelikt fortführen oder aufrechterhalten,[13] z.B. §§ 239, 316, 123, 315c StGB; 21 StVG oder Besitzdelikte.

Hierbei sind zwar kurzfristige Unterbrechungen unschädlich, tritt allerdings eine **Zäsur** ein,[14] so wird auch die tatbestandliche Bewertungseinheit unterbrochen und die erneute Begehung des Dauerdelikts begründet eine eigene Strafbarkeit.

Beispiel 475:

BGH U. v. 17.02.1967 – 4 StR 461/66 – BGHSt 21, 203 = NJW 1967, 942 (Anm. Roxin, Höchstrichterliche Rspr. AT, 1998, Nr. 100):
B hatte im Zustand alkoholbedingter absoluter Fahruntüchtigkeit mit seinem Kraftwagen an einem Fußgängerüberweg zwei Menschen angefahren und tödlich verletzt. Als er, noch im Fahren, die schweren Unfallfolgen mindestens hinsichtlich eines Menschen erkannte, fasste er den Entschluss, sich den Feststellungen durch Flucht zu entziehen, und fuhr deshalb ohne Halt weiter.

Der Unfall stellt eine derartige Zäsur dar, so dass zu der ersten Verwirklichung des § 316 StGB (vgl. auch § 315c StGB) aufgrund des Weiterfahrens im alkoholisierten Zustand eine weitere Verwirklichung des § 316 StGB hinzukommt (neben u.a. § 142 StGB).[15]

V. Iterative oder sukzessive Tatbestandserfüllung zu Lasten desselben Rechtsguts(-trägers)

Iterative und sukzessive Tatbestandserfüllungen zu Lasten desselben Rechtsgutsträgers innerhalb einer einzigen zusammenhängenden Tatsituation stellen nach Rspr.[16] und h.L.[17] nur eine einzige Tatbestandserfüllung und mithin eine tatbestandliche Bewertungseinheit dar. Iterative (schrittweise) Tabestandserfüllung ist dabei eine Folge von Einzelakten in engem räumlich-zeitlichem Zusammenhang, mit denen

---

[13] Näher Oske MDR 1965, 532; aus der Rspr. vgl. BGH B. v. 27.05.1998 - 5 StR 717/97 - NStZ-RR 1999, 8 (Anm. Puppe, AT, 3. Aufl. 2016, § 34 Rn. 17ff.).

[14] S. Sternberg-Lieben/Bosch, in: Sch/Sch, 29. Aufl. 2014, vor § 52 Rn. 84ff.

[15] Zur Zäsurwirkung eines Unfalls Sternberg-Lieben/Bosch, in: Sch/Sch, 29. Aufl. 2014, vor § 52 Rn. 85; Krüger NJW 1966, 489; Brückner NZV 1996, 266; aus der Rspr. vgl. zuletzt KG B. v. 30.08.2016 - (3) 161 Ss 146/16 (82/16) - NStZ-RR 2017, 85 (Anm. Weder NZV 2017, 192).

[16] Vgl. zuletzt BGH B. v. 12.10.2016 - 4 StR 78/16 - NStZ-RR 2017, 74.

[17] Vgl. von Heintschel-Heinegg, in: MK-StGB, 3. Aufl. 2017, § 52 Rn. 36ff.

sich der Täter dem tatbestandsmäßigen Erfolg annähert; sukzessive (wiederholte) Tatbestandsverwirklichung ist die wiederholte Verwirklichung des gleichen Tatbestandes in engem räumlich-zeitlichem Zusammenhang.[18]

Beispiel 476:

B gab Z fünf Ohrfeigen direkt hintereinander.

Es liegt nur eine einzige Körperverletzung nach § 223 I StGB vor.

Beispiel 477:

B brach in das Haus des Z ein, nahm zunächst dessen Brieftasche an sich, brach dann dessen Tresor auf und machte sich mit der gesamten Beute davon.

Es liegt nur ein einziger Wohnungseinbruchdiebstahl nach §§ 242 I, 244 I Nr. 3 StGB vor.

Mehrere **Versuche** zu Lasten desselben Rechtsguts(-trägers) bilden eine tatbestandliche Einheit, die erst dann endet, wenn der Täter nicht mehr strafbefreiend zurücktreten kann.[19]

Mehrere **Beihilfehandlungen** zu einer Haupttat, stellen aufgrund der Akzessorietät der Teilnahme nur eine einzige strafbare Beihilfe zu dieser Haupttat dar.[20]

Auch dann, wenn ein Straftatbestand mehrere Tathandlungen umfasst, die dasselbe Rechtsgut gegen Beeinträchtigungen in verschiedenen Stadien schützen, wird z.T. eine tatbestandliche Bewertungseinheit angenommen. So liegt nach Auffassung der Rspr.[21] i.R.d. § 267 I StGB nur eine einzige Verwirklichung des **§ 267 I StGB** vor,[22] wenn der Täter zunächst eine unechte Urkunde herstellt oder eine echte Urkunde verfälscht und diese dann später gebraucht, wenn der Täter bereits in der ersten Phase den späteren Gebrauch ins Auge gefasst hatte.[23]

---

[18] von Heintschel-Heinegg, in: MK-StGB, 3. Aufl. 2017, § 52 Rn. 34.

[19] B. Heinrich, AT, 5. Aufl. 2016, Rn. 1423; aus der Rspr. vgl. BGH U. v. 30.11.1995 - 5 StR 465/95 (Dagobert) - BGHSt 41, 368 = NJW 1996, 936 = NStZ 1996, 429 = StV 1996, 312 (Anm. Hemmer-BGH-Classics Strafrecht, 2003, Nr. 38; Geppert JK 1996 StGB § 52/9; Lesch JA 1996, 629; Beulke/Satzger NStZ 1996, 432; Puppe JR 1996, 513).

[20] Fischer, StGB, 64. Aufl. 2017, vor § 52 Rn. 36; Heghmanns FS Roxin 2011, 867; aus der Rspr. vgl. BGH U. v. 01.08.2000 - 5 StR 624/99 - BGHSt 46, 107 = NJW 2000, 3010 = StV 2000, 492 (Anm. RÜ 2000, 463; RA 2000, 637; famos 11/2000; Kudlich JZ 2000, 1178; Jäger wistra 2000, 344; Otto JK 2001 StGB § 27/15; Lesch JA 2001, 187; Lesch JR 2001, 383).

[21] Vgl. zuletzt BGH B. v. 26.10.2016 - 4 StR 354/16 - NJW 2017, 1045 – NStZ-RR 2017, 26.

[22] Die Lehre geht hingegen z.T. von Gesetzeskonkurrenz (mitbestrafte Vor- oder Nachtat) aus, s. Hoyer, in: SK-StGB, 131. Lfg. 2012, § 267 Rn. 113f.

[23] Ähnliches gilt bzgl. § 146 StGB, Fischer, StGB, 64. Aufl. 2017, § 146 Rn. 22.

VI. Exkurs: Fortgesetzte Handlung und Fortsetzungstat (Fortsetzungszusammenhang) – überholt

Nur knapp erwähnt, da überholt, sei die sog. fortgesetzte Handlung[24]: Nach früherer – i.e. komplexer und stets grundsätzlich und in Details umstrittener – Rspr. konnten mehrere an sich völlig eigenständige Tatbestandsverwirklichungen als eine einzige Gesetzesverletzung – in Gestalt einer fortgesetzten Handlung – angesehen werden, wenn sich die Einzelakte gegen das gleiche Rechtsgut richteten, in der Begehungsweise gleichartig und von einem Gesamtvorsatz getragen waren.[25]

Anwendungsfälle waren insbesondere Sexualstraftaten (v.a. sexueller Missbrauch von Kindern, §§ 176, 176a StGB) und Serienbetrug.

Hierdurch erlangte der Täter eine sanktionenrechtlich recht vorteilhafte Stellung, was zum Vorwurf des „Mengenrabatts" führte. Probleme stellten sich v.a. aber in prozessualer Hinsicht, z.B. begann – zum Nachteil des Täters – die Verjährung der Gesamttat erst mit Beendigung des letzten Teilakts; auch folgte aus dem Fortsetzungszusammenhang ein weit reichender Strafklageverbrauch (Art. 103 III GG). Insbesondere aber drohten die prozessualen Anforderungen an die Konkretisierung des vorgeworfenen Verhaltens in Anklage und Urteil immer weiter ausgehöhlt zu werden.

Im Jahre 1994 hat der große Senat des **BGH** die fortgesetzte Handlung faktisch **aufgegeben.**[26]

Heutige Lösungen[27] können ggf. bei der oben beschriebenen tatbestandlichen Bewertungseinheit ansetzen, ferner bei der natürlichen Handlungseinheit. I.Ü. ist es sanktionenrechtlich durchaus möglich, eine unangemessen hohe Bestrafung des Täters durch die Annahme einer Vielzahl selbständiger Taten dadurch zu verhindern, dass bei Annahme von Tatmehrheit (§§ 53ff. StGB) die sog. Einsatzstrafe nur gering erhöht wird. Die Verjährungsproblematik entschärft sich durch die nach h.M. mögliche strafschärfende Berücksichtigung verjährter Taten. Die Bewältigung der prozessualen Probleme obliegt dem Strafverfahrensrecht.

---

[24] Hierzu Schubath JR 1951, 341; Reinicke NJW 1953, 1004; Roth-Stielow NJW 1955, 450; Hellmer GA 1956, 65; Mann/Mann ZStW 1963, 251; Bringewat ZStW 1972, 585; Honig GS Schröder 1978, 167; Ostendorf DRiZ 1983, 426; Jung JuS 1989, 289; Jähnke GA 1989, 376; Kratzsch JR 1990, 177; Timpe JA 1991, 12; Fischer NStZ 1992, 415; Schumann StV 1992, 392; Foth FS Nirk 1992, 293; Geppert Jura 1993, 649; von Heintschel-Heinegg JA 1993, 136.

[25] Vgl. nur zur Einordnung und Umschreibung Kindhäuser, LPK, 6. Aufl. 2015, vor § 52 Rn. 26.

[26] S. BGH B. v. 03.05.1994 - GSSt 2/93, GSSt 3/93 - BGHSt 40, 138 = NJW 1994, 1663 = NStZ 1994, 383 = StV 1994, 306 (Anm. Hemmer-BGH-Classics Strafrecht, 2003, Nr. 37; von Heintschel-Heinegg JA 1994, 272 und 586; Schmidt JuS 1994, 1076; Hamm NJW 1994, 1636; Geisler Jura 1995, 74; Zschockel JA 1997, 411).

[27] Ausf. Fischer, StGB, 64. Aufl. 2017, vor § 52 Rn. 51ff.; Zschockelt NStZ 1994, 361; Arzt JZ 1994, 1000; Ruppert MDR 1994, 973; Zschockelt DRiZ 1994, 250; Bittmann/Dreier NStZ 1995, 105; Zschockelt NStZ 1995, 109; Tenter DRiZ 1995, 306; Erb GA 1995, 430; Geppert NStZ 1996, 57 und 118; Zschockelt StraFo 1996, 131; Zieschang GA 1997, 457; Körner StV 1998, 626; Gubitz JR 1998, 491; Rissing-van Saan FS 50 Jahre BGH 2000, 475.

C. Zweite Vorüberlegung: Gesetzeseinheit (-konkurrenz, unechte, scheinbare Konkurrenz)

▶ **Didaktische Aufsätze:**
- Seier, Die Gesetzeseinheit und ihre Rechtsfolgen, Jura 1983, 225
- Mitsch, Gesetzeseinheit im Strafrecht, JuS 1993, 471
- Fahl, Zur Gesetzeskonkurrenz im Strafrecht, JA 1995, 654
- Walter, Zur Lehre von den Konkurrenzen: die Gesetzeskonkurrenz, JA 2005, 468
- Puppe, Was ist Gesetzeskonkurrenz?, JuS 2016, 961

I. Allgemeines

Gelangt man zu dem Ergebnis, dass der Täter mehrere Strafgesetze verletzt hat, so bedeutet dies noch nicht, dass die §§ 52, 53ff. StGB anzuwenden sind.

Anerkanntermaßen besteht – in der Prüfung vorgelagert – die Möglichkeit, dass ein Strafgesetz von einem anderen dergestalt **verdrängt** wird, dass es hinter dieses (oder diesem, beide sprachlichen Fassungen werden verwendet) **zurücktritt** und daher im **Endergebnis** und im Strafurteil **nicht** mehr auftaucht. Dieses Verhältnis bestimmter Delikte zueinander wird Gesetzeseinheit (Gesetzeskonkurrenz, unechte, scheinbare Konkurrenz) genannt.[28]

Von praktischer Bedeutung können die verdrängten Delikte bei der **Strafzumessung** sein,[29] was im sanktionenrechtlichen Ergebnis zu einer starken Annäherung von Gesetzeskonkurrenz und Tateinheit führt, zumal das verdrängte Gesetz Nebenstrafen, Nebenfolgen und Maßnahmen auslösen kann.[30]

Eine aufgrund Gesetzeskonkurrenz verdrängte Tat bleibt **teilnahmefähig** i.S.d. §§ 26, 27 StGB, da die Gesetzeskonkurrenz nichts an der tatbestandsmäßigen und rechtswidrigen Begehung ändert.[31] Von Bedeutung ist dies z.B. bei Haupttäterexzessen.

Sie bleibt auch relevant für sog. Anschlussdelikte (§§ 257ff. StGB).[32]

---

[28] Zur Gesetzeskonkurrenz Klug ZStW 1956, 399; Vogler FS Bockelmann 1979, 715; Seier Jura 1983, 225; Mitsch JuS 1993, 471; Fahl JA 1995, 654; Walter JA 2005, 468; Puppe JuS 2016, 961.

[29] I.E. wegen § 46 III StGB problematisch; ferner Rechtsgedanke des § 52 II StGB; ggf. aber Sperrwirkung der Privilegierung); vgl. Puppe, in: NK, 4. Aufl. 2013, vor § 52 Rn. 49ff.

[30] Puppe, in: NK, 4. Aufl. 2013, vor § 52 Rn. 7a, 51.

[31] Aus der Rspr. vgl. BGH U. v. 06.12.1994 – 5 StR 305/94 – BGHSt 40, 374 = NJW 1995, 1166 = NStZ 1995, 203 = StV 1995, 60 (Anm. Bohnert NStZ 1995, 460).

[32] S. Ruhmannseder, in: BeckOK-StGB, Stand 01.12.2016, § 259 Rn. 8; aus der Rspr. vgl. BGH U. v. 23.04.1969 – 3 StR 51/69 – NJW 1969, 1260.

Fragen der Gesetzeskonkurrenz prägen die Anlage einer Fallbearbeitung: Ausführungen zu im Ergebnis verdrängten Delikten sollten i.d.R., wenn sie nicht ganz weggelassen werden, kurz gehalten werden. Auch sollten diese Delikte eher am Ende einer Fallbearbeitung geprüft werden. Ggf. kann und sollte eine Problematik, die den Tatbestand oder die Rechtswidrigkeit eines zurücktretenden Delikts betrifft, offen gelassen werden, wenn dieses Delikt ohnehin aufgrund Gesetzeskonkurrenz verdrängt wird.

Die Gesetzeskonkurrenz sollte daher nicht erst im Endergebnis thematisiert werden, sondern bereits bei der Prüfung des verdrängten Delikts; in evidenten Fällen genügt die Feststellung, dass das Delikt ohnehin kraft Gesetzeskonkurrenz zurücktritt (z.B. bei ausdrücklicher Subsidiarität).

Der **Grund** für die Annahme einer Gesetzeskonkurrenz – statt Tateinheit oder Tatmehrheit nach §§ 52, 53ff. StGB – liegt i.d.R. darin, dass es einer zusätzlichen Verurteilung wegen des verdrängten Delikts nicht bedarf, da der **Unrechtsgehalt** der Tat **bereits** vollständig oder doch normativ **hinreichend** durch die Verurteilung wegen des verdrängenden Delikts **erfasst** wird.[33]

Enthält ein Delikt wenigstens eine Tatsache, die der andere Tatbestand nicht erfasst, so ist an sich eine Gesetzeskonkurrenz ausgeschlossen, damit das Urteil auch diese Tatsache erfassen kann; hiervon wird allerdings von der h.M. immer wieder abgewichen – letztlich aus Gründen der Übersichtlichkeit des Tenors, der von relativen Bagatellen bereinigt werden soll; in diesen Fällen ist die Ablehnung einer Gesetzeskonkurrenz aus Klarstellungsgründen allerdings stets vertretbar.

In Einzelfällen liegt die Annahme von Gesetzeskonkurrenz auch daran, dass bei Anwendung des verdrängten Tatbestands die Erreichung eines rechtserheblichen Zwecks der Anwendung des verdrängenden Tatbestands vereitelt würde; dies betrifft v.a. eine Sperrwirkung[34] der Privilegierung (z.B. die Sperrwirkung des § 216 StGB ggü. § 211 StGB[35]).

Liegt das verdrängende Delikt nicht vor (z.B. aufgrund eines Rücktritts nach § 24 StGB), so bleibt die Bestrafung aus einem an sich verdrängten, aber nun **wiederauflebenden** Delikt möglich, falls nicht auch insofern eine Sperrwirkung der Privilegierung anzunehmen ist.[36] Dies gilt auch dann, wenn das verdrängende Delikt aus prozessualen Gründen nicht geahndet werden kann.[37]

Man unterscheidet üblicherweise drei **Arten** der Gesetzeskonkurrenz: Spezialität, Subsidiarität und Konsumtion.

---

[33] B. Heinrich, AT, 5. Aufl. 2016, Rn. 1434.

[34] Näher Küpper GS Meurer 2002, 123.

[35] S. Joecks, StGB, 11. Aufl. 2014, § 216 Rn. 25.

[36] I.E. problematisch, hierzu von Heintschel-Heinegg, in: MK-StGB, 3. Aufl. 2017, Rn. 66ff.

[37] Zum Wiederaufleben, wenn die „Haupttat" verjährt ist, vgl. aus der Rspr. BGH B. v. 13.11.2008 - 5 StR 344/08 - NStZ 2009, 203 (Anm. Geppert JK 2009 StGB § 52/14).

II. Spezialität

Die Spezialität (*lex specialis derogat legi generali*) umschreibt ein logisches Einschlussverhältnis.[38] Enthält ein Tatbestand einen anderen vollständig und normiert lediglich weitere Voraussetzungen, so findet nur der umfassendere Tatbestand Anwendung.

Dies betrifft v.a. **Qualifikationen** und **Privilegierungen** im Verhältnis zum Grundtatbestand, z.B. verdrängt § 224 StGB als Qualifikation die Strafbarkeit aus § 223 StGB, § 216 StGB verdrängt die §§ 211, 212 StGB als Privilegierung.

> **Beispiel 478:**
> B erschlug Z mit einem Hammer.

> **Beispiel 479:**
> B tötete G auf dessen ernstliches Verlangen hin.

Bisweilen ist hierbei das Verhältnis von Tatbeständen zueinander umstritten, s. z.B. §§ 211ff. StGB, 249/255 StGB; § 113 StGB.

Umstritten ist auch, ob Regelbeispielsmerkmale ebenfalls verdrängende Wirkung haben.[39] Hiergegen spricht ihr Charakter als bloße Strafzumessungsregeln ohne Tatbestandscharakter.

Klarzustellen ist, dass die nur versuchte Qualifikation das vollendete Grunddelikt nicht verdrängt, da das Ergebnis zum Ausdruck bringen muss, dass es zu einer tatsächlichen und nicht nur versuchten Rechtsgutsverletzung gekommen ist.[40] Vergleichbares gilt bei Verschiedenheit der Beteiligungsformen.

Auch dann, wenn ein Tatbestand keine Qualifikation, sondern eine *lex sui generis* ist, kann Spezialität vorliegen: Z.B. enthält der (vollendete) Raub gem. § 249 StGB vollständig die Elemente der Nötigung gem. § 240 StGB und des Diebstahls gem. § 242 StGB.[41]

---

[38] B. Heinrich, AT, 5. Aufl. 2016, Rn. 1437.

[39] Hierzu bzgl. § 243 StGB Eisele, BT II, 4. Aufl. 2017, Rn. 166f.

[40] Sternberg-Lieben/Bosch, in: Sch/Sch, 29. Aufl. 2014, vor § 52 Rn. 106; aus der Rspr. vgl. BGH B. v. 26.02.2010 - 2 StR 510/09 - NStZ-RR 2010, 170.

[41] Sternberg-Lieben/Bosch, in: Sch/Sch, 29. Aufl. 2014, vor § 52 Rn. 105; aus der Rspr. vgl. BGH B. v. 30.03.2005 - NStZ-RR 2005, 202.

Ferner enthalten Erfolgsqualifikationen das entsprechende Fahrlässigkeitsdelikt im
Hinblick auf die schwere Folge (z.B. §§ 227, 251 StGB gegenüber § 222 StGB).[42]

III. Subsidiarität

Von Subsidiarität spricht man dann, wenn nach dem ausdrücklichen oder still-
schweigenden Willen des Gesetzgebers ein Tatbestand nur hilfsweise greifen soll,
wenn ein anderer nicht greift (Auffang-, Lückenbüßerfunktion).[43]

1. Ausdrückliche (formelle) Subsidiarität

Ausdrücklich ordnet der Gesetzgeber die Subsidiarität z.B. an in den §§ 107b I,
109e V, 125 I, 145 II, 145d, 183a, 202 I, 218b I 1, 246, 248b, 265, 265a, 316 StGB,
wobei er die Subsidiarität z.T. nur gegenüber bestimmten Delikten normiert.

> **§ 145d I StGB (Vortäuschen einer Straftat)**
> Wer wider besseres Wissen einer Behörde oder einer zur Entgegennahme von Anzei-
> gen zuständigen Stelle vortäuscht,
> 1. daß eine rechtswidrige Tat begangen worden sei oder
> 2. daß die Verwirklichung einer der in § 126 Abs. 1 genannten rechtswidrigen Taten
> bevorstehe,
> wird mit Freiheitsstrafe bis zu drei Jahren oder mit Geldstrafe bestraft, wenn die Tat
> nicht in § 164, § 258 oder § 258a mit Strafe bedroht ist.

> **§ 246 I StGB (Unterschlagung)**
> Wer eine fremde bewegliche Sache sich oder einem Dritten rechtswidrig zueignet,
> wird mit Freiheitsstrafe bis zu drei Jahren oder mit Geldstrafe bestraft, wenn die Tat
> nicht in anderen Vorschriften mit schwererer Strafe bedroht ist.

> **§ 248b I StGB (Unbefugter Gebrauch eines Fahrzeugs)**
> Wer ein Kraftfahrzeug oder ein Fahrrad gegen den Willen des Berechtigten in Gebrauch
> nimmt, wird mit Freiheitsstrafe bis zu drei Jahren oder mit Geldstrafe bestraft, wenn
> die Tat nicht in anderen Vorschriften mit schwererer Strafe bedroht ist.

---

[42] Sternberg-Lieben/Bosch, in: Sch/Sch, 29. Aufl. 2014, vor § 52 Rn. 105; näher Widmann MDR
1966, 554; Hruschka GA 1967, 42; aus der Rspr. vgl. BGH U. v. 21.09.1965 - 1 StR 269/65 -
BGHSt 20, 269 = NJW 1965, 2411 (Anm. Fuchs NJW 1966, 868).

[43] Zur Subsidiarität B. Heinrich, AT, 5. Aufl. 2016, Rn. 1438ff.

§ 265 I StGB (Versicherungsmißbrauch)
Wer eine gegen Untergang, Beschädigung, Beeinträchtigung der Brauchbarkeit, Verlust oder Diebstahl versicherte Sache beschädigt, zerstört, in ihrer Brauchbarkeit beeinträchtigt, beiseite schafft oder einem anderen überläßt, um sich oder einem Dritten Leistungen aus der Versicherung zu verschaffen, wird mit Freiheitsstrafe bis zu drei Jahren oder mit Geldstrafe bestraft, wenn die Tat nicht in § 263 mit Strafe bedroht ist.

§ 265a I StGB (Erschleichen von Leistungen)
Wer die Leistung eines Automaten oder eines öffentlichen Zwecken dienenden Telekommunikationsnetzes, die Beförderung durch ein Verkehrsmittel oder den Zutritt zu einer Veranstaltung oder einer Einrichtung in der Absicht erschleicht, das Entgelt nicht zu entrichten, wird mit Freiheitsstrafe bis zu einem Jahr oder mit Geldstrafe bestraft, wenn die Tat nicht in anderen Vorschriften mit schwererer Strafe bedroht ist.

§ 316 I StGB (Trunkenheit im Verkehr)
Wer im Verkehr (§§ 315 bis 315d) ein Fahrzeug führt, obwohl er infolge des Genusses alkoholischer Getränke oder anderer berauschender Mittel nicht in der Lage ist, das Fahrzeug sicher zu führen, wird mit Freiheitsstrafe bis zu einem Jahr oder mit Geldstrafe bestraft, wenn die Tat nicht in § 315a oder § 315c mit Strafe bedroht ist.

Zu beachten ist, dass die ausdrückliche Subsidiarität nur bzgl. **gleichzeitig** vorgenommenen Tathandlungen greift.

Ob die ausdrückliche Subsidiarität auch gegenüber Versuch und Teilnahme gilt, ist bzgl. einzelner Tatbestände strittig.[44] Um klarzustellen, dass es zu einer (täterschaftlichen) Vollendung eines eigentlich subsidiären Delikts gekommen ist, kann die Nichtanwendung der Subsidiarität naheliegen.

Ebenso strittig ist bei einzelnen Tatbeständen mit umfassend angeordneter Subsidiarität, ob diese nur bzgl. Delikten mit gleicher Angriffsrichtung gilt (**Rechtsgutsbezug**) oder auch gegenüber gänzlich anderen Delikten.[45] Während der Wortlaut für Letzteres streitet, spricht die Teleologie der Subsidiarität für Ersteres.

---

[44] S. zu § 246 StGB Rengier, BT I, 19. Aufl. 2017, § 2 Rn. 12; Hohmann, in: MK-StGB, 2. Aufl. 2012, § 246 Rn. 60; Jäger JuS 2000, 1167 (1171).

[45] Insbesondere bei § 246 StGB; hierzu. Joecks, StGB, 11. Aufl. 2014, § 246 Rn. 38; aus der Rspr. vgl. BGH U. v. 06.02.2002 - 1 StR 513/01 - BGHSt 47, 243 = NJW 2002, 2188 = NStZ 2002, 480 = StV 2002, 485 (Anm. Puppe, AT, 3. Aufl. 2016, § 34 Rn. 21ff.; Geppert JK 2002 StGB § 246/13; LL 2002, 686; RÜ 2002, 318; RA 2002, 353; Duttge/Sotelsek NJW 2002, 3756; Hoyer JR 2002, 517; Küpper JZ 2002, 1114; Cantzler/Zauner Jura 2003, 483; Heghmanns JuS 2003, 954; Otto NStZ 2003, 87; Freund/Putz NStZ 2003, 242; Ernst/Charchulla DRiZ 2003, 238).

2. Stillschweigende (materielle) Subsidiarität

Stillschweigende Subsidiarität ergibt sich aus einer geringeren Intensität des Rechtsgutsangriffs.[46]

a) Geringeres Verwirklichungsstadium

Eine **Deliktsvollendung** verdrängt vorgelagerte,[47] auf das gleiche Ziel gerichtete **Versuche** bzgl. desselben Tatbestands.[48]

In einer Fallbearbeitung ist insofern von einer streng chronologischen Prüfung abzuweichen. Bei Bejahung einer Vollendungsstrafbarkeit wird die Prüfung vorheriger Versuche oft auch ganz entbehrlich sein.

b) Durchgangsdelikt

Da in jeder **Tötung** zugleich eine **Körperverletzung** enthalten ist,[49] verdrängt das Tötungsdelikt das entsprechende Körperverletzungsdelikt.[50] Dies gilt natürlich nur bei jeweiliger Vollendung, sonst ist eine Klarstellung des Körperverletzungserfolgs geboten.

Ein weiteres Beispiel für ein Durchgangsdelikt ist die **Bedrohung** nach § 241 StGB im Verhältnis zur **Nötigung** nach § 240 StGB.[51]

> **§ 241 StGB (Bedrohung)**
> (1) Wer einen Menschen mit der Begehung eines gegen ihn oder eine ihm nahestehende Person gerichteten Verbrechens bedroht, wird mit Freiheitsstrafe bis zu einem Jahr oder mit Geldstrafe bestraft.
> (2) Ebenso wird bestraft, wer wider besseres Wissen einem Menschen vortäuscht, daß die Verwirklichung eines gegen ihn oder eine ihm nahestehende Person gerichteten Verbrechens bevorstehe.

---

[46] B. Heinrich, AT, 5. Aufl. 2016, Rn. 1440.

[47] Insofern ließe sich auch von mitbestraften Vortaten sprechen.

[48] Kindhäuser, LPK, 6. Aufl. 2015, vor § 52 Rn. 33; aus der Rspr. vgl. BGH B. v. 12.02.2008 - 4 StR 623/07 - NJW 2008, 1394 = NStZ 2008, 281 = StV 2008, 250 (Anm. Geppert JK 2008 StGB § 263a/15; von Heintschel-Heinegg JA 2008, 660; RÜ 2008, 311; RA 2008, 312).

[49] Denkbar ist daher auch die Annahme von Spezialität, so von Heintschel-Heinegg, in: MK-StGB, 3. Aufl. 2017, vor § 52f. Rn. 36.

[50] Näher Welzel FS von Weber 1963, 242; aus der Rspr. vgl. BGH U. v. 24.09.1998 - 4 StR 272/98 - BGHSt 44, 196 = NJW 1999, 69 = NStZ 1999, 30 = StV 1999, 149 und 422 (Anm. Kühl, Höchstrichterliche Rspr. BT, 2002, Nr. 24; Hemmer-BGH-Classics Strafrecht, 2003, Nr. 39; Geppert JK 1999 StGB § 212/4; Kudlich JA 1999, 452; Martin JuS 1999, 298; LL 1999, 175; Satzger JR 1999, 203).

[51] I.E. strittig, s. Joecks, StGB, 11. Aufl. 2014, § 241 Rn. 8; aus der Rspr. vgl. BGH B. v. 08.11.2005 - 1 StR 455/05 - NStZ 2006, 342 (Anm. Satzger JK 2006 StGB § 52/12).

> **§ 240 I, II StGB (Nötigung)**
> (1) Wer einen Menschen rechtswidrig mit Gewalt oder durch Drohung mit einem empfindlichen Übel zu einer Handlung, Duldung oder Unterlassung nötigt, wird mit Freiheitsstrafe bis zu drei Jahren oder mit Geldstrafe bestraft.
> (2) Rechtswidrig ist die Tat, wenn die Anwendung der Gewalt oder die Androhung des Übels zu dem angestrebten Zweck als verwerflich anzusehen ist.

c) Gefährdungsdelikt gegenüber Verletzungsdelikt

Ein – vollendetes, sonst ist Klarstellung geboten[52] – Verletzungsdelikt (z.B. § 212 StGB) verdrängt das auf den gleichen Erfolg ausgerichtete Gefährdungsdelikt (z.B. § 221 StGB).[53]

> **§ 221 I StGB (Aussetzung):**
> Wer einen Menschen
> 1. in eine hilflose Lage versetzt oder
> 2. in einer hilflosen Lage im Stich läßt, obwohl er ihn in seiner Obhut hat oder ihm sonst beizustehen verpflichtet ist,
> und ihn dadurch der Gefahr des Todes oder einer schweren Gesundheitsschädigung aussetzt, wird mit Freiheitsstrafe von drei Monaten bis zu fünf Jahren bestraft.

Dies gilt aber nur dann, wenn das Gefährdungsdelikt kein über das Verletzungsdelikt hinausreichendes **Kollektivrechtsgut** schützt,[54] was z.B. für § 231 StGB[55] diskutiert wird.

---

[52] Sternberg-Lieben/Bosch, in: Sch/Sch, 29. Aufl. 2014, vor § 52 Rn. 114; Maatz NStZ 1995, 209; aus der Rspr. vgl. BGH B. v. 31.08.2004 - 1 StR 347/04 - NStZ-RR 2004, 367 = StV 2005, 88 (Anm. Kudlich JuS 2005, 276; Geppert JK 2005 StGB § 306c/1; Wolff JR 2005, 128).

[53] Kindhäuser, LPK, 6. Aufl. 2015, vor § 52 Rn. 33; aus der Rspr. vgl. BGH U. v. 24.10.1995 - 1 StR 465/95 - NStZ-RR 1996, 131 = StV 1996, 131 (Anm. Otto JK 1996 StGB § 221/4; Stein JR 1999, 265); BGH B. v. 19.10.2011 - 1 StR 233/11 - BGHSt 57, 28 = NJW 2012, 546 = NStZ 2012, 210 = StV 2013, 24 (Anm. Bosch JK 2012 StGB § 221 Nr. 1, 2/7; Jäger JA 2012, 154; Theile ZJS 2012, 389; famos 4/2012; Freund/Timm HRRS 2012, 223; Krüger/Wengenroth NStZ 2013, 102; Momsen StV 2013, 54); BGH B. v. 27.09.2016 - 4 StR 391/16 - NStZ 2017, 90 (Anm. Bosch Jura 2017, 492; Bock NStZ 2017, 91).

[54] Z.B. zu § 265b StGB im Verhältnis zu § 263 StGB Fischer, StGB, 64. Aufl. 2017, § 265b Rn. 3; aus der Rspr. vgl. BGH B. v. 21.02.1989 - 4 StR 643/88 - BGHSt 36, 130 = NJW 1989, 1868 = NStZ 1989, 267 = StV 1989, 304 (Anm. Kindhäuser JR 1990, 520).

[55] S. Stree/Sternberg-Lieben, in: Schönke/Schröder, StGB, 29. Aufl. 2014, § 231 Rn. 13.

> **§ 231 StGB (Beteiligung an einer Schlägerei)**
> (1) Wer sich an einer Schlägerei oder an einem von mehreren verübten Angriff beteiligt, wird schon wegen dieser Beteiligung mit Freiheitsstrafe bis zu drei Jahren oder mit Geldstrafe bestraft, wenn durch die Schlägerei oder den Angriff der Tod eines Menschen oder eine schwere Körperverletzung (§ 226) verursacht worden ist.
> (2) Nach Absatz 1 ist nicht strafbar, wer an der Schlägerei oder dem Angriff beteiligt war, ohne daß ihm dies vorzuwerfen ist.

d) Fahrlässigkeitsdelikt gegenüber Vorsatzdelikt

Verursacht der Täter einen Erfolg sowohl vorsätzlich als auch fahrlässig, so verdrängt eine Strafbarkeit wegen des vollendeten Vorsatzdelikts die aus einem entsprechenden Fahrlässigkeitsdelikt.[56]

e) Unterlassungsdelikt gegenüber Begehungsdelikt

Vergleichbares gilt bzgl. einer Erfolgsherbeiführung durch Begehen und Unterlassen.[57]

Beispiel 480:

B stach G nieder und fuhr nach Hause, ohne sich um ihn weiter zu kümmern.

Anders kann dies allerdings insbesondere dann sein, wenn das Unterlassungsdelikt qualifiziert ist (vgl. §§ 212 I, 211, 13 StGB: Verdeckungsmord durch Unterlassen).

f) Leichtere Beteiligungsform gegenüber schwererer

Ein Stufenverhältnis gilt auch für die verschiedenen Beteiligungsformen nach §§ 25, 26, 27, 30 StGB in eben dieser Reihenfolge[58]: Die leichtere Beteiligungsform bzgl. des gleichen Delikts bzw. Rechtsguts wird von der schwereren als subsidiär[59] verdrängt.

---

[56] Kindhäuser, LPK, 6. Aufl. 2015, vor § 52 Rn. 33; näher Fuchs GA 1964, 65; Widmann MDR 1966, 554; Mylonopoulos ZStW 1987, 685; Herzberg FG 50 Jahre BGH IV 2000, 51; aus der Rspr. vgl. BGH U. v. 30.03.1993 - 5 StR 720/92 (Zwei Schüsse) - BGHSt 39, 195 = NJW 1993, 1723 = NStZ 1993, 386 = StV 1993, 470 (Anm. Otto JK 1993 StGB vor § 13/2; Rogall JZ 1993, 1066; Toepel JuS 1994, 1009; Murmann/Rath NStZ 1994, 215; Wolter JR 1994, 468).

[57] Kindhäuser, LPK, 6. Aufl. 2015, vor § 52 Rn. 33; aus der Rspr. vgl. BGH B. v. 21.07.2015 - 3 StR 261/15 - StV 2016, 431

[58] Kindhäuser, LPK, 6. Aufl. 2015, vor § 52 Rn. 33; aus der Rspr. vgl. BGH U. v. 07.09.1993 - 1 StR 325/93 - NStZ 1994, 29 = StV 1994, 16 (Anm. Otto JK 1994 StGB § 25 II/8).

[59] Soweit Teilnahmehandlungen im Vorfeld einer täterschaftlichen Begehung erbracht werden, lässt sich auch der Gedanke der mitbestraften Vortat fruchtbar machen, s. sogleich.

IV. Konsumtion

1. Allgemeines

Konsumtion liegt vor, wenn bei Begehung eines (des konsumierenden) Delikts ein anderes (konsumiertes) Delikt zwar nicht notwendigerweise (dann griffe Spezialität), aber **typischerweise** ebenfalls verwirklicht wird und dem mitverwirklichten Delikt kein eigenes Gewicht zukommt.[60] Es handelt sich um eine normative Ausscheidung, die vielfache Kontroversen birgt.
Rechtsgutsverschiedenheit steht nicht zwingend entgegen.

Je nach zeitlichem Verhältnis beider Delikte spricht man von einer mitbestraften Begleittat, Vortat oder Nachtat.

Ein prozessuales Äquivalent enthalten die §§ 154, 154a StPO.

> **§ 154 I Nr. 1 StPO (Teileinstellung bei mehreren Taten)**
> Die Staatsanwaltschaft kann von der Verfolgung einer Tat absehen,

> **§ 154a I Nr. 1 S. 1 StPO (Beschränkung der Verfolgung)**
> Fallen einzelne abtrennbare Teile einer Tat oder einzelne von mehreren Gesetzesverletzungen, die durch dieselbe Tat begangen worden sind,
> […]
> nicht beträchtlich ins Gewicht, so kann die Verfolgung auf die übrigen Teile der Tat oder die übrigen Gesetzesverletzungen beschränkt werden.

Es ist allerdings darauf hinzuweisen, dass bzgl. jedes diskutierten Anwendungsfalls der Konsumtion die Ablehnung der Gesetzeskonkurrenz vertretbar ist, wobei stets mit der **Klarstellungsfunktion** einer kumulativen Verurteilung argumentiert werden kann.
Oft kann auch bereits die Typizität einer Mitverwirklichung bezweifelt werden, handelt es sich doch nicht selten eher um eine gefühlsmäßige Wertung als um eine empirisch-kriminologisch belastbare Aussage.

2. Bei Gleichzeitigkeit: Mitbestrafte Begleittat

Eine mitbestrafte Begleittat kommt dann in Betracht, wenn die Verwirklichung eines Straftatbestands den Unrechtsgehalt einer zugleich mitverwirklichten

---

[60] Näher von Heintschel-Heinegg FS Jakobs 2007, 131.

Tatbestandserfüllung so aufzehrt, dass eine Verurteilung wegen beider Delikte entbehrlich erscheint.[61]

Beispiel 481:

B brach in das Haus des Z ein, um dort Geld zu stehlen. Hierbei beschädigte er die Eingangstür.

§§ 242, 244 I Nr. 3 StGB verdrängen § 303 StGB.

Beispiel 482:

B erschoss G und ruinierte dabei dessen Hemd.

§ 212 I StGB verdrängt nach h.M. § 303 StGB.[62] Da allerdings zwei völlig verschiedene Rechtsgüter verletzt werden (Leben und Eigentum), wäre an sich eine klarstellende tateinheitliche Verurteilung geboten,[63] was in einer Fallbearbeitung dazu führen würde, dass bei lebensnaher Auslegung vieler Sachverhalte mit Tötungshandlungen zugleich § 303 StGB zu bejahen wäre. Die Annahme einer mitbestraften Begleittat entspricht insofern eher einer Annäherung an die Praxis, die einer Sachbeschädigung in diesen Fällen kaum Beachtung schenken wird.

3. Bei Vor- oder Nachzeitigkeit: Mitbestrafte Vor- oder Nachtat

a) Mitbestrafte Vortat

Mitbestrafte Vortaten sind solche, die gegenüber dem Unrechtsgehalt einer später begangenen Tat ihr eigenes Gewicht verlieren.[64]

Zum vorrangig zu prüfenden Fall einer materiellen Subsidiarität (v.a. geringeres Verwirklichungsstadium, Durchgangsdelikt oder leichtere Beteiligungsform) s.o.

Beispiel 483:

BGH B. v. 30.01.2001 – 1 StR 512/00 – NJW 2001, 1508 = NStZ 2001, 316 = StV 2001, 403 (Anm. Otto JK 2001 StGB § 263a/12; Fad JA-R 2001, 110; Martin JuS 2001, 718; LL 2001, 485; RÜ 2001, 173; RA 2001, 304; famos 5/2001; Wohlers NStZ 2001, 539):

---

[61] Krey/Esser, AT, 6. Aufl. 2016, Rn. 1391; aus der Rspr. vgl. BGH U. v. 07.08.2001 - 1 StR 470/00 - NJW 2002, 150 = NStZ 2001, 642 = StV 2001, 673 (Anm. RÜ 2001, 554; famos 11/2001; Geppert JK 2002 StGB § 243/5; Fahl JA 2002, 541; Martin JuS 2002, 197; Rengier JuS 2002, 850; LL 2002, 100; RA 2002, 36; Kargl/Rüdiger NStZ 2002, 202; Sternberg-Lieben JZ 2002, 514).

[62] Vgl. Steinberg/Bergmann Jura 2009, 905 (909); krit. aber Kühl, AT, 8. Aufl. 2017, § 21 Rn. 61.

[63] Kühl, AT, 8. Aufl. 2017, § 21 Rn. 61.

[64] Kindhäuser, LPK, 6. Aufl. 2015, vor § 52 Rn. 36.

B entwendete vier Spindschlüssel des Thermariums in Bad S. Er bearbeitete diese, so dass sie zu einer Vielzahl von Spindschlössern passten. Mit den Schlüsseln öffnete er sodann im Thermarium Spinde und entnahm diesen in mehreren Fällen, von denen zwei als Diebstahl abgeurteilt sind, die Scheckkarte des Badegasts; zugleich verschaffte er sich Kenntnis von der zugehörigen persönlichen Geheimzahl (PIN), die der Karteninhaber auf einem Zettel oder auf einer Visitenkarte vermerkt hatte. Die in einem Falle als Telefonnummer „getarnt" notierte Geheimzahl entschlüsselte er. Mit diesen Scheckkarten tätigte er in der Folge an Geldautomaten in Süddeutschland und in Frankreich mehrere Abhebungen.

Eigentliches Ziel aller Handlungen des B war es, an Geldautomaten Geld abzuheben. Daher erscheint es zutreffend, die vorherigen Diebstähle an den Schlüsseln und wohl auch die an den Scheckkarten als mitbestrafte Vortaten des späteren Computerbetrugs anzusehen.[65]

b) Mitbestrafte Nachtat

Mitbestrafte Nachtaten sind solche, denen gegenüber dem Unrechtsgehalt einer vorher begangenen Tat kein eigenes Gewicht zukommt.[66]

Dies sind insbesondere Taten, die der **Nutzung** (inkl. Beschädigung) oder **Sicherung** einer sich zuvor verschafften Sache dienen.[67]

Beispiel 484:

B stahl ein Auto, benutzte es dann ein Jahr lang und verkaufte es hiernach an den eingeweihten Z.

Die Unterschlagung nach § 246 StGB, die in der Benutzung und in dem Weiterverkauf liegen könnte – es ist aber schon strittig, ob eine solche sog. Zweitzueignung überhaupt tatbestandsmäßig ist –, ist jedenfalls bloß mitbestrafte Nachtat gegenüber dem vorherigen Diebstahl nach § 242 I StGB.

---

[65] I.E. problematisch, s. Sternberg-Lieben/Bosch, in: Sch/Sch, 29. Aufl. 2014, vor § 52 Rn. 128.

[66] Kindhäuser, LPK, 6. Aufl. 2015, vor § 52 Rn. 37; Baumann MDR 1959, 10; aus der Rspr. vgl. zuletzt BGH B. v. 16.08.2016 - 4 StR 163/16 - NJW 2016, 3253 = NStZ 2017, 32 (Anm. RÜ 2016, 781; Hoven NJW 2016, 3213; Hinderer StraFo 2016, 481; Neuhöfer/Reschke jurisPR-Compl 6/2016 Anm. 2; Bosch Jura 2017, 245; Ambrosy jurisPR-StrafR 4/2017 Anm. 2; Waßmer/Zeller wistra 2017, 71).

[67] Sternberg-Lieben/Bosch, in: Sch/Sch, 29. Aufl. 2014, vor § 52 Rn. 129; aus der Rspr. vgl. RG U. v. 19.06.1883 - 1117/83 - RGSt 8, 371; BGH U. v. 29.01.1953 - 5 StR 408/52 - BGHSt 3, 370 = NJW 1953, 474 (Anm. Maurer NJW 1953, 1480); BGH U. v. 04.12.1953 - 2 StR 220/53 - BGHSt 5, 378 = NJW 1954, 889; BGH U. v. 05.10.1954 - 2 StR 447/53 - BGHSt 6, 314 = NJW 1954, 1854; BGH U. v. 17.11.1955 - 3 StR 234/55 (FDJ) - BGHSt 8, 254 = NJW 1956, 151 (Anm. Kühl, Höchstrichterliche Rspr. BT, 2002, Nr. 70; Bruns NJW 1956, 153); BayObLG U. v. 12.06.1958 - RReg. 4 St 121/58 - NJW 1958, 1597 (Anm. Mittelbach JR 1958, 429); BGH U. v. 08.05.1959 - 4 StR 28/59 - NJW 1959, 1377; OLG Hamm U. v. 23.05.1978 - 5 Ss 581/78 - NJW 1979, 117.

Vergleichbares gilt für den sog. **Sicherungsbetrug**[68] (§ 263 StGB) und die sog. **Sicherungserpressung**[69] (§ 253 StGB), wobei auch hier jeweils problematisch ist, ob überhaupt ein Schaden vorliegt oder bereits die Tatbestandsmäßigkeit ausscheidet.

Beispiel 485:

B steckte im Kaufhaus eine DVD in seine Jacke. Am Ausgang wurde er von Ladendetektiv Z gefragt, ob er unbezahlte Ware bei sich habe. B verneinte; Z glaubte ihm und ließ den B gehen.

Keine Gesetzeskonkurrenz liegt aber vor, wenn ein neuer Schaden entsteht (sog. **Schadensvertiefung**) oder ein **anderer Rechtsgutsträger** als bei der vorherigen Tat betroffen ist.[70]

Beispiel 486:

BGH B. v. 27.08.2008 – 2 StR 329/08 – NStZ 2009, 38 (Anm. von Heintschel-Heinegg JA 2008, 899; RÜ 2008, 716):
B1 erwarb in 34 Fällen Topfsets, Messerblöcke und -sets und weitere Küchengeräte, die der B2 zuvor – wie B1 wusste – aus dem Hochregallager der Firma Z entwendet hatte. Er veräußerte die angekauften Waren einzeln mit Gewinn über das Internet-Auktionsportal eBay.

Der Eigentümer der Sachen war nicht derselbe wie der spätere jeweilige Käufer. Im Hinblick auf die Zahlung des Kaufpreises kommt zur Hehlerei des B1 ein Betrug zu Lasten der ahnungslosen Käufer, die aufgrund § 935 BGB nicht Eigentümer der Sachen werden konnten.

Ein Sonderfall der mitbestraften Nachtat ist das einem Begehen nachfolgende Unterlassen der Erfolgsabwendung; dies lässt sich aber als Fall der materiellen Subsidiarität begreifen.

---

[68] Hierzu Sternberg-Lieben/Bosch, in: Sch/Sch, 29. Aufl. 2014, vor § 52 Rn. 131; Sickor GA 2007, 590; Bittmann NStZ 2012, 289; Kretschmer JuS 2013, 24; aus der Rspr. vgl. BGH U. v. 18.07.2007 - 2 StR 69/07 - NStZ 2008, 396 (Anm. RÜ 2007, 585; RA 2007, 559).

[69] Hierzu Sternberg-Lieben/Bosch, in: Sch/Sch, 29. Aufl. 2014, vor § 52 Rn. 131; Grabow NStZ 2014, 121; aus der Rspr. vgl. BGH B. v. 26.05. 2011 - 3 StR 318/10 - NStZ 2012, 95 = StV 2011, 677 (Anm. Jäger JA 2011, 950; LL 2011, 805; RA 2011, 551; Satzger JK 2012 StGB §§ 253, 255/15; Mitsch HRRS 2012, 181).

D. Tateinheit, § 52 StGB

▶ **Didaktische Aufsätze:**
- Kraß, Die Identität der Ausführungshandlungen bei der Tateinheit, JuS 1991, 821
- Walter, Zur Lehre von den Konkurrenzen: Handlungseinheit und Handlungsmehrheit, JA 2004, 572

I. Allgemeines

Gem. § 52 I StGB wird dann „nur auf eine Strafe erkannt", wenn dieselbe Handlung (Handlungseinheit) mehrere Strafgesetze oder dasselbe Strafgesetz mehrmals verletzt. Dies nennt sich Tateinheit (auch Idealkonkurrenz).[71]

> **§ 52 I, II, IV StGB (Tateinheit)**
> (1) Verletzt dieselbe Handlung mehrere Strafgesetze oder dasselbe Strafgesetz mehrmals, so wird nur auf eine Strafe erkannt.
> (2) Sind mehrere Strafgesetze verletzt, so wird die Strafe nach dem Gesetz bestimmt, das die schwerste Strafe androht. Sie darf nicht milder sein, als die anderen anwendbaren Gesetze es zulassen.
> (3) […]
> (4) […] Im übrigen muß oder kann auf Nebenstrafen, Nebenfolgen und Maßnahmen (§ 11 Abs. 1 Nr. 8) erkannt werden, wenn eines der anwendbaren Gesetze sie vorschreibt oder zuläßt.

Die in § 52 I 1. Var. StGB beschriebene Verletzung mehrerer Strafgesetze durch dieselbe Handlung wird **ungleichartige Tateinheit** genannt; die mehrmalige Verletzung desselben Strafgesetzes (§ 52 I 2. Var. StGB) **gleichartige Tateinheit**.[72]

In einer Fallbearbeitung wird lediglich die (materiell-rechtliche[73]) Tateinheit (oder Tatmehrheit) festgestellt und begründet, so dass die sich daran anknüpfenden Rechtsfolgen oder Fragen der Urteilsfassung keine weitere Beachtung finden.

§ 52 II 1 StGB enthält das sog. **Absorptionsprinzip**, da nur eine Einzelstrafe nach dem schwersten Gesetz verhängt wird, welche gewissermaßen die übrigen

---

[70] Sternberg-Lieben/Bosch, in: Sch/Sch, 29. Aufl. 2014, vor § 52 Rn. 132; aus der Rspr. vgl. OLG Stuttgart U. v. 14.01.1970 - 1 Ss 699/69 - NJW 1970, 672 (Anm. Hassemer JuS 1970, 360; Widmaier NJW 1970, 673).

[71] Hierzu Hartung SJZ 1950, 326; Kraß JuS 1991, 821; Walter JA 2004, 572.

[72] Fischer, StGB, 64. Aufl. 2017, § 52 Rn. 1; vgl. auch Puppe GA 1982, 143.

[73] Abzugrenzen von der prozessualen Tateinheit i.S.d. § 264 StPO, hierzu Beulke, Strafprozessrecht, 13. Aufl. 2016, Rn. 512ff.

Gesetzesverletzungen absorbiert. Der Gesetzgeber erachtet insofern die mit der „Haupttat" einhergehenden Tatbestandsverwirklichungen als nicht gesondert strafwürdig. Allerdings kommt den milderen Gesetzen abgesehen von § 52 II 2 StGB und § 52 IV 2 StGB Bedeutung bei der Strafzumessung innerhalb der Einzelstrafe zu.

Die Annahme von Tateinheit ist für den Täter i.d.R. günstiger als die Annahme von Tatmehrheit, da bei Tateinheit nur eine einzelne Strafe für das schwerste Delikt und keine Gesamtstrafe für mehrere Deliktsverwirklichungen verhängt wird, so dass ggf. *in dubio pro reo* Tateinheit vorliegt.[74]

Bzgl. Voraussetzungen und Fallgruppen der Tateinheit existieren unterschiedliche Terminologien und Unterteilungen. Die folgende Zweiteilung (Handlungseinheit im natürlichen Sinne und Handlungseinheit im normativen Sinne) stellt daher nur einen Vorschlag dar.

II. Handlungseinheit im natürlichen Sinne

Ohne Weiteres liegt Tateinheit vor, wenn der Täter nur **eine einzige Körperbewegung** ausführt, die auf einem einzigen Handlungsentschluss beruht[75] (z.B. ein einziger Schuss), sog. Handlungseinheit im natürlichen Sinne.[76]

Dies gilt auch dann, wenn hieraus **vielfältige Folgen** – auch mehrere Erfolge zu Lasten verschiedener Rechtsgutsträger – resultieren.[77]

Besonders deutlich wird dies dann, wenn eine **Beteiligung** mehrerer vorliegt.

Die durch eine einzige Aufforderung etc. vorgenommene **Anstiftung** zur mehrmaligen Begehung einer Tat, zur gleichzeitigen Verwirklichung mehrerer Tatbestände oder die gleichzeitige Anstiftung mehrerer Haupttäter führt zur Annahme von Tateinheit beim Anstifter.[78] Darauf, in welchem Konkurrenzverhältnis die Haupttaten zueinander stehen, kommt es dann nicht an.

Beispiel 487:

B1 forderte B2 auf, seine beiden Brüder zu töten, was B2 tat.

---

[74] Fischer, StGB, 64. Aufl. 2017, vor § 52 Rn. 1; aus der Rspr. vgl. BGH B. v. 19.11.2014 - 4 StR 284/14 - NStZ-RR 2015, 41.

[75] B. Heinrich, AT, 5. Aufl. 2016, Rn. 1411; aus der Rspr. vgl. BGH U. v. 16.03.2006 - 4 StR 594/05 (Geisterfahrt) - NStZ 2006, 503 (Anm. RÜ 2006, 308; RA 2006, 565; famos 8/2006; LL 2007, 191).

[76] Übliche, aber verwechslungsanfällige Bezeichnung (s.u. natürliche Handlungseinheit); besser z.B. Benennung als physische Handlungseinheit.

[77] Fischer, StGB, 64. Aufl. 2017, vor § 52 Rn. 27f.

[78] Fischer, StGB, 64. Aufl. 2017, vor § 52 Rn. 35; aus der Rspr. vgl. BGH B. v. 03.07.2014 - 4 StR 191/14 - NStZ 2014, 702.

Gleiches gilt für die **Beihilfe** zu mehreren Haupttaten durch eine einzige Unterstützungshandlung.[79]

Beispiel 488:

B1 schenkte dem B2 für dessen Einbrüche ein Brecheisen, welches B2 etliche Male einsetzte.

Auch im Hinblick auf den Tatbeitrag im Rahmen einer **Mittäterschaft**[80] oder **mittelbaren Täterschaft**[81] liegt trotz etwaiger vielfacher Folgen Tateinheit vor, wenn der Beitrag in einer einzigen körperlichen Handlung erbracht wird.

Strittig, aber im Lichte der Behandlung der anderen Beteiligungsformen vorzugswürdig, ist die Annahme von Tateinheit bzgl. **§ 30 II StGB** (i.F.d. Verabredung).[82]

III. Handlungseinheit im normativen Sinne

Auch dann, wenn **mehrere Körperbewegungen** vorliegen, kann es sich um Tateinheit i.S.d. § 52 I StGB handeln. Dies sei hier Handlungseinheit im normativen Sinne genannt[83]; außer der Auffangkonstruktion der – ärgerlich missverständlich benannten – sog. natürlichen Handlungseinheit fallen hierunter Fälle der sog. Teilidentität und der sog. Verklammerung.

1. Teilidentität

Tateinheit kraft Teilidentität[84] der Ausführungshandlungen liegt vor, wenn sich die Verwirklichung mehrerer Tatbestände derart überschneidet, dass ein Teilakt zur Verwirklichung beider Tatbestände beiträgt, auch wenn unterschiedliche höchstpersönliche Rechtsgüter betroffen sind.

---

[79] Fischer, StGB, 64. Aufl. 2017, vor § 52 Rn. 36; aus der Rspr. vgl. BGH B. v. 19.10.2006 - 4 StR 393/06 - NStZ 2007, 526 = StV 2007, 241 (Anm. LL 2007, 825; Satzger JK 2008 StGB § 244a/1).

[80] Fischer, StGB, 64. Aufl. 2017, vor § 52 Rn. 35; aus der Rspr. vgl. zuletzt BGH U. v. 19.11. 2015 - 4 StR 115/15 - NStZ 2016, 280 = StV 2017, 91 (Anm. Satzger Jura 2016, 1084).

[81] Fischer, StGB, 64. Aufl. 2017, vor § 52 Rn. 35; aus der Rspr. vgl. BGH U. v. 11.12.1997 - 4 StR 323/97 - NJW 1998, 767 = NStZ 1998, 568 = StV 1998, 416 (Anm. Puppe, AT, 3. Aufl. 2016, § 24 Rn. 21ff.; Otto JK 1998 StGB § 25 I/7; Dierlamm NStZ 1998, 569; Park StV 1998, 417).

[82] Fischer, StGB, 64. Aufl. 2017, § 30 Rn. 16; aus der Rspr. vgl. BGH U. v. 17.02.2011 - 3 StR 419/10 - BGHSt 56, 170 = NJW 2011, 2375 = NStZ-RR 2011, 368 (Anm. Satzger JK 2012 StGB § 25 II/18; Duttge NStZ 2012, 138).

[83] Vgl. - aber mit abweichendem Inhalt - Krey/Esser, AT, 6. Aufl. 2016, Rn. 1384; Kindhäuser, LPK, 6. Aufl. 2015, vor § 52 Rn. 16.

[84] Hierzu B. Heinrich, AT, 5. Aufl. 2016, Rn. 1417; aus der Rspr. vgl. jüngst BGH B. v. 31.05.2016 - 2 ARs 403/15 - NStZ-RR 2016, 313.

Hierbei genügt eine Überschneidung im **Beendigungsstadium**, nicht aber im Vorbereitungs- oder Versuchsstadium.

Beispiel 489:

BGH B. v. 12.11.2003 – 2 StR 294/03 – NStZ 2004, 329 (Anm. Kudlich JuS 2004, 927):

B erbeutete bei dem Überfall auf eine Tankstelle durch unter Verwendung einer Gasalarmpistole mit Platzpatronen Bargeld und Telefonkarten im Gesamtwert von knapp 3.000 DM. Während der Tankwart telefonisch die Polizei informierte, nahm der anwesende Z sofort die Verfolgung des B auf und verlangte von ihm, das Geld zurückzugeben. B versuchte jedoch, mit der Beute zu entkommen. Z konnte ihn 300 m von der Tankstelle entfernt stellen und in den Schwitzkasten nehmen. B wollte sich um jeden Preis aus der Umklammerung befreien und fliehen, um nicht als Täter überführt zu werden. Er setzte die Tatwaffe heftig auf die Kleidung des Z auf und drückte ab. Dabei nahm er zumindest billigend in Kauf, Z durch eine Schussverletzung im Herzbereich zu töten.

Hier überschneiden sich der versuchte Mord (§§ 212, 211, 22, 23 StGB) und das Beendigungsstadium der räuberischen Erpressung (§§ 253 I, 255 StGB).

Ebenso wenig reicht eine Überschneidung im subjektiven Bereich (vgl. auch Zweckbeziehung) oder bzgl. der Motivation aus.

Teilidentität darf nicht mit **Gleichzeitigkeit** gleichgesetzt werden. Relevant wird dies bei **Dauerdelikten,**[85] die nicht Bestandteil der Verwirklichung des weiteren Delikts geworden sind. Tateinheit liegt nur bei einem inneren (funktionalen) **Zusammenhang** von Dauerdelikt und weiterem Delikt vor.
   Dieser ist gegeben, wenn das Dauerdelikt (z.B. § 123 StGB) Mittel zur Begehung eines Zustandsdeliktes (z.B. § 242 StGB) ist – oder umgekehrt (z. B. § 303 StGB zwecks § 123 StGB).

Beispiel 490:

B betrat den Garten des Z, um eine Statue zu stehlen.

Beispiel 491:

B beschädigte die Eingangstür, als er sich Zutritt zum Haus des Z verschaffte.

---

[85] Zur Tateinheit bei Dauerdelikten von Heintschel-Heinegg, in: BeckOK-StGB, Stand 01.12.2016, § 52 Rn. 42; Oske MDR 1965, 532; Zieschang FS Rissing-van Saan 2011, 787; aus der Rspr. vgl. zuletzt BGH B. v. 20.10.2015 - 4 StR 343/15 - NStZ 2016, 159.

Am notwendigen sachlichen Zusammenhang fehlt es, wenn das Zustandsdelikt nur während (bei Gelegenheit, anlässlich) der Dauerstraftat verübt wird.

Beispiel 492:

vgl. OLG Koblenz U. v. 16.06.1977 – 1 Ss 227/77 – NJW 1978, 716 (Anm. Kinnen MDR 1978, 545):
Der stark alkoholisierte B nötigte seine Beifahrerin Z sexuell während einer Autofahrt.

In diesen Fällen kommt freilich eine sog. natürliche Handlungseinheit in Betracht, s. sogleich.

2. Klammerwirkung (Verklammerung)

▶ **Didaktischer Aufsatz:**
- Geppert, Zur Rechtsfigur der „Tateinheit durch Verklammerung", Jura 1997, 214

Tateinheit kraft Verklammerung[86] betrifft Situationen, in denen der Täter während eines mehraktigen oder Dauerdelikts mehrere weitere Straftatbestände erfüllt, die einander ihrerseits nicht überschneiden.

Beispiel 493:

BGH B. v. 19.11.2009 – 3 StR 244/09 – BGHSt 54, 189 = NJW 2010, 1680 = NStZ 2010, 277 = StV 2010, 307 (Anm. Satzger JK 2010 StGB § 238/1; Kudlich JA 2010, 389; HP1eghmanns ZJS 2010, 269; LL 2010, 247; RA 2010, 154; famos 8/2010; Gazeas NJW 2010, 1684; Mitsch NStZ 2010, 513; Seher JZ 2010, 582; Winkler jurisPR-StrafR 4/2010 Anm. 1; Buß JR 2011, 84):
B lernte im April 2006 die Z kennen und führte mit dieser bis Ende 2007 eine Beziehung. Nach der Trennung kam es wiederholt zu Auseinandersetzungen, da B die Trennung nicht akzeptieren wollte. Es kam zu folgenden einzelnen Vorfällen:
    Am 29.03.2008 klingelte er an der Tür des Mehrfamilienhauses, in dem sich die Wohnung der Z befand. Z öffnete das Badezimmerfenster und forderte den B auf zu verschwinden. Dieser kündigte jedoch an, bis zum nächsten Morgen zu warten, um zu sehen, wer aus dem Haus komme; außerdem bedrohte er die Z mit dem Tode und beschimpfte sie als „Nutte" und „Hure".
    Am Mittag des 24.04.2008 rief B die Z mehrfach an und erklärte, er werde sie nicht in Ruhe lassen. Am Nachmittag desselben Tages fing er sie auf dem Rückweg von ihrer Arbeit ab, beobachtete in der Folgezeit ihre Wohnung mit

---

[86] Hierzu Wahle GA 1968, 97; Geppert Jura 1997, 214.; aus der Rspr. vgl. BGH U. v. 04.02.2015 - 2 StR 266/14 - NStZ 2015, 344 = NStZ-RR 2015, 175 (Anm. Schiemann NStZ 2015, 345).

einem Fernglas und drohte der Z telefonisch und durch lautes Rufen, er werde
ihr ein Messer in den Hals stecken, sie abstechen und umbringen; außerdem
bezeichnete er sie als Schlampe.

Die Nachstellung (§ 238 StGB) verklammert die Bedrohung und die Beleidigung
(§§ 241 und 185 StGB).

Allerdings ist eine Verklammerung **nicht** möglich, wenn das verbindende Delikt
nach Maßgabe der abstrakten Strafrahmen **leichter** wiegt als die verbundenen
Delikte; wiegt dagegen nur eines der betroffenen Delikte schwerer als dasjenige,
das die Verbindung begründet, so bleibt es bei der Klammerwirkung.[87]

Beispiel 494:

B führte unerlaubt eine Waffe mit sich und bedrohte damit auf der Straße die
Z und nahm anschließend ihre Handtasche weg. Danach ging er unter weiterer
Mitführung der Waffe, wie von Anfang an geplant, zur G und erschoss diese.

Beispiel 495:

**BGH U. v. 08.11.2007 – 3 StR 320/07 (Kotten) – NStZ 2008, 209 (Anm.
Puppe, AT, 3. Aufl. 2016, § 34 Rn. 10ff.):**

B versuchte über einen längeren Zeitraum vergeblich, mit der Z eine Liebes- und
Sexualbeziehung einzugehen. Nachdem dies gescheitert war, traf er umfangreiche Vorbereitungen, um Z gegebenenfalls gegen ihren Willen in einem Kotten
festzuhalten, und lockte sie dorthin. Nach einem ersten Gespräch erkannte er,
dass sich Z erneut ablehnend verhielt und auch nicht bereit war, freiwillig seinen
Wünschen zur einverständlichen Vornahme sexueller Handlungen und zur Anfertigung erotischer Fotos nachzukommen. Er äußerte nun, sie solle hier bleiben,
sie gehe nirgendwo mehr hin. B fesselte Z, kettete sie an, strangulierte sie in
lebensbedrohlicher Weise und verbrachte sie mehrfach für längere Zeiträume in
eine von ihm präparierte sargähnliche Kiste. Während des sich über fast einen
Tag hinziehenden Tatgeschehens führte er gegen ihren Willen sexuelle Handlungen aus und drohte ihr schließlich, sie mittels einer Kettensäge umzubringen.
Daneben versuchte er weiter, sie in mehreren Gesprächen von seinen Absichten
zu überzeugen. Nachdem ein erster Fluchtversuch der Z gescheitert war, gelang
es ihr schließlich, die Abwesenheit des B auszunutzen, sich aus der sargähn-
lichen Kiste zu befreien, zu dem benachbarten Anwesen zu gelangen und dort
Hilfe zu finden.

---

[87] Fischer, StGB, 64. Aufl. 2017, vor § 52 Rn. 30; aus der Rspr. vgl. zuletzt BGH B. v. 09.07.2015 -
3 StR 537/14 - BGHSt 60, 308 = NJW 2016, 657 = NStZ 2016, 464 = StV 2016, 499 (Anm. van
Lessen NStZ 2016, 446; Gazeas StV 2016, 502; Puppe JZ 2016, 478).

Die vergleichsweise weniger schwerwiegende Freiheitsberaubung (§ 239 StGB) verklammert nicht die übrigen Tatbestandsverwirklichungen (§§ 223, 224, 177 StGB) zur Tateinheit.

Zustandsdelikte (z.B. Körperverletzungsdelikte) sind nicht für die Herbeiführung einer Klammerwirkung geeignet.[88]

Die Rspr. behält sich überdies eine sog. **Entklammerung** und damit Auflösung einer an sich gegebenen Tateinheit vor, wenn die Verbindung zu einer gemeinsamen Tat dem Gerechtigkeitsprinzip oder sozial-ethischen Bewertungsgrundsätzen widerspricht.[89]

Auf die prozessuale Behandlung der Verbindungstat kommt es nicht an: Die Verklammerung gilt insbesondere auch dann, wenn das verbindende (dritte) Delikt nach den §§ 154, 154a StPO von der Verfolgung ausgenommen worden ist.[90]

3. Natürliche Handlungseinheit

▶ **Didaktische Aufsätze:**
- Blei, Die natürliche Handlungseinheit, JA 1972, 711 und 1973, 95
- Schroeder, Die Behandlung der natürlichen Handlungseinheit in strafrechtlichen Übungsarbeiten, Jura 1980, 240
- Sowada, Probleme der natürlichen Handlungseinheit, Jura 1995, 245
- Wagemann, Natürliche Handlungseinheit bei Angriffen auf höchstpersönliche Rechtsgüter, Jura 2006, 580
- Reichenbach, Uneigentliche Organisationsdelikte, Jura 2016, 139

Eine Art **Auffangfunktion** kommt der sog. natürlichen Handlungseinheit[91] zu.

Die Terminologie ist missverständlich: Es handelt sich gerade nicht um eine natürliche, sondern um eine **normative** Betrachtungsweise.

Tateinheit aufgrund einer sog. natürlichen Handlungseinheit liege dann vor, wenn mehrere Handlungen im physischen Sinne bei – angeblich – natürlicher Betrachtungsweise als eine einzige Handlung i.S.d. § 52 I StGB anzusehen seien.[92]

---

[88] von Heintschel-Heinegg, in: MK-StGB, 3. Aufl. 2017, § 52 Rn. 90ff.; aus der Rspr. vgl. BGH U. v. 14.03.2012 - 2 StR 561/11 - NStZ-RR 2013, 10.

[89] Zsf. Lackner/Kühl, StGB, 28. Aufl. 2014, § 52 Rn. 6; aus der Rspr. vgl. BGH U. v. 13.12.2012 - 4 StR 99/12 - NStZ-RR 2013, 147.

[90] Fischer, StGB, 64. Aufl. 2017, vor § 52 Rn. 30a; aus der Rspr. vgl. BGH B. v. 22.11.2012 - 4 StR 302/12 - NStZ-RR 2013, 82.

[91] Hierzu Hellmer GA 1956, 65; Blei JA 1972, 711, JA 1973, 95; Schroeder Jura 1980, 240; Warda FS Oehler 1985, 241; Sowada Jura 1995, 245; Wagemann Jura 2006, 580; aus der Rspr. vgl. zuletzt BGH B. v. 17.11.2016 - 3 StR 402/16 (Anm. Jäger JA 2017, 387; RÜ 2017, 233).

[92] Joecks, StGB, 11. Aufl. 2014, vor § 52 Rn. 7.

Tateinheit sei dann anzunehmen, wenn eine Aufspaltung in Einzeltaten wegen eines außergewöhnlich **engen zeitlichen und situativen Zusammenhangs** willkürlich und gekünstelt erschiene; unter dieser Voraussetzung soll es dann auch irrelevant sein, ob verschiedene Rechtsgutsträger betroffen sind.

Eröffnet ist damit eine frustrierend vage[93] (Gesamt-)Bewertung, die sich an einer Reihe von **Kriterien**[94] ausrichtet, die in einer Fallbearbeitung unter Fruchtbarmachung des Sachverhalts heranzuziehen sind.

Erstens die **zeitliche** Nähe: Je weniger Zeit zwischen den Tatbestandsverwirklichungen verstreicht, umso eher wird Tateinheit anzunehmen sein.

Zweitens die **räumliche** Nähe: Eine geringe Distanz zwischen den Tatorten spricht für Tateinheit.

Drittens die **äußerliche Gleichartigkeit** der Betätigungsakte.

Beispiel 496:

BGH B. v. 22.11.2012 – 4 StR 302/12 – NStZ-RR 2001, 82:
B feuerte im Abstand von wenigen Sekunden ohne Vorwarnung aus einer Nahdistanz von ungefähr einem Meter in Combatschützenstellung, beide Hände an der Waffe, leicht zusammengekauert je einmal in Richtung Bauch-Brustbereich auf Z1 und Z2, die bei seinem erneuten Eintreffen von ihren Plätzen aufgestanden waren.

Beispiel 497:

BGH B. v. 24.07.2012 – 4 StR 193/12 – NStZ-RR 2013, 13:
B hob am 29.08.2010 gegen 11.53 Uhr und 11.58 Uhr mit derselben EC-Karte bei derselben Bankfiliale unbefugt Geld ab.

Viertens die **Einheitlichkeit der Willensrichtung**.
    Paradigmatisch ist die Annahme von Tateinheit für Taten, die bei einer **Flucht** begangen werden.

Beispiel 498:

BGH B. v. 20.02.2001 – 4 StR 556/00 (Anm. Geppert JK 2001 StGB § 142/19):
B wollte sich der Verhaftung wegen des zuvor begangenen Betäubungsmitteldelikts durch Flucht mit einem Kraftfahrzeug entziehen. Um die ihn unter Einsatz von Sonderrechten (blaues Rundumlicht und Martinshorn) verfolgenden Kräfte

---

[93] Kritik bei von Heintschel-Heinegg, in: MK-StGB, 3. Aufl. 2017, § 52 Rn. 52, 59.
[94] Vgl. Kindhäuser, LPK, 6. Aufl. 2015, vor § 52 Rn. 18.

eines Sondereinsatzkommandos der Polizei abzuschütteln, fuhr er mit weit überhöhter Geschwindigkeit (bis zu 130 km/h) und unter Missachtung weiterer Verkehrsregelungen durch verschiedene Straßen der dicht besiedelten Berliner Innenstadt. Dabei verursachte er bedingt vorsätzlich drei Unfälle mit jeweils erheblichem Fremdschaden. Zweimal setzte er in Kenntnis des Unfalls seine Fluchtfahrt fort, bei dem dritten Unfallereignis wurde er schwer verletzt und schließlich festgenommen.

Vgl. aber auch z.B. eine einheitliche Amok-Fahrt.

Beispiel 499:

BGH U. v. 16.08.2005 – 4 StR 168/05 – NStZ 2006, 167 (Anm. BGH U. v. 16.08.2005 – 4 StR 168/05 – NStZ 2006, 167 (Anm. RÜ 2005, 585; RA 2005, 661; Satzger JK 2006 StGB § 211/47; Eidam JA 2006, 11; Jahn JuS 2006, 88; LL 2006, 323):

Der zur Tatzeit 63 Jahre alte B hielt sich am Vormittag des 21.06.2003 ab etwa 9 Uhr in dem von ihm und seiner Lebensgefährtin betriebenen Lokal „F." auf. Er hatte in der vorangegangenen Nacht nur ca. 4 Stunden geschlafen und war bereits um 6.30 Uhr aufgestanden. Er war müde und fühlte sich durch den am Vortag genossenen Alkohol immer noch stark beeinträchtigt. Gleichwohl nahm er im Verlauf des Vormittags bis kurz vor Begehung der Tat weitere alkoholische Getränke zu sich. Wegen seines übermäßigen Alkoholkonsums und seines ungepflegten Aussehens kam es am späteren Vormittag zu einer Auseinandersetzung mit seiner Lebensgefährtin, die ihm deswegen Vorwürfe machte und drohte, ihn noch am selben Abend zu verlassen. Gegen 14.15 Uhr verließ B das Lokal mit dem Bemerken, seinen Pkw, einen Chevrolet Camaro, in die Garage fahren zu wollen, obwohl seine Lebensgefährtin ihn gebeten hatte, dies wegen seiner Alkoholisierung zu unterlassen. Er startete den Motor, ließ ihn mehrfach aufheulen und lenkte das Fahrzeug sodann in einer etwa S-förmig verlaufenden, insgesamt 86 m langen Wegstrecke zunächst nach links über die S-Straße hinweg auf den gegenüberliegenden Gehweg in den dortigen Terrassenbereich des Eiscafés „D.". Ohne anzuhalten fuhr er, ein Bankgebäude passierend, auf dem Gehweg weiter, überquerte kurz vor Erreichen der N-Straße erneut die S-Straße und steuerte das Fahrzeug auf den gegenüberliegenden Gehweg in die Außenterrasse des Café „Fl.". Diese durchfuhr er über eine Strecke von ca. 10 m. Anschließend überquerte er die N-Straße und kam nach weiteren 20 m zum Stehen. B fuhr „zügig" mit etwa gleich bleibender Geschwindigkeit von max. 34 bis 37 km/h. Die Außenterrassen der beiden Cafés waren zu dieser Zeit voll besetzt, auf den Gehwegen herrschte Fußgängerverkehr. Während der Fahrt kollidierte das Fahrzeug des B mit mehreren Gegenständen, u.a. mit Mobiliar des Eiscafés „D.". Ein 68-jähriger Gast dieses Cafés wurde durch aufgeschleudertes Mobiliar getroffen und verletzt. Auf der Terrasse des Cafés „Fl." wurden zunächst vier erwachsene Personen und die 7-jährige Z1 vom Fahrzeug des B erfasst und gestreift und hierdurch verletzt. Schließlich erfasste B mit dem Fahrzeug den an einem Tisch sitzenden 29-jährigen Z2, der unter das Fahrzeug gezogen und bis zu dessen

Stillstand 20 m mitgeschleift wurde. Z2 wurde lebensgefährlich verletzt. Drei weitere Personen konnten dem Fahrzeug des B durch einen rechtzeitigen Sprung zur Seite ausweichen.

Umgekehrt unterbricht ein **neuer Tatentschluss** die Tateinheit.
Z.B. kann ein Unfall eine Zäsur darstellen, die das Weiterfahren des Täters zu einer neuen Tat werden lässt.[95]

Beispiel 500:

BGH U. v. 17.02.1967 – 4 StR 461/66 – BGHSt 21, 203 = NJW 1967, 942 (Anm. Roxin, Höchstrichterliche Rspr. AT, 1998, Nr. 100):
B hatte im Zustand alkoholbedingter absoluter Fahruntüchtigkeit mit seinem Kraftwagen an einem Fußgängerüberweg zwei Menschen angefahren und tödlich verletzt. Als er, noch im Fahren, die schweren Unfallfolgen mindestens hinsichtlich eines Menschen erkannte, fasste er den Entschluss, sich den Feststellungen durch Flucht zu entziehen, und fuhr deshalb ohne Halt weiter.

E. Tatmehrheit, §§ 53ff. StGB

Tatmehrheit[96] (auch Realkonkurrenz) liegt vor, wenn mehrere Straftaten begangen wurden, aber weder Gesetzes- noch Tateinheit gegeben ist.
Man spricht von **gleichartiger** Tatmehrheit, wenn derselbe Straftatbestand erfüllt wurde, und von **ungleichartiger**, wenn verschiedene Straftatbestände erfüllt wurden.

Die – in einer Fallbearbeitung irrelevanten – Rechtsfolgen normieren die §§ 53-55 StGB.

---

§ 53 I, II, IV StGB (Tatmehrheit)
(1) Hat jemand mehrere Straftaten begangen, die gleichzeitig abgeurteilt werden, und dadurch mehrere Freiheitsstrafen oder mehrere Geldstrafen verwirkt, so wird auf eine Gesamtstrafe erkannt.
(2) Trifft Freiheitsstrafe mit Geldstrafe zusammen, so wird auf eine Gesamtstrafe erkannt. Jedoch kann das Gericht auf Geldstrafe auch gesondert erkennen; soll in diesen Fällen wegen mehrerer Straftaten Geldstrafe verhängt werden, so wird insoweit auf eine Gesamtgeldstrafe erkannt.
(3) [...]
(4) § 52 Abs. 3 und 4 Satz 2 gilt sinngemäß.

---

[95] Sternberg-Lieben/Bosch, in: Sch/Sch, 29. Aufl. 2015, vor § 52 Rn. 85; Krüger NJW 1966, 489; Brückner NZV 1996, 266; aus der Rspr. vgl. zuletzt KG B. v. 30.08.2016 - (3) 161 Ss 146/16 (82/16) - NStZ-RR 2017, 85 (Anm. Weder NZV 2017, 192).
[96] Hierzu Wilhelm NStZ 2008, 425.

§ 54 StGB (Bildung der Gesamtstrafe)
(1) Ist eine der Einzelstrafen eine lebenslange Freiheitsstrafe, so wird als Gesamtstrafe auf lebenslange Freiheitsstrafe erkannt. In allen übrigen Fällen wird die Gesamtstrafe durch Erhöhung der verwirkten höchsten Strafe, bei Strafen verschiedener Art durch Erhöhung der ihrer Art nach schwersten Strafe gebildet. Dabei werden die Person des Täters und die einzelnen Straftaten zusammenfassend gewürdigt.
(2) Die Gesamtstrafe darf die Summe der Einzelstrafen nicht erreichen. Sie darf bei zeitigen Freiheitsstrafen fünfzehn Jahre [...] und bei Geldstrafe siebenhundertzwanzig Tagessätze nicht übersteigen; [...]
(3) Ist eine Gesamtstrafe aus Freiheits- und Geldstrafe zu bilden, so entspricht bei der Bestimmung der Summe der Einzelstrafen ein Tagessatz einem Tag Freiheitsstrafe.

§ 55 I StGB (Nachträgliche Bildung der Gesamtstrafe)
Die §§ 53 und 54 sind auch anzuwenden, wenn ein rechtskräftig Verurteilter, bevor die gegen ihn erkannte Strafe vollstreckt, verjährt oder erlassen ist, wegen einer anderen Straftat verurteilt wird, die er vor der früheren Verurteilung begangen hat. Als frühere Verurteilung gilt das Urteil in dem früheren Verfahren, in dem die zugrundeliegenden tatsächlichen Feststellungen letztmals geprüft werden konnten.

Es gilt das sog. **Asperationsprinzip**: Es werden Einzelstrafen festgelegt, die dann zur Gesamtstrafe verbunden werden. Hierbei wird die höchste verwirkte Einzelstrafe im Ergebnis nur moderat erhöht, um eine überharte Bestrafung zu vermeiden, da das Strafübel für den Betroffenen nicht linear, sondern exponentiell steigt.

In der Strafrechtspraxis kursieren hierfür nicht selten Faustformeln – z.B. für die gleichartige Tatmehrheit: Zur ersten Einzelstrafe treten die weiteren in halber Höhe.

19. Kapitel: Unklare Sachverhalte

▶ **Didaktische Aufsätze:**
- Hruschka, Die Herbeiführung eines Erfolges durch einen von zwei Akten bei eindeutigen und mehrdeutigen Tatsachenfeststellungen, JuS 1982, 317
- Wolter, Grundfälle zu „in dubio pro reo" und Wahlfeststellung, JuS 1983, 363, 602 und 769, JuS 1984, 37, 530 und 606
- Noak, Tatsächlich unklare Sachverhalte im Strafrecht: Zu „in dubio pro reo" sowie eindeutigen und wahldeutigen Straffeststellungen, Jura 2004, 539
- Wachsmuth/Waterkamp, Non-Liquet-Situationen und ihre materiellrechtliche Lösung, JA 2005, 509
- Norouzi, Grundfälle zur Wahlfeststellung, Präpendenz und Postpendenz, JuS 2008, 17 und 113

Nicht immer kann ein Strafgericht das angeklagte Geschehen vollständig aufklären.

Auch in einer Fallbearbeitung ist der Sachverhalt bisweilen **bewusst oder unbewusst offen** gestaltet. Es stellt sich dann die Frage, ob die Ungewissheit zum Freispruch bzw. zur Verneinung der Strafbarkeit führt.[1] Die folgenden Ausführungen stellen die Behandlung in der Fallbearbeitung in den Mittelpunkt.

A. Unklarheit einzelner Fakten

Bleiben einzelne Fakten unklar, so gilt im Rahmen einer Fallbearbeitung zunächst das Gebot der **lebensnahen Auslegung und Ergänzung des Sachverhalts**. Schon damit der Text des Sachverhalts nicht übermäßig lang gerät, wird der Ersteller des

---

[1] Hierzu Hruschka JuS 1982, 317; Wolter JuS 1983, 363, 602 und 769, JuS 1984, 37, 530 und 606; Noak Jura 2004, 539; Wachsmuth/Waterkamp JA 2005, 509; Norouzi JuS 2008, 17 und 113.

© Springer-Verlag GmbH Deutschland, ein Teil von Springer Nature 2018
D. Bock, *Strafrecht Allgemeiner Teil*, Springer-Lehrbuch,
https://doi.org/10.1007/978-3-662-54789-2_19

Sachverhalts bestimmte Tatsachen nicht explizit mitteilen, sondern als gegeben voraussetzen. Der Bearbeiter muss hier vom „Normalfall" ausgehen und dabei auf seine Allgemeinbildung und Lebenserfahrung zurückgreifen.

Es ist bei der Auslegung und Ergänzung des Sachverhalts aber höchste **Vorsicht** geboten: Der Bearbeiter darf die Grenze zur Unterstellung oder zur Erfindung eines eigenen Sachverhalts nicht überschreiten; die Abgrenzung ist hierbei schwierig, der Bearbeiter geht stets ein Wagnis ein. Ggf. sind auch mehrere Möglichkeiten gleich lebensnah, wofür ohnehin kein empirisch belastbarer objektiver Maßstab besteht.

Insbesondere bei der täterbelastenden Handhabung läuft der Bearbeiter Gefahr, gegen den Rechtsgedanken des Grundsatzes *in dubio pro reo*[2] (vgl. nur Art. 6 II EMRK, § 261 StPO) zu verstoßen. Im Grunde gilt, dass ein Sachverhalt alle Umstände enthalten muss, auf die der Bearbeiter die Strafbarkeit des zu Prüfenden stützt. Allerdings kommen immer wieder Nachlässigkeiten des Sachverhaltserstellers vor, so dass auch insofern eine Auslegung oder Ergänzung des Sachverhalts gewollt ist.

Letztlich vermengen sich derartige Fragen auch mit der Aufgabe der Subsumtion, insbesondere bei eher vage beschriebenen Tathandlungen. Zu denken ist z.B. an die Prüfung des Tötungsvorsatzes oder der Mittäterschaft.

Lässt sich ein täterbelastender Umstand dem Sachverhalt auch nach lebensnaher Auslegung und Ergänzung nicht entnehmen, so darf er der Prüfung nicht zugrundegelegt werden. Ggf. scheitert eine Strafbarkeitsprüfung dann insofern.

Dies alles gilt natürlich nur für Tatsachen, nicht für **Rechtsfragen**.[3] Diese muss der Bearbeiter selbst beantworten – in der Praxis das Gericht (*iura novit curia*).

B. Unklarheit ganzer Geschehensabläufe

Auch ganze Geschehensabläufe können unklar sein. Dies muss ebenfalls nicht zwingend zur Verneinung der Strafbarkeit bzw. zum Freispruch führen.

I. Vorab (Fallbearbeitung): Lebensnahe Auslegung und Ergänzung

In einer Fallbearbeitung besteht ggf. auch hier wieder die Möglichkeit, den Sachverhalt vorsichtig lebensnah auszulegen oder zu ergänzen.

---

[2] Zu diesem Beulke, Strafprozessrecht, 13. Aufl. 2016 Rn. 25; Stuckenberg JA 2000, 568.
[3] B. Heinrich, AT, 5. Aufl. 2016, Rn. 1452.

II. Getrennte Strafbarkeitsprüfung der Geschehensvarianten und Vergleich der Ergebnisse

Ist dies allerdings nicht angängig, so ist das Gutachten aufzuteilen: Alle im Sachverhalt als möglich dargestellten Geschehensvarianten sind in **eigenen Prüfungsabschnitten** getrennt auf ihre Strafbarkeit hin zu untersuchen.[4]

Je nach Ergebnis ist dann weiter zu verfahren:

1. In einer Variante Straflosigkeit

Ergibt sich in einer Geschehensvariante, dass kein strafbares Verhalten vorliegt, so ist der geprüfte „Täter" freizusprechen

---

Beispiel 501:

Bei B wurde Diebesgut gefunden. Es bleibt unklar, ob B die Sachen selbst gestohlen hat, sie als gestohlen angekauft hat oder sie im guten Glauben erworben hat.

Zwar wäre in der ersten Variante ein Diebstahl gem. § 242 I StGB, in der zweiten Variante eine Hehlerei gem. § 259 StGB erfüllt, in der dritten Variante aber mangels Vorsatzes kein Tatbestand.

2. Nach allen Varianten aus derselben Vorschrift strafbar (keine Rechtsnormungewissheit): Unechte (gleichartige) Wahlfeststellung

Ergibt die Prüfung der Geschehensvarianten, dass sich der Täter jeweils nach derselben Vorschrift strafbar gemacht hat, so liegt ein Fall der sog. unechten oder gleichartigen Wahlfeststellung vor.[5]

Beispiel 502:

B beschwor vor zwei verschiedenen Gerichten in ein und derselben Sache jeweils eine genau entgegengesetzte Aussage.

Es steht fest, dass B einen Meineid nach §§ 153, 154 StGB begangen hat; dass unklar bleibt, vor welchem Gericht, ist dann irrelevant.[6]

---

[4] Kindhäuser, LPK, 6. Aufl. 2015, vor § 52 Rn. 62.

[5] Hierzu zsf. B. Heinrich, AT, 5. Aufl. 2016, Rn. 1474f.

[6] Vgl. B. Heinrich, AT, 5. Aufl. 2016, Rn. 1474; aus der Rspr. vgl. BayObLG U. v. 12.05.1965 - RReg. 1 b St 501/64 - NJW 1965, 2211 (Anm. Koffka JR 1965, 430; Sax JZ 1965, 745; Fuchs NJW 1966, 1110; Fuchs DRiZ 1967, 16).

Beispiel 503:

vgl. BGH U. v. 12.10.1989 – 4 StR 318/89 – BGHSt 36, 262 = NJW 1990, 129 = NStZ 1990, 385 = StV 1990, 60 (Anm. Otto JK 1990 StGB § 1/9; Prittwitz NStZ 1990, 385; Otto JR 1990, 205; Rudolphi JZ 1990, 197):
Der HIV-infizierte B übte mit Z mehrfach ungeschützten Geschlechtsverkehr aus und infizierte diese dabei. Unklar blieb, bei welchem „Akt" dies geschah.

Welche Handlung ursächlich war, ist für die Strafbarkeit wegen einer vorsätzlichen gefährlichen oder einer fahrlässigen Körperverletzung nach §§ 223 I, 224 I Nr. 1 bzw. 229 StGB hier unerheblich.

Auch die Unklarheit bzgl. der genauen Täterschaftsform[7] oder des genauen Tatbeitrags[8] ist unschädlich.

Gleiches gilt für die Frage, welche **Variante** eines bestimmten **Tatbestands** der Täter verwirklicht hat, z.B. welches Mordmerkmal i.S.d. § 211 StGB.[9]

In all diesen Fällen erfolgt eine sog. **eindeutige Verurteilung auf wahldeutiger (Tatsachen-)Grundlage**.

3. In verschiedenen Varianten nach verschiedenen Vorschriften strafbar

Ergibt die Prüfung der Geschehensvarianten, dass sich der Täter jeweils nach verschiedenen Vorschriften strafbar gemacht hat, so ist nach dem Verhältnis der jeweiligen Delikte zueinander zu differenzieren.

a) Stufenverhältnis
Stehen die jeweiligen Delikte oder die Begehungsformen in einem sog. Stufenverhältnis, dann wird der Täter lediglich wegen des milderen Delikts oder der milderen Begehungsform bestraft.[10] Dies entspricht dem Grundsatz *in dubio pro reo*.

---

[7] S. Lackner/Kühl, StGB, 28. Aufl. 2014, § 25 Rn. 20; aus der Rspr. vgl. BGH B. v. 28.05.2014 - 3 StR 206/13 - BGHSt 59, 244 = NJW 2014, 3114 = NStZ 2015, 93 = StV 2015, 433 (Anm. Kretschmer JR 2015, 276).

[8] Eser/Hecker, in: Sch/Sch, 29. Aufl. 2014, § 1 Rn. 60; aus der Rspr. vgl. BGH B. v. 24.09.1982 - 2 StR 476/82 - NJW 1983, 405 (Anm. Kratzsch JA 1983, 338).

[9] Eser/Sternberg-Lieben, in: Sch/Sch, 29. Aufl. 2014, § 211 Rn. 13; aus der Rspr. vgl. BGH U. v. 08.03.2012 - 4 StR 498/11 - NStZ 2012, 441 (Anm. Satzger JK 2012 StGB § 211/65; famos 8/2012).

[10] Hierzu B. Heinrich, AT, 5. Aufl. 2016, Rn. 1459ff.

Zur Bestimmung des Stufenverhältnisses kann zunächst auf das bei der Gesetzeskonkurrenz Erörterte zurückgegriffen werden, und zwar auf die Grundsätze der Spezialität und der materiellen Subsidiarität.

Beispiel 504:

B tötete G. Unklar blieb, ob er vorsätzlich oder fahrlässig handelte.

Hier erfolgt die Verurteilung lediglich wegen des milderen Fahrlässigkeitsdelikts, § 222 StGB.

b) Post- und Präpendenz

▶ **Didaktische Aufsätze:**
- Richter, Die Postpendenzfeststellung, Jura 1994, 130
- Walper, Die Voraussetzungen der Postpendenzentscheidung und der Tenor des Strafurteils, Jura 1998, 622

Als **Postpendenz**[11] bezeichnet man die Situation, dass ein Nachtatgeschehen feststeht, zudem aber unklar ist, ob der Täter sich an der Vortat beteiligt hat.

Beispiel 505:

Bei B wurde Diebesgut gefunden, das B nicht gutgläubig erworben hat. Unklar ist, ob B schon an dem Diebstahl beteiligt gewesen war.

---

§ 259 StGB setzt eine Personenverschiedenheit zwischen dem Vortäter und dem Hehler voraus („Sache, die ein anderer gestohlen oder sonst durch eine gegen fremdes Vermögen gerichtete rechtswidrige Tat erlangt hat"). Um eine als grob unbillig empfundene doppelte Anwendung des Zweifelssatzes zu vermeiden, ist es anerkanntermaßen zulässig, den Täter wegen des Nachtatgeschehens (hier: § 259 StGB) zu verurteilen. Die Verurteilung soll nicht daran scheitern, dass noch ein zusätzlicher Strafbarkeitsvorwurf erhoben werden könnte, der aber nicht aufzuklären ist.

Den umgekehrten Fall bezeichnet man als **Präpendenz**. Hier steht ein Vortatgeschehen fest, eine eventuell begangene Nachtat aber nicht.[12]

---

[11] Hierzu Wolter GA 1974, 161; Küper FS Lange 1976, 65; Bauer wistra 1990, 218; Richter Jura 1994, 130; Walper Jura 1998, 622; aus der Rspr. vgl. BGH B. v. 11.11.1987 - 2 StR 506/87 - BGHSt 35, 86 = NJW 1988, 921 = NStZ 1988, 455 = StV 1988, 197 (Anm. Hemmer-BGH-Classics Strafrecht, 2003, Nr. 40; Otto JK 1988 StGB § 1/5; Wolter NStZ 1988, 456; Joerden JZ 1988, 847).

[12] B. Heinrich, AT, 5. Aufl. 2016, Rn. 1457.

Beispiel 506:

Fest steht, dass B einen Diebstahl durch Beschaffen eines Einbruchwerkzeugs förderte. Unklar bleibt, ob B später als Mittäter agierte.

Eine Beihilfe nach § 27 StGB setzt die Haupttat eines anderen voraus. Um wiederum einen unbilligen Freispruch zu vermeiden, hindert die nur eventuelle eigene Haupttatbegehung die Verurteilung wegen Beihilfe nicht.

In diesen Fällen liegt kein Verstoß gegen den *in-dubio-pro-reo*-Grundsatz vor, da das Vor- bzw. Nachtatgeschehen einwandfrei festgestellt wurde.

c) Echte (ungleichartige) Wahlfeststellung

▶ **Didaktische Aufsätze:**
- Schulz, Wahlfeststellung und Tatbestandsreduktion, JuS 1964, 635
- Röhmel, Die Wahlfeststellung, JA 1975, 371
- Stuckenberg, Wahlfeststellung, JA 2001, 221
- Kruse, Wahlfeststellung in Gutachten, Strafurteil und Anklageschrift, Jura 2008, 173
- Ceffinato, Das Institut der Wahlfeststellung und seine verfassungsmäßige Zulässigkeit, Jura 2014, 655

Liegt weder ein Stufenverhältnis noch eine Post- oder Präpendenz vor, kann ein Freispruch noch durch die Annahme einer sog. echten, ungleichartigen Wahlfeststellung vermieden werden.[13]

Beispiel 507[14]:

Bei B wurde Diebesgut gefunden. Es steht fest, dass B die Sachen selbst gestohlen hat oder sie als gestohlen angekauft hat.

---

[13] Zur echten Wahlfeststellung Zeiler ZStW 1951, 156; Schaffstein NJW 1952, 725; Nüse GA 1953, 33; Rheinen NJW 1957, 942; Zeiler ZStW 1960, 4; von Hippel NJW 1963, 1533; Schulz JuS 1964, 635; Schorn DRiZ 1964, 45; Hruschka MDR 1967, 265; Hruschka JZ 1970, 637; Jakobs GA 1971, 257; Otto FS Peters 1974, 373; Röhmel JA 1975, 371; Montenbruck GA 1988, 531; Stuckenberg JA 2001, 221; Kruse Jura 2008, 173; Wolter GA 2013, 271; Freund FS Wolter 2013, 35; Ceffinato Jura 2014, 655; Freund/Rostalski JZ 2015, 164; Stuckenberg JZ 2015, 714; Freund/ Rostalski JZ 2015, 716; Kotsoglou ZStW 2015, 334; Wolter GA 2016, 316; Pohlreich ZStW 2016, 676; aus der Rspr. vgl. zuletzt BGH B. v. 02.11.2016 - 2 StR 495/12 (Anm. Kratz jurisPR-StrafR 1/2017 Anm. 1).

[14] Zur Wahlfeststellung zwischen §§ 242 und 259 StGB Fischer, StGB, 64. Aufl. 2017, § 242 Rn. 62; aus der Rspr. vgl. OLG Düsseldorf B. v. 27.04.1999 - 2 Ss 31/99-14/99 III - NStZ-RR 1999, 304 (Anm. RÜ 2000, 29).

aa) Zulässigkeit?

Die Zulässigkeit einer wahldeutigen Verurteilung ist bereits ganz grundsätzlich strittig.[15]

Die bisherige Rspr.[16] und die h.L.[17] akzeptieren diese, wenn auch nur unter bestimmten Voraussetzungen.

Eine Gegenauffassung[18] lehnt die echte Wahlfeststellung ab. Dieser Ablehnung hat sich nunmehr der **zweite Strafsenat des BGH**[19] angeschlossen, der die echte Wahlfeststellung aufgrund Verstoßes gegen Art. 103 II GG für verfassungswidrig hält und bei den anderen Senaten angefragt hat, ob sie sich seiner Rechtsansicht anschließen oder ob sie an ihrer bisherigen, entgegenstehenden Rspr. festhalten. Die anderen Strafsenate teilen die Bedenken aber nicht.[20] Der zweite Senat hat daher die Frage dem Großen Senat vorgelegt,[21] dessen Entscheidung noch aussteht, aber absehbar ist.

Die h.M. ist eher auf eine kriminalpolitische Motivation gestützt, „ungerechte" Freisprüche zu verhindern. Richtig ist, dass es wenig befriedigt, wenn zwar feststeht, dass der Täter entweder (wie im obigen Beispiel) einen Diebstahl oder eine Hehlerei begangen hat, sich also sicher strafbar gemacht hat, dieser aber dennoch freigesprochen werden „muss". Allerdings überzeugt die Kritik der Gegenauffassung: Es existiert keine gesetzliche Grundlage der Wahlfeststellung (mehr, vgl. den früheren § 2b RStGB); wenn man dem Täter nicht alle Tatumstände nachweisen kann, dann scheitert die Strafbarkeit schlicht an der Nichterfüllung der staatlichen Beweislast. Ein bloß restriktiver Umgang mit den Voraussetzungen einer solchen Wahlfeststellung – was stets vage bleiben muss – kann hierüber nicht hinwegtäuschen. Es wäre eine Aufgabe des Gesetzgebers, Abhilfe zu schaffen.

bb) Voraussetzungen

Die Voraussetzungen einer echten Wahlfeststellung sind i.E. strittig.[22]

---

[15] Hierzu B. Heinrich, AT, 5. Aufl. 2016, Rn. 1465f.

[16] Aus der sehr umfangreichen Rspr. vgl. BGH U. v. 11.11.1966 - 4 StR 387/66 - BGHSt 21, 152 = NJW 1967, 359 (Anm. Willms JuS 1967, 188; Deubner NJW 1967, 738; Oellers MDR 1967, 506; Fuchs DRiZ 1968, 16).

[17] Vgl. nur Kindhäuser, LPK, 6. Aufl. 2015, vor § 52 Rn. 55ff.

[18] Z.B. Frister, in: NK, 4. Aufl. 2013, nach § 2 Rn. 76ff.

[19] BGH B. v. 28.01.2014 - 2 StR 495/12 - NStZ 2014, 392 = NStZ-RR 2014, 307 = StV 2014, 580 (Anm. von Heintschel-Heinegg JA 2014, 710; Jahn JuS 2014, 753; Bosch JK 2014 GG Art. 103 II/6; Wagner ZJS 2014, 436; LL 2014, 740; RÜ 2014, 507; famos 9/2014; Schuhr NStZ 2014, 437; Frister StV 2014, 584; Stuckenberg ZIS 2014, 461; Bauer wistra 2014, 475; Kröpil JR 2015, 116); BGH B. v. 02.11.2016 - 2 StR 495/12 (Anm. Kratz jurisPR-StrafR 1/2017 Anm. 1).

[20] Erster Senat: BGH B. v. 24.06.2014 - 1 ARs 14/14 - NStZ-RR 2014, 308 (Anm. RÜ 2015, 97); Dritter Senat: BGH B. v. 30.09.2014 - 3 ARs 13/14 - NStZ-RR 2015, 39 (Anm. RÜ 2015, 97); Vierter Senat: BGH B. v. 11.09.2014 - 4 ARs 12/14 - NStZ-RR 2015, 40 (Anm. RÜ 2015, 97); Fünfter Senat: BGH B. v. 16.07.2014 - 5 ARs 39/14 NStZ-RR 2014, 307 (Anm. RÜ 2015, 97).

[21] BGH B. v. 02.11.2016 - 2 StR 495/12 - (Anm. Kratz jurisPR-StrafR 1/2017 Anm. 1).

[22] Hierzu Kindhäuser, LPK, 6. Aufl. 2015, vor § 52 Rn. 56ff.

Gesichert[23] ist allerdings die prozessuale Seite der Voraussetzungen: Eine echte Wahlfeststellung ist allenfalls zulässig, wenn der Sachverhalt nicht weiter aufklärbar ist und die Ungewissheit, welchen von mehreren allein möglichen Tatbeständen der Angeklagte verwirklicht hat, nur darauf beruht, dass jeweils die Verwirklichung der anderen Möglichkeit nicht ausgeschlossen werden kann; andere Möglichkeiten müssen sicher ausgeschlossen sein.

Problematisch sind die Anforderungen an das Verhältnis der in Betracht kommenden Tatbestände zueinander. Während Teile der Lehre auf eine „Identität im Unrechtskern" abstellen,[24] verwenden Rspr.[25] und h.L.[26] den Maßstab der **rechtsethischen und psychologischen Vergleichbarkeit**. Die Sachunterschiede halten sich in Grenzen, da sich die zur Ausfüllung der Begriffe zugrundegelegten Kriterien überschneiden.

Erforderlich ist für die rechtsethische Vergleichbarkeit eine etwa **gleiche Schwere** der Schuldvorwürfe, ferner müssen die Tatbestände **sittlich und rechtlich vergleichbar** bewertet werden, was insbesondere bei Identität oder doch **Ähnlichkeit des geschützten Rechtsguts** der Fall ist.

Die psychologische Vergleichbarkeit betrifft die **psychische Beziehung** des Täters zur Tat; dieser muss eine ähnliche Einstellung und Motivationslage aufweisen.

Naturgemäß verbleibt ein beträchtlicher Wertungsspielraum, was wiederum gegen eine Verfassungsmäßigkeit spricht.

cc) Rechtsfolgen und Prozessuales

▶   **Didaktischer Aufsatz:**
   • Beulke/Fahl, Prozessualer Tatbegriff und Wahlfeststellung – Strafprozessuale Probleme bei alternativer Tatsachenfeststellung, Jura 1998, 262

I.F.d. echten Wahlfeststellung erfolgt eine sog. **wahldeutige Verurteilung** auf wahldeutiger Grundlage. Das Endergebnis in einer Fallbearbeitung bzw. der Tenor eines Urteils enthält mithin die Strafbarkeit bzw. Verurteilung wegen z.B. „Diebstahl oder Hehlerei".

Die Unklarheit des Geschehensablaufs birgt ferner prozessuale Probleme, insbesondere bzgl. einer hinreichend konkretisierten und auf alle prozessualen Taten erstreckte Anklageschrift.[27]

---

[23] Näher Eschelbach, in: BeckOK-StPO, Stand 01.01.2017, § 264 Rn. 13; Beulke/Fahl Jura 1998, 262.

[24] Hierzu Kindhäuser, LPK, 6. Aufl. 2015, vor § 52 Rn. 61.

[25] S. obige Nachweise.

[26] S. nur B. Heinrich, AT, 5. Aufl. 2016, Rn. 1470f.

[27] Hierzu Schneider, in: KK-StPO, 7. Aufl. 2013, § 200 Rn. 13; Beulke/Fahl Jura 1998, 262.

dd) Fallgruppen

Der wichtigste Fall der Wahlfeststellung betrifft die §§ 242, 259 StGB.[28]

Auch im Hinblick auf eine ganze Reihe weiterer Vermögensdelikte nimmt die h.M. die Zulässigkeit einer Wahlfeststellung an (i.E. strittig), z.B. bzgl. §§ 242, 246 und 259 StGB,[29] §§ 242 und 257 StGB,[30] §§ 242 und 263 StGB,[31] §§ 242 und 289 StGB[32] oder §§ 263 und 263a StGB.[33]

Scheitert eine Vergleichbarkeit des Schuldgehalts daran, dass eines der Delikte qualifiziert ist, so kommt Wahlfeststellung mit dem entsprechenden Grunddelikt in Betracht.[34]

Im Bereich der Nichtvermögensdelikte ist insbesondere die Wahlfeststellung zwischen einem Aussagedelikt und § 164 StGB zu nennen.[35]

Beispiel 508:

BGH B. v. 03.11.1983 – 1 StR 178/83   BGHSt 32, 146 – NJW 1984, 2109 = NStZ 1984, 260 = StV 1984, 98 (Anm. Brauns JA 1984, 383; Geppert JK 1985 StGB § 1/2; Schröder NJW 1985, 780):
Nach einem Verkehrsunfall am 17.08.1980 hatte B bei der Polizei angegeben, der Z habe den verunglückten Pkw geführt. Als Zeugin beim Ermittlungsrichter am 20.08.1980 und in der Hauptverhandlung vor dem AG am 18.12.1980 verweigerte sie die Auskunft, in der Berufungshauptverhandlung am 08.04.1981 bekundete sie uneidlich, sie selbst habe das Fahrzeug geführt.

---

[28] S.o.

[29] B. Heinrich, AT, 5. Aufl. 2016, Rn. 1472; aus der Rspr. vgl. BGH U. v. 26.07.1961 - 2 StR 190/61 - BGHSt 16, 184 = NJW 1961, 1936 (Anm. Deubner JuS 1962, 21).

[30] B. Heinrich, AT, 5. Aufl. 2016, Rn. 1472; aus der Rspr. vgl. BGH U. v. 21.10.1970 - 2 StR 316/70 - BGHSt 23, 360 = NJW 1971, 62 (Anm. Hassemer JuS 1971, 212; Hruschka NJW 1971, 1392; Schröder JZ 1971, 141).

[31] H.M.; vgl. Fischer, StGB, 64. Aufl. 2017, § 1 Rn. 42; aus der Rspr. vgl. BGH U. v. 18.09.1984 - 4 StR 483/84 - NStZ 1985, 123 = StV 1985, 92 (Anm. Geppert JK 1985 StGB § 1/3).

[32] Vgl. Fischer, StGB, 64. Aufl. 2017, § 1 Rn. 42; aus der Rspr. vgl. OLG Düsseldorf U. v. 22.08.1988 - 5 Ss 231/88 - 195/88 I - NJW 1989, 115.

[33] Vgl. B. Heinrich, AT, 5. Aufl. 2016, Rn. 1472; aus der Rspr. vgl. BGH B. v. 12.02.2008 - 4 StR 623/07 - NJW 2008, 1394 = NStZ 2008, 281 = StV 2008, 250 (Anm. Geppert JK 2008 StGB § 263a/15; von Heintschel-Heinegg JA 2008, 660; RÜ 2008, 311; RA 2008, 312), BGH U. v. 20.02.2014 - 3 StR 178/13 - NStZ 2014, 579 (Anm. LL 2014, 815; RÜ 2014, 437).

[34] Vgl. zu §§ 250 und 259 bzw. § 246 StGB aus der Rspr. BGH U. v. 15.04.1986 - 1 StR 103/86 (Anm. Otto JK 1987 StGB § 1/4).

[35] B. Heinrich, AT, 5. Aufl. 2016, Rn. 1472; aus der Rspr. vgl. BGH B. v. 03.11.1983 - 1 StR 178/83 - BGHSt 32, 146 = NJW 1984, 2109 = NStZ 1984, 260 = StV 1984, 98 (Anm. Brauns JA 1984, 383; Geppert JK 1985 StGB § 1/2; Schröder NJW 1985, 780).

Hier lässt sich nicht aufklären, ob sich B vor der Polizei – die keine zur eidlichen Vernehmung zuständige Stelle i.S.d. § 153 StGB ist – wegen falscher Verdächtigung (§ 164 StGB) oder in der Berufungshauptverhandlung wegen falscher uneidlicher Aussage (§ 153 StGB) strafbar gemacht hat.

Verneint wurde die Zulässigkeit einer Wahlfeststellung u. a. bzgl. §§ 242 und 253 StGB.[36] bzgl. § 258 StGB und einem Tötungsdelikt[37] und bzgl. § 263 StGB und § 267 StGB[38].

Auch zwischen einem etwaigen **Vollrausch** nach § 323a StGB und der evtl. schuldhaft begangenen **Rauschtat** ist nach h.M. keine Wahlfeststellung möglich.[39]

Beispiel 509:

B tötete G. Unklar bleibt, ob er derart alkoholisiert war, dass er sich im Zustand des § 20 StGB oder des § 21 StGB befand, oder ob er nüchtern war.

---

d) Ansonsten: *In dubio pro reo* Freispruch

Scheidet auch eine echte Wahlfeststellung aus, so ist der „Täter" unter ggf. mehrfacher Anwendung des Grundsatzes *in dubio pro reo* freizusprechen bzw. ist in einer Fallbearbeitung seine Strafbarkeit zu verneinen.

---

[36] Kindhäuser, LPK, 6. Aufl. 2015, vor § 52 Rn. 59; aus der Rspr. vgl. BGH U. v. 18.09.1984 - 4 StR 483/84 - NStZ 1985, 123 = StV 1985, 92 (Anm. Geppert JK 1985 StGB § 1/3).

[37] Fischer, StGB, 64. Aufl. 2017, § 1 Rn. 44; aus der Rspr. vgl. BGH U. v. 12.05.2010 - 2 StR 46/10.

[38] B. Heinrich, AT, 5. Aufl. 2016, Rn. 1472; aus der Rspr. vgl. OLG Düsseldorf U. v. 28.06.1974 - 3 Ss 312/74 - NJW 1974, 1833 (Anm. Hassemer JuS 1975, 125; Oexmann NJW 1974, 2296).

[39] Näher Tröndle FS Jescheck 1985, 665; Berster ZStW 2012, 991; aus der Rspr. vgl. OLG Karlsruhe B. v. 21.09.2004 - 1 Ss 102/04 - NJW 2004, 3356 (Anm. LL 2004, 829; Geppert JK 2005 StGB § 323a/7).

Printed by Printforce, the Netherlands